Michael von Brück / Whalen Lai
Buddhismus und Christentum

MICHAEL VON BRÜCK
WHALEN LAI

Buddhismus und Christentum

Geschichte, Konfrontation, Dialog

Mit einem Vorwort von Hans Küng

VERLAG C.H.BECK MÜNCHEN

Mit 30 Graphiken und Tabellen

Gedruckt mit Unterstützung der Stiftung WELTETHOS

Sonderausgabe

Die Deutsche Bibliothek – CIP-Einheitsaufnahme

Brück, Michael von:
Buddhismus und Christentum : Geschichte, Konfrontation, Dialog /
Michael von Brück ; Whalen Lai. – München : Beck, 2000
ISBN 3 406 46796 2

ISBN 3 406 46796 2

Zweite Auflage. 2000

Umschlaggestaltung: Uwe Göbel, München
Satz: Fotosatz Janß, Pfungstadt
Druck und Bindung: Spiegel Buch GmbH, Ulm
Gedruckt auf säurefreiem, alterungsbeständigem Papier
(hergestellt aus chlorfrei gebleichtem Zellstoff)
Printed in Germany

INHALT

Teil C
Historische Hintergründe und hermeneutische Perspektiven

Anhang

ZUM CHRISTLICH-BUDDHISTISCHEN DIALOG

Von Hans Küng

Die Zeiten ändern sich, und nicht immer zum Schlechteren: Der *interreligiöse Dialog*, lange Zeit ein Anliegen eher von Spezialisten und Esoterikern, ist heute auch zu einem *politischen Desiderat* geworden. Die Propagierung der weit überzogenen These von einem „Clash of Civilizations", einem „Kampf der Kulturen", hat auch Politiker und Wissenschaftler alarmiert und auf die Bedeutung des „Dialogs zwischen den Kulturen" aufmerksam gemacht. Kein heutiger Staatsmann indes tritt so entschieden und nachhaltig für dieses Anliegen ein, das er „für eines der wichtigsten unserer Zeit hält, ein Thema, das Asien und Europa unausweichlich vereint", wie der Präsident der Bundesrepublik Deutschland, Dr. Roman Herzog:

„Mit dem Ende des Kalten Krieges ist ja keineswegs das Ende der Geschichte gekommen. Einerseits scheint die Globalisierung der Märkte, der Technologien, der Medien, ja sogar der interagierenden Kulturen unaufhaltsam. Andererseits beobachten wir immer wieder, auch in scheinbar aufgeklärten Gesellschaften, den Reflex zum Rückzug in nationale oder kulturelle Wagenburgen, das Denken in Kategorien der Macht, das Malen von Feindbildern. Das modische Szenario vom Clash of Civilizations, das der Welt anstelle des Kalten Krieges nun einen globalen Kulturkampf prophezeit, ist ein typisches Beispiel dieser Denkungsart. Ich halte dieses Szenario für wissenschaftlich und ethisch fragwürdig. Wenn es aber in den Medien Verbreitung findet und sich im Denken der Eliten festsetzt, kann es leicht zur self fulfilling prophecy werden. Amerika, Asien und Europa haben gleichermaßen ein – durchaus auch sicherheitspolitisches – Interesse, den gedanklichen Trugschlüssen dieses Szenarios entgegenzutreten."

So der Bundespräsident anläßlich unserer offiziellen Dialogveranstaltung bei seinem Staatsbesuch in Kuala Lumpur am 3. April 1997, bei der er den Vorsitz führte: „Das Thema Ihrer heutigen Veranstaltung, nämlich die Frage, ob eine universale Zivilisation denkbar ist, spielt eine zentrale Rolle beim Bemühen um interkulturellen Frieden. Professor Huntington verneint diese Möglichkeit schlichtweg, wie man weiß. Das ist das Gefährliche an seinem Szenario. Bedeutet Zivilisation nicht überall auf der Welt zumindest Wahrung des Friedens, Zähmung der Gewalt, Suche nach Erkenntnis? Wissen wir überhaupt, was wir entfesseln, wenn wir den Gedanken an ein Minimum gemeinsamer Zivilisation aufgeben?"

Ja, wie hat sich doch die Situation gewandelt in dem Dutzend Jahren seit jener Zeit, da die beiden jungen Wissenschaftler, Dr. theol. habil. Michael von Brück und Prof. Dr. Whalen Lai, das Forschungsprojekt *Bilanz und Perspektiven des Dialogs des Christentums – Buddhismus* begannen, dessen eindrückliches Ergebnis nun in diesem Buch gedruckt vorliegt. Damals – ich hatte vier öffentliche Dialoge über Christentum und Buddhismus mit dem Göttinger Buddhologen Professor Heinz Bechert vor einer großen Zuhörerschaft im Studium Generale der Universität Tübingen hinter mir (1982) und hatte meine „christlichen Antworten" gründlich überarbeitet und veröffentlicht (1984[1]) – schrieb ich am 15. Juli 1985 zur Begründung eines Antrags an die Deutsche Forschungsgemeinschaft für die Unterstützung des neuen Projektes:

„Technologie-Transfer und Ideen-Transfer: Mit dem rasanten Fortschritt weltweiter Kommunikation auf wissenschaftlich-technischem und wirtschaftlich-politischem Gebiet hat die Kommunikation auf philosophisch-theologisch-religiösem Gebiet nicht Schritt gehalten. Dabei haben oft politische Krisen und gar militärische Konflikte (Naher Osten – Iran/Irak – Indien/Pakistan) einen religiösen Untergrund, der diese Auseinandersetzungen besonders fanatisch werden läßt. Umgekehrt beginnen aber immer mehr führende Repräsentanten von Politik, Wissenschaft und Wirtschaft zu realisieren, daß ein wahres Verständnis unter den Völkern nicht unter Ausklammerung der ethischreligiösen Dimension Platz greifen wird. Vor diesem Hintergrund nimmt der Dialog Christentum – Weltreligionen für die Befriedung der Welt heute eine ebenso wichtige Stelle ein wie früher der Dialog zwischen den christlichen Kirchen für die Befriedung Europas. Der längst in Gang gekommene Technologie-Transfer muß durch einen Ideen-Transfer ergänzt werden.

Die Schwierigkeit ist nun, daß der Stand des bisherigen interreligiösen Dialogs, der international weit verzweigt und unübersichtlich ist, gerade in Deutschland kaum bekannt ist. Dabei wird sich die vielfach anerkannte Spitzenstellung der *deutschen Theologie* im internationalen Rahmen nur halten lassen, wenn sie sich ähnlich wie die amerikanische auf die Probleme des interreligiösen Dialogs ernsthaft einläßt und sie nicht aus doktrinärer oder konfessioneller Voreingenommenheit beiseite schiebt.

Es bedarf keiner langen Erläuterungen, daß sowohl im allgemeinen Ideen-Transfer wie im interreligiösen Dialog *Ostasien* eine führende Rolle zukommt. Besonders in *Japan* ist der christlich-buddhistische Dialog vorangetrieben worden, aber auch in China ist das Interesse für Religion aufgrund der neuesten politischen Umwälzungen wieder offenkundig. In jedem Fall müßte für eine Bilanzierung die Arbeit, die von Dr. von Brück mit Konzentration auf Indien, Sri Lanka und Südostasien durchgeführt wird, dringend

1 *H. Küng/J. Ess/H. von Stietencron/H. Bechert*: Christentum und Weltreligion. Hinführung zum Dialog mit Islam, Hinduismus und Buddhismus. München 1984.

ergänzt werden durch Untersuchungen bezüglich der Dialogsituation im Fernen Osten. Professor Lai, Chinese von Geburt, erfüllt für diese Forschungsaufgabe die Voraussetzungen in ausgezeichneter Weise, wie aus seiner Bio- und Bibliographie hervorgeht."

Gerade im Anschluß an die öffentlichen Dialoge mit Spezialisten des Islam, des Hinduismus und Buddhismus war mir aufgegangen, was sich in den folgenden Jahren zum Projekt Weltethos verdichtet hat:

- Kein Frieden unter den Nationen ohne Friede unter den Religionen.
- Kein Frieden unter den Religionen ohne Dialog zwischen den Religionen.
- *Kein Dialog zwischen den Religionen ohne Grundlagenforschung in den Religionen.*

Solche Grundlagenarbeit bezüglich Christentum und Buddhismus sollten nun die beiden Spezialisten leisten. Und heute kann ich nach vielen Jahren dankbar feststellen: Sie haben die Erwartungen nicht enttäuscht!

Der Buddhismus gilt gemeinhin als die radikale Gegenposition zum Christentum. Trotzdem ist ein weltweiter Dialog zwischen Buddhisten und Christen – freilich nicht unter den offiziellen Repräsentanten (mit Ausnahme des Dalai Lama!) – in Gang. Und auch zwei versierten belesenen und weitgereisten Beobachtern der Szene ist es kaum möglich, sämtliche christlich-buddhistischen Dialogunternehmen in aller Welt aufzuarbeiten und sämtliche dort diskutierten Probleme zu erörtern; Vollständigkeit konnte nicht ihr Ziel sein. Aber in hohem Grad repräsentativ sind ihre Darlegungen in jedem Fall, und dies in dreifacher Hinsicht:

1. Vor dem jeweiligen geschichtlichen Hintergrund werden die christlich-buddhistischen *Begegnungen* in zentralen Ländern des Dialogs behandelt: in Indien, Sri Lanka, China und Japan, in Deutschland und in den Vereinigten Staaten von Amerika.
2. Die zentralen *Sachdifferenzen* werden differenziert dargelegt und kritisch hinterfragt. Alles ist konzentriert auf drei zentrale Problemkreise: Jesus Christus und der Buddha Gautama, Gott und Dharma, Sangha und Kirche.
3. Schließlich werden die Paradigmenwechsel in der Geschichte des Buddhismus und die *hermeneutischen Aspekte* der zukünftigen Begegnung im Hinblick auf den buddhistisch-kirchlichen Dialog gesichtet.

Wenn man als damals wohl erster an einer deutschen Universität alle diese Fragen in öffentlichen Dialogen mit einem Vertreter des Buddhismus diskutiert hat, freut man sich selbstverständlich darüber, daß man sich anderthalb Jahrzehnte später bei den vorgeschlagenen Lösungen weithin bestätigt sieht. Umgekehrt dürfen sich die Verfasser dieser Studie darüber freuen, daß es ihnen mit unendlicher Mühe gelungen ist, sowohl Kennern des Buddhismus wie einfach Interessierten einen überzeugenden Einblick zu bieten nicht nur in den Stand des Dialogs, sondern auch in die mögliche Konvergenz und Übereinstimmung, die ja nun bei allen bleibenden Differenzen zwischen Christentum und Buddhismus gegeben sind. Keine anderen Religionen scheinen voneinander so weit entfernt zu sein wie Christentum und Buddhismus. Da bedeutet es eine Ermutigung aller für den Frieden zwischen den Religionen Engagierten, wenn es sogar zwischen Christentum und Buddhismus so viel gemeinsames Terrain und damit eine solide Basis für praktische Zusammenarbeit gibt.

Nun haben mich die beiden Autoren gebeten, in diesem Vorwort etwas zum *Verhältnis des Paradigmenwechsels im Christentum und im Buddhismus* zu sagen. Dieser Bitte komme ich gerne nach. Hatte ich doch seit den siebziger Jahren daran gearbeitet, die Paradigmentheorie Thomas S. Kuhns auf die Theologie-, Kirchen- und Religionsgeschichte anzuwenden und diese Anwendung gerade auch im Zusammenhang des Buddhismus zu testen, um sowohl die historische Bedingtheit wie den historischen Zusammenhang der verschiedenen buddhistischen Glaubensformen herauszuarbeiten. Und hatte ich doch Michael von Brück persönlich kennengelernt auf jenem Symposion an der University of Hawaii in Honolulu 1984, welches als Leitthema „Paradigm Changes in Buddhism and Christianity" hatte, angeregt durch das erfolgreiche Internationale Ökumenische Symposion „Ein neues Paradigma von Theologie?", das unser Institut für ökumenische Forschung in Tübingen 1983 in Zusammenarbeit mit der University of Chicago Divinity School und der Internationalen Zeitschrift für Theologie „Concilium" durchgeführt hatte.[2] Einer der wenigen, der schon auf dem Symposion in Hawaii voll erfaßt hatte, wie sehr die Paradigmenanalyse zum Verständnis anderer Religionen und besonders des Buddhismus beitragen kann, wie gerade sie Einheit und Vielheit, Konstanten und Variablen, Kontinuität und Umbrüche in historischer Tiefenschärfe, aktuellem Bezug und im großen Zusammenhang sehen läßt, war der junge chinesische Professor von der University of California Whalen Lai.

Es gibt eben nicht *den* Buddhismus, wie es ja auch nicht einfach *das* Christentum gibt. Eine genauer reflektierte Paradigmenanalyse des mächtigen und vielverzweigten zweieinhalbtausendjährigen Gebildes „Buddhismus" und seiner verschiedenen Paradigmen und Schulrichtungen, bei dem selbst der Kenner oft Schwierigkeiten hat, vor lauter Bäumen den Wald, vor lauter Verschiedenheiten die Einheit zu sehen, bestätigt die beiden Verfasser dieser Bilanz des Dialogs in zweifacher Weise:

1. Zu Recht haben die Autoren *keine der historisch gewachsenen großen buddhistischen Religionsformen* von vornherein als *unbuddhistisch* ausge-

2 Vgl. *H. Küng/D. Tracy*: Theologie – wohin? Auf dem Weg zu einem neuen Paradigma (Zürich/Gütersloh 1984); *dies.*, Das neue Paradigma von Theologie. Strukturen und Dimensionen (Zürich/Gütersloh 1985). *H. Küng*, Theologie im Aufbruch. Eine ökumenische Grundlegung. München 1987.

schieden. Nicht selten wurde etwa der tantrische Buddhismus Tibets als „Re-Hinduisierung" und als Abfall vom reinen Buddhismus („Lamaismus") angesehen, von anderen wurde der japanische „Reine Land-Buddhismus" als im Grunde unbuddhistischer „Amidismus" diskreditiert. Dies geschah im Gegensatz zu den betreffenden Gläubigen, die sich bei allem Unterschied zu anderen Buddhismus-Formen selber durchaus als echte Buddhisten fühlen. Ihnen wird man nur dann gerecht, wenn man sich darüber Rechenschaft gibt, daß sie ihren Buddhismus nun einmal in einer ganz und gar verschiedenen Gesamtkonstellation leben: in einem anderen „Paradigma" (nach Thomas S. Kuhn eine andere „Gesamtkonstellation von Überzeugungen, Werten und Verfahrensweisen"). Nicht um verschiedene Religionen also geht es hier, sondern um verschiedene Paradigmen der einen und selben (buddhistischen) Religion. Durch die Beachtung der verschiedenen Paradigmen überwindet man die im bisherigen christlich-buddhistischen Dialog allzu exklusive Konzentration auf die meditative Tradition des Buddhismus und vernachlässigt nicht weiterhin den Volksbuddhismus des Dorfes, den Staatsbuddhismus der südostasiatischen Länder und die politisch-soziale Geschichte des Buddhismus überhaupt.

2. Aber ebenfalls zu Recht haben die Autoren die *neuen Formen des Buddhismus* doch letztlich an dessen Ursprung, an *Gautama, dem Buddha, kriteriologisch gemessen* und erwarten eine historisch-kritische Untersuchung der eigenen Tradition auch von den buddhistischen Gesprächspartnern. Dabei haben sie die verschiedenen buddhistischen Paradigmen nicht gegeneinander ausgespielt, sondern die Notwendigkeit des Dialogs mit allen wichtigen buddhistischen Paradigmen (vom Urbuddhismus über die drei Fahrzeuge bis hin zu Zen und Shin) betont. Haben sich doch bei allen auffälligen Variablen in der langen Geschichte immer wieder einige grundlegende Konstanten durchgehalten und durchgesetzt: die Zuflucht zum Buddha, die Zuflucht zum Dharma (Lehre), die Zuflucht zum Sangha (Gemeinschaft der Mönche). Diese bilden nun einmal die permanenten Determinanten, die den Buddhismus durch alle Jahrhunderte über die Länder und Kontinente hinweg und durch alle Paradigmenwechsel hindurch von Grund auf bestimmen.

Eine Paradigmenanalyse wird nun nicht etwa versuchen, möglichst originell zu sein und allüberall ein neues Paradigma zu entdecken. Muß es doch in der Geschichte der Religionen zunächst einmal um *epochale Großkonstellationen* gehen: im Christentum wie im Buddhismus um die Makroparadigmen, die natürlich viele Meso- und Mikroparadigmen einschließen.

Im *Christentum* (ich habe es in „Das Christentum" 1994 auf über tausend Seiten analysiert) lassen sich sechs veschiedene Gesamtkonstellationen, die bis heute ihre Anhänger haben, unterscheiden:

- das jüdisch-apokalyptische Paradigma des Urchristentums,
- das ökumenisch-hellenistische Paradigma des christlichen Altertums,
- das römisch-katholische Paradigma des Mittelalters,
- das protestantisch-evangelische Paradigma der Reformation,
- das vernunft- und fortschrittorientierte Paradigma der Moderne,
- das (sich seit dem Ende des Ersten Weltkriegs abzeichnende und seit dem Zweiten Weltkrieg durchgebrochene) ökumenische Paradigma der Nach-Moderne.

Ähnlich komplexe sechs Großkonstellationen gibt es auch im Judentum („Das Judentum" 1991) sowie im Islam (Studie in Vorbereitung). Wie aber steht es mit dem *Buddhismus*? In Übereinstimmung mit den meisten geschichtlichen Darstellungen lassen sich auch im Buddhismus ebenfalls (wiederum rein zufällig) sechs große Konstellationen feststellen, die traditionellerweise mit „Drehungen des Rades der Lehre" bezeichnet werden:

- das urbuddhistische Paradigma des Buddha Gautama und seiner Mönchsgemeinschaft,
- das Theravāda-Paradigma des Kleinen Fahrzeugs, („Hīnayāna") oder besser: des Fahrzeugs der Hörer („Shrāvakayāna"),
- das Mahāyāna-Paradigma des Großen Fahrzeugs; das schließlich führt zu den reformerischen Schulen des Meditationsbuddhismus („Zen"), des Glaubensbuddhismus („Shin") und des Aktionsbuddhismus („Lotus-Sekten"),
- das Vajrayāna des Diamantenen Fahrzeugs („Tantrayāna"),
- der im Konflikt mit der (sozialistischen oder kapitalistischen) Moderne von Unterdrückung (China, Tibet, Nordkorea) oder Säkularisierung (Japan, Südkorea, Südostasien) bedrohte defensive Buddhismus,
- das aus dem Konflikt hervorgehende Paradigma der Nach-Moderne eines innovativen Buddhismus (religiös-soziale Erneuerungsbewegungen),
- schließlich vielleicht auch im Buddhismus ein aus dem Konflikt mit der europäisch-amerikanischen Moderne hervorgehendes Paradigma der Nach-Moderne.

Schon ein oberflächliches Hinsehen zeigt, daß sich die sechs christlichen und die sechs buddhistischen Makrokonstellationen keinesfalls einfach parallelisieren lassen (auf die in „Projekt Weltethos" 1990 durchgeführte Auseinandersetzung mit Oswald Spengler und Arnold Toynbee brauche ich hier nicht zurückzukommen). Die Unterschiede zwischen Christentum und Buddhismus sind jedenfalls immens. Trotzdem sind ganz bestimmte *strukturelle Parallelen* nicht zu übersehen: *In beiden Religionen* haben sich bei allen Variablen die zentralen *Grundkonstanten* durchgehalten: permanente Determinanten spezifischer Lehre, Praxis und Institutionalisierung durch alle Paradigmenwechsel hindurch. Ähnlich wie der Christ „Zuflucht nimmt", „glaubt" an Christus, das Evangelium (die Botschaft) und die Kirche, so nimmt der Buddhist „Zuflucht zum Buddha, zum Dharma (Lehre), zum Sangha (Gemeinschaft der Mönche)". Dieselben „Gestirne" („stellae") also, an denen sich die Gläubigen auf beiden Seiten orientieren, wiewohl sie immer wieder neue epochale „Konstellationen" bilden!

Doch nicht nur bezüglich der Grundkonstanten zeigen sich auffällige Parallelen, sondern auch bezüglich einzelner *Paradigmen*, die beide Religionen durchmachten. Bei der *Ersten Drehung des Rades der Lehre* wird dies besonders deutlich. Wie das Christentum ohne den Paradigmenwechsel vom judenchristlich-apokalyptischen Paradigma zum hellenistisch-ökumenischen Paradigma, welches schließlich in der „konstantinischen Wende" gipfelte, nie zu einer Weltreligion hätte werden können, so auch der Buddhismus: Durch jenen ersten Paradigmenwechsel vom Buddha zur älteren „Gemeinde der Hörer" („Shrāvakayāna") und zur „Lehre der Ordensoberen" („Theravāda") wurde aus der Elite-Religion eine Massenreligion mit einem entwickelten Kult, mit Riten und Zeremonien (Reliquienkult vor allem), die der Buddha selber als eine der „zehn Fesseln" ohne Wert für die Erlösung bezeichnet hatte, die aber jetzt zur Quelle der religiösen Verdienste für eine bessere Wiedergeburt werden. Also nicht mehr ein Nirwana-Buddhismus der Meditation und der Wunschauslöschung (nur einer Mönchselite möglich), sondern ein auf den Samsāra konzentrierter Buddhismus der Wunschbefriedigung, der nur eine Kenntnis der Lebensgeschichte des Buddha und der Heiligen, der sittlichen Gebote ihrer Religion und das Sammeln religiöser Verdienste für eine bessere Wiedergeburt fordert. Aus einem ursprünglichen Buddhismus, konzentriert auf die Mönchsgemeinschaft und auf Machtverzicht, wird nun ein Buddhismus, der unter Kaiser Ashoka bis nach Sri Lanka sogar zur Staatsreligion werden kann. Und ähnlich wie sich die Strukturen des byzantinischen Paradigmas in den Ländern Osteuropas bis heute durchgehalten haben, so auch die Strukturen des Verdienst- und Staatsbuddhismus in den Ländern Südostasiens.

Ähnlich läßt sich die *Zweite Drehung des Rades der Lehre* vom Theravāda-Paradigma der „Orthodoxie" und der „Mönche" zum *Mahāyāna-Paradigma* der Massen- und Laienreligion strukturell vergleichen mit dem Paradigmenwechsel vom hellenistisch-byzantinischen zum mittelalterlich-römisch-katholischen Paradigma. Man hat das in hohem Maß fromme, zeremonielle und klerikale Mahāyāna eine großartige Universalkirche genannt, mit dem Buddha als allgegenwärtigem, allwissendem und allmächtigem höchstem Gott, umgeben von einem Pantheon, einer großen Zahl von Heiligen. Damit war verbunden die Ablösung einer Buddhologie und Königsideologie „von unten" durch eine Buddhologie und Königsideologie „von oben" (Hochbuddhologie). Aus der Weisheitslehre einer Möchselite war – oft unter Angleichung an hinduistische, taoistische und shintoistische Vorstellungen und Formen – ein Kult um zahlreiche gnadenspendende Buddhas und Bodhisattvas sowie eine devotionale Frömmigkeitsbewegung für die Massen geworden, wie sie sich in China, Korea und Japan bis heute erhalten hat.

Doch auch das Mahāyāna umfaßt wie jedes Makroparadigma verschiedene Tendenzen und Schulen. Aus der Krise des Buddhismus, der in China zunehmend verfolgt wurde, entstanden zwei *reformerische Mahāyāna-Schulen*, die beide im Japan der Kamakura-Zeit einen Höhepunkt erlebten und oft mit der Reformation im Christentum verglichen wurden: einerseits der Glaubensbuddhismus des Reinen Landes („Shin"), der eine Erlösung nicht aus eigener Kraft, sondern aufgrund des Glaubens allein (an das Versprechen des Amida-Buddha) verkündet, andererseits der Meditationsbuddhismus („Zen"), der auf eine radikale Konzentration, Vereinfachung und Verinnerlichung aus ist. Dazu kommt in Japan noch eine dritte reformerische Bewegung: der auf den prophetischen Nichiren zurückgehende und auf einer radikalen Interpretation des Lotos-Sutra gründende soziale Buddhismus, den man mit den sozialen Bewegungen des Christentums vom Mittelalter bis zur Neuzeit verglichen hat.

Möglicherweise nur in esoterischen Formen des Christlichen lassen sich Parallelen finden zur *Dritten Drehung des Rades der Lehre.* Diese hat sich (gleichzeitig mit Shin und Zen rund fünf Jahrhunderte nach der Wende zum Mahāyāna) um die Mitte des ersten christlichen Jahrtausends in Indien, Nepal, Tibet bis hin nach Japan vollzogen: Das Diamantene Fahrzeug, das *Vajrayāna* oder *Tantrayāna*: alles in allem kein reformerisches, sondern ein synkretistisches Paradigma, bei dem viel Rituelles, Magisches, Okkultes und Mirakulöses im Zentrum steht.

Von einer weiteren Drehung des Rades der Lehre ist im Buddhismus nicht die Rede. Doch wie das Christentum – durch die Reformation vorbereitet – schon früh mit der von den Ideen der Vernunft, des Fortschritts und der Nation geprägten europäischen *Moderne* konfrontiert worden war, so jetzt auch der Buddhismus. Allerdings ist es bisher, abgesehen von den buddhistischen Laienbewegungen in Japan (Rissho Koseikai, Soka gakkai ...), in Thailand (Sulak Sivaraksas Zentrum) und in Sri Lanka (Ariyaratnes Sarvodaya-Bewegung) kaum zur Ausgestaltung eines *modernen Paradigmas* von Buddhismus gekommen. Gerade in den südostasiatischen Ländern blieb der traditionelle Buddhismus den Problemen der modernen Industriegesellschaft, wenn man von einzelnen prominenten Mönchen absieht, relativ ferne. Notwendig wäre in diesem Zusammenhang eine historische Kritik der buddhistischen Tradition, weil nur auf solcher Grundlage eine begründete Rückfrage auf den Buddha der Geschichte und eine Auseinandersetzung mit der politischen Geschichte des Buddhismus möglich ist.

Nur aufgrund einer Integration der Moderne, sofern diese human und nicht inhuman ist, wird ein Übergang in ein *nachmodernes Paradigma* möglich, wie er sich zur Zeit im Christentum abzeichnet, freilich nicht zu verwechseln ist mit dem Rückgang in eine Vor-Moderne, wie er in einer reaktionären „Re-evangelisierung" oder „Re-islamisierung" angestrebt wird. Ich habe das nach-moderne Paradigma schon in „Projekt Weltethos" skizziert: Es ist nicht nur eine nach-kolonialistische und nach-imperialistische, sondern auch eine nach-kapitalistische und nach-sozialistische Konstellation, welche ökonomisch-politisch betrachtet eine ökologisch-soziale Marktwirtschaft beinhaltet, religiös aber eine ökumenische Gemeinschaft der sich nicht mehr exkommunizierenden, sondern vereinten christlichen Kirchen und der sich nicht mehr bekriegenden, sondern friedlich zusammenlebenden Weltreligionen.

Ein hoffnungsvolles Omen für ein solches ökumenisches Paradigma ist die Bewegung für ein *Weltethos*, für ein notwendiges Minimum gemeinsamer ethischer Werte und Maßstäbe. In kurzer Zeit hat sie mächtig an Kraft gewonnen, wie ich im eben erschienenen Buch „Weltethos für Weltpolitik und Weltwirtschaft" dokumentiert habe. Sehr zu wünschen wäre es, daß sich sowohl die christlichen Kirchen wie die Autoritäten des Buddhismus dem anschlössen, was die Internationale Kommission für Weltordnungspolitik (1945), die Welt-Kommission für Kultur und Entwicklung (1995) und die Erklärung des Inter Action Councils früherer Staats- und Ministerpräsidenten (1996) fordern: Die universelle Erklärung der Menschenrechte der UNESCO (1945) möge ergänzt werden durch eine schon im Parlament der Französischen Revolution (1789) geforderte universelle Erklärung der Menschenpflichten.

Anregend war für diese Entwicklung besonders die „Erklärung zu einem Weltethos" des Parlamentes der Weltreligionen in Chicago (1993), die auszuarbeiten ich die Ehre und Last hatte. Hier war es vor allem die Übereinstimmung zwischen Christentum und Buddhismus bezüglich der vier grundlegenden ethischen Imperative, die mich veranlaßte, diese Weltethos-Erklärung auf vier unverrückbare Weisungen aufzubauen und aus ihren negativen wie positiven Formulierungen Grundzüge für eine neue ökumenische Kultur in der Nach-Moderne abzuleiten. Auch Buddhisten (unter ihnen der Dalai Lama) haben diesen „unverrückbaren Weisungen" zugestimmt:

- Du sollst nicht töten! Oder positiv: Hab Ehrfurcht vor dem Leben! Also eine Verpflichtung auf eine Kultur der Gewaltlosigkeit und der Ehrfurcht vor dem Leben.
- Du sollst nicht stehlen! Oder positiv: Handle gerecht und fair! Also eine Verpflichtung auf eine Kultur der Solidarität und eine gerechte Wirtschaftsordnung.
- Du sollst nicht lügen! Oder positiv: Rede und handle wahrhaftig! Also die Verpflichtung auf eine Kultur der Toleranz und ein Leben in Wahrhaftigkeit.

– Du sollst nicht Unzucht treiben! Oder positiv: Achtet und liebet einander! Also eine Verpflichtung auf eine Kultur der Gleichberechtigung und die Partnerschaft von Mann und Frau.

Ich zweifle nicht daran, daß dieser mächtige Band mit all seinen Informationen für die buddhistisch-christliche Verständigung einen Meilenstein darstellt. Den beiden Verfassern wünsche ich weiterhin viel Erfolg in ihren wissenschaftlichen Bestrebungen.

Tübingen, 1. Mai 1997 Hans Küng

EINLEITUNG

Ein halbes Jahrtausend des Eurozentrismus geht zu Ende. Wird das 21. Jahrhundert eine Konfrontation der Kulturen erleben, bei der es nicht nur um wirtschaftliche und politische Macht, sondern auch um religiöse Identitäten geht? Oder wird es ein Zeitalter des Dialogs und der Kooperation der Religionen und Regionen sein? Religionen prägen auch heute Weltanschauungen, Geschichtsmodelle, Menschenbilder und Wertvorstellungen in der internationalen Auseinandersetzung direkt oder indirekt maßgeblich mit. Aber was sind „Religionen" und religiöse Identitäten?

Religionen sind Deutungen und Sinngebungen der Welt auf der Grundlage einer je spezifischen Glaubensgeschichte, aber sie sind auch soziale und politische Systeme, die Herrschaftsstrukturen legitimiert haben und, soweit die dokumentierte Geschichte zurückreicht, miteinander konkurrierten. Religionen entfalten Kräfte, die Identität und Orientierung zu geben vermögen, aber zugleich dienen sie der Legitimation von Abgrenzung, Ausgrenzung und Gewalt.

Neu in der heutigen Situation ist, daß die Schicksale der Völker in globalem Ausmaß so miteinander verflochten sind, daß fast alle Probleme der Menschheit gemeinsamer Lösungen bedürfen. Aus diesem Grunde gibt es keine Alternative zum Dialog der Religionen. Der Dialog ist der mittlere Weg zwischen der Verweigerung, die Relativität und Pluralität der religiösen Wirklichkeit anzuerkennen, und einem Beliebigkeitspluralismus, der alle Werte nivellieren würde. Der interreligiöse Dialog kann sich aber nicht auf die notwendige Debatte um Frieden, Gerechtigkeit, Bewahrung der Mitwelt und Menschenrechte beschränken, sondern muß sich auch um die letztgültigen Begründungen von Verantwortung und Werten bemühen.

Ob die Religionen in modernen Gesellschaften durch Kooperation beitragen können, Werteorientierungen zu ermöglichen und Identitätsverlust, Angst und die Auflösung sozialer Bindungen durch *einen neuen Konsens über Wertefragen* einzudämmen, steht dahin. Jedenfalls tragen die Religionen eine wesentliche Mitverantwortung für die gemeinsame Gestaltung der Zukunft der Menschheit.

Die Aufgabe

Wechselseitiges Verstehen unterschiedlicher Kulturen setzt eine *interreligiöse Hermeneutik* voraus – dieselbe hat also politische Relevanz. Die heutige

Begegnung der Kulturen ist belastet durch den europäisch/amerikanischen Kolonialismus, durch die ökonomische und politische Ungleichheit zwischen West und Ost (mit Ausnahme Japans) und durch die Rolle der Religionen in den jeweiligen Ländern (staatstragend oder herrschaftskritisch). Der Streit um die universale Geltung der Menschenrechte zeigt das Problem, denn die Herrschenden berufen sich bei der Unterdrückung ihrer Völker gegenüber der Weltöffentlichkeit gern auf besondere kulturelle und religiöse Werte. Inwieweit solche Argumente legitim und stichhaltig sind, muß im interreligiösen Dialog geklärt werden. Dem Dialog unter demokratisch-pluralistischen Bedingungen (wie in Europa, Indien oder Amerika) kann hier eine katalysatorische Funktion zukommen.

Geschichte ist offen, aber gegenwärtige Möglichkeiten sind vorgezeichnet durch Fakten, die in der Vergangenheit geschaffen worden sind. Deshalb können wir den eben umrissenen Fragen nur sinnvoll nachgehen, wenn wir die komplexe Geschichte der Begegnung von Religionen und Kulturen genau in den Blick nehmen. Wir werden in diesem Buch die Wechselwirkung von Buddhismus und Christentum studieren, und zwar vornehmlich die Entwicklungen in der Neuzeit. Dies hat folgende Gründe:

1. Der Buddhismus ist eine Weltreligion, die den ganzen asiatischen Kontinent umspannt und solch unterschiedliche Kulturen wie die südasiatischen (Indien, Sri Lanka), die ostasiatischen (China, Korea, Japan) und die südostasiatischen (Thailand, Burma, Laos, Kampuchea, Vietnam) miteinander verbindet. Diese Gebiete bilden wirtschaftlich und kulturell eine der dynamischsten Regionen der Erde. Wird diesen Ländern das 21. Jahrhundert gehören? Könnten sich ihre kulturellen Wertemuster, also auch der Buddhismus, so erfolgreich in Europa und Amerika ausbreiten, daß die traditionellen Identitäten der europäischen und amerikanischen Völker verblassen, die bisher stark vom Christentum geprägt waren?

2. Der Buddhismus hat eine gemeinsame Geschichte mit dem Christentum, die zwar auch vom Machtstreben der christlichen Kolonisatoren und entsprechendem Widerstand der Buddhisten geprägt war, *aber nicht nur*, denn es kam auch zu einem intensiven kulturellen Austausch auf der Basis gegenseitigen Respekts. Deshalb kann die *Dynamik* der Religionsbegegnung am Beispiel von Buddhismus und Christentum besonders gut studiert werden.

3. Der Buddhismus hat seit etwa einhundert Jahren in Europa und Amerika Fuß gefaßt. Während er zunächst auf intellektuelle Kreise beschränkt blieb, erreichte er nach dem Zweiten Weltkrieg durch vielschichtige Meditationsbewegungen Christen aller sozialen Schichten, die zum Teil zum Buddhismus konvertierten, zum Teil aber im Christentum beheimatet blieben und damit in einer gewissen „religiösen Doppelbürgerschaft“ leben. Dadurch ist ein für die christlichen Kulturen neues religiöses Identitätsmuster entstanden, das unsere Aufmerksamkeit verdient, weil es die kulturelle

Prägung der ehemals (fast) rein christlichen Länder Europas und Amerikas bereits einschneidend verändert hat. In China oder Japan hat das Modell der „religiösen Doppelbürgerschaft" eine lange Tradition, und der Buddhismus hat sich in diesen Ländern – keineswegs spannungsfrei – angepaßt, verändert, vertieft oder verflacht. Wird dies auch in Europa und Amerika geschehen?

Diese Prozesse in ihren geistigen und politischen Wirkungen zurückzuverfolgen, um sie dann in Beziehung zu der heutigen Begegnung von Buddhismus und Christentum zu setzen, ist das Ziel dieses Buches.

Wir können jedoch nicht alle soziopolitischen Aspekte der Begegnung westlicher Kulturen mit Asien behandeln, deshalb beschränken wir uns auf die Aspekte der politischen Geschichte des 19. und 20. Jahrhunderts, die vornehmlich für die interreligiöse Begegnung der religiösen Institutionen Bedeutung haben. „Säkulare" und „religiöse" Aspekte dieser Begegnung sind zwar nicht identisch, sie lassen sich aber auch nicht trennen. Das Verstehen anderer Kulturen und der Dialog mit ihnen wird auch beeinflußt von den jeweiligen historischen Erfahrungen und politischen Interessen, d. h. die *textuelle* Identifikation von Traditionen steht in Wechselwirkung mit der *kontextuellen* Identitätssuche. Unter „Dialog" verstehen wir deshalb die bewußte Gestaltung einer interreligiösen Kommunikation, in der sich das, was wir „Religion" nennen, ereignet.

Wir verstehen die interreligiöse Kommunikation als stets neu sich überprüfende „Simultan-Übersetzung", bei der die Prozesse der Sprach- und Traditionsneubildung einem ständigen Wandel unterliegen. Wir wollen zeigen, durch welche Faktoren Kommunikation zwischen den Religionen beeinflußt wird und unter welchen Bedingungen Verstehen bzw. Irrtümer in der Begegnung zustande kommen.

Zur Methodik des Buches

Unsere *Methode* ist einerseits *historisch-deskriptiv*, andererseits *komparatistisch*. Wir unterscheiden historisch-individualisierende Beschreibung und paradigmatisches Vergleichen. Letzteres baut auf ersterem auf, insofern durch jeweilige Kontextanalogien allgemeinere oder typische Strukturen sichtbar werden, durch die überhaupt erst die jeweilige Übersetzungsarbeit von historischen Erscheinungen (einschließlich ihrer Versprachlichung) in jeweils andere Verstehenshorizonte möglich wird. Dabei müssen wir uns verdeutlichen:

Vergleiche rekonstruieren nicht das Faktische, sondern sie konstruieren aus der heutigen Perspektive historische Ereignisse im jetzigen Verstehenshorizont, d. h. in neuen Kontexten.

Wir bedienen uns also nicht der Methode eines phänomenologischen Vergleichens, bei dem der historische Kontext der Ereignisse vernachlässigt würde. Vergleiche erlauben einerseits die Differenzierung von Erscheinungen auf ihrem spezifischen Hintergrund (das Besondere wird wahrnehmbar erst durch die Relation von Bezugspunkten zu anderen Besonderen), anderseits ermöglichen sie, hypothetische Analogien (von Begriffen und Entwicklungsprozessen) aufzustellen, die in sprachlichen Transformationsprozessen überprüft werden. Auch der interreligiöse Dialog spielt sich in derartigen Transformationsprozessen ab, die Verstehen ermöglichen.

Aus diesem Grunde erarbeiten wir in diesem Buch eine historische Hermeneutik, die sozialgeschichtliche Prozesse und ideengeschichtliche Entwicklungen aufeinander bezieht und deutet. So entstehen Muster von Wahrnehmungsfeldern, die Religionen als eine Dynamik intersozialer und religiöser Kommunikation begreifen lassen.

Im *ersten* Teil bedienen wir uns deshalb vorwiegend der Methode des *historischen Erzählens*, bevor im *zweiten* Teil die *abstrahierenden Konsequenzen* gezogen werden. Im *dritten* Teil sollen dann auf dem Hintergrund der *Pluralität* von historischen *Paradigmen* in beiden Religionen die *hermeneutischen Perspektiven* erörtert werden.

Das Problem der gegenseitigen Wahrnehmung

Das Überlegenheitsgefühl Europas und Amerikas hat die Sicht auf die buddhistischen Kulturen Asiens wesentlich geprägt und verstellt. Die Geschichtsphilosophie Hegels ist dafür ein Beispiel: Europa, auf der absoluten Religion der Vernunft gegründet, könne die *Vorstufen* der geistigen Entfaltung in Indien und Ostasien als *Relikte des Vergangenen* studieren, habe aber in der Evolution bereits eine höhere Stufe erreicht.

Erst die Ratlosigkeit angesichts des Zusammenbruchs der bürgerlichen Kultur im Ersten Weltkrieg führte westliche Intellektuelle ins geistige Exil nach Asien, wohin sie eigene Hoffnungen und Wünsche projizierten. Als Beispiel sei Hermann Hesses *Siddharta* (1922) genannt, der eine ganze Generation beeinflußte. Carl Gustav Jung kehrte Hegels Urteil um. Er fand im archetypischen Bewußtsein Indiens eine Ganzheitlichkeit, die der Westen mit seinem einseitigen Rationalismus und Individualismus verloren zu haben schien, doch war Jung nicht bereit, das historisch-gegenwärtige Indien zur Kenntnis zu nehmen oder seinen herausragenden Persönlichkeiten zu begegnen. So war die Sicht Asiens (und des Buddhismus) bis zum Zweiten Weltkrieg weitgehend Projektion eigener Wünsche und geistesgeschichtlicher Defizite.[1]

Die weltanschauliche Ambivalenz spiegelt sich in der europäischen Forschungsgeschichte wider: Während sich die *deutsche Forschung* vornehmlich auf die meist rationalistisch interpretierten Texte des Pāli-Buddhismus konzentrierte[2] und diesen Rationalismus einer als irrational empfundenen christlichen Theologie vorzog, versuchte die *belgisch-französische Schule* der Buddhologie weltanschaulich neutral zu bleiben: die katholischen Gelehrten (Étienne Lamotte, 1903–1983, u. a.) hielten christlichen Glauben und akademisches Interesse am Buddhismus auseinander. Die *Leningrader Schule*, vor allem Theodor Stcherbatsky (1866–1942), knüpfte an das marxistische Interesse am buddhistischen „Materialismus" an. Stcherbatsky konzentrierte sich auf die Dialektik und Logik der Buddhisten und klammerte die mystischen, transrationalen und magisch-okkulten Elemente aus. Erst Edward Conze (1904–1979) in England erforschte das Mahāyāna als eigenständige und authentische Tradition und erzielte damit einen Durchbruch in der *anglo-amerikanischen Diskussion*. Das rationalistische Vorurteil zugunsten des Theravāda wurde dabei vor allem durch seine Studien der Prajñāpāramitā-Literatur mit ihrer *śūnyatā*-Philosophie überwunden. Conze und der bedeutende Vermittler des Zen-Buddhismus an den Westen, Suzuki Daisetsu (1870–1966), wurden zu wortgewaltigen Verteidigern des Mystischen und der transrationalen Dimension im Mahāyāna-Buddhismus. Conze beeinflußte maßgeblich die neuere Buddhologie in den Vereinigten Staaten, die heute von Gelehrten bestimmt wird, die oft selbst zum Buddhismus konvertierten (Richard Robinson, Jeffrey Hopkins, Robert Thurman, Luis Gomez, Francis Cook, Rita Gross), was bedeutet, daß das Studium der Texte nicht mehr allein nach westlichen akademischen Maßgaben des 19. Jahrhunderts erfolgt. Einige dieser Gelehrten initiieren vielmehr eine Traditionsbildung nach dem Vorbild der asiatischen, vor allem der tibetischen Schulen, die sich auch in einer neuen Begriffsbildung niederschlägt.

Conze suchte nach Parallelen zum Christentum, und er fand sie, angeregt durch Suzuki Daisetsu, bei den Gnostikern und Mystikern. Conzes Schüler unter den *amerikanischen Buddhologen* sehen den christlich-buddhistischen Dialog bis heute vornehmlich unter dieser Perspektive. So wie Conze die Bedeutung des Mahāyāna erkannte, erweiterte der Japaner Umehara Takeshi in Japan die Diskussion und führte sie über die rationalistische Engführung hinaus, indem er das Interesse an Mikkyō bzw. dem japanischen Tantrayāna oder Shingon belebte.

Auf asiatischer Seite sind die historisch bedingten Probleme des Verstehens komplex. Die Feststellung, ein imperialistischer Westen habe mit militärischer Gewalt und religiös-missionarischer Aggression in den buddhistischen Ländern eine antiwestliche Bewegung provoziert, die sich (besonders in Sri Lanka) als nationalistisch-buddhistische Emanzipation artikulierte, ist nur ein – zweifellos bedeutsamer – Aspekt. Doch die hier angesprochene Emanzipation betrifft beide Seiten viel grundlegender als es nationalstaatliches oder religions-nationales Denken erfassen könnte. Unsere Studie möchte dazu beitragen, ein differenzierteres Bild von der *Begegnung* unterschiedlicher Kulturen zu gewinnen. Dazu müssen die *Wurzeln* einer bestimmten Legitimitätsstruktur, also der historische und geistige Ursprung der betreffenden Religion, offengelegt werden.

Buddhismus und Christentum ist gemeinsam, daß sie in jeweils einzigartigen Erfahrungen ihrer Gründer wurzeln, durch die dem Menschen bewußt wird, daß er mehr ist als das, was ihn seine alltägliche Wahrnehmung lehrt.

Beide Religionen bezeugen, daß in der wirklichen Nachfolge des Religionsstifters eine neue Lebensmöglichkeit spürbar wird, die die Welt bereits verändert hat und weiter verändern wird.

Buddhismus und Christentum sind aber in den jeweiligen Ursprungsgeschichten, den Sprachen, den politischen Entwicklungen und den philosophischen Denkweisen verschieden.

Der Schmerzensmann am Kreuz und der lächelnde Buddha im Lotos-Sitz sind Gegensätze, wie sie schärfer kaum denkbar sind. Aber was bedeutet dies *für uns* heute? Vielleicht handelt es sich um unterschiedliche Erfahrungsbereiche, die der Mensch zu integrieren hätte?

Die Schwierigkeit des gegenseitigen Verstehens in der Religionsbegegnung ergibt sich schon aus den unterschiedlichen Sprachen sowie den verschiedenen mythischen wie historischen Voraussetzungen, die auch spezifische Entwicklungen *innerhalb* der jeweiligen Traditionen begünstigt haben, wobei in beiden Religionen einstmals getrennte konfessionelle Prägungen später miteinander verschmolzen sind.[3] Bei genauerem Hinsehen zeigt sich, daß es innerhalb der jeweiligen Religion Entwicklungen gab, die einer gewissen inneren Logik folgten. Diese Entwicklungen haben wiederum nicht eine reine Ideengeschichte produziert, sondern sie sind als Ideen und Symbole in ihrem sozialgeschichtlichen Wirkungsfeld zu sehen. Die Methode des „Vergleichens“ muß diese systemischen Zusammenhänge beachten.

Zur Struktur des Buches

Im *ersten Teil* untersuchen wir die Geschichte der Begegnung beider Religionen, geordnet nach Ländern bzw. Regionen, wobei wir die komplexe Geschichte nur in Grundzügen darstellen können. Wir wollen die Begegnungsgeschichte nicht auf Ideengeschichte reduzieren, sondern die spezifischen sozialen und politischen Komponenten bei der Bestimmung von Religionen und ihrer Begegnung herausarbeiten. Die Gründe für ein Gelingen oder Scheitern interreligiöser Kommunikation hängen wesentlich von diesen Faktoren ab, wie wir zeigen werden. Dieser erste Teil des Buches stellt den *Text* des Dialoges der Religionen in den *Kontext*, ohne den der Text bedeutungslos wäre.

Im *zweiten Teil* geht es um den *Text*, d. h. um die Sachprobleme im buddhistisch-christlichen Dialog. Beiden Religionen ist gemeinsam, daß sie sich auf einen Stifter berufen (Jesus bzw. Gautama), der etwas Besonderes gelehrt hat (das rechte Gottesverhältnis bzw. den *dharma)*, was seither in ununterbrochener Tradition (Kirche bzw. *saṃgha)* weitergegeben wird. Die einzelnen Lehrinhalte werden so analysiert, daß die intra- wie interreligiösen Überlappungen bei der Traditionsbildung sichtbar werden. Vor allem fragen wir zurück, was Verstehens- bzw. Übersetzungsversuche von Begriffen oder Vorstellungen in die jeweils andere Kultur im Selbst- und Fremdverständnis beider betroffenen Partner bewirkt haben und weiterhin bewirken.

Im *dritten Teil* geht es um die Frage, wie auf der Grundlage der Erkenntnisse der ersten beiden Teile die *Strukturen des Verstehens* genauer bestimmt werden können, um einen dialogischen Prozeß zu ermöglichen, der falsche Vorurteile bei der Wahrnehmung des Anderen abbaut. Dies bedeutet:

- *erstens*, daß wir die buddhistische Geschichte in ihrer ganzen Komplexität in den Blick nehmen und paradigmatische Grundmodelle unterscheiden, wobei wir diese Analysen auf Parallelen in der christlichen Geschichte beziehen (dazu vor allem das Vorwort von Hans Küng);
- *zweitens*, daß wir grundsätzlich den Rahmen für die Möglichkeiten einer interreligiösen Hermeneutik angesichts der faktischen Begegnungsgeschichte beider Religionen erörtern.

Teil A: Begegnung in verschiedenen Ländern

Wir können nicht alle Länder behandeln, sondern müssen exemplarisch vorgehen. Wir beginnen mit *Indien*, dem Ursprungsland des Buddhismus. Obwohl der Buddhismus für Jahrhunderte fast völlig aus Indien verschwunden war, hat er die religiöse Kultur des nach-buddhistischen Hinduismus wesentlich mitgeprägt. Durch die heutige neo-buddhistische Bewegung Ambedkars sowie durch die Präsenz der Exil-Tibeter ist in Indien eine einzigartige dialogische Situation entstanden. Die meisten buddhistischen Tibeter im indischen Exil sind innerbuddhistisch-ökumenisch gesinnt und interreligiös aufgeschlossen.

Die Geschichte *Sri Lankas* zeigt besonders deutlich die politischen Konnotationen der Religionsbegegnung in Südasien und die damit verbundenen Schwierigkeiten des Dialogs. Wir werden an diesem Beispiel aber auch zeigen, wie fruchtbar der Dialog sich gestalten kann, wenn diese Hindernisse erkannt werden und das gegenseitige Verstehen von glaubwürdigen Persönlichkeiten unerschrocken gefördert wird.

Wir bedauern den Mangel an Daten über *Südostasien*. Wegen der politischen Situation in Vietnam, Kampuchea und Laos ist die Begegnung von

Buddhisten und Christen kaum dokumentiert, außer im Falle der politisch engagierten Buddhisten um Thich Nhat Hanh in Vietnam (vgl. Teil B, III.1.d). So ist es noch nicht möglich, ein umfassendes Bild der Geschichte der Begegnung beider Religionen in diesem Raum zu zeichnen. Der Dialog in *Thailand* hingegen ist so stark von zwei herausragenden buddhistischen Persönlichkeiten (Bhikkhu Buddhadasa und Sulak Sivaraksa) geprägt, daß wir seine Strukturen in eigenen Kapiteln mit inhaltlichen Schwerpunkten (Teil B, II.2.d und Teil B, III.1.d) behandeln werden.

Die Situation in den Ländern des Mahāyāna-Buddhismus stellt sich anders dar als in jenen des Theravāda. Hier beschränken wir uns auf eine kontrastierende Darstellung der Geschichte in *China* und in *Japan*, denn das Verhältnis von Staat und *saṃgha* ist in beiden Ländern ebenso verschieden wie die jeweiligen Erfahrungen mit dem westlich-christlichen Kolonialismus.[4] Anders als in China gliedert sich der Buddhismus *Japans* in institutionell scharf voneinander abgegrenzte Schulen/Sekten, von denen vor allem Zen und Reines Land eher geneigt sind, mit Christen in einen Dialog zu treten als miteinander ins Gespräch zu kommen, d. h. es gibt noch keine innerbuddhistische Ökumene. Die Öffnung Japans für westliche Technologie und Kultur, einschließlich der Religion, seit der Meiji-Reform (1868) ist die Basis für eine einzigartige Dialog-Situation.

Für Europa behandeln wir *Deutschland* exemplarisch, obwohl die Faszination für den Buddhismus und seine philologisch-wissenschaftliche Erschließung in anderen europäischen Ländern wie England, Frankreich, Rußland, Italien und Ungarn teilweise eine längere und mindestens ebenso bedeutende Tradition hat.[5] Wir wählen Deutschland aus, weil nirgends das christliche und das kirchlich-institutionelle Interesse am Buddhismus so ausgeprägt zu sein scheint wie hier, wobei auch die allgemeine intellektuelle philosophische Diskussion vom Buddhismus nicht unbeeinflußt blieb.

Die *Vereinigten Staaten von Amerika* sind gegenwärtig die dynamischste Region der akademisch-intellektuellen Begegnung von Buddhismus und Christentum. Mit der Gründung der *Society for Buddhist Christian Studies* (1987) ist der Dialog hier hochgradig institutionalisiert. Die Gründe dafür finden sich in der amerikanischen Religionsgeschichte und liegen auch im gegenwärtigen universitären System.

Teil B: Sachprobleme im Dialog: Buddha – Dharma – Saṃgha

Jesus verkündete das *Reich Gottes*, Gautama lehrte als Erwachter (Buddha) den *dharma*. Beide Inhalte sind funktional ähnlich, aber keineswegs inhaltlich identisch. In der christlichen Tradition mußte das Verhältnis Jesu, des Verkündigers, zu Gott als dem, der ihn gesandt hatte, geklärt werden: das Ergebnis war die Lehre vom dreieinigen Gott. Der Buddha, der den *dharma* lehrte, war zugleich der Träger des *dharma* und wurde allmählich auch zum Inhalt der buddhistischen Lehre, so daß das Verhältnis des historischen Gautama Śākyamuni zum *dharma* geklärt werden mußte. Man löste das Problem mit der Lehre von den drei Körpern des Buddha *(trikāya)*. *Dharma* und Gott sind nicht identisch, aber sie entsprechen einander als Inbegriffe der unbedingten Letzten Wirklichkeit, um die es sowohl Jesus als auch Gautama ging. In diesem Sinne erscheint es uns möglich, die Begriffe Gott und *dharma* als Vergleichsgrößen einander gegenüberzustellen.

Wir ordnen die Themen nach dem allgemeinsten Schema, das alle buddhistischen Traditionen anerkennen und das auf christlicher Seite folgende Entsprechung hat:

buddhistisch	christlich
Gautama (Buddha)	*Jesus* (Christus)
|	|
dharma	Evangelium vom liebenden Gott
|	|
saṃgha	Kirche

Gerade aus der Differenz der betreffenden Inhalte ergibt sich die fruchtbare Spannung bei der Begegnung beider Religionen, die sich in geschichtlich konkreten sozialen und politischen Gemeinwesen ereignet, dem *saṃgha* und den Kirchen. Wir werden zeigen, wie die *Pionierleistung einzelner Reformer* die *strukturellen Gegebenheiten* der jeweiligen Religionsgemeinschaften *verändern* konnte.

Eine Problemskizze für die *drei Themenkreise* des systematischen Teiles B ergibt folgendes Bild:

a) Historischer Jesus – historischer Gautama

Die buddhistisch-christliche Begegnung der Neuzeit beginnt im 19. Jahrhundert, einer Epoche wachsenden historisch-kritischen Bewußtseins in Europa und Amerika. Die Debatte um die Legitimität der Religionen ließ die Frage nach ihrem historischen Ursprung aufkommen, und so mußten beide Traditionen ihre Identität im Licht des Verständnisses der Stifterfiguren, Jesus und Gautama Śākyamuni, begründen können.

Theravāda versteht sich als der *ursprüngliche* Buddhismus, und dieser Anspruch wurde noch bis zur Mitte dieses Jahrhunderts von westlichen Buddhologen und christlichen Theologen als mehr oder weniger selbstverständlich akzeptiert. Gerade weil Theravāda beanspruchte, den Lehren des historischen Buddha zu entsprechen, entwickelte es keine historisch fundierte Selbstkritik.

Die Behauptung historischer Ursprünglichkeit ist eine dogmatische These, die das Selbstverständnis konstituiert und gerade darum historisch-kritisch hinterfragt werden muß, wenn Reformansätze wirksam werden sollen.

Im *Mahāyāna* stellt sich die Frage anders. Als der Westen die Pāli-Forschung nach Japan brachte, entstand hier der Druck, *die eigene Authentizität des Mahāyāna gegenüber dem Theravāda vor westlichen Gelehrten zu verteidigen.* Deshalb entwickelte sich im Japan des ausgehenden 19. Jahrhunderts (Meiji-Zeit) die historisch-kritische Frage nach der ursprünglichen Form des Buddhismus.

Die im 19. Jh. aus Europa kommende historische Kritik hat im Buddhismus drei unterschiedliche Reaktionen hervorgerufen:

1. *Theravāda* definierte sich als ursprünglicher Buddhismus, ohne seinen eigenen historischen Mythos der Selbstkritik zu unterwerfen.
2. In *Japan* mußte der Mahāyāna-Buddhismus seine eigene Authentizität gegenüber dem jetzt erst in Japan bekannt werdenden Pāli-Buddhismus behaupten, und die Mahāyāna-Gelehrten benutzten dazu das Mittel, das ihnen dieses Problem überhaupt erst beschert hatte: die historisch-kritische Forschung.
3. Die *chinesischen* Buddhisten verharrten in ihrem nicht-geschichtlichen Denken hinsichtlich der Frage nach der Authentizität des Mahāyāna. Charakteristisch ist die These des Mönches T'ai-hsü (19. Jh.), daß die Mahāyāna-Sūtras sowie das *Mahāyāna-śraddhotpāda-śasta* (engl. *Awakening of Faith*, dt. *Abhandlung vom Erwachen des Glaubens*; ca. 6. Jh. n. Chr.) keiner historischen Kritik unterzogen werden könnten, weil sie transhistorischen Ursprungs seien.

Der christliche Beitrag zu dieser Debatte ist zwiespältig. Das Argument, man selbst besitze eine historische Offenbarung, während der Buddhismus a- oder transhistorisch sei, wurde und wird zum Teil noch immer für die Einzigartigkeit des Christentums verwendet. Andererseits finden aber Konvertiten zum Buddhismus gerade in der buddhistischen Haltung eine Möglichkeit zur Überwindung des Lessingschen „garstigen Grabens" zwischen „ewiger Vernunftwahrheit" und „zufälliger Geschichtswahrheit". Doch beide Positionen verstellen den Blick sowohl für die langsame und relativ späte Entwicklung eines historischen Bewußtseins im christlichen Europa als auch für die historisch bedingte komplexe Situation innerhalb des Buddhismus. Der Buddha des Theravāda erscheint dann als *bloßer* Lehrer und Mensch, der Mahāyāna-Buddha hingegen als überweltliches Wesen, *vergöttlicht* und kein wirklicher Mensch, so daß ein Vergleich mit Jesus dem Christus kaum möglich erscheint. Doch all dies sind bestenfalls Halbwahrheiten, die durch eine genauere Wahrnehmung des Buddhismus zu korrigieren sind.

Mahāyāna mit seinen verzweigten Entwicklungen ist in sich weniger geschlossen als der Theravāda-Buddhismus. Doch gemeinsam und von zentraler Bedeutung für alle Schulen des Mahāyāna ist der transzendente Buddha, der sich nicht im historischen Buddha erschöpft. Das heißt nicht, daß der Buddha im Theravāda keine Rolle spielen würde – er ist der Lehrer, der auf den *dharma* verweist; im Mahāyāna aber ist er mehr: die *Verkörperung* des *dharma*, vergleichbar der christologischen Anschauung, daß Christus menschgewordener Gott sei. Christus, der das Wort predigt, ist selbst der Logos. Der Buddha, der das Lotos-Sūtra predigt, ist selbst der ewige *dharma*.

Die Frage nach Christus und Buddha spielt vor allem im Gespräch mit dem Mahāyāna eine Rolle, und dabei geht es meist um die Bedeutung des Christus-Mysteriums, das als „ewiger Logos", „kosmischer Christus" bzw. „der sich seiner Gottheit entäußernde Gott" (kenotisches Prinzip) interpretiert wird. Auf der anderen Seite steht der universale Buddha bzw. die mit dem *dharma* identifizierte Buddha-Natur, wie sie von verschiedenen Mahāyāna-Schulen unterschiedlich gedeutet wird.

Wir fassen die Problemskizze für die Rückfrage nach den historischen Gründergestalten zusammen:

1. Die Dialektik der buddhistisch-christlichen Begegnung im Blick auf die Frage nach Jesus und Gautama bzw. Christus und Buddha besteht darin, daß
   - der Anspruch des Christentums, in überlegener Weise das Historische ernst zu nehmen, die Buddhisten zu einer historischen oder zumindest historisierenden Betrachtungsweise angeregt hat, die sich teilweise von der eigenen Tradition erheblich unterscheidet;
   - genau durch diese konfrontative Begegnungssituation eine ursprüngliche Tradition wiederentdeckt wurde, um Tradition neu zu formulieren.
2. Für das frühe Christentum gilt: Es gibt von Anfang an nicht nur *eine* Tradition, sondern *mehrere* christliche Überlieferungen, die sich alle auf den *einen* Glauben berufen. Ähnliches gilt für den Buddhismus, der sich – gerade in der Begegnung mit dem Christentum – seiner Einheit in Verschiedenheit bewußt wird.
3. Indem Christen die Pluriformität ihrer Tradition entdecken, wird der Dialog erleichtert, da sich dogmatische Selbst-Definitionen relativieren, ohne daß die Einheit im Glauben aufgegeben werden müßte. In ähnlicher Weise kann für Buddhisten der historische Gautama Śākyamuni einen Ausgangspunkt für die Weltgemeinschaft der Buddhisten (World Fellowship of Buddhists) sein, wenngleich der Buddhismus niemals seine Selbstidentität in dogmatischer Einheit oder institutioneller Geschlossenheit zu wahren gesucht hat.
4. Die Suche nach Jesus und Gautama ist motiviert von dem Wunsch nach *Maßstäben*, die allgemeinverbindliche Werte darstellen und auf dieser Grundlage ein kritisches Korrektiv gegenüber der jeweiligen institutionellen Wirklichkeit einer Religion bilden können. Darin spiegelt sich die

Frage nach dem, was in einer Religion als letztgültiger Maßstab unaufgebbar ist, christlich gesprochen nach *Gott*, buddhistisch gesprochen nach dem *dharma*.

b) Gott und *dharma*

In gewissem Sinn kann man im Verhältnis von Buddha und *dharma* ein Äquivalent sehen zu dem Verhältnis von Jesus, dem Sohn und Gott, dem Vater. Wir werden dies am Anfang des Teils B, Kap. II begründen. Im Buddhismus ist die Letzte Wirklichkeit jedoch nicht personal gedacht, und darum ergibt sich an dieser Stelle eine unauflösbare Spannung, die auch dann nicht entschärft würde, wenn man den buddhistischen *dharma* dem christlichen *logos* gegenüberstellte. Denn der *logos* (das universale geistige Prinzip der Griechen) ist christlich personal gedacht: der *logos* ist in Christus *Fleisch* geworden. Die Kontroverse zwischen Christen und Buddhisten um das Verständnis der Letzten Wirklichkeit (personal oder impersonal) ist zentral, wir werden das Thema daher mehrfach aufgreifen.[6] Hier genügt es festzustellen:

> *Gerade aus dieser dialogischen Kontroverse haben beide Seiten gelernt, den Personbegriff neu zu verstehen, nämlich nicht exklusiv-individualistisch, sondern inklusiv-transpersonal.*

Wenn wir Gott und *dharma* kontrastierend gegenüberstellen, beziehen wir uns auf die reflektierende und systematische Darstellung der beiden Religionen, d. h. auf die Psychologie und Erkenntnistheorie des Buddhismus und die Theologie des Christentums. Der größere Teil der gegenwärtigen theologisch-dialogischen Arbeit (vor allem in Europa und den Vereinigten Staaten) fällt unter diese Kategorie. Der Dialog auf dieser Ebene hat gelegentlich eine sehr abstrakte Form angenommen, und wir hoffen, die kaum überschaubare Vielfalt der Argumente und Denkmodelle durchsichtig machen zu können, ohne Vollständigkeit zu beanspruchen.

> *Auf philosophischem Gebiet sind die Kontraste zwischen beiden Religionen besonders scharf. Selbst wenn schließlich doch ein gemeinsamer Grund gefunden wird – zum Beispiel in dem buddhistischen Gedanken vom Entstehen in gegenseitiger Abhängigkeit (pratītyasamutpāda) und der christlichen Prozeß-Theologie –, dann um den Preis eines hohen Abstraktionsgrades. Für Nicht-Spezialisten ist diese Form des Dialoges kaum noch nachvollziehbar und deswegen sowohl von Christen als auch von Buddhisten kritisiert worden.*

Ein Blick auf den Dialog mit anderen Religionen, vor allem den christlich-jüdischen, den christlich-islamischen und den christlich-hinduistischen, verdeutlicht das Besondere der buddhistisch-christlichen Begegnung. Sowohl in Zeiten scharfer Auseinandersetzungen als auch in entspannteren Situationen waren sich Juden, Christen und Muslime stets ihrer Einheit im Glauben an den *einen* Gott bewußt. Als „Religionen des Buches“ ist ihnen die Wurzel des Theismus gemeinsam. Dies war ein Bezugspunkt, der auch religionspolitisch in der Geschichte immer wieder eine Rolle spielte – von den Mauren über Friedrich II., Nikolaus von Kues und die Aufklärung bis heute. Der Streit zwischen diesen Religionen war der von rivalisierenden Sprößlingen aus gleichem Stammbaum. Im christlich-hinduistischen Dialog gibt es einen symbolisch-anschaubaren gemeinsamen Grund im Glauben an einen Gott, der mehr oder weniger personal-transpersonal zugleich erscheint. Ein solcher Ausgangspunkt ist konkret, und deshalb ist der hinduistisch-christliche Dialog meist weniger abstrakt als der buddhistisch-christliche: heilige Symbole, Pilgerschaften und glühende Gottesverehrung der Hindus stehen der „kühleren Rationalität“ der Buddhisten gegenüber (wenn man einmal vom tantrischen Buddhismus absieht). Der Hinduismus ist eine hochgradig partizipatorische Religion – die Opferpriester (Brahmanen) sind Teil der opfernden und betenden Gemeinschaft, selbst wenn sie sich intellektuell einer Philosophie verbunden wissen, die buddhistisch beeinflußt ist und dem Kult wenig Bedeutung zumißt (wie im Advaita Vedānta). Der buddhistische Mönch hingegen, besonders im Theravāda, steht gelegentlich über der Volksreligion, die in häuslichen Opferschreinen und im Dorftempel (vermischt mit hinduistisch-buddhistischen Ritualen wie in Sri Lanka) lebt.

Genau hier setzt aber auch das Interesse vieler christlicher Partner am Gespräch mit Buddhisten ein: Sie sind am Buddhismus interessiert,

- weil das moderne säkulare Weltbild im „entmythologisierten Universum“ der Buddhisten, das die Hindu-Gottheiten entthront hat, ein Echo zu wecken scheint.
- weil das Christentum wie auch der Buddhismus ethnische Bindungen und Beschränkungen überwunden haben und sich zu Weltreligionen entwikkeln konnten, gerade indem sie die Symbolik für das Unbedingte universalisierten und damit abstrahierten.

Unter christlicher Perspektive erscheint der Hinduismus meist als vormodern, während der Buddhismus mit seiner Kritik am Hindu-Mythos und seinen sozialen Konsequenzen (der Ablehnung des Kastensystems) der Moderne zu entsprechen scheint. (In der Grundstimmung post-moderner Kritik fühlen sich freilich andere gerade zum Hinduismus und zum tantrisch-tibetischen Buddhismus hingezogen.)

Im buddhistisch-christlichen Dialog jedenfalls fallen die Kontraste der abstrahierten Begriffe sofort ins Auge: Seele versus *anātman* (Nicht-Selbst); personaler Gott versus apersonalem *dharma* usw. Wir werden diesem kontrastierenden Ansatz in unserer Darstellung folgen. Unsere Bedenken, daß dies zu einer Verengung in der Wahrnehmung der Wirklichkeit des Buddhismus führen könnte, seien hier genannt, aber wir hoffen, dies in den Kapiteln über die konkreten Begegnungen auf der Ebene spiritueller Gemeinschaften (*saṃgha* und Kirche, Teil B, III) ausgleichen zu können.

Die Vielfalt der Themen zwingt uns, die Entwicklung der dialogischen Debatte in den letzten Jahrzehnten zu strukturieren, wobei unser Vorgehen gewiß nicht die einzige Möglichkeit und zunächst nicht mehr als ein heuristisches Prinzip ist.

Der Dialog mit dem Buddhismus steht wesentlich unter zwei Fragestellungen:

a) der phänomenologisch-psychologischen Diskussion mit dem Theravāda,
b) der spekulativen und existentiellen Diskussion mit dem Mahāyāna.

Der *phänomenologisch-psychologische Ansatz* (Begegnung mit dem Theravāda) gründet in der Bezugnahme auf existentiell-psychologische Erfahrungen und sucht weitgehend allgemeine metaphysische Fragen zu vermeiden. Dies entspricht der Grundstruktur der buddhistischen Daseinsanalyse, die in den Vier Edlen Wahrheiten zum Ausdruck kommt. Unsere Darstellung orientiert sich an folgendem Argumentationsgang:

Buddhismus und Christentum gründen in der elementaren menschlichen Erfahrung von Leiden und Sünde (Teil B, II.1) und wollen als *Wege* durch Einsicht und/oder Offenbarung (Wissen und Glauben, Teil B, II.2.a) zum letztlichen Ziel des Menschen hinführen, wobei die Frage, wer diesen Weg eigentlich geht (*anattā* und Seele, Teil B, II.2.b) damit zusammenhängt, ob die bewußte Steuerung des *karman* und/oder die Gnade (Teil B, II.2.c) zum Ziel führen. Daß dieser Heilsweg nicht individuell gegangen werden kann, sondern in soziale Prozesse einmündet, hat der moderne Reformbuddhismus im Theravāda erkannt (Teil B, II.2.d) und damit den buddhistisch-christlichen Dialog auf eine soziale Ebene gehoben.

Die Suche nach einem letzten Ziel menschlicher Existenz führt zu den Fragestellungen, die den Dialog mit dem *Mahāyāna* bestimmen (*śūnyatā/nirvāṇa*/Absolutes Nichts und Gott/Logos [Teil B, II.3]). Denn die Identität des Mahāyāna wurzelt in der Kritik am Theravāda-Begriff des *dharma*: Für die Theravādins war der *dharma* die letzte Ebene der *phänomenologisch* angelegten Abhidharma-Reflexion. Darin, so die Mahāyāna-Kritik, liege die Gefahr, begrifflich über die Wirklichkeit verfügen zu wollen, was wiederum das *Anhaften* am Konzept des *dharma* zur Folge habe und den Kreislauf des Leidens erneut von vorn beginnen lasse. In diesem Sinne nimmt Mahāyāna einen meta-empirischen, begriffskritischen und *spekulativen* Standpunkt ein.

Allerdings: So, wie wir den Begriff „phänomenologisch“ in einem weiten Sinn gebrauchen, um das zu charakterisieren, was die Tradition des frühen Buddhismus als „nicht-substantielle“ Analyse der Wirklichkeit bezeichnet, so gebrauchen wir auch den Begriff „spekulativ“ in einem weiten Sinn, um die kritische Abgrenzung des Mahāyāna von der Tradition des frühen Buddhismus anzudeuten, mit der methodisch differenziert ein neuer Weg beschritten wurde, der als Paradigmenwechsel bezeichnet werden kann.

Der *spekulative und existentielle Ansatz* (Begegnung mit Mahāyāna) gründet in der existentiellen Erfahrung des Verstricktseins in gedankliche Konstruktionen und sieht in dem symbolischen Verweis auf die meta-physische Wirklichkeit ein Mittel, dieses Problem bewußt zu machen. Dies entspricht der Grundstruktur der buddhistischen Geisteserfahrung, die gerade (und nur) in der Leere *(śūnyatā)* der Erscheinungen deren jeweilige Soheit *(tathatā)* gelten lassen kann. Dabei erscheint die buddhistische Kritik an der Versprachlichung des „Letztgültigen“ im buddhistisch-christlichen Dialog als *Dekonstruktion* und *Rekonstruktion* der Rede vom „Letztgültigen“ in den Religionen. Hier, so scheint uns, hat der Dialog eine höchst kreative Weiterführung der Geschichte christlichen Denkens angestoßen.

Wir fassen die Problemskizze für den systematischen Teil (Teil B, II) nochmals zusammen und ergänzen:

1. Der Dialog ist auf dieser philosophisch-theologischen Ebene einseitig an Begriffen orientiert, wobei auch die Begrifflichkeit des „Begriffs“ – in Aufnahme der Mādhyamika-Tradition – der begrifflichen Kritik unterzogen wird. Methodisch werden dabei immer wieder Schlüsselbegriffe aus den jeweiligen Traditionen herausgefiltert, um Verstehen durch die Suche nach einem gemeinsamen begrifflichen Grund zu ermöglichen.
2. Diese Methode erfaßt zwar prinzipiell die erkenntniskritischen Grundlagen der buddhistischen Philosophie, verfehlt aber weitgehend das, was den Glauben der meisten Buddhisten in den Theravāda- und Mahāyāna-Ländern bestimmt. Dieser Glaube ist wesentlich durch die Symbolik der jeweiligen Tradition geprägt, die wiederum mit den besonderen geschichtlichen Entwicklungen in Tibet, China, Japan usw. zusammenhängt. Kurz, Zen ist mehr als *śūnyatā*, Hua Yen ist mehr als *pratītyasamutpāda* usw.
3. Generell stellen wir fest, daß der philosophisch-theologische Dialog einseitig die Śāstra-Tradition (die philosophischen Schulen) im Auge hat, während der Glaube der Buddhisten vor allem in den jeweiligen Sūtra-Traditionen (den „Heiligen Schriften“) gründet. Die Śāstras können die Sūtras interpretieren, aber sie sind ebensowenig konstitutiv für den buddhistischen Glauben wie ein christliches theologisches System für den christlichen Glauben. Die Sūtras sind die Basis buddhistischer Identität, die Śāstras sind die Basis der Identität von philosophischen Schulen. Auch im Buddhismus ist beides keineswegs identisch. Diese Engführung trifft auch für die christliche Seite zu. Aus theologischen und kommunikationspsychologischen Gründen bedarf dies der Korrektur.
4. Indem mehr Laien in den Dialog einbezogen werden und seine soziologische Basis erweitert wird, kann der Dialog konkreter und sozial-ethisch relevanter werden. Solange Christen nur mit Gelehrten oder Mönchen im Dialog sind, wird die Abstraktion kaum vermeidbar sein, obwohl die spirituelle Abgeschiedenheit des Meditierenden nicht mit intellektueller Distanz verwechselt werden darf. Die Volks- und Dorftraditionen des

Buddhismus mit ihren magischen Praktiken und die Spiritualität der mächtigen buddhistischen Laienbewegungen, die im Lotos-Sūtra gründen, sind nicht der Buddhismus, den man im Westen aus Büchern kennt. Er ist religiös, sozial und politisch lebendig, also relevant.

Die interreligiöse Begegnung, die wir im Kapitel „*Saṃgha* und Kirche" (Teil B, III) beschreiben werden, ist im Begriff, diese Einseitigkeit zu überwinden.

c) Saṃgha und Kirche

So, wie auf christlicher Seite der Heilige Geist als die Wirklichkeit gilt, die Kirche bildet, so ist es für Buddhisten die *eine* Wirklichkeit des Bewußtseins, die den Kern spiritueller Gemeinschaft ausmacht. Allerdings wird in beiden Religionen deutlich, daß es eine polare Differenz von Geist als persönlicher Erfahrung und Geist als sozialer Gemeinschaft gibt, die es zu integrieren gilt.

Wir müssen darum drei Grundvoraussetzungen für den gegenwärtigen buddhistisch-christlichen Dialog auf der Ebene der religiösen Gemeinschaften mitbedenken:

1. Der christlichen ökumenischen Bewegung entspricht die buddhistische Weltgemeinschaft (World Fellowship of Buddhists (WFB)), allerdings verfolgen beide unterschiedliche Ziele.

2. Das buddhistische Verständnis einer inneren geistigen Erfahrung, die durch Meditation möglich wird, hat bei vielen Christen dazu geführt, daß das Verständnis des Christlichen in eben jenem interreligiös-ökumenischen Kontext neu definiert wird.

3. Der protestantische Gedanke des Priestertums aller Gläubigen scheint besonders im Mahāyāna auf fruchtbaren Boden zu fallen und Kräfte freizulegen, die mit den Ursprüngen des Mahāyāna zusammenhängen. Die Laienbewegungen in Japan (wie Risshō Kōsei-kai u. a.) sind Anzeichen dafür. Möglicherweise bahnen sich hier Entwicklungen an, die den Buddhismus in seiner sozialen Wirklichkeit erheblich beeinflussen werden.

Die moderne *christliche Ökumene* gründet im Trauma der beiden Weltkriege, in denen Gewalt zwischen „christlichen Völkern" legitimiert worden war. Das Schuldbekenntnis der Kirchen in Deutschland angesichts des Massenmordes an Juden auf dem Hintergrund eines tief verwurzelten christlichen Antisemitismus hat das Interesse an den anderen Religionen wesentlich belebt. Die Abwendung der drohenden Gefahren der Gegenwart bewegen die christliche ökumenische Bemühung und stellen sie in einen interreligiösen Kontext.

Das Entstehen einer *buddhistischen Weltgemeinschaft* hingegen hängt mit der Überwindung des militärisch-kulturellen Imperialismus des Westens und dem Zusammenbruch der Kolonialreiche zusammen. Aber die religiöse

Antwort auf den neuen Anfang war und ist in den unterschiedlichen buddhistischen Ländern keineswegs einheitlich. Die religiöse Kommunikation zwischen den verschiedenen buddhistischen Kulturen ist bisher marginal geblieben. Der Hauptgrund dafür ist, daß es – anders als im Christentum – im Buddhismus nie einen zentralisierten *saṃgha* gab: Theravāda und Mahāyāna waren und sind seit ca. zwei Jahrtausenden getrennt, ohne daß sich bis zum 19. Jahrhundert ein besonderes Zusammengehörigkeitsgefühl entwickelt hätte.

Stellt man die Komplexität des *saṃgha* und der Kirche sowie ihrer jeweiligen Geschichte in Rechnung, so ist es schwer, den buddhistisch-christlichen Dialog auf dieser Ebene zu erfassen.

Die buddhistisch-christliche Begegnung ist immer noch eine Angelegenheit kleiner, aber sich ständig erweiternder Kreise. Konservative und Traditionalisten auf beiden Seiten vermeiden die Begegnung, die hauptsächlich von Intellektuellen sowie von Mönchen und Nonnen getragen wird. Auf christlicher Seite begann der Dialog mit der persönlichen Begegnung herausragender Gestalten in den 50er und 60er Jahren, wofür die Begegnungen des amerikanischen Trappistenmönches und Dichters Thomas Merton mit Suzuki Daisetsu und dem Dalai Lama sowie des deutsch-amerikanischen Theologen Paul Tillich mit dem japanischen Zen-Meister Shin'ichi Hisamatsu beispielhaft waren.

Wir strukturieren diesen Teil (Teil B, III) deshalb wie folgt:

1. Am Anfang stehen religiöse Persönlichkeiten, die individuell einander begegneten. Wir berichten ausführlich über den Weg, den Thomas Merton, Hugo M. Enomiya-Lassalle und Tenzin Gyatso, der XIV. Dalai Lama, gegangen sind und gehen.

2. Daraus entwickelte sich eine organisierte und über Jahre hinweg geplante Begegnung zwischen Mönchen und Nonnen beider Religionen, wobei besonders die deutschen und amerikanischen Benediktiner sowie die japanischen Zen-Buddhisten und tibetischen Gelukpa-Mönche zu nennen sind. Wir werden die entsprechenden Programme und Berichte analysieren.

3. Der Austausch innerhalb der praktischen Begegnung blieb nicht auf Mönche und Nonnen beschränkt, sondern erfaßte auf buddhistischer Seite auch die Laien-Bewegung Risshō Kōsei-kai und auf christlicher Seite z. B. die Focolare-Bewegung. Auch die Begegnungs- und Studienprogramme des Ökumenischen Rates der Kirchen und des Vatikan seit den sechziger Jahren zeitigten Früchte, deren spektakulärste der Weltgebetstag der Religionen in Assisi 1987 war. Die Einrichtung ökumenisch-interreligiöser Studienzentren in Hongkong und Nagoya, das *Interreligo Network* dieser Zentren in Verbindung mit der Katholischen Asiatischen Bischofskonferenz, die akademischen Konferenzen in Amerika usw. haben zu ständigen persönlichen Kontakten zwischen Buddhisten und Christen geführt.

4. Bei dem Versuch, angesichts der Armut und Ausbeutung in Asien eine

buddhistisch-christliche Befreiungstheologie zu entwickeln, arbeiten Mönche, Nonnen und Laien Hand in Hand. Auf christlicher Seite verdient hier besonders der Jesuit *Aloysius Pieris* in Sri Lanka Beachtung, auf buddhistischer Seite suchen in Thailand vor allem der Entwicklungspolitiker *Sulak Sivaraksa* und der Reformer-Mönch *Buddhadasa* den Dialog mit den christlichen Kirchen. Die Bewegung *Engaged Buddhism* in Europa und Amerika hat sich seit dem Vietnamkrieg um den vietnamesischen Zen-Meister *Thich Nhat Hanh* gebildet sowie im buddhistischen Engagement für Frauenrechte und ökologisches Bewußtsein fortgesetzt. Diese Gruppen streben nach Gemeinschaft mit gleichgesinnten Christen und Christinnen; in Asien steht solche Gemeinschaft noch am Anfang, in den Vereinigten Staaten und Europa aber haben sich in den letzten Jahren bereits interreligiöse Initiativen gebildet.

Teil C: Historische Hintergründe und Hermeneutische Perspektiven

In diesem Teil werden wir die dialogische Debatte rückkoppeln an die historische Entwicklung des Buddhismus, wobei wir auf Entsprechungen in der christlichen Geschichte hinweisen, die zum *Verstehen beider Seiten* hilfreich sein können. Die Ordnung der komplexen Geschichte in Paradigmen dient uns hier als heuristisches Prinzip. Dabei werden wir besonders die unlösbare Verbindung der politischen Geschichte und der Geschichte der religiösen Organisationen mit der Ideengeschichte im Auge behalten, um immer noch bestehende Mißverständnisse und Fehlinterpretationen offenzulegen. Diejenigen, die sich im Dialog engagieren, möchten aus gemeinsamer *Verantwortung für die Welt* und auf der Grundlage des *gemeinsamen humanum* der Partner einen Konsens auch für *gemeinsames politisches Handeln* herstellen, das in der Tat dringlich ist. Aber auch dieses *humanum* ist historisch konkret und eingebettet in Identitäten, die sich aus der Geschichte herleiten.

Wenn wir zum Abschluß Methoden und Verstehensmodelle für die zukünftige interkulturelle/interreligiöse Begegnung erarbeiten wollen, dann ist eine *differenzierte Wahrnehmung der geschichtlichen Voraussetzungen* beider Partner eine unerläßliche Bedingung. Nur so kann gelingen, was im interreligiösen Dialog zur Maxime gemacht werden muß:

> *Verstehen der Vielgestaltigkeit und der Differenzen durch gemeinsames Streben nach Einheit im Erkennen der gegenseitigen Abhängigkeit der Partner.*

Diese Arbeit ist selbst das Resultat langjähriger Begegnungen, und ungezählten Freunden und Dialogpartnern in mehreren Kontinenten gebührt Dank für die Zusammenarbeit. Allen voran danken wir Hans Küng, der das Projekt angeregt, unsere Kooperation ermöglicht und uns im Verlaufe der mehrjährigen Arbeit wiederholt mit Hinweisen und Erfahrungen aus seiner eigenen Dialog-Arbeit ermutigt hat. Die Kollegen Karl-Heinz Pohl (Trier) und Michael Pye (Marburg) haben die Kapitel über China und Japan gegengelesen und wertvolle Hinweise gegeben. Perry Schmidt-Leukel (München) hat fast das ganze Manuskript durchgearbeitet und mit kritischen Hinweisen Wichtiges beigesteuert. Alle Fehler gehen selbstverständlich allein zu Lasten der Autoren. Michaela Perkounigg, Henrike Sievert und Myong-Hee Kim haben bei der Organisation des Materials geholfen, den Text korrigiert sowie in Zusammenarbeit mit Christian Senkel (alle München) die Register erstellt. Ohne ihrer aller Hilfe wäre das Buch nur schwerlich fertiggestellt worden. Der Stiftung Weltethos danken wir für einen großzügigen Druckkostenzuschuß.

Möge das Ergebnis dieses dialogischen Buches über den Dialog andere ermutigen, die Hürden beim Verstehen verschiedener Kulturen zu nehmen sowie zum Frieden unter den Religionen beitragen.

TEIL A
BEGEGNUNG IN VERSCHIEDENEN LÄNDERN

I. Indien

Der Dialog in Indien betrifft vornehmlich die christliche Begegnung mit den buddhistischen Exil-Tibetern. Unter dem Leidensdruck in der Fremde ergibt sich eine besondere Gesprächssituation, die ganz andere Voraussetzungen schafft als der Dialog zwischen Christen und Buddhisten in postkolonialen Ländern. Es erweist sich, daß die politische Situation und wirtschaftliche Probleme zum Dialog zwingen. Die häufig verbreiteten Ängste werden zurückgestellt, und es kommt zu Begegnungen von Menschen jenseits der traditionellen religiösen Rollen und Identitätsmuster. Aber auch hier können wir die Ablehnung gegen den interreligiösen Dialog bei Christen wie Buddhisten feststellen, weil er nach Meinung seiner Gegner a) zur kulturellen Überfremdung führe, b) die Exklusivität der eigenen Position in Frage stelle und somit Identitätskrisen auslöse, c) die Legitimation der religiösen Machtstrukturen untergrabe und d) die Lebenszeit des Menschen allenfalls ausreiche, eine Religion genau zu studieren.

Es zeigt sich, daß der Dialog in Indien zur Demokratisierung religiöser Institutionen beitragen kann. Im Blick auf die Neo-Buddhisten Ambedkars kommt noch eine ganz andere Dimension in den Blick: Religion (und Konversion) kann als politisches Druckmittel benutzt werden, um die Emanzipation der Unterdrückten zu fördern. Hier gewinnt der Dialog eine andere Gestalt als im akademischen Raum der gelehrten Dispute über Gott und/oder nirvāṇa. Wir werden in diesem Kapitel solche Dialogsituationen schildern, die exemplarisch für die vielfältigen Lebensbezüge von Buddhisten und Christen in Indien sind und die ganze Bandbreite der interreligiösen Begegnung veranschaulichen können. Die Perspektiven des Dialogs in Indien liegen vor allem in seinem Beitrag zur sozialen Emanzipation der beteiligten Gruppen.

1. Geschichtlicher Hintergrund

a) Hellenismus und Zentralasien

Seit dem Feldzug Alexanders des Großen bis in das Indus-Gebiet (326 v. Chr.) hat es einen Austausch zwischen dem Mittelmeerraum und Nordwest-Indien gegeben. Möglicherweise hat der Okzident dabei von Asien mehr empfangen als gegeben, und zwar nicht nur Gewürze und handwerkliche Güter, sondern auch Ideen.[1] Für den geistigen Austausch sind die Gandhāra-Kunst wie auch die buddhistische Schrift *Milindapañha* beredte Zeugnisse. Inhalt dieser Schrift sind die Fragen des griechisch-baktrischen Königs Milinda (Menandros) an den buddhistischen Mönch Nāgasena in bezug auf die buddhistischen Antworten auf Grundfragen des Lebens.[2] In hellenistischer Zeit wie auch im spätrömischen Reich gab es teilweise recht genaue Kenntnisse von Indien. Die Beschreibungen Indiens durch Megasthenes[3], der zeitweise am Hofe Candraguptas (ca. 322–298 v. Chr.), des Begründers der Maurya-Dynastie und Großvaters des buddhistischen Kaisers Aśoka (Regentschaft 268–239 v. Chr.), lebte, waren für Jahrhunderte die Quelle, aus der man im hellenistischen Raum das Wissen über Indien bezog. Indische Philosophie und Religion waren zumindest in Alexandrien bekannt, der Hochburg des Wissens und auch der frühchristlichen Theologie. Clemens von Alexandrien erwähnt den Buddha und bewundert die philosophische Tiefe und asketische Strenge der buddhistischen Mönche.[4] Möglicherweise hat es eine buddhistische Gruppe in Alexandrien gegeben. Wie weit der Einfluß des Buddhismus auf das frühe Christentum des 1. und 2. Jh. n. Chr. geht, ist umstritten.[5] Daß es wechselseitige Beeinflussung gab, ist wahrscheinlich. Immerhin haben in Nordwest-Indien bereits um 200 n. Chr. christliche Gemeinden bestanden, und eine Begegnung mit der buddhistischen Welt ist auch hier wahrscheinlich. Zumindest die Organisation religiöser Orden, der von christlichen Betern verwendete Rosenkranz sowie andere Aspekte des christlichen Mönchtums sind vermutlich buddhistischen Ursprungs. Freilich sind unsere Kenntnisse über jene Einflüsse und mögliche Wechselwirkungen spärlich. Zu einem wirklichen Dialog beider Religionen, der über sporadische Begegnungen hinausgegangen wäre, ist es in hellenistischer Zeit nicht gekommen.

Das Christentum breitete sich bereits in den ersten zwei Jahrhunderten nach seiner Gründung *nach Osten* aus, lange bevor die Mission unter germanischen Völkern begann. Bei dieser Expansion nach Osten traf es auf den Buddhismus, der sich etwa zur gleichen Zeit von Indien her nach Norden (Zentralasien) und Nordosten (China) auszubreiten begann. (Zuvor hatte er sich seit dem 3. Jh. v. Chr. bereits nach Süden [Sri Lanka] und Südosten [Südostasien] ausgebreitet.)

Wie auch heute, so begegneten schon damals die Religionen einander durch Prozesse wirtschaftlichen und kulturellen Austauschs, durch die Entdeckung neuer Verkehrswege und die damit verbundenen Umwandlungen ursprünglich getrennter Kulturen in Weltkulturen, die immer durch Verschmelzungsprozesse gekennzeichnet sind.

Zentralasien, vor allem die persischen, syrischen, sogdischen, türkischen und uigurischen Enklaven entlang der Seidenstraße, waren bereits im 3./4. Jh. n. Chr. wichtige Orte buddhistisch-christlicher Begegnung. Manichäische Missionen wirkten im buddhistischen Indien und Zentralasien um 240/42 n. Chr.; gnostischer Einfluß auf den indisch-buddhistischen Raum ist vielfach nachweisbar.[6] Und Dokumente aus Turfan und Tunhuang (im Westen des heutigen China) belegen die sprachliche gegenseitige Durchdringung der Religionen, die sich aber vor allem in West- und Ostturkestan auch bewußt voneinander abgrenzten.[7]

Bereits in dieser Zeit ist das Verhältnis beider Religionen durch die beiden Tendenzen geprägt, die uns in der Geschichte immer wieder begegnen werden und auch heute noch charakteristisch sind:

- *einerseits Anpassung bis hin zu teilweiser Verschmelzung,*
- *anderseits Abgrenzung und Polemik.*

Unsere Frage muß sein: Was können wir aus dieser Geschichte für die *zukünftige Begegnung* beider Religionen, gerade auch in Europa, lernen?

Als der ostsyrische (nestorianische) Mönch Alopen im Jahre 635 n. Chr. nach Chang-an (das heutige Xian in Zentralchina) gelangte, war dort die Akkulturation der nestorianischen Christen an die chinesisch-buddhistische Geisteswelt weit fortgeschritten. Hingegen hatten die von Syrern, Persern und Sogdiern getragenen christlichen Gemeinden in Zentralasien auf Unterscheidung von Buddhisten und Manichäern Wert gelegt: Sie betonten den christlichen Schöpfungsglauben gegen die buddhistische Vorstellung von ständig sich formenden und wieder auflösenden Daseinselementen *(skandhas)* und hielten die christliche Lehre von der Auferstehung der Toten dem buddhistischen Ziel der Transformation des Bewußtseins in die Buddha-Natur entgegen. Auf diese Weise wollten die Christen offensichtlich doketische Lehren abwehren, d. h. verhindern, daß das leibliche Leben Christi und eines jeden Menschen als nur unwichtige oder scheinbare Wirklichkeit abqualifiziert würde. Dennoch hat es auch hier erhebliche gegenseitige Beeinflussungen in Denken und Kunst gegeben, die man bisher erst annäherungsweise nachzeichnen kann. Vor allem türkisch-christliche Texte zeugen davon: Christus als Sohn des Himmels, König und Arzt erinnert an zentralasiatische und buddhistische Traditionen. Bekanntlich wird sowohl im Buddhismus als auch im Christentum der Stifter als Arzt, im wörtlichen wie im spirituell-übertragenen Sinn, verstanden.[8] Auch in anderen Texten griffen die zentralasiatisch-türkischen Christen auf buddhistische Ideen zurück.

Was Indien selbst betrifft, so integrierte in einem jahrhundertelangen Assimilationsprozeß der Hinduismus wesentliche Elemente des Buddhismus und sog ihn in sich auf. Mit der Zerstörung der buddhistischen Klosteruniversitäten von Nālandā und Vikramaśīla durch Muslime im 12. oder 13. Jh. war das Ende des Buddhismus in Indien besiegelt. Auf dem südasiatischen Subkontinent waren buddhistisch-christliche Begegnungen fortan nur noch in den buddhistischen Himalayagebieten und in Tibet selbst möglich, das seit dem 7. Jahrhundert den mahāyāna-tantrischen Buddhismus eingeführt und zur Staatsreligion erhoben hatte. Über Jahrhunderte hinweg hat Tibet die indisch-buddhistische Kultur durch genaue Übersetzungen und getreue Pflege der monastischen Disziplin und des Rituals erhalten.[9]

b) Tibet im 18. und 19. Jahrhundert

Bereits im 13. Jahrhundert erreichte der flämische Franziskaner Wilhelm von Rubruk (ca. 1215–ca. 1270) über das Karakorum-Gebirge die zentralasiatische Stadt Urumtschi und berichtete über den mongolisch-tibetischen Buddhismus; 1624 reiste als erster Europäer der portugiesische Jesuit Antonio de Andrade (1580–1634) nach Tibet und gründete 1625 eine erste Missionsstation in Tsaparang.[10] Im 18. Jh. errichteten italienische Missionare (die Kapuziner 1707–1711, 1716–1733, 1741–1745 und die Jesuiten 1716–1721) Missionsstationen in Lhasa. Sie bauten eine Kirche, studierten Tibetisch und schrieben Pamphlete in Tibetisch mit christlich-apologetischem Inhalt. Die Wirkung war gering, und das Unternehmen mußte bald wieder aufgegeben werden. Abgesehen von den Nachrichten, die diese Missionare über Tibet nach Europa übermittelten, hat ihre Missionstätigkeit kaum Spuren hinterlassen. Je mehr sich Tibet im 19. Jh. von der Außenwelt abriegelte, desto geringer wurde die Möglichkeit zur interreligiösen Begegnung. Reisende und Kaufleute, die aus Britisch-Indien nach Tibet kamen, haben sich nicht um die Religions- und Kulturbegegnung gekümmert, zumal die tibetische Regierung mögliche Kultureinflüsse von außen unterband. Bis in die 30er Jahre dieses Jahrhunderts wurden Tibeter, die ihre Kinder auf nordindische (Missions-)Schulen schickten, mit Argwohn betrachtet. Die Macht der klösterlichen Autoritäten wirkte bis in die Staatsregierung und das Kabinett *(kashag)* hinein und verhinderte jede Öffnung nach Westen oder Osten. Die Ermordung des Modernisten Tsarong auf den Stufen des Potala zur Zeit der Regentschaft des XIII. Dalai Lama (1876–1933) sowie die Flucht des Panchen Lama 1923 stehen in diesem Zusammenhang. Wenngleich der XIII. Dalai Lama seine zentralen Machtbefugnisse stärken konnte und eine moderate Öffnung zur Moderne hin befürwortete, konnte sich diese Linie nicht gegen den Adel und die Klosterhierarchie durchsetzen. Der

Klerus war bis zur Okkupation durch die Chinesen im Jahre 1950 durchweg konservativ.

Lediglich im westtibetischen Kulturraum, vor allem in den unter britisch-indischem Einfluß stehenden Gebieten Ladakh und Lahul, konnten im 19. Jh. die Herrnhuter Missionare einige Gemeinden gründen, ohne daß dies erheblichen Widerstand der buddhistischen Klöster hervorgerufen hätte. Die Christen gründeten Gemeinden vor allem in Leh und Sheh. Während diese Gemeinden noch heute existieren und neben Kalatse am oberen Indus die Hauptzentren des Christentums ausmachen, sind die Christen in Lahul mangels Nachwuchses praktisch ausgestorben. Im östlichen Himalaya (Darjeeling, Kalimpong, Sikkim) existiert eine katholische Diözese. Die heutigen katholischen und protestantischen Missionen unterhalten in diesen Gebieten Schulen, die auch von buddhistischen Schülern besucht werden.

c) Die Exil-Tibeter in Indien

Chinas Annexion Tibets 1949 und der nationale wie kulturelle Genozid an den Tibetern führte 1959 zu einem Aufstand der Tibeter, der von der chinesischen Armee blutig niedergeschlagen wurde. 1960 gelangten etwa 80000 Flüchtlinge ins indische Exil, wo sie unter Führung des XIV. Dalai Lama (geb. 1935) in mehreren Großsiedlungen und Dörfern angesiedelt wurden. Diese Settlements sind über mehrere indische Bundesstaaten verstreut (vor allem Uttar Pradesh, Himachal Pradesh, Orissa, Arunachal Pradesh und – die größten Siedlungen – Karnataka). Hier ergaben sich nun Möglichkeiten zur buddhistisch-christlichen Begegnung. Viele Tibeter besuchten die Missionsschulen in Moussorie und Darjeeling. Die gelegentlich erzwungene Beteiligung an Andachten, Bibellesungen usw. trug jedoch dazu bei, ein negatives Bild vom Christentum zu vermitteln. So gab es unter tibetischen Flüchtlingen bereits Anfang der 60er Jahre Proteste gegen christliche Bekehrungsversuche. Ein Brief des Triyāna Vardhana Vihāra (Buddhistisches Zentrum in Kalimpong) vom 23. 1. 1962 an das International Buddhist News Forum in Rangoon, Burma, klagt, daß die Plymouth Brethren ihre Missionsschule mißbrauchten, um tibetische Kinder zum Christentum zu bekehren und anti-buddhistische Propaganda zu betreiben. Bhikku Khantipalo und Sister Amita Nisatta bitten, das Treiben dieser „engstirnigen unbedeutenden protestantisch-christlichen Sekte, die behauptet, der einzige Weg zum Heil zu sein", endlich zu unterbinden.[11]

Heute haben die Exil-Tibeter an Selbstbewußtsein gewonnen, was Voraussetzung für ihre beispielhaft zu nennende Dialogbereitschaft ist. Dieses Selbstbewußtsein gründet

a) in dem hohen Ansehen, das der XIV. Dalai Lama (Friedensnobelpreis 1989) in aller Welt genießt,
b) in dem wirtschaftlichen Erfolg der Tibeter in Indien und Nepal,

c) in der Gründung zahlloser tibetischer Dharma-Zentren in Europa, Amerika, Australien und Japan.

In Indien jedoch ist allgemein das Umfeld für den Dialog der Religionen während der letzten Jahre immer schwieriger geworden. Gründe dafür sind
- die politischen Spannungen zwischen Hindus, Muslimen und Christen wegen der politisch-nationalistischen Agitation für einen Hindu-Staat *(Hindu Rashtra)*,
- der islamische Fundamentalismus im Mittleren Osten und in Pakistan, der sich bemüht, auch in Indien Einfluß zu gewinnen,
- die muslimische Infiltration im buddhistischen Teil Kashmirs (Ladakh),
- die aggressive Missionstätigkeit amerikanisch-evangelikaler Gruppen, die mit wirtschaftlichen Interessen amerikanischer Firmen einhergeht.

Angesichts dieser und anderer Probleme kommt der kleinen Gruppe „neutraler“ tibetischer Buddhisten immer mehr eine katalysatorische Funktion zu. Diese kristallisiert sich in der Person und moralischen Autorität des Dalai Lama und ist vor allem deshalb wirksam, weil keine der rivalisierenden Religionen oder kulturell-sozialen Identitätssysteme eine nennenswerte gemeinsame Geschichte von Gewalt und Abgrenzung mit dem tibetischen Buddhismus hat.

2. Interreligiös-monastische Austauschprogramme

Nicht dieser politisch-soziale Hintergrund, sondern das im Westen erwachte Interesse an buddhistischer Meditation und Spiritualität hat bereits in den 60er Jahren zu ersten Kontakten zwischen (tibetischen) Buddhisten und (katholischen) Christen auf monastischer Ebene geführt. Auf christlicher Seite eröffnete die „Erklärung über das Verhältnis der Kirche zu den nicht-christlichen Religionen“ des Zweiten Vatikanischen Konzils eine neue Offenheit zur Begegnung.[12] Sie manifestierte sich u. a. in den Experimenten französischer, belgischer und englischer Benediktiner wie Henri Le Saux (1910–1973), Jules Monchanin (1895–1957) und Bede Griffiths (1906–1993) seit den 40er Jahren in Indien, als Christen im Stile der hinduistisch-monastischen Tradition *(saṃnyāsa)* zu leben. In diesem Geist unternahm der amerikanische Trappist und Dichter-Mönch Thomas Merton (1915–1968) im Jahre 1968 eine Indienreise, um die Spiritualität Asiens vor Ort kennenzulernen, nachdem er bereits durch Lektüre dem Zen-Buddhismus begegnet war.[13] Er schreibt in seinem *Asian Journal*:[14]

„Ich glaube, daß wir jetzt in das Stadium einer (längst überfälligen) religiösen Reife eingetreten sind, unter der es einem möglich sein kann, dem christlichen und westlichen monastischen Ruf vollkommen treu zu bleiben und doch in der Tiefe von einer buddhistischen oder hinduistischen Disziplin und Erfahrung zu lernen.“

Merton verbrachte mehrere Tage im Dialog mit tibetischen Mönchen in Dharamsala, wo es auch zu einer Begegnung mit dem XIV. Dalai Lama kam. Der direkte Austausch von Mensch zu Mensch, so schrieb er, führe in eine viel tiefere Dialogerfahrung als dies durch bloßes Bücher- oder Schriftstudium möglich sei. In einem Brief an einen Freund kommentiert er seine Erlebnisse:[15]

„Ich habe hauptsächlich mit Buddhisten zu tun gehabt ... Es hat unschätzbaren Wert, mit Menschen unmittelbar in Verbindung zu treten, die lebenslang harte Arbeit darangesetzt haben, ihr Bewußtsein zu trainieren und sich von Leidenschaften und Illusionen zu befreien."

Auf buddhistischer Seite ist es heute vor allem der XIV. Dalai Lama selbst, der interreligiösen Dialog fordert und fördert. Er hat seine Motive und Ansichten dazu auf zahlreichen Auslandsreisen durch Nordamerika und Europa offengelegt.[16] So schrieb er bereits 1963 in seinen Lebenserinnerungen:

„Einigkeit unter den Religionen ist keine Utopie. Sie ist möglich; und im gegenwärtigen Zustand der Welt ist sie außerordentlich wichtig ... Mit allem Nachdruck betone ich, wie dringend notwendig eine fugenlose Einheit unter allen Religionen ist. Deshalb sollten die Anhänger jedes Glaubens etwas von den anderen Religionen wissen."[17]

Um zu dieser Art gegenseitigen Verständnisses beizutragen, verabredete 1981 der North American Board for East-West Dialogue (N.A.B.E.W.D.)[18] mit dem Dalai Lama ein buddhistisch-christliches Austauschprogramm für Mönche und Nonnen, das seither mehrfach erneuert wurde, zuletzt im August 1993 am Rande der Konferenz zum hundertjährigen Jubiläum des Weltparlaments der Religionen in Chicago.

Der tibetisch-buddhistische Mönch Kunchok Sithar schreibt über seine Erfahrungen in amerikanischen Benediktiner-Klöstern, die er 1982 besucht hatte, daß er die Nonnen aufgeschlossener für den Buddhismus erlebt habe als die Mönche. Er fährt fort:[19]

„Ich habe erfahren, daß beide monastische Traditionen eine Menge voneinander zu lernen und miteinander zu teilen haben. Grundsätzlich gründen beide Lebensweisen in Gebet, Meditation, Arbeit, spirituellen Studien und Lesungen. Der Unterschied besteht darin, daß die tibetischen Klöster religiöse Studien und Rituale mehr betonen, während benediktinische Klöster Gewicht auf ein Leben in Arbeit legen ... Die Eintracht der Religionen, wie sie vom Heiligen Vater Johannes Paul II. in Übereinstimmung mit Seiner Heiligkeit dem Dalai Lama gefordert wird, ist nicht ein Ziel, das man sofort erreichen kann. Aber der Tag wird kommen, da die von Buddha und Christus gepredigte Liebe und heilende Hinwendung die Welt in einer gemeinsamen Anstrengung vereinigen werden, um die Menschheit vor sinnloser Zerstörung zu bewahren und zu dem Licht zu führen, an das wir alle glauben."

Damit war der Ton für die künftigen Dialoge angegeben, den schon der Dalai Lama mehrmals, auch anläßlich seiner Besuche beim Papst in Rom, angeschlagen hatte:

- Wachsende Eintracht der Religionen durch Dialog,
- Dialog im gegenseitigen Voneinander-Lernen unter Beibehaltung der unterschiedlichen Wege,
- Ziel des Dialogs: das gemeinsame Engagement für Frieden und Verständnis zwischen den Völkern.

Interessant ist die Bemerkung Kunchok Sithars, daß die Menschen durch tätige Liebe zu dem einen Licht geführt werden, *„an das wir alle glauben"*. Die Gemeinsamkeit der Religionen ist hier mehr als gemeinsames soziales und politisches Engagement.

Daß die Letzte Wirklichkeit unter dem Symbol des *Lichtes* angesprochen wird, ist nicht überraschend. Der Buddhismus benutzt ja in vielen Liturgien diese Metapher für das, was Christen „Gott" nennen, und auch die christliche Sprache ist erfüllt von Licht-Metaphern. Im tibetischen Buddhismus wird der Begriff des „Klaren Lichtes" (tib. *'od gsal)* als Veranschaulichung für die tiefste Ebene des geistigen Kontinuums verwendet, für die letzte Wirklichkeit also, die durch Erwachen oder Erleuchtung *(buddhatvā)* erfahrbar wird. Daß Licht mit Erleuchtung und Wärme zusammenhängt, die wiederum auf Liebe und Hinwendung im mitmenschlichen und kreatürlichen Bereich hinweist, ist beiden Religionen gemeinsam.

Anläßlich der Austauschprogramme kam es zu öffentlichen Auftritten der buddhistischen Mönche in christlichen Gemeinden der USA. Kritik am Dialogprogramm von christlich-fundamentalistischer Seite blieb nicht aus. Berühmt geworden und häufig zitiert ist der Zwischenfall, den ein evangelikaler Gast provozierte, indem er in vorwurfsvollem Ton die buddhistischen Gäste fragte, ob sie denn dem „Herrn Jesus Christus, König des Himmels und der Erde ..." begegnet seien. Die Antwort: „Nein, wir haben den Herrn Jesus Christus nicht getroffen, aber wir sind glücklich in der Gemeinschaft mit vielen seiner Anhänger, die wir sehr lieben."

Die Anekdote verdeutlicht das Wesen dieses Dialogansatzes:

Gemeinschaft der Religionen aufgrund mitmenschlicher Gemeinsamkeit.

3. Austausch- und Dialogprogramme der Lutherischen Kirchen in Indien

Im Herbst 1981 legte die Fakultät des Gurukul Lutheran Theological College in Madras der Vereinigten Evangelisch-Lutherischen Kirchen in Indien (UELCI) den Entwurf für ein buddhistisch-christliches Dialogprogramm vor. Darin heißt es, daß ein derartiges Programm für Indien überfällig sei, da

- noch keine christliche Institution in Indien den buddhistisch-christlichen Dialog aufgenommen habe,
- die lutherische Theologie bisher noch wenig zum interreligiösen Dialog beigetragen habe,
- der wachsende Einfluß des Buddhismus in Indien (neo-buddhistische Bewegung, tibetische Flüchtlinge) vor allem auf seine soziale Bedeutung hin untersucht werden müsse,
- Buddhisten wie Christen in der Minorität seien und entsprechende Erfahrungen austauschen sollten,
- der Dialog Gelegenheit böte, von der je eigenen Religion auf umfassende und praktische Weise Zeugnis zu geben, ohne durch Mission Unfrieden zwischen den Religionen in Indien zu stiften.

Akademische Dialoggespräche sollten mit Austausch- und Besuchsprogrammen, gemeinsamen Meditationskursen, gemeinsamer Arbeit in Sozialprojekten und langfristig angelegten Studien über Veränderungen in der buddhistischen Theologie unter den veränderten Lebensbedingungen der Tibeter in Indien (Akkulturation) verknüpft werden.

Das Programm war für 1982 bis Anfang 1985 konzipiert worden und wurde gemeinsam finanziert von den lutherischen Kirchen Indiens und dem Council for Religious and Cultural Affairs of H. H. the Dalai Lama. Andere christliche Konfessionen und Institutionen (Church of South India, Römisch-Katholische Kirche, Syrisch Orthodoxe Kirche) kamen später hinzu. Einzelne Projekte wurden durch zusätzliche private Spenden finanziert.

Die Dialoge orientierten sich weniger an klassischen theologischen oder philosophischen Disputationen, sondern an gegenwärtigen sozialen, politischen und kulturellen Fragen, die für beide Partner interessant waren. So gab es z. B.

- eine Vorlesungsreihe über das Gottesverständnis in Christentum, Buddhismus und Hinduismus im Sera-Kloster bei Bylakuppe in Karnataka durch einen lutherischen Dozenten des Gurukul College (Oktober 1981);
- ein Seminar über „Wettrüsten, Gewalt und der Friede Christi“ in Madras unter der Beteiligung des buddhistischen Abtes Lati Rinpoche (November 1981);
- eine Konferenz „Gott verstehen. Eine Vergleichende Analyse Theologischer Paradigmen“ im Tibet-Haus, New Delhi (Juli 1982), wo Buddhisten, Hindus und Christen miteinander diskutierten;
- eine Dialogkonferenz in der Buddhist School of Dialectics, Dharamsala über buddhistisch-christliche Spiritualität der Vergebung (Juli 1982);
- eine Dialogkonferenz zum 500. Geburtstag Luthers über „Luther and Monasticism in India“ (August 1983)[20];

- ein christlich-buddhistisches Austauschprogramm: Besuch neun lutherischer indischer Pastoren in buddhistischen Klöstern und Zentren Nordindiens sowie der Gegenbesuch sechs buddhistischer Lamas in südindischen christlichen Zentren (August bis Oktober 1983);
- eine Dialogkonferenz zum Thema „Aufkeimendes Bewußtsein für eine neue Menschheit" unter Beteiligung des Dalai Lama, christlicher Bischöfe aller großen Konfessionen und indischer Regierungsvertreter sowie des internationalen diplomatischen Corps (Madras, 3.–8. Januar 1985).[21]

In Abstimmung mit diesen Dialogprogrammen wurden im katholischen Shantivanam-Ashram (Bundesstaat Tamil Nadu) zwischen 1981 und 1986 jährliche Dialogkonferenzen unter hinduistischer und buddhistischer Beteiligung abgehalten, die Vortrag, Gespräch, Meditation und vor allem das Zusammenleben über mehrere Tage hinweg miteinander verbanden. Diese Dialoge standen unter der Leitung von Bede Griffiths, OSB. Die Themen reichten von „Neues Paradigma in den Wissenschaften und die mystischen Traditionen Asiens" über die Frage nach der Natur des Bewußtseins und der Letzten Wirklichkeit bis zur Anwendung der Theorien Gandhis unter heutigen wirtschaftlichen und politischen Bedingungen.

Um den Ertrag des Gesamtprogramms differenziert beschreiben und bilanzieren zu können, ist es notwendig, die Ergebnisse der einzelnen Einheiten kurz zusammenzufassen.

a) Dialoge im Sera-Kloster (Oktober 1981)

Etwa 700 tibetische Mönche hörten die Vorträge am Nachmittag, während vormittags fünfzehn buddhistische Geshes (ein tibetischer philosophischer „Doktorgrad") mit zwei christlichen Theologen diskutierten. Bezeichnend war die völlige Unkenntnis der tibetischen Buddhisten in bezug auf hinduistische oder christliche Theologie: der übersetzende Mönch z. B. hatte an einer Missionsschule studiert und den Eindruck erhalten, daß das Christentum eine gewaltpredigende Religion sein müsse, da man täglich das Lied „Onward Christian Soldiers" gesungen habe.

Die Bereitschaft der Geshes, vor allem über christliche Eschatologie zu hören, war groß. Doch die sprachlichen und hermeneutischen Schranken erwiesen sich dabei als beinahe unüberwindlich.

Die Gespräche kreisten um folgende Themen:

a) *Motivation zu sozialem Engagement*: Buddhisten fragen, was Christen zu ihren beeindruckenden Leistungen im Bildungs- und Gesundheitswesen motiviere und wie auf buddhistischer Grundlage eine ähnliche Effizienz erreicht werden könne.

b) *Eschatologie*: Wenn Vollendung erst im Himmel möglich sei, wie könnten dann die Vollendeten praktisch Liebe und heilende Hinwendung zu allen Wesen üben, wenn man nicht die Möglichkeit der Wiedergeburt ins Auge fasse?

Vier Themenkreise, die des weiteren dialogischen Gesprächs bedürfen, stießen auf besonders lebhaftes Interesse:

1. Die christliche Suche nach dem Seelenheil des Menschen wird von Buddhisten als anthropozentrisch abgelehnt.
2. Reinkarnation ist für die buddhistischen Gesprächspartner so selbstverständlich, daß sie den Zweifel daran nur lächelnd quittieren, zumal „Heilserfüllung im Himmel" als Heilsegoismus empfunden wird.
3. Die Besonderheit eines Erwachten bzw. seine „Individualität" geht nach Auffassung vieler tibetischer Buddhisten im Bewußtseinskontinuum nicht verloren. Man löse also keineswegs alles im Ununterscheidbaren auf, zumal auch im *nirvāṇa* die subtile Polarität von Unterschiedenheit in Nicht-Unterschiedenheit zu beachten sei.
4. Der Weltfrieden könne durch intensives Gebet (verstanden als positive Ausstrahlung subtiler Energie) aufrecht erhalten werden. Die spirituelle Qualität der Menschen sinke aber heute immer mehr ab, weshalb die Zukunft der Menschheit dunkel sei, wenn die Religionen nicht mit vereinten Kräften ihre diesbezügliche pädagogische Verantwortung wahrnähmen.

b) Seminar „Wettrüsten, Gewalt und der Friede Christi" (Madras 1981)

Die unterschiedliche Denkweise von Buddhisten auf der einen, Hindus, Christen, Muslimen und Marxisten auf der anderen Seite, wirft ein bezeichnendes Licht auf die Besonderheit des Buddhismus: Eine Analyse der politischen und ökonomischen Strukturen wurde vor allem von hinduistischen, christlichen und marxistischen Partnern geleistet, ohne daß der betreffende religiöse Rahmen explizit eine große Rolle gespielt hätte. Der buddhistische Beitrag hingegen erörterte vor allem die Motivationsstruktur, die jedem möglichen Handeln zugrunde liegt. Gemeinsame Friedensgebete, die Teil des Programms waren und an denen sich unerwartet auch einige Muslime beteiligten, wurden nur von evangelikalen christlichen Gruppen abgelehnt. Bildungsarbeit über die Religionsgrenzen hinweg wurde jedoch von allen Teilnehmern, einschließlich der Muslime und Sikhs, befürwortet.

c) Dialog über den Gottesbegriff und theologische Paradigmen in den Religionen (Tibet Haus, New Delhi 1982)

Dieser Dialog führte erstmals zu einem Eklat. Zunächst aber wurde der Stand der gegenwärtigen Debatte gemeinsam so bilanziert:

- Auch im frühen Buddhismus habe man den Buddha als *bhagavan* bezeichnet, d. h. das Geistig-Absolute personifiziert.
- Der Buddhismus spreche nicht von Schöpfung, sondern von *karman*,

dem interrelationalen Netz. Über beide symbolischen Konzepte hinauszufragen, indem man sie beispielsweise aufeinander beziehe, sei eine lohnende Aufgabe des künftigen Dialogs.

- Die Letzte Wirklichkeit werde im tibetischen Buddhismus manchmal als Leere *(Śūnyatā)*, manchmal als letztgültige Gottheit bzw. als Klares Licht *('od gsal)* bezeichnet. Es gebe also keineswegs nur negative Metaphern. Buddha-Natur (wie auch immer sprachlich benannt) müsse als Ursache von allem gelten.
- Christliche Trinität und die buddhistische Vorstellung der *trikāya*[22] seien auf spezifischen Denkstrukturen beruhende Modelle, Einheit in Unterschiedenheit zu denken, die nicht vorschnell ontologisiert werden dürften.
- Man hüte sich vor einem „Cocktail der Religionen", denn dies sei tödlich für die intellektuelle Klarheit. Man hüte sich aber auch vor Absolutismus jeder Art, denn die Wirklichkeit sei ein „Geflecht von Vielheit und Einheit".

Der Eklat entzündete sich bezeichnenderweise an den politischen Implikationen des Dialogs. Vertreter der Bharatiya Janata Party (BJP) und des Rashtriya Svayam Sevak Sangh (RSS), die einen restaurativ-konservativen Hinduismus vertreten, sahen im Dialog eine Aufweichung der Reinheit des indisch-hinduistischen Kulturgutes, das lebendig gemacht werden müsse, um Indien als hinduistischen Staat wieder zu Größe und Einfluß zu verhelfen. Der Westen sei geprägt vom Imperialismus, der einen Hitler hervorgebracht habe, und dies sei die direkte Folge des christlichen Absolutheitsanspruches. Die Christen hätten kein Recht mehr, von Dialog zu sprechen.

Die Konferenz endete in unsachlichen und historisch abenteuerlich argumentierenden Polemiken gegen das Christentum. Die buddhistischen Partner hielten sich zurück und betonten umso mehr die Notwendigkeit des buddhistisch-christlichen Dialogs, da ihm beispielhafte Bedeutung auch für andere Religionen zukomme.

d) Begegnungsprogramme in buddhistischen Klöstern

Wenngleich diese Programme für die Gesamtsituation in Indien marginal blieben, wollen wir die Dialoggespräche und Interviews doch ausführlicher schildern, um einen möglichst lebendigen Eindruck von dem persönlichen Dialog und den Gesprächssituationen von Christen und Buddhisten im heutigen Indien zu vermitteln.[23]

Zwölf indische evangelische Pastoren lebten mehrere Wochen in buddhistischen Klöstern und kamen dort mit buddhistischen Nonnen, Mönchen und Laien zusammen. Achtzehn Klöster in Lahul, Zanskar und Ladakh waren in die Dialoggespräche einbezogen, und mehr als sechzig Einzelgespräche und Interviews konnten geführt werden. Außerdem ging es bei dem Austauschprogramm darum, Eindrücke vom gegenwärtigen Zustand des Buddhismus in diesen Gebieten zu gewinnen. Die Dialoggespräche wurden nicht nach vorgegebenen Themen oder Fragelisten geführt, weil dies für die buddhistischen Partner ungewohnt gewesen wäre, sondern sie entwickelten sich in Abhängigkeit vom Interesse der jeweiligen buddhistischen Partner. Vor allem ging es um Sinn und Möglichkeiten des buddhistisch-christlichen Dialogs, um zentrale theologische Fragen und besonders um die soziale und politische Bedeutung des Dialogs für die jeweiligen Partner.

Einführung durch den Dalai Lama

Ausgangspunkt und zugleich Höhepunkt dieser Programme war ein zweistündiges Gespräch mit dem Dalai Lama am 21.7. 1982 in Dharamsala. Er hob hervor, daß der *kontemplativen Dimension* im buddhistisch-christlichen Dialog große Bedeutung beizumessen sei, und dies solle den Rahmen für das intellektuell-theologische Gespräch abgeben. Daraus ergebe sich die Frage nach der Rationalität im buddhistisch-christlichen Dialog bzw. die Frage nach dem Verhältnis von Ratio und Meditation überhaupt. Der Dalai Lama führte aus, daß die buddhistische Erfahrung keineswegs anti-rational sei; die logische Vernunft könne das Wesen von *śūnyatā* (Leere) durchaus begreifen. In der Mādhyamika-Schule[24] jedenfalls habe das logische Denken nicht nur eine vorbereitende Funktion. Der Begriff von *śūnyatā* müsse allerdings durch Meditation vertieft werden, wobei wiederum die meditative Klarheit und Konzentration bereits auch Voraussetzung für die ungetrübte Funktion der logischen Verstandeskraft sei. Im übrigen entspreche der Unterschied von Meditation und Denken verschiedenen Temperamenten, die grundsätzlich immer nebeneinander existieren würden. Und so sei auch die Pluralität der Religionen zu interpretieren. Sie entspreche verschiedenen Temperamenten der Menschen. Thema des Dialogs sei die Stärkung von Moralität, Wohlfahrt für alle, universale Brüderlichkeit und vor allem der Friede unter den Menschen.

Die christlichen Gesprächspartner fragten nach dem Verständnis von Wahrheit im Dialog. Der Dalai Lama erwiderte, daß der Buddhist keine offenbarte Wahrheit anerkenne, sondern von der durch Vernunft geprüften und in der Meditation vertieften Einsicht in die Soheit der Wirklichkeit ausgehe. Wahrheit werde dann selbstevident.

Als fundamentalen Unterschied zwischen Buddhismus und Christentum bezeichnete der Dalai Lama die christliche Lehre von der Schöpfung, während der Buddhist davon überzeugt sei, daß alles durch *karman* bewirkt würde. In einem gewissen Sinn, so fügte er hinzu, könne vielleicht *śūnyata* als „Schöpfer" gelten, denn „aus *śūnyatā* kommt alles, und alles *ist śūnya*, aber dies ist natürlich etwas ganz anderes als der anthropomorph vorgestellte Schöpfergott im Christentum, der durch seinen *Willen* wirkt". Dies wurde von den christlichen Partnern bestätigt, wenngleich genauer zu prüfen sei, was der Schöpfungsgedanke im Christentum eigentlich besage. Es handle sich ja um einen analogen Begriff. Man müsse fragen, ob sich hinter der Analogie ein tieferes Verständnis finden lasse, das im buddhistisch-christlichen Dialog etwa um den Begriff der *Kreativität* kreisen könne. Dem stimmte der Dalai Lama zu und regte Studien in dieser Frage an.

Was aber sei das jeweils *Besondere* der beiden Religionen, von dem der andere Partner lernen könne? Beide Seiten meinten, daß der Buddhismus vom Christentum vor allem auf dem Gebiet der *organisierten Nächstenliebe* und des sozialen Engagements, hingegen das Christentum vom Buddhismus auf dem Gebiet der *Meditation* lernen könne.

Theologische Vergleiche von Begriffen oder Symbolen wie etwa Trinität und *trikāya* könnten anregend sein und vor allem das Verständnis für die eigene Tradition vertiefen, meinte der Dalai Lama. Damit sei aber der Unterschied der Religionen keineswegs zugedeckt oder aufgehoben, und man solle Gedankenexperimente ohnehin nicht überbewerten, wenn man an einer Überwindung der realen Barrieren zwischen den Religionen interessiert sei. Viel wichtiger sei dafür die spirituelle Praxis: „*Wenn man lebt, was man glaubt, hat man alles.*"

Daß sich die theologischen *Lehrmeinungen* im Dialog verändern würden, verneinten die meisten Buddhisten im Gegensatz zu den christlichen Gesprächspartnern. Wir seien nicht klüger als der Buddha und hätten seiner Lehre nichts hinzuzufügen, betonten die Buddhisten. Die christlichen Argumente hingegen kreisten um die Historizität des Wissens, d. h. die Wahrheit verändere sich gewiß nicht, wohl aber ihre Erfassung und Vermittlung. Dieser Formulierung konnten die Buddhisten zustimmen, wobei aber offenblieb, wie genau die Kriterien für Wahrheit bestimmt werden könnten. Noch schwieriger gestaltete sich eine Antwort auf die Frage, ob es Kriterien gebe, die die jeweilige Tradition, d. h. buddhistische und christliche Hermeneutik, transzendierten und somit eine allgemeine Methodologie für eine interreligiöse Hermeneutik ermöglichen könnten.

Für den Buddhisten, so der Dalai Lama, kann *Christus* selbstverständlich als ein Bodhisattva begriffen werden, was aber nicht automatisch bedeute, daß man seine Lehren ohne weiteres in den Buddhismus übernehmen könne. Der Dalai Lama glaubt nicht, daß der Buddha im Christentum oder Christus im Buddhismus eine wichtige Rolle spielen könnten. Wohl aber könne man vielleicht einige ihrer jeweiligen Lehren nach sorgfältiger Prüfung übernehmen, wenn sie wirklich integriert werden könnten. Seine Zurückhaltung, Christus für den Buddhismus zu beanspruchen, drückte er andernorts so aus:[25]

„Unter buddhistischen Gesichtspunkten könnte Jesus leicht die Inkarnation Avalokiteśvaras, des Bodhisattvas der Barmherzigkeit, gewesen sein. Aber wir erkennen ihn formal nicht als solchen an, weil das andere Menschen irritieren könnte. Man könnte uns anklagen, wir würden Christus für den Buddhismus zu stehlen versuchen."

Das Problem ist hier ähnlich wie bei dem inklusivistischen Begriff der „anonymen Christen" von Karl Rahner: Trotz des Gebotes, den Dialogpartner nicht zu vereinnahmen, bleibt die Aufgabe einer theologischen Einordnung der anderen Religionen bestehen.

Am wichtigsten, so fügte der Dalai Lama hinzu, sei zunächst, daß die Partner einander viel gründlicher, vor allem auch die jeweilige Praxis der anderen, kennenlernen würden, damit die vielen Vorurteile abgebaut würden.

Sündenbekenntnis

Die Konferenz an der Buddhist School of Dialectics vom Juli 1982 in Dharamsala setzte diese Dialoge mit dem Thema „Sündenbekenntnis" fort. Interessanterweise erweckte die Diskussion über das *christliche Sündenverständnis* und *-bekenntnis* bei den etwa 200 jüngeren Mönchen lebhaftes Interesse. Einige Mönche begründeten dies so: Die Differenz zwischen Anspruch und Wirklichkeit würde in ihrem klösterlichen Leben normalerweise nicht thematisiert, und dies sei belastend. Das Vollkommenheitsideal im Mahāyāna-Buddhismus sei hoch, über *konkrete* Verfehlungen zu sprechen und sie anzunehmen sei, zumindest für in der Hierarchie Höherstehende, nur schwer möglich. Das christliche Sündenverständnis könne vielleicht helfen, zu *gelassener Ehrlichkeit* zu finden.

Charakter des Dialogs

Ven. Losang Nyima, der Direktor der buddhistischen Klosterschule, räumte ein, daß man historisch-kritische Studien der eigenen Texte zwar im Sinne einer Textkritik durchaus betreiben könne, daß dies aber nicht die buddhistischen Lehrmeinungen berühre. Das Alte sei eo ipso das Authentische und somit das Wahre. Die Frage, ob dieser Maßstab genüge, wurde nicht für wichtig erachtet. Jüngere Mönche sprachen jedoch auch schon häufiger davon, daß der „Kern der Lehre" zu bewahren sei, viel „unnötiger Ballast" aber abgeworfen werden müsse. Über Kriterien hatte man sich allerdings bisher nur vage Gedanken gemacht, zumindest gibt es noch kaum eine plausible Methodologie, mit dieser Frage umzugehen.

In diesem Sinne argumentierte auch das – damals erst dreiundzwanzigjährige – Oberhaupt der Gelukpa-Klöster von Lahul, Spiti und Zanskar, Tsering Zangduk (Lochen) Rinpoche. Er hatte an der eben erwähnten Dialectic School studiert und das Christentum durch europäische und amerikanische Konvertiten zum Buddhismus, die an dieser Schule studierten, oberflächlich kennengelernt. Selbst diese minimalen Kenntnisse über das

Christentum hatten schon sein Interesse am interreligiösen Dialog geweckt. Sein Fazit: Bildung sei der Schlüssel für erfolgreichen Dialog, der es ermögliche, auch die jeweils eigene Geschichte relativiert zu sehen, was befreiend wirken könne. Dies wiederum ermögliche die Loslösung von falschen Bindungen, was Voraussetzung für jeden Fortschritt in der buddhistischen Praxis sei. Der interreligiöse Dialog könne also direkt integraler Bestandteil buddhistischer Praxis sein. Grundlage und Sinn des Dialogs sehe er aber vor allem in der ethischen Zielsetzung, daß sich alle Religionen gemeinsam um die Wohlfahrt aller lebenden Wesen bemühen müßten. Ob der Dialog die je eigene Religion verändern würde, solle man gelassen abwarten. Anpassung an die Moderne (auch in Zanskar durch den Bau einer Straße unvermeidlich geworden) komme durch die heranwachsende Generation ganz von allein.

Eine gewisse *Spannung zwischen den Generationen* in der Dialogfrage wurde deutlich beim Besuch im Central Institute of Buddhist Studies in Choglamsar/Leh (Ladakh). Laien und Mönche, Jungen und Mädchen studieren hier Tibetisch, Politik, Ökonomie, Geschichte, Sanskrit, Pāli, Kunst, Astrologie und Philosophie. Da auch Hindus und Sikhs als Lehrer tätig sind, lernt man zumindest beiläufig andere Religionen kennen. Christliche Lehrer würde man begrüßen, aber selbst an dieser Schule habe vom Religionsdialog noch kaum jemand gehört. Ältere Lamas, die junge Mönche aus ihren Klöstern zu Studien in diese Zentralschule schicken, stünden den „modernen Fächern" meist skeptisch gegenüber, weil sie den Mönchen Wissen vermittelten, das dem althergebrachten Klosterleben abträglich sei. Kehrten die so ausgebildeten Studenten in ihre alten Klöster zurück, blieben Spannungen nicht aus, und es komme gar zu offenen Kontroversen über religionspolitische Fragen und Angelegenheiten der Klosterorganisation. Der Gehorsam gegenüber den Älteren werde in Frage gestellt. Daß der Dialog mit dem Christentum diesen Emanzipationsprozeß beschleunigen würde, sähen einige Lamas mit Sorge. Der Ansturm von Touristen aus „christlichen Ländern" sei wegen deren respektlosem Verhalten in den Klöstern oft ein Ärgernis, und der Dialog sei daher zumindest in den betroffenen Gebieten erheblich vorbelastet.

Von den hochgebildeten Äbten verschiedener Klöster (Phuktal, Karcha, Thonde, Atitsi) wurde gegen den Dialog der Religionen vor allem ins Feld geführt, daß er *von der spirituellen Praxis ablenke*. Die Religionen seien doch so verschieden, daß man praktisch kaum voneinander lernen könne. Außerdem reiche ein Leben nicht aus, allein den Buddhismus hinreichend zu studieren und zu praktizieren, geschweige denn andere Religionen. Wozu also noch oberflächliches Wissen von anderen Religionen anhäufen, das man schon aus Zeitgründen überhaupt nicht praktizieren könne? Es bestünde die Gefahr der Verwirrung, und deshalb müsse man eine Religion wählen und dann entsprechend leben. Auf die Rückfrage, wie man denn wählen könne, wenn man die Alternative nicht kenne, erklärte der Abt von Karcha: „Der Buddhismus ist wahr, weil er die vollkommene und praktikable Lehre anbietet."

Nicht selten trafen also die Dialoggruppen auf einen gewissen buddhistischen *Exklusivismus*, der allerdings meistens mit Freundlichkeit vorgetragen wurde. Ob ein Nicht-Buddhist, so der Abt von Atitsi in Ladakh, zur Erleuchtung und damit zum Heil gelangen könne, vermöchte er nicht zu sagen, wolle dies aber auch nicht grundsätzlich ausschließen. Diese exklusivistische Haltung konnte, vor allem in abgelegenen Dörfern und Klöstern der Himalaya-Täler, auch in *offene Ablehnung* der christlichen Gesprächspartner umschlagen, wenn sich die Fragen und Argumente auf die zentralen Punkte des buddhistischen Lehrsystems konzentrierten. Dies hing mit einem gewissen Mißtrauen zusammen, das entstand, wenn die Motive für die Dialoggespräche nicht deutlich waren. Den in relativer Isolation lebenden Lamas war der Sinn des Religionsdialogs weniger zu vermitteln als denen, die in unmittelbarer Nachbarschaft zu kashmirischen Muslimen leben.

Die Erkenntnis der eigenen Situation und der existentielle Leidensdruck erwiesen sich als entscheidende Voraussetzungen für die Dialogbereitschaft der buddhistischen Partner.

Seltener wurde der Dialog auch aus Gründen des *hierarchischen Interesses* abgelehnt. So erklärte der Abt von Thonde: Dialog sei Sünde, denn das Heil in der Welt hinge von den Lamas allein ab, und zwar vom Zustand der jetzigen verfaßten klösterlichen Ordnung. Er könne das Interesse des Dalai Lama am Religionsdialog nicht verstehen, füge sich aber selbstverständlich der Autorität.

Die Themen Schöpfung, Gnade, personaler Gott, Reinkarnation, Opfertod Christi, Gebet und Meditation waren überall zentrale Gesprächsinhalte. Übereinstimmung wurde fast immer darüber erzielt, daß die heutige Situation nicht nur neue Konzepte, sondern auch andere Methoden der Problemlösung theologischer Fragen erfordere. Was das konkret heißt, blieb aber meistens unklar. So wurde zum Beispiel an der Buddhist School of Dialectics in Dharamsala das für den Buddhismus fundamentale *Konzept der Kausalität* diskutiert. Der Dialog wurde hier schwierig, ja unmöglich, weil das Verständnis der Unterteilungen in eine Hierarchie von Kausalitätsverhältnissen für die christlichen Besucher kaum nachvollziehbar war, da entsprechende Kategorien in der christlichen Tradition fehlen. Die an europäischer Philosophie geschulten christlichen Inder vermochten kaum, den Strukturen buddhistischer Argumentation zu folgen, geschweige denn, sie in ihre südindischen (dravidischen) Begriffe zu übersetzen. Da auch hier wiederum das hermeneutische Problem zwar angesprochen, nicht aber auch nur andeutungsweise gelöst wurde, empfahl die Dialoggruppe der Pastoren, daß Arbeitskreise gebildet werden sollten, in denen kontinuierlich die jeweiligen Heiligen Schriften studiert würden, damit die Partner die jeweils andere hermeneutische Methode hinreichend kennenlernen könnten.

Häresie

Ein wichtiges Thema der Gespräche war das *Problem der Häresie*. Während dieses Konzept die christliche Geschichte erheblich geprägt und auch belastet hat, existiert es im Buddhismus nur am Rande. Der Buddhismus kennt zwar philosophische und in der Ordensregel differierende Schulrichtungen, die auch miteinander lebhaft gestritten haben. Relativ selten aber hat man sich gegenseitig das Buddhist-Sein abgesprochen.[26] Besonders im Mahāyāna und Vajrayāna spricht man von verschiedenen Stufen der Lehrentfaltung des Buddha, die dieser als geschickte Mittel *(upāya)* angewendet habe, um die Wahrheit über die menschliche Existenz *(dharma)* der jeweiligen Kapazität des Menschen entsprechend zu lehren.[27] Diese Theorie erlaubt Synthesen, und sie ist eine Möglichkeit zur Einheit in Verschiedenheit. Daß es auch im Buddhismus politisch motivierte Spannungen, auch Machtkämpfe zwischen den verschiedenen Schulrichtungen gab und gibt – gerade auch in der tibetischen Geschichte –, ist bekannt. Dennoch könnte das *upaya*-Argument auch in Zukunft ökumenisch fruchtbar und jedenfalls (etwa beim interreligiösen Gebet) pragmatisch hilfreicher sein als der christlich-ökumenische Versuch, intellektuellen Lehrkonsens zur Bedingung praktisch-religiöser Gemeinschaft (z. B. im Abendmahl) zu machen! Der Dialog mit den buddhistischen Partnern regte besonders an diesem Punkt das innerchristliche ökumenische Gespräch an.

Gebet

Das Thema des *Gebetes* stand schon deshalb im Zentrum des theologischen Dialogs, weil die Teilnehmer an den täglichen stundenlangen Gebeten der buddhistischen Partner teilnahmen. Es gibt im tibetischen Buddhismus verschiedene Formen des Gebetes: Bittgebet, Fürbitte, Buße usw. In *jedem* Gebet wird die altruistische Motivation ausgesprochen. So erläuterte Ling Rinpoche (1902–1984), der Ältere Tutor des Dalai Lama und Oberhaupt der Gelukpa-Schule, daß nur ein unreifer Mensch Gebetswünsche für sich selbst ausspreche, während der reife ausschließlich für das Wohl anderer Wesen bete. Gebet sei auch im tibetischen Buddhismus *direktes* Gespräch mit dem Absoluten Geist, der sich entsprechend den menschlichen Bedürfnissen feinstofflich oder real-körperlich (also in einer „Gottheit", zu der man betet) manifestiere. Die christlichen Partner waren beeindruckt von der Gebetsintensität und meinten, daß im christlichen (gemeinschaftlichen und liturgischen) Gebet die Elemente von Konzentration und Schweigen zu kurz kämen. Man wolle diesen tiefen Eindruck sofort in die Gemeindepraxis umsetzen (was im Fall einer südindischen Dorfgemeinde gelang). Die buddhistischen Gastgeber und ihre christlichen Gäste vereinbarten, regelmäßig füreinander zu beten.

Stellvertretendes Leiden

Die Diskussion über das Thema des *stellvertretenden Leidens* ergab sich aus der Betrachtung einer Statue von *Nīlakaṇṭha Lokeśvara*, der als Bodhisattva eine Schale mit dem Gift der Welt austrinkt, also ein Selbstopfer vollzieht. Selbsthingabe an den anderen und damit Reinigung des eigenen Bewußtseins ist das buddhistische Motiv zum Opfer. Das damit verbundene Leid hat jedoch niemals eine Heilsbedeutung im christlichen Sinn, zumindest nicht im Sinn der traditionellen Sühnopfer-Christologie, die aber auch von vielen Christen nicht mehr akzeptiert wird.[28]

Mission

Das brisante Problem der *Mission* wurde in den Dialogen ebenfalls nicht ausgespart. Einige buddhistische Partner lehnten Missionierung grundsätzlich ab. Andere gestanden jeder Tradition das Recht zu, ihre Erfahrung mit anderen zu teilen („sharing of consciousness"), und dies solle man als den genuinen Begriff von dem betrachten, was bisher, sehr mißverständlich, „Mission" hieß. Auf jeden Fall seien Proselytisierung, aggressive Predigt, öffentliche Kritik an anderen Religionen um der eigenen Selbstdarstellung willen, Überredung mit materiellen und anderen Anreizen usw. zu verurteilen. *Echte* Konversion hingegen sei von allen Partnern im Dialog zu respektieren. Das Modell, das die tibetischen Buddhisten im Westen praktizieren, war für die christlichen Gesprächspartner akzeptabel und beispielhaft: Zentren zu etablieren, in denen kleine Gruppen vorbildhaft versuchen, ihrer Lehre entsprechend zu leben und andere dazu einzuladen.

Gewissen und Autorität

Besonders die jüngere Generation unter den Exil-Tibetern beginnt, gegen traditionelle Autoritäten aufzubegehren. Auch die jungen Mönche in den Klöstern werden von diesem Geist zunehmend erfaßt. Oft ist dieser Emanzipationsprozeß allerdings mit Schuldgefühlen verbunden, da die Autoritäten religiös legitimiert sind. Doch gegen die buddhistische Identität will man sich nur sehr selten stellen. Das Dilemma ist dies: Jugendliche Mönche berufen sich immer mehr auf das Gewissen und wollen ihm bei Entscheidungen einen höheren Rang als der Mönchsregel einräumen, die (wie ja in der Vergangenheit auch) zumindest neu interpretiert werden müsse. Solche Vorstellungen stoßen bei den klösterlichen Autoritäten offenbar auf Widerstand. Die „anti-autoritären Mönche" halten entgegen, daß der Buddhismus überhaupt keine Religion sei, sondern Lebensphilosophie, die den einzelnen zu autonomer Entscheidung befreie. Der *saṃgha* und seine Ordensdisziplin spiele allenfalls eine pädagogische Rolle. Die Emanzipation von traditionell anerkannten Autoritäten sei darüber hinaus ein weltweites Phänomen. Man sei deshalb am Austausch über derartige Fragen mit Christen interessiert und weniger an Theorien über Gott, den Buddha oder *nirvāṇa*.

Politik und Religion

Ein weiteres dringliches Thema war die Frage nach dem Verhältnis von *Politik und Religion* bzw. Macht und Spiritualität. Durch die ökonomische Modernisierung und nationalistische Fragmentierung auch in Indien (Bürgerkrieg im Punjab, islamischer Fanatismus in Kashmir, von dem die Buddhisten in Ladakh betroffen sind) sei politische Aufklärung und daraus folgende Aktionsbereitschaft für die Buddhisten lebenswichtig. Es käme darauf an, die eigene Identität zu bewahren. Der Dialog verblasse neben dieser Aufgabe und verliere an Bedeutung, es sei denn, er könne diesem Ziel dienlich sein. Während konservative Lamas jedes politische Engagement ablehnen, weil es der Meditationsübung abträglich sei, forderten z. B. der ehemalige König von Zangla und einige Lamas des Rangdum-Klosters, daß sich die Mönche politisch engagieren sollten, denn sie seien relativ gut gebildet und außerdem dem Ideal der Selbstlosigkeit verpflichtet. Ihre Meditation gipfle in der Überwindung von Ärger, Zorn und Eifersucht, und diese Qualitäten seien heute mehr denn je auch für eine erfolgreiche Tagespolitik vonnöten. Wie die Verbindung praktisch herzustellen sei, könne man gewiß von vielen Christen lernen. Vor allem jüngere buddhistische Mönche müßten aus diesem Grunde für den Dialog mit Christen ausgebildet werden.

Als Ergebnis dieser Dialogprogramme wollen wir festhalten:

1. Die kontemplative Dimension ist die unerläßliche Grundlage für das theologische Gespräch im buddhistisch-christlichen Dialog.
2. Die universale Brüderlichkeit der Menschen, die gemeinsame sozial-ethische Verantwortung und das Engagement für den Frieden erwiesen sich in Indien als Hauptziele des Dialogs.
3. Das Problem, ob und inwieweit sich im Dialog die jeweiligen Lehrmeinungen verändern (sollen/dürfen), ist selbst Gegenstand des buddhistisch-christlichen Dialogs.
4. Menschenbild, Sündenvorstellung und das Freiheitsproblem erweisen sich als wichtige Themen, wobei die Partner einander zu „gelassener Ehrlichkeit" gegenüber sich selbst und gegenüber dem Dialogpartner verhelfen können.
5. Weder die buddhistischen noch die christlichen Partner waren zureichend über die Religion des anderen informiert. Damit fehlten die Voraussetzungen, den von vielen gewünschten Dialog qualifiziert zu führen. Es muß daher alles getan werden, das vorurteilsfreie Wissen über die jeweils andere Religion zu vertiefen, damit Mißtrauen abgebaut

und die Begegnung an der Basis der Religionen ohne Aggressionen geschehen kann.

6. Es gibt nicht *den* Buddhisten, wie es auch nicht *den* Christen gibt. Die Dialogpartner befinden sich immer in einer konkreten geschichtlichen Situation, die für den Charakter des Dialogs konstitutiv ist.
7. Auch auf buddhistischer Seite gibt es vor allem innerhalb der Hierarchie Widerstände gegen den Dialog, die meist im Interesse an der Erhaltung des institutionellen status quo wurzeln. Einige buddhistische Partner erklärten, Religion sei eine so intime und heilige Angelegenheit, daß man sie im Dialog nicht zerreden solle.
8. In den Dialoggesprächen wurde deutlich, daß wenig Interesse an der Aufarbeitung klassischer theologischer Konflikte (Schöpfung – karman, Gnade – Selbsterlösung) besteht, sondern daß man gemeinsam die Aufgaben und Probleme der Zukunft besprechen möchte, vor allem:
   a) Das Problem der Säkularisierung, ja der Entfremdung der Jugend von der Religion, die auch im tibetischen Buddhismus langsam einsetzt.
   b) Die Positionen von Buddhismus und Christentum zur Frau bzw. die Stellung der Frauen in diesen Religionen.
   c) Möglichkeiten zum Abbau von Fehlurteilen über die andere Religion aufgrund von Unkenntnis.

e) Luther und Mönchtum in Indien

Natürlich war die Reformation ein Ereignis der europäischen Geschichte. Gäbe es dennoch auch für andere Religionen aus ihren Erfahrungen zu lernen? Ausgangspunkt der Diskussionen in Madras anläßlich des Luther-Jubiläums 1983 war die Frage, ob eine kritische Betrachtung der jeweiligen Tradition religiösen Lebens, das in Hinduismus, Buddhismus und Christentum mehr oder weniger stark vom monastischen Ideal geprägt war, einen Beitrag zur Suche nach „authentischem Bewußtsein" in der Gegenwart leisten kann. Die theologischen und strukturellen Reformen der lutherischen Reformation boten sich als Kristallisationspunkt an, und es wurde deutlich, daß quer durch die unterschiedlichen und historisch separaten religiösen Traditionen Paradigmenwechsel stattfinden, die offenbar für mehrere Religionen gelten und daher für die Analyse historischer Entwicklungen von Belang sind. Wesentliche Fragestellungen waren:

- das Verhältnis von religiöser Erfahrung und Sozialstruktur,
- der Einfluß des Mönchtums auf die Veränderung von Kulturen und Gesellschaften,
- die Bedeutung von Sprache (und Neuübersetzungen klassischer religiöser Texte) für die Wandlung sozialer und politischer Strukturen,
- das Verhältnis von geistiger Freiheit und unvermeidbarer Institutionalisierung,

- die Bedeutung interreligiöser Basisgemeinschaften für die Zukunft der Religionen sowie für soziale und politische Befreiungsprozesse.

Die Konferenz plädierte für die Pluralität der Lebensstile, und zwar intra- wie interreligiös, da es viele Möglichkeiten zu authentisch religiösem Leben gebe. „Offenes Mönchtum", das in der Institution des indischen Ashrams seit Jahrtausenden praktiziert wird, sei zu fördern

- als Möglichkeit zur Gemeinschaftsbildung in modernen Gesellschaften,
- als Grundlage für interreligiöse Begegnungen in Gebet, Meditation und Reflexion,
- als Alternative zu zerstörten Sozialstrukturen (Zusammenbruch der Groß- und Kleinfamilie in Industriegesellschaften).

Unter dem Thema „Gleichheit vor Gott und der Unterschied zwischen Mönchen und Laien" wurde die Klerikalisierung in allen Religionen beklagt. Der Buddhismus als im wesentlichen monastische Religion habe hier Probleme, die der Kritik Luthers an der katholischen Kirche seiner Zeit nicht unähnlich seien. Buddhistische Reformbewegungen, die in bezug auf die soziale Basis der Reformation ähnlich gewesen seien (wie z. B. der Reine-Land-Buddhismus Shinrans im 13. Jh. in Japan), fänden sich mutatis mutandis in allen Religionen. Die Aufarbeitung der jeweiligen Traditionen und ihrer Kontroversen sei eine lohnende dialogische Aufgabe, bei der Handlungsmöglichkeiten für die *heutige* Situation erkannt werden könnten.

Der buddhistische Lama Doboom Tulku Rinpoche verwies darauf, daß der Begriff *saṃgha* auf zweierlei Weise gebraucht werde:[29]

„Der Sanskritbegriff, der meist mit Mönchtum übersetzt wird, ist *saṃgha*. Dieser Begriff hat jedoch zwei Bedeutungen in den Schriften. Die erste ist die Gemeinschaft der ordinierten Mönche und Nonnen *(bhikṣu* und *bhikṣuṇī)*. Dies bezeichnet man als den *konventionellen saṃgha*. Es heißt aber, daß der eigentliche *saṃgha* alle Menschen umfaßt, die sich auf dem Pfad der Einsicht in die höhere Wirklichkeit begeben haben. Diese Menschen sind der *wirkliche saṃgha*. Es ist aber schwer zu sagen, wer Einsicht hat und wer nicht, und deshalb sind diejenigen, die eine Robe tragen, äußeres Symbol für den *saṃgha*. Im *wirklichen saṃgha* ist kein Unterschied zwischen Mönchen und Laien."

Diese Interpretation des buddhistischen *saṃgha* ließ aufhorchen.[30] Sie wurde verglichen mit dem lutherischen Begriff der Priesterschaft aller Gläubigen, die ebenfalls allein an einem geistigen Kriterium, nämlich dem des Glaubens, zu messen sei. So könne eine Demokratisierung der religiösen Institutionen erreicht werden, und dies sei auch eine Aufgabe des Dialogs, denn:

- Das Problem der Spannung von Geist und Institution ist Buddhismus und Christentum gemeinsam. Beide können gemeinsam aus der eigenen und der Geschichte des anderen lernen.

- „Universale Gnade“ bzw. „universale Buddhanatur“ und “spezifische Berufung“ bzw. „individuelle Realisierung“ stehen einander gegenüber. Beide Religionen haben spezifische Denkmodelle entwickelt, diese Polarität zu denken. Die gegenwärtige historische Situation verlangt aber nach neuen Ausdrucksformen, die im interreligiösen Dialog gefunden werden müssen.
- Der Begriff des *saṃgha* kann im Mahāyāna-Buddhismus so interpretiert werden, daß er dem „Priestertum aller Gläubigen“ im Sinne Luthers ähnlich wird – einschließlich des Defizits bei der praktischen Verwirklichung. Diese Interpretation muß für die notwendige Aktivierung der Laien in *beiden* Religionen fruchtbar gemacht werden.
- Sozial befreiende oder gar revolutionäre Tendenzen sind sowohl im buddhistischen als auch im christlichen Mönchtum anzutreffen. Dies hängt mit der Freiheit zusammen, die durch spirituelle Erfahrung möglich wird. Nicht zufällig sind befreiungstheologisch orientierte Basisgemeinden oft von Mönchen und Nonnen inspiriert worden. Das *Verhältnis von Kontemplation und Aktion* kann deshalb in einer interreligiösen Gemeinschaft eine neue und praxisbestimmte Definition erfahren.

f) Gibt es die eine orientalische Mystik?

Im Zusammenhang mit den Begegnungs- und Austauschprogrammen veranstalteten das katholische Dharmaram College in Bangalore, das Gurukul Lutheran Theological College in Madras und der Shantivanam Ashram (Tamil Nadu) mehrere Konferenzen zum Thema „Gibt es die eine orientalische Mystik?“, bei der die buddhistisch-christliche Begegnung eine zentrale Rolle spielte.

Mystik

Besonders die Arbeiten des katholischen Theologen Thomas Kochumuttom demonstrieren den indischen Diskussionsstand hinsichtlich der Differenz und Komplementarität zwischen dem, was in beiden Religionen als „Mystik“ angesprochen werden kann. Er macht folgende Beobachtungen:[31]

Zuerst die *Differenzen*:

1. Während „mystische Erfahrung“ im Christentum meist als außerordentliche Gabe Gottes betrachtet werde, die wenigen verliehen sei, könne man im Buddhismus ein derartiges Konzept nicht finden. Die höchstmögliche Erfahrung erlange der Mensch hier durch eigene Anstrengung. Weil im Buddhismus, ganz anders als im Christentum, die „mystische Einheits-Erfahrung“ heilsnotwendig sei, müsse und könne sie schließlich von jedermann erlangt werden.

2. Im Buddhismus bedeutet die Erleuchtungserfahrung die vollkommene

Befreiung aus den Verstrickungen des Ich-Bewußtseins. Der Christ hingegen könne keineswegs sicher sein, daß er aus der mystischen Erfahrung nicht wieder in den Zustand des Sünderseins zurückfallen würde.

3. Diese Unterschiede hingen mit dem buddhistischen Glauben an die Wiedergeburt zusammen, durch die allmähliche Vervollkommnung möglich sei. Der Christ habe normalerweise dieses Leben als einzige Chance zur Reifung, deshalb sei er ganz auf Gnade angewiesen.

4. Christliche Erfahrung sei die Erfahrung einer innigen Ich-Du-Beziehung. Identitätssymbole und Metaphern der völligen Verschmelzung mit Gott, die von christlichen Mystikern gelegentlich gebraucht würden, seien nicht wörtlich zu nehmen. Im Buddhismus aber könne man weder von Personen noch von Beziehungen sprechen, denn *nirvāṇa* gelte als Erfahrung der eigenen wahren Identität.

Kochumuttom schlägt nun vor, mit diesen Unterschieden so umzugehen, daß der Christ alle buddhistischen Positionen annehmen könne, wenn er ihnen die spezifisch christliche Erfahrung hinzufüge. So könne man durchaus auch christlich von Erleuchtung sprechen, aber nur „von" und „in" Christus.

Nun sagt er zu den *Übereinstimmungen*:

1. Beide Traditionen betonen die Unaussprechlichkeit und den trans-rationalen Charakter der mystischen Erfahrung.

2. Die Auferstehungserfahrung Christi entspreche der Erleuchtungserfahrung des Buddha, insofern beide eine völlige Transformation der Person beinhalten. Allerdings sei die Sprachform, in denen diese Erfahrungen ausgedrückt würden, abhängig von dem jeweiligen historischen Kontext und somit völlig unterschiedlich. Christus wie der Buddha transzendierten ihren jeweiligen historischen Kontext, mußten sich aber im Rahmen dieses Kontextes verständlich machen.

Die von Christen oft aufgestellte und von Kochumuttom wiederholte „Ergänzungsthese", daß die buddhistische Erfahrung durch die christliche zu ihrem Gipfel gelange, wurde von den meisten christlichen Teilnehmern zurückgewiesen: Sie sei für die Buddhisten „unzumutbar". Die Buddhisten erklärten dazu, dies sei nicht ihr Problem.

Wir möchten dazu bemerken: Die philosophische Rationalisierung der mystischen Erfahrung folgt in beiden Religionen unterschiedlichen Argumentationsgängen.[32] Darin spiegelt sich das methodologische Problem des Dialogs wider, wie es die Mādhyamika-Philosophie Nāgārjunas bereits im 2. Jh. n. Chr. so beschreibt: Man kann nicht auf der Basis des Satzes vom Widerspruch analytische Philosophie betreiben und diese Methode dann auf ein „Absolutes" (*nirvāṇa, śūnyatā* usw.) anwenden wollen. Was daraus für die Möglichkeiten der Erkenntnis des Absoluten oder für den Vergleich von *karman*-Lehre und Schöpfungsglaube folgt, brachten die Dialoggespräche wie folgt auf den Begriff:

Erkenntnis des Absoluten

1. Mādhyamika akzeptiere weder Offenbarung noch Logik als Quelle des Wissens für das Absolute, sondern allein *prajñā* (Weisheit, Einsicht, direkte Erfahrung).
2. Die Frage der frühen Kirche sei gewesen: Wie kann die Erfahrung, daß Jesus der Christus und der Geist gegenwärtig sind, rational ausgedrückt werden? Neben der *theologia negativa* wurde in der Scholastik vor allem die *Analogie* als Methode des Redens von Gott entwickelt, bis hin zu den sogenannten Gottesbeweisen. Kant wies diese Beweise zurück und zeigte, daß die theoretische Vernunft den Gottesgedanken nicht begründen kann. Er habe damit in Europa einen ähnlichen Schluß gezogen wie Nāgārjuna in Indien fünfzehn Jahrhunderte vor ihm.
   Es bleibe die Methode der *theologia negativa*: Auch sie geht von der Erfahrung der Erscheinungen aus. Sie frage weiter nach dem Grund der Erscheinungen und erkläre diesen Grund als Nicht-Erscheinung. Man könne nun sagen, daß das Mittel der Erkenntnis *(pramāṇa)* hier immer noch ein Schlußverfahren *(anumāna)* sei, das allerdings zum negativen Begriff führt. Es handle sich somit in der christlichen *theologia negativa* nicht um die Negation des Schlußverfahrens, sondern um die Negation der Erscheinung als Inhalt des Schlusses. Damit sei auch dieser Gottesbegriff bedingt durch die Erfahrung, obwohl die Erfahrung negiert wird. Mit anderen Worten: Ein bestimmter Dualismus sei immer noch impliziert – Gott sei zwar „jenseits“ (jeden sprachlichen Ausdrucks), aber nicht „Jenseitigkeit“ in bezug auf “diesseits“ und „jenseits“.
   Natürlich behaupteten Dionysius und andere nicht, daß man eine positive Aussage über Gott durch einfache Negation eines Bewußtseinsinhaltes entsprechend der Figur + (-a) machen könne. Aber die christliche *theologia negativa* habe weniger die Inadäquatheit des Denkens aufgrund der dualistischen Implikationen jedes Denkprozesses schlechthin thematisiert, und das unterscheide ihren Ansatz von dem Nāgārjunas.
3. Weil im Christentum Gotteserkenntnis durch die Erfahrung Gottes in Christus vermittelt sei, bedeute Gotteserkenntnis, an Christus zu partizipieren. Wissen sei hier die existentielle Beziehung der Liebe, gegenseitiges „Einwohnen“. Es sei ein Prozeß des Einswerdens *(henothēnai)*, bei dem es Stufen gebe, die den Ebenen der Wirklichkeit entsprächen *(absoluter* Vater - *inkarnierter* Sohn – *einwohnender* Geist). Als strukturelle Parallele dazu gäbe es im Buddhismus die Theorie der drei „Körper des Buddha“ *(kāya)*.[33]

Karman und Schöpfung

Der Gegensatz dieser beiden Konzepte wird oft als der fundamentale Unterschied zwischen Christentum und Buddhismus bezeichnet. Aber ist das wirklich so? *Karman* bezeichnet ein anfangsloses Netz miteinander verbundener Potentiale, es steht für die interdependente Verursachung aller Ereignisse auf allen Ebenen der Wirklichkeit. *Karman* ist aber begrenzt durch das, was *buddhatvā* (Buddhaschaft), *tathatā* (Soheit) oder *śūnyatā* (Leere) genannt wird. Es hat damit eine Grenze, die es selbst bedingt macht. Die Frage nach dem Grund bzw. der Ursache von *karman* wird im Buddhismus nicht gestellt. Das „Netz" hängt gleichsam in sich selbst. Im Dialog müssen Christen nun die Frage beantworten: Wie kann angesichts des *karman*-Begriffs der christliche Schöpfungsgedanke neu interpretiert werden?[34]

g) Aufkeimendes Bewußtsein für eine neue Menschheit

Eine Konferenz unter diesem Thema (Madras, Januar 1985) stellte den buddhistisch-christlichen Dialog in den Zusammenhang des sich in den Religionen, Wissenschaften und politisch-wirtschaftlichen Strukturen entwikkelnden neuen ganzheitlichen Paradigmas. Durch die Gegenwart des Dalai Lama, seine Vorträge, Meditationen und Diskussionen wurde vor allem die Frage der Bewußtseinsentwicklung und -erforschung diskutiert, an der er besonders interessiert ist. Stadien veränderter Bewußtseinszustände werden im Buddhismus seit Jahrtausenden exakt beschrieben und systematisch diskutiert. Es gibt nichts Vergleichbares im Christentum. Hier tut sich ein neues Feld für den christlich-buddhistischen Dialog im Zusammenhang mit interdisziplinärer Bewußtseinsforschung auf.

Die buddhistische Bewußtseinsphilosophie hält Bewußtsein nicht auf menschliches Leben beschränkt, sondern sieht es in allen Bereichen der Wirklichkeit in verschiedenen Formen präsent. Buddhisten, Christen, Muslime, Sikhs und Hindus versuchten nun, ein ganzheitliches oder ökologisches Paradigma für das Verständnis der asiatischen Traditionen fruchtbar zu machen. Die von Wissenschaftlern erkannte Einheitlichkeit der Wirklichkeit (etwa im Feldbegriff der Physik), die Untrennbarkeit von Beobachter und Beobachtungsobjekt im Experiment, die Interrelationalität von Prozessen, die durch Systemtheorien beschrieben werden können usw. verweisen auf ein Weltbild, das mit bestimmten buddhistischen Traditionen konvergiert.

Die Auswirkungen solcher Fragestellungen auf ein neues Paradigma in der Erziehung, für ein holistisches Verständnis des technologischen Komplexes und der politischen sowie ökonomischen Strukturen wurden diskutiert. Dabei wurde deutlich, daß sich ein neues Bewußtsein vor allem in folgenden weltweiten Bewegungen, die fast alle Religionen und Kulturen durchziehen, abzeichnet:

1. in der Begegnung der östlichen und westlichen Religionen,
2. in der Suche nach tieferer Bewußtseinsentfaltung durch Meditation,
3. in der ökologischen Bewegung,
4. in der feministischen Bewegung.

Daraus ergibt sich die Notwendigkeit, den buddhistisch-christlichen Dialog in dem Gesamtrahmen dieser verschiedenen Bewegungen zu sehen. Als Resultat dieser Konferenz können wir festhalten:

1. Es war möglich, ein von Muslimen, Christen, Buddhisten, Hindus, Zoroastriern und Sikhs gemeinsam verfaßtes Statement einstimmig zu verabschieden und zu veröffentlichen, das sowohl die spirituellen als auch die sozialen und politischen Dimensionen des interreligiösen Dialogs konkret darstellte und entsprechende Vorschläge unterbreitete.[35]

2. Daß es gelang, für einige Tage gemeinsam zu leben, zu beten, zu meditieren und zu arbeiten, wurde bereits als Ausdruck eines neuen Bewußtseins bezeichnet.

3. Als zentrale Einsicht formulierten die Teilnehmer, daß das Hauptproblem unserer Zeit die „ungerechte, sündige und leidvolle Situation" eines großen Teils der Menschheit ist und daß alle Religionen gefordert sind, diesen Zustand zu ändern. Interreligiöser Dialog müsse primär diese Verantwortung wahrnehmen.

4. Man sprach von der Notwendigkeit, eine integrierte Spiritualität zu formulieren und zu praktizieren, einen *sozialen Yoga*, der dem Weg der Selbstverwirklichung komplementär zur Seite stehen müsse. Die buddhistische *karuṇā* (heilende Hinwendung zu allen Wesen), die muslimische Vorstellung von der *'umma* (Bruderschaft aller gläubigen Menschen), das aus dem Jainismus stammende und von Gandhi politisch interpretierte *ahiṃsā*-Ideal (Gewaltlosigkeit) und das christliche Gebot der Nächstenliebe könnten dafür als unterschiedliche Motivationsmuster dienen.

5. Der Kongreß betonte das Recht jeder Religion, „ihre Einsichten anderen mitzuteilen und zu echter Konversion als Umkehr zur Quelle des Guten, Schönen und Wahren, von dem alle Traditionen künden, aufzurufen". Er wandte sich gegen jede Form von Manipulation, psychologischem und/oder materiellem Druck oder Überredung im Zusammenhang mit „Konversion", was ein Mißbrauch dieses Begriffs sei. Die Gefahr der Manipulation durch Massenmedien auch in bezug auf religiöse Vorstellungen sei im interreligiösen Gespräch zu analysieren, und man müsse ihr gemeinsam begegnen.

6. Man betonte, daß interreligiöser Dialog vor allem die Mechanismen der Unfreiheit offenlegen müsse, die durch die Zwänge des „technologischen Komplexes" entstünden.

7. Die gegenwärtigen Aufgaben seien so komplex, daß sie von den Reli-

gionen nur gemeinsam bewältigt werden könnten. Die Vielfalt der Methoden und Traditionen könne dabei hilfreich sein, wenn man im partnerschaftlichen Dialog Aufgeschlossenheit für das Fremde lerne. Intellektuelle Schärfe sowie menschlicher Mut seien dafür notwendig. Dies fordere einen neuen Lebensstil, der traditionell in verschiedenen Religionen mit dem Ruf zur Heiligkeit ausgedrückt worden sei.

8. Es wurde empfohlen, permanente „Interreligiöse Gemeinschaften für Studien und spirituelle Begegnung" aufzubauen, um dem Dialog das Elitäre zu nehmen und Kontinuität zu geben. Die Hoffnung auf Kontinuität hat sich jedoch nicht erfüllt: Der buddhistisch-christliche Dialog in Indien ist gegen Ende der 80er Jahre fast gänzlich verstummt.

4. Beginnender Dialog zwischen Christen und den Kastenlosen in Ambedkars neo-buddhistischer Bewegung

Gandhi hatte das Kastenproblem erkannt, glaubte aber, durch eine Reform des Hinduismus bei prinzipieller Beibehaltung der Kastenordnung die Unberührbarkeit aufheben zu können. Für ihn war die Unberührbarkeit ein Krebsgeschwür des Hinduismus, die nichts mit der vernünftigen Kasteneinteilung der vedischen Tradition gemein hätte. Auch Bhimrao Ramji Ambedkar (1891–1956)[36] glaubte in den 20er Jahren noch an die Möglichkeit einer Reform des Hinduismus in der Kastenfrage, wandte sich aber aus Enttäuschung über die Ergebnislosigkeit aller diesbezüglichen Bestrebungen von dieser Haltung ab und wurde so zum entschiedenen Gegner Gandhis. Ambedkar war selbst ein Kastenloser aus Maharashtra. Er hatte die entwürdigende und jeden Selbstwert des Menschen zerstörende Ideologie von Kaste und Unberührbarkeit am eigenen Leibe erfahren. Darum wollte er den Kastenlosen ihre Selbstachtung zurückgeben, indem er ihnen ein Vorbild an Selbstachtung wurde. Er kam dabei dem tamilischen Reformer Periyar (E. V. Ramaswamy Naicker, 1879–1974) nahe: beide trennten das Problem der Unberührbarkeit nicht vom Kastenwesen, mit dem die gesamte hinduistische Gesellschaftsstruktur stehe und falle. Die Aufhebung der Unberührbarkeit war somit notwendig verbunden mit der Aufgabe des Hinduismus. Periyar führte seit 1925 in Tamil Nadu eine antitheistische, ja anti-religiöse Kampagne zur Befreiung und Gleichstellung der Kastenlosen an, die den gesamten Tempelkult und die soziale Stellung der Brahmanen traf und schwächte. Anders als Ambedkar verließ er aber nie formal den Hinduismus, damit er *innerhalb* der Strukturen kritisch wirken könne.

Ambedkar hingegen kündigte bereits 1935 auf der berühmten Yeola-Konferenz an, er werde nicht als Hindu sterben. Zweimal wäre er beinahe Christ geworden, schreckte aber immer wieder zurück. Acht Jahre lang führte er den Dialog mit Bischof Pickett und anderen in Bombay.[37] Was für ihn schließlich gegen das Christentum sprach, war

1. die Tatsache, daß die Kirchen in Indien wenig soziale Verantwortung zeigen würden,
2. die Verbindung, die auch das Christentum sehr oft mit der Kastenordnung eingegangen war,
3. das Problem, daß die zum Christentum Konvertierten von ihrer Familien- und Kastengemeinschaft, ja von ihrer indischen Identität überhaupt, entfremdet würden.

Außerdem fürchtete Ambedkar, daß ein Übertritt Hunderttausender von Kastenlosen zum Christentum die machtpolitische Position der Kolonialmacht England stärken würde. In seiner berühmten Rede *Annihilation of Castes* von 1936 hatte er drei Kriterien entwickelt, nach denen Religion beurteilt werden müsse, da Religion keineswegs nur eine Privatangelegenheit sei, sondern die Moral einer Gesellschaft konstituiere und legitimiere. Danach müsse Religion

a) dem Urteil der Vernunft entsprechen,
b) die Prinzipien von Freiheit, Gleichheit und Brüderlichkeit begründen und selbst in die Praxis umsetzen,
c) der Armut und Unterdrückung den Kampf ansagen.

Nach jahrelangen Studien kam Ambedkar schließlich zu dem Urteil, daß der Buddhismus diesen Kriterien am ehesten entspreche. Er behauptete: Wo auch das Christentum ähnliche Vorstellungen verkörpere, sei es historisch abhängig und eine Kopie von dem Original des Buddhismus!

Ambedkar entschied sich daher vor allem aus drei Gründen für den Buddhismus:

1. Die Betonung von *prajñā* (Weisheit) schien ihm intellektuelle Redlichkeit und ein allgemeines Erziehungsideal darzustellen,
2. *Karuṇā* (heilende Hinwendung und Mitleiden) sei die den Unberührbaren gegenüber gebotene Haltung,
3. *Śamatha* (mentales Geichgewicht) könne und müsse sozial gedeutet werden und die Gleichheit aller Menschen begründen.

Der Buddhismus hätte immer die Freiheit gewährt, Dogmen und Rituale abzulehnen, wenn sie sich nicht durch rationale Einsicht und praktische Erfahrung begründen ließen; er konnte aber auch immer lokale Überlieferungen in das Gesamtsystem integrieren, was für die Massen Indiens von größter Bedeutung sei.

Ambedkar selbst zog historische Parallelen zur Einführung des Buddhismus durch Aśoka:[38] Durch Aśoka habe der Buddhismus wegen seiner Ablehnung des Kastensystems eine sozial-emanzipatorische Kraft entfalten können, und dies sei bei der Bekehrung der Unberührbaren im 20. Jahrhundert nicht anders.

Ambedkar deutete allerdings in dreifacher Hinsicht den Buddhismus seinen Zielen entsprechend um. Er konnte sich dabei auf die national-emanzipatorische und sozialethisch ausgerichtete neue Buddhismus-Interpretation durch Anagarika Dharmapala[39] in Sri Lanka und die von ihm gegründete Mahabodhi-Gesellschaft berufen, die in intellektuellen Zirkeln Indiens bekannt war. Ambedkar kam mit dieser Interpretation durch Reisen nach Colombo und Burma in den 50er Jahren selbst in Berührung. Die drei Neuinterpretationen sind:[40]

1. Ambedkar interpretiert das im Buddhismus zentrale Konzept von *śamatha* im Sinne sozialer Gleichheit. Es bedeutet ursprünglich aber die Bewußtseins-Gleichheit angesichts von angenehmen und unangenehmen Empfindungen, wodurch die Konzentration auf einen Punkt möglich wird, wie sie der Mönch in der Meditation übt.
2. Ambedkar meint, daß Entsagung für den Reichen gut sein könne, was aber nicht bedeute, daß man ein sozial undifferenziertes Armutsideal predigen dürfe: Aus der spirituell-psychologischen Analyse von *tṛṣṇā* (Durst nach Erlebnissen) im klassischen Buddhismus wird bei Ambedkar ein sozial-psychologisches Konzept.
3. Ambedkar versteht den *saṃgha* nicht primär als Mönchsgemeinschaft, sondern für ihn ist jeder sozial engagierte und selbstlos tätige Buddhist ein *bhikṣu* (Bettelmönch), weshalb Ambedkar die Aufnahme in die buddhistische Gemeinschaft mit 22 zusätzlichen (vor allem die Sozialethik betreffenden) Gelübden verbindet. Auch Laien können dabei die Ordination vollziehen.

Diese Umdeutungen erklären auch Ambedkars Einstellung zum Marxismus, dessen ökonomische Theorie er mit buddhistischer Ethik verbinden wollte, wobei er sich aber ausdrücklich von dem marxistisch legitimierten Gebrauch von Gewalt distanzierte.

Als Ambedkar schließlich 1956 zum Buddhismus konvertierte, folgten ihm etwa 3,5 Millionen Unberührbare, das sind ca. 5 % der Kastenlosen bzw. 0,7 % der Gesamtbevölkerung Indiens. In den folgenden Jahren wuchs die Zahl der Neo-Buddhisten auf ca. 4,5 Millionen an. Der frühe Tod Ambedkars ist vermutlich für diese relativ geringe Zahl mitverantwortlich, denn Ambedkar war längst zur Identifikationsfigur, zum Guru und zum „Heiland" *(saviour)*, ja „dem bedeutendsten Inder nach dem Buddha"[41] stilisiert worden. Die Konversionen konzentrierten sich hauptsächlich auf den Staat Maharashtra, und dort wiederum auf die kastenlosen Mahars, die 70 % der Kastenlosen in Maharashtra stellen.

Ambedkar hatte sich zum Ziel gesetzt,

1. eine „buddhistische Bibel" aus der unübersehbaren kanonischen Literatur zusammenzustellen,
2. die Organisation des *saṃgha* in Ziel und Struktur grundlegend zu ändern,
3. eine buddhistische Weltmission zu begründen.

Er konnte jedoch nur die erste selbstgestellte Aufgabe erfüllen, indem er die katechismusartige Schrift *The Buddha and His Dhamma* verfaßte, die posthum 1957 erschien.

Abgesehen von akademischen Studien des Christian Institute for the Study of Religion and Society (Bangalore) zur neo-buddhistischen Bewegung ist es bis in die 80er Jahre kaum zum Dialog zwischen Ambedkars Neo-Buddhisten und den indischen Christen gekommen. Die Gründe liegen auf der Hand:

1. Die Neo-Buddhisten Indiens ermangeln noch eines gefestigten Identitätsgefühls.
2. Sie verfügen meist nur über geringe Bildung.
3. Ihre Führer fürchten, von der Hindu-Mehrheit angeklagt zu werden, wenn sie mit den Christen Verbindung suchen würden und sich somit unpatriotisch verhielten, da das Christentum für konservative Hindus immer noch und neuerdings wieder verstärkt als ausländisch und westlich gilt.

Auf der anderen Seite haben die Christen nicht vergessen, daß Ambedkar zwar mit dem Christentum, besonders gegen Ende der 30er Jahre, sympathisierte, es aber schließlich doch verworfen hatte.

Seit 1981 allerdings erscheint in Bangalore unter der Leitung von V. T. Rajshekar die Zeitschrift *Dalit Voice*, die „Stimme der unterdrückten Minderheit", die zum offenen Kampf gegen die Kastenherrschaft aufruft und vor allem die Unberührbaren auf der geistigen Linie Ambedkars organisieren möchte, wobei man sich aber zunehmend von der Gewaltlosigkeit Ambedkars absetzt. Diese Zeitschrift steht marxistisch beeinflußten und sozial engagierten Christen nahe und erfreut sich wachsenden Einflusses auf die städtische Mittelklasse. Das Verhältnis der Zeitschrift zum buddhistisch-christlichen Dialog ist dort distanziert, wo er nur intellektuell geführt wird, hingegen positiv, wo die Befreiung der Unberührbaren gemeinsames Programm wird. So hat die christliche Dalit-Theologie seit Ende der 80er Jahre Inspirationen durch Ambedkars Ideen und eben auch von *Dalit Voice* empfangen. Unter der Überschrift *Konversion zum Buddhismus hilft Dalits* schreibt die Zeitung 1982:[42]

„Bombay: Die Konversion von Dalits zum Buddhismus hat diesen insgesamt eine neue Welt frischer Luft beschert. Dies wird deutlich vor allem bei Jugendlichen, die jene psychische Einstellung der Knechtschaft, unter der die Väter stöhnten, völlig abgeschüttelt haben. Der Neo-Buddhist hat nicht nur die irrationalen und abergläubischen Riten aufgegeben, die von Hindus praktiziert werden, sondern er hat auch eine wissenschaftliche Grundhaltung eingenommen. Er hat den Hindu-Göttern abgeschworen und sie in die nächstbesten Flüsse und Brunnen geworfen. Die Nachfolger des Buddha haben heute nur noch die Bilder von Buddha und Dr. Ambedkar im Hause. Der Buddhist hat auch erniedrigende Arbeiten aufgegeben, wie

z. B. den Transport von Tierkadavern, die Übermittlung von Todesbotschaften, das Sammeln von Brennmaterial für Küchen und Hochzeitsfeste der Kasten-Hindus, die Reinigung der Dorfstraßen usw. Die neue Generation, die sich der Welt des Lernens und Wissens ausgesetzt hat, ist psychologisch von ihren Gegnern unabhängig geworden, und zwar in der Stadt ebenso wie auf dem Lande. Die mit intellektueller Ausbildung verbundene Konversion hat eine Klasse von Schriftstellern hervorgebracht, deren Beitrag zur Marathi-Literatur bedeutend ist."

Dieser Bericht versteht sich als eine Kontrastdarstellung zu den zuvor beschriebenen Zuständen in den christlichen Kirchen.[43] Dort wird beklagt, daß vor allem in den orthodoxen Kirchen Keralas die Christen ihre Kastenprivilegien keineswegs aufgegeben hätten und die Kastenlosen auch nach der Konversion Unberührbare blieben.

Gleichzeitig aber wird auch der emanzipatorische Aspekt des Christentums und seiner Bildungseinrichtungen in den 70er und 80er Jahren wieder stärker hervorgehoben als unmittelbar nach der Unabhängigkeit. Auf der Suche nach Bundesgenossen preist ein Herausgeber-Artikel von *Dalit Voice*, historisch wenig differenzierend, sogar die Kolonialmacht und das Christentum:[44]

„(Ambedkar) ... lebte einen Großteil seines Lebens in Indien, das britischer Herrschaft unterstand. Die Engländer waren gutgesinnte Herrscher. Sie gaben uns nicht nur die Ausbildung, die uns die Brahmanen vorenthalten hatten, sondern beschenkten uns mit westlichem, modernem Wissen. Nicht nur das. Wenn es einen „Freiheitskampf" gab und Führer wie Gandhi und Nehru den Engländern die Stirn boten, dann nur deshalb, weil sie ihr Wissen durch ebendieselbe britische Ausbildung erworben hatten, die ihnen Ermutigung gab, für Freiheit und Brüderlichkeit zu kämpfen. Ohne die britische Herrschaft, die tatsächlich eine christliche Herrschaft war, wäre Indien heute nicht, was es ist. Und so hat auch Ambedkar trotz seiner offenen Kritik an der britischen Regierung all seinen Mut von den Briten erhalten."

Die gegenwärtig herrschende Klasse der Hindus sei noch repressiver als das britisch-christliche System, weshalb heute – anders als zu Ambedkars Zeiten – das Bündnis zwischen Unberührbaren und Christen zu suchen sei. So hielt V. T. Rajshekar vor der Christian Conference of Asia 1982 eine Rede, in der er den Christen zugute hielt, sie hätten einen wichtigen Beitrag zur Bewußtwerdung der Unberührbaren geleistet.[45] Interreligiöser Dialog hat hier ganz und gar politisch-soziale Funktionen.

Seit 1981 gibt Bhagwan Das, einer der führenden Ambedkar-Buddhisten vom Asian Centre for Human Rights in Neu Delhi, die Zeitschrift *Samata Sainik Sandesh* (Botschaft der Soldaten der Gleichheit) heraus, in der Jesus wie auch der Buddha für eine Moral auf der Grundlage der Gleichheit aller Menschen in Anspruch genommen werden. Dennoch gab es bis Ende der 80er Jahre keine Gesprächskontakte zu christlichen Organisationen.

Im Dezember 1992 allerdings begann ein *Dalit Solidarity Program*, das, vom Ökumenischen Rat der Kirchen finanziert, unter Leitung des Buddhisten Bhagwan Das steht. Es will ein Kommunikationsnetz zwischen buddhistischen, christlichen, hinduistischen und anderen Dalit-Gruppen aufbauen und durch Konferenzen unterschiedliche Ansätze der Dalit-Bewegung zusammenführen. Christliche Dalits kritisieren dabei, gemeinsam mit Buddhisten, die Diskriminierung der Kastenlosen sowohl in den Kirchen wie auch in den anderen Religionen Indiens.[46] Eine Solidaritätsgemeinschaft, die über die klassischen Religionsgrenzen hinausgreift, ist damit im Entstehen begriffen.

Eine weitere Entwicklung ist äußerst interessant: Die 1967 von dem englischen Buddhisten Sangharakshita (Dennis Lingwood, geb. 1925)[47] in London gegründete buddhistische Vereinigung *Friends of the Western Buddhist Order* wirkt auch unter den Neo-Buddhisten in Indien und baut dort Schulen und andere Bildungszentren auf, um Literatur zu verbreiten, vertiefte Einsicht in den Buddhismus zu ermöglichen und für die neo-buddhistische Bewegung zu werben.[48] Seit 1979 hat die Gruppe einen eigenen indischen Zweig: Ein im Traditionalismus erstarrter Buddhismus wird abgelehnt, und individuelle wie soziale Praxis der Lehre des Buddha haben Vorrang vor der philosophischen Debatte über unterschiedliche Lehrmeinungen und Riten. Diese „Missionare" wurden von traditionell-kirchlichen Kreisen (wie auch von konservativen Kreisen des *saṃgha* in Sri Lanka und Südostasien) als Provokation empfunden. Es gibt jedoch bisher über dieses neue Phänomen noch keine Studien. Auch die europäischen Buddhisten selbst reden wenig von ihrer Präsenz in Indien, um nicht den Zorn konservativer Hindus auf sich zu ziehen, denn die Konversion von Kastenlosen (meist zum Islam oder Christentum) hat schon oft für politischen Sprengstoff gesorgt.

Um nun auch die innerbuddhistische Gemeinschaft und Solidarität zu fördern, hat es Austauschprogramme zwischen indischen Neo-Buddhisten und japanischen *Buraku* (eine stigmatisierte und unterprivilegierte Bevölkerungsgruppe, vor allem in Ōsaka) gegeben. So besuchte 1980 P. P. Garude, Generalsekretär der buddhistischen Gesellschaft Indiens, Japan, um über Ambedkar und seine soziale Interpretation des Buddhismus zu berichten. 1981 erwiderten zwei Buraku-Führer den Besuch, nachdem einige Dalit-Schriften ins Japanische übersetzt worden waren. Im März 1982 gingen vier prominente Führer der *Dalit Panthers* (Arun Kamble, Rameshchandra Parma, Bapurao Pakhinde, Ramdas Athavle) auf eine Vortragsreise durch Japan.[49]

Und seit Ende der 80er Jahre kommt es verstärkt zu Kontakten zwischen indischen Vertretern und Vertreterinnen einer christlichen Dalit-Befreiungstheologie und den Neo-Buddhisten in der Tradition Ambedkars. Möglicherweise kündigt sich hier eine neue Form der Kooperation zwischen Christen und Buddhisten an, die eine neue Ära und Ebene des buddhistisch-christlichen Dialogs bedeuten würde.

5. Ergebnis und Ausblick

1. Dialog durch mitmenschliche Erfahrung in Zusammenleben und Teilhabe an der Praxis der jeweils anderen Religion in gegenseitiger Partnerschaft ist fruchtbar und bildet Vertrauen. Hermeneutische und theologische Klarheit über die jeweils unterschiedlichen Interpretationsmodelle der Welt, die auch die spirituelle Praxis und das Alltagsleben beeinflussen, ist damit aber noch nicht erreicht. Denn auch die grundlegenden Erfahrungen menschlicher Gemeinschaft sind immer schon durch einen spezifischen sozio-kulturellen Kontext geprägt.
2. Das allgemeine Ziel des Dialogs, nämlich die gemeinsame Aufgabe der Religionen bei der Friedensstiftung, der moralischen Erneuerung und der Wahrnehmung ökologischer Verantwortung stößt in Indien auf vorbehaltlose Zustimmung.
3. Subtile theologische Unterscheidungen in Einzelfragen können dem Partner, der die andere Tradition nicht genau kennt, kaum verständlich gemacht werden. Der akademische Dialog ist sehr weit entfernt von den Begegnungssituationen in den Dörfern, Klöstern und Basisgemeinschaften.
4. Der buddhistische Ansatz, theologisch-philosophische Differenzen mit der *upāya*-Lehre (geschickte Mittel) zu deuten, kann für die buddhistisch-christliche Begegnung hilfreich sein. Danach sind unterschiedliche Lehren der Religionen notwendig, weil Menschen unterschiedliche Temperamente haben und sich in verschiedenen historischen Situationen vorfinden.
5. Die buddhistischen Partner denken weitgehend noch ungebrochen von ihrer jeweiligen Tradition her, während die christlichen Partner eher bereit sind, ihre eigene Tradition (und Lehrinhalte) zu problematisieren. Dies schafft für Buddhisten und Christen unterschiedliche psychologische Voraussetzungen in der Gesprächssituation, die genauer bedacht werden müssen.
6. Das Thema „Mission" darf aus dem Dialog nicht ausgeklammert werden. Dieses Problem erweist sich als lösbar, wenn die Verpflichtung zum *Zeugnis* nicht so verstanden wird, daß andere zur eigenen Position und Institution konvertiert werden, sondern *Konversion* ein echtes spirituelles Ereignis ist. Die Art und Weise des Zeugnisses sollte im Dialog mit den Partnern aus der anderen Religion nach dem Prinzip der Gleichberechtigung abgesprochen werden.
7. Indische Christen (aber auch Buddhisten) haben oft Angst, durch den Dialog ihre Identität zu verlieren. Dialogbemühungen stoßen deshalb (vor allem in vielen protestantischen Kirchen) auf Skepsis oder Ablehnung. Die Dialoge in Indien vermittelten aber auch bei christlichen Pastoren und Priestern die Einsicht: *Alle* Begriffe sind Symbole und als

solche nicht absolut. Diese Einsicht bedeutet einen Verlust an (intellektueller und institutioneller) angemaßter Macht, und das wurde als geistliche Reinigung empfunden. Interreligiöses Verstehen erweist sich also als ein *Prozeß* der gemeinsamen Suche nach Wahrheit, der politisch für die nationale Integration Indiens unerläßlich ist.

II. Sri Lanka

In diesem Kapitel werden wir zeigen, daß die Begegnung von Buddhismus und Christentum durch die Kolonialgeschichte belastet ist. Der buddhistisch-christliche Dialog hat hier einen eminent politischen Charakter. Das vorkoloniale Ceylon war eine Gesellschaft, in der das Königtum durch den Buddhismus legitimiert und die tatsächliche Kontrolle des Landes weitgehend von einer buddhistischen Mönchselite ausgeübt wurde. Dieser Staat wurde erobert vom europäischen Imperialismus, wobei das Christentum die neue Rechtfertigung der Herrschaft lieferte. Dabei wurden Teile der einheimischen Mittelklasse, die den Briten in der Administration zur Hand gingen, zum Christentum konvertiert. Doch wegen der arroganten Ideologie der Missionare, die den Buddhismus als „Heidentum" abqualifizierte, provozierten die Missionen das nationale buddhistische Erwachen unter Anagarika Dharmapala. Die singhalesische buddhistische Revolution erhob schließlich den Buddhismus zur privilegierten Religion. Im nachkolonialen Sri Lanka kam es auch zu Verbindungen von Buddhismus und Marxismus, die beide gegen den Kolonialismus und das Christentum polemisierten. Doch die Suche nach nationaler Identität geht dabei zu Lasten der Minderheiten – vor allem der hinduistischen Tamilen. Die christliche Mittelklasse wird, obwohl sie immer noch eine relativ wohlhabende Minderheit ist, in diesem Prozeß an den Rand und in die Defensive gedrängt. Das christliche Verlangen nach Dialog ist teilweise auf diesen Machtverlust zurückzuführen, teilweise aber auch ein wahrhaftiger Versuch, zur Heilung der Wunden der Nation beizutragen.

1. Geschichtlicher Hintergrund

a) Sri Lanka als ältestes Theravāda-Land

Sri Lanka, früher Ceylon, ist eines der Gebiete, in denen der *dharma* des Buddha zuerst gepredigt wurde. Kaiser Aśoka (ca. 250 v. Chr.) soll seinen Sohn als Missionar auf die Insel geschickt haben, ja der Volksglaube weiß sogar von drei Besuchen des historischen Buddha selbst zu berichten.[1] Sri Lanka ist bis heute stolz darauf, den frühesten in Pāli niedergeschriebenen Kanon der buddhistischen Schriften aufzubewahren. Die meisten Singhalesen sind immer noch davon überzeugt, daß Pāli die Sprache ist, die der Buddha gesprochen hat. (In Wirklichkeit hat der Buddha den mittelindischen Magadhī-Dialekt gesprochen.) Der Buddhismus bildete unangefochten den kulturell-politischen Rahmen für die „goldene Insel". Deshalb gehen die Geschichts-Chroniken (Mahāvaṃsa und Dīpavaṃsa) ganz selbstverständlich davon aus, daß nur ein Buddhist König Ceylons sein könne. Mehr noch, alle Könige galten de facto als Bodhisattvas (werdende Buddhas), was einen noch deutlicheren Ausschluß der hinduistischen Tamilen von der Macht bedeutete und ihren Einfluß auf die ceylonesische Kultur stark reduzierte. Die tamilische Zerstörung der singhalesischen Kultur durch die südindischen Chola-Könige im 9. Jh. n. Chr. ist bis heute ein Trauma im kollektiven Bewußtsein der singhalesischen Buddhisten, das die Einstellung zur tamilischen Minderheit prägt.

Saṃgha (Mönchsorden) und Staat haben sich seit der Zeit der Könige von Anuradhapura (3. Jh. v. Chr.–10. Jh. n. Chr.) gegenseitig gestützt und legitimiert. Es ist der Stolz des modernen Sri Lanka, das buddhistische Land zu sein, das die Kolonialherrschaft erfolgreich durch eine buddhistische Revolution abschütteln konnte. Sri Lanka versteht sich als stärkster Hort des Theravāda-Buddhismus, und der buddhistische Tempel ist bis heute das gesellschaftliche Zentrum des Dorfes. Der Mönch *(bhikkhu)* im Dorfe ist für die Landbevölkerung das lebende Symbol für die Kraft des buddhistischen *dharma* (Pāli *dhamma*). Die Stärke des singhalesischen Buddhismus liegt daher im Erbe der *bhikkhus* und in der Anerkennung der Autorität der Mönche durch die Laien.

Aufgrund dieser (mythisierten) Geschichte hat Sri Lanka ein ausgeprägtes buddhistisches Selbstbewußtsein, und die gegenwärtige national-buddhistische und singhalesisch-ethnozentrische Identitätsbetonung ist die logische Folge. Davon ist der Dialog mit dem Christentum geprägt. Heute ist Sri Lanka der wichtigste Ort für den interreligiösen Dialog in der Welt des Theravāda-Buddhismus.

b) Ceylon unter Kolonialherrschaft

Dieses kulturell-religiöse Selbstbewußtsein aber muß man begreifen auf dem Hintergrund der Erniedrigung, die Ceylon zuerst unter der portugiesisch-katholischen Herrschaft (1505–1658), dann unter der holländisch-reformierten (1658–1795) und schließlich unter der britisch-anglikanischen (1795–1948) zu erleiden hatte. So alt der Kulturstolz sein mag, erst als Reaktion auf die traumatische Geschichte der jüngeren Vergangenheit ist er zu politischer Kraft, zu einem politischen Buddhismus, erwacht. Die Einstellung der Buddhisten zum Christentum, besonders aber gegenüber den Missionaren, ist die Frucht jahrhundertelanger Knechtschaft und nicht selten erzwungener Konversionen zur Religion der jeweiligen Kolonialherren. Gleichzeitig aber gibt es, damals wie heute, unter der christlichen Minderheit hochgebildete Singhalesen, die Christen sind und doch ihre kulturelle Herkunft nicht vergessen haben. Dies sind Menschen, die gleichsam in ihrem inneren Dialog das Licht beider Traditionen miteinander verknüpfen. Sie sind selten, halten aber den Schlüssel zum Dialog von Buddhismus und Christentum in Sri Lanka in der Hand. Der Protestant Lynn de Silva (1919–1982) und der Katholik Aloysius Pieris (geb. 1934) gehören zu ihnen. Sie können als die wichtigsten christlichen Dialogpartner in Sri Lanka während der letzten vierzig Jahre gelten. Wir werden deshalb später ausführlicher auf sie eingehen.

Portugal war im 16. Jh. von einem triumphalistisch-nationalistischen Katholizismus „beseelt". Die Eroberung großer Kolonialgebiete in Südamerika hatte die religiöse Rechtfertigung militärischer Unternehmungen und kultureller Expansion bewirkt. Die Portugiesen versuchten in Ceylon, die national-religiöse buddhistische Identität des Landes zu zerstören. Dies wird deutlich an ihrem Angriff auf das Symbol königlicher Macht schlechthin: die Zahnreliquie des Buddha. Sie soll im 4. Jh. n. Chr. von Indien nach Sri Lanka gebracht worden sein und galt seither als Symbol der Legitimität der Königswürde: Wer den Zahn besaß, wurde als legitimer Herrscher betrachtet. Die Portugiesen behaupteten im 16. Jh., den Zahn nach Goa gebracht und dort vernichtet zu haben, was ihren Herrschaftsanspruch unterstrich. Die Singhalesen bestritten dies.[2] Wie auch immer: Der portugiesische Kolonialismus legitimierte sich auch durch die Dominanz der christlichen Religion. Die Tatsache, daß die Ceylonesen von den Kolonialherren gezwungen wurden, portugiesische Familiennamen anzunehmen und damit der eigenen Familien- und Clantradition abzuschwören, war eine der bittersten Erfahrungen für die Ceylonesen. Vor allem in den Dörfern setzte in dem Moment, da der politische Druck nachließ, sofort die Rückbenennung ins Singhalesische ein. Der Zwang, einen christlichen Vornamen anzunehmen (ob man Christ war oder nicht), war Begleiterscheinung der Missionsschulen in vielen Kolonialländern. Aber der Zwang zur Unterwerfung durch die Aufgabe des Familiennamens bedeutete einen noch tieferen Eingriff in die kulturelle Integrität.

Die holländischen Eroberer waren weniger fanatisch – jedenfalls, was die Verfolgung des Buddhismus betrifft. Eifrige Protestanten, die sie waren, verfolgten sie mit Unerbittlichkeit alles katholische Erbe, das die Portugiesen hinterlassen hatten. Daß die von ihnen getauften Christen weiterhin auch den Buddhismus praktizierten, wurde weitgehend toleriert, und umgekehrt scheinen die buddhistischen Mönche die Taufen akzeptiert zu haben, solange die Betreffenden in ihrer Verehrung des Buddha nicht nachließen – der aggressiv christliche Exklusivismus sollte sich erst im 19. Jahrhundert entfalten.[3]

Die britische Herrschaft stand im Interesse der British East India Company. Dies war eine Handelskompanie, die sich nicht durch den staatskirchlichen Anglikanismus zu rechtfertigen hatte. Die Briten entwickelten deshalb zunächst keinerlei Bekehrungseifer. Im Gegenteil: Da man sich die einheimischen Machtstrukturen zunutze machen wollte, widersetzte sich die britische Verwaltung der Ausdehnung des Einflusses der Missionen, denn „man wolle die einheimischen Traditionen nicht zerstören". Die britische Verwaltung übernahm zunächst einige Funktionen des buddhistischen Königtums, von der Verantwortung für die Zahn-Reliquie bis hin zur Bestätigung der Ordination buddhistischer Mönche. Dies sollte sich nach 1841 allerdings ändern, als kirchliche Kreise forderten, daß die Verpflichtung der britischen Krone zum Schutz des Glaubens *(defensor fidei)* auch die Beendigung des „Heidentums" (Buddhismus) und Förderung des Christentums bedeuten müsse.[4] Diese Entwicklung provozierte auf buddhistischer Seite den offenen Widerstand, so daß 1848 das Kriegsrecht verhängt und ein hoher buddhistischer Mönch vor dem Tempel des heiligen Zahnes hingerichtet wurde.

c) Begegnung und Konfrontation im 19. Jahrhundert

Zerstörung einheimischer Tradition

Im 19. Jahrhundert wurden sehr unterschiedlich operierenden Missionsgesellschaften die Tore geöffnet: 1805 erschienen die ersten ausgesandten protestantischen Missionare. 1838 schrieb der Methodist Daniel Gogerly auf der Basis gründlicher Kenntnisse des Pāli seinen Aufsatz *On Transmigration* mit ganz und gar polemischem Charakter.[5] Dank der ökonomischen und technologischen Überlegenheit der Europäer waren die meisten Missionare felsenfest von ihrer religiösen und kulturellen Überlegenheit überzeugt. „Die Kolonialregierung zählt den Profit, die Missionen zählen die geretteten Seelen", schreibt der bissige Essayist Anagarika Dharmapala in der Mahabodhi-Zeitschrift. Gegen diesen säkularen wie religiösen, politischen wie spirituellen Imperialismus des Westens richtete sich der Zorn der Ceylonesen. Sie entwickelten deshalb als Gegenmodell eine singhalesisch-buddhistische Befreiungsideologie, die ebenfalls den ethnischen und religiösen, den nationalistischen und historischen Stolz zu einem Ganzen verschmolz, das der neuen Nation Sri Lanka Identität geben sollte – um den Preis der Ausgrenzung der hinduistischen Tamilen.

Das 19. Jahrhundert als Zeitalter der christlichen Missionsbewegungen war (mit wenigen Ausnahmen) weder gegenüber anderen Religionen sensibel noch gegenüber den Gefühlen der Menschen, deren Religion man mit

Füßen trat. Alles Nicht-Christliche war Heidentum. Diese arrogante Haltung kann nur verstanden werden, wenn man den historischen Hintergrund im Europa des 19. Jahrhunderts, besonders in England, in Betracht zieht: die evangelischen Erweckungsbewegungen des 18. Jahrhunderts (etwa John Wesley) mit ihrer Betonung persönlicher Frömmigkeit, sozialer Reform und individueller Bekehrung einerseits und die koloniale Empire-Ideologie anderseits. Anders als im traditionellen Calvinismus war das Heil für die Erweckungsbewegungen nicht durch Prädestination bestimmt, sondern hing von der individuellen Antwort auf Jesus Christus ab. Anderseits galt der ökonomisch-militärische Erfolg der „christlichen Nationen" als ein Zeichen der „göttlichen Erwählung". Die Missionare kontrollierten die Medien, die Druckereien und die Schulen. Sie verfügten damit über Mittel, den Buddhismus öffentlich lächerlich zu machen. Entsprechend der herrschenden Missionsideologie war dies ein Akt der Barmherzigkeit, da man ja die Seelen der Heiden auch durch Polemik und materielle Anreize retten mußte.

Die meisten buddhistischen Mönche reagierten zunächst mit Toleranz und Verehrung für die hohe Moralität, die sie bei Jesus fanden, wie die Missionare selbst berichteten.[6] Missionare wurde sogar in die buddhistischen Tempel eingeladen, um zu predigen und sich einer rationalen Debatte zu stellen.[7] Allerdings wurde sehr schnell deutlich, daß die Mehrzahl der Missionare keinerlei Respekt für die buddhistischen Tempel, die Mönche und die religiösen Feste aufbrachten.[8] Es brauchte deshalb nicht lange, bis die Buddhisten mit ähnlichen Mitteln gegen die christlichen Missionen zurückschlugen – ab 1849 sind entsprechende Manuskripte nachzuweisen.[9] Dharmapala schließlich gelang es, vom König von Siam als Geschenk eine Druckerei nach Ceylon zu bringen, um den Gegenangriff auf breiter Front zu beginnen.

Die Disputationen im 19. Jahrhundert

Es gab wenig Dialog, wohl aber bereits seit etwa 1820, verstärkt dann seit der Mitte des 19. Jahrhunderts, Konfrontation: Die buddhistischen Mönche wehrten sich mit geschliffenen philosophischen Argumenten gegen die christliche und häufig emotional-denunzierende Polemik.[10] „Aus einer Haltung der Toleranz und des Willkommens und dem Wunsch nach religiöser Koexistenz und gar nach gegenseitig nutzbringendem Dialog über philosophische Fragen, entwickelte sich jetzt ein Geist der Vergeltung gegen diejenigen, die offen erklärten, daß sie den Buddhismus vernichten wollten."[11] Die geistige Auseinandersetzung gipfelte in der berühmten Disputation von Panadura zwischen dem Buddhisten Miguttuvatte Gunananda und dem Christen David de Silva im Jahre 1873. Der Buddhist hatte die Zuhörer auf seiner Seite, und er siegte in dem Wortgefecht mühelos. Dieses Ereignis gilt heute noch als der erste Schimmer des erwachenden buddhistischen Selbstvertrauens in Ceylon. Der Christ David de Silva warf dem buddhistischen Gesprächspartner vor:

1. Durch die buddhistische *anattā*-Lehre (Nicht-Ich) werde der Mensch zum seelenlosen Wesen degradiert.
2. Es sei ungerecht, wenn nach der *karman*- und Wiedergeburtslehre ein Mensch handle und ein anderer (nach der Wiedergeburt) die Folgen dafür tragen müsse.
3. Es sei ein Widerspruch, wenn die Buddhisten einerseits behaupten, daß ein Bewußtsein wiedergeboren werde, das der individuellen Psyche und dem materiellen Körper (*nāma*, individuelle Bezeichnung, und *rūpa*, Form) vorausgehe, während doch Bewußtsein anderseits als ein Aspekt von *nāma* (Bezeichnung) gelte.

Dies alles sind Fragen, die auch heute noch für christliche Theologen, die sich mit dem Buddhismus auseinandersetzen, Schwierigkeiten bereiten. Sie tauchen darum im Dialog auch immer wieder auf.

Der Mönch Gunananda freilich hatte gut-kanonische Antworten auf alle drei Fragen:

1. Die Beweislast für die Existenz einer Seele, die in den fünf Daseinsgruppen (*skandhas*) schließlich nicht auffindbar sei, liege auf christlicher Seite.
2. Der Empfänger karmischer Vergeltung im nächsten Leben sei „weder identisch noch verschieden" vom Verursacher.
3. Das Bewußtsein, das Name und Form vorangehe, sei das Bewußtsein des vorigen Lebens; das Bewußtsein, das Bezeichnungen gebe und somit ein Aspekt der Name-Form-Konstellation sei, gehöre hingegen zur Identität dieses jetzigen Lebens.

Die Gegenkritik Gunanandas an christlichen Positionen war ebensowenig von Detailkenntnis der Position des Gesprächspartners getrübt wie der Angriff de Silvas auf den Buddhismus:

1. Wie könne Gott eifersüchtig sein, da doch diese Eigenschaft (im Buddhismus) zu den geistigen Verunreinigungen gehöre, die ein Erleuchteter überwunden habe?
2. Wie könne ein allwissender Gott Adam geschaffen haben, da er doch wissen mußte, daß dieser sündigen würde?

Auch der Missionar hatte seine traditionell-theologischen Antworten, die dem Buddhisten völlig unverständlich bleiben mußten.

Was lehrt die Erfahrung dieses Dialoggesprächs? Was sind die Konsequenzen für die heutige Begegnung von Buddhismus und Christentum? Lynn de Silva, der langjährige Direktor des christlichen Dialogzentrums in Colombo, und der Buddhist Neville Gunaratna bedauern in ihrer Betrachtung zum Jubiläum der Disputation (1973) in der Zeitschrift „Dialogue" die fehlende Kommunikation vor 100 Jahren. Wie hätte aber eine solche zustande kommen können angesichts der politischen Interessen beider Seiten und angesichts des fehlenden *hermeneutischen* Bewußtseins, das die unterschiedliche Sprachlogik in den jeweiligen Positionen durchschaut haben würde?

2. Anagarika Dharmapala und die Mahabodhi-Gesellschaft – Gegenpolemik und Internationalisierung des Buddhismus

David Hewavitarane (Anagarika Dharmapala, 1864–1933) brachte die Suche nach buddhistischer Selbst-Identität auf die Höhe der Zeit und trug sie über die Grenzen Ceylons hinaus: Auf seine Initiative wurde in Indien die heiligste Stätte des Buddhismus, der Ort der Erleuchtung Gautama Śākyamunis in Bodh Gayā (indischer Bundesstaat Bihar), restauriert. Außerdem gründete er 1891 eine Zeitschrift, in der er der christlichen Agitation gegen den Buddhismus seine Gegenpropaganda entgegenschleudern konnte, nämlich die von der Mahabodhi-Gesellschaft getragene Zeitschrift Maha Bodhi.

Die Missionsschulen im kolonialen Ceylon des 19. Jh. hatten eine gebildete singhalesische Mittelklasse herangezogen. Aus solch einer Familie kam der spätere Hauslose *(Anagarika)* und Beschützer der buddhistischen Lehre *(Dharmapala)*. Dharmapala wuchs in provinziellen Verhältnissen auf; er kannte außer Ceylon kein anderes Land und schloß seine Schulbildung mit der Mittelstufe ab. Seines Vaters Wunsch war, daß er die Familiengeschäfte fortführen möge. Er sprach aber ein ausgezeichnetes britisches Englisch. Und er war ein Laie *(upāsaka)*, dessen Wunsch, Mönch *(bhikkhu)*zu werden, gegen Ende seines Lebens in Erfüllung ging.

Dharmapalas Wiederbelebung des singhalesischen Buddhismus unterschied sich wesentlich von der (fast zeitgleichen) Renaissance des Hinduismus in Indien, die durch Reformer wie Ram Mohan Roy (1772–1833) angestoßen und bis hin zu Vivekananda (1863–1902) und Radhakrishnan (1888–1975) kontinuierlich fortgeführt wurde. Ein wichtiger Unterschied ist der, daß England Indien anders behandelt hatte als Ceylon. Ceylon wurde von Indien aus verwaltet, und die Ceylonesen hatten geringere Chancen auf höhere Bildung in Oxford und Cambridge als die indische Elite – jedenfalls nicht bis zu der Zeit eines Ananda Coomaraswamy (1877–1947) und K. N. Jayatilleke (1920–1970), den überragenden Gelehrten, die dem Essayisten Dharmapala gegenüberstehen. Dharmapala entdeckte demzufolge den Buddhismus nicht durch Universitätsstudien in England, wo die Schriften von Mrs. Rhys-Davids gelesen wurden, die in der Pāli-Text-Society eine entscheidende Rolle spielte und den Buddhismus als eine ganz und gar rationalistische Religion interpretierte. (Dharmapala begegnete ihr erst viel später bei einem Englandbesuch. Sie unterstützten seither einander: Sie half ihm, indem sie für das Bodh Gayā-Projekt sammelte, er half ihr, indem er in seiner Zeitschrift über den Fortschritt der Pāli-Text-Society berichtete.)

Der junge Dharmapala lernte den Buddhismus weder durch eine eigene Erleuchtungserfahrung noch durch Studien der klassischen Texte kennen, sondern durch die Spekulationen in der Theosophischen Gesellschaft, durch Madame Blavatsky also, der er bis zuletzt verbunden blieb, auch als er sich von der Gesellschaft abgewandt hatte. Sein ursprünglicher Wunsch war, dem „Orden der Meister des Himalaya" anzugehören, von dem die Theosophen schwärmten.

Die Theosophische Gesellschaft wurde 1875 in Colombo gegründet. Dharmapala stieß zu der Gruppe um Helena P. Blavatsky (1831–1891) und Colonel Olcott (1832–1907) bald nach deren Ankunft in Ceylon. Es stellte sich jedoch schnell heraus, daß die okkulten Kräfte, über die zu verfügen Blavatsky beanspruchte, höchst fragwürdig waren. Nach heftigen Kontroversen mußte sie das Land verlassen. Dies wurde von christlichen Missionaren polemisch ausgenützt, was Dharmapala wenig beeindruckte. Er gehörte zu dem Lesekreis des Colonel Olcott und sollte später dessen Methoden für seine eigene buddhistische Missionsarbeit benutzen: Blavatsky repräsentierte das okkult-esoterische Element, Olcott hingegen den rational-analytischen Geist, der hinter den „Wundern" noch unbekannte Naturgesetze walten sah und auch alles Buddhistische rational interpretieren wollte. Olcott hatte freilich wenig historische Kenntnisse über den Buddhismus, und seine Bekehrung war eher die zu einer „buddhistischen Theosophie".[12] Je mehr er aber in den Buddhismus eindrang und schließlich mit Hilfe des Mönches Sumangala Thero 1881 den *Buddhistischen Katechismus* verfaßte, umso mehr entfremdete er sich von Madame Blavatsky. Olcotts protestantischer Puritanismus, gekoppelt mit einer strikten Arbeits-Ethik, verband sich mit seiner rational-protestantischen Interpretation des Buddhismus zu einer eigenständigen Religiosität neuer Prägung, die den christlichen Missionaren ein starker Gegner werden sollte, in ihrer ethisch orientierten Rationalität aber den Buddhismus des Volkes mit seiner an den Jātaka-Geschichten orientierten Frömmigkeit und der Verehrung des Buddha, den Festen, der Besänftigung von Geistern durch Tänze usw. fast völlig ausblendete.

Olcott und auch Dharmapala übernahmen sogar Begriffe aus der christlichen Missionspolemik, um den Volks-Buddhismus zu reinigen. Sie legten damit den Grundstein für die reduktionistische Ansicht, der Buddhismus sei keine Religion, sondern eine Philosophie. Alle späteren Interpretationen eines wissenschaftlichen oder modernistischen Buddhismus sind hier, als Erbe der europäischen Aufklärung, schon vorhanden.[13] Interessant ist, daß Olcott Probleme bei der Vorstellung vom *nirvāṇa* als völliger Auflösung des Ich hatte: Irgendeine personale Identität müsse doch erhalten bleiben – und er tröstete sich damit, daß diesbezüglich zwischen Theravāda und Mahāyāna Unterschiede in der Interpretation bestünden, was seine Theravāda-buddhistischen Mitarbeiter abstritten.

Dharmapala hielt dem Colonel lange die Treue und begleitete ihn sogar nach Japan. Die beiden trennten sich erst, als Olcotts theosophische Interessen Dharmapalas Mahabodhi-Ideale überschatteten. Ein anderer Grund für den Bruch lag darin, daß nach Madame Blavatskys Tod die Theosophie mehr dem Hinduismus mit seiner Lehre von einer ewigen Seele zuneigte, während das Kennzeichen des Buddhismus die Verneinung der Existenz einer ewigen Seele ist.[14]

Dharmapala war also weder Oxford-Gelehrter noch hatte er andere akademische Würden vorzuweisen. Im Unterschied zu Gandhi erregte er auch nicht die Aufmerksamkeit der Londoner Presse. Seine Hörer und Anhänger gehörten dem unteren städtischen Mittelstand und der Bauernschaft an. Die Herausgeberartikel aus seiner Feder im Mahabodhi-Journal sind wenig tiefsinnig, aber sie waren außerordentlich breitenwirksam. Das wohl auch deshalb, weil er die Sprache der Kolonialherren mit deren eigener Satire meisterhaft handhabte, um zum Vergnügen seiner Leser die christlichen Missionen lächerlich zu machen. Sein Tagebuch zeugt von unermüdlicher und einfacher Frömmigkeit. Er war kein Philosoph und behauptete auch nie, einer zu sein. Ja, in seiner Dankbarkeit für die Unterstützung des Mahabodhi-Projektes aus Japan und in der Hoffnung, dorthin engere Bande knüpfen zu können, behauptete er, daß Theravāda nicht eine Schule des „Hīnayāna", sondern eine Form ursprünglichen Mahāyānas sei!

Diesem unscheinbaren Mann gelang es nun, ein internationales Netz zu knüpfen, das den Buddhismus in seinen Hīnayāna- und Mahāyāna-Prägungen umspannte, obwohl die beiden Richtungen seit Jahrhunderten jeglichen Kontakt miteinander verloren hatten. Und dies letztlich nur aufgrund seines simplen Wunsches, Bodh Gayā den alten und wohlverdienten Glanz wiederzugeben!

Obwohl Dharmapala für die Befreiung Ceylons arbeitete, hatte er keine politischen Ambitionen. Er wollte nur den kulturellen Stolz seiner Landsleute entfachen helfen: „Wir Ceylonesen sind keine Barbaren", predigte er ihnen und rüttelte besonders diejenigen wach, die schicksalsergeben in den Engländern höhere Wesen sahen. Die tatsächlichen Barbaren seien hingegen die Briten, und darum wäre es töricht, sie kulturell nachahmen zu wollen.

Er baute Schulen und Krankenhäuser und träumte den Traum eines internationalen Gästehauses in Bodh Gayā, ja einer buddhistischen Universität – all dies in Nachahmung der Erfolgsgeschichte des christlichen Westens und um den Spieß gegen die Missionen umzudrehen. Trotz dieser Aktivitäten blieben seine persönlichen Erwartungen einfach und schlicht. In Ermangelung der philosophischen Bildung, die allein Mönche besaßen, brachte er gelegentlich die sprachlichen Metaphern durcheinander, indem er etwa die Theravādins aufrief, sich wie Mahāyāna-Bodhisattvas zu verhalten. Er tat, was alle Laienbuddhisten zu tun wünschen: Verdienste sammeln durch Dienst an den Drei Juwelen (Buddha, Dharma und Saṃgha), um schließlich gegen Lebensende die volle Ordination eines *bhikkhu* zu empfangen.

Ganz unerwartet wurde Dharmapala schließlich auf die Bühne der Weltgeschichte gehoben, als er die Einladung zum Weltparlament der Religionen in Chicago 1893 empfing. Er trat auf ohne die farbigen Gewänder der anderen buddhistischen Repräsentanten, ohne vorzeigbare Fähigkeiten in der Meditation und ohne charismatische Begabungen, nichts in der Hand als Tausende von gedruckten Zettelchen mit den fünf Geboten des Buddhismus *(pañcaśīla)*, die er an Laien verteilen wollte. Gerade so gewann er das Herz des Auditoriums! Damit hatte er seine Berufung erfahren, und nun träumte er von immer größeren Projekten. Viele Freunde und Wohltäter unterstützten ihn, so daß er nicht mehr auf die Theosophen angewiesen war. In Ceylon war der Nationalstolz erwacht, das reinste buddhistische Land unter dem *dharma* zu sein.

Die Mahabodhi-Bewegung Dharmapalas hatte Ceylon ein nationales Identitätssymbol beschert. Dharmapala selbst aber war eher Internationalist als Nationalist und verbrachte mehr Zeit in Calcutta als in Ceylon. Er hatte sogar soviel Unterstützung von einflußreichen Hindu-Familien, daß Ambedkar, der Befreier der indischen Kastenlosen, der Mahabodhi-Gesellschaft kritisch gegenüberstand. Dharmapala war nicht so sehr Gegner der Engländer als der Missionare. Die Mahabodhi-Zeitschrift erschien in Englisch, obwohl er andere Publikationen auch in Singhalesisch vertrieb. Er agitierte auf dem Lande, verbrachte aber die meiste Zeit in den Städten. Zu seinem Kummer erhielt er gar mehr Unterstützung aus dem Ausland als von seinen buddhistischen Landsleuten.

Gewiß ist der Mönch *(bhikkhu)* immer die Führungsgestalt im Theravāda-Buddhismus gewesen. Dharmapala aber hatte die traditionell strikte Unterscheidung von Mönch und Laie durchbrochen. Er war zur Zentralfigur des gesamten vierfachen *saṃgha* der Mönche und Nonnen, Laien und Laienanhängerinnen geworden, und damit hatte er ein Beispiel für andere Reformer gegeben.

3. Buddhistisch-nationale Unabhängigkeitsbewegung

Die buddhistisch-nationale Bewegung, die die britische Kolonialmacht aus Ceylon vertrieb und 1948 das moderne Sri Lanka begründete, war politisch-nationalistisch motiviert und wurde von aktivistischen Mönchen geführt, die sich auf fast die gesamte Bevölkerung stützen konnten. Das war kein Boden, auf dem ein buddhistisch-christlicher Dialog hätte gedeihen können, was bis heute spürbar ist. Die einst privilegierte christliche Minorität fand sich nach der Unabhängigkeit in der Defensive wieder. Das heißt: Nach Jahrhunderten von Angriffen christlicher Missionare auf den Buddhismus als Heidentum und Idolatrie müssen die Christen nun erfahren, daß die andere Seite kaum am Dialog interessiert ist, zumal sie die Motive zum Dialog bei den Christen oft nicht für aufrichtig hält, solange gleichzeitig noch Missionen operieren und evangelikale „crusades“ inszenieren.

Aber auch das christliche Interesse am Dialog in Sri Lanka ist neu. Es hängt zweifellos mit der Verdrängung der Christen aus alten Machtstellungen zusammen, ist aber auch mehr: die Einsicht, daß alle sozialen, religiösen und politischen Gruppen den Aufbau der Nation nur *gemeinsam* leisten können. Sozial gesehen vertritt das Christentum noch sehr stark ein Bürgertum, das im Dienst der Kolonialherrschaft aufsteigen konnte. Die politisch aktiven buddhistischen Mönche hingegen mobilisierten 1947 unter Führung von Bhikkhu Walpola Rahula die Massen zum Generalstreik gegen die Briten. Die Politisierung des *saṃgha* ist daher nirgends deutlicher ablesbar als an der in Sri Lanka weitgehend akzeptierten These, daß Mönche bei der Verteidigung des *dharma* zum bewaffneten Kampf aufrufen müssen (oder gar selbst Waffen tragen sollen), was buchstäblich gegen die klassische Mönchsregel *(vinaya)* mit dem Gebot des Nicht-Verletzens anderer Lebewesen verstößt.

Wenn man das schwierige politische Klima für den Dialog in Sri Lanka richtig einschätzen will, muß man bedenken, daß vor allem in den 50er und 60er Jahren neben Buddhisten und Christen auch die Marxisten zumindest indirekt am Dialog beteiligt waren. Die marxistische Religionskritik am Christentum war teilweise sogar von Buddhisten aufgenommen worden. Sie diente zumindest als Argument gegen das *koloniale Christentum*, das die kapitalistische Ausbeutung der Länder Asiens und Afrikas mit zu verantworten hätte. Wir müssen in der Darstellung darum etwas weiter ausholen, denn ohne die in diesem Zusammenhang stehenden Polemiken (und Verletzungen) sind die Schwierigkeiten des gegenseitigen Verstehens von Buddhisten und Christen im heutigen Sri Lanka nur schwer nachzuvollziehen.

a) Buddhismus und Marxismus

Der politisierte Buddhismus Ceylons/Sri Lankas hat eine sozial-revolutionäre Komponente. In Ceylon wie in Burma hatten die britisch gebildeten intellektuellen Eliten den Gedanken der Demokratie aufgenommen, und zwar so, daß die klassischen Ideale des *saṃgha* – Verbot von Privatbesitz, demokratisches Selbstbestimmungsrecht – als buddhistische Werte erschienen, die das moderne Ideal der Demokratie vorweggenommen hätten. Sie seien vom Liberalismus und Marxismus nur neu entdeckt und dem christlich-hierarchischen Denken (ein monarchisch die Welt regierender Gott und „Herr“), das die ökonomische Ausbeutung und die Diktatur rechtfertige, entgegengeschleudert worden. Denn wo ein höchster Gott sei, könne es keine menschliche Freiheit geben, zumal das Christentum die himmlische

Hierarchie auf die Gesellschaft übertragen hätte. Die christliche Sklavenhalter-Mentalität sei ein direktes Resultat des Theismus. Die Kolonialpolitik der „christlichen" Länder hätte schließlich in diesem hierarchischen christlichen Denken seine Wurzel gehabt, und auch ein Hitler sei nur auf diesem Hintergrund denkbar. Lenin habe versucht, menschliche Gier und Selbstsucht mit Gewalt zu überwinden, was aber nicht möglich sei. Nur die Einsicht und Praxis, die aus dem Buddha-Dharma folge, könne dieses Ziel erreichen.[15]

Der Marxismus erschien vielen buddhistischen Sozialreformern in Ceylon/Sri Lanka (wie auch in Burma) als hilfreiche Ideologie, die durch den Buddhismus ergänzt werden müsse, weil der Buddhismus in seiner Radikalität der Analyse von Übel und Ungleichheit viel weiter gehe als Marx: Der Buddha gebe sich nicht mit der Umverteilung des Eigentums von der einen zur anderen Klasse zufrieden. „Der Buddhismus befreit die Menschen von ihrem Besitztrieb", heißt es prophetisch im Manifest der linken Buddhisten „Revolte im Tempel, der Sieg des Dhamma", das einer der prominentesten Äbte Sri Lankas als „Blaupause für die nächsten 2500 Jahre" bezeichnet hat.[16] Der *saṃgha* gilt dann als Modell für den sozialistischen Idealstaat und Aśoka als Lenin des Buddhismus. Aufgabe der „Revolte im Tempel" sei es, die Lehre des Buddha „vom Himmel auf die Erde" zu holen und Glück im Hier und Jetzt der sozialistisch-nachkolonialen Gesellschaft Sri Lankas zu verwirklichen.[17] Während der Marxismus das ökonomische Leiden analysiere, gebe der Buddhismus die Antwort auf das psychologische Leiden, das nicht klassengebunden, sondern universal sei.

Die Verbindung von Buddhismus und Marxismus war in den 50er Jahren in Sri Lanka wie auch in Burma auf große Akzeptanz gestoßen. Die Kritik des Buddhismus an dem Prinzip der kapitalistischen Wettbewerbswirtschaft, in der das Ich und seine Selbsterhaltung die dominierenden Faktoren seien, bot gleichzeitig eine Möglichkeit zur ideologischen Abgrenzung von den ehemaligen Kolonialmächten und damit zur eigenen Identitätsbestimmung.[18] Für den nationalen Aufbau einer buddhistisch orientierten Gesellschaft sollte der Marxismus die „ökonomische Methodologie" bereitstellen. Den totalitären marxistischen Staat wollte man aber nicht übernehmen. Die buddhistischen Marxisten meinten, die ökonomische Seite als Aspekt der „niederen Wahrheit" *(saṃvṛti)* betrachten zu können, während das buddhistische *nirvāṇa* als „höhere Wahrheit" *(paramārtha)* davon selbstredend zu unterscheiden wäre. Genau diese Unterscheidung war aber für die klassischen Marxisten nicht akzeptabel, weshalb sich der burmesische Regierungschef U Nu 1958 vom Marxismus distanzierte und nach 1959 den Buddhismus zur Staatsreligion erklärte, was Rückwirkungen auf die Diskussion in Sri Lanka hatte.[19] Dementsprechend gab es auch in Sri Lanka bei den Wahlen von 1956 starke Kräfte, die einen buddhistischen Staat wollten. Der Wahlsieg einer buddhistisch-marxistischen Koalition führte das Land auf den Weg der außenpolitischen Neutralität.[20] Innenpolitisch wurde der Buddhismus von Staats wegen bevorzugt.[21]

b) Der politisierte Saṃgha und Walpola Rahula

Schon vor 1946 war die Politisierung der Mönche in Teilen des *saṃgha* auf Widerstand gestoßen, aber erst nach der Unabhängigkeit kam es zu öffentlichen Debatten über dieses Problem. Walpola Rahula[22] war ein Wortführer der politisch aktiven Gruppe. Er hielt seinen Kritikern entgegen, daß es die Pflicht der Mönche sei, für die unterdrückten Massen Partei zu ergreifen. Einige Mönche identifizierten sich sogar mit Trotzkisten und Stalinisten, so daß sich die links-gemäßigte Ceylon Labour Party die Teilnahme von *bhikkhus* an ihren Versammlungen verbat.[23]

Rahulas Veröffentlichungen hatten Einfluß auf die schon erwähnte Schrift „The Revolt in the Temple". Die Radikalen wandten sich auch gegen die noch verbliebenen Bindungen Sri Lankas an England (Dominion-Status). Im „Sprachenkampf" unterstützten sie seit 1954 die offizielle Einsprachigkeit (nur Singhalesisch) gegen die von den Tamilen gewünschte Zweisprachigkeit. Der Kampf des buddhistischen singhalesischen Prinzen Duṭṭhagāmaṇi gegen den tamilischen König Elara (2. Jh. v. Chr.) wurde dabei zum religiös-nationalen Mythos erhoben, aber dies war eine höchst problematische Anknüpfung – die alte ceylonesische Chronik Mahāvaṃsa hatte nämlich erklärt: „ein Nicht-Buddhist gilt nicht als Mensch".[24] Seit Ende der 50er Jahre optierten die radikalen Buddhisten dafür, daß das Nationalitätenproblem durch Konversion zumindest der Kastenlosen bzw. unteren Kasten der Tamilen zum Buddhismus gelöst werden müsse. Bis Ende 1962 sollen ca. 100 000 Kastenlose zum Buddhismus übergetreten sein.[25]

In der frühen nachkolonialen Epoche unmittelbar nach dem europäischen Zusammenbruch im 2. Weltkrieg übte eine weitere Macht, Ideologie und „Religion" große Faszination in Sri Lanka und den südostasiatischen Ländern aus: der Maoismus in China. Bis zur Besetzung Tibets im Jahre 1950 – und in Tibet selbst bis zum Aufstand von 1959 – versuchte auch Mao, Parallelen und Harmonien zwischen seiner Ideologie und dem Buddhismus zu propagieren. Denn das individuelle Besitzstreben sei von beiden Positionen her zu verdammen, weshalb sich China als der natürliche politische und kulturelle Verbündete Südasiens gegen die früheren Kolonialmächte Europas empfehle. Mao fand kein geringes Echo. Die Annexion Tibets rief dann aber heftige Reaktionen in Sri Lanka hervor: Die Besetzung Tibets durch die Chinesen und die Niederwerfung des Aufstands von 1959 mit der folgenden Flucht des Dalai Lama bewog den All Ceylon Buddhist Congress und eine Gruppe von *bhikkhus* zum internationalen Protest.[26]

In all den politischen und kulturell-religiösen Neuorientierungen war es für die Christen schwierig, ihren Platz beim Aufbau dieser neuen Nationen zu finden, die sich – anders als das dem Säkularismus verpflichtete Indien – in Antithese zur früher christlich bestimmten Kultur der Kolonialherren buddhistisch identifizieren wollten. Der geistige und emotionale Druck bei der Suche nach einer „einheimischen Theologie" wie auch die Bemühungen um den Dialog mit dem Buddhismus stehen in diesem Kontext. Der Dialog in Sri Lanka kann gar nicht akademisch-distanziert sein oder an eine zweitausend Jahre alte Textbasis allein anknüpfen wollen. Es ist ein politisch-intellektueller Dialog in einem nationalpolitisch brisanten Klima!

4. Nationaler Aufbau

Trotz dieser komplexen Situation hat der Dialog in Sri Lanka die längste und kontinuierlichste Geschichte überhaupt, weil er offensichtlich aus einer historischen Dringlichkeit geboren ist, die er andernorts nicht in diesem Maße hat. Dabei geht es nicht nur um Metaphysik oder Glaubenssysteme, sondern vielmehr um die politische und soziale Überlebensfrage: Wie kann *eine Nation* geschaffen werden, in der Menschen *verschiedener Religionen* zusammenleben, ohne einander als Bedrohung zu empfinden?

a) Buddhistischer Modernismus

Das Verlangen nach nationaler Selbständigkeit und kultureller Identität Sri Lankas war dem Dialog zunächst nicht förderlich: Die Religion der ehemaligen Kolonialmächte war verpönt. Der Buddhismus sollte deshalb so interpretiert werden, daß er sich als die überlegene Religion und Lebensform erwies, damit Sri Lanka seinen Weg in ein Zeitalter technologisch-wissenschaftlicher Entwicklung gehen konnte. Die Intellektuellen an den Universitäten sowie Teile des *saṃgha* förderten einen buddhistischen Modernismus bzw. einen „protestantischen Buddhismus" (G. Obeyesekere), der einerseits vom Westen und seinen aufklärerischen Idealen inspiriert war, anderseits die bessere Antwort auf die Fragen der Zeit darstellen sollte. K. N. Jayatillekes Wissenschaftskonzept ist ein Versuch, die reibungslose Vereinbarkeit von buddhistischer Religion und wissenschaftlicher Rationalität im Gegensatz zu der alten Spannung zwischen Religion und Wissenschaft im Christentum darzulegen. Und damit sollte die geistige Unterlegenheit des christlichen Glaubens bewiesen werden.[27]

Den buddhistischen Modernisten kam die britische Buddhologie und Textforschung zugute, die der Tendenz folgte, den Buddhismus als rational perfektes System zu interpretieren, was ganz und gar dem europäischen wissenschaftlichen Denken der Neuzeit entspreche. So bekennt der Regierungschef Sri Lankas, S. W. R. D. Bandaranaike (ermordet 1959), daß er in der Bibliothek von Oxford sein Bekehrungserlebnis gehabt habe.[28]

Aber der Modernismus hatte für die Buddhisten auch brisante Seiten: Als z. B. der bedeutende Archäologe S. Paranavitana 1961 bei einem Vortrag belegte, daß die drei angeblichen Besuche des Buddha in Sri Lanka fromme Legende, aber nicht historische Tatsachen seien, brach ein Sturm der Entrüstung los, und die Medien orakelten, daß Paranavitana wohl als Agent von den Katholiken gekauft worden sein müsse![29]

b) Dialog als Heilung im nationalen Aufbau

Der marxistische Analytiker Hector Abbayawadhana gab 1973 zwei Gründe dafür an, daß sich in Sri Lanka eine größer werdende Gruppe von Christen um den Dialog mit den Buddhisten bemühe:[30]

1. Das christliche Bemühen um einen interreligiösen Dialog sei teilweise auf eine Kompensation des Prestige- und Machtverlustes der Christen nach dem Abzug der britischen Kolonialmacht zurückzuführen,
2. teilweise aber auch auf das echte Bemühen der Christen, bei dem Aufbau einer multi-religiösen Nation tätig mitzuwirken und alte Wunden zwischen den Religionsgruppen zu heilen.

Initiator des „Ecumenical Institute for Study and Dialogue" in Colombo sowie der Zeitschrift „Dialogue", die als wichtigster Katalysator dieser Entwicklung diente und noch dient, war der methodistische Pfarrer Lynn de Silva (1919–1982).[31] Die Zeitschrift erschien seit September 1963, finanziert vom Christlichen Institut für Buddhismusstudien, zuerst in Mimeographie, um dann als Neue Serie (NS) ab 1973 in besserem Druck als Zeitschrift des Study Center for Religion and Society in Colombo fortgeführt zu werden.

Die berühmt gewordene Disputation von 1873 zwischen Rev. David de Silva und Bhikkhu Gunananda[32] war Ausgangs- und Anknüpfungspunkt für Lynn de Silvas Bemühungen um den christlich-buddhistischen Dialog. Wie ein roter Faden ziehen sich die ungelösten Fragen von 1873 durch sein Lebenswerk: Ein Jahrhundert nach der großen Debatte behandelt er wiederum das Problem „*Anattā* and Rebirth".[33] De Silva zog aus der Disputation von 1873 die Konsequenz, daß die gravierenden Mißverständnisse des christlichen Glaubens durch die Buddhisten zum Teil auf der Schwierigkeit der Übersetzung beruhten. Der Bibeltext, der Gunananda vorgelegen hatte, war äußerst mißverständlich. Und so war es de Silvas vordringliches Anliegen, eine Hermeneutik zu entwickeln, die das Evangelium auf dem Hintergrund buddhistischer Kategorien für Buddhisten verständlich machen sollte.

Lynn de Silva erkannte: Die politisch gemeinten und insofern durchaus verständlichen bissigen Bemerkungen Dharmapalas über das Christentum bedurften nach der Unabhängigkeit einer christlichen Antwort. De Silva hoffte bei der Gründung seiner Zeitschrift (1963) „auf ein *Ende der Diatribe und den Beginn des Dialogs*".

Das Hauptproblem des Dialogs in Sri Lanka aber war und ist die Frage nach der Gemeinschaft zwischen den Religionen.

Das Study Centre und die Zeitschrift beweisen, daß de Silva in der Tat zahlreiche und einflußreiche Buddhisten zum Dialog bewegen konnte. Es gelang ihm auch, eine Gruppe von christlichen Theologen heranzubilden, die eine Theologie der Inkulturation entwickelten und sich damit von der kolonialen Vergangenheit des Christentums in Sri Lanka emanzipierten. Diese Gruppe von Theologen hat erheblichen Einfluß im Ökumenischen Rat der Kirchen (ÖRK) ausgeübt, das eurozentrische Denken in seinen Gremien mit aufgebrochen und das Dialogprogramm mit Menschen anderer Religionen auf den Weg gebracht, wie die richtungsweisende ÖRK-Konferenz 1974 in Colombo, die eine „Weltgemeinschaft" von Buddhisten, Hindus, Juden, Christen und Muslimen forderte, eindrucksvoll belegt.[34]

Das Programm der Zeitschrift „Dialogue" ist klar: Sie will nicht „evangelisieren", sondern versteht sich als Organ der *gemeinsamen Suche nach Wahrheit*. Sie möchte „weder den kleinsten gemeinsamen Nenner suchen, noch ein Parlament der Religionen schaffen, noch auf eine einheitliche Weltreligion hinarbeiten ..., der Zweck des Dialogs muß vielmehr im Kontext der gemeinsamen menschlichen Suche nach Gemeinschaft gesehen werden – Ortsgemeinschaft, nationale Gemeinschaft und Weltgemeinschaft."[35] Das Study Centre in Colombo solle darüber hinaus für eine „heilige Weltlichkeit"[36] arbeiten, d. h. Spiritualität und soziales Handeln verbinden. De Silva gesteht ein: Die Christen hätten sich selbst gelähmt, als sie die Buddhisten bekämpften. Indem sie den Buddhismus verschmähten, hätten sie die ceylonesische Nation und ihre Menschen verachtet, und als Folge dieses Irrtums sei nun das Christentum selbst verschmäht worden.[37]

c) Die Debatte zwischen Jayatilleke und Lynn de Silva

Der Höhepunkt der Alten Serie von de Silvas Dialog-Zeitschrift war eine Debatte zwischen Lynn de Silva und dem buddhistischen Philosophen K. N. Jayatilleke. Bekannt geworden 1963 durch sein Buch über die Theorie der Erkenntnis (Epistemologie) im Buddhismus,[38] ist Jayatilleke ein moderner buddhistischer Intellektueller, der ein außerordentlich weites Verständnis von Rationalität und Empirismus hat. Dies erlaubte ihm, die „buddhistische Rationalität" gegen den „christlichen Irrationalismus" polemisch ins Feld zu führen.[39] Ihm kam es darauf an, den traditionellen buddhistischen Widerspruch gegen den Theismus beredt zu vertreten. Jayatilleke gehört deshalb in die Reihe logisch-positivistischer Denker, die sich bis auf David Hume zurückführen läßt. Dies zeigt, wie auch der interreligiöse Diskurs in Südasien eingebunden und beeinflußt ist von der geistesgeschichtlichen Situation und den ideengeschichtlichen Inszenierungen auf europäischen Bühnen.

Jayatilleke baut (mit größerer Sachkenntnis als zuvor das Ehepaar Rhys-Davids in England) auf dem klassischen Theravāda-Systematiker Buddhaghoṣa (5. Jh. n. Chr.) auf. Er war gerade auch deshalb für Lynn de Silva vom Beginn der Alten Serie der Dialogzeitschrift an der herausragende, kompetente, aber auch schwierige Partner im Dialog. Die Debatte kann hier nicht im einzelnen nachgezeichnet werden, einige Wegmarken wollen wir aber dennoch hervorheben:[40]

- Auf der Grundlage neuer *empirischer Berichte* hält Jayatilleke die Theorie der *Reinkarnation* für wissenschaftlich bewiesen, was Lynn de Silva bestreitet (1. Heft).
- De Silva argumentiert für das *historische Bewußtsein* im Christentum, dessen der Buddhismus weitgehend ermangele. Jayatilleke pariert, indem er die buddhistische Anschauung einer (kosmischen) Geschichte entgegenhält (5. Heft).
- Jayatilleke korrigiert die verbreitete Anschauung, den *Buddha* nur als gewöhnlichen Menschen und Lehrer zu betrachten. Er sei zwar als gewöhnlicher Mensch geboren, als vollkommen Erleuchteter aber *mehr als ein Gott* (Heft 13 u. 17).
- Als de Silva die christliche Lehre vom *Schöpfergott* erläutert (Heft 16), antwortet Jayatilleke mit einer scharfen Kritik des Theismus im nächsten Heft.

d) Der Streit um die Existenz Gottes

Jayatillekes kurzer Aufsatz „Die buddhistische Haltung zur Gottesfrage“[41] behauptet, der Buddha sei Atheist gewesen. Auch das Mahāyāna kenne weder Schöpfung noch Schöpfer. Der Buddha habe ausdrücklich den Theismus des brahmanischen Philosophen Makkhali Gosāla zurückgewiesen, der behauptet hatte, Gott sei Schöpfer und seine Vorsehung bewirke die Entfaltung des Lebens im *saṃsāra*, bis schließlich, nachdem alle karmischen Kräfte aufgebraucht wären, alle Wesen am Ende erlöst seien. Zwei Gründe hätte der Buddha für seinen Atheismus gehabt:

1. Der Theismus untergrabe die menschliche Freiheit und damit die Moralität, denn er mache den Menschen zur Marionette in den Händen eines allmächtigen Gottes.
2. Ein Gott, der allmächtig und gut zugleich sein soll, könne unmöglich eine solche Welt voller Übel und Leiden geschaffen haben.

Jayatilleke argumentiert dann gegen die klassischen Gottesbeweise: Der *ontologische* Gottesbeweis Anselms von Canterbury sei eine bloße Tautologie, bei der fälschlich die Existenz (einer Sache) als Attribut aufgefaßt worden sei. Der *kosmologische* Beweis hingegen widerspreche seiner eigenen Voraussetzung, indem er von einer „ursachelosen Ursache“ ausgehe bzw. den Begriff „Ursache“ bis zur Bedeutungslosigkeit verzerre. Das *teleologi-*

sche Argument widerlege sich selbst, wenn man die Grausamkeit und Verschwendung in der Evolution der Natur betrachte, die „rot vom Blut an Zähnen und Klauen" sei. An dieser Stelle die Unbegreiflichkeit Gottes einzuführen, weiche der Frage aus, wie ein liebender Gott diese Grausamkeit zulassen könne, wenn nicht die Theologen den Begriff der Allmacht Gottes aufgeben wollten.

Der christliche Gottesglaube sei mithin unbegründbar. Ein religiöser Glaube könne zwar unbegründet sein und dennoch gute Früchte tragen. Das Christentum aber trage nicht einmal gute Früchte, denn es führe konsequenterweise zum Allmachtswahn des Menschen, der sich mit seinem allmächtigen Gott identifiziere. Ein Hitler, der sich selbst als Instrument der Vorsehung Gottes betrachtet habe, sei diesem Wahn verfallen. Dies sei nur ein Fall aus der jüngsten Zeit, und die Geschichte des Christentums zeige viele ähnliche Verirrungen. Die Kritik des Buddha am Theismus bedeute aber nicht, daß er Atheist im Sinne des Materialismus gewesen wäre, denn er grenze sich von der Idee persönlicher Unsterblichkeit *(bhava-dṛṣṭi)* ebenso ab wie von deren Gegenteil, der Idee der vollkommenen Auslöschung *(vibhava-dṛṣṭi)*.

Der Buddha habe zwar gewisse Theorien als unbefriedigend bezeichnet, was aber nicht notwendig heiße, sie seien falsch. Dazu gehöre die Vorstellung einer geoffenbarten Religion. Jede Religion, die zumindest ein Element von Willensfreiheit, moralischer Verursachung (daß jede Tat Folgen für den Täter hat), Verantwortung usw. kenne, habe ihren Wert. Deshalb sei Gemeinschaft mit Gläubigen solcher Religionen für Buddhisten durchaus möglich und sinnvoll. Einen guten Gott (Brahmā), der allerdings nicht allmächtig sei, habe im übrigen auch der Buddha gelten lassen. Letztlich aber sei der Buddhismus eine Therapie gegen das Leiden und die Angst. Gott oder Nicht-Gott sei gar nicht das Problem.

Christen können entgegnen, daß der im Buddhismus untergeordnete Gott Brahmā gerade nicht der christlichen Gottesvorstellung entspreche, denn Brahmā sei in der Zeit und bedingt, was vom christlichen Schöpfergott nicht gelte. Könnte also das buddhistische *nirvāṇa* mit dem christlichen Gottesbegriff zumindest funktional vergleichbar sein? Jayatilleke antwortet: „Wenn Nirvāṇa Gott im Sinne einer Transzendenten Wirklichkeit ist, dann können diejenigen, die solche Heilsmittel (Begriffe) gebrauchen, sie immer noch nicht verstehen, während diejenigen, die die Sache erlangt haben, die (Begriffe) nicht mehr brauchen."[42] Der Vergleich von Gott und *nirvāṇa* sei also überflüssig.

Jayatillekes Argumente bereiteten den Boden für Dharmasiris Buch gegen den Theismus (1974),[43] das einen noch schärferen Ton, wenn auch nicht wesentlich mehr hermeneutische Klarheit, in die Auseinandersetzung zwischen Christen und Buddhisten bringen sollte.

Im selben Heft noch hat in einem anonymen Artikel „Gautamas Suche nach dem, was unbedingt angeht" wohl de Silva selbst geantwortet. Der Autor zitiert den indischen Philosophiehistoriker T. R. V. Murti, der in seinem Buch über das Mādhyamika-System im Mahāyāna-Buddhismus (1955) die These entfaltet hatte, die buddhistische Mādhyamika-Philosophie wolle vor allem die Grenzen der Vernunft aufzeigen.[44] Der Autor bedient sich dieses Arguments, um nun also mit Mahāyāna-buddhistischen Argumenten die These des Theravāda-Buddhisten Jayatilleke von der Vernünftigkeit des Atheismus zu widerlegen und so die Möglichkeit des (christlichen) Gottesglaubens zu verteidigen!

In einem Aufsatz zur Gottesfrage[45] parallelisiert de Silva den buddhistischen *dharma*-Begriff und den christlichen Gottesbegriff: Beide seien Konzepte für das Transzendente, und beide seien personal. Wie ist das möglich? Dazu de Silva: Das impersonale Absolute sei für den, der es „sieht", nicht impersonal. Der *dharma* sei im Buddhismus schließlich Gegenstand der Liebe, eine Angelegenheit des Verstandes wie auch der Verehrung des Herzens, eine personale Wirklichkeit also. Wenn die früh-buddhistischen Theragātās (Hymnen der Ältesten) den *dharma* priesen als das, was Schutz gewähre, was – transzendent in dieser und jeder möglichen Welt – des Buddhas Körper schmücke und selbst bei Buddhaghoṣa als *dharmakāya* (Dharma-Körper) erscheine, sei dies ein personales Verhältnis zum *dharma*.

Die eben beschriebene Argumentation de Silvas wirkt künstlich. Sie ist problematisch, weil die hermeneutischen Grundlagen für solche Begriffsparallelen unklar bleiben.[46] Vermutlich weiß de Silva selbst, daß er hier die klassische Theravāda-buddhistische Kategorialität wie auch den Personbegriff überzogen interpretiert. Um eine gedankliche Basis für die *Gemeinschaft* mit seinen buddhistischen Partnern zu finden, sucht de Silva unermüdlich nach einem theistischen Telos im Buddhismus.[47] Er zitiert hierzu den Mahāyāna-Interpreten Edward Conze und den englischen Buddhisten Sangharakshita,[48] um nachzuweisen, wie in der Geschichte des Buddhismus atheistische und theistische Züge nebeneinander existiert haben und weiter existieren.

5. Gegenwärtige Entwicklungen

a) Konfrontation

Soziale und ethnische Spannungen

Durch die Identifikation von nationaler Identität und buddhistischer Religion konnte sich weder in den 60er Jahren noch in den tamilisch-singhalesischen Auseinandersetzungen der 80er Jahre ein Geist religiöser Toleranz entwickeln, der das politische Klima in Sri Lanka hätte prägen können.[49]

Der gegenwärtige tamilisch-singhalesische Konflikt ist auch religions-hermeneutisch erschreckend lehrreich: Indem Ceylon/Sri Lanka seine kulturelle und nationale Identität durch die singhalesische Sprache und die Legende *eines* Staatswesens (einstmals Königreichs) als des wahren Hortes des Buddhismus zurückzugewinnen suchte, wurde die tamilische Minderheit ausgeschlossen. Die Geschichtschroniken berichten zwar von der erstaunlichen Milde, die buddhistische Könige gegenüber nicht-buddhistischen Untertanen meist walten ließen. Aber diese Haltung wird unglücklicherweise von der heutigen politisch herrschenden Klasse nicht nachgeahmt. Sie hat, mit wechselnden Akzenten und politischen Präferenzen, bis zu den Wahlen von 1994, für Identität durch Ab- und Ausgrenzung der Minderheiten optiert, und dies mußte in der multi-religiösen Situation Sri Lankas zu Gewalt führen. Deshalb gibt es keine Alternative zum Dialog, sei er auch politisch noch so schwierig und intellektuell-hermeneutisch noch so dornenreich! Die seit August 1994 amtierende Regierung unter Premierministerin Chandrika Kumaratunga scheint dies erkannt zu haben. Der buddhistisch-christliche Dialog könnte damit in eine neue und vielversprechende Phase treten. Aber sind die Christen in den 90er Jahren, unter denen zunehmend wieder fundamentalistische Gruppen an Einfluß gewinnen, dazu bereit?

In jüngster Zeit zeichnen sich neue Konflikte und Konfrontationen ab: Fundamentalistische oder evangelikale Gruppen (meist von Missionaren aus den USA unterstützt) missionieren unter Buddhisten. Zahlreiche Dorfgemeinschaften, die interreligiös organisierte Friedensinitiativen gegründet haben (Christian Workers Federation, World Solidarity Forum, Women's Action Committee, Mothers and Daughters of Lanka, Movement of Defence of Democratic Rights u. a.) sowie Schul- und Entwicklungsprogramme betreiben, kämpfen für die Verhinderung bewaffneter religiöser Konflikte. Aber der Druck der evangelikalen und fundamentalistischen Missionsgesellschaften aus Nordamerika, die die politische Instabilität des Bürgerkriegs und die wirtschaftliche Armut ausnutzen, wird gegenwärtig immer stärker. Geld aus Nordamerika, Europa und neuerdings auch Korea fließt als Investition ausschließlich in Kirchengebäude für fundamentalistische Gruppen, die mögliche Konvertiten auch durch das Versprechen von Arbeitsplätzen anlocken. Auf ganz ähnliche Weise gehen neuerdings auch japanische Gelder an Buddhisten und Investitionen aus den Golf-Staaten an Muslime, d. h. Religion legitimiert partikulare politische und wirtschaftliche Interessen:

„In Sri Lanka sind heute Religion und Wirtschaft nicht länger unschuldige Partner, die in gegenseitig einander ausschließenden Bereichen des menschlichen Lebens operieren würden. Sie sind aufs engste miteinander verflochten und kaum trennbar und oft Manipulationsinstrumente für verborgene nationale und internationale Interessen der Politik und der Wirtschaft. Meine Sorge ist, daß sich solche Entwicklungen in einer Atmosphäre des bewaffneten ethnischen Konflikts abspielen. Es besteht die Möglichkeit, daß religiöser Fundamentalismus seine religiöse Identität bewaffnet ausdrückt und findet. Unser Land, das aus einer bestimmten Gestalt des bewaffneten Konflikts erst noch herausfinden muß, kann es sich nicht leisten, in eine andere Form des bewaffneten Konflikts gestürzt zu werden. Sollte das geschehen, wird die Insel des Paradieses endgültig verloren sein."[50]

Die christlichen Dialog-Zentren (vor allem der Jesuiten und Franziskaner[51]) sind deshalb bemüht, die fundamentalistischen Tendenzen in der eigenen Religion und ihre politischen Konsequenzen offenzulegen.

Der Jesuit Aloysius Pieris, die zweite große Persönlichkeit des buddhistisch-christlichen Dialogs in Sri Lanka und Nachfolger Lynn des Silvas in der Leitung der Dialog-Zeitschrift[52], stellte bereits in den 60er Jahren die soziale und politische Bedeutung des Dialogs in den Vordergrund. Aufgrund seiner Sensibilität für die soziale Rolle des *saṃgha* in buddhistischen Gesellschaften interpretierte er die dialogische Situation in Sri Lanka etwas anders als de Silva,[53] gelangte aber zu ähnlichen Schlußfolgerungen. Er zeigt, wie der Buddha das gesamte sakrale brahmanische Universum auf eine rein psycho-anthropozentrische Interpretation von Heiligkeit im Hier und Jetzt zurückführte. Später allerdings sollte sich darauf auch wieder eine scholastische Ontologie auftürmen, ganz ähnlich wie im Christentum. Und in beiden Religionen spiegelte, so Pieris, die Errichtung von Lehrgebäuden die realen gesellschaftlichen Machtstrukturen wider. So viel zu Pieris, dessen Beitrag zu einer dialogischen Befreiungstheologie wir unten gesondert würdigen werden.[54]

Der ethnische und religiöse Konflikt zwischen Singhalesen und Tamilen in Sri Lanka zeigt, daß sich der buddhistisch-christliche Dialog nicht auf theologische Vergleiche oder psychologische Unterscheidungen beschränken darf, sondern ein Aspekt am politischen Geschehen in Sri Lanka ist. Religion wird unausweichlich in die sozialen und politischen Realitäten hineingezogen, ja sie erzeugt und legitimiert diese Realitäten. Wenn dies erkannt ist, muß der Dialog die Ehrlichkeit in bezug auf Kritik und Selbstkritik der Religionen fördern, sonst dient er nur der Verschleierung von Machtstrukturen. Die gemeinsame Aufarbeitung der jeweiligen Geschichte sowie die Offenlegung von ideologisch gebrauchten Geschichtsbildern ist deshalb eine Aufgabe für den Dialog, die für alle Partner schmerzlich ist. Doch bisher hat sich noch kaum jemand an diese schwierige Aufgabe gewagt.

Immerhin war schon Lynn de Silva dem verbreiteten Vorurteil entgegengetreten, nach dem der Buddhismus ganz im Gegensatz zum Christentum immer friedfertig gewesen sei.[55] Ein Blick in die ceylonesische Geschichte zeige, daß auch im Namen des Buddhismus Gewalt ausgeübt worden sei. Er belegt dies mit einem Zitat des Historikers E. W. Adikaram:[56]

„Mahāvaṃsa, die historische Chronik der singhalesischen Buddhisten, hat die schlimmsten Mörder zu Beschützern des Dharma in Ceylon gemacht. König Duṭṭhagāmaṇi, der nach der Chronik unbarmherzig Millionen von Tamilen getötet hat, tat dies, um die buddhistische Gemeinschaft vor dem Untergang zu bewahren! War der Autor des Mahāvaṃsa, ein buddhistischer Mönch, so vollkommen ahnungslos in bezug auf die fundamentalen Lehren des Buddha, oder war auch er ein hilfloses Opfer der Doktrin des Hasses, die in den Buddhismus bereits zu dieser Zeit eingedrungen war?“

König Duṭṭhagāmaṇi hatte sich obendrein von zehn bzw. acht Arhats trösten lassen, die ihm versicherten:

„Aus deiner Tat erwächst dir kein Ballast auf dem Weg in den Himmel. Nur eineinhalb Menschenwesen sind hier von dir ermordet worden, o Herrscher über die Menschheit. Der eine (der Getöteten) hatte Zuflucht zu den Drei Juwelen genommen, und der andere (der als halber Mensch zählt) hatte die fünf Gelübde *(pañcasīla)* geschworen. Der Rest waren Ungläubige und Menschen böser Lebensart, die nicht mehr zählen als wilde Tiere.“[57]

Einige buddhistische Dialogpartner de Silvas reagierten verletzt:[58] Die tamilischen Horden seien schließlich Eindringlinge und keine bodenständigen Mitbürger gewesen, so daß der schuldgeplagte König mit vollem Recht „Verteidiger des *dharma*“ genannt werden könne, wie ja auch Winston Churchill ein Verteidiger der christlichen Zivilisation gegen die Hitler-Barbarei gewesen sei.

Die Auseinandersetzung wurde hitzig, und man spürt, daß nicht nur das Geschichtsbild, sondern die Beurteilung der Rolle des *saṃgha* im heutigen Sri Lanka zur Debatte stand! De Silva schlug mit neuen Argumenten zurück,[59] indem er Edward Conzes Ausführungen zur buddhistischen Gewaltpolitik ins Feld führte.[60] Vor allem erwähnt er die Tatsache, daß der Krieg gegen die Tamilen als Heiliger Krieg verstanden worden sei, in dem 500 Mönche die Truppen anfeuerten, obwohl nach der Tradition doch wenigstens ein gerechter tamilischer König unter den Gegnern gewesen sein soll.

Man spürt den emotionalen Druck hinter dieser Debatte und das Verlangen nach Rechtfertigung der je eigenen Geschichte, aber auch den Willen, um der Gemeinschaft willen im Gespräch zu bleiben. Es fällt auf, daß diese historischen und politischen Diskussionen immer wieder von Dialog-Phasen unterbrochen wurden, bei denen es um Theologie ging. Doch es wäre falsch, dies als Ausweichen auf Nebenschauplätze zu interpretieren. Denn wir haben gesehen, daß beide Seiten davon überzeugt waren: Der christliche Gottesglaube bzw. der buddhistische A-Theismus haben Auswirkungen auf das jeweilige Menschenbild, die Begründung von sozialen Verhaltensmustern und damit auf die politische Wirklichkeit. Und genau deshalb fochten beide Seiten so kompromißlos um die *Interpretation des Gottesglaubens*.

Die Konfrontation mit Dharmasiri um den Gottesglauben

Jayatilleke hatte mit den Argumenten der alten Abhidhamma-Systematiker, vor allem Buddhaghoṣas, gegen den Theismus polemisiert. Der Buddhist aber, der die christliche Theologie auf dem Boden und mit den Argumenten ihrer eigenen philosophischen Tradition angriff, indem er die rationalen Widersprüche des Theismus herausarbeitete, war Gunapala Dharmasiri mit seinem Buch: „Eine buddhistische Kritik des christlichen Gottesbegriffs", das 1974 in Colombo erschien.[61]

Dharmasiri beginnt mit einer Kritik des ontologischen Gottesbeweises. Seine logischen Argumente gehen allerdings über die von Immanuel Kant geleistete Kritik nicht hinaus. Dharmasiri begründet zweitens seine Kritik historisch dadurch, daß der Buddha den brahmanischen Glauben an ein ewiges *brahman* und eine unsterbliche Seele abgelehnt habe. Und drittens stützt er sich auf die neuere britische sprachanalytische Philosophie, um zu zeigen, wie sinnlos einige christliche Aussagen über Gott seien.

Dharmasiris Argumente sind gewichtig. Doch die meisten christlichen Antworten gehen nicht präzise oder nur ausweichend auf dieselben ein. Wir können uns hier auf einige Aspekte der Diskussion um Dharmasiris Buch in Sri Lanka beschränken, denn Dharmasiri selbst und de Silvas Gegenkritik ist jüngst von P. Schmidt-Leukel erneut analysiert worden.[62] Einige Autoren (in Sri Lanka wie in den USA) haben zu Recht die Frage nach der Methodik gestellt: Dharmasiri scheine offensichtlich von der christlichen Theologie zu erwarten, daß sie Gott beweisen wolle, was die neuere Theologie aber aus guten Gründen nicht tue.[63] Lynn de Silva entgegnet,[64] daß sich Dharmasiris Kritik an der christlichen Rede von der Unsterblichkeit der Seele auf eine substantialistische Seelenvorstellung beziehe, die die gegenwärtige Theologie längst aufgegeben habe. Man könne im übrigen nicht die *ursprüngliche* mythische Sprache einer Religion mit der *philosophischen* Reflexions-Sprache der anderen vergleichen.

Aloysius Pieris knüpft an diese Analyse der Sprachformen an und schlägt vor, daß die zwei Sprachspiele von *gnostischer* und *agapeischer* Sprache unterschieden werden müßten.[65] Beide treten in beiden Religionen auf, allerdings mit unterschiedlicher Gewichtung: Das Christentum sei in seinem Ursprung *agapeisch*, der Buddhismus hingegen *gnostisch*. Man müsse die jeweils entsprechenden Elemente miteinander vergleichen und nicht das eine gegen das andere ausspielen. Im übrigen entspreche die Intellektualisierung des Buddhismus, wie sie Dharmasiri vollziehe, der abhidharmischen Tradition, in der *nirvāṇa* selbst zu einer erfahrbaren Entität geworden sei,[66] die aber sauber vom *saṃsāra* getrennt werde durch den leeren Raum des Bewußtseinszustandes, der *nirodha-samāpatti* genannt werde. Im Buddhismus würde ja immer streng zwischen der empirisch erfahrbaren Welt und der religiösen Erfahrung von Weisheit *(pañña, prajñā)* unterschieden, wobei der Sprung in letztere durch intuitive oder meditative Erkenntnis möglich sei. Dieser Sprung, so argumentiert nun Pieris, sei für den Christen weniger ein Akt von *gnosis*, sondern Inbegriff der Ich-Du-Beziehung, d. h. nicht die Auflösung des Erkannten in den Erkenner, sondern Verschmelzung des Liebenden mit dem Geliebten. Das mystisch-monastische Element und das prophetisch-priesterliche könnten verschmelzen, wenn man die verschiedenen Ebenen beachte. Pieris kann sich auf Dharmasiris Kritik einlassen, ohne aber den gleichen Schluß zu ziehen, daß das Christentum überweltlich orientiert und letztlich unfähig sei, eine Moralphilosophie rational zu begründen. Im Gegenteil: Die personalistische Sprache der Inkarnations-Theologie zeige, daß dies sehr wohl der Fall sei.

Dharmasiris Antworten auf seine Kritiker zeigen, daß er sich von den meisten christlichen Theologen mißverstanden fühlte. Er habe zeigen wollen, daß man alle *Konzeptualisierungen* in bezug auf Gott aufgeben müsse, weil dadurch Anhaften entstehe, das auf dem Weg der Befreiung das eigentliche Hindernis sei. Diese Aussage entspricht ohne Zweifel präzise der buddhistischen Tradition.[67] Sie ist aber auch für christliche Mystiker nichts Ungewöhnliches.

b) Kooperation

Zusammenarbeit als soziale Aufgabe

Wir haben schon oben gezeigt: Als dritter Partner des buddhistisch-christlichen Dialogs in Sri Lanka ist der Marxismus ständig gegenwärtig. Das hat zur Folge, daß sich beide Religionen im Dialog nicht nur mit sich selbst beschäftigen, sondern religionskritische Fragen aufnehmen. Ein marxistisch beeinflußter Autor, der den buddhistisch-christlichen Dialog im Rückblick kommentiert, schreibt:[68] Nicht, ob Buddhismus oder Christentum „besser" seien, sondern – mit Erich Fromm gesprochen – ob eine Religion die menschlichen Fähigkeiten entwickele oder hemme, ob und wie sie also zur Befreiung beitrage, sei die Frage. Der christliche Triumphalismus hätte im 19. Jahrhundert die sozialen Aspekte des Evangeliums verdeckt, aber es sei ein kleiner Reformflügel des englischen Christentums gewesen, der schließlich eine Generation von nationalen und sozialen Befreiungskämpfern hervorgebracht habe. Und die Progressiven unter den Buddhisten und Christen hätten dabei zusammengearbeitet: Lynn de Silva baute das Institut in Colombo auf, Bischof Lakdosa de Mel richtete ein Retrait-Haus *(aramāyā)* ein, wo christliche und buddhistische Mönche und Nonnen einander begegnen konnten, und Aloysius Pieris gründete das Tulana-Zentrum für interreligiöse Forschung und Begegnung in Kelaniya. Dies führte schließlich dazu, daß Pater Yohan Devananda jenseits des Aramāyā in bäuerlichen Gewerkschaften mitarbeitete, Pieris seine asiatische Befreiungstheologie entwickelte und die Christliche Arbeitergemeinschaft gemeinsam mit dem Buddhistischen Kongress von Sri Lanka das Buch „Buddhism and the People" (Buddhismus und das Volk) erarbeitete. Allerdings müsse man nüchtern sehen, daß die Hauptströmung des *saṃgha* sozial nicht sehr aktiv war. Aber auch den Marxisten sei es nicht gelungen, die Massen zu radikalisieren und zu mobilisieren. Christen und Buddhisten sollten gemeinsam mit Marxisten *gegen* die antireligiösen und entmenschlichenden Kräfte kämpfen, die die Sucht nach dem Geld freigesetzt habe und *gegen* die egoistische Wirtschaftsmentalität und den Konsumerismus, durch die der Graben zwischen Armen und Reichen immer weiter werde. Sie sollten eintreten *für* eine vom *dharma* bestimmte Gesellschaft oder ein Reich der Gerechtigkeit, das vom Reich Gottes inspiriert sei.[69]

In dieser marxistisch inspirierten Stellungnahme zum buddhistisch-christlichen Dialog fallen bei der Bewertung wirtschaftlicher Prozesse wiederum typische buddhistische Vorstellungen auf: Das Problem in den modernen Gesellschaften sei nicht so sehr das Recht des Arbeiters auf die Früchte seiner Arbeit, sondern das Problem der Gier, des Anhaftens auch und gerade am Produkt der eigenen Arbeit. Nicht die ungebremste Produktivität und der Fortschritt, den Marx proklamierte, müsse eingefordert werden, sondern Selbstbescheidung mit dem, was man hat und was als materielle Grundlage unbedingt notwendig ist, um die höheren geistigen Aufgaben des Lebens meistern zu können.

An diese Gedanken nun knüpft Aloysius Pieris' Befreiungstheologie an, die das christliche Evangelium in einer buddhistischen Kultur unter marxistischen Anregungen so formulieren möchte, daß es zu einer *Orthopraxis* gedeiht. Der politische Hintergrund in Sri Lanka einerseits und der befreiungstheologische Ansatz für den Dialog anderseits ist der Grund für Pieris' Warnung,[70] daß der buddhistisch-christliche Dialog sich nicht auf theologische Theorien oder die Ebene innerer geistiger Erfahrung zurückziehen dürfe (was in Amerika und Japan leider meistens der Fall sei), sondern daß er sich den sozialen und ethischen Fragen im politischen Kontext der Religionen stellen müsse.

Auf der Suche nach der neuen Persönlichkeit – der religiöse Weg

Die spekulative Debatte um den Gottes- oder Transzendenzbegriff hat Interessantes zutage gefördert, die Gesprächspartner aber nicht unbedingt einander näher gebracht. Anders ist das bei einem anderen Thema des Dialogs in Sri Lanka: der Praxis des *religiösen Weges des Menschen*.

Mehrere Autoren schlagen vor, beide Religionen als unterschiedliche Wege zur Vervollkommnung zu verstehen, die verschieden seien, weil die psychologischen Grundraster der Beschreibung des menschlichen Geistes unterschiedlich seien. So könnte sich eine andere „psychologische Methode" für die Zukunft als fruchtbar erweisen, bei der beide Traditionen, wie vor allem von Anthony Fernando[71] vorgeschlagen, als Wege zur Transformation des Selbst gesehen würden. In den 70er und 80er Jahren erwies sich Anthony Fernando als ein wichtiger Partner im Dialog. Fernando versucht, die innere Affinität beider Religionen vor allem in der Psychologie, also nicht in einer Art von Metaphysik, zu suchen: Im Ideal der Persönlichkeit, das der Buddhismus entwickelt hat, könne sich ein Christ durchaus wiederfinden und umgekehrt. Fernando geht über die Frage, *wie* die Religionen sich unterscheiden, noch hinaus, indem er sich dem interessanteren Problem stellt, *warum* sie sich unterscheiden. Er fragt nach der Orientierung: Was bedeutet die nirvanische Befreiung für die Persönlichkeitsentwicklung? Fernando schlägt weiterhin vor, den Zweck missionarischer Arbeit nicht darin zu sehen, die Menschen von einer Institution zu einer anderen zu bekehren, sondern das Individuum von einem Zustand geistiger Unreife zu einem geistigen Erwachsenseins zu bringen, zu einem Stadium also, das im Buddhismus mit dem Typ des Arhat, im Christentum mit dem Bild des Heiligen umschrieben wird.

Dieser Ansatz wird von der Religionswissenschaftlerin Shanta Ratnayaka weitergeführt und in einen weiteren Kontext gestellt.[72] Mit Bezug auf Buddhaghoṣas *Visuddhimagga* („Weg zur Reinigung") auf der einen und John Wesleys Schriften auf der anderen Seite zeigt sie, daß sich die Heilswege vor allem deshalb unterscheiden, weil der Buddhismus vom Leiden, das Christentum aber von der Sünde ausgehe. Beide Religionen würden eine letzte Wirklichkeit kennen, aber sie unterschieden sich in der Beschreibung des Wesens dieser Wirklichkeit. Folgerichtig seien die Strukturen der Heilswege verschieden, wobei allerdings die Gesamtstruktur der Entwicklung des Menschen zur Heiligkeit oder Vollendung in beiden Fällen einen graduellen Prozeß beschreibe, der darin bestehe, die jeweils vorfindliche menschliche Situation zu überwinden. Deshalb könnten die beiden Wege wie folgt parallelisiert werden:

Buddhismus	Christentum
nirvāṇa	*Reich Gottes*
Reinheit der Einsichts-Weisheit	Verherrlichung
Überwindung des Zweifels	Allmähliche Heiligung
Reinheit der Anschauung	neue Geburt
Klarheit des Bewußtseins	Rechtfertigung
Tugend	wirksame Gnade
Weisheit	zuvorkommende Gnade
Zustand des Leidens	*Zustand der Sünde*

Wenngleich in diesem Vorgehen die praktische Offenheit besticht, so zeigen sich doch schnell einige Grenzen, die wiederum nur durch Begriffsklärung überwunden werden können. Denn was kann es heißen, wenn z. B. Klarheit des Bewußtseins und Rechtfertigung als parallele Stufen auf dem geistigen Weg zur Vervollkommnung interpretiert werden? Intellektuelle Klarheit durch Einordnung der Begriffe in ihren historischen Hintergrund und Kontext ist ja selbst ein Aspekt im Prozeß der Reifung. Der zukünftige Dialog sollte sich deshalb auch auf diese Fragen konzentrieren, die spirituelle Praxis und theoretische Reflexion verknüpfen.

c) Gegenseitige Transformation – Vision einer neuen Kultur. Lynn de Silvas letzter Aufsatz

Der plötzliche Tod Lynn de Silvas im Mai 1982 bedeutet einen Einschnitt im Dialog in Sri Lanka, und sein letzter Aufsatz „Buddhismus und Christentum relativiert" hat demzufolge besonders große Aufmerksamkeit erregt.[73] Er plädiert darin für eine Relativierung, das heißt für ihn *Korrelativierung* der Religionen, die notwendig sei, wenn wir endlich in der so notwendigen *Gemeinschaft* vorankommen wollen. Es gehe nun nicht mehr darum, die Überlegenheit der einen über die andere oder die *Inklusivität* der eigenen Religion in bezug auf die andere zu demonstrieren, sondern die Pluralität der Religionen wahrzunehmen, zuzulassen und für die Gemeinsamkeit fruchtbar zu machen. Daraus ergäbe sich eine neue Kultur des Zusammenlebens unterschiedlicher Religionen. Lynn de Silva demonstriert diese Hoffnung, indem er noch einmal die drei wichtigsten christlich-theologischen Themen des Dialogs aus den letzten Jahrzehnten im Geist dieser *Relativierung* durchdenkt, nämlich die Gottesfrage, die Christologie und die Bedeutung der Gnade:

1. In seinen publizierten Büchern über die Theorie der Wiedergeburt und die Seele war de Silva kaum explizit auf die *Gottesfrage* oder Theo-logie als solche eingegangen, wohl aber in anderen Werken[74] und auch in diesem letzten Essay. Mit Paul Tillich sagt er: Konkretheit bringe Polytheismus hervor, die Frage nach dem Unbedingten das Eine, aber die Verbindung der tiefsten Gedanken aus beiden Perspektiven sei die *Trinität.* Er beruft sich sodann auf die Lehre der drei Körper bzw. Manifestationsebenen *(trikāya)* im Mahāyāna-Buddhismus und bemerkt, daß der *dharmakāya* sowohl transzendent als auch immanent sei, d. h. er sei das *Wesen* aller Erscheinungen. Das entspreche der *Gottheit* im Christentum. Der *saṃbhogakāya* enthalte ein Element des Gemeinschaftlichen und entspreche mehr dem *Heiligen Geist.* Der *nirmāṇakāya* schließlich entspreche Jesus als dem „Gott mit uns" (Immanuel). Dies, so weiß de Silva selbst, ist natürlich keine vollkommene Entsprechung in den Einzelheiten, wohl aber in der Struktur.

2. Neu an diesem letzten Beitrag de Silvas ist sein Versuch, erstmals die anthropologische *anattā-pneuma*-Analyse[75] auf die *Christologie* auszudehnen. Ganz anders als in der Kyōto-Schule,[76] die vermittels des Begriffes der

kenosis (Selbst-Entäußerung Gottes) auch das Sein Gottes negiert, möchte de Silva das „Du" im Prozeß des Sich-selbst-Entäußerns Jesu nicht aufgeben. Das kommt der ursprünglich neutestamentlichen Bedeutung der Sätze in Phil 2,7–8 („Er nahm die Gestalt eines Sklaven an und wurde dem Menschen ganz gleichgestaltig bis zum Tod am Kreuz.") wohl weit näher als die Lesart der Kyōto-Schule. Das Paradox bestehe darin, so de Silva, daß Christus gerade auf diese Weise vollkommen mit Gott vereint war. Er schreibt:[77]

„Seine *kenosis (śūnyatā)* war somit eine *plerosis (pūrṇyatā)*. Leere *(śūnyatā)* ist definiert als die unbedingte Identität des Bedingten und des Unbedingten. Weil Christus sündlos war, war er unbedingt, und deshalb war seine Identität mit dem Bedingten und dem Unbedingten ein vollkommener Zusammenfall der Gegensätze.

Obwohl diese Verse tiefe theologische Einsichten enthalten, war Paulus mehr an der spirituellen Bedeutung des Sich-selbst-Entäußerns Christi (Kenosis, Śūnyatā) interessiert. So ermahnt er in den vorangehenden Versen seine Leser, ‚den Geist zu haben, der in Jesus Christus war'.

Das wesentliche und auf der Vorstellung des Sich-Entäußerns beruhende Prinzip der göttlichen Kenosis ist dies, daß Christus sich entäußerte, ohne sich selbst zu verlieren. Aufgrund seiner Identität mit der bedingten Existenz negierte er sich selbst; aber aufgrund seiner Identität mit dem Unbedingten (Gott) verlor er sich selbst nicht. Seine Identität war eine Beziehung zwischen dem Bedingten und dem Unbedingten. Aber dies war einzigartig, insofern es sich um eine Beziehung bezüglich der unbedingten Identität des bedingten Selbst und des Unbedingten handelte. Dies ist das Prinzip der Kenosis, das Affinitäten mit der buddhistischen Lehre von der Leere *(śūnyatā)* hat."

Diese Interpretation von *kenosis* bei de Silva gegen Ende seines Lebens betont die Beziehung mit einem „Du", nicht das Gegründetsein in einem „Das". Bei Paulus ist *kenosis* wesentlich eine Sache des *Willens*, entsprechend dem Herrengebet: " … dein Wille geschehe". Die Kyōto-Schule verwandelt dies in eine Überwindung des personalen Willens *und* eine Überwindung Gottes in einen Nicht-Gott. Bei de Silva bleibt der in Christus sich selbst negierende Wille an die gewollte Liebe gebunden, d. h. an die überfließende Liebe auf Gottes Seite und die Selbst-Entäußerung Jesu auf der anderen Seite, damit Jesus zum Gefäß der göttlichen Selbst-Entäußerung werden könne. Der christliche Theologe de Silva hält daran fest, daß es nur *ein* einzigartiges Ereignis eines solchen Selbst-Opfers oder Sich-Entäußerns in der Geschichte gebe: Jesus von Nazareth. Alles nachfolgende Sich-Entäußern geschehe in Seinem Namen – heiße diese Entäußerung nun, das Kreuz auf sich zu nehmen oder sein Leben zu verlieren. An dieser Stelle wird der Unterschied zum Buddhismus sehr deutlich.

3. Sofort aber sucht er wieder nach Gemeinsamkeit, wenn er sich dem Thema der *Gnade* zuwendet. Kennt der Buddhismus Gnade oder nicht? De

Silva zitiert Edward Conze gegen Walpola Rahulas Verneinung dieser Frage[78], wonach die Extreme von reiner Selbstanstrengung des Menschen und von Begnadung durch eine total andere Kraft als nicht der Lehre des Buddha entsprechend überwunden würden. Der Buddha habe verneint, daß die Erleuchtung bzw. das *nibbāna* (skt. *nirvāṇa*) von bestimmten Mitteln der Übung abhängig sei. Sonst wäre ja das *nibbāna* bedingt.[79] Der Buddhismus unterscheide vielmehr zwischen relativer (weltlicher) und absoluter (transzendenter) Erkenntnis bzw. *lokya* und *lokuttara pañña* (weltliche und überweltliche Weisheit). Wenn dem so sei, könne man *lokuttara pañña* als unbedingte Kraftquelle oder Gnadenmacht ansehen, die der Selbstanstrengung des Menschen vorausgehen und zugrunde liegen müsse.

Diese existentiell wichtigen Fragen seien aber keineswegs abschließend geklärt, meint de Silva. Im Dialog könnten die Religionen ihre jeweiligen Intentionen selbst besser verstehen lernen und so einander helfen, sich gegenseitig zu transformieren. Dies sei der entscheidende Beitrag zur Herausbildung von Gemeinschaft.

6. Ergebnis und Ausblick

Ergebnis

1. Die historische Konfrontation beider Religionen durch den Kolonialismus ist nach wie vor ein Haupthindernis des Dialogs. Die Religionen betrachten und beurteilen einander nicht nur philosophisch-hermeneutisch durch die je eigenen Denkmuster, sondern auch durch das Muster ihrer *geschichtlichen Erfahrungen*. Eine ehrliche Analyse der geschichtlichen politischen Verfehlungen der Religionen ist jedoch noch sehr schwierig.

2. Der Dialog in Sri Lanka und besonders die Zeitschrift *Dialogue* hat das selbst gesteckte Ziel erreicht: den Fortschritt von Diatribe zum Dialog. Dieser Dialog hat aber die „Logik des apologetischen Vergleichs" bisher nur ansatzweise überwunden, insofern z. B. auch Lynn de Silva an der Kontrastierung, Synthetisierung und evtl. Tolerierung von ausgewählten Konzepten orientiert blieb.[80]

3. Dialog erweist sich als eine Form der Gemeinschaftsbildung über traditionelle Grenzen hinweg. Sprache ist dabei nur ein Moment. Philosophisch-theologische Übereinstimmung schafft noch keine Gemeinschaft, und es ist zu fragen, ob nicht Menschen in *einer* Gemeinschaft *mehrere* religiöse Sprachen sprechen können. Die soziologischen, wirtschaftlichen und machtpolitischen Probleme beim interreligiösen Verstehen und die fundamentalistischen Widerstände gegen den Dialog auf beiden Seiten müssen noch klarer analysiert werden.

4. Begriffliche Vergleiche bringen Einsichten nicht nur in die fremde, sondern auch in die eigene Religion. Sprachhülsen werden dabei ebenso aufge-

deckt wie der Pluralismus innerhalb jeder Religion. Es ist wichtig, daß die jeweiligen Sprachebenen genauer beachtet werden. Vorstellungen in der Volksfrömmigkeit einer Tradition dürfen nicht mit Abstraktionen philosophisch-theologischer Begriffsbildung kontrastiert werden.

Ausblick

5. Der westliche Mythos des Evolutionismus im kulturellen und religiösen Sinn ist erschüttert. Auch die westliche Technologie und die mit ihr verbundenen wirtschaftlichen Strukturen werden bei vielen Christen wie Buddhisten im Dialog als unheilvoll empfunden. Die Rede von Gott oder von spiritueller Befreiung muß in diesem ganz neuen Kontext eine neue Sprache finden, um authentisch zu sein. Es ist daher zu erwarten, daß der Dialog in Sri Lanka die Gestalt einer *dialogischen Befreiungstheologie* annehmen wird.

6. Ethnische Spannungen werden auch durch religiöse Abgrenzungen gestützt. Der antikolonialistische singhalesische Nationalismus konnte und mußte sich im Gegensatz zur britisch-christlichen Dominanz auf eine politische Interpretation des Buddhismus stützen. Dadurch wurde aber auch die tamilische hinduistische Minderheit im Lande ausgegrenzt. Eine buddhistisch-christliche Verständigung durch Dialog kann und muß somit unmittelbare politische Bedeutung für die Lösung der ethnischen Spannungen im Sinne einer Akzeptanz des religiösen Pluralismus und der Partnerschaft der ethnischen Gruppen gewinnen.

7. Allerdings droht der Dialog in den 80er und 90er Jahren wieder in offene Konfrontation umzuschlagen. Der Grund dafür ist der besonders von den USA her vordringende christliche Fundamentalismus, der mit „unethischen Mitteln" (Geldgeschenke, Versprechen von Arbeitsplätzen usw.) die Konversion von Buddhisten systematisch betreibt und erneut einen „kolonialistischen Christus" predigt.[81]

8. Doch der Dialog der letzten Jahrzehnte hat trotz aller Schwierigkeiten durch die historischen Belastungen dazu geführt, daß zahlreiche Christen und Buddhisten als Individuen in Basisgruppen oder auf institutioneller Ebene einander in *kritischer Toleranz* begegnen.

III. China

In China herrschen andere Rahmenbedingungen für den Dialog als in Indien oder Sri Lanka. Diese Faktoren werfen ein lehrreiches Licht auf jeden möglichen Dialog zwischen den Religionen: China ist ein Vielvölkerstaat, der schon immer durch eine multi-religiöse Situation gekennzeichnet war (Taoismus und Konfuzianismus, ab dem 3. Jh. n. Chr. trat der Buddhismus hinzu). Im Neo-Konfuzianismus der Sung-Zeit hatten sich diese Traditionen bereits erheblich gegenseitig beeinflußt. Die „Sinisierung" des Buddhismus in diesem Prozeß entsprach der Suche nach nationaler Identität durch kulturelle und religiöse Integration. Das Christentum widersetzte sich einer Integration, und seine Gegner fürchteten, es könne die Staatsordnung untergraben. Alle philosophisch-theologische Polemik muß deshalb in diesem Rahmen gesehen werden. Wir müssen fragen: Verlangt die heutige Suche nach Kooperation zwischen den Kulturen bei gleichzeitiger Wahrung der jeweiligen kulturellen Identität ein ganz anderes Selbstverständnis der beteiligten Religionen, als wir es in der Geschichte Chinas finden?

Im 19. Jahrhundert galt China den Europäern als unterentwickelte Zivilisation, die der ordnenden Herrschaft durch europäische Mächte bedürfe. Auch die Religion diente dazu, diesen Anspruch zu untermauern. Gleichzeitig ist China (anders als Sri Lanka oder Indien) im 20. Jahrhundert nicht nur von europäisch-christlichen Mächten unterworfen worden, sondern auch von Japan, das wie China selbst konfuzianische und buddhistische Traditionen hat. Der chinesische Befreiungskampf konnte sich auch aus diesem Grunde nicht allein auf die religiöse Identität stützen, sondern er bezog seine Argumente aus der europäischen Aufklärung und später aus dem Marxismus, die jeder Religion kritisch gegenüberstanden und mit dem konfuzianischen Humanismus verknüpft wurden. Auch heute ist in China die Frage nach dem Dialog der Religionen zweitrangig gegenüber der Suche nach einem Humanismus, der nationale Identität begründet und gleichzeitig internationale Kooperation ermöglicht. Haben sich hier die Religionen durch ihre Geschichte von Gewalt und Unfreiheit überflüssig gemacht?

1. Geschichtlicher Hintergrund

Begegnungen zwischen Christentum und Buddhismus in China hat es durch die Einwanderung von nestorianischen Christen aus dem ostsyrischen Raum bereits im 6. Jh. n. Chr. gegeben. Im Volk wurde das Christentum anfangs als eine buddhistische Sekte angesehen, und zwar einerseits wegen der Akkulturation des nestorianischen Christentums an den Buddhismus, andererseits auch aufgrund ähnlicher Charakterzüge in beiden Religionen (Abkehr vom Diesseits um des Heils in einem „Jenseits" willen, asketische Moralität, Mönchtum). So war das Christentum von den Verfolgungen des Buddhismus in China im 8. und 9. Jh. n. Chr. mitbetroffen. Dies schuf eine Gemeinsamkeit, die nach den Verfolgungen dazu führte, daß buddhistische und christliche Gelehrte gemeinsam nestorianische und buddhistische Schriften ins Chinesische übersetzten.[1] Die nestorianische Kirche in China hatte eine eigene Symbolik und Liturgie, die vom Buddhismus beeinflußt war. Aus diesem Grunde versuchten die Franziskaner, die Ende des 13. Jh. nach China kamen, zuerst diese „abtrünnigen Christen" zu Rom zu bekehren. Umgekehrt haben die nestorianischen Christen aber kaum einen bleibenden Einfluß auf den Buddhismus in China gehabt, zumal sie im 14. Jh. bei der Islamisierung der Mongolen und östlichen Turkvölker untergingen. Wir werden deshalb dieses Thema hier nicht weiter verfolgen.

a) Die Jesuiten-Mission in China

Der italienische Jesuiten-Missionar Matteo Ricci (1552–1610) und seine Gefährten trafen im Jahre 1582 in China ein. Ihr Missionsstil war nicht konfrontierend, sondern eher diplomatisch.[2] Sie kleideten sich wie buddhistische Mönche, bezeichneten sich selbst mit dem Wort für buddhistische Mönche *(seng)*[3] und ließen sich in buddhistischen Klöstern oder in deren Nähe nieder. Das war für chinesisches Empfinden durchaus sinnvoll, da die zölibatären Katholiken ohnehin den buddhistischen Mönchen ähnelten. In beiden Fällen stieß das monastische Ideal aber bei den meisten Chinesen, deren Leben auf dem Wunsch nach Nachkommen und der Pietät des Kindes gegenüber den Eltern aufbaut, auf Unverständnis. Aus diesem Grunde und weil er erkannte, daß die buddhistischen Mönche kein sonderlich hohes Sozialprestige genossen, wandte sich Ricci ab 1595 der konfuzianischen Kultur der oberen Klassen zu, kleidete sich entsprechend und stimmte in die Kritik der Neo-Konfuzianer am Buddhismus ein. Dennoch war die Haltung der Buddhisten gegenüber den Christen im allgemeinen noch freundlich.[4]

Obwohl der Buddhismus der Ming-Zeit (1368–1644) nicht die kreativste Phase des chinesischen Buddhismus war, mußten die christlichen Missionare in China mit den Buddhisten rechnen. Und zwar nicht nur weil die

Mönche politisch aktiv waren, sondern weil einige Gelehrte aus ihren Reihen die jesuitische Herausforderung annahmen, in formelle Disputationen über die Religion einzutreten: In Nanking debattierte Ricci 1599 mit dem berühmten buddhistischen Mönch San-huai Hsüe-lang; mit dem buddhistischen Gelehrten Huang Hui debattierte er über das Böse, und Chu Hsing (1535–1615) verteidigte gegen Ricci den kosmologischen Mythos vom Sumeru-Berg gegen die christliche Schöpfungslehre.[5] Buddhisten und Christen trafen sich dabei in ihrer Bewertung der Nichtigkeit der Welt und im Streben nach einem Jenseits, das sie als eigentliches Ziel des Menschen proklamierten. Die Buddhisten versuchten, solche christlichen Lehren in ihren eigenen Schriften wiederzuerkennen. Das war nichts Neues, denn auch die verschiedenen buddhistischen Schulen waren mit dem Konfuzianismus und dem Taoismus dadurch in Einklang gebracht worden, daß sie für Buddhisten als „geschickte Mittel" *(p'an jiao* bzw. *fangpien*, Sanskrit *upāya)*[6] galten, als pädagogisch wichtige Hinführung zu den tieferen Lehren des Buddhismus also.

Ricci sah den wesentlichen Gegensatz beider Religionen darin, daß die Buddhisten (und Konfuzianer) den Wesensunterschied von Gott und Mensch verwischen würden und sich selbst mit dem Höchsten Wesen identifizieren wollten. Die Buddhisten nahmen dieses Argument auf und wendeten es gegen die Christen. Man muß sich allerdings im klaren darüber sein, daß weder die Christen um Ricci noch seine buddhistischen Gegenspieler einen Blick für die Vielgestaltigkeit der Religion des anderen hatten. Man nahm den anderen so wahr, wie er sich darstellte, und das prägte das Bild von „dem Christen" bzw. „dem Buddhisten". Die christliche Mystik etwa war den chinesischen Gesprächspartnern gänzlich unbekannt.

Die jesuitischen Missionare fanden in China eine Kultur vor, die sie für ökonomisch weiter fortgeschritten und politisch aufgeklärter hielten als die ihrer europäischen Heimat. Der einzige Mangel war nur, so meinte Ricci, daß China Gott nicht kannte oder ihn vielmehr vergessen zu haben schien, denn Ricci wußte, daß die Chinesen unter den frühen Dynastien der Shang (18.–12. Jh. v. Chr.) und Chou (12. Jh.–249 v. Chr.) und auch später noch *Shang-ti*, den Herrn in der Höhe, verehrt hatten. Erst im Zusammenhang mit der neokonfuzianischen Reform im 12. Jahrhundert hätten die Gebildeten ihren Sinn für das Absolute zwar nicht verloren, wohl aber uminterpretiert und das impersonale Große Letzte *(t'ai-chi)* an die Stelle des personalen *Shang-ti* gesetzt. Der persönliche Gott und die vielen Götter und Geister überhaupt seien dadurch in den niedrigeren Bereichen der Wirklichkeit angesiedelt worden. China mußte also nur durch eine entprechende Interpretation der Klassiker an seinen Ur-Monotheismus erinnert werden. Und genau das versuchte Ricci.

Ricci konnte ohne größere theologische Probleme die chinesische Kultur hochschätzen und doch zugleich an einem christlich höheren Gut, der christlichen Gnadentheologie nämlich, festhalten. Das thomistische zweistöckige Wirklichkeitsbild von Natur und Gnade erlaubte diesen Anknüpfungspunkt. Auch die neo-konfuzianische Idee eines letzten rationalen Prinzips, *li*, konnte unter der Kategorie der natürlichen Vernunft durchaus akzeptiert werden. Man mußte diese chinesische Vernunft nur durch die noch höhere Vernunft des Aristoteles ergänzen. Dies sei dann eine natürliche Vorbereitung für den christlichen Glauben, der die natürliche Vernunft so erleuchten würde, daß sie schließlich zur klaren Einsicht in die Existenz einer Seele käme, die den Menschen als einzigartige Krone der Schöpfung von den niedrigeren Lebensformen wie Tieren und Pflanzen deutlich abgrenzte. Die Seele sei schließlich unsterblich, und so könne sie sich doch nicht in den Atem des Himmels und der Erde auflösen, wie die Neo-Konfuzianer behaupteten. Ricci leugnete also nicht den Wert der konfuzianischen Vernunft, sondern wollte ihr nur den Platz zuweisen, den er als Christ für angemessenen hielt: Sie gehöre in den Bereich der Natur, die durch die Gnade der christlichen Offenbarung erleuchtet werde. Ricci glaubte, daß ebenso wie die aristotelische Philosophie in Europa das konfuzianische Denken in China als Magd der Theologie, als Vorbereitung für die göttliche Offenbarung also, dienen könne.

Ricci war gewiß kein Vertreter des Dialogs im modernen Sinn. Er war aber auch nicht unehrlich bei seinem Versuch, die chinesischen Gebräuche nachzuahmen, an den konfuzianischen Klassikern anzuknüpfen und die Chinesen zunächst über Jesus Christus im Unklaren zu lassen, weil die damals unangefochtene thomistische Natur-Gnade-Theologie einer solchen Position durchaus Glaubwürdigkeit verlieh.[7]

b) Frühe Polemik

Nach Riccis Tod kam es zu größeren Auseinandersetzungen zwischen Buddhisten und Christen, und zwar gleichsam in zwei Wellen zwischen 1608–1615 und 1634–1643.[8] Die Buddhisten zögerten zunächst, sich auf die Polemik einzulassen, denn dies widersprach ihrem Ideal von Weltentsagung. Aber der Laienbuddhist Huang Shen aus Fukien verfaßte zwischen 1633 und 1635 eine Schrift gegen das Christentum und rief schließlich zum Widerstand gegen die christliche Mission auf, weil die Christen nun schon über 50 Jahre lang die Lehre vom Himmelsherrn propagierten, Buddha-Statuen zerstörten, die Sūtra-Texte verbrennen und deren Asche in alle Winde zerstreuen würden, ohne daß die Buddhisten etwas dagegen unternommen hätten. Die Buddhisten, die sich an der Polemik beteiligten, mußten sich aber offenbar gegen Angriffe aus den eigenen Reihen verteidigen, denn es zeuge von ich-haftem Anhaften, wenn man sich auf die Ebene des Streites um Worte begebe. Dennoch beteiligten sich immer mehr Buddhisten an der Polemik, denn sie mißtrauten dem Dialog zwischen Christen und konfuzianischen Beamten. Sie fürchteten, daß diese sich zusammentun und gegen die Buddhisten vorgehen könnten.

Die erste Phase der buddhistischen Kritik nach 1608 wurde von dem Laien Yü Shun-hsi (?–1621) und dem Mönch Yün-ch'i Chu-hung (1535–1615) angeführt. Sie begannen ihre Kritik an Ricci bezeichnenderweise mit einer praktischen Frage, die für Ricci keineswegs zentral gewesen war, für die Buddhisten aber den Nerv ihrer Lebenspraxis berührte: mit dem buddhistischen Verbot des Tötens von Tieren und dem Fleischgenuß. Ricci hatte dieses Verbot kritisiert, für die Buddhisten aber war es Ausdruck ihrer barmherzigen Einstellung zu allen Lebewesen. Die Kritik der Buddhisten war sachlich und noch nicht von Bitterkeit geprägt. Aber die Auseinandersetzung durch Schriften und Gegenschriften nahm zu, so daß sich die Regierung in Peking bzw. Nanking 1617 durch kaiserlichen Erlaß zu einer ersten Christenverfolgung entschloß. Diese Verfolgung bis 1621 war der Hintergrund für die Änderung im Ton der Auseinandersetzung zwischen Buddhisten und Christen, der in der zweiten Phase ab 1634 schärfer wurde. Es ging nicht mehr allein um theologische Fragen, denn die Buddhisten hatten den politischen Aspekt der Jesuiten-Mission erkannt und kritisierten nun die Missionare, weil sie mittels der Religion die politischen und sozialen Machtverhältnisse ändern wollten.

Huang Shen, der bereits erwähnte Laienbuddhist aus der Provinz Fukien, verfaßte zwischen 1633–1635 eine Schrift gegen das Christentum, schrieb einen Brief an die Regierung mit der Bitte, gegen das Christentum einzuschreiten und forderte die buddhistischen Mönche auf, das Christentum zu kritisieren.[9] Um einer Wirkung in politisch einflußreichen Kreisen willen brachte er auch konfuzianische Gesichtspunkte vor und mischte sie mit buddhistischen Argumenten zu fünf Anklagepunkten gegen das Christentum:

1. Das Christentum lehne die substanzhafte Einheit von Schöpfer und Geschöpfen ab und zerreiße damit die Harmonie in der Welt.
2. Die Christen würden die herausragenden Geister Chinas (allen voran den Buddha!) verunglimpfen.
3. Die Christen zerstörten Kultbilder.
4. Die Christen lehnten die buddhistische Lehre von der Wiedergeburt ab, zerstörten damit den Zusammenhang allen Lebens und würden deshalb Tiere töten.
5. Die Christen würden immer mehr an Einfluß gewinnen, so daß dies die Staatsordnung durch Überfremdung untergraben könne.

1638 schließlich wurden die christlichen Missionare aus der Provinz Fukien in das portugiesische Macao ausgewiesen. Die Botschaft war klar: Das Christentum war nicht mehr nur Gesprächspartner, dem man mehr oder weniger wohlwollend gegenüberstand, sondern es war wegen seiner Fremdheit als gefährliche religiöse und politische Macht identifiziert worden.

c) Rückwirkungen in Europa

Riccis Enthusiasmus für ein durch natürliche Vernunft aufgeklärtes China, das man nur an Gott erinnern mußte, wirkte ansteckend auf Europa. Die Figuristen, eine Gruppe französischer China-Missionare innerhalb des Jesuiten-Ordens, die zwischen 1700 und 1750 wirkte, gingen noch über Ricci hinaus: Nicht nur hätte das alte China Gott als *Shang-ti* (Höchster Herr) oder *T'ien* (Himmel[sherr]) verehrt, sondern in China hätte man durchaus auch Kenntnis von dem gehabt, was im Alten Testament die *Weisheit* genannt werde. So sei in den alten Büchern Chinas die Wahrheit des Christentums von Anfang an schon angekündigt worden, und man müsse dieses latente Wissen nun bewußtmachen und den Chinesen Jesus Christus begreiflich machen.[10]

Riccis Enthusiasmus hatte aber auch noch ganz andere Wirkungen in Europa. Er beflügelte die Kritik der Aufklärung am Christentum: Wenn das Licht der natürlichen Vernunft eine solch großartige humanistische Gesellschaft in China hervorbringen konnte, wie es in den Berichten der Jesuiten hieß, was brauchte man dann überhaupt Gott? Dort, wo die Aufklärung sich nicht atheistisch artikulierte, wurde zumindest die Frage laut: Wozu sind unter solchen Umständen noch Mission, Kirche und Priester nötig? China wurde für viele Aufklärer zum Modell einer menschlichen Zivilisation ohne die hemmende Wirkung kirchlicher Autorität. Die China-Begeisterung des Philosophen Gottfried Wilhelm Leibniz (1646–1716) ist dafür ein sprechendes Beispiel.[11] Während Ricci die Kirche nach China bringen und über der Natur die Gnade ausgießen wollte, arbeitete die China-begeisterte Aufklärung daheim in Europa an der Befreiung der Vernunft von der Vormundschaft kirchlicher Autorität.

Die Begeisterung der Aufklärung für China wich schließlich der ersten industriellen Revolution und dem Kolonialismus des 19. Jahrhunderts. China galt nun den Europäern als unterentwickelte Zivilisation, die der ordnenden Herrschaft durch die europäischen Mächte bedürfe: War nicht Europa den Chinesen in Demokratie und Technologie weit überlegen? G. W. F. Hegel (1770–1831) teilte nicht mehr Matteo Riccis Lob für die gütige Monarchie in China, sondern urteilte, daß die chinesische Kultur durch die Versklavung des freien Individuums gekennzeichnet sei. Zweihundert Jahre nach den Jesuiten kamen nun protestantische Missionare nach China, die dort nur Heidentum und Barbarei zu finden glaubten. In diesem Geist begann die neuere Begegnung von Christentum und Buddhismus in China. Sie war von einer Feindseligkeit geprägt, die tiefe Wunden zurückgelassen hat. Ein heilender Dialog ist bis heute noch nicht wirklich in Sicht.

d) Das Schweigen beider Seiten

Es gibt kaum Berichte über Begegnungen zwischen Buddhisten und den protestantischen Missionaren im frühen 19. Jahrhundert.[12] Die alte Idealisierung Chinas war verblaßt und Chinas Wirtschaft schwächer als im 17. und 18. Jahrhundert.[13] Die wenigen buddhistischen Mönche, denen die Missionare begegneten, waren vermutlich mit den zahlreichen Volksritualen beschäftigt, die einen abergläubischen Eindruck machten. Und da die protestantischen Pietisten längst nicht in dem Maße wie die Jesuiten intellektuelle Bildung schätzten, gab es für sie kaum noch einen Anknüpfungspunkt an die chinesische Kultur.

Zudem war der Buddhismus schon lange geschwächt, und die bedeutendsten Gelehrten waren nicht mehr in den Klöstern zu finden. Die intellektuelle Elite hatte sich vielmehr seit den Tagen des P'eng Te-ch'ing (1740–1796) während der Ch'ing-Dynastie um einige gelehrte Laien-Buddhisten versammelt. Das hatte mehrere Gründe:

1. Den Mönchen war es verboten, gesellschaftlich aktiv zu sein, weil die Regierung die „buddhistischen Revolutionäre" der Weißen-Lotos-Sekten seit langem unter Kontrolle bringen wollte. Sie waren aus dem Buddhismus des Reinen Landes hervorgegangen und hatten chiliastisch-revolutionäre Elemente entwickelt: Gemäß der Maitreya-Mythologie sollte der kommende Buddha Maitreya nach dem Ende des Zeitalters des Verfalls des *dharma* ein Reich der Gerechtigkeit errichten. Davon inspiriert hatten buddhistisch-politische Erweckungsbewegungen seit Ende der mongolischen Herrschaft im 14. Jahrhundert einen buddhistischen Idealstaat gründen wollen. Sie hatten wesentlich zum Sturz der mongolischen Yüan-Dynastie beigetragen und die Ming-Kaiser 1368 an die Macht gebracht. Dann aber wurden sie von den Ming-Herrschern verfolgt.[14]

2. Außerdem ist zu berücksichtigen, daß von den klassischen Schulen des Buddhismus im 19. Jahrhundert nur Reines Land und Ch'an (Zen) übriggeblieben waren, die kaum an Gelehrsamkeit und noch weniger an intellektuellen Debatten mit Christen interessiert waren. Reines Land war durch Riten und religiöse Hingabe geprägt, Ch'an (Zen) war an schweigender Meditation orientiert.

Aber auch die protestantischen Missionare des 19. Jahrhunderts waren nicht für neue Ideen und Lebensformen offen. Die Mehrzahl von ihnen waren Pietisten und Traditionalisten, die (subjektiv gewiß aufrichtig) glaubten, China müsse um Christi willen – militärisch oder nicht – erobert und die chinesischen Seelen für das Reich Gottes gerettet werden. Die „Militanz der Missionare" war untrennbar mit dem militärischen Eingriff des Auslands in China verbunden,[15] und selbst die amerikanischen Missionare verließen sich lieber auf die Briten als auf Japaner und Deutsche, wenn es um ihren Schutz ging, weil diese eine einsatzbereite Armee und Kriegsschiffe zur Verfügung stellen konnten.[16] Den Protestanten galt vor allem die Verbreitung der Bibel als das geeignete und unfehlbare Mittel, um die Chinesen zu zivilisieren und für ihre jeweiligen Kirchen zu gewinnen. Anders als die sakramental denkenden Katholiken arbeiteten darum die Protestanten, vor allem Robert Morrison (1782–1834), zuallererst an einer Übersetzung der Bibel ins Umgangs-Chinesisch. Als es Morrison schließlich von den chinesischen Behörden untersagt wurde, chinesischen Boden zu betreten, ließ er Kisten voller Bibeln ins Meer vor der chinesischen Küste werfen, in der Hoffnung, daß sie an Land driften und in dankbare Hände fallen würden. Das Ziel war Mission, nicht Dialog.[17]

Den Katholiken waren die Hände gebunden, denn Rom hatte trotz der Konversionserfolge der Jesuiten am chinesischen Hof im Ritenstreit gegen die Methode der Anpassung an die chinesische Kultur entschieden und 1704 entsprechende Verordnungen erlassen, die 1710 und 1742 noch verschärft wurden.[18]

Die Protestanten hatten sich dagegen von Anfang an nicht an den Adel und das höhere Beamtentum, sondern an untere Bevölkerungsschichten gewandt. Morissons Bibelübersetzung wurde meist chinesischen Analphabeten vorgelesen, die den Text für das unfehlbare Wort des Höchsten Gottes hielten. Sie neigten zu einem naiven Fundamentalismus, der allerdings gegenüber den Mißständen in der alten chinesischen Kultur, einschließlich der Unterdrückung des weiblichen Geschlechts, außerordentlich kritisch war. Liang A-fa, ein armer Drucker-Lehrling und Konvertit durch Morrison, gab einen christlichen Traktat an Hung Hsiu-ch'üan weiter, der sich daraufhin für den Bruder Jesu hielt und Götterstatuen in buddhistischen Tempeln zerstörte. Später gründete er eine „Gesellschaft zur Gottesanbetung". Als diese Gesellschaft von der Regierung gewaltsam unterdrückt wurde, ging aus ihr die revolutionäre T'ai-p'ing-Bewegung (1850–1866) hervor, die das Ziel hatte, „ein himmlisches Reich des höchsten Friedens" zu errichten. Es handelte sich um einen von Intellektuellen gelenkten gewaltsamen Bauernaufstand, durch den man das Privateigentum abschaffen und die Gleichstellung der Frau erreichen wollte. In gewisser Weise war diese Bewegung die Frucht der Begegnung christlicher Eschatologie und alten buddhistisch-taoistischen Traditionen in den Weißen-Lotos-Sekten, die einen chiliastisch inspirierten Aufstand ersehnt hatten. Wir können hier jedoch nicht auf die Details dieses komplexen und in seiner Analyse immer noch umstrittenen Aufstandes eingehen.[19]

e) Erste Begegnungen in der Moderne

Gegen Ende des 19. Jahrhunderts begannen einige protestantische Missionare aus England, die chinesischen Kulturen und Religionen mit größerem Ernst und größerer Kompetenz zu studieren. James Legge (1814–1897) verband die konfuzianischen Klassiker mit buddhistischen und christlichen Ideen zu einem idealistischen Internationalismus. Nach seiner Rückkehr in die Heimat erhielt er den ersten Lehrstuhl für Sinologie Englands. Joseph Edkins (1823–1905) war der erste Gelehrte, der den chinesischen Buddhismus erforschte, seine Bedeutung für die gesamte Kulturgeschichte Chinas erfaßte und in der „Schule des Reinen Landes" einen Wegbereiter für den christlichen Glauben sah. Aber erst mit Timothy Richard (1845–1919) beginnt die wirkliche Begegnung. Er arbeitete viele Jahre mit dem Laien-Buddhisten Yang Wen-hui (Jen-shan, 1837–1911) in China zusammen. Richard fand dabei im chinesischen Buddhismus christliche Vorstellungen wieder, und Yang wurde durch diese Kooperation westlichen Ideen ausgesetzt.

Yang hatte, als Verantwortlicher für technische Projekte in Nanking, der ersten chinesischen diplomatischen Mission in London angehört und dort den deutschen Indologen Max Müller (Herausgeber der *Sacred Books of the East)* sowie den japanischen Buddhologen Nanjō Bunyū kennengelernt. Yang studierte Englisch und lernte das Christentum sowie die Werte der britischen Demokratie und westlichen Wissenschaft schätzen. Aus England brachte er Mikroskope und Teleskope mit und arbeitete nun in China für Reformen. Er betonte die Bedeutung einer spirituellen Erneuerung für die politische Zukunft Chinas. Als seine Reformversuche bei der Manchu-Regierung auf Widerstand stießen, widmete er sich für den Rest seines Lebens der Verbreitung des *dharma*, und zwar vor allem dadurch, daß er Tempelbibliotheken mit einer Neuausgabe des buddhistischen Kanons ausstattete, die er in seiner Privatdruckerei herstellte. Als Anagarika Dharmapala 1893 vom Weltparlament der Religionen über China nach Südasien zurückkehrte, begegnete er Yang, der vermutlich durch Dharmapala inspiriert wurde, eine Reform des Buddhismus voranzutreiben. Man kann Yang deshalb als Vater des modernen chinesischen Buddhismus bezeichnen. Durch eine Reihe von Ereignissen wurde er in die chinesische Politik verwickelt; er wirkte auch in der beginnenden weltbuddhistischen Bewegung mit.

Der Baptist Timothy Richard war alles andere als ein theologischer Liberaler. Dennoch erkannte er, daß China mehr brauchte als bloße Rettung von Seelen für das Jenseits, denn die sozialen Zustände in China waren katastrophal. Richard wurde zum Pionier der modernen Hungerhilfe und schließlich 1898 ein Berater der Reformkräfte in Peking, die Möglichkeiten für eine konstitutionelle Monarchie (nach britischem Vorbild) in China ausloten wollten. Vorher hatte er 1893 am Weltparlament der Religionen in Chicago teilgenommen, wo er auf Anagarika Dharmapala traf, der seine Mahabodhi-Society weltweit ausbreiten wollte. Als Dharmapala im nächsten Jahr China besuchte, vermittelte Richard den Kontakt zu Yang. Dieser begeisterte sich für Dharmapalas Idee einer buddhistischen Weltmission und wollte eine moderne buddhistische College-Akademie aufbauen, die buddhistische und westliche Bildung miteinander verbinden sollte.

Yang hatte die Schrift *Erweckung des Glaubens im Mahāyāna (Ta-ch'eng ch'i-hsin lun)* gelesen. Diese ist kein indisches Sūtra, sondern eine chinesische Schrift aus der Mitte des 6. Jh. n. Chr., die größten Einfluß auf die Entwicklung des chinesischen Buddhismus hatte. Vermutlich war es Yang, der Richard in diesen Text (und in das *Lotos-Sūtra)* einführte. Richard und Yang arbeiteten nun gemeinsam an einer englischen Übersetzung. Yang sah darin eine Gelegenheit, den *dharma* zu verbreiten, Richard hingegen hatte andere Interessen. Er glaubte, daß *Erweckung des Glaubens* und das *Lotos-Sūtra* ein „Neues Testament des Buddhismus" seien und stützte sich dabei auf Edkins' Idee, der Buddhismus des Reinen Landes weise bereits auf den christlichen Glauben hin. Er war davon überzeugt, daß die Mahāyāna-Tradition, die den A-Theismus des Theravāda so vollkommen verändert hatte, letztendlich von der Mission des Apostels Thomas in Indien inspiriert gewesen sein mußte. Es kam zum bitteren Bruch zwischen Richard und Yang, als dieser entdeckte, daß Richard *chen-ju* oder *tathatā* (Soheit) mit „Gott" übersetzen und die drei großen Grundbegriffe des chinesischen Mahāyāna, wie sie in *Erweckung des Glaubens* gelehrt werden (Substanz, Form und Funktion) als den dreieinigen Gott verstehen wollte. Yang zog sich daraufhin von dem gemeinsamen Übersetzungsprojekt zurück, und Richard publizierte das Werk später allein (das Lotos-Sūtra nur auszugsweise). So endete der erste Versuch einer dialogisch projektierten Übersetzung und eines Vergleichs von Christentum und Mahāyāna-Buddhismus durch christliche Missionare in China im Debakel. *Es mangelte an einer dialogischen Hermeneutik, die historisch differenziert und theologisch aufgeschlossen die Wahrheit in beiden Traditionen hätte gelten lassen können.*

Während der Zeit der Zusammenarbeit mit Yang unterstützte Richard auch die Reform von 1898, die von K'ang Yu-wei (1858–1927) angeführt wurde. K'ang strebte eine Reform des Staates aus konfuzianischem Geist an, war aber auch inspiriert von universal-spirituellen Ideen, die buddhistischen Ursprungs waren. Ihm war aufgrund seiner Zen-Übungen eine Erleuchtungserfahrung zuteil geworden, der er (ohne Anleitung durch einen Lehrer) wechselnde Interpretationen gab. So meinte er einmal, sich selbst als Bodhisattva erfahren zu haben. Ein andermal gab er der Erfahrung eine Deutung im Lichte der kosmotheistischen Ganzheitsschau der Hua-Yen-Schule: Danach ist die Welt ein total in sich vernetztes Ganzes, was er dahingehend interpretierte, daß auch alle nationalen und internationalen Grenzen beseitigt werden sollten.[20] Für seine Publikationen muß sich K'ang auf die Ching-ling-Druckerei Yangs und für seine Studien der Hua-Yen-Philosophie auf dessen frühere Veröffentlichungen gestützt haben. In seiner persönlichen Frömmigkeit war und blieb er aber dem Glauben der Schule des Reinen Landes verpflichtet. K'ang ist wohl von dem neuen allgemeinen Interesse an den beiden buddhistischen Schulen *Wei-shih* (in Indien: *Yogācāra)* und *Hua-Yen* (in Indien: *Avataṃsaka)* erfaßt gewesen, was sich auch daran zeigt, daß er einen Hua-Yen-Kommentar verfaßt hat. Kang's wichtigstes Werk, das utopistische *Ta-t'ung-shu* (Buch von der großen Gemeinschaft), vertritt die These der Einheit von Religion und Wissenschaft. Richard hatte zwar westliche Wissenschaft bekannt gemacht, aber nie Glaube und rationale Vernunft miteinander verbunden. Da auch Yang weltliche Wissenschaft und transzendente Erkenntnis im Buddhismus unterschieden hatte, ist unklar, woher K'ang seine Ansicht gewonnen hat. Möglicherweise folgte er darin dem jungen Reformer T'an Ssu-t'ung (1866–1898).[21] K'ang vertrat jedenfalls zeitlebens einen konfuzianischen Humanismus. Wichtigster Anhänger K'angs war Liang Ch'i-ch'ao (1873–1929), der bei Yang studiert hatte. Er gehörte zu den ersten Gelehrten, die mittels moderner kritischer Forschung den chinesischen Buddhismus analysierten.

Inzwischen war jener dritte Reformer, der junge T'an Ssu-t'ung, 1894 in Peking zu der Gruppe um K'ang gestoßen. Er hatte 1893 das Christentum für sich entdeckt. T'an studierte zuerst bei dem Missionar John Fryer (1839–1928), der geistig Richard nahestand, danach setzte er ab 1896 seine Studien bei Yang fort. Er lernte nicht nur Hua-Yen kennen, sondern auch Wei-shih (die Yogācāra-Philosophie), die in China seit Jahrhunderten in Vergessenheit geraten und von Yang aus Japan wieder eingeführt worden war. T'an hatte auch intensiven Kontakt zu Richard. All dies inspirierte ihn schließlich zu seinem eigenen Hauptwerk *Jen Hsüeh* (Traktat über das Gute), in dem er Materie und Geist, Wissenschaft und Religion, eine Theorie über den feinstofflichen Raum (Äther) und allumfassende Humanität, universale Brüderlichkeit und den endlosen *dharmadhatu* (Dharma-Bereich), also die Lehren von Konfuzianismus, Buddhismus und Christentum, miteinander verband. Er glaubte, diese drei Religionen lehrten die *Einheit allen Seins*, die *selbstlose Liebe*, die aus der kosmischen Einheit entströme, und den *Mut zum moralischen Handeln*, das die tatsächlich zerbrochene Wirklichkeit zu heilen vermöge. T'an sprach von einer letzten Einheit von Materie (Äther) und Geist (Liebe), wobei Äther gleichzeitig ein immaterielles Medium sei, das die ganze Wirklichkeit in ähnlicher Weise miteinander verbinde wie die christliche *agape*, das konfuzianische *jen* oder die buddhistische *karuṇā* (Barmherzigkeit). Die Wissenschaft von den magnetischen Kräften und die Psychologie bewiesen für T'an die Kraft des höheren Bewußtseins, das die Inder *citta* und die Griechen *pneuma* genannt hatten. Auf der Grundlage des psychologischen Yogācāra-Idealismus einerseits, nach dem alles aus dem einen Bewußtsein *(citta)* hervorgeht, und der kosmologischen Einheitsvision des Hua-Yen anderseits, nach der alle Erscheinungen einander vollkommen durchdringen, erwartete er, daß eine neue geeinte Welt kommen würde, für deren idealen Vorläufer er Konfuzius hielt. Als wichtigen Schritt auf dem Wege in diese neue Welt betrachtete er die Reformation Luthers, die das hohe Gut der freien Gewissensentscheidung in die Welt gebracht habe. Und die Französische Revolution schließlich habe das Ideal der zivilen Freiheit hinzugefügt. T'an verschmolz also die Idee des religiösen Märtyrertums mit der Theorie einer blutigen Revolution. Als die Kaiserin-Witwe Tz'u-hsi (gest. 1908) alle Reformansätze zerschlug, die von K'ang seit 1898 mit der „Hundert-Tage-Reform" versucht worden waren, glaubte T'an, daß er zum Märtyrer bestimmt sei, weigerte sich zu fliehen und wurde folglich hingerichtet.

Gewiß war T'ans synkretistische Philosophie eine Privatmeinung, die weder vom buddhistischen *saṃgha* noch von einer Kirche autorisiert war. Aber sie war doch erwachsen aus der Begegnung mit drei anderen Kosmopoliten, die in beiden Welten, des Ostens und des Westens, zu Hause waren: dem baptistischen Missionar Timothy Richard, der beinahe zufällig mit der chinesischen Modernisten-Bewegung in Berührung gekommen war, dem Buddhisten K'ang und schließlich dem konfuzianischen Monarchisten Yang, der eine Reform im Namen der Tradition selbst angestrebt hatte. K'ang als Buddhisten zu verstehen, bedarf der Erklärung: Er war zwar an einer religiösen Variante des Neo-Konfuzianismus orientiert *(chin-wen*, Neue Text-Schule), hatte aber, wie die meisten Neo-Konfuzianer, beim Buddhismus seinen Ausgangspunkt genommen, wobei sich Wurzeln in der Schule des Reinen Landes ebenso finden wie Inspirationen durch das Zen. Die Neo-Konfuzianer ließen jedoch den Buddhismus hinter sich, weil dieser zu sehr aus den legendären Wundererzählungen der Bodhisattvas lebte und der Neo-Konfuzianismus eine höhere Rationalität vermittelte. Dennoch hat genau diese Verbindung zwischen beiden religiösen Strömungen zu dem erneuerten modernen chinesischen Buddhismus geführt, und K'ang hat daran Anteil gehabt.

K'angs Reform von 1898 war zwar von konfuzianischem Ethos getragen, aber sie war auch durch christliche Elemente *(agape* = Liebe), buddhistische Praxis *(karuṇā* = heilende Hinwendung zu allen Wesen), die lutherische Reformation und die Französische Revolution inspiriert. All dies waren Bausteine für eine soziale und spirituelle Erneuerung Chinas, die in den Augen der idealistischen Utopisten um K'ang so bitter nötig war. Ähnlich wie Gandhi in Indien versuchten sie, Tradition und Moderne, nationales Erwachen und Internationalismus, das Sakrale und das Säkulare miteinander zu verbinden. Daß dieser Versuch von Kaiserin Tz'u-hsi schon nach hundert Tagen abgebrochen wurde, bevor er überhaupt eine Chance hatte, sich in der Realität zu bewähren, sollte China in eine Epoche weiterer und viel radikalerer Revolutionen stoßen: Die politischen Ereignisse überschlugen sich, so daß es keinen Raum mehr für Dialoge, welcher Art auch immer, gab.[22]

2. Intellektuelles Ringen um die Erneuerung des Buddhismus

Yang Wen-hui starb, als die Manchu-Dynastie zu Fall kam (1911). K'ang Yu-wei blieb weiterhin konfuzianischer Monarchist, der sich nicht mit dem republikanischen Prinzip der Gleichheit aller Menschen abfinden konnte.

Sein Schüler Liang Ch'i-ch'ao aber wandte sich der Sache Sun Yat-sens (1866–1925) zu, einem Christen, der Zögling von Missionsschulen war und Chinesen aller „Konfessionen" (Konfuzianer, Buddhisten, Taoisten, Christen u. a.) auf die nationale Revolution von 1911/12 einschwören konnte. Die Revolution gewährte Religionsfreiheit. Das bedeutete aber für die Christen, daß christliche Religionslehre an ihren Schulen ab 1924 verboten wurde, damit Nicht-Christen, die an den vielen und hoch angesehenen Missionsschulen studierten, nicht zum christlichen Religionsunterricht gezwungen würden. Darum kamen nun Missionare aus Deutschland und Amerika nach China, die dem theologischen Liberalismus bzw. dem Social Gospel verpflichtet waren.

All dies führte dazu, daß eine Periode außergewöhnlicher Zusammenarbeit zwischen liberalen Christen und liberalen chinesischen Humanisten anbrach, bis schließlich die ikonoklastische, anti-klerikale und anti-traditionalistische 4.-Mai-Bewegung von 1919 (als Neue Kulturbewegung von 1917–1923) alle Religionen angriff: Im Namen von Wissenschaft und Demokratie wurden der Konfuzianismus als feudal und das Christentum und der Buddhismus als unwissenschaftlich verworfen. Immer stärker wurden auch die Marxisten, für die Religion nicht nur überholt war, sondern als gefährliches „Opium des Volkes" ausgerottet werden mußte.

Während dieser bewegten Jahre zu Beginn des 20. Jahrhunderts, als China auf der Suche nach einer neuen Identität war, verdient eine meist wenig beachtete Bewegung von Intellektuellen unsere Aufmerksamkeit, die als Lösung für die Probleme Chinas den Buddhismus empfahlen. Auch hier spielte Yang Wen-hui eine bedeutende Rolle.

Yang war ein frommer Anhänger der Lehre des Reinen Landes geblieben. Trotz seiner modernen Gelehrsamkeit hielt er wenig von einer Verbindung des Buddhismus mit Wissenschaft und Demokratie. Seine *Gesammelten Werke* spiegeln diese Zurückhaltung deutlich wider, obwohl das von ihm gegründete kleine buddhistische College alle modernen Wissenschaften in das Lehrangebot aufgenommen hatte. Anders dachten T'an Ssu-t'ung und der buddhistische Mönch T'ai-hsü: Für sie stimmte der Buddhismus mit den modernen Wissenschaften überein, und deshalb wollten sie eine Synthese beider erreichen.

Bezeichnenderweise brachten diese modernen Buddhisten besonders der Wei-shih-Philosophie (Nur-Bewußtseinsschule, Yogācāra) großes Interesse entgegen. Wir hatten bereits erwähnt, daß Yang dieses System in Japan wiederentdeckt und in China neu eingeführt hatte. Mit subtilen Beobachtungen und klaren Klassifikationen werden in dieser Tradition die Funktionen und Faktoren des Bewußtseins im einzelnen analysiert. Man empfand eine solche Methode als *die* rationale Philosophie, die sich mit den westlichen rationalen Systemen messen konnte, ja, dieselben an Tiefgang noch übertraf. Aus der Perspektive einer solchen Bewußtseinsanalyse erschien die christliche Theologie altmodisch und spekulativ-irrational.

Um den buddhistischen Modernismus in China genauer verstehen zu können, müssen wir noch einige andere Entwicklungen erwähnen.[23] Yang hatte eine große Zahl direkter und indirekter Schüler, und auch K'ang Yu-wei war von ihm beeinflußt, besonders im Blick auf das Interesse an der Wei-shih-Philosophie. K'angs *Utopie* beginnt mit einer Analyse von 38 Arten des Leiden, die überwunden werden müßten, nicht um das Reine Land spirituell zu erlangen, sondern um diese verschmutzte Welt zu reinigen. Buddhistische Lehrinhalte wurden auf ihre politische Dimension hin interpretiert, und psychologische Analysen verwandelten sich in gesellschaftliche.

Liang Ch'i-ch'ao war 1920 desillusioniert aus Europa zurückgekehrt, nachdem er dort die Folgen des Ersten Weltkrieges selbst kennengelernt hatte. Er entwickelte eine Philosophie, die sich stark am Wei-shih-System anlehnte. T'an-Ssu-tungs Synthese aus buddhistischen, konfuzianischen und christlichen Elementen mit ihrer Zuspitzung auf eine Geschichtsphilosophie, die in der kommenden Revolution gipfelte, haben wir bereits dargestellt. Weiterhin gehörte zu dieser Gruppe, die speziell am Buddhismus interessiert war, noch Yen Fu (1854–1921). Er war in jener Zeit einer der bedeutendsten Übersetzer westlicher Philosophen und galt als kundiger Vermittler zwischen Ost und West. Einer der wichtigsten Denker dieser Bewegung muß nun gesondert vorgestellt werden:

a) Chang T'ai-yen (Ping-lin) und seine Kritik am christlichen Gottesglauben

Auch Chang T'ai-yen (Ping-lin, 1868–1936), ein Kenner der chinesischen Klassiker, hatte die Reform von 1898 unterstützt und sich für die republikanische Idee im Sinne Sun Yat-sens ausgesprochen, wofür ihn die Manchus 1904 für drei Jahre ins Gefängnis warfen. Er fand Trost im Buddhismus: Im Licht der Vorstellung vom Leiden des Bodhisattva für andere Wesen lernte er die Härte seiner Haft ertragen. Im Gefängnis beschäftigte er sich mit der Wei-shih-Philosophie. Auf dem Hintergrund dieser Erfahrungen verband er die buddhistischen Konzepte von Nicht-Selbst bzw. Selbstlosigkeit *(anātman)*, der gegenseitigen Abhängigkeit aller Wesen *(pratītyasamutpāda)* und der Leerheit *(śūnyatā)* mit der Idee der Demokratie und füllte sie mit seinem revolutionären Elan. Er verlor nie den Sinn für die tragische Verstricktheit des Menschen, wie sie im *karman*-Gedanken Ausdruck findet, und doch träumte er von der Bruderschaft aller Menschen, die ohne staatliche Gewalt in Frieden miteinander leben könnten. Seine buddhistisch argumentierende Schrift „Über den Atheismus" (1906) war lange vor der atheistischen Propaganda der 4.-Mai-Bewegung verfaßt worden. Sie ist eine Verteidigung der kritischen Vernunft gegen die Widersprüche des christlichen Gottesglaubens.

Diese Schrift Changs zeugt von einem neuen buddhistischen Selbstbewußtsein. Es gäbe, so argumentiert er, nur drei Grundtypen von Religionsphilosophie – Theismus, Materialismus und Atheismus. In Indien träten alle drei in Reingestalt auf: die theistische *Vedānta*-Schule, in der *brahman* als das einzig Seiende betrachtet und letztlich alle Wirklichkeit auf Gott reduziert würde; die materialistische *Vaiśeṣika*-Schule, die zwar neun Elemente kenne (Erde, Wasser, Feuer, Wind, Äther, Zeit, Raum, Wille, Bewußtsein), letztlich aber alles auf die Materie zurückführe; das atheistische *Sāṃkhya*-System, in dem die Objekt-Wirklichkeit dem Subjekt-Bewußtsein gegenübergestellt und letztlich alles auf ein abstraktes Prinzip reduziert würde. Das Christentum sei eine unvollkommenere Form des brahmanischen Theismus, während die Yogācāra-Schule (chin. Wei-shih) des Buddhismus als die entwickeltste Form eines „atheistischen Idealismus" gelten könne. Denn hier würde die Existenz Gottes oder der Seele abgelehnt, die materialistische Kritik aber nur benutzt, um die universale Nicht-Substantialität der Wirklichkeit zu zeigen. Damit vermeide Yogācāra sowohl die Fehler des Theismus als auch die unreife Einseitigkeit des Materialismus.

Changs Kritik des christlichen Gottesglaubens konzentriert sich auf folgende Probleme: Der Theismus behaupte, so Chang, daß Gott ewig, allmächtig, allwissend, selbstgenügsam und allumfassend sei. Wenn aber Gott anfangslos sei, wie könne man dann von Schöpfung sprechen? Wenn endlos, wie könne es ein Gericht geben? Denn ein Gott, der schaffe und danach zerstöre, habe sich schon verändert, was der unwandelbaren Ewigkeit widerspräche. Wenn ein allmächtiger und allwissender Gott das Gute für die Menschheit gewollt hätte, wie könne er dann wissentlich einen Menschen geschaffen haben, der des Bösen fähig ist? Wenn aber Sünde dem Menschen eigentlich fremd und nur vom Satan eingeflüstert wäre, warum hätte dann Gott den Satan schaffen sollen? Hätte er den Satan geschaffen, um die Menschen zu prüfen, so hätte er nicht allein das Gute für die Menschen gewollt. Hätte aber Gott den Satan nicht geschaffen, wäre er nicht Schöpfer von allem. Wenn Satan nur böse geworden wäre, weil er Gott nicht gehorcht habe, müßte Gott seinen Diener unvollkommen geschaffen haben. Sollte dies alles aber nur den Menschen zur Prüfung bei der Wahl zwischen Gut und Böse dienen, so sei nicht einzusehen, wieso ein allwissender Gott eine Prüfung benötige, da er ja deren Ergebnis vorher wissen müsse. Sonst wäre er nicht allwissend. Warum aber sollte denn überhaupt ein selbstgenügsamer Gott irgendetwas außer sich selbst erschaffen? Wenn das Geschaffene nichts anderes als Gott selbst wäre, so wären Schöpfung und Gott identisch, und es gäbe keine Zeit, da die Welt nicht wäre, was der christliche Theismus aber ablehne. Wenn jedoch die Schöpfung von allein aus Gott hervorginge, könnte man nicht von Schöpfung und einem Zeitpunkt sprechen, an dem Gott aus freiem Willen etwas erschaffen habe. Wenn aber die Welt aufgrund eines göttlichen Willensimpulses entstünde, müßte sie vergehen, wenn der Willensimpuls ende. Wäre dem so, müßte man den göttlichen Willen mit den Launen eines Kindes vergleichen. Und eine solche Vorstellung entspräche eher der – allerdings einleuchtender begründeten – buddhistischen Lehre einer vergänglichen Realität, die durch einen blinden Impuls in Bewegung gehalten wird. Wenn aber, wie die Christen behaupten, die Schöpfung von Gott verschieden sei, müsse sie ewig verschieden sein. Dann wäre Gott aber nicht die einzige Wirklichkeit, und er hätte nur eine vorher existierende Substanz umgeformt. Spreche man aber, wie die Christen, von einer *creatio ex nihilo* (Schöpfung aus dem Nichts), müsse in Gott ein Ungenügen angenommen werden, das ihn bewegen könne, etwas zu schaffen. Wäre dieses „etwas" gut, hieße dies, daß Gott nicht genügend gut wäre, denn logischerweise schaffe nur einer etwas Gutes, der dessen bedürfe. Der christliche Theismus und besonders der Schöpfungsglaube sei also ganz und gar widersprüchlich und dem wissenschaftlich geschulten Denken nicht zumutbar.

Chang meinte, daß die Wei-shih-(Yogācāra)-Philosophie die der Moderne angemessene Philosophie sei. Und dieses Urteil sollte Schule machen. Sein Comtescher Positivismus – nicht aber dessen Nihilismus oder Pessimismus – machte ihn für die sozialkritischen Intellektuellen interessant, zumal Chang kühn religiöse Modelle und gesellschaftliche Herrschaftsstrukturen in Beziehung setzte: Polytheismus entspräche der Oligarchie, Monotheismus der Monarchie und Atheismus der Demokratie, und zwar genau in dieser historischen Reihenfolge. Nach diesem Muster hätte das atheistische China dem theistischen Europa eigentlich geistig-kulturell überlegen sein müssen, was nach Chang auch zuträfe, wenn China nicht deshalb zurückgeworfen worden wäre, weil es direkt vom primitiven Polytheismus (Taoismus) zum radikalen Atheismus (Buddhismus) übergegangen wäre. Der notwendige Zwischenschritt einer monotheistischen Reinigung von Idolen habe in der chinesischen Geschichte gefehlt. Der Buddhismus des Reinen Landes sei in gewisser Weise ein solches theistisches Relikt, das einen reinen buddhistischen Atheismus verwässere. Je schneller China heute den Glauben an Amitābha und die Heerscharen vergöttlichter Buddhas und Bodhisattvas überwinde, desto besser sei es.

Hier freilich schätzte Chang die religiöse Situation des Buddhismus in China falsch ein: Sein selbstbewußter buddhistisch-rationalistischer Atheismus hatte in den lebendigen Traditionen des Buddhismus in China keinen Rückhalt. Denn die beiden großen Traditionen, Ch'an (Zen) und Reines Land (Ching-t'u), waren alles andere als wissenschaftlich-rational orientiert.[24]

b) Das Christentum als Religion der Unfreiheit

Die wohl originellsten Denker waren Hsiung Shih-li (1882–1968) und Liang Shu-ming (geb. 1893), die sich als Konfuzianer verstanden, aber wie K'ang und andere Neo-Konfuzianer auch Wurzeln im Buddhismus hatten. Hsiung wurde nach 1911 zu einem Wei-shih-Anhänger und entwickelte eine eigene „Neue Nur-Bewußtseins-Philosophie". Liang erregte Aufsehen mit einem ersten umfassenden Kulturvergleich von Ost und West, der auf der Wei-shih-Analyse beruhte: Der christliche Westen sei extravertiert, Indien introvertiert, und nur in China sei die wünschenswerte Balance beider Typen erreicht worden.

Ein weiterer Schüler Yang Wen-huis, Ou-yang Ching-wu (1871–1944), profilierte sich in der Debatte um die Religion der Vernunft (Buddhismus) gegen die Religion des Glaubens (Christentum). Er interpretierte den Gottesglauben in Wei-shih-Kategorien als einen Bewußtseinszustand, bei dem das Bewußtsein auf der siebenten Stufe des graduellen Entwicklungsweges stehengeblieben sei. Der Gottesgedanke sei noch ein ich-bezogener Bewußtseinsmodus *(ādāna-vijñāna)*, bei dem eine fehlerhafte Selbst-Wahrnehmung einen fehlerhaften Gottesgedanken projiziere. Nur wer von diesem egozentrischen Bewußtsein voller psychischer Abhängigkeiten frei werde, könne Erleuchtung erlangen. Im Christentum unterwerfe sich der Mensch einem Gott, der nichts anderes als die Projektion der psychischen Unzulänglichkeiten des Menschen selbst sei. Der Gottesglaube führe also letztlich zur Unfreiheit des Menschen.

In öffentlichen Vorträgen unterschied Ou-yang zwischen dem wissenschaftlichen Buddhismus und einer unwissenschaftlichen Religion, wie sie z. B. das Christentum darstelle. Eine solche Religion fordere die Unterwerfung unter Gott, den Glauben an den betreffenden Religionsstifter sowie die Akzeptanz einer unfehlbaren Heiligen Schrift. Der Buddhismus hingegen sei in diesem Sinne keine Religion, denn er kenne nur diese eine Maxime: Sich allein auf die Wahrheit stützen, nicht auf eine Person; auf die Bedeutung achten, nicht auf das Wort. Der Buddha sei kein Gott, sondern ein Vorbild auf dem Weg der Selbsterkenntnis. Da die Buddha-Natur jedem inwendig sei, stütze man sich letztlich auf sich selbst. Die Worte der buddhistischen Schriften seien nur geschickte Mittel *(upāya)*, zur befreienden Erkenntnis durch eigene Anstrengung anzuleiten. Wenn Buddhisten Zuflucht zu den „Drei Juwelen" Buddha, Dharma und Saṃgha nähmen, so meinten sie damit jeden, der erleuchtet ist *(buddha)*, die allumfassende Ordnung der Wirklichkeit *(dharma)* und die geistige Gemeinschaft derer, die zur befreienden Erkenntnis gelangen wollen *(saṃgha)*.

Ou-yang fährt kontrastierend fort: „Das Christentum behauptet die Ungleichheit zwischen dem Verehrten (Gott) und dem Sich-Demütigenden (Mensch). Der Buddhismus hingegen geht von der Gleichheit aller Dinge aus, da die Wirklichkeit nicht-dualistisch ist. Das Christentum artikuliert sich in einem engen Netz von Glaubenssätzen. Der Buddhismus hingegen pflegt das Ideal der Rationalität, das die Freiheit fördert. Das Christentum beschränkt sich selbst und ist daher nicht fähig, die Ursache von allem zu erkennen. Der Buddhismus hingegen ist offen und bereit, jede Aussage im

Verifikationsverfahren zu prüfen. Das Christentum erzeugt Angst und macht abhängig von anderen. Der Buddhismus hingegen ist heroisches Eigenstreben."[25]

Die „neuen Buddhisten“ zu Beginn des 20. Jahrhunderts befanden sich also weniger mit dem Christentum im Dialog (außer im negativen Sinn) als mit der wissenschaftlichen Vernunft und westlichen Philosophie (die sie positiv bewerteten). Soheit *(tathatā)* zum Beispiel wurde mit Kants Ding-an-sich oder auch mit dem Transzendentalen Ich verglichen. Diese Reform-Buddhisten waren weit entfernt vom Anti-Intellektualismus des Ch'an (Zen) oder der Betonung des Glaubens im Buddhismus des Reinen Landes, und sie klagten diese traditionellen Schulen an, echte buddhistische Rationalität zu untergraben. Ihre rationale und individualistische Interpretation der *karman*-Lehre hieß auch, daß sie die totale moralische Selbstverantwortung des Menschen lehrten. Die mahāyāna-buddhistische Vorstellung von mächtigen überweltlichen Erlöserfiguren in Gestalt der Bodhisattvas, die ihre positiven Bewußtseinskräfte auf andere übertragen können, ignorierten sie oder interpretierten sie um. Es ging diesen buddhistischen Reformern um einen Buddhismus, mit dem sich das Diesseits verändern ließ. Aus dem Bodhisattva-Ideal leiteten sie einen Aufruf zu sozialem Engagement und den Protest gegen den politischen Status quo ab.

Es überrascht nicht, daß sich zwischen dieser Bewegung und den Christen in China keine Verbindung erkennen läßt. Und so kam es auch zu keinem buddhistisch-christlichen Dialog. Die Tatsache, daß die beiden großen Denker Hsiung und Liang den Buddhismus zugunsten des Konfuzianismus aufgaben, zeigt – wie schon zuvor bei K'ang Yu-wei und vielen Neo-Konfuzianern –, daß selbst ein derart „modernisierter“ Buddhismus im Selbstverständnis dieser Reformer nicht wirklich die „Seele Chinas“ repräsentieren konnte.

3. Karl Ludwig Reichelt und seine Mission unter Buddhisten

Dem norwegischen lutherischen Missionar Karl Ludwig Reichelt (1877–1952) und einem anderen buddhistischen Reformer, nämlich T'ai-hsü (1890–1949), gelang es schließlich doch, einander so zu begegnen, daß ein Dialog zustande kam.

a) T'ai-hsü

Der Mönch T'ai-hsü war ein Schüler Yang Wen-huis.[26] Der Laie Yang hatte den Buddhismus für das 20. Jahrhundert interpretiert, und T'ai-hsü wollte als Mönch diesen reformierten Buddhismus an den *saṃgha* vermitteln. T'ai-hsü setzte sich für moderne Bildung ein und baute im Jahr 1921 sein eigenes buddhistisches College in Wu-chang auf. Er rief mehrere buddhistische Gesellschaften ins Leben, die meist allerdings nur auf dem Papier existierten, gründete zwei buddhistische Zeitschriften, rief einen Nationalen Buddhistischen Kongreß zusammen und unternahm Vorlesungsreisen durch China sowie ins Ausland. Er setzte sich für monastische Reformen ein, wollte die Mönche in sozialen Belangen, vor allem im Bildungs- und Gesundheitswesen, engagiert sehen und forderte, daß der buddhistische *saṃgha* den Kampf gegen die japanischen Aggressoren unterstützen sollte. Während er von seinen Anhängern bewundert wurde, hatte er unter konservativen Mönchen viele Gegner. Seine Gestalt ragt in der Geschichte des neueren chinesischen Buddhismus hervor.

T'ai-hsüs *Gesammelte Werke* haben einen beachtlichen Umfang. Er stammte aus der unteren gesellschaftlichen Schicht und schloß sich dem *saṃgha* an – die chinesischen Mönche dieser Zeit kümmerten sich aber vor allem um Rituale und magische Praktiken und kaum um Studium und Meditation. So nimmt es nicht wunder, daß seine Schriften weniger intellektuelle Klarheit oder Originalität als die eines Yang oder anderer buddhistischer Laien-Gelehrter aufweisen, mit der einen Ausnahme vielleicht, daß er die alten Schulen gemäß der Wei-shih-Philosophie neu klassifizierte. Auch T'ai-hsü vertrat die Meinung, daß der Buddhismus wissenschaftlich und demokratisch sei und zeichnete Diagramme, die darstellen sollten, daß der buddhistische *dharma* als Universalwissen alles Wissen und alle Erfahrung umfasse. In einem Manifest von 1918 erklärte er, allein der Buddhismus lehre und praktiziere menschliche Brüderlichkeit und universalen Frieden auf der Basis der universalen Bruderschaft aller Menschen, weshalb ihm weltpolitisch eine bedeutende Rolle zukomme.[27] T'ai-hsü kritisierte den christlichen Theismus und glaubte, daß der Buddhismus dem Christentum das geben könne, was es dringend brauche: einen religiösen Geist, der nicht im Widerspruch zur modernen Wissenschaft stünde und doch Vertrauen und Gemeinschaft begründen könne.[28] Umgekehrt brauche aber auch China Impulse aus dem Christentum, insofern das Christentum die Individuen motiviere, aufgrund der Universalität ihres Glaubens Harmonie und Gemeinschaft über ethnische und kulturelle Grenzen hinaus zu verwirklichen.[29]

T'ai-hsü verfügte über „klerikale" Autorität, eine Eigenschaft, die andere chinesisch-buddhistische Modernisten nicht hatten. Daher war sein Einfluß auf andere Mönche beträchtlich. Er publizierte populäre Traktate, besonders das Magazin *Hai-chiao-yin* (Klänge der Gezeiten). Darin wiederholte er, stark vereinfacht und ohne große Deutlichkeit, immer wieder die Ähnlichkeiten und Unterschiede zwischen Buddhismus und Christentum, so, wie er sie sah:[30]

Buddhismus	Christentum
Ähnlichkeiten	
Zehn Vorschriften	Zehn Gebote
Zehn Tugenden	Acht Seligpreisungen
zehn Schulen	zehn Kirchen
Barmherzigkeit	Liebe
Menschen als Buddha-Söhne	Wiedergeburt in der Taufe
Rezitation des Buddha-Namens	Gebet
Reines Land	Reich Gottes
Bodhisattva-Gelübde	Herrengebet
Unterschiede	
Atheismus	Theismus
Autonomie des Menschen	göttliche Allmacht
ursprüngliche Erleuchtung	Erbsünde
Verursachung in gegenseitiger Abhängigkeit	Schöpfung
Bewußtseinsanalyse	Transzendenz
Erwachen im Reinen Land	Jüngstes Gericht

Es fällt auf, daß die Liste der Ähnlichkeiten viel verschwommener und fragwürdiger ist als die Bezeichnung der Unterschiede. Die Bedeutung T'ai-hsüs als Vater des modernen chinesischen Buddhismus begründet sich nicht in einer philosophischen Leistung. Sie besteht vielmehr darin, daß er zahllosen buddhistischen Mönchen angesichts der modernen Welt ein neues Vertrauen in ihre Berufung zu geben vermochte.

b) Karl Ludwig Reichelt

Der Missionar, dem es schließlich gelang, mit buddhistischen Mönchen in einen Dialog zu treten – allerdings, um sie zu missionieren – war Karl Ludwig Reichelt (1877–1952). Auch er suchte nach seiner besonderen Aufgabe im sich wandelnden China. Es war noch nicht lange her, daß Timothy Richard mit Enthusiasmus die Parallelen des Buddhismus zum Neuen Testament aufzuzeigen versucht hatte, wie wir oben dargestellt haben. Reichelt folgte darin Richard. Eine zufällige Begegnung mit dem jungen Mönch Kuan-tu im buddhistischen Wei-shan-Kloster ist für ihn wohl ein entscheidendes Erlebnis gewesen: Kuan-tu, ein Mönch des Klosters Pi-lu, war vom Evangelium zutiefst beeindruckt. Er folgte Reichelt, ließ sich taufen und konvertierte schließlich den Abt und viele Mönche seines Klosters zum Christentum. Reichelt gründete in der Stadt Nanking ein Studienzentrum für die Mönche, später verlegte er das Zentrum auf einen Hügel im Norden und vor den Toren der Stadt. Er nannte den Ort *Ching Fong (Feng) Shan*. Dieser missionarische Erfolg sollte sich jedoch nicht wiederholen. Später wurde das Zentrum unter dem Namen *Tao Fong (Feng) Shan* („Berg des Tao-Windes") nach Shatin bei Hongkong verpflanzt und als „Berg des Heiligen Geistes" verstanden.[31] Der Ort entwickelte sich zu einem Dialogzentrum, das für manche Buddhisten wie konservative Christen nicht unumstritten blieb.

Reichelt studierte den chinesischen Buddhismus und begann, eine Theologie zu entwickeln, die sein Unternehmen rechtfertigen sollte. Er übernahm Richards Meinung, daß der Mahāyāna-Buddhismus vom frühen Christentum beeinflußt worden sei. Auch der Buddhismus des Reinen Landes, so Reichelt, sei von nestorianisch-christlichen Einflüssen abhängig. Für Reichelt war die nestorianische Kirche in China also nicht ausgestorben, sondern sie lebte in einigen Schulen des Buddhismus verborgen weiter. (Reichelt besaß ein chinesisches Manuskript mit der Lebensgeschichte Jesu, von dem er glaubte, daß es nicht durch neuere christliche Missionen beeinflußt war.) Folglich bestünde seine Mission nur noch darin, den Buddhisten klarzumachen, daß ihre Lehren natürlicherweise zum Kreuz hinführten, das schließlich, so glaubte Reichelt, am Ursprung ihrer eigenen (mahayanistischen) Traditionen stand. So war auch alle Furcht vor „heidnischen" Symbolen überflüssig, denn der Buddhismus hatte ja auf seine Weise und unter anderem Namen das Evangelium in China lebendig erhalten. Folgerichtig benutzte Reichelt das nestorianische *Kreuz*, das aus dem *Lotos* emporwächst. Außerdem führte er auf dem Tao Fong Shan buddhistische liturgische Elemente ein (Zymbeln zur Rezitation, Räucherwerk usw.), damit sich die konvertierten buddhistischen Mönche in der neuen Gemeinschaft heimisch fühlen könnten. Reichelt vertrat damit den klassischen Typus einer *inklusivistischen Anknüpfungstheologie*. Einige ihrer Grundelemente hatte bereits Matteo Ricci vertreten, was später in Rom auf Widerstand gestoßen war. Aber auch dieser neue Versuch Reichelts, durch Inkulturation das Evangelium von europäischen kulturellen Elementen zu befreien und für die Chinesen auf dem Hintergrund ihrer Kultur verständlich zu machen, stieß auf die harte Kritik neo-konservativer, an der Theologie Karl Barths geschulter Christen um den holländischen Missionstheologen Hendrik Kraemer (1888–1965), die durch eine solche Inkulturation die Reinheit des Wortes Gottes gefährdet sahen und den Vorwurf des religiösen Synkretismus erhoben.

In welchem Maße war Reichelts „christianisierter Buddhismus" wirklich synkretistisch oder synthetisch? War seine „buddhistische Form" der Anbetung Gottes von einer Vision der *einen* Wahrheit in *beiden* Religionen inspiriert? Oder war diese Inkulturation nur ein geschicktes Mittel der Anpassung, um Konvertiten zu gewinnen? Die Meinungen sind geteilt.[32] Vielleicht spiegelt sich in Reichelts Person die Vielschichtigkeit der Sache selbst: Er studierte den chinesischen Buddhismus, aber er kritisierte seine Mythen. Er hatte sowohl theoretische als auch praktische Anliegen und berief sich auf Rudolf Otto und Nathan Söderblom, bezog aber auch die Bemerkungen des Buddhisten D. T. Suzuki über Befreiung durch eigene Anstrengung (jap. *jiriki)* oder durch die andere Kraft (jap. *tariki)* der Gnade, die beide im Buddhismus eine Rolle spielen, in seine Überlegungen ein. Er sprach in Begriffen wie „universale und besondere Offenbarung", „impersonales und personales Absolutes", „grenzenlose Leere und Unmittelbarkeit der Gnade durch *tariki*;" um Buddhismus und Christentum dialogisch aufeinander zu beziehen. Vor der kompromißlosen Missiologie eines Hendrik Kraemer, in der das „und" sowie jedes „sowohl-als-auch" suspekt erscheint, konnte Reichelts *praeparatio evangelica* und auch seine Aufnahme der altkirchlichen Lehre des *logos spermatikos* (der göttliche Logos, der keimhaft auch unter Nicht-Christen ausgebreitet ist) nicht bestehen. Die Kraemer-Gruppe hatte die Mehrheit (und die Finanzen). So hatte dieser bescheidene Ansatz für ein Verstehen zwischen den Religionen keine Zukunft; er blieb ein vereinzelter Versuch.

Für T'ai-hsü war Reichelt nur ein weiterer Missionar, der die Chinesen konvertieren wollte. Dennoch lud er ihn zu Vorlesungen an sein College ein, denn er war sich der Überlegenheit seiner Sache sicher: Das Christentum sei im Vergleich mit dem Buddha-Dharma wissenschaftlich rückständig und metaphysisch naiv, so daß es sich gewiß nicht durchsetzen könne. Das Problem eines solchen Urteils besteht jedoch darin, daß hier – wie leider so oft – des einen *Ideal* mit der *Wirklichkeit* des anderen verglichen wird! So wie christliche Theologen häufig die Wirklichkeit des rituellen Volksbuddhismus mit seinen magischen Riten und auch korrumpierbaren Mönchen einem Ideal von christlicher Gemeinde gegenübergestellt hatten, das völlig realitätsfern war, so verglich nun umgekehrt T'ai-hsü die buddhistischen philosophischen Systeme mit dem primären und noch kaum reflektierten Glauben an die biblischen Geschichten mit ihren Wundern und übernatürlichen Ereignissen. Reichelt wußte natürlich, daß der gelebte Glaube der Buddhisten in Dörfern und Städten wenig zu tun hatte mit dem rationalen System der buddhistischen Modernisten – da gab es eine Menge nichtbuddhistischen Aberglaubens, Unwahrheiten und unreflektierte Praktiken. T'ai-hsüs Behauptung, der Buddhismus sei rational und demokratisch, entsprach nicht der Realität. Beide wußten offenbar um diese Differenz, und mit einer gegenseitigen unausgesprochenen Duldung gingen sie, jedenfalls in der Öffentlichkeit, freundlich miteinander um.

Aber dieses unausgesprochene Problem ist für die Methodik des Dialogs überaus wichtig und bis heute nicht überall zureichend erfaßt: Jede Seite ist davon überzeugt, daß die andere mehr oder weniger viel „Aberglauben" oder „falsche Religion" bei sich hat, wodurch die eigene Religion vor diesem „Feindbild" umso glänzender erscheint.

So lesen wir immer wieder bei Buddhisten als *Argument gegen das Christentum*: Da *karman* individuell zu verstehen sei, habe eine von Gott bewirkte allgemeine Vergebung der Sünden keinen Sinn. Als ob diese alte buddhistische Lehre nicht im Buddhismus selbst, im Mahāyāna nämlich, erheblich modifiziert worden wäre, so daß „Erlösergestalten" wie Amitābha ihren unerschöpflichen Schatz der Verdienste auf andere übertragen können, wodurch das *karman*-Gesetz (daß jede Tat auf den Täter zurückwirkt) nicht aufgehoben, aber doch wesentlich entschärft und relativiert ist! Der buddhistische Volksglaube in China lebte (und lebt) ganz wesentlich von der Hoffnung, durch Vertrauen und Hingabe der gnadenhaften Wirkungen dieser Bodhisattvas (Amitābha, Avalokiteśvara [chines. Kuan-yin] u. a.) teilhaftig zu werden.

Und von Christen hören wir als *Argument gegen den Buddhismus*: Da man das *nirvāṇa* nur durch Meditation erlangen könne, sei der Buddhismus auf Selbsterlösung gegründet und damit eine ganz unrealistische Überforderung des Menschen. Als ob es die eben angedeuteten Entwicklungen im Buddhismus nicht gegeben hätte, und als ob nicht der Buddhismus die Rede von „Selbst" und „Ich" mit gutem Grund vermeidet, weil der Mensch Meditation eben nicht „machen" kann, sondern *nirvāṇa* genau der Bewußtseinszustand ist, in dem sich das Ich völlig losgelassen hat!

Aus den bisher geschilderten Begegnungen von Buddhisten und Christen in China können wir erkennen, daß die Hindernisse für einen tieferen Dialog einerseits in den *politischen Verhältnissen* und *historischen Erfahrungen* lagen, anderseits aber auch in *Projektionen* und *Fehlwahrnehmungen*, die Kommunikation und Verstehen auch sonst verhindern, d. h. in einer unzulänglichen *Hermeneutik*. Besonders hervorzuheben sind dabei:

- die mangelnde Bereitschaft auf beiden Seiten, hinter die Oberfläche der anderen Religion zu schauen;
- der Fehler, das Ideal der eigenen mit der Realität in der anderen Religion zu vergleichen;
- die Überzeugung, der eigene Glaube sei vernünftig, während der des anderen Aberglaube sei;
- der vorschnelle Hinweis auf Widersprüche in der anderen Religion, wo vielleicht Mehrdeutigkeiten, die in der Wirklichkeit selbst liegen, stehengelassen werden sollten.

Diese Faktoren verhinderten einen wirklichen Dialog zwischen Buddhisten und Christen, und das keineswegs nur in China.

c) Der Einfluß der Neo-Orthodoxen

Reichelt mußte sich gegen Ende seines Lebens gegen Angriffe der neoorthodoxen christlichen Theologie verteidigen, und dies zeigt an, daß sich das geistige Klima in Europa nach dem Ersten Weltkrieg verändert hatte. Kraemer hatte das Evangelium scharf von allen anderen Religionen abgegrenzt und war gegen jede „Anknüpfungstheologie" aufgetreten. Karl Barth hatte angesichts des Zusammenbruchs der europäischen Kultur im Ersten Weltkrieg den liberalen „Kulturprotestantismus“ scharf kritisiert und Gottes negatives Urteil über jede Kultur, einschließlich ihrer Religion, proklamiert. Für Barth selbst fiel allerdings auch das Christentum als religiöse Institution unter das Verdikt des Unglaubens, und deshalb bedürfte es wie alle anderen Religionen der unvermittelten „Gnade von oben“, die allein im Namen „Jesus Christus“ gegeben sei.[33] Aber „draußen im Missionsfeld“ wurde dies oft vereinfacht zur alten Formel: „Sie gegen uns – die Religionen gegen die wahre Offenbarung.“ Damit wurden Wahrheit und Offenbarung zu Merkmalen des Christentums, Unwahrheit, Aberglaube und menschlicher Stolz aber zu den Eigenschaften der anderen Religionen. Bis heute prägt diese Einstellung viele protestantische Missionstheologien und Kirchen (besonders in Japan).

Reichelts Theologie hingegen beruhte auf anderen Voraussetzungen. Er glaubte an eine universale Offenbarung Gottes in allen Religionen (Söderblom), die sich in der Erfahrung des Heiligen (Otto) widerspiegele. Im Buddhismus konkretisiere sich das Heilige, so Reichelt, in der grenzenlosen Gottheit (die Leerheit des Ch'an), die zwar das Personale transzendiere, dasselbe aber nicht aus- sondern einschlösse (Reines Land). Für viele heutige Theologen klingt dieser Ansatz nicht mehr provokativ, zumal Reichelt hinzufügte: So, wie der formlose *dharmakāya* des Buddha seine Konkretion und Erfüllung in der Gnade des *saṃbhogakāya*-Buddha Amitābha finde,[34] so könne dieser Amitābha den Weg zur vollständigen und einzigartigen Offenbarung Gottes im Menschen Jesus weisen. Doch zu seiner Zeit blieb Reichelt isoliert, abgesehen von der Unterstützung, die ihm von dem anglikanischen Bischof Hall in Hongkong zuteil wurde. Aber auch für seine Gesprächspartner unter den chinesischen Buddhisten blieb diese Sprache unverständlich. Weder kannten sie die Theologien Nathan Söderbloms oder Rudolf Ottos mit ihrer Verwurzelung in den mystischen Traditionen, noch waren sie an den subtilen Erörterungen über die verschiedenen Körper des Buddha *(trikāya)* oder die Leerheit *(śūnyatā)* im Mahāyāna-Buddhismus interessiert. Für sie war der Buddhismus ein Denkgebäude, das jedem rational Denkenden unmittelbar einleuchten mußte.

Reichelt fand also kein Echo. Sein Zentrum Tao Fong Shan wurde zu einem Durchgangslager für buddhistische Mönche, die aus dem maoistischen China flohen und dort freie Übernachtung und Verpflegung erhielten. Einige empfingen auch die Taufe, und Reichelt wurde kritisiert, auf diese Weise wiederum Konversionen durch materielle Anreize („Reis-Christen“) erzielt zu haben.

Einer der bekannteren Schüler und Konvertiten Reichelts war C. C. Wang. Im Jahre 1945 schrieb er das Buch *A Look at Buddha and Christ*, das damals auch publiziert wurde.[35] Hierin werden die Lebensgeschichten beider sachlich dargestellt. Jesus ist die sich-opfernde Liebe bis zum Kreuz im Gehorsam gegenüber dem Vater. Er ist die vollkommene Offenbarung der kosmischen Wahrheit und der einzige Weg zum Heil. Die Darstellung des Buddha ist ähnlich kanonisch-orthodox. Von einer Ähnlichkeit zwischen Buddha und Jesus oder einer Verbindung beider Religionen (historisch oder inhaltlich) ist, anders als bei Reichelt, keine Rede.

Ein anderes frühes Manuskript hingegen, in dem Wang den Buddhismus gegen christliche Verleumdungen verteidigen wollte, fand nicht die Zustimmung des Missionsvorstandes und durfte nicht veröffentlicht werden.[36] Wang hatte aber nicht mehr getan, als einige buddhistische Vorstellungen neu zu interpretieren, wie z. B. die Zen-Lehre vom „ursprünglichen Gesicht" des Menschen, also der Buddha-Natur, die nicht notwendig der christlichen Lehre von der Erbsünde widersprechen müsse, da sie sich auf den Zustand vor Adams Fall beziehe. Sie meine also ein „Gesicht", das so lange nicht mehr sichtbar sei, bis der Mensch „seine Sünden bekannt" habe. Wang muß aber später selbst zur Position der Missionare übergewechselt sein, denn in einer neuen Ausgabe des Buches von 1963 unter dem Titel *Yeh Fo Ko-san* (Ein Vergleich von Jesus und Buddha) verspottet er dieselbe Metapher aus dem Ch'an und interpretiert sie als Inbegriff der buddhistischen Leugnung der Seele. Er erwähnt auch die Schule des Reinen Landes, zitiert aber nur die innerbuddhistische Kritik an dieser Schule, um nachzuweisen, daß das Reine Land nichts als fromme Fabel sei. Als Pastor wiederholte Wang die üblichen christlichen Angriffe gegen den Buddhismus: Er sei pessimistisch, fatalistisch, lehre die Flucht aus der Weltverantwortung und entwerte die gute Schöpfung Gottes.

Um die Mitte dieses Jahrhunderts war die Diskussion kaum weiter fortgeschritten, als eben dargestellt. Die Ergebnisse der neueren Forschung über die Geschichte des Buddhismus waren chinesischen Buddhisten und Christen nur durch Übersetzungen aus dem Japanischen oder Englischen zugänglich. Da diese Texte sich meist auf den frühen Buddhismus beziehen, verwundert es nicht, daß die Diskussion in China kaum mehr als die Positionen des südasiatischen Theravāda-Buddhismus berücksichtigt und dieselben auf eine rationalistische Interpretation des Buddhismus reduziert.

Wenn überhaupt, wurden in der Debatte einige (abstrahierte) Parallelen beider Religionen aufgezeigt. Wir finden kaum einen Austausch, der von Herz zu Herz in die existentielle Tiefe beider Religionen führen würde. Man begnügte sich mit vermeintlich wörtlichen Interpretationen von Dogmen, und nirgends wurde die Frage gestellt, was denn ein Dogma oder eine Regel für die Menschen in einer bestimmten geschichtlichen Situation *bedeutet* haben könnte.

Aufgrund der Gegenüberstellungen beider Religionen, die T'ai-hsü publiziert hatte (oben Seite 127), kehrten nach dem Zweiten Weltkrieg buddhistische Autoren nun die Erfüllungshypothese Reichelts um, nach der das

Christentum die im Buddhismus verborgenen Anlagen zur Vollkommenheit bringe:[37] Es sei vielmehr der Buddhismus, der das Christentum erfülle.

Das wird deutlich in einem Traktat, den Chang Chüe-hi unter dem Titel *Yeh-chiao yü Fo-chiao* (Christentum und Buddhismus) 1958 publizierte.[38] Chang hatte eine Missionsschule besucht und war dort zum Christentum bekehrt worden. Er hatte intensiv um göttliche Führung gebetet, im Alter von 27 Jahren einmal sogar bis zur Bewußtlosigkeit. Als ihm keine Offenbarung zuteil wurde, wandte er sich enttäuscht dem Buddhismus zu. Im Alter von 70 Jahren entdeckte er, daß das Christentum letztlich nur verständlich sei, wenn man es auf dem Hintergrund des Buddhismus interpretiere. Denn nicht der Apostel Thomas habe den Mahāyāna-Buddhismus inspiriert, sondern umgekehrt. Schließlich hatte doch Aśoka Missionare nach Westen gesandt, und Jesus könnte sehr wohl nach Osten gereist sein. Der Buddha war als „Josaphat" in den Heiligenkalender des Christentums gelangt, und kein geringerer als Schopenhauer habe entdeckt, daß indische Elemente auf das Christentum Einfluß gehabt hätten. Diesen altbekannten Argumenten fügte Chang nun seine eigenen hinzu: Taufe und Salbung seien mit tantrischen Initiationen verwandt. Der Name „Christus" stamme aus dem Sanskrit, so wie „Omega" (für Gott) ein korrumpiertes „Om" sei (3). Jesus sei ein zölibatär lebender Mönch gewesen, der die buddhistischen Gebote gelehrt, tantrische Wunder vollzogen und eine yogische Auferstehung erlebt habe (5 f.). Beichte, Räucherwerk und Rosenkranz stammten ohnehin aus dem Buddhismus (7). Das Vaterunser-Gebet sei eine Anrufung des *dharmakāya* durch die Söhne des Buddha, die den Buddha-Namen rezitieren („geheiligt werde dein Name"), damit der himmlische Gast aus dem Reinen Land („dein Reich komme") endlich komme (8). Jesus habe das *karman*-Gesetz gelehrt, wenn er davon sprach, seine Schüler sollten „Frucht bringen". Jesus habe aber die Kette der Wiedergeburten verkürzt und nur von *einem* nächsten Leben – dem „Leben danach" – gesprochen (12). Der Heilige Geist sei die Buddha-Natur. Ein dem Menschen gegenüberstehender Gott sei reine Projektion, aber ein Mittel, den Geist zu reinigen (15). Das Gottesreich sei innen. Der christliche Schöpfergott sei identisch mit dem Demiurgen Brahmā und die Schöpfung nichts anderes als der Beginn eines neuen Weltzeitalters. Gottes Worte seien wirksame *mantras*, die alle Dinge ins Sein kommen ließen. Der Satan, der als Schlange Eva verführte, sei die *kuṇḍalinī*-Kraft, die in den indischen Tantras als Schlange vorgestellt wird, die zusammengerollt an der Basis der Wirbelsäule ruht (16 f.). Die Erbsünde identifiziert Chang als die „fundamentale Unwissenheit" der Buddhisten, die plötzlich (ohne Ursache) auftrete, wenn sich ein „differenzierendes Bewußtsein" in dem ansonsten reinen Buddha-Geist entwickele (18). *Karman* sei die unvermeidliche Folge des eigenen Handelns, die jeder individuell zu tragen und auszugleichen habe. Deshalb könne Jesus nicht wirklich Sünden vergeben. Jesus sei aber das hervorragende Beispiel für einen Menschen gewesen, der voll und ganz entsprechend seiner eigenen Buddha-Natur gelebt habe. Diese Buddha-Natur sei, christlich gesprochen, der Gott, der in jedem Herzen wohnt. In diesem Sinne sei nicht nur Jesus der Sohn Gottes, sondern alle Menschen seien Kinder Gottes (21 f.). Chang beendet seine kurze Abhandlung mit einem buddhistisch-christlichen Gebet:

„Christus Jesus unser Herr, möge dein kostbares Blut durch unsere Körper strömen, unsere Sünden abwaschen und unsere Herzen reinigen, so daß wir Gott sehen und unser wahres Selbst erkennen können, damit wir den leidvollen Kreislauf der Wiedergeburten überwinden und mit allen Lebewesen auf die Stufe vollkommener Freiheit gelangen." (23)

Man mag diesen unhistorischen Synkretismus belächeln, aber Chang war in seiner Haltung vollkommen ernsthaft und ehrlich. Es war ein Versuch, die zwei Welten miteinander zu verbinden, die in China bisher fast immer ohne echte Bereitschaft zum gegenseitigen Verstehen oder sogar feindlich aufeinandergeprallt waren. China hatte unter der Fremdherrschaft von Mächten gelitten, die das Christentum für sich beansprucht hatten, und Männer wie Chang versuchten nun auf ihre Weise, diese Wunden zu heilen.

4. Religionspolitische Faktoren des Dialogs

In den Theravāda-Ländern (Sri Lanka, Burma) nahm der Widerstand gegen den Kolonialismus im 19. Jahrhundert die Form des Nationalismus an. Auch in China wurde, wie wir oben gezeigt haben, der Buddhismus nach 1898 in den Strom der Hoffnung nationalen Aufbaus einbezogen. Die Vision der Reformer auf einen buddhistischen Internationalismus währte aber nicht lange. In der Revolution von 1911/12 standen Buddhisten und Christen gemeinsam auf seiten der Republik, und auch in der Unterstützung der nationalen Verteidigung gegen die Aggression Japans waren Buddhisten und Christen geeint. China suchte aber nach nationaler Integrität, und die Anwesenheit ausländischer Missionen (die teilweise über erheblichen Landbesitz verfügten) ließ ständig Bilder aus der kolonialen Vergangenheit wach werden. Für die wachsende marxistische Bewegung waren Patriotismus und Klassenkampf die neuen Schlagworte, und eine von den Missionen (und von Rom) unabhängige einheimische Kirche wurde besonders nach Gründung der Volksrepublik 1949 notwendig und möglich.[39] Freilich hatte nun der Dialog aller religiösen Institutionen mit dem kommunistischen Staat Priorität, der die freie Religionsausübung zunehmend unterdrückte. Selbst innerhalb der Ökumene der selbständigen chinesischen Kirchen fand kaum ein Austausch statt: Die bereits ererbte konfessionelle Spaltung wurde jetzt durch den Druck des kommunistischen Staates noch verstärkt. An einen Dialog zwischen den Religionen war schon gleich gar nicht zu denken.

Auch in Taiwan (Republik China), wo im Prinzip größere Religionsfreiheit herrschte, standen alle Begegnungen und Konfrontationen von Christen und Buddhisten im Zeichen der Frage nationaler Identität. Die gegenseitige Polemik konnte dabei scharfe Formen annehmen. Bezeichnend ist die Kontroverse von Dharma-Meister Chu-yün und seinem Gegenspieler, dem evangelischen Pastor Wu (kantonesisch: Ng) Yin-po im Jahr 1955. Chu-yün hielt eine Vorlesungsreihe in Tai-nan, die die Buddhisten bestärken sollte, daß trotz einiger christlicher Missionserfolge die Existenz des buddhistischen *dharma* nicht gefährdet sei, obwohl man vom Christentum auf dem Gebiet der Sozialarbeit durchaus lernen könne. Chu-yün hatte nicht die Absicht, einen öffentlichen Streit mit den Kirchen zu beginnen, wenn er eher traurig bemerkte: Die Christen bauten ihre Kirchen in der Nähe von Tempeln, damit mögliche Konvertiten leicht in die andere Türe eintreten könnten. Christliche Evangelikale hätten sogar buddhistische Versammlungen gestört und Bibeln geschwenkt, um ihre Wahrheit gegen die Unwahrheit des *dharma* lautstark zu vertreten. Aber man solle Geduld haben und brauche sich nicht vor solchen Angriffen zu fürchten. Das Christentum sei „der neue Laden" auf dem Markt, der es nötig habe, aggressiv seine Waren anzupreisen, da diese nicht von bewährter Qualität seien. Den Buddhismus verglich er hingegen mit dem traditionell etablierten Markenartikel-Geschäft, das keine Reklame nötig habe, weil es die echten Artikel anbiete und auf Stammkunden und Kenner zählen könne.[40] Die Mönche sollten deshalb unnötige Disputationen vermeiden und das, was man vom Christentum lernen könne, praktizieren, d. h. sich um das Bildungs- und Gesundheitswesen kümmern.

Chu-yün war Traditionalist. Für ihn war klar, daß Gautama Śākyamuni dem Mann aus Nazareth überlegen war, weil gutes *karman* dem einen zur Geburt als Prinz verholfen, schlechtes *karman* hingegen den anderen zum Zimmermannssohn gemacht hatte.[41] Vornehme Geburt sei Zeichen eines künftigen Buddha, und ein edler Lehrer würde auch nicht wie ein Dieb am Kreuz enden. Der Buddha hätte außerdem mehr als zwölf Jünger gehabt und sei zweifellos gebildeter gewesen, denn es gäbe viele Sūtras und im Vergleich damit nur eine recht schmale Bibel. Chu-yün, der wie sein Gegner Wu die Wundergeschichten wörtlich nahm, war auch sicher, daß der Buddha Geistreisen in weit höhere Himmel unternommen hatte als Jesus. Chu-yün glaubte an die karmische Verantwortung, die der einzelne für seine früheren Taten zu tragen habe. Deshalb könne Gott nicht einfach vergeben, und Gebete könnten die Sünden nicht tilgen. Die ganz offensichtliche Diskrepanz dieser Buddhismus-Interpretation zur Mahāyāna-Lehre von Amitābha und Kuan-yin (Avalokiteśvara) ließ Chu-yün unbeachtet. Außerdem war für ihn der Buddhismus chinesisch, das Christentum aber ausländisch und ungeeignet für China – daß der Buddhismus indischen Ursprungs war, spielte dabei keine Rolle.

Für Pastor Wu war dies alles reine Blasphemie. Er schrieb eine Gegenschrift *Kao Fo-chiao yü Chi-tu-chiao te pi-chiao* (Kritik des Vergleichs von

Buddhismus und Christentum), die 1956 in Taipei erschien. Auf dem Buchumschlag prangt ein strahlendes Kreuz, das zwei Paare von Füchsen und Schlangen, d. h. listige und giftige Lügner, vertreibt. Als biblischer Fundamentalist zitierte er seitenlang Schriftstellen, die Chu-yün widerlegen sollten. Und er setzte eintausend Taiwan-Dollar für denjenigen aus, der beweisen könnte, daß er unrecht habe. Wu demonstrierte denselben Kampfgeist noch in zwei anderen Schriften zur Verteidigung des Glaubens, die später erschienen. Die Debatte war streckenweise sehr persönlich und verletzend.

Eine Kritik der Kritik, verfaßt von Chang Chia-mi (Chiung-sheng)[42], suchte Chu-yün zu unterstützen, indem nun deutlich wurde, worum es die ganze Zeit immer schon gegangen war: um die Frage, welche Religion dem *nationalen Interesse Chinas* entspreche. Der „alte Laden" des Buddhismus habe sich viel besser an den Geist des modernen China angepaßt, so daß er als „echt chinesisch" gelten könne, was man von dem aus dem Westen importierten „christlichen Laden" nicht sagen könne. Buddhisten hätten sich als loyale Nationalisten erwiesen, während Christen es abgelehnt hätten, sich vor der Fahne zu verneigen.[43] Buddhisten hätten in der Kindespflicht gegenüber den Eltern gar noch die Konfuzianer übertroffen, während es Christen diesbezüglich nicht so genau nähmen. Buddhisten seien umfassender in der Praxis von Barmherzigkeit und hielten die Ideale von Freiheit, Gleichheit, Demokratie, Wissenschaft und universaler Liebe höher. Kurz, der Buddhismus entspreche mehr dem chinesischen Empfinden, während das Christentum die chinesischen Weisheitslehrer der Vergangenheit verunglimpft habe. Die Christen (besonders die Katholiken) seien zu eng mit dem Ausland verbunden, und man könne nicht sicher sein, daß sie sich immer patriotisch verhalten würden.

Wu hatte diese Anschuldigungen zuvor bereits zurückgewiesen, aber der für die Christen gefährlichste Vorwurf, sie seien nicht patriotisch und ihre Religion sei ungeeignet für die politische und nationale Integration Chinas, blieb auch weiterhin an ihnen haften.

a) Diatribe statt Dialog?

In China kam es zwischen Buddhisten und Christen selten zum Austausch, und wenn doch, dann meist mit mehr oder weniger bitterer Polemik. Und immer wieder wird der theologisch-philosophische Dialog beeinflußt von dem Problem, wie China seine politische und nationale Identität in der Moderne finden könne, ohne seine kulturelle Identität aufzugeben. Für diese Belastung des Dialogs beider Religionen noch ein Beispiel:

Der Mönch Yin-shun (geb. 1906), der gebildetste Schüler T'ai-hsüs, kann als der erste moderne chinesische Buddhismusforscher bezeichnet werden. In seiner Jugend stand er dem Taoismus nahe und fühlte sich auch zeitweise zum Christentum hingezogen. Im Rückblick berichtet er in zwei Artikeln über seine Schwierigkeiten mit letzterem unter der Überschrift „Liebt Gott die Menschen?", veröffentlicht in dem buddhistischen Journal *Hai-chao-yin*.[44] Sie gehören zu den bisher intelligentesten Beiträgen chinesischer Buddhisten zum Christentum.

Es geht um die alte Frage: Wie kann ein allmächtiger liebender Gott eine haßerfüllte Welt schaffen und Satan zulassen? Yin-shun fragt weiter: Warum muß Gott als Preis für seine erneute Zuwendung und Liebe die Unterwerfung Hiobs verlangen? Diese „Sklavenmentalität" müsse, so Yin-shun, die Verhältnisse einer undemokratischen Gesellschaft reflektieren. Adam und Eva wollten die Erkenntnis des Guten und Bösen, als sie die Frucht aßen. Sie wurden bestraft, und auch im Falle Hiobs bestätigte sich, daß die Bibel blinde Unterwerfung unter Gott und Unwissenheit statt Erkenntnis verherrliche. Im Taoismus könne Unwissenheit zwar auch als Tugend gepriesen werden, aber diese sei durch Erkenntnis hindurchgegangen. Außerdem sei die taoistische Utopie eines letzten Glückszustandes wesentlich zivilisierter als der Garten Eden. Als Rationalist wies Yin-shun den Verweis auf den unergründlichen Willen Gottes zurück. Glaube verlange nach Wissen. Ein Gott, der Hiob so gegenübertrete und die technischen Errungenschaften beim Turmbau von Babel strafe, müsse eifersüchtig auf des Menschen Erfolg gewesen sein. Außerdem sei dieser Gott grausam, wenn in seinem Namen Kanaanäer zu Tausenden ermordet worden seien, wie die Bibel berichtet.

Yin-shun war vom Pazifismus des Buddha zutiefst beeindruckt, schätzte aber auch Jesus hoch ein. Er konnte nur nicht begreifen, warum Glauben eine derart sinnlose Unterwerfung unter einen despotischen Gott sein sollte. Er wollte keine *buddhistische* Kritik am Christentum vortragen, sondern verstand sich als *Humanist*, der die christliche Verneinung der Würde des Menschen angriff. Denn mit einem solchen Menschenbild könne ein unabhängiges China der Zukunft nicht aufgebaut werden.

Erneut reagierte Pastor Wu, diesmal hart am Rande der politischen Denunziation. Er nannte Yin-shun einen „umgewendeten Christen" (Hinweis auf die Konversion zum Buddhimus), der „christlichen Reis" gegessen habe – eine Anspielung auf die vier Dollar Taschengeld, die Mönche, die aus dem kommunistischen China flohen, von Reichelts Mission auf dem Tao Fong Shan erhielten. Yin-shun verteidigte sich, er habe nie die monatlichen vier Dollar vom „Berg des üblen Windes" (ein Spitzname für *Tao Fong-shan)* erhalten. Aufgrund seiner soziologischen Analysen wurde Yin-shun nun von Wu als „Linker" denunziert, der mit dem Kommunismus sympathisiere. Yin-shun bat Pastor Wu, auf solche politisch gefährlichen Worte zu verzichten – denn in Taiwan bedeutete dies Verrat.

Der evangelische Pastor Kung T'ien-wen sah den ehrlichen Zweifel Yin-shuns in einem anderen Licht. Er hatte an den japanischen Universitäten Bukkyō Daigaku (Tendai) und Ōtani (Jōdō Shin-shū) – beides vom Buddhismus getragene Institutionen – studiert und war Direktor des Instituts für Christliche Forschung. Er wollte Yin-shuns Argumente widerlegen, und das Ergebnis war ein sachlicher Austausch: Das Christentum unterscheide die Unterwerfung unter Gott von derjenigen unter eine politische Macht. Aber Yin-shun konnte nicht verstehen, wie die Einstellung „untertan in Christus" (Luthers Schrift „Von der Freiheit eines Christenmenschen, 1520) zur Freiheit führen solle. Beide Seiten waren also unterschiedlicher Meinung über den Beitrag der Reformation zur Entwicklung der modernen individuellen und politischen Freiheit: Yin-shun akzeptierte nicht die These, daß Luthers Ringen um Freiheit den Weg für die bürgerlichen Freiheiten der Französischen Revolution geebnet habe, sondern bestand darauf, daß dies ein Erbe der Aufklärung sei, das diese gegen die christliche Mentalität erkämpft habe. China aber müsse an den Humanismus der Aufklärung anknüpfen, der sich im übrigen auch schon in den chinesischen Klassikern finde.

So endete auch dieser intellektuell zunächst überdurchschnittliche Austausch mit Bitterkeit. Die gegenwärtigen buddhistischen Zeitungen wie *Hsiang-kang fo-chiao* (Hongkong Buddhismus) oder *Young Buddhist* von Singapore vermeiden die Auseinandersetzung mit dem Christentum. Auch die entsprechenden Zeitschriften auf christlicher Seite berichten kaum über einen buddhistisch-christlichen Austausch.

Es gibt allerdings zwei bemerkenswerte Ausnahmen: *Ching Feng* vom Tao Fong Shan und *Collectanta Theologica Universitatis Fujen* von der katholischen Fujen Universität in Taipei, die sich beide laufend mit dem Buddhismus beschäftigen. Pastor Peter Lee ist Direktor des Christlichen Ökumenischen Zentrums, das Ching Feng herausgibt, und selbst engagierter Partner im buddhistisch-christlichen Dialog. Allerdings hat das konservativ-lutherische norwegische Missionsdirektorium seit 1988 den buddhistisch-christlichen Dialog auf dem *Tao Fong Shan* wegen mangelnder Missions-Aktivität untersagt und damit (an diesem Ort) einen Prozeß unterbunden, den Lee so beschreibt: „Von der Mission an Buddhisten zu Möglichkeiten eines umgreifenden religiösen Dialogs".[45]

Ökumenisches Denken und interreligiöser Dialog sind in den chinesischen Kirchen äußerst schwach entwickelt. Für viele Missionsgesellschaften gilt das riesige China als einer der letzten weißen Flecken auf der Missionslandkarte, und der Wettbewerb um Missionserfolge ist groß. Besonders aktiv sind amerikanische und australische Evangelikale und Fundamentalisten. Sie geben sich als Bollwerk gegen den kommunistischen Atheismus. Chinesische Jugendliche sind für diese Form des Christentums durchaus empfänglich, wohl auch deshalb, weil die konfuzianische Kultur ganz und gar moralistisch ist, ohne daß sie eine Zuflucht oder spirituelle Heimat für denjenigen bieten kann, der moralisch versagt. Ein buddhistisch-christlicher Dialog aber wird durch diese aggressive christliche Missionspolitik beinahe unmöglich.

5. Ost-West-Austausch auf spiritueller Basis

Die chinesischen Katholiken sind für das buddhistische Erbe traditionell offener gewesen und diesbezüglich oft auch gebildeter als die Protestanten. So stammt eines der besten Bücher über die Geschichte des Zen-Buddhismus aus der Feder des Katholiken John C. H. Wu, mit einem Vorwort von Thomas Merton.[46] Ein weiteres Beispiel ist der Jesuit Yves Raguin. Er unterrichtet seit Jahrzehnten den Buddhismus am katholischen Seminar der Fujen Universität. In seinem Buch *Buddhismus: Sechzehn Vorlesungen über Buddhismus und Christentum* (1974) beruft er sich auf die Offenheit des Zweiten Vatikanischen Konzils und schreibt:[47]

„Wenn wir in den Dialog mit dem Buddhismus eintreten möchten, genügt es nicht, mit Buddhisten zu sprechen. Wir müssen vielmehr unsere eigene Theologie und Philosophie mit buddhistischem Denken in Berührung bringen. Der Dialog muß in uns selbst beginnen ... Gewiß, es gibt Ähnlichkeiten zwischen Buddhismus und Christentum. Einige sehen nur die Punkte, wo wir uns treffen, andere sehen nur die Unterschiede. Wir müssen versuchen zu verstehen, wo Unterschiede *und* Ähnlichkeiten liegen. Auf diese Weise wird es für uns leichter sein, das Eigene der christlichen Offenbarung zu begreifen. Schließlich wird uns deutlich werden, was für ein Unterschied darin liegt, daß der Buddha einfach ‚den Weg zum *nirvāṇa* zeigen' wollte, während Christus erklärte ‚Ich bin der Weg'. Die Mysterien der Inkarnation, der Trinität, der Rettung durch Christi Tod und Auferstehung erscheinen in einem neuen Licht."

Das Buch stellt Theismus und Atheismus, Seele und *anātman*, persönlichen Gott und impersonales Absolutes, Gemeinschaft der Liebe und Auslöschung im *nirvāṇa* gegenüber. Dabei argumentiert Raguin,[48] daß die Ablehnung Gottes im Buddhismus auf dem besonderen Hintergrund der indischen Philosophiegeschichte zur Zeit des Buddha interpretiert werden müsse. Dennoch würde in fast allen nicht-christlichen Religionen zwischen einem unpersönlichen Absoluten und einem persönlichen Gott unterschieden. Dem Christentum sei eigentümlich, diese beiden Ebenen im Gottesbegriff verschmolzen zu haben. Dennoch zeige die Geschichte des Buddhismus, daß sich spätere Mahāyāna-Entwicklungen (Bodhisattvas wie Avalokiteśvara und Buddhas wie Amitābha) dem christlichen Gottesbegriff annähern würden.

Während der theologisch-begriffliche Dialog schärfere Unterscheidungen verlangt, scheint in der hier angedeuteten spirituellen Praxis ein Zugang zu größerer Einigkeit beider Religionen zu liegen. Das neuere japanische Interesse am spirituellen Austausch zwischen Christen und Zen, wie es vor allem von Hugo M. Enomiya-Lassalle und seinen Schülern praktiziert wird, hat auch einige Katholiken in Taiwan zu ähnlichen Anstrengungen angespornt. Pater Chang Chiung-shen, der anläßlich von Meditationskursen für Nonnen Vorträge gehalten und diese publiziert hat,[49] bemerkt, es sei eine Ironie der Geschichte, daß Zen die Aufmerksamkeit der Katholiken zuerst in Japan gefunden habe, während es doch ursprünglich aus China stamme.

Dies aber hat auch innere Gründe, die ein Licht auf die Dialog-Situation in China werfen: Institutionell gesehen ist Zen in Japan unvermischter tradiert als Ch'an in China. Aber auch die *kung-an (kōan)*-Praxis und das Verständnis von Leere sind in Japan kompromißloser überliefert. In Taiwan oder Hongkong gibt es bezeichnenderweise kaum ein reines Ch'an-Zentrum. Der Hauptstrom chinesischer spiritueller Kultivierung speist sich vielmehr aus taoistischen und konfuzianischen Quellen. So ist auch Changs Ch'an-Verständnis einerseits christlich gefärbt, anderseits charakteristisch chinesisch: Der *personale* Aspekt Gottes käme am besten durch die rationale, extravertierte Tradition des Westens zum Zuge, während der dazu *komplementäre impersonale* Aspekt Gottes durch die rationale, aber introvertierte Weisheit Chinas thematisiert sei. Dort devotionales Gebet, das sich auf objektive Bilder richtet, Personalität und Gemeinschaft sowie Bildhaftigkeit und emotionales Engagement hervorbringe; hier hingegen die Bewußtheit des Flusses aller Formen und eine größere innere Transparenz. Das griechisch-christliche Erbe eines Leib-Seele-Dualismus sehe in spirituellen Übungen eine Flucht aus der physischen Form. Die östliche Anthropologie aber, die sich auf verschiedene Formen von Yoga gründe, benutze die Leibeshaltung (des Lotossitzes) und konzentriere die Energiekräfte im Bauch *(tan-t'ien)*. Wenn auch der Osten den äußeren Kontakt (mit Gott) vernachlässige und Gefahr laufe, in einen Nicht-Selbst-Nihilismus zu verfallen, so gehe er doch unermüdlich den Weg, das „Ungöttliche" von innen zu entfernen und offenbare die Gottheit als letztlich transpersonal und unaussprechlich.[50]

Wenn wir im Rückblick Changs west-östliche, *yin-yang*-gemäße Harmonie analysieren, wirft sie doch einige Probleme auf. Simplifiziert er nicht die Überwindung des Wortes im Ch'an auf der einen und die Bejahung des Logos im Christentum auf der anderen Seite? Seine Vorlesungen ermangeln der existentiellen Erfahrung und Tiefe, wie sie bei Lassalle zutage tritt. Denn Lassalle kontrastierte zwei in sich abgeschlossene Meditationssysteme, die strukturelle Parallelen aufwiesen, wie er in jahrzehntelanger Übung beider erfahren hatte. Während Chang mit den Differenzen in der theologischen Lehre beginnt, waren diese für Lassalle völlig sekundär. Chang zeigt wenig Verständnis für die Subtilität der Dialektik im Mahāyāna und auch nicht für das Wesen des *kung-an (kōan)*. So wiederholt er viele Einzelheiten der konfuzianischen Kritik am Ch'an bezüglich der Lehre von der Leere. Doch der in Dualitäten argumentierende moralistische Neo-Konfuzianismus ist gewiß nicht die verläßlichste Autorität in Fragen der buddhistischen Meditationspraxis.

Aber auch Chang ist in China isoliert. Nur wenige Christinnen und Christen praktizieren buddhistische Meditation. Und bezeichnenderweise gibt es, ganz anders als in Japan, keine buddhistische Antwort auf diese Form der Aneignung buddhistischer Meditation durch Christen in China.

Die Verbindung einer christlichen politischen Theologie des Volkes mit der Rückbesinnung auf die klassischen spirituellen Werte Chinas strebt der presbyterianische Theologe Choan-Seng Song (geb. 1929 in Tainan, Taiwan) an. Er hatte in Europa und den USA studiert und dort 1964 seine Dissertation über die Theologie der Religionen bei Karl Barth und Paul Tillich verfaßt.[51] Zunächst lehrte er ab 1965 an der presbyterianischen Theologischen Hochschule in Tainan, wanderte dann aber 1970 aus politischen Gründen (Problem der Selbstbestimmung Formosas/Taiwans gegenüber China)[52] in die USA aus, um von 1973–1981 als Beigeordneter Direktor in der Kommission für Glauben und Kirchenverfassung beim Ökumenischen Rat der Kirchen in Genf zu arbeiten. Danach kehrte er als theologischer Lehrer nach Asien zurück und hat seit 1986 eine Professur an der Pacific School of Religion in Berkeley, USA inne. Song geht davon aus, daß es unmöglich sei, Gott zu erkennen, was in der christlichen Tradition dadurch bezeugt werde, daß man von der dunklen oder verborgenen Seite in Gott (Luther: *deus absconditus)* gesprochen habe. Im Buddhismus komme eine ähnliche Einsicht durch das Konzept von der Leerheit *(śūnyatā)* zum Ausdruck. Im Dialog der Religionen müsse man daher die abstrakten theologischen Konzepte hinter sich lassen und eine Kommunikation „von Herz zu Herz" anstreben.[53] Allerdings werde auch in Asien die asiatische Spiritualität durch den Materialismus der Konsumgesellschaft immer mehr verdrängt, und die Religionen müßten gemeinsam der „Trivialisierung" der menschlichen Probleme durch die Massenmedien entgegentreten.[54] Song spricht sehr allgemein von „asiatischer Spiritualität", ohne deutlich zu benennen, was damit gemeint ist. Ganz allgemein ist für ihn entscheidend, daß, im Gegensatz zu Europa, wo sich die Gesellschaft aus mehr oder weniger autonomen Individuen zusammensetze, das asiatische Empfinden darauf beruhe, daß die Gemeinschaft gegenüber dem Individuum primär sei. Im Buddhismus allerdings trete dieser Aspekt gerade nicht so deutlich hervor.[55] Konfuzianische und buddhistische sowie chinesisch-taoistische Elemente sind in Songs Wahrnehmung stark vermischt, aber genau das entspricht der Situation in Taiwan. Im Buddhismus, so Song, seien zweifellos „Spuren des Heils" zu finden,[56] aber Christus könne nicht als Erfüllung des Buddha oder als Bodhisattva bezeichnet werden. Bodhisattvas seien den Propheten des Alten Testaments vergleichbar, insofern beide in den jeweiligen Gesellschaften eine geistig-geistliche Katharsis erfüllen würden. Sie seien zugleich Boten und Träger der Hoffnung, daß Gott die Welt nicht aufgegeben habe.[57] Song unterscheidet zwei Arten von Spiritualität: einen „Buddha-Typus" und einen „Christus-Typus": Ersterer sei mehr transhistorisch, lebensverneinend und legalistisch orientiert und damit dem lateinischen Typ der christlichen Erlösungslehre verwandt (sic!), letztere kulminiere in der Selbst-Entäußerung Gottes am Kreuz.[58] Der Lotos und das Kreuz symbolisierten die Einheit mit der Natur bzw. die Widerständigkeit gegen die Natur, beide Symbole stünden also in einem Gegensatz.[59] Während Jesus die „Verkörperung" der Liebe Gottes sei, könne der Buddha nur als „unvollkommener Abglanz" derselben gelten.[60] Song setzt diese Differenz in christlich-theologischem Selbstverständnis voraus, gibt aber keinen Hinweis darauf, wie er sie argumentativ begründen möchte. An anderer Stelle urteilt er differenzierter, wenn er im Buddhismus durchaus politisches Engagement und Einsatz für die Unterdrückten findet, wie z. B. in Vietnam, als sich buddhistische Mönche durch ihr Selbstopfer (Selbstverbrennungen während des Vietnam-Krieges) an die Seite der Notleidenden im Volke stellten.[61] Angesichts solcher Erfahrungen mit Buddhisten urteilt er, daß Buddhisten im Weltgericht Gottes durchaus zu den Gerechten gehören könnten, die den Notleidenden geholfen haben und dies, ohne es zu wissen, Jesus selbst getan haben (Matth 25,40).[62] Jesus wie Gautama Śākyamuni seien Leitfiguren des armen Volkes gewesen, sie hätten beide den religiösen Hierarchien ihrer Zeit widerstanden und deren Privilegien bekämpft.[63] Daran müsse in der heutigen Zusammenarbeit zwischen Buddhisten und Christen angeknüpft werden. Folgerichtig besteht für Song christliche Mission nicht mehr darin, „Menschen, die sich anderen Religionsgemeinschaften zugehörig fühlen, für sich zu vereinnahmen, sondern darin, mit ihnen gemeinsam zu wachsen in der Erkenntnis und der Erfahrung dessen, was Gott zum Heil dieser Welt wirkt".[64]

Song ist mit dieser dialogischen Haltung eine Ausnahme unter den chinesischen Christen. Die Gründe für den sehr schwachen Dialog zwischen Buddhisten und Christen in China liegen, wie wir gezeigt haben, im allgemeinen Mißtrauen beider Seiten und dem daraus resultierenden Mangel an Kommunikation.

6. Jenseits alter Kontroversen – ein Glaube der Harmonie?

Für die meisten Chinesen ist klar: Der Buddhismus ist geistig erhabener als das Christentum. Ein verbreitetes Schulbuch von Lin Shih-mien beispielsweise, das die beiden Religionen vergleicht,[65] läßt das Christentum in ungünstigem Licht erscheinen, und dies ist durchaus typisch:

- Im Buddhismus gehe es um Erleuchtung, im Christentum um Gott, der seinen Sohn sendet.
- Dort werde man Buddha, hier könne der Mensch nie Gott werden.
- Dort der Glaube an die universale Vernunft, hier die einzigartige Offenbarung.

- Buddhismus führe zu geistiger Offenheit und Selbstvertrauen, das Christentum erzeuge Furcht und verlange Glauben.
- Dort der Buddha als Lehrer, der geschickte Mittel angewandt habe und die Schüler mit Barmherzigkeit und Liebe führe, der aber das gerechte Gesetz von Ursache und Wirkung nicht außer Kraft setzen könne. Hier ein allmächtiger, allwissender Gott, der liebe, wen er wolle, und verdamme, wen er wolle.
- Dort die Gleichwertigkeit aller Wesen in der gemeinsamen Buddha-Natur, hier ein Schöpfer, dem alle Wesen untertan seien, so daß sie sich nun selbst wieder gegenseitig unterjochten.
- Dort ein Pluralismus von Lehren und Wegen, die alle zur Befreiung führten und die nicht auf menschliche Wesen beschränkt seien (sondern auch Tiere usw. einbezögen). Hier eine einzige Lehre, die sich nur an Menschen richte und auch in diesem Bereich allein diejenigen rette, die an sie glauben.
- Dort die Sūtras, die wissenschaftlich überprüft werden könnten, hier die unfehlbare Bibel.

Nur am Ende macht der Autor ein Zugeständnis: Christen lehnten erfreulicherweise die Verehrung aller Idole ab, während die meisten Buddhisten davon nicht frei seien. Allerdings seien Bilder auch für Buddhisten nur ein Mittel, das Unerleuchteten zeitweise helfen könne. In Wahrheit seien aber alle Idole leer und jedes Anhaften an ihnen Irrtum, was vielen einfachen Buddhisten leider nicht immer klar genug sei.

Wir sehen auch hier einmal mehr: Die meisten buddhistischen Versuche in China, das Christentum zu verstehen, gehen über solche äußerlichen Kontrastierungen nicht hinaus.

Erste Ansätze jedoch für eine Änderung dieser mißlichen Lage gibt es seit den 80er Jahren. Durch das auch in Hongkong und Taiwan zunehmende Interesse an akademischen religionswissenschaftlichen Studien haben sich Gelehrte in die Diskussion eingeschaltet, bei denen man die Wertschätzung beider Religionen spürt. Ihr Urteil ist kaum noch von historischen Vorurteilen und religionspolitischen Erwägungen belastet.

So schrieb 1982 der junge christliche Gelehrte Liang Yen-ch'eng (kantones. Leung In-shing), der bei Fok Tou-hui, dem führenden Buddhismus-Gelehrten Hongkongs, studiert hatte, das weitverbreitete Buch „Eine spirituelle Reise zu verschiedenen Bereichen intellektueller Erfahrung".[66] In einer mythischen Reise, deren literarische Form an buddhistische Pilgerschaften *(Gaṇḍavyūha)* durch unterschiedliche *dharma*-Bereiche *(dhātu)* anknüpft, schildert dieses Buch mit existentiellem Pathos, wie der Autor den westlichen Rationalismus durchwandert, dann das taoistische Nichts, die buddhistische Leere und die endlose ethische Kreativität des Konfuzianismus kennenlernt, um doch schließlich der Fehlbarkeit des Menschen ins Auge sehen zu müssen. Eine Begegnung mit dem Kirchenvater Augustin bringt den Pilger zu Ewigem Leben. Auf dieser Reise wird jede Religion ernst genommen und keine Hierarchie des „Besseren“ und „Schlechteren“ konstruiert. Denn wie in der buddhistischen Anschauung von der Verschiebung unterschiedlicher Wahrnehmungshorizonte, so erscheinen auch hier verschiedene Zugänge zur Wirklichkeit aufgrund unterschiedlicher Perspektiven des Wahrnehmenden in den verschiedenen Religionen pluralistisch typologisiert. Hier und da treffen Buddhismus und Christentum in bedeutungsvoller Weise aufeinander: Die wenig fruchtbare Theravāda-Problematik von Selbst versus Nicht-Selbst bzw. Theismus versus Atheismus[67] steht dem tieferen Verstehen nicht mehr im Wege. Wo dieses Problem im Mahāyāna (und besonders in chinesischer Perspektive) als Lehre von der Leere *(śūnyatā)* wieder auftritt, interpretiert Leung dies im Sinne von „Stimmungen des Seins-Zustandes“. Weiterhin meint er, daß das buddhistische unterscheidende Bewußtsein, das an Objekten anhaftet, Adams „Essen der Frucht vom Baum der unterscheidenden Erkenntnis“ vorweg nehme. Oder umgekehrt wird bei Leung die christliche Gegnerschaft gegen jede Form der Bilderverehrung zur buddhistischen Lehre, daß das Bewußtsein (leeren) Objekten eine Absolutheit *(svabhāva)* zumißt, die sie nicht besitzen. Selbst die christliche Vorstellung von der Erbsünde kann in buddhistischer Form als *pen-chüeh* oder noch nicht erkannte Erleuchtung erscheinen, denn letztere, so heißt es, sei nichts anderes als die noch nicht befreite Buddha-Natur oder „*tathāgatagarbha* in Versklavung“. Auf diese Weise gelingt es Leung, nicht bei den so oft wiederholten Gegensätzen stehenzubleiben, sondern die Frage nach ihrer existentiellen Bedeutung zu stellen und somit zur *Begegnung* einzuladen.

Leung nahm 1985 auch an christlich-konfuzianischen Dialogen teil, deren Ergebnisse unter dem Titel „Verstehen und Transformation“ veröffentlicht wurden.[68] Dort spricht er davon, daß das Christentum „ent-hellenisiert“ werden müsse. Obwohl der Widerspruch zwischen einer statischen griechischen Ontologie und dem dynamischen taoistischen Werden bereits von T. Fang und anderen hervorgehoben worden war, sucht Leung nach einem neuen Vokabular, um dem Übersetzungsproblem griechischer und auch griechisch-christlicher Begriffe beizukommen. Er zerbricht zuerst die westlichen metaphysischen Konstruktionen, um dann auf der Basis eines östlichen „Relationalismus“ und „Perspektivismus“ neue Kategorien aufzubauen. Obwohl es sich hier um einen konfuzianisch-christlichen Dialog handelt, ist der Buddhismus einbezogen, wenn Leung von der „runden, vollkommenen, harmonischen Weltsicht“ Chinas spricht. Denn dies ist eine Metapher der buddhistischen T'ien-t'ai-Schule. Kann diese Metapher neue Perspektiven eröffnen angesichts der „christlichen Lehre von der Entfremdung des Menschen“ von seinem Ursprung? Ist Harmonie zwischen den Menschen und den Religionen möglich?

Leungs „spirituelle Reise“ geht einen Weg, den viele chinesische Intellektuelle seit dem 19. Jahrhundert zurückgelegt haben. Das innerchinesische Ringen um die Beziehung von Konfuzianismus, Taoismus und Buddhismus bei der Gestaltung einer „chinesischen Identität" ist aber viel älter. Die Chinesen, keineswegs nur die Intellektuellen, waren seit dem 12. Jahrhundert von einer neo-konfuzianischen Prägung dominiert, und dies hatte die buddhistischen Denkwege so stark überformt, daß es kein Zufall ist, wenn die buddhistischen Modernisten zentrale Begriffe wie Nicht-Selbst, Leere usw. kaum gebrauchten. Einige (buddhistische) Modernisten erblickten im westlichen Rationalismus nun eine neue Möglichkeit der noch unvollendeten Synthese der chinesischen Traditionen. Andere zogen sich auf traditionalistische neo-konfuzianisch/buddhistische Positionen zurück. Wieder andere versuchten, einen mittleren Weg zu finden. Fast alle chinesischen Denker aber waren und sind vom Thema der Einheit von „Geist und menschlicher Natur" *(hsin-hsing)* fasziniert und schlagen von dort eine Brücke zur Ethik, die einen Leung viel bruchloser zum Christentum führen konnte, als dies etwa bei einem typischen Vertreter des Zen-Buddhismus in Japan möglich wäre.

Obwohl der Buddhismus nicht im Zentrum der europäisch-chinesischen Begegnung steht, ist doch die buddhistische Komponente in der chinesischen Kultur so bedeutend, daß sie nicht vernachlässigt werden darf. Vor allem muß man die vereinfachenden Schlagworte vom angeblich atheistischen Buddhismus, theistischen Christentum und agnostischen Konfuzianismus vermeiden. Die drei könnten bei tieferer Analyse mehr gemein haben, als zunächst an der Oberfläche erscheint. Schließlich sind die Naturgötter, gegen die sich der Buddhismus wandte, ganz verschieden von dem, was den monotheistischen jüdischen und christlichen Gottesglauben ausmacht! Buddhismus und Christentum überwanden die alten Gottesbilder, die sie vorfanden, auf verschiedene Weise. Sie entwickelten philosophisch-theologische Systeme, die vor einem Rückfall in die Idolatrie von Begriffen oder Bildern bewahren sollten: Im Christentum ist dies das Dogma von der Schöpfung aus dem Nichts *(creatio ex nihilo)*; im Buddhismus entspricht dem die Formel vom Nicht-Selbst *(anātman)*. Die entsprechenden Lehren sind nur sinnvoll auf dem Hintergrund, aus dem heraus sie formuliert wurden. Wer ohnehin nicht an einem unwandelbaren Selbst hängt (und der christliche Personbegriff meint dies gerade nicht[69]), braucht sich von der buddhistischen Nicht-Selbst-Lehre keineswegs angegriffen zu fühlen. Den jeweiligen Vorstellungen muß also ihre metaphysische Dogmatisierung genommen werden, wenn ein sinnvoller buddhistisch-christlicher Dialog in Gang kommen soll. Am Beispiel der Geschichte Chinas wird dies nur allzu deutlich.

7. Ergebnis und Ausblick

1. Der buddhistisch-christliche Dialog ist in China äußerst schwach entwikkelt. Ein Grund ist die Tatsache, daß der Buddhismus – verglichen etwa mit Korea oder Japan – nicht im Zentrum der chinesischen Kultur steht. Chinesische Christen, die an einer einheimischen Theologie arbeiten, berufen sich daher meist eher auf den Konfuzianismus als auf den Buddhismus und, in der Volksrepublik, gelegentlich auf den Marxismus.

2. Auf dem Hintergrund der Kolonialgeschichte haben die chinesischen Reformer des 19. und 20. Jahrhunderts nach westlicher säkularer Wissenschaft und Demokratie Ausschau gehalten, die mit der Suche nach nationaler Identität verbunden werden mußte. So interpretierten viele den einheimischen Buddhismus als geeigneten Partner für eine an Rationalität orientierte Modernisierung, während das Christentum als antiquiert, wissenschafts- und demokratiefeindlich dargestellt wurde, zumal es mit den Kolonialmächten verbunden war.

3. Die christlichen chinesischen Kirchen (außer in der Volksrepublik) sind ökumenisch wenig kooperativ, weil unterschiedliche Missionsgesellschaften unter chinesischen Christen divergierende Loyalitäten erzeugen und miteinander in Konkurrenz um Konversionen liegen. Die Vereinigung der protestantischen *Chinese Christian Association* ist nach außen gerichtet, kaum nach innen, denn die partikularistischen Loyalitäten gelten uneingeschränkt weiter. Die Hochkirchen (Katholiken und Anglikaner besonders im britischen Hongkong) entwickelten ein größeres Selbstbewußtsein und sind demzufolge assimilationsfähiger – nicht zufällig fand Reichelt bei Bischof Hall von Hongkong am ehesten Unterstützung. Biblizistischer Fundamentalismus, amerikanischer Revivalismus, pietistische Evangelikale und die Bollwerk-Mentalität gegen den Kommunismus lassen ökumenische Bemühungen suspekt erscheinen und bieten erst recht keine Basis für einen Dialog mit dem Buddhismus.[70]

4. Wie also könnte die Zukunft aussehen, oder was wären die Bedingungen für eine fruchtbarere buddhistisch-christliche Begegnung?

So wichtig der rationalistische Humanismus der liberalen 20er Jahre für das moderne chinesisch-buddhistische Selbstverständnis auch sein mag, so kann es dennoch keinen Zweifel darüber geben, daß die chinesischen Buddhisten die Engführung der Interpretation ihrer Tradition auf wissenschaftsgemäße und demokratische Werte überwinden müssen. Nicht, weil eine solche Interpretation gänzlich verfehlt wäre, sondern weil sie zu stark vereinfacht, besonders in einer Welt, die eine rationalistische Wissenschaftsgläubigkeit mehr und mehr hinterfragt. Außerdem ist eine solche Interpretation ganz besonders dem chinesischen Buddhismus nie angemessen gewesen. Die aus diesem Selbstverständnis resultierende Karikatur des christlichen Glaubens an einen allmächtigen Gott ist ebenso flach wie die meisten christlichen Interpretationen des Buddhismus. Der Dialog ist selten über eine polemische Konfrontation des einen Glaubenssystems gegen das andere herausgewachsen. Um nun aus dieser Sackgasse einen Ausweg zu finden, müssen die Buddhisten zunächst ihre Mahāyāna-Tradition, wie sie sich in China entwickelt hat, realistischer betrachten lernen. Die Christen andererseits müssen sich historisch-kritisch ihre eigene Tradition neu aneignen, damit historisch und sprachlich bedingte Anschauungen in Relation begriffen werden und eine interreligiöse Hermeneutik Gestalt gewinnen kann. Noch gibt es aber nicht genügend Ausbildungsmöglichkeiten für chinesische Buddhisten in chinesischer Sprache. Christlich-theologische Ausbildung ist in chinesischer Sprache besser institutionell verankert, aber die meisten Seminare kümmern sich um kaum mehr als um die Pastoraltheologie. Bisher hat die Buddhismus-Forschung (vor allem um Fok Tou-hui in Hongkong) wenig Einfluß auf ein genaueres Verständnis des Buddhismus auf beiden Seiten gehabt, mit der bemerkenswerten Ausnahme von Leung In-shing, über den wir berichtet haben. Bei ihm sind Anzeichen zu verspüren, in welche Richtung sich der buddhistisch-christliche Dialog entwickeln könnte.

5. Der Dialog muß in existentieller Begegnung und Erfahrung gründen. Die chinesische Debatte hingegen hat sich bisher fast nur auf der Ebene der spekulativen Vernunft abgespielt: das Resultat war die Gegenüberstellung von traditionellen Lehrmeinungen. Wenn aber Ideen nicht auf das wirkliche Leben der Menschen bezogen werden, bleiben sie abstrakt. Das Ringen um persönliche und nationale Identität, das schon im 19. und beginnenden 20. Jahrhundert die chinesische Debatte bestimmte, wird in ganz anderer Weise in der Zukunft für die chinesische christlich-buddhistische Begegnung prägend werden – ob kooperativ oder konfrontativ, ist noch offen.

IV. Japan

Japan ist einer der wichtigsten Konkurrenten Europas und Amerikas auf dem Weltmarkt. Dies erzeugt Angst. Die Zahl der Studien, die nach den Gründen des japanischen Erfolgs fragen, ist unübersehbar. Dabei ist klar, daß die ganz eigentümliche Verbindung von japanischen Traditionen und der wirtschaftlich-technologischen Öffnung zum Westen hin einen Schlüssel zum Verstehen Japans liefert. Zu den betreffenden Traditionen gehört neben dem Konfuzianismus und dem Shintoismus auch der Buddhismus. Zu den westlichen Trägern der Modernisierung in Menschenbild, Sozialsystem, Wissenschaft und Technologie gehört das Christentum. Könnten daher die Strukturen des Dialogs zwischen Buddhismus und Christentum aufschlußreich sein für die Perspektiven des Verhältnisses von Japan und Europa/Amerika in der Zukunft?

Die christlichen Missionen waren auch in Japan vom 16.–19. Jahrhundert als politisch gefährliche Gehilfen des westlichen Imperialismus betrachtet worden. Doch mit der Öffnung Japans in der zweiten Hälfte des 19. Jahrhunderts standen Buddhismus und Christentum vor der Identitätssuche der Religionen in einer materialistisch und atheistisch ausgerichteten Industrie- und Konsumgesellschaft. Der Dialog knüpfte deshalb nicht zufällig an christliche Erfahrungen mit dem europäischen Nihilismus und Atheismus an (Kyōto-Schule). Dieser Dialog ist auch heute noch philosophisch fruchtbar, bleibt aber hoch abstrakt. Fragen nach der Stellung des Menschen im Kosmos und in der Gesellschaft bekommen jedoch heute unmittelbare Bedeutung für jeden Menschen angesichts der Bedrohung der Zukunft durch die moderne Zivilisation. Können wir Antworten von Japan erwarten, zumal sich die japanische Zen-Meditation in ehemals christlichen Ländern schnell verbreitet und als Antwort auf das von Traditionen entwurzelte und von der Zukunftsangst bedrohte Individuum empfiehlt? Zeigen sich in diesem Austausch beider Kulturen Tendenzen, die auch die europäische Mentalität verändern werden? Ist von all dem die Rede im Dialog zwischen Buddhisten und Christen in Japan?

1. Geschichtlicher Hintergrund

Die kulturell-religiöse Situation Japans ist, unseres Erachtens mit gutem Grund, als „archaische Moderne“[1] bezeichnet worden. Dies weist auf die schon seit mehr als zwei Jahrtausenden anhaltende Assimilationsfähigkeit dieses Landes in ethnischer, sprachlicher, künstlerischer, religiöser und technologischer Hinsicht hin, ohne daß es dabei jemals seine besondere Identität eingebüßt hätte. Die eigentümliche Mischung hat im Gegenteil eine ethnische und kulturelle wie sprachliche Homogenität erzeugt, die kaum mit einer anderen Kultur vergleichbar ist. Das spezifisch Japanische ist in der Religion wie in der Kunst – etwa gegenüber China – sofort deutlich spürbar, begrifflich aber schwer auf den Punkt zu bringen. Vielleicht ist es die Ästhetisierung der Religion, das Ineinanderfließen oder Komplementieren konzeptueller Differenzen in einem je unverwechselbaren Ausdruck von „Stimmung“, die Shintoismus, Buddhismus und Konfuzianismus so einander angeglichen haben, daß ihre verschiedenen Traditionen durchaus kulturell wirksam sind, aber so, daß sie einander komplementieren – *wabi*, die Suche nach Anmut im Einfachen, *sabi*, die Rückkehr zum Ursprünglichen, und *yūgen*, die geheimnisvolle Tiefe *in* jeder konkreten Erscheinung des Augenblicks, sind höchste japanisch-shintoistische Werte, die auch den Buddhismus durchdrungen haben. Die diesseitige Lebensfreude des Shintō, die Wendung des Blicks auf Vergänglichkeit und Leiden im Buddhismus und die Disziplinierung dieser Gefühle in einem streng gegliederten sozialen Organismus nach konfuzianischem Vorbild sind eine ganz eigene Synthese eingegangen. Die Schriftstellerin Matsubara Hisako erläutert dies trefflich an dem Gedicht, das alle japanischen Kinder seit tausend Jahren auswendig lernen, weil es sämtliche Silben der japanischen Sprache enthält und zum „Einmaleins“ des Vorschulunterrichts gehört, ohne daß der religiöse Gehalt sofort bewußt wäre:[2] *iro ha nihohe to/chirinuru wo/wakayo tare so/tsune naramu/uyi no okuyama/kehu koyete/asaki yumemishi/ehi mo sesu.*

Sie übersetzt:

„Farbe ist ein Hauch/erblüht zerrinnt/was bleibt von dieser Welt/weiter führt mein Weg mich heute hin/durch das Dickicht eines kurzen Lebens/ich befreie mich/von schalen Träumen/Sättigung.“

Auf die Frage, was von dieser Welt bliebe, ist die Antwort also nicht einfach „nichts“. Vielmehr wird, nur andeutend, ein Weg durch die je individuellen Erfahrungen des Lebens gezeigt, der von „schalen Träumen“ befreit und „Sättigung“ verspricht.

Bereits die Strukturen der chinesischen und japanischen Sprachen bzw. der gemeinsamen Schrift sind ein Grund dafür, daß der ostasiatische Buddhismus gegenüber dem indischen mit seinen präzisen und abstrahierenden epistemologischen Analysen ein ganz eigenes Gepräge hat: die Sprache setzt konkrete Bilder und Empfindungen nebeneinander, ohne daß komplexe Beziehungsstrukturen eindeutig festgelegt werden.[3] Von diesem Sachverhalt sowie der shintoistisch-buddhistischen Einheitserfahrung mit der Natur und einer daraus abgeleiteten transpersonalen Realitätserfahrung wird auch der buddhistisch-christliche Dialog in Japan geprägt.

a) Erste politische Reaktionen auf das Christentum in der Mitte des 16. Jahrhunderts

1549 begann die christliche Missionierung durch den spanischen Jesuiten Franz Xaver, und sie war von Anfang an in ein widersprüchliches politisches Interessenfeld eingebunden. Im 15./16. Jh. tobte ein unüberschaubarer Bürgerkrieg in Japan, in den vor allem die verschiedenen buddhistischen Sekten (namentlich die Nichiren- und die Tendai-Schule) verwickelt waren. Der bedeutende japanische Religionshistoriker Anesaki Masaharu urteilt: „Religionsführer waren vom Kriegsgeist und der entsprechenden Praxis dieses Zeitalters geprägt, und sie verknüpften ihre religiösen Ambitionen mit dem Kampf um die Macht."[4] Das Christentum erschien vielen kriegsgeplagten Samurai und Fürsten, aber auch den ausgebeuteten Bauern, als Alternative, zumal seine Verbindungen zu den europäischen Mächten zunächst vorteilhaft zu sein schienen. Der Militärdiktator Nobunaga Oda (1534–1582) wollte den politischen Einfluß der buddhistischen Großklöster eindämmen, weil sie seinen Bestrebungen, eine ordnende Zentralmacht zu errichten, im Wege standen. Aus diesem Grunde förderte er das Christentum, obwohl er selbst nicht Christ wurde. Da mit dem christlichen Einfluß auch Technologie, vor allem Militärtechnologie, ins Land kam, war diese Politik besonders vielversprechend. Die Erfolge der Christen waren erstaunlich: bereits ca. 20 Jahre nach Xavers Ankunft hat es, vorwiegend auf Kyūshū, etwa 30000 Christen gegeben, um 1605 waren es bereits 750000, d. h. 4 % der japanischen Bevölkerung.[5] Nicht nur politische Förderung, sondern auch die religiöse Kraftlosigkeit des Buddhismus in jener Zeit, die durch Macht korrumpierte und formalisierte konfuzianische Ethik sowie die Sehnsucht nach Erneuerung durch das Fremde und als unverbraucht Wahrgenommene haben zu diesem Erfolg beigetragen.[6]

Die Buddhisten reagierten anfangs überhaupt nicht, weil sie die christlichen Gruppen zunächst nur für eine neue buddhistische Sekte hielten.[7]

Der folgende Diktator, Toyotomi Hideyoshi(1536–1598), der ab 1582 regierte, paßte seine Politik gegenüber dem Christentum den politischen Umständen an. Die Machtkämpfe zwischen den zahlreichen feudalen Herrschern stürzten auch die buddhistischen Klöster in Abhängigkeiten und wechselnde politische Loyalitäten. Die Mönche waren sogar zum Teil bewaffnet, um sich gegen Übergriffe zu schützen, griffen aber nicht selten auch aktiv in die Auseinandersetzungen zwischen den Fürsten ein. Hideyoshi führte deshalb zunächst seine wohlwollende Politik gegenüber den Christen fort, um die eigene zentrale Macht zu stärken. Das änderte sich bald, als er fürchten mußte, daß durch das Christentum seine Macht und die Einheit Japans, die er herstellen wollte, in Frage gestellt werden könnten. Dafür gab es zwei Gründe: 1. die Furcht vor ausländischem Einfluß. 2. die innere Zerstrittenheit der Christen.

1592 waren spanische Franziskaner aus den Philippinen nach Japan gekommen, die sich diplomatisch um spanische Interessen mühten und missionarisch den portugiesischen Jesuiten Konkurrenz machten. Als sich bei einem berühmten Zwischenfall 1596 spanische Seeleute auf die territoriale und militärische Macht Spaniens beriefen, witterte Hideyoshi spanischen Expansionismus. Am 5. Februar 1597 kam es zur ersten großen Verfolgung: 26 Christen wurden in Nagasaki öffentlich gekreuzigt. Als dann nach 1602 auch Augustiner und Dominikaner, später Kaufleute aus Holland und England, kamen und jede europäische Nation die japanischen Herrscher vor den ökonomischen und militärischen Interessen des jeweils anderen europäischen Landes warnte, und als klar war, daß diese europäischen Kolonialinteressen aufs engste mit den Missionen verknüpft waren, wechselte Hideyoshi die Allianz und setzte auf eine Stärkung des Buddhismus, der nun (bis zum Ende der Tokugawa-Zeit) als „nationale Religion" der Japaner empfunden wurde.[8] Hideyoshi faßt die antichristliche Haltung in vier Argumenten zusammen:[9]

1. Das Christentum ist japanischem Empfinden fremd.
2. Die Missionare entehren heilige Stätten.
3. Glaube ist Privatsache und darf nicht von ausländischen Mächten für politische Zwecke benutzt werden.
4. Unter dem Deckmantel der Religion werden imperiale Territorialgewinne angestrebt (1580 hatte der zum Christentum konvertierte Fürst Ōmura das Landgebiet um Nagasaki der Kirche gestiftet).

Danach kam die Tokugawa-Familie (1603–1867/68) an die Macht. Die Tokugawas wollten Japan durch zentrale Machtausübung und totale Kontrolle aller Lebensbereiche einen. Die Verfolgungen der Christen nahmen unvorstellbare Ausmaße an (bes. 1627–1634), aber wie schon bei Hideyoshi sind auch hier nicht religiöse Gründe maßgebend gewesen, sondern alles, was sich der totalen Kontrolle der Diktatur entzog, wurde verfolgt (so auch der Nichiren-Buddhismus[10]). Ieyasu ließ 1614 das Christentum, in Übereinstimmung mit der zunehmend feindlichen Stimmung gegen die Christen in buddhistischen Kreisen, verbieten. Nach den durch soziales Elend verursachten und wesentlich von Christen mitgetragenen Bauernaufständen von Shimabara im Jahre 1637 kam es zur massiven Abriegelung des Landes nach außen.

Das Christentum wurde nun als fremd und zerstritten wahrgenommen, obwohl die jesuitischen Theologen um Franz Xaver bemerkenswerte Angleichungen christlicher Konzepte an buddhistische Vorstellungen und Begriffe vorgenommen und auch im Ritus japanische Formen aufgenommen hatten – so etwa Elemente der Teezeremonie im Abendmahl.[11] Xaver selbst nahm allerdings eine zu direkte Identifizierung des christlichen Gottes mit buddhistischen Vorstellungen wieder zurück. Das Prinzip, „einerseits den Japanern vertraute, ursprünglich buddhistische Ausdrücke bewußt und absichtlich zu benutzen, andererseits die buddhistische Lehre zu widerlegen und dadurch die Richtigkeit des Christentums zu beweisen, blieb erhalten",[12] so z. B. in dem *Nijūgokajō*, einem Katechismus von 1555. Es fehlte eine klare religionstheologische Konzeption und ein wirkliches dialogisches Konzept, und so konnte man sich in wichtigen Fragen nicht einigen: Gott (lat. *deus*) wurde auch im Japanischen mit *daisu* bezeichnet, und christliche Taufnamen wurden nach portugiesischer und spanischer Aussprache unterschieden, als ob es sich um verschiedene „Heilswege" handelte![13]

Aber immer noch hatten die Buddhisten keine philosophische Polemik gegen das Christentum entfaltet, zumal sie die fremde Religion kaum kannten. Erst als der Jesuit Fukan Fabian zum Buddhismus konvertierte, schrieb er 1620 eine Streitschrift *(Ha daisu*, Wider den christlichen Gott), die für die nächsten 250 Jahre die Argumente für anti-christliche Polemik lieferte. Während Fabian 1605 in *Myōtei mondō* (Gespräch zwischen Myoshu und Yutei) eine Verteidigung des christlichen Gottesbegriffs vorgelegt hatte, wurden die Argumente nun einfach umgekehrt. Hieß es zunächst, daß die buddhistische Meditation über das Nichts oder die Leere zu geistiger Untätigkeit oder Umnachtung führen müsse (ein bis heute in evangelikalen Kreisen beliebter Spruch), urteilte Fukan Fabian später, daß der Glaube an einen personalen Gott die Frage nach dem Bösen nicht beantworten könne. Nach dem Shimabara-Aufstand wurde die anti-christliche Polemik aggressiver. Suzuki Shōsan nimmt 1642 die Argumente Fabians auf und fügt hinzu:

1. Wenn der christliche Gott als Schöpfer und allwissender universaler Lenker der Geschichte gut sei, hätte er sich nicht nur an *einem* Ort in der Geschichte (und noch dazu im Westen) offenbart und die anderen Völker unerlöst gelassen, es sei denn, er hätte nicht gewußt, daß andere Völker durch andere Gottheiten erlöst würden. Dann sei er aber nicht allwissend.
2. Der christliche Wunderglaube sei primitiv und beweise nichts, denn in Japan könnten sogar „Füchse und Dachse" (Anspielung auf shintoistische *kami* [Gottheiten]) Wunder tun.

Während der gesamten Tokugawa-Zeit (1603–1867/68) änderte sich an der feindlichen Haltung gegenüber dem Christentum nichts, zumal in den ersten Jahrzehnten dieses Zeitalters der Buddhismus dadurch gefördert wurde, daß sich jede japanische Familie – vorwiegend aus politischen Gründen der Abgrenzung gegenüber Fremdeinflüssen und der Verwaltungs- und Überwachungstechnik – einem buddhistischen Tempel zugehörig erklären mußte. Außerdem wurde das Land hermetisch abgeriegelt, und kleine christliche Gruppen überlebten nur im Verborgenen.

Daß aber in der kurzen Zeit der offenen Begegnung zwischen japanischer Kultur und Christentum ein reger Austausch stattfand und sogar ein christlicher Einfluß auf die Teezeremonie möglich erscheint,[14] *legt nahe, daß das Christentum vielleicht einem ähnlichen „Japanisierungsprozeß", wie ein Jahrtausend zuvor der Buddhismus, unterzogen worden wäre,*[15] *wenn die Christen die nicht-christlichen Religionen hätten würdigen können und wenn nicht die Verbindung des Christentums mit europäischer Kolonialpolitik von japanischer Seite her alle Möglichkeiten zu einer echten Religionsbegegnung verhindert hätte.*

b) Zur politischen Situation Ende des 19. Jahrhunderts

Trotz der Ähnlichkeit zwischen China, wo die „geschlossene Tür" in der Mitte des 19. Jahrhunderts gewaltsam durch britische Kanonenboote aufgebrochen wurde (Opiumkrieg), und der japanischen Tokugawa-Zeit, gegen deren Ende das „geschlossene Land" *(sakoku)* gewaltsam durch die Schiffe von Kapitän Perry geöffnet wurde (1853/54), hat Japan niemals die nationale Erniedrigung Chinas erleiden müssen. Japan verlor zwar einige territoriale Rechte, als ausländische Siedlungen in seinen Hafenstädten gegründet werden durften. Und japanische Nationalisten fürchteten die „gemischte Residenz", da Ausländer und Missionare Erlaubnis erhielten, ins Innere des Landes vorzudringen. Wie schon zuvor, wurden auch in der zweiten Hälfte des 19. Jahrhunderts die christlichen Missionen als Gehilfen und Vollzugsorgane des westlichen Imperialismus betrachtet. Japan hatte das schreckliche Beispiel Chinas vor Augen, und Xenophobie gab es sowohl in China als auch in Japan. Dennoch bedeutete die mit der Meiji-Reform 1868 anvisierte Modernisierung und wirtschaftlich-technologische Öffnung nach Westen auch eine kulturelle Öffnung. Das verhieß ein günstigeres Klima für die buddhistisch-christliche Begegnung in Japan, die nichtsdestoweniger zunächst von einem bitteren Konflikt bestimmt war.[16]

Die Einheit von christlicher Mission und Imperialismus steht im Bewußtsein der asiatischen Völker außer Zweifel. Entspricht dies aber wirklich ganz den Tatsachen? Die Ziele der Missionare waren zweifellos in den meisten Fällen nicht identisch mit den Zielen und Interessen der Staaten, aus denen sie kamen. Die Missionen konnten also durchaus in Konflikt mit der Politik der betreffenden Kolonisatoren geraten (ein Beispiel aus der indischen Geschichte ist der Versuch der British East India Company, die Missionare zurückzuweisen). Selbst wenn entsprechend dem Geist der Zeit Evangelium und Kultur häufig miteinander vermengt wurden, so waren es doch nur wenige Missionare, die den Unterschied zwischen dem Reich Gottes und den Reichen dieser Welt verwischten. Aber aus dem Blickwinkel derer, die kolonisiert und evangelisiert werden sollten, bestand zwischen diesen beiden Reichen eine offensichtliche und unheilige Allianz. Es gab zwar Erinnerungen an die friedfertigen Missionsmethoden der Jesuiten Franz Xaver in Japan und Matteo Ricci in China. Aber in beiden Ländern war man sich des blutigen Einmarsches der Spanier in die Philippinen bewußt (2. Hälfte des 16. Jhs.), die nach ihrer Eroberung Südamerikas um so kompromißloser auftraten. Die Abschließung Japans zu Beginn der Tokugawa-Zeit (*sakoku*-Politik) war die Konsequenz. Und diese Politik wurde mit polizeistaatlicher Unnachgiebigkeit über Jahrhunderte hinweg durchgeführt.

Wie in China, so wurden schließlich auch in Japan die Feindseligkeiten gegen Christen bis spät ins 19. Jahrhundert hinein vor allem durch den Vorwurf begründet, sie wollten mit fremdem Glauben die nationale Identität untergraben und Japan schwächen. Die Wunden auf beiden Seiten sind keineswegs bereits geheilt, und der Dialog ist schwierig, wenn er über Höflichkeiten hinausgeht und zur ehrlichen Aufarbeitung der Geschichte fortschreiten will.

Die Geschichte Japans weist nun aber im Vergleich zu China einige wesentliche Unterschiede in bezug auf die Begegnung mit dem „Westen" auf, die für die heutige Begegnung der Kulturen von eminenter Bedeutung sind: China war nach blutigen Kämpfen von den Kolonialmächten Europas territorial erobert worden, während Japan ohne Krieg von einer Macht aus der Neuen Welt (USA) vorrangig für den Handel geöffnet wurde. Die europäischen Kirchen waren enger mit ihren Staaten verbunden, als das in Amerika der Fall war, so daß die amerikanischen Kirchen politisch zunächst unbefangener waren. Die Wirtschaft Europas im 19. Jahrhundert war am Ende ihres möglichen quantitativen Wachstums angelangt, und man suchte deshalb gewaltsam nach Rohstoffquellen und Absatzmärkten. Aus diesen Gründen war in China die Verbindung von Evangelisierung durch die Kirche und Kolonisierung durch den Staat eng gewesen. Das Amerika des 19. Jahrhunderts hingegen hatte gerade erst seine westlichen Gebiete entdeckt, besiedelt und sich bis zum Pazifik ausgedehnt. Amerikas Wirtschaft hatte noch nicht die Welt im Visier; außerdem waren von der Verfassung her Kirche und Staat streng getrennt, und die zahlreichen amerikanischen Kirchen tendierten dahin, dezentralisiert und demokratisch organisiert zu sein.

Die Folge davon war, daß die amerikanischen Missionen, die ihre ersten Bastionen in Japan ausbauten, sich gleichzeitig von der Politik und den wirtschaftlichen Machenschaften, wie sie aus der Alten Welt bekannt waren, distanzierten. Unter dem Eindruck der Erinnerung an seinen eigenen Unabhängigkeitskrieg und seine eigene koloniale Vergangenheit nahm sich Amerika selbst nicht als Kolonialmacht wahr, obwohl es sich de facto zu den europäischen Mächten hinzugesellte und über den Pazifik ausgriff, als

Perrys Flotte 1853/54 in die Bucht von Tōkyō segelte. Aber die amerikanische Politik war durchaus willens, Japan nicht dasselbe Schicksal wie China angedeihen zu lassen.

In diesem Sinne ist im 19. Jahrhundert die Konfrontation Europas mit China anders als die Begegnung Amerikas mit Japan. Europa war anfangs von der Größe, dem Reichtum und der unbekannten kulturellen wie politischen Macht Chinas zutiefst beeindruckt gewesen. Seit dem 18. Jahrhundert hatten europäische Intellektuelle einen Mythos von China geträumt, der eher aus eigenen Sehnsüchten genährt wurde als durch eine Begegnung mit dem wirklichen China. Verglichen damit war Japan nur ein Inselvolk mit begrenztem Markt und geringen natürlichen Ressourcen. Aber als die Tür nach China einmal aufgestoßen war, verkehrte sich die Begeisterung für China in Eurozentrismus und die Beanspruchung der Weltherrschaft aufgrund des Glaubens, die überlegene Zivilisation zu besitzen – was im Grunde bis heute so ist. Zu Beginn des 20. Jahrhunderts, nach den Boxeraufständen, malte man zusätzlich das Gespenst der „Gelben Gefahr" an die Wand, auch um von der eigenen Zivilisationskrise abzulenken.

Aber anders als bei dem Umschwung der China-Begeisterung im 19. Jahrhundert in ihr Gegenteil, bedeutete das Aufbrechen der Isolation Japans nicht, daß dieses Land seinen exotischen Charme verlor. Nicht die europäische Gelehrsamkeit in klassischer chinesischer Kultur (James Legge), sondern die schriftstellerische romantische Verklärung des gegenwärtigen Japan (Lafcadio Hearn) prägte das Japan-Bild Amerikas. Dies zeigt sich auch später in Pearl S. Bucks Buch *The Good Earth* aus dem Jahre 1931.

Die amerikanischen protestantischen Missionen, die gegen Ende des 19. Jahrhunderts nach Japan kamen, unterschieden sich erheblich von den europäischen protestantischen Missionaren, die in der Mitte des 19. Jahrhunderts in China angelangt waren. Letztere waren im allgemeinen pietistisch geprägt und kulturkritisch eingestellt. Die Amerikaner hingegen brachten einen optimistischeren Evolutionismus mit und wollten Amerikas „zivile Religion" dem Rest der Welt präsentieren. Diesen politischen Evolutionismus teilten die meisten Missionare, und die „Überlegenheit" der westlichen Technologien wurde nicht selten zum Wahrheitserweis des Christentums stilisiert. Überraschend ist in diesem Zusammenhang der Einfluß unitarischer Intellektueller auf die Zeitschriften, die in japanischen gebildeten Zirkeln gelesen wurden. Anders als die protestantischen Missionen in China, die sich das einfache Volk zum Ziel ihrer Konversionen gemacht hatten, konnten die Missionen in Japan nicht wenige Menschen aus der Samurai-Klasse konvertieren. Während in China erst spät einheimische Pastoren herangebildet wurden, hatte Japan sehr bald eigene Pastoren, die eine einheimisch-japanische Theologie schon in der letzten Dekade des 19. Jahrhunderts forderten! China hingegen mußte auf solche Gestalten bis in die zwanziger Jahre dieses Jahrhunderts warten, und sie erreichten nie die Statur eines Uchimura Kanzō, der sich 1891 mutig geweigert hatte, einen Erlaß mit der Unterschrift des Kaisers (der als göttlich galt) gleichsam religiös zu verehren.

Die protestantischen Missionare in Japan empfanden die „buddhistischen Kleriker" – ganz ähnlich wie in China auch – als korrupt, ungebildet und in ihrer Moral zweifelhaft. Dies sind ähnliche Vorwürfe, wie sie die Reformation gegenüber dem Klerus erhoben hatte, und sie unterscheiden sich auch wenig von den Vorwürfen der reformierten Meiji-Buddhisten gegen die traditionellen buddhistischen Tempelverwaltungen. Der Vorwurf ist nicht unbegründet, aber er hängt generell mit der grundlegenden Veränderung in Religion und Gesellschaft dieser Zeit zusammen: Wer die *honganji* (die Haupttempel der Jōdo-Shin Schule) in Kyōto besuchte, war von dem Reichtum des *monshu* (des Oberhauptes der Schule) und der Macht der hohen Kleriker, den ausgefeilten Ritualen und dem materiellen Wohlstand, kurz, dem Pomp einer „Hochkirche" geblendet. Demgegenüber gingen die einfachen Priester *(bōshi)* auf dem Lande ihrer bescheidenen täglichen und ziemlich weltlichen Routine nach. So kann es nicht wundern, daß der Puritaner, der ein einfaches, hartes und gottfürchtiges Leben führt und immer bereit zum Evangelisieren ist, die hohen buddhistischen Würdenträger pompös und korrupt fand, die niederen aber zu ungebildet.

Wir können in den christlichen wie auch reformerisch-buddhistischen Vorwürfen vor allem einen Wandel in der religiösen Sensibilität erkennen. Der weniger reflektierte und mit weltlichen Annehmlichkeiten verbundene selbstverständliche Glaube verschwand in dem Maße, wie er Teil der Gewißheit und der sicheren Strukturen der feudalen Ordnung wurde. Die buddhistischen Priester waren zuallererst für den Ritus und an zweiter Stelle für die Moral zuständig gewesen. Der Landpriester war keineswegs völlig ungebildet, sondern schriftkundig und gewöhnlich der am besten ausgebildete und am weitesten gereiste Mann im Dorfe gewesen. Als sich in Japan ein nationales Erziehungssystem entwickelt hatte, erschien er nun aber unterlegen. In den Augen der Missionare, die ihn als ihren japanischen Gegenspieler betrachteten, erschien er – gemessen am eigenen Standard in bezug auf Kenntnissse und Weltläufigkeit – als beschränkt und ungebildet. Zu dieser Zeit verfügte aber nicht nur der Mönch, sondern überhaupt niemand in Japan über modernes Wissen oder eine dementsprechende aufgeklärte Frömmigkeit. Daraus folgt, daß nicht das Christentum als solches gegenüber der Welt aufgeschlossener gewesen wäre als der Buddhismus, sondern in Japan prallten nach 1854 zwei gesellschaftliche Entwicklungsstufen aufeinander. Das Christentum war gerade in die sozialen Verwerfungen der Industriegesellschaft eingetreten, was dem Buddhismus erst noch bevorstand.

Vielleicht kann nichts diesen Wechsel deutlicher zeigen als die Frage nach den Vorzügen der christlichen *Barmherzigkeit*, denn auch Buddhisten im

19. Jahrhundert erkannten durchaus und nicht ohne Neid den Erfolg des Christentums auf diesem Gebiet an. Von Indien bis nach Japan hatten asiatische Völker die christlichen Institutionen der Barmherzigkeit kennengelernt, von den Suppenküchen bis zur Hungerhilfe, von freier Erziehung bis zu kostenloser medizinischer Betreuung usw. Diese selbstlosen Zeichen christlicher Nächstenliebe hatten die Buddhisten mit Scham erfüllt. Aber als Institutionen waren diese Werke auch erst Resultate der europäischen Entwicklungen im 19. Jahrhundert. Sie waren die christlich-humanistische Antwort auf neue sozio-ökonomische Probleme der verelendeten Stadtbevölkerung im Zuge der industriellen Revolution, die jene vom Protestantismus geprägten Gesellschaften Europas und Amerikas überhaupt erst geschaffen hatten, und zwar auf eine Art und Weise, die dem noch nicht industrialisierten Asien völlig unbekannt war. Erst allmählich lernte Japan derartige sozio-ökonomische Veränderungen kennen und reagierte auch darauf. Aber es ist nicht zutreffend, daß der Buddhismus keine Praxis von Barmherzigkeit gekannt hätte. Aśoka hatte in Indien bereits Jahrhunderte vor Konstantin Institutionen der Barmherzigkeit einrichten lassen. Allerdings waren diese buddhistischen Institutionen immer mit den imperialen, feudalen oder ländlichen Ordnungen verbunden gewesen. Sie waren nicht geschaffen, eine entwurzelte Bevölkerung in den Städten aufzufangen, deren Größe im Umkreis der japanischen Häfen nach 1864 schnell zunahm. Christliche Sekten, die in einer solchen Umgebung sozialer Entwurzelung in den Industriestädten entstanden waren, hatten die Lektion schnell und auf harte Weise lernen müssen. Die institutionell organisierten Formen der christlichen Barmherzigkeit waren notwendig geworden in einer allzu unbarmherzigen Zeit.

Im übrigen ist dies einer der Gründe für das Entstehen und schnelle Wachstum neuer religiöser Bewegungen in Japan vom Ende des vorigen Jahrhunderts an bis zum Zweiten Weltkrieg.[17] Sie waren die japanische Antwort auf die Entwurzelung großer Bevölkerungsschichten im Zuge der Urbanisierung.

Während der chinesische *saṃgha* für die Begegnung mit dem Christentum nicht offen war und erst nach der Revolution von 1911/12 durch T'ai-hsü mit dem Christentum ins Gespräch kam, ist es erstaunlich, daß bereits im späten 19. Jahrhundert der japanische Buddhismus in den Dialog mit dem Christentum eintreten konnte. Diese relativ schnelle Adaption an die neuen Verhältnisse beweist, daß der angeblich so pompöse, korrupte und ungebildete buddhistische Klerus Japans so vollkommen unberührt von der Realität kaum gewesen sein konnte, daß er sich nicht hätte selbst mobilisieren können.

Wie schon zu Zeiten eines Franz Xaver, so waren es auch jetzt zuerst Konfuzianer und Shintoisten, die direkt auf die Herausforderung des Christentums reagierten und sie annahmen. Die Zahl buddhistischer Tempel war in der Edo-Zeit (1603–1867/68) angewachsen durch die von der Regierung erlassene Anordnung, daß jede Familie einem buddhistischen Tempel anzugehören habe *(tera-uke, danka)*, was einerseits der Steuereintreibung diente, anderseits die Gemeinschaft der Lebenden und der Ahnen in der feudalen Ordnung festigte, und für die Tempel-Priester eine materielle Basis schuf.[18] Durch Konversionen zum Christentum wurde demzufolge die wirtschaftliche Basis der buddhistischen Priester untergraben. Die Konfuzianer oder Shintoisten hatten dieses Problem nicht, und so waren sie für das Gespräch mit Christen eher offen, zumal die Konfuzianer weder in China noch in Japan traditionellerweise an Fragen nach einem transzendenten Heil interessiert waren. Konfuzianern ging es im Dialog mit Christen (und Buddhisten) meist um die Nützlichkeit von Religion überhaupt, die für sie eher fragwürdig war. Nach 1868 wurde der Shintoismus aber wieder stärker gefördert bis hin zu seiner Einsetzung als Staatsreligion, vor allem um dem Kaisertum und dem Nationalgefühl eine neue Legitimation zu geben. Dies bedeutete eine Entmachtung des Buddhismus, der sich plötzlich diesbezüglich an der Seite des Christentums wiederfand. Auch die Landreformen nach 1945 (im Zusammenhang mit der Trennung von Shintō-Religion und Staat und der Demokratisierung Japans durch die Amerikaner) führten zu einer weiteren Entmachtung und Enteignung der buddhistischen Tempel, was zur Selbstreflexion und Neuformulierungen im Buddhismus führte.

All dies muß man berücksichtigen, wenn wir den heutigen philosophisch zwar ergiebigen, oft aber hoch abstrakten Dialog zwischen Buddhisten und Christen in Japan betrachten, der auf diese Weise manchmal vielleicht die wirklichen Probleme verdrängt: die Begegnung von Buddhismus und Christentum in Japan war und ist nicht nur eine Begegnung von Religionen, sondern eine kulturell-politische Konfrontation, die sich im 19. Jahrhundert vor allem um den Charakter der Neuausrichtung Japans nach Westen drehte.

Unmittelbar nach 1854 war das Christentum für die Buddhisten der ungeliebte Eindringling, während die Christen meinten, den Buddhismus als rückständig und ohnehin zum Untergang verurteilt ignorieren zu können. Gegen Ende des 19. Jahrhunderts aber sah die Situation anders aus: Der Buddhismus hatte sich als vital erwiesen, war keineswegs untergegangen und bedeutete eine Herausforderung für die Christen. Die Buddhisten hingegen mußten sich in einer modernen industrialisierten Gesellschaft neu orientieren, und das machte für sie das Gespräch mit Christen interessanter, die diesbezüglich über Erfahrung verfügten. Man traf sich jetzt auf gleicher Ebene, wobei jeder glaubte, den anderen letztlich doch noch besiegen zu können.

c) Die Begegnung des Buddhismus mit der europäischen Wissenschaft

Die Erkenntnis, daß der Mahāyāna-Buddhismus nicht vom Buddha selbst begründet worden sein konnte, hatte in Japan bereits in der Mitte des 18. Jahrhunderts bei Tominaga Nakamoto (1715–1746) zu Diskussionen und Tendenzen einer „Entmythologisierung" geführt.[20]

Die Buddhisten sahen aber ihren Glauben vor allem durch die neue westliche Weltanschauung diskreditiert. Buddhisten hatten mit Neokonfuzianern schon zuvor über die Glaubwürdigkeit und den Sinn der heiligen Geographie (der mythische Berg Sumeru als Weltachse, um den sich alle Kontinente gruppieren) disputiert, doch keine der beiden Seiten hatte die empirische Wissenschaft im Rücken gehabt, um gegen die andere zu polemisieren. Die Missionare aber benutzten nun die neuen wissenschaftlichen Erkenntnisse gegen die japanisch-buddhistischen Vorstellungen, indem sie z. B. geographie-wissenschaftlich nachweisen wollten, daß Amidas Reines Land nicht im Westen liegen könne. Die Buddhisten jedoch lernten schnell: In den 80er Jahren benutzte die buddhistische Apologetik, wie auch schon in Sri Lanka, die Rationalität der Wissenschaft als Argument gegen das Christentum. So war es beliebt, den Widerspruch zwischen Kopernikus und dem geozentrischen Weltbild der Bibel aufzugreifen. Andererseits lernten die Buddhisten, daß auch ein Galileo Galilei den christlichen Glauben nicht wirklich hatte erschüttern können, mit anderen Worten: Auf einer bestimmten Ebene könnten Wissenschaft und Glaube durchaus voneinander abweichen. Aber wenn dem so sei, würde dies ebenso für den buddhistischen Glauben zutreffen. Daraus entwickelte sich der aufgeklärte buddhistische Modernismus, der nach der Authentizität des Mahāyāna fragte, somit zum historischen Buddha zurückging und die moderne japanische akademische Buddhologie schuf.

So waren die Jōdo-Buddhisten (Buddhisten des Reinen Landes bzw. Amida-Buddhisten)[21] jetzt in der Lage, die Sumeru-Kosmologie zu entmythologisieren, während sie ihren Glauben an Amida aufrecht erhalten konnten. Die buddhistischen Modernisten nutzten die historische Kritik sowohl im eigenen Sektenstreit als auch gegen die christliche Bedrohung. Sie machten sich das neue wissenschaftliche Interesse an der „wirklichen Welt" zueigen und traten für eine größere Betonung des individuellen Bewußtseins und Gewissens ein, anstatt es beim unreflektierten Ritus bewenden zu lassen. Indem sie also nach Kriterien für eine neue Ethik suchten, kritisierten sie auch die traditionelle buddhistische Priesterschaft. Aber die Buddhisten waren – wie auch das Christentum – noch nicht in der Lage, die alten lokalen Organisationsstrukturen mit den neuen kosmopolitischen zu verbinden, und so blieben bis heute die jeweiligen Schulen oder Sekten in Abgrenzung voneinander erstarrt.

Die 70er und 80er Jahre des 19. Jahrhunderts hatten, kurz gesagt, folgenden Ausgangspunkt für den Dialog geschaffen:

1. Die Christen hielten im wesentlichen an ihren Stereotypen der moralischen und intellektuellen Minderwertigkeit des Buddhismus fest, erkannten aber, daß er eine reale Macht darstellte und man sich arrangieren mußte, um in der Mission voranzukommen.
2. Die Buddhisten hatten die historisch-kritische Forschung am Neuen Testament kennengelernt und bezogen daraus neue Argumente gegen die Kirche. Man achtete und akzeptierte Jesus, lehnte aber die missionierende Kirche ab. Dabei konnte man sich auf Unitarier und andere christliche Liberale gegen das Kirchenchristentum berufen. Gleichzeitig suchten buddhistisch-liberale Kreise durch historische Rückfragen nach einer erneuerten aufgeklärten Gestalt des Buddhismus.[22]

d) Der erste Dialog von 1896

Nach den Konflikten und der Konfusion, die mit dem chinesisch-japanischen Krieg 1894–95 verbunden war, suchten liberale Intellektuelle aus dem christlichen und buddhistischen Lager nach der Basis für einen neuen gesellschaftlichen Konsens,[23] zumal den Reformern, die die Öffnung nach Westen auch kulturell vorantreiben wollten, seit Ende der 80er Jahre der Wind ins Gesicht blies – eine Gegenströmung wurde immer stärker, die zwar die technologisch-industrielle Entwicklung vorantreiben, die kulturell-soziale Überfremdung aber durch konservative Rückbesinnung auf „japanische Werte“ eindämmen wollte.

Das Weltparlament der Religionen von Chicago 1893 hatte auch in Japan einen tiefen Eindruck hinterlassen, und Shaku Sōen, Haupt der Rinzai-Zen-Schule und Abt des berühmten Enkakuji in Kamakura, schlug eine interreligiöse Konferenz vor, um die von der Zeitschrift *Nihon shūkyo* aufgeworfene Frage nach der zukünftigen Religion Japans zu diskutieren, die der Rolle des Landes als wichtigstem Treffpunkt von Ost und West gerecht würde. Den christlichen Unitariern mit ihrem Streben nach einer „Sympathie der Religionen“ wurde von Konservativen auf beiden Seiten entgegengehalten, daß eine „Synthese“ die Religionen nur verwässern und letztlich überflüssig machen würde. Die Tendenz des Treffens in der Villa des Viscount Matsudaira in Tōkyō am 26. September 1896 war, strittige Lehrfragen zu vermeiden und die Gemeinsamkeit in der Identität von christlicher Liebe und buddhistischer Barmherzigkeit zu suchen, wie Shaku Sōen formulierte. Gegenüber dem bitteren Antagonismus der beiden Religionen in den vorangegangenen Jahrzehnten hatten sich drei neue Gesichtspunkte ergeben, die als eigentliche *Basis* des hier beginnenden buddhistisch-christlichen Dialogs gelten können:

1. Ein neuer *christlicher Patriotismus* war entstanden, der mit dem Ruf nach

einer Japanisierung des Christentums einherging und Loyalität zu Staat und Kaiser verhieß, so daß sich alle Religionen unter der Flagge des *Nationalismus* einigen sollten.

2. Die Leistungen des Christentum auf sozialem Gebiet wurden anerkannt. Während der Buddhismus in Philosophie und Psychologie Wesentliches beitrage, leiste das Christentum in praktischer karitativer Arbeit Nützliches. Man müsse nun zusammenarbeiten, um die drängenden *sozialen* Fragen *gemeinsam* zu lösen.
3. Gemeinsam müsse man *gegen* den um sich greifenden *Atheismus* und *Materialismus* Front machen, denn die Allianz zwischen Buddhismus und westlichem Atheismus gegen das Christentum habe nun selbst auf den Buddhismus zurückgeschlagen.

Alle drei Gesichtspunkte sind, zumindest unterschwellig, im Dialog auch heute noch wirksam. Man blieb jedoch 1896 bei Allgemeinheiten und Höflichkeitsformeln. Das dornige Problem der Konkurrenzsituation beider Religionen in der Mission wurde zwar aufgeworfen, aber diese Frage ist bis heute – etwa im Gespräch zwischen Risshō Kōsei-kai (vgl. unten S. 177) und Christentum – nicht wirklich diskutiert worden.

Eine zweite Konferenz 1897 fand nicht annähernd so viel Beachtung wie die erste, obwohl der Generalsekretär des Weltparlaments von Chicago, John Henry Barrows, eingeladen worden war. In seiner Rede hatte er der schon in Chicago geäußerten Hoffnung Ausdruck gegeben, daß alle Religionen schließlich in Christus erfüllt würden, was die buddhistischen Partner natürlich ablehnend registrierten. Doch das entsprach genau den Zielvorstellungen vieler japanischer Christen, wie umgekehrt die meisten Buddhisten eine Assimilation des Christentums in den Buddhismus erhofften. Doch es gab auch andere, die eine Religion der Zukunft jenseits der gegenwärtigen etablierten Religionen propagierten, die das Beste aus allen vereinen würde. Die Visionen für die Zukunft waren mithin unterschiedlich und unklar. Aber gerade dieser Umstand ermöglichte die Akzeptanz der neuen buddhistisch-christlichen Gemeinsamkeit in weiteren Kreisen an der Basis beider Religionen, weil jeder das eigene Interesse weiter verfolgen konnte.

Dieser erste Anlauf zum Dialog blieb zwar in den Anfängen stecken, doch er war ein Modell für die Dialogbewegung des 20. Jahrhunderts. Außerdem hatte sich gezeigt, daß Religionen, die bisher einander bitter bekämpft hatten, wenigstens miteinander reden konnten, zumal das Christentum nun als japanisch-einheimisch anerkannt worden war. Von den Dialogbemühungen und der Suche nach dem Wesentlichen in den Religionen ging ein Impuls für die historisch-kritische Fragestellung und die Vergleichende Religionswissenschaft aus, die sich in Japan mit Anesaki Masaharu (1873–1949) am buddhistisch-christlichen Dialog herauskristallisierte.

e) Zusammenfassung: Die Dialog-Situation am Ende des 19. Jahrhunderts

Wenn man den Inhalt der Debatten zwischen Buddhisten und Christen am Ende des vorigen Jahrhunderts analysiert, erstaunt es, wie die alten *dogmatischen Probleme* auch heute noch ganz und gar relevant sind.

Von *buddhistischer Seite* waren die Probleme und sind es bis jetzt:
- Warum sollte ein guter Gott eine Welt des Leidens schaffen?
- Warum läßt Gott Adam sündigen?
- Warum gebietet Gott Feindschaft zwischen Mensch und Tier?
- Warum soll man einen Schöpfergott anbeten, der (wie Brahmā) offensichtlich noch Verlangen hat und somit nicht vom *saṃsāra* befreit ist?

Von *christlicher Seite* waren und sind die Fragen:
- Warum und wie kann jemand in solch einem nicht-moralischen und impersonalen Universum leben?
- Wie kann man glücklich sein ohne einen wohlwollenden Schöpfer?
- Warum dieser Glaube an Vorgeburten und Wiedergeburten?
- Warum die Fixierung auf das Leiden statt auf die Sünde?

Bis heute trennen solche grundlegenden Unterschiede in der Wahrnehmungsweise von Wirklichkeit, Natur und der Bestimmung des Menschen Buddhisten und Christen in zwei weltanschauliche Lager. Die Probleme dürften kaum lösbar sein, wenn man nicht über die engen Grenzen der diesbezüglichen Denkvoraussetzungen hinausgeht. Der Dialog im 19. Jahrhundert tendierte dahin, bei dem Vergleich zweier unterschiedlicher kosmologischer Systeme stehen zu bleiben. Er konnte noch nicht (oder kaum) auf die abstraktere Reflexionsebene vordringen zu einer „Theo-Ontologie" und der „Atheo-Dekonstruktion", die die jüngeren Diskussionen und Dialoge zu beherrschen scheinen. Was letztlich fruchtbarer ist, muß sich erst noch erweisen. Gewiß kann man weder die primäre Sprache der Sūtras und der Bibel (der Mythen und Geschichten) ignorieren, noch das kommentierende Verstehen der śāstras bzw. der Dogmen übergehen. Der Dialog muß vom Grund her aufgebaut werden, was heißt, beide Sprach- und Traditionsebenen zu berücksichtigen.

Die Dialoge gegen Ende des Jahrhunderts sollten maßgebend für die folgende Entwicklung sein. Der norwegische Theologe und Japan-Missionar Notto Thelle unterscheidet für den buddhistisch-christlichen Dialog in Japan drei Ebenen, die seither prägend seien:[24]

1. *Dialog der Institutionen.* Hier hat der Dialog politische Konnotationen und war besonders im russisch-japanischen Krieg 1904–1905 auf Harmonie unter nationalem Schirm bedacht. Pazifistische Stimmen einiger Christen und Sozialisten wie Uchimura Kanzō fanden kaum Gehör. Politik, Religion und nationale Erziehung sollten zusammenwirken, um Kaiser und Reich

spirituell zu stärken, wie eine nationale Religionskonferenz von 1912 formulierte. Nach dem Zweiten Weltkrieg und besonders in jüngster Zeit kooperieren aber buddhistische und christliche Institutionen auch in gemeinsamer Opposition gegen die Regierung, die 1969 einen Gesetzentwurf zur Verstaatlichung des *Yasukuni-Schreins* eingebracht hatte, in dem seit 1978 auch Kriegsverbrecher als Helden bzw. „vergöttlichte Seelen" *(kami)* eingeschreint sind, so daß ihre Verehrung zur nationalen Pflicht aller Japaner würde. Der Streit eskalierte, als am 15. August 1985 der japanische Premierminister zum 40. Jahrestag der Kapitulation Japans dem Schrein einen offiziellen Besuch abstattete. Hier protestierten Christen und Buddhisten gemeinsam, niemand allerdings so vehement wie die protestantischen Christen.[25]

2. *Dialog des Anti-Establishments.* Ein buddhistischer Mönch und Professor aus Tōkyō, Watanabe Kaikyoku, rief 1904 auf dem Kongreß für Religionsgeschichte in Basel dazu auf, Buddhismus und Christentum zu einer Religion der Zukunft zu vereinigen, denn die Basis beider Religionen sei gleich. Die Japaner seien berufen, dieses Werk in die Tat umzusetzen.[26] Wenngleich eine solche Stimme vereinzelt dasteht, so zeigt sie dennoch eine Stimmungsänderung in Japan an. Die politisch-dialogische Haltung hinter einem solchen Programm läßt bezeichnenderweise auch den japanischen Stolz erkennen, in der weltweiten politischen Entwicklung eine besondere Aufgabe wahrnehmen zu wollen.

Bereits zu Beginn dieses Jahrhunderts fanden sich reform-buddhistische Bewegungen mit christlichen Sozialisten auch innenpolitisch zusammen. Sie kritisierten gemeinsam die enge Kooperation der Religionsführer mit der Regierung und vor allem die Unterstützung für deren Kurs des militaristischen Patriotismus. D. T. Suzuki, der Schüler Shaku Sōens und Zen-Philosoph, kritisierte die Regierung, weil sie 1901 die Sozialdemokratische Partei verboten hatte. Aus den Reihen dieser Reform-Buddhisten und christlichen Sozialisten kam auch Opposition gegen die von der Regierung unterstützte Religionskonferenz von 1912, die wir schon erwähnt haben. Thelle urteilt: „Die Beziehung zwischen buddhistischem Sozialismus und sozialem Christentum in jenen Jahren muß noch untersucht werden, aber es gab offensichtlich sowohl direkten Kontakt als auch ideologische Nähe."[27] Die Reform-Buddhisten interpretierten das Reine Land Amida-Buddhas nicht nur als geistigen Zustand, sondern als anzustrebende soziale Realität (was freilich in den chinesischen Weißen-Lotos-Sekten des 12. Jahrhunderts und im japanischen Nichiren-Buddhismus seit dem 13. Jahrhundert nicht neu war). Auf christlicher Seite waren es besonders die Quäker, die mit ihrem undogmatischen, nicht-institutionellen, auf Praxis und Friedensarbeit hin orientierten Christentum, das sich aus schweigender Meditation nährt, ganz entscheidend die Dialogbewegung in den 60er Jahren dieses Jahrhunderts angestoßen haben. Die Folgerung, aus den buddhistischen Inspirationen soziale und politische Konsequenzen abzuleiten und dabei mit Christen zu kooperieren, reicht bis zu Hisamatsus F.A.S.-Gesellschaft, die dieser im Kontext der Kyōto-Schule während des Zweiten Weltkriegs gründete und die bis heute lebendig ist.[28]

3. *Dialog auf spiritueller Basis.* Bereits im letzten Jahrzehnt des 19. Jahrhunderts gab es herausragende Gestalten, die als Buddhisten Unitarier waren und umgekehrt. Die unitarischen Prinzipien der freien Vernunftkritik in religiösen Fragen und der moralischen Entwicklung des Individuums wie der Gesellschaft als Kern der Religion, verfehlten auch auf aufgeklärte Buddhisten ihre Wirkung nicht. Die Unitarier selbst meinten, daß sie intellektuell dem Buddhismus nahe stünden. Und einige Buddhisten akzeptierten den Monotheismus, den sie nicht so sehr für christlich, sondern dem „modernen Geist" entsprechend hielten.[29] Männer wie Ōuchi Seiran, Nakanishi Ushio, Hirai Kinzō, Saji Jitsunen u. a. lebten auf der Grenze von Buddhismus und unitarischem Christentum. Der Christ Yoshida Seitarō hatte sich bereits damals einer dreijährigen Zen-Praxis unterzogen, und ein anderer Pastor, Katayama Yukichi, plädierte für ein „Zen-Christentum". Andere Gruppen wollten Buddhismus und Christentum spirituell verbinden, vor allem Nishida Tenkō (1872–1968), der zu diesem Zweck 1928 die *Ittōen*-Gemeinschaft (Garten des Lichts) gründete.[30] Diese spirituelle Suche, bei der das eigene Herz der Ort ständigen Dialogs zwischen beiden Religionen ist, sollte dann vor allem durch Hugo Makibi Enomiya-Lassalle (1898–1990)[31] weltbekannt werden. Er hat in Japan einige Vorläufer gehabt und zahlreiche Nachfolger gefunden. Der Dialog im meditativen Schweigen, das spirituelle Erfahrung jenseits von Worten und Lehren sucht, ist dann vielleicht auch „der charakteristischste Ausdruck" (Thelle) des buddhistisch-christlichen Dialogs in Japan.

2. Der gegenwärtige Dialog

Der neuere Dialog ist geprägt von der Nachkriegssituation, in der Japan ambivalent auf den Westen reagiert: mit einer zumeist verdrängten Kriegsschuld und als ökonomischer Konkurrent, der immer mehr Selbstbewußtsein zeigt, sich aber zumindest partiell allmählich der Mitverantwortung für den Weltfrieden bewußt wird. Wir können im wesentlichen fünf Stränge des Dialogs unterscheiden, die einander freilich auch überschneiden:

1. Der Dialog in der *Zen-Praxis*, der vor allem mit vier Namen verbunden ist: dem Jesuiten Hugo M. Enomiya-Lassalle[32], dem Dominikaner Oshida Shigeto (geb. 1922), dem Jesuiten Kadowaki Kakichi (geb. 1926) und dem buddhistischen Zen-Meister Yamada Kōun (1907–1989), der eine ganze Generation christlicher Zen-Lehrer ausgebildet hat.

2. Die von D. T. Suzuki und der *Kyōto-Schule* (unten S. 166ff.) ange-

stoßene religiös-philosophische, weitgehend am Zen orientierte und in Konferenzen und Publikationen sowie auch im praktischen Zazen vollzogene, Dialog-Tradition.

3. Die von der Risshō Kōsei-kai (unten S. 177) und anderen Gruppen ausgehende praktisch-engagierte *solidarische Gemeinschaft des Dialogs*, um Frieden und Harmonie zwischen den Religionen sowie gemeinsames soziales Engagement in Krisengebieten der Welt zu fördern.

4. Der Dialog in von christlichen Kirchen (oder Orden) eigens dafür eingerichteten *Dialogzentren*, der durch Übersetzungen, Kolloquia, Forschungsprojekte und persönliche Begegnungen die gesamte neue religiöse Szenerie in Japan einbeziehen und verstehen lernen will.

5. Die seit 1982 kontinuierlich arbeitende *Japanische Gesellschaft für Buddhistisch-Christliche Studien (Tōzai Shūkyō Kōryū Gakkai*, unten S. 183), die den Dialog in der Kyōto-Schule fortsetzt und weiterentwickelt, international hohes Ansehen genießt und auf den buddhistisch-christlichen Dialog in Amerika zurückwirkt.

a) Dialog in der Zen-Praxis

Während in dem von Lassalle gegründeten Zen-Zentrum *Shinmeikutsu* bei Tōkyō seit Jahrzehnten Christen, Buddhisten und Atheisten, Japaner und Ausländer den Dialog von Zen und Christentum (täglich wird die Messe gefeiert) in einwöchigen *sesshins* leben, hat der Dominikaner Oshida in den japanischen Bergen nahe Takamori eine ashramartige Gemeinschaft gegründet, die im einfachsten Zen-Stil lebt, ihre Felder selbst bebaut und *zazen*-Praxis, christliches Gebet und tätige Nächstenliebe verbindet. Oshida, „ein christliches Herz in einer buddhistischen Psyche“[33] (Abhishiktananda) theoretisiert nicht, sondern lebt den Dialog in prophetischer Radikalität. Kadowaki hingegen, Jesuit und Professor für Religionsphilosophie an der Sophia-Universität und Zen-Meister in der Rinzai-Tradition, ist durch Bücher bekannt geworden, in denen er die *Leiblichkeit* des Zen mit dem spirituellen *Wort* Gottes in Harmonie zu bringen versucht.[34] Kadowaki entwirft eine Theologie des *Weges*. Der Weg ist hier die Überwindung aller Dualitäten als festgeschriebener Positionen. Vor allem gehe es um Überwindung des Ich, das als „Klumpen an Selbstverhaftetsein“[35] im Erwachen zum Selbst gelange. Dieses Erwachen zeige sich im Wirken Jesu überdeutlich mit *persönlicher* Qualität versehen.[36] Die „Anmut des Weges“ bestehe darin, daß man in der Übung *schon immer* vom Wirken des Weges ergriffen sei,[37] was wiederum dem umfassenden Liebeshandeln Gottes entspreche.

In diesen Zusammenhang gehört auch der weltweite Kreis von christlichen Zen-Schülern, der sich seit den 70er Jahren im San-un Zendō um Yamada Kōun Rōshi (1907–1989) in Kamakura bildete und aus dem christliche Zen-Meister wie Enomiya-Lassalle in Japan, Willigis Jäger in Deutschland,

Ruben Habito in Amerika und AMA Samy in Indien hervorgegangen sind. Yamada transzendierte in seiner Praxis die Unterschiede der Religionen, des Laien und des Mönchs, des Weltlichen und des Geistlichen; sein Dialog war die gelebte intensive Lehrer-Schüler-Beziehung.

b) Am Zen orientierter religiös-philosophischer Dialog: Suzuki Daisetsu

Suzuki Daisetsu Teitarō (1870–1966) ist zweifellos einer der einflußreichsten Vermittler des japanischen Mahāyāna-Buddhismus im Westen gewesen. Er hat den buddhistisch-christlichen Dialog durch zahlreiche Schriften, direkte Begegnungen mit Christen (Thomas Merton) oder Psychotherapeuten (Erich Fromm) und durch seine Lehrtätigkeit in Amerika maßgeblich geprägt. Ihn nur annähernd zu würdigen, ist hier nicht möglich.[38] Etwa um 1907 glaubte Suzuki, in Buddha und Jesus verwandte Geister zu erkennen, die gegen die religiösen Institutionen ihrer Zeit angegangen seien und der Botschaft der Liebe wie dem Vertrauen auf die innere Stimme Bahn gebrochen hätten. Insofern seien sie eng verwandt. Im Dialog müsse man sich auf das Wesentliche besinnen und die positiven Seiten in jeder Religion zum Vorschein bringen. Ab etwa 1957 entdeckte er Meister Eckhart und die christliche Mystik. Dem kirchlichen Christentum wirft er vor allem den Dualismus vor, der die Freiheit des Menschen unmöglich mache und damit den modernen Atheismus und Nihilismus (Nietzsche) zu verantworten habe. Hier trifft er sich mit Nishitani Keiji (s. unten S. 171). Weil aber Zen vollkommene Freiheit, auch die Freiheit von einem als bindend empfundenen Gottesbegriff will, vermeidet Suzuki in späteren Jahren den Begriff „Mystik", wenn er von Zen spricht. In einem berühmten Gespräch mit dem christlichen Missiologen Hendrik Kraemer von 1960 verurteilt er den Dualismus, aber auch den christlichen Gerichtsgedanken und das christliche Verständnis der Feindesliebe – denn vom Standpunkt des Shin- und des Zen-Buddhismus her gebe es keinen Feind, weil es letztlich keine Dualität von Ich und Du, also auch keinen „anderen" gäbe. Liebe sei total und nicht nur Partizipation am „anderen", womit er sich auch von Tillich abgrenzt.[39] Vor allem aber mißfällt Suzuki das christliche Symbol des Kreuzes, das er seit seinem Buch *Mysticism: Christian and Buddhist* (1957) immer wieder thematisiert: Er sieht darin ein Symbol der Grausamkeit und Inhumanität, nicht der Solidarität. Das Kreuz sei der Höhepunkt des dualistisch denkenden Ich im Westen, das so grausam zu Tode kommen müsse, weil es erst fälschlich aufgebaut worden sei. Noch ein anderer Kritikpunkt des Buddhismus am Christentum wird bei ihm deutlich: Der in den Himmel gelangende Christ bleibe dort und erfreue sich der Gemeinschaft Gottes, während die Menschen in der Welt weiter leiden. Der buddhistische *bodhisattva* hingegen kehre zurück, um alle Lebewesen vom Leid zu befreien.

Der christliche *Dualismus* und der *theistische Gottesbegriff*, der die menschliche *Freiheit* zunichte mache, waren die Probleme, die Suzuki im Gespräch mit dem Christentum vor allem beschäftigten. Sie sind auch die großen Dialogthemen der Kyōto-Schule.

c) Kyōto-Schule

In Kyōto, einem der wichtigsten Zentren des japanischen Zen- und Jōdo-Buddhismus, haben sich japanische Philosophen seit fast einhundert Jahren mit europäischer Philosophie und Christentum beschäftigt und waren bemüht, durch diese Auseinandersetzung vor allem den Zen-Buddhismus philosophisch neu zu formulieren und damit vom buddhistischen Standpunkt her auf die Fragestellungen des modernen Atheismus und Nihilismus zu reagieren. Als Gesprächspartner waren besonders Hegel, Kierkegaard, Nietzsche, Heidegger und teilweise die neuere christliche Theologie im Blick. Die wichtigsten Denker seien kurz vorgestellt:[40]

Nishida Kitarō

Begründer der sogenannten Kyōto-Schule war Nishida Kitarō (1870–1945). Sein wichtiges Buch *Über das Gute (Zen no kenkyū*, 1911)[41] knüpft an die Kategorien der Religionspsychologie von William James an. Nishida sucht nach der „reinen Erfahrung“ *(junsuikeiken)*, in der sich die intellektuelle Intuition als Erscheinung der Einheit bei der Entfaltung des Bewußtseins darstellte, wobei erst allmählich deutlich wird, daß es um die „mystische Erfahrung“ des Zen bzw. der Einheit im Glauben im Jōdo-Buddhismus geht (Nishida stammte aus einer Jōdo-shinshū-Familie).[42] Er entwickelte in einer späteren Phase trotz der Benutzung westlicher Kategorien mit seiner „Logik des Ortes“ eine Denkstruktur, die über die Begrenzungen der epistemischen und metaphysischen Dualismen der europäischen Philosophie hinausweisen will. Damit steht er zu Beginn dieses Jahrhunderts an der Seite derjenigen japanischen Denker, die eine eigene japanische Identität in der Philosophie entwickeln wollten, was von den Nationalisten während des Zweiten Weltkriegs ausgebeutet und mißbraucht wurde, obwohl sich Nishida offen gegen diesen Mißbrauch seiner Philosophie wehrte. Bei Nishida ist, wie im gesamten ostasiatischen Buddhismus, der Einfluß der Yogācāra-Schule deutlich, wenn die Leere als Grund von allem mit dem in sich ruhenden Bewußtsein identifiziert wird, das keine Selbstunterscheidung mehr kennt und damit letztlich das einzig Wirkliche ist. Dies ist der Ort *(bashō)*, der Ursprung, Basis und Entfaltungsstruktur der Vielheit in ihrer Einheit ist. (Dieser „Ort“ ist also in bestimmter Weise weniger dem griechischen *topos* als vielmehr der *archē* vergleichbar.) Das dualistische Auseinandertreten der Wirklichkeit vollzieht sich als Negation, und indem diese Negativität wiederum entleert wird, *ereignet* sich der *Ort*. Nishida gebraucht dafür das Bild einer Kugel mit unendlichem Durchmesser, deren Zentrum deshalb überall ist und die sich, da sie keinen transzendenten Grund außerhalb ihrer selbst hat, in sich selber spiegelt. Das Bild erinnert an Nikolaus von Kues' unendlichen Kreis.[43] Der „Ort" ist das dynamische Geschehen von Aus-druck ins Viele und Ein-druck ins Eine, also die dynamische Leere. Die „reine Erfahrung" als Erfahrung der Einheit des Bewußtseins in sich selbst ist für Nishida das Selbst als *Absolutes Nichts*.

Das buddhistische Nichts ist also nicht ein „etwas", auf das wir die Aufmerksamkeit richten könnten, sondern ein transparenter „Raum", der die Aufmerksamkeit auf die konkreten Formen des Lebens hinlenkt, so daß sie *in ihrer fundamentalen Einheit* erscheinen.[44] Das Absolute Nichts ist somit der Grund für die Liebe und ein Leben in Hinwendung zu allen Wesen, denn das individuelle Ich geht in das ihm andere ganz und gar sich selbst aufgebend ein.

Damit ist schon die Grundthematik des späteren buddhistisch-christlichen Dialogs mit der Kyōto-Schule angegeben. Nishida selbst zitiert den Sonnengesang des Franz von Assisi, den er so interpretiert, daß für Franziskus Sonne, Mond und Sterne Symbole Gottes seien (daß also eine gewisse Differenz bestehe), während Nishida hinzufügt, daß alle Dinge die gleiche Wurzel und das gleiche Wesen wie das Selbst, in christlicher Sprache: Gott, haben. Er begründet dies u. a. im Zusammenhang mit seiner Rede von der Selbst-Entleerung *(kenosis)* Gottes, die hier im Dialog erstmals auftaucht. Der Kontext dieser Aussagen Nishidas ist eine Betrachtung über den Tod des Selbst, der nicht als gedanklich vorweggenommener, sondern als existentiell und nicht-objektivierbar erlebter Tod die Begegnung mit dem Absoluten bedeutet, weil sich die selbst-bewußte Ich-Dualität eint und damit im Selbstwiderspruch identisch wird. Das gilt auch vom Absoluten: Um absolut zu sein, muß es anderem gegenüberstehen, weshalb Gott schafft und doch gerade darin der „Ort" ist, der in sich die Einheit von Einssein und Differenzierung realisiert. Nishida erwähnt bereits die *trinitarische* Struktur dieses Gedankens.[45]

Tanabe Hajime

Tanabe Hajime (1885–1962), seit 1911 mit Nishida verbunden und später dessen Nachfolger und Kritiker an der Kyōto Universität, setzt in seiner *Philosophy as Metanoetics* (geschrieben 1944) der „Logik des Ortes" eine „Logik der Spezies" sowie das Programm der unmittelbaren Selbst-Bestimmung durch absolute Vermittlung entgegen. Nishida war vom Zen geprägt, Tanabe vom Buddhismus des Reinen Landes. Tanabe legt also mit diesen Begriffen das Schwergewicht nicht auf die Einheit, sondern auf die *Differenz*. Metanoesis *(zange)* ist für ihn die transformative Verwandlung des

Bewußtseins durch die „Andere Kraft" *(tariki)* der Gnade Amidas. Tanabes Äußerungen sind erfüllt von autobiographischer Erschütterung, d. h. in ihnen spiegelt sich die Ausweglosigkeit und sein Leiden an der Erfahrung und Schuld des Krieges wider.[46] Die Selbsthingabe an die „Andere Kraft" tröstet ihn, und aus diesem Trost erwächst Geistesfrieden und Dankbarkeit. Nicht der eigene Wille zur Durchdringung in das Absolute Nichts, sondern die Vermittlung durch diese in bezug auf den Menschen „Andere Kraft" ist für ihn die Lösung des Widerspruchs zwischen Sein und Sollen in der *conditio humana*, d. h. der geschichtlichen Wirklichkeit. Das Nichts des Zen müsse von der sich selbst gebenden Liebe durchdrungen werden. Tanabe beruft sich auf Shinran, den Begründer des japanischen Jōdo-Shin-(Amida)-Buddhismus, aber seine Methode der Vermittlung ist eher hegelianisch. Tanabe weiß, daß sein Denken der jüdisch-christlichen prophetischen Tradition nahesteht. Und wie andere Philosophen der Kyōto-Schule setzte auch er sich mit Martin Heidegger auseinander:

Tanabe fordert Heideggers Philosophie am Gedanken der Freiheit heraus – das „Sein zum Tode" ist ihm zu begrenzt, vermutlich auch deshalb, weil er sich in der Radikalität Kierkegaards und der Dialektischen Theologie heimisch fühlen konnte. Wahre Freiheit eröffnet sich für Tanabe aus der Begegnung mit dem immer gegenwärtigen und je größeren Nichts des Absoluten Nichts. Denn nur das Absolute Nichts könne *gensho*, eine Rückkehr in Liebe zur *saṃsāra*-Welt, garantieren. Aber diese Freiheit kommt für Tanabe nicht vom Menschen selbst, denn die Verstrickungen des vergangenen *karman*, die den Menschen prägen, können ihn nicht befreien. Freiheit erschließt sich vielmehr aus der metanoetischen Anerkennung der Nichtigkeit des Ich oder Selbst. Sie wird eröffnet durch die „Andere Kraft", durch Amidas Gnade, die die Vergangenheit aufhebt und das Leben auf die Zukunft ausrichtet. Das bedeutet, daß das Selbst seinen eigenen Tod sterben muß, um auferweckt zu werden im gemeinschaftlichen Leben der menschlichen Gesellschaft (Logik der Spezies). Damit hat Tanabe Heideggers Zeitbegriff umgedeutet, bei dem die Zeitmodi einander folgend konstruiert waren als existentieller Horizont von Zukunft-Vergangenheit-Gegenwart. Tanabe versöhnt den Widerspruch von Vergangenheit (das Sein, bindendes *karman)* und Zukunft (das Sollen, Reines Land) in der Gegenwart, die aus der Einheit *(itten)* von eigener Kraft der Person *(ki)* und der Kraft des objektiven *dharma (hō)* im Bewußtsein des Glaubens Freiheit schafft.

Shinran hatte diese Einheit „als natürlichen Weg des *dharma*" *(jinen hōni)* beschrieben, aber anders als Shinran und die spätere Jōdo Shinshū-Sekte ging Tanabe nie völlig in dem Vertrauen auf die „Andere Kraft" auf, sondern erhielt eine dialektische Spannung von Eigenkraft *(jiriki)* und Anderer Kraft *(tariki)* aufrecht. Tanabe vertrat damit eine mittlere Position zwischen den Extremen, in der die Einheit von Weisheit, Handeln und Glaube anklingt, wie sie z. B. in der Tendai und Kegon-Tradition (die Lehre von der gegenseitigen Durchdringung der Gegensätze, auch der Zeitmodi) immer aufrechterhalten worden war.

Die Debatte zwischen Nishida und Tanabe ist innerhalb der Neuorientierung buddhistischer Religionsphilosophie ebenso aufschlußreich wie für den buddhistisch-christlichen Dialog. Zunächst kann die Fragestellung als Beitrag zu dem buddhistischen Paradox gedeutet werden, was es heißt, daß *nirvāṇa* und *saṃsāra* identisch *(soku)* seien. Das Problem stellt sich im Zen existentiell als die Frage nach der ursprünglichen Erleuchtung *(hongaku)*, die jedem Wesen innewohnt. Drei Positionen zur Verhältnisbestimmung von *nirvāṇa* und *saṃsāra* tauchen dabei immer wieder auf:

a) Nur *nirvāṇa* ist real, *saṃsāra* ist Illusion.
b) Es sind zwei Wirklichkeiten, die zu einer verschmelzen.
c) Es gibt nur die Nicht-Dualität zwischen beiden, und nur ein verblendetes Bewußtsein sieht sie als zwei.

Position (a) markiert das monistische Mißverständnis und riskiert einen relativen Nihilismus, weil die Welt zu leicht aus dem Blickfeld verschwindet. Position (b) operiert dualistisch und erreicht die Einheit erst sekundär. Position (c) ist die buddhistisch bevorzugte, weil sie die dialektische Spannung aufrechterhält und nicht-dualistisch bleibt – *saṃsāra* verliert seine Realität nicht und der Bodhisattva kann sich wirklich in der Welt engagieren. Von Nishida bis Nishitani kann dieser Gedanke etwa so ausgedrückt werden: Diese Seite *(saṃsāra)* ist, ohne aufzuhören, diese Seite zu sein, unmittelbar darin die andere Seite *(nirvāṇa)*.

Tanabe unterscheidet sich aber von Nishida in der Bestimmung der Balance von Eigenkraft und Anderer Kraft bzw. in der Bestimmung des Bodhisattva-Gelübdes: Die metanoetische Kraft zur Umkehr des Bewußtseins kann für ihn nur von außen kommen – weshalb er auch Hegels Vertrauen in die selbstreinigende Kraft der Vernunft mißtraute und in der autonomen Vernunft eher die Kraft zur Selbstzerstörung wahrnahm. Seine Dialektik der Vermittlung kann aussagen: „Eigenkraft ist Andere Kraft", ohne daß er aber beide Kräfte identifizieren oder aufeinander zurückführen würde. Zum Heil brauche der Mensch Amida, und Amida brauche, um Heil wirken zu können, den Menschen – aber die Beziehung ist nicht symmetrisch (oder „umkehrbar", wie es in der Diskussion mit Takizawa heißt). Kurz zusammengefaßt: Unter den Kyōto-Philosophen ist Nishida der kompromißlose *hongaku*-Denker (ursprüngliche Erleuchtung) im Geist des Zen, während Tanabe das Element von *shigaku* (in einem bestimmten Augenblick erworbene Erleuchtung) in die *hongaku*-Formel einbringt, weil er Nishidas Sicht aus *ethischen* Gründen für unverantwortlich hält: Angesichts der wirklichen Geschichte sei es dringend geboten, die Realität des Bösen anzuerkennen. Diese Dialektik von *hongaku* und *shigaku* war spätestens seit Dōgen (1200–1253) in der Zen-Schule ein fundamentales Problem!

Nishitani Keiji

Nishitani Keiji (1900–1990) geht aus von einer Analyse der verschiedenen Formen des westlichen Nihilismus (besonders Nietzsches), der sich nach seinem Urteil aufgrund des christlichen dualistischen Denkens entwickeln mußte und die Zerrissenheit von Subjekt und Objekt in der modernen Wissenschaft hervorgebracht habe. Während Tanabes Philosophie auf die Schuld des Krieges reagierte und das Problem der Freiheit – in Auseinandersetzung mit Heidegger – zu einem zentralen Thema machte, ringt Nishitani Keiji mit dem Vorkriegs-Nihilismus und antwortet damit auch auf Heidegger, den er wegen der Reste ontologischer Substantialisierung kritisiert, die das Absolute Nichts nicht denken könne. Nishitani glaubt, daß die Leugnung der Teleologie durch die Wissenschaft zwangsläufig im europäischen Nihilismus enden mußte. Er möchte deshalb dieses Problem durch eine entsprechende Interpretation des Zen überwinden.[47] Sein Interesse ist dabei durch und durch existentiell-religiös,[48] und aus dieser Haltung heraus versucht er, eine buddhistisch-christlich-dialogische Alternative zum exklusiven Anspruch der wissenschaftlich-technologischen Denkweise aufzubauen,[49] die er – mit Heidegger – für zerstörerisch hält. Der Schlüssel für diese Alternative sei das zen-buddhistische Verständnis des Absoluten Nichts *(zettai-mu)*.

In seiner Studie zu Nishidas Philosophie von 1950[50] beklagt er den Verlust des „inneren Lebens" in der modernen Suche nach „objektiver Gewißheit". Das „innere Leben" sei in der mittelalterlichen Spiritualität noch lebendig gewesen. Und dieser Rückblick unterscheidet Nishitani von Heidegger. Beide kritisieren zwar die moderne Psychologie und Soziologie, aber Nishitani führt aus, daß in der mittelalterlichen Gesellschaft alle Menschen *vor Gott* gleich gewesen seien. Dieser Glaube hätte eine psychisch und sozial stabilisierende Wirkung gehabt. Im 19. Jahrhundert aber hätte Marx diese Gleichheit auch auf Erden eingefordert, während Freud „Technologien" zur Sezierung der Seele entwickelt habe, von denen Menschen in der zweiten Hälfte des 20. Jahrhunderts kaum noch das Heil erwarten. Aber der Glaube, daß Psychologie das „innere Leben" heilen und Soziologie die sozialen und moralischen Probleme lösen könne, sei immer noch weithin unangefochten. In dieser unkritischen Haltung den Sozialwissenschaften gegenüber sieht er die größte Gefahr für die Philosophie. Nishidas Suche nach dem Guten, das sich in der reinen Erfahrung zeige, ist nach Nishitani der Versuch, jenes in der Moderne verlorene „innere Leben" wiederzufinden, indem das Selbst und das Transzendente geeint werden. Insofern ist der Titel eines seiner Hauptwerke *Was ist Religion?* (jap. *Shūkyō-towa-nanika*, 1961) die Grundfrage für ihn selbst. Seine Kritik an Nishida ist, daß dieser in seiner Konzentration auf die „reine Erfahrung" die weniger reinen Erfahrungen des alltäglichen Ich vernachlässige – wiederum in Analogie zu Heideggers Kritik an Husserls *epoché*.

Die Realisierung des Absoluten Nichts versteht Nishitani wie auch Tanabe als eine Konversionserfahrung, die Nishitani – in der Sprache des Zen – den Großen Tod (das Verschwinden des Ego) nennt, die aber nicht nur individualistisch verstanden wird, sondern in der japanischen Nachkriegssituation mit der Frage nach politischer Moral für ihn gesellschaftliche Relevanz hat. In diesem Sinne möchte Nishitani das Kreuz Christi entmythologisieren, um durch die buddhistische Erfahrung hindurch das Christentum zu sich selbst zu bringen. Diese Erfahrung besteht im Durchbruch durch den Großen Zweifel, der sich angesichts der Subjekt-Objekt-Dichotomie auf das Subjekt selbst richtet und damit zum Großen Erwachen führt. Auf dem Hintergrund von Nishidas Philosophie und dem Anspruch der deutschen idealistischen Tradition, die cartesianische Spaltung zu überwinden, wendet Nishitani die doppelte Negation des Absoluten Nichts noch einmal gegen den christlichen Schöpfergott, der dem Subjekt äußerlich bleibe: Denn der fundamentale Widerspruch im Christentum sei, daß Freiheit vom Ego durch die vollkommene Abhängigkeit von Gott (und seinem Willen) erwartet werde, was aber die Freiheit von Egozentriertheit unmöglich mache. Der Mensch bleibe im Widerspruch, ungewiß und unfrei, weil er sich immer wieder seines Selbst-Interesses vergewissern müsse. Der berühmte Satz des Paulus in Gal 2,20 – „nicht mehr ich lebe, sondern Christus lebt in mir" – werfe aber die Frage auf, *wer* in diesem Satz spricht, Paulus oder Christus oder Christus-Paulus? Der im Christentum inhärente Nicht-Dualismus müsse erst noch freigelegt werden.

Nishitani kann den Glauben des gegenwärtigen Christentums nicht akzeptieren, aber er ist sich auch der Schwächen des Buddhismus bewußt. So möchte er vom Buddhismus her beide Religionen in eine dialogische Neuorientierung bringen, weshalb er sich dialektisch als „werdend gewordener Buddhist" und „werdender (nicht gewordener) Christ" bezeichnen kann.[51]

Hisamatsu Shin'ichi

Hisamatsu Shin'ichi (1889–1981)[52] ist mehr als die bisher genannten Philosophen *zuerst* Zen-Meister und *dann* Philosoph. Auch er wurde in eine sehr fromme shin-buddhistische Familie geboren, verlor aber unter dem Eindruck des modernen wissenschaftlichen Zweifels den „mittelalterlichen" Glauben. Unter dem Eindruck von Nishidas Philosophie entwickelte er nach seiner *satori*-Erfahrung eine „Philosophie des Erwachens", in der er die Grenzen der Rationalität durchbricht zu einem *Leben* des Formlosen Selbst, das sich in allen Formen menschlicher Existenz ausdrücke. Insofern sich das Wahre Selbst seiner selbst objektivierend bewußt werden könne, gebe es ein Wissen desselben und die Möglichkeit einer *Philosophie* auf Grundlage der absoluten Subjektivität des Selbst. Dies sei die absolute Wahrheit der Vernunft im Gegensatz zur nur relativen Wahrheit der Rationalität, d. h. die autonome Vernunft könne nicht wahrhaft autonom sein, weil sie immer ungewiß bleiben müsse und deshalb die absolute Antinomie von Leben und Tod bzw. Gut und Böse nicht lösen könne. So wähle die autonome Vernunft z. B. das Leben im Gegensatz zum Tod: Das Leben bleibe auf diese Weise aber immer bedroht, was zu einer irregeleiteten endlosen Suche nach Sicherheit führe. Der Mensch müsse vielmehr durch den Großen Zweifel des Selbstwiderspruchs der autonomen Vernunft den Großen Tod sterben, um zu erkennen, daß er nicht sterben *werde*, sondern in *jedem Augenblick* die Dynamik von Leben-und-Sterben verwirkliche. Damit sei der Tod im Erwachen zum Formlosen Selbst überwunden.

Der Ausgangspunkt für Hisamatsus Philosophie ist, wie bei Nishitani, ein existentiell-religiöses Anliegen, nämlich die Befreiung vom zweifelnden Ego. Diese Befreiung bedeutet für ihn auch die Freiheit vom Egoismus der Nationalität, Rasse oder Religion. Daraus ergibt sich die Offenheit zur „brüderlichen Liebe für die gesamte Menschheit". Obwohl Hisamatsu den christlichen Theismus kritisiert, weil dieser die absolute Antinomie von Gut und Böse nicht transzendieren könne, sieht er in der christlichen Vorstellung von der sich selbst-opfernden Liebe Gottes die Form der Liebe, die der Subjektivität des Formlosen Selbst im Zen entsprechen könnte.

Religion verändert für Hisamatsu die wirkliche Geschichte, indem sie Geschichte transzendiert. Religion transzendiere die Geschichte aber nicht in dem Sinne, daß sie sie hinter sich zurückließe, sondern Hisamatsus Formel von der „super-historischen" Erfassung der Zeit bedeutet, daß das Formlose Selbst das fundamentale Subjekt der Zeit ist, d. h *alle* geschichtlichen Momente in der Zeit *konstituiert*. Damit ist aus der geistigen Haltung des Erwachens ein neues, nicht vom Ego her konzipiertes Handeln in der Geschichte möglich, was Hisamatsu in seiner F.A.S.-Gesellschaft verwirklichen wollte.[53]

Ueda Shizuteru

Ueda Shizuteru (geb. 1926), der Nachfolger Nishitanis auf dem Lehrstuhl für Religionsphilosophie in Kyōto, hat den Dialog vor allem durch seine Studien zu Meister Eckhart befruchtet[54] und ganz wesentlich zur weltweiten „Mystik-Renaissance" im Christentum seit den 60er Jahren beigetragen, die wiederum den buddhistisch-christlichen Dialog von der Unfruchtbarkeit der bloßen Entgegensetzung konzeptueller Antinomien (Theismus – Atheismus usw.) befreit hat. Bereits 1948 hatte Nishitani sein Buch *Kami to Zettai-mu* (Gott und Absolutes Nichts) über Eckhart veröffentlicht, auf dem Ueda aufbaut. Ueda sieht zwischen Eckhart und Zen sowohl wesentliche Gemeinsamkeiten als auch einen gravierenden Unterschied.

Die *Ähnlichkeit* Eckharts zum Zen: Eckhart spreche erstens von der Rückkehr des Menschen zu seinem uranfänglichen Wesensgrund durch

„Sich-Lassen" und *„Abgeschiedenheit"*, zweitens von der Bloßheit, d. h. der *Eigenschafts-, Form- und Bildlosigkeit* dieses Grundes und drittens von der *Rückkehr zu einem tätigen Leben* aus diesem Grund.

Der *Unterschied* Eckharts zum Zen: Auf dem Hintergrund der Trinitätslehre verstehe Eckhart die Gottesgeburt in der Seele analog zu dem ewigen Hervorgehen des Sohnes aus dem Vater. Das göttliche Heilsgeschehen treffe damit jeden Menschen *unmittelbar* und direkt, nicht erst durch einen Vermittler. (Bis hierher kann Zen Eckhart wohl folgen.) Wenn nun aber die Seele in das innertrinitarische göttliche Leben eingetreten sei, suche sie, so Eckhart, weiter nach dem Grund Gottes, der „Nichts" sei, was bei Eckhart die Lauterkeit des *Wesens Gottes* bezeichne. Damit bleibe, so Ueda, Eckhart noch im Substanzdenken verhaftet. Im Zen hingegen sei das Nichts die immer ent-substantialisierende Bewegung, d. h. der Mensch sei nicht nur von allem abgeschieden, um in Gott zu sein, sondern er sei auch von der Abgeschiedenheit abgeschieden. Zen sei also radikaler, wenngleich die Vollkommenheit im Zen, wie bei Eckhart, in der „Rückkehr zum Marktplatz" bzw. im „Aufstehen aus der Vereinigung mit Gott" bestehe, was Eckhart in seiner berühmten Deutung der Erzählung von Maria und Martha verdeutlicht hat: Nicht Maria, sondern Martha habe die höhere spirituelle Vollkommenheit erreicht, weil sie *mitten in ihrer Arbeit* ganz und gar beim Herrn sei und bleibe.

d) Zen-buddhistisch – christliche Kolloquia

Seit 1967 wurden auf Initiative der Quäker in Japan die jährlichen 4–6tägigen Konsultationen zwischen Zen-Meistern, buddhistischen Philosophen und christlichen Theologen eingerichtet. Das *Friends World Committee for Consultation* (FWCC) der Quäker hatte auf dem Hintergrund des Völkermordens im Zweiten Weltkrieg zur Verständigung der Religionen aufgerufen, und zwar mit Berufung auf den britischen Historiker Arnold Toynbee und seine berühmte Bemerkung, daß kommende Generationen das 20. Jahrhundert vor allem wegen der beginnenden Durchdringung von Buddhismus und Christentum erinnern würden und daß eine Lösung der gegenwärtigen Weltprobleme nur durch gemeinsame Neuorientierung der Religionen möglich sei. Dabei sollte nun in Japan der ganz persönliche Glaubensweg sowie die soziale Verantwortung des einzelnen und der religiösen Gemeinschaften thematisiert werden.

Das erste Treffen vom 27. 3.–1. 4. 1967 wurde von den Quäkern finanziert, alle weiteren von den beteiligten Gruppen und einzelnen Teilnehmern selbst. Zu den Eingeladenen gehörten u. a. der deutsch-japanische Jesuit Heinrich Dumoulin, Hisamatsu Shin-ichi, Yamada Mumon Rōshi u. a. Die Vorträge der ersten zehn Kolloquia (1967–1976) wurden zunächst auf Japanisch als Sondernummer von *The Mahāyāna Zen Buddhism* (Nr. 627) gedruckt und fanden ein lebhaftes Echo, so daß auch ein englischer Text veröffentlicht wurde.[55] Bis heute sind einige der Teilnehmer (Yagi Seiichi, Honda Masaaki, Abe Masao, Heinrich Dumoulin u. a.) das Rückgrat des buddhistisch-christlichen Dialogs in Japan- wir werden später noch über sie berichten. Einige, vor allem Yagi, haben durch populäre Schriften mit sehr hohen Auflagen in der japanischen Öffentlichkeit durchaus Einfluß. Die wachsende Freundschaft zwischen den Disputanden ist spürbar, der Verstehensfortschritt und die Bescheidenheit bei der Bilanzierung des Erreichten ebenfalls. Wir wollen einige markante Gesichtspunkte hervorheben:

1. *Zen als Grundlage in allen Religionen*: Der Zen-Meister Shibayama Zenkei unterscheidet zwischen *Zen* als Ausdruck für die reine religiöse Erfahrung vor jeder historischen Konkretisierung und dem *Zen-Buddhismus*. In der reinen Erfahrung – man wird an Nishidas Frühwerk erinnert – könne es keine Differenzen zwischen den Religionen geben;[56] die Menschen sollten zu der einen Quelle aller religiösen Standpunkte zurückkehren. Als Anleitung für den Weg dorthin seien allerdings die einzelnen Schulen und Religionen nötig. Interessanterweise begründet er am Beispiel der Möglichkeit der Kriegsdienstverweigerung in Amerika, die in Japan leider noch fehle, daß die Entwicklung des religiös motivierten Gewissens gegen allgemein akzeptierte Normen ein Schritt zum spirituellen Erwachen sein könne! Und genau darum müsse es kontextuell im buddhistisch-christlichen Dialog gehen.

2. *Die Grunddifferenz zwischen Unumkehrbarkeit (Christentum) und Umkehrbarkeit (Zen) im Verhältnis von Mensch und dem Absoluten*: Dieses Problem tritt immer wieder bei Hisamatsu, Abe, Yagi, Takizawa (vgl. unten S. 184ff.) und anderen auf. Worum geht es? Im Christentum sei, so Abe,[57] die Gottesbeziehung aufgrund der personal gedachten Abhängigkeit des Menschen unumkehrbar, d. h. die primäre Bewegung gehe von Gott zum Menschen hin, während der Mensch von sich aus nicht zu Gott gelangen könne. Zen dagegen gehe aus von der totalen Reversibilität, der gegenseitigen Abhängigkeit oder „gegenseitigen Immanenz" von Relativem und Absolutem, dem konkreten Menschen und dem Formlosen Selbst. Im Christentum bedeute die Irreversibilität zwar nicht notwendigerweise, daß Gott objektiviert würde, da sein zuvor ergehender Ruf die Normen setze, die die menschliche Freiheit erst ermöglichten. Zen aber strebe Freiheit von jeglicher Normativität an, und zwar im spontanen Sich-Zeigen des konkret Wirklichen hier und jetzt. Mit anderen Worten: Würde es dasselbe bedeuten, wenn der Buddhist sagte, daß er ganz und gar Buddha *werde*, und wenn der Christ sagen würde, daß er ganz und gar Gott *sei*? Das Problem bleibt strittig: Abe selbst gibt zu, daß die Normativität des Wortes eines personalen Gottes vom Zen-Buddhismus noch nicht wirklich erfaßt worden sei, so daß sich die Frage stelle, wie dies vermittelt werden könne, wenn doch Zen einen universalen Anspruch und eine universale Verpflichtung gegenüber allen

Wesen habe. Im übrigen stehe auch der Amida-Buddhismus auf der Seite der Unumkehrbarkeit, denn es sei allein Amida, der von der Sünde rette.[58]

Aber das Problem, so Abe, reiche tiefer: Hinter der christlichen unverzichtbaren göttlichen Norm lauere das unobjektivierbare Böse, weil es nicht im Gottesbegriff integriert sei.[59] Nur die vollkommene Umkehrbarkeit der Beziehung von Gott und Mensch könne als je neuer Ausgangspunkt (und nie als erreichtes Ziel, was anarchische Selbstüberhöhung des Ego bedeuten würde!) das Böse so behandeln, daß es nicht verdrängt werde.

Soweit ist das Argument oft wiederholt worden, und zwischen Zen und dem Christentum scheint damit ein unüberbrückbarer Gegensatz zu bestehen. Er könnte aber vielleicht doch durch folgende Überlegung überwunden werden: Das Formlose Selbst (oder Gott) ist Grund, Quelle und spontaner Impuls für jede Selbst-Realisierung. Was dies bedeuten könnte, wird deutlich in einem Gespräch zwischen Hisamatsu und dem christlichen Theologen Yagi Seiichi, von dem letzterer berichtet:[60] Hisamatsu habe darauf bestanden, *Mu* mit „*der* Nichts" zu übersetzen, da er so seinem buddhistischen Atheismus Ausdruck verleihen wollte, der außerhalb des Selbst keine Transzendenz akzeptiert. Als ihm Yagi bei anderer Gelegenheit zu bedenken gab, ob nicht „Erwachen" als reine Unmittelbarkeit der Erleuchtung von dem *Bewußtwerden* des Erwachens zu unterscheiden sei, wobei sich das Erwachen darin gleichsam zum Objekt des Erkennens mache, bejahte dies Hisamatsu. Dann aber wäre das Anderssein des Transzendenten auf der Stufe der Reflexion zugegeben – wir hätten eine unmittelbare Nicht-Dualität vorauszusetzen, die im Bewußtsein aber immer als modifizierte Dualität zwischen Gott und Mensch erscheint, die niemals auflösbar ist. Und genau das ist der Ausgangspunkt für Yagis spätere Theologie, wie wir noch zeigen werden.

3. *Selbstkritik der Religionen*: Mehrere Dialogteilnehmer, besonders der Zen-Meister Akizuki Ryōmin, beklagen die selbstgerechte Haltung ihrer jeweiligen Religionen. Akizuki widerspricht Abe direkt in bezug auf die Umkehrbarkeit, denn er sieht gerade darin den Grund für eine selbstgerechte und stolze Haltung vieler Zen-Buddhisten, die den bedenklichen tatsächlichen Zustand des Buddhismus in Japan verdrängen würden.[61] Die Stärke des Zen sei zwar die ständige Bewußtheit „des trans-individuellen Individuellen", d. h. der *Einheit* mit der Buddha-Natur, aber oft werde zu schnell die „persönliche Erleuchtung" mit der „ursprünglichen Erleuchtung" identifiziert. Zen als Religion der „Eigenkraft" zu verstehen, so Akizuki an anderer Stelle[62], sei ein schlimmer Fehler bzw. ein sprachliches Mißverständnis. Denn so wie ein neugeborenes Baby in jeder Hinsicht auf die Hilfe und Liebe der Mutter und anderer angewiesen sei, so könne kein Mensch aus sich selbst heraus leben, geschweige denn zur Erleuchtung gelangen: Zen-Erwachen sei die Erfahrung des „Großen", dem sich mein Leben verdankt. Bei den Christen sei also die klare Unterscheidung von Gott und Mensch eine Stärke, weil aus dieser Grundhaltung die Unvollkommenheit jeder Er-

kenntnis und jeder Lebensgestaltung akzeptiert werden könne. Deshalb gäbe es unter Christen mehr Lernbereitschaft und dialogische Offenheit als im Buddhismus. Dies entspreche im übrigen auch Zen-Meister Dōgens Einsicht, daß nur demjenigen, der noch nicht voll erwacht sei, die Realisierung des *dharma*, wie er sie erlebt, als vollkommen erscheine.

An diesem Punkt wäre nun weiter zu fragen, was denn die offensichtlich unterschiedlichen Standpunkte tatsächlich für die jeweilige *Praxis* bedeuten. Wir möchten folgenden Vorschlag machen: Beide Positionen könnten als dynamische Pole in einer elliptischen Bewegung verstanden werden, wobei die existentielle Realisierung des ursprünglichen Erwachens nie zum Stillstand kommt, das ursprüngliche Erwachen aber nirgends sonst als im jeweils spontanen Erwachen gegeben ist. Die „Objektivierung" (und Unumkehrbarkeit) wäre das Extrem eines stets weitergehenden Prozesses.[63]

e) Solidarische Gemeinschaft des Dialogs

Nur zwei Beispiele für diese ganz wesentliche Praxis des Dialogs sollen hier angeführt werden:

Risshō Kōsei-kai

Die 1938 von Niwano Nikkyō (geb.1906) gegründete *Risshō Kōsei-kai* (RKK) ist eine buddhistische Laienorganisation auf der Grundlage des Nichiren-Buddhismus,[64] die im Lotos-Sūtra die Quelle aller Offenbarung und Wahrheit sieht.[65] Sie gehört zu den neuen religiösen Bewegungen in Japan, die der urbanisierten und von den Heimattempeln entwurzelten Bevölkerung ein neues Zuhause verspricht und offensichtlich zu geben vermag – ein kometenhafter Aufstieg in wenigen Jahrzehnten (heute ca. 6 Millionen Mitglieder) zeugt davon. Sie entstammt der *Reiyūkai*-Bewegung mit ihrer charismatischen Heilungstradition und entsprechend diesseitigen Interpretationen des Buddhismus. Das buddhistische *karman*-Konzept wird von Niwano nicht, wie im frühen Buddhismus, individualistisch verstanden, sondern gemeinschaftsbegründend, weshalb der *saṃgha* letztlich die gesamte Menschheit umfaßt. Frieden, Harmonie und ausgeglichene Barmherzigkeit sollen anstelle der traditionellen (im Fall der Großfamilie zusammengebrochenen) Sozialisationsformen treten, und diesbezüglich gibt es auch keine Religionsgrenzen. Der Dialog mit den Religionen ist um des weltlichen Friedens und der spirituellen Harmonie willen notwendig. Und so wie das Bekenntnis der Verfehlungen und Buße im persönlichen Umgang der Mitglieder miteinander und im „seelsorgerlichen Gruppengespräch" *(hōza)* eine Rolle spielt, so muß auch Japan seine Rolle im Zweiten Weltkrieg überdenken und das Leid erkennen, das Japan über andere Völker gebracht hat. Die Risshō Kōsei-kai ist eine der wenigen Gruppen in Japan, die dies offen aussprechen und seit 1948 entsprechende religiös-ökumenische Konsequenzen ziehen: zuerst im Versuch, unterschiedliche Nichiren-Gruppen zusammenzuführen, dann in der Mitgründung der „Liga der japanischen Religionen“ *(Shin-shū-ren*, seit 1951, deren Vorsitzender Niwano 1969 wurde) und schließlich in der Mitbegründung und erheblichen finanziellen Mitträgerschaft der Weltkonferenz der Religionen für den Frieden (WCRP), deren erste Zusammenkunft 1970 in Kyōto maßgeblich von der RKK organisiert und finanziert wurde. Die RKK unterhält eine eigene Abteilung für den Dialog mit anderen Religionen, gibt seit 1974 die Dialog-Zeitschrift „Dharma World“ heraus und organisiert einen Studenten- und Dozentenaustausch auch mit christlichen Institutionen. Niwano Nikkyō hat am Zweiten Vatikanischen Konzil, am Gebetstreffen der Religionen in Assisi und anderen interreligiösen Begegnungen teilgenommen. Die Bewegung unterhält darüber hinaus intensiven Kontakt zur von *Chiara Lubich* (geb. 1920) 1943 gegründeten christlichen spirituellen Erneuerungsbewegung *Focolare* in Italien.[66] In Japan selbst sind die Kontakte der RKK zu christlichen Kirchen spärlich, der Dialog beschränkt sich weitgehend auf eine internationale Konferenz-Kultur. Allerdings unterstützt die RKK auch, gemeinsam mit internationalen Organisationen, Entwicklungsprojekte und Projekte zur Friedensarbeit. In jüngster Zeit aber werden Kontakte zu Kirchengemeinden und anderen religiösen Gruppen in Japan geknüpft und „Dialog-Räte“ gefördert, die praktische Fragen der Erziehung der Jugend, des Drogenproblems, der Gewalt in den Medien, der medizinischen Ethik, der Verdrängung des Sterbens und des Todes in der japanischen Gesellschaft usw. gemeinsam auf lokaler Ebene bearbeiten wollen. Es ist erstaunlich, wie sehr die Themen des Dialogs *an der Basis* entsprechenden Erfahrungen in Europa und Amerika gleichen, bis hin zu gemeinsamen Gebetstreffen anläßlich des Golfkrieges![67] Von japanisch-christlicher Seite wird die Risshō Kōsei-kai wegen ihres Erfolgs oft mit Mißtrauen betrachtet; sie missioniert in Japan und hat ihre Position zwischen aktivem Missionieren und interreligiösem Dialog noch nicht zufriedenstellend geklärt.

Albert-Schweitzer-Tempel in Tamana[68]

Eine aus dem früheren Besitz der japanischen protestantischen „Albert-Schweitzer-Gesellschaft“ stammende Haar-Reliquie Schweitzers wurde nach dem Tod ihres Präsidenten, Mukai Tadashi, im April 1969 an Furukawa Tairyū Rōshi übergeben, weil dieser seit 1961 unermüdlich gegen ein Todesurteil gekämpft hatte, das gegen zwei Menschen verhängt worden war, von denen er wußte, daß sie unschuldig waren (einer wurde hingerichtet, der andere zu lebenslanger Freiheitsstrafe begnadigt und 1989 entlassen). Zen-Meister Tairyū und seine Frau verwandelten einen *ryokan* (japanisches Hotel), den sie in Tamana im Bezirk Kumamoto besaßen, in einen buddhistischen Tempel, in dem seither die Haar-Reliquie als Heiligtum verehrt wird und der den Namen Albert Schweitzers *(Schweitzer-ji)* trägt. Der katholische Theologe Honda Masaaki brachte nach 1978 den Zen-Meister Tairyū mit Bruder Franco Sottocornola von den Xaverian Missionary Fathers zusammen, die auf dem Gelände des buddhistischen Schweitzer-Tempels 1987 ein katholisches Haus für Gebet und Begegnung *(Seimeizan Katorikku betsu-in)* errichteten. Dies war insofern einmalig, als eine religiös-institutionell definierte Körperschaft (ein katholisches Gebetszentrum) Teil einer legal anders definierten Körperschaft (buddhistischer Tempel) wurde! Seimeizan, „Tempel des universalen Lebens“, verbindet in der Liturgie christliches Gebet, Zazen und die Eucharistiefeier. Das Haus wurde zu einem Zentrum für interreligiösen Dialog *(Tōzai Shūkyō Kōryū Center)*, zu dessen Direktoren auch ein Muslim gehört. Christen treffen mit Buddhisten zusammen und lernen die Praxis des *zazen* und *nembutsu*[69] kennen, Buddhisten kommen, um das Gebetsleben der kleinen christlichen Kommunität kennenzulernen. Der Schweitzer-Tempel und das Dialogzentrum engagieren sich gemeinsam in der Sozialarbeit, indem z. B. ein Wohn- und Rehabilitationszentrum für behinderte Kinder in China aufgebaut wird. Dies hängt mit Furukawas Biographie zusammen, der auf dem Hintergrund seines Einsatzes für die aus politischen Gründen zum Tode Verurteilten für das bittere Leiden der Chinesen unter der japanischen Aggression sensibel geworden war. Er ist ein engagierter Buddhist, der den Laienstand betont und aus buddhistisch-politischer Verantwortung gegen den japanischen Nationalismus predigt. Aber nicht nur das: Seit 1988 führt er Pilgerreisen nach Nanking durch, um an das Massaker von 1937 und die japanischen Kriegsverbrechen in China zu erinnern. Das christlich-buddhistische Dialogzentrum plant auch ein *Muslim betsu-in* und, wenn möglich, Häuser anderer Religionen.

f) Die christlichen Dialog-Zentren

Dialog-Zentrum des Nationalen Christenrates in Kyōto

Das älteste Dialog-Zentrum in Japan ist das vom protestantischen Nationalen Christenrat (NCC) 1959 in Kyōto gegründete *Center for the Study of Japanese Religion*, geleitet 1965–1985 von Doi Masatoshi (1907–1988),[70] dessen dialogische Grundhaltung davon ausgeht, daß für jeden Menschen nur eine letztgültige Realität verbindlich sein könne. Da aber jeder nur eine relative und fehlbare Wahrnehmung habe, bedeute dies nicht, daß andere Menschen nicht ähnlich bedeutsame Erfahrungen in ganz verschiedener Weise haben könnten.[71] In diesem Geist organisiert das Zentrum seit Jahrzehnten öffentliche Vorträge, Seminare, interreligiöse Konferenzen und Studienprojekte. Eine interreligiöse Studiengruppe arbeitet einmal monatlich an buddhistischen Texten; Seminare für Pastoren und Missionare werden an buddhistischen und shintoistischen Zentren, an buddhistischen Universitäten und in Zen-Klöstern durchgeführt. Auch Einladungen an Pastoren zur Teilnahme an Zen-Meditationen gehören zu den regelmäßigen Aktivitäten des Zentrums. Vor allem aber erscheint seit 1959 die Zeitschrift *Japanese Religions* zweimal jährlich in Englisch, seit 1966 das Journal *Deai* (Begegnung) in Japanisch.

Die Zeitschrift *Japanese Religions* beginnt 1959 mit einer Auseinandersetzung, die innerjapanisch und ohne direkte Beteiligung von Christen um eine Neuinterpretation der traditionellen japanischen Religionen in der Moderne ringt. Es geht um Religion und Magie, wobei der Buddhismus von magischen Mißverständnissen zu befreien sei: Rezitation des Buddha-Namens *(nembutsu)* sei Ausdruck personalen Glaubens und nicht eine magische Formel, die in utilitaristischer Absicht spezifische weltliche Wünsche erfülle, wie viele Japaner fälschlicherweise meinten.[72]

Jahrelang arbeitete der norwegische Missionar Notto Thelle als Vize-Direktor des Zentrums. Den China-Missionar Karl Ludwig Reichelt als Vorbild, wollte er sich buddhistische Weisheit aneignen, um das Christentum um so effektiver predigen zu können. Nach sechzehn Jahren in Japan ist dies sein Resumée: „Ich wurde auf den Zustand eines Pilgers zurückgeworfen, der sich dem Buddhismus mit Furcht und Zittern näherte. Ich wanderte in ein Universum, das viel großartiger war, als ich es mir in meinen apologetischen Träumen hatte vorstellen können."[73] Nicht nur den intellektuellen Zweifel, sondern auch die buddhistische Weisheit wolle er nun in seinen eigenen christlichen Glauben integrieren, wodurch das Christentum für ihn neu formuliert werde. Die Einheit von intellektuellem Verstehen, spiritueller Vertiefung und menschlicher Freundschaft sei der Inbegriff seiner Erfahrungen im Dialog. Dabei dürften die dunklen Elemente der Begegnung mit anderen Religionen, nämlich Heuchelei, Machtkämpfe usw., die im Buddhismus ebenso vorkommen wie im Christentum, nicht ausgeblendet werden. Das ständig neu gestaltete eigene Zeugnis gegenüber dem Partner im Dialog würde zum Transformationsprozeß nach innen, der feste Bindung gegenüber der christlichen Heimat mit unbedingter Offenheit, spiritueller Suche und nicht selten spiritueller Transformation verbinde.[74]

Das, so scheint uns, ist echter Dialog. Thelle beklagt aber auch die Isolation, in der japanische Christen gewöhnlich leben – ohne echte Berührung und Nachbarschaft zum religiösen Kontext in Japan, sondern mit einer westlich implantierten Identität.

Oriens Institut in Tōkyō

1964 gründete der belgische katholische Missionar Joseph Spae (geb. 1913) das *Oriens Institute for Religious Research in Tōkyō*, das die Zeitschrift

Japan Missionary Bulletin herausgibt und zum Dialog vor allem durch Spaes eigene Aktivitäten beigetragen hat. Für Spae ist der Dialog:[75]

- *gegenseitige* Konversion der Partner *zueinander* durch Teilhabe und Empathie, wodurch beide auf das Transzendente verwiesen würden;
- Akzeptanz der eigenen Unvollkommenheit;
- die Teilhabe an beiden Traditionen so weit wie möglich.

Spae sieht den Dialog in Japan im Zusammenhang mit einem Aufbruch und Wertewandel in der gesamten Gesellschaft: Es gebe eine Suche nach Subjektivität, Aktivität und Realismus, die den Fatalismus des buddhistischen Ursache-Wirkungs-Schemas aufsprenge. Außerdem suche besonders die Jugend nach „Zugehörigkeit", die in den vertikal hierarchischen Strukturen der japanischen Gesellschaft nicht befriedigt werde,[76] sondern vielmehr nach einer „emotionalen Demokratie" auf der horizontalen zwischenmenschlichen Ebene verlange, zu der das Christentum beitragen müsse. Umgekehrt könne die japanische Suche nach dem Schönen und die Balance von Intuition und Autorität einem Christentum, das meist „auf die letzten Dinge" fixiert sei, viel geben. Die neuen Religionen wie Tenrikyō, Perfect Liberty u. a. hätten bereits das christliche personale Gottesbild in veränderter Gestalt – Gott als „Eltern" – aufgenommen. In vielen dieser Bewegungen sei Diesseitigkeit und Optimismus aufgrund transzendent-spirituell erfahrener Stärke mit einem japanischen Erwählungsbewußtsein verknüpft worden, was auf den gewaltigen Gärungsprozeß im japanischen religiösen Bewußtsein hinweise. Auch der Buddhismus des Reinen Landes mit seiner personalen Buddha-Verehrung und den humorvoll-toleranten Geschichten von heiligen Volkshelden *(myōkōnin)* sei eine buddhistische Entsprechung zum Lobpreis der geistlichen Armut und Einfachheit im Evangelium.[77] Der Dialog dürfe nicht auf die philosophischen Abstraktionen beschränkt werden, sondern müsse bei diesen Volksüberlieferungen ansetzen, wenn er für die japanische Gesellschaft relevant werden wolle. Besonders in der Dichtung von Akutagawa Ryūnosuke (1892–1927) fänden sich Parabeln, die dialogisch aufgearbeitet werden müßten, wie z. B. die Geschichte *Der Tod eines Christen*: Ein Mann wird von einer Frau beschuldigt, er sei der Vater ihres Kindes, weil er ihre Liebe nicht erwidert hatte. Als ein Feuer in der Stadt ausbricht, rettet er das Kind aus den Flammen und opfert dabei sein Leben trotz aller Schmach, die er erlitten hat. Die Menschen betrachten ihn als Märtyrer, ja als den wiedergekommenen Christus.

Interessanterweise gibt es, was Spae nicht erwähnt, zu dieser Geschichte ein buddhistisches Gegenstück, das von Zen-Meister Hakuin (1686–1769) erzählt wird: Ein Mädchen schiebt ihm die Vaterschaft ihres Kindes unter. Er reagiert gelassen nur mit dem Wort „So?" und zieht das Kind auf, während die Menschen mit dem Finger auf ihn zeigen. Als das Mädchen von Reue gepackt wird und die Wahrheit sagt, übergibt Hakuin das Kind wieder nur mit einem „So?".

Bezeichnen die beiden Geschichten den Unterschied zwischen leidenschaftlich sich opfernder Liebe und gelassen-nüchterner Barmherzigkeit? Und wenn dem so wäre, ließen sich dann beide Verhaltensmuster dem Christentum bzw. dem Buddhismus zuordnen?

Spae fügt seiner Anregung, daß der Dialog vor allem auf der Ebene der im Volk erzählten Geschichten angesiedelt sein solle, eine wichtige Beobachtung hinzu: Die in Japan überall auffällige nicht-dualistische Grundhaltung in Philosophie und Lebenspraxis sei nicht erst eine Folge buddhistischer Erziehung, sondern sie sei schon in der sprachlichen Struktur des Japanischen angelegt.[78] Die westlichen Gegensätze von Körper und Geist, Tod und Leben, Immanenz und Transzendenz usw. seien für den Japaner *Polaritäten*, die sich auf einer höheren Ebene oder im Prozeß der gelebten Praxis anglichen. Dies sei der Grund für die japanische Zurückhaltung gegenüber endgültigen dogmatischen Aussagen über das Absolute. Auch ein „historischer Fundamentalismus“[79], der Geschichtswahrheiten absolut setze und nicht ihre tiefere überzeitliche Bedeutung erkenne, die intuitiv vernehmbar sei, könne in Japan auf kein Verständnis stoßen.

Außerdem, so Spae, sei der *Charakter* der sprachlichen Kommunikation in Japan ganz anders als in Europa oder Amerika. Sprache diene im Japanischen vorrangig dem Gemeinschaftsgefühl, sie definiere nicht, sondern bezeichne Empfindungen.[80] Man plaudere gern und viel (im Alltäglichen herrscht keineswegs eine „Kultur der Stille“), um Stimmungen zu erzeugen; aber angesichts des Wesentlichen werde geschwiegen. Der unklare Ausdruck sorge dafür, daß die Kommunikation nicht abgebrochen und die Gemeinschaft fortgesetzt werde. Eine Meinung sei demzufolge kein individuell vertretener klarer Standpunkt, der sich von anderen Meinungen abgrenzt, sondern das Resultat des Prozesses der Konsensfindung. Eigene (von der Gruppe abweichende) Gedanken würden sorgsam gehütet, um nicht die Gemeinschaft zu gefährden. Der Grund für die japanische Zurückhaltung gegenüber Definitionen von Glaubenssätzen sei also nicht nur das epistemologisch begründete Mißtrauen gegenüber jedem Begriff (von Gott bzw. dem Absoluten) – wie im Mahāyāna-Buddhismus seit Nāgārjuna selbstverständlich –, sondern die *andere soziale Funktion von Sprache* in Japan. Der christlich-buddhistische Dialog müsse eine Hermeneutik entwerfen, die jene unterschiedlichen Funktionen von Sprache in verschiedenen Kulturen bedenke.

Institut für Orientalische Religionen in Tōkyō

1969 gründete der Jesuit Heinrich Dumoulin (1905–1995) das *Institute of Oriental Religions* an der Sophia University in Tōkyō, das neben dem Gründer vor allem den Jesuiten Kadowaki Kakichi, William Johnston[81] und Hugo M. Enomiya-Lassalle, wichtigen Vertretern des zen-buddhistisch-christlichen Dialogs, eine Plattform gab und gibt. Symposia, Gelehrtenaustausch und wissenschaftliche Arbeit sind dabei das Hauptanliegen, weniger der Dialog als solcher. Deshalb können wir uns hier mit der kurzen Erwähnung des Instituts begnügen. Heinrich Dumoulins Beitrag zum Dialog kann aber wegen seiner kommentierten Übersetzungen von Zen-Texten *(Mumonkan* u. a.) und seiner monumentalen Geschichte des Zen-Buddhismus kaum überschätzt werden.[82]

Nanzan Institut in Nagoya

Ähnlich arbeitet das 1975 gegründete christliche *Nanzan Institute for Religion and Culture* in Nagoya, dessen jahrelanger Direktor Jan van Bragt (geb. 1928) im Dialog mit der Kyōto-Schule und vor allem mit Nishitani Keiji stand. Van Bragt hat aber in den letzten Jahren auch den Dialog mit dem Buddhismus des Reinen Landes gepflegt. Auch die Übersetzung der Hauptwerke von Tanabe Hajime durch den Amerikaner James Heisig, des jetzigen Direktors des Instituts, die laufenden „Nanzan Studies in Asian Religions" und die Zeitschrift *Japanese Journal of Religious Studies* (seit 1975) sind intellektuelle Wegmarken, an denen der buddhistisch-christliche Dialog weltweit nicht vorbeikommt. Außerdem erscheint jährlich ein *Bulletin*, das über die Aktivitäten auf akademischem Gebiet und im buddhistisch-christlichen Dialog (vor allem in Japan) informiert.

g) Tōzai Shūkyō Kōryū Gakkai

Die Tōzai Shūkyō Kōryū Gakkai (Japan Society for Buddhist-Christian Studies, JSBCS) arbeitet kontinuierlich seit 1982.[83] Als David Chappell von der Universität Hawaii das East-West-Religions Project mit der 1. Internationalen Konferenz *East-West Religions in Encounter* (1980) aus der Taufe gehoben hatte, trat der buddhistisch-christliche Dialog weltweit in eine neue Phase ein, und das Schwergewicht verlagerte sich nach Amerika. Angeregt von der Hawaii-Konferenz lud der protestantische Christ *Dohi Masatoshi* seine zwei theologischen Kollegen *Honda Masaaki* (Katholik, geb. 1929) und *Yagi Seiichi* (Protestant, geb. 1932) ein, in Japan eine wissenschaftliche Gesellschaft für den buddhistisch-christlichen Dialog zu gründen. Das erste Treffen fand vom 26.–28. Juli 1982 in Kyōto statt, mit etwa zwanzig evangelischen und katholischen Theologen und Philosophen aus der Tradition des Zen und des Reinen Landes sowie Buddhologen. Seither trifft man sich jährlich. Die Gesellschaft ist sogar besser organisiert als ihr amerikanisches Gegenstück: ein Hauptreferat wird jeweils von anderen kommentiert, und die gesamte Diskussion wird von Zen-Meister *Akizuki Ryōmin* als Spezialnummer von *Daijō Zen* (Mahāyāna Zen Buddhismus) publiziert. Die Gesellschaft hatte 1991 etwa 60 Mitglieder, und die Zahl wird begrenzt gehalten.

Zwei allgemeine Themen durchziehen die Diskussionen in der Gesellschaft:

1. Nishitani, Abe und andere verwiesen immer wieder darauf, daß Christen und Buddhisten gemeinsam der Säkularisierung und dem Werteverlust in der modernen Welt entgegenwirken sollten. Für sie, die aus der Kyōto-Schule kommen, ist das gegenseitige Verstehen von Christen und Buddhisten aufgrund der mystischen Erfahrung möglich, die wohl nicht identisch sei, aber in die gleiche Richtung der Selbsttranszendierung verweise.

2. Der Dialog ist schwierig, wenn nicht unmöglich, wenn Religionen als Institutionen mit bestimmter Ideologie und Identitäts- bzw. Machtinteressen auftreten. Religion in diesem Sinne solle zugunsten der interreligiösen Kommunikation überwunden werden. Um das zu erreichen, müsse man nach dem spirituellen Kern der Religion, d. h. nach der Praxis von „Offenbarung" und „Erwachen" fragen.

3. Sachprobleme

Wir *wollen nun drei Sachprobleme im buddhistisch-christlichen Dialog erörtern*, die seit Jahren in den genannten Dialogzentren behandelt werden und den Dialog auch außerhalb Japans prägen:

1. die Frage nach Umkehrbarkeit (Zen) und Unumkehrbarkeit (Buddhismus des Reinen Landes, Christentum) des Verhältnisses von Gott (Absolutes) und Mensch;
2. die Spezifika des christlichen Dialogs mit dem Buddhismus des Reinen Landes, der dem Christentum so ähnlich zu sein scheint;
3. die jüngste zen-buddhistisch-christliche Diskussion um die *kenosis* Gottes.[84]

a) Das Problem der Unumkehrbarkeit des Verhältnisses von Mensch und Gott

Die Debatte dieses Themas war von der Kyōto-Schule angestoßen worden, und die wichtigsten christlichen Reaktionen dazu kamen von Takizawa Katsumi (1906–1984) und Yagi Seiichi (geb. 1932).[85]

Eine zweite Phase der Diskussion wurde von dem Zen-Meister Hisamatsu Shin'ichi (1889–1980) geprägt, einem Religionsphilosophen und Schüler Nishidas, der zum Gesprächspartner Paul Tillichs wurde. Hisamatsu vertrat einen buddhistischen A-theismus: Ein objektiv vorgestellter Gott in christlicher oder Amida-buddhistischer Prägung sei Illusion oder mentale Projektion. Sofern der gegenständliche „Gott" *vorgestellt* werde, sei die letzte Tiefe des Erwachens nicht erreicht, denn das Formlose, das alles umfaßt und trägt, sei stets als das Absolute *Subjekt* gegenwärtig. Diese Kritik Hisamatsus hängt mit der von Abe geführten und oben beschriebenen Debatte um

Unumkehrbarkeit *versus* Umkehrbarkeit im Verhältnis Gott-Mensch zusammen.

Takizawa Katsumi

Takizawa Katsumi (1909–1984), Schüler Nishidas und von diesem zum Studium zu Karl Barth nach Europa geschickt, unter dessen Eindruck er evangelischer Christ wurde, begegnete auch Martin Heidegger, Rudolf Bultmann und Helmut Gollwitzer. Es ist wichtig zu wissen, daß sein Interesse am buddhistisch-christlichen Dialog keineswegs nur akademisch oder theologisch war. Während des Zweiten Weltkrieges hatte er sowohl Karl Marx als auch japanische Schriftsteller (vor allem Sōseki Natsume) studiert und sich Ende der 60er Jahre bei der auch in Japan vehementen Studentenrevolte auf die Seite der Studenten geschlagen, um eine Reform des Universitätssystems anzustreben. Dies führte zu seinem Rücktritt als Professor an der Kyūshū Universität, den er in einem offenen Brief begründete.[86]

Takizawa antwortete auf Hisamatsus A-Theismus und dessen zen-gemäßes Festhalten an der totalen Umkehrbarkeit des Verhältnisses von Buddha (dem Formlosen Selbst) und dem Menschen. In seinem Buch *Buddhismus und Christentum – Eine Auseinandersetzung mit Hisamatsu* (1960)[87] interpretiert er Hisamatsu als religiösen Atheisten und akzeptiert dessen Kritik des Pantheismus, Idealismus und dialektischen Materialismus auf dem Hintergrund des „Östlichen Nichts". Takizawa macht einen Unterschied zwischen dem primären Kontakt Gottes mit dem Menschen und dem sekundären Kontakt Gottes mit dem Menschen. Den primären Kontakt nennt er auch das „Urfaktum Immanuel": Gott mit uns. Dieses Urfaktum liege jedem Menschen unbedingt und unmittelbar zugrunde bzw. wohne ihm inne. Nicht alle Menschen aber seien zum Urfaktum erwacht. Wenn es aber geschehe, daß ein Mensch zu dem primären Kontakt Gottes mit dem Menschen erwache, komme religiöses Leben zustande. Dieses Ereignis, d. h. das *Erwachen* zum primären Kontakt bzw. die Aktualisierung desselben, nennt Takizawa den sekundären Kontakt Gottes mit dem Menschen. Nach Takizawa ist das Verhältnis zwischen dem primären und dem sekundären Kontakt als *„untrennbar-nicht-identisch-unumkehrbar"* zu bezeichnen, weil der historische Jesus Christus niemand anderes als Gott Immanuel im Menschen (Urfaktum) sei. Jesus Christus sei also nicht einfach identisch mit Gott, sondern die *Realisierung* desselben in der Geschichte. Genauso wird auch das Verhältnis von Gott und Mensch beim primären Kontakt bestimmt: *untrennbar*, weil Gott immer mit dem Menschen sei (Urfaktum Immanuel); *nicht-identisch*, weil Gott nicht Mensch (und umgekehrt) wäre; *unumkehrbar*, weil in der Heilsgeschichte Gott in Christus Mensch werde und nicht umgekehrt. Gott habe in allem den absoluten Primat – aus diesem Grund sei das Verhältnis zwischen Gott und Mensch streng unumkehrbar. Nach

Takizawa sind sowohl der Buddhismus als auch das Christentum Religionen, die sich auf den primären Kontakt gründen und in je spezifischer Form den sekundären Kontakt darstellen.

Darauf begründet Takizawa nun den Dialog zwischen Buddhismus und Christentum. Man wird hinzufügen müssen, daß Takizawa hier durchaus an die bekannte Denkform der *natürlichen Theologie* anknüpft, was für Katholiken und auch liberal-protestantische Theologen nicht ungewöhnlich war, wohl aber im Umkreis der *dialektischen Theologie* Barths[88] (die bis heute im japanischen Protestantismus höchst einflußreich ist) Anstoß erregte. Takizawa allerdings will sein Verständnis des sekundären Kontaktes, der untrennbar vom primären Kontakt sei, auf den späten Barth selbst zurückführen.[89]

In seiner Studie von 1960 kritisiert Takizawa dann auf dieser Basis Hisamatsus Religionsphilosophie. Der Zen-Atheismus gehöre zur Kategorie des primären Kontaktes – auch Hisamatsu stehe also in dieser Wirklichkeit. Weil dieser aber keinen klaren Unterschied zwischen dem primären und dem sekundären Kontakt mache, müsse das Zen-Erwachen, das aber doch von konkreten Bedingungen abhänge, zum Maß aller Dinge überhöht werden, was eine unzulässige Absolutsetzung relativer Erscheinungen sei. Die Zen-Einheit von Absolutem und Relativem, so Takizawa, sei eine unzulässige Vermischung des Begründenden mit dem Begründeten. Der Gott, den Hisamatsu ablehne, sei eine metaphysische Konstruktion, die nichts mit dem dynamischen Gott der Liebe zu tun habe.

Takizawa schätzt aber an Hisamatsu, daß er nicht nur vom absolut Formlosen, sondern vom Formlosen *Selbst* spricht. Dieses Selbst des absolut Formlosen kritisiere zu Recht die westliche Subjektivität und den Individualismus und könne den Weg für einen trans-individuellen Personalismus eröffnen, was bei Hisamatsu aber noch nicht geschehen sei. Vielleicht, so möchten wir zu bedenken geben, ist aber doch diese Perspektive in Hisamatsus Denken daran erkennbar, daß er – anders als Nishida – das Zen aktiv zu den sozio-ökonomischen Problemen der Gegenwart in Beziehung setzen konnte, als er die F.A.S.-Gesellschaft gründete.[90]

Takizawa folgte Barth in dessen Kritik am Anthropozentrismus liberalen Denkens und traf sich hier mit Hisamatsu in dessen Kritik am westlichen Nihilismus, konnte aber dessen Menschenbild nicht teilen, wenn es unter dem Eindruck des Zen-Erwachens die Sündlosigkeit und schon vollzogene Überwindung des Todes implizierte. Die *Unumkehrbarkeit* war für ihn der Garant gegen jede Hybris. Takizawa folgt Hisamatsu insofern, als die Struktur des modernen Selbst, das sich seiner selbst als Selbst bewußt wird, nur aufgrund des Formlosen Selbst möglich sei, das im Buddhismus als *dharmatā* (Wesens-*dharma*) *oder dharmakāya* (absoluter Dharma-Leib des Buddha) gedacht werde. Weil sich für Hisamatsu in der Substanzlosigkeit aller Erscheinungen (auch des Menschlichen) die Leere *(śūnyatā)*, das Nicht-

Selbst von *dharmatā* (für Takizawa das Transzendente oder die erste Person der Trinität), zeige, komme hier Hisamatsu dem nahe, was Takizawa selbst den primären Kontakt nennt. Hisamatsu kenne aber den sekundären Kontakt nicht, der in Christus vollkommen verwirklicht sei. Darum könne Hisamatsus Behauptung des Transzendierens von Sünde und Tod nur die *Form* derselben, nicht aber die Substanz transzendieren bzw. nur das Konzept von der Sünde, nicht aber deren tatsächliche Wirklichkeit, was schon immer der Fehler des *Idealismus* gewesen sei.

Auf der anderen Seite kritisiert Takizawa auch das traditionelle Christentum: Es ignoriere den Unterschied von Gott und Mensch in der Person Jesu, obwohl sonst dieser Unterschied selbstverständlich sei. Für Takizawa ist Jesus ein Mensch, der den sekundären Kontakt so vollkommen verwirklicht hat, daß er zum Maß alles Menschlichen wird. Das bedeute, daß der in allen Menschen unbedingt angelegte primäre Kontakt nicht erst durch Jesus und in Jesus zustande gekommen sein könne, was den *Absolutheitsanspruch* des Christentums *relativierte*.

Takizawas Position der „Unumkehrbarkeit" ist von Abe Masao, dem Schüler Hisamatsus und buddhistischen Wortführer in der *kenosis*-Diskussion, einer Gegenkritik unterzogen worden: Im Buddhismus herrsche letztlich völlige Umkehrbarkeit. Denn wenn man von Unumkehrbarkeit spreche, hafte man noch an etwas begrifflich Gegebenem an. Das ist für Abe ein Zeichen dafür, daß man noch nicht ganz vom „unterscheidenden Denken" frei ist, nämlich vom Wahn der Verabsolutierung von Unterschieden bzw. vom Dualismus. Für Abe sind, wie im Zen überhaupt, Ego und Selbst eine Einheit, die Zweiheit oder ontologische Abstufungen jeder Art ausschließt.

Für Akizuki Ryōmin hingegen[91], einst Schüler von D. T. Suzuki und jetzt selbst Zen-Meister und -Gelehrter, sind Individuum (Ego) und Überindividuum (Selbst) weder eins noch zwei. Aber sofern sie als zwei zu betrachten seien, könne eine bestimmte Rangordnung zwischen beiden angenommen werden, und zwar – wie Yagi Seiichi interpretiert – eher funktionell als substantiell.

Akizuki stimmt Takizawas Unterscheidung von primärem und sekundärem Kontakt zu und vergleicht dies mit der Unterscheidung von ursprünglicher *(hongaku)* und erworbener *(shigaku)* Erleuchtung im Zen. Takizawa habe allerdings Gott und Mensch für zwei unterschiedliche Substanzen gehalten und deshalb auf der strukturellen Unumkehrbarkeit beharrt (im Gegensatz zu Yagis funktioneller Unterscheidung), und das sei buddhistisch nicht denkbar: Weil der Buddhismus a-theistisch denke, seien *alle* Wesen Buddhas bzw. können zu solchen erwachen. Deshalb die Rede von der prinzipiellen Umkehrbarkeit, die – im typischen Zen-Paradox – auch bedeute, daß es keinen Unterschied von subjektivem Selbst und Wahrem Selbst gebe. Akizuki meint, daß Takizawa in einer sowohl-als-auch-Dialektik *(soku-hi)* die Dreiheit von „untrennbar – nicht-identisch – unumkehrbar“ denken wollte, er führt diese interessante Möglichkeit der Takizawa-Interpretation aber nicht weiter aus.

Yagi Seiichi

Yagi Seiichi (geb. 1932 in Yokohama) ist einer der einflußreichsten und originellsten christlichen Theologen in Japan und mit seiner dialogischen Theologie in den zumeist konservativen protestantischen Kirchen kaum akzeptiert. Er ist im Umkreis der Nicht-Kirche-Bewegung *(Mu kyōkai)* aufgewachsen und wurde Christ unter dem Eindruck Kierkegaards und Uchimura Kanzōs (1861–1930). Sein Studium in Deutschland führte ihn in die historisch-kritische Forschung ein; 1958 lernte er in Ulm Wilhelm Gundert, den Übersetzer des Zen-Klassikers *Hekiganroku* (chines. Bi-Yän-Lu) kennen. Yagi hatte bei der Lektüre dieser Übersetzung und besonders des berühmten Spruches „Offene Weite – nichts von heilig“, der Bodhidharma in den Mund gelegt wird, ein spontanes Zen-Erleuchtungserlebnis, das durch den Anblick eines gewöhnlichen Baumes ausgelöst wurde. Zen-Meister Akizuki Ryōmin kommentiert:[92] Yagi war von der Wahrnehmung der Dinge durch die Mattscheibe des Begriffs zur direkten Wahrnehmung *dieses* Baumes erwacht, d. h. er hatte die Kategorienprojektion des wahrnehmenden Subjekts, das damit das Wahrgenommene als Objekt setzt, überwunden.

Yagis Theologie ist der Versuch, die Bedeutung dieser Erfahrung im Zusammenhang mit seiner sehr persönlichen Jesus-Frömmigkeit auf dem Hintergrund neutestamentlicher Hermeneutik zu erfassen.

Yagi knüpft dabei an Takizawa an, widerspricht ihm aber in einem wesentlichen Punkt. Das Problem von Umkehrbarkeit versus Unumkehrbarkeit war schon in dem Buch *Buddhismus und Christentum. Eine Einladung zur Diskussion mit Takizawa* (1981),[93] an dem Abe, Akizuki, Honda und Yagi zusammengearbeitet hatten, ausführlich diskutiert, aber zu keiner Lösung gebracht worden, weshalb sich die Japan Society for Buddhist-Christian Studies immer wieder damit befaßt. Die Differenz zu Takizawa betrifft im wesentlichen zwei Gesichtspunkte:

Erstens möchte Yagi das Verhältnis von primärem und sekundärem Kontakt deutlicher machen. *Zweitens* geht er über Takizawa hinaus, wenn er den Text Gal 2, 19–20 (ein Schlüsseltext im Dialog mit der Kyōto-Schule) neu interpretiert. Der Satz des Paulus lautet: „*Ich bin durch das Gesetz dem Gesetz gestorben, damit ich Gott lebe; ich bin mit Christus gekreuzigt worden. Ich lebe, doch nicht mehr ich lebe, sondern Christus lebt in mir.*“ Yagi kommentiert: Das „Ich“, das Ego nämlich, ist einmal gestorben und wurde in Christo neu ins Leben gerufen. (2 Kor 5, 17) Was jetzt lebt, ist nicht mehr ein selbständig unabhängiges Subjekt, weil ihm „Christus in mir“ zugrunde liegt. Dies aber ist das wahre Subjekt des Glaubenden, das Yagi „das Selbst“

im Unterschied zum „Ego“ nennt und mit dem „wahren Menschen von keinem Rang“ (dem Über-Individuum) im Zen-Buddhismus vergleicht. Aus Gal 2,20 werde ersichtlich, daß Ego und Selbst sowohl eins als auch zwei seien, wobei dem Selbst der Primat zukomme. Anders als Takizawa sucht Yagi den Ausgangspunkt für sein Denken in der „unmittelbaren Erfahrung“. Er beruft sich dabei auf Nishida, beschreibt den Sachverhalt aber präziser im Zusammenhang seiner Dialoge mit erfahrenen Zen-Meistern.[94]

„Christus in mir“ wird von Yagi nicht bloß individuell, sondern als kollektive Größe verstanden. „Christus“ sei ganz in jedem Christen (Röm 8, 9–11), aber auch zugleich in der Kirche als Seinem Leib gegenwärtig (2 Kor 12). In diesem Sinne gleiche ein Teil dem Ganzen, und der Leib Christi, der aus vielen Teilen bestehe, bilde eine Einheit, ja sogar eine Person, entsprechend 2 Kor 12,12, wo die Kirche mit Christus gleichgesetzt wird. Deshalb sei Christus nicht nur das wahre Subjekt des einzelnen Gläubigen, sondern stehe ihm als die Mitte der Kirche zugleich auch gegenüber, so daß der Glaubende in ein personales Verhältnis zu Christus treten könne, ohne ihn zu einem „illusionären“ und „mythischen“ Gegenstand machen zu müssen. Von dem Buddhisten, der meist nicht in kollektiv-geschichtlichen Kategorien denkt, könne dies leicht übersehen werden.

Yagi argumentiert weiter, daß bei Jesus das sich substantiell-verabsolutierende Ego völlig verschwunden sei, indem er die Menschen und sein Geschick unterschiedslos und unbedingt akzeptierte (Mat 5, 45). Auf diese Weise habe er die wirkende Gottesherrschaft durch sich in der geschichtlichen Wirklichkeit realisieren können, die gleichwohl von selbst (*automaté*, Mk 4, 25) geschehe. In diesem Sinn vergleicht Yagi das Wort und die Tat Jesu mit der Grundposition des Zen.

Die Einheit des Göttlichen und des Menschlichen im Selbst ist für Yagi christologisch in der Zwei-Naturen-Lehre gedacht. In teilweisem Widerspruch zu Takizawa sagt er: Tatsächlich werde das Selbst im primären Kontakt durch den sekundären Kontakt aktiviert, was in gewissem Sinne der Unterscheidung von ursprünglicher Erleuchtung *(hongaku)* und erworbener Erleuchtung *(shigaku)* im Zen vergleichbar sei.[95] Bis zur Realisierung wäre also der primäre Kontakt irreal, denn das Sich-Zeigen oder die Offenbarung des „Selbst“ ist das „Erwachen“ zu demselben. *Insofern sei das Selbst eine Gabe und kein Besitz.* Anders ausgedrückt: Die Inkarnation des immanenten Logos (Jesus) müsse vom transzendenten Logos (dem ewigen Christus) unterschieden werden. Aber für Yagi ist der primäre Kontakt bzw. die Präsenz des transzendenten Logos (anders als bei Takizawa) *universal* realisiert. Das Neue Sein komme nicht erst mit Jesus in die Welt, sondern Jesus sei der erste realisierte Christ. Während also für Takizawa das Christusereignis noch entscheidend für die Realisierung des „Immanuel“ ist, haben für Yagi *alle* Menschen die Buddha-Natur bzw. den Christus-in-uns, und die Realisierung kann historisch sehr verschieden sein. Insofern könnte man sagen, daß Yagi durchdenkt, was Tillich nach seinem Japanbesuch bereits angedeutet hatte – daß nämlich der Eine Gott als Grund des Seins das Zentrum aller Religionen sei, was im Glauben, d. h. in der Überwindung des Ego durch das ihm transzendente Subjekt, realisiert werde. Für Yagi folgt daraus: Ein Christ, für den Christus als „Neues Sein" zum Zentrum seines Lebens geworden ist, unterscheidet sich nur konzeptuell von einem Shin-Buddhisten, dem das ursprüngliche Gelübde Amidas zum Zentrum seines wiedergeborenen Selbst geworden ist.

Yagi stützt diese Thesen durch sein Verständnis der „unmittelbaren Erfahrung", in der sich die eigentliche Struktur der Wirklichkeit als „Verschmelzung der Verschiedenen" zeige (Front-Struktur). Sein Beispiel ist die Wand zwischen zwei Zimmern: Sie gehöre einerseits zu dem einen Zimmer, andererseits zu dem anderen; und jeweils zum einen gehörig, sei sie *die Front* zum anderen und umgekehrt.[96] Yagi verbindet mit diesem Modell die Kritik an der Sprache, die einerseits „die Sache, wie sie ist" aufdecke, andererseits aber auch verhülle, indem der Mensch nämlich seine Begriffe in die Gegenstände hineinlese und die von ihm projizierten Begriffe für das Wesen der Dinge halte. Yagi hat diese Gedanken in seinem Programm der Religionsphilosophie als Hermeneutik weitergeführt, die wir hier aber nicht diskutieren können.

Diese Verhältnisbestimmung von unmittelbarer Erfahrung und Sprache wird untermauert von Yagi Seiichis Schüler Yagi Yōichi. Er konzipiert seine Sprachphilosophie aufgrund der religiösen Erfahrung (unmittelbare Erfahrung). Ausgehend vom Begriff des Zeichens bei Ferdinand de Saussure zeigt er, daß die Ordnung und Gruppierung von zu erfahrenden Dingen nicht etwa vorgegeben sei, sondern erst sprachlich konstruiert würde. Das heißt, daß das Zeichen eine Bestimmtheit habe, die im Realitäts-Chaos eine epistemische Ordnung schaffe: Es ist so, wie wenn wir in den Sternenhimmel verschiedene Sternbilder hineinlesen und gewisse Sterne miteinander verbinden bzw. sie von anderen trennen, damit wir Strukturen lokalisieren und identifizieren können. Was wir als Dinge oder Ereignisse bezeichnen, seien also nicht *facta*, sondern *facta dicta*. Dies werde intuitiv klar in der „unmittelbaren Erfahrung", die eine Unmittelbarkeit habe, die jeder Verbalisierung vorausgehe und deshalb die Sprachbestimmtheit unserer alltäglichen „Erfahrung" ans Licht bringe. Eine solche unmittelbare Erfahrung sei die Zen-Erfahrung.[97]

Honda Masaaki

Honda Masaaki, katholischer Religionsphilosoph aus Kita-kyūshū, hat die buddhistische *soku*-Logik (sowohl-als-auch) zum Ausgangspunkt des Dialogs und der Neuformulierung christlicher Theologie genommen. Ausgehend vom Begriff der Leere *(śūnyatā)* und des Entstehens in gegenseitiger

Abhängigkeit *(pratītyasamutpāda)* bezeichnet diese Logik die Koinzidenz der Gegensätze *(mujun-teki sosoku)*. Honda meint, daß dies nicht eine exklusiv buddhistische Denkweise sei, sondern eine grundlegende Einsicht, wenn nicht in allen Religionen, so doch jedenfalls auch im Christentum (z. B. Nikolaus von Kues). *Soku* bedeute weder, daß zwei Dinge zu einem vereint werden (Dualismus), noch daß zwei Dinge äußerlich verschieden erscheinen, obwohl sie im Wesen eins sind (essentialistischer Monismus). Denn in beiden Denkfiguren würde Einheit aus der Verschiedenheit abgeleitet, und somit wäre immer noch ein subtiler Dualismus vorhanden. *Soku* sei vielmehr die Beziehung der Koinzidenz von Gegensätzen, wobei keines im anderen aufgehe – so wie die Welle nicht das Wasser ist, beide aber auch nicht getrennt voneinander existieren. Auf diese Weise koinzidierten das sogenannte Absolute (Honda zieht die Bezeichnung „Trans-Relatives" vor) und das Relative, d. h. sie seien *soku*. Alle abstrakt einseitigen Positionen von Trennung *oder* Einheit müßten überwunden werden, weil eins im anderen *soku* sei. Die Welt sei nicht Eins *oder* Vieles, nicht Subjekt *oder* Objekt usw., sondern geformt von der Beziehung „Dualität in Einheit", „Einheit in Dualität" usw. (Yagi Seiichi hatte dies mit seinem Begriff der Front-Struktur ausdrückt.) Das Trans-Relative müsse sich nun selbst konstituieren durch die absolute Selbst-Negation desselben als Relatives. Das ist für Honda die *kenotische* (sich selbst entleerende) Liebe, die sich als Schöpfung ausdrückt. Die Transzendierung des konkreten Ortes oder die Projektion in ein objektiviertes Gottesbild (die in allen Religionen anzutreffen sei und mit dem menschlichen Erkennen zusammenhänge) vergleicht Honda mit dem Akt des Sehens: Wellenlängen des Mondlichtes treffen die Netzhaut des Auges, aber das gesehene Bild entsteht weder draußen noch an der Netzhaut, sondern im Sehzentrum des Gehirns, das aber sogleich das Bild objektiviert – wir *meinen*, den Mond „draußen" zu *sehen*. In ähnlicher Weise sei die Immanenz *soku* (sowohl-als-auch) Transzendenz Gottes zu begreifen. Während Honda damit die *Umkehrbarkeit* in der Gottesbeziehung begründen will, ist die von ihm *soku* postulierte Unumkehrbarkeit schwächer begründet, wie der amerikanische Theologe Paul Knitter kritisiert.[98]

Honda macht deutlich, daß seine *soku*-Logik die Existenz des Individuums nicht leugne, denn der buddhistische Satz von der gegenseitigen Abhängigkeit (weil A ist B, und umgekehrt) lenke die Aufmerksamkeit nicht nur auf die gegenseitige Abhängigkeitsstruktur, sondern auch auf A und B selbst, die allerdings nicht unabhängig voneinander existieren könnten. Die beiden Aussagen: „Gott und unser Selbst sind in einer Beziehung von Interdependenz und gegenseitigem Einwohnen (Umkehrbarkeit)", und „Gott ist die unabhängige Wirklichkeit und geht der Schöpfung voraus (Unumkehrbarkeit)" seien zwei Momente unseres Bewußtseins, die zusammen die Koinzidenz der Gegensätze (*soku*-Beziehung) in demselben Akt des Glaubens konstituieren. Im ersten Aspekt (Umkehrbarkeit) würden wir der trans-relativen Transzendenz Gottes in jedem Augenblick gewahr, und zwar an dem jeweils konkreten Ort, der durch den zweiten Aspekt (Unumkehrbarkeit) geschaffen würde.

Honda meint hier wohl Ähnliches wie Takizawa mit der Unterscheidung des ersten und zweiten Kontaktes Gottes mit dem Menschen. Yagi Seiichi stimmte Honda auf der JSBCS-Tagung von 1988 grundsätzlich zu, obwohl Yagi das Verhältnis zwischen Selbst und Ego für relativ unumkehrbar hält und im Selbst („Christus in mir") die Einheit des Göttlichen und des Menschlichen sieht.[99]

Vorläufiges Ergebnis

Gott und Mensch – eine unumkehrbare Beziehung oder nicht? Die Frage ist im buddhistisch-christlichen Dialog fundamental. Sie wird meist hoch abstrakt behandelt, aber sie beinhaltet die Frage nach den Möglichkeiten des Menschen: Hat er eine offene Zukunft? Ist er Herr seines Schicksals? Ist er in einem verläßlichen Grund verankert, auch wenn alle Sicherheiten des Menschen brüchig geworden sind? Steht er in der Verantwortung, die Krisen unserer Zeit zu bestehen, allein? Könnte diese religiöse Frage gesellschaftliche und politische Relevanz bekommen?

Die Frage nach Umkehrbarkeit oder Unumkehrbarkeit der Gottesbeziehung ist nicht einfach mit ja oder nein zu beantworten, weil die Ausgangsbedingungen der Fragestellung jeweils höchst verschieden sind. Weit über Japan hinaus hat das Problem auch auf der buddhistisch-christlichen Konferenz in Berkeley 1987 eine große Rolle gespielt. Dort hatte allerdings der Harvard-Theologe Gordon Kaufman eingewandt[100]*, das Problem würde viel zu intellektuell und abstrakt diskutiert. Der heutige Mensch erfahre die Dinge anders als zur Zeit der Entstehung von Buddhismus und Christentum, und davon müsse man ausgehen. Die Suche nach etwas Unumkehrbaren, so Kaufman, beschreibe die Hinwendung zu einem letzten Grund von allem, sei also substantialistisches Denken bzw. „foundational", während das Modell der Umkehrbarkeit eher einer holistischen Denkstruktur entspreche. Beides seien Metaphern mit historischen Wurzeln, die keine absoluten Ansprüche stellen könnten: Während einerseits die Suche nach der Verläßlichkeit eines letzten Grundes notwendig sei, öffne andererseits das holistische Denken einen unabdingbaren offenen Horizont.*

Diese abgewogene Zwischenbilanz zeigt trefflich, welche Möglichkeiten der buddhistisch-christliche Dialog eröffnet, wenn er über den Austausch von „Standpunkten" hinauswächst. Und in der Tat, die auf einer letzten Verläßlichkeit begründeten offenen Horizonte sind die beste Frucht des Dialogs!

b) Dialog mit dem Buddhismus des Reinen Landes

Seit Karl Barth 1939 im Band I/2 seiner Kirchlichen Dogmatik die Diskussion mit dem Amida-Buddhismus aufgenommen hat – auch wenn er ihm nur den Status eines „etwas primitiv verstandenen christlichen Protestantismus"[101] zuerkennen wollte – und seit Karl Barth, Emil Brunner und andere verblüffende Ähnlichkeiten der Gnadenlehre Shinrans (1173–1262, Begründer des Jōdo Shin-Buddhismus) und Luthers feststellten, hat der christliche Dialog mit dem Jōdo-Buddhismus einen besonderen Stellenwert. Der Amida-Buddhismus hatte sich in Japan (besonders die Jōdo Shin-Schule desselben) aber seit Ende des 19. Jahrhunderts angesichts der historisch fragenden neuen Buddhologie der Kritik zu erwehren, er sei gar kein echter Buddhismus und sei mit seiner Lehre von der Erlösung durch die „Andere Kraft" *(tariki)* in direkten Gegensatz zur ursprünglichen Betonung der Erlösung durch „eigene Kraft" *(jiriki)* geraten. Phänomenologisch stünde der Amida-Buddhismus dem Christentum nahe. Und aus diesem Grunde treten gerade Jōdo-Buddhisten nur zögerlich in den Dialog mit Christen ein und suchen eher die Abgrenzung, um ihre buddhistische Identität unter Beweis zu stellen. Zwischen der innerbuddhistischen Kritik durch das Zen und der Gefahr der Vereinnahmung durch Christen sind sie bestrebt, das spezifisch Eigene dieser buddhistischen Tradition zur Geltung zu bringen, die in Japan mehr Anhänger hat als alle anderen.

Der Streit, ob Jōdo Shinshū mit dem (in der *śūnyatā*-Lehre verankerten) Hauptstrom des Mahāyāna-Buddhismus übereinstimme, ist nicht neu. Bereits Dōgen (1200–1253) und Shinran (1173–1262), die Zeitgenossen waren, führten entsprechende Auseinandersetzungen. In jüngster Zeit hat z. B. D. T. Suzuki die „Orthodoxie" des Amida-Buddhismus verteidigt, und Jan van Bragt hat in jahrelangen Begegnungen und Studien die Argumente geordnet und veröffentlicht:[102] Man solle beachten, so van Bragt, daß zwischen der chinesischen und der japanischen Tradition des Reinen Landes ein erheblicher Unterschied bestehe, weshalb manche Deutungen unzureichend seien.[103] Alles hänge daran, wie das Verhältnis von *karman* und Gnade, die „Objektivität Amida-Buddhas" und die Beziehung zwischen Amida und dem Menschen bestimmt werde. Hierzu gebe es eine Kontroverse in der Jōdo Shin-Schule, aber die philosophische Reflexion bleibe merkwürdig unbestimmt und übernehme meist die klassische „Mahāyāna-Dogmatik" der Leere, Formlosigkeit und Impersonalität, auch wenn sich dadurch Widersprüche zum *religiösen Impuls* Shinrans, wesentlich zur Gnadenlehre, ergäben.[104]

Der Volksglaube in Japan versteht zweifellos Amida als *personales Gegenüber* des Menschen, der außerhalb des menschlichen Ich existiert, während philosophisch Amida als *Bewußtseinsprojektion* gedeutet werden muß.

Van Bragt argumentiert nun, daß der Widerspruch zwischen beiden Vorstellungen keineswegs so *oder* so entschieden werden müsse, wenn deutlich würde, daß *jede* religiöse Tradition *in sich* pluralistisch sei und Widersprüchliches enthalte, das formal logisch nicht vereinbar sei, so daß *logisch* eine kreative Spannung bleibe, die *religiös* gerade sehr fruchtbar sein könne. Jōdo Shinshū sei in diesem Sinne eine wirklich „kumulative Tradition" (Wilfred C. Smith). Wenn auch hinsichtlich des religiösen Impulses der Gnadenerfahrung Christentum und Jōdo Shinshū sehr ähnlich seien, bleibe der Amida-Buddhismus philosophisch doch in den Kategorien des Buddhismus beheimatet und somit dem Christentum fremd. Sowohl die Reduzierung auf christliche Glaubenserfahrung wie umgekehrt die Reduzierung auf die buddhistische Logik des Entstehens in gegenseitiger Abhängigkeit und der Leere entsprächen nicht dem Phänomen des Jōdo-Buddhismus. Im Dialog müsse aber – und das gilt für den gesamten buddhistisch-christlichen Dialog – dem lebendigen Glauben der Menschen mindestens ebensoviel Gehör geschenkt werden wie den philosophischen Systematisierungen! Der Amida-Buddhismus habe *in sich selbst* schon ein Gutteil dessen *verwirklicht*, worum es im buddhistisch-christlichen Dialog gehe, und gerade deshalb sei er eine tragfähige *Brücke*.

Van Bragt konkretisiert dies nun an drei Fragestellungen:

1. Amidas Gnade gegenüber dem Erwachen zur Weisheit;
2. Gnade gegenüber *karman*;
3. die „objektive" Existenz Amida-Buddhas als eines Erlösergottes und die buddhistische Bewußtseinsphilosophie.

1. Während im traditionellen philosophischen Buddhismus Barmherzigkeit *(karuṇā)* der Weisheit *(prajñā)* untergeordnet sei und erstere auf individuelle und spirituelle Belange beschränkt werde, erscheine dieses Verhältnis im Amida-Buddhismus eher umgekehrt.[105] Weil hier der Gläubige nicht durch ein „Prinzip", sondern durch das ursprüngliche Gelübde Amidas gerettet werde, folge daraus die Personalisierung des Rettenden. Merkwürdigerweise würde dies in der Jōdo Shinshū-Theologie nicht thematisiert. Allerdings sei ja auch in der christlichen Theologie die dynamische Sprache der Liebe von ontologisch-statischen Aussagen über Gottes unwandelbares vollkommenes Wesen zugedeckt worden.

Wir können hinzufügen: Das philosophische Sprachspiel tendiert in beiden Traditionen zu Abstraktionen, obwohl auf christlicher Seite die Dynamik der Liebe durchaus im Symbol der Trinität, auf buddhistischer Seite in der *Einheit* von *prajñā* und *karuṇā* bzw. in der *trikāya*-Lehre (der Buddha-Dharma wird durch abgestufte „Offenbarung" dem Menschen als historisch wirkender Lehrer *faßlich)* gedacht worden ist. Die *religiöse Primärsprache* allerdings, aus der der Glaube lebt, erzählt Geschichten von personaler Liebe, die sinnlich nachempfindbar sind. Diese Primärsprache weckt also die *emotionalen* Aspekte des *Glaubens*, während die *kognitiven* sekundären Abstraktionen der begrifflichen *Vergewisserung* dienen. Diese Unterscheidung trifft auf Christentum *und* Buddhismus zu, und im Vergleich müssen die jeweiligen Ebenen bedacht werden.

2. Van Bragt urteilt zurecht, daß ein strikt individuelles Verständnis von *karman* mit der gnadenhaft hereinbrechenden „Anderen Kraft" kollidiert. Ein solches individuelles Verständnis von *karman* ist aber im Mahāyāna angesichts der gegenseitigen Durchdringung aller Phänomene nicht zwingend. Im Reinen Land, so van Bragt, würde *karman* einerseits zur Beschreibung der *conditio humana*, nämlich der Sündhaftigkeit des Menschen, andererseits zum Aspekt der zuvorkommenden wirksamen Gnade Amidas uminterpretiert. Das frühere Gelübde Amidas, alle Menschen retten zu wollen, schaffe selbst ein karmisches Feld, in dem alles *karman*, das Individuen angesammelt haben, neu geordnet werde. Das Wechselspiel zwischen diesen beiden karmischen Strukturen *ist* das vergangene *karman*. Und dies ist sowohl in der Sprache des klassischen Mahāyāna-Verständnisses der Kausalität wie auch in der christlichen Vorstellung von der Geschichtlichkeit des Menschen faßbar, wie wir noch zeigen werden.[106]

3. Christlicher Glaube lebt aus der Ich-Du-Beziehung zu Gott. Die *devotionalen* Texte des Amida-Buddhismus scheinen ebenfalls eine solche Gottesbeziehung auszudrücken. Allerdings hat schon D. T. Suzuki betont, daß auch in der Volksdichtung eines Saichi, der zu den *myōkōnin* (heilige Volkshelden) gehört, die *Einheit* von Amida und dem Gläubigen unmißverständlich ausgesprochen werde.[107]

Aber wir müssen hinzufügen: Nur wenn der rettende Amida *unendlich* und *absolut* ist, kann der sündige Mensch *unbedingt* auf ihn vertrauen. In der Sprache Soga Ryojins, den van Bragt zitiert,[108] heißt diese enge Beziehung oder Durchdringung: „Der Tathāgata ist mein Selbst, aber ich bin nicht der Tathāgata", oder „Ich bin nicht Er, aber Er ist ich." Hier sei nicht einfach Identität ausgesagt, sondern es sei eine Identität in Nicht-Identität, die den Dualismus von Identität und Nicht-Identität überwinde *(fuichi funi*; nicht eins, nicht zwei). Das aber sei ebenso die Sprache des Zen und reflektiere die bereits erwähnte Debatte um Unumkehrbarkeit oder Umkehrbarkeit der Gottesbeziehung. Das Selbst-in-Einheit-mit-Amida sei ein „Selbst jenseits des Ich", in dem der Gegensatz von Immanenz und Transzendenz aufgehoben würde in einer Beziehung des Ineinander-Übergehens. Es handele sich beim buddhistischen (wie übrigens auch beim vedantischen und christlich-trinitarischen[109]) Nicht-Dualismus um die Dynamik der Transzendierung der Gegensätze, nicht um eine statisch-monistische Identität. Dann aber sei die Sache, von der man im Jōdo-Buddhismus spricht, nicht verschieden von dem Erwachen im Zen. Diese eine Sache erscheine jedoch in zwei verschiedenen Sprachgestalten.

Im übrigen hat Christiane Langer-Kaneko in einer Studie von 1986 diese Zusammenhänge herausgearbeitet:[110] Glaube sei bei Shinran weniger ein substanzhaftes Geschenk, das der Mensch von außen empfange, sondern „das Wirken des wahren und wirklichen Herzens Amida Buddhas im menschlichen Herzen", in christlicher Sprache also ein mystisches Einwohnen Christi. Der Gläubige sei, so Langer-Kaneko, nicht Subjekt und Amida Objekt des Glaubens, sondern die verehrende Anrufung des Buddha *(Namu-Amida-Butsu)* sei die „dynamische Realität" des Geschehens, das alle und alles umfasse.[111] Außerhalb des menschlichen Herzens gebe es keinen Buddha. Damit sei deutlich, daß der Jōdo Shin-Buddhismus nicht in den christlichen Kategorien des Ich-Du-Gegenüber interpretiert werde dürfe, worauf schon Hans Küng hingewiesen hat.[112] Langer-Kaneko zitiert hier den Jōdo Shin-Buddhisten Bandō Shōjun, der versucht, den Jōdo-Glauben in christliche Terminologie zu übersetzen: „Die Wirklichkeit, daß das alte Selbst gestorben ist und ein neues Selbst geboren wird, daß das alltägliche Ich gänzlich tot ist und das wahre Ich wiedergeboren wird, die Wirklichkeit also, dem alten Adam gestorben zu sein und in Christus zu leben, wobei das Kreuz des Selbst zugleich auch seine Auferstehung ist, dies ist die ‚Hinübergeburt', dies ist ‚Namu-Amida-Butsu'."[113]

Mit großer theologischer Klarheit hat Perry Schmidt-Leukel 1992 Shinrans Position in ihrer Beziehung zum Christentum herausgearbeitet.[114] Amida ist für ihn Schnittpunkt zweier Bewegungen: der Manifestation des Formlosen in der Form und der Erkenntnis des Formlosen durch die Form, also einer Bewegung „von oben nach unten" und „von unten nach oben",[115] wie wir sie auch aus der Christologie kennen. Die Aneignung der immer schon zuvor durch Amida gewährten Erleuchtungs-Realität geschieht in der „natürlichen Spontaneität" *(jinen)*, sie ist das natürliche, das ohne eigenes Zutun geschieht, die Andere Kraft *(tariki)*. Shinrans Postition sei daher ebensowenig „Erlösung durch Gnade" im christlichen Sinne wie die frühbuddhistische Haltung „Selbsterlösung" sei, und zwar in beiden Fällen aus dem gleichen Grunde: wegen des spezifischen Verständnisses von „Selbst" im Buddhismus, weil also die Befreiung keine „Tat" des „Ich", das als solches nicht existiert, sein kann.[116] Nach Schmidt-Leukel ähnelt die „Erlösung" vielmehr einem „Statuswandel, der wie ein passiv widerfahrender Austausch der Persönlichkeit gesehen werden muß". „‚Jinen' ist die ‚Andere Kraft', wo diese nicht länger im Gegensatz zur ‚Selbst-Kraft' steht, sondern als das Ende aller ‚Selbst-Kraft', die *einzige* (d. h. nicht-dualistische) Realität des Heilsgeschehens enthüllt, wo der Geist zum Buddha wird, bzw. erkennt, *daß er Buddha ist.*"[117] Shinran habe also keinen neuen Weg verkündet, sondern um die angemessene *spirituelle Haltung* gerungen, die zum ernsthaften Beschreiten des *einen* buddhistischen Weges notwendig sei.

Der buddhistisch-christliche Dialog hat in Japan auch das Gespräch zwischen den verschiedenen buddhistischen Traditionen gefördert. So kam es bei der 2. Jahrestagung der Japan Society for Buddhist-Christian Studies 1983 zu einem Dialog zwischen Jōdo Shin- und Zen-Buddhismus, bei dem die eben behandelte Problematik weitergeführt wurde: Der Jōdo-buddhistische Religionsphilosoph Hoshino Genpō entwickelte ein Gegenargument zu Hisamatsus Kritik an der Position des Jōdo-Buddhismus: Der jōdo-buddhistische Glaube erreiche durchaus die Tiefe des Formlosen Selbst im Sinne Hisamatsus, was bei Shinran selbst deutlich werde. Shinran sei sich seiner Erleuchtung bewußt gewesen und glaubte sich schon zu Lebzeiten im Reinen Land, während nach dem geläufigen Jōdo Shin-Glauben der gläubige Mensch erst nach seinem Tod im Reinen Land geboren werde, um dort zur Erleuchtung zu kommen. Shinrans Erfahrung des Glaubens *(shinjin)*, so erklärt andernorts der Shin-Buddhist Kenneth K. Tanaka,[118] sei eine Erkenntnis der Verbindung mit dem ganzen Universum, weshalb für Shinran das individuelle Schicksal nach dem Tode weniger wichtig gewesen sei. Dann aber hätte Shinran die letzte Tiefe des Zen gekannt, in der Formloses Selbst und Ego eine untrennbare Einheit bilden. Da Shinran andererseits aber den krassen Gegensatz von Ego und Formlosem Selbst wegen der Sündhaftigkeit des Menschen scharf erkenne, sei für ihn Amida Buddha vom Menschen auch radikal verschieden.

4. Ergebnis und Ausblick

Ergebnis

1. Obgleich auch in Japan die buddhistisch-christlichen Beziehungen durch die Geschichte belastet sind, besonders weil schon seit dem 16. Jahrhundert das Christentum als fremd gegenüber „japanischen Werten" und als politische Bedrohung empfunden wurde, überwiegt heute die Tendenz zu einer *gemeinsamen Frontstellung* gegenüber Atheismus und Materialismus.

2. Die christlichen Gemeinden wie auch die buddhistischen monastischen Institutionen sind, von Ausnahmen und Höflichkeitsbesuchen abgesehen, noch relativ wenig vom Dialog betroffen. Besonders der philosophische und spirituelle Dialog aber ist in Asien nirgends sonst so ausgeprägt wie in Japan. Die Zen-*Philosophie* präsentiert sich in der Kyōto-Schule als religiöse Antwort auf den europäischen Nihilismus und Existentialismus. Die Zen-*Praxis* erfaßt die Kirchen (mehr außerhalb als innerhalb Japans) und trägt wesentlich zu einer Erneuerung der Meditation und der mystischen Traditionen im Christentum bei.

3. Philosophisch-theologisch kreist der Dialog vor allem um die Frage der Unumkehrbarkeit oder Umkehrbarkeit der Beziehung von Mensch und Gott. Die japanische *soku*-Logik als Beziehung der Koinzidenz von Gegensätzen, wo kein Aspekt im anderen aufgeht, sondern eins im anderen koinzidiert, erscheint gegenwärtig als am meisten diskutierte Lösung des Problems.

4. Auch der Buddhismus des Reinen Landes beschreibt in seiner Glaubenslehre nicht die Dualität von Gott und Mensch, sondern die dynamische Realität des Erwachens bzw. der Neugeburt zum wahren Selbst oder zum wirklichen Menschen, was christlich im Symbol der Auferstehung angeschaut wird. Der Glaube ist das Wirken Amidas im menschlichen Herzen, was dem paulinischen „Christus in uns" entsprechen soll.

5. Die religiöse Praxis in jeder Religion wie auch der interreligiöse Dialog sollten unterscheiden zwischen der *religiösen Primärsprache*, aus der der Glaube lebt und die Geschichten von personaler Liebe erzählt, die emotional nachempfindbar und oft paradox sind, und der *kognitiven Sekundärsprache*, die begriffliche *Vergewisserung* sucht, um die religiöse Erfahrung in den Gesamtzusammenhang der intellektuellen und sozialen Bezüge menschlichen Lebens zu stellen. Beide Sprachen sind notwendig, und sie müssen im Dialog als solche anerkannt werden. Sie sind aber auch zu unterscheiden, weil sonst Mißverstehen des anderen unvermeidlich wäre.

6. Im praktischen Dialog der internationalen Friedensarbeit ist vor allem die buddhistische Laienorganisation Risshō Kōsei-kai engagiert. Die Dialogbereitschaft hängt dabei mit der religionstheologischen Einsicht in die verheerenden Auswirkungen eines isolationistischen Nationalismus zusammen, der Japan in den Krieg getrieben hatte. Die Reflexion der Schuldfrage führt hier, wie auch auf christlicher Seite, zu interreligiöser Kooperation.

Ausblick

7. Die Fragen angesichts des Traditionsabbruchs in modernen Industriegesellschaften sind in Japan und Europa/Amerika durchaus vergleichbar. Während in Japan diese Krise aber zu einer Neuformulierung der *Philosophie des Zen* im Dialog mit der deutschen Philosophie des 19. Jahrhunderts geführt hat, verbreitet sich die *Zen-Praxis* in Europa und Amerika zunehmend auch in christlichen Kreisen. Die Debatte in Japan zeigt, daß das Zen nicht ohne weiteres vom Buddhismus abgelöst werden kann; der Austausch wird also die religiös-philosophischen Denkformen weiter verändern. Dies äußert sich bereits darin, daß Christen viel weniger von Gott als dem „ganz Anderen" (Transzendenz Gottes) sprechen, sondern im Dialog an die christlichen Traditionen anknüpfen, die von „Gott in der Welt" (Immanenz Gottes) sprechen. Diese Tendenz wird sich wohl verstärken.

8. Die Zukunft des Dialogs in Japan wird wesentlich davon abhängen, ob es gelingt, die philosophische Debatte mit den Fragen der praktischen religiösen Lebensgestaltung zu verbinden, die zahllose Menschen angesichts der Modernisierung in der Industriegesellschaft stellen: Entwurzelung, Individualisierung und Identitätsverlust sind Erscheinungen, die auch in Japan vor allem die jüngere Generation verunsichern. Die Suche nach ganzheitlichen Werten, menschlicher Kommunikation und spiritueller Gewißheit

müßte darum auch im interreligiösen Dialog viel konkreter als bisher Berücksichtigung finden. Erst dann könnte sichtbar werden, ob die Begegnung von Buddhismus und Christentum in Japan Lösungen für die konkreten Zukunftsfragen und Identitätsängste der Menschen in den heutigen Industriegesellschaften anbietet, die auch in Europa und Amerika Bedeutung hätten.

V. Deutschland

In Deutschland begründete sich die Begegnung mit dem Buddhismus zunächst auf eine Begeisterung für die fremde Philosophie, die so viel rationaler als das Christentum zu sein schien. Intellektuelle konvertierten zum Buddhismus, nicht ohne eine deutliche und gewollte Abgrenzung von ihrem christlichen Hintergrund.[1] *Später traten vor allem die Meditationsschulen des Buddhismus einen Siegeszug an. Das rationale westliche Denken wollte sich durch die meditative Intuition des Ostens ergänzen lassen. Trifft diese Annahme vom meditativen Osten und dem rationalen Westen aber wirklich zu? Und was wird aus der europäischen Identität, wenn scheinbar fremde psychische und geistige Haltungen die abendländisch-geistige Gestimmtheit grundlegend verwandeln sollten? Was sind die Perspektiven für unser menschliches Selbstverständnis und die Weiterentwicklung des Christlichen in Europa? Ist der Buddhismus in Deutschland eine Modeerscheinung, oder wird er dafür sorgen, daß die christlich-abendländische Tradition abbricht und zum Ende kommt, oder zeichnen sich Synthesen ab, deren Tragweite noch nicht abzusehen ist, die aber doch schon Konturen erkennen lassen?*

Man kann die Entwicklung des deutschen Buddhismus und den daraus folgenden Dialog mit dem Christentum in drei Phasen einteilen:
1. die Auseinandersetzung mit den buddhistischen Quellentexten,
2. die Meditationsbewegung,
3. die Einkleidung des Buddhismus in eine europäische Form.[2]

1. Auseinandersetzung mit den Quellen

Sowohl die Übersetzungsarbeit im deutschen Sprachraum als auch die Begeisterung einiger Intellektueller, in Asien verschiedenen buddhistischen Mönchsorden beizutreten, geht im wesentlichen auf Arthur Schopenhauer und die Lektüre seiner Schriften zurück.[3] Vor Schopenhauer kannte man den Buddhismus kaum; Hegel wußte ihn zwar schon vom Hinduismus abzugrenzen, hatte aber keine Detailkenntnis der einzelnen philosophischen Schulen, und auch Schopenhauer konnte den Buddhismus nicht sachgemäß von der hinduistischen Philosophie des Vedānta unterscheiden.[4] Schopenhauer glaubte, die große Ähnlichkeit zwischen Buddhismus und Christentum in der radikalen Weltverneinung und der pessimistischen Anthropologie der beiden Religionen sehen zu können. Nietzsche übernahm dieses Urteil, um dann aber im Gegensatz zu Schopenhauer genau aus diesem Grund sowohl Buddhismus als auch Christentum anzugreifen und den „Willen zur Macht" jenem angeblichen Verzicht auf den Willen in den beiden „nihilistischen" Religionen entgegenzusetzen.[5] Es ist wichtig, diese geistesgeschichtliche Konstellation zur Kenntnis zu nehmen, denn die Religionskritik des 19. Jahrhunderts, und besonders Nietzsches, war zunächst gegen beide Religionen gemeinsam angetreten, und zwar wegen der Frustration am Christentum, die man auch auf den Buddhismus projizierte. Das Verdikt des Pessimismus und der Weltverneinung blieb jedoch am Buddhismus haften und verstellt teilweise bis heute eine sachgemäße Auseinandersetzung.[6]

Der Wiener Gelehrte Karl Eugen Neumann (1865–1915) sowie auch Paul Carus (1852–1919)[7] gelangten durch Schopenhauer in den 1880er Jahren zum Buddhismus. Neumann, der aus der jüdischen Tradition stammte, gab 1892 eine erste Anthologie der Reden des Buddha in deutscher Übersetzung heraus und erwarb sich durch eine Indien- und Ceylonreise 1894 direkte Kenntnisse der Geisteswelt und Umwelt des Buddhismus. Neumann lebte unter größten Entbehrungen als Privatgelehrter, wie viele nach ihm, die sich um die Übersetzung buddhistischer Texte verdient gemacht haben; die deutsche Universität hat in jener Zeit – ganz im Gegensatz zur englischen – wenig zur sprachlichen Erschließung der Quellen beigetragen.[8] Kurz zuvor hatte im Jahr 1888 der vom Judentum zum Buddhismus konvertierte Mathematiker und Ingenieur Friedrich Zimmermann (1851–1917) bereits einen „Buddhistischen Katechismus" veröffentlicht, der bahnbrechend für eine breite akademisch gebildete Mittelschicht in Deutschland wurde.[9] 1903 gründete Karl Seidenstücker (1876–1936) in Leipzig den „Buddhistischen Missionsverein in Deutschland" und hielt von Oktober 1903 bis März 1904 eine öffentliche Vorlesungsreihe über Buddhismus in Leipzig, in der der Buddhismus als „transzendentaler Idealismus" vorgestellt und „apologetische Streiflichter" gegen das Mißverständnis des Buddhismus als Nihilismus durch christliche Theologen und Kritiker gesetzt wurden.[10] Der Name des Vereins war Programm, das nicht unumstritten war, denn es gab zahlreiche Buddhisten, die gerade nicht mit christlichen „Missionsstrategien" in Verbindung gebracht werden wollten. So erfolgte 1906 eine Umbenennung in „Buddhistische Gesellschaft für Deutschland". 1905 gab man die erste Zeitschrift heraus, die ihren Namen häufig wechselte („Der Buddhist", „Buddhistische Warte", „Mahabodhiblätter").[11] Der Verein löste sich 1911 auf. Im gleichen Jahr konnte allerdings Seidenstücker seine Anthologie mit Texten aus der Kürzeren Sammlung der Lehrreden des Buddha („Pāli-Buddhismus in Übersetzungen") herausgeben, deren zweite Auflage (1923) weite Verbreitung fand. 1909 war inzwischen die Deutsche Pāli-Gesellschaft von dem Berliner Arzt Paul Dahlke (1865–1928), Seidenstücker, Markgraf und anderen gegründet worden, die vor allem Teile des Aṅguttara-Nikāya publizierten. Sehr schnell kam es aber zu erheblichen Spannungen zwischen einer monastischen und Theravāda-orientierten Strömung (Markgraf) und einem auf Mahāyāna-Idealen aufbauenden Buddhismus für Laien (Seidenstücker), woran die Gesellschaft 1913 schließlich zerbrach.[12] Während der ersten beiden Jahrzehnte dieses Jahrhunderts wurden viele kleinere buddhistische Gemeinschaften gegründet, die allerdings nicht von Dauer waren, mit Ausnahme der 1921 von dem Juristen Georg Grimm (1868–1945) und Karl Seidenstücker in München gegründeten „Buddhistischen Gemeinde für Deutschland", die in christlichen Kreisen als „Aristokratenreligion" bezeichnet wurde, weil die Lehre des Buddhismus eine „hochentwickelte Intelligenz" voraussetzen würde.[13] Grimms Hauptwerk „Die Lehre des Buddho, die Religion der Vernunft" kam 1915 bei Piper in München heraus und erlangte große Verbreitung. Grimm hatte ursprünglich Theologie studiert und war wegen ernster Zweifel an Theologie und Kirche zur juristischen Fakultät übergewechselt.[14] Sein Verständnis des Buddhismus als rationales System vertiefte sich im Laufe der Jahre, und so kam er zu einem „religiös-gemütsmäßigen" Erfassen des Buddhismus[15], weshalb er der 15. Auflage seines Buches von 1957 den Untertitel „Die Religion der Vernunft und der Meditation" gab: Die Betonung der *Meditation* entsprach allerdings, wie wir sehen werden, auch dem Zeitgeist. Demgegenüber vertrat Paul Dahlke weiterhin die empirisch-rationalistische Richtung innerhalb des deutschen Buddhismus, und zwischen beiden Tendenzen ist es immer wieder zu Spannungen gekommen.[16] Dahlke hatte im Jahr 1900 den Buddhismus in Ceylon näher kennengelernt und war vornehmlich aus rational-intellektuellen Gründen konvertiert. Er gründete 1924 das „Buddhistische Haus" in Berlin-Frohnau, übersetzte Texte aus dem Pāli-Kanon und schrieb über den Buddhismus aus der Sicht europäisch-analytischen Denkens. Die Nationalsozialisten verboten 1942 die buddhistischen Zusammenkünfte in Frohnau (wie auch sonst in Deutschland) und 1957 ging das Haus in ceylonesische Hand über. Es ist in den 70er und 80er Jahren wieder verstärkt Zentrum der wachsenden Zahl von Buddhisten in Berlin geworden und öffnete sich auch für Mahāyāna-Buddhisten.

Nach 1945 erlebte der Buddhismus in Deutschland viele Neugründungen von Basisgruppen und Zentren. Der deutsche Zweig der Mahabodhi-Gesellschaft[17] ging 1952 in der „Buddhistischen Gemeinde Deutschland" auf, der die bereits bestehenden größeren deutschen Zentren aber fernblieben. Mehr Erfolg war der „Deutschen Buddhistischen Gesellschaft" beschieden, die 1955 vor allem von den Münchner, Hamburger und Berliner Gruppen gemeinsam gegründet wurde. Aus ihr ging 1958 die „Deutsche Buddhistische Union" als „Dachverband"[18] für die vielen einzelnen Gruppen hervor, der den regionalen Zentren größte Selbständigkeit lassen, gleichzeitig aber auch die Zusammenarbeit fördern sollte. Es wurden nur Organisationen, nicht Einzelpersonen aufgenommen, und die einzelnen Lehrtraditionen wurden nicht angetastet. 1985 konstituierte sich in Hamburg die „Buddhistische Religionsgemeinschaft in Deutschland" mit eigenem Bekenntnis als Körperschaft öffentlichen Rechts, die sich aber wegen der Unterschiede zwischen deutschen und ethnisch-vietnamesischen Buddhisten sowie wegen der den christlichen Kirchen entsprechenden, dem Buddhismus aber eher fremden Rechtsform, nicht halten konnte.

Die Zersplitterung der buddhistischen Bewegung in Deutschland hat mehrere Gründe. *Erstens* waren von Anfang an die Zentren auf die Initiative einzelner Gründer angewiesen, deren Wirkungsmöglichkeit regional begrenzt war. Man verstand aber *zweitens* den Buddhismus als Alternative zum organisierten Kirchenchristentum, vor allem also als Persönlichkeits- und Geistesschulung des einzelnen, weshalb jede Institutionalisierung mit Mißtrauen betrachtet wurde. *Drittens* hatten die Gründer den Buddhismus auf verschiedene Weise kennengelernt; sie folgten verschiedenen Traditionen oder Lehrmeistern – der offensichtliche Unterschied von Theravāda und Mahāyāna ist nur die allgemeinste Trennung, die erst nach dem Zweiten Weltkrieg Bedeutung erhielt, da Mahāyāna-Texte zunächst kaum bekannt waren und wenn doch, meist als un-buddhistisch fehlinterpretiert wurden. *Viertens* projizierte man auch (individuell sehr verschiedene) Erwartungen auf den Buddhismus, die sich vor allem aus der Suche nach einer rational begründeten Religion und der Ablehnung des Christentums nährten.

a) Erneuerung des Christentums durch den Buddhismus?

Gegen Paul Dahlkes und Georg Grimms betonte Abgrenzung vom Christentum wandte sich 1955 Hellmut von Schweinitz mit seiner Schrift „Buddhismus und Christentum", die merkwürdigerweise heute fast völlig vergessen ist.[19] Schweinitz legte damit eine der wenigen detaillierten christlichen Antworten auf die Buddhisten in Deutschland vor, die nicht von Polemik, sondern vom Geist dialogischen Verstehens beseelt war. Er begrüßte die Ankunft des Buddhismus in Deutschland und verband damit die Hoffnung auf eine Erneuerung des Christentums. Viele seiner Anregungen sind erst im späteren Dialog fruchtbar geworden. Wir gehen ausführlicher auf von Schweinitz ein, weil sich, ausgehend von seiner Vision vor vierzig Jahren, im Rückblick Tendenzen der buddhistisch-christlichen Begegnung in Deutschland erkennen lassen, deren Wirkungskraft möglicherweise auch in die Zukunft reicht.

Angeregt durch die Arbeiten des Marburger Theologen und Religionswissenschaftlers Friedrich Heiler (1892–1967), versuchte er einen Vergleich von Buddhismus und Christentum, indem er zunächst historische Abhängigkeiten annahm, von denen sich die meisten jedoch nicht beweisen lassen. Aber bei der Herausbildung der Religionen, der Hierarchien und Institutionen, der Buddhologie und Christologie sieht er zu Recht viele strukturelle Parallelen: So rühmt er beispielsweise Aśokas Staat als eine Demokratie im Geiste, die ihresgleichen in der christlichen Geschichte nicht habe.[20] Auch Parallelen in der Lebensgeschichte der Religionsstifter und den Wundererzählungen werden genannt. Daß jedoch literarkritisch, inhaltlich, religionssoziologisch und wirkungsgeschichtlich größte Unterschiede zwischen frühem Buddhismus und frühem Christentum bestehen, verschweigt der Verfasser gänzlich: So haben der Einzug des Buddha in Kapilavastu und derjenige Jesu in Jerusalem weder typologisch noch phänomenologisch etwas miteinander zu tun, was von Schweinitz nicht bemerkt zu haben scheint. Dennoch bestimmt er andere wichtige Unterschiede mit erstaunlicher Treffsicherheit: den soziologischen Hintergrund beider Religionsstifter, das Verhältnis zwischen Gottes Gnade und Eigenanstrengung, die Stellung der Stifter (Christus als der Weg, Buddha als Wegweiser) sowie vor allem die Auffassung vom Leiden: Während Jesus das Leiden durch seinen Kreuzestod verwandele, „entfliehe" ihm der Buddha durch Abkehr von *allen Emotionen*, d. h. er müsse es ablehnen, sich auf Haß *und* Liebe einzulassen.[21]

Wenn man auch heute genauer zu differenzieren weiß,[22] so hat doch von Schweinitz mit seinen Bemerkungen schon früh einen wichtigen Nerv im buddhistisch-christlichen Dialog getroffen. Er argumentiert nicht polemisch, sondern spürt, daß das Christentum durch die Begegnung mit dem Buddhismus verwandelt werden wird und umgekehrt. Er spricht von einem „erfüllten und unerfüllten Buddhismus im Christentum" und einem „erfüllten und unerfüllten Christentum im Buddhismus".[23]

Zunächst weist er Dahlkes und Grimms Ablehnung des Christentums mittels der Argumente des buddhistischen A-Theismus zurück. Der Atheismus des Buddha könne überhaupt nicht mit dem neuzeitlich-europäischen Atheismus verglichen werden. Buddha sei nicht gottlos, sondern lehne den persönlich-anthropomorphen Gottesbegriff ab, und zwar nicht um Gott zu leugnen, sondern aus Ehrfurcht angesichts der unaussprechlichen Größe Gottes. Ähnlich wie ein Meister Eckhart oder Angelus Silesius habe der Buddha die Undefinierbarkeit Gottes betonen wollen, und er stehe damit „dem lebendigen Gottesgedanken vielleicht näher als das anthropomorphe Gottesbild, das sich so viele Christen machen".[24]

Wir können von Schweinitz zustimmen, müssen allerdings hinzufügen, daß sich auch in den Dörfern Sri Lankas, Burmas, Thailands, Chinas, Koreas und Japans ebenso viele Buddhisten ein antropomorphes Bild des vergöttlichten Buddha machen! *Es handelt sich nicht um den Unterschied von Christentum und Buddhismus, sondern von volkstümlicher und epistemologisch reflektierter Religion.* Wenn man diesen Unterschied nicht berücksichtigt, wird immer wieder Unvergleichbares miteinander verglichen. Das „Schweigen des Buddha" angesichts der Frage nach Gott kann im Dialog für Christen ein Hinweis auf die notwendige Erkenntnis sein, daß jedes Gottesbild voller menschlicher Projektionen ist. Wir meinen, daß von Schweinitz auch Recht hat, wenn er schreibt: „Erst wenn wir den schweigenden, unerforschlich-erhabenen Daseinsgrund wiedergefunden haben, können wir das Licht aufleuchten sehen, das in dem aus der anfanglosen Weltenursache heraustretenden schöpferischen Lebensprinzip, das wir Christus nennen, in Erscheinung getreten ist."[25]

Von Schweinitz meint im Sinne der theologisch beliebten Erfüllungstheorie, daß sich in Jesus Christus das vollende, was mit dem Buddha begonnen habe. Er vertritt die Theorie einer geistigen Stufenentwicklung, die an der Aktivierung der *cakras* als geistiger Energiezentren entlang der Wirbelsäule (die für ganz Indien maßgebend ist), ablesbar sei.[26] Drei wichtige Stufen innerhalb dieser Entwicklung seien Erleuchtung, Verklärung und Verwandlung. Während sowohl Gautama Śākyamuni als auch Jesus zur Erleuchtung und Verklärung gekommen seien (entsprechende Berichte gäbe es von beiden), bleibe es Christus allein vorbehalten, den Schritt zur Verwandlung in Kreuz und Auferstehung zu vollziehen. In seinem verwandelten Auferstehungsleib komme die *ātman*-Wirklichkeit[27] zum Durchbruch, wodurch das Leiden der Welt verwandelt und geheiligt werde. Christus sei somit der Vollender dessen, was der Buddha begonnen habe. „Christentum ist erfüllter Buddhismus. Aber diese Erfüllung liegt noch in weiter Erdenzukunft. Der Auferstehungsmorgen der Menschheit ist noch ein ferner Traum."[28]

Dies bedeutet also, daß in Christus allein der Anbruch dieser Verwandlung der Wirklichkeit schon gegeben, in der Kirche aber noch lange nicht aktuell sei. Mit Ostern sind nach von Schweinitz „höhere Kräfte ins Dasein geströmt", die der Buddha nicht kennen konnte und weshalb er letztlich die Welt der Erscheinungen habe ablehnen müssen. In Christus hingegen werde kein Aspekt der Wirklichkeit verworfen, sondern alles verwandelt – auch die Kirche, wie der Verfasser hofft. Die Christen müßten aber zu dieser Weisheit erst erwachen, indem sie sich wieder auf ihre lange und oft verschmähte mystische Tradition besinnen sollten: „In der Mystik begegnen sich Buddhismus und Christentum. Hier gibt es zwischen beiden viel mehr Gemeinsames als Unterschiedliches, mögen auch Ausgangspunkt und Zielbewertung anders sein."[29] Von Schweinitz fordert außerdem, den Reinkarnationsglauben ernst zu nehmen, denn er könne den Menschen angesichts der so oft nicht geglückten Vollendung der eigenen Lebensgestaltung mit Gleichmut und Lebensweisheit erfüllen. Für viele Christen sei der Glaube ein „bequemes Ruhepolster" geworden, und das „Schielen nach ewiger Ruhe, während man die Zwischenwelten und Zwischenzeiten dem Bösen überläßt", sei tatsächlich eine völlig unchristliche Haltung. Manche Christen meinten gar, nicht sie, sondern der Buddha sei es, der „nach dem Jenseits schiele, ohne sich im Diesseits zu engagieren".

Nein, die Christenheit brauche vielmehr neue Erkenntniskräfte, ein neues „Geistorgan“,[30] um Christus zu erkennen. Der Buddhismus als Erkenntnisreligion sei *innerhalb* des Christentums zu entdecken, und das sei der „unerfüllte Buddhismus im Christentum“. Dabei geht es von Schweinitz aber nicht nur um theologische Erkenntnisse, sondern vor allem um die buddhistische Meditationspraxis. Buddhismus, Hinduismus und Christentum vereinen sich, so von Schweinitz, in der Erwartung der Herabkunft des einen göttlichen Herrn, auch wenn die asiatischen Religionen noch nicht erkannt hätten, daß dieser in der Gestalt Jesu bereits gekommen sei und das *avatara*-Ideal des hinduistischen Viṣnuismus wie auch den Maitreya-Mythos der Buddhisten bereits erfüllt habe. Aber die Zukunftshoffnung sei auch für die Christen als Erwartung der Wiederkunft Christi eine *Verheißung*, wobei von Schweinitz offen läßt, ob er an eine Wiederkunft Christi im Geist derer denkt, die durch Meditationserfahrung und Transformation ihres Lebens den „Christus in uns“ lebendig werden lassen oder an eine äußere geschichtliche Wiederkunft. Jedenfalls zeichne sich eine faktische Erfüllung von Buddhismus und Christentum im gegenseitigen Lernen ab, wenn nur die Christen den Ruf zur inneren Erfahrung durch Meditation, die der Buddhismus anbietet, nicht überhören wollten. „Hier bahnt sich eine Oekumene an, gegenüber der die der gegenwärtigen Christenheit verblassen würde, eine neue Katholizität, die den Begriff des Katholischen weltenweit über sich hinauszutreiben vermöchte.“[31]

In den fünfziger Jahren waren solche Worte ungewöhnlich und geradezu prophetisch, auch wenn einige Urteile von Schweinitz' im einzelnen dem gegenwärtigen religionswissenschaftlichen Urteil nicht standhalten und die Erfüllungstheorie, wie wir heute wissen, religionstheologisch problematisch ist, da die Gefahr besteht, daß man den Buddhismus christlich vereinnahmt und die Wirklichkeit des religiösen Pluralismus kulturimperialistisch zu überwinden versucht. Dennoch sind hier bereits fast alle wichtigen dialogischen Themen der 80er und 90er Jahre angesprochen worden, und zwar in der Hoffnung, angesichts der bei vielen Zeitgenossen verflachten religiösen Erfahrung ein erneuertes, in der mystischen Spiritualität gegründetes, Christentum in Deutschland zu erwecken. Genau dieses Motiv ist typisch auch für die Reaktion von Christen auf die buddhistischen Meditationsbewegungen in Deutschland.

2. Meditationsbewegungen

Die Hinwendung einiger herausragender Deutscher zum buddhistischen Mönchtum und die Verbreitung ihrer Bücher sowie ihre unmittelbare Lehre buddhistischer Meditation für ungezählte Schüler haben die Ausstrahlungskraft des Buddhismus in Deutschland ganz erheblich wachsen lassen, weil man nun erstmals direkt mit der authentischen buddhistischen Erfahrung in Berührung kam. Im Vergleich mit England und Amerika ist das Besondere an der deutschen Situation, daß der Einfluß buddhistischer Meditationspraxis bis tief in die Kirchen hinein wirksam und – besonders in der katholischen Kirche – teilweise von den Orden und Kirchen ausdrücklich gefördert wurde. Deshalb ist es sinnvoll, wenn wir etwas ausführlicher die Entwicklung der buddhistischen Meditationsbewegung darstellen: sie ist als solche schon ein Aspekt der Geschichte des buddhistisch-christlichen Dialogs in Deutschland.

a) Die großen Vermittler

Für die frühe Phase der Meditationsbewegung bis etwa 1960 stehen vor allem die drei Namen der gebürtigen Deutschen Nyanatiloka, Nyanaponika und Lama Anagarika Govinda. Alle drei sind überragende Persönlichkeiten, kompetente Meditationsmeister und schreibgewandte Gelehrte in einem gewesen, und sie üben deshalb weit über die buddhistischen Kreise hinweg, bis mitten hinein in Kirche und Theologie, einen kaum zu überschätzenden Einfluß auf das gegenwärtige deutsche Geistesleben aus.

Nyanatiloka[32] (Anton Gueth, 1878–1957) war bereits durch Schopenhauer mit dem Buddhismus bekannt geworden, als er auf einer Konzertreise – er war Geiger – in Colombo 1903 mit dem Buddhismus direkt in Berührung kam. Er gab sein bürgerliches Leben auf, ging zu einem englischen Mönch nach Burma und wurde 1904 selbst zum buddhistischen Mönch *(bhikkhu)* geweiht. Bereits 1905 erschienen erste Übersetzungen aus seiner Feder. Er nahm Schüler an, die zu ihm vor allem aus Europa kamen, was bald zu dem Wunsch führte, in Europa ein Kloster zu gründen. Entsprechende Versuche 1908 und 1910 in der Schweiz schlugen jedoch fehl. 1911 gründete er im Süden Ceylons die „Island Hermitage". 1914 wollte er nach Tibet gehen, um dort für den Theravāda-Buddhismus zu missionieren, aber die Reisepläne zerschlugen sich. Während des Ersten Weltkrieges wurde er in Australien interniert und gelangte anschließend nach China. Über Aufenthalte in Deutschland, Japan (Lektor für Pāli an der Taishō-Universität) und Siam kehrte er 1926 wieder zu seiner Einsiedelei in Ceylon zurück. Während des Zweiten Weltkrieges war er in Dehra Dun (Indien) interniert, wo er mit Nyanaponika, Lama Govinda, Heinrich Harrer und anderen zusammentraf. 1957 starb er als ceylonesischer Bürger, nachdem er am 6. Buddhistischen Konzil in Rangun (1954–1956) teilgenommen hatte. Neben seinen Textausgaben[33] hat Nyanatiloka vor allem europäische Mönche ordiniert und in Meditation unterwiesen. Seine Einsiedelei war wohl das erste große Pilgerziel westlicher Jugendlicher in Asien.

Nyanaponika (Siegmund Feniger, 1901–1994) stammte aus jüdischem Elternhaus und gelangte durch das intellektuelle Studium klassischer buddhistischer Texte zum Buddhismus. Nach seiner Konversion engagierte er sich, buddhistisch motiviert, von 1933 bis 1936 im „Zentralausschuß der Juden für Aufbau und Hilfe" in Berlin. Nach seiner Auswanderung lebte er als Schüler seit seinem Noviziat 1936 (Weihe zum Bhikkhu 1937) bei Nyanatiloka, bis er 1952 seine eigene Waldeinsiedelei bei Kandy in den Bergen Ceylons/Sri Lankas eröffnete. Seit 1968 kam er gelegentlich wieder nach Deutschland, um Meditationskurse zu geben. Neben seinen Textausgaben (vor allem Neuausgabe des Aṅguttara-Nikāya von Nyanatiloka[34]) sind hauptsächlich die Schriften über die Meditation der Achtsamkeit bekannt geworden.[35] Sie sind Grundlage für die Meditation in vielen buddhistischen wie auch christlichen Kreisen und Meditationszentren. Nach dem Urteil Erich Fromms[36] gibt es „kein anderes Buch über Buddhismus wie sein ‚Geistestraining durch Achtsamkeit', das mit solcher Klarheit die wesentlichen Gedanken des Systems dieser für den Europäer so paradoxen ‚atheistischen Religion' darstellt". Fromm fügt hinzu, Nyanaponika sei eine der wenigen authentischen Stimmen im Lärm der falschen Gurus.

Lama Anagarika Govinda[37] (Ernst Lothar Hoffmann, 1898–1985) veröffentlichte nach dem Studium der Philosophie, Kunstgeschichte und Archäologie 1920 sein erstes Buch über den Buddhismus und trat verschiedenen buddhistischen Vereinen bei. 1928 ging er nach Ceylon, um in der Einsiedelei Nyanatilokas zu leben. Er gründete im selben Jahr eine buddhistische Missionsgesellschaft (International Buddhist Union) mit buddhistisch-ökumenischen Intentionen, in deren Auftrag er gemeinsam mit Nyanatiloka 1930 nach Burma reiste, wo er auf Anraten des mit ihm befreundeten Anagarika Dharmapala den Mönchsstand verließ,[38] um für die buddhistisch-ökumenische Missionsarbeit frei zu sein. In ähnlicher Mission reiste er 1931 zu einer buddhistischen Konferenz ins nordindische Darjeeling, wo er im alten Kloster zu Ghoom mit dem tibetischen Buddhismus bekannt und vom Geshe[39] des Tomo-Klosters in Tibet, der in Ghoom zu Besuch weilte, in die tibetische Kagyüpa-Tradition initiiert wurde. Bis zu seinem Tod im Jahr 1936 war der Geshe des Tomo-Klosters der für Govindas weiteren Lebensweg entscheidende Lehrmeister. Bereits 1933 gründete Anagarika Govinda auf der „Allindischen Buddhistischen Konferenz" in Darjeeling den von seinem Lehrer inspirierten Orden „Arya Maitreya Mandala", der sich nach dem Zweiten Weltkrieg über die ganze Welt ausbreiten sollte (seit 1952 in Deutschland wirksam). Er verkündete und lebte darin einen Buddhismus, der die Schulunterschiede (ja das gesamte Mahāyāna als Lehrsystem) transzendierte und an den Problemen der modernen Welt orientiert war. Mehrere Reisen durch Tibet vertieften Lama Govindas Kenntnisse dieser Kultur. Und 1957 erschien sein berühmtes Buch „Grundlagen tibetischer Mystik", das die Öffentlichkeit, nicht nur in Deutschland, erstmals mit der Geisteswelt des tibetischen Buddhismus hinreichend bekannt machte und den Anfang des Siegeszuges des tibetischen Buddhismus im Westen bedeutete. Das

Buch ist freilich tiefgründig und nicht leicht zu lesen, so daß erst Govindas Reisebeschreibung durch Tibet „Der Weg der weißen Wolken" von 1969 den Autor weltweit populär werden ließ, zumal er darin aus eigener Erfahrung auch einige der phantastischen Erlebnisse von Alexandra David-Néel (1868–1969)[40] aufgriff und erläuterte. Govinda lebte bis 1978 in dem von William Y. Evans-Wentz (1878–1965) gestifteten Kasar-Devi-Ashram bei Almora im indischen Kumaon-Himalaya. Gemeinsam mit seiner Frau Li Gotami, die als Künstlerin seine Studien ergänzte, bot er Hunderten von religiösen Suchern Unterkunft und Unterweisung an. Als er sich aus Gesundheitsgründen 1978 nach Mill Valley bei San Francisco zurückzog, arbeitete er mit dem Zen-Zentrum San Francisco zusammen und blieb durch ein offenes Haus und Korrespondenz geistiger Vater für Ungezählte in aller Welt. In seinen letzten Jahren hat er sich, angeregt auch durch Teilhard de Chardin und Jean Gebser, einem alle Religionen transzendierenden Weisheitsideal genähert und war selbst die Verkörperung eines meditativ-aktiven Lebens im post-modernen Zeitalter. Er war am Dialog mit christlichen Partnern ebenso interessiert wie an einer geistig-moralischen Erneuerung in der technokratischen Welt.[41]

Govinda hatte als Generalsekretär der *International Buddhist University Association* bereits in den 20er Jahren eine Schrift „Warum ich Buddhist bin" verfaßt, die dann von der Mahabodhi-Gesellschaft verbreitet wurde (2. Auflage 1958).[42] Darin verteidigt er die Konversion zum Buddhismus als den vernünftigen Schritt eines rational denkenden Europäers, der die übernatürlichen Glaubenssätze des Christentums nicht mehr akzeptieren konnte: Der Buddha habe nie behauptet, übermenschlich zu sein; er habe nichts gelehrt, was nicht den Naturgesetzen entspreche und lade zur rationalen Kritik auch der buddhistischen Aussagen ein. Jede philosophische Interpretation sei im Buddhismus relativ, was von Intoleranz und Engstirnigkeit befreie. Dies erlaube dem Buddhismus eine Toleranz gegenüber allen Religionen, die beispielhaft sei und durch das Gesetz der Vernunft eine ethische Zuspitzung erfahre.

Bis hierher entspricht Govindas Argument der Geisteshaltung eines Seidenstücker, Grimm, Dahlke u. a. Dann aber fügt er der Diskussion einen neuen Gesichtspunkt hinzu: Der Buddhismus habe zwar viele Ähnlichkeiten mit dem Christentum, seine Ethik ende aber nicht bei der Mitmenschlichkeit, sondern er beziehe *alle* Lebewesen ein – die Einheit aller Lebewesen komme viel klarer zum Tragen als im Christentum, und dies sei eine notwendige Ergänzung für jedes kultivierte westliche Bewußtsein, damit die „Ruhelosigkeit" des europäisch-amerikanischen Bewußtseins geheilt werden könne. Govinda zitiert den Lebens-Philosophen und Biologen Hans Driesch (1867–1941), dem ebenfalls die im Buddhismus gelehrte Einheit von Menschen, Tieren und Pflanzen als Inbegriff eines modernen Philosophierens vorgeschwebt habe.[43] Der Dharma (die vom Buddha verkündete Einsicht in die Struktur der Welt) sei universal, weil er die kosmische Ordnung widerspiegele. Eine rational einsehbare Ethik sei daher nur im Buddhismus begründbar, weil dieser keinen Schöpfergott anerkenne. Denn wie könnten Menschen für ihre Fehler verantwortlich sein, wenn sie von einem Schöpfer so fehlerhaft geschaffen worden wären? Die buddhistische Idee des *karman* vereine die Forderungen nach Gerechtigkeit und Selbstbestimmung, insofern jeder Mensch die Früchte seines Handelns ernte und sich durch Einsicht in die psychologischen Mechanismen und durch die daraus abgeleitete Meditationspraxis kontinuierlich vervollkommnen könne. Damit sei die Würde jedes Menschen in der buddhistischen Rationalität begründet, die als modernste oder besser zeitlose Religion tatsächlich für die Lösung der heutigen Probleme in der Welt benötigt werde.[44]

Govinda erwartet nun aber nicht, daß alle Welt buddhistisch werden wird oder werden sollte, doch so wie die Mathematik als zeitlose Wissenschaft das intellektuelle Leben des Menschen immer begleite, so werde der Buddhismus als zeitlose Wissenschaft vom Menschen niemals vom Menschen wegzudenken sein.

b) Zen und tibetische Meditation

Gegenwärtig sind in Deutschland besonders die Meditationsmethoden des Zen-Buddhismus und der tibetische Buddhismus von beträchtlicher Ausstrahlungskraft.

Das Zen war in Deutschland bereits 1923 durch einen Aufsatz des Theologen und Religionswissenschaftlers Rudolf Otto (1869–1937) bekannt geworden, dem besonders die Irrationalität und Paradoxie des Zen im Zusammenhang mit seiner Theorie vom Numinosen auffiel.[45] Dies bereitete den Boden für die Zusammenarbeit des Zen-Meisters Ohasama Shūei mit August Faust und dem Philosophen Eugen Herrigel in der Lektüre europäischer Philosophie. Ohasama und Faust gaben, mit einer Einleitung von Rudolf Otto, 1925 das wichtige Buch „Zen – Der lebendige Buddhismus in Japan“[46] heraus, das allerdings, wie auch die ersten Übersetzungen der Werke von D. T. Suzuki (Die große Befreiung, 1939; Zen und die Kultur Japans, 1941), noch wenig Beachtung fand. Erst als der Philosoph Eugen Herrigel, der sich fünf Jahre lang in Japan der Praxis des Zen und der damit verbundenen Kunst des Bogenschießens unterzogen hatte, mit seinem Büchlein „Zen in der Kunst des Bogenschießens“ (1948) an die Öffentlichkeit trat, war der Durchbruch erreicht. Es ist das meistverbreitete buddhistische Buch im deutschen Sprachraum geworden. Die klare und knappe Sprache, vor allem aber die Authentizität, die aus der eigenen Übung kommt, macht das Buch einzigartig. Ungezählte Deutsche sind durch Herrigel auf den Übungsweg des Zen gebracht worden, unter ihnen auch Gerta Ital, die ihre Erfahrungen in japanischen Klöstern ebenfalls niedergeschrieben und veröffentlicht hat.[47] Inzwischen sind Erfahrungsberichte und philosophische Studien durch beinahe jeden Taschenbuch-Verlag unter der Rubrik von Religion und Esoterik zu Hunderttausenden vertrieben worden und viele Menschen dadurch zu eigener Zen-Praxis angeregt worden.

Ein anderer wichtiger Vermittler des Buddhismus nach Deutschland war *Wilhelm Gundert* (1880–1971), der als bedeutender Philologe wie kaum ein anderer den Geist des Zen erspürt und in die Denkformen der deutschen Sprache übertragen hat. Sein Hauptwerk ist die Übersetzung und Kommentierung des Zen-Klassikers *Bi-yän-lu* (jap. *Hekiganroku*)[48], die bis heute von allen Zen-Übenden studiert wird. In den Beispielen, Metaphern und rhetorischen Gefechten dieses Textes wird das Zen lebendig, und Gunderts kongeniale Übertragung nimmt dieser Lebendigkeit nichts, sondern verstärkt sie eher noch. Im Geiste des schwäbischen Protestantismus erzogen, ging er als Missionar nach Japan und entdeckte, wie sich unter dem gewaltigen Eindruck der dortigen Religionen, besonders des Zen, sein Christentum zu verändern begann. Gundert ist immer Christ geblieben, aber er schreibt rückblickend, daß er sich in vielen Punkten vom überkommenen Dogma lösen mußte, „und diese Befreiung sah, vom früheren Standort her, fast wie ein Abfall aus“, sie habe ihn aber dazu geführt, „das unergründliche Geheimnis Gottes, von dem die Bibel redet, in einem neuen Licht zu sehen“.[49] In diesem Lichte würden sich Buddhismus und Christentum ganz wesentlich berühren. Beiden Religionen sei eine Abkehr von der Welt eigen, die aber im Christentum letztlich in Weltbejahung, im Buddhismus in eine gewisse Resignation einmünde.[50] Allerdings müsse man sehen, daß wiederum beide Religionen alle nur möglichen Gegensätze transzendieren würden, aber in einer je unterschiedlichen Metaphorik davon sprächen: der Buddhismus in der *räumlichen* Metapher der Leere (*śūnyatā*, ja. *kū*), das Christentum in der *zeitlichen* Metapher der Ewigkeit (griech. *aion*). In beiden Metaphern komme es darauf an, das Vergängliche, Dingliche, Gegensätzliche zu überwinden in einer Erfahrung, die schon jetzt und hier das ganz Andere der „göttlichen Realität“ aufleuchten lasse. Der Buddhismus tue dies in einer eher negativen Sprache, das Christentum eher positiv gefärbt, insofern „Ewigkeit“ eine positive Vorstellung zulasse. Dies jedoch berge die Gefahr in sich, daß Ewigkeit nur als verlängerte Zeit vorgestellt würde, während das Ewige – mit Paulus 2 Kor 4,18 – unsichtbar und darum auch unvorstellbar sei.[51] Gundert beläßt es bei dieser Andeutung; der Vergleich der Metaphern von Leere und Ewigkeit ist, soweit wir sehen, im buddhistisch-christlichen Dialog noch nicht wieder aufgenommen worden. Gundert konstatiert also einerseits eine tiefe innere Verwandtschaft von Buddhismus und Christentum, andererseits aber einen Unterschied in der Ausdrucksweise und in der Haltung zur Welt.

Vor allem aber der Jesuitenpater *Hugo Makibi Enomiya-Lassalle* (1898–1990)[52] hat das Zen in Deutschland bekannt gemacht, Zen-Kreise inspiriert und Zen-Zentren mitbegründet (das ökumenisch-christliche *Exercitium humanum* in Tholey/Saar, später als Ökumenisches Zentrum für Meditation und Begegnung in die „Neumühle“ bei Mettlach/Saar verlegt; das Meditationszentrum der Franziskaner in Dietfurt/Altmühltal u. a.). An einigen dieser Zentren unterrichten sowohl buddhistische als auch christliche Lehrer, und umgekehrt unterrichten seit Ende der 80er Jahre Schüler Lassalles, die Christen geblieben sind, auch an buddhistischen Zentren (z. B. im Buddha-Haus im Allgäu). Lassalle selbst wurde 1969 erstmals an das buddhistische Meditationszentrum „Haus der Stille“ in Roseburg bei Hamburg (gegründet 1962) eingeladen, um einen Zen-Kurs zu geben – allerdings, weil er Christ war, „nicht ohne Widerstand orthodoxer Buddhisten“[53]. Umgekehrt hatte Lassalle in den 60er Jahren mit Widerstand seitens der katholischen Kirche gegen seine Integration des Zen ins Christentum zu kämpfen. Das änderte sich jedoch Ende der 60er und in den 70er Jahren im Zusammenhang mit der Wiederentdeckung der Mystik in der katholischen Kirche. In den 80er Jahren konnte schließlich ein Franz Kardinal Hengsbach urteilen: „Pater Lassalle ist für mich überzeugend als Mensch, als Priester und Jesuit. Vielen Menschen in Ost und West hat er einen Weg zum innerlichen Leben erschlossen. Das Ausmaß seines Werkes kennt Gott allein.“[54] Man sieht: Die katholische Kirche hat in den letzten vier Jahrzehnten einen klar erkennbaren Prozeß der allmählichen Öffnung für den Buddhismus bzw. seine Meditation durchlaufen!

Durch Teilnehmer an Lassalles Kursen wurden christlich-ökumenische, aber auch buddhistisch-christliche Meditationskreise ins Leben gerufen, wie etwa die „Ökumenische Nachbarschaft“ an der Christuskirche in Hamburg.[55] Verschiedene katholische Klöster praktizieren heute Zen als selbstverständliche Meditationsmethode, und auch auf evangelischer Seite wurde die Zen-Praxis bereits seit Ende der 60er Jahre durch die Michaelsbruderschaft in West- wie in Ostdeutschland gefördert. Auch hier kamen die Anregungen durch Lassalle. Seither gibt es fast in jeder größeren Stadt ökumenische Zen-Zirkel. Der Benediktinerpater Willigis Jäger (geb. 1925), Schüler Yamada Kōun Rōshis und letztlich auch durch Lassalle mit Zen in Berührung gekommen, hat als anerkannter Zen-Meister zahlreiche Schüler und hält im Haus St. Benedikt in Würzburg laufend Sesshins ab. Die in Japan ausgebildete lutherische Pastorin Gundula Mayer, ebenfalls Schülerin von Lassalle und Yamada Rōshi, bietet für die Evangelisch-lutherische Landeskirche in Hannover Zen-Kurse an, und der Loccumer Arbeitskreis für Meditation vereint evangelische Theologen, die Zen und andere Meditationsmethoden lehren. An den Universitäten Tübingen, Regensburg und München gab und gibt es für Studenten aller Fakultäten seit 1986 regelmäßig ein Lehrangebot für Zen in Theorie und Praxis. Auch diese Aktivitäten gehen auf den Einfluß Lassalles zurück. Von buddhistischer Seite allerdings gibt es auch Einspruch gegen solche Tendenzen: Man befürchtet christliche Vereinnahmung und eine Verwässerung der buddhistischen Identität und Reinheit des Zen.[56]

Das Zen hat sich aber auch auf anderen Wegen in Deutschland verbreitet, vor allem durch *Karlfried Graf Dürckheim* (1896–1988) und seine existentialtherapeutische Begegnungsstätte in Rütte/Schwarzwald, wo durch die Verbindung mit der Psychologie in Gestalt von Maria Hippius (geb. 1909) eine neue geistige Bewegung ins Leben gerufen wurde, die später die Entwicklung der Humanistischen und Transpersonalen Psychologie in Deutschland (1986 Gründung der Deutschen Transpersonalen Gesellschaft) beeinflussen sollte. Auch Dürckheim war, wie Lassalle, angesichts des Elends der beiden Weltkriege zu der Überzeugung gekommen, daß die europäische Kultur zu ihren spirituellen Wurzeln zurückkehren müsse und daß dafür die Entwicklung eines meditativen Bewußtseins, wie man es im Buddhismus lernen könne, notwendig sei.

Die Philosophie des Zen hat auch Einzug in die deutsche philosophische Diskussion gehalten durch das Kolloquium, das der bedeutende Zen-Meister und Philosoph Hisamatsu Shin i'chi[57] und Martin Heidegger im Mai 1958 zum Thema „Die Kunst und das Denken" gemeinsam an der Universität Freiburg abhielten. Der Dialog der christlichen Theologie mit dem Philosophen der Kyōto-Schule Nishitani Keiji ist in Deutschland besonders durch die Arbeiten von Hans Waldenfels (Absolutes Nichts, 1976) und die Übersetzung des Hauptwerkes Nishitanis „Was ist Religion" im Jahre 1982 (durch D. Fischer-Barnicol) in Gang gekommen. Waldenfels hat damit vieles vorweggenommen, was in der amerikanischen Diskussion um die (ontologische) Selbst-Entleerung Gottes *(kenosis)* erst in der zweiten Hälfte der 80er Jahre aufgearbeitet worden ist,[58] und die christliche Theologie (Hans Küng, Jürgen Moltmann, Wolfhart Pannenberg) ist in den 80er Jahren von diesen Arbeiten beeinflußt worden. Demgegenüber hat die Auseinandersetzung mit dem Kyōto-Philosophen Tanabe Hajime noch nicht das gebührende Interesse gefunden.[59]

Der *tibetische* Buddhismus hat, wie erwähnt, zuerst durch Lama Anagarika Govinda und seinen Orden Arya Maitreya Mandala in Deutschland Fuß gefaßt. Doch vor allem durch die Exil-Tibeter werden seit den 70er Jahren ständig neue Zentren in Deutschland (wie auch der Schweiz und Österreich) gegründet. Das Klösterliche Tibet Institut in Rikon (Schweiz) machte 1968 den Anfang. 1977 wurde das „Tibetische Zentrum Hamburg" unter der Leitung von Geshe Thubten Ngawang gegründet, das inzwischen ein groß angelegtes und viel in Anspruch genommenes Fernstudium des Buddhismus anbietet. 1994 begann der dritte siebenjährige Kurs. In Zusammenarbeit mit der „Arbeitsgemeinschaft interreligiöser Dialog" des Fachbereichs Evangelische Theologie der Universität Hamburg finden seit 1984 regelmäßig Dialog-Seminare statt, in die von Anfang an auch das „Islamische Zentrum Hamburg" einbezogen war, und seit 1991 sind auch jüdische Gruppen daran beteiligt. Die Themen der Seminare reichen von der Analyse der spirituellen Wege (1985) bis zur Frage „Wer sind Heilige?" (1992) und dem Themenbereich „Erziehung in den Religionen" (1993).[60] Das Aryatara-Institut in Jägerndorf (Bayern) wurde 1980 gegründet, und als der XVI. Karmapa, Rangjung Dorje (1923–1981), das Oberhaupt des tibetischen Karma-Kagyü-Ordens,[61] 1974 und 1977 Deutschland besuchte, häuften sich die Neugründungen von Kagyü-Zentren in ganz Deutschland (hier ist vor allem das Kamalashila-Institut in Wachendorf bei Bonn zu erwähnen). Für den Dialog besonders aufgeschlossen ist Lama Loden Dagyab Rinpoche, der an der Universität Bonn lehrt, das tibetische Zentrum Chödzong bei Nürnberg leitet und Mitherausgeber der Zeitschrift „Dialog der Religionen" ist, die seit 1991 im evangelischen Chr. Kaiser-Verlag/Gütersloher Verlagshaus erscheint.

Aber nicht nur der tibetische Buddhismus, auch *Theravāda* hat in Anknüpfung an das Erbe Nyanaponikas in Deutschland eine Heimat gefunden: die 1923 geborene Berliner Jüdin Ayya Khema hat seit 1979 Studien bei Nyanaponika in Sri Lanka getrieben, dort eine Einsiedelei für Nonnen gegründet und nun auch im Allgäu ein „Buddha-Haus" etabliert, zu dem 1994 ein Zentrum in München hinzukam. 1996 ist ein Kloster im Allgäu gegründet worden, das buddhistisch geführt werden, aber interreligiös-ökumenisch offen sein soll. Durch Publikationen und Auftritte in Funk und Fernsehen hat Ayya Khema einen großen Anhängerkreis gewinnen können.

Ende der 80er Jahre gab es in Deutschland ca. 120 buddhistische Zentren oder Gemeinschaften, von denen viele eine kleine monastische Gemeinschaft beherbergen, um die sich Laien aus der Umgebung in mehr oder minder intensiver Form scharen.

Der Entwicklungsprozeß des Buddhismus in Deutschland läßt sich zusammenfassend so charakterisieren: War der Buddhismus bis in die 20er Jahre ein Phänomen von intellektuell dem Christentum distanzierten Mittelschichten gewesen, so kamen seit den 60er Jahren Studenten, Mitglieder alternativer Basisgruppen der 68er Bewegung und auch Christen mit unterschiedlich starker religiöser Sozialisation hinzu, die nicht mehr unbedingt formal zum Buddhismus konvertierten, sondern selektiv einige seiner Aspekte (Meditation) in ihre religiöse Praxis integrierten. Kontinuierlich werden seither in allen genannten Zentren Meditations- und Studienkurse angeboten sowie Hauskreise zur weiteren Vertiefung der Meditationsarbeit initiiert. Der Dialog der formal zum Buddhismus konvertierten ehemaligen Christen mit christlichen Gruppen oder Theologen ist jedoch meist noch schwach entwickelt, da es für diese Buddhisten zunächst vorrangig um die Suche nach einer eigenen neuen Identität geht und alte negative Erfahrungen mit den Kirchen der vorurteilsfreien Begegnung im Wege stehen.[62] Der Dialog konzentriert sich deshalb nicht selten auf Buddhisten aus asiatischen Ländern, die besuchsweise nach Deutschland kommen oder in Deutschland leben.

3. Europäischer Buddhismus

In jüngster Zeit bemühen sich mehr und mehr Buddhisten bewußt darum, die buddhistische Bewegung den europäischen Gegebenheiten anzupassen. Dies hatte bereits Martin Steinke (1882–1966) nachdrücklich gefordert, der 1922 eine „Gemeinde um Buddha" in Berlin gegründet hatte und 1933 in China zum Mönch in der Schule des Reinen Landes geweiht worden war.[63] Lama Anagarika Govinda wollte seinem Orden Arya Maitreya Mandala ebenfalls eine über die asiatischen Formen hinausgehende zeitgenössische (und damit wohl auch europäische) Identität geben. Das Buch von Gerhard Szczesny, Ein Buddha für das Abendland (1976), nahm diese Gedanken auf und wurde in buddhistischen Kreisen mit Zustimmung aufgenommen.[64] So schreibt der Berliner Bankier Max Glashoff im Namen der Deutschen Buddhistischen Union 1978: „Die Aufgabe der achtziger Jahre wird es sein, die Form zu finden, die den Buddhismus befähigt, im Abendland eine hilfreiche Rolle zu spielen. Was dem Europäer in erster Linie nottut, ist eine Überwindung der materiellen Oberflächlichkeit, die das größte Hindernis für eine Übernahme und Fruchtbarmachung des Buddhismus bei uns ist."[65]

Im Zusammenhang mit dem Gründungsaufruf zur „Buddhistischen Religionsgemeinschaft in Deutschland" schrieb Karl Schmied (Vorsitzender der Deutschen Buddhistischen Union) 1984: „Wir sind aufgerufen, die Lehre des Buddha als eine lebendige, für unsere Zeit und Region höchst bedeutungsvolle Welt-Religion in schöpferischem Gestalten mit neuen Aspekten und Facetten zu bereichern, ohne deren Grundlagen und zeitlose Wahrheiten auch nur anzutasten. Dies wird in erster Linie durch Praktizieren, Üben und Erproben der Lehre in den Gegebenheiten des Alltags sowie in einem offenen, intensiven Erfahrungsaustausch geschehen."[66] Schmied versteht darunter auch, das „konstruktive, unvoreingenommene Gespräch" mit den Kirchen zu intensivieren.[67]

Die Buddhistische Religionsgemeinschaft in Deutschland (BRG) wurde schließlich am 7. September 1985 in Hamburg gegründet. Um den Anforderungen an eine Körperschaft Öffentlichen Rechts zu genügen und alle Buddhisten in Deutschland unter einer Dachorganisation zu vereinen, nahm die BRG ein allgemeines Bekenntnis an, das

a) neben der Zuflucht zu den *Drei Juwelen* (Buddha, Dharma und Saṃgha) sowie
b) dem Vertrauen in die *Vier Edlen Wahrheiten* auch
c) die Pflicht enthält, den eigenen Lebenswandel nach den *fünf grundlegenden buddhistischen sittlichen Geboten* zu gestalten (1. nicht töten oder verletzen, 2. Nichtgegebenes nicht nehmen, 3. keine unheilsamen sexuellen Beziehungen pflegen, 4. nicht lügen oder unheilsam reden,

5. nicht durch berauschende Mittel das Bewußtsein trüben). Außerdem wird
d) das Bekenntnis zur *Einheit aller Buddhisten* abgegeben.

In der Gründungsversammlung wurde erneut die Aufgabe angesprochen, den Buddhismus in Deutschland so einzubürgern, daß er den spezifischen Anforderungen der Zeit entspreche, und zwar „in Treue zum eigenen Fundament ohne Selbstbehauptung um jeden Preis". Ein eigenes Sekretariat für den Dialog zwischen Buddhismus und Christentum wurde unter die Leitung von Geshe Thubten Ngawang (Leiter des Tibetischen Zentrums in Hamburg) gestellt. Daß sich die BRG als Institution nicht halten konnte, hatte, wie wir bereits angedeutet haben, mehrere Gründe,[68] aber die dialogische Haltung zu den christlichen Partnern und der Versuch, einen europäischen Buddhismus zu leben, haben sich dennoch eher verstärkt. Für die Herausbildung eines europäischen Buddhismus war der Kongreß „Einheit in der Vielfalt" der Europäischen Buddhistischen Union im September 1992 in Berlin mit mehr als zweitausend Teilnehmern ein vorläufiger Abschluß. Als Merkmale eines *europäischen* Buddhismus wurden genannt:[69]

- die gleichwertige Bedeutung von Laien und Mönchen (Nonnen),
- die Gleichberechtigung der Frauen,
- die Rückbesinnung auf die ursprüngliche Lehre Śākyamuni Buddhas jenseits von kulturellen Besonderheiten, die der Buddhismus in verschiedenen asiatischen Ländern angenommen hat,
- verstärktes soziales und politisches Engagement im Sinne des Bodhisattva-Ideals.

Diese Agenda zeigt, wie eng die Berührungspunkte zu entsprechenden christlichen Programmen zur Erneuerung des Christentums sind.

4. Buddhistisch-christliche Begegnung

Bereits im Jahre 1965 legte der japanische Religionsphilosoph Ueda Shizuteru eine Studie über Meister Eckhart im Vergleich mit dem Zen-Buddhismus vor[70] und setzte damit die von Rudolf Otto begonnene Tradition des Dialogs in vergleichender Darstellung der Mystiker[71] fort. Ueda bezeichnet Eckharts Denken als „Unendlichkeitsmystik mit theistischem Unterbau",[72] und genau darin unterscheide er sich – trotz so vieler verblüffender Parallelen – vom Zen-Buddhismus doch grundlegend. Im Zen gebe es dem Nichts, das alles nichtet und durchdringt, nichts hinzuzufügen. „Was Meister Eckhart mit dem Begriff des Einen meint, verlegt der Zen-Buddhismus jenseits des Einen",[73] nämlich in das Nichts, das jeder Zahl, auch der alles umfassenden, nicht jenseitig sei, sondern ihr Wesen ausmache. Das Nichts sei nicht im Schweigen (als Gegensatz zum Wort), sondern „auch jenseits des menschlichen Schweigens".[74] Während Eckhart auf die Gottheit hinter Gott verweise, zeige Zen auf das reine Sosein der Blume, des Berges oder des Fallens eines Blattes im Herbst. Kann hier das Christentum folgen, fragt Ueda?

Wie stark noch in den 60er Jahren der neu beginnende buddhistisch-christliche Dialog von alten Vorurteilen geprägt war, zeigt ein Buch aus dem Jahre 1968 von G. Siegmund,[75] das auf die Urteilsbildung kirchlicher Kreise einigen Einfluß hatte. Die wesentliche Aussage dieses Buches ist die alte Behauptung, der Buddhismus leugne die Geschichte, wohingegen das Christentum auf geschichtliche Befreiung angelegt sei: Während Jesu Lehre ganz auf die Zukunft ausgerichtet sei, wäre der Buddhismus rückwärts gerichtet und wolle das Gegenwärtige abbauen, „um wieder im Anfang unterzutauchen". Dies komme daher, daß der Buddha in einer „sehr friedlichen und geistig übermüdeten Zeit" gelebt habe und „dem" Inder ohnehin die „Tendenz zur Weltflucht" innewohne, wobei man sich aus Lebensüberdruß aus dem Getriebe der Geschichte herausgesehnt habe.[76]

Den asiatischen Meditationswegen eine Art infantile Regression zu unterstellen, war nicht neu, mit dem wirklichen Buddhismus der Geschichte hat dies jedoch sehr wenig zu tun. Wie schwer die Überwindung solcher Vorurteile zunächst selbst für namhafte Gelehrte und Christen war, die dem Buddhismus mit unverhohlener Sympathie gegenüberstanden und sogar einige Elemente ins Christentum integrieren wollten, zeigen die Schriften von Heinrich Dumoulin (1905–1995) und Hugo M. Enomiya-Lassalle aus den 60er Jahren. Wir erwähnen dies nicht um einer billigen Kritik willen, sondern deshalb, weil die buddhistisch-christliche Diskussion in den 60er Jahren in Deutschland besonders lehrreich ist: Begeisterung für den Buddhismus und alte apologetisch-christliche Missionsinteressen erzeugten ein ambivalentes Interpretationsfeld, mit dem auch heute in veränderter Gestalt durchaus noch zu rechnen ist und das uns eines lehren kann: die *Behutsamkeit*, mit der im interreligiösen Verstehensprozeß vorgegangen werden muß.

a) Zen-Übung und theologische Reflexion

Im Jahre 1966 erschienen zwei wichtige Bücher der in Japan lebenden deutschen Jesuiten Heinrich Dumoulin und Hugo M. Enomiya-Lassalle, die den buddhistisch-christlichen Dialog breiten Kreisen, vor allem innerhalb des deutschen Katholizismus, nahebringen sollten.

Heinrich Dumoulin nannte sein erstes großes Werk zum Thema des Dialogs „Östliche Meditation und christliche Mystik".[77] Seine Methode ist dabei sowohl phänomenologisch beschreibend als auch strukturell vergleichend und theologisch urteilend. Er berichtet zunächst von einer Audienz, die Papst Johannes XXIII. am 18. November 1962 dreißig japanischen Buddhisten gewährt hatte: Der Glaube an Buddha und der Glaube an Gott, so der Papst, beruhten auf einer gemeinsamen Grundlage. Deshalb sollten alle religiösen

Menschen zum Wohle der Menschheit zusammenarbeiten.[78] Dumoulin entfaltet sodann seine eigene theologische Grundlage für den Dialog: Er sieht im Gewissen eines jeden Menschen das „Eingangstor für die übernatürliche Gnade". Das Gewissen offenbare *erstens* eine Verpflichtung zur Beobachtung des natürlichen Sittengesetzes und *zweitens* die eigene Abhängigkeit vom göttlichen Seinsgrund. Auch Nicht-Christen kennen daher auf ihre Weise den göttlichen Seinsgrund und die notwendige Moral. Beide Aspekte seien die Grundlage für den Dialog. Das Zweite Vatikanische Konzil habe die Frage nach dem Heil der Nicht-Christen befriedigend gelöst, indem Gottes Heilsplan für die *gesamte* Menschheit unterstrichen worden sei.

Dumoulin unterscheidet drei Stufen der buddhistisch-christlichen Begegnung:[79] *Zuerst* erkenne man „auffallende Ähnlichkeiten in äußeren Erscheinungsformen" beider Religionen, die sich aber verflüchtigen, sobald die Erkenntnis in einem *zweiten Schritt* tiefer gehe und „fundamentale Unterschiede in den Motivierungen" sichtbar werden, wobei dann allerdings in einem *dritten Schritt* wiederum „Annäherungen", besonders zwischen Zen und Christentum, spürbar werden, weil „alle echte nicht-christliche Spiritualität in adventhafter Sehnsucht nach der Erfüllung in Christus ruft".

Dumoulin weiß, daß das *karman*-Gesetz und der Wiedergeburtsglaube unverzichtbare Grundlagen der buddhistischen Geisteswelt sind. Beide aber kämen dem westlichen Denken „fremd und unwahrscheinlich"[80] vor. Dies ist ein Urteil, das heute wohl anders ausfallen müßte, da inzwischen viele Europäer an Reinkarnation glauben und der *karman* Begriff kein fremdes Wort mehr ist! Allerdings wiederholt Dumoulin in den 60er Jahren noch alte Stereotypen bei der Interpretation des *karman*-Begriffs, wenn er einerseits davon spricht, daß die *karman*-Theorie das Wesen des Menschen als Person und seinen personalen Eigenwert zerstöre[81] sowie keine Willensfreiheit zulasse,[82] während er andererseits doch die unablässige Mahnung zur Buße im Buddhismus bewundert und festhält: „Der buddhistische Mensch, der unter dem Karma-Gesetz steht, fühlt sich zu sittlichem Handeln verpflichtet und befähigt", er entwickelt eine „hochwertige Ethik".[83] Offenkundige Widersprüche dieser Art hängen mit der unzureichenden Interpretation der *karman*-Lehre zusammen. Weiter: eine „Annäherung an das Christliche" zu vermuten, wo der Buddhist die Tugend der Selbstlosigkeit übe und zwar so, daß er dabei „den metaphysischen Inhalt der Nicht-Ich-Lehre" vernachlässige,[84] verdreht die philosophiegeschichtlichen Zusammenhänge nicht unerheblich, denn es ist gerade die Nicht-Ich-Lehre, die den Buddhisten zur Praxis der Selbstlosigkeit motiviert! Dumoulin meint, der Zen-Buddhismus bleibe im Gefolge der Mahāyāna-Philosophie einer monistisch-pantheistischen Metaphysik verhaftet, und dies sei ein Anzeichen für die „Adventslage der außerchristlichen Religionen", die „Wahrheiten und Werte nur bruchstückweise und unter Vermischung mit Irrtümern besitzen".[85] Denn die „monistische Metaphysik zerstört die anthropologischen Grundlagen der menschlichen Gemeinschaftsethik".[86] Worin aber dieser „Monismus" besteht, wie er sich in den verschiedenen mahāyānabuddhistischen Schulen unterschiedlich darstellt und darum differenziert gesehen werden müßte, erläutert Dumoulin nicht. Er hält dem angeblichen monistischen Defizit des Buddhismus den christlichen Personalismus entgegen, wobei er noch ungebrochen von der Erfüllungstheorie ausgeht, nach der sich im Christentum die Sehnsüchte und Ahnungen der anderen Religionen erfüllten, wenn sich nur das Christentum nicht so einseitig-abendländisch präsentieren würde![87] So könne sich nicht nur eine neue Perspektive für die Inkulturation des Evangeliums in Asien auftun, sondern das Christentum selbst solle in der Begegnung mit dem Buddhismus bereichernde Antworten empfangen.[88] Allerdings betont Dumoulin schon Anfang der 60er Jahre gegen die christliche Polemik, der Buddhismus sei ein Versuch zur Selbsterlösung des Menschen, in bezug auf das Zen, daß die „religiöse Urspannung von Freiheit und Gnade" Christentum und Buddhismus gemeinsam sei.[89] Den Buddhismus als Selbsterlösungsreligion darzustellen, entspringe einer ganz oberflächlichen Wahrnehmung. Er zitiert hier zustimmend die Aufzeichnungen eines Zen-Übenden, der mitten in der Anstrengung der Meditation auf Kannon, den (in Ostasien weiblich gedachten) Bodhisattva der Barmherzigkeit, vertraut und in seiner demütigen Zuflucht zu Kannon um so mehr Konzentration für die Meditation empfängt: *jiriki* (eigene Kraft) und *tariki* (Andere Kraft) bezeichneten nicht Typen von Religionen, sondern eine dialektische Spannung im religiösen Erleben *jeder* Religion.[90]

Unter dem Thema „christliche Wertungen" hält Dumoulin in seinen frühen Schriften dann doch dem Buddhismus die christliche Meditation als letztlich überlegen entgegen, denn hier werde deutlich, daß der Geist wichtiger sei als die Technik, was im Buddhismus oft übersehen würde.[91] Der „authentische Meditationsgeist" sei nirgends „herrlicher verwirklicht" als im Christentum. Solche Generalisierungen befremden, aber sie zeigen, wie schwer es selbst für einen Buddhismus-Gelehrten von Weltruf ist, die andere Religion vorurteilsfrei wahrzunehmen, wenn er gleichzeitig missionarische Interessen hat. In seinem letzten großen Werk zur Spiritualität des Buddhismus (1995) läßt Dumoulin freilich solche Bewertungen hinter sich. Er bescheinigt dem Buddhismus ein „Streben nach Transzendenz", das sich durchaus auch in „Buddha-Verehrung und Devotion" äußere,[92] die durch Selbstentäußerung (der kenotische Wesenszug) in der Gesinnung „des sympathetischen Mit-Leidens oder der selbstlosen Liebe"[93] des Bodhisattva-Ideals zum Ziel komme. Und: „Wie der Christ nach Heiligkeit, strebt der Buddhist nach Bodhisattva-Gesinnung. In beiden Fällen ist das Kriterium die selbstlose Liebe."[94] Dumoulin schließt sein Werk mit der Bemerkung, daß diese Religion „zu mystischen Höhen" und zur „authentischen religiösen Erfahrung" führe.[95]

Hugo M. Enomiya-Lassalle hingegen geht in seinem Buch „Zen-Buddhismus" (1966)[96] von seiner eigenen Zen-Erfahrung aus, und er verschweigt nicht, daß diese Erfahrung seinen katholischen Glauben vertieft habe. Er findet im Zen vor allem die Bedeutung des Leiblichen für das spirituelle Leben ernst genommen, was die westlichen Kirchen lange Zeit sträflich vernachlässigt hätten.[97]

Die großen Ähnlichkeiten der mystischen Erfahrungen von Christen und Nicht-Christen erklärt er theologisch damit, daß „Gott auch in der Seele des Nicht-Christen wirkt".[98] Er ist weniger interessiert an einer philosophischen Darlegung des Buddhismus als an der Praxis des Zen, die er jedoch vor dem buddhistischen Hintergrund noch nicht differenziert darstellt, sondern die für ihn „im christlichen Sinne richtig umzugestalten" sei,[99] und dies bedeute vor allem, die Lehre von der Leere *(śūnyatā)* nicht zu übernehmen. Er fügt allerdings hinzu, daß eine Erleuchtungserfahrung im Zen auch anhand der buddhistischen Philosophie geprüft werden müsse. Was das aber für den Christen bedeutet, wird *in diesem Buch noch nicht durchdacht.*[100]

Lassalle sieht einen Unterschied beider Religionen auch darin, daß für einen Christen die Erleuchtungserfahrung nicht der einzige Weg zum Heil sein könne, was im Buddhismus zweifellos behauptet werde.[101] In diesen Frühschriften Lassalles wird daher die wirkliche Begegnung der geistigen Welten des Buddhismus und des Christentums noch nicht umfassend genug gewagt und reflektiert, doch wir werden auf die Weiterentwicklung des Denkens Lassalles später (Teil B, III.1.b) eingehen.

b) Personalität und Impersonalität

Dies ist ein Grundproblem in der Auseinandersetzung mit dem Buddhismus,[102] das auch von Heinrich Dumoulin immer wieder behandelt worden ist, wobei sich auch hier gelegentlich einseitige christliche Vorverständnisse für die Wahrnehmung dieser Thematik im Buddhismus als hinderlich erweisen. Religion, so urteilt er, bedeute eine polare Beziehung von Gott und Mensch, und in der vollkommenen Vereinigung mit Gott verliere der Mensch nach christlicher Auffassung nicht sein von Gott geschenktes „personales Eigensein".[103] Dies trifft für das Christentum zweifellos zu, aber daraus zu schließen, daß der Buddhismus wegen seiner vermeintlichen Impersonalität unterlegen sei, ist höchst problematisch. Einerseits sagt Dumoulin, das „östliche Denken" (gemeint ist der japanische Zen-Buddhismus) sei Existenz-Denken und betreffe den Menschen in seiner „Einzigkeit, Konkretheit und Ganzheit", wobei durch „Selbstrealisierung" der Sinn des Menschseins erlangt werde: „Alle östlichen Wege haben das Ganzwerden und Heilwerden des Menschen zum Ziel."[104] Wie verhält sich dieser Satz aber zu der anderen Aussage, daß dem Einzelmenschen im Zen-Buddhismus „kein persönlicher Wert" zukomme?[105] Ist Ganz- und Heilwerden denn denkbar, ohne daß der Einzelmensch in diesem Prozeß seine unendliche

Bedeutung erführe? Hat nicht der Buddhist, wenn er in dieser einmaligen menschlichen Form, die er ist, die Buddha-Natur verwirklicht, das Personale und das Trans-Personale integriert?

Das Problem von Personalität und Impersonalität stellt sich im buddhistisch-christlichen Dialog äußerst komplex dar, wie wir in Teil B[106] noch zeigen werden. Im Buddhismus ist die Rede von *anattā* bedingt durch das philosophische Umfeld, und die Geschichte der buddhistischen Philosophie legt die simple Reduktion auf den Impersonalismus keineswegs nahe, zumal zuerst geklärt werden müßte, was mit Personalität eigentlich gemeint ist. Da wir es hier aber schon innerhalb des Christentums mit einer subtil differenzierenden sowie widersprüchlichen Begriffsgeschichte zu tun haben und auch Dumoulin nicht deutlich zwischen Person und Individuum unterscheidet,[107] bedarf es zunächst einer interkulturellen Hermeneutik des Personbegriffs, bevor theologische Urteile gefällt werden dürfen.

c) Intensiver Dialog mit der Kyōto-Schule

Im Jahre 1976 veröffentlichte der katholische Theologe Hans Waldenfels eine gründliche Darstellung der Philosophie Nishitani Keijis und eine dialogische Auseinandersetzung mit diesem Denker der Kyōto-Schule.[108] Sein Buch „Absolutes Nichts" ist bis heute einer der wichtigsten Beiträge zum philosophischen Klärungsprozeß zwischen Buddhismus und Christentum im deutschsprachigen Raum geblieben. Waldenfels beschreibt darin die dialogische Situation recht nüchtern: Beim gegenseitigen Verstehen stehe man noch am Anfang. Die japanischen Christen, und erst recht die europäischen, hätten den Buddhismus noch kaum verstanden, wenn sie ihn denn überhaupt wahrgenommen haben. Die Partner müßten also zunächst hörfähig werden. Im Dialog komme es nicht darauf an, daß einer über den anderen siege, sondern daß die Partner „selbstlos … die Wahrheit der Dinge, wie sie sind, zutage treten lassen".[109] Dialog könne zur gegenseitigen Transformation, zum Verweis in die jeweilige Tiefe der eigenen Religion beitragen, was bei Waldenfels' Behandlung des christlichen Glaubens angesichts der Philosophie Nishitanis dann auch deutlich spürbar wird.

Waldenfels steckt hier drei Problemfelder des Dialogs ab:

a) Mystik und Zen,
b) Gott und Absolutes Nichts,
c) Jesus Christus und die Lehre von der Kenosis.

Es ist eine seit langem umstrittene Frage, ob Zen (oder der Buddhismus überhaupt) mit der christlichen Kategorie der Mystik sachgemäß beschrieben werden könne. Die negative Sprache des Buddhismus hat zweifellos auch noch einen anderen Hintergrund als den, der hinter der christlichen negativen (apophatischen) Redeweise von Gott steht, nämlich eine prinzipielle Verneinung aller Dualität. Entsprechende Kritik an Waldenfels' Buch ist denn auch von buddhistischer Seite laut geworden, vor allem in bezug auf sein Verständnis von Nicht-Selbst *(anattā)* und die Konsequenzen für die Bewertung von Welt und Geschichte im Buddhismus: Man müsse nicht nur den diesseitigen Charakter des Zen erkennen, sondern *seine radikale Diesseitigkeit*.[110]

Die Frage nach Person, Nicht-Selbst, Individualität und Geschichte ist für Nishitani zentral, und Waldenfels macht deutlich, daß die buddhistischen Partner den trinitarisch-relationalen Personbegriff im Christentum noch gar nicht erkannt hätten, sondern vom neuzeitlichen individualistisch definierten Begriff des autonomen Ich ausgingen, der aber gerade nicht das klassische christliche Verständnis der Person repräsentiere. Aus diesem Grunde habe der buddhistisch-christliche Dialog in dieser zentralen Frage noch Wichtiges zum *Verstehen* der Partner zu leisten.[111]

Allerdings ist auch hier die Rückfrage nötig: Wer steht im Dialog mit wem? Gibt es „den" Buddhismus oder „das" Christentum? Sind nicht die geistigen Voraussetzungen aus konfessioneller Verschiedenheit oder philosophischer Vorprägung sowie die unterschiedliche soziale Herkunft der Partner so divers, daß der Dialog immer nur Verstehen zwischen Einzelpersonen oder Schulen, nicht aber zwischen „den" Religionen sein kann?[112]

Wir meinen, daß dieser Einwand ernst genommen werden muß, aber er darf nicht verabsolutiert werden. Denn es gibt allgemeinere geistige Strukturen in den Religionen, die gerade im Dialog, der sich um einen konsistenten Gebrauch der Sprache bemüht, zutage treten. Waldenfels jedenfalls beschreibt zu Beginn seines Buches den Hintergrund seines Dialogpartners Nishitani: Sein Denken sei geprägt von einem „wachen Sinn für die Probleme der heutigen Welt, wie sie sich in einem hochindustrialisierten Lande Asiens darstellen",[113] und dies sei ein wichtiger Bezugspunkt für ganz ähnliche Probleme der christlichen Dialogpartner.

Nishitanis Denken könnte zweifellos außerordentliche Bedeutung für die Begegnung von Buddhismus und Christentum, allgemeiner noch für das Verstehen Japans in Europa und umgekehrt, gewinnen. Hans Waldenfels hat den Anstoß gegeben. Aber die theologische Diskussion im deutschen Sprachraum hat mit den Ausnahmen von Fritz Buri, Heinrich Ott und Hans Küng (alle sind Schweizer!) die Herausforderung noch nicht angenommen.

d) Religionsgeschichtliche Vergleiche

1978 erschien Gustav Menschings (1901–1978) Buch „Buddha und Christus", eine gründliche religionswissenschaftliche Untersuchung, die in Deutschland Einfluß gehabt hat, nicht zuletzt dadurch, daß ihre Ergebnisse auch in Hans Küngs Buch „Christentum und Weltreligionen" (1984) aufgenommen wurden und dadurch noch weitere Verbreitung fanden. Mensching beurteilt die Dialogbereitschaft der Kirchen skeptisch: Die christlichen Kirchen würden ihren *Absolutheitsanspruch* (in bezug auf den Alleinbesitz der Wahrheit, die zum Heil führt) nicht so leicht aufgeben wollen. Auch daran zeige sich, wie sehr sich die Kirchen vom historischen Jesus und dem ursprünglichen Evangelium entfremdet hätten, dem es nicht um Machtansprüche ging.[114] Zweifellos gehe es im interreligiösen Dialog auch um die Wahrheitsfrage, diese sei aber nicht identisch mit dogmatisch formulierten Richtigkeiten.[115] Mensching zitiert in diesem Zusammenhang den Satz des indischen Dichters Rabindranath Tagore (1861–1941): „Können die verschiedenen Religionen nicht ihr verschiedenes Licht leuchten lassen für die verschiedenen Welten von Seelen, die es brauchen?"

Methodologisch ist Menschings Ansatz nicht neu, aber mit größter Genauigkeit entfaltet und darum außerordentlich hilfreich. Mensching möchte den christlichen Glaubensstandpunkt mit der historisch-kritischen Methode zur „tendenzfreien Darstellung" der beiden Religionen verbinden.[116] Als Ausgangs- und erster Vergleichspunkt dient ihm die Geschichtlichkeit der beiden Gründergestalten Jesus und Gautama. Er beschreibt also nicht zuerst dogmatische Systeme, sondern versucht, Gemeinsamkeiten und Unterschiede von Buddhismus und Christentum aus einem ganzheitlichen sozial- und ideengeschichtlichen Ansatz zu erheben.

Beiden Gründergestalten ist nach Mensching gemeinsam,
- daß sie Wanderprediger waren.
- In beiden Fällen hatte ihr primäres soziales Umfeld (die Familie) zunächst kein Verständnis für die Botschaft, und auch die Hüter der jeweiligen religiösen Tradition leisteten Widerstand.
- Beide sammelten Jüngergruppen in gleichsam konzentrischen Kreisen um sich.[117]

Ebenso offensichtlich sind die Unterschiede:
- Das soziale Milieu Gautamas (Adel) ist dem Umfeld Jesu (Handwerker) nicht vergleichbar.
- Bei Gautama handelt es sich um einen Versenkungsweg, bei Jesus um persönliche Gottesbeziehung.
- Gautamas Schüler sind wohlhabend und kehren sich aus dieser privilegierten Stellung vom Materiellen ab, während Jesu Jünger arm sind.

Mensching sieht Gautama primär als *Mystiker*, Jesus hingegen als *prophetischen Reformator*. Entsprechend unterschiedlich sei der Tod beider Stifter: Jesus stirbt, von den religiös und politisch Mächtigen hingerichtet, am Kreuz; Gautama geht lächelnd ins nirvāṇa ein.

Ob im einzelnen diese Beschreibungen zutreffend sind, sei zunächst dahingestellt – wir werden die Beobachtungen Menschings im Teil B, I. ausführlicher erörtern. Wichtig ist, daß Mensching daraus keine dogmatischen Differenzen ableitet, sondern psychologisch und sozial unterschiedliche Lebensmuster erkennt, die einander nicht ausschließen müssen, weil sie verschiedenen Situationen des Menschlichen entsprechen, die, da sie historisch bedingt sind, nicht absolut gesetzt werden dürfen. Mensching plädiert in diesem Sinne für ein inhaltlich tolerantes und freiheitliches Christentum, das sich nicht lehrmäßig abgrenzt, auch wenn es entschieden eigene Positionen bezieht, sondern sich als gemeinschaftsfähige Bewegung im politischen Leben bewährt.[118] Angesichts des Materialismus in den modernen Gesellschaften, dem damit verbundenen Sinnverlust und der Oberflächlichkeit ruft Mensching dazu auf, die wesentlichen buddhistischen wie christlichen Werte tatsächlich ins Leben zu integrieren, wobei dem Dialog die gemeinsame Suche nach dem Authentischen zukomme. Mensching zitiert am Ende seines Buches[119] zustimmend Hans Waldenfels, der sein Buch „Absolutes Nichts" mit folgenden Sätzen abgeschlossen hatte:

„Seit der Erleuchtung des Buddha ist für den Buddhismus die Erleuchtung das Maß aller Dinge. Der Buddhist ist ein Mensch, der zur Selbstverwirklichung in seinem Leben strebt und dabei weiß, daß er sie nicht ohne radikale Loslösung gewinnen kann. Die wahre Erleuchtung aber ruft ihn zurück in ein Engagement des Mitleidens und der Barmherzigkeit.

Seit dem Kreuzestod Christi ist für den Christen die Liebe das maßlose Maß seines Verhaltens. Der Christ ist ein Mensch, der zur Selbstverwirklichung strebt, indem er sich in radikalem Einsatz für die anderen verzehrt. Die wahre Liebe weiß sich getrieben von der Erleuchtung durch den Geist Christi.

Erleuchtung, die Liebe ausstrahlt, und Liebe, die erleuchtet ist und ergreifend, bedingen einander. Hier aber fragt es sich: Begegnen sich in der neuen Kommunikation der Tiefe, wo in Armut, Tod und absolutem Nichts erst das wahre Selbst aufersteht, nicht doch das Lächeln des erleuchteten Buddha und das leidgeprüfte Antlitz des gekreuzigten Jesus?"

Dies ist eine Zusammenschau beider Religionen, der auch wir uns vorbehaltlos anschließen wollen, zumal sie sich in der *Praxis* buddhistisch-christlicher Meditations- und Lebensgemeinschaft seither vielfach bewahrheitet hat.

Im gleichen Jahr, in dem Menschings „Buddha und Christus" erschien (1978), meldete sich erneut Heinrich Dumoulin mit seinem Buch „Begegnung mit dem Buddhismus" zu Wort, das eine Einführung in den Buddhismus und zugleich eine Darstellung der Dialogfelder von Buddhismus und Christentum zugleich sein möchte. „Buchwissen ohne inneres Verstehen kann nicht genügen", bemerkt der Autor,[120] um erneut deutlich zu machen, daß er in der Mystik das fruchtbarste Feld der Begegnung beider Religionen sieht.[121] Dies freilich ist aus phänomenologischen Gründen nicht unumstritten, denn eine Religion ist zweifellos mehr als ihre mystischen Traditionen. Dumoulin verengt aber die Perspektive keineswegs, sondern stellt die Entwicklung der buddhistischen Systeme historisch so dar, daß immer wieder die einander entsprechenden oder widersprechenden christlichen Entwicklungen aufgezeigt werden können. Zentral ist in den Schlußkapiteln wiederum die Frage nach dem Personalen und der Person in der geschichtlichen Perspektive, nun aber wesentlich differenzierter dargestellt als in den 60er Jahren.

Dumoulin schlägt vor, den Buddhismus auf die Dimension des Personalen in kosmischer, geschichtlicher und mystischer Perspektive hin zu befragen, wobei kein Zweifel daran bestehe, daß der Buddhismus den Personbegriff für das „Letztgültige" ablehne, weil er anthropomorph sei.[122] Kann daraus aber gefolgert werden, daß der Buddhismus an- oder vorpersonal denkt? Dumoulin urteilt jetzt vorsichtiger, indem er sich auf Karlfried Graf Dürckheim und den Hinduismus-Kenner und ehemaligen Schweizer Botschafter in Indien, J. A. Cuttat, beruft, die beide von einer „vor-personalen Struktur" zu sprechen schienen, die für das Personale offen sei. Bei modernen buddhistischen Autoren wie Nishitani Keiji, Abe Masao, aber auch bei dem thailändischen Mönch Buddhadasa[123] sei dies zu spüren.

Dumoulin argumentiert in bezug auf die kosmische Perspektive des Personalen, daß der historische Buddha in den *dharma* hinein „entpersönlicht" werde, und zwar vor allem im Mahāyāna.[124] Er kommt zu dem Ergebnis, daß für den Buddhismus kosmische Universalität und Personalität einander nicht ausschlössen, was auch für eine christliche Perspektive gelte, wie man in Anknüpfung an Teilhard de Chardin aufzeigen könne. Teilhard fände das „Personale in der gesamten Wirklichkeit angelegt".[125] Daß Buddhismus und Christentum an dieser Stelle tiefer ins Gespräch kommen können, haben die letzten Jahre gezeigt, vor allem dort, wo die Fragen eines Wandels der Wahrnehmung und Deutung von Wirklichkeit in den Naturwissenschaften in das buddhistisch-christliche Gespräch aufgenommen worden sind. Dumoulin meint, den Buddhismus der Verflüchtigung des Geschichtlichen ins Kosmische anzuklagen, sei ein Mißverständnis des Buddhismus im Abendland.

An der Frage nach dem Sinn von Geschichte scheiden sich aber nach wie vor die Geister, wie wir noch zeigen werden.[126] Man wird hier nicht weiterkommen, wenn nicht grundsätzlich die Frage nach den sich wandelnden Vorstellungen über Raum und Zeit im buddhistischen wie christlichen Denken gestellt wird. Dies ist bisher nur in Ansätzen geschehen. Ohne eine solche Klärung aber läßt sich nicht sagen, was eine mystische Einheitserfahrung bedeutet, die in anderen Zeitstrukturen abläuft als die gewöhnliche Wahrnehmung des Menschen: Sie läßt sich eher in den Kategorien der Gleichzeitigkeit (Synchronizität) und Ganzheit der Zeit ausdrücken. Die gewöhnliche Wahrnehmung (Tagesbewußtsein) liegt aber unserem Begriff des Geschichtlichen und des Personalen zugrunde. Ob Mystik dann mehr personal oder apersonal akzentuiert wird, ist demgegenüber sekundär. Daß in der echten mystischen Erfahrung Wirklichkeit erscheint, ist nicht umstritten, daß es sich aber hier ebensowenig um ein „an sich" handelt wie in der gewöhnlichen Zeiterfahrung des „vorher" und „nachher", muß im buddhistisch-christlichen Dialog thematisiert werden.[127] Gelegentlich, so scheint es, werden Positionen mit vorkantischer Naivität einander entgegengehalten und als Kategorien unterschiedlicher kultureller Denkmuster behandelt, womit allerdings dem erkenntnistheoretischen Problem ausgewichen wird.[128]

e) Trennt die Rechtfertigungslehre Christen von Buddhisten?

1979 veröffentlichte Takizawa Kazumi einen Artikel zum Thema „‚Rechtfertigung' im Buddhismus und im Christentum"[129], der viel Beachtung fand, weil er das gerade in der deutschen protestantischen Diskussion zentrale Thema der Rechtfertigungslehre in den buddhistisch-christlichen Dialog scharf formuliert einbrachte. Wir wollen deshalb, ergänzend zu den Darlegungen über Takizawa im Abschnitt über Japan, auf diesen Artikel kurz eingehen. Takizawa hatte seit 1965 wiederholt an deutschen Universitäten gelehrt: Seine Erfahrung in Deutschland zeige, so konstatiert er nüchtern, daß im Grunde Buddhisten und Christen bisher aneinander völlig uninteressiert seien, trotz des Verlangens nach Dialog und Verstehen: Für die in der Nachfolge Karl Barths stehenden protestantischen Theologen sei der „Name Jesus Christus" das einzig Entscheidende – was könne der Buddhist also Interessantes sagen, da doch der für ihn entscheidende Name ganz anders laute?

Gerade aus christologischen Erwägungen hält Takizawa aber dagegen, daß der Träger dieses einen Namens, „der an und für sich *für uns alle* existiert, von seinem eigenen Entstehungsgrund aus dazu auf(fordert), den Zugriff, mit dem wir Ihn in diesem Namen fest für uns selbst in Anspruch nehmen, zu lockern, ja, die Hand zu lösen".[130] Gebe es denn nicht eine „sachlich-wesentliche Entsprechung von dem, was *Hōzō-Amida* und dem, was *Jesus Christus* über das Verhältnis von Gott und Mensch über die Rechtfertigung des Menschen aussagen"?[131] Hōzō-Amida, so argumentiert Takizawa, stehe durchaus für das Rechtfertigungsgeschehen *sola gratia*, denn in ihm verkörpere sich die dem Ich transzendente Buddha-Natur, die jedem Willensakt des Menschen vorausgehe und Ermöglichungsgrund für den buddhistischen Heilsweg sei. Der Glaube des Menschen sei Antwort auf das Treuegelübde Amidas, der aber nicht außerhalb oder ferne vom Menschen gedacht werden könne, sondern ursprünglich und ursächlich immer bei ihm sei, ohne doch mit dem Ich des Menschen je zusammenzufallen. Das Erwachen zur „Wahrheit der Buddha-Natur" sei der Moment, in dem Gautama Śākyamuni diese Amida-Realität in sich verwirklicht und vollzogen habe. Man müsse zwar festhalten, daß Amida keine historische Gestalt sei, aber in ihrer Wirkungsgeschichte für uns sei er immer auf den historischen Buddha bezogen. Die Ursache für das Erwachen zur Wahrheit könne nichts anderes sein als das noch verborgene wahre Selbst des Menschen, das jedes gewöhnliche Ich nichte, und insofern sei dies „nichts anderes als der ursprüngliche, ewig gegenwärtige, schrankenlos barmherzige Buddha".[132]

Das Erwachen des Buddha sowie jedes Gläubigen zur Buddha-Natur sei also die Wirkung jenes Urfaktums, daß jeder Mensch in seinem (dem Ich transzendenten) Wesen schon vor dem Erwachen „mit dem wahren ursprünglichen Buddha eins war“.[133] Das „Buddha-Werden“ wäre also kein zeitlicher Veränderungsprozeß, sondern ein *Gewahrwerden des Wirklichen*: Die Kraft Amidas sei, so Takizawa, eine dem empirischen Menschen gänzlich andere, aber sie sei des Menschen wahre Bestimmung, die immer schon wirksam ist.

Die Geschichte von Jesus Christus ist für Takizawa eine genaue Entsprechung zu dieser Struktur. Er faßt dies in dem Barthschen Begriff des „Urfaktum Immanuel“ zusammen. In Jesus seien Gott und Mensch tatsächlich eins, aber in unvermischbarer Unterschiedenheit.[134] Jesu Gehorsam gegenüber Gott sei nicht die Anstrengung des fleischlichen Ich, sondern komme von dem wahren Gott, der dem Menschen ewig-gegenwärtig sei. Und so unterscheidet Takizawa den ewigen Christus, der mit allen Menschen gleichzeitig ist, vom „zeichenhaften“ historischen Jesus von Nazareth, der zu einer bestimmten Zeit lebte und nur in einer begrenzten religiösen Tradition erkannt werde. Die uneingeschränkte Gnade Gottes sei der Inbegriff für den ewigen Christus, das „Urfaktum Immanuel“, während der antwortende Glaube als die fleischliche Darstellung desselben gelten könne.

Daraus folgt für Takizawa: „‚Rechtfertigung allein durch die Gnade Gottes‘ im streng ursprünglichen Sinn und die ‚Rechtfertigung allein durch den Glauben‘ sind zwar voneinander untrennbar, aber nicht einfach identisch.“[135] Das Erste gehe dem Zweiten logisch voraus, andernfalls verfiele man in eine „vulgäre Religiosität“, die eine selbstsüchtig-magische Anrufung des Namens bzw. eine ebensolche Glaubenshaltung als gesetzliches Menschenwerk darstelle, gegen die Barth selbst so vehement angekämpft habe. Wenn dem so sei, müsse die Christus-Wirklichkeit größer und umfassender sein als der in der Kirche verkündete Jesus von Nazareth, und das sei der christologische Ausgangspunkt für den Dialog mit anderen Religionen.

In seinen „Reflexionen über die universale Grundlage von Buddhismus und Christentum“ (1980)[136] nahm Takizawa diese Gedanken wieder auf und wies nach, daß sie nicht nur die Struktur der Reinen-Land-Schule betreffen, sondern auch das Grundgefüge des Zen-Buddhismus beschreiben, auch wenn dieser sich in anderen Kategorien ausdrückt: Für Zen-Meister Dōgen (1200–1253) sei die Frage nach der „ursprünglichen Erleuchtung“ zentral gewesen, und nur aufgrund dieser Voraussetzung habe es für ihn die „erworbene Erleuchtung“ geben können. Eine rein „jenseitige“ Kraft von außen habe Dōgen allerdings abgelehnt, denn eine „Andere Kraft“ solcher Art sei für den Menschen schädlich: Sie verdecke die wahrhaft-transzendente Lebenskraft im Menschen, die vom gewöhnlichen „Ich-selbst“ völlig unabhängig sei. Dōgen wolle alle Menschen in ihre wahre, allen gemeinsame Heimat zurückkehren lassen, wo das unendliche und dem Ich völlig transzendente Selbst – ohne Zutun des Ich – gänzlich mit jedem Menschen eins sei. Vom Ich her gesehen sei dieses Selbst das „Ganz-Andere“.

Takizawa fragt: Geht es im Christentum nicht um dasselbe Problem? Er bejaht die Frage und fügt hinzu:

„Ob einer hierin Klarheit hat oder nicht, ist im alltäglichen Leben viel wichtiger als die nominelle Religionszugehörigkeit des betreffenden Menschen, die ja von der jeweiligen kontingent-historischen Begegnung abhängt ... Wir müssen wissen, daß die eine lebendige Wahrheit, die dort und damals als Jesus in Erscheinung getreten ist, schon lange, ja von Ewigkeit her, nicht nur den Zaun zwischen den Juden und Heiden, sondern auch zwischen Christen und Nicht-Christen abgebrochen hat.“[137]

Soweit Takizawa, der mit dieser theologischen Begründung des buddhistisch-christlichen Dialogs in Deutschland (jedoch kaum in den konservativen Kirchen Japans) vielleicht gerade deshalb Aufmerksamkeit erregt hat, weil es ausgerechnet das Denken Karl Barths war, das ihm die Augen für das „Urfaktum Immanuel“ öffnete, wo doch die Theologie Barths missionstheologisch meist ganz anders interpretiert und verstanden, mithin auch mißverstanden wird.[138]

f) Neue Partner – neue Methoden im Dialog

Bereits 1979 veranstaltete die Katholische Akademie in Bayern (München) anläßlich des Besuchs einer Gruppe japanischer Mönche in Deutschland[139] eine Tagung, die sowohl bei der theoretischen Reflexion über den Dialog als auch in bezug auf das praktische Interesse an Meditation ein hohes Niveau erreichte.[140] Zwei Themen durchzogen die Diskussion:

a) erneut die Frage nach der Person und

b) das Problem der Sprache im buddhistisch-christlichen Dialog.

Vorführungen während der Tagung in den japanischen Künsten Kalligraphie *(shodō)*, Fechten *(kendō)* und Bogenschießen *(kyūdō)* veranschaulichten Heinrich Dumoulins Hinweis, daß in Japan „Personalität“ keineswegs gering entwickelt sei oder unterdrückt werde. Sie äußere sich nur in anderer Weise und sei nicht durch bloße Analyse philosophischer Begriffe zu verstehen. Das kalligraphische Blatt eines Zen-Meisters etwa oder die buddhistische Bildnismalerei seien eine Signatur, höchst individuell und einmalig. Aber diese Einmaligkeit eröffne Transparenz auf das Unsagbare, das jede individuelle Konkretion übersteige.[141]

Hans Waldenfels fragte nach der Sprache beider Religionen und nach der Sprache des Dialogs: Weil auch das Schweigen ein Verstehen beinhalte, das immer mit Deutung verbunden sei, bleibe die Rolle der Sprache auch im Dialog mit dem Zen das zentrale Problem. Der menschgewordene Logos im Christentum sei als die individuelle Konkretion des göttlichen Sprachgeschehens interpretierbar.[142] Im Zen habe die Sprache Verweischarakter wie der Finger, der auf den Mond zeigt – die „Sache“ sei jedoch jenseits des individuell-konkreten Ausdrucks. Somit wäre auch das individuierte Bild – wie der Finger – nur vorläufig, denn der zeigende Finger sei nicht der Mond.

Wir müssen diese Bemerkungen zur Sprache im Dialog mit dem Zen ergänzen, weil Waldenfels' und Dumoulins Analyse von 1979 noch nicht den tieferen Gehalt der Zen-Erfahrung und ihres sprachlichen Ausdrucks erfaßt. Denn im Zen gilt: Das je Konkrete, die Geste, der sprachliche Ausdruck, die einmalige Person *ist auch zugleich* das Absolute. Das, worauf der Finger verweist, ist zugleich er selbst. Das „Absolute" ist nirgends anders als in der je durchbrechenden Erfahrung des authentischen Hier und Jetzt. Um dieser je konkreten „Allgestalt" willen muß das Absolute als „Absolutes Nichts" begriffen werden, sonst wäre es *etwas* und könnte nur jenseits eines jeden Konkreten erscheinen – eine „schlechte Absolutheit" (oder „schlechte Unendlichkeit" im Sinne Hegels). Wenn dem so ist, könnte dann nicht auch die Personalität Christi als das konkrete Wahre Selbst des Unendlichen Gottes begriffen werden? Wäre dann dieser „Logos" Gottes nicht die absolute Selbstvermittlung im konkreten Namen und Ereignis? Freilich ist Sprache dann nicht mehr nur der deskriptive Logos, sondern *das sich selbst im Hymnus erschließende Ereignis.*

Auf der Tagung selbst hatte schon Waldenfels einen Hinweis in dieser Richtung gegeben: Schweigen und *Lobpreis* berühren einander als Eröffnung *der Präsenz,*[143] so sagte er, und ob man diese Präsenz Gott nenne oder nicht, sei sekundär. Primär sei der Lobpreis, den nicht nur die ganze Schöpfung singe, sondern dessen Wirklichkeit das Ein und Alles der Schöpfung *ist.*

Diese Tagung war ein Meilenstein im buddhistisch-christlichen Dialog in Deutschland. Und das auch deshalb, weil sie sich mit der Zen-Praxis vieler Christen beschäftigte. Seit Hugo M. Enomiya-Lassalle Zen-Zentren in Deutschland aufgebaut hatte, stand die Frage an, ob man Zen üben könne, ohne sich auf den buddhistischen Hintergrund dieser Praxis einzulassen. Die Antwort dieser Tagung lautete (unseres Erachtens mit Recht): Buddhistische Meditationsmethoden dürften nicht übernommen werden, ohne daß sich die Übenden dem geistigen Anspruch des Buddhismus und seiner Andersartigkeit unterzögen, denn die Praxis des Zen sei *nicht* vom Buddhismus ablösbar. Auf die begriffliche Klärung könne der Dialog deshalb nicht verzichten.

Um dieser Forderung nun zu entsprechen, so scheint es, überschlagen sich in Deutschland seit Anfang der 80er Jahre die Ereignisse: Foren, Tagungen und Publikationen zu unserem Thema sind kaum noch zu übersehen. Dies zeigt einen Gärungsprozeß an, der noch nicht zum Abschluß gekommen ist. Wir werden deshalb nur die wichtigsten Ereignisse, die meist unverbunden nebeneinander stehen, kurz charakterisieren.

Zuerst muß das Japanisch-Deutsche Philosophen-Colloquium genannt werden, das in drei Gesprächen in den Jahren 1981 und 1982 (Bad Homburg, München, Kyōto) dem Thema der „All-Einheit" in beiden Denktraditionen nachging:[144] Das Thema der „All-Einheit" sei seit Nishida ein „Beginn der Orientierung der japanischen Philosophie auf die deutsche Tradition" gewesen. Nishida und seine Nachfolger (Kyōto-Schule) hätten dabei an Hegel und Schelling anknüpfen können, zumal letzterer durch die Sanskrit-Studien Schlegels inspiriert war, wodurch sich der Kreis nun schlösse. Bezeichnenderweise erschien der Sammelband zum Japanisch-Deutschen Philosophen-Colloquium wegen der Nähe zu Hegels Philosophie unter den Veröffentlichungen der Internationalen Hegelvereinigung. Es wird die europäische Philosophiegeschichte von Parmenides über Plotin und Nikolaus von Kues bis zu Hegel zitiert und dem chinesisch-japanischen Denken seit Fa-tsang gegenübergestellt. Am prägnantesten formuliert der japanische Philosoph Tsujimura Kōichi:[145] Plotin und der gesamte Westen hätten das Eine als Grund, Ursache und vor allem Prinzip verstanden, das erst in der Ekstase erfahren werden könne. Im Osten hingegen zeige der buddhistische Begriff von *pratītyasamutpāda* (jap. *engi)* eine fundamentale Interrelationalität an, ein ursprüngliches Verbundensein, in dem jede Erscheinung auch jedes andere *ist*. Das Eine sei hier also nicht Prinzip, sondern das Verhältnis eines jeden zu diesem „All". Geschichte sei demzufolge nicht die sekundäre Entfaltung eines Prinzips, sondern die *ursprüngliche Relation eines jeden auf alles.*

Ueda Shizuteru führt diesen Gedanken weiter:[146] Wenn das Eine im Unterschied zum Vielen verstanden werde, entstehe ein Fundamentalgegensatz, der alle weiteren Spannungen (Idealismus gegen Materialismus, Theismus gegen Atheismus bzw. Nihilismus usw.) erzeuge, wie die abendländische Geschichte beweise. Darum frage man im Zen: „Worauf geht das Eine zurück?"[147] Ueda gibt als Antwort: Das Eine gehe zurück auf eine Ebene jenseits der Dualität, wo keine substantielle Fixierung und Form möglich und das Eine Nichts und Vielheit zugleich sei. Der Sammelband über den Kongreß belegt eindrucksvoll, daß einzelne christliche Denker (z. B. Nikolaus von Kues) ebenfalls in diese Richtung denken konnten.

1982 fanden an der Universität Tübingen eine Reihe von Dialogvorlesungen statt, die neben dem Islam und dem Hinduismus auch den Buddhismus und seine Zukunft im Dialog mit dem Christentum zum Thema hatten. Hans Küng gab jeweils „christliche Antworten" auf die von Heinz Bechert vorgetragene Darstellung des Buddhismus. Es ist bemerkenswert, daß hier erstmals nicht pauschal oder dogmatisch-nivellierend bzw. nur an Einzelthemen orientiert vorgegangen wurde, sondern beide Religionen in ihrer gesamten historisch-paradigmatischen Genese einander gegenübergestellt und aufeinander zugeordnet wurden. Diese Dialogreihe hat als Buch unter dem Titel „Christentum und Weltreligionen"[148] auf eine breite Öffentlichkeit gewirkt und seitdem den buddhistisch-christlichen Dialog in Deutschland nicht nur beeinflußt, sondern breiten Bevölkerungsschichten überhaupt erst nahe gebracht.

Zuerst werden der historische Gautama und der historische Jesus einander gegenübergestellt, wobei Hans Küng auf die Typologie Menschings zurückgreift. Unterschiede der maßgebenden Gründerpersönlichkeiten werden nicht dogmatisch gegeneinander ausgespielt, sondern in ihrem historischen Kontext gesehen, was eine vorurteilsfreie Wahrnehmung der Phänomene ermöglicht. Deutlich wird dies zum Beispiel an der Frage: „Nirvana oder ewiges Leben?“[149] Küng versucht glücklicherweise nicht, wie viele christliche Theologen vor ihm, diese Frage alternativ zu beantworten, sondern er zeigt erstens, wie unterschiedlich das Verständnis von *nirvāṇa* im Buddhismus selbst ist, und bemerkt *zweitens*, daß die christliche Vorstellung vom „ewigen Leben“ auch unter Christen unklar sei und sich sehr verschieden darstellen könne. Jedenfalls sei „ewiges Leben“ ein „nicht in unseren Denk- und Beschreibungskategorien zu erfassender, ein nur zu erfahrender Zustand“. Und dies treffe auch auf das *nirvāṇa* zu. So handele es sich bei beiden Aussagen nicht um dogmatisch fixierbare Vorstellungen, sondern um Symbole, deren Verstehen immer eine Aufgabe bleibe, die gerade im Dialog durch die gegenseitige Anfrage vielleicht tiefsinniger gelöst werden könne als ohne das kritische Korrektiv der zunächst fremden Tradition.

Umgekehrt macht Küng auch deutlich, daß die apersonale Interpretation der Wirklichkeit im Buddhismus ebenso unzureichend sei wie christliche anthropomorphe Personalismen. Küng plädiert deshalb für einen transpersonalen Begriff der letztgültigen Wirklichkeit (Gottes, des *nirvāṇa*, der Buddha-Natur usw.), der die Polarität von Personalem und Apersonalem transzendieren und gleichzeitig integrieren solle.[150]

Gewiß bleiben bei diesen allgemeinen Brückenschlägen über die Geschichte der beiden Kulturen hinweg manche Details unerwähnt. Die von Küng vollzogene Paradigmenanalyse – von Bechert methodisch eher kritisch gesehen, weil er um der Vergleichbarkeit willen nur die jeweils ursprünglichen Gestalten der Religionen miteinander in Beziehung setzen möchte – kann aber sehr deutlich belegen, daß es innerhalb der jeweiligen Religion Entwicklungen gab, die nicht zufällig waren, sondern einer inneren Logik folgten. Diese Entwicklungen haben wiederum nicht eine reine Ideengeschichte produziert, sondern sie sind als Ideen und Symbole in ihrem sozialgeschichtlichen Wirkungsfeld zu sehen.

Dies trifft auch für den Prozeß des interreligiösen Dialogs zu. Er erfaßt und verändert mehr und mehr die klassisch gewachsenen Religionen, ja die mit ihnen untrennbar verbundenen Kulturen. So wird in einer Aufsatzsammlung von Hans Waldenfels, die ebenfalls 1982 erschien unter dem bezeichnenden Titel „Faszination des Buddhismus“,[151] nicht nur die Auseinandersetzung mit der Kyōto-Schule weitergeführt, sondern der Buddhismus wird als Anfrage an die westliche Zivilisation überhaupt begriffen. Die Mahnung des Buddhismus, das „Kenotische“ als Grundzug wahrer Kommunikation zu begreifen, verhelfe dem Christentum zur Rückbesinnung auf die eigenen

Wurzeln und rufe umgekehrt den Buddhismus in die Verantwortung zur „Befreiungspraxis im Raum von Geschichte".[152] Neben allen analytischen Untersuchungen zum Problem des Personalen, der Sprache, dem Verhältnis von Gebet und Meditation, der Frage nach dem Leiden und der Toleranz im buddhistisch-christlichen Dialog, spricht Waldenfels schließlich auch von der *religiösen Alternative*, die der Buddhismus zunehmend auch in Deutschland werde: „Im Falle des Buddhismus treffen sich aber die eigene Faszination und Ausstrahlungskraft mit dem Angebot einer Alternative zu einem Christentum, das vielen Menschen seiner Verbreitungswelt keinen überzeugenden Lebensweg mehr anzubieten scheint, ja das in seinen kirchlichen Erscheinungsformen den eigenen großen Idealen des Ursprungs heute eher im Wege steht."[153]

Damit ist der Kern der Begegnung mit dem Buddhismus nicht nur in Deutschland benannt. Daß an dieser Stelle der Dialog weit über das akademische Interesse hinausgeht, muß nicht betont werden. So ist die Zahl der Bücher und Filme über Buddhismus, und vor allem über buddhistische Meditation, ständig im Ansteigen begriffen. Vor allem psychologische Deutungen des buddhistischen Versenkungsweges werden mit Hilfe der Psychologie C. G. Jungs oder im Rahmen transpersonaler Psychologie immer populärer,[154] während die theologische Auseinandersetzung nun auch die Evangelischen wie Katholischen Akademien erreicht hat. Ob es dabei tatsächlich zum Verstehen kommt und der Westen die östlichen Denkwege in ihrer Eigenheit und Andersheit erkennt, sei dahingestellt. Immerhin sollte die Stimme Jan van Bragts in diesem Zusammenhang Gehör finden, der 1985 in der Dumoulin-Festschrift in bezug auf die Frage, ob sich Europa zur Anerkennung der pluralistischen Struktur gleichwertiger Rassen und Kulturen durchgerungen habe, schrieb: „Aus meiner Sicht der Dinge sieht das, vom Osten her gesehen, sicher nicht so aus; im Gegenteil, Europa erscheint in fast unglaublicher Weise (nach einem Wort Edward Conzes) provinziell, selbstzentriert, selbstgefällig, auf sich bezogen."[155] Dieses Urteil trifft ganz besonders auch die Theologie, und zwar nicht nur, was das Wissen über die jeweils anderen Religionen anlangt, sondern auch, was die Methodik von Theologie betrifft: Im Buddhismus begegnet uns eine Einheit von Philosophie und Religion, von Logik und religiöser Erfahrung, die im buddhistisch-christlichen Dialog meist noch nicht ernst genug genommen wird.[156]

Wie aber kann die Fremdheit des Buddhismus respektiert und doch Verstehen möglich werden? Gäbe es vielleicht doch einen Ausgangspunkt, der so allgemein wäre, daß er für beide Religionen als Vergleichs- und Gesprächsbasis dienen könnte, so daß man gewiß sein könnte, in der dialogischen Auseinandersetzung wirklich über den gleichen Sachverhalt zu reden?

g) Die Anthropologie als Gesprächsbasis der Religionen?

Der Mensch in seiner Beziehung zu Gott und Welt müsse der Ausgangspunkt, wenn auch nicht notwendigerweise der Angelpunkt des interreligiösen Gesprächs sein, forderte Hans Waldenfels 1983.[157] Dabei gab er zu bedenken, daß die Gottesfrage schließlich keine Frage der Reflexion, Spekulation oder Sprachgestalt sei, sondern eine Frage der Erfahrung „auf Leben und Tod“[158]. Mit Blick auf den Hinduismus, aber zutreffend auch für die von ihm geprägte Formel der „Faszination des Buddhismus“, sprach er von der Dringlichkeit des existentiellen Dialogs, in dem die philosophische Debatte nur eine dienende, wenn auch hermeneutisch wichtige, Funktion haben könne:

„Gerade aber wo die Überzeugung vorherrscht, daß der oder das Eine in allem und hinter allem steht und wirkt, werden im Bewußtsein vieler Gläubiger, aber auch in der Lehre bestimmter religiöser Gruppen die Namen und Bilder Gottes heute austauschbar. Bedenkt man, daß heute bereits die Möglichkeit von religiöser Doppel- und Mehrfachmitgliedschaft gegeben ist, so stehen die Zeichen einer interreligiösen ‚Interkommunion‘ durchaus am Horizont – und das in einer Zeit, in der diese Frage interkonfessionell noch auf eine überzeugende Lösung wartet.“[159]

Auch der evangelische Theologe Wolfhart Pannenberg hatte, im Detail zwar anders begründet als Waldenfels, den Ausgangspunkt für den Dialog in der Anthropologie nehmen wollen, denn beide Religionen fragten nach der Subjektivität bzw. dem Selbst, und die Frage werde verschieden beantwortet.[160] Es sei dies die Frage des Paulus, wer denn der innere Mensch (Röm 7,22) vor und nach der Bekehrung sei. Weil auch nach Luther das Subjekt selbst durch den Glauben verändert werde und nicht nur eine Qualität wiedererlange, die es einmal gehabt habe, könne der Glaube als „ein Ergriffenwerden“, als ein „Ereignis spiritueller Ekstase, die uns über uns selbst hinaushebt“[161] erfahren werden. Und dies sei dann die wahrhafte Identität des Menschen, die gefangen war und jetzt befreit werde. Die Selbstbehauptung des empirischen Ich zu überwinden, sei der Kern buddhistischer Praxis wie auch der lutherischen Theologie, und der Tod des menschlichen Ich werde, so Pannenberg, im Buddhismus wie im Christentum zur radikalen Bedingung der Erlösung. Die wahre Gestalt des Menschen könne erst dann in Erscheinung treten, wenn das gewöhnliche Ich genichtet sei.

Für Pannenberg ist also die anthropologische Frage wesensmäßig eine theologische. Das bedeutet aber, daß der Ausgangspunkt des Dialogs gerade nicht die angeblich allgemeinen und kulturübergreifenden menschlichen Erfahrungen wie Liebe, Kreativität, Leiden oder Tod sein können, denn jede solche Erfahrung ist *immer schon im Horizont eines spezifischen religiösen Wertezusammenhanges* gedeutet.

Pannenberg sieht also mit seiner Bestimmung der wahren Identität des

Menschen in der „Befreiung vom Ich“ die buddhistische und lutherisch-christliche Spiritualität in tiefer Gemeinschaft. Was aber ist dann der wesentliche Unterschied beider Religionen? Besteht er in der Bestimmung des Verhältnisses von Gott und Welt – scharfe Trennung von Gott und Welt im Christentum gegenüber vollkommener Einheit des Absoluten und der weltlichen Wirklichkeit im Buddhismus? Pannenberg mahnt zur Vorsicht: Auch im Christentum könne nicht objektivierend von Gott gesprochen werden, und das Reich Gottes sei transzendent und immanent zugleich. Auch christologisch sei ein dualistisches Denkmodell nicht zulässig, und zwar nicht nur, weil die gott-menschliche Einheit von Christus ausgesagt würde (und die Formel des Konzils von Chalcedon sei nur eine von mehreren Möglichkeiten), sondern weil z. B. für Luther Jesus Christus den Weg eines jeden Christen vorzeichne, der zur „Konformität mit Christus“ aufgerufen sei. Die hier notwendige „Einheit in Unterscheidung“ werde im trinitarischen Denkmodell vollzogen.[162]

Was unterscheidet dann noch Buddhisten und Christen? Nach Pannenberg allein die *gegenwärtige Gewißheit des Heils*, die nach christlichem Glauben nur in der Kirche zu erlangen sei, weil sie die Sakramente voraussetze.[163] Dies ist aber, so möchten wir einwenden, eine abstrahierende Behauptung, die sich nicht notwendig aus den zwei von Pannenberg zugrunde gelegten Prämissen, nämlich aus der Realität von Heil in den Religionen und der trinitarischen Denkfigur, ergibt. Denn wenn in den Religionen Gottes Heil gegenwärtig und das Kriterium dafür die Praxis christlicher Nächstenliebe ist, muß es auch außerchristlich eine Erkenntnis des Heils geben können, weil die kognitiven und ethischen Aspekte der Wahrheit im Christentum nicht getrennt werden können. Wenn es aber gültige Gotteserkenntnis gibt, die sich – christlich gesprochen – Gott selbst verdankt, ist damit auch für Nicht-Christen ein *letztgültiger Horizont* eröffnet, der *Gewißheit des Heils* ermöglicht. Allerdings sprechen die Religionen in jeweils verschiedener Weise von dieser Wirklichkeit. Buddhisten und Christen stehen also auch in bezug auf die Gewißheit des Heils in tiefster Gemeinschaft, und christlich-theologisch läßt sich – jedenfalls mit den von Pannenberg genannten Argumenten – keine Vorrangstellung des Christentums begründen!

h) Das Problem der Sprache

Wir haben schon wiederholt darauf hingewiesen: Im Dialog zwischen Buddhismus und Christentum stellt sich besonders deutlich das Problem der Sprache, das nicht durch den Hinweis darauf, daß das Wesentliche ohnehin nur im Schweigen erfahren werde, gelöst werden kann. Die Differenz ist offenkundig: das Christentum spricht von Schöpfer, Schöpfung, einem Selbst des Menschen, einer farbig ausgemalten Erfüllung im Reich Gottes usw., während der Buddhismus eine negative Sprachgestalt bevorzugt und all diese Metaphern meistens ablehnt. Beide Religionen entwickeln eine „Leidenschaft für die Transzendenz des Absoluten",[164] aber in je anderer Gestalt: durch die agapeische *Sprache der Liebe* im Christentum und die gnostische *Sprache der Erkenntnis* im Buddhismus,[165] wobei aber jeder Aspekt den jeweils anderen in sich einschließen kann.

Was besagt dies für das gegenseitige Verstehen? Der katholische Christ und Literaturwissenschafler Walter Strolz machte dazu im Jahr 1986 eine wichtige Bemerkung: Auch wenn das jeweils Gemeinte sich in der Sprache nie erschöpfe, sei doch ein „Sprachvertrauen" wichtig, das *ins Schweigen einführe*: „So weit ist das Wesen der Sprache zu fassen, daß das, was nicht gesagt, nicht begriffen, nicht erklärt werden kann, uns dem *Ursprung der Sprache*, Sein und Nichts, Leben und Tod umgreifend, näherbringt."[166] Die Sprache kenne eine „übergreifende Sinnweite",[167] in der die menschliche Situation so zur Sprache komme, daß die Religionen trotz aller Unterschiede einander begegnen könnten und müßten. Im Buddhismus wie im Christentum sei der Mensch wandlungsfähig, also sei auch die religiöse Sprache veränderungsfähig. Ja, sie sei veränderungsbedürftig, wenn das im Christlichen Gemeinte für den Buddhisten sprachlich sinnvoll zur Geltung gebracht werden solle. Der von Strolz geforderte Sprachwandel im Christentum betrifft dabei vor allem die weitgehend dualistische Symbolik und Begrifflichkeit, die möglicherweise schon immer unangemessen gewesen sei, da Schöpfer und Geschöpf nie getrennt werden könnten, auch wenn sie nicht identisch seien.[168] Andererseits habe hier auch der Buddhismus zu lernen, da er sich fragen müsse, ob angesichts der geistigen Situation der Zeit „die buddhistische *Ununterschiedenheit* Grundlage und Leitstern für verantwortliches Handeln sein kann".[169] Strolz beruft sich dabei auf den Philosophen der Kyōto-Schule Ueda Shizuteru, der ebenfalls festgestellt habe, daß angesichts des technologischen Herrschaftsdenkens in Japan die buddhistische Lehre allzu schnell in eine „zerstörende Ununterschiedenheit" und Zweideutigkeit der Werte umschlagen könne, was die buddhistischen Ideale direkt verleugne.[170]

Methodologisch bedeutsam ist an diesen Bemerkungen von Strolz (die auf interreligiöse Begegnungen der Stiftung Oratio Dominica des Herder-Verlages in Freiburg zurückgehen, die Strolz jahrelang geleitet hat), daß die christlich-buddhistischen Gespräche um philosophische Einsichten nicht in einem Niemandsland oder in einem geistigen Klima der Vergangenheit stattfinden können: *Es ist die industriell-technologische Gesellschaft, die von beiden Religionen Antworten in angemessener Sprachform erwartet.* Das ist die Herausforderung für den Dialog.

Diese Herausforderung wurde angenommen in einem Dialoggespräch (November 1984) mit dem Thema „Die Verantwortung des Menschen für eine bewohnbare Welt im Christentum, Hinduismus und Buddhismus", das wiederum von der Stiftung Oratio Dominica unter Leitung von Walter

Strolz und unter Mitarbeit des Religionsphilosophen Raimon Panikkar, des Kyōto-Philosophen Ueda Shizuteru, des Basler Theologen Heinrich Ott u. a. veranstaltet und publiziert wurde. Neben der Klärung der unterschiedlichen Positionen in der Geschichte der jeweiligen Religionen kommen die Herausgeber zu dem Schluß, „daß der Verknüpfungspunkt zwischen dem Sakralen und Profanen, dem Zeitlosen und dem Zeitlichen, dem Jenseits und dem Diesseits nicht übersehen werden darf. Irgendwie hängt das End-gültige mit dem Vor-läufigen zusammen."[171] Wie dieser Zusammenhang gedacht wird, worin er im einzelnen besteht und wie er das individuelle wie gesellschaftliche Handeln motivieren kann, ist nicht allein im inter-religiösen, sondern auch im intra-religiösen Dialog strittig, d. h. *innerhalb* der jeweiligen Religionen gibt es erhebliche *Unterschiede* in den *sozial-ethischen* und *politischen* Positionen, die im zukünftigen buddhistisch-christlichen Dialog nicht ausgeklammert werden können.

Aber auch die theologisch begründete Einstellung gegenüber anderen Religionen ist in den christlichen Kirchen immer noch sehr unterschiedlich. Wir möchten das an zwei kirchenamtlichen Dokumenten von katholischer und evangelischer Seite aus den letzten Jahren zeigen:

1. Ein vom Päpstlichen Rat für Interreligiösen Dialog 1991 veröffentlichter Text „Dialog und Verkündigung"[172] führt die Tendenz der Einstellung zu anderen Religionen weiter, die schon das Zweite Vatikanische Konzil[173] kennzeichnete. Der Text sagt unmißverständlich:

a) daß *andere Religionen gültige Heilswege* seien, weil Gott alle Menschen nach seinem Ebenbild erschaffen und nur *eine* Heilsgeschichte für die ganze Menschheit geplant habe, so daß sich die Kirche und andere religiöse Gemeinschaften auf einer gemeinsamen Pilgerschaft befänden zu einer Vollendung, die für alle noch ausstehe.

b) Nicht alles, was sich religiös nenne, sei gut, und um Heilsames von Unheilsamem zu unterscheiden, könne *für Christen* nur der *Maßstab der Werte des Evangeliums* gelten. Wenn andere diesen Werten in ihrer Lebenspraxis folgten, so folgten sie implizit dem Heilswillen Gottes, der sich in Jesus Christus geoffenbart habe, auch wenn sie ihre Praxis anders begründeten.

c) Auch wenn in Jesus Christus die ganze Wahrheit offenbar sei, heiße dies nicht, daß der Christ im Vollbesitz der Wahrheit sei. *Wahrheitssuche*, Reinigung und Schritte zu einer wahrhaftigen Lebenspraxis seien vielmehr *ein nie endender Prozeß*, bei dem die Religionen im Dialog gegenseitig voneinander lernen müßten.

Diese religionstheologisch inklusivistische Position des Päpstlichen Rates bedeutet, daß christliche Verkündigung letztlich ein Handeln Gottes an allen Menschen ist. Sie ermöglicht auch gegenseitige Kritik, die im dialogischen Vollzug zu partnerschaftlicher Vertiefung der Wahrheitserkenntnis aller Beteiligten führen kann. Verkündigung ist hier *nicht mehr Mission* im klassischen Sinne der Bekehrung des anderen zum eigenen Standpunkt und zur Eingliederung in die eigene Institution, sondern *gegenseitige Respektierung und kritische Solidarität*, wobei jeder seine eigenen Maßstäbe dialogisch einbringt.

2. Eine andere Grundhaltung hingegen durchzieht die Studie der deutschen lutherischen Kirchen „Religionen, Religiosität und christlicher Glaube" von 1991.[174] Diese Studie bejaht einerseits den Willen des deutschen Protestantismus zum theologischen interreligiösen Dialog, ist aber anderseits durch eine „Mehrdeutigkeit und Unklarheit vieler Formulierungen" gekennzeichnet,[175] weil sie zwar dialogisch sein möchte, im Prinzip aber den exklusiven christlichen Heilsanspruch nicht überwinden könne:

a) Ob in anderen Religionen Heil vermittelt werde oder nicht, könne man nicht sagen.

b) Darum seien andere Religionen wieder zu Objekten christlicher Missionierung degradiert,[176] was auch daran deutlich werde, daß man in der interreligiösen Praxis zwar *für* die anderen, nicht aber *mit* den anderen beten wolle.[177]

c) Wird aber *communicatio in sacris* verweigert, sei interreligiöse „Konvivenz",[178] also das Zusammenleben von Menschen unterschiedlichen Glaubens, auf eine säkularistisch verstandene Mitmenschlichkeit reduziert, die vielleicht einem nach-aufklärerischen Europäer, niemals aber einem Buddhisten, Hindu oder Muslim genügen könne. Damit wäre erneut den anderen Religionen ein europäisches Denkschema aufgezwungen, was den Dialog erschwert oder unmöglich macht.

Die Studie nimmt den Buddhismus christlich-theologisch voreingenommen wahr, was schon in der skandalösen Trennung von Buddhismus und tibetischem Buddhismus, der als „Lamaismus" abqualifiziert wird, zum Ausdruck kommt.[179] Hier ist leider zu wenig von der jahrzehntelangen Debatte spürbar, die gerade im buddhistisch-christlichen Dialog in Deutschland beachtliche Ergebnisse gebracht hat, wie wir oben dargestellt haben.

i) Hermeneutik

So bedeutend die Anstrengungen im buddhistisch-christlichen Dialog der letzten Jahrzehnte auch gewesen sind, man hat sich noch nicht auf eine eindeutige *hermeneutische Methode* verständigen können, d. h. die Frage, wie und unter welchen Voraussetzungen das Verstehen des anderen möglich ist, ohne daß dieser zu stark und einseitig durch die eigenen Urteile bzw. Vorurteile wahrgenommen wird, ist noch immer nicht befriedigend gelöst. Hier hat nun eine monumentale Arbeit des Münchner katholischen Theologen Perry Schmidt-Leukel (1992)[180] einen Meilenstein gesetzt, der nicht nur für den buddhistisch-christlichen Dialog in Deutschland, sondern für den interreligiösen Dialog weltweit bedeutsam ist.

Der Autor weist nach, daß die bisherigen Vergleiche von Buddhismus und Christentum meist durch die Übertragung christlicher Denkkategorien auf den Buddhismus gekennzeichnet gewesen sind (manchmal um der Apologetik willen ganz bewußt, oft aber auch unbewußt), so daß nicht nur der eine Teil des Vergleichspaares, sondern auch der Vergleichs*maßstab* christlich definiert sei. Das habe oft zu einer verzerrten Wahrnehmung des Buddhismus geführt:[181] Vergleiche man z. B. Gott und *nirvāṇa* oder Seele und *anattā*, so gehe man von der Vorstellung äquivalenter Größen aus, was keineswegs der Fall sei. Außerdem seien im bisherigen Dialog Buddhismus und Christentum meist verallgemeinernd behandelt worden, während doch einzelne Epochen und Traditionslinien sehr unterschiedliche Gestalten der jeweiligen Religion hervorgebracht hätten. Die Entsprechungen oder Differenzen könnten mithin nur aus dem Gesamtgeflecht der jeweiligen Traditionen ermittelt werden, was aber aufgrund der geschichtlichen Überlagerungen und Verwerfungen ein so komplexes Unternehmen sei, daß man zumindest an einem relativ einfachen und unumstrittenen Ausgangspunkt beginnen müsse. Diesen Ausgangspunkt, so Schmidt-Leukel, habe man in den *menschlichen Grunderfahrungen*, die (je unterschiedlich aufeinander bezogen) in allen Kulturen anzutreffen seien: Während der Buddhismus von der *Vergänglichkeitserfahrung* ausgehe, stehe in der jüdisch-christlichen Tradition die *personale Beziehungserfahrung* im Zentrum. Alle weiteren Unterschiede in den Betonungen bestimmter theoretischer oder ethischer Aspekte in Buddhismus und Christentum ergäben sich aus dieser Differenz, die der Unterscheidung in ein *gnostisches* und *agapeisches* Erfahrungs- und Sprachmodell der beiden Religionen durch Aloysius Pieris[182] nicht unähnlich sei.

Allerdings weiß Schmidt-Leukel, daß auch diese Grunderfahrungen, bereits indem sie den jeweiligen Menschen bewußt werden, versprachlicht sind. Sprachen aber beruhen auf kulturellen Traditionen, die spezifisch sind. Eine bewußt wahrgenomme „ungedeutete Erfahrung" gibt es nicht.[183] So ist auch die buddhistische Vergänglichkeitserfahrung und ihre Deutung ganz und gar eingebettet in viel ältere spezifisch indische mythische Grundstrukturen und daraus abgeleitete Kategorien, wie sie sich etwa im Konzept von *karman* und Zeit *(kāla)* verdichten. Für die jüdisch-christliche Tradition der personalen Beziehungserfahrung gilt Ähnliches. Diese menschlichen Grunderfahrungen sind historisch vermittelt. Sie können deshalb nicht einen Ausgangspunkt bilden, der unabhängig von der jeweiligen sprachlichen bzw. religiösen Tradition voraussetzungslos allgemein einsichtig wäre. Aber immerhin bilden die Grunderfahrungen von Tod, Vergänglichkeit, Liebe usw. ein Feld von menschlicher Gemeinsamkeit, von dem her das Verstehen des anderen leichter möglich ist, als wenn man mit abstrakten Begriffen wie Gott, Buddha-Natur usw. beginnen würde. Dennoch sind auch die Grunderfahrungen keine ungeschichtlichen Ereignisse.

Aus diesem Grunde, so möchten wir vorschlagen, können die hermeneutischen Kriterien erst im *gegenwärtigen* und *aktuellen* Dialog-Prozeß von Buddhisten und Christen gefunden werden; sie sind nicht als etwas jenseits der Religionen Gegebenes vorauszusetzen. Vielmehr führen beide Partner den Dialog auf dem Hintergrund ihrer jeweiligen Tradition und mit Bindung an sie. Daß dabei jede Begrifflichkeit in ihrer Vorläufigkeit und Bedingtheit erscheint, wenngleich sie auf einen letztgültigen Maßstab verweist, hat der bisherige buddhistisch-christliche Dialog eindrucksvoll gezeigt. Beide Partner lernen in diesem Gespräch voneinander – und lassen sich gegenseitig „transformieren" (J. Cobb) –, sowohl für das Verstehen ihrer eigenen Tradition als auch für die interreligiöse Hermeneutik, wie wir im Teil C erläutern werden.

5. Ergebnis und Ausblick

Ergebnis

1. Der buddhistisch-christliche Dialog in Deutschland gewinnt zunehmend an Dichte und Tiefe. Er wird aber immer noch von wenigen etablierten Theologen als dringlich für die Selbstbesinnung des Christentums in der heutigen Welt erachtet. Die Kirchen haben noch nicht hinreichend erkannt, daß die Pluralität der Religionen in modernen pluralistischen Gesellschaften ihre klassischen Einstellungen zu anderen Religionen grundlegend verändern wird. Die wichtigsten Themen des Dialogs in Deutschland (Personalität und Impersonalität Gottes, Sprache und Schweigen, Rechtfertigung und „Selbsterlösung", Meditation und Dogma, Hermeneutik des Dialogs) haben bereits in den 70er Jahren inhaltlich vieles von dem vorweggenommen, was publizistisch wirksamer und institutionell stärker gestützt (American Academy of Religion, Society for Buddhist-Christian Studies), die amerikanische Diskussion seit den 80er Jahren prägt.

2. Waren während der 20er Jahre dieses Jahrhunderts zunächst protestantische Theologen (Otto, Mensching, Heiler [der katholisch wurde], später auch Tillich) im Dialog engagiert, hat sich das Gewicht seit dem Zweiten Vatikanischen Konzil auf die katholische Seite verlagert. Es fehlt dem deutschen Protestantismus bis heute eine klare bejahende Aussage zur Wirklichkeit des Heils in anderen Religionen.

3. Der praktische Dialog vollzieht sich keineswegs nur in den Bibliotheken und akademischen Konferenzen, sondern zunehmend auch auf der Ebene der *Meditationspraxis*, die in Deutschland von immer mehr buddhistischen wie christlichen Zentren angeboten wird. Eine gewisse „Doppelbeheimatung" in Christentum und Buddhismus ist für viele engagierte Christen keine Seltenheit mehr: Eine gewisse Synthese von *Elementen* beider Reli-

gionen zeichnet sich ab. Daß dies aber in Zukunft zu einer Verschmelzung der beiden Religionen in Deutschland führen könnte, ist nicht zu erkennen. Die theoretische Reflexion des Erfahrenen steht bisher nicht im Vordergrund, sie ist aber notwendig, wenn die gegenwärtige Praxis mit der eigenen Geschichte und Tradition verknüpft werden soll.

Ausblick

4. Die Annahme, „der" Osten sei meditativ, während „der" Westen die Rationalität repräsentiere, hat sich als zu vereinfachend erwiesen. Die Geschichte *beider* Traditionen ist – mit jeweils unterschiedlichen Akzenten – von *beiden* Aspekten des Menschlichen geprägt. In Deutschland besteht ein Bedürfnis, die rational-technologische Zivilisation durch eine ganzheitlich-meditative Lebenspraxis in Balance zu bringen, ohne der sozialen Lebenswirklichkeit den Rücken zu kehren, d. h. wenige werden (buddhistische) Mönche oder Nonnen, viele integrieren aber die meditative Bewußtseinsschulung in ihren Alltag. Daß dies die traditionellen Formen christlich gedeuteter Welterfahrung stark verändern wird, ist abzusehen. Ob dies allerdings zu einem Identitätsbruch innerhalb der christlichen Geschichte beitragen wird, kann nicht vorhergesagt werden.

5. Die Dialogsituation in Deutschland ist besonders dadurch gekennzeichnet, daß bis in kirchliche Kreise und Ordensgemeinschaften hinein, mehr oder weniger „kirchenoffiziell", buddhistische Meditation praktiziert wird. Die faktische Durchdringung der Kirchen mit buddhistischem Gedankengut und buddhistischer Praxis ist weiter fortgeschritten als die theologische Reflexion.

6. Das zeigt sich auch daran, daß Laien aus beiden Religionen einander unbefangener begegnen und ihre jeweilige Tradition einbringen wollen, um Antworten auf Zeitfragen zu finden. So nahmen Buddhisten seit dem Evangelischen Kirchentag in Frankfurt 1987 regelmäßig an Arbeitsgruppen der folgenden Kirchentage teil oder stellten sich in eigenen Programmeinheiten vor. Beim Münchner Kirchentag 1993 bildeten eine gemeinsame christlich-buddhistische Morgenmeditation und eine Dialogveranstaltung mit dem XIV. Dalai Lama und dem deutschen Philosophen Carl-Friedrich von Weizsäcker zum Thema „Frieden – Gerechtigkeit – Bewahrung der Schöpfung" den vorläufigen – und in evangelikalen Kreisen umstrittenen – Höhepunkt dieser Begegnungen. Evangelische und Katholische Akademien laden immer häufiger buddhistische Lehrer zu thematisch orientierten Tagungen und zu Meditationsseminaren ein, und diese Zusammenarbeit dürfte in Zukunft noch an Intensität gewinnen.

VI. Vereinigte Staaten von Amerika

Wir werden in diesem Kapitel vor allem fragen, warum ausgerechnet die Vereinigten Staaten von Amerika zum Hauptschauplatz des heutigen buddhistisch-christlichen Dialogs in der Welt werden konnten. Die Gründe liegen in der amerikanischen Geschichte und in gegenwärtigen Wandlungsprozessen in der amerikanischen Gesellschaft, die in anderer Weise auch Europa erfassen könnten (multi-kulturelle Gesellschaft). Bedeutet die multi-religiöse Situation in den USA aber, daß der Dialog Einfluß auf den politischen Diskurs hätte? In den modernen pluralistischen Industriegesellschaften steht die Zukunft der traditionell religiösen Werte überhaupt auf dem Spiel: Können Religionen oder gar der interreligiöse Dialog etwas beitragen zu der Suche nach Sinn, Gemeinschaft und gewaltfreier Konfliktlösung? Welchen Grad von Institutionalisierung hat der Dialog in den USA erreicht, und was sind die wesentlichen Themen, die ihn beschäftigen?[1]

1. Zur Situation des Dialogs

Seit etwa 1980 verlagerte sich das Schwergewicht des buddhistisch-christlichen Dialogs vom Theravāda-buddhistischen Sri Lanka zum christlich geprägten Amerika: Es sind vor allem amerikanische Christen der Mittelklasse, die mit amerikanischen Buddhisten aus der gleichen sozialen Schicht in den Dialog treten. Hauptsächlich handelt es sich dabei um eine hoch interessante *akademische Diskussion* des Verhältnisses von Buddhismus und Christentum, die ihren Hintergrund in der intellektuellen Geschichte Amerikas im 19. Jahrhundert hat. Auf der 1984 von der Universität Hawaii veranstalteten *2. Internationalen Konferenz zum Buddhistisch-Christlichen Dialog* wurde die *Cobb-Abe Gruppe* für den theologischen Austausch mit der philosophischen *Kyōto-Schule* gegründet, benannt nach ihren Gründern, dem protestantischen Theologen *John Cobb* aus Claremont und dem Philosophen der Kyōto-Schule *Abe Masao*. Seitdem bestimmt diese Dialog-Gruppe maßgeblich das Geschehen. Darüber hinaus arbeiten in den USA mit Abstand die meisten westlich-akademischen Buddhologen. Dabei ist Berkeley Sitz der *International Association of Buddhist Studies*, die auch eine Zeitschrift publiziert. Die Konferenz von Hawaii (der 1980 eine *1. Internationale Buddhistisch-Christliche Konferenz* in Honolulu vorausgegangen war) wurde von *David Chappell*, Professor für chinesische Religionen an der Universität Hawaii, organisiert. Chappell gibt seit 1981 die Zeitschrift *Buddhist-Christian Studies* heraus, die seit 1987 von der *Society for Buddhist-Christian Studies* verantwortet wird. In den letzten Jahren hat sie eine Führungsrolle im weltweiten Dialog übernommen.[2]

Anders als in Asien (besonders in Sri Lanka), wo der Dialog zwischen religiösen Gruppen stattfindet und große politische Bedeutung hat, spielt er sich in den USA zwischen Individuen ab. Die zahlreichen christlichen religiösen Gruppen in den USA, vor allem die konservativen evangelischen Kirchen, sind davon so gut wie nicht betroffen.

a) Hundertjahrfeier des Weltparlaments der Religionen von Chicago 1993

Ein großes Ereignis der Religionsgeschichte Amerikas war das Weltparlament der Religionen in Chicago 1893, das auch den Beginn des buddhistisch-christlichen Dialogs in den USA markiert. Die Hundertjahrfeier dieses denkwürdigen Ereignisses im Jahre 1993, an der 7000 Menschen aus der ganzen Welt teilnahmen, wirft ein Schlaglicht auf die heutige Situation des Dialogs in Amerika: Die religiöse Bevölkerungsstruktur hat sich völlig gewandelt – es gibt im Großraum Chicago heute mehr Hindus als Episkopalisten, mehr Buddhisten als Hindus und mehr Muslime als Juden. 1893 begegneten die Amerikaner erstmals den Repräsentanten der asiatischen Religionen; 1993 organisierten asiatische Religionsgruppen von Chicago den Empfang für die vielen ausländischen Besucher.

Das Parlament von 1993 wurde von konservativen Christen weniger angegriffen als das vor 100 Jahren, was wohl damit zusammenhängt, daß die interreligiöse Dialog-Bewegung, die besonders seit dem Zweiten Weltkrieg in Amerika auch in der Öffentlichkeit eine Rolle spielt, Wurzeln geschlagen hat. Allerdings wurde auch diese Jubiläumskonferenz nicht offiziell von den großen protestantischen Kirchen oder der katholischen Kirche organisiert, was der Grund dafür war, daß der Weltkirchenrat wie der Vatikan zunächst zögerten, an der Veranstaltung im Herbst 1993 überhaupt teilzunehmen. Schließlich wurde die Jubiläumskonferenz von einem lokalen Rat unter dem Vorsitz des Präsidenten des McCormick Theological Seminary von Chicago zusammengerufen; das Geld kam von verschiedenen Organisationen und privaten Spendern, und religiöse Führungspersönlichkeiten unterschiedlicher Herkunft fungierten als „Präsidenten des Parlaments", unter ihnen der XIV. Dalai Lama und der syrisch-orthodoxe Bischof von Delhi, Paulos Mar Gregorios. Dies ist nicht die Art, wie die interreligiösen Dialoge, die vom Weltkirchenrat oder vom Vatikan ausgehen, initiiert werden: Danach sollte der Dialog von Repräsentanten der betreffenden religiösen Hierarchien „offiziell" sein. Die Konferenz von Chicago hatte (ähnlich wie das erste Weltparlament der Religionen von 1893) genau entgegengesetzte Merkmale: Von Laien organisiert, von Komitees verwaltet, von Freiwilligen durchgeführt, demonstriert sie, wie sich sehr unterschiedliche Gruppen und Individuen engagieren können, um zum Frieden in der Welt und zwischen den Religionen beizutragen. Das wichtigste Ergebnis der Veranstaltung war die von dem christlichen Theologen Hans Küng angeregte und maßgeblich formulierte „Erklärung zum Weltethos" vom 4. September 1993, in der sich die anwesenden Religionsführer feierlich verpflichten, die in den Religionen bereits existierenden Gemeinsamkeiten an unverrückbaren ethischen Weisungen aufgrund der „fundamentalen Einheit der menschlichen Familie" bewußt zu machen und zu verwirklichen (vgl. Teil C, II.1.b „Religion als Begründung von Ethik").

Die meisten Dialoge in den USA werden von Laien durchgeführt und finden vor allem außerhalb der regulären kirchlichen Institutionen Beachtung. Sie sind getragen von einem Enthusiasmus, den die traditionellen kirchlichen Institutionen auf diesem Gebiet immer noch vermissen lassen.

Wenn wir von der Dominanz der Laien bei diesem und anderen Dialog-Treffen sprechen, bedeutet dies nicht, daß die Teilnehmer nicht gebildet wären oder der „Klerus" ausgeschlossen wäre. Unter den Teilnehmern finden sich auch Priester, Mönche und Nonnen. Ebenso sind amerikanische Akademiker in diesen Dialogen selbstverständlich engagiert. Dies ist innerhalb der amerikanischen Religionsgeschichte nicht neu. Intellektuelle Liberale haben seit langem als Moderatoren solchen Austausches „außerhalb der Kirchen" fungiert.

Wenn, wie wir noch zeigen werden, die Professoren und Studenten der Abteilungen für Religionswissenschaft an den Colleges und Universitäten der USA den größten Teil der im interreligiösen Dialog engagierten Amerikaner stellen, so müssen wir den Grund dafür im weiteren Kontext suchen. Wir können dies am besten zeigen, wenn wir noch einmal zurückgehen zum ersten größeren buddhistisch-christlichen Gespräch in Amerika, d. h. zum 1. Weltparlament der Religionen 1893 in Chicago. Die epochale Bedeutung dieses Ereignisses aber erschließt sich nur auf dem Hintergrund der Religionsgeschichte Amerikas im 18. und 19. Jahrhundert, auf die wir nun kurz eingehen müssen, soweit dies für das Verständnis des beginnenden interreligiösen Dialogs im letzten Jahrzehnt des 19. Jahrhunderts notwendig ist.

2. Geschichtlicher Hintergrund

a) Besonderheiten der religiösen Sozialisation in Amerika

Betrachtet man die religiöse Geschichte Amerikas im 18. und 19. Jahrhundert, so ist es erstaunlich, daß ausgerechnet dieses Land zum Hauptschauplatz des buddhistisch-christlichen Dialogs im 20. Jahrhundert geworden ist. Die calvinistischen Puritaner betrachteten New England als ihre neue Heimat, als ihr neues Jerusalem.[3] Sie hielten sich für Erwählte und mußten unter sich bleiben, um ein streng reglementiertes reines Gemeinschaftsleben führen zu können, woraus sich von selbst ergab, daß die Vermischung mit Außenstehenden oder gar Einheimischen verpönt war. Die katholischen Spanier in Louisiana, die Spanien weiterhin als ihre Heimat betrachteten (und vielleicht gerade deshalb größeren Rückhalt in ihrer kulturellen Identität hatten), konnten sich leichter inkulturieren. Sie heirateten in die amerikanisch-indianischen Gemeinschaften ein und konvertierten Einheimische mit einem solchen Eifer, daß wir noch heute ihre „Missionen" entlang der kalifornischen Küste finden (z. B. Santa Barbara, Santa Clara). Die Puritaner waren diesbezüglich eher zurückhaltend.[4]

Dies änderte sich jedoch, als in der ersten Hälfte des 18. Jahrhunderts die Städte wuchsen und der Handel zunahm.[5] Die fließenden sozio-ökonomischen Muster einer eher locker organisierten Gesellschaft verfestigten sich zu ausgeprägten „Provinzordnungen". Die erste große protestantische Erweckungsbewegung war eine Antwort auf diesen sozialen Wandel: Man wollte den Abfall von der „wahren Frömmigkeit" eindämmen. Diese Bewegung verlief quer zu den klassischen kirchlich-konfessionellen Trennungslinien im ganzen Land und erfaßte verschiedene Theologien. Ähnlich wie der deutsche Pietismus und der englische Methodismus hatte sie ein emotionales Gepräge und inszenierte die Erfahrung der geistlichen Wiedergeburt, die eine unmittelbare Beziehung zu Gott herstellen bzw. ausdrücken sollte. Solche emotionalen Ausbrüche wurden von den traditionellen Puritanern mit Argwohn betrachtet – sie setzten auf eine geduldige und disziplinierte Innenschau.

Jonathan Edwards (1703–1758) war eine bekannte Figur in dieser Bewegung. Obwohl die Betonung der ganz *persönlichen Beziehung* mit Gott in den erweckten Kreisen das Gemeinschaftsideal der Puritaner auflöste, trug genau diese Erweckungsbewegung als erste wirklich eigenständige amerikanische Religionsbewegung zumindest indirekt zur Entwicklung des amerikanischen Nationalgefühls bei, das Individualität, Unabhängigkeit von den staatskirchlichen Systemen in Europa und wirtschaftlichen Aufbruch in der „Neuen Welt" miteinander verband. Und dies war eine der Voraussetzungen für die amerikanische Revolution. Die *Declaration of Independence* (Unabhängigkeitserklärung) berief sich auf die „Gottheit" (nicht auf den christlichen Gott); die *Constitution* (Verfassung) als säkularstes Dokument jener Zeit erwähnte nicht einmal diese „Gottheit". Der einzige direkte Bezug auf Religion findet sich in Art. 6, der negativ formuliert: Als Qualifikation für ein Amt im Dienst der Vereinigten Staaten wird *kein* Religionsexamen verlangt. Zu Beginn des Art. 1 der *Amendments* (Ergänzungen), d. h. dem *Bill of Rights*, wurde das Prinzip der strikten Trennung von Kirche und Staat festgelegt: Der Kongreß erläßt kein Gesetz, das irgendeine Religion bevorzugen oder die freie Religionsausübung behindern würde.

In Europa hatten die Religionskriege zwischen Katholiken und Protestanten im 17. Jahrhundert zu einem Kompromiß geführt, der die Toleranz der unterschiedlichen christlichen Glaubenssysteme bedeutete: *Cuius regio eius religio*. Der jeweilige Landesherr bestimmte über die Konfession. Aber religiöse Toleranz im persönlichen Sinne, wonach jeder Mensch in seiner eigenen Verantwortung und Vorstellung seine Religion wählen kann, wurde erst in den frühen amerikanischen Kolonien verwirklicht, zunächst in Rhode Island, dann in Pennsylvania (der Heimat der Penn-Quäker). In den neuen Vereinigten Staaten wurde Religion entstaatlicht, und zwar auch deshalb, weil es keinen Konsens gab, welche Konfession der Staat offiziell unterstützen sollte. Wichtiger aber war noch ein anderer Grund: Die Vertreter beider Seiten, der Konfessionen und des Staates, fürchteten, daß entweder der Staat durch religiöse Einflüsse oder die Kirchen durch staatliche Aufsicht korrumpiert werden könnten. Der liberale Deist Thomas Jefferson (1743–1826) und der aufklärerische Anglikaner James Madison (1751–1836) sorgten dafür, daß die Trennung von Kirche und Staat unwiderruflich wurde.[6] Damit hatte sich die religiöse Toleranz zum Recht auf *Religionsfreiheit des Individuums* weiterentwickelt.

Der gegenwärtige interreligiöse Dialog basiert auf diesen Grundlagen der amerikanischen Geschichte, obwohl die Gründerväter diese Entwicklung nicht vorhersehen konnten. Damals war Amerika im wesentlichen protestantisch, und das Schulgebet wurde deshalb als völlig selbstverständlich empfunden, da schließlich alle Schüler Christen waren. Es gab nur wenige Juden und Katholiken, und beide Minderheiten waren völlig in die amerikanische Gesellschaft integriert, was bis in die jüngste Vergangenheit so geblieben ist. Außerdem beteten Juden und Katholiken zu demselben Gott wie die Mehrheit der Protestanten. Hindus, Buddhisten und Muslime waren kein Thema, denn Amerika war keine Kolonialmacht und nicht den damit verbundenen kulturellen Rückwirkungen ausgesetzt wie z. B. England. In London lebten britische Staatsangehörige aus nicht-christlichen Kulturen, während New York bis gegen Ende des 19. Jahrhunderts nur Bevölkerungsgruppen aus der Alten Welt verschmolzen hatte.

Aber in der Mitte des 19. Jahrhunderts erlebte Amerika eine beispiellose wirtschaftliche Expansion. In kürzester Zeit wurden Hunderte steinreich, Hunderttausende aber verarmten und siedelten in den Slums der Großstädte. Die Erschließung des Kontinents durch ein Eisenbahnnetz und die Expansion der amerikanischen Handelsflotten auf den Weltmeeren (man denke an den Aufstieg des Industriegiganten Cornelius Vanderbilt, 1794–1877), der kalifornische Goldrausch, die damit verbundene Industrialisierung der Westküste und die Öffnung Amerikas in den pazifischen Raum, besonders nach Japan hin, kurz, die ungehemmte Unterordnung aller Werte unter den materiellen Profit, erzeugte Gegenreaktionen. Unter amerikanischen Intellektuellen entstand ein Klima, das angesichts dieser rapide voranschreitenden Urbanisierung und Industrialisierung eine Natur-Romantik aufkommen ließ, die das Ideal des nicht-zivilisierten Lebensstils pries. In diesem Zusammenhang kamen nicht-europäisch/amerikanische Kulturen in den Blick. Diese Entwicklung förderte das Interesse an den Religionen Asiens; man betrachte nur die Bedeutung des amerikanischen Dichters Ralph Waldo Emerson (1803–1882): Emerson und sein Freund Henry David Thoreau (1817–1862) waren wichtige Führungsgestalten der New England Transzendentalisten. Sie lernten durch erste Übersetzungen hinduistische, buddhistische und taoistische Texte kennen und waren zwei der ersten Denker, die im Prinzip den Buddhismus vom Hinduismus unterscheiden konnten. Emersons Vorstellungen über die Natur und das natürliche Leben eigneten sich zum Vergleich mit taoistischen und buddhistischen Vorstellungen.[7]

Die Transzendentalisten standen unter dem Einfluß des „transzendentalen" Denkens, das von Deutschland über England nach Amerika gekommen war. Sie waren inspiriert von der deutschen Romantik und davon überzeugt, daß es einen tieferen, reineren Sinn einer ursprünglichen Wahrheit gäbe, die hinter den Erscheinungen der Wirklichkeit verborgen, aber in der Natur überall gegenwärtig sei und Menschen zugänglich würde, wenn die Einschränkungen der Kultur (Sippen, Institutionen, selbst die organisierte Religion) überwunden würden.

Emerson und seine Gruppe beließen es aber nicht bei Ideen, sondern unternahmen 1844 ein Experiment im Gemeinschaftsleben nach ihren Vorstellungen: die Brooks Farm. Sie hatte eine anti-urbane, anti-materialistische Ausrichtung, konnte aber nur einige Jahre überdauern. Henry David Thoreau zog sich daraufhin nach Walden Pond zurück, um vollkommen in der Natur zu leben. Mit diesen Experimenten eines alternativen Lebensstils beeindruckten Emerson und Thoreau keinen geringeren als Mahatma Gandhi[8] – und ihre Wirkung ist bis in die heutige Szene alternativer Kultur in den USA zu verspüren. Emerson überwarf sich jedoch mit Thoreau angesichts der Frage, ob ein solcher Lebensstil ein Engagement im politischen Alltag zulassen würde, was Emerson bejahte, während Thoreau den völligen Rückzug von der Welt für unerläßlich hielt.

Diese sozial kurzlebige Bewegung der Transzendentalisten hinterließ aber ein außergewöhnlich dauerhaftes literarisches und intellektuelles Erbe. Ihre Ideen wurden verbreitet durch die Zeitschrift *Dial* und später durch das Literaturjournal *North American Review*, das 1815 gegründet wurde, sowie durch Emersons Vorlesungszyklen in Universitäten und Kirchen. Der Transzendentalismus prägte die Akademiker und Intellektuellen in Boston und Cambridge und lehrte ein optimistisches Evangelium des menschlichen Wachstums und sozialen Fortschritts. Man kann im Rückblick sagen, daß diese Bewegung zu ihrer Zeit die intellektuelle Avantgarde in Amerika bildete.

Dabei ist es kein Zufall, daß Emerson Unitarier war. Die Unitarier sind eine christliche Tradition, die sich auf anti-trinitarische „Freigeister" der

Reformationszeit wie Michael Servet (1511–1553) in Genf und die italienischen Sozinianer im 16. Jahrhundert zurückführen. Sie sind weniger den Gedanken der Reformatoren als dem Humanismus und der Philosophie der Renaissance verpflichtet. Die Bewegung begann in Italien, breitete sich in Polen aus, wurde dort durch die Gegenreformation bedrängt, gelangte so nach Holland und England und fand sich bald nach der amerikanischen Revolution in der Neuen Welt wieder. Unitarier wie der Engländer Joseph Priestley (1733–1804) waren Naturwissenschaftler und Theologen zugleich: Sie leugneten die Trinität und verkündeten, daß es nur Einen Gott gäbe. Für sie war Jesus ein inspirierter und bedeutender Mensch, aber nicht Gott. Theologisch ist diese Bewegung liberal, intellektuell und humanistisch, aber nicht säkular. Weil sie in ihrer Heimat verfolgt wurden, wanderten die Unitarier nach Amerika aus und entwickelten sich in Amerika in eine neue Richtung aufgrund der Ereignisse während der großen Erweckungsbewegungen nach 1740. Die Erweckung hatte die aus dem Puritanismus hervorgegangenen Kongregationalisten gespalten: in die „New Lights" (um den bereits erwähnten Jonathan Edwards) und die „Old Lights" (mit ihrer Heimat in Boston). Letztere kritisierten die erweckte „enthusiastische" Predigt der ersten Gruppe und entwickelten eine amerikanische Lesart des Unitariertums. Das heißt: Sie wandten sich gegen die calvinistische Anschauung eines zu fürchtenden Gottes oben und einer verderbten Menschheit unten. Statt den Menschen angst vor einer möglichen Verdammung aufgrund ihrer Schuld zu machen, predigten sie Gottes inwendige Güte und des Menschen Fähigkeit zum Guten.[9]

Die Unitarier konzentrierten sich in den Städten und fanden vor allem unter den Gebildeten Anhänger. Die ländliche Bevölkerung jedoch war von einer anderen Bewegung erfaßt worden, den Universalisten. Auch sie wiesen die calvinistische Prädestinationslehre zurück (nach der das Heil nur den von Gott Erwählten zuteil würde) und glaubten, daß am Ende die gesamte Menschheit (also auch die „Heiden") gerettet würde.[10] In ihren Kirchen kann man religiöse Symbole sehen, die aus den verschiedenen Weltreligionen stammen. Aus diesem Glauben ergibt sich der interreligiöse Dialog ganz selbstverständlich, denn er beruht auf der Überzeugung, daß hinter allen Religionen *ein* Gott wirkt, der das Heil, die Erleuchtung und die Befreiung aller Menschen will.

1825 wurde die American Unitarian Association gegründet. Die Unitarier hatten meist die Anschauungen der Denker der schottischen Aufklärung sowie die Common Sense Philosophy eines David Hume verinnerlicht, nach dessen Philosophie die Sinnesorgane gültige Erkenntnisse vermitteln. Diese liberalen geistigen Strömungen gewannen zunächst Zugang zur Harvard-Universität in Boston und übernahmen schließlich deren geistige Führung. Aus diesem Erbe ist die heutige Divinity School dieser berühmten Universität hervorgegangen.[11]

Während der großen wirtschaftlichen und sozialen Veränderungen im Amerika des ausgehenden 18. Jahrhunderts kam es schließlich zu einer zweiten großen Erweckungsbewegung (ca. 1790–1830). Zu dieser Zeit, als große Massen in den Westen des Kontinents auswanderten, entstanden viele neue religiöse und quasi-religiöse Bewegungen, die man heute mit Begriffen wie *Perennial Philosophy*[12], *Harmonialismus* oder *Okkultismus* beschreiben würde. Von den Mormonen bis zu den Swedenborgianern, vom viktorianischen Spiritualismus bis zur Christlichen Wissenschaft (Christian Science), vom Mesmerismus bis zur pragmatischen Erforschung der Verschiedenheiten der religiösen Erfahrung (wie bei William James) entdeckte das junge Amerika neue Wege der religiösen Selbstverwirklichung und der Zusammenschau von „Gesundheit, Reichtum und Metaphysik", denen die traditionellen Kirchen nichts entgegenzusetzen hatten. Von dort führen direkte Verbindungslinien zur New Thought Movement der 90er Jahre des 19. Jahrhunderts und dem erfolgsorientierten „positiven Denken" der 20er Jahre des 20. Jahrhunderts[13] und von hier direkt zur New-Age-Bewegung unserer Zeit.[14]

Im Jahre 1893 hatte sich Amerika bis an die Westküste des Kontinents ausgedehnt und Kontakte über den Pazifik bis nach Japan geknüpft. Jene, die über den Horizont der Alten Welt und die christliche Tradition hinausschauten, fühlten sich zur orientalischen Mystik hingezogen, wie sie von der gerade entstehenden Theosophischen Gesellschaft mit viel Erfolg in Amerika popularisiert wurde.[15] Der viktorianische Spiritualismus und die Theosophie erscheinen aus heutiger Perspektive naiv und ungenau, was ihre Kenntnis des „wirklichen" Orients betrifft, aber zu ihrer Zeit vollbrachten diese Bewegungen Pionierleistungen. Sie waren Katalysatoren für die Bekanntschaft der westlichen Intellektuellen mit „dem Orient".

Der Buddhismus war in Amerika um die Mitte des 19. Jahrhunderts noch wenig bekannt. Emerson hielt noch 1845 die Bhagavadgītā für ein „sehr bekanntes Buch des Buddhismus".[16] Der Buddha als große Figur der Religionsgeschichte wurde aber bereits mit Jesus, Muhammad, Zoroaster und Konfuzius verglichen. Thoreau hatte zwar Passagen aus Eugène Burnoufs (1801–1852) französischer Übersetzung des Lotos-Sūtra ins Englische übertragen und publiziert, aber allgemein wurde dem Buddhismus zunächst weniger Aufmerksamkeit zuteil als dem Islam und dem Konfuzianismus.[17] Erst um 1860 rückte der Buddhismus schließlich ins Blickfeld der Öffentlichkeit. Doch in Abhängigkeit von europäischen Historikern (auch Burnoufs selbst) interpretierte man das buddhistische *nirvāṇa* als absolute Negation und wandte sich mit Schaudern von dieser „passiven und weltverneinenden Lebensphilosophie" ab.[18] Die amerikanisch-viktorianische Werte-Quaternität von Theismus-Individualismus-Aktivismus-Optimismus, die zumindest das Credo der urbanisierten protestantischen Mittelklasse war, tat sich mit den Nachrichten über den Buddhismus schwer. In der negativen Bewertung des Buddhismus gab es zwischen den großen protestantischen Konfessionen und den konservativen Unitariern kaum Unterschiede. Der Buddhismus, so der Pastor Edward Hungerford (1829–1911) aus Menden, Connecticut, in einem Aufsatz im *The New Englander* 1874, sei weder Religion noch Philosophie, sondern reiner Pessimismus, der keine Zukunft haben könne.[19] Wie aber eine solche Religion in kurzer Zeit hatte ganz Asien erfassen und große kulturelle Leistungen vollbringen können, vermochten Hungerford und viele andere nicht zu erklären.

Einige Interpreten sahen den Buddha als Moralisten und sozialen Reformer des korrupten Kastensystems in Indien an, und dafür zollten ihm die amerikanischen Autoren Respekt, so z. B. der China-Missionar Rosewell H. Graves (1833–1912) und viele andere:[20] Sie unterschieden beim Buddha eine negative Philosophie und eine bewundernswerte Moral, ja der Buddhismus wurde zum „Protestantismus Indiens" erkoren.

Aber auch in den Kreisen der Unitarier tat man sich mit dem Buddhismus schwer. James F. Clarke (1810–1888), ein prominenter Unitarier und vermutlich der erste Akademiker in den USA, der Vergleichende Religionswissenschaft lehrte, empfand den Buddhismus als „quietistisch" und weltabgewandt, wobei es in der Religion doch darauf ankomme, Gutes zu tun; er vermochte den Buddhismus wohl überhaupt nur zu ertragen, indem er einen Glauben an Gott und die Unsterblichkeit der Seele in die buddhistischen Texte hineinlas.[21]

Erst allmählich setzte sich unter den liberalen Unitariern, Transzendentalisten und der *Free Religious Association* ein positiveres Bild des Buddhismus durch. Ein Autor aus diesem Kreis hielt den Buddhismus sogar für die überlegene Religion.[22] Charles D. Mills (1821–1900) schrieb 1876 in Amerika das erste umfassende Buch über den Buddhismus, und er löste das alte Problem der „Weltverneinung" damit, daß er dem Buddha selbst das affirmative und weltgestaltende Element, den späteren buddhistischen Philosophen hingegen die Negation und die emotionale Unterkühlung zuschrieb.[23]

Um 1870 veränderte sich schließlich die Stimmung gegenüber dem Buddhismus: Der Sozialreformer und Freireligiöse Thomas W. Higginson pries 1872 in einer Rede den Buddha besonders für seine Toleranz. Er war tief berührt von der „Schönheit und tiefen Einsicht" des klassischen buddhistischen *Dhammapada*, das er in der Übersetzung Max Müllers kennengelernt hatte.[24] Higginson vertrat eine inklusivistische religionstheologische Position. In den 70er Jahren wurde das buddhistische *nirvāṇa* mehr und mehr als ein Zustand der Seligkeit interpretiert.[25] Auch hatte man den Buddhismus inzwischen genauer studiert, wenngleich die Quellen immer noch unzureichend bekannt waren.

Es gab also liberale Strömungen unter den Intellektuellen und besonders unter den Unitariern, die anderen Religionen aufgeschlossen gegenüberstanden und sich mit ihnen auseinandersetzten. Für die großen protestantischen Kirchen oder den amerikanischen Katholizismus aber waren die nicht-christlichen Religionen nur „Heidentum“. Das ist in Kürze der geistes- und sozialgeschichtliche Hintergrund für die Einberufung des Weltparlaments der Religionen in Chicago.

b) Ein Parlament seiner Zeit voraus

Als das Weltparlament der Religionen 1893 im Zusammenhang mit der Weltausstellung anläßlich des Kolumbus-Jubiläums (1493 „Entdeckung“ Amerikas) in Chicago zusammentrat, war das ein Ereignis, das seiner Zeit weit voraus war. Die beteiligten Religionen mit ihren bisher mehr oder weniger absoluten Geltungsansprüchen kamen gleichberechtigt zu einem religiös-demokratischen „Parlament“ zusammen, und das zu einer Zeit, da es noch sehr wenige Hindus, Buddhisten, Muslime oder Taoisten in Amerika gab. Zu jener Zeit, als der durchschnittliche Amerikaner nur das Christentum kannte und seinen Wahrheitsanspruch für selbstverständlich und meist auch für plausibel hielt, war die Idee, ein Treffen mit anderen Religionen in Chicago zu veranstalten, auf der alle gleichberechtigt sein sollten, eine Provokation. Dementsprechend mußten sich die Organisatoren mit harter Kritik aus verschiedenen Kirchen auseinandersetzen.

Aber gleichzeitig erhielt das Parlament Unterstützung von zahlreichen amerikanischen Intellektuellen und Geschäftsleuten. Die erste Idee zu einer Konferenz der Religionen anläßlich der Weltausstellung kam von dem Rechtsanwalt Charles C. Bonney, einem Swedenborgianer, der von einem Chicagoer Komitee aus Geschäftsleuten, Pastoren und Pädagogen dann auch zum Präsidenten des Parlaments berufen wurde. Er ernannte den presbyterianischen Pastor und Theologie-Professor John Henry Barrows (1847–1902) zum Sekretär, der das Parlament schließlich im wesentlichen organisierte. Barrows berief sich in seinem Vorschlag zum Parlament und in der Grußadresse auf den Glauben, daß schließlich *ein* Gott hinter allen Religionen stehe, was nicht nur seine liberale theologische Haltung offenbart, sondern auch die Unkenntnis darüber, daß z. B. die Buddhisten dieser Voraussetzung eigentlich nicht zustimmen können. Barrows selbst sah in diesem Ereignis „den Morgenstern des 20. Jahrhunderts“, das den Geist der Liebe ausstrahlen, die scharfen Gegensätze der Religionen begraben und Verstehen zwischen den Religionen fördern sollte.[26]

1893 widersetzten sich die Buddhisten Shaku Sōen (1859–1919) aus Japan und Anagarika Dharmapala aus Ceylon[27] dem Theismus als religiöser Basis des Parlaments nicht. Auch der Hindu-Mönch Swami Vivekānanda sah keine Schwierigkeit, die Vedānta-Philosophie des einen *brahman* mit dem Einen Gott der liberalen Christen zu identifizieren bzw. Jesus (und Muhammad) als Avatar (Inkarnation) der *einen* Gottheit zu verstehen, denn „es ist *ein* Licht, das in verschiedenen Farben strahlt“.[28]

Besonders die Theosophie, die in England und in den Vereinigten Staaten blühte, unterstützte das Parlament. Der aus Deutschland stammende und in England wirkende Indologe Max Müller (1823–1900) hatte aus Oxford eine Grußadresse geschickt und geeignete Texte aus den Heiligen Schriften der Religionen zusammengestellt.

Die Buddhisten waren zahlreich vertreten, ihre Hauptsprecher waren der Laie Anagarika Dharmapala aus Celyon und der Mönch und Zen-Meister Shaku Sōen aus Japan, denen die Theosophen die Reise nach Amerika ermöglicht hatten. Außerdem war noch ein Vertreter des Reinen-Land-Buddhismus zugegen. Dharmapala sprach über die Grundgebote des Buddhismus; Shaku Sōen sprach über das Gesetz von Ursache und Wirkung im Buddhismus.[29] Liest man heute seine Ausführungen, so ist bemerkenswert, daß der Buddhist keine direkte Kritik am Theismus – und damit an der ganzen Ideologie des Parlaments – vortrug. Eine solche Kritik blieb Shaku Sōens persönlichem Sekretär, Daisetsu T. Suzuki, für später vorbehalten.[30]

Das Parlament war nicht nur deshalb seiner Zeit voraus, weil es 1893 noch keine Bestrebungen zu einem interreligiösen Ökumenismus gab, sondern weil sich auch noch keine soziologischen Gründe abzeichneten, ein solches Treffen ausgerechnet in Amerika abzuhalten. Zu dieser Zeit lebten kaum Asiaten in Amerika, die östliche Religionen bekannt gemacht hätten. Es gab zwar ca. 300 000 Chinesen, die man zum Bau der Eisenbahn, die die Ost- mit der Westküste verbinden sollte, nach Amerika geholt hatte. Doch 1882 hatte der Kongreß Gesetze verabschiedet, wonach den Chinesen die Bürgerrechte, die Staatsbürgerschaft und Landbesitz vorenthalten wurden, so daß bis 1920 die Zahl der Chinesen auf ca. 61 000 sinken sollte. Folgerichtig gab es 1893 auch keinen Sprecher für den Taoismus. Die Konfuzianer hingegen wurden durch die koreanische Handelsmission in Washington repräsentiert.

Amerika war nach seinem Selbstverständnis im wesentlichen weiß und protestantisch. Die Kolumbus-Ausstellung war eine Handelsmesse, die anläßlich des Jubiläums der „Entdeckung" der Neuen Welt durch Kolumbus organisiert worden war. Barrows nannte in seiner Grußadresse in einem Atemzug Jesus, das Licht der Welt, „und das christliche Amerika, das Kolumbus, Luther, den Pilgervätern und John Wesley so viel verdankt."[31] 1893 fiel aber noch niemandem auf, daß diese Entdeckung Amerikas auch eine andere Seite hatte: die Vernichtung der einheimischen Kulturen und ganzer Völker! Schließlich war die „Neue Welt" ja nur für die Europäer neu und längst von alten Kulturen bevölkert gewesen. Doch damals war die Bewußtseinslage eben anders: Auf dem Parlament waren folglich die einheimischen Amerikaner („Indianer") überhaupt nicht repräsentiert. Es gab auch keine Einladungen an afrikanische Religionen. Der Islam war vertreten, und der Katholizismus wurde gegenüber dem Protestantismus als andere Religion behandelt; die „Schwarzen Kirchen" waren getrennt repräsentiert.

Im damaligen weiß-protestantischen Amerika gab es also keine politische

Notwendigkeit, ein Parlament der Weltreligionen in Chicago einzuberufen. Es war aus reinem Idealismus zusammengetreten.

Das Parlament selbst hatte in der Presse Chicagos großen Widerhall gefunden und knüpfte Verbindungen zwischen Intellektuellen, die noch lange andauern sollten. Reaktionen und Gegenreaktionen lösten Nachwirkungen und eine Vernetzung der Diskussion aus, wie es das in Amerika bisher noch nicht gegeben hatte. Dharmapala, Shaku Sōen und andere reisten im Anschluß an das Parlament durch die USA, initiierten Amerikaner in den Buddhismus und gründeten erste buddhistische Gemeinschaften.[32] Barrows wurde, um alle Dokumente des Parlaments veröffentlichen zu können, von dem Verleger E. G. Hegeler (Open Court Publishing) unterstützt. Und dieser war der Schwiegervater von Paul Carus (1832–1919), dem deutschen Philosophen und freien Schriftsteller, der als Sekretär am Weltparlament mitgewirkt hatte. Später lud Hegeler Suzuki Daisetsu ein, der zwölf Jahre lang (1897–1909) in LaSalle, Illinois, beim Verlag Open Court mitwirken sollte, Vorlesungsreisen unternahm und den Zen-Buddhismus in Amerika populär machte. Aber die Verbindungen Amerikas zu Japan waren viel umfassender und für die Entwicklung des buddhistisch-christlichen Dialogs in Amerika so bedeutsam, daß wir sie in einem gesonderten Abschnitt behandeln müssen.

c) Die japanischen Verbindungen

Japan wurde in Amerika (und Europa) ganz anders wahrgenommen als China. Das Inselreich hatte von Anfang an ästhetische Bewunderung auf sich gezogen. Lafcadio Hearns (1850–1904) Berichte über Japan und besonders sein Buch über japanische *ryōkans* (Landhotels), das über buddhistische und shintoistische Pilgerschaften berichtet, regte dabei eine ganze Generation zur Japan-Begeisterung an. Hearn war auf der Suche nach einer „reinen spirituellen Heimat, wo die Wirbelwinde des Lebens beruhigt werden und die absolute Wahrheit gefunden werden kann“. Als John La Farge (1835–1910) und Henry Adams 1886 von einem Reporter nach der Zielsetzung ihrer gemeinsamen Japanreise gefragt wurden, antwortete La Farge, daß sie „auf der Suche nach Nirwana“ seien.[33]

In Europa hatten die französischen Impressionisten die japanische Kunst entdeckt. In Amerika bat der Maler James Whistler (1834–1903) einen wohlhabenden Freund, eine orientalische Kunstsammlung zu erwerben, und aus dieser Sammlung ist im Nationalmuseum von Washington das berühmte Freer-Museum hervorgegangen.

Die Bedeutung Japans für die Begegnung Amerikas mit dem Buddhismus erreichte schließlich einen Höhepunkt mit dem Wirken des Zen-Interpreten Suzuki Daisetsu (1870–1966).[34] Suzukis Schriften, besonders seine drei Bände *Essays in Zen-Buddhism* (1927–1934) inspirierten eine weltweite Leserschaft zum Studium und zur Praxis des Zen. Suzuki selbst hatte aber zu diesem Zeitpunkt schon eine längere Geschichte der Begegnung mit Amerika hinter sich.

Wir hatten erwähnt, daß Suzuki Daisetsu als Shaku Sōens Schüler und Sekretär den Zen-Meister zum Weltparlament der Religionen 1893 nach Chicago begleitet hatte. Shaku Sōen, der ganz dem Geist der Meiji-Zeit entsprechend (Japan nach 1868) und als Reaktion auf die Modernisierung Japans den Buddhismus bereits lange vor Suzuki als *universalen* Glauben interpretiert hatte, wurde 1905–1906 erneut nach San Francisco eingeladen.[35] Er hatte dort 1893 die ersten Zen-Gemeinschaften Amerikas gegründet, die zusehends gewachsen waren. Danach schickte er drei seiner Schüler nach Amerika, um den Zen-Buddhismus an der Westküste weiter zu festigen. Neben Suzuki waren dies Senzaki Nyogen (1876–1958), dessen Schüler Robert Aitken (geb. 1917), der den Diamond Sangha in Hawaii gründete, und Shaku Shōkatsu, dessen Schüler Sasaki Sōkeian (1882–1945) war. Sasakis amerikanische Frau, Ruth Fuller-Sasaki, hatte einen erheblichen Einfluß auf die Entwicklung des amerikanischen Buddhismus: Ihr Haus in Japan wurde nach dem Krieg zum Treffpunkt der großen Wissenschaftler-Generation, die den Zen-Buddhismus erforschte – Yanagida Seizan, Heinrich Dumoulin, Philip Yampolsky u. a. Diese Gelehrten prägten jahrzehntelang und prägen noch heute die akademischen Zen-Studien in Amerika.

Alle auf Shaku Sōen zurückgehenden Zen-Zentren sind der japanischen Rinzai-Schule des Zen verpflichtet. Das Sōtō-Zen (teilweise kombiniert mit Rinzai) kam erst nach dem Zweiten Weltkrieg nach Amerika, und zwar durch drei Studenten des berühmten Zen-Meisters Harada Sōgaku (1870–1961): Maezumi Taizan (geb. 1931), Yasutani Hakuun (1885–1973) und Philip Kapleau (geb. 1912). Die reine Sōtō-Tradition wurde in Amerika durch Suzuki Shunryū (1904–1971) im Jahre 1959 heimisch. Eine etwas anglisierte Form der Zen-Tradition hielt Einzug am Mt. Shasta in Kalifornien mit der Äbtissin Jiyū Kennett Rōshi (geb. 1924), die vorher Organistin in der Anglikanischen Kirche gewesen war. Das Rinzai-Zen erblühte unter der Leitung von Sasaki Jōshū (geb. 1907) am Mt. Baldy in Kalifornien. Alle diese japanischen Zen-Linien haben nach dem Zweiten Weltkrieg und vor allem seit den 80er Jahren zahlreiche Zentren in ganz Nordamerika gegründet und vor allem eigene amerikanische Zen-Meister ausgebildet. Die Zahl der Zentren und Sub-Zentren ist kaum übersehbar. (Neben diesen japanischen Linien gibt es nicht wenige koreanische.)

Die Verbindungen Amerikas zum japanischen Buddhismus während der 20er und 30er Jahre beschränkten sich nicht nur auf die Gründung von Zen-Zentren in den USA. Auch die Universitäten pflegten den akademischen Austausch, wovon besonders die erste Konferenz der Philosophen aus Ost und West im Jahre 1939 in Hawaii zeugt.[36] Alle diese Verbindungen Amerikas mit Japan sollten sich als wichtig erweisen für die kulturellen

Beziehungen beider Länder im allgemeinen und für den buddhistisch-christlichen Dialog im besonderen.

d) Amerika nach dem Zweiten Weltkrieg

Japan war für das amerikanische Interesse am Buddhismus der privilegierte Partner gewesen, aber auch die Theravāda-Tradition war durchaus bekannt geworden. Henry Clark Warren (1854–1899), der Mitbegründer der *Harvard Oriental Series*, hatte zunächst Sanskrit gelernt, um sich dann aber auf die Pāli-Texte des Theravāda-Buddhismus zu konzentrieren. 1896 war in Harvard sein damals weit verbreitetes Buch *Buddhism in Translation* erschienen.

Das Weltparlament von 1893 war der Ausgangspunkt für ein wachsendes Interesse an vergleichenden Studien der Religionen gewesen. Der *Foreign Mission Board* der Vereinigten Staaten und Kanada hatte bereits 1904 empfohlen, daß alle Seminare Kurse in Vergleichender Religionswissenschaft anbieten sollten.[37] Wenn sich schon die kirchlichen Seminare für diese Idee erwärmen konnten, so waren die säkularen Liberal Arts Colleges Amerikas noch enthusiastischer.

Historisch gesehen entwickelte sich aber das Studium des Buddhismus in Amerika, verglichen mit den europäischen Ländern, ziemlich spät. Europa kannte die älteren „anglo-deutschen" und „franko-belgischen" Schulen, wie sie Edward Conze nennt. Selbst Rußland, das keine buddhistischen Kolonien hatte, entwickelte in der „Leningrader Schule" früher buddhistische Studien als die Vereinigten Staaten. Sanskrit-Studien und Indologie begannen allerdings sehr früh – dafür hatte in Harvard Henri Clark Warren gesorgt, und der Hindu Swami Vivekānanda hatte 1893 mehr Interesse auf sich gezogen als die Buddhisten. Nur der japanische Buddhismus konnte als Teil der Japan-Wissenschaften relativ früh studiert werden. Heute hingegen wird im akademischen Bereich nirgendwo in der Welt so viel über den Buddhismus gearbeitet wie in Amerika. Der japanische Religionshistoriker Anesaki Masaharu (1873–1949) lehrte zwar bereits um 1910 an der Harvard Universität, aber das erste umfassende Buddhismus-Programm wurde erst 1981 an der Universität von Wisconsin in Madison unter der Leitung von Richard Robinson eingerichtet. Dabei zeigt sich, daß sich das Schwergewicht des Interesses vom Theravāda-Buddhismus auf den Mahāyāna-Buddhismus verschoben hat. Wesentlichen Anteil daran hatten dabei die Textausgaben des deutsch-britischen Gelehrten Edward Conze (1904–1979).

Die Weisheitsliteratur des Mahāyāna-Buddhismus, vor allem die Prajñāpāramitā-Sūtras, wurde von Edward Conze ediert, übersetzt und der europäischen und amerikanischen Leserschaft zugänglich gemacht.[38] Conze aber war zum Studium der Weisheits-Texte des Mahāyāna inspiriert worden durch seine Begegnung mit Suzuki in London. Conze stellte damit die bis dahin fast ausschließlich rationalistische Lesart des Buddhismus in Frage. Er half wesentlich, die mystische und meditative Dimension des Buddhismus, wie sie sich in der Weisheitsliteratur des Mahāyāna findet, zu entdecken, worin ihm der indische Buddhismus-Gelehrte T. R. V. Murti folgte.[39] Wenn heute Nāgārjunas Mādhyamika-Philosophie, besonders die Philosophie der Leere (śūnyatā), ein wichtiger Ausgangspunkt für den buddhistisch-christlichen Dialog geworden ist, so ist diese Interpretation des Mahāyāna-Buddhismus wesentlich durch Conze, Murti und andere vorgeprägt.

Suzukis „intuitionistische" Interpretation des Zen[40] hob sich deutlich von den akademischen Studien des Buddhismus ab, die philologisch und historisch orientiert waren.[41] So erstreckte sich sein Einfluß vor allem auf gebildete Zirkel außerhalb der im strengen Sinne akademischen Gelehrtenwelt. Suzukis Bücher und Vorträge veränderten die Lebenseinstellungen ungezählter Menschen, die durch ihn auch zum akademischen Studium der Religionen und besonders des Buddhismus motiviert wurden.

Diese Entwicklung zeichnete sich erst nach dem Krieg ab, als Suzuki zunächst zurückgezogen im japanischen Kamakura lebte. Er nahm aber erneut direkten Einfluß auf die Entwicklung des Buddhismus in Amerika, als er 1950 im Alter von achtzig Jahren zu einer Reise um die Welt aufbrach und auch die Vereinigten Staaten besuchte, wo er lehrte, schrieb und acht Jahre lang Vorlesungen hielt. Seine Auftritte sollen „triumphal" gewesen sein, und diese Charakterisierung ist wohl zutreffend.[42]

Zur Initialzündung der Zen-Studien in Amerika wurde der literarische Austausch zwischen dem chinesischen Philologen Hu Shih und Suzuki in einem der frühen Hefte der Zeitschrift *Philosophy East and West* in Hawaii:[43] Auf der einen Seite stand Hu Shih, der behauptete, daß objektive historische Studien sowie Text-Philologie die Wahrheit der Texte hinter den Fakten erschließen könnten; auf der anderen Seite stand Suzuki, der bezweifelte, daß man den tieferen Sinn eines religiösen Textes nur durch textkritische Methoden ohne innere Sympathie mit dem Inhalt der Texte verstehen könnte. Diese Kontroverse zu klären, wurde schließlich die Aufgabe und der Beitrag des japanischen Zen-Forschers Yanagida Seizan und seiner amerikanischen Schüler.[44]

Man kann nicht über den Einfluß Suzukis schreiben, ohne Alan Watts' (1915–1973) zu erwähnen, der Suzukis Philosophie popularisierte und als einen „Lebensstil" propagierte.[45] Watts war Engländer und mit Suzuki in London zusammengetroffen, bevor er England vor Ausbruch des Krieges verließ. Er lebte erst in New York und war dann Studentenpfarrer an einem College im Mittleren Westen, wo er das Zen in seine Arbeit einbeziehen wollte, was bei seinen kirchlichen Vorgesetzten auf Ablehnung stieß. Daraufhin quittierte Watts seinen kirchlichen Dienst. Er kam schließlich nach San Francisco und sprach in einer Radiosendung über Zen. Obwohl Alan

Watts zur Mittelklasse gehörte und als bürgerlich galt, strahlte von diesem Forum das Zen auf die junge Generation der 50er Jahre aus. Die „Beat-Generation" des Protestes gegen den amerikanischen Wohlstandstraum in den 60er Jahren nahm diese Inspiration auf, allen voran die Dichter Allen Ginsberg (1926–1997), Jack Kerouac (1922–1969) und Gary Snyder (geb. 1930). Snyder ging selbst nach Japan, um Zen zu studieren, und er wurde darin von vielen Jugendlichen nachgeahmt. Diese Dichter repräsentierten eine intellektuelle Bewegung, die die Unmittelbarkeit der Inspiration im Alltäglichen und Allerweltlichsten zelebrierte, so wie es das Zen lehrt.

Die „Beat-Zen"-Generation protestierte gegen die Verlockungen des amerikanischen Traumes, die materielle Kultur und die puritanische Arbeitsethik, ohne allerdings politisch wirksam zu sein. Erst die 60er Jahre erzeugten eine neue sozio-politische Dynamik. Das Zen der 50er Jahre hatte keinerlei Interesse an einem buddhistisch-christlichen Dialog, denn es war eine ganz und gar negative Reaktion auf die „christlichen Werte". Die Beat-Generation in den 50er Jahren verachtete die spießige Konformität der Mittelklassen und deren Selbstbild. Aber als Gegenkultur war sie nur schwach organisiert, weil sie jeder Institutionalisierung trotzen wollte. In der Wirtschaftsblüte der 60er Jahre jedoch sollte diese Bewegung in einen weitgehenden, von breiteren Gesellschaftsschichten getragenen Protest gegen die amerikanischen Werte der Konsumgesellschaft überhaupt umschlagen. Im Zusammenhang mit dem Protest gegen den Vietnam-Krieg, den auch viele Christen mittrugen, wurde die Gegenkultur zu einer politischen Gegenbewegung umfunktioniert, die einen alternativen Lebensstil propagierte und sich in neuen Experimenten gemeinschaftlichen Lebens versuchte.

Der Lebensstil Asiens, oder das, was man dafür hielt, faszinierte viele enttäuschte Jugendliche aus den Mittelklassen. Besonders Japan wurde „romantisiert", weil zu diesem Land nach dem Krieg auch politisch eine besondere Beziehung existierte. Denn das Nachkriegs-Japan stand unter amerikanischer Besatzung, und die US-Regierung stellte zahlreiche Stipendien für Studien aller Art in Japan zur Verfügung. Obwohl keine amerikanische Kolonie, wurde Japan doch so etwas wie eine „asiatische Heimat" für viele Amerikaner, die in Asien lebten. Zeitweise, so scheint es, schaute auch eine neue Generation von Japanern zu Amerika auf (Japan wurde amerikanisiert), und umgekehrt blickte eine Generation von Amerikanern fasziniert auf ein schnell verschwindendes „altes Japan".

e) Amerika in den sechziger Jahren

Während der 60er Jahre wurden so viele traditionelle Werte in Amerika umgestürzt, daß bis heute die Debatte anhält, was eigentlich die Konsequenzen für die Gesellschaft gewesen seien. Einige betrachten die 60er Jahre als den endgültigen Ruin der amerikanischen Werte und den Verfall der eurozentrischen Zivilisation. Es war die Zeit der Bürgerrechtsbewegung und der sozialen und politischen Wahrnehmung der bisher völlig marginalisierten schwarzen Bevölkerung. Es war die Zeit, als die College-Kurse über „große Bücher des Westens" erweitert wurden durch Kurse über „große Bücher des Ostens", und auch die Stimmen von Frauen und ethnischen Minoritäten wurden einbezogen.[46] Die sexuelle Revolution trieb einen Keil zwischen die Jugend und die ältere Generation, die während der großen Depression in den 30er Jahren gelebt hatte – viele von ihnen Puritaner, die durch harte Arbeit in schweren Zeiten überlebt hatten. Sie hatten sich geopfert, um Europa gegen Hitler zu verteidigen, hatten gewonnen und waren nun als Helden zurückgekehrt. Während des Kalten Krieges hatten sie die Freiheit in Korea und Vietnam verteidigt. Aber auf der anderen Seite standen nun die nach dem Krieg geborenen „Babyboomers", die die Entbehrungen der Depression nicht kennengelernt hatten.

Als diese Kinder des Wohlstandes den Reichtum verhöhnten, sich gegen den amerikanischen Imperialismus und die Rolle Amerikas in der Dritten Welt auflehnten, ja, als sie sich sogar nicht-christlichen Religionen zuwandten sowie Liberalität, linke Politik und die Bürgerrechte verteidigten oder sich nicht für den Vietnamkrieg einziehen lassen wollten, riß eine Kluft in der amerikanischen Gesellschaft auf, die bis heute nicht geheilt ist.

Im Rückblick spricht der Soziologe Robert N. Bellah davon, daß die Jugend tatsächlich auf einer echten Suche nach sozialem Engagement, Gemeinschaft und neuen Werten gewesen sei, gleichzeitig sich aber ein Exzeß von „utilitaristischem Individualismus" breit gemacht habe, der das Gefüge des Familienlebens und der sozialen Gemeinschaft zerstört habe.[47] Dieser Individualismus habe später die egozentrische „Ich"-Generation der 70er Jahre hervorgebracht, mit aller Rechtfertigung der materiellen Gier, wie sie unter der Reagan-Regierung in den 80er Jahren zum sozialen Standard geworden sei.

3. Neue Entwicklungen zur Multikulturalität

Der buddhistisch-christliche Dialog muß also in diesem großen Kontext des gesellschaftlichen Umbruchs in Amerika gesehen werden. Zusätzlich zu den oben genannten Faktoren spielen vier weitere Aspekte eine besondere Rolle für die Entwicklung dieses Dialogs:

1. *das Zweite Vatikanum und die Liberalisierung im Katholizismus;*
2. *die Entscheidung des Obersten Gerichtshofes zur Abschaffung des Schulgebetes von 1962;*
3. *die Wandlungen im amerikanischen Buddhismus;*
4. *die Entwicklung der Abteilungen für Religionswissenschaft an den Universitäten und Colleges.*

a) Liberalisierung im Katholizismus

Liberale katholische Traditionen waren bis zum Zweiten Vatikanischen Konzil (1962–1965) im Zusammenhang mit dem römischen „Anti-Modernismus" unterdrückt worden. Eine Folge davon war, daß die Katholiken Amerikas an den liberalen Universitäten und Colleges deutlich unterrepräsentiert waren. Historische Vorurteile gegenüber den „rückständigen" Katholiken hatten besonders im Bereich der Bildung eine Distanz zwischen Protestanten und Katholiken geschaffen. Dies änderte sich jedoch spätestens im Zweiten Weltkrieg, der Katholiken und Protestanten in Amerika einander näher gebracht hat. Sie hatten Seite an Seite gegen Hitler oder in Japan gefochten. Und als die Soldaten aus dem Krieg zurückkehrten, sollte ein Gesetz zur Reintegration der Kriegsveteranen („G. I.-Bill") die Colleges und Universitäten verstärkt für Kriegsveteranen öffnen, so daß sich wesentlich mehr Katholiken an den staatlichen Universitäten einschrieben als je zuvor. In den 50er Jahren verringerte sich auch die ländliche Bevölkerung, und die Städte mit ihrem kosmopolitischen kulturellen Gepräge absorbierten divergierende religiöse Gruppen. Durch diese und andere Entwicklungen reihten sich schließlich die amerikanischen Katholiken mehr und mehr in den Hauptstrom des protestantischen Amerika ein. Sie nahmen sich jetzt auch die religiöse Freiheit und orientierten sich an dem Individualismus, den die Protestanten immer schon gelebt hatten. In den 60er Jahren wurden die Katholiken dann sichtbar politisch aktiv in der Bürgerrechtsbewegung und der Anti-Kriegsbewegung: Der Fall von Daniel und Philip Berrigan beschäftigte monatelang die amerikanische Presse. Der eine war Jesuit, der andere ein Josephinischer Priester; sie wurden zeitweise inhaftiert, weil sie ihre Einberufungsbefehle in Boston und Baltimore verbrannt hatten.

Die wachsende Akzeptanz der Katholiken durch die protestantische Mehrheit zeigt sich auch in der Wahl John F. Kennedys zum Präsidenten im Jahre 1960. Dies wäre noch eine Generation zuvor undenkbar gewesen, denn die Kennedys kommen aus der irisch-katholischen Tradition. Jetzt aber waren Protestanten und Katholiken in sich gespalten: Liberale Protestanten wählten gemeinsam mit liberalen Katholiken einen Kennedy, konservative Katholiken stimmten mit konservativen Protestanten für Richard Nixon. Politik und nicht mehr Religion trennte die Menschen in unterschiedliche Lager. Einen solchen Wechsel der Wählerschaft hatte es vorher noch nicht gegeben. Dies bedeutete aber auch, daß von jetzt an Protestanten und Katholiken vereint oder getrennt waren durch allgemeine Anliegen, wie z. B. die Anti-Abtreibungs-Kampagne. Diese Spaltung in Liberale und Konservative (moralische Fundamentalisten) quer durch die alten Konfessionen hindurch charakterisiert die Situation bis heute.[48]

Das Zweite Vatikanische Konzil trug erheblich zur Liberalisierung des amerikanischen Katholizismus bei. Statt allein an den traditionellen Ausbildungsstätten zu studieren (Jesuiten pflegten an jesuitische Universitäten zu gehen usw.), studierten Priester, Priesteramtskandidaten oder ehemalige Priester jetzt auch an den vormals tabuisierten protestantischen Seminaren. Statt allein nach Abschlüssen kirchlicher Seminare zu streben, arbeiteten sie jetzt in den Abteilungen für Religionswissenschaft der staatlichen Universitäten an Magister- oder Doktorexamen. Sie durften sich in der Zen-Meditation üben und nahmen an interreligiösen Dialogen teil. Sie lernten und lehrten östliche Religionen mit größerer Freiheit als jemals zuvor. Die seither immer weiter wachsende Unabhängigkeit amerikanischer Katholiken in der weltweiten römischen Kirche ist wohlbekannt.

Auch katholische Frauen konnten sich jetzt in die feministischen Bewegungen einreihen und strebten nach Ämtern in der Kirche.[49] Sie studierten an Colleges und erhielten theologische akademische Grade, selbst wenn ihnen das Priesteramt bis heute noch verweigert wird. Aus den Federn dieser Akademikerinnen stammt zum Teil die qualifizierteste wissenschaftliche Kritik an der kirchlichen Hierarchie in den 80er Jahren – man denke nur an Rosemary Radford Ruether[50], die auch im buddhistisch-christlichen Dialog engagiert ist.

b) Die Entscheidung des Obersten Gerichtshofes zum Schulgebet von 1962

Liberalismus, sei er religiös oder säkular, war und ist eine starke Stimme in amerikanischen Bildungsinstitutionen. Die liberalen Anwälte und Richter der *American Civil Liberties Union* sorgten dafür, daß Kirche und Staat in den staatlichen Universitäten getrennt blieben. Dies war ein Sieg für den Liberalismus in den 60er Jahren überhaupt, bis 1970 die konservative evangelikale Bewegung *Moral Majority* gegen den „säkularen Humanismus" Mobil machte, um ihn gerade auch im Bildungswesen zurückzudrängen.

Eine folgenreiche Entscheidung des Obersten Gerichtshofes war die Abschaffung des Schulgebetes im Jahre 1962, denn dadurch wurde die Schule noch weiter säkularisiert. Die Entscheidung bedeutete auch, daß Religion und Theismus (jüdisch-christlich-islamischer Glaube an Gott) nicht mehr einfach identifiziert wurden – man hatte die religiösen Gruppen, die nicht an einen Gott glauben (Buddhismus) ernst genommen. Und dieselbe Gerichtsentscheidung urteilte darüber hinaus, daß das akademische Studium von Religionen nicht das Prinzip der Trennung von Kirche und Staat verletze. Dies löste einen Boom in den *Religious Studies Programmen* an Colleges und Universitäten nach 1964 aus, und das wiederum hatte größten Einfluß auf den buddhistisch-christlichen Dialog. Aber bevor wir die Religious Studies Programme an den Universitäten analysieren, die einen neuen, von akademisch gebildeten Laien getragenen liberalen interreligiösen Ökumenismus in den Vereinigten Staaten ermöglichen, müssen wir uns mit der Wandlung des Buddhismus in Amerika selbst befassen.

c) Wandlungen des amerikanischen Buddhismus

Zwei Faktoren spielen in diesem Zusammenhang eine Rolle: die Amerikanisierung des Buddhismus und die neuen Einwanderer aus Asien. Liberalisierte Einwanderungsgesetze nach dem Zweiten Weltkrieg hatten die Tür für Wellen von Immigranten aus Asien geöffnet.

Als die Jugend in den 60er Jahren begann, die amerikanischen Werte zu hinterfragen, geriet damit auch das Christentum, ja jede religiöse Institutionalisierung, ins Kreuzfeuer der Kritik. Die „psychedelische Generation" nahm bewußtseinserweiternde Drogen, und auch Zen und tibetischer Buddhismus wurden als „bewußtseinserweiternd" in diesen Kontext integriert. Zen hatte, wie wir sahen, bereits in den 50er Jahren Wurzeln geschlagen, blühte aber zunächst außerhalb der Universitäten in einer Gegenkultur.[51] Das hatte mit den ursprünglichen Sozialisationsformen des Zen in Asien nichts mehr zu tun, und dementsprechend wandelte sich das Zen.

Die Amerikanisierung des Zen fand aber noch auf einem zweiten Weg statt: über die Universitäten. Vor allem aufgrund der kritischen Erforschung der Geschichte und Quellen des Zen durch Yanagida Seizan, Heinrich Dumoulin und Philip Yampolsky wurde Zen in den USA zum akademischen Gegenstand, was es in Japan so nie war. Der tibetische Buddhismus war erst neuerlich in die USA eingeführt worden, nachdem durch die chinesische Invasion Tibets 1950 und den mißlungenen Aufstand von Lhasa 1959 viele tibetische Lamas nach Amerika geflohen waren. Tibetologie begann, sich auf neuer Basis (mit tibetischen Gelehrten und tibetischen Lehrmethoden) an den Universitäten zu etablieren und erreichte eine beispiellose Blüte. Denn die in Tibet nur in Klöstern vermittelte tibetische Tradition wurde in Amerika „säkularisiert", und ehemals geheime Initiationen wurden in akademischen Dissertationen genau beschrieben und analysiert. Das veränderte den tibetischen Buddhismus in Amerika sehr stark, und diese Veränderungen wirkten auf die Lamas und ihre in Amerika weiter existierenden Traditionslinien zurück.

Frühe amerikanische Buddhismus-Gelehrte waren meist aus dem Hause von Missionaren gekommen. Der protestantische Pastor Winston King ist dafür ein gutes Beispiel: Als Missionar in Burma lernte King (geb. 1907) das Achtsamkeitstraining *(sati)* kennen und schrieb darüber Bücher, die in Amerika Verbreitung fanden. Ein anderes Beispiel ist Donald Swearer, der den thailändischen Reformbuddhisten Buddhadasa in Amerika einführte.[52] Swearers Buch *Dialogue: The Key to Understanding Other Religions* (1977)[53] hat den Dialog in Amerika stark beeinflußt.

Seit den 70er und 80er Jahren aber hat eine neue Generation amerikanischer Buddhismus-Gelehrter an den Universitäten Einzug gehalten, die oft selbst praktizierende Buddhisten sind, und das ist eine ganz neue Situation.

Durch den Vietnam-Krieg (1959–1975) kam Amerika mit dem vietnamesischen Buddhismus in Kontakt. Am wichtigsten ist hier Thich Nhat Hanh, der vietnamesische Zen-Mönch und Friedensdichter, der viele Jahre in den USA gewirkt hat.[54] Doch vietnamesische Studien an den Universitäten konnten sich erst nach dem Krieg wirklich etablieren.[55] Die vielen vietnamesischen Immigranten werden religiös von Mönchen aus ihrer Heimat betreut, und die meisten von ihnen halten sich an ihre heimische ethnische Volksreligion – sie sind auch nicht im Dialog engagiert, zumal die meisten dieser Mönche kein Englisch sprechen. Die Gruppe um Thich Nhat Hanh ist diesbezüglich die Ausnahme, die allerdings großen Einfluß auf die Formulierung eines politisch engagierten amerikanischen Buddhismus hat.

Auch Japans „neue Religionen", wie z. B. die Sōka Gakkai und Risshō-Kōsei-kai,[56] sind in den USA gut organisiert. Sie waren zunächst auf die Amerikaner mit japanischer Abstammung beschränkt, missionieren aber inzwischen auch erfolgreich: Sōka Gakkai beispielsweise hat einen Tempel und eine Rundfunkstation in Los Angeles und konnte viele Afro-Amerikaner aus Südkalifornien für sich gewinnen. Doch außer Risshō-Kōsei-kai engagiert sich keine dieser Gruppen aktiv im buddhistisch-christlichen Dialog.

Die Buddhisten in Amerika setzen sich aus zwei sehr unterschiedlichen Gruppen zusammen: den ethnischen Buddhisten, die Einwanderer aus Asien sind und nach wie vor meist unter sich bleiben, und den zum Buddhismus konvertierten ehemals christlichen Amerikanern, die eine amerikanisch-buddhistische Identität suchen und dabei den Buddhismus von seinen asiatischen kulturellen Wurzeln trennen wollen. Über diesen Wandel findet ein lebhafter Meinungsstreit statt. Ein ganz wichtiger Faktor in diesem Streit ist die buddhistische feministische Bewegung. Sie entwickelt dieselbe geistige Unabhängigkeit gegenüber buddhistischen (männlich dominierten) Institutionen wie christliche Frauen gegenüber christlichen (männlich dominierten) Institutionen. Viele amerikanische Buddhistinnen waren und sind nicht willens, die traditionelle patriarchale Struktur des buddhistischen *saṃgha* zu akzeptieren. Sie spielen eine wichtige Rolle im buddhistisch-christlichen Dialog, und sie bringen in netzwerk-artiger Gemeinschaftsarbeit mit führenden christlichen Feministinnen die Anliegen des Feminismus immer wieder auf die Tagesordnung. Eine der aktivsten Akademikerinnen auf diesem Gebiet ist zweifellos Rita Gross.[57]

Diese Entwicklungen haben den kulturellen und religiösen amerikanischen Schmelztiegel jedoch noch unübersichtlicher werden lassen. Doch trotz aller ethnischen und rassischen Spannungen sind die USA aber weit mehr multireligiös und multikulturell gestimmt als andere Länder wie z. B. die europäischen, die noch weitgehend christlich oder post-christlich geprägt sind. In den Vereinigten Staaten ist religiöser Pluralismus zur selbstverständlichen Grundlage für jede Art von liberaler christlicher Theologie geworden. Und der Ort solcher Theologie waren und sind die Universitäten.

d) Religious Studies Programme an den Universitäten

Die *Religious Studies Programme* (Abteilungen für Religionswissenschaft) sind ein Ausdruck des liberalen Erbes. Verschiedene Institutionen haben unterschiedliche Programme aufgebaut; auch private Colleges, die enge Verbindungen zu den Kirchen unterhalten, haben Religious Studies eingeführt, und sogar traditionell-kirchliche Seminare haben meist ein allgemeines Religious Studies Programm. Obwohl diese Programme oft einseitig sind (indem z. B. nur eine der asiatischen Religionen gelehrt wird), ist allein die Tatsache, daß nicht-christliche Religionen repräsentiert sind, Anzeichen eines irreversiblen Wandels. In einer Zeit, da die klassischen Familienstrukturen zusammenbrechen und religiöse Werte nicht mehr selbstverständlich in der Familie an die nächste Generation weitergegeben werden, sind die Colleges mit ihrem freien Informationsangebot über verschiedene Religionen oft der Ort, wo die jungen amerikanischen Männer und Frauen erstmals religiöse Fragestellungen und mögliche Alternativen kennenlernen. Ob man will oder nicht, die Religious Studies Programme, die nach dem Selbstverständnis der Religionswissenschaft nicht „predigen" sollen, ermöglichen es den Studierenden auch, eine Wahl in der Religion zu treffen.

Obwohl das Fach Religionswissenschaft oder Vergleichende Religionswissenschaft auch in Europa, Japan, England und Kanada an den Universitäten vertreten ist, spielt es dort nicht die gleiche große Rolle wie Religious Studies in der amerikanischen liberalen Erziehung. In Europa ist es noch ein hochspezialisiertes Feld und in vielen Fällen immer noch eng mit den Theologischen Fakultäten verbunden. Auch in Japan handelt es sich um ein sehr spezielles Studienfach, das keinen Ersatz für den persönlichen Glauben des einzelnen darstellt – wissenschaftliche Anschauungen haben keinen Einfluß auf die Lebenspraxis der Gelehrten.

In Amerika hingegen ist diese Disziplin relativ unscharf definiert, die Fakultäten sind divers, und das Programm hat oft keinen gemeinsamen methodischen Fokus. Religious Studies ist deshalb nicht selten eine Lehre über die „Weisheit der Weltreligionen". Die Professoren selbst verbinden gelegentlich persönlichen Glauben und entsprechende Praxis mit akademischer Aktivität. Es ist also eine liberal-humanistische Erziehung im weitesten Sinne. Doch obwohl Religionsphänomenologie nicht Theologie ist und die deskriptive von der normativen Methode bzw. Lehre und Predigt zu unterscheiden sind, ist die Annahme, daß „Insider" und „Outsider" bzw. die subjektive und die objektive Perspektive völlig getrennt werden könnten, in der gegenwärtigen Debatte fragwürdig geworden: Religion sei dem Menschen so wesentlich, daß weder der Mensch noch die Religion als solche vollkommen objektiviert werden könnten. Existenz sei nicht eine „Sache" und Religionswissenschaft nicht impersonale Naturwissenschaft. Das bedeutet jedoch nicht, daß das Ideal größtmöglicher Objektivität nicht aufrechterhalten werden sollte. Daran hängt schließlich die Wissenschaft. Aber die Persönlichkeiten der akademischen Lehrer haben sich doch gewandelt. Die Tage eines Étienne Lamotte (geb. 1903), der als Katholik seine subtilen Abhidharma-Studien und vorzüglichen Übersetzungen von Mahāyāna-Sūtras mit äußerstem existentiell-religiösen Nicht-Interesse verbinden konnte, wobei für ihn der Buddhismus zwar rational und gut, nicht aber wahr und lebendig war – sie sind wohl, zumindest in Amerika, vorbei. Sehr viele amerikanische Gelehrte und Studierende „engagieren" sich existentiell bei dem, was sie studieren. Kritiker der Religious Studies Programme legen den Finger genau an diesen Punkt, denn sie befürchten eine neue Vermischung von Staat und Religion, wenn auch nicht unbedingt der christlichen. Auch die Befürworter solcher Programme sehen diesen Zusammenhang, aber sie begrüßen dennoch diese Verknüpfung, weil sie der moralischen Erziehung diene.

Die Universität Chicago war eine der ersten, die ein Programm über *History of Religions* an der Divinity School (Theologische Fakultät) eingeführt hat.[58] Der Herausgeber der Gesamt-Reihe *Essays in Divinity*, die mit einem Band über *The History of Religions* (Hrsg. J. Kitagawa, Chicago: Univ. of Chicago Press 1967) beginnt, Jerald C. Bauer, schreibt in seinem Vorwort (S. 5), daß die Religionsgeschichte ein spezielles Feld im Fächerkanon der theologischen Ausbildung sei und schließt mit der Bemerkung, daß der Theologe Paul Tillich, dessen letzter Aufsatz in den Band aufgenommen ist,[59] die Zukunft der christlichen Theologie so bestimmt habe, daß sie sich im Kontext des Dialogs mit anderen Religionen neu darzustellen hätte, wodurch dem Fach Religionsgeschichte neue Bedeutung zukomme.

Der Dialog mit anderen Religionen kann und muß zum christlichen Selbstverständnis beitragen. Diese Prämisse, die seit Tillich viele amerikanische Theologen für selbstverständlich halten, erklärt das Interesse der amerikanischen Theologie am Dialog. Dies ist auch der innere Grund dafür, daß der buddhistisch-christliche Dialog in Amerika fast ausschließlich eine Angelegenheit der akademischen Öffentlichkeit ist.

In Harvard arbeitet ein Institut, das heute *Centre for the Study of World Religion* heißt,[60] dessen Programm in Vergleichender Religionswissenschaft inspiriert ist von dem Religionswissenschaftler Wilfred Cantwell Smith (geb. 1916). Es ist dadurch geprägt, daß der interreligiöse Dialog (Smith zieht den Begriff *Colloquia* vor) zum religiösen Selbstverständnis wie auch zur christlichen Theologie selbst beitragen soll, wobei die Religionswissenschaft Voraussetzung für einen akademisch verantworteten Dialog sei: Ein hermeneutisch bewußter Religionswissenschaftler könne den persönlichen Glauben des Gläubigen nicht ignorieren, und ein guter Theologe könne die religiösen Traditionen der Welt nicht ignorieren. Objektivität der Religionswissenschaft wird von Smith so interpretiert, daß die Methode dem Objekt, das sie beschreibt, angemessen sein müsse. Im Studium der Religion habe man zu lernen, aus der Perspektive eines Gläubigen zu sprechen, der „die Wahrheit anerkennt". Glaube sei dabei nicht das „Für-wahr-Halten des nicht Begründbaren", sondern die „Anerkennung des Wirklichen".[61]

Die Meinung, daß akademische Studien an den Universitäten wenig zum interreligiösen Dialog zwischen Christen und Buddhisten beizutragen hätten, ist durch die Praxis in Amerika widerlegt. Der Vorwurf, daß die Akademiker nicht wirklich eine „Gemeinschaft der Gläubigen" repräsentierten, ist gewiß richtig. Aber diese „Nicht-Gemeinschaft" bedeutet keinen Mangel an existentieller Hingabe. Denn jeder Gelehrte muß der Wahrheit verpflichtet sein. Umgekehrt ist der Mangel an religiöser Gemeinschaftsbindung in Amerika nicht notwendig mit dem Status eines Religionswissenschaftlers verbunden: Es gibt viele hervorragende Gelehrte, die Gläubige sind, oder solche, die sich gleichzeitig als Religionswissenschaftler und Theologen verstehen. Wer hermeneutisch bewußt arbeitet, weiß, daß sein Urteil immer begrenzt ist durch die Voraussetzungen, mit denen man an den „Gegenstand" des Interesses herantritt. Solange diese Voraussetzungen offengelegt und reflektiert werden, solange also klar erkennbar ist, wie und warum sich eine bestimmte Meinungsbildung vollzieht, wird der offene akademische Disput durch die religiöse Haltung eines Wissenschaftlers nicht behindert, im Gegenteil. Das Problem besteht eher darin, daß auch an den Abteilungen für Religionswissenschaft der amerikanischen Universitäten die Vereinzelung der Fächer eine interdisziplinäre methodenbewußte Debatte nur selten ermöglicht. Vielleicht sind gerade auch deshalb die Konferenzen und Seminare zum interreligiösen Dialog so attraktiv, weil hier derartige Barrieren eher aufgebrochen werden als in der gewöhnlichen Routine der akademischen Forschung und Lehre!

Es gibt innerhalb der laufenden Religious Studies Programme nur wenige Lehrveranstaltungen, die direkt dem buddhistisch-christlichen Vergleich oder Dialog gewidmet wären.[62] Spezialisierung auf eine bestimmte Religion und ein begrenztes Gebiet (geographisch, historisch, phänomenologisch) ist immer noch die akademische Norm. Veranstaltungen in *Comparative Religion*, die direkt vergleichend wären und Doktoranden ermutigen würden, explizit über zwei Religionen zu arbeiten, sind bisher noch die Ausnahme. Wegen der Spezialisierung und notwendigen gründlichen Kenntnis des Stoffes geraten Religionsvergleiche schnell in den Verdacht der Oberflächlichkeit. Die Universitäten und Colleges versuchen, dieses Problem auf unterschiedliche Weise zu lösen: Die Harvard Universität z. B. besteht darauf, daß *zwei Traditionen* angeboten und behandelt werden; Chicago arbeitet eher an einer *überbrückenden Theorie und Methode*; in Stanford hat sich die Methode etabliert, daß man zwischen den Religionen *thematische Parallelen* sucht; die Temple University bringt vielleicht die meisten *religionsphilosophischen* Vergleichsarbeiten hervor.

Die Berufungspraxis an den Universitäten spiegelt diesen Trend wider. Typischerweise sucht man einen Professor mit einem Spezialgebiet, der auch allgemeine Einführungskurse halten kann. Weil sich aber die meisten Religious Studies Programme nur einen oder zwei Lehrstühle in asiatischen Religionen leisten können, wählt man oft einen Buddhismus-Gelehrten, weil der Buddhismus die Religion ist, die faktisch ganz Asien erfaßt hat. (Indien, Tibet, China und Japan sind auch in den Abteilungen der „Area Studies" vertreten, die auch Lehrkräfte, die mit Konfuzianismus, Taoismus, Hinduismus und japanischen Religionen vertraut sind, für die Religious Studies Programme zur Verfügung stellen.)

Gelehrte, die sich mit Buddhismus oder Hinduismus beschäftigen, arbeiten in vielen Fällen (vor allem an kleineren Universitäten) in einer Fakultät, die immer noch weitgehend von jüdisch-christlichen Themen dominiert ist. Die Folge davon ist, daß die Buddhismus-Gelehrten, wenn sie dem Christentum nicht völlig entfremdet sind, in ein sachliches Gespräch mit den biblischen Traditionen eintreten. Auf diesem Hintergrund ergibt sich schließlich ganz natürlich der Wunsch nach thematischer Zusammenarbeit (meist mehr persönlich als direkt durch professionelle oder vom Lehrbetrieb her gegebene Vorgaben motiviert), die den christlich-buddhistischen Dialog fördert.

Doch wir müssen noch weiter ausholen, um zu erläutern, warum die Religious Studies Programme an den Universitäten den buddhistisch-christlichen Dialog auf akademischer Ebene so stark gefördert haben. Außer den schon genannten Faktoren gibt es noch wenigstens drei tieferliegende, von denen zwei typisch westlich sind und einer spezifisch amerikanisch ist:

1. *das modern-westliche Interesse an Religion;*
2. *die selektive Wahrnehmung von „Religion";*
3. *der Versuch, Religionswissenschaft als kulturelle Rahmenwissenschaft zu verstehen.*

Das modern-westliche Interesse an Religion

Zuerst müssen wir in Betracht ziehen, daß das moderne westliche Interesse am Buddhismus, einschließlich dieses Buches, ganz und gar „modern und westlich" ist. Der Vorwurf des „Orientalismus" (der Begriff besagt, daß der Islam durch die Brille des europäischen Imperialismus nicht mehr sachgemäß wahrgenommen wurde/wird) kann teilweise auch auf das Studium des Buddhismus übertragen werden.

Suzukis Darstellung des Zen für seine westliche Hörer- und Leserschaft kann als „umgekehrter Orientalismus" (B. Faure) bezeichnet werden. „Umgekehrt" in dem Sinne, daß er ein Gegengewicht gegen die von den Missionaren vollzogene Abwertung des Buddhismus schaffen wollte. Er entsprach damit der Suche vieler westlicher Intellektueller von Richard Wagner bis Hermann Hesse und gab eine Antwort auf ihre romantische Imagination der „östlichen Weisheit". Diese verklärende Sicht hat das Bild Indiens, Tibets, Chinas und Japans im Westen sehr stark geprägt.[63] Der Osten diente als Projektionsfläche für westliche Kritik an der eigenen Kultur, die den Rationalismus der Aufklärung überwinden wollte. Man nahm demzufolge Hinduismus und Buddhismus als Religionen der „Mystik" oder der „Weisheit" wahr, ohne sich mit den sozialen und politischen Realitäten dieser Religionen auseinanderzusetzen.

Wir haben oben dargestellt,[64] wie sich umgekehrt in Ceylon ein ganz anderes Kommunikationsmuster zwischen Christentum und Buddhismus entwickelte: nicht „umgekehrter Orientalismus", sondern ein buddhistisch-nationales Erwachen, gefördert von dem Amerikaner Colonel Henry S. Olcott und dem Singhalesen Dharmapala, um die britische Kolonialmacht zu überwinden, indem Theravāda als die einzige rein rationale und damit überlegene Religion interpretiert wurde. Gananath Obeyesekere hat diese Entwicklung „protestantischen Buddhismus" genannt.[65]

Ob es sich nun aber um den Orientalismus handelt, der auf alles Nicht-Westliche herabblickt, oder um den umgekehrten Orientalismus, der alles, was nicht westlich ist, romantisiert, oder um den rationalistisch-protestantischen Orientalismus, der in anderen Kulturen dieselbe (oder überlegenere) Rationalität wie im Westen vorfinden will, in jedem Falle sind die im 19. und auch im 20. Jahrhundert vorherrschenden Lesarten der anderen Religionen durch entsprechende intellektuelle Vorurteile geprägt gewesen. Diesen intellektuellen Vorurteilen ist gemeinsam, daß sie den Buddhismus als die Religion einschätzen, die den Osten in ähnlicher Weise dominiert habe wie das Christentum den Westen, so daß beide gleichsam an dem einen bzw. anderen Ende desselben Spektrums des menschlichen Intellektes angesiedelt wären: der Buddhismus als die *rationalste* Religion und das Christentum als die *supra-rationalste* Religion. Der buddhistisch-christliche Dialog ist von diesen Vorurteilen bis heute nicht ganz frei.

Die selektive Wahrnehmung von „Religion"

Diese Wahrnehmung des Buddhismus beruht auf einer selektiven Wahrnehmung dessen, was „Religion" ist. Sie wählt vor allem anderen den *dharma* aus, d. h. den Bereich (so meint man) der Ideen. Von den östlichen Traditionen, die den *Leser* im Westen ansprechen (man unterstreiche das Wort „Leser"), sind ja vor allem diejenigen Gegenstand des Interesses geworden, die ohne weiteres in Begriffssysteme und Ideen gefaßt werden können. Der Buddhismus scheint dem zu entsprechen; Vedānta und Taoismus sind andere Beispiele. Es ist viel schwerer, über den Hinduismus zu reden, ohne die Kaste im Blick zu haben, oder über Konfuzianismus, ohne über die Familie zu sprechen. Über Buddhismus, Vedānta, Taoismus oder Zen aber meint man philosophieren zu können, ohne all diese „kulturellen Beigaben" in

Betracht ziehen zu müssen. D. h. diese Dialog-Philosophie dreht sich um Glaubenswahrheiten bzw. *Vernunftwahrheiten*.

Die Annahme, daß Religion mit Glaubenswahrheiten identisch sei und Glaubenswahrheiten in theologischen Sätzen ausgedrückt werden könnten, ist keineswegs in allen Formen des Buddhismus und des Christentums so zentral wie in der christlichen Orthodoxie oder auch in manchen buddhistischen Schulen.[66] Wenn man aber den „Kern“ der Religion vor allem in ihrem Schrifttum zu finden glaubt, besteht das Studium anderer Religionen vor allem darin, Schriften zu sammeln und zu interpretieren – sei es die Bibel, die Sacred Books of the East oder den Sūtren-Kanon. Diese zweifellos auch durch den europäischen Protestantismus begünstigte Sicht der Religion hat die Art und Weise definiert, wie die Europäer seit dem 19. Jahrhundert Religionen studiert haben, und sie hat die großen Übersetzungsprojekte ermöglicht. Die Erfindung und rasante Verbreitung der Buchdruckerkunst (in Europa selbst eine Konsequenz des Protestantismus) bedeutete, daß moderne Menschen über andere Religionen lernen, indem sie von ihnen lesen. Dies ist ein wichtiger (und, wenn man die Übertragung des Buddhismus von Indien nach China betrachtet, keineswegs neuer) Zugang zur Religion, aber nicht der einzige.

In jüngster Zeit haben die Ausgaben von Schriften und die Multiplikation von Wörtern eine Inflation erfahren. Mehr noch, Schriften sind durch Bilder ersetzt worden, die vor allem durch das Fernsehen vermittelt werden, und dies hat eine andere Revolution in der Art und Weise menschlicher globaler Kommunikation in Gang gesetzt, von der, vor allem angesichts der Multi-Media-Entwicklung, noch nicht abzusehen ist, wie sie das Bild der Welt, auch der Religionen, verändern wird. Die Vermutung, daß vermittels Television einst entkörperte Ideen wieder durch Bilder verkörpert würden, ist, sofern sich bisher sehen läßt, nicht bestätigt worden. Die Aufmerksamkeit hat sich vielmehr durch die Menge der Bilder verringert. Nachdem moderne Telekommunikation eine partiell globale Weltkultur geschaffen hat, die uns ins Haus geblendet wird, wo auch immer dieses Haus steht, lernen wir jetzt über andere Kulturen und Religionen, ohne überhaupt ein Buch in die Hand nehmen zu müssen bzw. den Sessel zu verlassen. Selbst wenn wir in naher Zukunft eine „virtuelle Wirklichkeit“ auf dem Bildschirm stereophon erleben sollten und, sagen wir, zwischen der Welt der Tiergeister, wie sie die ursprünglichen Amerikaner erlebt haben, und tibetischen tantrischen Ritualen per Knopfdruck auswählen können, haben wir die Unschuld der Imagination verloren: Die ursprünglichen Kulturen sahen die Welt durch ihre individuelle aktive Imagination oder Spiritualität; das Fernsehen hingegen hat *standardisierte* Bilder für alle, in denen von der komplexen geschichtlichen Singularität eines Ereignisses (auch und gerade eines religiösen) nichts mehr zu spüren ist. Außerdem ist die Welt, zu der wir zurückkehren, nachdem wir einen Ausflug ins globale Dorf gemacht haben, ganz und gar kommerziell standardisiert.

Und selbst wenn die akademische Arbeit an den traditionellen literarischen Quellen der Religionen sich dieser standardisierten Bilderwelt der Medien noch zu erwehren weiß, fließen Vorurteile angesichts der *medialgemachten* Welt in das alltägliche Bewußtsein ein. Die Dynamik des interreligiösen Dialogs ist davon durchaus geprägt.

Der Versuch, Religionswissenschaft als kulturelle Rahmenwissenschaft zu verstehen

Die Verbindung des unitarischen Liberalismus mit den theosophischen Orientalisten auf dem Parlament von 1893 ist maßgebend gewesen für die Öffnung der Universitäten auf die Weltreligionen hin. Nach dem Zweiten Weltkrieg verband sich diese Tradition mit den tiefgreifenden Veränderungen in der amerikanischen Gesellschaft, die auch die Universitäten erfaßten, indem vor allem die College-Erziehung und Universitätsbildung für viel breitere Bevölkerungsschichten zugänglich wurde als zuvor.

Die Liberalen erwarteten, daß eine allgemeine College-Erziehung die provinziell orientierten Amerikaner zu Kosmopoliten machen würde. Und in mancher Hinsicht ist dies auch geschehen. Mit dem Vietnamkrieg wurde die College-Jugend politisiert, und das hatte Einfluß gerade auf die Wahrnehmung des (vietnamesischen) Buddhismus. Die daraus folgenden Konflikte in den Kirchen und Seminaren waren gravierend. Auch die Religious Studies Programme wurden damit politisiert.

Der Buddhismus war schon lange in das politische Schicksal Vietnams und Tibets verwoben, und entsprechende Impulse aus Asien gelangten bis in die amerikanischen Friedensmärsche und auch in die feministische Bewegung. Diese politische Dimension unterscheidet den buddhistisch-christlichen Dialog nach den 60er Jahren von dem Interesse der Beat-Generation an Bewußtseinserweiterung und einer gewissen interreligiösen akademischen Konferenzkultur zuvor.

Die Religious Studies Programme sollten einerseits den sozialen Veränderungen in Amerika Rechnung tragen und vor allem die große Anzahl von Menschen aus nicht-christlichen Religionen in Amerika akademisch repräsentieren. Anderseits erhoffte man sich, durch eine Einführung von „Religion“ an Colleges und Universität zur notwendigen Diskussion um Werte und einen moralischen Konsens in der amerikanischen Gesellschaft beizutragen. Religious Studies sollte eine Art Rahmenwissenschaft sein, die fächerübergreifend die einzelnen Kulturen behandelte und eine gemeinsame Diskussionsbasis für Wertefragen bot, die sonst nirgends einen Platz hatten, im multi-kulturellen Amerika aber dringend beantwortet werden mußten.

Doch die Hoffnung, daß Religious Studies einen solchen Rahmen bilden könnten, hat sich kaum erfüllt. Die einzelnen Disziplinen sind in mehr oder weniger autonome Bereiche zerfallen; und die Gründe dafür sind die akademische Spezialisierung einerseits und unterschiedliche politische Interessen andererseits. Das Ideal einer Universitätsgemeinschaft von Wahrheitssuchern entspricht nicht der Realität, daran ändern auch die Pflicht-Kurse über die „großen Bücher der Menschheit" oder Vorlesungen im *studium generale* wenig. Allerdings, so sahen wir, haben diese Kurse zu einer Auseinandersetzung geführt, die für die Zukunft Amerikas wichtig ist:

> *Sie dreht sich um Multikulturalität auf der einen Seite und die Angst vor dem Verlust der (westlichen) Identität Amerikas angesichts der ethnischen Ansprüche unterschiedlicher Kulturen und Religionen andererseits.*

An den Universitäten und Colleges existieren aber nicht nur diese Fragen weiter, was sich schon aus der multi-kulturellen Zusammensetzung der Professoren- und Studentenschaft ergibt, sondern auch die Fachkompetenz, mit diesen Fragen umzugehen. Das zeigt sich gerade auch in den interreligiösen Dialog-Konferenzen.

Im buddhistisch-christlichen Dialog in Amerika werden deshalb die Professoren aus den Religious Studies Departments der Universitäten und aus den Theologischen Seminaren vermutlich auch in Zukunft die Hauptrolle spielen. Das prägt die Art des Dialogs: Seine Institutionalisierung hat die einst feurige Diskussion zwischen den verschiedenen Lagern stark abgekühlt. Diese ältere Art der Diskussion hat sich unterdessen in die außer-akademische Umgebung der New-Age-Buchläden oder in metaphysische Zirkel der urbanen Mittelklasse verlagert, gelegentlich auch in neue Kulte und Sekten. Sie führen Tendenzen fort, die in der früheren amerikanischen Geschichte zutage getreten sind. Es ist jedoch noch nicht abzusehen, welchen Einfluß diese Szenerie auf den buddhistisch-christlichen Dialog vielleicht noch gewinnen könnte.

4. Die Internationalen Dialog-Konferenzen und die Society for Buddhist-Christian Studies

Im Jahre 1980 wurde unter der Leitung der Professoren David Chappell und George Tanabe vom Department of Religious Studies der Universität Hawaii das *East-West Religions Project* ins Leben gerufen, das auch die *erste Internationale Buddhistisch-Christliche Konferenz* in Hawaii organisierte. Etwa 50 Gelehrte aus aller Welt trafen sich unter dem Thema „Ost-West Religionen in Begegnung: Buddhistisch-christliche Erneuerung und die Zukunft der Menschheit". Historische und phänomenologische Vergleiche beider Religionen sowie gegenseitige Anregungen für eine Weiterentwicklung der Sozialethik standen auf dem Programm und führten zu interessanten Querverbindungen, so daß man übereinkam, die Zeitschrift *Buddhist-Christian Studies* unter der Herausgeberschaft von David Chappell ins Leben zu rufen. Außerdem wurde die japanische Schwesterorganisation des East-West Religions Project unter Leitung von Dohi Masatoshi in Kyōto gegründet.[67] Kurz danach nahm eine permanente theologische Begegnungsgruppe unter der Leitung des Christen John Cobb und des Zen-Buddhisten Abe Masao (genannt *Cobb-Abe-Gruppe*) ihre Arbeit auf.

Zur *zweiten Internationalen Konferenz* wurde für 1984 ebenfalls nach Hawaii eingeladen. Sie stand unter dem Thema „Paradigmenwechsel in Buddhismus und Christentum". Zwei Hauptredner dieser Konferenz waren der christliche Theologe Hans Küng und der japanische Indologe Nakamura Hajime, die die jeweiligen Wechsel von Grundparadigmen (in Anlehnung an Thomas Kuhns Theorie der wissenschaftlichen Revolutionen) in der Geschichte beider Religionen analysierten und parallele Prozesse herausarbeiteten. Diese Methode löste eine Flut von Publikationen aus, mit interessanten Detaileinsichten auf allen Gebieten der Geschichte des Christentums und des Buddhismus.[68] Wir können hier darauf verzichten, auf Einzelheiten einzugehen, weil im abschließenden Teil C dieser Arbeit die Frucht der entsprechenden Erkenntnisse auf unser eigenes Projekt, besonders auf die Analyse der Geschichte des Buddhismus, übertragen werden soll.

Etwa 150 Gelehrte und Gläubige aus beiden Religionen hatten an dieser zweiten Konferenz in Hawaii teilgenommen, auf der es allerdings auch Einspruch aus den Reihen der Buddhismus-Historiker gegen die Schematisierungen in Paradigmen gab, weil die Textanalyse und historische Datenfülle sich einer solchen Methode widersetzen würden.

Die *dritte Internationale Konferenz* wurde im kalifornischen Berkeley im Jahre 1987 abgehalten. 800 Teilnehmer, vornehmlich aus den USA, Kanada, Japan, aber auch Europa, Sri Lanka und Indien, diskutierten das Thema: „Buddhismus und Christentum: Der menschlichen Zukunft entgegen".[69] Aufgrund des enormen Erfolges dieser Konferenz, die auch Nonnen, Mönche, Priester und Laienpraktizierende aus beiden Religionen in eigenen Sektionen zum Erfahrungsaustausch verband, beschloß man, eine *Society for Buddhist-Christian Studies* zu gründen, die seither die 1980 begründete Zeitschrift *Buddhist-Christian Studies* verantwortet, einen Newsletter herausgibt, Studien im buddhistisch-christlichen Dialogfeld unterstützt, Koordinierungstreffen auf der lokalen Ebene weltweit fördert und sich jährlich in Verbindung mit der Jahrestagung der American Academy of Religion trifft.

Die Gesellschaft hat gemeinsam mit dem Boston Theological Institute und der Boston University School of Theology schließlich die *vierte Internationale Buddhistisch-Christliche Konferenz* im Juli/August 1992 unter dem Thema „Buddhismus, Christentum und Globale Heilung" veranstaltet.[70] Die meisten Teilnehmer kamen aus Amerika, Süd-, Südost- und Ostasien sowie Europa. Die Konferenz zeigte, daß Buddhismus und Christentum längst nicht mehr mit ihren geographischen bzw. kulturellen Heimatregionen identifizierbar sind: Der kanadische Theologe John Berthrong bemerkt anekdotisch: „Eine amüsante Erfahrung in jedem großen buddhistisch-christlichen Dialog ist die Verwunderung auf den Gesichtern eines Fragenden, der einen asiatischen Teilnehmer über die buddhistischen Traditionen befragt, nur um herauszufinden, daß dieser Asiate Christ ist, daß aber der Nordamerikaner europäischer Abstammung gerne bereit ist, die Fragen aus einer buddhistischen Perspektive zu beantworten.“ Der Dialog ist also längst über mögliche Grenzen ethnischer Zuordnungen hinausgewachsen (in Kanada sind nach dem letzten Zensus die Buddhisten die am schnellsten wachsende religiöse Gruppierung).

Diese großen Konferenzen haben ein eigenes soziales und theologisches Feld buddhistisch-christlicher Interaktion geschaffen. In diesem Kontext verschwinden auf beiden Seiten konfessionelle Differenzen. Beide Seiten lernen voneinander und übernehmen Konzepte, die für ihre eigene Argumentation bzw. für die Antwort beider Traditionen auf die Fragen der Zeit nützlich zu sein scheinen. Buddhisten zeigen sich dabei beeindruckt vom christlichen sozialen Aktivismus und der theologischen Subtilität bei der Verteidigung des Gottesglaubens, während Christen vor allem von der buddhistischen Meditationspraxis und der buddhistischen Psychologie des meditativen Bewußtseins fasziniert sind. Gemeinsame Meditationsgruppen oder Meditationshäuser, an denen buddhistische und christliche geistliche Übungen gelehrt werden, sind keine Seltenheit mehr. Einige Teilnehmer erklärten, sie seien sowohl Buddhisten als auch Christen. Und die Furcht vor Synkretismus verblaßt – zumindest im Kreise dieser Akademiker.

Die Konferenzen zeigen auch, daß nicht nur klassische Themen wie Leiden, Gott und *nirvāṇa*, Tradition und Intuition usw. betrachtet wurden, sondern daß das Schwergewicht vor allem auf der vergleichenden Sozialethik, auf Kunst, ganzheitlicher Medizin, Feminismus, Heilen, Barmherzigkeit und Weisheit lag. Das Thema der Neubegründung einer Umweltethik auf buddhistischen und christlichen Grundlagen hat weltweite Dialog-Aktivitäten ausgelöst. Teilnehmer aus Kanada und Thailand berichteten in Boston über gemeinsame Projekte hinsichtlich der Einwanderungspolitik und eines ethisch verantwortbaren Tourismus.

Aber auch der spezialisierte philosophische Dialog geht weiter. In Amerika dient besonders die *Prozeßphilosophie* Alfred North Whiteheads (1861–1947) als Grundlage für den Dialog mit dem buddhistischen Konzept von *pratītyasamutpāda* (Entstehen in gegenseitiger Abhängigkeit), wobei man auch an Charles Sanders Peirce (1839–1914) anknüpfen kann, der bereits in der letzten Dekade des 19. Jahrhunderts das Selbst nicht als Substanz, sondern als stets neues Ereignis der kreativen Selbstschöpfung begriffen hatte.[71] Whitehead berührt in seinem Prozeß-Denken grundlegende buddhistische Prinzipien,[72] vor allem die Einsicht in die Nicht-Substantialität aller Erscheinungen. Auch John Cobbs Prozeßtheologie spielt in diesem Zusammenhang eine herausragende Rolle, wie wir im nächsten Abschnitt noch zeigen werden. Wir werden allerdings die unübersehbare Fülle von Vorträgen, Vergleichen, philosophischen Anregungen und praktischen Forderungen hier nicht aufzählen, sondern, soweit es uns sinnvoll erscheint, als Ertrag dieser Konferenzen in den systematischen Teil B einarbeiten. Als Beispiel seien aber Verlauf und Ergebnis der *Internationalen Buddhistisch-Christlichen Konferenz* von Berkeley 1987 kurz skizziert.

a) Die buddhistisch-christliche Konferenz in Berkeley 1987

Nie zuvor waren so viele im buddhistisch-christlichen Dialog engagierte Theologen, Philosophen und Meditationslehrer zusammengekommen, und nie zuvor waren die Themenstellungen so weit aufgefächert gewesen.

Die klassischen philosophischen Themen

Die philosophischen Themen unterscheiden sich wenig von den klassischen Dialog-Themen: die buddhistische Lehre von der Kausalität und der Schöpfungsglaube, das Nichts des Zen und der christliche Gottesbegriff, die Reine-Land-Tradition und die christliche Gnadenlehre usw. Einzelne Denker der Vergangenheit werden ebenso verglichen wie Konzepte von Glauben, Gnade, Verursachung, Zeit und Raum quer durch die Traditionen. Die Vergleichsgegenstände und Vergleichszahlen sind so komplex und die Traditionen im einzelnen so verzweigt, daß sich nur schwer ein roter Faden in den unterschiedlichen Vorträgen und Diskussionen finden läßt. Allein die Überwindung des Fehlurteils, daß der Buddhismus reine Selbsterlösung sei, während das Christentum die Fremderlösung lehre, zieht sich durch alle Beiträge hindurch. Denn in beiden Religionen werde in der Erlösungs- und der Erleuchtungserfahrung ein von außen Ankommendes erlebt, von dem das Leben des einzelnen Gläubigen bestimmt sei.

Der Theologe John Keenan (Middlebury College) stellte hier erstmals seine „Mahāyāna-Theologie" vor bzw. einen Vergleich der mahāyāna-buddhistischen Yogācāra-Philosophie (weitgehend eine idealistische Bewußtseinsanalyse) mit der christlichen Theologie.[73] Er interpretiert den christlichen Glauben in buddhistischen Kategorien, so daß Jesus nicht substantiell verstanden wird, sondern als leerer Spiegel des Vaters. Jesus, der in beständiger Kommunikation mit der absoluten Wahrheit (buddhistisch: *paramārtha satya)* sei, spreche diese als konventionelle Wahrheit (buddhistisch: *saṃvṛti satya)* aus. Jesus „entleere" dabei den Mißbrauch der Religion zur egoistischen Manipulation der Wirklichkeit (Magie) und die Politik der Konfrontation, d. h. die zwischenmenschliche Gewalt.

Jan van Bragt, der in Japan lebende, belgische katholische Priester (S.V.D.) und Dialogpartner der Kyōto-Schule, präsentierte einen Rückblick auf den Dialog zwischen dem japanischen Shin-Buddhismus und dem Christentum, in dem er selbst engagiert ist.[74] Er warnte davor, Shinrans Psychologie des Glaubens mit Luthers Glaubenslehre *(sola fide)* gleichzusetzen und die philosophischen Unterschiede zu ignorieren. Denn man könne auch Shinrans Lehren nicht auf eine einzige buddhistische Aussage reduzieren, man müsse vielmehr Lehre und religiöse Praxis in ihrer gegenseitigen Abhängigkeit studieren. In der Meiji-Zeit (1868–1912) hätten die Vertreter des Reinen-Land-Buddhismus zu große Ähnlichkeiten mit dem Christentum zurückgewiesen, um ihre eigene Identität herauszustellen. Wie Christen manchmal Shinran zu einem japanischen Luther uminterpretieren wollten, so habe Suzuki Daisetsu[75] ihn beinahe zu einem Zen-Meister gemacht, und dies sei dem Verständnis abträglich, wie auch Nishitani Keiji gemeint habe.

Buddhisten mit asiatischem Hintergrund und neu-konvertierte amerikanische Buddhisten

Die Berkeley-Konferenz hatte noch einen anderen Aspekt, der für die religions-soziologischen Prozesse in Amerika bedeutsam ist: Erstmals trafen sich auf einer solchen Dialog-Veranstaltung auch die amerikanischen Buddhisten mit ethnisch-asiatischem Hintergrund mit den buddhistischen Gästen aus Asien. Diese Begegnungen waren ein wichtiger Teil der Konferenz: Die ausländischen Delegationen, deren Mitglieder kaum Englisch sprachen, bereicherten die Konferenz vor allem durch Rituale für den Frieden und das Wohlergehen der Menschheit. Obwohl die Sprache sich als Barriere erwies, verband der Ritus. Auch die ethnisch-buddhistischen Gruppen in Amerika begründen ihre Identität nicht auf dem Glauben des Individuums oder auf verbindenden Ideen, sondern auf der Zusammengehörigkeit ihrer Mitglieder und einem gemeinsamen Lebensstil, der von Riten und Festen des buddhistischen Kalenders geprägt ist. Ihre Mitgliederstruktur (als Familieneinheiten oder durch Sprache bzw. Ethnien geprägt) macht den Kontakt mit außenstehenden Individuen aus dem akademischen Bereich nicht leicht. Eine Funktion dieser religiösen Gemeinschaften ist es, die ethnische Identität zu bewahren, weshalb der innerbuddhistische oder gar interreligiöse Ökumenismus nicht wirklich auf ihrer Tagesordnung steht. Die ethnischen Gruppen in Amerika freilich stehen einerseits in der Gefahr der Ghettoisierung, anderseits befürchten sie Identitätsverlust, weil die jüngere Generation von alten Verhaltensmustern Abschied nimmt, was meist durch soziale oder ökonomische Mobilität bedingt ist. Zu anderen religiösen Körperschaften besteht nur geringer Kontakt. Die amerikanische Situation (mit der strikten Trennung von Religion und Staat) scheint diese Bedingungen, die auch in England oder Kanada existieren, noch zu verschärfen, doch in England oder Kanada organisieren der Staat oder die Kommunen selbst interreligiöse Konferenzen, um ethnische Spannungen zu entschärfen; in Amerika ist dies jedoch nicht möglich.

So kommt dem christlich-buddhistischen Dialog auch die Aufgabe zu, einen Beitrag zur Integration religiöser Gruppen im multikulturellen Gemeinwesen zu fördern.

Es ist gewiß kein Zufall, daß mit nur geringem zeitlichem Abstand zu Berkeley im Juli 1987 eine „Conference on World Buddhism in North America" in Ann Arbor, Michigan, stattfand, die von verschiedenen buddhistischen Gruppen und Buddhismus-Gelehrten an den Universitäten organisiert worden war. Die Delegierten waren bemüht, Spannungen im Buddhismus zu überwinden, und zwar

1. die Spannungen zwischen den ethnischen Buddhisten und den neuen amerikanischen Konvertiten, sowie
2. die Spannungen zwischen verschiedenen buddhistischen Schulrichtungen.

Man formulierte ein gemeinsames buddhistisches Statement, das Bezug nahm auf die gemeinsamen buddhistischen „Bekenntnisse" der Vergangenheit, die vor allem die „Vier Edlen Wahrheiten" und die „Fünf grundlegenden Tugenden" enthielten.[76] Dabei standen die „Gemeinsame Plattform, der alle Buddhisten zustimmen können" des *Buddhistischen Kongresses* in Adyar, Madras, vom Januar 1891 Pate, die von Colonel H. S. Olcott (1832–1907) initiiert worden war, außerdem die „Zwölf Prinzipien des Buddhismus", die der Präsident der *Buddhist Society* in London, Christmas Humphreys (1901–1983) aufgestellt hatte, sowie die „Sechs Punkte der Verbindung von Mahāyāna und Theravāda", die G. P. Malalasekera 1947 vor dem *All Ceylon Buddhist Congress* formuliert hatte.

Einige der Organisatoren dieser Konferenz kannten sich von den buddhistisch-christlichen Dialogkonferenzen und hatten dort gelernt, daß es der Dialog mit dem Christentum notwendig mache, eine Aussage über die wesentlichen Inhalte des Buddhismus zu formulieren, der alle buddhistischen Traditionen zustimmen könnten.

Auch die buddhistisch-christlichen Dialog-Bemühungen im amerikanischen Kontext haben also neue Versuche zu einer innerbuddhistischen Ökumene stimuliert.

Der Dialog zwischen ethnischen Buddhisten und amerikanischen Buddhismus-Historikern hingegen bleibt schwierig, wie auch die buddhistisch-christliche Konferenz von Berkeley 1987 gezeigt hat. Erstere sind meist historisch wenig gebildet, weil der Glaube durch Teilhabe an Ritualen tradiert wird, letztere hingegen sind an der Geschichte und an Ideen orientiert, die nicht unbedingt mit ritueller Praxis oder einem regelmäßigen Gemeinschaftsleben verbunden sein müssen. Eine wichtige Ausnahme sind die tibetischen buddhistischen Gruppen im Verhältnis zur Tibetologie, weil das gesamte Gebiet der tibetisch-buddhistischen Studien in den USA und teilweise auch in Europa von Lamas und Rinpoches[77] initiert worden ist, die meist in klosterartigen Gemeinschaften leben und dadurch Lehre und Ritual, Theorie und Praxis verbinden können.

Dialog über drängende Zeitfragen

Die buddhistisch-christliche Konferenz in Berkeley befaßte sich keineswegs nur mit den klassischen philosophischen Dialog-Themen. Vielmehr dominierten die Arbeitsgruppen zur
- *Befreiungstheologie*, zum
- *Feminismus* und zu einer
- *Tiefen-Ökologie (deep ecology)*,

die auf der Grundlage einer dialogischen buddhistisch-christlichen Spiritualität erarbeitet wird. Die Konferenz war jedoch vor allem geprägt durch das große Interesse am
- spirituellen *Austausch*.

Zen-Meister Yamada Kōun (1907–1989) aus Kamakura, Lehrer vieler Katholiken aus Europa und Nordamerika, die von ihm zu Zen-Meistern ausgebildet wurden, war selbst anwesend. Gemeinsame Meditationen und eine Analyse von Zen-christlicher Kontemplation und buddhistischer Achtsamkeits-Traditionen *(sati)* prägten die Gespräche. Monastizismus wurde als religionsübergreifende Gemeinschaftsform diskutiert, und eine weltweit arbeitende buddhistisch-christliche Kontaktgruppe zum spirituellen Austausch von Mönchen und Nonnen konstituierte sich. Sie verbreitet Informationen über christliche-buddhistische Meditationsgruppen und fördert die Reflexion über dieselben.[78]

Die Hermeneutik des „geschickten Mittels"

Deutlich tritt auf der Berkeley Konferenz 1987 auch das Interesse an *hermeneutischen Fragen* hervor. Viele Diskussionen drehten sich um den buddhistischen Begriff *upāya*, d. h. die „geschickten Mittel", derer sich der Buddha bediente, um allen Wesen entsprechend ihrem Vorverständnis die befreiende Botschaft in der ihnen je angemessenen Weise bringen zu können. Roger Corless, Professor für Buddhismus und Vergleichende Religionswissenschaft an der Duke University, zeigte in seinem Beitrag „Die Hermeneutik der Polemik", wie die Bezeichnungen „*Hīnayāna*" (Kleines Fahrzeug) und „*Altes* Testament" (abwertend „klein" und „alt") entstanden sind, wobei die Etiketten oft nicht gegen wirkliche Hīnayānisten oder wirkliche Juden gerichtet waren, sondern Identitätsabgrenzungen aussprachen, die der eigenen Gruppe dienlich waren, um ihr zu sagen, wem man *nicht* folgen solle, d. h. es handelte sich um eine Erfindung bzw. *Konstruktion von Traditionen*.[79] Und dies trifft auf den Buddhismus wie auf das Christentum zu.

Ob das Selbstverständnis einer Religion (im Prinzip der Interpretation) auf das Verstehen einer anderen Religion angewendet werden könne, erwies sich als eine methodisch wichtige Frage. Mehrere Diskussionsteilnehmer erklärten, daß das Prinzip von *upāya* auf den Verstehenshorizont des jeweils anderen angewendet werden müsse: Wie auch der Buddha trotz seines anfänglichen Zögerns, die unaussprechliche Botschaft in Worten auszusprechen, dennoch predigte, so sei dem Außenstehenden das religiöse Selbstverständnis immer nur bruchstückweise in Gleichnissen und Metaphern zuzumuten.

José Cabezon, ein Tibetologe mexikanischer Herkunft, einer der wenigen Lateinamerikaner, die im buddhistisch-christlichen Dialog Amerikas engagiert sind, zeigte sich schnellen Vergleichen und Harmonisierungen beider Religionen gegenüber kritisch. Er plädierte dafür, zunächst die Fehlurteile oder die jeweilige gegenseitige Polemik in ihren historischen und philosophischen Hintergründen aufzuarbeiten. *Upāya* sei im Hīnayāna kein ausgearbeitetes Konzept gewesen, habe sich aber im Mahāyāna gleichsam als „Vater von Buddhas und Bodhisattvas" präsentiert, und zwar in Polarität zur *prajñā* (Weisheit), die als „Mutter der Buddhas und Bodhisattvas" gelte. *Upāya* wurde mit *karuṇā* (Barmherzigkeit) identifiziert, die aus *upāya* entspringt. *Upāya* sei aber vor allem das Mittel gewesen, mit dem der Mahāyāna-Buddhismus andere Religionen verstehen konnte: In China hätten Hui-yüan (4. Jh. n. Chr.) und in Japan Rennyō (1415–1499) den *upāya*-Begriff gebraucht, um Lehren zu klassifizieren, die der höheren Wahrheit des Mahāyāna nicht direkt widersprächen. Dadurch konnten andere Glaubenslehren und Religionen integriert werden, und zwar so, daß man ihre Differenz zum Mahāyāna nicht leugnen mußte, ohne doch die fremde Lehre als Unwahrheit verfolgen und ausmerzen zu wollen, wie dies erschreckend häufig in der Geschichte des Christentums der Fall gewesen sei. So weit Cabezon.[80]

Wenn wir den Dialog der letzten Jahre bilanzieren, können wir feststellen:

Der Buddhismus hat das Christentum in diesem Sinne meist als upāya verstanden. Es fragt sich, ob dies ein allgemeines Modell für den interreligiösen Dialog sein könnte. Allerdings wird deutlich, daß upāya der christlichen inklusivistischen Position sehr nahe kommt: Die andere Religion wird in eine Stufenleiter von Verstehenshorizonten eingegliedert und damit möglicherweise vereinnahmt. Ob der Buddhist als Christ, der dies nur (noch) nicht weiß, oder der Christ als Pilger auf dem Buddha-Weg, der nur noch nicht ganz am Ziel ist, bezeichnet wird, macht keinen großen Unterschied. Vielleicht läßt sich dieser Inklusivismus gar nicht vermeiden. Jedenfalls scheint es gegenwärtig kaum Anzeichen dafür zu geben, daß die Mehrheit der Buddhisten über einen solchen „vorsichtigen Respekt" gegenüber dem Christentum, der mit dem upāya-Begriff verbunden ist, hinausgehen würde.

Wer darf Religion interpretieren?

Im Zusammenhang mit den *hermeneutischen Fragen* hielt Christian Joachim (California State University in San José), ein viel diskutiertes Referat: *Homo Religiosus: Beyond the Insider-Outsider Paradigm.* Es ist ein Beitrag zum Verhältnis von distanzierter Religionswissenschaft und theologisch engagiertem Dialog. Der Historiker betrachte die zeitliche Wirklichkeit als uniformen Fluß, während der Gläubige bestimmte Perioden qualitativ höher bewerte als andere, d. h. als *kairos* einschätze: die Zeit des Lebens Jesu sowie des Lebens Gautamas seien für Christen bzw. Buddhisten *herausgehobene* Geschichte, Mitte der Zeit usw. Diese Unterscheidung von *chronologischer* versus *kairologischer* Zeit sei angemessener als die übliche Differenzierung von profaner gegenüber heiliger Zeit. Noch weniger sinnvoll sei die beliebte Gegenüberstellung von linearer und zyklischer Zeit oder gar Rudolf Bultmanns Unterscheidung von Historie und Geschichte.

Joachims Beitrag verdeutlicht den Unterschied zwischen deskriptiver Geschichtsschreibung und normativer Geschichtsinterpretation, wie sie von christlichen oder buddhistischen Historikern aus der Perspektive des Glaubens vollzogen wird. Aus der kairologischen Perspektive ergebe sich die Unterscheidung in „Outsider" und „Insider". Joachim meint, daß diese Bestimmung des „Insiders" keineswegs das sine qua non des religiösen Menschen sei, sondern eine Form des Exklusivismus markiere. Die Annahme impliziere nämlich, daß nur ein bestimmter Kasten-Hindu oder ein bekennender Christ wirklicher Hindu oder lebendiger Christ sei und demzufolge nur er/sie die Tradition im Dialog interpretieren dürfe. Wir seien aber „Insider" gegenüber allen Traditionen, so daß kein Mensch als *homo religiosus* jemals „Outsider" sein könne. So wie jeder Mensch als homo aestheticus nicht einen „Insiderstatus" brauche, um als Partner im Dialog über Kunst akzeptiert zu werden (man muß nicht Maler sein, um Malerei verstehen und beurteilen zu können), so sollte jeder Mensch als *homo religiosus* (die eher latente oder aktive religiöse Sozialisation sei eine andere Frage) voll anerkannt am religiösen Diskurs teilnehmen können.

Die Unterscheidung in „Insider" und „Outsider" ist jedoch problematisch:[81] Denn eine solche Einteilung legt nahe, daß man in bezug auf die eigene Tradition mit der Hingabe des „Insiders" argumentiere, gegenüber der anderen Tradition aber mit der Distanz des „Outsiders" reagieren solle. Die Schwierigkeit entstehe, so Joachim, genau dort, wo z. B. die jüdisch-christliche Tradition den „Insider" als Erwählten und den „Outsider" als Heiden betrachte, eine Unterscheidung, die Hinduismus und Buddhismus so nicht kennen. Für Buddhisten sei jeder Nicht-Buddhist ein unbewußter oder „anonymer" Noch-nicht-Buddhist.

Die Debatte ist offen und für den zukünftigen Dialog wichtig. Joachim jedenfalls führt das Problem auf die Dialektik zwischen der Person als *homo religiosus* und dem Objekt der Religion als einer *Dimension der Kultur* zurück. Das Religiöse ist für ihn der „letztgültige Bereich von Sinn“, eine höchste Ebene, unter der sich viele niedrigere und veränderliche Ebenen von Sinn für eine religiöse Person auftun. Ein nach Sinn suchender Mensch könne vom naiven Realismus des *homo pragmaticus* zum letztgültigen Anliegen des *homo religiosus* gelangen. Jede dieser Ebenen decke dieselbe Gestalt oder denselben Bereich ab, aber in je verschiedener Weise: der *homo oeconomicus* sehe denselben Gegenstand mit anderen Augen als der *homo religiosus* – Religion sei wesentlich und lebensvertiefend, für das Überleben aber nicht absolut notwendig.

Somit ist für Joachim der interreligiöse Dialog eine Kommunikations-Gemeinschaft zwischen religiösen Menschen über Probleme von spirituellen Werten, ohne daß „Insider“ von „Outsidern“ getrennt würden oder Religion von den anderen kulturellen Leistungen des Menschen gänzlich unterschieden werden könnte. In diesem humanistischen Horizont wird der interreligiöse Dialog von seiner theozentrischen Grundlage gelöst und auf ein *universales befreiendes Ziel* ausgerichtet.

In ähnlicher Weise argumentiert auch der katholische Theologe Paul Knitter.[82] Und in diese Richtung scheint sich der buddhistisch-christliche Dialog in Amerika überhaupt zu entwickeln.

5. Die Internationale Buddhistisch-Christliche Theologische Begegnungsgruppe (Cobb-Abe-Gruppe)

Nach Vorgesprächen auf der ersten Internationalen Dialog-Konferenz 1980 in Hawaii gründeten Abe Masao und John Cobb auf der zweiten Konferenz 1984 in Hawaii eine kontinuierliche Arbeitsgruppe, die bisher ihresgleichen in der Welt nicht hat. 24 buddhistische und christliche Gelehrte sollten über eine festgesetzte Periode von zunächst fünf Jahren theologische und religiöse Fragen von gemeinsamem Interesse diskutieren. Jeder der Teilnehmer verpflichtete sich, an allen Treffen teilzunehmen, damit die Konversationen Konsistenz gewinnen könnten. Das Projekt erwies sich schließlich als so erfolgreich, daß drei weitere Treffen hinzugefügt wurden, um den Dialog bis in die 90er Jahre fortzuführen. Die ausgewählten und von Cobb eingeladenen Teilnehmer sind bekannte und in ihrer jeweiligen Konfession respektierte Theologen bzw. buddhistische Philosophen, die nicht unbedingt Spezialkenntnisse über die andere Religion hatten. Die Kontinuität in der Arbeit hat es ermöglicht, daß gegenseitiges Grundlagenwissen gewachsen ist, auf dem die jeweils spezifischen Themen in neuer und unabhängiger Weise behandelt werden können. John Berthrong, ein kanadischer Theologe und Teilnehmer sowie Beobachter über die Jahre hinweg, berichtet, daß die Christen vor allem gelernt hätten, im Buddhismus die lange und gewichtige

Tradition der Ethik und sozialethischen Verantwortung wahrzunehmen. Buddhisten hingegen hätten gelernt, daß Christen nicht eine simple theistische Gottesvorstellung hätten, sondern die Nicht-Dualität von Gott und Mensch sowie die eschatologisch geglaubte Einheit zwischen beiden in subtiler Weise so auszusagen wüßten, daß die personale Beziehung beider in die Einheit integriert sei: „Beide Traditionen haben gelernt, daß eine Religion, die hinsichtlich ihrer Ansichten über andere Religionen unkritisch bleibt, ein gefährliches Kunstprodukt in der modernen Welt ist, wo die Religionen die Aufgabe haben, kommunale Konflikte zu reduzieren.“[83] Neben Abe Masao und John Cobb nahmen an den dreitägigen Beratungen der *ersten Tagung* 1984 auf christlicher Seite teil: John Hick, Gordon Kaufman, Langdon Gilkey, David Lochhead, Schubert Ogden, John Berthrong, David Tracy sowie Hans Küng und Yagi Seiichi, auf buddhistischer Seite Francis Cook, Rita Gross, Tokiwa Gishin, Unno Taitetsu, David Kalupahana und David Chappell.[84] Inhalt dieser Gespräche war das Thema „Leiden“. Wir werden einige Aspekte der Diskussionen in dem Kapitel „Die Grundbefindlichkeit des Menschen: Leiden und Sünde“ (Teil B, II.1) erörtern.

Die *zweite Tagung*[85] der theologischen Begegnungsgruppe fand an der Vancouver School of Theology (Kanada) im März 1985 statt. Das Thema war: „Transformation in den persönlichen und sozialen Dimensionen“. Zusätzlich zu den geschlossenen Sitzungen wurden auch öffentliche Vorträge und Diskussionen gehalten, die von lokalen buddhistischen und christlichen Organisationen vorbereitet und unterstützt wurden. Daraus ergaben sich lokale Dialog-Kontakte, die bis heute andauern. Die Diskussionen drehten sich vor allem um die Begriffe *karman* und *Befreiung*. Buddhisten und Christen bestanden gemeinsam darauf, daß beide Begriffe nicht nur individuell, sondern auch sozial verstanden werden müßten. Und gerade diesbezüglich wurden beide Religionen einer feministischen Kritik unterzogen, denn sie hätten Befreiung in jeweils patriarchalen Strukturen verstanden: der Buddhismus, indem Frauen (meist) zunächst als Männer wiedergeboren werden müßten, um zur endgültigen Befreiung zu gelangen; das Christentum, indem es in Sprache, Liturgie und Institutionen die Frauen ausgegrenzt habe.

Das *dritte Begegnungstreffen* hatte das Thema „Begriffe der letztgültigen Wirklichkeit in Buddhismus und Christentum“. Es fand im Oktober 1986 an der Perdue University (Indiana) statt. Die buddhistischen Beiträge stammten von Francis Cook und Jeffrey Hopkins mit entsprechenden christlichen Antworten von Hans Küng und Yagi Seiichi sowie Julia Ching und Durwood Foster. Die von Christen gehaltenen Vorträge stammten von John Cobb und Gordon Kaufman mit Antworten von Abe Masao, Reginald Ray, Takeda Ryūsei und Rita Gross. Erneut wurden auch feministische Fragen zwischen beiden Religionen (Rita Gross, Rosemary Ruether) diskutiert.[86]

Das *vierte Treffen* im August 1987 stand in Zusammenhang mit der *drit-*

ten Internationalen Buddhistisch-Christlichen Konferenz in Berkeley unter dem Thema „Sein in der Welt: Ethische und gemeinschaftliche Perspektiven in Buddhismus und Christentum". Nicht nur Theologen und Philosophen, sondern erstmals auch der Laien-Buddhist Sulak Sivaraksa[87] dachten über Neuformulierungen der politischen sozialen Ordnung und der damit verbundenen Ethik auf buddhistischen und christlichen Grundlagen nach. Feministische Fragen sowie das Problem der Gemeinschaftssuche in der modernen Welt standen ebenfalls auf der Tagesordnung. Erneut wurde auch das Thema des Leidens aufgegriffen: Buddhismus und Christentum seien dem Leiden durchaus unterschiedlich begegnet, trotz aller Berührungspunkte. Während der Buddha das Leiden in gelassener Ruhe überwinde, begebe sich Jesus in die Agonie, die das Leiden anderer auf sich nimmt, um dann aber ebenfalls in der Ruhe der Selbsthingabe in den Händen Gottes zu sterben („es ist vollbracht"), wie der Buddhist Reginald Ray hervorhob.

Ray schloß diesen Dialog mit den Worten: „Wir engagieren uns im Dialog nicht, um Differenzen auszusprechen, noch weniger aber um einfach übereinzustimmen, sondern um zu sehen und zu ermöglichen, daß wir gesehen werden, um herausgefordert zu werden und herauszufordern".[88] Die Kommunikation bezieht sich also nicht nur auf die Klarstellung dessen, was die Religionen in der Vergangenheit gesagt haben, sondern vor allem auf die *Perspektiven, die Buddhismus und Christentum für die Fragen der Gegenwart und Zukunft anzubieten haben.*

Das *fünfte Treffen* der Cobb Abe Gruppe fand im März 1989 im Hsi Lai Temple, Hacienda Heights bei Los Angeles, unter dem Thema „Der Buddha und der Christus" statt. Erstmals war die Dialog-Gruppe zu Gast bei einer amerikanischen buddhistischen Institution. Die Frage nach der Bedeutung von Geschichte überhaupt und nach *Beurteilungskriterien* von einzelnen Ereignissen wurde angesichts der Historizität und der jeweils historischen Einmaligkeit der „kumulativen Traditionen" (W. C. Smith) neu aufgeworfen – mit diesem Begriff verbindet Smith die Einsicht, daß jede Religion ständig im Wandel begriffen ist und sich im Verlaufe ihrer Geschichte neue Entwicklungen ergeben, die zu einem früheren Zeitpunkt gar nicht abzusehen waren. Hans Küng verwies auf die Methode der Analyse von Paradigmenwechseln, hinter denen die Konstanten über den historischen Wandel hinweg erfaßbar würden: Paradigmen sind – so der Wissenschaftshistoriker Thomas Kuhn – „Gesamtkonstellationen von Meinungen, Werten, Methoden usw., die von den Mitgliedern einer gegebenen Gemeinschaft geteilt werden".[89] Paradigmenwechsel werden dann nötig, wenn die Entwicklungen der Wissenschaft ein solches allgemein akzeptiertes Erklärungsmodell sprengen. Auch Religionen, so Hans Küng, durchlaufen unterschiedliche Paradigmen (Gesamtkonstellationen von Wahrnehmungen, Begriffen, Organisationsform und Methoden). Und dies ist beim Vergleich zu beachten, damit man im Dialog nicht ein „mittelalterliches Paradigma" auf der einen

Seite wahrnimmt, dies mit einem aufklärerisch-kritischen in den anderen Religionen vergleicht und den Unterschied der grundsätzlichen Verschiedenheit „den" jeweiligen Religionen anlastet.

Ob Parallelen in den Heilswegen losgelöst von ihrer jeweiligen historisch einmaligen Konkretion beschrieben werden können, um die heutige Begegnung der Religionen zu erleichtern, blieb ein kontrovers diskutiertes Problem. Wir werden zu einigen dieser Fragen im Teil B, I Lösungvorschläge erarbeiten.

Damit war die Reihe der ursprünglich geplanten Begegnungen abgeschlossen. Weil alle Teilnehmer diese Art des Dialogs als außerordentlich stimulierend empfunden hatten, kam man überein, weitere Begegnungen ins Auge zu fassen und sich zu treffen, wann immer sich Gelegenheit böte.

Das *sechste Treffen* fand dann im Zusammenhang mit der *vierten Internationalen Buddhistisch-Christlichen Konferenz* im Sommer 1992 in Boston zum Thema „Upāya und Wahrheit" statt (vgl. oben S. 270f.) Die Teilnehmer fragten erneut, ob *upāya* ein Modell für einen gelasseneren Umgang mit der Wahrheitsfrage im Dialog sein könnte. Es ist aber nicht zu erkennen, daß man über den Diskussionsstand von 1987 in Berkeley hinausgekommen wäre.

Die Begegnungen der Dialog-Gruppe werden fortgeführt, wenngleich sich die personelle Zusammensetzung nun kontinuierlich verändert. Die Gruppe nahm eine Einladung der Risshō Kōsei-kai für ein Treffen im Juli 1994 in Tōkyō an. Ziel der weiteren Arbeit soll es sein, verstärkt die dialogische Dimension in der theologischen Ausbildung der konfessionellen christlichen Seminare wie der kirchlichen Institutionen in Amerika zu verankern.

a) John Cobbs dialogische Theologie auf dem Hintergrund der Prozeß-Philosophie

Der Dialog im Amerika der 80er Jahre ist, wie wir mehrfach erwähnt haben, untrennbar mit den Namen John Cobb und Abe Masao verbunden. Cobb und Abe trafen in Claremont, Kalifornien, zusammen. Abe Masao ist Vertreter der Kyōto-Schule, lehrte viele Jahre in Nara (Japan) und setzt seit Ende der 70er Jahre das Erbe der Kyōto-Philosophen in Amerika fort. Diese Philosophen aber (Nishida, Tanabe, Nishitani) standen in viel engerer Verbindung zur deutschen Philosophie als zur anglo-amerikanischen.[90] Erst Abes Tätigkeit in den Vereinigten Staaten hat den Kontakt zur Prozeß-Philosophie und ihrer Weiterentwicklung in der amerikanischen Prozeß-Theologie hergestellt. Tatsächlich gehören die meisten Amerikaner, die sich im philosophischen buddhistisch-christlichen Dialog engagieren, zur prozeßphilosophischen Schule Whiteheads.

Alfred North Whitehead (1861–1947) wurde in Großbritannien geboren. Er war Mathematiker und Philosoph. Whitehead war befreundet mit Bertrand Russell (1872–1970), und beide arbeiteten zunächst gemeinsam auf dem Gebiet der mathematischen Logik. Ihre Wege trennten sich jedoch bezüglich ihrer späteren philosophischen Theorien. Mehr noch als selbst William James (1842–1910) und die anderen Vertreter des Pragmatismus legte Whitehead den Grund für einen neuen nicht-substantialistischen Denkstil, der sich von den europäischen philosophiegeschichtlichen Wurzeln entfernt: Er entwickelte eine alternative Metaphysik (selbst wenn er sich dagegen wehrte, als Metaphysiker zu gelten), die weniger von anderen Philosophen, um so mehr aber von amerikanischen Theologen aufgegriffen wurde. John Cobb nun gilt als der führende Kopf dieser theologisch-philosophischen Prozeß-Theologie.

Die „Prozeß"-Philosophie ist dadurch gekennzeichnet, daß sie sich von dem aristotelischen Interesse am Sein und an der Substanz wegbewegt zur Dynamik des Werdens und des Prozesses. Das bedeutet eine enge Verbindung zum Buddhismus, der ebenfalls die Fixierung auf das Sein und die Substanz *(ātman, sat)* überwindet.[91] Die Prozeß-Philosophie nimmt Positionen ein, die bestimmten Aussagen des Buddhismus ähnlich sind, ohne vom Buddhismus historisch abhängig zu sein. Whitehead versteht das Christentum als eine Religion, die sich in Metaphysik, und den Buddhismus als einer Metaphysik, die sich in Religion verwandelt habe. Diese Unterscheidung wird von heutigen Whiteheadianern eher dialogisch-verbindend als trennend interpretiert. Sie führen jene Gruppe von dialogisch denkenden Theologen an, die eine Verknüpfung von buddhistischer Leere *(śūnyatā)* mit dem existenzialistischen bzw. postmodernistisch-dekonstruktionistischen Anliegen herstellen wollen, um die traditionelle Metaphysik zu beenden.

Aufschlußreich bezüglich der historischen Entwicklung der Prozeß-Theologie in Chicago ist ein Vortrag, den John Cobb auf Einladung des „Center for Metaphysics and Philosophy of God" am Institut für Philosophie und der Theologischen Fakultät an der Universität Löwen im März 1980 unter dem Thema „Prozeßtheologie und die Gotteslehre" gehalten hat. Dieser Vortrag ist ein Abriß der Geschichte der Chicagoer Schule der Theologie und eine Einführung in das Prozeß-Denken.[92] Es ist unerläßlich, daß wir einige Grundlinien dieser Geschichte kurz nachzeichnen, damit der große Einfluß der Prozeß-Theologie auf den gegenwärtigen buddhistisch-christlichen Dialog in Amerika verständlich wird:

John Cobb erinnert in seinem Vortrag an den liberalen Hintergrund der Chicagoer Theologie, die am Ende des vorigen Jahrhunderts Heimat für den *Social Gospel* war. Die Chicagoer Gelehrten betonten den sozio-historischen Aspekt in der Geschichte des Christentums. Shailer Matthews fügte dem sozialen Realismus eine kosmische Dimension hinzu: Er stellte die Frage nach Gott auch außerhalb des Neuen Testaments, der Kirche und der traditionellen Theologie, ja außerhalb des Christentums überhaupt. Gott war für ihn das, was die Menschheit in ihrer Geschichte für anbetungswürdig gehalten hat, nämlich das Element im Kosmos, das die Persönlichkeit fördert, personal antwortet und mit dem wir ursprünglich in Verbindung stehen.[93] Diesem naturalistischen Glauben, der den Prozeß der Erschaffung der Person durch die inhärenten Kräfte der Natur selbst zum Inhalt hatte, fügte der noch einflußreichere Henry Nelson Wieman (1927–1947 an der Chicagoer theologischen Fakultät) ein neues Interesse an der *Mystik* hinzu, die in der protestantischen Theologie bisher eher abgetan worden war. Für Wieman war Gott das Element der *Kreativität* im Kosmos.

Die Chicagoer Theologie geriet ins Abseits, als die Grundlagen der liberalen Theologie durch Karl Barths und Emil Brunners sogenannte dialektische Theologie, die eine Neo-Orthodoxie war, erschüttert wurden. Ihre Betonung des radikalen Unterschieds zwischen dem sündigen Menschen und dem absolut jenseitigen Gott war für die Chicagoer Schule ein Schritt zurück in den konservativen Autoritarismus, Supranaturalismus und Exklusivismus. Umgekehrt warfen die Konservativen den Chicagoern unangemessenen Optimismus angesichts der gefallenen Welt und einen Mangel an Bewußtsein für die Sünde vor. Die Chicagoer Theologen wurden kirchlich und theologisch stigmatisiert, und das bedeutete für einige der Theologie-Professoren, daß sie sich Whiteheads Prozeß-Philosophie zuwandten, um eine neue Grundlage für eine naturalistische und wirklich amerikanische Theologie zu finden.

Whitehead war bereits 1926 an die Harvard-Universität und nach Chicago eingeladen worden, und seine Vorlesungen wurden unter dem Titel „Religion in the Making" publiziert.[94] Einer seiner Hörer und Studenten war Charles Hartshorne. Er wirkte in Chicago von 1943–1955, zunächst in der Fakultät für Philosophie und dann auch an der Divinity School. Und dies war der Grundstein für die Entwicklung der Prozeß-Theologie.

Hartshornes Buch *Beyond Humanism: Essays in the Philosophy of Nature* (1957) interpretiert das Universum als ein Universum des „Gefühls" in verschiedenen Graden von Subtilität, das sich von den Molekülen und nichtfühlenden Steinen bis zu den oberen Bereichen der Geister erstrecke. Hartshorne sieht eine „organische Sympathie" zwischen allen Wesen, und das bedeutet für ihn, daß Wahrheit durch Intuition erkannt werden könne. Diese Voraussetzung verdankt sich aber dem rationalen Argument, daß eine derartige pan-psychische Theorie einen besonderen Vorzug habe: Sie könne eine allumfassende Theorie begründen wie keine andere.

In der Tat, solche Überlegungen weisen in die Richtung des Buddhismus. Denn eine grundlegende Kategorie zur Beschreibung von Wirklichkeit ist auch im Buddhismus das Fühlen *(vedanā)*. Der buddhistische Pfad wird gepredigt für alle „fühlenden Wesen", von den Hungergeistern über die Tiere zu den Menschen: Wesen *(sattva)* sind mit Gefühl und Bewußtsein begabt, und sie unterscheiden sich voneinander graduell nach ihrer Subtilität in bezug auf diese Qualitäten.[95]

Die ganze Tragweite der Parallelisierung des buddhistischen *pratītyasam-*

utpāda-Begriffs (Entstehen in gegenseitiger Abhängigkeit) mit dem Prozeß-Denken wurde im buddhistisch-christlichen Dialog jedoch nicht sofort deutlich, zumal die Philosophie der Leere *(śūnyatā)* von Suzuki Daisetsu eher im Sinne radikaler Negation gedeutet worden war und nicht als totale Interdependenz – zumindest war Suzukis Denken in dieser Weise interpretiert worden.

Es kann deshalb nicht überraschen, daß der nächste epochale Versuch einer theologischen Aneignung der buddhistischen Philosophie der Leere *(śūnyatā)* durch Frederick Streng in seinem Buch *Emptiness. A Study in Religious Meaning* (1967) auf Nāgārjunas *Mādhyamaka-Kārikā* aufbaut.[96] Streng legte eine neue Lesart von *śūnyatā* als *religiösem Symbol* vor, die über die früheren Versuche von Th. Stcherbatsky und T. R. V. Murti[97] hinausging. Er ging von der *Funktion* aus, die *śūnyatā* innerhalb des weiteren Kontextes der Debatte linguistischer Philosophie einnimmt. Streng war damit der erste Theologe, der über Nāgārjuna ein ganzes Buch geschrieben hat. Prozeß-Philosophie spielte dabei noch keine Rolle, wohl aber die Sprachphilosophie Wittgensteins. Nāgārjunas Kritik der Begrifflichkeit *(prapañca)*, die jedes Substanzdenken und damit jede Ontologie zunichte machte, und Wittgensteins Offenlegung der Sprachspiele schienen einander zu berühren.

Erst als die amerikanischen Autoren in den 80er Jahren begannen, das Denken der chinesischen Hua-Yen-Schule[98] aufzunehmen, wurde die positive Darstellung der Leere *(śūnyatā)* als gegenseitige Abhängigkeit *(pratītyasamutpāda)* allgemein bekannt und für die Prozeß-Theologie interessant. Eine erste Frucht dieser Synthese war John Cobbs Buch über die gegenseitige Transformation von Buddhismus und Christentum: *Beyond Dialogue* (1982). *Pratītyasamutpāda* wird nun als Synonym für *śūnyatā* verstanden und nicht mehr von der negativen Sprachgestalt des Nichts überschattet. „Alles ist leer", heißt jetzt: „Alles steht mit allem in Beziehung." Letztere Aussage entspricht allerdings mehr der Hua-Yen-Philosophie als den ursprünglichen Ideen Nāgārjunas. Aber Hua-Yen-Studien, die auf der totalen Interrelationalität der Wirklichkeit aufbauten, bestimmten jetzt die Debatte.[99] Die Verbindung mit dem Hua-Yen bereicherte den buddhistisch-christlichen Dialog durch eine fruchtbare und weiterführende Auseinandersetzung zwischen der Prozeß-Theologie und dem Mahāyāna-Buddhismus.

6. Ergebnis und Ausblick

1. Der Dialog in Amerika ist verwurzelt im konfessionellen Pluralismus der amerikanischen Geschichte, den besonderen Beziehungen der USA mit Japan und der neuen Multikulturalität durch Einwanderungswellen aus Asien nach dem Zweiten Weltkrieg. Besonders die Situation an den Universitäten und Colleges ist dergestalt, daß die buddhistisch-christlichen Beziehungen

auch praktisch in einer prinzipiell pluralistischen Struktur gelebt werden können.

2. Der Dialog in Amerika beschränkt sich weitgehend auf die Kommunikation von Individuen, die Akademiker sind. Denn anders als in anderen englischsprachigen Ländern (Kanada, England), wo die Städte und Gemeinden mit multi-religiöser Bevölkerung um des praktischen Zusammenlebens willen den Dialog initiieren und fördern, halten sich in den USA die staatlichen Institutionen wegen der Trennung von Kirche und Staat von solchen interreligiös-ökumenischen Bemühungen fern. Die Universitäten gehören zu den wenigen öffentlichen Institutionen, in denen die notwendige intellektuelle Freiheit herrscht und gleichzeitig die Kompetenz vorhanden ist, die Differenzen zwischen unterschiedlichen religiösen Gruppen in den USA zu diskutieren und damit die Religionsfreiheit auch in der intellektuellen Debatte zu verwirklichen.

3. Der akademische Austausch hat sich bisher besonders auf den Dialog mit der philosophischen Kyōto-Schule konzentriert, und er ist vor dem Hintergrund der amerikanischen Prozeß-Philosophie außerordentlich fruchtbar gewesen. Der hohe Grad an Institutionalisierung (Cobb-Abe-Gruppe, Society for Buddhist-Christian Studies) ermöglicht eine sachliche und personelle Kontinuität, die in anderen Ländern bisher nicht erreicht worden ist.

4. Die fast unüberschaubare thematische Breite des Dialogs artikuliert sich in einer neuen Konferenz-Kultur, die auf die christlich-theologische Arbeit an Universitäten und Seminaren zurückwirkt: Die buddhistische Philosophie ist in vielen Fällen bereits zum selbstverständlichen Rahmen geworden, in dem sich christliche Theologie artikuliert.

5. Anders als in Deutschland, wo buddhistische Meditationsformen auch in kirchlichen Institutionen praktiziert werden, stehen zumindest die meisten protestantischen Kirchen in den USA dem praktischen Dialog mit dem Buddhismus fern. In Amerika hat sich stattdessen ein Netzwerk von buddhistisch-christlichen Gruppen gebildet, die einen spirituellen Austausch zwischen beiden Religionen praktizieren und klassische Konfessionsgrenzen sprengen. In dieses Netzwerk sind auch katholische Nonnen und Mönche integriert.[100]

6. Der buddhistisch-christliche Dialog ist ein Aspekt des liberalen Erbes intellektueller Kultur in Amerika. Er ist weitgehend ein theoretisches Gespräch zwischen amerikanischen Buddhisten und amerikanischen Theologen, die an denselben Universitäten lehren. Er wird von einer intellektuellen Avantgarde getragen, die in der politischen Öffentlichkeit oder in den großen kirchlichen Organisationen bisher wenig Resonanz findet. Während die liberalen kirchlichen Konfessionen ständig Mitglieder verlieren, wachsen die konservativen und evangelikanen Kirchen in Amerika. Ob es gelingen wird, das Anliegen des buddhistisch-christlichen Dialogs in diesen Gruppen be-

kannt und verständlich zu machen, ist völlig offen. Davon wird aber abhängen, ob die Verständigung zwischen den Religionen in Amerika, in den multireligiösen Städten und Gemeinden, auch sozial und politisch wirksam werden kann. Dies ist eine dringende Aufgabe.

TEIL B
SACHPROBLEME IM DIALOG: BUDDHA – DHARMA – SAṂGHA

Wir gliedern diesen systematischen Teil nach Strukturelementen, die beiden Religionen gemeinsam sind:

1. Religionen, die über ethnische und sprachliche Grenzen ausgreifen, sind in einer ständigen Veränderung begriffen, weil sie sich im Zuge ihrer Ausbreitung (und auch des Rückzugs) veränderten Verhältnissen anpassen, ihre Inhalte in anderen Sprachen als der ursprünglichen ausdrücken und somit neue Denk- und Organisationsformen integrieren müssen. Dabei stoßen Interessen von unterschiedlichen Gruppen aufeinander, die Konflikte verursachen und die Identität von Traditionen in Frage stellen. Um die Identität und soziale Kohärenz von Gruppen im geschichtlichen Prozeß von sozialen und religiösen Veränderungen erneut herstellen zu können, legitimieren sich religiöse Gruppen häufig durch den *historischen Rückbezug auf den Ursprung bzw. den Stifter* ihrer geschichtlichen Religion. Dies trifft auch auf den Buddhismus und das Christentum zu, allerdings auf unterschiedliche Weise, weil erstens in beiden Religionen Geschichte verschieden verstanden und in ihrer Bedeutung für die religiöse Frage nach „Heil" unterschiedlich beurteilt wird, und weil zweitens die historischen Erfahrungen bei der Traditionsbildung verschieden waren und sind.

Angesichts der Tatsache, daß sich in den letzten Jahrhunderten seit der Aufklärung in Europa und seit dem Kolonialismus und der neuen Nationalstaatlichkeit in Asien die Rolle der Religionen rapide gewandelt hat und weiter verändert, kommt der Rückfrage nach dem „Wesen", dem „eigentlichen Kern" oder dem „Unaufgebbaren" in den religiösen Traditionen eine entscheidende Bedeutung zu. Es wird gefragt, was „Buddhismus", was „Christentum" oder was „Religion" überhaupt sei. Auch diese Frage wird in beiden Religionen mit Rückbezug auf den geschichtlichen Ursprung je unterschiedlich gestellt. Die verschiedenen Muster dieses Rückbezugs geben einen Einblick in das Selbstverständnis von religiösen Gruppen und Traditionen, das kennenzulernen, was für das Verstehen des anderen und damit für den Dialog unerläßlich ist.

2. Religionen beschreiben ihre Wahrnehmung der Welt, ihre Einordnung des Menschen und seiner Aufgaben in einen letztgültigen größeren Zusammenhang sowie die Begründung praktischer Regeln für das Zusammenleben von Menschen in geordneter Form, teils narrativ durch Geschichten und Mythen, teils durch die *systematische Sprache von Theologien und Philoso-*

phien. Nicht nur die Inhalte, sondern auch die Ordnungsprinzipien und Methoden sind dabei höchst unterschiedlich. Treffen verschiedene Systeme aufeinander, ergeben sich wegen der Vielheit von Sprachen und Methoden zwangsläufig Mißverständnisse, die aber produktiv sein können, weil die Partner in der Begegnung gezwungen werden, sich ihre traditionell ererbten Vorstellungen und Ausdrucksformen bewußt neu anzueignen. Dieses Potential wird auch in der buddhistisch-christlichen Begegnung frei.

Wir werden im mittleren Kapitel dieses zweiten Hauptteils die Problemfelder nach solchen Kriterien auswählen und darstellen, die jenes produktive intra-religiöse Neuverstehen (innerhalb einer Religion) durch inter-religiöse Begegnungssituationen (zwischen beiden Religionen) am deutlichsten zeigen. Wir beanspruchen aber nicht, ein Kompendium der systematisierten Darstellungen der Lehren beider Religionen vorzulegen.

3. Religionen sind weder nur abstrakte Lehrsysteme noch individuell beliebige Muster der Lebensgestaltung, sondern auch das *Zusammenspiel sozialer Gruppen* (*saṃgha* und Kirche). Die Begegnung von Religionen ist der lebendige Dialog von Individuen und Gruppen, d. h. eine mehr oder minder gelungene „Konvivenz“[1] im praktischen Vollzug. Auch die christlich-buddhistische Begegnung strebt nach spiritueller und sozialer Gemeinschaft, die nicht selbstbezogen bleibt, sondern sich öffnet für die Suche der Menschen nach ihrer Bestimmung in ihrem Verhältnis zur Letztgültigen Wirklichkeit und im Engagement für die Notleidenden und Unterdrückten sowie für die Probleme der modernen Welt. Erst in diesem Kontext (B, III) gewinnen die methodischen und normativen Aussagen der Religionen (B, II) und die historische Rückfrage (B, I) ihre lebenspraktische Bedeutung.

I. Jesus Christus und Gautama, der Buddha

Die Rückfrage nach dem historischen Jesus in der Theologie des 19. Jahrhunderts war motiviert durch eine Verteidigung der Religion angesichts der atheistischen und nihilistischen Religionskritik. Sie diente der Selbstvergewisserung der Christen, hatte aber auch religionspolitische Gründe. Es ging darum, die eigene Identität gegen Angriffe zu verteidigen, die aus der Entwicklung des modernen wissenschaftlichen Bewußtseins und wirtschaftlich-politischen Umwälzungsprozessen resultierten. Das war in Japan, das seit 1868 in den wirtschaftlich-technologischen und auch kulturellen Modernisierungsprozeß eingetreten war, nicht anders. Wenn wir heute die Entwicklungen der Diskussion in beiden Religionen aufeinander beziehen und zusammenschauen, so hat diese dialogische Bemühung ebenfalls religionspolitische Implikationen: Der Dialog dient auch der Verteidigung und der universalen Begründung religiöser Werte in einer kulturell und religiös pluralistischen Situation. Er vollzieht sich angesichts der Wandlungsprozesse zu materialistischen Denk- und Verhaltensmustern, die sowohl die ehemals christlichen wie buddhistischen Kulturen erfaßt und Abbrüche der jeweiligen Traditionen verursacht haben. Die Frage nach dem historischen Ursprung dient der Suche nach Kriterien für die kritische Auseinandersetzung mit der eigenen Tradition. Kann es vielleicht in Zukunft eine gemeinsame Antwort beider Religionen auf die genannten sozialen und politischen Entwicklungen geben?

1. Die Bedeutung der Gründergestalten

Christlicher Glaube gründet in Jesus von Nazareth. Der buddhistische *dharma* wurde erstmals von Gautama Śākyamuni aus Kapilavastu gepredigt. Beide Gründergestalten haben für die jeweiligen Religionen größte Bedeutung, aber nicht im gleichen Sinn. Wir wollen nicht nur diskutieren, in welchem Sinn sich die Probleme ähneln oder auch nicht, sondern vor allem zeigen, wie die *Art und Weise der Rückfrage nach dem historischen Ursprung* in beiden Religionen von bestimmten Interessen und historischen Umständen geprägt ist, die in Buddhismus und Christentum jeweils neue

Paradigmen des Religionsverständnisses eingeleitet oder ausgedrückt haben.

Die Rückfrage nach dem historischen Jesus im 19. Jahrhundert hat nicht zufällig zur gleichen Zeit in Japan seit der Meiji-Aufklärung nach 1868[2] eine buddhistische Parallele, die sich an dem Problem entzündete, ob Mahāyāna als die Lehre des historischen Buddha betrachtet werden könne oder nicht. Direkt und indirekt beeinflußte der europäische liberale Humanismus, der der theologischen Suche nach dem ursprünglichen Evangelium des Jesus von Nazareth zugrunde lag, die progressiven japanischen Buddhisten dahingehend, daß sie dieselbe Frage an ihre eigene Tradition stellten.

Die europäische Diskussion war weitgehend eine Folgeerscheinung der Aufklärung, die historisches Bewußtsein in zweierlei Weise entwickelt hatte:

a) als Inbegriff des Fortschritts und der Erziehung des Menschen zu immer höheren Entwicklungsformen;
b) als kritische Rückfrage nach Wahrheit und Authentizität gegenüber den bestehenden Verhältnissen in Kirche und Staat.

Dieser Impuls der Aufklärung stützte sich auf den Ruf *„ad fontes"* (zurück zu den Quellen) der Reformationszeit. Aber auch schon bei den Kirchenvätern gab es den Versuch, nach Jesus oder dem Ursprung der christlichen Geschichte zurückzufragen, um die Widersprüche und Streitigkeiten der Gegenwart – gegen die Gnosis, gegen die Arianer usw. – zu lösen.[3]

Die europäische Debatte kam zunächst zu einem gewissen Abschluß, als Albert Schweitzer (1875–1965) seine klassische Übersicht unter dem Titel *Geschichte der Leben-Jesu-Forschung* schrieb, die zuerst 1906 in Deutschland publiziert wurde. Er wies auf der einen Seite auf die unterschiedlichen Interessen der einzelnen Forscher hin und warnte vor der Gefahr, daß man theologische Gedanken des 19. Jahrhunderts in Jesu Lehren hineinlas. Auf der anderen Seite beschrieb er die Hintergrundsfolie der frühen christlichen Verkündigung, nämlich die brennende Hoffnung nach dem Gottesreich, dessen Anbruch Jesus und die frühen Christen als *unmittelbar bevorstehend* erwarteten. Die Forschung hatte viele Einsichten in die Geschichte des frühen Christentums ermöglicht, aber schon Ende des letzten Jahrhunderts war klar: eine Vita Jesu würde man nie schreiben können.[4]

Die asiatische Rückfrage nach dem historischen Gautama Śākyamuni ist gegenwärtig zum Stillstand gekommen. Die Erkenntnis, daß der historische Gautama Śākyamuni die Mahāyāna-Sūtras niemals selbst gepredigt haben kann, verunsichert die Gläubigen kaum noch. Jedoch ist die Auflösung des Problems im Buddhismus anders als im Christentum, wo die Diskussion nach 1945 durch die Thesen Ernst Käsemanns (s. u.) erneut aufgeflammt ist. Da wegen des Stellenwertes der Geschichte die Fragestellung im Christentum viel zentraler ist als im Buddhismus, müssen die möglichen Reaktionen auf die historische Rückfrage im Westen und im Osten genau betrachtet werden. So können wir möglicherweise einige grundlegende *strukturelle*

Differenzen zwischen Buddhismus und Christentum offenlegen. Wir werden deshalb zunächst den gegenwärtigen Stand der Debatte im Christentum sehr knapp zusammenfassen, um dann zu analysieren, wie und warum das christliche Anliegen der historischen Rückfrage den Buddhismus so stark beeinflussen konnte.

a) Die Rückfrage nach dem historischen Jesus

In Europa war die Rückfrage nach dem historischen Jesus zunächst ein protestantisches, besonders ein deutsch-lutherisches, Anliegen. Erst nach 1945 beteiligten sich katholische Neutestamentler und dann auch jüdische Historiker intensiv an der Forschung. Das ist nicht überraschend. Die lutherische Reformation berief sich auf das frühe, reine Evangelium vor seiner Korrumpierung durch die römische „babylonische Gefangenschaft der Kirche". Um seine Lesart der christlichen Tradition zu rechtfertigen, argumentierte Luther auch historisch: Seine Lehre entspreche den Lehren der ursprünglichen Kirche besser als die der Papstkirche. Dieses Argument setzte die Sprach- und Geschichtsforschung der damaligen Humanisten voraus und gab dieser weitere Impulse zur historischen Suche und sprachlichen Rückbesinnung auf die Originale jenseits der kirchlichen Tradition. Die vier Evangelien wurden im griechischen Text studiert, verglichen, die Unterschiede bemerkt und Fragen über deren tatsächliche Autorschaft gestellt. Eine anfänglich vorsichtige Kritik am biblischen Text entwickelte sich mit der Zeit zur Disziplin der historisch-kritischen Methode, die einzelne Dokumente, Quellen, Formen und Redaktionen der Evangeliumsschreiber unterscheidet, um so den *ursprünglichen Intentionen* der Verfasser auf die Spur zu kommen und vor allem das historisch „Faktische" zu ermitteln, was wiederum subjektiven Mißdeutungen späterer Interpreten vorbeugen sollte. Kurz, hier entwickelten sich die Grundlagen der modernen *Hermeneutik*. Dies können wir als einen Aspekt an der Entwicklung des objektivierend-historischen Bewußtseins in der modernen abendländischen Wissenschaftsgeschichte begreifen, von dem die orientalische buddhistische Wissenschaft lernen und profitieren sollte.

Die historische Rückfrage nach Jesus war jedoch auch von bestimmten *theologischen* Voraussetzungen geleitet:

1. von der Erkenntnis, daß wir die Bibel immer schon als interpretierten Text lesen, d. h. in einer *Wirkungsgeschichte* stehen, die als vom Geist inspiriert oder auch nicht gelten könne;
2. von der Annahme, daß die *Wahrheit am Anfang* liege und das Früheste als Ursprüngliches das Beste sei, wobei man
3. die Hoffnung hatte, daß der *Ursprung* tatsächlich *auffindbar* wäre und von der Voraussetzung ausging, daß
4. der historische Rückbezug eine Anwendung des *Rechtfertigungsglaubens*

auf die Hermeneutik sei: Gottes Heilsangebot gehe der Suche, dem Fragen, dem Interpretieren, Verstehen und Verhalten des Menschen immer schon *voraus*.

Mit dem Aufkommen der *liberalen Theologie* des 19. Jahrhunderts kam es zum Streit um die Bedeutung der Christologie.[5] Friedrich Schleiermacher (1768–1834) hatte das Christentum als *eine* Religion unter anderen verstanden, die allerdings durch ihre sittlichen Ideale über andere Religionen erhaben sei. Diese These, so Schleiermacher, könnte und müßte mit Vernunftargumenten und nicht bloß dogmatischen Behauptungen begründet werden. Das für Religion als solche charakteristische „Gefühl der schlechthinnigen Abhängigkeit" des Menschen, im Sinne der Romantik als Ausgangspunkt der Subjektivität verstanden, sei aber allgemein und nicht das Besondere des Christentums. Um die Besonderheit des Christentums zu begründen, wird von den liberalen Theologen des 19. Jh. auf die *Lehren Jesu* und besonders auf die Bergpredigt Bezug genommen, weniger auf die *Lehren über Jesus* – die Verkündigung, daß er der Christus sei. Das Christentum war wahr, weil es der humanistischen Ethik entsprach. So wurde das *ursprüngliche* Christentum mit dem rational-sittlichen Anspruch der *Moderne* versöhnt. Was diesem Anspruch und dem optimistischen Glauben an die menschlichen Möglichkeiten zum Fortschritt widersprach – wie etwa die Sündenlehre –, wurde als spätere (von Paulus eingeführte) Theologiebildung abgewertet. Auch die Wunder Jesu, die dem naturwissenschaftlichen Weltbild widersprachen, wurden als unwesentliche Metaphern interpretiert, die dem Kern der sittlichen Botschaft des Christentums hinzugefügt worden seien. Als die Greuel des 1. Weltkrieges den Fortschrittsoptimismus erschütterten, führte dies zu einer Krise des europäischen Selbstbewußtseins, die auch eine Krise der liberalen Theologie war. Die Antwort nach 1914 war die sogenannte *dialektische Theologie* Karl Barths, eine Theologie der Krise, die dem Dialog mit dem sittlichen Selbstbewußtsein des Menschen skeptisch gegenüberstand.[6]

Seither haben Generationen von Gelehrten die Frage nach dem historischen Jesus weiter verfolgt. Wir können hier aber nur einige der wichtigsten Ergebnisse dieser Forschung vorstellen.[7] Neu sind in der heutigen Diskussion vor allem die sozialgeschichtlichen Untersuchungen zum Urchristentum, aber auch die tiefenpsychologischen Erörterungen zu den in der Bibel erzählten Geschichten sowie die Einordnung Jesu in die Vielfalt des Judentums seiner Zeit im Zusammenhang mit seiner galiläischen Herkunft.

Trotz der „Fülle der einander widersprechenden und in vielen Fällen sich gegenseitig ausschließenden Anschauungen" ist die Forschung nicht vergeblich gewesen und wir können relativ „Sicheres über Leben und Lehre Jesu" sagen.[8] Fast alle Jesusworte sind Zitate aus der jüdischen Tradition. Jesu Verhalten war weitgehend das eines frommen Juden; sein Gottesbild und Gottesverhältnis (Gott als liebender Vater) war im Judentum seiner Zeit nichts Außergewöhnliches. Jesus wurde aus politischen und religiösen Gründen verfolgt, denn er griff die religiöse Machtstruktur an, indem er zeigte, daß der Tempel nicht ewig und der Kult sekundär sei gegenüber dem Dienst am Menschen. Er dokumentierte damit sein spezifisches Verständnis von der *Rolle der Religion*. Der *Inhalt* seines Glaubens und Lehrens hingegen findet sich bereits vor ihm in der Tradition, wenngleich nicht in dieser spezifischen Ausformung. Zusammenfassend kann man nach dem heutigen Stand der Forschung sagen:

1. Jesus glaubte, daß das *Gottesreich* unmittelbar bevorstünde. Diese Naherwartung war die Grundlage dafür, daß er das *Verhältnis zu Gott* in den Mittelpunkt des menschlichen Lebens überhaupt stellte und seine *geforderte Umkehr* nicht nur eine Radikalisierung ethischer Forderungen bedeutete, sondern eine Transformation des ganzen Menschen von seiner innersten Grundlage her (wie immer man diese beschreiben will).
2. Jesus sprach mit *absoluter* Autorität, wenn und indem er die *Gottes*herrschaft ankündigte, d. h. er verkündigte nicht seine eigene Meinung zu Lehrfragen, sondern war davon überzeugt, *Gottes* Urteil zu verkünden („Ich aber sage euch …").
3. Konkreter Inhalt dieser Verkündigung war die Liebe Gottes zu den Sündern, die Aufhebung sozialer und religiöser Ausgrenzung anderer, die Forderung nach Einheit von Glauben und Leben und die Nähe Gottes.
4. Jesus hat für sich keine messianischen Titel benutzt, allenfalls den Begriff „Menschensohn", dessen Sinn aber nicht messianisch gemeint sein muß. In welcher Bedeutung Jesus von sich als Menschensohn gesprochen haben könnte, ist umstritten.[9]
5. Jesus hat seinen Tod akzeptiert, weil er in ihm den Willen Gottes erkannte. Daß er ihm darüber hinaus eine im Mythos oder Opferkult begründete Heilsbedeutung gegeben habe, läßt sich historisch nicht nachweisen.

Nicht mehr, aber auch nicht weniger wird von der Mehrheit der Gelehrten als historisch gesichert betrachtet. Den *Glauben* kann die historische Frage nach Jesus freilich *nicht begründen*. Das will die Forschung auch nicht. Der Glaube der Jünger entstand durch die Ausstrahlung Jesu auf seine Zeitgenossen, die in ihm Gottes Gegenwart erfuhren, sowie durch die Auferstehung des Gekreuzigten. Doch der Inhalt dieses Ereignisses entzieht sich der historischen Fragestellung. Insofern genügt, wie Rudolf Bultmann (1884–1976) gesagt hat, das „daß" der Auferstehung, wie immer sie inhaltlich gedeutet werden mag. Die Rückfrage nach dem historischen Jesus will sich vielmehr des *Inhaltes des Glaubens vergewissern*, indem sie prüft, was es bedeutet, daß – dem Glauben entsprechend – Gott gerade *in* und *durch diesen* geschichtlichen Menschen gewirkt hat. Die historische Rückfrage will außerdem den Mißbrauch verhindern, der mit der Bibel und der Berufung auf den Namen Jesu getrieben worden ist und noch getrieben wird. Sie fragt nach Kriterien für das, was als „christlich" gelten kann.

Das Christentum gründet in der Geschichte Jesu, und diese besondere Geschichte setzt Kriterien, nach denen das Christentum Geschichte überhaupt deutet. Das heißt: Daß der christliche Glaube in der Geschichte gründet, besagt nicht, daß er *nur* geschichtlich ist, weil ja in der Geschichte Jesu gerade die übergeschichtliche und überzeitliche Gottesherrschaft angesagt wird. Die Legitimation Jesu und auch des Glaubens ist selbst *nicht* historisch begründbar, sondern kommt aus einer vom Glauben getragenen *Deutung* von Geschichte.

Wir möchten darum von einem *hermeneutischen Feld* der Deutung sprechen, in dem das historische Ereignis *(verbum externum)*, die geistig innere Glaubenserfahrung *(verbum internum)* und die jeweilige prozessuale Interpretation *(verbum interpretationis)* einander durchdringen und dadurch religiöses Selbstbewußtsein begründen. Diese Dynamik durchbricht die bloße Gegenüberstellung von „innerer Erfahrung" und „transzendenter Wirklichkeit", indem sie intersubjektiv historisch verbürgte Kriterien aufstellen kann, an denen die existentielle Realisierung der religiösen Erfahrung immer wieder neu gemessen werden muß.

Diese Verknüpfung ist gerade für das Gespräch mit dem Buddhismus wichtig, das sich nicht an subjektiver „reiner Innerlichkeit" allein orientieren kann, wenn es öffentliche Bedeutung haben will.

Hermeneutisches Feld

prozessuale *Interpretation*
(stets neue Selbstvergewisserung
der Glaubensgemeinschaft)
verbum interpretationis

innere *Glaubenserfahrung* (vom Glauben der Urchristen bis zur inneren Erfahrung heute)
verbum internum

←→

Daten über den *historischen Jesus* (als Kriterien)
verbum externum

Die Entwicklung von Religionen und damit auch die Interpretation, was die Identität einer bestimmten Religion sei, ist ein Prozeß, der nie zum Stillstand kommt.[10] Das trifft auch auf die Geschichte des Christentums zu, weil zwei Variablen beweglich sind und dadurch auch die dritte – das historische Ereignis Jesus von Nazareth – in immer neuem Licht erscheint. Alle drei Aspekte wirken also aufeinander ein und modifizieren einander. Jeder entfaltet sich aber auch nach eigenen ihm entsprechenden Kriterien. Keiner der drei Aspekte allein kann den Glauben legitimieren, sondern Religion konstituiert sich *im* andauernden und historisch bedingten Interpretations*prozeß* in der Gemeinschaft der Gläubigen.

b) Historisches Christentum versus ahistorischer Buddhismus?

Die Behauptung, der in der *Geschichte* verankerte und historisch legitimierte Glaube sei etwas spezifisch Christliches, ist alt. Wir werden später (Teil B, I.3) die Stichhaltigkeit der Argumente prüfen. Tatsächlich aber hat bereits gegen Ende des vorigen Jahrhunderts in mehreren buddhistischen Ländern die Frage nach der Bedeutung der Geschichte die Gemüter erhitzt. Dies hängt, wie wir am Beispiel Sri Lankas sahen, mit dem aus Europa kommenden wissenschaftlichen Bewußtsein und mit der Suche nach eigener Identität zusammen.

Im Jahre 1967 wurde die Diskussion in Sri Lanka (in der Zeitschrift *Dialogue)* wieder aufgenommen. Man fragte: In welchem Sinn ist der Buddhismus ahistorisch? Ist die Unterscheidung von prophetischer (historischer) und mystischer (ahistorischer) Religion haltbar, und wenn ja, wäre das Christentum dem einen, der Buddhismus dem anderen Typ zuzuordnen? Die Diskussion in Sri Lanka läßt sich wie folgt nachzeichnen:

Der Theologe Clifford Hindley[11] geht von der neueren Frage nach der *Wirkung* Jesu auf seine Umgebung aus. Er plädiert im heutigen Kontext für ein „religionsloses Christentum", das in der Humanität Jesu gründe und aktiv die Humanisierung unserer säkularen Welt vorantreiben müsse. Dies solle in Analogie zu dem Anliegen des Hindu Ram Mohan Roy (1772–1833) geschehen, der als Vater der indisch-hinduistischen Renaissance ähnliche Wege gesucht habe. Mit Berufung auf den britischen Buddhisten Sangharakshita[12] fordert Hindley das gleiche soziale *Engagement in der Geschichte* vom Buddhismus. Ein solches bedürfe der Rückbesinnung auf den Glauben an die Gründergestalten im Christentum wie im Buddhismus. Das Bekenntnis zu Jesus als Christus und zu Gautama als Buddha lasse sich nicht durch rationale Argumente allein begründen. Jesus als den Christus zu proklamieren sei ebenso eine Sache des Glaubens, wie Gautama als Buddha zu akzeptieren, denn schießlich könne auch nach buddhistischer Lehre nur ein Buddha einen (anderen) vollkommenen Buddha *(samyakṣaṃbuddha)* als solchen erkennen. Demzufolge seien alle anderen Menschen, auch der Arhat, auf den Glauben *(śraddhā)* angewiesen. Im Theravāda habe die Überbetonung des (zeitlosen) *dharma* gegenüber dem (historischen) Buddha leider dazu beigetragen, den Buddhismus seiner historischen Dimension zu berauben. Im Christentum dagegen könnten nur durch eine neue Hinwendung zu Jesu Verkündigung des Reiches Gottes im historischen Kontext die Einseitigkeiten des Existentialismus eines Rudolf Bultmann, der Metaphysik eines Paul Tillich und der Neo-Orthodoxie eines Karl Barth überwunden werden.

Aber den Buddhisten einen solchen, an europäischen Kategorien gemessenen Sinn für das Geschichtliche abzuverlangen, ist höchst problematisch und erweist sich als schwierig. Denn die Mehrheit der Theravāda-Buddhisten hat kein historisch-kritisches Interesse. Wie D. Bond bemerkt,[13] ist in der Theravāda-Tradition die alleinige Autorität die Schrift, seit der Buddha ins *nirvāṇa* eingegangen ist, und dies ist vergleichbar mit der christlichen Haltung zur Bibel *vor* der Textkritik in der Moderne:

„Theravāda jedoch ist nicht dazu gekommen, eine historisch orientierte Hermeneutik zu entwickeln wie es das Christentum mit seiner historisch-kritischen Methode der Schriftinterpretation getan hat. Der Grund dafür ist teilweise darin zu suchen, daß Theravāda nicht von Strömungen der Renaissance und Aufklärung mit ihrer Betonung von Vernunft und Geschichte erschüttert wurde. Diese Ideen aber haben das westliche Denken geprägt und notwendigerweise die christliche Haltung zur Schrift beeinflußt. Wir könnten aber sagen, daß die zeitgenössischen Theravādins, die … daran interessiert sind, den Dhamma in seiner Bedeutung für die moderne historische Periode darzustellen, von den gleichen Kräften der Vernunft, Geschichte und Wissenschaft beeinflußt sind, die letztlich von der Renaissance und der Aufklärung ausgegangen sind.“ (59)

Bond sieht richtig, daß das moderne historische Denken Europas bereits im 19. Jahrhundert auf Asien ausgriff und im Zuge der Entkolonialisierung von den Buddhisten als Mittel zur Modernisierung und als Waffe gegen die Kolonialmächte (und ihre Religion) benutzt werden konnte.[14] Ohne ein solches Geschichtsbewußtsein hätte ein Dharmapala in Sri Lanka die traditionellen Mönchsgelübde nicht modernisieren oder ein Bhikkhu Buddhadasa in Thailand die Mönchsdisziplin nicht reformieren können.[15] Dharmapala sah sich mit solch alltäglichen Problemen wie dem geziemenden Verhalten in Autobussen, persönlicher Hygiene und dem Umgang zwischen Mönchen und Laien im urbanisierten Kontext konfrontiert, für die es in der klassischen Mönchsregel keine Präzedenzfälle gab. Buddhadasa sollte die buddhistische Ethik auf die Herausforderungen der modernen Industriegesellschaft anwenden und sie entsprechend neu interpretieren. Man denke auch an Jayatilleke,[16] der den Buddhismus als Religion der Wissenschaft bzw. der empirischen Methodik begriff.

Doch genau hier stellt sich für Buddhisten die Frage, ob das Interesse am Historischen überhaupt ein Anliegen des Buddha und seiner Schüler gewesen sei oder ob nicht vielmehr die buddhistische Praxis darauf abziele, den Verstrickungen in geschichtliche Abhängigkeiten zu entkommen. Bond formuliert das Problem so: „Historische Interpretation ist dem Christentum angemessen, denn es ist eine Religion, die in der Zeit ihren Mittelpunkt hat, die eine geschichtliche Offenbarung kennt und eine geschichtliche Erlösung erwartet. Theravāda-Buddhismus ist eine nicht-historische Religion, die weder von einer geschichtlichen Offenbarung abhängt noch Erlösung in historischer Zeit erwartet."[17]

Man kann gegen Bond einwenden, daß das Eschaton nicht als historische Zeit zu verstehen sei, denn es ist das Ende der Zeit – aber damit sind wir bereits bei der *modernen* hermeneutischen Debatte. Die Argumente und Gegenargumente in Sri Lanka, so auch Bonds Artikel, enden meist mit Albert Schweitzers Rückfrage nach dem historischen Jesus. Bond unterscheidet eine *deskriptive* Interpretation, die das zu verstehen sucht, was Jesus zu seiner Zeit gemeint habe, von einer *normativen* Interpretation, in der diese Botschaft für unsere Zeit gedeutet wird. Letzteres sei im Buddhismus Sri Lankas von Dharmapala und anderen geleistet worden. Dharmapalas Geschichtsverständnis und seine Methodik ähnelt aber der christlichen Theologie vor der historisch-kritischen Debatte insofern, als der Buddha faktisch zum Zeitgenossen erklärt wird, der moderne Fragestellungen schon zu seiner Zeit gelöst habe – wie auf christlicher Seite zwar in frommer Absicht, aber ohne historisch-kritische Hermeneutik Jesus oft zum „ersten Menschen mit modernem Selbstbewußtsein", zum „ersten Revolutionär", zum „ersten neuen Mann" usw. erkoren wurde und wird.

Viele modernistische Buddhisten denken diesbezüglich – wie zahlreiche Christen auch – in einem vorkritischen Bewußtsein, so daß man heutige Fragen und Ideen in einen „ursprünglichen Buddhismus" und ein „ursprüngliches Christentum" hineinliest.

Die Frage ist also zunächst weniger, ob eine der beiden Religionen „historischer" sei als die andere, sondern ob die heutigen Interpreten der jeweiligen Religion ein hermeneutisches Bewußtsein entwickeln, das gegenwärtige Fragestellungen von dem Bewußtsein der Ursprünge der Tradition unterscheiden kann. Denn nur so lassen sich Tradition und Gegenwart aufeinander beziehen, ohne daß heutiges Denken in die Vergangenheit hineingelesen wird.

c) Ein westliches Problem im japanischen Kontext[18]

Die Meiji-Reform 1868 führte westliche Wissenschaft in Japan ein. Auch die buddhistischen Gelehrten wurden dabei von diesem intellektuellen Ferment beeinflußt. Man kann nun aber nicht sagen, daß die europäischen theologischen Debatten buddhologische Reflexionen direkt beeinflußt hätten, denn die christliche Theologie, die Missionare verbreiteten, wurde in buddhistischen Kreisen kaum registriert. Vielmehr war der christliche Einfluß unter einer breiteren, liberal-rationalistischen Geisteshaltung verborgen, die in dieser Zeit so sehr in die allgemeinen Voraussetzungen des Studiums der Religionen einfloß, daß sie kaum noch als christliche wahrgenommen wurde. Sie äußerte sich vor allem als die *historische Fragestellung* nach dem Original bzw. der wahren Lehre des Gründers einer Religion.

Westliche Gelehrte entdeckten seit Mitte des 19. Jahrhunderts die östlichen Religionen entsprechend ihren eigenen Projektionen und Sehnsüchten.[19] Und so wie die Theosophen dabei halfen, den modernen Hinduismus aus der Taufe zu heben, so trug die von T. W. Rhys Davids (1843–1922) 1831 in England gegründete Pāli Text Society zur Neubelebung der Pāli-Theravāda-Tradition bei. Der Pāli-Buddhismus galt allgemein als die früheste Lehrform des Buddhismus, die mehr oder weniger die Aussagen des historischen Buddha repräsentiere. Die Gelehrten um Rhys Davids (besonders seine Frau Caroline) meinten, ganz im westlich-christlichen Geist, daß „die Wahrheit am Anfang liege", und hielten die „ursprünglichen" Pāli-Texte für die wahre Lehre. Mehr noch, die Tradition, die sie gefunden hatten, stimmte nach ihrem Urteil mit den Kriterien wissenschaftlicher Rationalität überein.

Die japanischen Buddhisten konnten die für sie neuen Interpretationen des Buddhismus, die aus dem Westen kamen, nicht ignorieren. Das europäische Urteil über die Authentizität der Pāli-Texte nährte im traditionell Mahāyāna-buddhistischen Japan den Verdacht, daß das Mahāyāna gegenüber dem „ursprünglichen" Buddhismus eine Abweichung darstellen könnte. Daraus entstand für die japanischen Buddhisten ein neues Legitimationsproblem. Ob auch die Polemik der christlichen Missionare gegen den Buddhismus zu dieser Legitimationskrise des Mahāyāna beigetragen hat, ist schwer zu sagen. Aber Christen, die sich selbst auf die Historizität des Ursprungs ihrer Tradition beriefen, konnten die Mahāyāna-Mythen in den Sūtras natürlich nicht als historische Worte des Buddha akzeptieren. Die historische Textkritik zeigte ihnen, daß die Mahāyāna-Sūtras in späterer Zeit zusammengestellt worden waren, und schon aus diesem Grunde konnten sie nicht einfach „wahr" sein.

Auf diesem Hintergrund der drohenden Legitimationskrise des Mahāyāna machte das christliche Interesse an den historischen Ursprüngen einen tiefen Eindruck auf die japanischen Buddhisten. Es galt für sie deshalb

a) zu erkennen, daß historische Forschung unverzichtbar war,
b) zu zeigen, wie die Mahāyāna-Sūtras als Niederschlag des ursprünglichen Buddhismus begriffen werden könnten, und
c) zu erweisen, daß auch Mahāyāna mit Vernunft und humanistischer Ethik kompatibel sei, die der Rationalität des Buddha entsprechen sollte.

d) Frühe japanische Antwort und Kontroverse

Nach Jahrhunderten traditioneller japanischer Geisteswissenschaft während der Tokugawa-Zeit (1603–1867/68), die im wesentlichen in einer Exegese bestand, die den buddhistischen Schul- bzw. Sektentraditionen entsprach *(shūgaku)*, mußten sich nach 1868 die japanischen buddhistischen Gelehrten der Moderne aussetzen.[20] Am Ende waren sie dabei erfolgreicher als irgendein anderes Mahāyāna-Land.

Inoue Enryō (1858–1919) kann als Vater des modernen japanischen Buddhismus gelten. Er stellte nicht die Frage nach der Authentizität des Mahāyāna, sondern vertrat eine neue liberale Haltung, indem er aus einer toten, hinter Klostermauern eingeschlossenen Tradition einen neuen Glauben für eine neue Zeit schaffen wollte. Man müsse die Sektenunterscheidungen im traditionellen Buddhismus geistig dadurch überwinden, daß nach dem einen *Wesen* hinter allen offenkundigen Differenzen geforscht werden sollte. Auch Inoue übernahm die Überzeugung, daß Wahrheit am Ursprung und Anfang liege und tote Traditionalismen spätere Fehlentwicklungen seien. Zuversichtlich verkündete er, daß er „in all das vertrauen würde, was mit der heutigen philosophischen Vernunft übereinstimme" und ablehne, was damit nicht übereinstimme.[21] Als der heutigen Vernunft entsprechend galt ihm das rationale und humanistische Ethos. Auf eines jedenfalls könne die moderne Vernunft mit Gewißheit verzichten: auf den Glauben an einen Gott. So war Inoue wie viele anti-christliche Buddhisten stolz darauf, daß der Buddhismus in seiner rationalsten Form atheistisch sei. Von ihm lernten die japanischen Buddhisten, nicht nur die Patriarchen ihrer eigenen Schulrichtung zu studieren, sondern auch mit anderen buddhistischen Traditionen und mit der Welt außerhalb des Buddhismus ins Gespräch zu kommen.

Erste Zweifel, ob die Mahāyāna-Sūtras tatsächlich die Worte des historischen Buddha (skt. *buddhavācana*, chin. *fo-shuo*, jap. *bussetsu)* seien, deuteten sich bereits im 18. Jahrhundert an. Und sie verdichteten sich zur Frage nach der Authentizität des Mahāyāna überhaupt im ersten Band des fünfbändigen *Bukkyō tōitsuron* (Über die Vereinigung des Buddhismus) von Murakami Senshō (1851–1929), der im Juli 1901 publiziert wurde.[22] Der Titel des Werkes unterstreicht die auch von Inoue gehegte Hoffnung, daß die getrennten Sekten vereint werden könnten, wenn man nur ihren universalen Kern entdecken würde. (Dieser Traum der intellektuellen „Ökumeniker" unter den Buddhisten ist bis heute noch nicht verwirklicht worden.) Murakamis Behauptung, daß Mahāyāna nicht die Lehre des historischen Buddha sein könne, schockierte die Traditionalisten, und zwar innerhalb wie außerhalb der Shinshū-Schule (Amida-Buddhismus), zu der Murakami gehörte. Murakami trat von seinen priesterlichen Funktionen und seinem akademischen Lehrauftrag zurück. Aber noch zu seinen Lebzeiten änderte sich das Klima so sehr zu seinen Gunsten, daß er als Präsident der Shinshū-Akademie eingesetzt wurde. Damit war er der erste buddhistische Würdenträger, der als Akademiker an einer der im Entstehen begriffenen modernen japanischen Universitäten lehrte!

Bereits im Jahre 1745 hatte allerdings der nicht-buddhistische japanische Gelehrte Tominaga Nakamoto (1715–1746) durch Textanalysen gezeigt, daß die Mahāyāna-Sūtras nicht von Gautama Śākyamuni stammen konnten. Er datierte die Zusammenstellung dieser Werke auf etwa fünfhundert Jahre nach Śākyamunis Tod.[23] Tominaga freilich hatte noch nicht die Unterstützung der europäischen und amerikanischen Geschichtswissenschaft, sondern nur die methodischen Werkzeuge der Altertumsstudien, wie sie von den Konfuzianern benutzt wurden. Tominaga erntete deshalb zu seinen Lebzeiten wenig Sympathie und wurde als Abtrünniger betrachtet. Denn im Buddhismus galten die Mahāyāna-Sūtras seit Jahrhunderten nicht nur als die unmittelbare Lehre, die Śākyamuni während seines Lebens selbst verkündet hatte, sondern sie wurden mit ganz spezifischen Zeitabschnitten des Lebens Śākyamunis verknüpft, ja bis auf Tage genau datiert.[24] Dieses Schema stammte aus der Tendai-Schule (chin. T'ien-t'ai), die sich dabei auf Ideen ihres 3. Patriarchen, Chih-i (jap. Chigi, 538–597), stützte, der das immense Mahāyāna-Schrifttum in eine systematische Ordnung *(p'an-chiao)* gebracht hatte, die in dieser Schule seither als unumstößlich galt. Seine Datierungen wurden fraglos akzeptiert (so wie Christen es lange für selbstverständlich hielten, daß das Johannesevangelium von dem Jünger Johannes selbst geschrieben worden sei). Daß nun Murakami eine solche Autorität kritisierte und behauptete, die Sūtras könnten nicht von Śākyamuni selbst stammen, weil in ihnen ein transhistorischer Śākyamuni in einem himmlischen Szenario gepriesen werde, war für die Traditionalisten reine Blasphemie. Sie fürchteten, daß auf diese Weise die Wahrheit des Mahāyāna selbst zur Disposition gestellt würde.

Doch nichts lag Murakami ferner als dies. Er hatte nicht behauptet, daß die Sūtras, auch wenn sie Jahrhunderte nach des Buddhas *parinirvāṇa* entstanden wären, die Unwahrheit enthielten. Für ihn galt die Wahrheit des Mahāyāna völlig unabhängig davon, wer die Worte wann gesprochen hatte. Sein Anliegen war es gewesen, die *Ursprünge* der buddhistischen Überlieferungen freizulegen, um die Buddhisten der unterschiedlichen Schulrichtungen bzw. Sekten „ökumenisch" zu vereinigen, was ihm angesichts der Herausforderungen der Moderne dringend geboten erschien!

So unterschieden die historisch-kritisch orientierten Buddhisten von Anfang an zwischen dem, was *lehrmäßig wahr* sei, und dem, was *historisch real* sei – ein Gedanke, der im Buddhismus ohne weiteres möglich, im Christentum aber problematisch ist. Murakamis Kritiker folgten jedoch der geheiligten Tradition, indem sie annahmen, daß jede wahre Schrift *(sūtra* als das, was gehört worden ist) aus dem Munde des Buddha *(bussetsu)* kommen müsse, und zwar deshalb, weil der *dharma* notwendigerweise vom Erleuchteten komme. *Dharma*, der Inbegriff der Wahrheit, war als *buddha-dharma* definiert. Weil die Sūtras selbst, wer auch immer sie niedergeschrieben haben mochte, dies auch voraussetzen und sich als Worte präsentieren, die Śākyamuni an einem offensichtlich historischen und geographischen Ort gesprochen hat, hielten sich die Konservativen an die Datierungen von Chih-i. Meister Chih-i war sich gewisser unauflöslicher Mysterien in den Sūtras bewußt gewesen (so etwa wenn der Buddha alle *dharmas* mit nur einer Stimme predigte, die Hörer dies aber jeweils entsprechend ihrer eigenen

Fähigkeit auf unterschiedliche Weise wahrnahmen). Gleichzeitig aber hatte er die historischen Fragen nach dem *wann* und *wo* ernst genommen.

Menschen in vor-kritischen Zeitaltern konnten, so meinen wir, Mythos von Geschichte sehr wohl unterscheiden, aber sie hatten nicht die moderne Vorstellung von einer „objektiven Geschichte" und waren sich des seit der Aufklärung aufgerissenen „garstigen Grabens" (Lessing) zwischen beiden nicht in gleicher Weise bewußt wie wir. Religiöse Menschen haben schon immer nach dem historischen Jesus, dem historischen Buddha usw. zurückgefragt, aber das moderne Problem der *legitimierenden Bedeutung* dieser Rückfrage ist neu.[25] Murakami benutzte die historische Rückfrage, um frühere Ansprüche buddhistischer „Heilsgeschichte" zu beurteilen und legte damit das Dilemma offen, das seine neue Lösung darstellte: Zu behaupten, daß die Mahāyāna-Lehren unabhängig davon wahr seien, ob sie vom Buddha gelehrt worden seien oder nicht, läßt die Rückfrage unbeantwortet, wie die Mahāyāna-Lehren sich zu dem verhielten, was der Buddha in seinem Leben tatsächlich gelehrt habe und wie letzteres überhaupt feststellbar sei!

Die Implikationen dieser historischen Kritik reichen noch viel weiter, wie zwei damit zusammenhängende Probleme zeigen. Wenn man bezweifelt, daß die Mahāyāna-Sūtras von Śākyamuni selbst gelehrt worden seien, liegt der Schluß nahe, daß auch die Autorschaft der Sūtras im Pāli-Kanon bezweifelt werden kann. Eine lange Debatte, die von Murakami ausgelöst und von Mochizuki Shinkō (1869–1948) fortgesetzt wurde, betraf die Authentizität des zentralen Mahāyāna-Lehrtextes „Erwachen des Glaubens" *(Mahāyāna-śraddhotpāda-śāstra*, „Awakening of Faith"), der dem Aśvaghoṣa (1./2. Jh. n. Chr.) zugeschrieben wurde, und den man für einen Bodhisattva hielt. Die liberalen Kritiker bezweifelten jedoch dessen Autorschaft und wollten das Werk viel später datieren, nämlich als eine in der zweiten Hälfte des 6. Jahrhunderts n. Chr in China entstandene Abhandlung.[26] Damit spitzt sich das Problem der Kontinuität der Tradition wegen der langen Zeitdifferenz zu Śākyamunis *parinirvāṇa* weiter zu, zumal auf diese Weise spätere chinesische Vorstellungen in eine Abhandlung hätten eindringen können, die für den fernöstlichen Buddhismus grundlegend ist. Das erste Sanskrit-Mahāyāna-Sūtra hätte wegen der zeitlichen und räumlichen Nähe zum Buddha noch Erinnerungen an Śākyamuni und seine Lehren enthalten können, aber wie sollte man begründen, daß eine Schrift aus dem China des 6. Jhs. n. Chr. die ursprüngliche Tradition noch unverfälscht weitergegeben hätte?

Diese Kontroverse liegt jetzt mehr als ein Jahrhundert zurück, und die einstmals emotionale und fromme Leidenschaft bei der Diskussion hat sich gelegt. Die Frage ist nur noch historisch interessant, denn die meisten sind des Streites überdrüssig: Es besteht heute ein Konsens in der Auffassung, daß der Glaube an den Text und seine Wahrheit unabhängig davon sind, wer ihn geschrieben, zusammengestellt oder der Redaktion unterzogen hat. Und wenn dies so ist, müssen wir fragen, *warum* das in einem buddhistischen Kontext möglich ist.

Das andere Problem, das sich aus Murakamis historischer Kritik ergab, betrifft den Buddha Amitābha (Amida), den im Reinen Land residierenden Buddha, der in der Shinshū-Sekte verehrt wird, aus der Murakami selbst kam. Wenn, so Murakami, nur der historische Gautama Śākyamuni und seine unmittelbaren Lehren als historisch real angesehen werden dürften, konnte die Lehre über Amitābha in den Mahāyāna-Sūtras nicht auf Śākyamuni selbst zurückgehen, sondern müßte als Lehre über ein symbolisches Wesen, ein personifiziertes Ideal in einem idealisierten, mythischen Kontext, betrachtet werden.[27] In einer Tradition, in der die Menschen Visionen Amitābhas hatten und in der viele Gläubige mit brennender Hingabe ihr ganzes Vertrauen auf das Reine Land gesetzt hatten, stiftet die These, daß es „in Wirklichkeit" keinen Amitābha und kein Reines Land, sondern beide nur in einem symbolischen Sinn geben sollte, Verwirrung – um es vorsichtig auszudrücken. Das achtzehnte Gelübde des Bodhisattva Dharmākara (der später zum Buddha Amitābha wurde), auf dessen Kraft die Gläubigen vertrauten, um gerettet zu werden, sollte nun auf die Phantasie eines unbekannten Schriftstellers zurückgeführt werden? Dies war eine ungeheure Herausforderung, die zunächst die Intellektuellen um Murakami, dann aber auch viele Laien-Gläubige annahmen, ohne ihren Glauben zu verlieren. Wir müssen also fragen: Was machte es möglich, daß moderne japanische Buddhisten unangefochten an eine „Illusion" glauben konnten, oder anders ausgedrückt, in welchem Sinne kann die „Illusion" für Buddhisten dennoch wahr sein?

Bevor wir uns auf diese Fragen einlassen, wollen wir noch auf eines der typischen Argumente aufmerksam machen, mit denen man dem Dilemma begegnete, das die moderne Geschichtswissenschaft ausgelöst hatte. Auf diese Weise können wir sehen, wie das Problem einerseits ähnlich mit und andererseits verschieden von der Sachlage im Christentum ist.

e) Brücken zwischen dem historischen Gautama und den späteren Lehren

Für Inoue Enryō war das eigentliche Erbe des Buddhismus der rationale ethisch-humanistische Kern der buddhistischen Lehre, die Geschichte als solche war für ihn weniger interessant. Als Murakami die Tendai-Datierungen der Sūtras ablehnte und die späte Datierung der Mahāyāna-Schriften vorschlug, glaubte er, einen gemeinsamen Kern aller Schulen gefunden zu haben. Er selbst vertrat die alte – heute als falsch betrachtete – Auffassung, daß einige Mahāyāna-Lehren vom historischen Buddha durch besondere Schüler weitergegeben worden seien. Theravāda stünde demnach in einer Traditionslinie, die sich über Buddhas Schüler Ānanda herleite, während Mahāyāna sich auf eine Tradition berufen könne, die über den Schüler Kāśyapa vermittelt sei.

Die Verteidigung des Mahāyāna durch Aufweis der Kontinuität mit den Lehren des historischen Buddha bedurfte jedoch größerer Anstrengungen. Der historische Zeitgraben konnte nur überbrückt werden, wenn eine Verbindung zwischen Gautama Śākyamunis Lehren und dem, was man in späteren Mahāyāna-Texten las, gefunden werden konnte. Maeda Eun (1855–1930) machte mit seinem *Daijō Bukkyōshiron* (Geschichte des Mahāyāna-Buddhismus) den ersten Vesuch, diesen Graben zu überbrücken. Während er wie Murakami die späte Entstehung der Mahāyāna-Sūtras annahm, versuchte er zugleich, Ansätze für die Inhalte dieser Sūtras in den Lehren Śākyamunis selbst zu finden. Mahāyāna wäre so nur die voll entfaltete Gestalt von dem, was Gautama Śākyamuni gelehrt oder in seinen Lehren gemeint habe, was die Theravādins aber entweder übersehen oder zwecks Erhaltung ihrer Tradition übergangen hätten. Maedas Vorstellungen zur frühbuddhistischen Geschichte dürfen jedoch nicht aufgrund unserer heutigen detaillierteren Kenntnisse herabgewürdigt werden. Seine Benutzung chinesischer Quellen bei der Rekonstruktion dieser Zeit mag nicht kritisch genug sein. Aber er gab ein Beispiel für den notwendigen Versuch, den Zeitgraben zwischen dem historischen Gründer und denjenigen Schriften zu überbrücken, die diesem fünfhundert Jahre nach seinem Tod und später zugeschrieben wurden.

Die Apologeten des Mahāyāna in Japan konnten der Behauptung, daß allein im Pāli-Kanon die ursprüngliche Lehre des Buddha schriftlich niedergelegt sei, nur dann wirksam entgegentreten, wenn sie nicht mehr allein an chinesischen Texten arbeiteten, sondern die Tradition auf der Basis von Sanskrit und Pāli analysierten. Nanjō Bunyū (1849–1927), der in einer Schule der Shinshū-(Reinen Land)-Sekte erzogen worden war und 1879 in Oxford bei Max Müller studierte, führte das Sanskrit-Studium in Japan ein, besonders das Studium der in Sanskrit verfaßten Mahāyāna-Texte. Nanjō wurde 1914 Präsident der Ōtani-Universität in Kyōto (ebenfalls unter Kontrolle der Shinshū). Seine Tätigkeit wurde zum Grundstein für den bedeutenden Beitrag Japans zur Buddhismus-Kunde nach westlichen historisch-kritischen Maßstäben, weil nun an vielen Orten Japans Studien des Sanskrit, aber auch des Pāli und schließlich des Tibetischen eingeführt wurden, die es japanischen Gelehrten ermöglichten, mit den kanonischen Sprachen *vor* den Übersetzungen ins Chinesische zu arbeiten. Man entdeckte nun einige sehr frühe Fragmente in den Mahāyāna-Sūtras, die sich mit den Pāli-Texten vergleichen ließen. Die Mahāyānisten argumentierten, daß auch der Pāli-Kanon erst spät (im 2./1. Jh. v. Chr.) zusammengestellt worden sei. Außerdem verwiesen sie auf die häufigen späteren ideologisch motivierten Interpolationen in diesen Texten.

Die Vertrautheit mit der Pāli-Tradition erlaubte es schließlich Anesaki Masaharu (1873–1949), überzeugender als zuvor einen gemeinsamen Grundstock von buddhistischen Lehren oder *konpon bukkyō* (grundlegenden Fundamenten), die dem frühen Buddhismus und Mahāyāna gemeinsam waren, nachzuweisen. Dies betraf philosophische Lehrsätze wie *anātman* (Nicht-Seele), *pratītyasamutpāda* (Entstehen in gegenseitiger Abhängigkeit) usw. Wenn wir die Behandlung dieser grundlegenden Lehrsätze durch Anesaki und andere genauer studieren, fällt auf, daß sie als Mahāyānisten dennoch sorgfältig den Eindruck vermieden, daß die Pāli-Tradition das frühe, naive Verständnis bewahrt hätte, während Mahāyāna darauf mit größerer Differenzierung aufgebaut habe. Diese historische Einteilung, die implizit die wertende Lesart enthalten hätte, daß eine spätere Interpretation auf der ursprünglichen aufgebaut und diese weiterentwickelt habe, war für Anesaki tabu.[28] Vielmehr argumentierte er, daß Theravāda einen grundlegenden Lehrsatz auf die eine, Mahāyāna aber auf eine andere Weise ausgeführt habe. So sei z. B. *anattā* (skt. *anātman*) durch die Theravādins mehr in bezug auf individuelle Impermanenz *(anicca)* interpretiert worden, während die Mahāyānisten dasselbe in Begriffen universaler Leere *(śūnyatā)* dargestellt hätten. Auf ähnliche Weise sei das Entstehen in gegenseitiger Abhängigkeit von den Theravādins in bezug auf gepaarte Korrelationen (wie bei den *nidānas*[29]) verstanden worden, während es von den Mahāyānisten als kosmische, totalistische Interdependenz aller Dinge interpretiert worden sei. So konnte die Frage nach dem Primat der einen oder anderen Tradition vermieden werden. Man spürt an dieser Stelle eine bewußte *Vermeidung* der Frage nach den *Ursprüngen*, die religionspolitische Gründe hat. Denn im Sinne des historisch-kritischen Programms, wie es im Europa des 19. Jahrhunderts entwickelt worden war, hätte diese Fragestellung *normative Konsequenzen* gehabt, die viele Gelehrte im Japan des 20. Jahrhunderts ausdrücklich nicht ziehen wollten!

Wir möchten vorschlagen, einen dritten Weg zu suchen, auf dem die *Dynamik der Wirkungsgeschichte* das Problem der historischen Rückfrage lösen könnte. Statt erstens nach „Ansätzen von Mahāyāna-Ideen in den frühen Lehren" zu suchen *(genetische Methode)* oder zweitens „sowohl Theravāda als auch Mahāyāna nach fundamentalen Gemeinsamkeiten" zu überprüfen *(essentialistische Methode)*, wollen wir diesen dritten Weg als die *dynamistische Methode* bezeichnen. Die Debatte um die Schrift *Erwachen des Glaubens im Mahāyāna* soll diese Methode illustrieren.

Um für die Authentizität dieses Textes zu argumentieren, ohne die Autorschaft Aśvaghoṣas bejahen zu müssen, stellte Tokiwa Daijō (1870–1945) Zitate aus alten Sanskrit-Texten zusammen, die Aussagen enthalten, die sich auch im *Erwachen des Glaubens* finden und somit auf die frühere Tradition zurückgeführt werden konnten.[30] Jedoch konnte diese genetische Kontinuität mit indischen Ideen nur die Entsprechung mit der Tradition (die „Orthodoxie"), nicht aber die indische Autorschaft des Textes beweisen. Um also für eine chinesische Autorschaft zu plädieren, hatte Mochizuki Shinkō, wie wir oben erwähnten, die Frage nach der lehrmäßigen Wahrheit von der Frage nach der tatsächlichen Autorschaft unterschieden. Er folgerte: Wenn es in dem Text

Elemente gäbe, die nicht durch Sanskrit-Quellen oder Übersetzungsprobleme erklärt werden könnten, müsse man einen chinesischen Ursprung dieser Schrift annehmen. Während der heftigen Debatte um die Authentizität dieses wichtigen Werkes wurde nun etwas Erstaunliches aufgedeckt: Bereits *fünfzig Jahre* nach seinem Auftauchen in China waren Zweifel an dem indischen Ursprung von *Erwachen des Glaubens* geäußert worden! Dennoch war die Wahrheit des Textes niemals in Frage gestellt worden, und zwar wegen der zentralen Bedeutung, die er im Mahāyāna nun einmal einnahm, wie Fa-tsang (643–712), der bedeutende Begründer der Hua-yen-Schule in China, festgestellt hatte.[31] Die historische Aufdeckung einer zweifelhaften Autorschaft wurde für belanglos gehalten und die frühe Kontroverse vergessen, weil Fatsang den Text so außerordentlich geschickt benutzt hatte, um Ziel und Sinn des Mahāyāna im Rahmen der Hua-yen-Philosophie *(Avataṃsaka)* zu entfalten, weil also die *Wirkungsgeschichte* des Textes überaus eindrucksvoll war. Die „Wahrheit des Textes" erwies sich folglich durch seine Wirkungsgeschichte, d. h. durch den Glauben, den er inspiriert hatte. Nicht „was der Mensch mit dem Text", sondern „was der Text aus den Menschen" gemacht hatte, entschied über seine normative Qualität.[32] Wenn dem so ist, könnte die moderne Kontroverse genauso enden wie die damalige in China. Was zählte, wäre dann weniger die Plausibilität der *historischen* Argumente (Mochizuki oder Tokiwa), sondern das Maß der *spirituellen Wirkung* in der Geschichte. Und tatsächlich wird heute in Japan die Frage nach der Autorschaft des Textes kaum noch diskutiert, und der religiöse Umgang mit dem Text ist von diesem Problem nicht berührt. Der Text gilt als authentisch, weil er in der Tradition überaus positive Wirkungen entfaltet hat. Dies mag als liberal-salomonisches Urteil erscheinen, aber es ist vermutlich realistisch, zumal diese Liberalität immer ein Aspekt der Tradition des Mahāyāna selbst gewesen ist.[33]

Aber Geschichte bedeutet nicht nur Kontinuität der Wirkung von Ideen, sondern es gibt auch Brüche. Auch zwischen dem frühen Buddhismus und der Entstehung des Mahāyāna gab es Brüche, sonst wäre die Entwicklung zum Mahāyāna überflüssig gewesen. So wie die Rückfrage nach dem historischen Jesus damit endete, daß die existentiale Theologie der Bultmann-Schule Jesu Botschaft – neben aller Kontinuität zur religiösen Tradition des Judentums – als Ruf zur *Entscheidung* verstand, also ein Element der Diskontinuität aufzeigte (den Ruf zur Entscheidung angesichts des unmittelbar erwarteten Anbruchs des Reiches Gottes), so endete in gewisser Weise auch die japanische Rückfrage nach dem historischen Gautama Śākyamuni damit, daß ein Element der Diskontinuität zwischen Theravāda und Mahāyāna anerkannt wurde, auf dem Mahāyāna aber immer insistiert hatte! Diese Unterscheidung war ja von Anfang an für die Identitätsbegründung des Mahāyāna wichtig gewesen, doch das moderne historische Bewußtsein brachte den Inhalt dieser Diskontinuität in eine klarere Form und erneuerte damit das Selbstbewußtsein des Mahāyāna.

f) Rechtfertigung und Entmythologisierung der Entstehung des Mahāyāna

Worin bestand nun diese Diskontinuität bzw. der Paradigmenwechsel[34] vom frühen Buddhismus zum Mahāyāna? Wenn man einerseits erkannt hatte, daß Mahāyāna-Ideen bis auf Śākyamuni zurückgeführt werden konnten, so blieb andererseits festzuhalten, daß sich Mahāyāna ganz bewußt (und polemisch) von dem „geringeren Fahrzeug" *(hīnayāna)* abheben wollte. Darin äußert sich ein beträchtlicher Wandel in der Geschichte des Buddhismus. Ähnlich wie die christliche Theologie sahen sich auch die buddhistischen Historiker mit drei Problemen konfrontiert:

a) einem neuen Verständnis von Zeit und Geschichte im Mahāyāna,
b) einer neuen Wahrnehmung des Wesens der Person Gautama Śākyamunis und
c) einer spezifischen Behauptung bezüglich der offenbarten Wahrheiten.

Der japanische Religionsgeschichtler Anesaki griff diese Fragen auf. In England ausgebildet und mit christlichem Denken vertraut, des Pāli und des Sanskrit kundig, zog Anesaki Parallelen zu christlichen Entwicklungen, um die Veränderungen zu benennen, die mit der Entwicklung zum Mahāyāna-Buddhismus verbunden waren. Anesaki kannte die Unterscheidung von historischem Jesus und kerygmatischem (verkündetem) Christus. Und er konnte eine ähnliche Transformation vom historischen Gautama Śākyamuni zum transhistorischen Buddha aufzeigen; dabei glaubte er, daß die Verkündigung des letzteren ganz und gar in Einklang mit der mahāyānistischen Denkweise stünde. Jesus, der Lehrer, habe den Weg gezeigt, aber gleichzeitig beansprucht, auch der *Weg zu sein*, wenn er sagte: „Wer mich kennt, kennt den Vater." (Joh 14,7). Auch Gautama Śākyamuni, der Lehrer des *dharma*, habe sich mit dem Inhalt seiner Verkündigung identifiziert, wenn er sagte: „Wer den *dhamma* sieht, sieht mich; wer mich sieht, sieht den *dhamma*." (Saṃyutta Nikāya III, 120) Jesus, der Christus, wurde im hellenistischen Denken zum *Logos*, der sich als Mensch inkarniert hatte. Śākyamuni, der Buddha, wurde im mahāyānistischen Denken gleich-ewig wie der *dharma*, wobei sein Erscheinen als Lehrer auf der Erde immer mehr als gnadenhaft-barmherzige Heilstat gegenüber den unwissenden Menschen interpretiert wurde. Anesaki meint, die ursprüngliche Lehre Gautama Śākyamunis habe nicht die Aussage enthalten, daß er selbst ewig sei, ebenso wie Jesus selbst niemals behauptet habe, daß er der Schöpfung präexistent sei. Aber um die überzeitliche *Bedeutung* Jesu wie Gautamas auszudrücken, sei der Status der Gründergestalten in beiden Religionen erhöht und mit Ewigkeitsvorstellungen verbunden worden. Solche Uminterpretationen und Diskontinuitäten seien jedoch integraler Bestandteil der geschichtlichen Entwicklung von Religionen, weil diese die *Bedeutung* von dem, was sie verkünden, in immer universaleren Kategorien entfalten würden.

So wie die Rückfrage nach dem *historischen* Jesus nur den *Menschen* Jesus entdeckte, so konnte die Suche nach dem *historischen* Gautama Śākyamuni nur den Buddha in seiner physischen Gestalt *(rūpakāya)* finden. Tatsächlich aber könnten die Mahāyāna-Sūtras *nicht* auf Lehren dieses *rūpakāya* (jap. *gen-shinbutsu*), also des historischen Gautama, zurückgeführt werden, und die Sūtras behaupteten das auch nicht. Die Quelle dieser Sūtras sei vielmehr der Buddha in seiner trans-historischen, transzendenten Gestalt *(dharma-kāya*, jap. *hosshinbutsu)*, deren Entdeckung genau das sei, was nach Ansicht des Mahāyāna diese Tradition vom frühen Buddhismus, der als nur „Kleines Fahrzeug" *(hīnayāna)* eingestuft wurde, unterscheide.[35] Mahāyāna gründe demnach in der Inspiration einer höheren Wahrheit durch den transzendenten Buddha, und diese Inspiration habe sich in den betreffenden Sūtras niedergeschlagen.

Wenn wir diese Ausführungen Anesakis, denen viele Mahāyāna-Buddhisten gefolgt sind, nochmals in den sprachlichen Zusammenhang mit der historisch-kritischen Rückfrage nach der Gründergestalt in Christentum und Buddhismus stellen, können wir sagen, daß

a) das Bild eines *ewigen* Buddha die Bedeutung der *historischen* Gründergestalt in einen neuen Zusammenhang stellt,
b) Mahāyāna eine „kerygmatische Verkündigung" des Buddha *als* des *dharma* beinhaltet und
c) Śākyamuni als Manifestation oder Inkarnation (*rūpakāya* bzw. *nirmāṇa-kāya*) dieser ewigen Wahrheit *(dharmakāya)* gilt.

Auf diese Weise lösten die japanischen Buddhisten das Problem, ob Gautama Śākyamuni die Mahāyāna-Sūtras gelehrt habe oder nicht. Die Mahāyāna-Sūtras galten ihnen als Verkörperung der höheren Form der Lehre des Buddha, die im Pāli-Kanon und den *Āgamas* in weniger entwickelter Gestalt vorläge. Der zeitliche Abstand zwischen Śākyamuni und den Mahāyāna-Sūtras verlor auf diese Weise seine Bedeutung für die Wahrheitsfrage.

Wenn der christliche Leser, der mit diesen Problemen aus seiner eigenen Tradition vertraut ist, gewisse Mängel in der buddhistischen Argumentation finden sollte, muß dies nicht an fehlender Konsistenz auf buddhistischer Seite liegen. Vielmehr könnte sich hier ein grundlegender Unterschied der beiden Religionen in ihrem Wahrheitsverständnis bemerkbar machen. Wir wollen dies an einer anderen Fragestellung demonstrieren.

Der Übergang vom *rūpakāya* Śākyamuni zu seinem *dharmakāya*, einem Buddha, der gleichewig mit dem *dharma* ist, zeigt sich am klarsten im Lotos-Sūtra.[36] In Japan spielt dieses Sūtra bis heute eine kaum zu überschätzende Rolle. Es begründete die Hokke-Tradition (die Lotos-Lehre), die bis auf Saichōs (767–822) Einführung der Tendai-Schule zurückgeht und von Nichiren (1222–1282) in der Kamakura-Periode erneuert und reformiert wurde. Das Lotos-Sūtra gilt in den Nichiren-Schulen als „Krone aller Sūtras". Die Rezitation seines Titel *Namu myōhō-rengekyō* („Verehrung dem Sūtra des Lotos des guten Gesetzes") wurde von Nichiren zur rituellen Anrufung erhoben. Die Ehrerbietung, die dem *Sūtra von der Lotosblüte des wunderbaren dharma* (*Saddharmapuṇḍarīka-sūtra*, so der volle Titel) gezollt wird, richtet sich traditionellerweise nicht an den Buddha, sondern an den *dharma*. Der Nichirenismus in diesem Jahrhundert stürzte sich jedoch in eine Debatte darüber, ob die Ehrerbietung an den Buddha oder an den *dharma* gerichtet sei. Senō Girō (1880–1961), der schließlich eine marxistisch orientierte Nichiren-Gruppe führen sollte, war von der historischen Forschung Anesakis und anderer beeinflußt und schlug vor, die Rezitation umzuprägen in *Ehrerbietung dem Śākyamuni*. Dieser Vorschlag erscheint aus christlicher Perspektive nicht unlogisch, denn das Lotos-Sūtra zelebriert ja den Buddha in seiner ewigen Gestalt *(dharmakāya)*, so wie das (Johannes-)Evangelium den ewigen Christus verkündet. Warum sollte der Gläubige dann nicht den Śākyamuni Buddha in seiner kosmischen Glorie verehren statt des abstrakteren *dharma* bzw. des Sūtra, das den *dharma* enthält? Aber Senō Girōs Vorschlag fand wenig Zustimmung: es blieb bei der traditionellen Verehrung des *dharma*. Der Buddhist folgt letztlich dem *dharma*, nicht dem Buddha. Und diese Debatte weist auf eine grundlegende Differenz zur christlichen Haltung gegenüber dem Christus hin, eine Differenz, die den Unterschied zwischen einer theistischen und einer nicht-theistischen Religion markiert.

Murakami hatte „lehrgemäße Wahrheit" und „historische Persönlichkeit" des Buddha unterschieden, denn der alte Spruch des Buddha, man solle dem *dharma* und nicht seiner Person folgen, war im Prinzip auch im Mahāyāna gültig geblieben. Der *dharma* (Wahrheit) ist unpersönlich, d. h. universal, und der Buddha *entdeckte* diese Wahrheit zu einem gewissen Zeitpunkt an einem bestimmten Ort. Wahrheit ist das Wesen der Wirklichkeit, einer Wirklichkeit, die einerseits impermanent, leidhaft und Nicht-Selbst ist, andererseits jedoch die Möglichkeit der Befreiung und den Weg zu ihr umfaßt. Im Sinne dieser universalen Enthüllung von Wirklichkeit ist *dharma* mehr als die Person des Buddha. Das, was der Buddha lehrte, ist nicht wahr, weil *er* es lehrte, sondern weil diese Lehre die *Wirklichkeit* so beschreibt, *wie sie ist*. Doch die im *dharma* verkündete Möglichkeit zur Befreiung verwirklicht sich im Buddha. In der *Person des Buddha* und in seinem Werdegang hat der Weg zur Befreiung sichtbare Gestalt gefunden. Anders ausgedrückt: der *dharma* bleibt nicht allgemein und abstrakt, sondern zeigt sich im Buddha spezifisch und konkret. Da nach mahāyāna-buddhistischer Auffassung das Allgemeine im Konkreten ist und umgekehrt, kann die Bedeutung der Person des Buddha nicht unterschätzt werden. Insofern dürfte hier eine der Ursachen für die Identifikation von *dharma* und Buddha liegen. Wenn Mahāyāna also dieselbe Wahrheit beinhaltet wie der Pāli-Kanon, ist es völlig unerheblich, daß die Mahāyāna-Sūtras Jahrhunderte nach dem Tod des Buddha niedergeschrieben wurden.

Dennoch wird auch im Lotos-Sūtra und in der japanischen Hokke-Tradition, wo Śākyamuni-Buddha im Zentrum der Verehrung steht, der Satz *„Folge dem dharma, nicht der Person"* deutlich genug erinnert, um die personalistische Frömmigkeit in den Rahmen des überpersonalen *dharma* zu stellen. Letzterem gebührt die Ehre über allem.

Wie aber stellt sich das Problem in der Reinen-Land-Schule dar, die dem Buddha Amida (skt. Amitābha) Verehrung entgegenbringt und wo der Ausdruck der personalen Frömmigkeit die Rezitation des Namens Amida Buddhas ist? Die Formel heißt *namu amida butsu* (Verehrung dem Amida Buddha) und niemals „Verehrung dem Reinen-Land-Sūtra". Dafür gibt es historische Gründe. Von allen japanischen buddhistischen Schulen ist sie diejenige, die am meisten von der historischen Forschung betroffen war, denn – wie Murakami schlußfolgerte – nach historischen Maßstäben ist Amida „eine symbolische Gestalt". Man kann hier nicht einmal das genetische Argument anwenden, denn der historische Śākyamuni hatte nicht von einer feinstofflichen Seinsebene gesprochen, wie sie das Reine Land darstellt. Und dennoch war paradoxerweise die Shinshū-Tradition (Reines Land) die progressivste von allen Sekten, wenn es um die Forderung nach historisch-kritischer Forschung ging! Liegt das vielleicht an einem Paradox der Intentionen, wonach historische Forschung am besten von Menschen mit Glauben an einen nicht-historischen Buddha vereinbar wäre, weil das Ergebnis der historischen Kritik dem Glauben ohnehin nicht abträglich sein kann?

Der Buddhismus verband sich, wie wir sahen, mit dem Anliegen eines rationalen Humanismus. Vor allem die Schule des Reinen Landes wollte die magischen Vorstellungsformen im Volksbuddhismus überwinden, sie betonte den Glauben und nahm gegenüber weltlichen Belangen eine weitgehend rationalistische Haltung ein.

Interessant ist ein Vergleich mit Europa: Hier war es vor allem das Luthertum, das die historisch-kritische Forschung an der Bibel ausbildete, weil man sich aufgrund der *Rechtfertigungsgewißheit durch den Glauben* dem Buchstaben der Überlieferung gegenüber freier fühlte. Die kritische Grundhaltung der deutschen theologischen Wissenschaft könnte auch mit ihrer pietistischen Tradition zusammenhängen, insofern eine innere Sicherheit oder Integrität der innerlichen Glaubenserfahrung am ehesten die Infragestellung der vielen „Äußerlichkeiten" erlaubt, ohne daß der Glaube davon erschüttert würde.

Die Stärke der japanischen kritischen Forschung leitet sich aber nicht nur von der Tatsache ab, daß Amida ein trans-historischer Buddha ist, der durch historische Forschung nicht angetastet werden kann, sondern vielmehr von einer Fähigkeit, die Ebene des Herzens (wo die meisten Japaner das, was wir „Religion" nennen, lokalisieren würden)[37] und die Offenheit des Geistes für rationale Kritik auszubalancieren.

Es gibt noch einen weiteren Grund dafür, daß sich die historische Kritik im japanischen Buddhismus nicht zu einem solchen *religiösen* Problem ausweitete wie im europäischen Christentum. Hier spielen die Stärke und Bedeutung der Gründergestalten der modernen Sekten aus der Kamakura-Zeit eine nicht zu unterschätzende Rolle. In mancher Hinsicht ist der buddhistische Glaube der Japaner nicht *jōdoteki* oder *hokke-teki* (gemäß der Reinen Land- oder Lotos-Tradition), sondern vielmehr *Shinran-teki*, *Nichiren-teki* oder *Dōgen-teki*. Kritische Forschung konnte zwar einige dogmatische Sätze der Sūtras ins Wanken bringen und manche Bräuche revidieren, aber sie konnte nicht den paradigmatischen Charakter der Gründergestalten aus der Kamakura-Zeit erschüttern! Denn in Japan sind es diese Gestalten (vor allem Shinran, Nichiren und Dōgen), die dem Glauben praktische Gestalt gegeben haben. Nicht die Sanskrit-Glaubenssätze, sondern diese modellhaften Heiligen sind die natürlichen Verbindungsbrücken von der Tradition zum „Herzen" der japanischen Buddhisten. Wenn auch die Behauptung der Ungeschichtlichkeit eines Amida oder die Fiktionalität des Reinen Landes eine gewisse Verwirrung erzeugen konnten, so wurde dadurch der Glaube nicht erschüttert.

Eine „intellektuelle Entmythologisierung" blieb jedoch nicht aus. Soga Ryojin schrieb 1963 einen Aufsatz über den Bodhisattva Dharmākara *(Hōjō bosatsu*, der zu Amitābha wurde).[38] Darin wird *hōjō* (wörtlich: Speicher des *dharma*) mit dem *ālayavijñāna*, dem Speicherbewußtsein in der Yogācāra-Analyse des Bewußtseins, identifiziert, wobei beide als „Schatzkammer aller *dharmas*" (Wirklichkeiten) interpretiert werden. Als Resultat dieser entmythologisierenden Synthese wird der wörtliche Glaube an ein Reines Land auf die Einsicht in die innersten Strukturen des Bewußtseins beschränkt. Diese Argumentation könnte auf den ersten Blick als spekulative Neuerung erscheinen, sie hat im Mahāyāna aber eine ehrwürdige Tradition: die Formel „Nur-Bewußtsein-Reines-Land" (Reines Land als Bewußtseinszustand) ist sehr alt. So wie von Intellektuellen die buddhistischen Höllen schon immer als Bewußtseinszustände interpretiert wurden, so sind auch die buddhistischen Reinen Länder nach dieser alten Auffassung Zustände eines gereinigten Bewußtseins.

Sogas psychologische Interpretation des Reinen Landes ist also nicht neu, und es ist fraglich, ob seine These, die für gläubige Buddhologen kein Problem darstellt, von den gläubigen Massen überhaupt zur Kenntnis genommen wurde. Und wenn ja, so hat sie die Gefühle der Menschen gegenüber dem ersehnten Reinen Land wohl in keiner Weise verändert. Wir wollen damit verdeutlichen, daß die Rückfrage nach dem historischen Gautama Śākyamuni die Verehrung des nicht-historischen Buddha Amida oder eines von ihm bereiteten idealen Reinen Landes nicht wirklich berühren kann. Das Transzendente, Über-Zeitliche, das der Buddha verkündet, wird in Begriffen wie *dharmakāya* (Wahrheitskörper), *prajñā* (Weisheit), *śūnyatā* (Leere) erfaßt und gültig ausgesagt, ganz unabhängig von der historischen Konkretion in

Form, Begriff oder Formulierung. Die Frage nach dem historischen Gautama Śākyamuni berührt deshalb in keiner Weise den überzeitlichen *dharma*, der „gut am Anfang, in der Mitte und am Ende" ist.

Die Mahāyāna-Tradition hat also von Anfang an die Möglichkeit sehr unterschiedlicher Interpretationen der Lehre nicht nur zugelassen, sondern sogar gefördert. Denn das, was der gewöhnliche Mensch als Wahrheit erkennt, ist nach mahāyānistischer Auffassung nicht die *eine* absolute Wahrheit, die durch *eine* Methode verifizierbar wäre, sondern sie ist ein geschicktes Mittel *(upāya)*, um das Bewußtsein allmählich so zu reinigen, daß es zur absoluten Wahrheit *(paramārtha satya)* durchdringen kann, die nicht mehr in Sprache aussagbar ist. Die Lehre von *upāya* (geschicktes Mittel) hat dem Mahāyāna größte Flexibilität gegeben, denn das Resultat der Erleuchtung rechtfertigt sehr unterschiedliche Mittel. Die historische Dimension und Fragestellung ist nur eines dieser Mittel, *upāya*.

g) Impersonaler dharma versus personaler Gott?

Mit dieser schlagwortartigen Frage befinden wir uns mitten in der Debatte um die angebliche Kluft zwischen Buddhismus und Christentum in bezug auf die *Apersonalität* bzw. *Personalität* der Letzten Wirklichkeit. Dies ist eine entscheidende Frage im Dialog, auf die wir immer wieder treffen werden.[39] Wir meinen, daß es diesbezüglich viel mehr Verständigung zwischen beiden Religionen geben kann, als gemeinhin angenommen wird, und müssen dies kurz begründen.

In der *Person des Buddha* und in seinem Werdegang hat der Weg zur Befreiung sichtbare Gestalt gefunden. Anders ausgedrückt: der *dharma* bleibt nicht allgemein und abstrakt, sondern zeigt sich im Buddha spezifisch und konkret. Da nach mahāyāna-buddhistischer Auffassung das Allgemeine im Konkreten ist und umgekehrt, darf die Bedeutung der Person des Buddha nicht unterschätzt werden. Die gelegentliche „Identifikation" von *dharma* und Buddha muß nicht in jedem Fall abwegig sein. Der hohe Grad an Personalisierung in der tatsächlichen Frömmigkeit im Buddhismus der Mahāyāna-Länder, aber auch in den südasiatischen Theravāda-Ländern, ist nicht nur Ausdruck der unvermeidlichen Volksfrömmigkeit, sondern kann philosophisch gerechtfertigt werden.

Einerseits ist der *dharma* zwar funktional dem christlichen Logos ähnlich, insofern beide etwas Überzeitlich-Universales sind, das historisch Gestalt gewinnt, aber der *dharma* ist nicht eine Person. Andererseits ist, wie wir sahen, der Inhalt des *dharma* die *Befreiungswirklichkeit*, die konkret wird im historischen Buddha Śākyamuni (wie auch in allen vergangenen und zukünftigen Buddhas). Das *nirvāṇa* wird also von konkreten Menschen mit höchst spezifischen Biographien verwirklicht, und zwar in einer Gemeinschaft, die durch Traditionsketten verbürgt wird. Insofern hat *nirvāṇa* eine zutiefst *personale Dimension*. Dies wird auch deutlich dadurch, daß die Wirklichkeit der Befreiung, um die es im *dharma* geht, konkret und nachahmungswürdig wird in jenen vollendeten Personen, die ganz Person geworden sind, nämlich einerseits frei von Leid, andererseits voller heilender Hinwendung zu allen Lebewesen *(mahākaruṇā)*.[40] In diesem Sinne ist es nur konsequent, wenn im Buddhismus des Reinen Landes der Buddha Amitābha (Amida), der von allem Leid befreit und zugleich voll universaler Barmherzigkeit ist, als Ausdruck des höchsten, an sich formlosen, *dharmakāya* (Dharmakörper)[41] erscheint. Aber was heißt das? Ist die personale Gestalt „weniger" als die formlose Realität?

Keineswegs: Der *dharmakāya* ist nicht in dem Sinne impersonal, daß er eine *andere* Form hätte als die der Person (z. B. als „Gesetz"), sondern er ist *überpersonal* in dem Sinne, daß er *jede* Form transzendiert. Diese *Transpersonalität* verweist auf seine Unableitbarkeit, seine Unverfügbarkeit für das „greifende/anhaftende" Ich und seine Grenzenlosigkeit. Die Begriffe *dharmakāya* (Wahrheitskörper), *prajñā* (Weisheit), *śūnyatā* (Leere) bezeichnen alle ein- und dieselbe ungeteilte Universalität. Diese aber ist nirgends anders anschaubar als „in Form", d. h. in der Person des Buddha (und aller Vollendeten), denn „Form *ist* Leere und Leere *ist* Form"[42], weil anderenfalls die begriffliche Konstruktion eines Dualismus von *rūpa* (Form) und *arūpa* (Nicht-Form) die Befreiung des Geistes von leidverursachenden Ich-Projektionen wieder verdunkeln würde. Der verkündete *dharma* ist demnach in diese personale Form integriert, weil er nur von erleuchteten *Personen* verkündet werden kann.[43]

Im Christentum wird Gott als Person gedacht. Der Logos wird Fleisch. Der Christus ist persönlich *und* universal. Universal heißt: *gültig* für die gesamte raum-zeitliche Wirklichkeit, der Begriff impliziert aber nicht, daß diese universale Gültigkeit sich *nur* in dieser einzigen Gestalt äußern könnte. Der göttliche Wille ereignet sich in der Zeit und verändert den Ablauf der menschlichen Geschichte, so daß die Offenbarung *nicht* überzeitlich ist, sondern sich das Überzeitliche (Reich Gottes) in der Zeit ankündigt und schon manifestiert. Das Christentum hat aber immer gewußt (und in der Trinitätslehre symbolisch formuliert), daß Gott nicht Person ist im Sinne der begrenzten menschlichen Person, sondern im Sinne seiner aus freiem Willen sich schenkenden Liebe. Diese Liebe kennt keine Grenzen (der menschlichen Person) und ist in diesem Sinne alldurchdringender *transpersonaler* Geist. Indem diese Liebe Ausdruck seines Wesens ist, ist Gott wesensmäßig *relational* und in diesem Sinne Person.[44]

Auch im Mahāyāna-Buddhismus ist die Buddha-Natur unbegrenztes Bewußtsein *(prajñā)* und universale Barmherzigkeit *(karuṇā)*. Sieht man von den metaphysischen Implikationen des auch in der gesamten christlichen Geschichte umstrittenen griechischen Personbegriffs ab, ergibt sich in der Aussage über die „Personalität" des Letztgültigen, das sich in konkreter

Weise in der Geschichte äußert, ein hohes Maß an gemeinsamer Einsicht von Buddhismus und Christentum!

Damit sind wir wieder bei unserem Ausgangspunkt angelangt: dem häufig von Christen gefällten Urteil, daß nur die jüdisch-christlich-islamische Tradition der Geschichte eine religiöse Bedeutung beimesse, der Buddhismus aber nicht. Das entsprechende Urteil in der Sprache buddhistischer Polemik (wie man sie bei Dharmapala in Sri Lanka findet) lautete umgekehrt: der Buddhismus sei universalistisch und tiefgründig, während das Christentum von historisch zufälligen Ereignissen abhänge.

Wir könnten den Unterschied so fassen: Der Buddhismus gründet in einer universalen Erfahrung, die historisch-spezifisch wirksam wird. Das Christentum hingegen gründet in einer spezifischen historischen Erfahrung, die dann universale Bedeutung gewinnt. Dieses Urteil klingt zwar systematisch eingängig, aber wir glauben nicht, daß es die tatsächlichen menschlichen Erfahrungen in beiden Religionen zureichend erfaßt. Buddhisten haben zweifellos einen Sinn für Geschichte und nehmen daher Verantwortung wahr, um aus den Impulsen ihrer Religion Geschichte zu gestalten.[45] Das historische Ereignis des Lebens Gautama Śākyamunis ist für die buddhistische Welt so bedeutsam, daß sie ihren Kalender nach dem *parinirvāṇa* des Buddha ausgerichtet hat. Zugleich waren Buddhisten sich immer dessen bewußt, daß „Geschichte" kein letztgültiger Maßstab sein kann, weil „Geschichte" mehr ist als das, was wir je davon erfahren und erkennen können – im Buddhismus spricht man von *zahllosen* Universa und Zeitzyklen, die alle von dem *einen* buddhistischen *dharma*, gelehrt von verschiedenen Buddhas, durchdrungen werden. Aber auch das Christentum kennt ein zeitewiges Mysterium, das auf eine andere Dimension verweist, die jenseits der Geschichte liegt.

Der *homo religiosus* lebt überall in der Spannung zwischen Zeit und Ewigkeit, und die Art und Weise, wie sich beide zueinander verhalten, ist im Buddhismus und Christentum verschieden. Keine Religion kann sich völlig ungeschichtlich begründen, aber sie erschöpft sich auch niemals darin. Selbst das mythische „es war einmal" bzw. „zu jener Zeit" *(in illo tempore)*, das angeblich in den „nichthistorischen" Glaubensvorstellungen anzutreffen sei, ist ganz und gar in der Zeit und Geschichte der jeweiligen Gesellschaften verwurzelt. Vielleicht ist das, was wir am Ende bei der Rückfrage nach den historischen Gründern entdecken, das ewige menschliche Drama, bei dem es vor allem um die Suche nach dem *eigenen* Ursprung geht. Für die Dynamik des religiösen Lebens zählt die immer neue Suche mehr als ein bestimmtes (und immer nur vorläufiges) Resultat.

Diese Suche können und sollen Buddhisten und Christen heute gemeinsam vollziehen. Daß dies prinzipiell möglich ist, ohne daß Buddhisten oder Christen ein *sacrificium intellectus* in bezug auf die intellektuelle Redlichkeit und Verantwortung gegenüber ihrer jeweiligen Tradition bringen müßten, haben wir in diesem Kapitel zu zeigen versucht. In dieser gemeinsamen Praxis, die intellektuelles wie emotionales Lernen für beide Seiten bedeutet, wird sich erweisen, ob der Buddha für Christen und Christus für Buddhisten eine religiöse Bedeutung bekommen kann. Buddhisten und Christen müssen diese Frage zunächst jeweils für sich selbst beantworten.[46] Der künftige Dialog muß beide Seiten dafür vorbereiten, diesbezüglich eine vertiefte Antwort zu geben.

Wir meinen, daß Christen sich vor dem Buddha als dem zur Wahrheit Erwachten in Ehrfurcht verneigen können, um in Dankbarkeit von ihm zu lernen. Er ist nicht nur Vorläufer Christi (Romano Guardini[47]), sondern ein anderer Ausdruck dessen, was Christen in Jesus Christus begegnet: die Wahrheit Gottes. Jesus der Christus und Gautama der Buddha sind „Geschenke“ aus der Dimension des Unaussprechlichen, die zu Sprache geworden sind.

2. Der Charakter der Gründergestalten

Wenn wir nach dem *Charakter* der Gründergestalten fragen, ist die Wahrnehmung ihrer je besonderen *Wirkungsgeschichte* in die Frage eingeschlossen. Denn wie wir gesehen haben, ist der Charakter oder das Selbstverständnis des historischen Jesus nur schwer zu ermitteln. Das trifft auch auf Gautama zu. Die Wirkung beider aber hat die verschiedenen Weltreligionen von Christentum und Buddhismus hervorgebracht. Vergleiche zwischen Jesus und Gautama bzw. zwischen dem erhöhten Christus und dem Buddha sind alt. Und je nach Interessenlage des Interpreten treten mehr Ähnlichkeiten oder mehr Unterschiede hervor. Einzelne Charakterzüge oder Motive, zuweilen auch ganze Geschichten, werden dabei nicht selten aus dem historischen und textuellen Zusammenhang herausgerissen. Ein berühmtes Beispiel dafür ist die Erzählung vom verlorenen Sohn bei Lukas und im Lotos-Sūtra, was unweigerlich zu falschen Interpretationen führt. Die Ähnlichkeiten erklärt man dann entweder durch historische Beeinflussung in der einen bzw. anderen Richtung oder durch parallele Entwicklungen. Letztere wiederum können als zufällig betrachtet werden oder als Archetypen der menschlichen Seele gelten, die überall gleich seien. Für den buddhistisch-christlichen *Dialog* können solche phänomenologischen Studien durchaus nützlich sein, sie sind aber ungenügend. Sie sagen vor allem etwas aus über die Hermeneutik und die Interessen des Interpreten sowie über den jeweiligen Zeitgeist.[48]

Die dialogische Haltung des Verstehens will das Vertrauen schaffen, daß der jeweilige Gesprächspartner weder verleumdet noch vereinnahmt wird, sondern daß sich beide verändern und in bezug auf ihren Ursprung kritisieren lassen. In diesem Prozeß ist das Vorbild, das beide Religionen sich von den Gründergestalten machen, das notwendige Korrektiv für den gegenwärtigen Zustand der Religionen und damit das Potential zur Erneuerung, d. h. zur Lebendigkeit der Religionen. Im Dialog haben sich dabei verschiedene Zugänge zu dem jeweiligen Vorbild gezeigt, die wir jetzt diskutieren wollen.

a) Der historische Zugang

Bereits gegen Ende des 19. Jahrhunderts ist die *Entlehnungshypothese* laut geworden. Sie wurde seitdem oft wiederholt und besagt, daß der Mahāyāna-Buddhismus viel vom Christentum übernommen habe, oder umgekehrt, daß das Christentum in wesentlichen Aspekten vom Buddhismus beeinflußt worden sei. Die eine Religion sei der Ableger der anderen. Dabei schwingt aber das Urteil mit, daß die Kopie weniger wert ist als das Original. Das jeweilige apologetische Interesse bei solchen historischen Rekonstruktionen ist unverkennbar. Aber es gibt in der Tat erstaunliche Parallelen, die der Erklärung bedürfen.[49]

Zur Abhängigkeit des Christentums vom Buddhismus: Der frühe Buddhismus ist älter als das Christentum. Wir wissen von regem wirtschaftlichem und kulturellem Austausch zwischen Indien und den Mittelmeerkulturen im 1. Jh. v. Chr–1. Jh. n. Chr, der bis nach Südindien reichte (Münzfunde bei Karur in Tamil-Nadu). Er war vor allem während der Kuṣāṇa-Dynastie (ca. 50–320 n. Chr.) im Nordwesten Indiens unter Kaiser Kaniṣka (Ende 1. Jh. n. Chr.) intensiv. Die indisch-buddhistische Gandhara-Kunst (Nordwest-Indien) ist außerordentlich stark von der griechischen Kunst beeinflußt. Der Text „Fragen des König Milinda" *(Milindapañha)* (Norwest-Indien, 2. oder 1. Jh. v. Chr.) ist einer der beliebtesten Pāli-Texte, der fast kanonisches Ansehen genießt – das Buch ist ein *griechisch-buddhistischer Religionsdialog.*[50] Es bedürfte der Erklärung, wenn die hellenistische Kultur zur Zeit Jesu *nicht* vom Buddhismus beeinflußt worden wäre.

Freilich ist fraglich, wie weit dieser Einfluß reicht. Es gab gewiß viele literarische Einzelmotive, Erzählungen und vagabundierende indische Theoriefragmente, die im Hellenismus im Umlauf waren. Darüber hinaus wird man aber auch spezifisch buddhistisch geprägte Erzählungen gekannt haben. Es ist ein Unterschied, ob ein allgemeines Motiv oder bereits ein theologisch-philosophisch zugespitztes Gleichnis (wie das vom verlorenen Sohn) in seiner Ganzheit im Blick ist.[51] Folgende Erzählungen im Neuen Testament könnten auf Motiven aufbauen, die ursprünglich aus dem Buddhismus stammen:[52] die Simeon-Weissagung (Lk 2 25 ff.), Jesu Versuchung (Mk 1,13 parr.), das Wandeln Jesu auf dem Wasser (Mk 6,45 ff. parr.) bzw. das Wandeln des Petrus auf dem Wasser (Matth 14,25ff), das Wunder der Brotvermehrung (Mk 6,35 ff. parr.), die Rede vom „Rad des Lebens" *(trochos tēs geneseos)* bei Jakobus (3,6). Auch Neutestamentler (Martin Dibelius[53]) hielten es für wahrscheinlich, daß z. B. die Geschichte von Petrus auf dem Wasser indischen Ursprungs sei. Der amerikanische Religionswissenschaftler Roy Amore[54] spricht von vier Strängen möglichen Einflusses des Buddhismus auf das frühe Christentum:

a) der allgemeine Zeitgeist im Palästina des 1. Jh. n. Chr.;
b) der Einfluß von frühbuddhistischen Wanderpredigern auf die Jesus-Bewegung;
c) die Quelle Q[55], die buddhistische Fragmente enthalte;
d) spätere Einflüsse auf die Evangelisten und die frühchristliche Literatur, die auch durch die Verbindungen der gnostischen Strömungen nach Osten vermittelt sein könnten.

Wir können hier die Argumente für oder gegen eine Abhängigkeit einzelner Texte vom Buddhismus nicht analysieren. Eine solche Abhängigkeit ist historisch interessant, aber für den *heutigen* Dialog der zwei Weltreligionen, die sich weitgehend unabhängig voneinander weiterentwickelt haben, zweitrangig. Selbst wenn man Amores Textanalysen und Vergleichen zustimmen würde, ergäbe sich, daß der Einfluß des Buddhismus auf das Christentum marginal war und *nicht* die zentralen Inhalte der Botschaft Jesu betrifft.[56]

Zur Abhängigkeit des Mahāyāna-Buddhismus vom Christentum: Der Mahāyāna-Buddhismus entstand etwa seit dem 1. Jh. v. Chr. in Indien[57], also vor (oder fast zeitgleich mit) dem Christentum; Abhängigkeiten sind daher unwahrscheinlich. Edward Conze hat eher indirekte Einflüsse der Gnosis auf die späteren Entwicklungen des Mahāyāna angenommen. Eine späte tibetische Legende (der Heilige Milarepa, 1052–1136, soll nach seinem Tod in den Himmel aufgefahren sein[58]) könnte durch die Begegnung von Buddhismus und Christentum an der Seidenstraße christlichen Ursprungs sein. Aber wir wissen zu wenig, um Genaueres sagen zu können. Der Indologe Richard Garbe[59] mahnte bereits 1914 zur Behutsamkeit: Die meisten bisher angeführten Elemente, die für eine Abhängigkeit des Mahāyāna-Buddhismus vom Christentum sprechen sollten, seien überzeugender aus der frühbuddhistischen Geschichte selbst zu erklären.

b) Der phänomenologische Zugang

Man kann eine Typologie der Religionen und ihrer Gründergestalten nach phänomenologischem Muster entwerfen, d. h. einzelne Charakterzüge und Aspekte miteinander vergleichen, wobei vom historischen Kontext zunächst einmal abgesehen wird. So erscheinen bestimmte Ähnlichkeiten zwischen Buddha und Christus, die meist so erklärt werden, daß ähnliche menschliche Erfahrungen völlig unabhängig voneinander zu ähnlichen Geschichten und Begriffen dieser Erfahrungen führen.

Bei der Wahrnehmung solcher Parallelen spielt allerdings die Perspektive des Betrachters eine nicht geringe Rolle. So hat man im 19. Jahrhundert, wie wir in den Kapiteln über Deutschland und Amerika gezeigt haben, teils aus Unkenntnis, teils wider besseren Wissens, dem Buddhismus Atheismus und Materialismus, Selbsterlösung und Heilsindividualismus, Passivität und Kulturfeindlichkeit und überhaupt eine misanthropische Haltung vorgeworfen, wogegen sich die christliche Nächstenliebe, der personale Gottesglaube und die Tatkraft des Christentums umso strahlender abheben sollten.[60] Buddhisten gaben die Polemik, wie wir von Dharmapala bis Dharmasiri in Sri Lanka hörten, mit umgekehrten Vorzeichen zurück. Beide projizierten auf den jeweils anderen die eigenen Untugenden, deren Maßstab das Ethos des 19. Jahrhunderts war, und lasen diese Projektionen unhistorisch in die Gründergestalten hinein. Gelehrte, die die Texte kannten, mußten zu intellektueller Redlichkeit in der Auseinandersetzung aufrufen. Sie reklamierten, daß die anti-buddhistischen Polemiker nicht verstanden hätten, daß der Buddha zwar die ich-bezogen anhaftende oder besitzergreifende Liebe *(kāma)* ablehne, nicht aber die wohlwollende liebende Hinwendung zum anderen *(maitrī)*.[61] Die buddhistische Leidenschaftslosigkeit bedeute keineswegs Passivität, sondern Überwindung des Egozentrismus. Letzteres würde klar erkenntlich daran, daß *die* Grundtugend des Buddhismus, neben der Weisheit *(prajñā)*, die Barmherzigkeit *(karuṇā)* sei, und zwar nicht erst im Mahāyāna.

Wir möchten hinzufügen: *Karuṇā* ist besonders im Mahāyāna die *aktive heilende Hinwendung zu allen Wesen*, die Selbsthingabe und Bereitschaft zum Martyrium einschließt. Das buddhistische Verhältnis von *kāma* zu *maitrī/karuṇā* ist nicht unähnlich dem christlichen Verhältnis von *eros* zu *agapē*.

Die Liste der Vergleiche zwischen Buddha und Christus seit Hegel und Schopenhauer ist lang.[62] Wir wollen nur an einigen markanten Beispielen auf die methodologischen Möglichkeiten und Probleme hinweisen.

Der Religionswissenschaftler Gustav Mensching,[63] der katholische Theologe Hans Küng[64] und andere haben auf die *strukturelle* Parallele im Leben Gautama Śākyamunis und Jesu von Nazareth hinsichtlich ihrer *Stellung in der Gesellschaft* hingewiesen. Zwar unterscheiden sie sich in bezug auf ihre jeweilige soziale Herkunft: Gautama entstammt einem fürstlichen Haus, Jesus einer Handwerkerfamilie. Beide aber verlassen ihr Zuhause und werden Wanderprediger, was beider Verwandtschaft zunächst nur schwer akzeptieren kann. Dies hängt zusammen mit ihrer *Stellung zur heiligen Tradition*: Beide sind eng mit ihrer Tradition verbunden, radikalisieren aber den tiefsten Anspruch derselben. Gautama lehnt nicht nur den Opferkult ab, sondern stellt die hierarchisch herausgehobene Stellung der Brahmanen in Frage. Jesus relativiert die zentrale Bedeutung des Tempels und stellt die in der damaligen Gesellschaft Diskriminierten unter den besonderen Schutz Gottes. Gautama verheißt durch *kompromißlose Bewußtseinsdisziplin* ein Ende des Leidens. Jesus fordert die *radikale Umkehr von Herz und Geist (meta-*

noia), weil das Reich Gottes nahe war. Beide leisten Widerstand gegen Vorurteil, Dogmatismus und Scheinheiligkeit in der Religion. Beide brechen die Religionsgrenzen auf und verkünden ihre Wahrheit und Befreiung für die ganze Welt, unabhängig von Rassen-, Religions-, Nationalitäts-, Kasten- und Geschlechtergrenzen. Beide bringen demnach eine Befreiungsbotschaft. Beide wirken *in* der Geschichte, aber das Heil, das sie verkünden, ist der Einbruch einer *transhistorischen Dimension* in die Geschichte.

Die Wege, die Gautama und Jesus gehen, haben aber sehr spezifische Merkmale und sind damit auch verschieden von dem jeweils anderen. Gautama zeigt einen *Versenkungsweg*, der das *Bewußtsein* zähmt. Jesus lebt in einer innigen *personalen Gottesbeziehung*, die eine vollkommene *Hingabe des Herzens* fordert. Beide appellieren dabei an den *Willen* zur Umkehr. Das Streben Gautamas zielt auf das *nirvāṇa*, das ein *Bewußtseinszustand* ist, der bereits *in* dieser Welt erlangt werden kann. Jesus hingegen erwartet ein *neues Zeitalter* der Gottesherrschaft, das in unmittelbarer Zukunft anbrechen wird und die bisherige Geschichte aufhebt. Sehr treffend hat Aloysius Pieris den Unterschied beschrieben:[65] Gautama geht den *gnostischen* Weg (Erkenntnis), Jesus geht den *agapeischen* Weg (Liebe). Das je andere Element fehlt bei beiden nicht, aber ihre Botschaft kreist jeweils um das primäre Zentrum, so daß sich unterschiedliche Grundhaltungen ergeben, die man komplementär aufeinander zuordnen kann: die *psychologische* Gautamas[66], die *geschichtlich-existentielle* Jesu.

Ganz verschieden ist auch der Tod beider: Gautama stirbt, obgleich möglicherweise aus Eifersucht vergiftet, einen friedvollen Tod in meditativ ruhendem Bewußtsein, der für seine Schüler *vorbildhaft* ist. Jesus stirbt, hingerichtet als Verbrecher am Kreuz, einen qualvollen Tod, der von seinen Schülern als *Opfertod* mit *Heilsbedeutung* interpretiert wird und erst durch die Auferstehung einen tieferen Sinn bekommt. Für Gautama sind die Grundübel die *Unwissenheit* und die daraus folgende *Begierde* bzw. der *Haß*, die alles Leid verursachen. Für Jesus ist das Grundübel die *Sünde*, die der *Vergebung* bedarf. Gautamas Botschaft will von *der Angst* um das Ich befreien, Jesu Botschaft will von *Schuld* befreien.

An den letzten Gegenüberstellungen sehen wir: Das Weltbild beider, der *Mythos*, in dem die Voraussetzungen ihres Denkens und Handelns gründen, ist verschieden:

- Für *Gautama* ist die Welt ein nach den Gesetzen des *karman* selbstverursachtes System gegenseitiger Abhängigkeiten.
- Für *Jesus* ist die Welt ein nach dem *Willen Gottes* geschaffenes System, das schlechthin vom Schöpfer abhängig ist.

Gautama spricht von *mentalen Verunreinigungen (kleśa)*, Jesus bezieht sich auf eine *metaphysische Realität*. Daraus ergibt sich folgender Unterschied: Zwar zeigen beide einen Weg zur Überwindung des existentiellen Elends des Menschen, das letztlich für beide im menschlichen *Egozentris-*

mus wurzelt. Für Gautama aber ist *duḥkha* (Leid) die Frustration, die aus Unwissenheit *(avidyā* bzw. *moha)* entsteht, nämlich dann, wenn der Mensch seinem nur *illusionären Ich (anātman)* durch Projektionen Dauer verleihen möchte, was mißlingen muß, da nichts beständig ist *(anitya)*, so daß er mit *Gier (lobha)* reagiert, um das Ich zu stabilisieren, und *Haß (dveśa)* entwikkelt, wenn die Dinge nicht seinen Projektionen entsprechend verfügbar sind. Für Jesus hingegen ist die *Sünde* der Inbegriff der Auflehnung gegen Gott, die darin besteht, das wirkliche, aber von Gott abhängige kreatürliche Ich aufzublähen und an die Stelle Gottes zu setzen, so daß ebenfalls Gier und Haß alle kreatürlich guten Beziehungen vergiften. Der Mensch kann dem jedoch nicht entrinnen, woraus folgt, daß nur Gottes unbedingte Liebe den Sünder annehmen und durch diese Annahme verwandeln kann.

Solche Gegenüberstellungen sind prägnant, verkürzen aber die historische Komplexität. Sie gipfeln gelegentlich darin, Jesus als Propheten und Gautama als Mystiker zu bezeichnen, wobei die von Friedrich Heiler[67] geprägte und von Paul Tillich[68] aufgenommene Unterscheidung von mystischer und prophetischer Religion, die aber wiederum aus der abendländischen Geschichte abgeleitet ist, zugrunde gelegt wird. Jesus als prophetischen Reformator, Gautama hingegen als Mystiker zu bezeichnen,[69] ist zu einfach, wie wir schon gezeigt haben.

Beide Religionen bauen also auf den Gründergestalten auf, und sie sind bereits in der frühen Phase ihrer Entwicklung in verschiedene Richtungen erweitert worden. Die Erweiterung hängt damit zusammen, daß die Nachfolger so tief beeindruckt von Jesus und Gautama waren, daß sie ihnen Titel gaben, die auf dem Hintergrund der jeweiligen Religionsgeschichte ein höchstes Maß an Nähe zu Gott bzw. zur Vollkommenheit anzeigten: Jesus wurde als *Christus* (der Messias Gottes), Gautama als der *Buddha* (der vollkommen aus der Illusion Erwachte) bezeichnet; und es kamen weitere Titel hinzu. Beide wurden in je eigener Weise zu *Erlösergestalten*. In beiden Fällen wurde „aus dem Verkündiger der Verkündigte".[70] Dies ist zwar eine Kategorie aus der christlichen Tradition, sie charakterisiert aber auch den Buddha des Lotos-Sūtra, das in dem bereits mehrfach erwähnten Gleichnis vom verlorenen Sohn die Frage stellt, wie der historische Gautama mit dem erhöhten gottähnlichen Buddha, der das Lotos-Sūtra verkündet, identisch sein kann. Für Christen wie Buddhisten ist diese Entwicklung nicht Verfälschung, sondern Explikation der ursprünglichen Botschaft.

Edward Conze bemerkt dazu:[71] Die Ähnlichkeiten zwischen dem Buddha als Erlöser im Mahāyāna und Christus als Erlöser seien so groß, daß die christlichen Missionare oft den Teufel am Werk gesehen hätten, der die Gläubigen absichtlich habe täuschen wollen. Aber bezeichnenderweise hätten die Missionare den Begriff „Erlöser" (griech. *sotēr*) mit dem Wort übersetzt, das im Lotos-Sūtra (Kap. 22) den Bodhisattva der Barmherzigkeit Avalokiteśvara charakterisiere (skt. *trātṛ*). In Tibet werde dieser Begriff für die Dalai Lamas verwendet, aber er kennzeichne auch *Tara*, die weiblich-barmherzige Erlösergestalt schlechthin. Doch Conze beeilt sich, die Unterschiede nicht zu verwischen:[72] Buddhisten hätten keinen Sinn für das Historische, und die Obsession der Christen mit dem Geschichtlichen sei keineswegs immer hilfreich für den Glauben gewesen. Wegen des altkirchlichen pelagianischen Streites und der reformatorischen Auseinandersetzung um die Werkgerechtigkeit brächten die Christen so massive Vorurteile mit, daß sie die subtilen buddhistischen Zusammenhänge von *Gnade* und eigener Anstrengung um positive Bewußtseinsformierung *(puṇya)* kaum sachgemäß wahrnehmen könnten. Ein weiterer gravierender Unterschied sei freilich auch der: Es gebe viele Buddhas, und niemand beanspruche Exklusivität für Śākyamuni, aber es gebe nur einen Jesus Christus, den das Christentum meist exklusiv interpretiert habe.

Ein anderer Vergleichspunkt ist oft herangezogen worden, um den Unterschied von Buddha und Christus zu verdeutlichen: Der Buddha sei letztlich nur Lehrer, der dem Menschen helfe, zu seiner eigenen Buddha-Natur zu erwachen, d. h. er lehre die *Selbsterlösung*; Christus hingegen sei als „wahrer Mensch und wahrer Gott" dem Menschen zwar ähnlich aber zugleich auch transzendent, er sei die inkarnierte *Erlösung durch Gott*. Beide Traditionen sprechen aber auch von der *gleichzeitigen Transzendenz und Immanenz* des Buddha bzw. Gottes oder Christi. Wir hatten gesehen, daß dieses Problem in der japanischen Diskussion unter dem Stichwort Unumkehrbarkeit und Reversibilität in der Gottesbeziehung diskutiert wird (vgl. Teil A, IV.3.a). Den Buddhismus mit der völligen Umkehrbarkeit des Verhältnisses von Buddha und Mensch, das Christentum aber mit dem Glauben an die transzendente Jenseitigkeit Gottes/Christi zu identifizieren, die dem Menschen unumkehrbar gegenüberstünde, ist falsch. Einerseits ist in *beiden* Religionen der Buddha/die Buddha-Natur bzw. Gott/Christus das innerste Wahre Selbst, „das, was mir näher ist als ich mir selbst bin" (Augustinus, die Mystik, Luther).[73] Anderseits ist die Buddha-Natur dem empirischen Ich transzendent, ist Amitābha (oder Maitreya, wie wir gleich zeigen werden) für den Gläubigen ein Retter, der menschlichen Intentionen zuvorkommt und zu dem der Mensch beten und Zuflucht nehmen kann. Zumindest im Buddhismus des Reinen Landes – aber in der tatsächlichen Frömmigkeit keineswegs nur dort – erscheint der Buddha in seinen Manifestationen dem Menschen aus Gnade, so wie Gott in seiner Majestät seinsmäßig, logisch und existentiell gegenüber dem Menschen unumkehrbar primär ist. Selbsterlösung und Fremderlösung sind Abstraktionen: In den meisten Formen des Buddhismus erscheint das Selbst gerade erst dann, wenn das Ich losgelassen ist; und in den meisten Gestaltungen des Christentums wird die Gnade erst dann wirksam, wenn ihr der Mensch in Freiheit antwortet. Die Religionen lassen sich also nicht so leicht auf den einen oder anderen Begriff bringen. Sie leben in dem Paradox, daß beide Aussagen in der spirituellen Praxis gleichzeitig wahr sind, wenn auch der Situation entsprechend mit unterschiedlichen Akzenten.

Einen *fundamental unüberbrückbaren* Gegensatz zwischen Buddhismus und Christentum kann man in dieser Frage wohl kaum konstruieren, wenn auch das Schwergewicht manchmal mehr auf die eine oder die andere Seite gelegt wird, wie wir im nächsten Abschnitt noch deutlicher zeigen werden. Beide Religionen enthalten beide Seiten, die sich komplementär zueinander verhalten. Im Dialog kann diese letztlich unaussagbare Spannung kraftvoll neu zur Sprache gebracht werden, wenn deutlich wird, daß es sich bei dem Spannungsfeld von Eigenaktivität und Loslassen in die Gnade des Anderen (Gottes, der Buddha-Natur) nicht um ein (theo)logisches Problem, sondern um eine Frage der akzentuierten spirituellen Praxis handelt.

Einen weiteren phänomenologischen Zugang suchen neuere Vergleiche zwischen dem Ideal des Bodhisattva und Christus. Die Bodhisattvas des Mahāyāna-Buddhismus sind manchmal gewöhnliche Menschen, manchmal himmlisch-mythische Wesen, fast immer aber ethische oder in der mystischen Erfahrung hervorgehobene Vorbilder – manchmal sind sie dies alles in einem, manchmal in Typen unterscheidbar.[74] Sie offenbaren in ihrem Leben die Weisheit *und* die Liebe des Buddha. Sie sind männlich und weiblich, einfache Leute und göttliche Wesen. Innige Zartheit kennzeichnet z. B. die Darstellung des Bodhisattvas der Barmherzigkeit *Avalokiteśvara* (chin. *Kuan-yin*, jap. *Kannon*) und der *Tara* in der ostasiatischen Kunst. Hier drückt sich subtile personale Frömmigkeit aus, die Liebe und Dankbarkeit sowie Freude über das Geschenk des höheren Beistandes erkennen läßt. Der Mahāyāna-Buddhismus entfaltet damit vor den Herzen seiner Gläubigen ein *Universum voller Gnade*.[75] Auch das Motiv des Selbstopfers für die Armen und Bedürftigen fehlt nicht.[76] So wie Christus in den Geringsten unter seinen Brüdern gegenwärtig ist und deshalb derjenige im Urteil Gottes besteht, der die Gefangenen besucht, die Fremden beherbergt und die Kranken gepflegt hat (Matth 25,31 ff.), so erzählen die Geschichten der Mahāsiddhas im Buddhismus davon,[77] daß der Buddha in den unscheinbarsten Lebewesen gegenwärtig ist, weshalb man ihnen mit Liebe und Ehrfurcht begegnen müsse. Gewiß sind die Vorstellungen darüber, wie diese „Einwohnung" zu denken ist, verschieden, aber die Motivation zu Liebe und Barmherzigkeit ist gleich.

Wir wollen dies an einer buddhistischen Erzählung verdeutlichen, die von dem Philosophen und Meditationsmeister Asaṅga (4. Jh. n. Chr.) berichtet wird.[78] Sie besitzt in der Frömmigkeit aller Mahāyāna-Buddhisten die gleiche paradigmatische Bedeutung wie das Gleichnis vom Barmherzigen Samariter (Lk 10, 25 ff.) für die Christen. Diese (und andere) Berichte über die Taten von Bodhisattvas *vergegenwärtigen* die Wirkungskraft von Liebe und Weisheit des Buddha. Die Bodhisattvas sind gleichzeitig im und außerhalb des Gläubigen, aber ihre Realität ist nur dem *inneren* Auge wahrnehmbar,

d. h. sie sind *saṃbhogakāyas* (Leib des [spirituellen] Genießens) des Buddha, die unterschieden sind einerseits vom absoluten Wahrheitsgrund selbst *(dharmakāya)* und andererseits von der irdisch-menschlichen Erscheinung des Buddha als Gautama *(nirmāṇakāya)*. Diese drei Körper *(kāya)* sind Erscheinungsweisen ein und derselben Wirklichkeit, die sich auf verschiedenen Realitätsebenen manifestiert. Die Ebene der *saṃbhogakāyas* entspricht in christlichen Vorstellungen am ehesten der Sphäre der Engel.

Die Geschichte geht nun so: Der berühmte Yogācāra-Gelehrte Asaṅga wollte endlich zur spirituellen Erfahrung der Dinge gelangen, die er begrifflich studiert hatte. Sein Lehrer führte ihn also in die Meditation des Bodhisattva Maitreya[79] ein. Und Asaṅga meditierte jahrelang, damit ihm Maitreya erscheinen und ihn segnen würde. Aber der Bodhisattva zeigte sich nicht. Enttäuscht brach Asaṅga schließlich nach zwölf Jahren seine Übungen ab. Auf dem Weg zurück in die Stadt fand er einen Hund, der vor Hunger im Sterben lag. Er opferte ihm spontan ein Stück Fleisch von seinem eigenen Körper, damit der Hund leben könnte. In diesem Moment erschien ihm Maitreya, und Asaṅga fragte ihn unter Tränen: „Warum bist du mir so lange fern geblieben?" Maitreya antwortete: „Ich bin immer bei dir gewesen, aber weil dein Geist noch nicht rein war, konntest du mich nicht erkennen."

Auch Śāntidevas (8. Jh. n. Chr.) berühmtes Buch *Bodhicaryāvatāra*[80] und viele andere Texte künden von diesem Geist der Liebe und der Selbstaufopferung für alle Wesen. In der Geschichte des Buddhismus ist diese Hingabe des eigenen Lebens oft allein als Konzept für die innere Bewußtseinsruhe und nicht für die Anwendung in der sozialen Realität interpretiert worden, wie ja auch im Christentum das hiesige Jammertal von dem himmlischen Jerusalem oft säuberlich getrennt worden ist. Werke der Barmherzigkeit gab es in beiden Religionen immer, eine Praxis der tatsächlichen Veränderung der Gesellschaft auf das Ideal hin manchmal, den Drang nach revolutionärem Protest gegen die Ungerechtigkeiten der Welt selten.

Allerdings war der buddhistische *saṃgha* als Modell einer demokratisch verfaßten Gemeinschaft durchaus geschichtswirksam.[81] Eine buddhistische Legende verdeutlicht dies: Dem Vater Gautamas war vor der Geburt des Sohnes im Traum angekündigt worden, Gautama würde entweder ein Weltenherrscher oder ein spiritueller Meister von weltweiter Bedeutung werden. Gautama wurde nicht politischer Herrscher *(cakravartin)*, sondern „spiritueller Herrscher" *(buddha)*, nicht um dem Weltlichen zu entkommen, sondern um einen noch viel weitreichenderen Wirkungskreis zu haben.[82] Und in der Tat: Der kulturelle und sozial-politische Einfluß des Buddhismus auf die Kulturen, in die er eintrat, war enorm. Eine weltferne Religion ist der Buddhismus also trotz oder vielleicht gerade wegen seiner Betonung der meditativen Praxis nicht. Anderseits hat auch Jesus – wie die Versuchungsgeschichte (Mt 4,8ff; Lk 4,5ff) zeigt – auf politische Macht verzichtet und ist nicht als politischer Messias aufgetreten. Aber obwohl die Bergpredigt fast nie unmittelbar in die politische Praxis umgesetzt werden konnte, hat auch das Christentum die Welt aktiv gestaltet.

c) Der intuitive Zugang

Die amerikanische Religionswissenschaftlerin Carrin Dunne publizierte 1975 ein bemerkenswertes Buch, in dem sie aus ihrer Intuition heraus Jesus und Gautama einander begegnen läßt. Die beiden Gründer der Traditionen, deren Anhänger sich heute tatsächlich in zunehmendem Maße begegnen, treten in fiktive Gespräche ein, die nicht historisch Mögliches wiedergeben, sondern sich aus den Fragestellungen der heutigen Menschheit ergeben. Dabei spürt Carrin Dunne aber sehr genau den ursprünglichen Impulsen und Unterschieden nach, die durch die Eigenart der beiden Religionsstifter die weitere Geschichte der beiden Religionen geprägt haben und prägen.[83]

In Carrin Dunnes Buch begegnen Jesus und Gautama einander als Freunde, aber die Polarität und Gegensätzlichkeit ihrer Positionen wird in den Dialogen keineswegs aufgelöst. Die Positionen sind paradigmatisch verschieden: Sie bedeuten nicht nur geographisch und zeitlich unterschiedliche Entwicklungen, sondern Aspekte des seelischen Erlebens in jedem Menschen, d. h. Dunne beschreibt die Gespräche als Begegnungen zwischen ihrem eigenen „inneren Jesus und inneren Gautama".[84] Die historischen Figuren werden damit verinnerlicht; sie erscheinen zwar in historischer Perspektive, drücken aber transhistorische Möglichkeiten des Menschlichen aus. Theologischer Dialog und spirituelle Begegnung durchdringen einander, und das macht die Gespräche so eindrucksvoll. Unterscheidender Verstand und Intuition sind in diesem Konzept keine Gegensätze. In christlicher Perspektive erscheint der Buddha als Vorläufer Christi, in buddhistischer Perspektive erscheint Christus als wahrer Nachfolger des Buddha.[85] Die Dialoge in dem Buch ereignen sich in einem ständigen Wechsel dieser Perspektiven, wodurch die Wahrheitssuche als offenes Abenteuer des Menschlichen erscheint.

Im *ersten Dialog* stellt Dunne das *Schweigen* Gautamas angesichts der Gottesfrage den *Warnungen* Jesu an die Pharisäer gegenüber: Beides ist für sie eine je unterschiedliche Antwort auf die Überheblichkeit des Menschen, der über die Letzte Wirklichkeit verfügen möchte – durch selbsterdachte Begriffe (die Idolatrie des Denkens) bzw. durch eine rigorose Frömmigkeit. Beide Haltungen, so wird bei Dunne deutlich, blähen das Ego des Menschen in gefährlicher Weise auf. Während Jesus in der Metapher des Reiches Gottes mehr vom Ziel spreche, begnüge sich Gautama mit einer genauen Beschreibung des Weges. Weg und Ziel könnten aber nicht getrennt werden. Auf dem Hintergrund des Gleichnisses von der vierfachen Saat legt sie Jesus die Worte in den Mund, die den Unterschied zu Gautama so beschreiben: „Gautama betont die Vorbereitung des Bodens, während ich dem Säen mehr Aufmerksamkeit widme. Aber es kann nichts aufgehen, wenn nicht beides zusammenkommt.«[86]

Der *zweite Dialog* befaßt sich mit den *Wundern* Jesu, vor denen Gautama warnt, denn solche Äußerlichkeiten würden die Menschen nur vom Wesentlichen ablenken und könnten das Anhaften an ich-bezogenen Wünschen verstärken. Jesus erfülle damit weltliche Wünsche, und so sei das Resultat seines Wirkens *Freude*. Er, Gautama, hingegen verweise darauf, daß jedes menschliche Streben letztlich enttäuscht werde. Er vermittle also Einsicht, und darum sei seine Gabe nicht primär Freude, sondern *Frieden*. Carrin Dunne macht deutlich, daß es beiden um die Ganzheit des Lebens geht. Jesus kritisiert deshalb, daß Gautama dieselbe auf den gegenwärtigen Augenblick reduziere, während doch Erfüllung im gesamten Verlauf der Zeit in Vergangenheit, Gegenwart und Zukunft gesucht werden müsse. Dies aber sei nur möglich, wenn der Mensch seine Sünde bekenne, was Gautama wiederum für unnötig hält: Der Mensch leide schon genug, warum ihm also auch noch diese Last aufbürden? Jesus entgegnet: Erst wenn der Mensch den Mut habe, die Sünde als die je eigene Sünde zu erkennen, werde er zu dem Realismus befreit, der den Grund lege zu der Verantwortung und dem Einsatz für die Freiheit der anderen.

In einem *dritten Dialog* nimmt Jesus seine Beschreibung des *Reiches Gottes* wieder auf. Gautama kritisiert die emotional aufgeladene Sprache und die Vorstellung, daß für Jesus die „Fülle des Seins“ eine Person (Gott) sei. Jesus erwidert, daß es für ihn streng genommen überhaupt nur diese einzige Person gebe. Außerdem, so hält er Gautama entgegen, wäre ja auch die Verneinung der Person noch an die Vorstellung der Person gebunden. Die erfüllte Person, so Jesus, sei der Triumph der Liebe über das Gericht, und dies sei hier und jetzt zu erfahren. Dem pflichtet Gautama bei.

Im *vierten Gespräch* bemängelt Gautama, daß Jesus seine *Botschaft* mit seiner *Person* vermenge, weshalb es für die Menschen schwieriger würde, die Botschaft zu akzeptieren. Vielmehr müsse man das Göttliche in *jedem* Menschen respektieren. Dunne läßt Jesus mit einem interessanten Argument entgegnen: Genau weil es schwieriger sei, müsse es wohl der richtige Weg sein. Denn andernfalls könnten Menschen verführt werden, ihr stolzes Ich mit dem göttlichen Funken in ihnen zu verwechseln, und dies wäre das größte Übel. Zuerst müsse Demut gelernt werden, und genau dazu diene der Glaube an ihn, Jesus. Gautama beurteilt die Differenz zu Jesus so: „Du zeigst den Weg der großen Bejahung, ich weise den Weg der großen Verneinung.“[87] Beides sei notwendig, um alle Aspekte der Wirklichkeit zur Einheit zu bringen. Aber letztlich seien beide Sprachformen unzureichend, und es komme auf die Erlösung aus der Hölle der Ich-Verfallenheit an. Jesus faßt diesen Gedanken noch einmal in positive Sprache: „Das einzige, was letztlich zählt, ist die Liebe.“[88]

Jesus fragt nun, warum die Menschen ihn, nicht aber Gautama verfolgen würden. Gautama antwortet: Vielleicht, weil er, Gautama, an die Unwissenheit erinnere und damit die Sprache spräche, die die Menschen verstünden. Jesus hingegen spreche „aus dem Inneren des Hauses" die Sprache der Erfüllung, die für die meisten Menschen eine Provokation sei, da sie noch nicht ihrer Lebenswirklichkeit entspräche. Darum der Haß – aus Abwehr also.

Das *fünfte Gespräch* dreht sich um die *Bedeutung* des *Todes*. Für beide gehe es nicht nur um den individuellen Tod, sondern Leben und Tod seien eingebettet in die Dimension eines kosmischen Geschehens. Gautama betont die Kette der Wiedergeburten, die nur der Erleuchtete erkennen könne, während Jesus auf die wunderbaren kosmischen Zeichen bei seiner Geburt und seinem Tod hinweist, um zu verdeutlichen, daß es nicht nur um ein individuelles menschliches Geschick gehe, sondern der Tod des Einzelnen aufgehoben sei in einem den Kosmos regierenden göttlichen Willen. Für Gautama ist Gott der Spiegel, in dem der Mensch sein eigenes Antlitz schaut, mit all seiner Schönheit und Häßlichkeit. Jesus ist darüber entsetzt, denn für ihn ist Gott nicht ein schweigender Spiegel, sondern aktive Liebe, durch die der Mensch, der in den Spiegel schaut, verwandelt wird. Was die Menschen voneinander unterscheide, seien nicht so sehr die Inhalte ihres Lebens, als vielmehr die unterschiedlichen Haltungen, die sie zu diesen Inhalten einnähmen. Dies wiederum klingt in Gautamas Ohren keineswegs fremd.

Die Wege Jesu und Gautamas erscheinen in Carrin Dunnes Imagination als sehr ähnlich, aber doch verschieden. Gautama opfert alles, was der Tod nehmen könnte, bereits in diesem Leben durch Entsagung und meditative Vorwegnahme des eigenen Todes. So wird er frei von Angst. Jesus hingegen verneint weder die Welt noch die Sprache noch die Gottesbilder, sondern umarmt sie alle. Verneinung und Bejahung gehen bei ihm so eng Hand in Hand wie Gott und Mensch, ohne daß sie identisch würden. Für Gautama ist der Tod die höchste Erfüllung der Wahrheit, für Jesus ist er die höchste Erfüllung der Liebe. Das Ergebnis dieses Dialoges ist für Carrin Dunne: Gautama hat den Tod entwaffnet, Jesus hat den Tod durch die Liebe bis zum Tod verwandelt.[89]

Das *sechste Gespräch* ist eingekleidet in einen Rahmen *transpersonaler Erscheinungen* und Schauungen, die an die *saṃbhogakāya*-Theophanien des Avataṃsaka-Sūtra erinnern.[90] Jesus hat in Gethsemane eine letzte Vision. Er hat Angst. Verschiedene Propheten wie Moses, Abraham und der Ben Adam, der ursprüngliche Menschensohn, erscheinen und klagen ihn an, daß er versagt habe. Jesus weigert sich, sie als wahre Propheten anzuerkennen, denn sie ermangelten der Liebe und Barmherzigkeit. Er hält ihnen entgegen, entdeckt zu haben, was es heiße, als Mensch unter Menschen in deren ganzer Zerbrechlichkeit und Angefochtenheit zu leben. Er wisse, daß er durch eine Kraft geführt werde, die nur in der Tiefe des Herzens vernehmbar sei. Schließlich verschwinden die Erscheinungen und lösen sich in Licht auf.

Jesus hört dann die geliebte Stimme Gautamas. Gautama spricht ihn als Maitreya an, den zukünftigen Buddha, der den ganzen Kosmos erfüllt. Am Ende dieser Vision wird Jesus vom Licht durchstrahlt, das aus ihm selbst stammt und sich ausbreitet. In der Linken hält er den Lotos, in der Rechten die geleerte Schale seines Leidens.

Es gibt für Carrin Dunne keine logische Aufhebung der Spannung zwischen Jesus und Gautama in einer theologischen Abstraktion, sondern nur die Auflösung in das alles durchflutende Licht der Liebe. Die imaginative Begegnung beider verweist auf das innere Gespräch im Herzen jedes Menschen, der nach Sinn sucht. Wenn die Autorin Jesus als Maitreya erscheinen läßt, der als zukünftiger Buddha jetzt schon seine Erleuchtungsstrahlen in die Welt sendet, so will sie damit weder Jesus für den Buddhismus noch Maitreya für das Christentum vereinnahmen. Es geht ihr vielmehr um die Einheit in der Verschiedenheit beider Religionsgründer, eine Einheit, die im Erwachen der tiefsten Tiefen des Geistes für jeden Menschen gnadenhaft aufleuchten kann. Dies ist ein buddhistisch-christlicher Dialog, in dem Vergangenheit, Gegenwart und Zukunft zusammenfallen.

3. Die religiöse Bedeutung der Geschichte – Parallelen im christlichen und buddhistischen Denken

Wie wir im ersten Abschnitt dieses zweiten Teiles gesehen haben, ist die Frage, ob der Buddhismus die Geschichte ernst nehme und wie das Christentum als ein in der Geschichte wurzelnder Glaube zu verstehen sei, ein ständiges Thema des buddhistisch-christlichen Dialoges, das auch in der buddhistischen Philosophie des modernen Japan eine Rolle spielt. Tatsächlich ist eines der Hindernisse für das Verstehen des Buddhismus durch Christen der Anspruch, daß nur die jüdisch-christliche (und islamische) Tradition als geschichtlicher Glaube im eigentlichen Sinne zu verstehen sei. Der Buddhismus kenne keinen Schöpfergott und keine Verheißung einer letztgültigen Versöhnung, sondern spreche stattdessen von *samsarischen* Zyklen und von der *nirvanischen* Befreiung, die der Historizität ermangle.[91] Von Friedrich Heiler über Max Weber bis heute lautet das Urteil: Das Christentum ist *prophetisch*, der Buddhismus *mystisch*. Oder in Mircea Eliades etwas anderer Sprache: Allein die Theophanie in der jüdisch-christlichen Tradition könne dem Terror der Geschichte entgegentreten, ohne vor ihm zurückzuweichen, während andere Religionen, einschließlich des Buddhismus, lehrten, wie man im Mythos der ewigen Wiederkehr zu leben habe.[92]

Auch John Cobb sieht hier den Hauptunterschied zwischen Buddhismus und Christentum. Er geht weiter als viele andere Theologen, indem er die Leere *(śūnyatā)* bzw. das Entstehen in gegenseitiger Abhängigkeit *(pratītya-samutpāda)* als strukturähnliche Parallele zum prozeßtheologischen Gottesbegriff gelten läßt.[93] Er denkt sogar eine Entsprechung von Amitābha und dem Christus-Logos, ist aber dennoch davon überzeugt, daß der Jesus der Geschichte gegenüber dem mythisch-spirituellen Kraftfeld des Bodhisattva Dharmākara (der durch sein Gelübde, alle Wesen zu retten, zu Amitābha werden sollte) konkreter und darum vorzuziehen sei.[94]

Buddhisten lassen sich nur ungern auf eine Diskussion über die Historizität der Glaubensgrundlagen ein. Für sie steht die Zeitlosigkeit der Wahrheit im Vordergrund: Der Buddha-Dharma sei derselbe am Anfang, in der Mitte und am Ende. Seit Suzuki Daisetsu ist dies ein häufiges Argument im Gespräch mit Christen, und Nishitani Keiji verwickelte mit seinem Buch *Shūkyō towa nani ka* (1961)[95] die Christen in eine kontroverse Diskussion über ihr Konzept von Geschichte. Die letzten beiden Kapitel seines Buches über Zeit und Geschichte setzen dem christlichen linearen Zeitverständnis der Geschichte eine eigene Perspektive entgegen. Mit einer Heideggerschen Wendung zeigt Nishitani: Wenn sich dem westlichen Menschen das als *Sein* erschließe, was durch das *endliche* sukzessive Voranschreiten der Zeit in Vergangenheit, Gegenwart und Zukunft wahrgenommen wird, dann zeigten sich Zeit und Geschichte als eine *Unendlichkeit*, wenn dieses Sein entleert und in den *Ungrund* oder das Feld *(topos)* des Absoluten Nichts zurückgeführt würde. Dies ist für Nishitani die Durchdringung von unendlicher Vergangenheit und unendlicher Zukunft im ewigen Augenblick der Gegenwart.[96]

Hier gibt es wohl in der Tat einen Unterschied zwischen Christentum und Buddhismus. Wenn auch die Mystiker des Christentums (z. B. Meister Eckhart und Nikolaus von Kues) von der Gleichzeitigkeit der drei Zeitmodi im ewigen Nun der mystischen Erfahrung sprechen, so ist doch für die Christentumsgeschichte der historische Horizont der Spannung zwischen in der Geschichte begründeter Erwartung (das Christusereignis) und in der Zukunft erwarteter Erfüllung (die Wiederkunft Christi) prägend gewesen.

Natürlich ruht der Buddhismus auf einem Weltbild, in dem sich zeitliche Zyklen im Naturgeschehen (das Entstehen und Vergehen von Welten) und in der menschlichen Geschichte (Generation und Degeneration der Menschenwelt) wiederholen. Judentum, Christentum und Islam setzen hingegen die Einmaligkeit des Weltgeschehens voraus. Aber was besagt das? In beiden Gedankenwelten könnte es zur Erfahrung der „Sinnlosigkeit" kommen – im Buddhismus durch den Kreislauf der „ewigen Wiederkehr", wenn es keine Befreiung gäbe, in den abrahamitischen Religionen durch einen „toten Endzustand", der aber weder positiv als geschichtsloses „glückseliges Nichts" noch negativ als ewige Höllenqual wirklich denkbar ist. Eine Zeit „vor" oder „nach" der Geschichte bzw. der Zeit ist ebensowenig denkbar wie ein „ewiger Anfang" oder ein „ewiges Ende". Der Buddhismus betont deshalb zu Recht, daß die Frage, ob die Welt einen Anfang oder ein Ende habe, in logische Widersprüche führen muß. Geschichtliches Denken und eine Begründung für verantwortliches Handeln in der Geschichte sind aber durchaus möglich, wenn man den Blick nur auf den Erfahrungsbereich der Zeit richtet, der für den Menschen nachvollziehbar ist. Dabei ist es sekundär, ob Geschichte als religiös relevante Geschichte, d. h. als *Geschichte der Befreiung* bzw. als *Durchbruch des Unverfügbaren*, von mehreren Zeitzyklen oder einem einzigen Zeitzyklus her gedacht wird.

In diesem Kapitel wollen wir zeigen, daß auch der Buddhismus ein „geschichtlicher Glaube" ist, wobei der geschichtliche Zusammenhang allerdings auf eigene Weise begründet wird. Statt nach einer bloßen Antithese zum christlichen Sinn für Geschichte zu suchen, werden wir nach einem gemeinsamen Grund fragen, aus dem die Unterscheidung von überzeitlicher Erfahrung und Geschichte erwächst und möglicherweise relativiert werden kann. Das scheint möglich zu sein, weil wir es nicht mit christlicher Geschichtlichkeit gegenüber buddhistischer Zeitlosigkeit zu tun haben, sondern mit zwei unterschiedlichen Auffassungen darüber, was historisch und was trans-historisch sei. Um dies klarer zeigen zu können, wollen wir die Diskussion von der Ebene des Zen-Buddhismus in den Bereich des Glaubens an das Reine Land verlagern, was mehr als gerechtfertigt ist, da diese buddhistische Richtung in Ostasien höchst einflußreich ist, im buddhistisch-christlichen Dialog aber noch immer eine untergeordnete Rolle spielt. Allerdings werden wir auch zu zeigen versuchen, daß die Geschichtskonzeption, die sich mit dem Glauben an das Reine Land verbindet, nicht eine mehr oder weniger un-buddhistische Neuerung im ostasiatischen Buddhismus ist, sondern in der Logik der buddhistischen Heils-Erfahrung liegt. Weil die betreffenden buddhistischen Traditionen sich selbst bisher kaum in diesem Sprachspiel artikuliert haben, sind unsere folgenden Überlegungen weitgehend *hypothetisch* und als Gesprächsbeitrag für die notwendige Übersetzungsarbeit im buddhistisch-christlichen Verstehensprozeß zu betrachten.

Wir beginnen damit, daß wir verdeutlichen wollen, wie der zeitliche Horizont (d. h. der Sinn der Zeit) akzeptiert und neu aktualisiert wird im *Amitābha-avadāna*.[97] Die Schriften der *Avadānas* erzählen von der Vorgeschichte und den früheren Leben anderer Buddhas und Bodhisattvas. Sie sind gleichsam Verlängerungen der *Jātakas*, die von den vergangenen Leben des Buddha Gautama Śākyamuni erzählen. Die Avadānas entstanden als fromme Volkslegenden etwa ab dem 2. Jh. n. Chr. und sie sind das Material, aus dem der größte Teil der mythischen Stoffe in den Mahāyāna-Sūtras gewoben ist.

Um dem Charakter der mythischen Texte über die Buddhas gerecht zu werden, müssen wir die philosophischen Lehrmeinungen zunächst in den Hintergrund stellen. Der buddhistisch-christliche Dialog hat sich bisher ohnehin viel zu sehr und fast ausschließlich auf der dogmatisch-philosophischen Ebene bewegt. Lehren und Dogmen werden von Intellektuellen entwickelt, deren Aufgabe vor allem darin besteht, Unterschiede aufzuweisen.

Wir wollen hier aber versuchen, zur alltäglichen Sprache des Glaubens zurückzukehren und den Dialog an der Wurzel der menschlichen Grunderfahrungen, wie sie von Buddhisten und Christen gleichermaßen gemacht werden, zu verankern. Wir hoffen, dadurch einige grundlegende Annahmen aufzeigen zu können, die jeder intellektuellen Abstraktion vorausgehen. Um dies zu rechtfertigen, könnte man von einer „Phänomenologie des Alltäglichen" sprechen. Dabei kommen uns die *Avadānas* selbst entgegen, denn ihre Intention ist gerade nicht intellektuelle Abstraktion, sondern bildhafte Verständlichkeit für jedermann. Sie sind eine Literatur des Volkes, das in diesen Geschichten nachahmenswerte Leitbilder findet. Und schon aus diesem „Sitz im Leben" ergibt sich die geschichtliche Konkretion.

Wir gehen von der Vermutung aus, daß der durchschnittliche Buddhist nicht mehr und nicht weniger „in der Ewigkeit" lebt als ein Christ, der Gott „von Angesicht zu Angesicht" gegenübersteht. Er denkt nicht nach über die Anfangslosigkeit des *saṃsāra* und zählt nicht die Jahre bis zum Ende dieses *kalpa*. Der durchschnittliche Buddhist vermag nicht zu erklären, was ein unendlicher *dharmadhātu* ist. Der durchschnittliche Christ kann kaum zwischen Geschichte und Eschatologie unterscheiden.

Das heißt nicht, daß solche philosophischen Ideen das Leben der Gläubigen nicht beeinflussen würden. Sie tun es, aber nur, wenn sie in die Sprache der alltäglichen Lebenswelt übersetzt werden. Deshalb ist die Karikatur des Buddhisten, der beständig an das *nirvāṇa* denke, blanker Unsinn. Ein Buddhist orientiert sich in seiner Gesellschaft mit ebenso großer oder geringer ethisch-historischer Verantwortung wie ein Christ. Das Ziel des *nirvāṇa* mag das sein, was ihn motiviert, verantwortlich in der Welt zu leben. Für einen Christen kann diese Motivation aus den Gleichnissen und Erzählungen Jesu kommen, die auf das kommende Reich Gottes verweisen. Mit anderen Worten: Ob Zeit als endlich oder unendlich, linear oder kreisend, als Fluch oder Segen gedacht wird, ist sekundär gegenüber der Frage, ob und wie solche Anschauungen einen Zeithorizont für die alltägliche Lebenswelt eröffnen, in der sich Buddhisten und Christen bewegen. Und trotz der unermeßlichen Zeitskalen, in der die buddhistische Kosmologie das Werden und Vergehen eines Universums betrachtet, leben und arbeiten die Buddhisten in der Geschichte, und zwar nicht in vermeintlicher Resignation, sondern inspiriert von Glauben (an das Vergangene), Hoffnung (auf die Zukunft) und Liebe (in der Gegenwart), wie jeder Christ, der sich gegenüber Gott verantwortlich weiß!

Unser dialogischer Versuch, den Buddhismus als „historisch" zu erweisen, könnte als unnötige Apologetik für den Buddhismus erscheinen. Wir hoffen aber, zeigen zu können, daß die Rekonstruktion des buddhistischen Sinnes für Geschichte eine Kritik der christlichen Verabsolutierung von Historizität einschließt und somit im Dialog relevant wird.

Obwohl die Idee des Christentums als Glaube, der historisch verwurzelt ist, in Abgrenzung von gnostischen Strömungen bis auf die frühe Kirche zurückgeht, so wurde doch in den Jahrhunderten des europäischen Mittelalters der Unterschied zwischen „Christen" und „Heiden" nur selten mittels dieser Unterscheidung definiert, sondern vielmehr dadurch, daß die Heiden Idole bzw. die Natur statt ihres Schöpfers verehren würden, daß sie also diese Welt statt der jenseitigen anbeteten. Erst die Theologen der Aufklärung suchten nach historischen Ursprüngen und beriefen sich gleichzeitig auf die universale Vernunft als Wertmaßstab für alle geschichtlichen Erscheinungen. Die ganze Kraft des historischen Arguments kam aber erst mit der Romantik zur Geltung, so daß Hegel dem Christentum schließlich sein philosophisches Geschichtsschema aufprägen konnte. „Historisch" zu denken, bedeutete im 19. Jahrhundert, an den Fortschritt zu glauben. Noch Max Weber stellte ein dynamisch protestantisches Europa der geschichtlichen Stagnation des Orients gegenüber. Diese Verbindung von Geschichte, Fortschrittsglaube und dessen Zusammenbruch in den beiden Weltkriegen sowie angesichts des Holocaust haben nun erneut die Frage aufkommen lassen: Was heißt es, wenn wir von einer in der Geschichte begründeten Religion sprechen? Und noch grundsätzlicher: Was meinen wir überhaupt mit „Geschichte"?

a) Der „Seinssprung", der befreit und trennt

Der Behauptung, daß nur der abrahamitische Glaube Propheten hervorgebracht habe, hat bereits der amerikanische Religionssoziologe Robert N. Bellah widersprochen.[98] Anders als Max Weber, der noch die von Friedrich Heiler vollzogene Unterscheidung von mystischen und prophetischen Religionen voraussetzt, verweist Bellah auf die Präsenz des prophetischen Individuums oder des prophetischen Individualismus in *allen* Weltreligionen. Im Rückblick auf die Religionsgeschichte spricht er von einem *Seinssprung* in die „historische" Phase der religiösen Entwicklung, der dadurch gekennzeichnet gewesen sei, daß bestimmte Individuen einen individuell und nicht durch die Gesellschaft vermittelten direkten Kontakt mit dem Transzendenten erreicht hätten, der es ihnen erlaubte, aus der Bindung an die Natur und den Kosmos in den archaischen Religionen auszubrechen und die bis dahin als sakrosant geltende sozio-politische Ordnung zu kritisieren.

Bellahs Beobachtung hat transkulturelle, aber gewiß keine universale Gültigkeit. Das Konzept erinnert an Karl Jaspers' *Achsenzeit*, in die auch die Geschichte des Buddha fällt. Der Buddha kritisierte trotz seiner „mystischen" Tendenzen die brahmanische Gesellschaftsordnung nicht weniger als die israelitischen Propheten ihre Herrscher. Sein Verweis auf eine höhere Norm, die über allen Menschen stünde, erlaubte ihm, den *Mythos* der Natur (Eliades „Ewige Wiederkehr"), der die kosmische Ordnung als solche zelebrierte und damit die Heiligkeit des Kastensystems begründete, zu überwinden.[99]

Mit diesem „Seinssprung" in die Verantwortung des Individuums begründeten jene paradigmatischen Gestalten auch ein neues religiös-kulturelles *Identitätsparadigma*, einen *Lebensstil*, der von ihren Nachfolgern *nachgeahmt* wurde: Christen, die Christus nachfolgten, wurden daher z. B viel eher zu Märtyrern als Buddhisten, die in den Fußspuren des Buddha wandelten, der seinen Tod mit Gleichmut und ohne Hoffnung auf den unmittelbaren Anbruch eines neuen Äon gestorben war. Weil die historischen Religionen eng mit solchen Identitäten verbunden sind, tendieren sie dahin, die von ihnen vorgeschlagenen Lösungen der Lebensprobleme als normativ anzusehen und einander nach der je eigenen Norm zu beurteilen. Das Resultat ist notwendigerweise ein gegenseitiges Mißverstehen.

So sind die historisch begründeten Religionen eins in der Überwindung der kollektiv-archaischen Weltordnung, sie unterscheiden sich aber in der Art und Weise, wie die neue und individuell vermittelte Identität jeweils begründet wird. Betrachten wir exemplarisch Israel, China und Indien: Unter Moses, Konfuzius und dem Buddha wurden die Gesellschaften zumindest partiell neu geordnet gemäß den Prinzipien, die die Gründer aufgestellt hatten. Die Hebräer hatten begonnen, Gott als ihren König zu verehren (Theokratie), die Chinesen akzeptierten die mit himmlischem Mandat versehene Tugend der Harmonie (chin. *te*) als Maß aller Dinge und das buddhistische Indien entwickelte eine Buddhokratie auf der Grundlage des Buddha-Dharma (vgl. Teil C, I). Diese drei Paradigmen befreiten von der alten Ordnung, führten aber auch zu neuen Bindungen, die den Diskurs zwischen den historisch neuen Religionen schwierig machten. Denn jeder „Seinssprung" beurteilt den anderen als unvollständig oder als Rückfall in die primitiv-archaische Phase: So glaubten die zu Jahwe Konvertierten, die anderen seien immer noch Sklaven der Naturgötter. Christliche Gelehrte halten die buddhistische Erleuchtung bis heute für „Naturmystik", nicht für „Offenbarung". Umgekehrt können Buddhisten, die einmal die vedischen Götter hinter sich gelassen haben, nicht begreifen, warum die Christen so hartnäckig an ihrem Schöpfergott festhalten, der Charakterzüge hat, die dem vedischen Brahmā ähnlich sind und der deshalb nicht erleuchtet sein könne. Wenige Konfuzianer konnten verstehen, warum Matteo Ricci[100] von ihnen verlangte, daß sie über dem Himmel noch einen *Shangti*, den „Herrn in der Höhe", verehren sollten, wo doch für sie zweifelsohne *te*, wie oben erläutert, der höhere Maßstab war, nachdem sich Menschen und Götter zu richten hatten.

Trotz dieser Barrieren zwischen den historischen Religionen ist kein hermeneutischer Zirkel so vollkommen geschlossen, daß die Religionen einander nicht doch besser verstehen lernen könnten, wenn man mit Geduld die *Voraussetzungen* für die Unterschiede aufspürt. Denn gerade weil sie in einer individuellen, die kollektiven Maßstäbe transzendierenden Erfahrung und Identifikation gründen, sind sie nicht so stark kulturgebunden wie archaische Religionen. Wenn wir hinter die Differenzen schauen, die ganz offensichtlich Christen und Buddhisten trennen, sollten wir also versuchen, die Schritte nachzuzeichnen, die zu diesen zwei strukturell gleichen (sie lösen sich von der vorherigen ethnischen Religion), aber inhaltlich verschiedenen (sie begründen sich verschieden) Seinssprüngen geführt haben und analysieren, ob und wie Buddhismus und Christentum ihre Welt und Mitwelt vielleicht noch ähnlich wahrnahmen, bevor sie sich durch historische Ausdifferenzierung spezifisch entwickelten und damit weiter voneinander entfernten.

Die Seinssprünge in ein anderes Paradigma sind vergleichbar den unterschiedlichen „relativ autonomen Explikationen", von denen der Religionswissenschaftler Roger Corless mit Bezug auf die Thesen des Physikers David Bohm spricht.[101] Jede historische Religion ist danach eine Explikation des Impliziten, wobei jede explizite Ordnung ihre jeweils relativ autonome Struktur und Gestalt habe, ohne daß die implizite Ordnung, die allen gemeinsam sei, verlorengehen würde. Die verschiedenen expliziten Ordnungen (Religionen) träfen sich vor allem in dem Grund, aus dem sie expliziert oder hervorgewachsen sind. Wir werden die Tragfähigkeit dieses Modells zuerst in bezug auf die biblische und dann in bezug auf die buddhistische Tradition prüfen.

b) Der biblische Sinn für Geschichte

Das zentrale Ereignis in der hebräischen Bibel ist der Exodus. Er ereignete sich, als Jahwe durch Moses den bisher lockeren Bund von zwölf Stämmen zu Seinem Volk („Israel") berief und sie aus der Sklaverei in Ägypten führte. Das ist die spätere theologische Deutung. Historisch gesehen war nur ein kleiner Teil des späteren Stämmebundes „Israel" in Ägypten; aber diese Gruppe hat ihre religiöse Ursprungsgeschichte als Identifikationsbasis für den gesamten Stämmebund geltend machen können.

Wenn wir Geschichte als die Verknüpfung der zeitlichen Horizonte von Vergangenheit, Gegenwart und Zukunft auf ein Ziel hin definieren, so daß der Mensch auf die Frage nach seinem *Woher* und *Wohin* eine sinnerfüllte Antwort empfängt, dann hat das Exodus-Ereignis den Israeliten den Sinn für Geschichte oder historische Bestimmung gegeben. In dieser Tradition kommt die Initiative von Gott (Theokratie). Jahwe ist es, der sein Volk ruft. Er ist identisch mit Seinem Handeln (Ex 3,14), das sich von der Gegenwart in alle Zukunft je neu manifestiert und doch dasselbe bleibt. Er verheißt seinem Volk, daß er es in naher Zukunft befreien und ihm innerhalb einer Generation Heimat geben wird. Diese Verheißungen stecken den Horizont der Zukunft ab, sie setzen ein „Projekt", das diesen Glauben auf die Zukunft hin orientiert.

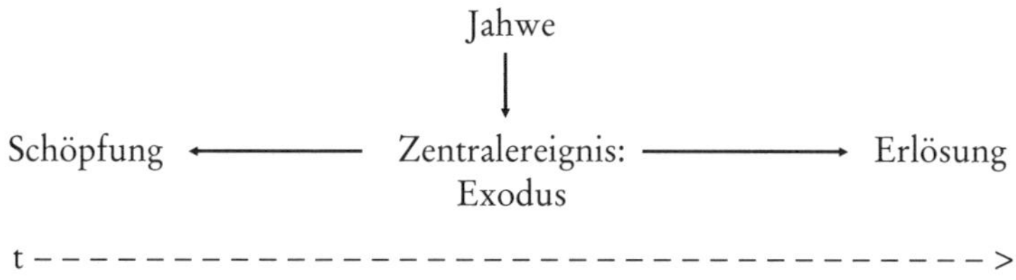

(Skizze 1)

Das „Zentralereignis“ ist das historische Ereignis, von dem her alle anderen Ereignisse in Vergangenheit und Zukunft beurteilt werden, in dessen Horizont sich also Geschichte definiert. Von daher kann man die Entdeckung der zeitlichen Horizonte in drei Bewegungen beschreiben, wie in der Graphik angedeutet: (1) die Gegenwart als immerwährende Gegenwart Gottes für die Menschen, (2) die Zukunft als Verheißung, (3) die Vergangenheit als das, was unter göttlicher Führung zur Gegenwart geführt hat. Das heißt, daß in der biblischen Geschichtsanschauung nur durch den Einbruch des Transzendenten (der vertikalen Zeitlinie) in die profane Zeit (die horizontale Basislinie der Zeit) eine Person oder ein Volk den Sinn für Geschichte entwickeln kann. Profane Zeit aus sich heraus ergibt nach diesem Modell noch keine Geschichte. Denn vor dem Einbruch des Transzendenten erscheint die profane Zeit nur als der unvermeidliche Fluß von Zeit aus der Vergangenheit in die Zukunft, wobei die Vergangenheit als Ansammlung kontingenter Ereignisse erscheint, die keinen offenbaren Zweck und kein Ziel haben, außer vielleicht den Menschen daran zu erinnern, daß er eine von Umständen abhängige Kreatur ist. Kreaturen, die sich einfach den Umständen verdanken, erfahren Gegenwart als einen Zeitmoment, der anderen gleichwertig ist, und nicht als Eröffnung von besonderen Möglichkeiten und einer Verheißung, d. h. als *kairos*.

Nach obigem Schema kann nur der Einbruch des Transzendenten Freiheit in der Gegenwart und damit auch Verantwortlichkeit eröffnen (1), insofern dem Individuum oder dem Volk ein Ziel gegeben ist, das durch ein definitives Versprechen, das in der Zukunft erfüllt werden soll, konstituiert wird (2). Dadurch ist der zufällige Zeitfluß von der Vergangenheit her durch ein bestimmtes Projekt strukturiert worden (3). Vergangenheit und Zukunft werden also im Lichte dieses „Zentralereignisses“ verstanden. Der Zeitsinn wird in beiden Richtungen bis zum jeweils letzten denkbaren Endpunkt ausgedehnt, in der Vergangenheit bis zur Schöpfung, in der Zukunft bis zur Erlösung. Das ist es, was in der neueren christlichen Theologie unter einer linearen Geschichte verstanden wird, die mit der Schöpfung beginnt und in der Erlösung bzw. Vollendung der Welt endet.

Aber diese Ausweitung der horizontalen Basislinie bis hin zur Schöpfung einerseits und zur Erlösung andererseits kam sekundär zum geschichtlichen

Zentralereignis hinzu und sollte nicht zum Maßstab der „Geschichtlichkeit" bei der Frage nach dem historischen Bewußtsein im Buddhismus gemacht werden.

Diese Ausweitung folgt einer inneren Logik, die wir hier, sehr verkürzt, nachzeichnen müssen, um das Spezifische des israelitischen Geschichtsverständnisses darzustellen. Derjenige Aspekt im „Zentralereignis", der den Israeliten einen Sinn für die Zielrichtung in der Geschichte gab, war die unmittelbare Verheißung eines Exodus. Dieser Auszug aus Ägypten offenbarte die Souveränität Gottes (Theokratie). Und obwohl es nur logisch ist, daß diese Souveränität ausgedehnt werden würde, um den gesamten vorstellbaren Raum und alle Zeiten zu umspannen, die Natur und alle Völker, dachten die Gruppen von Hebräern, die das Rote Meer überquerten, noch nicht zurück bis zur Schöpfung oder vorwärts bis zum Eschaton. Und obwohl wir sagten, daß der Sinn für Geschichtlichkeit Vergangenheit, Gegenwart und Zukunft vereint, sollte der „neue" Gott, der bisher unbekannte Jahwe, der sich am Sinai offenbart hatte, bald in Konflikt mit den alteingesessenen Göttern geraten. Denn es gab Konflikte beim „Seinssprung" in das neue Paradigma, die sich über Jahrhunderte hinzogen, wie wir aus den Mahnungen der Propheten wissen. Das Volk huldigte weiterhin den Baalim und anderen vorderorientalischen Gottheiten, die mit Natur- und Fruchtbarkeitskulten verbunden waren. Und obwohl bereits Moses das Kultbild Aarons zerstörte, kam es in der Geschichte Israels immer wieder zu Synkretismen mit den Göttern vor Jahwe. Schon die erste Identifikation von Gegenwart und Vergangenheit konnte dadurch hergestellt werden, daß das Versprechen Jahwes am Sinai und das Versprechen des Gottes Abrahams, Isaaks und Jakobs dasselbe war: die Heimat, die Mose und seinem Gefolge verheißen wurde, war dasselbe Land, das einst Abraham bei seinem Exodus aus Ur verheißen worden war.

Unabhängig davon, wie weit die Abrahamtradition historisch ist oder nicht, gibt ihre Verbindung mit dem Überlieferungskomplex um die Gestalt des Mose ein Beispiel dafür, wie das „Zentralereignis" des Exodus als das grundlegende Paradigma für Gottes Eintritt in die Geschichte erscheint, an dem alle anderen wichtigen Ereignisse der Vergangenheit (und der Zukunft) gemessen werden sollten. Frühere Bundesschlüsse mit Gott wurden als Präfigurationen des Sinai-Ereignisses neu erzählt, indem man mit Abraham begann und schließlich immer weiter in die mythische Vergangenheit zurückging, über Noah bis zum Mythos der Entstehung des Menschen in Adam und Eva.

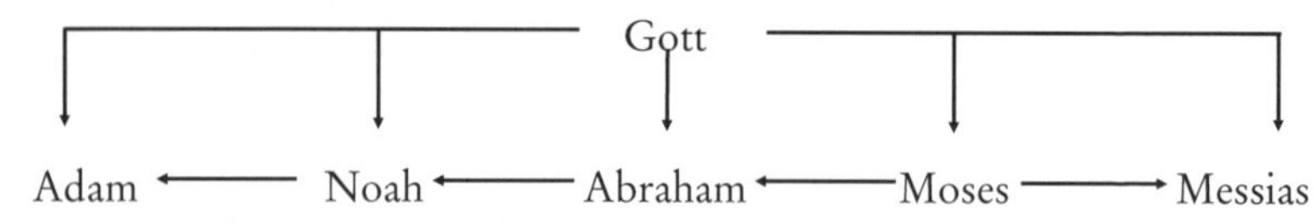

(Skizze 2)

Die Skizze zeigt: Gott rief Abraham aus seiner chaldäischen Heimat Ur, dieser folgte voll Vertrauen und wurde so zum Vater eines Volkes. Sein Aufenthalt in Kanaan wurde ein Argument für die Rechtfertigung der „erneuten“ Landnahme zur Zeit Josuas nach dem Exodus. Der abrahamitische Bund prägt also den mosaischen vor. Und nach babylonischem Brauch wurde er mit einem Opfer besiegelt, wobei das Lamm-Opfer das ältere Opfer des Erstgeborenen ersetzte. Weil er Gott vertraute, wurde Abraham auf die übliche Weise gesegnet – mit langem Leben, materiellem Reichtum und vielen Söhnen.

Dieses Paradigma wird in der noch weniger historisch greifbaren Noah-Geschichte erneut aufgenommen. Noah, der gerufen wurde, die Arche zu bauen, folgte voller Vertrauen, und wurde so vor der Sintflut gerettet. Er dankte Gott mit einem Opfer von Tauben und anderen Tieren an Stelle des Lammes. Ein neuer Bund zwischen Gott und Menschen wurde geschlossen, dessen Symbol der Regenbogen ist. Dennoch entflammte der Zorn Gottes wieder angesichts des gesetzlosen Lebenswandels des Volkes. Die Folge war die Auslöschung der Menschen von Sodom und Gomorrah.

Diese früheren Bundesschlüsse zeigen einen Wandel im hebräischen Menschenbild an. Als das Volk am Sinai die Thora empfing, geschah dies vermutlich unter der Voraussetzung, daß die Menschen das Gesetz würden einhalten können. Sie waren nicht so sündig, daß sie zum Guten unfähig gewesen wären. Es gibt auch keinen Hinweis darauf, daß die Hebräer die Sklaverei in Ägypten deshalb erdulden mußten, weil sie gesündigt hätten. Dieses Schicksal war vielmehr ein politisches Unglück, weil ein neuer Pharao an die Macht gekommen war, der die einst Joseph gewährten Privilegien zurückgenommen hatte. In den Erzählungen von Abraham und Noah jedoch hat die Sünde der Menschen überhandgenommen, so daß Gott ganze Städte vernichtet, um die Ordnung wiederherzustellen. Dieses negative Bild einer glaubenslosen Menschheit entstammt wohl der späteren Königszeit.

Wenn nun die Geschichte bis in den Garten Eden zurückverfolgt wird, so sündigt hier ein willensschwacher Adam, der dem Verbot, von dem einen Baum zu essen, nicht gehorchen kann. Gott bestraft aber nicht nur Adam und Eva, sondern auch die Schlange. Damit ist die Souveränität Gottes, die sich am Sinai allein auf die Menschen bezog, auf die gesamte Natur ausgeweitet.

Die Ausweitung der horizontalen Zeitlinie bis an den Anfang der Welt kann man mit dem inneren und äußeren Zusammenbruch der Königreiche in Zusammenhang bringen. Als die Propheten den Kult und die Politik der Könige kritisierten und die Rückkehr zur Gerechtigkeit des Gesetzes forderten, verbanden sich die alten Warnungen vor dem Zorn Gottes mit neuen Ideen über seine Geduld und Barmherzigkeit. Mit der Preisung Gottes als Schöpfer erstreckte sich Jahwes Souveränität auf alle Nationen und auf die gesamte Natur. Die bisher immer noch erhoffte Theokratie hatte sich als historisch nicht durchsetzbar erwiesen. So wurde diese Hoffnung ans Ende der Zeit verlegt: Man erwartete, daß ein aus dem Stamm Davids geborener Messias in einem eschatologischen Reich die Ordnung wiederherstellen würde. Und in der Apokalyptik wurde die Vorstellung entwickelt, daß durch eine letzte Schlacht zwischen dem kosmischen Guten und dem kosmischen Bösen der ewige Kampf endlich entschieden würde.

Im Rahmen dieses sich erweiternden Weltbildes gründete sich das Christentum auf sein eigenes „Zentralereignis“ Jesus Christus, das es als einen neuen Bundesschluß zwischen Gott und Mensch interpretierte, der mit dem Blut Christi am Kreuz besiegelt worden war. Unter der Perspektive dieses Bundes wurden auch Vergangenheit und Zukunft neu beurteilt: Hinsichtlich der Vergangenheit bezog sich das Christentum dabei auf Adam, den Vater aller Menschen. Die Gegenwart war nun erfüllt von der Versöhnung in Christus, dem neuen (zweiten) Adam, der eine Umkehrung des Sündenfalls bewirkt hatte. Die Zukunft würde die Wiederkehr Christi, des Messias, in den letzten Tagen bringen. Unter diesem Geschichtshorizont zieht das Christentum eine ununterbrochene Verbindungslinie zwischen der Schöpfung und der endgültigen Erlösung.

Wenn man annimmt, daß allein dieses Geschichtsmodell einen historisch verantwortlichen Glauben hervorbringt, kann der Buddhismus natürlich keine Religion sein, die verantwortliches Handeln aus einer eigenen „heilsgeschichtlichen“ Wertung der Geschichte begründet. Niemand wird aber ernsthaft behaupten wollen, daß die Buddhisten nicht wüßten, wie man ein sinnvolles Leben in der Zeit und ein zielgerichtetes Handeln in der Geschichte gestalten soll! Das Problem ist also, wie das Offensichtliche plausibel erklärt werden kann. Wir wollen dazu den folgenden Vorschlag unterbreiten.

c) Die Entdeckung der zielgerichteten Zeit im Buddhismus

Wenn der Sinn für die Zielrichtung der Zeit nicht an einen buchstäblichen Glauben an Schöpfung und Erlösung gebunden ist, sondern im Einbruch des Transzendenten in die Zeit gründet, so daß eine nur vorbeifließende Zeit zu einer zielgerichteten Bewegung wird, wäre es unsere Aufgabe, nach einem ähnlichen „Zentralereignis“ zu suchen, das den „Seinssprung“ im Buddhismus markiert.

Dieses „Zentralereignis“ kann nichts anderes sein als das Erwachen *(bodhi)* Gautama Śākyamunis in Bodhgayā. Denn dieses historische Ereignis veränderte die Geschichte. Vor diesem Ereignis war – mythisch gesprochen – Māra, der Verwirrer, an der Macht, der die unerbittliche Mühsal im Kreislauf der Geburten und des Todes *(saṃsāra)* symbolisiert. Der Buddha aber widerstand Māras Versuchungen,[102] und danach kam der *dharma* zur Herrschaft.

Bodhi
↓
→ Herrschaft Māras → Zentralereignis: Bodhgayā → Herrschaft des *dharma* →

t - >

(Skizze 3)

Die Herrschaft des *dharma* wurde zur sozialen Institution, nachdem der Buddha den Menschen den *dharma* für ein neues Lebensverständnis gegeben und den *vinaya* (die monastischen Regeln) für eine neue Bruderschaft der Menschen festgelegt hatte.[103] Der *dharma* als *universales* Gesetz, das alle Menschen im Wesen gleichstellt und Unterschiede an der Gesinnung, nicht aber an der Geburt, festmacht, bedeutete eine fundamentale Kritik der indischen Kastengesellschaft, die ihre Spuren in der Geschichte hinterlassen sollte. Und so wie das Christentum auf eine letztgültige Vollendung in der Wiederkunft Christi hofft, so wartet auch der Buddhismus auf Maitreya, den zukünftigen Buddha.

Kann also der Buddhismus mit solch einer Verbindung von *vergangener* Unwissenheit, *gegenwärtigem* Erwachen und *zukünftiger* Erwartung ganz und gar ungeschichtlich denken? Kann dieser Glaube, der die Welt eroberte, tatsächlich in seinem Wesen völlig weltentsagend sein?

Daß der *dharma* die Erde erschütterte, ist ein Motiv, das in den Legenden detailliert erzählt wird, denn Māra, die Personifikation des Bösen, sah seine Entmachtung voraus und versuchte gewaltsam, den Gang der Dinge aufzuhalten. Die Götter jedoch zelebrierten das Ereignis von Bodhgayā, indem sie den Buddha ehrten. In Benares, so heißt die Formel, wurde „das Rad der Lehre" in Gang gesetzt. Als der Buddha schließlich starb, wurde sein *parinirvāṇa* (das vollständige Erlöschen bzw. Eingehen in die Leidfreiheit) zur „Mitte" der Zeiteinteilung, nämlich – analog der christlichen Zeitrechnung – zum Fixpunkt des buddhistischen Kalenders.

Aber wir können über diese Gesichtspunkte sogar noch hinausgehen. Im Buddhismus findet sich nämlich eine Art Zwei-Zeitalter-Struktur, die zwar als solche nie ausformuliert wurde, in gewisser Weise aber mit dem geistigen Klima, in dem die Botschaft Jesu zur Sprache kam, vergleichbar ist. Die *Zeit der Unwissenheit* „hat keinen Anfang, aber ein Ende". Die *Zeit des Erwachens* oder *nirvāṇa* „hat einen Anfang, aber kein Ende". Der objektiv ablaufende Daseinskreislauf *(saṃsāra)* hat „weder Anfang noch Ende". Wenn wir diese Struktur, die sich aus dem Ereignis des Erwachens Gautamas zum Buddha in Bodhgayā ergab, mit der Struktur der eschatologischen Reich-Gottes-Erwartung vergleichen, deren Erfüllung mit der Verkündigung Jesu begann, fällt folgendes auf: Obwohl im Buddhismus und im Christentum der *saṃsāra* bzw. die menschliche Geschichte jenseits der zwei „Zentralereignisse" noch andauern, ist die Teilhabe an dem „zweiten Zeitalter" für jeden Menschen im Prinzip *schon jetzt* möglich, obwohl Vollkommenheit für alle und in jeder Beziehung *noch nicht* erreicht ist. In dieser Hinsicht sind die buddhistische und die christliche Zeitstruktur also ähnlich.

Das buddhistische Zeitverständnis wird allerdings nur selten auf diese Weise erörtert. Die gewöhnliche Beurteilung der Geschichte folgt im Buddhismus zwei bzw. drei unterschiedlichen Mustern, die wir wie folgt unterscheiden wollen:

1. Die *Dekadenztheorie*, nach der der *dharma* allmählich abnimmt, d. h. die geistigen und sozialen Verhältnisse immer korrupter werden, bis schließlich wieder ein Buddha kommt, um erneut Ordnung zu schaffen.
2. Eine *partielle Progressionstheorie*, nach der die Bodhisattvas in der Welt immer effizienter wirken, so daß selbst unter widrigen politischen und sozialen Umständen durch das karmische Netz, das durch die Barmherzigkeit der praktizierenden Bodhisattvas positiv beeinflußt wird, immer mehr Menschen dem buddhistischen Ziel entgegenstreben und es verwirklichen können.
3. Manchmal gesellt sich noch eine *dritte* Position hinzu, die wir als *Theorie der Geschichtstranszendenz* bezeichnen wollen, weil sie nicht-dualistisch die Einheit von Fortschritt und Stillstand von einer spirituellen Perspektive her betrachtet.

Alle drei Vorstellungen finden sich in den unterschiedlichen buddhistischen Ländern, Zeitaltern, Schulen und Paradigmen in verschiedener Mischung.[104]

Der Einbruch des Transzendenten in einem geschichtlichen „Zentralereignis" qualifiziert das, was wir als Ablauf des menschlichen Lebens wahrnehmen, in neuer Weise. Erst unter dem Eindruck der Befreiung *(nirvāṇa)* erkennt der Erwachte *(buddha)*, daß er „geschlafen" bzw. „geträumt" hat; er erwacht aus dem Alptraum des *saṃsāra*, dessen Wesen ihm vorher nicht bekannt war.[105]

Die Tradition erinnert ausdrücklich daran, daß der Buddha Einsicht in vergangene und zukünftige Leben *nur* aufgrund seiner Erfahrung des Erwachens haben konnte, nicht zuvor. Was er in diesem Erwachen fand, waren die Ursachen und Bedingungen, die zum samsarischen Leiden führen. Und dieses Wissen war nach buddhistischer Auffassung niemandem zuvor bekannt gewesen: Jetzt erst erschien der *saṃsāra* nicht mehr als ein undurchschaubares Netz von Verstrickungen, sondern als eine von benennbaren Bedingungen strukturierte Wirklichkeit. Erst durch diese Erkenntnis konnte man die Ursachen des *saṃsāra*, also die Ursachen des Leides, auflösen. Im Christentum findet sich eine ähnliche Struktur: Der Mensch erkennt erst in der Begegnung mit der Heiligkeit Gottes, daß er Sünder ist. Die vertikale Linie der Transzendenz bricht also in den profanen Zeitfluß ein, und dadurch erst wird der *Charakter* des zeitlichen Geschehens offengelegt.

Das Urteil, der Buddhismus denke unhistorisch, erweist sich auch dann als Vorurteil, wenn man in Betracht zieht, daß der Buddha die brahmanische Idee eines ewigen *ātman*, der vom *karman* der Welt unberührt bleibt, ausdrücklich abgelehnt hat. Mit der Ablehnung der *ātman*-Lehre verwarf der Buddha die Möglichkeit der gnostischen Lösung einer geistlichen Weltflucht.[106] *Anātman* zu lehren, heißt auch zu akzeptieren, daß *alles* der Veränderung unterworfen ist, die durch *karman* gesteuert wird. Daraus können wir schlußfolgern, daß Befreiung bedeuten muß, dem „Terror des *karman*", d. h. dem „Terror der Geschichtlichkeit" ins Auge zu sehen und durch ihn hindurchzugehen.[107] Aus diesem Grunde gilt im Buddhismus *nirvāṇa* neben Impermanenz *(anitya)*, Leidhaftigkeit *(duḥkha)* und Nicht-Selbst *(anātman)* als viertes Merkmal der existierenden Dinge. Dies ist auch ein Grund dafür, daß zumindest im indischen Buddhismus unbelebte Natur und Lebewesen nicht identifiziert werden. Denn für den Buddhismus ist die Natur (außer den Lebewesen) ewigen kosmischen Zyklen unterworfen, aber der Mensch und alle anderen Lebewesen sind Produkt des sich immer wandelnden *karmans*, weshalb sich ein Leben niemals in völlig gleicher Weise wiederholen kann. Die *jātaka*-Erzählungen dokumentieren dies dadurch, daß keines der vergangenen Leben des Buddha dem anderen gleicht. Der Buddhismus übernimmt zwar das indische Grundschema, daß der (materielle) Kosmos durch Zyklen von Schöpfung und Zerstörung hindurchgeht, aber die buddhistische Lehre von der Befreiung betrachtet das menschliche Leiden als zielgerichtet überwindbar.

Wenn der Buddhismus also so „unhistorisch" denken würde, wie oft behauptet wird, müßte man fragen, was es mit den Buddhas der Vergangenheit auf sich habe. Die buddhistische Überlieferung spricht von sechs vergangenen Buddhas, die in den Zeitaltern vor dem gegenwärtigen Äon lebten. Jedes Zeitalter hat seinen eigenen Buddha, und nur diesen. Auch diese Buddhas haben, wie Gautama Śākyamuni, ihr Haus verlassen und unter verschiedenen Bodhi-Bäumen gesessen, um dieselbe Einsicht in die Vier Edlen Wahrheiten zu erlangen, die der Buddha dieses Äons erlangt hat. Damit sind diese Buddhas Rückspiegelungen des „Zentralereignisses" von Bodhgayā in die Vergangenheit. Auf diese Weise wird die Wirkungskraft des *dharma* in jede mögliche Vergangenheit rückprojiziert, was wiederum bedeutet, daß die Herrschaft des *dharma* für alle denkbaren Weltbereiche gilt. Dies können wir als eine strukturelle Parallele zu den Rückprojektionen des „Zentralereignisses" vom Sinai auf die Geschichte Gottes mit Abraham und Noah bis hin zu Adam betrachten.

Allerdings gibt es Unterschiede zwischen der Souveränität Gottes und der Herrschaft des *dharma*: Weil die vergangenen Buddhas ins *nirvāṇa* eingegangen sind, kann es nicht nur einen einzigen Buddha für alle Zeiten geben. Zwischen den Buddhas gibt es keine „personale Identität", die sich in einem Kontinuum des Handelns äußern würde: Buddhas schaffen nicht den *saṃsāra*, die Welt des Leidens; die vergangenen und zukünftigen Buddhas sowie der Buddha dieses Zeitalters, Gautama Śākyamuni, sind vielmehr trans-personale und trans-temporale Manifestationen der einen universalen Buddha-Natur. Die vergangenen Buddhas sind daher keine genetisch-historischen, sondern typologische Präfigurationen von Gautama Śākyamuni, so daß es jedenfalls in der Buddha-Linie des frühen Buddhismus keine progressive Enthüllung von *bodhi* (Erwachen) gibt (was sich allerdings im Mahāyāna anders darstellt, wie wir noch zeigen werden). In der Bibel wird demgegenüber von einer progressiven Offenbarung Gottes gesprochen.

Wir können hier nicht alle Unterschiede zwischen den wesentlichen Zügen des christlichen und des buddhistischen Weltverständnisses darlegen. Aber es könnten zwei Einwände gegen die Parallele erhoben werden, die wir zwischen den beiden Traditionen gezogen haben:

1. Das Christentum sei auf die Gnade Gottes gegründet, die dieser dem Menschen frei schenkt, während der Buddhismus ein geistiges Streben des Menschen lehre.
2. Wie könne der Glaube an eine Reihe von Buddhas, deren Wesen nicht ganz und gar historisch ist, einen geschichtsorientierten Glauben hervorbringen?

Wir wollen diesen Fragen nachgehen, aber nicht indem wir die Formeln der buddhistischen Tradition zitieren, sondern indem wir die christliche und die buddhistische Sprache dialogisch aufeinander beziehen und so auf einige implizite Strukturen im buddhistischen Denken aufmerksam machen.

d) Die „Andere Kraft" im Gelübde Amitābhas

Das Zentralereignis im Christentum stellt sich so dar, daß Gott den Menschen ruft oder selbst Mensch wird, d. h. es ist eine Bewegung „von oben nach unten" (Skizzen 1 und 2). Das Zentralereignis im Buddhismus hingegen ist ein Erwachen zur vorurteilsfreien Wahrnehmung der Wirklichkeit, wie sie ist, also eher – in räumlicher Metaphorik – eine spirituelle Aufwärtsbewegung „von unten nach oben" (Skizze 4).

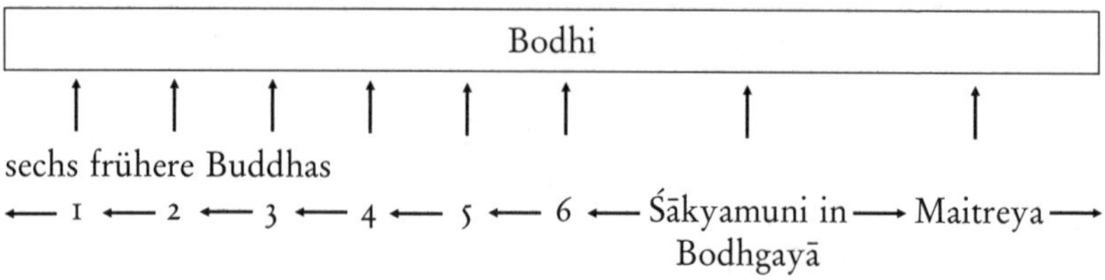

(Skizze 4)

Der im Christentum von Gott geschenkten Gnade entspricht der prophetische Ruf, die Welt gemäß dem göttlichen Willen zu verwandeln. Die „nach oben" gerichtete spirituelle Bewegung hingegen könnte eine innere Bewegung aus der Welt heraus ins Geistige sein. Das buddhistische Erwachen ist, zumindest im frühen Buddhismus, ein individuelles Geschehen, und die Mönchsgemeinschaft, also die soziale Realität, ist dafür nur ein Mittel. Kann das Erwachen zum *nirvāṇa* die Welt verändern? Die Antwort hängt davon ab, was mit „Welt" und mit „Veränderung" gemeint ist.

Um zu begründen, inwiefern wir im Mahāyāna-Buddhismus von einer *herabkommenden Gnade*, die von einem machtvollen und gemeinschaftstiftenden „Anderen" ausgeht, sprechen können, müssen wir uns zunächst klar machen, daß der Buddhismus ebensowenig wie das Christentum jemals eine homogene Tradition gewesen ist. Der Buddhismus hat vielmehr in seiner Entwicklung viele verschiedene Vorstellungen und Glaubensweisen als *upāya* (geschickte Mittel)[108] aufnehmen können, die alle zu dem einen Ziel der Befreiung im *nirvāṇa* hinführen. Ein solches Mittel ist auch das von Buddha Amitābha geschaffene Reine Land, in dem die an Amitābha Glaubenden aus Gnade wiedergeboren werden, um unter idealen Bedingungen zum Erwachen gelangen zu können. Der Glaube an das Reine Land hat vor allem große Teile des ostasiatischen Buddhismus geprägt. In dieser Schule des Mahāyāna-Buddhismus nun wird, etwas vereinfacht ausgedrückt, der Pfeil von unten nach oben reversibel:

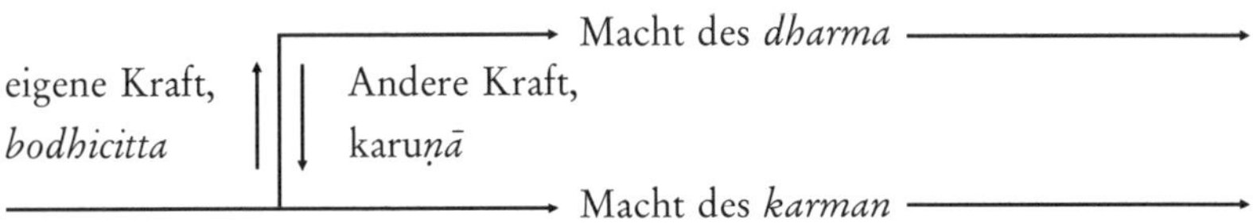

(Skizze 5)

Wenn wir uns im folgenden im wesentlichen auf die Diskussion mit der Schule des Reinen Landes beschränken, so ist dies eine Einseitigkeit. Aber die Voraussetzungen für das Konzept des Reinen Landes sind auch in anderen Schulen des Mahāyāna-Buddhismus angelegt, und insofern haben unsere Erwägungen auch Gültigkeit für den Dialog mit anderen buddhistischen Traditionen. Wir müssen diese Behauptung kurz begründen:

Die innere Logik der Entwicklung zum Konzept des Reinen Landes im Mahāyāna kann so nachgezeichnet werden: Der Bodhisattva muß zunächst den Willen zur Erleuchtung (bodhicitta) in sich entwickeln. Er geht zunächst von der Dualität aus; indem er aber zum Erwachen (bodhi) gelangt, verschwinden alle raum-zeitlichen dualistischen Unterscheidungen. Alle seine „eigenen" erworbenen positiven Bewußtseinsformungen (puṇya) kann er auf „andere" übertragen aufgrund seiner heilenden Hinwendung zu allen Wesen (karuṇā), die nur die Kehrseite des Erwachens ist. Zentraler Inhalt des Erwachens ist aber die Erkenntnis, daß die Un-

terscheidung in individuelle Differenzierung letztlich nicht gültig ist (prajñā). Die Unterscheidung in „Eigenes" und "Anderes" ist zwar auf der relativen Ebene (saṃvṛti satya) einsichtig, unter dem Gesichtspunkt des nicht-dualistischen erwachten Bewußtseins (paramārtha satya) aber hinfällig: "Eigenes" und „Anderes" sind nur Abstraktionen innerhalb einer unendlich ineinander verwobenen Einheit. Ein „eigenes Erwachen", von dem die anderen Wesen nicht betroffen wären, kann es darum nicht geben. Deshalb erweist der Bodhisattva seine prajñā gerade darin, daß er sich durch karuṇā in den saṃsāra hineinbegibt, um alle Wesen zur Befreiung zu führen. Nicht-erwachte Wesen wandern durch den saṃsāra aufgrund ihrer karmisch bedingten Antriebe, die erwachten Bodhisattvas hingegen wandern durch den samsara aufgrund ihrer Freiheit, die sich aus der Einsicht in die Nicht-Unterscheidung ergibt.

Der Bodhisattva repräsentiert demnach den „Seinssprung" nach oben. Denn wenn der Wille zur Erleuchtung *(bodhicitta)* einmal erweckt ist, wird das betreffende Wesen mit Gewißheit die Erleuchtung erlangen. Dieser Gedanke wurde in China und Japan als „Erwachen des Glaubens" (Awakening of Faith) bezeichnet[109] und in Japan mit der Formel von der immer vorauszusetzenden ursprünglichen Erleuchtung *(hongaku)* verbunden, die aber bei den meisten Menschen noch nicht aktuell verwirklicht ist *(shigaku)*.

In ähnlicher Weise erfüllt sich das Gelübde des Bodhisattvas Dharmākara (der zum Buddha Amitābha wurde), alle Lebewesen retten zu wollen, mit Sicherheit von selbst. Die japanische Schule des Reinen Landes *(Jōdo Shinshū)* stellt ausschließlich das vollkommene Vertrauen auf „die Andere Kraft" Amitābhas ins Zentrum, und zwar bis zum Ausschluß der eigenen Anstrengung. Der Mönch Hōnen (1133–1212) hatte die Möglichkeit, daß der Mensch von sich aus *bodhicitta* erwecken könne, angezweifelt und schließlich verneint. Stattdessen betrachtete er den Glauben und die Anrufung Amidas (Amitābhas) als die notwendige Praxis. Sein Schüler Shinran (1173–1262) ging noch einen Schritt weiter: Er betrachtete *alle* positiven Bewußtseinsformungen *(puṇya)*, die um der Geburt im Reinen Land willen kultiviert werden, also auch den Glauben, nicht als Folge der Aktivität des Menschen, sondern als Resultat der Gnade Amitābhas. Deshalb erscheint *jōdo shin* als ein Glaube, der dem protestantischen Verständnis von Glaube und Gnade sehr nahe zu kommen scheint.

Gleichzeitig wird das *nirvāṇa* der Theravāda-Tradition, das vielleicht durch die Vorstellung von kühler Ruhe am treffendsten gekennzeichnet ist, im Mahāyāna verwandelt in ein *nirvāṇa*, das mit der wirkenden Kraft von *bodhi* (Erwachen) verbunden ist und durch die Vorstellung von leuchtender Weisheit beschrieben werden kann.[110] Zwar schreibt auch die Weisheitstradition des Mahāyāna *(prajñāpāramitā)* der Leere *(śūnyatā)* keine Attribute zu, aber die mythischen Geschichten in den *avadānas*, die nicht nur den *dharma* predigen, sondern den *Buddha verherrlichen* wollen, statten den Buddha mit einer Fülle von personalen Attributen aus. Anstatt von *anātman* (Nicht-Selbst), *pudgala* (Person) und den verschiedenen Aspekten von *śūnyatā* (Leere) begrifflich zu sprechen, drücken die *avadānas* die subtilen Einsichten des Buddhismus in das Wirken des Bewußtseins in alltäglicher Sprache erzählend aus. Und diese Erzählungen entfachen eine einfache Volksfrömmigkeit. Sie beschreiben das herrliche Reine Land des Buddhas Amitābha und andere Länder verschiedener Buddhas in phantastischer Anschaulichkeit. Wer diese Buddha-Länder auf mittelalterlichen japanischen Bildern betrachtet, erfährt, daß derartige Residenzen von Bodhisattvas und Buddhas höchst gesellige Orte sind, wo die Gemeinschaft Teil der spirituellen Freude ist. Möglicherweise ist aus dieser mytho-poetischen Sprache die philosophische Idee entsprungen, daß es eine unendliche Menge guter Eigenschaften in der Matrix des Erleuchteten *(buddhagotra, tathāgatagarbha, buddhatva)*, also in der Buddha-Natur, geben könne. Im Buddhismus des Reinen Landes jedenfalls kann sich der Gläubige auf die Fülle des *dharma* verlassen, die in der Gnade Amitābhas zum Ausdruck kommt. Denn diese Gnadenkraft kann das *karman* des Gläubigen ausgleichen, so daß nun der Mensch in die Gemeinschaft *(ōjō)* des Reinen Landes aufgenommen wird, wonach er durch die Kraft des *dharma* wieder in die Welt zurückkehrt *(gensō)*, um den *dharma* zu verkünden, die Welt entsprechend umzugestalten und die gemeinschaftliche Anbetung Amitābhas und die Freundschaft der Gläubigen *(dōbō)* zu genießen.

Im Buddhismus des Reinen Landes spielen also personale Beziehung, Gemeinschaft, Gnade und Glaube eine zentrale Rolle. Vom christlichen Standpunkt aus kann nun aber noch die zweite Frage aufgeworfen werden: *Wie kann der Glaube an einen Buddha, der nicht historisch ist, einen geschichtsorientierten Glauben hervorbringen?*

e) Buddhistische Geschichtsorientierung

Wir müssen zunächst den Rahmen für die Fragestellung präzisieren. Der christliche Theismus beruht auf der Idee des Personalen. Das Personale ist dabei der höchste Ausdruck für das Menschliche und auch für Gott. Allerdings wird der Begriff „Person“ im Christentum sehr unterschiedlich verstanden. Deshalb hängt im Dialog mit dem Buddhismus alles daran, sich zunächst über diesen Begriff zu verständigen. Wir verstehen den Begriff so: „Person“ sei nicht der Begriff für die abgegrenzte Identität von Individuen, sondern das Netz von *Beziehungen*, in dem Identität in lebendigem Austausch immer neu vollzogen wird.[111]

Der Buddhismus leugnet das Personale bzw. die Würde der Person in diesem Sinne keineswegs. Denn er unterscheidet z. B. strikt zwischen einer bösen Tat und dem Täter – jene solle man verschmähen, diesen aber niemals hassen. Gerade deshalb versteht der Buddhist, seit der Buddha die Idee vom *ātman* abgelehnt hat, unter „Personalität“ meist die Summe von Wirkungen und Handlungen, sei es mehr im Sinne der Interaktion karmischer Kräfte (Theravāda) oder im Sinne der komplexen gegenseitigen Abhängigkeit *(pratītyasamutpāda* im Mahāyāna).

Obwohl die Verehrung Amitābhas personal ist, würde aufgrund dieses Personbegriffs der fromme Gläubige nicht sagen, er würde durch die *Person* Amitābha gerettet, sondern durch *die Kraft seines Gelübdes (ganriki).* Die Kraft des Gelübdes manifestiert sich in Amitābha, und durch ihn geht sie heilsam auf die Gläubigen über. Das darf nicht als Impersonalismus mißverstanden werden, so wie auch der Satz „Gott ist Liebe“ nicht bedeutet, daß Gott in ein abstraktes Nomen verwandelt würde. Für den Buddhismus geht es hier um den *Primat der Kraft*, die durch die Person hindurch wirkt, d. h. *karuṇā* wird *als* Amitābha manifest.

Im Christentum heißt es umgekehrt, daß es *Gott* sei, der liebt. Beide Religionen leugnen weder die Person noch die Dynamik. Weder sollte also der Christ dem Buddhisten Impersonalismus vorwerfen, noch sollte der Buddhist den Christen einer Fixierung auf den *„ātman“* zeihen. Die entsprechenden Aussagen stehen in beiden Religionen in einem höchst komplexen Kontext, wie wir hier zu zeigen versuchen. Dennoch ist verständlich, daß für viele Christen die Vorstellung von Amitābha als „bloßer“ Personifizierung der Ewigen Erleuchtung und des Bodhisattvas Dharmākara als „Hypostase“ (lat. *persona)* der Summe der Kräfte des guten *dharma* zunächst fremd ist. Die Formulierung dieses Satzes, in der christologische und trinitätstheologische Begriffe aus der Alten Kirche eingeführt werden, verweist auf eine Parallele in der christlichen Theologiegeschichte, die freilich nur von wenigen Christen denkerisch wirklich nachvollzogen wird.[112]

Der Buddhismus des Reinen Landes gründet sich auf das Gelübde Dharmākaras (Amitābhas). Das ist sein „Zentralereignis“ im oben genannten Sinn – also nicht das Erwachen Gautama Śākyamunis in Bodhgayā. Dharmākara könnten wir als „die mythische Präexistenz“ des übergeschichtlichen Amitābha bezeichnen. Wenn wir nun nach einer Verwurzelung Amitābhas in der Geschichte suchen wollen, wie bereits John Cobb gefordert hat, dann kann diese Wurzel nicht Dharmākara sein, sondern nur Gautama Śākyamuni. Wie aber hängen Gautama Śākyamuni und Amitābha zusammen? Śākyamuni gilt im Mahāyāna als der *nirmāṇakāya* (die körperliche Manifestation) des *saṃbhogakāya* Amitābha (des Seligkeitskörpers). Er ist die raum-zeitliche Manifestation des Buddhas des ewigen Lichtes (Amitāyus) und des Buddhas des ewigen Lebens (Amitābha). Seine Bedeutung läßt sich als *die Geschichte als ganze deutendes* Ereignis nur bestimmen, wenn er „mehr“ ist als die historische Erscheinung Gautama. So wie Jesus Bedeutung gewinnt, indem er sich als der Christus erweist und dieser „Christus-Wirklichkeit“ gegenüber dem historischen Jesus eine bestimmte Priorität zukommt, so hat auch Amitābha als universale Gestalt bzw. als „Deutungshorizont" eine bestimmte Priorität gegenüber Śākyamuni, d. h. ohne Amitābha gäbe es keinen Gautama Śākyamuni, der zum Erwachten werden könnte: das, wozu er erwacht, hat ihm gegenüber eine bestimmte Priorität. Das ist die Struktur der Lehre von den Drei Körpern des Buddha *(trikāya)*[113] und deren Antwort auf die Frage nach der Geschichtlichkeit.

Aber auch eine eher „teleologische" Antwort ist möglich. Die Frage könnte lauten: Wie ist Amitābha selbst in der Geschichte gegründet? Gehört Dharmākara nicht einem anderen Zeitalter vor Śākyamuni an? Liegt nicht Amitābhas Reich, obwohl es auch gegenwärtig ist, in einer anderen Weltsphäre? Die Antwort des Buddhismus des Reines Landes lautet, daß Amitābha die Erfüllung des Erwachens bedeute, das in Śākyamuni manifest geworden sei.

Oben haben wir gezeigt, daß die Buddhas vergangener Zeitalter Rückspiegelungen des Bodhgayā-Ereignisses sind, daß der frühe Buddhismus in der Abfolge der Buddhas aber keine progressive Enthüllung des *dharma* kennt: der *dharma* ist von allen Buddhas vollständig und vollkommen verkündet worden. Bereits im indischen Mahāyāna aber wird diese Aussage modifiziert, und die weiteren Entwicklungen in Zentralasien, China und Japan lassen folgende – verallgemeinerte – Tendenz erkennen:

Von *Maitreya*, dem zukünftigen Buddha, kann man sagen, daß er einen Schritt über Śākyamuni hinausgeht, zwar nicht in bezug auf die Verkündigung der Vollkommenheit des *dharma*, wohl aber in bezug auf die *Wirksamkeit* des *dharma* in der *Geschichte*. Denn in der Maitreya-Erwartung heißt es, daß der zukünftige Buddha als Sohn eines *cakravartin* (Weltenherrschers) geboren werden solle, der die Welt unter *seine* Herrschaft des *dharma* bringen werde. Dem Vater Śākyamunis hingegen war verheißen worden, daß sein Sohn *entweder* Weltenherrscher *oder* Buddha werden würde. Bei Maitreya sind diese beiden Aspekte zusammengeführt. Dies hat den „Messianismus" des „Maitreyanismus" hervorgebracht, bei dem sich der Glaube an die Wiedergeburt des einzelnen Lebewesens in Amitābhas Reinem Land verwandelte in die Erwartung der *Ankunft* Maitreyas in *diese* Weltgeschichte, die er verändern soll.[114]

Dieser „buddhistische Messianismus" ist vergleichbar mit dem Glauben an die Wiederkunft Christi: Jesus hat seine Anhänger zur Umkehr aufgerufen, und wo sie vollzogen wird, ist das Reich Gottes schon jetzt gegenwärtig. Die Mächte der Welt und der Satan werden nach christlicher Überlieferung aber erst dann besiegt werden, wenn Christus bei seiner Wiederkunft die Weltherrschaft antreten bzw. an Gott übergeben wird[115] und damit die messianische Hoffnung auf ein endgültiges Reich des Friedens und der Gerechtigkeit am Ende der Geschichte erfüllt werden wird.

Im Mahāyāna unterscheidet sich aber nicht nur Maitreya von den vorigen

Buddhas, sondern die jeweiligen Buddhas repräsentieren verschiedene Aspekte der einen Wirklichkeit des universalen *dharma*, und sie sind deshalb auch durch bestimmte Eigenschaften unterscheidbar. Die Einheit in der Verschiedenheit wird durch die *trikāya*-Lehre ausgedrückt: Der *dharmakāya* repräsentiert die überzeitliche Selbstidentität der transzendenten Buddha-Wirklichkeit, während der *saṃbhogakāya* und der *nirmāṇakāya* jeweils unterschiedlich sind. Dies bedeutet auch, daß die Buddhas je „spezifische Gelübde" geschichtlich verwirklichen. Daraus folgen verschiedene Funktionen der einzelnen Buddhas wie auch die Möglichkeit einer progressiven Vergegenwärtigung des *dharma*: So erscheint am Anfang Buddha *Dīpaṃkara*, der „Initiator der Erleuchtung". Er ist der Ausgangspunkt für die spirituelle Entwicklung Gautama Śākyamunis. Im Mahāyāna entwickelt sich der Buddha Śākyamuni allmählich zum Symbol der vollkommenen Verwirklichung von Weisheit *(prajñā)* und Barmherzigkeit *(karuṇā)*. Und im Lotos-Sūtra erreicht diese Entwicklung Dimensionen, die Zeit und Raum transzendieren. Von Maitreya, so sahen wir, erwarten die Gläubigen im Mahāyāna eine noch größere Wirkung seiner Barmherzigkeit. Aber auch er wird in bezug auf die Kraft, andere Wesen unmittelbar befreien zu können, von den nach ihm kommenden Buddhas noch übertroffen. Obwohl in einem anderen Wirklichkeitsbereich angesiedelt, ist *Akṣobhya*, der „Unbewegliche", ein *gegenwärtiger* Buddha: er ist ein *saṃbhogakāya*, der einen feinstofflichen Körper hat und dem meditativen Auge wahrnehmbar wird. Er verfügt über besondere Kräfte, mit denen er ein Reines Land für andere Wesen schaffen kann. Schließlich gießt *Amitābha* seine Gnade über Heilige und gewöhnliche Menschen in gleicher Weise aus. Auch er ist ein *saṃbhogakāya*, der nur dem inneren meditativen Auge sichtbar wird. In seinem Reinen Land erscheint er als die letztgültige Manifestation der kosmischen Liebe, die das Merkmal des universalen *dharma* und damit aller Erwachten *(Buddhas)* ist. Diese Liebe war bereits in Śākyamuni gegenwärtig, wenn auch noch nicht in dieser vollen Entfaltung.

So wie das Christentum mit dem Anspruch auftrat, daß das „Neue" Testament das „Alte" Testament überträfe, und der Islam überzeugt ist, daß die „endgültige Offenbarung" des Korans alle biblischen Zeugnisse überträfe, so kann man im Mahāyāna-Buddhismus eine ähnliche Struktur hinsichtlich der Auffassung einer geschichtlich *progressiven* Wirkung des *dharma* finden: Für den Buddhismus des Reinen Landes übertrifft der Glaube an Amitābha den Glauben an Śākyamuni. Die Reine-Land-Sūtras gelten als der Höhepunkt der Entfaltung des *dharma*. Für jede einzelne Schule des Buddhismus kulminiert aber das menschliche Leben in einer Zukunft, die das historisch Erreichbare überholt, die das Zeitliche überhaupt transzendiert und einen neuen *Horizont der Wirklichkeit* eröffnet: die Befreiung aus dem *saṃsāra*. Dies ist die eigentlich noch größere Wirkung des *dharma*, die zwar in bestimmten zeitlichen Epochen sukzessive verdunkelt werden kann (der „Abwärtstrend" in der Geschichte zum Kali-Yuga hin), die aber prinzipiell nicht aufzuhalten ist, weil sie der Struktur der Wirklichkeit entspricht.

Die historischen Entwicklungen im Mahāyāna sind natürlich *auch* bedingt gewesen durch kulturelle Einflüsse, denen der Buddhismus in Zentral- und Ostasien unterworfen war. Sie sind aber nicht darauf reduzierbar, denn sie folgen einer inneren Logik, die dem Problem der Manifestation des *dharma* unter geschichtlichen Bedingungen folgt. Daraus ergibt sich bei allen gravierenden Unterschieden zu den westasiatischen Religionen (Judentum, Christentum und Islam) eine für den zukünftigen Dialog wichtige strukturelle Parallele:

Sowohl die drei abrahamitischen Religionen als auch große Teile des Mahāyāna-Buddhismus leben in der Hoffnung auf noch größere Wirkungen Gottes bzw. des dharma, die für die Zukunft erwartet werden.

f) Zusammenfassende Gesichtspunkte

1. Die Behauptung, daß nur ein Glaube, der in einem jüdisch-christlichen Geschichtsverständnis verankert ist, zu geschichtlicher Verantwortung befähige, ist mit historischen Argumenten nicht beweisbar. Für den Buddhismus haben wir zu zeigen versucht, daß auch dieser in einem „Zentralereignis" gründet, von dem aus die Geschichte in einem neuen Licht erscheint. Angesichts dieses Ereignisses wird die neu erkannte universale Struktur von Sinn und Ziel der Geschichte auch in die Vergangenheit zurückgespiegelt sowie in die Zukunft projiziert. Das „Zentralereignis" der Erleuchtung Gautama Śākyamunis sowie dessen fortwährende meditative und kultische Erinnerung in der buddhistischen Tradition schafft das Empfinden für eine zielgerichtete Zeit immer wieder neu.

2. Auch im Buddhismus des Reinen Landes kann sich nach unserer Analyse der Gläubige mit dem Zentralereignis in Bodhgayā *vermittels* seiner Antwort auf das Zentralereignis des Gelübdes Amitābhas verbinden. Dabei knüpft er keineswegs nur an die Vorgeschichte Amitābhas als Dharmākara an, sondern begründet seinen Glauben in der Geschichte auch *vermittels* des historischen Gautama Śākyamuni, insofern dieser als der *nirmāṇakāya* Amitābhas erscheint.

3. Was also konstituiert eine religiöse Wahrnehmung der Geschichte? Gewiß nicht nur der Glaube an die Linearität der Zeit von der Schöpfung bis zur Erlösung, der in unserem Jahrhundert gründlich erschüttert worden ist. Ob die Geschichte so erfahren wird, daß sie eher linear und im Fortschritt begriffen sei, oder in wiederkehrenden Zyklen stets ähnliche Muster wiederholt, ist zweitrangig gegenüber der Frage nach einem die ganze Geschichte umfassenden geistigen oder moralischen Grund und Ziel. Dieses Ziel muß durch die je spezifische geschichtliche Erfahrung desselben stets neu begründet werden. Im Christentum wird ein solches Ziel durch die

Freiheit, mit der Gott seine Schöpfung in Liebe vollenden wird, gesetzt. Im Buddhismus bricht dieses Ziel durch die Erkenntnis der Souveränität des *dharma* in die Geschichte des *saṃsāra* ein.

4. Der Test für die Geschichtsmächtigkeit einer Religion ist nicht die eine oder andere kosmische Zeitskala, sondern die alltägliche Lebenswelt. Die geschichtliche Wirksamkeit einer Religion erweist sich darin, wie sie die Menschen motiviert und erzieht und welche Handlungsmuster aus ihr erwachsen, die besonders in Zeiten der Krise und Gefahr hilfreich zum Tragen kommen.

II. Gott und Dharma

Welchen Sinn hat überhaupt philosophisches oder theologisches Denken? Haben die Begriffe und Vorstellungen, die in den Religionen ausgebildet worden sind, den heutigen Menschen etwas zu sagen? Gewiß kann das dialogische Gespräch helfen, daß sich die „Insider" beider Traditionen besser verstehen können. Aber vermögen sie, dieses Verständnis einer säkularisierten Welt zu vermitteln, der die Symbole beider Religionen kaum noch nachvollziehbar sind? Buddhismus wie Christentum befinden sich in den Ländern ihres Ursprungs und ihrer klassischen Entwicklung in einer beispiellosen Identitätskrise. Gleichzeitig aber suchen Menschen überall danach, die Leere und das unermeßliche Leiden des Alltags zu deuten und womöglich zu überwinden. Können Buddhismus und/oder Christentum oder beide in einer gemeinsamen Neuinterpretation ihrer Ursprünge dazu einen Beitrag leisten?

Wir wenden uns mit diesen Fragen den nach unserer Meinung wichtigsten Sachkomplexen zu, die literarisch oder in direkten Dialogen während der letzten Jahrzehnte weltweit das buddhistisch-christliche Gespräch bestimmt haben. Wir stellen diesen Komplex unter die Begriffe, die in beiden Traditionen die letzte, nicht ableitbare Wirklichkeit anzeigen. Wir sind zwar nicht der Meinung, daß „Gott" und „Dharma" dasselbe bedeuten würden. Als funktionale Begriffe, die eine Ausrichtung auf die in beiden Religionen so benannte letzte und/oder tragende Wirklichkeit bezeichnen, halten wir die Gegenüberstellung dieser Begriffe aber dennoch für gerechtfertigt.

1. Die Grundbefindlichkeit des Menschen: Leiden und Sünde

Beide Religionen gründen in einer nüchternen Analyse der Situation des Menschen, die als leidvoll charakterisiert wird.

Im *Christentum* ist das Leid meist entweder als *Strafe* für die *Sünde* oder als *Bewährungsprobe* für den *Glauben* verstanden worden: Insofern Gott allmächtig ist, hätte er zwar das Leid verhindern *können*, und wenn er allgütig ist, hätte er es verhindern *wollen* müssen. Da er dem Menschen aber die *Freiheit* geschenkt habe und dieses Gut über allen anderen stehe, habe er genau aus diesem Grunde zugelassen, daß der Mensch so handeln könne, daß Leid entstünde. Wie bereits bei den Propheten Israels, so steht auch bei Jesus zu Beginn seines Auftretens in der Öffentlichkeit der Ruf zur radikalen Umkehr *(metanoia)* des sündigen Menschen im Mittelpunkt der Botschaft. *Sünde ist die Ferne von Gott, aus der das Leiden folgt; Umkehr ist die vorbehaltlose Hinwendung zu Gott, die durch das Leiden hindurch geht.* Dieser christliche Umgang mit dem Leiden ist keine hinreichende Erklärung des unermeßlich großen Leides in der Welt (von dem ja auch die Tiere betroffen sind), aber es ist eine Vergewisserung, daß auch die Situation des Leidens in den Händen Gottes liegt, dessen Handeln für den Menschen nicht völlig verstehbar ist – Gottes Wege sind nicht des Menschen Wege. Gerade so bewährt sich das gläubige Vertrauen im Leid und durch das Leid hindurch.

Der *Buddhismus* glaubt nicht an einen allmächtig-allgütigen Schöpfergott. Deshalb ist er bei der Beantwortung der Frage nach dem Leiden andere Wege gegangen als das Christentum. In seiner ersten Predigt in Benares verkündete der Buddha die Vier Edlen Wahrheiten. Diese stellen fest: Alles Anhaften an den Daseinselementen ist leidvoll. Dieses Leiden hat eine Ursache, und sie kann erkannt und durch Begehen des Edlen Achtfachen Pfades überwunden werden. Dieser Pfad besteht vor allem darin, die fundamentale *Unwissenheit* des Menschen über sich selbst aufzuheben. Der Buddha versucht nicht, den ersten Ursprung des Leidens zu erklären, sondern er zeigt den Wirkungsmechanismus der leidhaften Verstrickungen durch Unwissenheit, Gier und Haß auf, die überwunden werden können. Er lehnt jede Spekulation ab, die nach der ersten metaphysischen Ursache des Leidens fragt: Wer von einem vergifteten Pfeil getroffen sei, frage nicht nach den weiteren Umständen, sondern ziehe den Pfeil schleunigst heraus und versorge die Wunde. So lehrt der Buddha die Überwindung des Leidens durch die Analyse der unmittelbaren mentalen und psychologischen Ursachen der leidhaften Verstrickungen.

Reden Buddhismus und Christentum hier von ganz verschiedenen Einsichten, oder sprechen sie in unterschiedlichen Sprachen Ähnliches aus? Die Fülle an Literatur zu diesem Thema ist gewaltig. Die Argumente wiederholen sich. Wir wollen nur die entscheidenden Gesichtspunkte herausgreifen und eine Sicht der Dinge vorschlagen, die strukturelle Parallelen in den Fragen aufzeigt. Die Antworten mußten wegen des jeweils unterschiedlichen Kontextes der beiden Religionen in ihrer formativen Phase unterschiedlich sein. Im Horizont unserer *heutigen* Frage werden sich dann Möglichkeiten zu neuen Konstellationen für *gemeinsame* Antworten ergeben.

a) Gegenüberstellung und Kontrast

Bereits 1930 veröffentlichte Gustav Mensching eine Abhandlung zum Thema des Leidens und der Leidbewältigung im Vergleich der Religionen.[1] Der deutsche Religionswissenschaftler stellte zunächst fest, daß die Frage nach dem Leiden im Mittelpunkt sowohl des Buddhismus als auch des Christentums stehe. Er wollte dann zeigen, daß die jeweils verschiedenen Antworten ein bezeichnendes Licht auf den grundlegenden Unterschied beider Religionen werfen.

Mensching setzt ein mit einer Beschreibung der geistigen Situation Indiens vor der Entstehung des Buddhismus. In vedischer Zeit, also um 1500–700 v. Chr., hätten sich die Menschen noch an der Fülle der Natur und des Lebens erfreut, während mit den Upaniṣaden (ab ca. 700 v. Chr.) und dann im Buddhismus ein Trend zur negativen Bewertung der Vergänglichkeit des Lebens eingesetzt hätte, der Indien zur „Heimat des Pessimismus" (4) gemacht habe. Trotz dieser aus heutiger Sicht groben Verzerrung der indischen religiösen Wirklichkeit[2] trägt Mensching wichtige Einsichten vor, die uns hier als Ausgangspunkt dienen sollen.

Im Sündenfallmythos der Genesis werde das *Begehren* als Ursache für den Sündenfall, die Übertretung des Gesetzes Gottes und das daraus folgende Leid benannt, und so sei der gegenwärtige Zustand als Strafe zu verstehen. Da Sünde Übertretung des Gesetzes sei, die rational erkannt werden könne, liege das Problem nicht so sehr im Leiden des Gerechten (der sich seiner Sünden wohl nur nicht erinnere), sondern im offensichtlichen Wohlergehen des Ungerechten, über das in den Psalmen (Ps 73) geklagt wird, ohne daß eine Antwort möglich wäre. Ursache des Leidens sei nach der Bibel die schuldhafte Abkehr von Gott. In der Verkündigung Jesu bleibe Leiden zwar weiterhin mit Sünde und Schuld verbunden, aber es habe keine erkennbare Ursache: Der Blindgeborene leide nicht, weil er oder seine Eltern gesündigt hätten, sondern damit er geheilt werde (Joh 9,2ff). Leiden habe keine moralische Ursache mehr, wohl aber einen Zweck: die Heilung (22).

Dies sei im Buddhismus ganz anders: Leiden gelte hier als die Folge von *Anhaften*, das auf *Unwissenheit* beruhe. Nach der Ursache für die erste Unwissenheit werde nicht gefragt. Und das Problem der Schuld spiele in diesem Zusammenhang keine Rolle, weil kein urteilender persönlicher Gott über den Schuld-Leidens-Zusammenhang wache, sondern das Leiden Folge eines mechanischen Prozesses sei, der erklärt und darum aufgehoben werden könne.

Mensching verdeutlicht den Gegensatz zum Buddhismus, indem er für das Christentum feststellt, daß es ihm um Überwindung des Leidens gehe, und zwar so, daß das Leiden zu einem Lernprozeß würde, aus dem „Werte gewonnen" werden könnten. Dies sei im Buddhismus anders: Nicht Überwindung, sondern Aufhebung des Leidens sei hier das Ziel, das Leiden als solches habe keinen Sinn. Folglich sei die christliche Einsicht „ein Standpunkt, der dem Buddhismus weit überlegen ist, da dieser mit dem konkreten Leiden nicht fertig wird" (22). Wie fragwürdig diese Beurteilung des Buddhismus ist, werden wir noch zeigen.

Was uns allerdings sinnvoll zu sein scheint, ist Menschings Unterscheidung zwischen natürlichem und übernatürlichem Leiden. In beiden Religionen gehe es um letzteres, d. h. um eine Dimension des Leidens, die erst angesichts des Transzendenten, Gottes oder des *nirvāṇa* – eines *summum positivum* (16) –, erkennbar sei: Im Christentum sei Sünde nur angesichts der Reinheit Gottes, im Buddhismus *duḥkha* (Leiden) nur angesichts der Erfahrung von *nirvāṇa* verstehbar.[3] Eben deshalb sei die buddhistische Daseinsanalyse mehr als nur Psychologie, nämlich eine zutiefst religiöse Haltung. Beide Religionen träfen sich in dieser Grundhaltung, um sich allerdings schnell wieder zu trennen. Denn das christliche Leiden an dem Getrenntsein von Gott hinge mit *Schuld* zusammen. Die buddhistische Befreiung vom Anhaften an egozentrischen Wünschen sei demgegenüber eine Frage der *Erkenntnis*.

Menschings Kategorien der Gegenüberstellung beider Religionen (23 f.) bewirken allerdings, daß – methodisch höchst problematisch – der Buddhismus von christlichen Vorstellungen aus beurteilt wird (23 f.):

Christentum	Buddhismus
a) Sündenerfahrung im Gewissen	Unheilserfahrung im Intellekt
b) Trennung von Gott ist schuldhaft *(peccatum essentiale)*	keine Schuld
c) Verantwortung vor dem persönlichen Gott	unpersönliches *nirvāṇa*

Die Person des Buddha spiele bei der Rettung keine Rolle, und das *nirvāṇa* komme nicht auf den Menschen zu. Vielmehr handle es sich um ein „Gnadengeschenk ohne Schenker“ (Nathan Söderblom) (8). Mensching weiß, daß dies im Mahāyāna anders ist (26), zieht daraus aber keine Konsequenzen.

Zum Abschluß (27) wagt Mensching einen interessanten Vergleich zwischen *nirvāṇa* und christlich-protestantischer Rechtfertigungserfahrung: Der Gerechtfertigte sei, nach Martin Luther, nicht mehr der Macht oder dem Zwang zur Sünde unterworfen. Er sündige zwar weiter, aber nur, weil dies aus seiner Leiblichkeit resultiere. Das Sündigen des Gerechtfertigten sei nicht mehr symptomatisch für sein Verhältnis gegenüber Gott. Ähnlich im Buddhismus: Der Buddha (und jeder Buddhist) erzeuge, nachdem er den Bewußtseinszustand des *nirvāṇa* erlangt habe, aber noch nicht ins *parinirvāṇa* eingegangen sei (gestorben ist), kein *karman* mehr. Zwischen dem jetzt schon erlangten *nirvāṇa* und dem Sterben des Körpers wirke sich nur noch die „kinetische Energie“ des vorigen *karman* aus, ohne daß neues *karman*, das zu erneuter Verleiblichung führen würde, erzeugt werde. Daraus folgert Mensching für beide Religionen:

Mit der gnadenhaften Rechtfertigung durch Gott bzw. mit der *nirvāṇa*-

Erfahrung ist die religiöse oder transzendente Dimension des Leidens aufgehoben.

Folgerichtig kritisiert Mensching die christlich weit verbreitete (aber erst seit Anselm von Canterbury (1033–1109) normative) Theorie vom stellvertretenden Strafleiden Christi, denn Gott könne die Sünde vergeben, ohne daß die Strafe abgegolten werden müsse, was zwar im Judentum nicht denkbar sei, wohl aber der Lehre des Evangeliums entspreche, z. B. im Gleichnis vom verlorenen Sohn (Lk 15). Mensching benennt vier Aspekte des Leidens Christi, die er als „moderne Deutung" vorträgt (29f.):

- Das Leiden Christi sei Symptom für das Zusammentreffen des Heiligen mit der gottfernen Welt; gerade indem die Welt Christus leiden lasse, erweise sich, daß sie seine Heiligkeit nicht ertragen könne, d. h. daß er der Heilige sei.
- Damit eröffne Christus den Glaubensgehorsam für jeden, der ihm leidend nachfolge. Christus werde zum Paradigma des Gottesfürchtigen, der der Welt entgegentrete.
- Somit gebe es keinen prinzipiellen Unterschied zwischen dem Leiden Christi und dem Leiden derer, die in seine Nachfolge treten.
- Bei Paulus komme die Leidensmystik hinzu: Der Leidende wird mit dem Leiden Christi eins und damit der Herrlichkeit des Herrn teilhaftig. Das natürliche Leiden gewinne also einen Sinn, während es im Buddhismus nur negativ gesehen werde.

Eine alte Deutung des Leidens Christi, die Mensching nicht erwähnt, wäre wohl dem Mahāyāna-Buddhismus am leichtesten verständlich. Sie taucht erstmals bei dem französischen Scholastiker Abaelard (1079–1142) auf: Christus litt so fürchterlich, um auf diese Weise das harte Herz der Menschen aufzuschmelzen, damit in allen Menschen das Mitleiden, die Barmherzigkeit und Liebe zum Vorschein kämen und so die besten im Menschen liegenden Eigenschaften geweckt würden.

Mensching konnte 1930 noch nicht die Detailkenntnisse über den *duḥkha*-Begriff und besonders über die Entwicklungen im Mahāyāna haben, über die wir heute verfügen, weshalb sich ein viel differenzierteres Bild ergibt. Es zeigt sich aber bereits bei Mensching die Schwierigkeit, die unterschiedlichen Sprachwelten beider Religionen so ineinander zu übersetzen, daß Einzelaussagen vergleichbar werden.

Eine Hermeneutik der Begriffe, die hier verwendet werden, versucht z. B. Aloysius Pieris, wenn er das agapeische dem gnostischen Sprachspiel gegenüberstellt, wodurch Sünde und Schuld im Christentum gegenüber Unwissenheit und Anhaften im Buddhismus nicht als einfach gegenüberzustellende Konzepte erscheinen, sondern als Funktionsbegriffe innerhalb eines jeweils anderen Grundmusters der Wahrnehmung von Welt und Mensch.[4]

Eine ähnliche Differenz dieser Grundmuster ergibt sich aus der klaren Analyse des Problems bei Winston King:[5]

Christlich gesehen wurzele das menschliche Schicksal in der Ursünde Adams, d. h. dem *Ungehorsam* gegen ein Verbot Gottes, was Ausdruck der Entfremdung von Gott sei. Das Resultat sei Leiden und persönliche Schuld; Heilmittel sei die Annahme des Heilsangebotes, das in dem stellvertretenden Leiden Christi bestehe, der in vollkommenem *Gehorsam* gegen Gott Adams Fall umgekehrt habe. Diese Hingabe Christi sei Ausdruck der Liebe und des freien Geschenks der Gnade. Weil das Heil von außen durch einen komme, der seinem individuellen Glück entsagt habe, sei für den Christen eine ähnliche Verantwortung gegenüber dem Mitmenschen und der Welt geboten.

Buddhistisch gesehen, so King, wurzele das Leiden im *Anhaften*, durch das bereits das *karman* jeder Person belastet sei, und dies wiederum sei Resultat der fundamentalen *Unwissenheit* über das Wesen der Wirklichkeit. Weil Anhaften innere Motivation, *karman* individuelle Struktur und Unwissenheit die Illusion eines bloß eingebildeten Ichs sei, müsse das Heilmittel darin bestehen, daß der Mensch karmische Verantwortung für sich übernehme, die leidverursachenden Leidenschaften aufgebe und das Ich meditativ überwinde, und zwar ganz in der Nachahmung des Buddha, der dem luxuriösen Leben und allem Anhaften entsagt habe. (Mit Max Weber sieht King hier die Wurzel für die angebliche „Jenseitigkeit" des Buddhismus – was aber dem Wirken des Buddhismus in der Geschichte nicht gerecht wird.) King betont, daß die Wirkungsweise des *karman* besonders im Theravāda strikt individuell zu interpretieren sei (jeder einzelne webt sein eigenes Schicksal), so daß er formulieren kann, die „Erbsünde" im Buddhismus sei des Menschen *„sentient individuality"* (empfindende Individualität). Für den Mahāyāna-Buddhismus, so müssen wir sofort hinzufügen, ist diese Beschreibung unzureichend, weil hier die Auffassung besteht, daß die Annahme getrennter individueller Wesen letztlich Illusion sei.

Aus buddhistischer Sicht hat der japanische Religionswissenschaftler Iwanami einen minutiösen Vergleich der beiden Religionen bezüglich des Leidens gezogen.[6] Sein Ansatz ist deshalb besonders interessant, weil er das Problem am Prototypen des „bösen Menschen" in beiden Traditionen, an Judas und Devadatta, erörtert. Im Anschluß an die Schrift *„Erwachen des Glaubens im Mahāyāna"*[7] spricht Iwanami von einer *ursprünglichen Unwissenheit*, die als ein plötzlicher Bewußtseinsimpuls entstanden sei, bzw. von einem „karmischen Wind der Unwissenheit", der den bisher glatten See des Bewußtseins der Soheit gekräuselt und damit Unordnung und falsches Denken geschaffen habe. Eine solche Deutung des Problems findet sich im frühen Buddhismus nicht. Jedenfalls, so Iwanami, rette Gott den Menschen durch Christus, so wie Amida den Menschen durch sein Gelübde der Barmherzigkeit rette. Und so wie die Zurückweisung des Evangeliums Sünde wider den Heiligen Geist sei, so müsse auch mangelndes Vertrauen in die Kraft des Gelübdes Amidas als tiefster Grund für das fortdauernde Leiden angenommen werden.[8] Iwanami beobachtet, daß der Christ im Gefolge des jüdischen Legalismus vor allem die Strafe fürchte, während die Furcht des Buddhisten eher auf der Tatsache des Leidens im Zustand unheilvoller Geburten beruhe. Das mache die Sünde im Christentum zu einer persönlichen Angelegenheit, während im Buddhismus das Problem als ein Gefangensein im karmischen Netz erscheine, das nicht voll durchschaubar sei.

Judas, so Iwanami, sei den Einflüsterungen des Teufels erlegen. Deshalb mußte er für sein Handeln persönliche Verantwortung übernehmen. Devadatta[9] sei nicht von außen beeinflußt worden, sondern sein Charakter sei böse gewesen aufgrund vorigen *karmans*. Judas verriet seinen Herrn und wurde verurteilt, Devadatta hingegen *erlitt* die Konsequenzen seines früheren Handelns. Judas verursachte seine Schuld selbst, und darum erhängte er sich. Für Devadatta hingegen war das „Urteil" unpersönlicher, nämlich eine weitere karmische Verstrickung. Weil Sünde persönlich sei, müsse auch die Erlösung von Sünde persönlich sein – durch Christi Höllenfahrt werden auch die Wesen in der Hölle von seiner erlösenden Gegenwart erreicht. Im Buddhismus hingegen sei der Buddha erst viel später zu einer Erlösergestalt geworden – im frühen Buddhismus betritt der Buddha zwar eine himmlische Sphäre, um seine Mutter Māyā *zu lehren*, aber die erlösende Präsenz des Buddha in den finstersten Höllen ist ein Motiv, das erst im Mahāyāna erscheint. Wie aber konnte Judas dem Teufel erliegen? Iwanami beruft sich auf die calvinistische Prädestinationslehre bis hin zu Karl Barth, wenn er konstatiert: Gott habe Judas zum Unheil vorherbestimmt und diesen verlassen, bevor Judas sich seinerseits von Gott abgewendet habe. Damit stünde des Menschen Schicksal in den Händen eines rätselhaften und unverständlich hartherzigen Gottes. Ganz anders dagegen löse der Buddhismus des Reinen Landes das Problem. Der japanische Mönch Shinran (1173–1262) habe Devadatta als einen der Fünfzehn Heiligen verstanden. Warum? Weil in Devadatta gar nichts Gutes gefunden werden könne und er gerade deshalb ein perfekter Empfänger der Gnade Amidas (Amitābhas) gewesen sei. Der Mahāyāna-Buddhismus, so Iwanami, kenne keine letztgültige Dualität von Mensch und Gott, leidender Menschheit und nicht-leidender Gottheit oder eine doppelte Prädestination zu Heil oder Verdammnis. Das sei der wesentliche Unterschied zwischen Christentum und Mahāyāna-Buddhismus!

Wenn wir diese Diskussionen zusammenfassen, ergibt sich folgendes Bild: Der Buddhist fragt: Wie kann Gott zulassen, daß Adam (oder Judas) sündigt? Der Christ fragt: Wie kann der Buddhist, der das Übel dem vergangenen *karman* zuschreibt, den Fatalismus überwinden? Beide Positionen können nur ins Gespräch kommen, wenn sie ihre Voraussetzungen reflektieren, d. h. ihre jeweilige *Ursprungsgeschichte* hinterfragen, um an den existentiellen Kern des Problems zu gelangen. Erst dann werden die genannten Fragen *im Lichte* der eigenen sowie der anderen Tradition neues Licht auf das Dilemma des Menschen und seine Hoffnungen zu dessen Überwindung werfen können.

In diesem Sinne möchten wir einen Vorschlag einbringen, indem wir nicht von den traditionellen Texten und Antworten der beiden Religionen ausgehen, sondern von der *religiösen Frage des heutigen Menschen,* die ganz wesentlich eine Frage nach dem *Problem und der Überwindung der Angst* ist.

b) Neue Zugänge: Paul Tillichs Analyse von Leiden und Angst

Ein interessanter Ansatz zum Dialog ergibt sich aus Paul Tillichs (1886–1965) Analyse der Angst, des Todes und des Leidens. Tillich definiert Gott als „das, was mich unbedingt angeht". Existentielle Ängste können die Tiefe dieses Anliegens an die Oberfläche bringen. Aber Ängste unterscheiden sich zu verschiedenen Zeiten und in verschiedenen Religionen. In seinen Terry-Lectures an der Yale-Universität 1942, die später unter dem Titel „Der Mut zum Sein" veröffentlicht wurden,[10] analysiert Tillich in einer „Theologie der Kultur" die Geschichte der Angst und des Glaubens in westlichen Gesellschaften. Er arbeitet hier seine Methode der onto-theologischen Korrelation aus und zeigt, wie die drei grundlegenden existentiellen Ängste des Menschen im christlichen Glauben überwunden werden können. Im zweiten Kapitel (33–54) unter der Überschrift „Sein, Nichtsein und Angst" zeigt Tillich, wie jede der drei Grundängste in jeweils drei einander folgenden Epochen der europäischen Geschichte dominierend gewesen ist:[11]

1. Schicksal und Tod	– ontische Angst	– klassisch
2. Schuld und Verdammung	– moralische Angst	– mittelalterlich
3. Leere und Sinnlosigkeit	– spirituelle Angst	– modern

Tillich argumentiert, daß die Existenz des Menschen im Unterschied zur Existenz Gottes per definitionem endlich sei. Das Sein des Menschen sei aus diesem Grunde immer verwundbar durch die Bedrohung des Nicht-Seins. Hierin liege die Ursache der Angst. Angst sei immer total, d. h. sie betreffe die ganze Person, weil das Nicht-Sein die Existenz des Menschen selbst negiere. Darin unterscheide sie sich von der Furcht, die *bestimmte* Ursachen und erkennbare Objekte zum Gegenstand habe. Furcht könne durch eine rationale Lösung verändert werden, Angst hingegen sei gesichtslos und so überwältigend, daß sie sich jeder Objektivierung oder Manipulation entziehe. Angst könne nur durch Glauben an Gott überwunden werden, denn nur, indem sich der Mensch im Grund des Seins zentriere, könne die Bedrohung des Nichts verschwinden. Analog dazu könne auch die Zerrissenheit in der menschlichen Geschichte nur durch Jesus den Christus, den Gott in der Geschichte, geheilt werden. Durch das Neue Sein erführen Christen, indem sie von der Letztgültigkeit ihres Anliegens ergriffen seien, eine neue Befreiung vom Tode zum Leben. Weil Gott in seiner Menschwerdung die

Angst vor Schicksal und Tod auf sich genommen habe, die mit dem Menschsein unweigerlich gegeben sei, habe Christus die Begrenzung des Menschen stellvertretend für alle Menschen überwunden.

Wenn Tillich die Entstehung des Christentums mit der Überwindung der Angst von Schicksal und Tod verbindet, heißt das nicht, daß der Glaube an Christus nicht auch auf die anderen Formen der Angst antworten würde. In bezug auf die weitere geschichtliche Entwicklung hat Tillich jede Grundform von Angst auf je eine der drei Hauptperioden der europäischen Geschichte bezogen: Am Ende der Spätantike sei die ontische Angst vorherrschend gewesen, am Ende des Mittelalters die moralische Angst und am Ende der Neuzeit die spirituelle Angst.

Die *erste Grundform der Angst* sei die elementarste: „Die *Angst vor Schicksal und Tod* ist fundamental, universal und unausweichlich.“ (39). Sie beziehe sich auf die grundlegenden physischen Begrenzungen, die unser Leben bestimmen. Indem sie mit den notwendigen Bedingungen der Existenz und Sterblichkeit zu tun habe, d. h. mit ontischen Gegebenheiten, könne sie als vor-sozial und vor-moralisch bezeichnet werden. Religionen oder Philosophien, die auf diesem Paar begründet seien, müßten deshalb aber nicht a-sozial oder a-moralisch sein. Noch bevor das Christentum die Weltbühne betreten habe, seien die Stoiker – Menschen von höchsten moralischen Standards und wahrlich Kosmopoliten – die Philosophen gewesen, die von dieser Form der Angst am tiefgründigsten betroffen waren. Sie seien Pantheisten gewesen, die dem Schicksal und dem Tod mit Entschlossenheit und Stolz ins Auge geblickt hätten. Denn, so urteilt Tillich, die antiken Götter standen *außerhalb* des Leidens, d. h. sie waren vom Leiden *nicht betroffen*. Die Stoiker aber hätten *darüber* gestanden, d. h. sie seien durch das Leiden *hindurchgegangen* und hätten es dadurch *überwunden*. Tillich sieht im Stoizismus die einzig wirkliche Alternative zur christlichen Haltung.

Und hier finden wir unseren Ansatzpunkt für den Dialog zwischen Christentum und Buddhismus: In ihrer Grundhaltung ist die Stoa dem Buddhismus verwandt. Auch im Buddhismus stehen die Götter *(devas)* außerhalb des Leidens, aber nicht darüber. Sie arbeiten nicht und haben keine Mühen; ihr fröhliches Leben in einem der buddhistischen Himmel ist karmisch bedingt, aber zeitlich begrenzt. Nur Buddhas stehen wirklich *über* dem Leiden, weil sie durch das Leiden *hindurchgegangen* sind und es *überwunden* haben.

Tillich kritisiert aber den Stoiker, weil er nicht an das christliche Ideal heranreiche: „Der Mut zum Sein ist für ihn der Mut, sich trotz Schicksal und Tod zu bejahen, und nicht der Mut, sich trotz Sünde und Schuld zu bejahen. Anders konnte es nicht sein, denn der Mut, der eigenen Schuld ins Auge zu sehen, führt zu der Frage nach der Erlösung und nicht zur Resignation.“ (23 f.).

Auf den ersten Blick könnte man versucht sein, diese Kritik auf den

Buddhismus zu übertragen. Wir werden später aber zeigen, daß sich der Buddhismus im Kontext dieser Frage und Kritik deutlich von der Stoa unterscheidet, daß die Parallele zwischen Buddhismus und Stoa also höchst unvollständig ist, so daß die traditionellen Muster christlicher Kritik an der Stoa für den Buddhismus unzutreffend sind.

Zunächst aber zurück zu Tillich. Offensichtlich ist für ihn *die zweite Grundform der Angst*, nämlich *Schuld und Verdammung*, ausschlaggebend für die Frage nach dem Unbedingten (Gott) im jüdisch-christlichen Kontext. Diese Angst beziehe sich auf die Sünde als die grundlegende Schuld des Menschen. Die Übertretung des göttlichen Gebotes verlange nach Strafe. Das sei das Ethos und das Pathos des biblischen Glaubens. Gewissensqualen hätten auch die Stoiker gekannt, dabei aber niemals den Glauben an die Vernunft des Menschen oder die Gegenwart des Logos in der Natur verloren. Sie hätten die Furcht vor moralischem Versagen deutlich empfunden, aber rationale und moralische Erwägungen hätten das Versagen eindämmen und damit die Furcht ausgleichen können. Die Stoiker hätten indessen nicht die Angst gekannt, die mit der Todsünde verbunden sei und der Gefahr ewiger Verdammnis ins Auge sehe. Allerdings sei das klassische Vertrauen in die rationale Selbstkontrolle in späthellenistischer Zeit untergraben worden, weil der Zweifel an der Fähigkeit des Menschen, recht zu handeln, ständig zugenommen habe. Aber nicht nur das. Weil jeder Tat der Gedanke zur Tat vorangehe, sei auch der Zweifel daran gewachsen, ob der Mensch überhaupt recht denken könne.

Den Mysterienreligionen habe es aus diesem Grunde nicht genügt, auf die erste Grundform der Angst (Schicksal und Tod) zu antworten, sondern es sei ihnen auch um die *zweite Grundform der Angst* gegangen, wenn auch immer noch abhängig von der ersten Form. Tillich sagt dazu:

„Die Angst vor Schuld und Verdammung erfüllte die Gruppen, die sich in den Mysterienkulten mit ihren Entsühnungs- und Reinigungsriten zusammenfanden ... Schuld ist Verunreinigung der Seele durch den Einfluß des Materiellen und durch dämonische Mächte. Deshalb bleibt die Angst vor der Schuld wie die Angst vor der Leere ein sekundäres Element innerhalb der beherrschenden Angst vor Schicksal und Tod.“ (50f.).

Deshalb, so meint Tillich, sei es angesichts der Angst vor Schuld und Verdammung dem christlichen Evangelium überlassen geblieben, alle Menschen bis in die untersten sozialen Schichten zu voller *Verantwortlichkeit* aufzurufen, was die elitäre Philosophie der Stoa nicht habe leisten können. Als Europa zum christlichen Glauben bekehrt wurde, habe dies auch bedeutet, daß die grundlegenden christlichen Kategorien bei der Beschreibung des Menschlichen, nämlich Schuld und Verdammung, dominant wurden und für die moralische Identität Europas konstitutiv werden sollten. Denn dies sei die spezifisch christliche Form der Angst, die das Judentum und der Islam nicht in dieser fundamentalen Weise ausgeprägt hätten. Am Ende des

Mittelalters sei die Angst vor Schuld und Verdammung zum wichtigsten Charakteristikum der Kultur geworden, und zwar so, daß vom Standpunkt der moralischen Angst jede Religion, die immer noch das ontische Schicksal und den Tod zu ihrem Hauptinhalt machte, als suspekt oder primitiv, d. h. als vor-moralisch erscheinen mußte. Und zwar deshalb, weil das Christentum als Religion der Antwort auf Schuld und Verurteilung die Probleme von Schicksal und Tod damals völlig in sich aufgesogen habe: Denn der Tod wurde, wie bei Paulus, zum „Sold der Sünde" (Röm 6,23) und „die Sünde zum Stachel des Todes" (1 Kor 15, 56). Selbst wenn Schicksal und Tod den Menschen im späten mittelalterlichen Europa einzuholen schienen (wie in der gotischen Malerei und dem Motiv der Fortuna in der Renaissancekunst), so seien doch alle diese Ängste bis in die Reformationszeit hinein von der *Grundangst vor Gericht und Verdammung* durchdrungen gewesen, wie es auch in den verschiedenen Prädestinationslehren jener Zeit zum Ausdruck komme.

Die *dritte Grundform* der Angst sei die *Angst vor Leere und Sinnlosigkeit*. (42 ff.) Sie sei charakteristisch für die Epoche des Endes der Neuzeit, also auch für unsere Zeit. Wir werden sie darum im Unterabschnitt über die „Suche nach einer Antwort auf die Angst in der Moderne" diskutieren.[12]

c) Griechische und biblische Sicht von Schicksal und Tod

Wir wollen zunächst innehalten und eine *methodische Zwischenüberlegung* anstellen:

Tillichs Typologie der drei Grundängste ist gewiß verallgemeinernd und kann nicht ohne weiteres auf andere Religionen übertragen werden. Aber sie zeigt, daß eine mangelnde Unterscheidung der Grundstrukturen des Denkens, die Tillich an den drei Grundängsten aufzeigt, zum Mißverständnis anderer Denkformen führen muß. Diese Gefahr entsteht dann, wenn die Antwort auf eine bestimmte Form der Angst interpretiert wird, ohne die Frage bzw. den Kontext der Antwort in der jeweiligen Grundform der Angst zu berücksichtigen. Wir meinen, daß genau dies eine der Wurzeln für das christliche Mißverständnis des Buddhismus ist, das darin besteht, die gegenüber der griechisch-hellenistischen Angst von Schicksal und Tod entwickelten Argumente auf den Buddhismus zu übertragen, der die Frage nach Schicksal und Tod aber in einem ganz anderen Zusammenhang stellt.

Wir wollen diese These nun erläutern und erweitern dabei Tillichs Modell, die Grundformen der Angst bestimmten Perioden in der europäischen Geschichte zuzuordnen, durch folgende Hypothese: Gewisse Elemente dieser Grundformen der Angst können auch in verschiedenen Religionen jeweils mehr oder weniger dominierend ausgeprägt sein, so daß vor einem interreligiösen Vergleich zunächst dieser Kontext untersucht werden muß, damit Frage und Antwort in echte Korrelation zu stehen kommen.

Wir sahen: Das Christentum hat die Angst vor Schicksal und Tod unter die „höhere“ moralische Angst von Schuld und Verdammung gestellt. Deshalb kann christliches Denken nicht verstehen, wie man zu einer anderen Antwort auf die elementaren Formen der Angst kommen kann. Wir gehen nun aber weiter und vermuten, *daß der Buddhismus in seinem unbedingten Anliegen genau die Religion sein könnte, die sich auf Schicksal und Tod ausrichtet, während das Christentum Schuld und Verdammung ins Zentrum rückt.*

Dieser Unterschied macht jedoch das Gespräch zwischen beiden Religionen schwierig, weil das Christentum selbst schon eine Geschichte mit dieser Frage hinter sich hat (und dann die einmal gewonnenen Einsichten auf ganz andere Situationen überträgt): Die Angst vor dem Schicksal (und weniger vor dem Tod) bestimmte die griechische Tradition bis in den Hellenismus hinein, gegenüber dem sich das frühe Christentum abgrenzte und dabei seine Identität herausbildete.

Schicksal und Tod waren für die Griechen keine mit der Moral verknüpften Kategorien, sondern Tatsachen des Lebens: Schicksal ist blind, und der Mensch ist sterblich. Moira bzw. Fortuna lächelt über dem Guten und dem Bösen, aber beide werden unausweichlich sterben. Schicksal und Tod wurden unpersönlich gedacht, wie die kosmische Ordnung, zu der sie gehörten und zu deren Ausbalancierung sie dienten. Selbst Zeus konnte zwar den Tod, der seine menschlichen Kinder erwartete, für eine Weile aufschieben, aber er konnte nicht die Notwendigkeit des Todes und des Schicksals verändern.

Die Ethisierung des Schicksals, in Tillichs Sprache die Transformation der ontischen Angst in eine moralische, war den Griechen freilich nicht fremd. Sie entwickelte sich im klassischen Griechenland ganz allmählich, jedoch nie vollständig. Wir wollen dies durch eine knappe Interpretation des Ödipus-Mythos verdeutlichen: Ödipus mußte handeln, wie er handelte, denn das Orakel konnte nicht umgestimmt werden. (Die Idee, daß Ödipus aufgrund seiner Hybris sündigte, ist unserer Meinung nach eine spätere Interpretation.) Ödipus war zu stolz, um die Warnung des blinden Sehers zu beherzigen, nicht zu suchen, was er nicht kannte. So gelobte er, den Schuldigen zu finden, als der er sich schließlich selbst entpuppte. Die Lektion, die er lernte, war die *tragische Erkenntnis*, daß der Mensch ihm unbekannte Grenzen nicht überschreiten dürfe. Da ihm aber die Grenzen unbekannt waren, war Ödipus tragisch schuldig nur in bezug auf die Verletzung der kosmischen Ordnung, nicht in bezug auf eine Gesinnung, die ihn zur Tat motiviert hätte. So geht es in dieser Geschichte um Verbrechen und Bestrafung, nicht aber um Schuld und Verdammung. Ödipus blendete sich selbst – die Götter hatten damit nichts zu tun.

Der Hintergrund der christlichen Denkform ist ein ganz anderer. Für das alte Israel und das spätere Judentum war das Schicksal im allgemeinen keine religiöse Kategorie. Die Welt wird allein von Jahwe gelenkt. Die Genesis betrachtet Adams Fall nicht als schicksalhaft. Als Adam sündigte, wußte er – anders als Ödipus –, daß er sündigte, d. h. er sündigte wissentlich und war darum *verantwortlich*. Seine Sünde war ein Akt der Auflehnung gegen Gott bzw. des Ungehorsams, der voraussetzt, daß ihm die gesetzten Grenzen bekannt waren. Und diese Grenzen hatte Gott in seinen *Geboten* gesetzt. Der Mensch vergeht sich hier also nicht gegen die kosmische Ordnung, sondern gegen Gott selbst. Nicht nur, daß der Mensch (wie in alttestamentlicher Zeit so oft) Gott durch geringere Götter ersetzt hätte, sondern daß er sich selbst an die Stelle Gottes setzen wollte, galt als die Sünde schlechthin. Die Idole bzw. Götzen waren nicht mehr nur die Götter der Natur, sondern das sich unabhängig dünkende menschliche Selbstbewußtsein. Das Christentum knüpfte an diese Anthropologie an.

Damit war die Wurzel des Bösen in den Willen des Menschen verlegt worden, und daraus folgt, daß auch die Vernunft kein verläßlicher Anhaltspunkt mehr sein konnte. Aus diesem Grunde verbot sich jeder Pelagianismus und jedes stoische Vertrauen in die Selbstvervollkommnung des Menschen. Dadurch veränderte sich auch die Definition des Glaubens von dem alten hebräischen Sinn des *Vertrauens auf die Treue Gottes* (in seinem Handeln mit dem Volk Israel) hin zur christlichen Vorstellung des *Vertrauens auf die Rettung des Sünders*. Denn die unter der Sünde lebende Menschheit bedurfte eines Mittlers, der die vollkommene Annahme und Rettung mit Gewißheit verbürgte.

Wir müssen aber noch genauer fragen, warum für das christliche Denken das Problem von Schuld und Verdammung gegenüber dem Problem von Tod und Schicksal vorrangig werden konnte. Dazu müssen wir etwas weiter ausholen: Der Tod war in der klassischen Antike möglicherweise weniger mit Angst besetzt als das Schicksal, denn er war zwar gefürchtet, aber er war gewiß. Das Schicksal aber war ungewiß und unabsehbar. Der Tod galt als ein Faktum des Lebens, das eher akzeptierbar war, wenn nur das Leben weiterging. Der Tod ebnete alle (schicksalsbedingten) Unterschiede ein, woraus man auch Trost gewinnen konnte.

Als aber mit dem Zusammenbruch der zivilen Stadtstaaten etwa seit dem 5. Jh. v. Chr. eine stärkere Individualisierung innerhalb einer nun unüberschaubarer gewordenen Gesellschaft einsetzte, wurde die Frage nach dem Tod des Individuums dringlicher. Ein ähnlicher Wandel vollzog sich auch in Palästina: Der Tod war in altisraelitischer Zeit als von Gott gesetzt akzeptiert worden. Gottes bewahrendes Handeln galt primär seinem Volk, weshalb man nicht erwartete, daß Gott eingreifen und den Tod des einzelnen Menschen verhindern würde. Als Israel aber seine staatliche Eigenexistenz verlor (722 v. Chr. das Nordreich, 587 v. Chr. das Südreich), änderte sich dies, insofern nun das Geschick des Einzelnen zum religiös relevanten Thema wurde. In exilischer und nach-exilischer Zeit (ab 538 v. Chr.), vor allem in der Apokalyptik, verbreitete sich der Glaube an ein individuelles Weiterleben nach dem Tode, und diesbezügliche Wunder galten als Erweis des Heilshandelns Gottes. Diese Entwicklung bildet den Hintergrund für den Glauben an die Auferstehung, der sich nun herausbildete. Der Fall Adams, der zuvor als irreversibel gegolten hatte, wurde neu interpretiert: Wenn der Tod als Folge der Sünde in die Welt gekommen war, müßte die Aufhebung der Sünde das Ewige Leben wiederbringen können. Die Adam-Christus-Typologie des Paulus ist dafür ein gutes Beispiel (Röm 5, 12 ff.): Wie durch den einen Adam (durch die Übertretung des göttlichen Gesetzes) die Sünde und der Tod kamen, so mußten nun durch den „zweiten Adam" Jesus Christus durch Gnade die Rechtfertigung des Sünders und das Ewige Leben kommen.

Mit der Ethisierung der ontischen Angst im Christentum verloren die Faktizität des Schicksals und der Stachel des Todes ihre alte Macht über die Menschen. Darum ist das Christentum davon überzeugt, daß das Problem von Schuld und Verdammung sowie deren Überwindung die grundlegende Ebene der gegenwärtigen menschlichen Situation charakterisiert.

d) Die buddhistische Überwindung des Schicksals und des Todes

Der Buddhismus ist andere Wege gegangen, weil sein Kontext ein anderer war. Das vedische Indien hatte mit dem brahmanischen Weltbild einen priesterlichen Kult entwickelt, der durch Opfer (und Askese) die Kontrolle von Schicksal und Tod ermöglichen sollte. Der Ritus entsprach dem kosmischen Geschehen *(ṛta)*, und die Macht der priesterlichen Handlungen *(karman)* hielt dieses Geschehen in Gang. Diese Ritualisierung der Religion in der Periode der Brahmanas (etwa 1000 v. Chr.) ging so weit, daß selbst die Götter, die einstmals als sich selbst genügende Wesen angebetet worden waren, nun unter der Macht des opfernden Priesters standen, indem sie vom Opfer der Priester abhängig wurden. Das rituelle Handeln *(karman)* regierte damit auch die Götter. Als der Begriff des *karman* ab ca. 800 v. Chr. generalisiert werden konnte, weil er ja die kosmische Kausalordnung *(ṛta)* ausdrückte, bezeichnete er nun jedes Handeln, nicht nur das rituelle. Dadurch wurde *karman* zur alles bestimmenden Kraft im Universum. Während der vedischen Zeit, deren Interesse primär dem Wohlergehen im Diesseits galt, war der Begriff des *saṃsāra* (der endlose Kreislauf der Wiedergeburten) als philosophischer Grundbegriff noch unbekannt. Erst gegen Ende dieser Epoche (seit ca. 600 v. Chr.) wurde die Angst vor dem Tod und vor dem Gericht des Totengottes Yama ein literarisches Thema. Spätestens seit der Zeit der ältesten Upaniṣaden (ca. 800 v. Chr.) wurde der Tod nicht mehr als ein einmaliges Ereignis verstanden, sondern es kam zu Wiedertoden und dementsprechenden Wiedergeburten, zunächst in einer jenseitigen Welt, dann aber auch im irdischen Bereich. Das bedeutete, daß die Potenz, die dem rituellen Handeln *(karman)* innewohnte, nun auch weiter zurückwirken konnte.

Man entwickelte die Vorstellung, daß jedes Handeln eine Reaktionskette nach sich zieht, die sich über Vergangenheit, Gegenwart und Zukunft erstreckt. Dies ist die Kette des Ausgleichs von *karman* bzw. der Wiedervergeltung, die sich über viele Leben erstreckt.

In Indien kam es damit schon viel früher als in Griechenland zu einer Ethisierung des kosmischen „Schicksalszusammenhanges", was sich in der Verbindung der Begriffe *karman* und *saṃsāra* ausdrückt: *karman* steuert den Kreislauf aller Prozesse in der Welt in umfassender Weise, so daß es dazu keines lenkenden Gottes bedarf. Die *karman*-Lehre nimmt dem Schicksal die Kontingenz, denn alles, was sich ereignet, hat Ursachen. *Karman* schafft Dispositionen für das menschliche Handeln, nicht aber einen monokausalen Determinismus, d. h. *karman* hebt die Freiheit des Menschen nicht auf, sondern strukturiert ihre Möglichkeiten gemäß den Ereignissen und Handlungen in der Vergangenheit. Das Schicksal, das dem Menschen widerfährt, ist nach indischer Vorstellung also nicht blind, sondern es erscheint nur als blind, wenn der Mensch die wirkenden Ursachen und Bedingungen nicht erkennt.

Daraus folgt der grundlegende Unterschied zur Haltung der Stoa. Denn die stoische Resignation angesichts der Unvermeidlichkeit des Schicksals wäre hier gerade nicht die angemessene Antwort. Die *karman*-Lehre verlangt vielmehr, daß der Mensch aktiv zur Freiheit zu gelangen sucht, indem er nach Einsicht in die kausalen Muster des „Schicksals" strebt. Eine solche Philosophie entthront freilich solche Götter, die keine Freiheit haben und nur die zeitlich begrenzten Wirkungen ihres *karman* genießen. Auch das rituelle Opfer wird nutzlos – denn es ist die Summe *aller* Handlungen, die im karmischen Kausalgeflecht die eigenen und die allgemeinen Lebensbedingungen bestimmt.

Der Buddha setzte die Realität von *karman* und *saṃsāra* im eben genannten Sinne selbstverständlich voraus. Aber seine Therapie für das Leiden verlangt diese Prämissen nicht notwendigerweise. Wie die Entwicklungen in Ostasien zeigen, konnte der Buddhismus hier auch ohne diese Grundannahmen überleben, weil es ihm primär nicht um eine *Erklärung* des Leidens, sondern um die *Überwindung* von *duḥkha* geht. Der Begriff *duḥkha* ist im übrigen mit „Leiden" nur unzulänglich übersetzt, denn er meint vor allem die *Frustration* daran, daß die Wirklichkeit nicht mit den eigenen mentalen Bildern übereinstimmt. Freiheit von *duḥkha* ist somit die Freiheit von den projizierten mentalen Bildern, Konzepten und Einstellungen. *Duḥkha* (wir übersetzen hinfort der Einfachheit halber dennoch mit „Leiden") ist also weniger ein ethischer und gleich gar nicht ein ontologischer, sondern ein *epistemisch-psychologischer* Begriff, dessen Bedeutungsfeld die physischen Begleitumstände von *duḥkha* mit einschließt: Im Abhidharma-System (der Systematik des frühen Buddhismus) wird *duḥkha* unter der Begrifflichkeit der physischen Form *(rūpa)* und des psychisch-mentalen Bewußtseinskomplexes *(citta)* analysiert.

Dem Buddha geht es um den Weg zur Überwindung des Leidens. Nur zu diesem Zweck fragt er auch nach der Ursache des Leidens, nicht aber um eine metaphysische Antwort zu geben. Das Leiden ist verursacht durch die Einbildung eines in sich existierenden Ich. Weil dieses Ich eine Illusion *(avidyā* bzw. *moha)* ist, die nur durch ständige Selbst-Stabilisation aufrechterhalten werden kann, entsteht ein unablässiges Begehren *(tṛṣṇā* bzw. *lobha)* und Anhaften, das dieser Selbst-Stabilisierung des Ich dient. Das Ich schafft sich also gleichsam selbst eine (Schein)Existenz, indem es Dinge, Vorstellungen usw. begehrend auf sich bezieht und daran anhaftet. Weil aber alle Dinge im Fluß sind *(anitya)*, gelingt diese Stabilisierung nicht wirklich. Dadurch wird das (eingebildete) Ich bedroht und reagiert mit Haß *(dveśa)* gegenüber den Dingen/Personen, die es nicht besitzen kann. Die Dinge und Personen werden demzufolge nicht wahrgenommen als das, was sie sind, sondern unter der egozentrischen Projektion des Begehrens bzw. des Hasses. Haß ist nur die Kehrseite des Begehrens: Er entsteht, wenn das Begehren frustriert wird. Überwindung des Leidens bedeutet deshalb, diese falsche Wahrnehmung des Ich aber zu überwinden. Die Überwindung des Leidens kann nur in der Gegenwart beginnen, weshalb die spekulativen Fragen nach seinem Ursprung und nach zukünftigen Existenzen müßig sind. Man kann zwar die Ursache des gegenwärtigen Leidens im früheren *karman* finden, d. h. in den Handlungen, die in einem vergangenen Leben begangen wurden. Aber letztlich erklärt auch *karman* das Leiden nicht, denn woher würde das erste karmische Anhaften kommen? *Karman* und *saṃsāra* selbst *sind* das Leiden. Aus diesem Grund vermeidet die Zweite Edle Wahrheit einen *regressus ad infinitum* bei der Frage nach der letzten Ursache, indem sie einfach sagt: Weil es Begehren gibt, darum gibt es Leiden. Beide entstehen in gegenseitiger Abhängigkeit gleichzeitig. Die Einzelheiten vergangener Ursachen sind dabei weniger von Belang. Die Tatsache, daß alle Wesen leiden, genügt zur Diagnose.

So wie die christliche Vorstellung, daß *alle* Menschen Sünder sind, die einzelnen guten Taten einiger Menschen zweitrangig erscheinen läßt, so macht auch die buddhistische Idee des universalen Leidens die Abwägung, ob ein Mensch mehr leidet als ein anderer, weniger bedeutsam. Wie Sünde und Leiden in die Welt kommen – sei es durch einen mythischen Fall oder eine ursprüngliche Unwissenheit – ist sekundär gegenüber der Frage, wie man aus diesem Zustand herauskommen kann. Aus diesem Grunde konstatieren die Dritte und Vierte Edle Wahrheit: Leiden endet, wenn das Begehren endet. Der Weg dafür ist der Edle Achtfache Pfad, d. h. die Regeln für den buddhistischen *saṃgha* als einer idealen menschlichen Gemeinschaft und die Praxis von *śīla*, *samādhi* und *prajñā* (moralische Vorschriften, Meditation und Weisheit). Weil Leiden in der Unwissenheit, d. h. im Bewußtsein gründet, muß der Weg zur Überwindung des Leidens einer psychologischen und mentalen Analyse folgen. Die erste Predigt des Buddha von Benares kümmert sich wenig um die buddhistische Lehre vom Nicht-Ich *(anātman)*, sondern konzentriert sich auf *duḥkha*. Wir hatten den Begriff mit „Frustration" übersetzt. Und nochmals kurz zusammengefaßt besagt dies:

> *Der Mensch leidet, weil er etwas begehrt, das er nicht haben kann, weil etwas nicht so ist, wie er es sich wünscht.*

Die Idee, daß Leben voller Frustration sei, war in der indischen Religionsgeschichte nicht neu. Das Besondere der Lehre des Buddha besteht aber darin, daß er auch die Augenblicke des Vergnügens für nicht weniger leidvoll hält als den unmittelbaren Schmerz bzw. das Mißvergnügen – er bevorzugt also nicht bestimmte Ereignisse gegenüber anderen, sondern beschäftigt sich mit der Einstellung des Menschen gegenüber *jedem* möglichen Ereignis. Kein philosophisches System des Hinduismus subsumiert alle Aspekte des Lebens unter solch ein universales Verständnis von *duḥkha*. D. h. der Buddha hat bis an die Wurzel von *duḥkha* gegraben wie kein anderer vor ihm.

Für den buddhistisch-christlichen Dialog ergeben sich aus dem Gesagten einige bemerkenswerte Gesichtspunkte, die Gemeinsamkeiten sowie Unterschiede signalisieren:

1. Wie auch im Christentum wurde im Buddhismus die Aufmerksamkeit auf das Motiv hinter der Handlung gerichtet, auf den Gedanken vor der Tat *(cittakarman)*.

2. Für den Buddha war *tṛṣṇā* ein Durst, der ursprünglicher ist als *kama*, die Begierde nach einem bestimmten Objekt. Dieser Durst ist ein alldurchdringendes Begehren, das auf kein bestimmtes Objekt zielt. Es ist ein blindes Angetriebensein oder *saṃskāra*, ein „Wille zum ich-haften Sein". Wie die Hybris ist auch *tṛṣṇā* maßlos, aber anders als die Hybris überschreitet dieser Durst weder ein Gesetz der Natur noch das Gebot Gottes, d. h. *tṛṣṇā* ist nicht unter moralischen Kategorien faßbar. Der Durst tendiert zu einer „Selbstidolatrie", denn er erweckt ein falsches Gefühl von Identität, das wir als „Ich" oder „Selbst" bezeichnen und das sich in den Mittelpunkt der Wahrnehmung und allen Geschehens stellt. Der *Egozentrismus* wird also in beiden Religionen als Grundproblem anerkannt, *aber er wurzelt in jeweils verschiedenen Ursachen*. Mit der Überwindung des Durstes bzw. Begehrens *(tṛṣṇā)* lehnt der Buddhismus aber *nicht* jegliche Intentionalität oder Aktivität ab. Menschliche Tatkraft *(vīrya)* und edles Streben ist vielmehr Voraussetzung für das Begehen des Achtfachen Pfades. Es geht bei der Überwindung von *tṛṣṇā* vielmehr um das *unheilsame Anhaften* an den angenehmen, unangenehmen und neutralen Elementen des Daseinskreislaufs *(saṃsāra)*.

3. Die buddhistische Leugnung eines Selbstes hat den buddhistisch-christlichen Dialog unnötig blockiert. Denn auch der Christ hängt weder an dem egoistischen Selbst, das der Buddhist zurückweist, noch an den Göttern, die er entthront. Was die beiden Traditionen wirklich unterscheidet, ist vielmehr dies:

Für den Buddhisten ist das Begehren, für den Christen die Sünde Ursache des Leidens.

Christliches Leiden ist mit der *moralischen Schuld und Angst* verbunden, die durch den sündlosen Christus aufgehoben wird, der sühnend an der Stelle des Menschen am Kreuz gestorben ist. Der Christ erfährt sich durch diese stellvertretende Sühne als schon befreit, und darum ist er bereit zur Nachfolge bis in den Tod. Das ist der Grund des christlichen Mutes zum Sein, um die Terminologie Tillichs wieder aufzunehmen.

Auch der Buddhist begegnet seinem Tod mit einem neuen Mut zum Sein, aber ohne einen theistischen Bezug. Wir können dies an der *praxis pietatis* verdeutlichen: Christen beten um Stärke, die Gott schicken möge. Buddhisten beten, daß in ihnen die Kraft geduldigen Ertragens *(kṣānti)* erweckt werden möge. *Als moralische Menschen handeln Buddhisten und Christen in ähnlichen Situationen kaum unterschiedlich.* Beide überwinden den Egozentrismus und handeln in der Verantwortung für die Mitmenschen. Im Teil B, II (Sri Lanka) haben wir gezeigt, daß buddhistische Mönche gegenüber der Welt keineswegs so indifferent sind, wie oft behauptet wird. Der Buddhist wird mißverstanden, wenn man ihn der Weltflucht bezichtigt. Für ihn ist eher der Christ derjenige, der sich dem Diesseits entzieht in ein falsches Refugium der unsterblichen Seele, eines ewigen Paradieses, eines Lebens danach und eines allmächtigen Gottes.[13]

Zusammenfassend halten wir fest:

In der Begegnung von Buddhismus und Christentum treffen zwei Sprachen, zwei Paradigmen aufeinander, die einander schwer verstehen können. Wenn wir aber Paul Tillichs Analyse der Angst zugrundelegen, können wir einen Grund für dieses Dilemma angeben: Der Buddhist antwortet auf die erste Form der Angst vor Schicksal und Tod, wenngleich er sie nicht ontologisch begründet, sondern psychologisch und mental interpretiert. Von dieser Analyse her beurteilt er die anderen Ebenen der Angst. Der Christ hingegen geht von der zweiten Form der Angst aus, nämlich von Schuld und Verdammung, und beurteilt die anderen Formen der Angst in diesem Licht.

Wir wollen nun die Konsequenzen aus diesem Unterschied an einem fiktiven Beispiel erläutern, indem wir konstruieren, wie ein Buddhist die Geschichte vom Sündenfall in der Bibel interpretieren könnte.

e) Eine buddhistische Interpretation des Sündenfalls

Die Erzählung vom Sündenfall in der Genesis enthält beide Elemente: den ontischen Tod und die moralische Sünde. Adam sündigte, insofern er gegen Gott ungehorsam war, als er die Frucht vom Baum der Erkenntnis von Gut und Böse aß. Es ist ein Drama zwischen Gott und Mensch im Konflikt von Gesetz, Gesetzesbruch und von der Verführung durch inneren Stolz und Selbstüberhebung. Durch Ungehorsam wird der Mensch von seinem Schöpfer entfremdet.

Ein Buddhist würde die Geschichte ganz anders lesen, nämlich ohne Bezug auf den Konflikt zwischen Gott und Adam als ein Drama, das sich allein im Bewußtsein abspielt: Der Sündenfall ereignet sich im Licht buddhistischen Denkens im Akt des Begehrens der Frucht. Letztlich wäre es hier nicht Adam, der begehrt, sondern das Begehren (*tṛṣṇā*, der Durst) würde Adam als wünschenden Handlungsträger „erschaffen". Das bedeutet: Der Durst nach der Frucht bewirkt die Unterscheidung von wünschendem Subjekt (Adam) und gewünschtem Objekt (Frucht). Dieses Subjektsein führt zum Vergessen der Tatsache, daß alles vergänglich ist. Die Erkenntnis von Gut und Böse repräsentiert sodann diese grundlegende Subjekt-Objekt-Dualität in anderer Hinsicht, insofern das Gute gewünscht, das Üble aber abgelehnt wird. Indem die Schlange die falsche Versprechung eines ewigen Lebens macht, wird die Illusion dieses egozentrierten Adam, auf der der Sündenfall beruht, ganz offenkundig. Die Umkehrung des Sündenfalles kann deshalb nur darin bestehen, daß das Begehren überwunden und die ursprüngliche Einheit von Subjekt und Objekt erkannt wird. Die buddhistische Selbstüberhebung oder Hybris besteht in dem Durst nach Sein, im Begehren einer eigenen unabhängigen Gestalt, d. h. in der Idolatrie des Ego, das sich zum Gott und zum Maß aller Dinge macht.

f) Beide Religionen in gemeinsamer Suche nach einer Antwort auf die Angst in der Moderne

Wir haben auf dem Hintergrund der Überlegungen Tillichs zu zeigen versucht, warum Buddhismus und Christentum unterschiedliche Sprachen sprechen und einander nicht sofort verstehen können: Sie antworten jeweils auf verschiedene Formen der Angst und haben dabei je eigene Strukturen der religiösen Grundfragen herausgebildet. Kurz gesagt:

> *Das Christentum hat den Tod ethisiert, der Buddhismus hat die Moralität psychologisiert.*

Schließen diese Positionen einander aus? Wir können nicht stehenbleiben bei den Antworten, die beide Religionen *bisher* in ihrer jeweils *besonderen Geschichte* gegeben haben, sondern müssen fragen, wie sie aus ihren je ursprünglichen Einsichten angemessene Antworten auf die Angst der *heutigen Menschen* finden. Sind Buddhismus und Christentum angesichts der Herausforderungen der Moderne, der Angst der heutigen Menschen bei gleichzeitigem Verlust religiöser Orientierung in vielen Teilen der Welt, nicht verpflichtet, gemeinsam nach Antworten zu suchen?

Ein christlicher und/oder psychotherapeutisch argumentierender Moralist könnte dem Buddhisten vorwerfen, eine Entpersonalisierung des Menschen zu betreiben, deren Resultat ein „vor-individuiertes" Nicht-Selbst wäre, daß die Aufforderung zum Loslassen und Überwinden des Ich also eine Regression darstellen würde, die mit einer selbstauferlegten Askese verbunden wäre. Eine solche Kritik an der buddhistischen Meditationspraxis ist nicht selten, aber sie kennt den Gegenstand ihrer Kritik nicht, wie wir zu zeigen versucht haben. Der Christ, der in der Nachfolge Jesu selbst das Martyrium nicht scheut, und der buddhistische Mönch, der hungert, damit in Zeiten der Not Speise für andere übrig bleibt, wissen beide sehr genau um die Zerbrechlichkeit des „Selbst" des Menschen. Beide haben Ego*stärke* entwickelt, einen Mut zum Sein, der gerade in der Überwindung des Ego*zentrismus* gründet, wenn auch auf der Grundlage unterschiedlicher religiöser Glaubenssysteme. Beiden hilft ihr Glaube, die drohende Verzweiflung zu überwinden. Für beide sind die Symbole ihres Glaubens ganz real, realer als der Schmerz des Todes selbst. Und damit sind wir bei der dritten Grundform der Angst angelangt.

Wir haben noch nicht die *dritte Grundform der Angst* diskutiert, die Angst in bezug auf *Leere und Sinnlosigkeit.* Tillich hat sie allerdings an zweiter Stelle genannt und so charakterisiert:

„Die Angst vor der Sinnlosigkeit ist die Angst vor dem Verlust dessen, was uns letztlich angeht, dem Verlust eines Sinnes, der allen Sinngehalten Sinn verleiht. Diese Angst wird durch den Verlust eines geistigen Zentrums erzeugt, durch das Ausbleiben einer Antwort auf die Frage nach dem Sinn der Existenz, wie symbolisch und indirekt diese Antwort auch sein mag." (43)

Diese Form der Angst bestimmt nach Tillich besonders unsere Zeit. Sie ergebe sich daraus, daß der Mensch um seiner Selbstbejahung und Selbstvergewisserung willen schöpferisch sein müsse. Schöpferisch sein heiße: das kulturell Vorfindliche (und wenn auch in noch so geringem Maße) verwandeln. Dies sei nicht nur in großen Kunstschöpfungen der Fall, sondern bereits dann, wenn ein Mensch Sprache gebrauche – und sie damit verändere. Die Erfahrung des Schöpferischen setzt nach Tillich voraus, daß das geistige Leben ernst genommen wird, weil in ihm etwas zum Ausdruck komme, das jeden Menschen *unbedingt* angehe. Wenn nun das geistige Zentrum einer Kultur verlorengehe, verlören die einzelnen geistigen Tätigkeiten des Menschen ihren Bezug bzw. ihre Ausrichtung, und so komme es zur Erfahrung von Sinnlosigkeit und zu der entsprechenden Angst: Neue Formen würden ausprobiert, aber nichts befriedige, weil „die Mitte" fehle. Alles werde dem Zweifel unterzogen, aber nicht mehr von einer Position der Gewißheit aus, sondern im Zweifel daran, daß es überhaupt Gewisses geben könne. Der Mensch halte allerdings diese bodenlose Leere nicht aus und fliehe in die Autorität. Er gebe seine Freiheit auf, um einen Halt zu finden, der ihm aufgezwungen werde. Das Resultat sei der Fanatismus: „Fanatismus ist das Korrelat der geistigen Selbstaufgabe." (45) Alle herkömmlichen Ideen und Werte seien brüchig geworden, weil sie entweder nicht mehr verstanden würden oder weil sich die gegenwärtigen Bedingungen so stark verändert hätten, daß die geistigen Inhalte und Symbole der Tradition keinen Sinn mehr ergeben *können*: Traditionsabbruch sei die Folge. Und dies verstärke die Angst vor der Sinnlosigkeit.

Tillich stellt diese Grundform der Angst nicht an die letzte Stelle, wie wir es oben in unserer Graphik getan haben, sondern er reserviert den Abschluß für Schuld und Verdammung, obwohl man diese moderne spirituelle Angst als die tiefste und letzte der Ängste bezeichnen könnte. Als christlicher Theologe konnte Tillich das Grunddatum von Schuld und Verdammung wohl nicht unter den weiteren Horizont der Angst in bezug auf Leere und Sinnlosigkeit stellen. Denn das Besondere des Christentums ist nach Tillich die Zentrierung auf Schuld und Verdammung, während alle Religionen beanspruchen können, mit Sinn und Sinnlosigkeit zu tun zu haben. Nicht zufällig ist Tillichs Behandlung der geistigen oder spirituellen Angst in bezug auf Leere und Sinnlosigkeit die allgemeinste und am wenigsten christozentrische seiner Argumentationen.

Aber darin zeigt sich das gemeinsame Problem: Der moderne Verlust an Sinn und Bedeutung, den Tillich so klar analysiert, betrifft die traditionelle christliche Weltanschauung ebenso wie andere weltanschauliche Modelle. Begriffe wie Schuld und Verdammung, die der christlichen Heilslehre zugrunde liegen, haben heute (besonders in der westlichen Welt) nur noch für einige Christen Bedeutung, keineswegs mehr für alle Christen und noch weniger für Menschen mit modernem oder post-modernem Selbstverständnis. Der „rationale Humanismus", den Tillich als Neo-Stoizismus im Rahmen seiner Erörterung über Spinoza abhandelt, habe es möglich gemacht, ohne Erlösung auszukommen und ohne Selbstbeschränkung (Entsagung) zu leben. Entsagung und Erlösung aber seien die Möglichkeiten der *Befreiung des Menschen* in früheren Zeitaltern gewesen.

Der Verlust von Sinn und Bedeutung ist die moderne spirituelle Krankheit, aber sie ist nicht neu. Auch Menschen in früheren Zeitaltern sind bereits an der Leere ihres Lebens verzweifelt. Tillichs Theologie der Kultur zeigt, daß Europa in dem Maße, in dem es zum Christentum bekehrt wurde, die Realität von Schuld und Verdammung wahrzunehmen lernte. Seit sich Europa von dieser geistigen Struktur entfernt, hat es sich auch von der Symbolsprache der spätmittelalterlichen Ära (Schuld-Verdammung) verabschiedet. Die traditionelle Symboleinheit des christlichen Glaubens ist somit in viele Einzelsymbole aufgebrochen, die kaum noch aufeinander beziehbar und darum nicht mehr verstehbar sind.

Die Angst vor Leere und Sinnlosigkeit in unserer Zeit ist aus diesem Grunde nicht nur eine spirituelle Krankheit, sondern sie ist vor allem auch eine Krankheit der Sprache, die aufgrund des Verlustes der alten Symbole verhindert, daß der gegenwärtige Mensch zu einer klaren Erfassung seiner Situation gelangt. Das beunruhigte auch Tillich, der sich bemühte, auf jede existentielle Frage eine korrelative christliche Antwort zu finden. Doch angesichts heutiger Kritik an ontologischen Kategorien klingt auch Tillichs „Sprache des Seins" leer. Die Suche nach einer angemessenen „religiösen" Sprache muß also weitergehen. Die buddhistisch-christliche Suche nach dem Verstehen des Leidens in einer Epoche, die durch die Erfahrung von Leere und Sinnlosigkeit hindurchgegangen ist, könnte einen neuen Anfang des Dialoggesprächs setzen.

Tillich hat gezeigt, wie sich die grundlegenden Formen existentieller Angst in der Geschichte Europas paradigmatisch verändert haben. Wir haben ergänzt, wie solche Veränderungen die Ursprungssituation, die Entstehungsgeschichte und die Entwicklung von Christentum und Buddhismus beeinflußt haben. Aber das ist nur der Anfang. Eine genauere historische Betrachtung beider Traditionen wird zeigen, daß auch die verschiedenen buddhistischen Epochen ihre Perioden von Typen der Angst durchlaufen haben. Wir werden darauf im Teil C, I zurückkommen. Zunächst soll aber gezeigt werden, wie die soeben geforderte gemeinsame dialogische Suche in der heutigen Praxis des buddhistisch-christlichen Dialogs bereits Gestalt angenommen hat.

g) Gemeinsame Suche in der existentiellen Erfahrung

Tillichs Beitrag zur Diskussion über das Leiden und sein Dialog mit dem japanischen Philosophen und Zen-Meister Hisamatsu Shin' ichi[14] zeigen bereits eine *Veränderung der Methode* an: Es geht nicht mehr um die Gegenüberstellung vermeintlich feststehender Positionen zum Leiden, die die Religionen für sich beanspruchen könnten und als Wahrheitsansprüche im Dialog einander entgegenhalten würden, sondern darum, *gemeinsam die existentiellen Erfahrungen vorurteilslos zu analysieren* und zu prüfen, ob die traditionellen Beiträge der jeweiligen Religionen bei dieser Analyse hilfreich sind oder nicht. Dieser methodische Ansatz wurde sehr klar ersichtlich bei dem ersten Treffen der *Theological Encounter Group with Buddhism* im Januar 1984 in Hawaii, die sich als erstes Thema der seither regelmäßigen Gespräche das *Problem des Leidens in Buddhismus und Christentum* gewählt hatte.[15] Über dieses erste Gespräch wollen wir nun exemplarisch berichten:

Die Buddhisten, repräsentiert durch den japanischen Jōdo-Buddhisten Takeda Ryūsei,[16] stellten gegen christliche Mißverständnisse zunächst fest, daß für den Buddhismus nicht das Dasein als solches, sondern die verfehlte Haltung des Menschen zum Dasein *duḥkha* sei. *Duḥkha* sei nicht einfach „Leiden", sondern die Frustration daran, daß die eigenen begrifflichen Projektionen nicht stimmen. Das heißt: *Duḥkha* ist das Resultat der Fehlwahrnehmung der Wirklichkeit, die darin besteht, daß sich der Mensch Konzepte macht, an denen er festhält, um Sicherheit für sein Ich zu gewinnen, so daß der Blick auf die wirkliche Komplexität der Welt verstellt wird. Der Buddhismus des Reinen Landes, so Takeda, mit seinem Vertrauen in die Gnade Amidas (skt. Amitābha) radikalisiere diese Sicht von *duḥkha*, insofern die Bodhisattvas kraft ihrer tiefen Einsicht und inneren Freiheit in nämlicher Situation fähig seien, mit den leidenden Wesen mitzuleiden, ja stellvertretend zu leiden. Amida Buddha manifestiere diesen Aspekt der Überwindung von *duḥkha*, also der Befreiung vom Zwang zur Unfreiheit, in unüberbietbar radikaler und universaler Form. Der Glaube des Gläubigen, der sich ganz auf Amidas Gnade verlasse, sei kein Werk oder Besitz des menschlichen Subjekts, sondern nichts anderes als Amidas eigenes Bewußtsein.

Der Harvard-Theologe Gordon Kaufman[17] brachte im wesentlichen drei Einwände gegen diese buddhistische Sicht vor:

1. Die Sicht des Leidens im Buddhismus sei anthropozentrisch, weil der Zustand der Welt allein von einer Analyse der menschlichen Wahrnehmung her beschrieben werde.
2. Die buddhistische Behauptung, Impermanenz *(anitya)* wäre leidvoll, sei keineswegs empirisch einsichtig, sondern ein Werturteil, das nicht verallgemeinert werden dürfe.
3. Die Aussage, daß jede Wahrnehmung ich-bezogen bzw. possessiv sei und damit *duḥkha* verursache, sei falsch.

Kurz, der Buddhismus präsentiere keineswegs eine auf selbstevidenten Daten beruhende praktische Therapie für empirisch auffindbare Übel, sondern eine *metaphysische Theorie der menschlichen Existenz*, die von unbegründbaren Annahmen abhänge, die man glauben könne oder auch nicht. Der Fehler des Buddhismus sei, einige in Teilzusammenhängen gewiß richtige und wertvolle Einsichten als die schlechthinnige Lösung für das Problem auszugeben, d. h. die jeweiligen Aussagen zu universalisieren. Diese Kritik, so Kaufman, treffe allerdings ebenso die gängigen christlichen spekulativen Lösungen, die fälschlich alle ein existentielles Problem, das nur durch pluralistische Zugänge verstanden werden könne, in ein metaphysisches Sprachspiel verwandelten und damit Teilgesichtspunkte verabsolutierten. Die Gründer der Religionen hätten in ihrem Kontext jeweils etwas bahnbrechend Wichtiges erkannt, das dann in der Religionsgeschichte aus dem Kontext gerissen und durch „sprachliche Übertreibungen" bzw. verbale Radikalisierungen[18] in Allgemeinurteile verwandelt worden sei, die nichts mehr mit der tatsächlichen menschlichen Erfahrung zu tun hätten.

Die kontroverse Diskussion zeigt, daß jedes Einzelproblem, also hier das „Leiden", mit allen anderen – der Wahrheitstheorie, dem Gottesbegriff, der Anthropologie, der Kosmologie usw. – zusammenhängt. Wir wollen vier

Gesichtspunkte aus der buddhistisch-christlichen Diskussion von 1984 besonders hervorheben:[19]

1. Für Buddhismus und Christentum wurden im wesentlichen drei Paradigmen des Umgangs mit dem Leiden diagnostiziert:[20]

a) die *Personalisierung*, d. h. ein allmächtiger Wille (Gott) lenke alles, teile das Schicksal zu und wandle alles letztlich zum Guten (Christentum, Buddhismus des Reinen Landes);

b) die *Objektivierung* oder Depersonalisierung des leidenden Selbst, d. h. der Mensch meditiere, daß nicht er es sei, der leide, weil letztlich kein Ich existiere; er fühle keinen Schmerz, sondern beobachte den Vorgang in den Sinnesorganen und nehme diesen distanziert von sich selbst wahr (frühbuddhistische Meditation);

c) die *Transzendierung* des Unterschieds von Selbst und Welt, bei der das Leiden als ein Aspekt der Interaktion von Welt und Selbst erscheine, so daß es genau dann überwunden werde, wenn der Mensch nicht an einem der beiden Aspekte anhafte (die meisten Formen des Mahāyāna).

2. *Duḥkha* als Beschreibung der existentiellen Situation des Menschen heiße nicht, daß das Leben an sich schlecht sei (Takeda). Vielmehr sei im Buddhismus die Geburt als Mensch ein großes Privileg, und diese Chance müsse jeder Mensch verantwortlich nutzen. *Duḥkha* sei eine Gelegenheit zur Reifung, habe also einen pädagogischen Zweck, nämlich Weisheit *(prajñā)* zu erlangen, die *karuṇā* (die heilende Hinwendung zu allen Wesen) ermögliche.

3. Die einzelnen Lehraussagen in den Religionen stünden in einem spezifischen historischen Kontext und dürften deshalb nicht verabsolutiert werden. So seien bestimmte christliche Aussagen zu Leiden, Sünde und der Freiheit des Handelns etwa durch den pelagianischen Streit und die Auseinandersetzungen in der Reformationszeit so weit abstrahierend auf die Spitze getrieben worden, daß sie mit der Botschaft Jesu nur noch sehr wenig gemein hätten. Im interreligiösen Dialog dürften deshalb solche überspitzten Aussagen nicht zum Maßstab gemacht werden (H. Küng). Auch hinge die Entstehung des Buddhismus des Reinen Landes mit spezifischen historischen Erfahrungen der Frustration an den gesellschaftlichen Zuständen in China zusammen, so daß man damals erkannt habe, daß sich der Mensch selber nicht helfen kann. Dadurch sei eine im Buddhismus angelegte Dimension zum Tragen gekommen, die aber wiederum nur *ein* Zugang neben anderen sei.

4. Wenn Sünde, Schuld und Tod verknüpft und als die wichtigsten Merkmale der Existenz betrachtet würden, wie dies im Christentum oft der Fall sei, könne dies Angst verursachen und den Menschen krank machen (T. Unno). Der Buddhismus akzeptiere den Tod als Teil des Lebens, er werde nicht metaphysisch aufgeladen als „der Sünde Sold". Umgekehrt dürfe *duḥkha*, als unvermeidlich individuelles *karman*, nicht den Blick auf die menschliche Freiheit verstellen, was im Buddhismus nicht immer deutlich

genug betont würde. Die Analyse von *duḥkha* könne vielmehr die Motivationen zum Handeln klären: Anhaften führe zu Ärger und Haß, wodurch Aggression erzeugt und die individuellen wie sozialen Zustände nicht verbessert werden könnten. Auf der Basis nüchterner, d. h. projektionsfreier Einsicht könne und solle der Mensch angemessen und befreiend handeln.

Als Konsens stellt sich heraus:

Die gemeinsame Analyse des Leidens kann Buddhisten und Christen motivieren, menschlich zu leben und den gesellschaftlichen Umständen entsprechend befreiend zu handeln. Was die Gemeinsamkeit hindert, sind meist nicht so sehr unterschiedliche Auffassungen, sondern das Festhalten an Positionen, die gar nicht immer für die christliche oder die buddhistische Identität typisch sind – denn beide Religionen weisen in sich selbst in Geschichte und Gegenwart erhebliche Unterschiede und Paradigmenwechsel auf.

Daß der Schöpfungsglaube für Christen nicht Grundlage, sondern Ausdruck des Glaubens sei und die Erzählungen über Fall und Sünde nicht die Ursachen des Übels, sondern die Wirkungsweisen desselben anzeigten, wurde von dem Chicagoer Theologen Langdon Gilkey[21] vorgebracht. Er hoffte, damit das christliche Reden über das Leiden strukturell in die Nähe der buddhistischen Daseinsanalyse rücken zu können. Gilkey will die christliche Rede vom Heil in einer *erfahrungsmäßig* gegebenen Befreiung von einer Fessel (im wesentlichen die Befreiung von Schuld durch Sündenvergebung) verwurzelt sehen. Er möchte die christliche Rede von Schöpfung und Fall also existential interpretieren und somit die Genesis-Geschichte entmythologisieren. Doch dies war den buddhistischen Gesprächspartnern oft schwer verständlich. Als Abe Masao die wörtlich verstandene christliche Position zur Schöpfung, von der er sich absetzen wollte, entsprechend benannte, rief Gilkey aus:[22] „Sie sind hier der Orthodoxe. Ich bin der Häretiker. Sie haben die ganze Kirche auf Ihrer Seite, Masao." Darauf Abe: „Bin ich christlicher als Sie?" Darauf Gilkey: „Sie sind orthodoxer!"

Dieser schon klassisch gewordene humorvolle Kurzdialog zeigt das Problem präzise an: Ob man von der Letzten Wirklichkeit in positiver (so meist im Christentum) oder negativer (so meist im Buddhismus) Sprache spricht, ist eine Sache. Ob man aber die Wirklichkeit ontologisch, d. h. in Seins-Aussagen, erfassen will oder narrativ in existentialer Sprache bestimmte Erfahrungen des Menschen beschreibt, ist eine andere. Die Dialogpartner müssen also nicht nur wissen, wovon, sondern auch in welcher Sprachgestalt sie reden, wenn sie einander verstehen wollen. Das ist umso wichtiger, wenn sich Buddhisten wie Christen gleichermaßen einer säkularen Welt verständlich machen wollen, für die die Symbole *beider* Religionen nur noch schwer nachvollziehbar sind.[23]

Die oft behauptete (doch im Dialog widerlegte[24]) Vermutung, der Buddhismus würde in der Endlichkeit des Menschen als solcher das Leiden sehen, führt nach Gilkey zu einem Gegensatz zum Christentum, das gemeinsam mit dem Judentum das Leben in seiner Endlichkeit bejahe.[25] Der Buddhismus wird dann von Christen entweder als *mystischer Monismus*, *gnostischer Dualismus* oder *stoischer Naturalismus* eingestuft.

Ob der Buddhismus tatsächlich unter eine oder alle drei dieser Kategorien fällt, ist eine wichtige Frage für den Dialog, weil diese drei Kategorien uralte Gegenpositionen zur christlichen Normaltheologie bezeichnen, die das Christentum in seiner Geschichte bekämpft hat. Es besteht also die Gefahr der Übertragung alter Feindbilder – im Teil A haben wir gezeigt, wie die Fehlurteile über den Buddhismus aus dem 19. Jh. auch heute noch nicht überall beseitigt sind.

Wir haben zu zeigen versucht, daß der Buddhismus *nicht* mit einer dieser drei genannten Positionen beschrieben werden kann. Wir wiederholen die Argumente zusammenfassend:

Im Buddhismus ist Impermanenz *(anitya)* zweifellos *das* Charakteristikum des Daseinskreislaufs, aber nur die *Stellung des Menschen* (Anhaften oder nicht) macht dieses Faktum zu einem Leidverursacher oder nicht. *Als endlicher Mensch geboren zu sein, bedeutet für den Buddhisten höchstes Glück*, denn dieser Zustand bietet Gelegenheit, den *dharma* zu praktizieren und die eigene Buddha-Natur zu realisieren, die jenseits der Dualität des Endlichen und Unendlichen ist.[26] Damit ist jede monistische Abstraktion ausgeschlossen. Gewiß gipfelt die buddhistische Erfahrung in einer Ebene der „mystischen Einheit". Eine Jenseitigkeit und Ablehnung des Leiblichen, wie sie einem gnostischen Dualismus entspräche, ist damit aber, jedenfalls im Mahāyāna, gerade nicht verbunden. Auch einen karmischen Naturalismus, der das *karman* als unveränderbar und fatalistisch hinnehmen würde, lehnt der gesamte Buddhismus ausdrücklich ab.

Als *Tendenzen* hat es die drei genannten philosophischen Haltungen sowohl im Buddhismus als auch im Christentum gegeben. Und hier zeigt sich wieder, daß die Rede von *dem* Buddhismus und *dem* Christentum irreführend ist.

In einer zusammenfassenden Bemerkung urteilt Abe Masao,[27] daß in der *Einstellung zur Natur* einer der gravierendsten Unterschiede von Buddhismus und Christentum liege: Im Christentum stehe der Mensch primär in Beziehung zu Gott, die Natur sei demgegenüber sekundär. Im Buddhismus hingegen sei der Mensch Teil der Natur, insofern alles karmisch miteinander verwoben wäre.

Das ist richtig, aber wir müssen ergänzend zu bedenken geben: Wenngleich im Buddhismus die Solidarität aller Wesen daran hängt, daß das eigene *karman* mit dem aller anderen verwoben ist, so daß der einzelne verantwortlich ist und – als *bodhisattva* – alle Wesen retten kann, so wird doch nicht alles Übel auf persönliches *karman* zurückgeführt. Das buddhistische Verständnis von Kausalität kann schlicht „Pech" oder „Unglück" als Natur-Ereignisse zulassen, für die sich das Individuum nicht direkt verantwortlich fühlen muß.

Was solche Aussagen bedeuten, zeigt sich im Grunde erst in der konkreten Beurteilung von besonderen Situationen und Verhaltensweisen. Der Dialog wird deshalb um so spannender, je konkreter er sich vollzieht, wenn etwa Gleichnisse, Metaphern und Beispiele aus dem Alltag daraufhin befragt werden, was sie über je meine Haltung zum Leiden sagen. Wir können die spannendfarbige Debatte hier nicht im Detail wiedergeben, nur soviel sei gesagt: Je konkreter und lebendiger das Dialoggespräch wurde, umso weniger war „die" buddhistische von „der" christlichen Position zu trennen, sondern es zeigten sich individuelle Erfahrungen, die mit Bezug auf und in Abweichung von der je eigenen Tradition gedeutet wurden. Die Dialoggruppe selbst ist ein neuer Horizont, der in diesem Sinne eine neue „Tradition" darstellt.

Hans Küng hat die Fragestellungen der Debatte von Hawaii in einem anderen Zusammenhang aufgegriffen, um den christlichen Beitrag als Konkretion dessen, was es heißt, befreiend zu handeln, sehr deutlich zu formulieren:[28] Es sei der Tod, der Jesu Person unverwechselbar mache. Jesus sei der engagierte Prophet gewesen, der den Konflikt ertragen habe, solidarisch mit allen Leidenden war und von Gott zum Leben erweckt wurde als Bestätigung der letztgültigen Wahrheit dieses Lebens. Damit bedeute auch heute Jesu Leben und Tod Hoffnung im Leid, aus dem Gott erlöse. Ein Rückzug ins Psychologische, wie er bei manchen Buddhisten nun doch nicht unbeliebt sei, könne nicht die alleinige Antwort auf heutige menschheitsgeschichtliche Herausforderungen sein. Küng zitiert Ernst Bloch:[29]

„Wären statt der Heiligen Drei Könige Konfuzius, Laotse, Buddha aus dem Morgenland zur Krippe gezogen, so hätte nur einer, Laotse, diese Unscheinbarkeit des Allergrößten wahrgenommen, obzwar nicht angebetet. Selbst er aber hätte den *Stein des Anstoßes* nicht wahrgenommen, den die christliche Liebe in der Welt darstellt, in ihren alten Zusammenhängen und ihren nach Herrenmacht gestaffelten Hierarchien. Jesus ist genau gegen die Herrenmacht das Zeichen, das widerspricht, und genau diesem Zeichen wurde von der Welt mit dem Galgen widersprochen: das Kreuz ist die Antwort der Welt auf die christliche Liebe. Auf die Liebe zu den Letzten, die die Ersten sein werden, zu den Verworfenen, worin sich das wirkliche Licht ansammelt, zu der Freude, die nach Chestertons scharfem Wort die große Publizität weniger Heiden war und das kleine Geheimnis aller Christen wurde oder sein wird."

Der Buddhist würde darauf antworten: Das Leiden lehrt mich Barmherzigkeit, zwingt mich, mein Ego zurückzunehmen und mich auch mit dem Gegner zu identifizieren. Und gerade darum widerstehe ich dem Bösen nicht mit Aggression aufgrund der Verletzung, die mir zugefügt wurde, sondern in geduldiger Festigkeit, erstens, damit der Übeltäter nicht noch mehr Unheil anrichtet (und sich dabei selbst schadet, was er nur nicht weiß), und zweitens, damit die Leidenden vom Leiden frei werden. Beide Aspekte sind nicht zu trennen. Genau das ist der Weg des Bodhisattva. Im Dialog wird hier als

Beispiel oft die Haltung des Dalai Lama und der meisten Tibeter gegenüber den chinesischen Unterdrückern angeführt – ohne Haß mit politischer Klugheit widerstehen, wobei Barmherzigkeit ein- und ausgeübt wird.

Statt einer Zusammenfassung möchten wir zu dieser Debatte um das Leiden sagen: Der Dialog hat begonnen und bereits jetzt subtile Einsichten in das menschliche Geschick ans Licht gebracht, die nun gemeinsam in die Tat umgesetzt werden müssen – in spiritueller wie in sozialer Praxis.

2. Diskussion traditioneller kontroverser Lehraussagen – Dialog mit dem Theravāda

Die theologische Diskussion mit dem Theravāda-Buddhismus ist historisch anders vorbelastet als die Debatte mit dem Mahāyāna-Buddhismus. Sri Lanka und Südostasien, mit Ausnahme Thailands, sind durch den europäischen Kolonialismus traumatisiert worden, und die nationalen Befreiungsbewegungen waren in diesen Ländern, wie wir am Beispiel Sri Lankas dargestellt haben, mit einer buddhistischen Erneuerungsbewegung verbunden, die ihre Kraft vor allem aus dem Gegenmodell zur christlichen Religion der Kolonialmächte zog. Auf diesem politischen Hintergrund verlief das Gespräch hier in scharfer Auseinandersetzung, in Gegenüberstellungen und Kontroversen. Die Themen bezogen sich deshalb vorwiegend auf Lehrinhalte der beiden Religionen, die sich zu abgrenzender Identitätsbildung eigneten. Aus diesem intellektuellen Dilemma führte erst ein Weg hinaus, als Neuanfänge durch eine mehr *dialogische Sprache* gesucht wurden. Es waren einzelne und bis heute nur wenige Persönlichkeiten, die diesen Durchbruch in den Theravāda-Ländern vollzogen haben. Auf sie wird sich deshalb unsere Darstellung konzentrieren: In *Sri Lanka* auf den Philosophen *Kalatissa Nanda Jayatilleke* (1920–1970), der vorsichtige argumentative Öffnungen in seiner *Religionsphilosophie* zuläßt, und auf den Theologen *Lynn de Silva* (1919–1982), der die wesentlichen Kontroversen kreativ umformt und bis zu dem Versuch gelangt, die Religionen in *Korrelation* zu denken[30]. Für *Thailand* wählen wir paradigmatisch den Mönch *Buddhadasa* (1906–1993) aus, der eine *Reform des Buddhismus* in Thailand eingeleitet hat, die auch u. a. vom Dialog mit dem Christentum inspiriert ist. Auch der Durchbruch zu einer *dialogischen Befreiungstheologie* bei Aloysius Pieris (Sri Lanka) gehört historisch in diese Reihe, sachlich aber in den Rahmen des Dialogs in der Gemeinschaft der sozialen Gruppen und Institutionen (vgl. Teil B, III.2).

a) Wissen und Glaube

Die nationalistische Aufbruchsbewegung gegen die europäischen Kolonialmächte und damit auch gegen das Christentum war besonders in Ceylon/Sri

Lanka mit einem geistesgeschichtlichen Impuls verbunden, der sich als Neuinterpretation des Buddhismus darstellte. Hatte bereits im 19. Jahrhundert Anagarika Dharmapala (1864–1933) mit der Gründung der Mahabodhi Society und einer scharfen Polemik gegen das Christentum den Grundstein für die buddhistische Renaissance in Südasien gelegt, so kann K. N. Jayatilleke (1920–1970) als philosophischer Modernist gelten, der die durch europäische Bildung und Industrialisierung hervorgerufene Säkularisierung für den Buddhismus fruchtbar machte. Jayatilleke ist keineswegs der einzige, wohl aber einer der philosophisch geschliffensten Vertreter eines buddhistischen Rationalismus, der die empirischen Naturwissenschaften mit der buddhistischen Philosophie so verbinden wollte, daß sich der Buddhismus als bestmögliche, wenn nicht einzig mögliche Religion empfehlen würde, die im wissenschaftlichen Zeitalter einen legitimen Platz beanspruchen dürfte.

Jayatilleke hatte die Bildung christlicher Missionsschulen genossen. Das geistige Klima der betreffenden Schulen war durch eine liberal-rationalistische Einstellung gekennzeichnet, aus der die Missionare die Überlegenheit des Christentums gegenüber dem als abergläubisch und vorrationalistisch gebrandmarkten Buddhismus ableiteten. Jayatilleke und andere Reformer kehrten die Argumentation später einfach um, indem sie das dogmatische Christentum als irrational und den Buddhismus als auf empirischer Beobachtung gegründet darstellten. Man kann insofern von einem „christlichen Hintergrund" in ihrer Apologetik sprechen.[31]

Schon bei Dharmapala[32] war der Versuch spürbar geworden, den Buddhismus angesichts des Siegeszuges der Naturwissenschaften in der Moderne neu zu artikulieren. Erst Jayatilleke aber verfügte über ausreichende Kenntnisse der europäischen Philosophie- und Wissenschaftsgeschichte, um eine entsprechende buddhistische Religionsphilosophie zu entwickeln. Seine Apologetik hat daher ihren Schwerpunkt in der Verbindung von religiöser Wahrheit und wissenschaftlicher Wahrheit, weshalb der Buddhismus als nachprüfbare Handlungstheorie dargestellt wurde.[33]

Wenn nach Jayatilleke aus der wissenschaftlichen Haltung des Buddhismus grundsätzlich die Haltung der Toleranz gegenüber jedweden *Glaubens*aussagen folgt, mußten doch gleichzeitig Wahrheit und Irrtum unterschieden und benannt werden. Jayatilleke klassifiziert diesbezüglich die religiösen Systeme in vier Pseudoreligionen und vier teilweise akzeptable aber ungenügende Religionen, denen er den *Buddhismus* als *wahre Religion* gegenüberstellt:

Pseudoreligionen sind:

a) der Materialismus,
b) eine Lebenspraxis, die ohne jede Ethik auszukommen meint,
c) eine Lebensphilosophie, die den freien Willen des Menschen leugnet, und
d) die bequeme Vorstellung, daß dem Menschen das Heil garantiert sei.

Als *ungenügende religiöse Systeme* betrachtet er solche Religionen, die
a) von der Allwissenheit des Gründers sprechen, die sich
b) allein auf Offenbarung oder Tradition gründen, sich
c) auf logische bzw. metaphysische Argumente allein verlassen oder
d) bloßen Pragmatismus predigen.[34]

Diese vier religiösen Haltungen, so Jayatilleke, reflektierten zwar Teilwahrheiten, sie beruhten in ihrer Exklusivität aber auf jeweils ungewissen Begründungen. Denn Offenbarungsansprüche verschiedener Religionen widersprächen einander, wenn sie sich dabei auch einzelner Argumente bedienten, die wahr oder falsch sein könnten. Metaphysische Argumente und Spekulationen könnten also auf wahren oder falschen Prämissen beruhen und das Schlußverfahren könne in sich korrekt sein, aber doch nicht zu befriedigenden Ergebnissen führen, wenn die Voraussetzungen nicht stimmten. Allein der Buddhismus ist für Jayatilleke eine Religion, „die das Leben, moralische Werte, Freiheit und Verantwortung und die Nicht-Selbstverständlichkeit des Heils bejaht und überprüfbar wahr ist".[35]

Jayatilleke führt selten direkte Angriffe gegen das Christentum, aber es steht für ihn außer Frage, daß der Buddhismus das reifere, durchdachtere und praktikablere religiöse System ist. Der Buddhismus sei wahr, weil er wissenschaftlich sei. Dies gelte wegen seiner empirischen Grundhaltung auch ohne Bestätigung durch die modernen Naturwissenschaften. Insofern diese Bestätigung aber tatsächlich in zunehmendem Maße erfolge, wachse die Gewißheit für den Buddhisten umso mehr. Andererseits war für Jayatilleke der Buddha der erste Mensch, der die Gleichheit aller Menschen lehrte.[36] Und dieser emanzipatorische Impuls des Buddhismus wirke bis heute fort.

Als Konsequenz für das buddhistische Verhältnis zu den anderen Religionen, speziell zum Christentum, ergibt sich für ihn: Sie sind insofern wahr, als sie buddhistische Einsichten aussprechen oder unausgesprochen in sich enthalten. Der Achtgliedrige Pfad ist nach Jayatilleke der *einzige* Weg zum Heil, und alle Religionen, einschließlich des Buddhismus, seien daran zu messen.[37] Jayatilleke vertritt also eine Form des *Inklusivismus*, die sich zu dem christlichen Inklusivismus spiegelbildlich verhält: Die anderen Religionen könnten nur insofern als Heilswege gelten, als sie dem aus der eigenen (buddhistischen) Tradition abgeleiteten Anspruch genügten. Dies bedeutet einen Fortschritt gegenüber fanatischen Abgrenzungstheorien, die sowohl christlicherseits als auch von seiten der Buddhisten im 19. und frühen 20. Jahrhundert vorherrschten. Aber die Einzigartigkeit und Andersartigkeit des anderen wird durch die inklusivistische Haltung heruntergespielt.

Jayatilleke hebt hervor, daß der Buddhismus in seiner Geschichte kritische Toleranz gegenüber anderen Religionen mit Missionseifer verbinden konnte.[38] Dies sei möglich gewesen, weil der Buddhismus Wissenschaftlichkeit mit der Tugend der heilenden Hinwendung zu allen Wesen *(karuṇā)* verbunden und deshalb nie versucht habe, sich gewaltsam durchzusetzen, sondern stets auf das Argument des Verstandes wie des Herzens vertraut habe.

Eine polemischere Abgrenzung vom Christentum findet sich bei stärker politisch motivierten Buddhisten Sri Lankas wie Buddhadasa P. Kirthisinghe, der für den Buddhismus die Tugenden der Vernunft, der Analyse und der Wissenschaftlichkeit reklamiert, aus deren Verbindung sich Toleranz und das Streben nach Harmonie von allein ergäben, während das Christentum mit Glaube, Aberglaube, dem Krieg gegen die Wissenschaft und sozialer Ungerechtigkeit identifiziert wird.[39] Nicht selten rechnen auch europäische Konvertiten, die eine neue Religion angenommen haben, um dem Dogmatismus der alten zu entgehen, auf ähnliche Weise mit dem Christentum ab. Es handelt sich dabei um eine aggressive Abgrenzung, bei der „Vernünftigkeit" und „Wissenschaftlichkeit" als Schlagworte eine wichtige Rolle spielen.

Ein Vertreter dieser Haltung ist Gerald du Pré, der langjährige Präsident der *Scientific Buddhist Association* in London. Seit Galilei, so argumentiert er, habe das Christentum seine Wissenschaftsfeindlichkeit bewiesen. Es sei daher völlig untauglich, den Menschen in einer wissenschaftlich ausgerichteten Zivilisation wie der heutigen Maßstäbe und ethische Normen zu vermitteln. Der Buddhismus hingegen sei älter und zugleich fortgeschrittener als das Christentum, und deshalb sei er heute relevant wie nie zuvor.[40] Du Pré spricht sich folgerichtig gegen einen Dialog zwischen Buddhismus und Christentum aus, denn hier würden Partner mit völlig verschiedenen Voraussetzungen aufeinander treffen, was wenig fruchtbar sei: der rational argumentierende Buddhismus auf der einen Seite, dessen Lehraussagen sich durch empirische Überprüfbarkeit auszeichneten, und ein dogmatisches Christentum auf der anderen Seite, das für die Feindschaft zwischen Religion und Vernunft im Abendland verantwortlich sei.[41] Vielmehr sei es heute an der Zeit, daß eine Religion, die Werte vermittle, und eine Wissenschaft, die Einsicht in die Struktur der gesamten Wirklichkeit gewähre, zusammenfänden. Eine solche Begegnung von Wissenschaft und Religion solle „die Religion wissenschaftlich und die Wissenschaft transzendent"[42] machen. Das Christentum sei dafür jedoch „völlig ungeeignet", und deshalb würde es in den modernen Kulturen zwangsläufig absterben. Nachdem sich aber auch der Atheismus als inadäquat erwiesen habe, könne diese Rolle nur einer Religion zufallen, die, wie die Naturwissenschaften auch, empirisch verifizierbar sei. Der Buddhismus erfülle diese Bedingung, denn er zeichne sich als Religion der empirischen Wahrheitsfindung aus. Da der Buddhismus, so du Pré, nicht an Gott glaube und keine Heilandsgestalt kenne, beruhe er auch nicht auf Dogmen. Der Buddha könne vielmehr als der Begründer der wissenschaftlichen Psychologie bezeichnet werden.[43] Also seien die geeigneten Dialogpartner, die der Menschheit wieder Richtung und Werte vermitteln könnten, Buddhismus und Naturwissenschaft.[44]

Noch radikaler argumentiert Robert F. Spencer, nach dessen Auffassung der Erleuchtungsweg mit den Methoden der Psychoanalyse kompatibel ist und Objektivität als letzter Wert gilt.[45] Dadurch allerdings wird der Buddhismus zur analytischen Sozialwissenschaft und ist als Heilsweg nicht mehr erkenntlich, ja völlig verfälscht.

Gottfried Rothermundt bemerkt zutreffend, daß ein Buddhismus, der auf empirisch begründete Verhaltenstheorie reduziert sei, für das Christentum als Gesprächspartner belanglos werde. Aber auch der Buddhismus sei in Gefahr, denn du Pré, Spencer, Jayatilleke und andere hätten die Wissenschaft zu einer Instanz erhoben, die den Buddhismus bestätigen solle. Er werde damit abhängig von einem sich wandelnden naturwissenschaftlichen Weltbild.[46]

Buddhismus als Empirismus

Wir wollen jetzt der Frage nachgehen, was die genannten Autoren darunter verstehen, wenn sie den Buddhismus als „wissenschaftlich" bezeichnen. Jayatilleke untersucht drei Möglichkeiten, unter denen die philosophische Begründung von religiöser Wahrheit erfolgen könne: Offenbarung, den logischen Schluß aus evidenten Prämissen und die außersinnliche Wahrnehmung.[47]

1. Offenbarungsreligionen wie etwa der Hinduismus, der sich auf die Autorität der Vedas stützt, oder das Christentum haben nach Jayatilleke keine überprüfbare Epistemologie, nach der unabhängig vom subjektiven Urteil eine wahre von einer falschen Aussage unterschieden werden könnte. Deshalb müßten sich die Anhänger solcher Religionen auf ihr Gefühl verlassen, das durch emotionale Beziehungen zum Offenbarungsinhalt gekennzeichnet sei. Da Emotionen labil seien und nie allgemeine Akzeptanz erreichen könnten, lehnt Jayatilleke Offenbarung als Wahrheitsquelle ab.

2. Dann gebe es jene, die ihre Lehre auf den Glauben an die Unfehlbarkeit der Vernunft und Spekulation gründeten. Dies seien die Metaphysiker, die das für wahr hielten, was innerhalb eines Systems als denknotwendig erscheine. Da jedes System auf einer im System logisch nicht begründbaren Prämisse aufbaue, könne Spekulation ebenfalls keine absolute Gewißheit vermitteln. Sie gründe letztlich auch auf Annahmen, die empirisch nicht verifizierbar seien. Das logische Schlußverfahren sei allerdings insofern sinnvoll, als es Konsequenzen aus gegebenen Fakten ziehe, ohne jedoch die Gewißheit des Faktischen herstellen zu können.

3. Folglich ist für Jayatilleke nur die empirische Erfahrung verläßlich, und zwar auch im Bereich des Religiösen. Die Gewißheit religiöser Wahrheit beruhe auf Wahrnehmung, allerdings auf außersinnlicher Wahrnehmung, die auch dem Buddha als Erkenntnisquelle zur Verfügung stand. Dementsprechend beruhten die buddhistischen Grundlehren wie etwa der *karman*-Be-

griff und die Reinkarnationsvorstellung nicht nur auf Vernunftgründen, sondern auf direkter (außersinnlicher) Wahrnehmung.[48]

Der Buddhismus empfiehlt sich deshalb für Jayatilleke als Alternative zu den Haltungen des Positivismus, des Marxismus, der Absolutsetzung logischer Analyse und des Agnostizismus, welche allesamt die modernen Gesellschaften geistig und moralisch zu zerrütten drohten.[49] Der klassische Buddhismus sei aber ergänzungsbedürftig. Denn er lehre zwar eine detaillierte Psychologie, ermangle aber der Einsicht in biologische Evolutionsgesetze.[50] Dennoch präsentiere der Buddhismus eine umfassende Grundlage für die Möglichkeit zur Veränderung des Menschen und der sozialen Verhältnisse, und genau dieser Optimismus sei für die Relevanz des Buddhismus in der heutigen Welt entscheidend.[51]

Aber dieser Erweis der gesellschaftlichen Relevanz ist auch für Jayatilleke nicht das ausschlaggebende Qualitätsmerkmal einer Religion. Der Heilscharakter einer Religion hänge vielmehr daran, wie und ob sie die Frage nach dem Leben über den Tod hinaus befriedigend lösen könne. Erkenntnistheoretisch wie inhaltlich habe es diesbezüglich zur Zeit des Buddha eine fast unüberschaubare Fülle von Antworten und Lebensphilosophien gegeben.[52] Schon aus diesem Grund sei in der Umgebung des Buddha weltanschauliche Toleranz eine Haltung gewesen, die dem Zeitgeist entsprochen und die der Buddha bereits vorgefunden habe. Er habe nun aber alle diese Theorien geprüft und aufgrund seiner eigenen außersinnlichen Erfahrung (in der Meditation) und ihrer vernunftgemäßen Darstellung seine eigene Theorie formuliert, die somit nicht auf Glaube und Vermutung, sondern auf Analyse und Wissen beruhe.[53]

Rückführungsexperimente in Hypnose und Meditation, spontane Erinnerung von Kindern sowie Hellsehen werden von Jayatilleke als Erkenntnismittel und Evidenz angeführt, um den buddhistischen Standpunkt experimentell zu untermauern. Ob und wie diese Daten auch anders interpretiert werden könnten, erörtert er jedoch nicht. Selbst die buddhistische Atomtheorie, nach der das Atom *(paramaṇu)* kein statisches Teilchen, sondern ein energetischer nicht-substantieller Prozeß ist, beruhe nicht einfach auf logischen Schlüssen, sondern auf außersinnlicher Wahrnehmung.[54] In diesem Zusammenhang erwähnt er auch die buddhistische Theorie von der Entstehung des Universums, die modernen kosmologischen Theorien vergleichbar sei: Die frühen Buddhisten hätten bereits von einer Expansion *(vivaṭṭa-kappa)* und Kontraktion *(saṃvaṭṭa-kappa)* des Universums gesprochen, das aus vielen Galaxien bestehe. Während die moderne Wissenschaft zu ähnlichen Erkenntnissen durch Experimente und das logische Schlußverfahren komme, habe der Buddha dies alles durch außersinnliche Wahrnehmung erkannt.[55]

Jayatillekes Interpretation des Buddhismus mag noch so sehr an der empirischen Überprüfbarkeit jeder Aussage („Wissenschaftlichkeit“) orientiert sein – er verliert dennoch nicht die Tatsache aus dem Auge, daß der Buddha nicht eine Naturwissenschaft lehren wollte, sondern einen Heilsweg.[56] Die Erkenntnisse des Buddhismus und der modernen Naturwissenschaft werden bei Jayatilleke also nicht identifiziert.

Gerald du Pré, den wir schon erwähnten, stellt die Meditationserfahrung in den Mittelpunkt seiner Argumentation, deutet sie aber rein physiologisch-psychologisch als Zustand völliger Entspannung.[57] Er zählt vier Elemente echter Meditation auf: 1. die physische Entspannung, 2. das Nicht-Reagieren auf innere und äußere Eindrücke, d. h. ein bewertungsfreies Konstatieren des sinnlich Wahrgenommenen, 3. die ungeteilte Aufmerksamkeit und vollkommene Konzentration auf einen einzigen Punkt, 4. die Weisheit. (Letztere scheint nun aber doch ein das rein Sinnliche transzendierendes Element darzustellen.) *Nirvāṇa* sei nichts anderes als die vollkommene Ruhe des Bewußtseins, in der projektionsfreie Wahrnehmung möglich sei.[58] Und auf dieser unverfälschten Wahrnehmung beruhten die buddhistischen Lehrsätze. Sie seien rein empirisch zu verstehen. Anders als Jayatilleke spricht du Pré in diesem Zusammenhang nicht von übersinnlicher Wahrnehmung.

Du Pré will den Buddhismus sogar mit der Verhaltensforschung Iwan Pawlows verbinden, wodurch der Buddhismus an Exaktheit der wissenschaftlichen Beobachtung hinzugewinnen könne, während der Verhaltensforschung Ziel und Tiefe gegeben würden. Geisteskrankheiten sieht du Pré mit der Theorie des Entstehens in gegenseitiger Abhängigkeit *(pratītyasamutpāda)*[59] erklärt: Geisteskrankheit beruhe auf der Verbindung emotionaler Gewohnheiten mit der Konzeptualisierung von sinnlicher Erfahrung; dies verursache eine rückgekoppelte Neuralaktivität, die nur sehr schwer kontrolliert oder gar zum Stillstand gebracht werden könne. Im übrigen müsse man nur die Erleuchteten strengen Labortests unterziehen, um die Wahrheit der buddhistischen Lehren objektiv darstellen zu können, denn das *nirvāṇa* sei „ein Zustand vollkommener geistiger Gesundheit und Befreiung".[60]

Diese reduktionistischen Interpretationen du Prés lösen den Buddhismus als Heilsweg auf. Das *nirvāṇa* wird relativiert, d. h. der buddhistische Grundgedanke, daß die Gegensätze von Gut und Böse, Gesundheit und Krankheit usw. im *nirvāṇa* transzendiert werden, taucht nicht auf. Der Buddhismus wird auf Psychologie reduziert.

Jayatilleke geht nicht so weit. Er will den Buddhismus vor allem von Mythologemen befreien, die erst in der späteren Entwicklung hinzugekommenen seien, wie z. B. die Erzählungen von der wunderbaren Geburt des Buddha, von seinen Existenzen in jenseitigen Welten usw., d. h. er will den Buddhismus entmythologisieren.[61] Dies sei völlig legitim, denn schließlich habe der Buddha selbst die Vernunft zum Maßstab der Wahrheitsfindung gesetzt.

Jayatillekes Argument gegen den Theismus beschränkt sich nicht auf die Kritik am Offenbarungsglauben und der Mythologie, sondern gipfelt in der

Frage nach dem Bösen und dem freien Willen des Menschen.[62] Er unterscheidet zunächst drei Spielarten des Determinismus, denen der Buddha entgegengetreten sei: den naturhaften Determinismus *(svabhāva-vāda)*, den theistischen Determinismus *(issara-kārana-vāda)* und den karmischen Determinismus *(pubba-kamma-vāda)*.[63] Im Gegensatz zu den Jainas[64], die die Unvermeidbarkeit des Erduldens karmischer Wirkungen lehren, und den Ajivikas[65], die einen totalen karmischen Determinismus vertreten, habe der Buddha das Zusammenspiel mehrerer Faktoren beobachtet, die das Leben zwar beeinflussen, aber nicht determinieren. So komme auch der Gedanke einer Determination der Naturprozesse und des menschlichen Geschicks durch Gott für einen Buddhisten nicht in Frage, ebensowenig wie die Reduktion auf eine einzige Ursache, sondern nur das Zusammenspiel vieler Faktoren, von denen Jayatilleke fünf aufzählt:[66]

1. physiologische und biologische Faktoren, die ererbt sind *(bijaniyama)*;
2. die sich wandelnden natürlichen Umweltbedingungen *(utuparinama)*;
3. gesellschaftliche Umstände *(visama-parihara)*;
4. die Intentionen des Individuums, die in Freiheit veränderbar sind *(opakkamika)*;
5. *karman*.

Im Rahmen dieses Geflechts von Abhängigkeiten habe der Mensch eine Entscheidungsfreiheit, die wiederum die natürlichen, gesellschaftlichen und psychologischen Bedingungen modifiziere, vor allem aber das *karman* verändere. Es gebe also einen *relativ freien Willen* und die Möglichkeit zur Eigeninitiative des Menschen. Diese Möglichkeit wachse und reife in ihrer Ausübung.[67]

Wenngleich gegen den Theismus jeder Spielart nicht nur das Argument des freien Willens, sondern auch die schwer lösbare Frage der Theodizee spricht – der Buddhismus stellt sich dem Problem nicht, weil er im *karman* die Wurzel des relativ Bösen sieht und die Frage nach dem letzten Ursprung des *karman* nicht stellt –, so sieht Jayatilleke durchaus, daß es theistische Systeme gibt, in denen der Gottesglaube motivierend wirken kann, insofern er dem Menschen die Eigenverantwortung für sein Schicksal als Geschöpf nach dem Ebenbild des Schöpfers zuerkennt.[68] Diese Motivationskraft des Glaubens ist für Jayatilleke das Kriterium für die Wahrhaftigkeit einer Religion, und es scheint, daß für ihn hier durchaus ein fruchtbares Feld des Dialogs mit dem Christentum gegeben ist, obgleich er diese Möglichkeit nicht direkt ausspricht.

Jayatilleke interpretiert die buddhistische Botschaft im Lichte des positivistischen Wahrheitsbewußtseins.[69] Und dies ist ein Merkmal der „buddhistischen Selbstbehauptungsbewegung“[70] in der modernen Welt überhaupt, also der buddhistischen Renaissance in den ehemaligen Kolonialländern. Daß der Buddha eine Wahrheit erkannte, die unabhängig vom erkennenden Bewußtsein existiert und die Ordnung beschreibt, nach der die Welt aufgebaut ist,[71] heißt für Jayatilleke aber nicht, daß Buddhismus und moderne Naturwissenschaft in ihren epistemologischen Grundlagen identisch seien, wie wir bereits erörtert haben. Sie träfen sich in der nachvollziehbaren empirischen Erfahrung, die gemäß den Gesetzen der Vernunft interpretiert würde, doch der Gegenstandsbereich beider sei nicht identisch. Das *nirvāṇa* ist für Jayatilleke nicht ein völliges Verlöschen, sondern die Erfahrung des höchsten Glücks eines unbedingten Bewußtseins,[72] das nicht vermittels der bedingten und bedingenden Daseinsfaktoren *(skandhas)* beschrieben werden könne,[73] sich also jeder quantifizierenden Methode *grundsätzlich* entzöge. Damit bleibt bei Jayatilleke die prinzipielle Differenz von quantifizierender Rationalität und buddhistischer Wirklichkeitserfahrung in der Meditation gewahrt.

Einen Höhepunkt erreichte die Kritik am christlichen Theismus schließlich bei Jayatillekes Schüler *Gunapala Dharmasiri.*[74] Dieser löste einen Sturm der Entrüstung unter den christlichen Dialogpartnern aus. Man wehrte sich gegen seine Thesen, indem man ihm vorwarf, er habe ein theoretisches Gottesmodell, nicht aber die christliche Gottesvorstellung dargestellt und abgeurteilt. Dharmasiri bezieht sich auf die englische logisch-positivistische Tradition, die mit ihrer linguistischen Kritik Urteile über die Existenz, Allmacht und Güte Gottes als sinnlos oder selbstwidersprechend zu widerlegen bemüht war. Außerdem beruft sich Dharmasiri natürlich auf die Ablehnung des Theismus durch den Buddha. Die Kritiker Dharmasiris, wie N. Gunaratna,[75] bestreiten hingegen, daß der Anti-Theismus des Buddha auf den christlichen Gottesbegriff übertragen werden könne, und sie begründen diese These mit Argumenten, die aus der europäischen theologischen Apologetik seit der Aufklärung bekannt sind:

- die Bibel rede vom lebendigen Gott, nicht vom Gott der Philosophen,
- die Theodizee sei kein Gegenargument gegen die Einheit von Allmacht und Güte Gottes, denn Gott nehme in Christus das Leiden selbst auf sich.

Die Polemik Dharmasiris gegen den christlichen Theismus bedeutete zugleich auch ein Ringen um die angemessene Interpretation des Buddhismus, vor allem um die Frage, ob es im (frühen) Buddhismus eine positiv denkbare oder erfahrbare „Letzte Wirklichkeit" gebe, oder ob das *nirvāṇa* ein vollkommenes Verlöschen sei, das nur negative Assoziationen erlaube. Wie alle Buddhisten interpretiert Dharmasiri das *nirvāṇa* als die Beendigung der Leidenschaften, vor allem des Durstes nach Dasein *(tṛṣṇā)*. Damit höre die Verknüpfung von Funktionen der Daseinselemente *(skandhas)* auf, d. h. Wirklichkeit höre auf, Wirklichkeit zu sein, so daß *nirvāṇa* eine Nicht-Erfahrung sei. Dharmasiri insistiert nun aber darauf, daß sich darüber hinaus nichts sagen lasse. Buddhistische Texte, die dennoch ein „mehr" andeuten würden – wie z. B. der berühmte Text, in dem auf etwas „Ungeborenes, Ungewordenes" und damit Unvergängliches hingewiesen wird[76] –, lehnt Dharmasiri als weiteren Ausdruck des egoistischen Durstes nach Unsterblichkeit ab. Christliche Interpretationen, wie die Lynn de Silvas, die dieses Ungeborene im Sinne einer unbedingten ersten Ursache verstehen wollen,[77] weist er damit klar zurück.

Kurz gesagt, Dharmasiri ist ein klassisches Beispiel für die Intellektualisierung des Buddhismus.[78] Wenn auch in der abhidharmischen Tradition das *nirvāṇa* zu einer erfahrbaren Entität stilisiert wurde, so war diese doch von der gewöhnlichen Wirklichkeitserfahrung im *saṃsāra* durch den unüberbrückbaren Graben von *nirodha-samapatti*[79] getrennt. Buddhisten, die in der Meditation *existentiell* diesen Graben überspringen, konnten und können bis heute durchaus von einer *Erfahrung* sprechen. Diesen Sprung interpretierten die christlichen Dialogpartner aber oft anders als ihre buddhistischen Partner selbst, nämlich nicht als einen zu *erkennenden* Sachverhalt, sondern analog zur christlichen Erfahrung als *Wagnis des Glaubens* oder als Mut, in dem sich die Ich-Du-Beziehung zu einem liebenden Gott manifestiere. Darin fühlten sich die Buddhisten natürlich mißverstanden.

Die Auseinandersetzungen, die in der Zeitschrift Dialogue (Colombo) dokumentiert sind, spitzten sich darauf zu, daß der buddhistische Rationalist Dharmasiri von den christlichen Gesprächspartnern (allen voran von Aloysius Pieris) aufgefordert wurde, auch noch andere als die nur rationalen Dimensionen des Buddhismus (einschließlich des Volksglaubens) ernsthaft zur Kenntnis zu nehmen. Könnten nicht die eher negative oder eher positive Sprachform mit unterschiedlichen Typen der menschlichen Erfahrung überhaupt zusammenhägen? Der kognitiv Gestimmte erwarte eher ein kühles *nirvāṇa*, der affektiv Gestimmte aber sei schon immer mehr an der *Verehrung* des geliebten *Buddha* interessiert gewesen.[80]

Wir meinen: Der Lernprozeß *könnte* an dieser Stelle intra- wie interreligiös wechselseitig sein, wenngleich auch deutlich wird, daß die *Polemik* in der Debatte um Dharmasiri wenig Raum für genaueres Verstehen des anderen und mögliche Gemeinsamkeiten ließ.

Buddhismus als Heilsweg

Zurück zu Jayatilleke. Er behauptet nicht, daß religiöse Wahrheit allein durch Vernunft begründet werden könne, sondern daß die persönliche Erfahrung und die existentielle Verwirklichung einer Idee bzw. eines Wertes im eigenen Leben hinzukommen müßten.[81] Wahrnehmung und ihre Reflektion bilden eine Einheit, wobei die außersinnlichen Wahrnehmungsweisen wie Hellsehen, Telepathie usw. von Jayatilleke ebenfalls als vernunftgemäß (weil empirisch gesichert) betrachtet werden.[82] Der Buddhismus darf für ihn keinesfalls in die Nähe des Materialismus gerückt werden, und deshalb betont er, daß Buddhisten ein „Transzendentes“ in den Mittelpunkt ihres Interesses stellten.[83] Allerdings handle es sich dabei nicht um ein Unerfahrbares, sondern um die Authentizität des Erfahrbaren schlechthin.

Wenn Rothermundt einen Schwund des Numinosen oder den Mangel an Vermittlung des Heiligen durch den Kult bei Jayatilleke beklagt, so hat er nach unserer Einschätzung gewiß recht, wenn man Jayatillekes Religionsphilosophie mit dem Buddhismus der weniger gebildeten Schichten auf dem Lande vergleicht.[84] Die „Entmythologisierung" im oben genannten Sinn blieb für Jayatilleke jedoch zeit seines Lebens ein zentrales Anliegen. Die Beobachtung, daß viele heutige Theravāda-Mönche nur „die Wüste des Rationalismus pflügen"[85] würden, trifft auf Jayatilleke aber nicht ohne weiteres zu. Daß die Gelehrsamkeit im *saṃgha* oft in einer trockenen Scholastik zu erstarren scheint, ist wohl wahr. Jayatilleke aber wußte, daß wissenschaftliche Analyse allein das Glück oder Heil des Menschen nicht verbürgt, denn jedes quantitative und damit relative Wissen bleibe an den Bereich des *saṃsāra* gebunden. Daß der Buddhismus das normale, an sinnliche Wahrnehmung gebundene Erkennen des Menschen transzendiert, ist für Jayatilleke offenkundig. Allerdings wird bei ihm nicht deutlich, was die außersinnlichen Wahrnehmungsweisen *epistemologisch* bedeuten. Meditationserfahrung und Hellsehen sind ja keineswegs identisch, was Jayatilleke aber nicht deutlich genug zu erkennen scheint.

Das aber hat zur Folge, daß – wie bei Rothermundt – der Eindruck entstehen kann, der Buddhismus-Begriff Jayatillekes sei von einer „kaum mehr zu überbietenden rationalistischen und moralischen Dürre" gekennzeichnet.[86] Daß hingegen Jayatilleke „an der Sinnfrage notorisch uninteressiert sei"[87], mag so scheinen, wenn man theistisch-personalistische Vorstellungen mit der Sinnfrage verbindet, nicht aber, wenn Soteriologie und die Frage nach dem Sinn mit dem therapeutischen Interesse einer Religion in Verbindung gebracht werden, das nun auch in Jayatillekes Buddhismus-Interpretation keineswegs fehlt. Für ihn ist es gerade nicht genügend, nur ein intellektuelles Wissen über die richtigen Ansichten und Verhaltensweisen zu erlangen, denn all dies wären nur relative, bedingte Ansichten, die dem, was „Befreiung" genannt wird, im Wege stünden.[88]

Allerdings muß jede Interpretation beachten, daß das Erwachen *(bodhi)* für den Buddhismus aller Schulen der empirischen Erfahrung eben *nicht* diametral entgegengesetzt ist, wie Rothermundt behauptet[89], sondern daß die Empirie für ein erwachtes Bewußtsein in einem anderen Licht erscheint, ohne daß der Bereich der alltäglichen Wahrnehmung damit aufgelöst worden wäre. Obwohl die *ratio* den *dharma* nicht ausschöpfen kann, so ist sie selbst doch ein Aspekt am *dharma* und als solcher ernst zu nehmen. Doch wie sich rationales Bewußtsein und meditative Erfahrung empirisch zueinander verhalten, ist bis heute noch völlig unzureichend geklärt. Auch Jayatillekes Ansatz führt diesbezüglich nicht weiter.

Das Christentum als vernunftfeindlich, den Buddhismus hingegen als der modernen Naturwissenschaft entsprechend darzustellen, ist weder phänomenologisch noch historisch korrekt. Glaube und Wissen, existentielle Erfahrung und rationales Argument sind in beiden Religionen ein Thema und in der Geschichte keiner der beiden Religionen ein spannungsloses Paar.[90] Daß der Buddha gelehrt hat, alles an der eigenen Erfahrung zu überprüfen, ist zwar eine außerordentlich anspruchsvolle Forderung, gerade deshalb aber für die meisten Buddhisten allenfalls nur teilweise nachvollziehbar. Denn der buddhistische Mensch hat ja nur in den seltensten Fällen eine direkte Erfahrung von der Erleuchtung. Er *glaubt* dem Buddha bzw. dem unmittelbaren spirituellen Lehrer, und nur mit diesem Vertrauen kann er sich auf den Übungsweg einlassen. Die große Bedeutung, die das Vertrauen in die Wahrhaftigkeit des Buddha hat, wird auch von Jayatilleke hervorgehoben.[91] Er unterscheidet einen vernünftigen oder rationalen Glauben *(ākaravatī saddhā)*, der schließlich in Wissen kulminiere, von einem blinden Glauben *(amūlikā saddhā)*, der der Überprüfbarkeit durch Tatsachen ermangle. Diese Unterscheidung ist einem Christentum, in dem der Glaube das Verstehen sucht *(fides quaerens intellectum*, Anselm von Canterbury), durchaus nicht fremd.

Anders als im Christentum, so Jayatilleke, sei der buddhistische Glaube aber nur vorläufig, d. h. er werde durch die direkte Erfahrung und durch Verifikation abgelöst. Wir müssen hier einwenden, daß auch das Christentum von der *Schau* Gottes (1 Kor 13) spricht, zwar unter eschatologischen Vorzeichen, aber doch mit Bestimmtheit. Im übrigen ist, wie wir schon zu bedenken gaben, auch für die meisten Buddhisten das Erwachen zur Buddhaschaft eine Sache der ferneren Zukunft. In der Zwischenzeit sollte in beiden Religionen für das tägliche Leben der Maßstab des Vernünftigen gelten, was zweifellos in der christlichen Geschichte, gewiß aber auch in der buddhistischen, nicht immer der Fall war. Das hat – wie der Fall Galilei lehrt – eher machtpolitische als der ursprünglichen Botschaft immanente Gründe. Wir ziehen deshalb den Schluß:

Im Dialog zwischen Buddhismus und Christentum wäre ein wichtiger Schritt getan, wenn die epistemologischen Grundlagen beider Religionen im Lichte der anderen neu reflektiert würden und der Begriff der Vernunft als Korrektiv und Maßstab genauer bestimmt würde. Daß die Hinwendung vieler Menschen im Westen zum Buddhismus vor allem dem Interesse an seinen Meditationswegen entspringt, die rationale Vereinseitigungen aufbrechen helfen, ist eine Entwicklung, die seit dem Zweiten Weltkrieg spürbar geworden ist. Im ausgehenden 19. und beginnenden 20. Jahrhundert war es vor allem die Rationalität des Buddhismus, die die Europäer faszinierte. Jede Generation sucht sich ihr Korrektiv, und es scheint der Zeitpunkt gekommen, da das Verhältnis von spiritueller Erfahrung und Rationalität in beiden Religionen neu zu überdenken ist, zumal dieses Verhältnis in der Geschichte jeweils erheblichen Wandlungen unterworfen war.

b) Anattā und Seele

Lynn de Silvas dialogische Methode

Lynn de Silva, der jahrelange christliche Partner K. N. Jayatillekes im Dialog in Sri Lanka, stellt seiner Studie über „Das Selbst im Buddhismus und im Christentum"[92] eine wichtige methodische Klärung voran, wenn er fragt: Woher nimmt ein christlicher Theologe das Recht, sich buddhistischer Terminologie zu bedienen? Er nennt vier Gesichtspunkte zur Rechtfertigung einer solchen Grenzüberschreitung:

1. Der Gebrauch von Begriffen und Denkweisen einer Religion oder Kultur durch eine andere sei unvermeidlich. Der Buddha habe genau dies getan, als er seine Lehre verkündete: Er benutzte die Sprache, die Konzepte und die Vorstellungen des Brahmanismus seiner Zeit sowie Vorstellungen aus der Religion des Jainismus. Begriffe wie *karman*, *pañcasīla* usw. seien von ihm adoptiert, erweitert, veredelt und systematisiert worden. Und nichts anderes sei auch in der christlichen Geschichte geschehen, als das Evangelium vermittels der Sprache und Vorstellungen der griechischen Philosophie, der gnostischen Strömungen und der Mysterienreligionen formuliert wurde.

2. Eine Integration buddhistischer Begriffe in die christliche Theologie könne einerseits helfen, das Christentum in einer buddhistischen Kultur heimisch zu machen, andererseits aber auch den Dialog erleichtern, zum Abbau von Vorurteilen beitragen und gegenseitiges Verständnis fördern, weil durch diese Übersetzungsarbeit leichter die geistigen Strukturen *hinter* den Formulierungen erkennbar werden könnten.

3. Dies sei notwendig in einer Welt, in der die praktische Zusammenarbeit zwischen den Religionen wachse und weiter zunehmen werde, zumal viele Menschen heute an religiösen Wahrheiten interessiert seien, ganz unabhängig davon, aus welcher Tradition sie kämen.

4. Der eigene Glaube werde durch ein einfühlsames und positives Verständnis eines anderen Glaubens bereichert. Es gebe Wahrheiten im Buddhismus, die den christlichen Glauben vertiefen könnten, wenn sie in die christliche Theologie übernommen würden. Eine solche buddhistische Wahrheit ist für de Silva die *anattā*-Lehre (skt. *anātman*, Nicht-Selbst), denn „die buddhistische *anattā*-Lehre dient dazu, die Christen an eine wahrhaft biblische Einsicht zu erinnern, die sie unter dem Einfluß der griechischen Philosophie verloren haben".

De Silva glaubt, daß das Christentum durch die *anattā*-Lehre überhaupt erst zu seiner eigenen Wahrheit kommt. Dialog ist für ihn an dieser Stelle ganz und gar Selbstfindung. Deshalb strebt er eine „dialektische Synthese"[93] der Begrifflichkeit beider Religionen an. Dabei verkennt er aber nicht, daß es eine methodologische Grunddifferenz zwischen Buddhismus und Christentum zu beachten gilt: Der Buddhismus *analysiert* den Menschen und seine psychisch-geistigen Strukturen. Das Christentum hingegen fragt zuerst nach dem *Ort* des Menschen oder nach der *Beziehung*, in der er steht.[94]

Über diese Rechtfertigung der dialogischen Methode hinaus können wir bei de Silva ein dreifaches theologisches Anliegen erkennen:[95] Er möchte

1. die Wurzeln einer echten biblischen Theologie wiederfinden,
2. eine solche Theologie mit neuen Einsichten und Denkweisen, die aus anderen Religionen, Ideologien und den Wissenschaften kommen, zur Harmonie bringen, und
3. diese Einsichten auf die sozialen Verhältnisse und Notwendigkeiten beziehen.

Anattā und Pneuma

De Silva konstatiert, daß das buddhistische Argument gegen den Begriff der Seele oder irgendeine geistige „Substanz" im Menschen, die ewig wäre und in der Tradition als *attā* (skt. *ātman*) bezeichnet wird, zwei Dimensionen habe. Es sei einerseits ein *analytisches* Argument, denn diese „Seele" könne man in der logischen Analyse der Struktur des Menschen nicht finden, und andererseits ein *ethisches* Argument, denn nur auf diese Weise könne das Grundübel, die Egozentriertheit des Menschen, überwunden werden.

Auch de Silva weiß, daß der Pāli-Begriff *dukkha* (skt. *duḥkha*) mit „Leiden" nur unzureichend übersetzt ist:[96] dieses Wort bezeichne vielmehr Unbehagen, Übel, Unzufriedenheit, Ruhelosigkeit, Furcht, Konflikt, existentielle Angst und all das, was des Menschen Existenz im *saṃsāra* kennzeichne, allem voran *taṇhā* (skt. *tṛṣṇā*), den Durst nach Leben, Weiterleben und Beständigkeit, der aus der irrigen Meinung komme, es gebe ein permanentes Selbst. Um also *dukkha* oder vielmehr seine eigentliche Ursache, das Anhaften oder den Durst nach allem zu überwinden, müsse der Irrtum bezüglich der Vorstellung des Selbst erkannt werden. De Silva faßt seine Analyse so zusammen:[97]

„Der Mensch befindet sich in diesem *dukkha*-Zustand aufgrund seines Anhaftens *(taṇhā)* an einem irrigen Begriff des Selbst, das als permanentes Seiendes aufgefaßt wird. In diesem Zustand wird der Mensch durch die Möglichkeit des Nicht-Seins bedroht, und deshalb sucht er nach Sicherheit und bildet sich ein, er habe eine unsterbliche „Seele", auf die er sich verlassen kann. Aber er kann dem nicht entrinnen, daß „in allen Dingen die Vergänglichkeit wohnt". Diese Tatsache kommt mit dem eingebildeten Selbst in Konflikt, und das wiederum ist die Ursache von *dukkha*, dem Zustand existentieller Angst. Es handelt sich um einen imaginären Konfliktzustand zwischen dem Wirklichen (der Tatsache der universellen Vergänglichkeit oder *anicca)* und der unwirklichen begrifflichen Einbildung eines permanenten unsterblichen „Selbst" ... Deshalb ist es von größter Bedeutung, daß man die Tatsache des Nicht-Selbst *(anattā)* erkennt, denn diese Erkenntnis führt zur Freiheit von *dukkha*, und der Sinn all der subtilen Analysen bezüglich des empirischen Ich ist, dem Menschen zu dieser Einsicht zu verhelfen."

Sodann analysiert de Silva die christliche Anthropologie und Eschatologie.[98] Die Vorstellung von der Unsterblichkeit der Seele habe das christliche Menschenbild nachhaltig geprägt, sie sei aber nicht biblisch. Vielmehr gehe der Dualismus von Leib und Seele auf die Orphik und Plato zurück, die Vorstellung von der Auferstehung des Leibes *(soma)* jedoch habe eher in der buddhistischen *anattā*-Lehre eine Entsprechung. De Silva glaubt, daß er mittels der *anattā*-Lehre den strukturellen Unterschied der christlichen Auferstehungshoffnung gegenüber dem griechischen Seelenbegriff deutlicher benennen kann, als dies bisher in der Theologie möglich war.

Schon diese allgemeine Feststellung genügt, um vier Grundsätze festzuhalten, auf denen de Silva sein Argument im einzelnen aufbaut:

Erstens sei der Gegensatz von Theismus (christlich) und Nicht-Theismus (buddhistisch) eine Differenz an der Oberfläche, die transzendiert werden könne, wie die *anattā*-Lehre zeige.

Zweitens entspreche es nicht der christlichen Lehre, von einer Unsterblichkeit der „Seele" zu reden, womit man der buddhistischen Anschauung nahe sei.

Drittens spreche die Bibel von einer Auferstehung des *soma* (Leib), der weder eine unsterbliche Essenz bezeichne noch eine Reanimation von Materie bedeute.[99]

Viertens könne das Verhältnis von *nāma-rūpa* (Name-Gestalt) im Buddhismus mit dem biblischen Begriffspaar von *psyche-sarx* (Lebensprinzip-Körper) verglichen werden.[100]

Anattā ist für de Silva weniger eine metaphysische Lehre als vielmehr die existentielle Beschreibung der Nichtigkeit des Menschen, deren ethische Konsequenz die Überwindung der Egozentriertheit ist. Sich selbst zu verleugnen, sei die notwendige Voraussetzung, um Jesus nachzufolgen, und genau das sei auch der Hintergrund des buddhistischen *anattā*. Der Begriff *nibbāna* (skt. *nirvāṇa*) drücke aus, woraufhin man sich orientieren solle, während *anattā* beschreibe, was auf diesem Weg aufzugeben sei. Demnach verhalte sich im Buddhismus *anattā* zu *nibbāna* (skt. *nirvāṇa*) wie im Christentum die Rede vom Verlieren des Lebens zu der Erwartung, dadurch das Ewige Leben zu gewinnen. Inbegriff dieser Haltung und Grundeinsicht sei im Christentum das Kreuz.[101]

Hier erhebt sich für de Silva die Frage nach der personalen Identität im Buddhismus. Einerseits scheine die Negation des Selbst eine solche zu verneinen, andererseits verlange der *karman*- und Wiedergeburtsglaube eine Identität der verantwortlichen Person. Der Buddhismus versuche, beide Extreme zu vermeiden, also weder in Nihilismus *(ucchedavāda)* noch in Eternalismus *(sassatavāda)* zu verfallen, und in der Tat sei die Geschichte der achtzehn Schulen im frühen Buddhismus wie auch die der späteren Mahāyāna-Entwicklungen der ständige Versuch, diese Balance immer wieder herzustellen.[102] Im biblischen Glauben, der ebenfalls eine aus sich selbst bestehende ewige Seele ablehne, werde die Identität der Person durch ihre Beziehungen hergestellt, und zwar durch ihre Beziehungen zu anderen Individuen, zum Volk und letztlich zu Gott. Nur *in* diesen Beziehungen *sei* sie *existent*.

Nach biblischer Auffassung ist der Mensch Kreatur. In dieser Geschöpflichkeit treffe er sich auf gleicher Ebene mit allen anderen Wesen. Er sei aus dem Nichts geschaffen *(creatio ex nihilo)*, und demzufolge könne er auch ins Nichts zurückkehren. Kreatürliche Existenz sei Existenz unter den begrenzenden Koordinaten von Raum und Zeit, und genau diese Zeitlichkeit drücke die buddhistische Vorstellung vom *saṃsāra* auf andere Weise aus. Kreatürliche Existenz sei samsarische Existenz, gezeichnet durch ihre radikale Vergänglichkeit *(anicca)*. Die biblische Anthropologie sei also holistisch, nicht dualistisch; deshalb könne es keine „Seele" geben, die unsterblich und damit der Geschöpflichkeit entzogen wäre.[103]

De Silva erläutert nun, wie die psycho-physische Einheit des Menschen im Neuen Testament vermittels der Begriffe *psyche-sarx* und im Buddhismus durch die *nāma-rūpa*-Analyse dargestellt wird.[104] *Psyche* und *nāma* bezeichneten das, was psychologisch beschreibbar sei, während *sarx* und *rūpa* die biologischen Prozesse darstellten. In beiden Religionen könne das eine nicht ohne das andere existieren, und in beiden Religionen stehe die Einheit beider Begriffe für die Einheit des Menschen: die psychosomatische Kreatürlichkeit des Menschen sei das, was der Buddhismus *anattā* nenne.

De Silva geht aber noch weiter. Er findet in der Bibel drei Komplexe von Metaphern für die Geschöpflichkeit des Menschen, die mit der buddhistischen Welterfahrung verwandt seien und als Pendant zur *anattā*-Lehre gelten könnten:

- der Mensch ist Ackerkrume (Gen 2,7), Staub (Gen 3,19) und Gras (Jes 40,6);
- der Mensch ist wesensleer wie ein Schatten (Ps 39, 5–7);
- des Menschen Leben ist wie Dampf, der sich schnell verflüchtigt (Jak 4,14).

Die biblische Anthropologie, so meint de Silva, lehre eine noch radikalere *anattā*-Lehre als der Buddhismus, denn sie verbiete jeden Gedanken, das Wesen der Person aus ihrer Individualität zu bestimmen. Radikaler sei sie aus zwei Gründen:[105]

1. Der Buddhismus negiere zwar das Selbst, lehre aber, daß der Mensch über eine „innere Fähigkeit, sein eigenes Heil zu erlangen", verfüge. Danach sei der Mensch zwar nichts *(anattā)*, aber nur er allein könne sich befreien. Das Christentum hingegen lehre: Der Mensch ist nichts durch sich selbst *(anattā)* und kann auch nichts tun, um sich zu befreien; er wird durch *Gnade*, nicht durch *Selbst*anstrengung befreit.

2. Die buddhistische Theorie von *karman* und Wiedergeburt impliziere, daß es „etwas", ein „Pseudo-Selbst"[106], im Menschen gebe, das für die Kon-

tinuität im karmischen Kreislauf verantwortlich sei: kontinuierliche karmische Strukturen oder Samen *(bīja)* bzw. ein mentales Kontinuum *(viññāṇa*, skt. *vijñāna)*. Das Christentum hingegen nehme nicht an, daß es irgendetwas im Menschen gebe, das über den Tod hinaus wirksam sei, sondern daß die Auferstehung der Toten eine Neuschöpfung durch Gott bedeute.[107]

In diesem Zusammenhang stellt de Silva die Frage nach dem Begriff der Identität.[108] Er argumentiert, daß nach biologischen Erkenntnissen das materielle Gewebe des Körpers alle sieben Jahre völlig ausgetauscht sei, während die unverwechselbare Individualität durch eine Kontinuität in der formalen Organisationsstruktur des Organismus erhalten bliebe. Der Wandel von einer „fleischlichen" zu einer „spirituellen" Geburt nach dem Tode bedeute aber eine viel radikalere Veränderung. Die Natur des spirituellen „Leibes" könne überhaupt nicht positiv beschrieben werden. Dennoch behauptet de Silva: „Die Wahrheit von der Lehre der Auferstehung des Leibes ist, daß das Individuum als „Individuum" fortdauert, ohne seine Identität zu verlieren, denn es trägt die volle Verantwortung für seine irdische Existenz mit sich."[109]

Hier wird der Widerspruch in de Silvas Argumentation deutlich. Deshalb greift seine Kritik am Buddhismus nicht, dieser würde *anattā* weniger radikal als das Christentum verstehen. Wir werden diese Frage im Kapitel B, II.2.c erörtern.

Wie versteht aber de Silva den biblischen Begriff des Leibes *(soma)*, und wie verhält sich dieses Konzept zur buddhistischen Theorie der Daseinsfaktoren *(skandhas)*?[110] *Soma* sei im Neuen Testament nicht ein Bündel psycho-physischer Aggregate, denn dieser Aspekt werde mit *sarx* (Fleisch) bezeichnet; die *sarx* entspreche also den *skandhas*. Leib sei vielmehr die *Einheit* von materiellen und geistigen Phänomenen: der Mensch *hat* nicht Körper und Seele, sondern *ist* Körper und Seele (Leib) als einheitliche Erscheinung. Außerdem bedeute *soma* die personale Beziehung zu anderen Wesen. Der Leib sei der Organismus, der die Person als Individuum erscheinen lasse. Die personale Identität entsteht aber für de Silva, wie wir bereits sahen, nur in Beziehungen zu anderen Personen, und dieses Netz von Beziehungen sei letztlich in seiner grundlegenden Dimension nur in Beziehung zu Gott möglich. Denn es gibt kein „Ich" ohne ein „Du".[111] Diese Beziehung zu Gott aber sei ausgedrückt im biblischen Verständnis vom Geist *(pneuma)*: *pneuma* bezeichne dabei die fundamentale Beziehungsstruktur des Menschen zu Gott.

Aus diesem Grund findet de Silvas dialogische Anthropologie ihren Höhepunkt in dem buddhistisch-christlichen Begriff *anattā-pneuma*.[112] Die Verbindung der beiden Begriffe eröffnet für ihn ein neues Verständnis der Person. Er unterscheidet drei Dimensionen, in denen dieser synthetische Begriff über seine beiden traditionellen Komponenten hinausgreife und dieselben bereichere, vertiefe und ergänze:

1. Die psycho-physische *nāma-rūpa*-Dimension. Hier bedeutet *anattā* die Verneinung einer permanenten Identitäts-Substanz, wie wir erläutert ha-

ben. Die Analyse der fünf *skandhas* jedoch reduziere den Menschen auf die immanente psycho-somatische Wirklichkeit. Der christliche *pneuma*-Begriff hingegen verweise auf eine transzendente Dimension, die sich nicht durch eine Analyse des Phänomenalen begreifen lasse. *Pneuma* sei eine „dynamische Seinsqualität, die den Menschen über die endliche Existenz hinaushebt".[113]

2. Die ethisch-soziale Dimension. Hier bedeutet *anattā* die Überwindung des Egozentrismus, der im Anhaften am Selbst wurzelt und der Ursprung allen Übels ist. Die Überwindung des Ego sei zwar in vielen Religionen thematisiert, doch der Buddhismus habe eine einzigartige Daseinsanalyse und ethische Disziplin entwickelt, um das Problem an der Wurzel zu packen. Konzentriere man sich aber auf das Nicht-Anhaften von einem ganz individualistischen Standpunkt aus, so führe das zu Isolation und zu einem Leben, das für die soziale Wirklichkeit bedeutungslos sei. Die soziale Dimension werde durch *pneuma* bezeichnet, denn Geist im biblischen Sinn bedeute, daß alles in Beziehung stehe und alle Existenz Ko-Existenz sei. Als Geschöpf sei der Mensch ein sozial verantwortliches Wesen. Authentisches Sein beziehe sich nicht auf sich selbst allein, sondern öffne sich durch Teilhabe an anderem Sein. Die Grundform eines solchen Lebens in Partizipation sei die Liebe, die letztlich die Kraft sei, Personen so miteinander zu verbinden, daß der Egozentrismus überwunden werde und gleichzeitig die Person zu ihrer Erfüllung komme. Liebe ohne das Nicht-Anhaften, das durch *anattā* gelehrt werde, könne es nicht geben, denn eine solche „Liebe" wäre wenig mehr als ein ich-verhaftetes Spiel.

3. Die transzendente Dimension. *Anattā* bedeutet hier die Leere der Wirklichkeit von substanzhaftem Wesen. Die völlige Entleerung jeder Selbstheit sei *nibbāna* (skt. *nirvāṇa*), und die Erfahrung des selbstlosen *nibbāna* (skt. *nirvāṇa*) sei die Erfahrung höchster Seligkeit. Es handle sich dabei um Auslöschung des Selbst, nicht aber um Auslöschung dieser Erfahrung. Wie könne man, so fragt de Silva, dieses Paradox erklären? Durch die Wirklichkeit von *pneuma*. Denn im *pneuma* ereigne sich die Selbsttranszendierung des Menschen als ein Aus-sich-Herausgehen in die „Gemeinschaft mit der Wirklichkeit", d. h. letztlich mit Gott. *Pneuma* ist also die Instanz im Menschen, durch die „exklusive Individualität negiert und die Personalität vervollkommnet wird"[114].

Anattā bezeichnet den nicht-egozentrischen, *pneuma* den relationalen Charakter des Personseins. *Anattā-pneuma* ist demzufolge für de Silva der Begriff für nicht-egozentrische Beziehung oder ich-lose Interrelationalität.

Erfüllung in Gemeinschaft

Die Einheit-in-Differenzierung oder das Personsein des Menschen in Gemeinschaft mit allen anderen Wesen erfülle sich als Gemeinschaft der Liebe, in dem, was das Christentum „Reich Gottes“ nenne. Das Reich Gottes, so de Silva, sei die Antwort auf die buddhistische Suche nach der Einheit von Selbst-Negation und Selbst-Erfüllung in einem höheren Selbst.[115] Es sei die Einheit von Universalem und Partikularem, d. h. die Verwirklichung universaler Liebe, in der die Individualität nicht eliminiert, sondern durch Teilhabe an anderem Sein dialektisch aufgehoben werde. Denn es könne keine Einheit ohne Teilhabe des Geeinten an der Einheit geben. Einheit impliziere also individuelle Unterscheidung. De Silva spitzt das Argument zu: „Person wird man nicht durch Separation, sondern durch Partizipation. Durch Separation ‚materialisiert‘ sich das Individuum; durch Partizipation ‚spiritualisiert‘ es sich.“[116] Vollkommene Einheit impliziere also zweierlei: die vollkommene Aufgabe des Selbst und eine in sich differenzierte Einheit. Solange der Mensch noch von „Ich“ und „mein“ bestimmt sei, könne er nicht fähig zu liebender Gemeinschaft sein.

Zusammenfassend halten wir fest:

Lynn de Silva hat einen wichtigen Beitrag zum Dialog geleistet, weil er verdeutlicht, daß die vereinfachte Alternative von *Personalität* (Christentum) versus *Impersonalität* (Buddhismus) falsch ist. In beiden Traditionen treffen wir vielmehr diachronisch und diatopisch auf ein Spektrum von Bestimmungen der personalen Identität des Menschen, die das Individuelle in ein Netz von Korrelationen stellen. Wir werden die Diskussion dieses wichtigen Problems in anderen Zusammenhängen erneut aufgreifen.[117]

c) Karman, Gnade und Reinkarnation

Christen haben wiederholt gegen den Buddhismus eingewandt:

- Der Buddhismus ist Selbsterlösung, das Christentum hingegen folgt einem Heilsweg allein durch Gnade.
- Der (frühe) Buddhismus appelliert an den rechten Gebrauch des autonomen Willens und überfordert damit den Menschen, das Christentum aber geht von der Einsicht in den korrumpierten Willen des Menschen aus und ist dabei realistisch.
- Der (frühe) Buddhismus versteht die Suche nach Heil nur individualistisch, das Christentum jedoch kann Erlösung nur in Gemeinschaft mit der ganzen Schöpfung denken.

Diese gängigen Vorurteile machen den Dialog nicht leicht, zumal einige westliche buddhistische Autoren dieser Lesart des Buddhismus Vorschub zu leisten scheinen.

Allerdings stellte Winston King in seinem klassischen Buch zum Dialog[118] fest, daß es in der Theravāda-Tradition durchaus eine „Suche nach Gnade“ gebe, die aber kaum erfüllt werden könne, weil *karman* als strikt individuelle Abfolge moralischer Akte und ihrer Vergeltung verstanden werde und die Individualität als solche eine schmerzhafte Bürde sei, die man überwinden müsse. Das buddhistische Streben nach Verdienst *(puṇya)* könne darum, im Gegensatz zur christlichen Liebe *(agapē)*, nur selbstzentriert sein. Die Suche nach Gnade lokalisiert King, wie auch Lynn de Silva, in der schon erwähnten Udāna-Stelle (VIII,3), in der das *nirvāṇa* als Ungeborenes und Ungeschaffenes bezeichnet wird, das infolgedessen von der karmischen Vergeltungs-Kausalität ausgenommen sei. Und der Buddha eröffne als Lehrer den Zugang zu diesem Unbedingten, Gnadenvollen. In diesem Zusammenhang deutet King an, daß *karman* vielleicht doch nicht gänzlich individualistisch gemeint sein muß, verfolgt den Gedanken aber nicht weiter.

King suchte als Missionar in Burma Brücken des Verstehens. Von der Theorie her meinte er, im Buddhismus Burmas keine gemeinschaftstiftende Liebe, sondern nur Heils-Individualismus finden zu können, in der Praxis nahm er aber sehr wohl wahr, daß es viel Barmherzigkeit unter Buddhisten gab und gibt.

Der Grund für diese Verständnisschwierigkeiten scheint uns symptomatisch für das (Miß-)Verstehen buddhistischer Kulturen zu sein: King beobachtete eine traditionale, noch nicht individualistische Kultur, die angeblich mit einem individualisierten *karman*-Begriff verbunden sei. Damit vergleicht er kontrastierend das europäische Christentum, das zwar gemeinschaftliche Liebe lehre, sich tatsächlich aber in einer ausdifferenziert-individualistischen Kultur der Rationalität bewege und deshalb dem tatsächlichen Gemeinschaftsleben in Theravāda-Ländern weit unterlegen sei. Nach unserer Analyse der Religionsbegegnungen in Teil A ist einmal mehr deutlich geworden, daß der Dialog diese soziologischen Bedingungen viel stärker als bisher in Rechnung stellen muß, wenn er nicht zu gegenseitigen dogmatischen Deklamationen verkümmern will! Denn diese Bedingungen prägen die tatsächliche religiöse Situation oft stärker als Normen, die von einer religiösen Tradition sanktioniert werden.

Reinkarnation

Lynn de Silva geht weit über Winston Kings kontrastierende Anknüpfung an den Theravāda-Buddhismus hinaus. Er argumentiert, daß der buddhistische *karman*-Glaube einsichtiger sei als die christliche Lehre von der doppelten Prädestination.[119] Denn das begrenzte und widersprüchliche Leben könne nicht allein für die Ewigkeit bestimmend sein, weil dann die Mehrheit der Menschheit von einem liebenden Gott verdammt würde. Das aber sei ein unerträglicher Widerspruch. De Silva zitiert hier den russischen Religionsphilosophen Nikolai Berdjajew (1874–1948), den evangelischen Theologen Paul Tillich (1886–1965) und andere, um deutlich zu machen, daß diese Prädestinationslehre in keiner Weise neutestamentlich und christlich sei. Es *müsse* vielmehr die Möglichkeit zu fortschreitender Heiligung nach dem Tod geben, weil sonst Gott nicht zugleich Liebe *und* Gerechtigkeit sein könne.

Die *karman*-Lehre dagegen lasse den Zusammenhang von Tat und Wirkung in einer umfassenden Welterklärung einsichtig werden.[120] Man müsse auf dem Hintergrund der buddhistischen *anattā*-Lehre aber eine Unterscheidung von kollektivem und individuellem *karman* vornehmen. Während individuelles *karman* an ein Ich als Träger des *karman* gebunden sei, das der Buddhismus ablehne, könnte ein mehr kollektiv interpretiertes *karman* als Träger einen nicht-kontinuierlichen Bewußtseinsstrom haben, der nicht an Individualität gebunden sein müsse. Das heißt, das Leben sei eins und werde im universalen Werdeprozeß beständig neu geboren und erscheine in der rhythmischen Abfolge von Geburt und Tod der Individuen in immer neuen Formen. Dabei beeinflußten die Formen einander, weshalb moderne buddhistische Philosophen das *karman*-Gesetz mit der Vererbungslehre in Zusammenhang gebracht hätten.[121] De Silva merkt an, daß die moralischen Implikationen von *karman* und Wiedergeburt durch die Vererbungslehre nicht gedeckt würden. Die Frage nach der verantwortlichen Individualität im Kontinuum des Werdeprozesses sei nun aber das eigentliche Problem der ganzen Theorie.

De Silva setzt sich sodann mit der Vorstellung von Reinkarnation auseinander. Er unterscheidet drei Argumente, die für die Theorie der Reinkarnation geltend gemacht würden:[122]

1. *empirische* Argumente, d. h. die Erinnerung an Zustände, Ereignisse oder Fähigkeiten (Sprachen), die vor der Geburt des betreffenden Individuums lagen oder erworben wurden;

2. *metaphysische* Argumente, wie sie etwa bei den Griechen für die Präexistenz der Seele geltend gemacht wurden, die unzerstörbar sei und demzufolge mit dem Tod nicht aufhören könne, wobei dieses Argument für den Buddhismus, der keine ewige Seele annimmt, zumindest in dieser Form nicht in Betracht komme;

3. *theologische* Argumente, die dann geltend gemacht wurden, wenn die mit der *karman*-Theorie verbundene Vorstellung von Reinkarnation das Problem des Bösen bzw. unschuldigen Leidens erklären solle, um auf diese Weise eine schlüssige „Theodizee" zu erarbeiten.

Es kann hier nicht der Ort sein, de Silvas Argumentation im einzelnen darzustellen und zu prüfen. Allerdings ist es interessant zu sehen, wie er die spezifisch buddhistische Reinkarnationstheorie interpretiert und für den buddhistisch-christlichen Dialog fruchtbar machen will. Er folgt dabei der Interpretation Nyanatilokas,[123] der die buddhistische Reinkarnationstheorie so erläutert:[124]

Drei Faktoren seien für die Bildung eines neuen Menschen im Mutterleib von Bedeutung: die Eizelle, die Samenzelle und die karmische Energie *(kammavega)*, die in der Sūtren-Literatur metaphorisch als *gandhabba*, Geist, bezeichnet wird. Diese karmische Energie werde von einem sterbenden Individuum im Moment des Todes freigesetzt, und die körperliche Verschmelzung der zukünftigen Eltern sei nur die notwendige physische Basis für die erneute Wiederverkörperung dieser formativen Kraft. Der gegenwärtige Lebensprozeß *(uppādabhava)* sei also nichts anderes als die Objektivierung des entsprechenden pränatalen karmischen Prozesses *(kammabhava)*, und das zukünftige Leben sei die Objektivierung des gegenwärtig ablaufenden entsprechenden karmischen Prozesses. Nichts wandere also von einem Leben zum anderen, sondern ein karmisch-energetischer Impuls werde weitergegeben, so wie ein Feuer ein anderes entzündet.[125]

In der buddhistischen Geschichte gab es mehrere Versuche, diesen Energieimpuls näher zu beschreiben. Die Pudgalavādins nahmen eine Person *(pudgala)* als Träger der karmischen Impulse an. Ein Konzept, das bereits im Milindapañha auftaucht, dann in den Abhidhamma gelangte und von Buddhaghoṣa (5. Jh. n. Chr.) aufgenommen wurde, ist die Lehre vom *bhavāṅga*, einem Faktor der Existenz, den Edward Conze mit „Lebenskontinuum" übersetzt.[126]

Angesichts dieser und ähnlicher Versuche stellt de Silva erneut die Frage: Gibt es im frühen Buddhismus eine personale Identität? Die traditionelle Theravāda-Antwort lautet, daß die Person, die wiedergeboren wird, weder identisch noch eine andere sei als die vorige *(na ca so na ca anno)*. Im Tod gehe das Bewußtsein zugrunde, um im gleichen Moment einem neuen Bewußtsein Raum zu geben und ihm das „karmische Erbe" aufzuprägen. Das neue Wesen sei also weder dasselbe wie das vorige, noch stehe es in völliger Diskontinuität zu ihm. Die kontinuierliche moralische Verantwortung zwischen den einander folgenden Individuen sei dadurch aufrechterhalten, daß es eine Kontinuität im Prozeß, im Lebensstrom, gebe. Das wiederum stütze die These von der sozialen Bedeutung der *karman*-Lehre: Das Individuum könne nicht für sich betrachtet werden, denn insofern der Mensch Person sei, sei er eingebunden in das Netz von Beziehungen zu allen anderen Wesen nach dem Gesetz des universalen *karman*.[127]

Aus christlicher Sicht antwortet de Silva nun auf diese Person-Debatte im Theravāda mit drei Argumenten:[128]

1. Es muß daran festgehalten werden, daß die zeitliche Existenz Bedeutung für die letztgültige Dimension bzw. für das, was Christen die Ewigkeit nennen, hat. Die Ewigkeit zerstöre die Reichtümer und Vielfalt des geschichtlichen Lebensprozesses nicht, sondern erfülle ihn. Und die Interpretation der *karman*-Theorie müsse diesem Anliegen Rechnung tragen.

2. Das Prinzip von Identität und Kontinuität muß beachtet werden. Die Lehre von der Auferstehung des Leibes besage, „daß das Individuum als solches kontinuierlich ohne Verlust der Identität weiterbesteht".[129] Die christliche Theologie löse dieses Problem mit der Lehre vom spirituellen Leib *(soma pneumatikon)*. Diese Lehre drücke die Ganzheit der Person als Geschöpf Gottes aus. Der materielle Körper vergehe zwar, aber der individuelle Charakter der Person werde dabei nicht ausgelöscht, sondern

vervollkommnet, indem er in den spirituellen Leib transformiert werde.[130]

3. Die Vorstellung von der Unvergänglichkeit des spirituellen Leibes darf nicht aufgegeben werden. Während der physische Körper nach Paulus schwach, kraftlos und vergänglich sei, komme dem spirituellen Körper Unvergänglichkeit zu. (1 Kor 15, 42 ff.) Diese Sicht lasse keinen Raum für die Theorie der Wiedergeburt, denn das Unvergängliche könne nicht wieder in das Vergängliche reinkarniert werden.

Aufgrund dieser drei Gesichtspunkte kommt de Silva zu dem Schluß, daß die Lehre von der Auferstehung des Leibes der Theorie der Reinkarnation prinzipiell widerspreche, weshalb diese aus christlicher Sicht abgelehnt werden müsse. Wie aber kann man dann das Dilemma lösen, das sich mit der doppelten Prädestination stellt? De Silva will sowohl die Lehre von der doppelten Prädestination als auch die Theorie von der Wiedergeburt vermeiden, indem er – durchaus auf dem Hintergrund der von ihm für sinnvoll erachteten universalen Deutung des karmischen Zusammenhanges – die Lehre vom *Zwischenzustand* (wieder) zur Geltung bringen möchte.

Zwischenzustand und kontinuierliche Vervollkommnung

De Silva glaubt, daß sowohl der Buddhismus als auch das Christentum die Situation des Menschen realistisch einschätzen: *Das, was ist, entspricht (noch) nicht der wirklichen Bestimmung des Menschen.* In beiden Religionen bestehe kein Zweifel daran, daß dieses eine Leben allein nicht genüge, um den Menschen zu seinem Wesen zu bringen: der Buddhist nehme – trotz der *anattā*-Lehre – eine Folge mehrerer Leben an, der Christ verlasse sich auf die Gnade Gottes. Im einzelnen würden die Dinge freilich sehr unterschiedlich gesehen.

De Silva zitiert mehrere Bibelstellen (z. B. die Lazarus-Geschichte Lk 16, 19 ff. sowie 1 Petr 3, 18 ff. und 4, 6), vor allem aber die Vorstellung von der Höllenfahrt Christi im Glaubensbekenntnis („hinabgestiegen in das Reich des Todes"), um darzulegen, daß das Christentum auf die Vorstellung eines Zwischenzustandes, in dem weitere Vervollkommnung der Person möglich sei, nicht verzichten könne. Wenn man nicht die grausame und christlich nicht haltbare Lehre von der ewigen Verdammnis predigen wolle, müsse man einen Zwischenzustand annehmen. Denn ein generelles Gnadenangebot ohne diese Vervollkommnungsmöglichkeit würde dem Begriff der Gerechtigkeit Gottes widersprechen, auch wenn man eine radikale Gnadenlehre *(sola gratia)* im Sinne Luthers voraussetze.[131] Das Symbol von „Abrahams Schoß", in dem Lazarus ruht (Lk 16, 23), sei bereits in der rabbinischen Literatur als Inbegriff der väterlichen Güte Gottes interpretiert worden, die in alle Bereiche der Wirklichkeit hineinreiche. Die frühchristliche Gemeinde habe diese Vorstellung übernommen und als Gegenwart Christi auch in der

Hölle zu deuten versucht.[132] Die Frage, was den Menschen widerfahre, die vor Christus *(ante Christum natum)* oder auch sonst außerhalb kirchlicher Verkündigung und Taufpraxis *(extra ecclesiam)* gelebt haben, könne auf diese Weise ebenfalls unter dem Gesichtspunkt des universalen Heilsangebotes Gottes beantwortet werden: Christus sei in dem Zwischenzustand zwischen individuellem Tod und letztgültiger Vollendung gegenwärtig und biete *jedem* Menschen seine Gnade und die Gelegenheit zur Vervollkommnung an.

Im Mahāyāna-Buddhismus, so de Silva, sei ein ähnliches Motiv von Bedeutung, wenn Bodhisattvas in der Hölle predigen, um den (nur begrenzten) Aufenthalt der Wesen im Höllenbereich zu erleichtern bzw. das Leid auf sich zu nehmen oder abzuwenden.[133] Der Buddhismus habe es freilich schwer, angesichts der *anattā*-Lehre eine Kontinuität über den Tod hinaus anzunehmen. Deshalb seien im Buddhismus immer wieder Vorstellungen aufgekommen, von denen Edward Conze sagt, sie seien „Pseudo-Selbste".[134]

Im Mahāyāna wie auch im Glauben der Laien in den Theravāda-Ländern, jedenfalls in Sri Lanka, gebe es die Vorstellung von Wesen, die den Verstorbenen auf dem Weg durch den Zwischenzustand begleiten. Lynn de Silva erörtert diesen Sachverhalt im Vergleich mit christlichen Vorstellungen von Schutzengeln und meint, daß an dieser Stelle ein äußerst wichtiger Gegenstand des Dialogs zwischen Buddhismus und Christentum liegen könnte, weil er für die praktische Frömmigkeit bedeutsam sei.[135] Er führt diese Überlegung aber nicht aus, so daß wir uns hier mit diesem Thema nicht beschäftigen wollen.

Folgendes, so meinen wir, sollte aber bedacht werden: Sowohl unter epistemologischen Gesichtspunkten der buddhistischen Philosophie als auch angesichts christlicher Eschatologie muß die Rede vom Zwischenzustand nicht unbedingt ontologisiert und/oder objektiviert werden. Denn im Buddhismus symbolisiert der Zwischenzustand Stadien auf dem Weg zur Vollendung bzw. der Überwindung mentaler Verunreinigungen *(kleśa)*. Das Leben ist, buddhistisch gesprochen, ein Kontinuum, und der Tod des materiellen Leibes ist ein Zustandswechsel nur einiger Aggregate oder Daseinsfaktoren auf einer bestimmten Wirklichkeitsebene (der materiellen, nicht aber notwendig der geistigen). Materielle und mentale Prozesse sind zwar nicht identisch, wohl aber laufen sie in gegenseitiger Abhängigkeit voneinander ab. Aus diesem Grunde kann der Zwischenzustand nicht einfach ein „Reich" sein, das „außerhalb" existierte und in das der Verstorbene eintreten würde. Im Buddhismus handelt es sich bei den Zwischenzuständen vielmehr um mentale Zustände, um unterschiedliche spirituelle Qualitäten, die im Kontinuum der Lebensphasen (von denen der leibliche Tod eine ist) durchlaufen werden.[136]

De Silva knüpft an diese Aussagen der buddhistischen Philosophie an und formuliert seine eigenen Vorstellungen so:[137]

„Reinkarnation symbolisiert die Tatsache, daß Tod und Wiedergeburt kontinuierlich stattfinden, und zwar nicht empirisch, sondern spirituell. Das Purgatorium symbolisiert, daß Tod und Geburt einen Prozeß darstellen, der in Läuterung und Reinigung besteht, die täglich hier in diesem Leben beginnen können. Der Zwischenzustand ist Symbol dafür, daß die Person, die in diesem Leben beginnt, durch Tod und Wiedergeburt, durch Läuterung und Reinigung, Stadium für Stadium voranschreitet, bis schließlich das endgültige Ziel erreicht ist."

De Silva verkennt nicht die Schwierigkeiten, die sich beim Dialog dieser Fragen zwischen Buddhisten und Christen auftürmen, zumal er die psychologische und thanatologische Forschung in die Diskussion einbeziehen will. Doch erst in den letzten Jahren ist dieser Dialog über die Frage der Reinkarnation in Gang gekommen,[138] lange nachdem de Silva bereits Grundlegendes dazu erarbeitet hatte. Sein Verdienst ist es, daß das christliche Tabu, Reinkarnation nicht zu thematisieren, durchbrochen wurde. Denn im Gespräch mit dem Buddhismus kann das Thema nicht ausgeklammert werden, auch wenn es durch die *anattā*-Lehre ungemein kompliziert wird, was aber auch Differenzierungen ermöglicht, die jene dogmatisch verfestigten Standpunkte von „Auferstehung" gegen „Seelenwanderung" hinterfragen. Denn der Buddhismus lehnt ja gerade die Vorstellung von vielen modernen Reinkarnationsgläubigen ab, daß mit sich selbst identische Seelen von Körper zu Körper wandern würden. Dazu de Silva:[139]

„Im Gegensatz zum Buddhismus jedoch bejaht das Christentum die Realität, Kontinuität und Identität der Person, ohne daß dies eine Dichotomie implizieren würde. Während die buddhistische Lehre von *anattā* der Theorie der Reinkarnation, wie sie von Parapsychologen verstanden wird, widerspricht, fordert die christliche Lehre von der Auferstehung jene Theorie heraus."

Was der Unterschied von „widersprechen" *(contradict)* und „herausfordern" *(challenge)* hier bedeuten soll, erläutert de Silva allerdings nicht. Die Positionen wären außerdem viel differenzierter darzustellen, aber der Dialog auch über diese Fragen hat zumindest begonnen.

Gnadenlehre als radikalere anattā-Lehre

Im Buddhismus, so argumentiert de Silva, werde das Selbst verneint, obwohl es doch auf den Menschen allein ankomme, wenn er zur Befreiung gelangen möchte. De Silva vermutet hier einen Selbstwiderspruch, der durch die christliche Gnadenlehre aufgehoben werden könne, von der er meint, daß sie noch radikaler als das *anattā*-Konzept die Nichtigkeit des Ich vor dem Letztgültigen (Gott) denke.[140]

Allerdings müssen wir einwenden, daß sich der vermeintliche Widerspruch sofort auflöst, wenn das Subjekt der Befreiung nicht das in *anattā* negierte Ich ist – und genau das ist die buddhistische Position. Die christliche Gnadenlehre muß also keineswegs die einzige Möglichkeit sein, das vermeintliche buddhistische Dilemma zu lösen. Im Buddhismus selbst wird z. B. durch die Vorstellung von der allen Wesen immanenten Buddha-Natur oder durch die Rede von der Potentialität zur Erleuchtung auf eine dem egozentrischen Ich transzendente „Instanz" verwiesen, wobei die Interpretationen der einzelnen Schulen, was diese „Instanz" sei, voneinander abweichen.[141]

Doch es verdient festgehalten zu werden, daß bereits de Silva den falschen Gegensatz von buddhistischer *karman*-Theorie und christlicher Gnadenlehre nicht gelten ließ. Was das Christentum mit Gnade meine, sei im Buddhismus dem Bereich der Überwindung von *karman* entsprechend, ohne den ja der gesamte buddhistische Heilsweg sinnlos wäre.[142] Es handle sich im Buddhismus zwar um ein anderes Sprachspiel, doch die zugrunde liegenden Elemente seien in Buddhismus und Christentum durchaus vergleichbar. Das, was als „Gnade" zu bezeichnen sei, könne als transzendente Qualität verstanden werden, die den menschlichen Strukturen nicht immanent sein dürfe, wenn der *anattā*-Einsicht nicht widersprochen werden solle. De Silva meint, daß auch das „Bewußtsein" *(viññāṇa)* als Träger dieser transzendenten Qualität nicht in Frage komme, weil es eines der Daseinselemente (*khandha*, skt. *skandha*) des Prozesses des Entstehens in gegenseitiger Abhängigkeit sei.

Hier setzt bekanntlich die Kritik des Mahāyāna, besonders der Mādhyamika-Philosophie ein, die den realistischen Pluralismus[143] der *skandha*- oder *dharma*-Lehre ablehnt. Wir befinden uns bei der Bestimmung des Transzendenten also mitten in der innerbuddhistischen Diskussion, was eigentlich „Träger" einer unbedingten Realität *(nirvāṇa)* sein kann. Die Frage ist nun nicht lösbar, indem man auf ein Objekt verweist oder ein Transzendentes dem immanenten Bewußtsein entgegenstellt. Und das Problem stellt sich im Christentum nicht viel anders dar. Auch hier wird das Verständnis von der Gnade und dem Geist als „äußeren Objekten" transzendiert in der trinitarischen Vermittlung des Gegensatzes von Immanenz und Transzendenz bzw. von Zeitlichkeit und Ewigkeit. Auf Mahāyāna-buddhistischer Seite wäre die Vorstellung vom unendlichen Bewußtseins-Kontinuum, das die Saat der Befreiung in sich trägt, ebenfalls ein Versuch, den Gegensatz von *saṃsāra* und *nirvāṇa* bzw. Immanz und Transzendenz dynamisch aufzubrechen.

Diese Debatte ist ein guter Beleg dafür: *In der christlich-buddhistischen Begegnung kann für beide Seiten deutlicher werden, was es heißt, von „Transzendenz" zu reden.*

De Silva ist bei seiner Gegenüberstellung von *anattā*-Konzept und Gnadenlehre bemüht, nicht Einzelbegriffe, sondern Gesamtkonzeptionen zu vergleichen. Damit erfüllt er eine hermeneutische Bedingung des Dialogs, daß nämlich einzelne Begriffe nicht aus dem Gesamtsystem einer Religion isoliert werden dürfen, sondern ihre *Funktionen* zu betrachten sind, die ihnen in der Gesamtheit des jeweiligen Sinn-Systems zukommen.

Wenn dies aber vorausgesetzt ist, müssen wir de Silva an einem Punkt grundsätzlich widersprechen:[144] Es bedarf keineswegs der christlichen Gnadenlehre und des Gottesglaubens, um *anattā* radikaler zu denken, als es der Buddhismus selbst tut. De Silva behauptet, daß man dem eigenen „Selbst" nur sterben könne, wenn man sich auf Gott verlassen dürfe. Wer hingegen – wie die Buddhisten – das Selbst allein durch die Negation des Selbst überwinden wolle, bleibe gerade so bei dem Selbst stehen, was letztlich eine Affirmation und Stärkung des Selbst bedeuten würde. Psychologisch weist de Silva hier zweifellos auf eine Gefahr hin, derer sich der meditierende Buddhist aber *ebenso* wie der in Willenseinheit mit Gott versunkene Christ bewußt ist: auch die Aufgabe des Ich kann noch ein Anhaften, eine äußerst subtile Affirmation des egozentrischen Strebens sein. Die christliche Mystik kennt entsprechende Warnungen zur Genüge. Auch der Gottesglaube bewahrt nicht vor derartigen Gefahren. Denn auch Gott kann „objektiviert", begrifflich reduziert und somit zur Projektionswand egozentrischer Wünsche degradiert werden.

Das Problem ist nicht, ob eine Lehre der jeweils anderen überlegen sei, sondern ob die auf beiden geistigen Wegen auftretende Gefahr von Ich-Projektionen tatsächlich überwunden wird!

Auf ähnliche Weise können die christliche Vorstellung des Reiches Gottes und die buddhistische Lehre vom *nirvāṇa* aufeinander bezogen werden. Beide drücken einen Zustand der Vollkommenheit aus. Beide lösen den Gegensatz von Subjektivität und Objektivität ineinander auf, woraus geschlossen werden kann, daß „Gnade" und „Bewußtseinskraft" nicht notwendigerweise Gegensätze sein müssen, sondern ihre Einheit oder ihr Gegensatz eine Frage der mentalen Einstellung ist, was vom buddhistischen Standpunkt aus ohnehin selbstverständlich, vom christlichen Standpunkt her zumindest *sub specie Dei* und in der Perspektive eines Zusammenfalls der Gegensätze *(coincidentia oppositorum)*, also unter der Voraussetzung des Reiches Gottes, sinnvoll ist.[145] So formuliert de Silva:[146]

„Das Reich Gottes ist die vollkommene Synthese des Universalen und des Besonderen. Hier gibt es keine selbst-bewußte Differenzierung, sondern nur über-bewußte Ganzheit. Sowohl das Prinzip der Selbstnegation, das der buddhistischen Fragestellung entspricht, als auch das Prinzip der Selbstverwirklichung finden widerspruchsfrei ihre Erfüllung im Reich Gottes. Im letztgültigen Zustand werden wir nicht mehr voneinander getrennte Individuen sein – was dem nirvanischen Prinzip der Selbstnegation entspricht –, sondern wir werden in vollkommener Weise Personen sein – was der Natur des ewigen Lebens entspricht –, und als solche werden wir in der Gemeinschaft mit Gott und untereinander sein."

Es ist deutlich, daß de Silvas Formulierungen eine subtile Auseinandersetzung über den Personbegriff im buddhistisch-christlichen Dialog erfordern, die vor allem in der deutschen und amerikanischen Theologie geführt worden ist.[147] De Silvas buddhistische Gesprächspartner in Sri Lanka jedoch haben seine Anregungen zur Radikalisierung von *anattā* durch den christlichen Gnadenbegriff und zum Reich Gottes, in dem auch das buddhistische nirvanische Prinzip der Selbstnegation erfüllt würde, kaum aufgenommen.

Zusammenfassend möchten wir festhalten:

1. Glatte Formulierungen, nach denen das Christentum eine Gnadenreligion, der Buddhismus hingegen auf Selbsterlösung angelegt sei, gehen an der Wirklichkeit beider Religionen vorbei. Auch ein modifizierter abstrakterer Vergleich, nach dem das Christentum reine Gnade, der Buddhismus aber die Einheit von Handeln und Gnade lehre[148], ist für jeden, der die christliche Theologiegeschichte und die Geschichte des Buddhismus kennt, unzulänglich. Auch daß im Christentum die Gnade „von außen" komme, im Buddhismus aber „von innen", ist eine Metapher, die in verschiedenen Zusammenhängen Unterschiedliches besagen kann. Denn auch im Buddhismus ist derjenige, der noch nicht im *nirvāṇa* ist, auf die Hilfe „von außen" in Gestalt von Lehrern, Bodhisattvas und hilfreichen Buddhas angewiesen.

2. In beiden Religionen sind die Befreiung zum „Heil" und die tätige Barmherzigkeit aufs engste miteinander verknüpft.[149] Daraus folgt, daß es in beiden Religionen nicht darum geht, daß das Individuum „für sich" zum Heil gelangen könnte, sondern daß individuelles Heil nur denkbar ist im Zusammenhang mit einer universalen Wirklichkeit der Vollendung.

3. *Die Unterschiede beider Religionen hängen damit zusammen, daß der Gnadengedanke je spezifisch in den Zusammenhang der unterschiedlichen Erlösungsvorstellungen eingebunden ist: Im Christentum geht es um Erlösung aus persönlicher Schuld gegenüber einem urteilenden Gott; im Buddhismus geht es primär um Befreiung aus der Unfreiheit eines falsch operierenden Bewußtseins.*[150] *In beiden Religionen aber geht es um ein Sich-Öffnen für eine Wirklichkeit, die dem anhaftenden Ich nicht verfügbar ist.*

d) Der Reformbuddhismus Buddhadasas – Frucht der Begegnung

Der 1906 im südlichen Thailand geborene und 1993 verstorbene Mönch Buddhadasa gilt als Wegbereiter einer radikalen Reformbewegung innerhalb des Theravāda-Buddhismus weit über die Grenzen Thailands hinaus. Das von ihm 1932 gegründete Waldkloster Wat Suan Mokkh („Garten der Befreiung") bei Chaiya wurde zum Ausgangspunkt für eine Erneuerung des thailändischen Buddhismus aus dem Geist der Meditation und der Anwendung buddhistischer Ethik auf die sozialen Probleme Thailands. Während in diesem Kloster vor allem Thai-Mönche ständig leben, kommen auch westliche Sucher, um als Mönche auf Zeit zu studieren. In den 80er Jahren wurde in der Nähe des Klosters ein internationales Meditationszentrum eröffnet, wo die Achtsamkeitsmeditation auf den Atem *(ānāpānasati)* gepflegt wird, wie sie im *Satipaṭṭhāna Sutta* erläutert ist. Schon in den 60er Jahren setzte sich Buddhadasa mit dem Christentum intensiv auseinander, und er wurde wegen seiner offenen Haltung gegenüber der christlichen Theologie von anderen Buddhisten heftig angegriffen. Vor allem aber wollte er den Buddhismus in Thailand erneuern, indem er nicht die orthodoxe Wiederholung von Formeln und geheiligten Regeln sowie den Ritualismus in der Religionspraxis betonte, sondern die Praxis im Alltag. Er machte dies auch äußerlich anschaulich durch den Einsatz nicht-orthodoxer Kommunikationsmittel: Zentrum seines Klosters ist eine Ausstellungshalle bzw. ein „spirituelles Theater", in dem Kunstwerke von Thai-Mönchen wie ausländischen Besuchern ausgestellt werden, die wesentliche Gedanken der Lehren des Buddhismus in Buddhadasas Interpretation vermitteln. So stellt z. B. ein riesiges Bild eine Waage dar, die sich im Gleichgewicht befindet: Auf der einen Waagschale liegt ein Herz, auf der anderen ein Gehirn.

In Thailand hat Buddhadasa Schule gemacht. Seit 1935 der Mönch Phra Kruba Srivichai in Chiang Mai den Bau einer Straße organisierte und später immer mehr Mönche halfen, die ländliche Infrastruktur zu verbessern, spricht man von „Entwicklungsmönchen", die den traditionellen Strukturen des *saṃgha* die Stirn boten.[151] Seither suchen Mönche[152] nach alternativen Entwicklungsmodellen für Thailand, die auf dem Buddhismus aufbauen und in der Thai-Kultur verwurzelt sind. Beim Kampf gegen Alkoholismus und die Spielbanken, der in vielen Dörfern erfolgreich ist, sorgen die Mönche dafür, daß Meditation auch von Laien und Schulkindern praktiziert wird.[153] Vor allem aber geht es ihnen auch um die Umverteilung des Landes, damit der Abwanderung in die Städte und in die damit verbundene Massenarmut Einhalt geboten wird. Buddhadasa und sein Schüler, der Mönch Phra Rajavaramuni, haben aus buddhistischem Geist eine neue Arbeitsethik formuliert, die nun in zahlreichen Klöstern und Dörfern von Mönchen verbreitet wird. Danach gilt Arbeit nicht als Last oder notwendiges Mittel des Gelderwerbes, sondern als spirituelle Übung.[154] Noch radikaler in bezug auf die Neugestaltung des *saṃgha* wirkt die um Phra Bodhiraksa 1975 ins Leben gerufene Bewegung, die gelegentlich mit der lutherischen Reformation verglichen wird: Im Kloster Santi Asoke in Bangkok sind die Verehrung von Buddha-Statuen und die traditionellen Rituale verpönt, statt dessen wird *dhamma* ausschließlich als ethische Praxis verstanden. Bodhiraksa wirft den traditionellen Buddhisten vor, sie lebten im Widerspruch, weil sie einerseits Gelübde ablegten, andererseits aber weder einen einfachen Lebensstil pflegten noch meditierten oder nach Weisheit strebten.[155] Die in der Meditationspraxis erworbene Kraft zu einer moralischen, d. h. vor allem einfachen und selbstlosen, Lebensweise müsse sich sozial verwirklichen. Und so versucht die Bewegung in Nakhon Pathom, eine Idealgesellschaft nach ihren Maßstäben zu verwirklichen, und zwar mit deutlicher Kritik an dem pompösen Ritualismus des staatstragenden *saṃgha* in Thailand.

Alle bisher genannten Gruppen sind für eine interreligiöse Kooperation aufgeschlossen, suchen sie aber nicht systematisch.[156] Das ist anders bei Buddhadasa. Zu den Schülern, die das Werk ihres Lehrers im Westen bekannt gemacht haben, gehört auch der amerikanische Theologe Donald Swearer. Er stellt Buddhadasa als religiösen Genius vor.[157] Das ist er sicher für diejenigen, die unter ihm studiert haben, zunehmend aber auch für eine breite Öffentlichkeit im thailändischen *saṃgha* wie in der Regierung. Das war aber nicht immer so: Man hat ihn als Umstürzler, ja als Kommunisten gebrandmarkt, was in Thailand gefährlich war und ist.[158] Nichts lag ihm jedoch ferner. Er trat allerdings nachdrücklich für eine gerechte Gesellschaft nach buddhistischen Prinzipien ein, da er erkannte, daß das Gesetz der gegenseitigen Abhängigkeit aller Erscheinungen *(paticcasamuppāda*, skt. *pratītyasamutpāda)* auch im sozialen Bereich gilt. Die buddhistische klösterliche Gemeinschaft war für ihn dabei das Urmodell einer ökologischen, solidarischen und gewaltfreien Gesellschaft, und damit knüpfte er an die Tradition des frühen Buddhismus an.[159] Er nannte dieses Modell *dhammic socialism* (Buddhistischen Sozialismus), wobei er zweifellos auch durch soziale Ideen angeregt war, die das Christentum hervorgebracht hat. Hervorzuheben ist, daß sich Buddhadasa in den 80er Jahren verstärkt um die Situation der Frauen im thailändischen Buddhismus kümmerte und die Gründung eines weiblichen *saṃgha* unterstützte. Außerdem übernahm er 1989 das Patronat bei der Gründung des Internationalen Netzwerkes Engagierter Buddhisten (INEB) für den Theravāda-Buddhismus (neben Thich Nhat Hanh für Mahāyāna und dem XIV. Dalai Lama für Vajrayāna).[160]

Buddhadasa ging es um die Laien. Dabei zählte für ihn nicht nur die Gelehrsamkeit im Studium der heiligen Schriften, die im Theravāda bisher den Mönchen vorbehalten war. Vielmehr erlange derjenige Weisheit, der sich von den Leidenschaften und vor allem von der Gier befreien könne, ganz unabhängig von seiner Stellung zur tradierten Lehre.[161] Es komme nicht darauf an, eine Lehre zu glauben, sondern die Wahrheit selbst zu sehen, d. h. in der eigenen Praxis zu erfahren.[162] So sind die Früchte der Meditation nach Buddhadasa nicht nur spiritueller Natur, sondern sie haben ganz praktische Konsequenzen. Buddhadasa erwähnt in diesem Zusammenhang die Wirkungen der Meditation, die der Konzentration im Alltag förderlich sind und die Gier in einer modernen Konsumgesellschaft reduzieren. Diese Wirkungen seien in sich nützlich und förderungswürdig, ganz unabhängig vom buddhistischen Weg zur Befreiung.[163]

Alltagssprache und Dhammasprache

Diese von Buddhadasa eingeführte Unterscheidung beruht auf der klassischen Differenz zwischen relativer bzw. konventioneller *(saṃvṛti)* und absoluter *(paramārtha)* Wahrheit, die für den gesamten Buddhismus konstitutiv ist, von Buddhadasa aber umgedeutet wird.

Zunächst markiert er damit nur die Differenz von falschem und richtigem Verstehen eines Begriffs bzw. den Unterschied von einer populären und durchdachten Form buddhistischer Anschauungen. Das wird deutlich, wenn er den *karman*-Begriff als Beispiel anführt:[164] In der Alltagssprache bedeute *karman* einfach die unreflektierte Reaktion auf ein Unglück, das einem Menschen zugestoßen sei, aufgefaßt als Strafe, die man zu erdulden habe, weil in der Vergangenheit Verfehlungen begangen wurden. In der Dhamma (skt. *dharma)*-Sprache habe *karman (kamma)* aber eine viel differenziertere Bedeutung: *Karman* beziehe sich auf Handlungen, die entweder negativ, positiv oder neutral seien. *Karman* sei also nicht Schicksal, sondern die Wirkung eigener Handlungen. Dhammasprache ist somit für Buddhadasa die Sprache, die aus Einsicht (*paññā*, skt. *prajñā*) kommt; wird sie nicht berücksichtigt, kann die bloße Alltagssprache das Verstehen tieferer Zusammenhänge verhindern. Um die Welt zu verstehen und mit anderen Menschen kommunizieren zu können, seien aber offensichtlich beide Sprachebenen sinnvoll und notwendig.

Buddhadasa gibt weitere Beispiele für seine Unterscheidung, wobei aber oft nicht ganz deutlich wird, ob es sich um Sprachebenen im Sinne seiner Unterscheidung von Dhamma- und Alltagssprache handelt oder um historisch bedingte Differenzen bzw. Sprachbilder, die deshalb verschieden sind, weil sie verschiedene Stadien auf dem Weg geistiger Reife anzeigen. Wenn er etwa die Hölle oder Māra (die Personifizierung des großen Versuchers) als Beispiele heranzieht, so sind für ihn Hölle und Māra in der Alltagssprache äußere Zustände oder Bereiche, während es sich in der Dhammasprache um die Erkenntnis von inneren Bewußtseinszuständen handle.[165] Alltagssprache entspräche also einer *mythischen*, Dhammasprache einer *existentiellen* Sprachform, wobei Buddhadasa den Dualismus von „innen" und „außen" als mythische Sprachform, die nicht-duale Bewußtseinsanalyse aber als existentielle Sprachform bezeichnet.

Ein weiteres Beispiel weist in eine andere Richtung: Den Buddha als historische Gestalt zu erkennen, ihn in seiner menschlichen Gestalt wahrzunehmen und zu verkünden, entspreche der Alltagssprache. Den Buddha hingegen als absolute Wahrheit (also als das, was im Mahāyāna mit *dharmakāya* bezeichnet wird) zu erfassen, entspreche der Dhammasprache.[166] Es handelt sich bei diesem Beispiel jedoch nicht um die Unterscheidung von mythischer und existentieller Sprachform, sondern um historische Entwicklungen bzw. um Interpretationen der *Bedeutung* des historischen Buddha im Zusammenhang mit Meditationserfahrungen und spekulativer Philosophie, die ihre Hintergründe in der indischen Geistesgeschichte hat.

Als Beispiel für schlechthin falsche und richtige Deutung führt Buddhadasa die Vorstellung vom *nirvāṇa* an: In der Alltagssprache erscheine *nibbāna* (skt. *nirvāṇa*) als paradiesischer Zustand, als eine verlängerte Dauer endlicher Freuden, die an einem bestimmten Ort genossen werden könnten. In der Dhammasprache hingegen bedeute *nibbāna* die vollständige Auslöschung aller Verunreinigungen des Bewußtseins und leidvoller Bedingungen.[167] Hier handelt es sich also um den Unterschied von Volksreligion und historisch vermittelter Interpretation der ursprünglichen Lehre des Buddha durch die Mönche, wobei Buddhadasa zu Recht beklagt, daß selbst in Tempeln und Klöstern das falsche Verständnis Einzug gehalten habe.

So ist für Buddhadasa die Unterscheidung der beiden Sprachebenen nicht nur ein klar definiertes heuristisches Prinzip, sondern auch ein Mittel, Vorstellungen und Praktiken der Volksreligion, die mit dem ursprünglichen Buddhismus wenig zu tun hätten, als solche zu kennzeichnen und womöglich zu reformieren. Buddhadasa weiß, daß angesichts der Modernisierung in den buddhistischen Ländern wie auch im Hinblick auf die Aufgaben, die der Buddhismus bei der Neuformulierung von individuellen wie kollektiven Werten in einer ökonomisierten Gesellschaft hat, diese Reform und Reinigung notwendig ist.

Dafür noch zwei Beispiele: Die Zuflucht zu Buddha, Dharma und Saṃgha dürfe nicht als Zuflucht zu einer äußeren Stütze, einem Retter, der von außen komme, verstanden werden, wie das im volkstümlichen Buddhismus der Fall sei. Vielmehr sei diese Zuflucht, ausgedrückt in Dhammasprache, die Zuflucht zur eigenen spirituellen Praxis und Vervollkommnung: „Selbst wenn wir davon sprechen, bei Buddha, Dhamma und Saṃgha Zuflucht zu nehmen, sollten wir uns daran erinnern, daß Buddha, Dhamma und Saṃgha in uns selbst, in unserem Bewußtsein sind. Nur dann können sie auch wirklich als Stütze dienen. Buddha, Dhamma und Saṃgha werden durch unsere eigenen Anstrengungen erschaffen."[168]

Ebenso kritisiert Buddhadasa die wichtigste Religionspraxis der Laien, die weitgehend darin besteht, Verdienste zu sammeln. Sie ist für Buddhadasa nur äußerlich, oberflächlich und entspricht der Qualität der Alltagssprache. Dem Buddha Reisklumpen zu opfern in der Annahme, sein „Geist" könne sich daran erfreuen, „bringt mit Sicherheit Wirkungen hervor die dem genau entgegengesetzt sind, was sich der Gläubige erhofft".[169] Er hoffe, Verdienste anzusammeln, die sein *karman* verbessern würden, in Wirklichkeit aber beflecke er sein Bewußtsein durch Aberglauben und egozentrische Vorstellungen, was negative karmische Konsequenzen nach sich ziehen müsse. Es handle sich bei solchen Praktiken um ein vor-buddhistisches animistisches Erbe (in Thailand überall lebendig), das der Buddhismus endlich überwinden müsse. Dazu Buddhadasa: „Solches ist töricht und irrational und führt zu einer Verunreinigung der Praxis, die ursprünglich wertvoll und ansprechend war, durch die Borniertheit und Unwissenheit jener Menschen, die entsprechend handeln."[170] Das Opfern sei nur dann nicht abzulehnen, wenn es der Überwindung des Egozentrismus diene. Opfer um persönlicher Vorteile willen *(do ut des)* aber sei töricht. Kurz, Dhammasprache bedeutet hier die buddhistisch-spirituelle Uminterpretation ursprünglich animistischer Praktiken.

Buddhadasas Anliegen ist also, den volkstümlichen Buddhismus im Sinne der ursprünglichen Lehre des Buddha zu reformieren. Und die ursprüngliche Lehre ist für ihn im Pāli-Kanon gegeben. Buddhadasa sieht (oder benennt) allerdings nicht den Widerspruch, daß der Pāli-Kanon die von Buddhadasa geforderte religiöse Gleichstellung von Mönchen und Laien gerade nicht lehrt, sondern die Hierarchie zwischen beiden Gruppen begründet. Jedenfalls kommt es Buddhadasa vor allem darauf an, daß die „gereinigte Lehre" gesellschaftlich fruchtbar wird, was sich in dem Begriff *Dhammic socialism* niederschlägt. Nur in diesem Kontext wird man Buddhadasas Beitrag zum buddhistisch-christlichen Dialog angemessen würdigen können.

Dhammic Socialism

Echte Religiosität hängt für Buddhadasa an einer selbstlosen Motivation. Es gehe in der Religion nicht allein darum, die Welt zu erklären, sondern auf der Grundlage einer klaren Analyse der grundlegenden menschlichen Probleme dieselben zu lösen – dies könne durch den Intellekt, durch Glauben oder durch Disziplinierung der Sinne geschehen.[171] Leute, die opfern, um der Erfüllung eigener Wünsche näher zu kommen, weist er mit scharfen Worten zurecht: „Indem sie Tempel und Mönche unterstützen und die Gebote halten, haben sie doch nur im Sinn, mehr zurückzubekommen, als sie gegeben haben."[172] Das sei eine egozentrische Haltung, die zu überwinden der Inhalt des Buddhismus schlechthin sei. Wer „Ich" und „mein" aufgegeben habe, könne als einer, der das buddhistische Ziel erreicht hat, bezeichnet werden.[173] Es sei die falsche Annahme eines Selbst, die zur Unterscheidung von „Ich" und „Anderer" führe und die egozentrische Gier erzeuge. Diese wiederum habe Stolz und Konkurrenzdenken zur Folge, was die Gegensätze der sozialen Klassen heraufbeschwöre.[174] Wer an sich selbst und seiner eigenen Identität hänge, werde sich gesellschaftlich nur aggressiv verhalten können, während die Ich-losigkeit und das Nicht-Anhaften an Dingen wie der eigenen Bedeutung das sei, was der Buddha gelehrt habe. Buddhadasa nennt dies *dhammic socialism*, eine altruistische Haltung also, die im Nicht-Selbst gründet und die sich bis in die Strukturen des gesellschaftlichen Lebens auswirken sollte.

Buddhadasa lehnt dabei nicht Privateigentum als solches ab, sondern fordert eine geistige Einstellung, die es erlaube, nicht an diesem Eigentum zu hängen. Und eine solche Einstellung sei durch die Einsicht in die Nicht-Existenz des Ich zu gewinnen. Um die *anattā*-Theorie zu untermauern, führt er wiederholt die Methode des analytischen Verfahrens an, was schon immer buddhistische Tradition gewesen ist: Jeder Gegenstand und jede Person könne in ihre Einzelbestandteile zerlegt werden, bis man zu den Molekülen und Atomen gelange, die auch wieder gespalten werden könnten. So existiere keine Person, an die man sich hängen oder deren Identität man um jeden Preis verteidigen müßte. Die Dinge seien also nicht, was sie auf den ersten Blick zu sein schienen, und darum sei es nicht der Mühe wert, sich an sie zu hängen bzw. an ihnen anzuhaften.[175]

Buddhadasa besteht aber darauf, daß die Verneinung des Ich keineswegs Gleichgültigkeit, Pessimismus und Inaktivität bedeuten würde. Der Mensch solle arbeiten und gesellschaftlich nützlich sein, aber ohne daraus einen Gewinn für sich zu erwarten. Denn unter dem Gesichtspunkt des *dharma* gebe es keine Unterscheidung von profanem und heiligem Handeln. Jede Arbeit müsse mit dem Bewußtsein der Selbstlosigkeit getan werden, und diese Motivation mache sie wertvoll. Er schreibt: „Ob man sich darum müht, das Bewußtsein zu schulen, damit es zu einer nicht-anhaftenden und ruhigen Verfassung gelangt, oder ob man damit beschäftigt ist, durch den einen oder anderen Beruf seinen Lebensunterhalt zu verdienen, so ist beides Praxis des *dhamma*, wenn man mit einem entleerten Bewußtsein handelt, das an nichts anhaftet."[176]

Als Beispiel für diese Haltung erwähnt Buddhadasa ausdrücklich die Einstellung zum Geld: Es könne gebraucht werden zum Lebensunterhalt und zu sinnvollen Zwecken, aber man solle sich nicht an den Besitz von Geld hängen.[177] Maßstab für das gesellschaftliche Handeln sei die Motivation der Ich-losigkeit.

Buddhismus und Christentum[178]

Buddhadasa benutzt seine Unterscheidung von Alltagssprache und Dhammasprache auch, um Unterschied und Gleichheit der Religionen auszudrükken. Die Unterschiede zwischen den Religionen bestünden nur auf der Ebene der Alltagssprache, d. h. im Äußeren, im Kult, in populären Vorstellungen usw.[179] Auf der Ebene der Dhammasprache jedoch seien die Religionen gleich,[180] ja man müsse davon sprechen, daß es auf dieser Ebene überhaupt *keine Religion*[181] gebe. Denn Religionen seien nur äußere Gestalten eines Wesentlichen, und sie würden durch eine direkte Schau der Wahrheit transzendiert.[182] Buddhadasa zieht folgenden Vergleich:[183] Regenwasser, Grundwasser, Quellwasser, Haushaltswasser, Toilettenwasser usw. scheinen verschieden zu sein. Wer aber das Wesen des Wassers kenne, wisse, daß er aus jedem dieser Wasser reines Wasser destillieren könne. Die Unterschiede seien nur bedingt durch äußerlich hinzugekommene Substanzen, die aber das Wesen des Wassers nicht verändern würden. So sei auch das Wesen der Religion nicht in ihren einzelnen unterschiedlichen Oberflächenstrukturen zu finden, sondern es bestehe in der Darstellung der einen Wirklichkeit, der einen Wahrheit oder wie immer man dies bezeichnen wolle. Alle Bezeichnungen seien letztlich unzulänglich, und deshalb seien alle Religionen inadäquat, weil sie in ihrer Pluriformität genau diese Unzulänglichkeit widerspiegelten. Bezeichnungen beträfen äußere Formen, die sekundär seien angesichts der einen unteilbaren Wahrheit, um die es in jeder Religion gehe.

Buddhadasa bleibt aber nicht bei dieser abstrakten Beobachtung stehen, sondern versucht, den Inhalt der Wahrheit – jenseits und doch in jeder echten Religion – anzugeben: *das Nicht-Anhaften durch Überwindung der Egozentriertheit.*[184]

Buddhadasa meint, die christliche Lehre von der Erbsünde und die buddhistische Konzeption vom Nicht-Ich parallelisieren zu können.[185] Er bezieht sich dabei auf Gen 2,17, wo es heißt, daß das Essen vom Baum des Lebens bewirken werde, daß die Menschen sterben müßten. Adam und Eva aber waren ungehorsam und aßen. Und so starben sie – nicht sogleich einen physischen, sondern zunächst einen geistigen Tod. Sie wurden fähig zur Unterscheidung, zum Ich-Bewußtsein, und das habe zur Sünde geführt, die sich bis heute fortgepflanzt hätte, insofern der Mensch unweigerlich in diesem Ich-Bewußtsein lebe. Der Tod trete dort auf, wo ein dualistisches Bewußtsein herrsche. Buddhadasa hebt hervor, daß das christliche wie das buddhistische Verständnis des Todes und der Sünde in die gleiche Richtung wiesen. Beide tendierten dazu, die Wahrheit von der Überwindung des Anhaftens und des ich-bezogenen Dualismus zu verkünden, „denn wo immer dualistisches Denken entsteht, wird es unausweichlich Leiden geben, das dem Tod gleich ist".[186] Buddhadasa will damit sagen, daß die buddhistische Lehre vom Nicht-Anhaften keineswegs einzigartig sei, und er zitiert Paulus, der die Meinung vertritt, man solle „haben als hätte man nicht" (1 Kor 7, 29f.).[187]

Buddhadasa führt die Parallele noch weiter bis hin zum Begriff des *nibbāna* (skt. *nirvāṇa*). *Nibbāna* ist für ihn das höchste Gut, das, was vollkommen und frei zu erlangen ist, was Jesus *Leben* genannt habe.[188] Das Christentum kenne eine Erfahrung, die der buddhistischen ähnlich sei. Denn Jesus zu folgen, bedeute, neu geboren zu werden zu neuem Leben. Dieses neue Leben sei ein völlig anderer Zustand als das uns normalerweise bekannte, denn es werde als Ewiges Leben bezeichnet. Der gläubige Mensch könne jetzt schon zu diesem Ewigen Leben erwachen (Joh 3, 3–8). Und das würde nichts anderes bedeuten, als dem alten Ich abzusterben. Dies aber, sagt Buddhadasa, sei das zentrale Anliegen der Lehre des Buddha gewesen. Dabei geht es, wie wir schon hervorgehoben haben, für Buddhadasa nicht um eine Selbstvervollkommnung, die den Nächsten vernachlässigen würde. Man kann seine Position – die an diesem Punkt ohne Abstriche dem traditionellen Theravāda entspricht – so charakterisieren: Wie es nach christlicher Auffassung keine tiefe Erkenntnis ohne Liebe geben könne (Augustinus), so könne es nach buddhistischer Auffassung keine Liebe ohne Nicht-Anhaften geben.[189]

In einem Gespräch im Mai 1977[190] erläuterte Buddhadasa das Wesen des

Buddhismus mittels des christlichen Symbols des Kreuzes: Das Ich (engl. „I"), das durchgestrichen und zunichte werde (+), sei die Befreiung oder Erlösung. Diese Deutung des Kreuzes Christi könnte man als eine existentiale Interpretation des Kreuzes in buddhistischer Form verstehen, die für Buddhadasas Denken typisch ist. Denn wenn das Ich überwunden werde – nicht nur individuell, sondern auch im Machtanspruch von Gruppen –, könne der menschliche Stolz eingedämmt werden. Dieser Stolz aber und das damit verbundene Bedürfnis zur Selbstdarstellung sei eine der Wurzeln der Abgrenzung und des Beharrens auf abgegrenzter Identität, also auch eine der Wurzeln für die Entstehung unterschiedlicher Religionen und religiöser Denominationen innerhalb der Religionen. Nur durch Überwindung dieses Stolzes, der im Ego gründe, könnten Bruderschaft und Friede zwischen den Religionen aufgebaut werden. Der Mensch müsse zum Bewußtsein des Kindes zurückfinden, das im frühesten Stadium seiner Entwicklung noch kein auf Trennung beruhendes Ich-Bewußtsein kenne.[191] Buddhadasa will damit ausdrücklich auf das Wort Jesu anspielen: Wer das Reich Gottes nicht empfängt wie ein Kind, wird es nicht erlangen. (Mk 10,15)

Hier beeilt sich Buddhadasa aber sogleich, seine Kritik am christlichen Gottesbegriff auszusprechen. Denn das christliche Verhältnis zu Gott sei mit Affekten verbunden. Und die Gottesvorstellung sei demzufolge emotional bestimmt, also noch ein Anhaften, eine ich-hafte Projektion, mit der sich das Ich seiner selbst (und eben seiner Gottesbeziehung) vergewissern möchte, statt sich völlig im Nicht-Anhaften loszulassen.[192] Freilich hätten auch Buddhisten, selbst wenn sie die Gottesvorstellung traditionell ablehnten, ihre eigenen „Götzen" bzw. Projektionen, an die sie sich allzuoft klammern würden: eine *äußerlich* bzw. objektivierend verstandene Dreiheit von *Buddha, dharma* und *saṃgha.*

Buddhadasa faßt zusammen: Nur wer bedingungsloses Nicht-Anhaften praktiziere, sei in Wahrheit Buddhist, nicht aber, wer nur das Tripiṭaka kenne oder sich formal auf bestimmte Lehren oder Vorstellungen berufe.[193] In diesem Sinne, und nur in diesem, sei der Buddhismus die universale Religion:[194] eine Religion, die völlig leer *(śūnya)* sei von Ich, Selbstbehauptungstrieb und Durchsetzungswillen. Denn Leere (*sunnatā,* skt. *śūnyatā*) bedeute leer zu sein vom Ich[195], d. h. vor allem frei zu sein von Vorstellungen und Konzepten, mit denen man sich identifiziere. *Die wahre Religion sei die Freiheit in der ich-losen Praxis des Nicht-Anhaftens.* Diese Religion sei mit keiner der historisch vorfindlichen Religionen identisch, auch nicht mit dem Buddhismus. Sie könne aber im Buddhismus, im Christentum, im Islam usw. gefunden und verwirklicht werden, wenn Menschen ihre selbst gesetzten Beschränkungen des Anhaftens transzendieren würden.

Zusammenfassend wollen wir festhalten:

Buddhadasas Leistung besteht in der Erkenntnis, daß der monastische Buddhismus in Thailand reformbedürftig ist und diese Reform wegen der geistigen und politischen Abhängigkeiten in der modernen Welt nur im Dialog mit dem Christentum vollzogen werden kann. Buddhadasa hat dabei konkrete Vorschläge gemacht, wie durch die Unterscheidung von Sprachebenen ein genaueres Wahrnehmen und Verstehen der jeweils anderen Tradition möglich ist, weil die Polemik der Vergangenheit auch das Sprachgeschehen zwischen Buddhisten und Christen belastet hat. Vor allem Lynn de Silva,[196] westliche Christen[197] und teilweise auch die Katholiken in Thailand haben auf Buddhadasas Vorschläge positiv reagiert, während sich der größte Teil des thailändischen Protestantismus im Dialog mit Buddhisten nach wie vor zurückhält.

3. Die Debatte um eine neue Sprachbildung der Religionen – Dialog mit dem Mahāyāna

a) Wort – Logos – Schweigen

Ein ständiges Thema im buddhistisch-christlichen Dialog sind die Sprache und das Problem, wie sich Sprache und Wirklichkeit zueinander verhalten. Wie können das Christentum, das so viel Wert auf das Wort *(logos)* legt, und der Buddhismus, der sich auf die Unaussprechlichkeit des *nirvāṇa* und der Höchsten Wahrheit *(paramārtha)* beruft, überhaupt miteinander ins Gespräch kommen? Das Problem spitzt sich zu in der Begegnung mit dem Zen als einer „Lehre außerhalb von Worten“. Aus diesem Grunde werden wir in diesem Kapitel das Schwergewicht auf die Begegnung von Christentum und Zen-Buddhismus legen.

Versuche, die Grenzen von Sprachspielen zu überwinden

Kritik an Sprache ist zunächst die Kritik an *einer bestimmten* Sprache, nicht an Sprache überhaupt. Unter asiatischen Theologen, die sich im Dialog engagieren, ist die Kritik an der „griechischen oder deutschen Gefangenschaft der Theologie“ ein Gemeinplatz. Gemeint ist dies: Christliche Theologie dürfe nicht an ihre Formulierung in griechischen oder späteren europäischen Kategorien gebunden bleiben. So versuchte Lynn de Silva, die buddhistische Sprache von *anātman* in ein paulinisches Verständnis von *pneuma* zu integrieren.[198] Und John Cobb will sich von der alten Onto-Theologie verabschieden, um im chinesischen Hua-Yen Parallelen zum Whiteheadschen Prozeß-Denken aufspüren zu können.[199] In feministisch-theologischen Kreisen äußert sich das Problem darin, daß das Christentum als paternalistische Religion entlarvt wird, während etwa der Amida-Buddhismus eher mütterliche Sprachsymbole anbiete.[200] Auch der japanisch-christliche Schriftsteller Endō Shūsaku[201] möchte das Väterliche in das Mütterliche integrieren. Darum spricht er weniger vom Gott der Versöhnung als von der Barmherzigkeit des Bodhisattva. Der norwegische Theologe Notto Thelle, der viele Jahre in Japan lebte, vermutet, daß das Christentum ganz andere Symbole und Symbolbeziehungen für seine Theologie entwickelt hätte, wäre es zuerst in einen japanischen und nicht in einen griechischen Kontext eingetreten:[202] Das Symbol Gottes als Vater erzeuge in Japan eine eher befremdende Wirkung, da die Väter meist ferne Figuren seien, während der Ausdruck *oya* (Eltern) als angemessener empfunden würde, da er mehr mütterliche Assoziationen erlaube.

Aber nicht nur der Buddhismus, auch der Shintoismus hat in Japan ganz eigene Symbole für die Letzte Wirklichkeit entwickelt, die mütterliche Hingabe mit Wärme und Geborgenheit assoziieren lassen. Der Konfuzianismus wiederum kreist um die *Harmonie* zwischen Himmel und Mensch, und vom Taoismus des Volkes kommen wieder andere Symbole – der Reis als das, was alles erhält –, auf die sich christliche theologische Sprache beziehen kann und will.[203] Der Buddhismus fragt aber darüber hinaus: Kann Sprache überhaupt Wahrheit aussagen?

Worte und Schweigen, Dialog und Mondō

Der Buddha zögerte nach seiner Erleuchtung, über die Weisheit zu sprechen, die er erfahren hatte. *Nirvāṇa* lasse sich nicht in Worte fassen. Und angesichts metaphysischer Fragen schwieg er. Dieses Thema wird im Buddhismus immer wieder aufgegriffen: Über die Nicht-Dualität befragt, schwieg auch der Bodhisattva Vimalakīrti.[204] Weil alles in Bewegung und in gegenseitiger Abhängigkeit existiert, können sprachlich „eingefrorene“ Begriffe die Wirklichkeit nicht adäquat beschreiben. Bedenkt man diese Tradition, ist es leicht, den Buddhismus dem Schweigen, das Christentum aber dem Wort zuzuordnen.

Das Schweigen des Buddha angesichts der Frage nach Gott oder dem Wesen der Wirklichkeit bedeutet aber nicht, daß letztlich nichts existieren würde oder der Mensch gar nichts erkennen könnte. Diese nihilistische Interpretation weist der Buddhismus nachdrücklich zurück, indem er den „Mittleren Pfad“ zwischen Nihilismus *(ucchedavāda)* und Eternalismus der Substanz *(sassatavāda)* lehrt. Das Schweigen des Buddha kann vielmehr heilspragmatisch interpretiert werden, d. h. es kam dem Buddha darauf an, durch Praxis den Menschen zur Befreiung aus der Illusion anzuleiten und nicht eine Interpretation der Welt zu geben. Aber das Schweigen des Buddha bedeutet noch mehr. Für Raimon Panikkar verweist es auf die Fülle der Wirklichkeit: Der Buddha spreche, wenn er über Gott oder die Letzte Wirklichkeit schweige, umso mehr vom Menschen und seiner Befreiung.[205] Das Schweigen sei *prägnant*, d. h. schwanger mit Bedeutung, die darauf warte, eröffnet zu werden.

Diese Interpretation läßt sich historisch belegen: Im Mahāyāna gibt es einen Umschwung vom Nichts (jap. *mu*) zum Sein (jap. *yu*), von *śūnyavāda* zu *yogācāra*, wie Yamaguchi Susumu sagt.[206] Das zeigt sich auch daran, daß bereits im indischen Mahāyāna das Erwachen zum nirvanischen Bewußtsein nicht nur mit negativen Metaphern ausgedrückt wurde, sondern im Zuge der Entstehung des Mahāyāna die positive Sprachform der Entwicklung der Buddha-Natur *(tathāgatagarbha)* aufkam. Diese Tendenz setzte sich fort in dem theistisch anmutenden Kosmo-Buddhismus des Avataṃsaka-Sūtra (chines. *Hua-Yen*, jap. Kegon) und in den sakramentalen Mysterien des Konkreten im indischen und tibetischen Tantrayāna.

Wenn wir diese Entwicklungen aber einmal beiseite lassen und bei der Philosophie der Leere *(śūnyavāda)* bleiben, so ist die Sprache tatsächlich ein Problem.

Auch die christliche Tradition war sich der Grenzen menschlicher Sprache sehr wohl bewußt. Die lange Geschichte negativer Theologie belegt spätestens seit Gregor von Nyssa, daß auch Christen Gott jenseits aller Begriffe suchten, jenseits des Seins, sogar jenseits der Unterscheidung von Sein und Nichts. Man war sich bewußt, daß auch die Negation noch eine Bestimmung ist, und so zog die Ostkirche spätestens seit Gregor Palamas die Konsequenz der *doppelten* Negation und verband damit die Erkenntnis, daß diese auf eine *Fülle* hinweise.[207] Viele heutige Dialog-Theologen haben die Tradition der negativen Theologie aufgegriffen, um eine Verbindung zum buddhistischen *śūnyavāda* herzustellen. Und umgekehrt haben die Philosophen der Kyōto-Schule zu Meister Eckhart als einem verborgenen Zen-Geist in Europa aufgeblickt.[208]

Die klassische Mādhyamika-Dialektik Nāgārjunas ist gegenüber der negativen Ausdrucksweise ebenso kritisch wie gegenüber der positiven. Das Problem ist für Nāgārjuna nicht, daß Sprache Grenzen hat – diese Einsicht ist für die meisten mystischen Traditionen selbstverständlich. Er sieht das Problem vielmehr darin, *daß Sprache Nicht-Sprache ist.* Im Geist des Zen könnte man dazu sagen: Worte zerstören das, was sie vermitteln wollen! Die Antinomien der Vernunft zeigen sich nicht an den Grenzen der Sprache, sondern sie sind mitten in den alltäglichen Sprachgestalten auszumachen. Freiheit gibt es dann nicht in einem Jenseits der Sprache, sondern sie besteht in der Auflösung jeder Sprachform, hier und jetzt.

Jan van Bragt, der katholische Theologe, der seit Jahrzehnten in Nagoya und Kyōto im Dialog mit Zen-Buddhisten steht[209], lenkt die Aufmerksamkeit auf den tieferen Grund für die Schwierigkeit, die sich seit einiger Zeit im buddhistisch-christlichen Dialog immer deutlicher zeigt:

„Professor Kumazawa Yoshinori hat bemerkt, daß Christen stärker zum Dialog motiviert sind und sich mehr im Dialog zu wandeln scheinen als z. B. Buddhisten. Ich habe denselben Eindruck, möchte das hier aber nicht analysieren. Nur soviel: Könnte dies etwas damit zu tun haben, wie sich die ‚Suche nach Wahrheit' im Christentum vollzieht?"[210]

Wir wollen dies erläutern. Christliche Dialogpartner sind oft nach einer Weile frustriert von der Unbeweglichkeit der Zen-Buddhisten, die gar keine Motivation zum Dialog zu haben scheinen. Christen glauben, vom Zen gelernt zu haben. Aber die Zen-Partner geben nicht zu erkennen, daß sie irgend etwas gelernt hätten. Sie übernehmen wenig vom Christentum, weil sie kaum etwas finden, das sie interessiert. So scheint es zumindest.

Dieses Ungleichgewicht ergibt sich jedoch nicht notwendigerweise aufgrund persönlicher oder historischer Faktoren, sondern aus der Tatsache, daß für beide Partner Dialog Unterschiedliches bedeutet. Christen bringen als Teil ihres griechisch-hellenistischen Erbes die sokratische Voraussetzung mit, daß Wahrheit im Dialog gefunden werde, daß also durch Rede und Widerrede, durch den Austausch von Argumenten, ein immer vollkommeneres Verständnis der Wahrheit möglich sei. Der christliche Partner geht vom sokratischen Dialog aus, in dem beide Partner gemeinsam eine noch nicht bekannte Lösung für ein im Dialog selbst erst genau zu benennendes Problem suchen.

Der klassische Zen-Dialog ist nicht sokratisch.[211] Er ist ein *mondō* (Frage-und-Antwort), eine Variante des im Westen bekannteren *kōan*.[212] Von einem *mondō* zum nächsten wächst man nicht etwa in Weisheit, sondern alle *kōan* und *mondō* behandeln den *einen* Zweifel und die *eine* Lösung für den existentiellen Widerspruch. Sie alle drehen sich um Nicht-Dualität bzw. um das Paradox des Lebens: Obwohl wir alle die ursprüngliche Erleuchtung *(hongaku)* haben, wissen wir dies nicht. Anders ausgedrückt stellt sich im Zen die Frage: Warum ist das Offensichtliche nicht offensichtlich?

Für den Zen-Partner bedeutet der Dialog also nicht, einer noch nicht bekannten Wahrheit näherzukommen, sondern er deutet auf eine *verborgene* und immer schon *gegenwärtige* Wahrheit hin, die es zu realisieren gelte. Für Zen ist der Zweck des *mondō*, den Knoten aufzulösen, der die Menschen existentiell bindet, wenn sie ihre Zeit mit der hoffnungslosen Suche nach einem „Jenseits" vertun. Sinn des *mondō* ist es letztlich, jeden Dialog zu beenden.

So ist es kein Wunder, daß sich der Dialog zwischen Zen und dem Christentum schwierig gestaltet: Der Christ will sokratisch dialogisieren, der Zen-Buddhist will den Dialog in ein *mondō* verwandeln – natürlich zur geistigen Vertiefung des Christen. Genau in diesem Sinne ist Nishitanis berühmte Frage zu verstehen: „Wenn Paulus sagt, daß nicht er, sondern Christus in ihm lebt, wer spricht denn da?" (Gal 2,20)[213] Die vermutlich erste Antwort, die jeder Christ geben würde, lautet: Paulus. Oder doch Christus, der in Paulus wirkt? Oder beide? Oder keiner von beiden? Die Identität des „Ich", des „Selbst", des „Christus in mir" bzw. des „Buddha" ist keineswegs so klar, wie sie zu sein scheint. In einem Zen-*sesshin* ist diese zum *kōan* gewendete Frage sinnvoll und kann den Schüler weiterbringen, aber sie beendet den Dialog, wie ihn der Christ verstehen möchte (oder bisher zu verstehen gewohnt war). Die Frage Nishitanis sucht nicht nach einer rationalen Antwort, sondern sie will im Namen der Höchsten Wahrheit jedes mögliche Sprachspiel *(prapañca)* zerbrechen.

> *Nicht die Reduktion auf einen Bereich jenseits von Sprache, sondern dieser selbstaufhebende Gebrauch von Sprache (die Nicht-Sprache) ist die Herausforderung des Zen-Buddhismus an das Christentum.*

Dennoch gibt es Versuche, die Sprachen der Bibel und des *kōan* zu verschmelzen. Der bekannteste stammt von Kadowaki Kakichi, einem führenden japanischen Teilnehmer des zen-buddhistisch-christlichen Dialogs. Kadowaki ist Theologieprofessor, Jesuitenpater und Zen-Meister in einem.[214]

Zen-Hermeneutik und die Bibel

Kadowaki kombiniert das Bewußtsein von der kulturellen Konditionierung des Christentums, die durch griechische Sprachformen eine „Theo-logie" geschaffen habe, mit dem mutigen Versuch, die Zen-Sprache zur neuen „Magd der Theologie" *(ancilla theologiae)* zu machen. Er möchte die Bibel mit dem Körper lesen, wie man im Zen (aber auch in den Shingon- und Nichiren-Schulen) sagt. Das Resultat sind Reflexionen über biblische Passagen, die Meister Mumons *Kōan*-Kommentaren[215] nicht unähnlich sind.

Kadowaki meint:[216] Einst sei griechisches Denken das Medium des *theologos* gewesen, jetzt aber seien es die buddhistischen Sprachformen. Origenes' spirituelle Hermeneutik habe auf dem platonischen Prinzip beruht, daß hinter dem, was man körperliches Ereignis nennen könnte, eine spirituelle Bedeutung zu enthüllen sei. Sie sei die ewige Wahrheit, die ideale Form, die verborgen in der Kopie oder dem Schatten anwesend sei. So habe Origenes den zeitlosen *logos* im historischen Jesus entdecken können. Und auf solche Weise würden die Worte einer zeitlich gebundenen Sprache als Symbole oder Analogien des ewigen Göttlichen gelesen. Der Interpret befreie sich von den Grenzen, die ihm das Weltliche und Sinnliche setzten, indem er sich dem Himmlischen und Geistigen zuwende.

Dies entspreche dem alten (gnostischen) Schema vom Abstieg aus dem spirituellen Bereich in das Materielle und dem Wiederaufstieg vom Materiellen zum Geistigen oder dem Abstieg vom Mysterium der Gottheit zum Reich Gottes (von dem Jesus sprach) oder dem Aufstieg von Jesus (dem Verkündiger) bis hin zum Kerygma (der verkündigten Botschaft). Parallel dazu versteht Kadowaki die Zen-Erfahrung so: Es handle sich dabei um einen Abstieg vom Unaussprechlichen zum Wort als Ereignis (der erste Ausruf) bis hin zum Ereignis des Wortes (seine geisterfüllte Wiederholung), wobei diese Abwärtsbewegung beim buchstäblichen Wort, durch das Tradition gebildet wird, ende.

Der Unterschied zwischen beiden Abstiegen (und Aufstiegen) ist der:

Statt der christlichen Analogie des Seins *(analogia entis)* benutzt die Zen-Methode eine *Hermeneutik des Wiederfindens* und ist geprägt durch eine anti-analogische Nicht-Ontologie. Um dies zu verdeutlichen, heißt es im Rinzai-Zen, daß es im Zen um eine Einsicht gehe, die man durch „Wegschnappen der Bedeutung von Worten" erlange. Kadowaki erläutert mit Rückbezug auf Dōgen den traditionellen Abstieg-Aufstieg des Buddhisten (von dem Punkt „Wort-als-Ereignis" angefangen) als

1. Kultivierung
2. Aktualisierung
3. Verifizierung
4. Erlangen des Weges

sowie durch die Gegenbewegung des „Wegschnappens" der wörtlichen Bedeutung des Wortes auf der Stufe (4) bis zum Wiederfinden des wortlosen Geheimnisses, das als Ursprung oder Gipfel des ganzen Weges gelten könne. Die Abwärtsbewegung (von 1 – 4) bedeutet eine Konkretisierung der Zen-Erfahrung im Alltäglichen. Die Aufwärtsbewegung (von 4 – 1) bedeutet ein plötzliches Erfassen („Wegschnappen") des Ursprungs in jeder möglichen Gegenwart auf dem Lebensweg.

Auf diese Weise soll die Hermeneutik des *Kōan*-Zen das Lesen der Bibel bereichern können. Eine in der Tendai-Schule gebräuchliche Formel wie „Dreitausend Welten in einem einzigen Gedanken", könne, so Kadowaki, den meditierenden Christen folgendermaßen bereichern: „Wenn ich eine Person vollkommen liebe, liebe ich durch diese die gesamte Menschheit." Entsprechend könne Jesu Forderung: „Laß deine linke Hand nicht wissen, was die rechte tut" (Mt 6,3), für Christen ebenfalls zum *kōan* werden, durch das die spontane Unmittelbarkeit der Verwirklichung des Göttlichen in *jedem* Augenblick erlangt werden könne.

In poetisch-spirituellen Metaphern hat Kadowaki auch zwei ursprünglich verschiedene Begriffe vom Körper miteinander verwoben: die christliche Idee vom *corpus Christi* (wie er sie in den geistlichen Übungen der Jesuiten erfahren hatte) und die Erfahrung des Körpers im Zen bei der Sitz-Haltung *(za-zen)*. In letzterer sieht er eine Anthropologie durchscheinen, die sich vom Leib-Seele-Dualismus eines Origenes fundamental unterscheide: Die Parallele eines *singulären* Leibes, in dem alle Glieder verbunden seien *(corpus Christi mysticum)*, und der Nicht-Dualität von Körper und Geist im *zazen* (die die individuelle Körperlichkeit transzendiert) wird ihm zum Ausgangspunkt für das Lesen der Bibel „mit dem *hara*", dem Schwergewichts- und Energiezentrum des Leibes.

Kadowaki rechtfertigt seine Lesart der Bibel durch Zen damit, daß „ein Gott jenseits aller Worte" alle Worte hinter sich lassen und aufgeben könne. Auch das (mystische) Christentum kenne das Formlose hinter der Form (des Leibes Christi), wenn etwa Meister Eckhart von einem „Gott über Gott" spreche.

Kadowaki will keine neue Sprache jenseits von Christentum und Zen konstruieren, sondern diese beiden traditionellen Sprachformen verbinden. Aber kann man die zwei Sprachen wirklich verbinden, ohne daß nicht doch eine dritte Mischform entstünde? Kadowaki antwortet, daß eine solche Frage nicht auf der philosophischen Ebene lösbar sei, sondern nur durch Praxis *(gyō)* entschieden werden könne.

Hugo M. Enomiya-Lassalle und Kadowaki Kakichi waren/sind „Zen-Katholiken", deren christliches Verständnis durch Zen zwar vertieft wurde, während aber ihre Gottesvorstellung vom Absoluten Nichts des Zen verschieden blieb.[217] Ob Kadowakis Versuch fruchtbar sein wird, kann erst die Zeit entscheiden. Allerdings wird bei ihm eines deutlich: Ihm geht es nicht um ein Zen, das die Lehre von *hongaku* (daß alle Lebewesen als solche ursprünglich erleuchtet sind) für unumstößlich hält. Denn Kadowaki möchte, wie viele andere Christen, immer noch eine qualitative Unterscheidung zwischen Gott und Mensch aufrecht erhalten, was die meisten Zen-Buddhisten strikt ablehnen. Wird aber eine solche christliche Interpretation des Zen dem Selbstverständnis des Zen-Buddhismus gerecht?[218]

Das Wort der Nicht-Substanz und der fleischgewordene Logos

In bezug auf die Entsprechung von Wirklichkeit und Wort, Gott und Logos, möchte man meinen, daß der Buddhismus und nicht das Christentum schärfer unterscheiden würde. Schließlich erinnert Zen unermüdlich daran: Der Finger ist nicht der Mond. Er kann zum Mond zeigen, aber zwischen dem Zeiger und dem, auf das gezeigt wird, gibt es keine materiale Kontinuität. Zen ist, so können wir vielleicht sagen, die mehr mystische Tradition, das Christentum die mehr verbale. In dem oben zitierten Aufsatz bemerkt Jan van Bragt, daß es im Zen mehr innere Verbindung zwischen „metaphysischer Spekulation, religiöser Praxis und mystischer Erfahrung" gebe als im Christentum.[219] Dem können wir zustimmen.

Zen mag zwar auf den ersten Blick eine anti-philosophische Haltung einnehmen, aber wie die anti-metaphysische Mādhyamika-Philosophie, die Zen inspiriert hat, ist Zen eine Anti-Philosophie, die auf genau den metaphysischen Gedankengängen aufbaut, die sie zu überwinden trachtet. Die Überwindung ist ein Aspekt der Praxis, und ihr Gelingen ist Voraussetzung für die Zen-Erfahrung. Oder, um es im Bild zu sagen: Der Finger, der auf den Mond zeigt, darf nicht mit dem Mond verwechselt werden. Die Fixierung auf den Finger muß darum aufgegeben werden.[220] Aber niemand zeigt so klar und ohne Zittern auf den Mond wie der Finger des Zen.

Was wir hier sagen, ist nicht neu, denn bereits Whitehead[221] vermutete, daß die Philosophie für den Buddhismus fundamental sei. Im Buddhismus befinden sich Philosophie und Praxis (der Meditation) in einer weitgehend harmonischen Beziehung. Demgegenüber hatte das Christentum gelegentlich sehr schwere Konflikte zwischen Theologie und der Liebe zur Weisheit *(philosophia)* durchzustehen. Unter dem Eindruck des Aristoteles entwikkelte die Scholastik zwar eine grandiose Symmetrie zwischen Gott und Logos, aber selbst bei Thomas von Aquin war die Vernunft niemals eine Basis des Glaubens. Oben haben wir die Vermutung ausgedrückt, daß sich Christen deshalb im Dialog engagierter zeigen als Buddhisten, weil ihr intellektuelles Streben bei der „Suche nach Wahrheit" intensiver sei. Dieses Streben aber bezieht sich – für den Buddhisten – nur auf die weltlich-konventionelle Wahrheit *(saṃvṛti satya)*, nicht auf die absolute Wahrheit *(paramārtha satya)*. Warum? Weil die begrifflichen Unterscheidungen abstrahierende Konstruktionen sind, die die gegenseitige Abhängigkeit der Phänomene verdekken. Die absolute Wahrheit besteht nach buddhistischer Auffassung darin, die Substanzlosigkeit jedes begrifflich isolierten Phänomens, und damit auch jedes Begriffes, zu erfassen. Das *ist* die Leerheit *(śūnyatā)*, die nicht begrifflich erfaßt werden kann. Der Christ erwidert darauf gewöhnlich, daß sich Gott, die absolute Wahrheit, als *Person* in Christus offenbart habe und das Absolute auf diese Weise erkennbar und sagbar sei.

An diesem Punkt findet der Zen-Buddhist seinen christlichen Partner inkonsistent: Denn der Christ sei zwar offen dafür, von Zen zu lernen und von Gott als Nichts zu sprechen, aber am Ende wolle er doch wieder das Bild des Menschen Jesus, der als Christus verkündet wird, in diesem Nichts wiedererkennen – ganz im Widerspruch zu seiner Zen-Erfahrung, die ihn lehre, das Formlose jenseits der Form zu erfahren. Wenngleich im Zen das Formlose jenseits der Form zwar auch *in* der Form erscheine, d. h. das Absolute *auch* in der Gestalt Jesu präsent sei, so doch aber gewiß nicht *nur* dort, sondern in *jeder* Form.

Hier zeigt sich die immer noch unaufgelöste Differenz zwischen Christen und Buddhisten: In aller dialogischen Offenheit für die buddhistische Erfahrung ist der Glaube, daß Jesus der Christus und als solcher die Wahrheit sei, für den Christen unaufgebbar. Sonst wäre er konvertiert und käme als Dialogpartner kaum noch in Frage. Dieser Glaubenssatz ist für den Christen selbstevident, d. h. er bedarf keiner weiteren Ableitung, wenngleich er im *nachhinein* vernünftig begründet werden kann *(fides quaerens intellectum)*. Glaube ist, christlich gesprochen, ein Geschenk der Gnade, nicht der Weisheit, d. h. ein Resultat des Dialoges Gottes mit dem Menschen, nicht eine Schlußfolgerung aus dem Dialog zwischen Menschen.

Dagegen kann eingewandt werden, daß selbstverständlich auch diese Erkenntnis in Sprache gekleidet ist, d. h. *nicht außerhalb des menschlichen dialogischen Gesprächs* auftreten kann. Abgesehen davon aber hängt eine mögliche Auflösung dieser Differenz an der Christologie: Wenn man eine *konstitutive Christologie* entwirft, d. h. wenn in Jesus von Nazareth – und nur dort – das Heil erst *konstituiert* wird (wie die heils-exklusive Tradition des Christentums behauptet), bleibt die Differenz zum Buddhismus unauflöslich. Wenn man aber eine *repräsentative Christologie* vertritt, d. h. wenn in Jesus von Nazareth ein umfassenderes und über Raum und Zeit stehendes Heilsgeschehen *repräsentiert* wird (wie alle Christen meinen, die Gottes Heil auch vor und außerhalb von Jesus wirksam sehen), kann das *Christus-Geschehen* weiter reichen als es in der christlichen Tradition überliefert ist.

Buddhisten denken seit Jahrhunderten über die Beziehung nach zwischen der Wirklichkeit, wie sie ist *(tathatā)*, und der Wirklichkeit, wie sie durch Worte erfaßt wird. Jan van Bragt weist darauf hin,[222] daß Buddhisten im Dialog mit Christen die Erfahrung machen, daß ihre Analysen der Sprach- und Begriffskonstruktionen *(prapañca)* für Christen zweitrangig seien, weil diese unter Letzter Wirklichkeit „Gott" verstünden, der sich als *Logos* (Wort) äußere. Was aber ist mit „Wort" gemeint? Für Christen, so van Bragt, sei „Wort" eine Person in der Geschichte, d. h. das Jesus-Faktum. Der christliche *Logos* habe nicht die Form einer Weisheitserfahrung *(prajñā)*, sondern die Gestalt eines Menschen angenommen. Was bereits ein Stolperstein für die Griechen war (1 Kor 1, 22 ff.), sei auch noch im buddhistisch-christlichen Dialog das Problem: daß der *Logos* Fleisch wurde. Das gehe über Logik, Vernunft, Verstehbares hinaus. Deshalb sei nicht nur die Philosophie Magd der Theologie, sondern auch die Theologie sei Magd eines Mysteriums, nämlich des „Jesus-Faktums". Van Bragt fügt hinzu,[223] daß keine Philosophie in Ost oder West jemals besonders geeignet gewesen wäre, Geschichte und handelnde Personen auf den Begriff zu bringen. Philosophie fühle sich vielmehr am wohlsten im Reich der Ideen oder Universalien, des Allgemeinen also. Sie habe wenig zu sagen zu den Widersprüchen der Seligpreisungen oder dem „Ton der einen Hand", wie Hakuins berühmtes Zen-*kōan* heißt.[224]

Mit anderen Worten: Beide Traditionen akzeptieren ein Mysterium als Höchste Wahrheit oder *paramārtha satya*, und sie begeben sich in ein theologisches oder philosophisches Gespräch über dasselbe. Sie treten in dieses Gespräch mit unterschiedlichen Voraussetzungen ein, wobei nicht nur die Begriffe verschieden sind, sondern auch die Funktion, die Sprache hat. Wir können die Differenz so schematisieren:

Zen	Christentum
Leere, intuitiv erkannt durch Weisheit *(prajñā)*	Gott-Christus, erkannt durch Glaube dank der göttlichen Gnade
diskursives Erkennen muß überwunden werden, Negation oder *mondō*	philosophischer *Dialog* in sokratischer Suche nach Verstehen

Wo der christliche Theologe rational über das Mysterium reflektiert, das ihm gleichsam „von oben“ gnadenhaft zuteil wird, de-konstruiert der Zen-Buddhist alle Erkenntnis, um auf subtile Weise die Erfahrung einer grundlegenden Wirklichkeit wiederherzustellen. Infolgedessen dehnt der Christ im Dialog den Horizont seines Denkens auf das immer umfassendere Mysterium aus, in das auch der Buddhist einbezogen werden kann, aber er stellt nicht wirklich das einmal Gegebene, das Jesus-Faktum, existentiell in Frage. So ist es nicht verwunderlich, daß der Zen-Buddhist am Dialog weniger Interesse zeigt und nichts Neues lernen zu können meint. Denn der Buddhist wendet seine Sprachkritik auf *jeden* verbalen Diskurs an, natürlich auch auf die Sätze, die im Christentum als unaufgebbar gelten. Der Buddhist kann nicht verstehen, warum der Christ nicht auch noch die letzte Gestalt des Anhaftens, das Festhalten am „Jesus-Faktum“, loslassen kann. Wenn der Christ dem nicht folgen will, wird er den Buddhisten in seinem tiefsten Anliegen nicht verstehen – und Ähnliches trifft umgekehrt auch zu.

Es geht also nicht nur um den Unterschied, daß der eine schweigt und der andere redet. Vielmehr prallen die Entleerung des Wortes (Zen) und das Festhalten am Logos, der Fleisch wurde (Christentum), aufeinander. Allerdings ist auf der Ebene des nicht-dualen Absoluten (der mystisch erfahrenen „Einheit der Wirklichkeit“) und/oder der Rede von der verborgenen Gottheit über dem offenbaren Gott die Verständigung leichter. Christlich gesprochen heißt dies: Das Problem ist nicht die erste oder dritte Person der Trinität, sondern die zweite – denn das „leere Wort“ des Zen steht gegen den inkarnierten Logos. Gewiß hat es Versuche gegeben, hier Brücken zu schlagen. Von Nishida Kitarō bis Abe Masao erscheint eine dialogische Möglichkeit im Konzept der *kenosis* (Entäußerung), wie wir im nächsten Kapitel erläutern werden. Theologen von Lynn de Silva bis zu Thomas Altizer und Jürgen Moltmann haben die Selbst-Entleerung Christi am Kreuz als Anknüpfungspunkt an die buddhistische Erfahrung erkannt, denn der Begriff der *kenosis* als Seins-Entleerung ermöglicht eine negative Dialektik, die aus einer negativen Ontologie und Theologie abgeleitet werden kann.

Jenseits von Wort und Schweigen: Dialektik der Öffnung

Ueda Shizuteru, einer der Philosophen der Kyōto-Schule,[225] hat auf dem Hintergrund seiner Eckhart-Studien in Deutschland einen wichtigen Hinweis gegeben, wie der Gegensatz von Schweigen und Wort überwunden werden könnte. Hans Waldenfels[226] hat sich darauf bezogen, und in dem Nanzan-Symposium von 1980, das unter dem Titel *Absolutes Nichts und Gott*[227] bekannt wurde, kam der Vorschlag erneut zur Sprache, obwohl seine Tragweite noch gar nicht ausgelotet zu sein scheint. Um den Durchbruch angemessen würdigen zu können, werden wir Uedas Vorschlag im Zusammenhang mit der Fundamentaltheologie des amerikanischen katholischen Theologen David Tracy diskutieren,[228] der zeigt, wie eine philosophische Hermeneutik sehr wohl die Dialektik der Öffnung von Wort und Schweigen in beiden Traditionen zutage fördern kann. Freilich müssen wir es hier bei Andeutungen belassen.

Ueda entwirft eine Pyramide von Wort und Erfahrung für den Zen-Buddhismus, und wir werden dies später für die christliche Seite ergänzen.

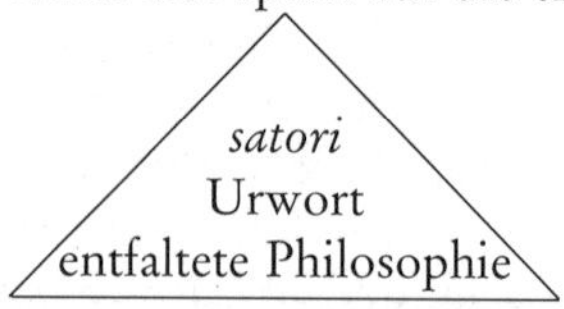

An der Spitze der Pyramide steht die Zen-Erfahrung *(satori)*, die als unaussprechlich gilt. In der Mitte kommt das zu stehen, was Ueda das „Urwort“ oder auch „Ursprungswort“ nennt, d. h. das unmittelbare mytho-poetische Symbol oder die konkrete erzählte Geschichte als Ausgangsgestalt der Tradition. An der Basis der Pyramide steht die voll entfaltete Philosophie, wobei Ueda an *Nishidas* Philosophie denkt.[229] In seiner Deutung der Kyōto-Philosophie auf dem Kyōto Zen-Symposion von 1989[230] benutzte Ueda dieses Schema, um das übliche westliche (einschließlich Waldenfels') Urteil zurückzuweisen, daß die Kyōto-Philosophie *nur* Zen-Philosophie sei. Ihr Kern sei gewiß die zen-inspirierte Erfahrung („die Unmittelbarkeit der ursprünglichen Erfahrung“), aber in Nishidas Idee der Reinen Erfahrung zeige sich mehr als eine nur vom Zen bestimmte oder gar vom Zen her definierte Philosophie. Nishidas Philosophie, so Ueda, sei eine zwar vom europäischen Denken angeregte, aber doch in sich gültige kohärente systematische Reflexion an der „Basisebene“ des Denkens überhaupt, wobei erst die Sprache als „Horizontstruktur von Erfahrung“ das Denken in je *spezifischer* Weise ermögliche. Spezifisch deshalb, weil Japanisch oder Englisch selbstredend ganz unterschiedliche Horizonte eröffneten.

Wenn dies so ist, sind die Konsequenzen erheblich. Für uns ist hier aber nur die *mittlere* Ebene interessant. Das „Urwort“ des Zen, das aus der Erfahrung entspringt, nennt Ueda „Wort-Ereignis“. Einem einfachen Zen-Spruch wie „Die Pflaumenblüte ist rosa, das Gras ist grün“, eigne diese unmittelbare unreflektierte Qualität eines Wort-Ereignisses. Das Wort-Ereignis *evoziere* und verdichte die ursprüngliche Zen-Erfahrung (die Ueda auch den „Grund-Satz“ nennt) in so unmittelbarer Weise, daß es
- im innersten auf irgendeine Weise mit der Erfahrung selbst verbunden sei, und
- ganz verschieden von der ausgebauten dritten, systematischen Reflexionsebene sei.

Indem Ueda den ursprünglichen Sprachakt so deutlich herausstellt, gibt er einen Hinweis auf das Verständnis des sprachlichen Ereignisses eines *kōan*. Er verdeutlicht dies an den berühmten Zehn Ochsenbildern.[231] Das *kōan* und die Bilder sind nicht Zen-Philosophie im Sinne der dritten Ebene. Sie sind „Wort-Ereignisse“, d. h. nahe genug an der Zen-Erfahrung, um in der

Zen-Übung das Bewußtsein so herauszufordern bzw. zu evozieren, daß es für den Empfang der Erfahrung geöffnet wird.

Ob beabsichtigt oder nicht, Uedas Ausführungen zum „Wort-Ereignis" bringen die Diskussion sehr nahe an das christliche Verständnis des Wortes: Das *Wort* bzw. der Logos als *zweite Person der Trinität* ist in Gott verborgen. Dieses Wort offenbart sich in Jesus Christus, der als *lebendiges Wort-Ereignis* vergegenwärtigt wird. Erst darauf aufbauend bildet sich die *Theologie des Wortes.*[232] Wir wollen die buddhistische und die christliche Struktur aneinander gespiegelt darstellen:

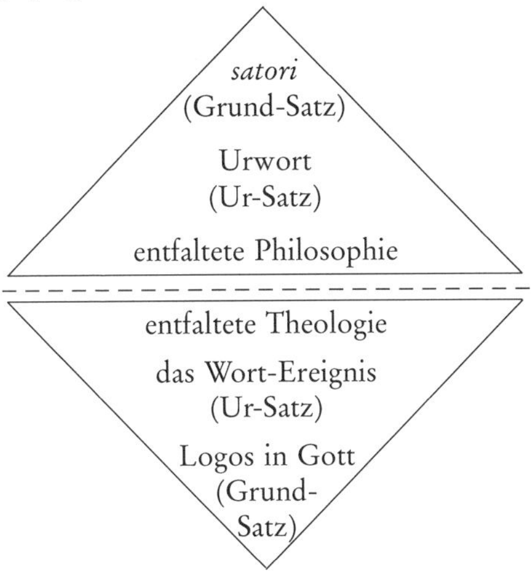

Für Ueda ist das Ereignis als Wort und das Wort als Ereignis bestimmend. Es sei an das lutherische Verständnis der *viva vox evangelii* erinnert, das wirkmächtige lebendige Wort*geschehen*, in dem das gepredigte Evangelium zur Re-Präsentation des Wort-Ereignisses wird, das in der primären Begegnung mit Jesus als dem Christus gründet.[233]

Wenn Ueda einräumt, daß die Macht des Wortes in gewisser Weise die Zen-Erfahrung *evozieren* könne, weil es sie repräsentiere, ist er über die klassische Zen-Formel der „wortlosen Tradition" hinausgegangen. Die ganze verschriftlichte Tradition des Buddhismus belegt, daß er damit nicht der erste ist – für Nāgārjuna beispielsweise kann die „letztgültige Wahrheit" nicht ohne die „relative Wahrheit" erfaßt werden, d. h. Sprache ist auch im Buddhismus ein unverzichtbares Mittel zur Evokation der Befreiungserfahrung.[234] Nicht nur im Christentum, sondern auch im Buddhismus kann das Wort also evokativ sein! Wort *und* Schweigen sind in beiden Traditionen *Medien der Kommunikation.* Das Gesagte und das Ungesagte öffnen einen Raum für Bedeutung und Praxis: Sprache wird dann *mystagogisch. Die Aufgabe einer vergleichenden Hermeneutik für Buddhismus und Christentum wäre es, die subtile und in beiden Fällen jeweils auch unterschiedliche Dialektik zwischen Wort und Schweigen aufzudecken.*

In der soeben nachgezeichneten Debatte können wir ein wachsendes Zusammenwirken unterschiedlicher Traditionen erkennen, und das ist weder Zufall noch auf linguistische Koinzidenz beschränkt. Hinter Uedas Gebrauch des Begriffs „Wort-Ereignis" stehen die Theologen Gerhard Ebeling und Ernst Fuchs, und hinter diesen steht Martin Heidegger. Heidegger aber ist in der Kyōto-Schule immer als der westliche Anknüpfungspunkt für das östliche Nichts betrachtet worden. Und für den späten Heidegger schließlich wurde der Mensch mit seiner Sprache zum „Hirt des Seins", wenn er die „Stimme des Seins" zuvor vernommen hätte.[235] Das wirkte sich auf die theologische Hermeneutik und das „Wort-Ereignis" aus: In dieser Sicht der offenbarenden und öffnenden Macht des Wortes ist Sprache nicht mehr notwendigerweise die Verräterin am Unaussagbaren, dem besser durch Schweigen gedient wäre. Vielmehr kann die Ambivalenz des Wortes ebensoviel *ent*bergen wie sie *ver*birgt, ähnlich wie die Schatten in Platos Höhlengleichnis, ähnlich auch wie der Finger im Zen, der auf den Mond zeigt.

Durch die Verbindungslinie von Heidegger über Ebeling bis zu Ueda könnte der Dialog zwischen Zen und Christentum über das Entweder-Oder von Wort und Schweigen hinauskommen zu einer Dialektik des Sowohl-als-Auch. Die Bedeutung des Wort-Ereignisses besteht nämlich darin, daß es Wirklichkeit entbirgt und verbirgt und mitten in seiner Selbst-Öffnung als Sein und Nichts oder *dharmatā* und Gott erscheint, und zwar im Herzen beider Religionen. Daraus ergeben sich für unsere Analyse zwei Konsequenzen:

1. die Forderung nach einer historisch genauen und zugleich für das Anderssein des Anderen sensiblen Hermeneutik, bei der die soziologisch bedingte Vielfalt der Religionen nicht reduziert wird;
2. die Erkenntnis, daß unterschiedliche Symbolsysteme und Sprachformen verschiedene, aber miteinander zusammenhängende Dimensionen von Freiheit eröffnen können.

Beide Gesichtspunkte wollen wir in den nächsten beiden Abschnitten begründen und veranschaulichen.

David Tracy über Grenz-Sprache und Grenz-Situation

Sprache bleibt nicht bei der mantrischen oder evokativen Qualität des Wort-Ereignisses stehen, sondern schafft komplexere Verknüpfungen zu Sinnzusammenhängen und Weltanschauungen, die sich aus verschiedenen Situationen von verbaler und nicht-verbaler Kommunikation ergeben. Das ist auch im Zen nicht anders. Wir wollen dies an drei Aussagen verdeutlichen:

(a) „Die Blüte ist rosa, das Gras ist grün", äußert die Zen-Erfahrung der Soheit *(tathatā)*.

(b) „Vor der Erleuchtung sind Berge Berge; während erste Erkenntnis dämmert, sind Berge keine Berge mehr; nach der Erleuchtung sind Berge

Berge", ist bereits eine vom Urwort her weiterentwickelte Aussage, die eine Konstruktion temporaler Struktur anzeigt.

(c) Die berühmten Zehn Ochsenbilder symbolisieren, ähnlich wie die Formulierung des klassischen Achtfachen Pfades, in Worten und Bildern bereits eine systematisierte Beschreibung des spirituellen Weges.[236]

Wir unterscheiden zwei Ebenen:

1. Wenn solche Sprachbilder der ursprünglichen Erfahrung entsprechen, können alle drei Aussagen als „Wort-Ereignisse" bezeichnet werden, die Wirklichkeit eröffnen.
2. Erst wenn die philosophische Reflexion einsetzt, die der Logik des rationalen Diskurses gehorcht, die jeder Onto-Theologie oder Onto-Philosophie innewohnt, kann sich ein System entwickeln, das die ursprüngliche Erfahrung und die Kraft des ersten Wortes „vergessen" hat. Denn es setzt ein Reflexionsvorgang ein, der von der ursprünglichen Erfahrung abstrahiert und einem nach eigener Dynamik sich entwickelnden Sprach-Spiel gehorcht. Aber auch hier *muß* die ursprüngliche Inspiration keineswegs völlig verloren gegangen sein. Sollte der Verlust jedoch stattgefunden haben, muß eine „Hermeneutik des Wiederfindens" dieses Vergessen aufdecken, um das Sein und/oder Nichts wieder herbei- bzw. anzurufen.

Anders ausgedrückt: Nur selten gehen wir mit einfachen Worten um; wir bilden Wortketten, Sätze und Verbindungen, die sich zu Erzählungen reihen. Der semantische Horizont von Symbolen bedarf dabei einer Syntax, durch die sich Bedeutung herstellt. Symbole bilden in Konstellationen Mythen, und Mythen haben die Tendenz, zur heiligen Geschichte oder Heilsgeschichte zu werden. Kurz: „Wort-Ereignisse" wachsen ganz spontan zu „Zen-Klassikern" oder einem „Testament" christlicher Schriften heran. Und obwohl Individuen zu einer spontanen Zen-Erfahrung gelangen bzw. Einsicht in die Leere *(śūnyatā)* gewinnen können, so ist dies doch durch einen langen Prozeß der Traditionsbildung in Lehrtraditionen, Lehrer-Schüler-Ketten usw. vermittelt. Das bedeutet, daß auch Tiefenerfahrungen der Soheit oder Gottes oder des Nichts *vermittelte* Erfahrungen sind. Sie sind vermittelt durch ein Wort, durch ein Ereignis, durch die Erinnerung solcher Worte und Ereignisse, durch das Jesus-Faktum oder das „Kommen Bodhidharmas von Westen",[237] durch die christlichen Klassiker oder die Sammlungen der Patriarchen. Dabei handelt es sich um die lebendigen Traditionen der Handlungen, Gesten und Worte, von denen die Religionen geprägt sind.

David Tracy hat das Anliegen Tillichs, Korrelationen zwischen menschlichen Fragen und religiösen Antworten aufzustellen, in die subtilere Frage nach der Korrelation von persönlicher menschlicher Erfahrung und den Arten des In-der-Welt-Seins, wie es die religiösen Klassiker eröffnen, verwandelt. Er siedelt seine Theologie ausdrücklich in der pluralistischen Welt an und ist deshalb seit Jahren im christlich-buddhistischen Dialog in Amerika engagiert. Seine phänomenologische Analyse von *Grenz-Sprachen* und *Grenz-*

Situationen, gerade in ihren ganz alltäglichen Erscheinungsformen, erhellt die Beziehung von Leser und Text für den Dialog und damit das Wesen religiöser Sprache als Dialog-Sprache. Er ist nicht nur an der Singularität des Wort-Ereignisses interessiert, sondern an den Strukturen der Sprachspiele und an den *Grenzen* der Horizonte des Lesers und des Textes, die im Akt des Lesens überschritten werden.

Wodurch aber zeichnet sich religiöse Sprache aus? Um dies zu demonstrieren, hat Tracy die Geschichte der Auseinandersetzung analytischer Philosophie mit religiöser Sprache in folgender Weise nachgezeichnet:[238]

- In einer *ersten Phase* habe man metaphysische Sprache im allgemeinen und die Behauptung der Existenz eines transzendenten Gottes im besonderen als unsinnig bezeichnet, weil Tatsachenbehauptungen der Verifizierbarkeit bedürften und diese bei den hier genannten Aussagen nicht gegeben sei. (Alfred Ayer)
- In einer *zweiten Phase* habe man die Frage aufgeworfen, ob bei Aussagen über die Existenz und Eigenschaften Gottes wenigstens Bedingungen der Falsifikation von Aussagen angegeben werden könnten, wenn schon keine Verifizierbarkeit der Aussagen möglich sei. (Anthony Flew).
- In einer *dritten Phase* habe man schließlich die Aufmerksamkeit auf die Originalität religiöser Sprache gerichtet: Sie übertreibe und vereinseitige, um totale Hingabe an eine Sache zu erzielen (so z. B. mit dem Satz: „Gott liebt *unendlich*", was empirisch nicht verifizierbar sei). Auch die Gleichnisse Jesu von den bösen Weingärtnern (Mt 21,33ff,) oder vom verlorenen Sohn (Lk 15, 11ff.) entbehrten aus diesem Grunde der inneren Logik: Würde denn ein Vater seinen Sohn schicken, um den Pachtzins einzutreiben, nachdem die professionellen Boten erfolglos geblieben waren? Und wie solle man den Vater beurteilen, der seinen guten Sohn leer ausgehen läßt, den Taugenichts aber vielfältig belohnt? (I. Ramsey)

Die religiöse Sprachform, so Tracy, provoziere den Leser in seinen gewöhnlichen Verhaltensmustern, Werten und Normen, ganz unabhängig davon, ob eine Aussage kognitiv sinnlos sei oder nicht. Um mit Gadamer zu sprechen: sie läßt einen Sprachhorizont einstürzen und evoziert eine existentielle Antwort.

Genau das, so können wir Tracys Analyse weiterdenken, ist auch die Funktion der Sprache im Zen-*mondō*. Christlich könnte man dies so ausdrücken: Die *Gnade* Gottes taucht als der letztgültige Horizont menschlicher Erfahrung auf. Gnade, die über den Unwürdigen ausgegossen wird, ist aber nicht die Botschaft des Zen. Die Grenz-Sprache des Zen offenbart eine andere Grenz-Situation als die christliche Sprache. Die „Originalität" der Sprache ist dabei im Zen noch offensichtlicher als in den biblischen Gleichnissen. Denn die Sprachspiele in den *kōans* stellen den Hörer/Leser unter eine Wirklichkeit, die die Gesetze der Logik völlig sprengt. Sie vermitteln im Gespräch zwischen Meister und Schüler eine Öffnung zu vollkommener

Freiheit, zu spontanem und explosivem Ausdruck des Seins-wie-es-ist. *Zen verfügt über eine unerschöpfliche Tradition von Worten, die den Hörer für das öffnen, was hinter den Worten ist!* Solche Worte sprechen nicht von übernatürlicher Gnade, ja, sie scheinen das Gegenteil zu benennen: die Natürlichkeit des Gegebenen. Aber die Botschaft ist im Zen wie im Christentum gleichermaßen dazu angetan, die gewöhnlichen Sprachhorizonte und Denkmuster auf den Kopf zu stellen und an der Grenze der gewöhnlichen Erfahrung ein Tor zu völlig neuen Freiheitsräumen aufzustoßen.

Die Botschaft ist in beiden Fällen einfach, aber sie hat keine begrifflich definitive (Be)Deutung, sondern eröffnet eine „Fülle von Sinn", damit sich Menschen in verschiedenen Situationen und Zeiten die endlosen Variationen der Botschaft selbst aneignen können. Dieser Aneignungsprozeß ist die evokative Transformation, die in der Botschaft liegt.

Das Christentum wie der Buddhismus bleiben aber nicht bei der individuellen Transformation des Bewußtseins stehen. Für die christliche Tradition macht David Tracy dafür das Zusammenspiel von Manifestation, Proklamation und prophetischem Handeln geltend[239], d. h. mystisches Sakrament, prophetisches Wort und aktives Befreiungshandeln seien ineinander verschränkt. Für das Christentum hat Tracy Recht. Und wir fügen hinzu: Auch im Buddhismus und besonders im Zen gibt es nicht nur mystisches Schweigen, sondern auch – in manchmal mehr weltbejahendem, manchmal auch weltverneinendem Grundton[240] – die Proklamation der Möglichkeit zur Befreiung und aktives „Handeln auf dem Marktplatz".

Die Botschaft des Zen ist: Du bist bereits ein Buddha. Der Satz beinhaltet das grundlegende Vertrauen in das dem Ich nicht verfügbare „Wahre Selbst". Christlich gesprochen entspricht dem die Wirksamkeit der unverfügbaren Gnade. Christlich wie buddhistisch werden diese Grundbotschaften „trotz" der Sünde, der Unwissenheit usw. formuliert. Dieses „trotz" in beiden Traditionen ist eine Grundhaltung, die erkenntnisbildend ist und transformativ wirkt.

Die Einsicht, daß jedes Lebewesen die Buddha-Natur habe, ist im Zen nicht neu. Sie ist im Buddhismus schon zuvor ausgesprochen worden. Jesu Botschaft, daß Gott Liebe ist, ist nicht neu. Sie ist im Judentum schon vorher verkündet worden. Nicht der Inhalt also, sondern die *Form* der Botschaft in beiden Traditionen ist neu. Und dies hängt mit der *Sozialgeschichte* beider Traditionen zusammen: In den Zen-Geschichten ist sehr oft von *einfältigen Armen* die Rede, von denen auch die Bergpredigt spricht. Die Geschichten des Zen glorifizieren nicht buddhistische Würdenträger, sondern sie sympathisieren, oft augenzwinkernd, mit Bauern, Jägern und Fischern, mit Analphabeten und absonderlichen Wahrheitssuchern außerhalb der religiösen und politischen Normen und Organisationen. Hat das Sprachbild des „weisen Toren“ im Zen[241] vielleicht sein Gegenüber in Jesu Rede von der Weisheit, die den Unmündigen offenbar, den Gelehrten aber verschlossen werde (Mt 11,25 par.) bzw. in der „Torheit des Kreuzes“ (1 Kor 1,18)?

Sprache des Seins und der Leere

Die Funktionsweisen von Wort und Schweigen als Mittel der Eröffnung von Wirklichkeit im Christentum und im Buddhismus zu betrachten, heißt zu erkennen, wie religiöse Traditionen ihre Botschaft von Generation zu Generation überliefern. Diese strukturelle Ähnlichkeit sagt aber nichts über den Inhalt der Botschaften aus. Die Sprachen von Buddhismus und Christentum sind verschieden, und was sie inhaltlich eröffnen, ist nicht dasselbe. Beide aber gehen von primären Erfahrungen aus, die sich in Symbolen verdichten und als solche die Traditionsgemeinschaften „archetypisch“ prägen. Im Verlaufe der Überlieferungsgeschichte und der damit verbundenen unvermeidlichen Institutionalisierung kommt es zu theologisch-philosophischen Systematisierungen. Diese sind einerseits das Resultat des Ringens um das angemessene Verstehen des eigenen Ursprungs und andererseits die Hilfestellung bei der identitätsstiftenden Abgrenzung von anderen Glaubensüberlieferungen. Sowohl die anfänglichen Symbole als auch die ausgearbeiteten Glaubenssysteme sind aber Ausdrucksweisen an der Grenze menschlicher Erfahrung und weisen damit über das, was Sprache jeweils ausdrückt, hinaus. Wir können diesen Unterschied mittels der drei Ebenen Ueda Shizuterus so erfassen:[242]

Zen	
(1) Grund-Satz:	Zen-Erleuchtung, mystisches Schweigen, reine Bewußtheit
(2) Ur-Satz :	erste Ausdrucksgestalt für die „Leere“, Selbst-Bewußtheit, Kōan
(3) Philosophie :	rationale Reflektion über Selbst und Welt, Sprachkritik, Interdependenz aller Dinge
Christentum	
(1) Grund-Satz:	Mysterium Gottes und seine Äußerung in Jesu Kreuz (nicht nur innere Erfahrung wie im Zen, sondern öffentliches Ereignis), ursprüngliche Bewußtheit
(2) Ur-Satz :	Gleichnisse Jesu, Aufruf zum Vertrauen auf die in Jesus gekommene Gegenwart Gottes und Rechtfertigung des Sünders
(3) Theologie :	rationale Darstellung der Theo-logie, Gott und Mensch in dialektischer Spannung

In beiden Traditionen besteht die Notwendigkeit, den unvermeidlichen Prozeß der Rationalisierung, der zwischen den Ebenen 2–3 stattfindet, umzukehren bzw. rückzukoppeln an das Ursprungs-Ereignis. Außerdem muß die subtile Dialektik von Mysterium und Wort zwischen 1–2 beachtet werden, wenn die religiöse Sprache nicht entleert werden soll. Dies bedeutet, die „Hermeneutik des Wieder-Findens" einzuüben. Weil diese Hermeneutik aber eine De-Konstruktion von Ebene (3) verlangt, ist damit eine Kritik sowohl an der christlichen Onto-Theologie wie an der sprachlichen Fixierung der buddhistischen *śūnyatā*-Dialektik verbunden.

Man kann diese Aufgabe als eine post-moderne Form der dialogischen Hermeneutik verstehen. Eine solche post-moderne Position distanziert sich von einer vorschnellen Identifizierung der christlichen und buddhistischen Sprache („alle Religionen sagen Ähnliches"), die ein Erbe des liberalen Idealismus wäre, weil die religiösen Aussagen durch Abstraktion eines ideellen Inhaltes vereinheitlicht würden, womit aber die Pluriformität der religiösen Phänomene nicht mehr erfaßt würde. Wenn wir mit Heidegger und Gadamer Sprache als Öffnung, Entbergung oder Entdeckung begreifen, können wir zeigen, daß das Sprachspiel des „Nichts" und das Sprachspiel von „Person/Gott" strukturell ähnlich sind, dabei aber unterschiedliche Wirklichkeiten aufdecken:

	Buddhismus	*Christentum*
Grund-Satz:	Erfahrungen, die durch das Leben Gautamas inspiriert sind	Erfahrungen, die durch das Leben Jesu inspiriert sind
Ur-Satz :	Bild- und Sprach-Symbole, um einen Zustand jenseits des Ich zu erwecken	Evangelium, um die Gegenwart des liebenden Gottes zu evozieren
Systematik :	Meta-Sprache, um jeden Sprachdiskurs zu überwinden	Theologie, um Gottes Geschichtshandeln in griech.-philosoph. Begriffen zu denken
Ziel :	kognitive Freiheit	moralische Freiheit

Dies ist nur eine grobe Skizze, die aber genügt, um in etwa die Konsequenzen für die Frage nach dem, „was uns unbedingt angeht" (Tillich) in bezug auf beide Traditionen zu formulieren:

Buddhismus	*Christentum*
Sprache des Nichts	Sprache des Seins
überwindet das Ego	bejaht die Person
evoziert reine Erfahrung	evoziert moralisches Dilemma
bietet *Freiheit von mentaler Konstruktion* und *Projektion*	bietet Freiheit von Sünde

Dieses Schema wollen wir so interpretieren:

a) Die *kognitive Freiheit*, die der Buddhist erstrebt, besteht in einem Freiwerden von mentalen Projektionen, wodurch die Verblendung überwunden wird, die den Menschen von dem So-Sein der Wirklichkeit trennt.

b) Die *moralische Freiheit*, die der Christ erstrebt, besteht in einem Freiwerden von der willentlich mitbestimmten Hinwendung zum Bösen, wodurch die Sünde überwunden wird, die den Menschen von Gott trennt.

c) Die Sprache des Nichts und die Sprache des Seins eröffnen und bewirken jeweils zwei verschiedene Weisen des Daseins in der Welt.

Zusammenfassend können wir sagen:

Die Dialektik von Wort und Schweigen spielt in beiden Religionen eine zentrale Rolle, aber mit unterschiedlicher Gewichtung, wobei sich die Grenz-Situation, an der sich die religiöse Grenz-Sprache entwickelt, verschieden darstellt. Der Anti-Konzeptualismus des Nichts dient dazu, in der unmittelbaren Gegenwart den Menschen radikal zu öffnen für die Welt der „Dinge, wie sie sind". Dies ist die Erleuchtung als Erfahrung der Nicht-Dualität. Das Reden von Gott hingegen zwingt den Menschen, einen moralischen Standpunkt zu beziehen und vernünftiges Vertrauen sowie Hoffnung auf eine noch nicht voll eröffnete Wirklichkeit – das Reich Gottes – zu entwickeln und damit einen Zukunftshorizont zu entwerfen. Dies ist die Umkehr als Erfahrung des Guten in der Dualität.

Die Sprache des Buddhismus löst diese Spannung *hier und jetzt* vermittels des Durchbruchs durch die „Netze der Konzeptualisierungen" *(prapañca)*. Die Sprache des Christentums evoziert die Inkarnation des Göttlichen in der menschlichen Situation des Widerspruchs zwischen dem „schon" und „noch nicht" der Erlösung, und sie ist auf eine Verwirklichung in der *Zukunft* gerichtet. Beide Religionen gründen dabei ihr religiöses Vertrauen unzweideutig auf die Einheit der Zeit: Was sich vormals als vertrauenswürdig erwiesen hat, zeigt sich auch jetzt im religiösen Vollzug und für die Zukunft als vertrauenswürdig. Indem Buddhismus und Christentum die Einheit der Zeit in gleicher Weise voraussetzen, versprachlichen beide Religionen zwar unterschiedliche Perspektiven des Menschlichen, richten damit aber keinen prinzipiellen Widerspruch auf.

b) Dekonstruktion der Rede von der Letzten Wirklichkeit – Gott und Absolutes Nichts

Konnten bis in die 80er Jahre die Begriffe von *Gott* und *Absolutem Nichts* als symbolische Bezeichnungen der Letzten Wirklichkeit betrachtet werden, denen Christentum und Buddhismus jeweils in unüberbrückbarem Unterschied verpflichtet blieben, so hat sich das Bild in den letzten Jahren geändert. Um diesen Denkprozeß zu verstehen, müssen wir weit ausholen und können dem Leser einige subtile philosophische Tiraden nicht ersparen, selbst auf die Gefahr hin, daß die Dinge schwer durchschaubar werden – auch der buddhistisch-christliche Dialog wird an dieser Stelle oft abstrakt und eine Sache von Experten!

Die Reihe der westlichen Verstehensversuche und Mißverständnisse von *nirvāṇa* ist lang.[243] Wenn aber bereits das *nibbāna* des Theravāda ein Interpretationsproblem darstellt, so trifft dies auf die Mahāyāna-Vorstellungen von Leere *(śūnyatā)* oder Absolutem Nichts (jap. *zettai mu)* umso mehr zu. Die Geschichte des westlichen Verständnisses des buddhistischen Nichts bzw. der Leere kann so zusammengefaßt werden:

1. das ältere, aber immer noch wirksame Urteil aus dem 19. Jahrhundert, daß das Konzept der Leere nichts anderes sei als Nihilismus in buddhistischer Lesart;
2. die subtilere Einsicht, daß Leere eine apophatische Aussage über die Letzte Wirklichkeit sei und somit der christlichen negativen Theologie entspreche;
3. die Identifikation von Leere mit *gegenseitig abhängigem Entstehen (pratītyasamutpāda)*, vergleichbar der prozeßtheologischen Idee einer kosmotheistischen göttlichen Matrix, aus der sich die Wirklichkeit im Wechselspiel von einzelnen ineinander verwobenen Ereignissen entfaltet.

Die *erste Lesart* ist sehr alt. Bereits die hinduistischen Disputationsgegner – allen voran Śaṅkara (8. Jh. n. Chr.) – warfen den Mahāyāna-Buddhisten Nihilismus vor. Nāgārjuna freilich hatte nur behauptet, daß *jede* Aussage ein begriffliches Konstrukt sei, das keine absolute Gültigkeit habe. Er ging aber sehr wohl davon aus, daß im relativen Sinn vorläufige Aussagen auf die letztgültige befreiende Erfahrung hinweisen würden und deswegen nützlich, ja notwendig seien. Im Mahāyāna selbst gab und gibt es demzufolge, wie der japanische Indologe Yamaguchi Susumu treffend formuliert[244], die Spannung in der Rede von Nicht-Sein (Mādhyamika) und Sein (Yogācāra) bei der Aussage über die Letzte Wirklichkeit. Sie markiert die Grunddifferenz der beiden klassischen Mahāyāna-Schulen. Innerhalb der Mādhyamika-Schule ist aber nochmals zu unterscheiden zwischen der *Prāsaṅgika*-Schule, die behauptet, keine eigene Position einzunehmen und stattdessen die Widersprüchlichkeit jeder möglichen Position hinsichtlich der Rede über die Wirklichkeit aufzuzeigen, und der *Svātantrika*-Schule, die behauptet, sie könne eine positive Sprachform finden, die logisch widerspruchsfrei sei. Diese Debatte wird gewiß auch noch im 21. Jahrhundert fortgesetzt werden.

Die *zweite Lesart* ist bei christlichen Theologen beliebt, die Schwierigkeiten mit dem Begriff des *nibbāna* (skt. *nirvāṇa*) des Theravāda haben, weil dieser Begriff mit einer atheistischen Grundkonzeption verbunden zu sein scheint. Das Konzept der Leere im Mahāyāna wurde dagegen erst im 20. Jahrhundert bekannt gemacht, und zwar durch so bedeutende Autoren wie T. R. V. Murti, Theodore Stcherbatsky, Edward Conze, Kenneth Inada u. a. Sie stellten klar, daß die buddhistische Leere nichts mit dem westlichen Nihilismus zu tun habe.[245] Und allmählich reifte bei westlichen Autoren die Einsicht: Was im Zusammenhang mit der *trikāya*-Theorie[246] auch als überzeitlicher *dharmakāya* beschrieben werde und sich als *bodhisattva* manifestiere, könne ja gar nicht atheistisch und nihilistisch gemeint sein! Als unaussprechliche höhere Wahrheit *(paramārtha)* müsse Leere *(śūnyatā)* so etwas wie eine Art Gottheit über Gott sein, die – in der Sprachform eines Dionysius Areopagita – *via negativa* zu erkennen sei. Diese christlich-mystische Lesart kommt somit den buddhistischen Intentionen nahe, denn sie entspricht dem epistemologischen Interesse Nāgārjunas und bleibt offen dafür, daß auf der Ebene relativer Wahrheit *(saṃvṛti)* Bilder und positive Begriffe gültig sind, wenn sie nur dazu dienen, den Menschen vom Anhaften zu befreien.

Daß die Dinge allerdings etwas komplizierter sind, zeigte der amerikanische Theologe und Religionswissenschaftler Frederick Streng in seiner bahnbrechenden Studie über Nāgārjuna.[247] Er demonstrierte darin, daß die dialektische Logik der Mādhyamika-Schule und die intuitive Sprache der Mystiker zwei verschiedene Dinge sind. Wir werden später zeigen, was das bedeutet.

Die *dritte Lesart* wurde von dem amerikanischen Prozeß-Theologen John Cobb eingeführt. Cobb versteht das Konzept der Leere in kosmo-theistischer Weise und knüpft damit an die Interpretationen der klassischen chinesischen Hua-Yen-Schule an, die starken Einfluß auf das Ch'an (Zen) hatte. Streng bezog sich auf die indischen Anfänge von Mādhyamika (2./3. Jh. n. Chr.), Cobb hingegen auf deren chinesische Weiterentwicklung (7.–10. Jh. n. Chr.), als *śūnyavāda* (Philosophie der Leere) längst durch eine explizite *aśūnya* (nicht-leere) Lesart ergänzt und der ursprüngliche Versuch, die Identität von „Ganzen" zu denken *(nirvāṇa* und *saṃsāra* galten als epistemische Begriffe, die sich auf die eine gleiche Wirklichkeit beziehen), zur gegenseitigen Durchdringung von Teil und Ganzem geführt hatte. Diese Lesart ist jedoch problematisch, wenn sie auf den frühen indischen (und den tibetischen) Mahāyāna-Buddhismus bezogen wird, denn sie verkennt den epistemologischen Charakter der *śūnyatā*-Lehre des Mahāyāna.

Wie aber reagierten die Buddhisten auf diese neuen christlichen Versuche des Verstehens? Im wesentlichen mit Schweigen. Noch nach jahrzehntelangen philosophischen Debatten ergibt sich folgendes Bild: Die Christen haben sich intellektuell bewegt und glauben, Fortschritte in der Erkenntnis gemacht zu haben, während die Buddhisten nicht wissen, was sie von den Christen (philosophisch) lernen sollen! Das Konzept der Leere hat die Buddhisten das Nicht-Lernen im Sinne eines Lao-tzu gelehrt, und die *prāsaṅgika*-Dialektik löst ohnehin jeden Standpunkt überlegen auf …

Das kann nun zweierlei bedeuten: Entweder sind die Mādhyamika-Buddhisten wirklich einen Schritt in der Erkenntnis voraus oder das Mādhyamika-System ist so abgeschlossen, daß es jede Beweglichkeit im Keime erstickt. Für beide Vermutungen sprechen einige Beobachtungen: Der philosophische buddhistisch-christliche Dialog ist häufig so strukturiert, daß die christliche Seite lernt, frühere Fehlurteile aufzugeben (z. B. das *nirvāṇa* als Nihilismus zu bezeichnen), während die buddhistische Seite höflich, aber bestimmt ihre alten Vorurteile weiterpflegt (z. B. daß der christliche Partner ein unverbesserlicher Dualist sei, der an einen Gott „da oben" glaube). Mit anderen Worten: der Dialog ist auf dieser philosophischen Ebene (mit Ausnahme der Kyōto-Schule) weitgehend einseitig geblieben. Das ist bedauerlich, denn einerseits ist offenkundig, daß sich die Aussagen des Buddhismus über die Letztgültige Wirklichkeit erheblich von christlichen Gottesvorstellungen unterscheiden. Andererseits leben aber auch Buddhisten in der Erwartung auf eine Vollendung ihres Lebens, die mehr ist als die Erweiterung innerpsychischer Bilder und Vorstellungen, nämlich ein unbeschreibliches Erwachen, das mit Seligkeit, Frieden und Erfüllung verbunden ist.

Könnten beide Religionen voneinander lernen, wie sich der Mensch auf dieses Letzte und Unbeschreibliche ausrichten kann?

Nur die Kyōto-Schule hat diesbezüglich den Dialog mit dem Christentum kontinuierlich geführt, und deshalb werden wir uns jetzt auf deren Denken konzentrieren.

Absolutes Nichts als transformatives Symbol

In Nishida Kitarōs Schriften taucht der Begriff „Gott" recht oft auf, allerdings eher als Chiffre für eine recht farblose Idee des religiösen Absoluten. Nishida empfahl seinem Schüler Takizawa Katsumi bei Karl Barth mehr über die christliche Gottesvorstellung zu erfahren. Takizawa aber wurde Christ und hielt die Kyōto-Schule mit unermüdlichem Dialog in Atem. Der heutige Dialog um Gott und Absolutes Nichts in Europa und Amerika geht auf diese japanischen Diskussionen zurück.[248]

Der erste christliche Theologe, der sich auf den ursprünglichen indischen Begriff der Leere *(śūnya)* und nicht auf das Absolute Nichts der Kyōto-Schule bezog, war Frederick Streng. Vor ihm hatte T. R. V. Murti[249] Nāgārjuna im idealistischen Kontext indischer Philosophiegeschichte interpretiert und Parallelen zu der Antinomien-Diskussion Kants und der Dialektik Hegels gezogen, während Th. Stcherbatsky[250] die buddhistische Logik im Licht seiner *abhidharma*-Studien deutete und *śūnyatā* als Relativität interpretierte, der keinerlei mystische Erfahrungsqualität transrationaler Art zukomme, was in der Buddhologie bis heute höchst umstritten ist.[251]

Strengs Sprachanalyse ist der Hintergrund für die heutigen dialogischen Debatten mit der Kyōto-Schule in Amerika, weshalb wir auf seine Thesen ausführlicher eingehen müssen. Streng legte eine Neuübersetzung der *Mādhyamika-Kārikā* Nāgārjunas vor und verband seine Interpretation des Textes mit einer Theorie von drei Typen religiöser Sprache, die er als Theologe entwickelte, um die Unmöglichkeit zu überwinden, in der Neuzeit philosophisch von Gott zu reden. *Śūnyatā* verstand er dabei als ein Symbol *religiöser Transformation*, was der bereits erwähnten Erwartung entgegenkam, daß es sich bei diesem Schlüsselbegriff des Mahāyāna-Buddhismus nicht bloß um eine Kategorie der Logik handeln könne.

Für Streng entspricht die Sprache der Mādhyamika-Philosophie einem von drei unterschiedlichen Typen religiöser Sprache, die jeweils verschiedene Verbindungen von Sprache und Wirklichkeit herstellen, nämlich:

1. Die *mythische Sprache*, welche bedeute, daß Worte der Wirklichkeit entsprechen – ihr liege eine naive ontologische Sprachtheorie zugrunde.
2. Die *intuitive Sprache*, welche bedeute, daß Worte die Wirklichkeit nicht beschreiben, sondern evozieren (hervorrufen) – ihr liege die Annahme zugrunde, daß es ein Transzendentes jenseits von Sprache gebe.
3. Die *dialektische Sprache*, welche bedeute, daß Worte nur auf Worte verweisen, ohne sich verifizierbar auf objektive Gegenstände beziehen zu können – ihr liege die These zugrunde, daß jenseits der Sprache nichts außer der vor-verbalen Unmittelbarkeit sei.

Mißverständnisse zwischen christlichen Theologen und Philosophen der Kyōto-Schule könnten nun durch eine Unterscheidung dieser drei Sprachformen aufgeklärt werden:

– Ein Theologe im Sprachtypus (1), der annimmt, daß „Gott" sich auf ein Seiendes oder das Sein selbst beziehe, müsse vermuten, daß sich auch das „Nichts" auf ein Etwas, einen nihilistischen Zustand außerhalb, beziehe. Darum halte er den Buddhismus für nihilistisch.

– Ein Theologe im Sprachtypus (2), der erkennt, daß die Wirklichkeit „Gott" jenseits der sprachlichen Unterscheidung von Sein und Nichts liege, müsse vermuten, daß auch die Rede vom „Nichts" jenseits der Differenz von Sein und Nichts angesiedelt sei, daß es also hier – in negativer Sprache – um den Zusammenfall der Gegensätze *(coincidentia oppositorum)* gehe (den Nikolaus von Kues auf die Gottesvorstellung angewandt hatte), daß also darum eher von einem „Absoluten Nichts" gesprochen werden müsse.

– Ein Theologe oder Philosoph wie z. B. Nāgārjuna im Sprachtypus (3) würde beide Interpretationen als verfehlt zurückweisen. Denn Sprachen seien Sprachspiele: „Gott als Sein", „Gott über dem Sein" usw. seien mentale Konstruktionen, die keinen Bezug zu einem objektiven Gegenstand hätten, der „Gott" genannt werde. Beide Ausdrücke seien zwar als sprachliche Konventionen real, in bezug auf Substantialität aber leer. Leer und doch real? Nāgārjuna bemüht sich zu zeigen, daß wegen dieses Widerspruchs alle Sprachspiele überwunden werden müssen – nicht, um auf eine höhere sprachliche Ebene zu verweisen, sondern um zum Schweigen zu kommen. Für ihn bezeichnen Worte weder die Wirklichkeit noch verweisen sie letztgültig auf eine solche. Vielmehr sei Wirklichkeit in ihrer Soheit, was sie ist, ohne daß sie in irgendeiner Weise durch Konzepte „eingefangen" werden könnte. Weisheit *(prajñā)* besteht für ihn genau darin zu erkennen, daß Worte keine Entsprechungen in der Wirklichkeit haben. Das Ziel seines Philosophierens ist also, *das Netz der Begrifflichkeit zu durchbrechen.*

Dies geschieht im Buddhismus durch einen doppelten Sprung, von dem es im Zen heißt:

Berge sind Berge; Flüsse sind Flüsse.
Berge sind nicht Berge; Flüsse sind nicht Flüsse.
Berge sind Berge; Flüsse sind Flüsse.

In dieser buddhistischen Sprachform wird die *Konvention* der Begrifflichkeit als real betrachtet, das Ganze aber als *leeres Sprachspiel* durchschaut, weil die Wirklichkeit ohne das Zerrnetz der Begrifflichkeit „wie sie ist" nicht erscheinen könne – was einschließt, auch die „magische Illusion" zu akzeptieren, die durch die Begriffskonstruktionen geschaffen wird.

Nach Strengs Ansicht vermeidet dieser dritte Sprachtypus religiöser Sprache den naiven Realismus des ersten und den mystischen Transzendentalismus des zweiten Typs.[252]

Einerseits erweckte Strengs These von der nicht-referentiellen Sprache großes Interesse in der amerikanischen Theologie, andererseits aber schnitt die Radikalität dieses Sprachtyps im Mādhyamika-Buddhismus auch sofort die Möglichkeiten jeglichen Dialogs mit traditioneller religiöser Sprache ab. Für Streng selbst sind die ersten beiden Sprachtypen durchaus sinnvoll. Aber heutige (meist amerikanische) buddhistische Gesprächspartner, die sich in Wittgensteinschen Bahnen bewegen, halten *jede* religiöse Sprache für ein leeres Spiel von Begriffen ohne objektive Referenz. Wird eine solche Position konsequent durchgeführt, entsteht der Eindruck eines *geschlossenen Systems*, das sich jeder Verifikation entzieht und alle anderen Sprachen (aber doch eben auch die eigene?) falsifiziert, indem sie als ebensolche geschlossenen bzw. selbst-referentiellen Zirkel erscheinen. Solche – im Dialog häufig vorgetragenen – Sprachspiele sagen jedoch, wie wir meinen, wenig über den tatsächlichen Gebrauch der Sprache und über die Intentionen der Mādhyamika-Philosophie aus!

Der andere zentrale Punkt in Strengs Analyse, daß *śūnyatā* ein religiöses Symbol der *Transformation* sei, kann prinzipiell bejaht werden. Wir müssen aber sogleich weiter fragen: Was besagt der Ausdruck „Symbol der Transformation"? Für Streng sind *Befreiung* und *Wandel* die Zentralbegriffe von

Religionen und ihrer Symbolsysteme. Diese personalistische Bestimmung aber bleibt vage und muß näher bestimmt werden: Befreiung wovon und wozu? Außerdem ist es nicht gleichgültig, in welcher Form der Sprache von „Befreiung" geredet wird. Denn die von Streng angeführten Sprachformen erzeugen verschiedene Assoziationen und geben unterschiedliche Ziele an: das *mythisch-personale Sprachspiel* (Sprachtypus 1) bezieht die Spieler existentiell ganz anders in den Prozeß des Spiels ein als das *leer-dialektische* (Sprachtypus 3)! Verschiedene Sprachspiele gehorchen unterschiedlichen Spielregeln, sie können also nicht so leicht unter der homogenen Metapher der „Transformation" neutralisiert werden.

Bevor wir uns diesen Fragen eingehender zuwenden, wollen wir aber die oben genannte dritte Lesart von *śūnyatā* als Interrelationalität der Wirklichkeit genauer betrachten, die besonders von John Cobb vertreten wird. Sie kommt einer neo-metaphysischen Interpretation dieses Begriffes gleich.

Die Auflösung „Gottes" im „Absoluten Nichts"

John Cobb hat wie kaum ein anderer christlicher Theologe den Dialog mit dem Mahāyāna-Buddhismus gefördert. Die folgende Darstellung und Kritik seiner Position ist deshalb ein wesentlicher Teil unserer Bilanz des gegenwärtigen buddhistisch-christlichen Dialogs.

John Cobb sieht eine Komplementarität zwischen den philosophischen Grundpositionen des Buddhismus und des Christentums. In der buddhistisch-christlichen Begegnung liege genau darum die Chance zu gegenseitiger Kritik und Transformation.[253] In seinem Buch *Beyond Dialogue* (1982) begrüßt er die Auflösung des westlichen Seinsbegriffs (und der damit verbundenen Gottesvorstellung) in die Leere, weil damit das Christentum von der irrigen Annahme befreit würde, die Letzte Wirklichkeit bloß als höchste Stufe der Seinspyramide denken zu können, was eine Verendlichung oder Relativierung der Letzten Wirklichkeit bedeute (wie bereits Hegel mit seinem Wort von der „schlechten Unendlichkeit" meinte). Wie aber kann das Verhältnis des Gottesbegriffes zum Verständnis der Leere in der Kyōto-Schule dialogisch bestimmt werden? Diese Klärung will Cobb folgendermaßen erreichen: Beide Begriffe seien nicht identisch, aber auch nicht völlig verschieden, sondern komplementär. Um diese Aussage zu begründen, geht Cobb von seinem prozeßtheologisch formulierten Gottesbegriff aus, der sich deutlich vom klassischen christlichen Theismus unterscheidet: Der Seinsbegriff wird vom Gottesbegriff abgelöst (Gott ist nicht das „höchste Sein" oder das „Sein selbst"), und das Sein wird als kreativer Prozeß verstanden. Die Instanz der Kreativität, die nicht im Werden der Wirklichkeit aufgeht, aber doch selbst im Werden ist, ist Gott. Eine Schöpfung aus dem Nichts *(creatio ex nihilo)* kann es demnach nicht geben, sondern ein demiurgischer Gott strukturiert das Urchaos und schafft damit die Welt; dieser demiurgische Gott bezieht seine kreative Kraft aber aus einer zugrundeliegenden Kreativität („Gott"). Diese prozessuale Existenzform der Erscheinungen findet Cobb im Konzept von *śūnyatā* (Leerheit von Eigenexistenz bzw. Substantialität) wieder, d. h. *śūnyatā* ist eine Aussage über das „was" oder „wie" der Welt, wohingegen die Frage nach dem „warum" für Cobb durch den Gottesbegiff beantwortet wird. Demnach sind die Begriffe von „*śūnyatā*" und „Gott" also für Cobb keineswegs identisch, sondern sie antworten auf verschiedene Fragen.

Cobb präzisiert, indem er prozeßphilosophisch zwischen *Wirklichkeit* (als Potenz) und *Aktualisierung* derselben unterscheidet. Für ihn ist nun „Gott" nicht mit der Letzten Wirklichkeit der Leere *(śūnyatā)* identisch, aber Er ist die höchste *Aktualisierung* dieser Wirklichkeit:

„Wenn Gott die eine, kosmische, ewige Aktualisierung der Letzten Wirklichkeit ist, von der alle weiteren Aktualisierungen abhängen, ordnet Gottes Nicht-Identität mit der Letzten Wirklichkeit ihn derselben in keiner Weise unter, denn Gott ist die Letzte *Aktualität.* Gott als Letzte Aktualität ist ebenso letztgültig wie Leere als Letzte *Wirklichkeit.* Leere ist verschieden von Gott, und es ist kein Gott getrennt von Leere. Aber es ist ebenso richtig zu sagen, daß keine Leere getrennt von Gott ist. Leere ist nicht „über" oder „jenseits von" Gott."[254]

Dies ist eine Antwort auf Abe Masao und die Kyōto-Schule, die behauptet, daß der Begriff des Absoluten Nichts höher, tiefer und inklusiver sei als der christliche Gottesbegriff, weshalb das Sein Gottes als gegründet im Absoluten Nichts gedacht werden müsse. Die Philosophen der Kyōto-Schule berufen sich dabei wiederholt auf Meister Eckharts Rede vom Urgrund oder Ungrund bzw. dem „Gott über Gott".[255]

Was aber ist mit Cobbs Unterscheidung von Wirklichkeit und Aktualität der Wirklichkeit gewonnen? Wird hier vielleicht nur die alte Ontologie des Höchsten Wesens in die Begrifflichkeit der Leere übersetzt, so daß eine Art „Me-Ontologie" gedacht wird, die der westlichen Philosophie auch ohne buddhistische Nachhilfe immer schon bekannt war und vom Neuplatonismus über Jakob Boehme bis zu Schelling anzutreffen ist: Indem „Gott" völlig „leer" jeder endlichen Bestimmung ist, ist er vollkommen „voll" und offen für jede Bestimmung?

John Cobb meint, daß der Mahāyāna-Buddhismus diese Zusammenhänge radikaler formuliere und darum eine tiefere *Einsicht* in die Wirklichkeit habe als das Christentum. Demgegenüber habe das Christentum allerdings einen anderen Vorzug: Durch seine Denkform könne das Gute bzw. das moralisch Rechte begründet werden. Der Baseler Theologe Heinrich Ott bemerkt dazu:[256]

„Cobb gelangt zu seiner Position, indem er zwischen zwei „Letzten" unterscheidet: dem „metaphysischen Letzten" und dem „letzten Prinzip des Rechten". Nach Cobb muß der Gott des christlichen Glaubens nicht zugleich beides sein ...; wie Er in der metaphysischen Tradition des Westens begriffen worden ist, bestimmt gleichsam durch das Konzept des Seins *(esse subsistens*, oder auch mit Paul Tillich „Sein selbst"). Gott kann auch als das letzte Prinzip des Rechten verstanden werden, ohne daß Er gleichzeitig als metaphysische *archē* von aller Realität begriffen würde ... (Entstehung in gegenseitiger Abhängigkeit) ... Er wäre dann das „metaphysische Letzte"; und Gott wäre, wie der Buddha, der Erleuchtete, der in vollkommener „Leere" die Freiheit zu echter Gerechtigkeit hat, die Offenheit, die jedem und allem gerecht werden kann. *In dieser Weise* verstanden, wäre Gott das „Letzte Prinzip des Rechten".

Für Cobb ist das Nichts bzw. die Leere also fundamentaler als der Begriff von Gott. Aber dies erweist sich nur als halber Schritt in Richtung Buddhismus. Denn unendliche *Potentialität* könnte dem buddhistischen Absoluten Nichts zwar zukommen, aber *Aktualität*, die diese Potenz in Gottes konkrete Manifestationskraft bzw. die Realität des Besonderen umsetzt, bleibt auch für Cobb das Charakteristikum des Gottesbegriffs. Wie jede Kompromißformel wird auch diese Lösung die strengen Traditionshüter auf beiden Seiten wenig befriedigen.

- Christen können anmerken: Gott als Schöpfer muß die *Quelle* von *allem* sein. Wenn Er aus dem Absoluten Nichts käme, würde diesem Gott das Ungewisse anhaften und der Zweifel wäre nicht überwunden. Ein solcher Einwand richtete sich allerdings bereits gegen Cobbs prozeßtheologische Formulierung des Gottesbegriffs und nicht erst gegen seine Offenheit für die Interpretation von *śūnyatā*.
- Umgekehrt könnten Buddhisten ihre Bedenken so anmelden: Trotz aller Anerkennung von *pratītyasamutpāda* durch die Prozeß-Philosophie scheint die hier von Cobb eingeführte Unterscheidung die alte (vom Buddhismus abgelehnte) Differenz von *nirguṇa brahman* und *saguṇa brahman* wieder aufleben zu lassen, von der die hinduistische Philosophie des Vedānta geprägt ist. Das qualitätslose *(nirguṇa)* Absolute könnte als Potenz dem Realen *(sat)* entsprechen; das Absolute mit der Qualität *(saguṇa)* der Aktualität erinnert an den vedāntischen persönlichen Gott *(īśvara)*.

Auch wenn diese Anknüpfung implizit gewollt wäre, müßte man die Frage stellen: Kann „Leere" metaphysisch als „ursprüngliches Nichts" bzw. Potenz oder „Urgrund" so „aufgeladen" werden, daß sie die Realität – oder Aktualität – Gottes umfaßt?[257] Wenngleich sich John Cobb diesbezüglich auch im Buddhismus auf eine lange Tradition von der alten chinesischen Hua-Yen-Schule bis hin zur modernen Kyōto-Schule berufen kann, so ist doch fraglich, ob ein *nirguṇa brahman*, das eine ontologische Kategorie darstellt, zumindest im Mādhyamika-Buddhismus Nāgārjunas Platz haben könnte, der die ganze Diskussion um ontologische Konstruktionen *(nirguṇa-saguṇa*, Realität und Aktualität Gottes, Sein und Nichtsein) beenden will.

Cobb würde auf diesen Einwand zwei einleuchtende Antworten geben, zumal er nicht nur die Tradition des Zen, sondern auch die der Schule des Reinen Landes im Auge hat:

a) Es gehe nicht um Ontologie oder ein fixiertes Sein, sondern um „die Dynamik der Leere“ (ein Ausdruck D. T. Suzukis).
b) Die theistische Füllung des *śūnyatā*-Konzepts sei in den Glaubens-Kulten des Mahāyāna (vor allem im Buddhismus des Reinen Landes) immer gängige Praxis gewesen.

Der zweiten Antwort (b) kann kaum widersprochen werden. Die erste Antwort (a) ist umstritten. Der Widerspruch kam aber eher von christlichen Theologen wie Heinrich Ott und weniger von Buddhisten. Das liegt daran, daß Abe Masao seine Position[258] so eng mit der Whiteheadschen Überwindung des Substanz-Begriffes zugunsten der Dynamik des Prozesses verbunden hat, daß seine Interpretation der Leere für den Mahāyāna-Buddhismus kaum etwas anderes besagt als Cobbs Prozeß-Denken für die christliche Theologie. Abes kenotischer Gott ist die Entleerung, die Ott beschreibt. Die Folge dieser entsubstantialisierenden Denkfigur ist, daß Gottes Gerechtigkeit *allen* Wesen in gleichem Maße zuteil werden kann. Und dieser Gedanke dürfte bei allen Buddhisten von Sri Lanka bis Japan Resonanz hervorrufen. Denn Buddhisten hatten immer Schwierigkeiten mit einem weniger unparteiischen, d. h. nicht-universalistischen, Verständnis von Gerechtigkeit – wie dem biblischen Bundesschluß und der Erwählung *eines* Volkes. Die völlige Unparteilichkeit der Dharma-Wolke, die sich über alle und alles gleichermaßen ergießt, wie das Lotos-Sūtra im Gleichnis von den Kräutern (Kap. 4) lehrt, ist nichts anderes als die große heilende Hinwendung zu *allen* Wesen *(mahākaruṇā)*.

Der von Heideggers Denken her argumentierende Heinrich Ott hingegen moniert, daß Cobbs Verneinung des Seins *erstens* einen „Seinsbegriff, der sehr statisch ist“, voraussetze und *zweitens* ein viel zu *thetisches Reden* sei:[259]

„Meine Zurückhaltung betrifft die „thetische“ Methode, die positional-propositionale Denkweise selbst. Indem er den Knoten auflöst, d. h. das fundamentale Konzept des Seins aufgibt ..., versucht Cobb ein System zu errichten, das für Christen und Buddhisten gleich akzeptabel wäre, ein Gebäude, in dem sich beide wohl fühlen könnten.“

Ott selbst hingegen zieht für seine dialogische Theologie eine andere Sprachgestalt vor. Er folgt dem späten Heidegger, wenn er Poesie und Metapher anstelle von Prosa und unzweideutigen Konzepten zum Medium interreligiöser Sympathie macht. Wie man sich hier entscheiden will, hängt von dem Urteil ab, ob begriffliche Unzweideutigkeit oder metaphorische Prägnanz den Dialog eher fördern. Allerdings würden wohl Heinrich Otts Betrachtungen über *nirvāṇa* als Vergebung und eschatologische Leere als Grenzenlosigkeit christlicher Freiheit[260], wenn man sie konsequent zu Ende denken würde, ebenfalls zu thetischen Sätzen führen. Ott freilich möchte lieber bei der poetischen Sprache der Mehrdeutigkeit bzw. in dem Zwielicht

Heideggerscher Holz-wege verweilen. Dies mag angemessen sein bis zu dem Punkt, wo eine religiöse Gemeinschaft um ihrer Identitätsbildung willen um klare begriffliche Abgrenzung bemüht ist.

Die Anfrage an John Cobbs „positional-propositionale Denkweise" bleibt bestehen. Für die Kritiker der Prozeß-Philosophie offenbart sich darin nur eine neo-metaphysische Präferenz, bei der die alte Metaphysik von Sein und Substanz durch die neue Physik des Werdens und des Prozesses ausgetauscht worden ist. Denn trotz des Anspruchs der Befreiung von jeglicher Onto-Theologie ist auch das Prozeß-Denken abstrakt und *weit entfernt von der Erfahrungswelt der durchschnittlichen Gläubigen in den Religionen*! Für die Prozeß-Denker selbst freilich gilt das Gegenteil: Ihnen erscheint dieses Denken als klar, unmittelbar und konkret. Für die Kritiker schreibt das Prozeß-Denken neo-scholastisches Vokabular fort, das nur einer Elite zugänglich sei; für seine Anhänger hat es die ganze Klarheit der letztgültigen Wahrheitserkenntnis eines Erleuchteten, in der Substantielles entleert werde, und es seien die Kritiker des Prozeß-Denkens, die an den Resten substantiellen Denkens oder dem buddhistischen abhidharmischen Realismus hafteten.

Obwohl diese Kontroverse nicht so leicht lösbar ist, sollten die Prozeß-Denker im buddhistisch-christlichen Dialog die Anfrage der Kritiker ernstnehmen, die so lauten könnte: Vielleicht ist die Whiteheadsche Welt zu kalt und unpersönlich, um bewohnbar zu sein?

Auf John Cobb selbst freilich, so sahen wir, trifft dieser Vorwurf der Kälte nicht zu. Denn er knüpft an alte onto-theologische Sprachformen an und hat sie durch eine negative Sprachform derselben ersetzt – wir haben dies „Me-Ontologie" genannt. Die bereits erwähnten Verbindungen seines Denkens zur klassischen Hua-Yen-Philosophie, die das am meisten scholastische, theoretische und symmetrisch-architektonische System ist, das der chinesische Buddhismus je hervorgebracht hat, sind bezeichnend. Ist Nāgārjuna mit der epistemischen Überwindung substantiellen Denkens zu identifizieren, so steht Hua-Yen im Zenit und gleichzeitig an einem bestimmten Ende der philosophischen Mahāyāna-Entwicklungen. Im Hua-Yen-System wird Leere als Fülle und als *aśūnya-tathāgatagarbha* (der nicht-leere Schoß der Buddha-Natur, aus dem alles hervorgeht) neu interpretiert. Anders ausgedrückt: Im Übergang von Nāgārjunas Mādhyamika zu Hua-Yen weicht das epistemische *noema* einer ontologischen *noesis*, die Logik dem Unendlichkeits-Idealismus. Das Resultat ist ein universaler Kosmotheismus: Alles ist Buddha, und alles ist alles andere in einem unendlichen Netz unendlich offener Monaden – die alle leer, real und Eins sind.[261] Hua-Yen malt poetisch die außerordentliche Vision eines vollkommenen Universums aus, das dem Auge des Erleuchteten sichtbar sei. Historisch ist die Hua-Yen-Schule ausgestorben, ihre Vision aber lebt im Zen-Buddhismus weiter. Wenn heute im buddhistisch-christlichen Dialog besonders das Zen zu Wort kommt, so hängt dies auch mit dieser positiven Füllung des Heilsziels (statt vom Nicht-Ich redet das Zen gern vom „wahren Selbst") zusammen, die christlichem Empfinden eher zu entsprechen scheint als die Logik der Mādhyamika-Philosophie.

Die Auswirkung, welche die Wiederentdeckung des Hua-Yen[262] durch amerikanische Prozeß-Buddhologen auf amerikanische Prozeß-Theologen wie John Cobb hatte, kann verschieden beurteilt werden: Wenn sie jedoch mehr sein soll als eine Wiederholung der idealistischen Illusion in verfremdeter Begriffsgestalt, muß bedacht werden, daß Hua-Yen und Mādhyamika keine ontologischen Gegensätze darstellen, sondern verschiedenen Sprachtypen oder Sprachspielen zugehören, die im Dialog beide ihren Platz haben. Man darf nur nicht den Fehler machen, unterschiedliche Typen miteinander vergleichen zu wollen, weil dies zu falschen Schlüssen führen muß.

Dieser Vorbehalt hat eine weitere, ganz praktische Fragestellung zur Folge. Sie wurde im Dialog bemerkenswerterweise nicht von einem Buddhisten, sondern von einem Christen aufgeworfen. In einer Antwort auf den amerikanischen Buddhisten Francis Cook, der über das endlose Netz der Interrelationalität referiert hatte,[263] notierte Yagi Seiichi:[264] Das kann doch nicht alles sein! Schließlich wüßten heute auch die Naturwissenschaften, daß alle Dinge und Ereignisse interrelational verbunden seien. Aber das mache die Wissenschaftler noch nicht zu Buddhisten und erst recht nicht zu Erleuchteten! Einsicht *(prajñā)* in die Leere *(śūnyatā)* müsse also mehr sein als Erkenntnis des Entstehens in gegenseitiger Abhängigkeit *(pratītyasamutpāda)*. Es müsse noch *etwas anderes*, etwas *darüber hinaus* Gehendes geben, das diese Erkenntnis zu einer *befreienden* mache. Yagi selbst verwies auf das Buddha-Bewußtsein als dem Ort von Unwissenheit *und* Erleuchtung. Zur Verdeutlichung führte er die übliche Unterscheidung in eine vertikale und eine horizontale Ebene an: *pratītyasamutpāda* sei horizontal, die Einsicht „*saṃsāra* ist *nirvāṇa*" sei vertikal. Nur letztere befreie. Wir erkennen darin Yagis Religionspsychologie wieder, die einem bekannten Schema folgt.[265]

Das Problem führt uns an unseren Ausgangspunkt zurück: zu Frederick Strengs Verständnis von Leere als religiösem Symbol. Das Symbol bezeichnet mehr als das Faktische wissenschaftlicher Erkenntnis – es *partizipiert* an der Letzten Wirklichkeit, auf die es hinweist. Leere habe, so Streng, die Kraft zu transformieren. In die Begrifflichkeit John Cobbs übersetzt, heißt dies: Leere *(śūnyatā)* ist für den Buddhisten nicht nur Interdependenz *(pratītyasamutpāda)*, sondern auch letztgültige *Aktualität*. Sie enthält also die Bestimmung, die Cobb für den Begriff „Gott" reserviert. Daraus folgt: Leere kann aus sich selbst heraus *befreien*, ohne den christlichen Gott oder den Amida des Reinen Landes. Die Frage ist nur, wie dies gedacht werden kann. Auch Streng bleibt hier die Antwort schuldig. Denn, wir stellten die Frage schon einmal: Was genau sind die spezifischen Wirkungsweisen und Ziele solcher Transformationen durch *śūnyatā*?

Wir wollen versuchen, eine vorläufige Antwort zu geben, um später mehr dazu zu sagen. Die Antwort führt uns zunächst zu den epistemisch-kritischen Wurzeln des *śūnyatā*-Begriffs zurück, d. h. die Befreiung bestünde z. B. in der Loslösung von dem großartigen Gebäude, das die Prozeß-Theologie für ihren Gott und ihre Wirklichkeit erbaut hat. Leere, die ein solches Gebäude stützen würde, müßte noch einmal von dieser mentalen Stütz-Konstruktion befreit oder entleert werden – wie auch Abe Masao stets betont, wenn er von der „Śūnyatā-isierung der *śūnyatā*" spricht. Das heißt auch, daß die Aussage, Leere sei Gott in Aktualität, nichts als Leere ist. Natürlich trifft das auch auf die mit- und ineinander existierenden Welten der Myriaden von Buddhas der Hua-Yen-Philosophie zu – auch sie sind Leere! Wenn die architektonische Struktur des *dharmadhātu* (der Letzten Wirklichkeit) nicht durch eine vorausgehende, alle Strukturen auflösende Leere imprägniert ist, wird diese Struktur des Letzten zu einem Mythos, einem Sprachspiel oder zu bloßer Theorie.

Um unser Argument noch einmal mit anderen Worten deutlich zu machen: Es erschiene uns sinnvoll, das Suffix *-ta* von *śunyata* zu streichen, als gäbe es eine Leer*heit*, die Substrat von etwas und erkennbar sein könnte:

> *Leere ist nicht aussagbar, und zwar nicht deshalb, weil es sich um eine mystische Nicht-Aussagbarkeit des Intuitiven handeln würde (Strengs zweiter Sprachtyp), sondern weil es um die Überwindung des mentalen Anhaftens an Konzepten geht, und deshalb gerade nicht um eine Realitätsaussage.*

Śūnya ist eine Aussage über das Erkennen, keine mystische Formel. Es geht um *epistēmē* d. h. um eine Art des erkennenden Daseins, nicht um ein *on*, d. h. eine Wahrheitsaussage (skt. *dṛṣṭi*) über ein Absolutes oder eine Nichts-*heit.*[266]

Der Unterschied zwischen unserer *noematischen* Interpretation der Leere und John Cobbs Deutung läßt sich folglich so darstellen: Unsere Interpretation will in Rechnung stellen, daß Cobb Gefahr läuft, das wesentliche Charakteristikum der Philosophie der Leere *(śūnyavāda)* zu übersehen, daß *Leere nämlich wesentlich die Funktion hat, das Bewußtsein vom Anhaften an Konzepten zu befreien*! Diese Funktion ist rein negativ, indem sie alle Illusionen fixierter Identitäten *(dharmas)* auflöst. Cobb hingegen macht die Leere zum Prinzip der Selbstidentität der Letzten Wirklichkeit und/oder Gottes, interpretiert als totalistischer Prozeß göttlicher Aktualisierung. Unsere Interpretation ist rein kritisch und anti-metaphysisch, während Cobbs Deutung eine neue Metaphysik intendiert, mit der er die alte aristotelische Metaphysik oder die Newtonsche Physik überwinden will. Cobbs Denkfigur wäre ein weiteres Anwendungsgebiet für die epistemische Befreiung durch *śūnyavāda*. Dann aber wäre es nicht mehr sinnvoll, von Leere als Realität und Gott als Aktualität zu sprechen, zumal diese Begriffe der Mādhyamika-Philosophie ohnehin fremd sind – sie passen eher zur Yogācāra-

Philosophie und führen uns mitten in die jahrhundertealte Debatte zwischen Yogācāra und Mādhyamika.[267]

Sprachspiele à la Nāgārjuna und Wittgenstein

Grundlage der soeben beschriebenen Diskussionen ist die Annahme, daß alles Reden über „Gott", „Leere" usw. Sprachspiele seien. Streng und andere Autoren[268] haben die Aufmerksamkeit auf Ähnlichkeiten zwischen den „Sprachspielen" des späten Wittgenstein und Nāgārjunas Kritik des intellektuellen Diskurses als „Wort-Spiel in der Vielheit" *(prapañca)* gelenkt. Die Philosophien beider scheinen so verblüffend ähnlich zu sein, daß einige heutige Disputanten den einen im Licht des anderen interpretieren wollen. Nicht wenige moderne Nāgārjuna-Interpreten halten die Zerstörung jeder möglichen Aussage für die letzte Weisheit der Philosophie, d. h. für das Sprachspiel, das alle anderen Sprachspiele endgültig beende, so daß das Gespräch über Gott nun endlich verstummen müsse. Im Dialog über die *kenosis* (vgl. den folgenden Unterabschnitt) zeigt sich, wie Abe Masao dieses linguistische Endspiel meisterhaft mitspielt – für Zen-Buddhisten handelt es sich ohnehin um erprobtes Handwerkszeug, insofern im Zen der sokratische Dialog zum *mondō* umgeformt wird, das jede Form des Dialogs zerstört, wie wir bereits dargelegt haben.[269]

Im Eifer der Debatte der letzten Jahre ist allerdings die Frage, ob der Vergleich von Nāgārjuna und Wittgenstein überhaupt gerechtfertigt ist, kaum gestellt worden. Wir müssen uns diesem Problem zuwenden, ohne in diesem Rahmen aber über knappe Bemerkungen hinausgehen zu können. Das Argument für die Ähnlichkeit der beiden Philosophen, von uns der Übersichtlichkeit halber in vier Gesichtspunkte unterteilt, lautet:

a) Beide betrachten Philosophie als Sprachspiel, das durch seine eigenen internen Regeln bestimmt werde, so daß sich
b) die Komponenten solchen Sprechens auf sich selbst zurückwenden und ihre Bedeutung von dem Zusammenhang des gesamten Regelwerks erhalten, was bedeute, daß
c) kein Bezug zur „äußeren Wirklichkeit" herstellbar wäre, Philosophie also Wortspiel nach bestimmten Konventionen, Superimpositionen usw. und ohne „Selbst-Natur" sei, also bloße Gedankenhülsen produziere. Der einzig gangbare Weg wäre dann, diese Leere als die Soheit der Wirklichkeit zu erkennen, d. h.
d) das ganze Sprachspiel zu beenden und mit der Philosophie aufzuhören.

Ohne Zweifel gibt es Gründe, Nāgārjuna so zu interpretieren (wenngleich uns dies als ungenügend erscheint), aber mit Sicherheit beschreibt dieses Argument nicht die Philosophie Wittgensteins.[270] Kreativität mag gebieten, Argumente auch aus ihrem ursprünglichen Kontext zu lösen. Aber die Behauptung, daß alle Sprachen als solche in sich geschlossene Sprachspiele seien, die zerstört werden müßten, kann sich kaum auf Wittgenstein berufen. Wir wollen das an einem Text Frederick Strengs verdeutlichen, der, um seine These des dritten Sprachtyps zu untermauern, behauptet:[271]

Nāgārjuna und Wittgenstein lehren, „daß metaphysische Sätze nicht die Erkenntnis vermitteln, die systematische Metaphysiker behaupten. Worte und Ausdrucksmuster sind einfach praktische Werkzeuge für das menschliche Leben, die *in sich* keinen inneren Sinn haben, auch nicht notwendig dadurch, daß sie sich auf etwas außerhalb des Sprachsystems beziehen ... Das Gewicht dieses Verständnisses von Sinn liegt darin, daß es den Zwang beseitigt, für ein Symbol oder einen „Namen" ein vorausgesetztes Bezugsding zu finden, und es bestreitet, daß ein einziges ontologisches System, das auf dem logischen Prinzip des ausgeschlossenen Dritten basiert, notwendig sei für eine integrierte Weltsicht."

Den ersten Satz könnte Wittgenstein unterschreiben. Der Rest jedoch gibt nicht Wittgenstein wieder, und – so meinen wir – auch nicht Nāgārjuna. Wir können diesen Einwand hier nur kurz und unvollständig begründen:

Auch der späte Wittgenstein hat noch genug vom früheren in sich, d. h. ein gutes Maß an gesundem Menschenverstand, als daß er eine derartig solipsistische Haltung einnehmen könnte, nach der Sprache – alle Sprachen – ein sich selbst genügendes Spiel wäre, das ohne Bezug zur Außenwelt gespielt würde. *Die Spielregeln werden gewiß als sprachintern charakterisiert werden müssen, aber Sprache steht doch in Wechselbeziehung zur Außenwelt*! Selbst die abstrakteste Sprache der theoretischen Mathematik, die vielleicht nichts mit sinnlich erfahrbaren Objekten zu tun hat, wie auch die platonischen Ideen stehen in einem realen Bezug zur sinnlich erfahrbaren Welt. Da wir alles in Sprache denken, kann das Denken nicht entscheiden, ob „außen" etwas ist oder nicht. Aber die Erfahrung, die sich an einmal abstrahierten Denkmustern orientiert, kann zumindest zwischen realen und irrealen Bezügen unterscheiden. Den Sinn eines sprachlichen Textes aufzufinden und anzugeben, ist ein kontextuelles Unternehmen. Man kann diesen Vorgang mit dem Nachschlagen in einem Wörterbuch oder einer Enzyklopädie vergleichen, das zu endlosen Querverweisen führt, also eine gewisse „Binnen-referentialität" vermittelt. Aber alle Wörterbücher und Enzyklopädien verweisen letztlich an eine reale Welt außerhalb ihrer selbst, wenn auch in sehr unterschiedlicher Weise.

Wir wollen unser Argument an einem Beispiel verdeutlichen. Kinder könnten sich folgendes Spiel ausdenken: Für die nächsten 24 Stunden wollen sie behaupten, daß $2 \times 2 = 5$ sei, um die Erwachsenen an der Nase herumzuführen. Das Ergebnis dieser Gleichung hat einen Sinn (den Spaß) nur im Kontext der privaten Spielregeln. Damit aber der Spaß mit den Erwachsenen überhaupt zustande kommen kann, bedarf es des Bezugs zur Außenwelt, in der $2 \times 2 = 4$ ist.

Die Vermutung, der späte Wittgenstein habe bei der Überwindung seines frühen Positivismus jede objektive Referenz von Sprache aufgegeben, ist weder gerechtfertigt durch Einsicht in das Wesen von Sprache noch durch Wittgensteins Theorie über dieselbe. Der späte Wittgenstein hat lediglich eine Vielzahl von Sprachtypen sowie ihre jeweils spezifischen Regeln und Bezugsmodi erkannt und klassifiziert. So weit zu Wittgenstein.

Was Nāgārjuna betrifft, so muß seine Sprachphilosophie im Kontext der zwei Wahrheiten, der konventionellen *(saṃvṛti)* und der letztgültigen *(paramārtha)* Wahrheit, interpretiert werden. Die letztgültige Wahrheit löst die konventionelle nicht auf, sondern stellt sie in den angemessenen Bezug. Zu meinen, für Nāgārjuna sei Sprache nichts als Tautologie, hieße zu vergessen, daß solche konventionellen Ausdrücke wie „Tische" und „Stühle" sich auf die relativen *(saṃvṛti)* Dinge wie Tische und Stühle beziehen. Was Nāgārjuna ablehnt, ist nur die Behauptung, Sprache und die in ihr beschriebenen Objekte hätten als solche ontologische Realität bzw. inhärente Existenz *(svabhāva)*. Die alltägliche Sprache muß einen Bezug zur Realität außerhalb der Wortkomplexe selbst haben. Denn nur ein Irrer scheint in einer ganz eigenen linguistischen Welt zu leben, aber selbst er hat meist objektive Bezugspunkte, die er aber anders interpretiert als die „normalen Menschen" (wenn er z. B. „Gespensteraugen" in jedem Astloch „sieht"). In der Sprachwelt Nāgārjunas haben nur ganz bestimmte Worte keine objektive Referenz, obwohl sie in sich selbst Sinn ergeben können, z. B. Ausdrücke wie „das Horn des Hasen", „das Kind einer Unfruchtbaren" usw. Nāgārjuna behauptet nicht – es sei denn in rhetorischer Überspitzung seiner Polemik gegen die Sarvāstivādins –, daß das Sprechen von „inhärenter Existenz" *(svabhāva)* im gleichen Sinne unreal sei wie der Ausdruck „das Kind einer Unfruchtbaren". Mit anderen Worten: Auch die Mādhyamika-Dialektik ist kontextuell.
Wir fassen unsere Bemerkungen zusammen:

a) *Wittgensteins* wesentliche Einsicht bestand darin, daß es *viele* Sprachspiele gibt. Daraus ergab sich (vor allem für Derrida), daß *eine richtige Bedeutung* eines Ausdrucks unmöglich festgelegt werden könne. Das heißt aber nicht, daß man bei einer universalen Leere enden würde, sondern vielmehr bei einer endlosen Komplexität von Bezügen.

b) Es ist ein Unterschied, ob man annimmt, *Nāgārjunas* Mādhyamika-Philosophie richte sich kritisch gegen jede Konstruktion von Aussagen, selbstredend auch gegen die eigenen, oder ob man behauptet, Sprache habe für Nāgārjuna keinen Außenbezug. Wenngleich Nāgārjuna dies als Kritik gegenüber bestimmten Sprachspielen vorgebracht hat, so darf doch diese nicht-referentielle Zirkularität nicht für *jede* Sprache behauptet werden.

Es scheint nun, daß im buddhistisch-christlichen Dialog Wittgensteinsche „Fideisten" und Wittgensteinsche „Śūnyavādins" einander gegenüberstehen: Jene behaupten, daß die Spielregeln von der *Tradition* vorgegeben und darin selbstgenügend seien – daß thomistische Spekulationen also unverdrossen weitergespielt werden könnten, ohne daß objektive Bezüge angegeben werden müßten. Und auch die Frage nach der praktischen Relevanz kann ihren Spieleifer kaum bremsen. Daß die „Śūnyavādins" aber auch nicht sehr viel realistischer klingen, können wir an Strengs drei Sprachtypen zeigen:

Alle drei entspringen menschlicher Erfahrung. Es geht dabei nicht um drei verschiedene Sprachen, sondern *jede* religiöse Sprache enthält die drei Typen in sich. Die jeweiligen Sprachformen nehmen entweder Bezug auf empirische oder auf transzendentale Objekte oder sie evozieren Gefühlsstimmungen von simpler Andacht bis zu mystischen Ekstasen oder sie beziehen sich zurück auf ihrer Kontext von Sinn. Der Kern unseres Arguments gegen die wittgensteinsche Nāgārjuna-Interpretation Strengs kommt nun zum Vorschein, weil wir behaupten können:

Wir spielen diese drei Sprachspiele gleichzeitig!

Was Streng als dialektischen Typ isoliert, muß nicht als nicht-referentiell oder nicht-transzendental interpretiert werden. Der Unterschied zwischen Nāgārjuna und Wittgenstein besteht also vor allem darin, daß der Mādhyamika-Philosoph noch eine „besondere Regel" kennt: das Recht, alle Sprachspiele zu unterbrechen, nachdem man alle als „bloße Sprachspiele" erkannt hat (was Wittgenstein nicht tun würde). Nāgārjuna plädiert für die Unterbrechung, weil er erkannt hat, daß *kein* Sprachspiel (auch nicht das eigene) benennen kann, was nun als wirklich real erscheint: *tathatā*, Soheit. Kann diese „Soheit" der Wirklichkeit „erfahren" werden? Und welchen Sinn hat diese (sprachliche) Frage, wenn nicht den, alle drei Sprachspiele bzw. Sprachtypen Strengs *gleichzeitig* anzusprechen?

Die Kategorie der „Soheit" gibt es in der frühen buddhistischen Philosophie (im Abhidharma) nicht. Sie ist ein neuer Horizont, dessen Erscheinen nur durch den Paradigmenwechsel zum Mahāyāna möglich wurde, durch den die gesamte Abhidharma-Philosophie als unzulänglich begriffen wurde. Diese historische Tatsache sollte uns deutlich vor Augen stehen. So wie wir zum *existentiellen* Zweck der abhidharmischen Sprache vordringen sollten, müssen wir verstehen, was Nāgārjunas Theorie des Sprachspiels für die *konkrete Praxis* bedeutet. Frederick Streng gibt mit seiner personalistischen Definition von Religion („das, was das Leben transformiert"), selbst einen Hinweis. Was aber wäre dann der objektive Bezugspunkt für die Mādhyamika-Philosophie, durch den Leben transformiert werden könnte? Und welche Funktion käme dabei dem Reden über „Gott" bzw. über „Leere" in der menschlichen Alltagssprache zu? Was aber wäre eine mögliche existentielle *Erfahrung* der Leere? Warum sollte sie befreiend sein, wovon und wozu? Bevor diese Fragen nicht geklärt sind, kann nicht entschieden werden, ob die Entsprechung von Gott und Leere sinnvoll ist.

Das Absolute Nichts als der Grund des kenotischen Gottes

Um die bisherige Debatte zusammenzufassen: Die Theologen Streng und Cobb stehen für zwei Modelle, die buddhistische *Leere* dialogisch in einen christlichen Verstehenshorizont zu integrieren. Für Streng ist *śūnyatā* ein einzigartiger nicht-referentieller Begriff, der einem von drei Sprachtypen zuzuordnen ist. Für Cobb ist *śūnyatā* Interrelationalität *(pratītyasamutpāda)*, eine Beschreibung der totalistischen Letzten Wirklichkeit, deren *Aktualität* Gott sei. Keine der beiden Interpretationen kann aber sagen, was die transformative Kraft, der Sinn und die Funktion von *śūnyatā* letztlich ist. Leere ist ja eben nicht nur *ein* Sprachtyp unter anderen (Streng), sondern *śūnyatā* beansprucht, die anderen beiden (den mythischen und den intuitiven) zu durchdringen und als unzureichend zu entlarven. Leere bezeichnet auch nicht nur das unendliche Netz von Beziehungen in prozessualer Dynamik (Cobb), sondern zerreißt und transzendiert dieses Netz – damit der Mensch das *Anhaften* überwindet!

> *Die śūnyatā-Philosophie von Nāgārjuna bis zum Zen der Kyōto-Schule ist kein epistemologischer Selbstzweck, sondern dient dem Heilsziel des Buddhismus, nämlich die Erfahrung der Befreiung vorzubereiten.*

Śūnyatā hat mit der Überwindung eines jeden noch so perfekten Begriffssystems zu tun, wie die *Prāsaṅgika*-Dialektik nicht müde wird zu demonstrieren. Daß dies die einzige Funktion von *śūnyatā* sei, wie die Prāsaṅgikas behaupten, haben wir im letzten Abschnitt bezweifelt. Wer sich aber auf *śūnyavāda* einläßt, kann sich der Prāsaṅgika-Dialektik nicht entziehen. Eine Anekdote soll dies verdeutlichen: John Cobb, der Abe Masaos Insistieren auf diesen Punkt über Jahre hinweg selbst erlebt hatte, warnte Langdon Gilkey, der Abes *śūnyatā*-Dialektik zustimmen wollte: „Gib acht. Dies führt weiter, als du vielleicht willst."[272]

Abe, der Philosoph der Leere, spricht seit Jahren von der *kenosis* (Phil 2,5–11), durch die sich Gott der Vater selbst aufgibt in den sich am Kreuz selbst entleerenden (aufgebenden) Sohn. Abe geht aber noch über den Text des Philipper-Briefes hinaus: Er besteht darauf, daß auch das Gotteskonzept als solches entleert werden müsse, d. h. Gott müsse zum Nicht-Gott werden, und beide seien in die sich selbst negierende Leere aufzulösen.

Diese sich selbst negierende Leerheits-Dialektik war schon Nishida Kitarōs Topos des Absoluten Nichts. Bereits bei ihm tritt die Idee auf, daß die neutestamentliche *kenosis* auf das Absolute Nichts hinweise.[273] Und sie durchzieht die Philosophie der Kyōto-Schule bis hin zu Abe Masao wie ein roter Faden. Der deutsche Theologe Hans Waldenfels hat diese Fragestellung aufgenommen und in seinem Buch *Absolutes Nichts* (1976)[274] die Möglichkeit diskutiert, auf der Grundlage des buddhistischen Nichts eine ent-hellenisierte Theologie für Ostasien zu entwerfen. Auch Nishitani Keiji knüpfte an diese Denkfigur an. Im Verweis auf den Satz des Paulus „Nicht mehr ich lebe, sondern Christus lebt in mir" (Gal 2,20) beantwortete er die von ihm selbst formulierte Frage, wer diesen Satz denn sage – Paulus oder Christus oder wer sonst? – mit dem Hinweis auf ein *kenotisches* Verständnis der *Person*: Paulus entleere sich seiner Ich-heit, um Christus zu empfangen, so wie Jesus sich der *kenosis* unterzogen habe, um Gott den Vater zu empfangen; und Gottes des Vaters *kenosis* sei die Realisierung im Sohn. Wer aber ist dann noch Paulus, wenn er sich kenotisch seiner Ich-Substanz „entleert" hat? Das Problem ähnelt dem alten Zen-Kōan, das die Zen-Meister den Anhängern der Schule des Reinen Landes vorlegten: „*Wer* rezitiert das *nembutsu*?"

Könnten sich Buddhisten und Christen nicht wenigstens hier – an entscheidender Stelle – auf gemeinsamem Boden wiederfinden, zumal, wie wir eingangs sagten, der Dialog darauf zielt, wie Menschen ihr Leben auf das Letztgültige und Unbeschreibliche, das sie sich in verschiedenen Bildern vorstellen und mit unterschiedlichen Begriffen deuten, ausrichten können? Alles hängt daran, was mit dem Begriff der Selbst-Entleerung Gottes *(kenosis)* gemeint ist. Besonders Abe Masaos Interpretation dieses Begriffs bei Paulus (Phil 2, 5–11) beruht darauf, daß er die *kenosis* oder Selbstentleerung Jesu in der *ekkenosis* Gottes des Vaters begründet sehen will.[275]

> *Nach Abe wäre dieser Begriff eines sich selbst entleerenden, sich selbst verleugnenden Gottes (ein Gott, der Nicht-Gott ist), das bessere, wahrere, fundamentalere Konzept, weil es ein nicht-substantieller Begriff ist, der die endliche Bestimmtheit überwindet.*

John Cobb hat in seinem jahrelangen Dialog mit Abe Masao immer betont, daß es nicht nur um gegenseitiges Verständnis gehen solle, sondern um „gegenseitige Transformation", um *metanoia* also. Viele Vertreter beider Seiten sind ihm darin gefolgt. Der Dialog von Hawaii 1984[276], ein Meilenstein im buddhistisch-christlichen Dialog, versuchte zu ergänzen, was dies im hochspekulativen Feld des christlichen Gottesbegriffs bzw. des buddhistischen Begriffs der Leere *(śūnyatā)* bedeuten könne. Abe Masao legte seine buddhistische Interpretation der christlichen *kenosis*-Lehre aufgrund seiner Lesart von Phil 2, 5–11 vor, die letztlich das Kreuzesgeschehen (die Selbst-Entäußerung Christi) theologisch im Gottesbegriff verankern wollte.[277] Angeregt durch die Diskussionen in Hawaii hat er den Vortrag später umgearbeitet und erheblich erweitert zu einer generellen Auseinandersetzung der Kyōto-Schule mit dem christlichen theistischen Gottesbegriff.[278] Die Debatten in Hawaii zeigten schließlich, daß trotz begrifflicher Übereinstimmungen zwischen den Philosophen der Kyōto-Schule und mehreren christlichen Theologen Vorsicht geboten zu sein schien: Abe plädierte für ein Verständnis der *kenosis* als *totaler* Selbst-Entleerung Gottes, weil sonst die Versöhnung nicht total und somit nicht gänzlich gewiß wäre.[279] Aber bedeutet dies nicht, den Unterschied zwischen Gott dem Vater und Jesus zu verwischen, was schon in der Alten Kirche unter dem Stichwort „Patripassianismus" abgelehnt worden war? Hans Küng hat diesen Einwand wiederholt gegen Abe und seine christlichen Gefolgsleute[280] vorgebracht. Küng votiert bis heute nachdrücklich gegen eine „Ontologisierung" oder „Me-Ontologisierung" der berühmten Stelle aus dem Philipperbrief, denn exegetisch sei klar belegbar, daß hier nicht von Spekulationen über Gottes Nicht-Sein die Rede sei, sondern von Jesu Gehorsam als einem Akt des *Willens*, weshalb die christliche *kenosis* im Rahmen der *personalen Rede von Gott* angesiedelt bleiben müsse.

Einen klärenden Beitrag zur *kenosis*-Debatte hat der christliche Religionsphilosoph Robert Neville[281] geleistet, der ursprünglich in der Prozeß-Philosophie beheimatet war. Er unterscheidet vier Ebenen der *kenosis* bei Paulus, der vier Ebenen der *Entleerung* im Buddhismus gegenüberstünden:

	Paulus	*Buddhismus*
a)	Selbst-Hingabe Jesu	Selbst-Hingabe des Buddha in früheren Leben
b)	Selbst-Hingabe als Forderung der christlichen Nachfolge	Praxis des Nicht-Selbst
c)	das kosmische Drama der Selbst-Entäußerung Gottes	die kosmische Interdependenz als Nicht-Selbst
d)	Ontologie der Entleerung	Theorie der Absoluten Leere

Die gegenwärtige Diskussion drehe sich, so Neville, im wesentlichen nur um die Ebene (d), was aber eine unzulässige Verengung sei, denn ursprünglich hätten *kenosis und śūnyatā* in beiden Traditionen eine weitere und auch für das Leben konkretere Bedeutung gehabt. Diese Verengung im gegenwärtigen Dialog erkläre sich jedoch aus dem modernen Interesse, den Egoismus der bürgerlichen Subjektivitäts-Kultur zu überwinden und darin der Kritik Nietzsches zu folgen. Aber das seien Nachhutgefechte. Heute gehe es weniger um Ego oder Nicht-Ego, sondern um die Themen der gesellschaftlichen Gerechtigkeit und der Ökologie. Deshalb sei es unnötig, die Formeln negativer Dialektik ängstlich zu wiederholen, und die Sprache der Entleerung sei eher ein semantisches Problem. Neville meint, daß in beiden Sprachspielen die Funktion eines „Grundes des Seins" ähnlich sei – ob man diesen Grund nun Sein-selbst, Ungrund, Topos, Absolutes Nichts oder wie immer nenne, sei demgegenüber sekundär.

Bilanz der philosophischen Debatte

Betrachten wir die Debatte nach 1984 etwas genauer. Sie ist zusammengefaßt in zwei Bänden, deren Analyse eine Zwischenbilanz erlaubt: *The Emptying God* (1990) und *Buddhist Emptiness and Christian Trinity* (1990).[282]

Abe und mit ihm die gesamte Kyōto-Schule waren schon lange auf der Suche nach einer Erneuerung religiöser Sprache angesichts des modernen Nihilismus,[283] den sie durch die Auseinandersetzung mit Nietzsche kennengelernt hatten. Aber auch der westliche Szientismus und die postmoderne Sprach- und Metaphysik-Kritik bedurfte für die Kyōto-Philosophen einer gemeinsamen Antwort von Buddhismus und Christentum, weil sich beide Religionen (der Buddhismus vor allem in Japan) von der säkularen Moderne bedroht fänden. Beide Religionen müßten sich der dringenden Aufgabe unterziehen, den Charakter ihres Glaubens fundamental neu zu durchdenken, was die Veränderung einiger prinzipieller Interpretationsmuster einschlösse, nämlich „eine revolutionäre Reinterpretation des Gottesbegriffs im Christentum und des Begriffs der Leere im Buddhismus".[284] Ein neues Verstehensparadigma sollte entstehen, denn kritische Rationalität wie autonome Vernunft seien – Abe beruft sich hier auf Hans Küng – grundsätzlich zu bejahen. Wie aber sei dies mit einem theistischen Gottesglauben, der Gott als Gegenüber und Du begreife, vereinbar? Für den nicht-theistischen Buddhismus stelle sich die Frage zwar nicht so, aber anders: Im Buddhismus sei das Problem des freien Willens (aufgrund der karmischen Struktur der Wirklichkeit) nie zureichend interpretiert und kein hinreichendes Konzept von historisch-zielgerichteter Zeit entwickelt worden, das historisches Fortschreiten erlaube. Christentum und Buddhismus hätten mithin ein gemeinsames Programm, das nicht nur neue Konzeptualisierungen schaffen, sondern zu einer Vertiefung beider Spiritualitäten führen solle.

Um diese gemeinsame Aufgabe in Angriff zu nehmen, lud Abe Masao führende christliche Theologen, eine feministische Theologin sowie einen jüdischen Autor (Eugene Borowitz) zu Antwort und Kritik ein. Das Resultat ist der Band *The Emptying God*. Borowitz kann in Abes spekulativer Philosophie à la Hegel den biblischen Gottesglauben nicht wiederfinden. Und er kritisiert Abes buddhistische Interpretation des Holocaust: sie könne das konkrete menschliche Übel als absolutes Übel gegenüber dem Absoluten Guten, das den Gottesbegriff ausmache, nicht denken. Borowitz fürchtet, daß der Buddhist in ein supramentales Nichts abwandern könnte, von dem her ein unüberhörbar klares Nein zum Massenmord nicht mehr in die konkrete Geschichte dringen könne. Natürlich kann die jüdische Position theologisch die Grundannahme der *kenosis* Gottes nicht nachvollziehen. Und daher steht sie im spekulativ-dialektischen Dialog auch eher am Rande. Mit Ausnahme des evangelischen Theologen Schubert M. Ogden und der feministischen evangelischen Theologin Catherine Keller (die darin eine „narzißtische Verschmelzung“[285] mit sich selbst sieht) lassen sich alle anderen Autoren auf das dialektisch nicht-dualistische *kenosis*-Sprachspiel ein.

Abe will zeigen, daß der Begriff des Absoluten Nichts bzw. der Leere *(śūnyatā)* die christliche Gotteserfahrung angemessener aussagen könne als bisherige am Neo-Platonismus, Aristotelismus, Thomismus und Neo-Thomismus orientierte Formen eines Theismus, der substantialistisch-objektivierende Begriffe gebrauche, was dem zentralen christlichen Ereignis, dem Kreuz Christi, nicht gerecht werde. Abe argumentiert also durchaus aus der Mitte christlicher Theologie, zumal wir uns erinnern sollten, daß für Abes Vorgänger und Vorbild D. T. Suzuki das Kreuz Christi noch ein abstruses Symbol war, das eher in die Psychopathologie gehöre![286] Abe hingegen findet gerade im Kreuz den Schlüssel für eine tiefere Verstehensmöglichkeit dessen, was auch der Buddhismus in ganz anderen Kategorien aussage. Dabei ist Abes Interpretation von *śūnyatā* zwar der modernen Kyōto-Schule verpflichtet, und diese ist wiederum aus der Begegnung des Mahāyāna mit Kant-Hegel-Nietzsche erwachsen, aber die Kontinuität zum frühen Buddhismus (und der heutigen Theravāda-Tradition) ist gewahrt: Denn *duḥkha*, der Grundausdruck für die Unerfülltheit menschlichen Strebens, wurzelt in *tṛṣṇā*, dem Begehren und Anhaften des Menschen an Dingen und Begriffen (auch an einem objektivierten Gottes- und Heilsbegriff), vor allem aber am Ego. *Śūnyatā* ist daher die radikale Dekonstruktion dieses Anhaftens. Dabei handle es sich – wie Abe nicht müde wird zu betonen – beim Absoluten Nichts um den dialektischen *Prozeß* der Entleerung bzw. um das Sich-Entleeren der Wirklichkeit von jeder anhaftend-selbstgenügsamen Substantialität, um eine *kenosis* also, die eine universale wie existentielle Dimension hat. Das *śūnyatā*-Konzept müsse folglich, so Abe, dynamisiert werden (d. h. *śūnyatā* solle sich fortwährend selbst „śūnyatisieren“), woraus vier Charakteristika von *śūnyatā* folgen:

a) die Realisierung der Soheit *(tathatā)* eines jeden Dinges und Ereignisses im Universum;
b) die grenzenlose Offenheit ohne Anthropo-, Theo- oder Kosmozentrismus, was zu vollkommener Emanzipation und Freiheit führe, da alle Hierarchien in gegenseitiger Immanenz und Transzendenz umkehrbar würden;
c) die vor jedem Willen liegende natürliche Spontaneität (jap. *jinen*), die in der sich selbst-entleerenden Realität liege;
d) die gegenseitige Durchdringung und Umkehrbarkeit allen Geschehens, was vor allem die Einheit der Gegensätze einschließe.

Abe sieht in dieser Struktur ein präzises Äquivalent für das, was sich im Kreuzesgeschehen ereignet. Denn das Kreuz Christi sei die totale *kenosis* Christi, die aber nicht zeitlich verstanden werden könne – als ob der Sohn Gottes schon „vor“ seiner *kenosis* wäre, in die er sich dann hineinbegebe –, weil sie den Willen Gottes, also sein Wesen, offenbare. Darum müsse es sich um eine *kenosis* Gottes selbst handeln, was Abe Masao mit Karl Rahner und Jürgen Moltmann gegen Hans Küng behauptet.[287] Daraus ergebe sich notwendig die Rede vom kenotischen Gott, die der Rede von einer dynamischen *śūnyatā* entspreche. In Abes Formulierung: „Der Sohn Gottes ist nicht der Sohn Gottes (denn er ist wesentlich und fundamental das Sich-selbst-Entleeren); genau weil er *nicht* der Sohn Gottes *ist*, *ist* er *wahrhaft* der Sohn Gottes (denn er wirkt ursprungshaft und immer als Christus, der Messias, in seiner heilswirkenden Funktion des Sich-selbst-Entleerens)."[288] Ebendiese dialektische Struktur ließe sich auch vom Selbst aussagen, das zum wahren Selbst werde, indem es sich selbst negiere *(anātman)*. Dabei erzeuge die Negation der Negation nicht eine statische Selbst-Affirmation, sondern der Prozeß des Sich-selbst-Entleerens erscheine als der spontane Prozeß der Wirklichkeit, in dem alle Dinge als das erschienen, was sie seien: in ihrer Individualität jeweilige einander durchdringende Momente am Geschehen der dynamischen *śūnyatā*. Das Kreuz Christi verweise damit auf den sich-selbst-entleerenden (kenotischen) Charakter Gottes selbst, was trinitätstheologisch vermittelt werde. In dieser totalen Selbsthingabe – Abe sekundiert Moltmann in dessen Rede vom „gekreuzigten Gott" – erweise sich Gott als *unbedingte* Liebe im Sinne der totalen Selbst-Aufopferung. *Śūnyatā* sei also nicht ein objektiviertes oder in die eschatologische Zukunft (bzw. in einen fernen Erleuchtungshorizont) projiziertes *Ziel*, sondern der *Grund* der Wirklichkeit schlechthin, die sich als interrelationales Netzwerk aller Erscheinungen erweise, das in keiner Substantialität gegründet sei. Auf diesem Hintergrund würden dann alle relationalen Probleme, die sich in Dualitäten manifestierten (Glaube und Wissen, freier Wille, das Problem von Karma, Determiniertheit und Freiheit, die Frage nach dem Bösen, das Problem der Zeit, Partikularität versus Universalität usw.) durch ihre dialektische Einbindung in den kenotischen Grund der Wirklichkeit, eben durch *śūnyatā*, gelöst. Das „Ganze" oder das „Eine" sei kein fixiertes Ganzes, sondern der *Vorgang* des Sich-Entleerens, wobei alle Dinge einerseits ihre Einzigkeit erhielten, indem sie als spezifisch-momentane Ereignisse in ihrer jeweiligen Soheit erschienen, andererseits aber alle identisch seien, indem sie in gleicher Weise der *śūnyatā* unterzogen würden.

Auf diese Weise gelingt es Abe, konsequent nicht-dualistisch zu denken, ohne doch das Besondere, das geschichtlich Konkrete und Unwiederbringliche, auf dem Altar der ozeanischen Verschmelzung opfern zu müssen. Das entspricht dem Geist des Zen, der sich hier nicht in poetischen Metaphern, sondern – angestrengt durch den Begriff der dialektischen Logik Hegels – in kenotisch-metaphysischer Begriffsentleerung äußert. Mit diesem Gedankengang gibt Abe auch eine Antwort auf die von uns oben gestellte Frage, *worin* denn die Befreiung des Durchbruchs zu *śūnyatā* bestehe. Die Antwort lautet: *in der existentiellen Loslösung vom Anhaften*, die mit der Einsicht in die ontologische Struktur der Wirklichkeit begründet ist.

Aber ist hier die Kategorie des Ontologischen überhaupt noch angebracht? Wenn ja, würde Abes Interpretation von *śūnyatā* nicht durch Nāgārjuna gedeckt sein, wie wir oben erörtert haben. Denn für den alten indischen Meister ging es vor allem darum, die Selbstwidersprüchlichkeit *jedes* spekulativen Begriffs nachzuweisen. Vermutlich ist das der Grund dafür, daß der südasiatische Mahāyāna-Buddhismus keine dynamische *śūnyatā*-Metaphysik im Sinne Abes entwickelt hat. In Ostasien aber ist das anders, ganz besonders in der jüngsten philosophischen Entwicklung der japanischen Kyōto-Schule. Ein ontologisch-objektivierendes Sprachspiel ist aber auch Abes Denken nicht.

Wichtiger ist für uns nun die Frage: Wie kann christliche Theologie auf die Einladung der Kyōto-Schule antworten, gemeinsam philosophisch auf den Nihilismus und Szientismus der Moderne zu reagieren?

Die erste Antwort kommt von dem aus der Gott-ist-tot-Theologie bekannten Thomas J. J. Altizer. Er ordnet Abe philosophie-geschichtlich ein als konsequente Fortsetzung des Denkens auf der Linie Eckhart-Hegel-Kierkegaard[289], womit er wohl recht hat. Denn entgegen der Befürchtung Schubert M. Ogdens bleibt Abes Denken ganz und gar existentiell, allerdings unter dem Horizont der buddhistischen Erleuchtungserfahrung, die in Eckhart, Ruysbroeck, Tauler, Seuse und Böhme strukturelle Parallelen hat und deshalb durchaus als Grundlage für die Neu- bzw. Um-Formulierung von Hegels dialektischer Logik dienen kann. Jedenfalls werde, so Altizer, im Vollzug des Denkens der Kyōto-Schule (vor allem bei Nishitani und Abe) eine Nach-Metaphysik formuliert, die mittels der *kenosis*-Theo-logik der doppelten Negation eines Hegel die nihilistische Konsequenz Nietzsches aufgreife und, so die Hoffnung Abes, überwinden könne. Abes Denken erscheint hier als eine Ost-West-Synthese in *therapeutischer Logik*!

John Cobb macht auf den ungewöhnlichen Umstand aufmerksam, daß Abe sich als Buddhist an der Neuformulierung christlicher Theologie maßgebend beteiligt, indem er die Christen auffordert, ihren Gottesbegriff trinitarisch vertieft selbst umfassender zu verstehen. Cobb legt sodann den Finger auf die Achillesferse des buddhistisch-christlichen Dialogs, indem er fordert, daß auch umgekehrt der Buddhismus im Lichte der christlichen Kritik neu zu interpretieren sei – es geht ihm dabei um *„mutual transformation“*.[290] Cobb vermißt im Buddhismus die historische Dimension und die konkrete kausal-historische Analyse, weshalb auch Abes Behandlung des Holocaust in wenig hilfreichen suprahistorischen Allgemeinheiten steckenbleibe. Der Buddhismus zeige die große Vision der Einheit der Wirklichkeit auf, sage aber nicht, wodurch sich ein Wesen vom anderen unterscheide und (dasselbe auf die Ethik angewandt) wie ein unterscheidendes Urteil (z. B. zwischen Gut und Böse im Verweis auf das historische Ereignis des Holocaust) zustandekommen und religiös verantwortet werden könne. Abe rechtfertigt sich in seiner „Rückantwort“, indem er zwischen der (absoluten)

Ebene des Grundes bzw. der Quelle, auf die die Religionen verwiesen, und der (relativen) Ebene der Bedingtheiten oder Ereignisse, die den historischen Prozeß ausmachen, unterscheidet.[291] Das entspricht der buddhistischen Theorie von den zwei Wahrheiten *(satyadvaya)* und dem buddhistischen Kausalitätsbegriff. Denn auch im Mahāyāna-Buddhismus haben trotz der Interrelationalität aller Ereignisse *bestimmte* Ereignisse *bestimmte* – und nicht andere – Ursachen! Dies hat Abe vielleicht nicht deutlich genug im Rückgriff auf seine eigene Mahāyāna-Tradition herausgearbeitet. Abe sagt aber unmißverständlich: Die relativ-historische Ebene, und nur sie, ist der Ort, wo sich die sich-selbst-entleerende Wirklichkeit als *śūnyatā* vollzieht. Der buddhistische Ruf zum Erwachen, das darin besteht, die Verblendung des Anhaftens an allem (und vor allem am Selbst) aufzugeben, weil dadurch die Wirklichkeit dualistisch aufgespalten wird, dieser Ruf habe ganz praktische Konsequenzen für das alltägliche Denken und Handeln des Menschen. Denn *nirvāṇa* sei eine Bewußtseinskraft *in* der Geschichte – wo sonst?

Mit dieser Klarstellung weist Abe auch die scharfe Kritik der feministischen Autorin Catherine Keller zurück, die hinter Abes kenotischer Philosophie eine patriarchal-verzichtfordernde Ideologie des bewußten männlichen Ich wittert, die besonders auf die Frauen in beiden Religionen seit Jahrhunderten angewandt worden sei. Abe gesteht zu, daß die sozial-praktischen Konsequenzen aus dem dynamischen *śūnyatā*-Begriff im Buddhismus sträflich vernachlässigt worden seien. Allerdings, so möchten wir hinzufügen, ist das im Geschichtsbewußtsein begründete und von eschatologischer Verantwortung geprägte soziale Veränderungsbewußtsein der Christen ja auch erst ein Produkt des späten 18. Jahrhunderts in Europa. Es besteht daher Anlaß zu der Hoffnung, daß auch der Buddhismus angesichts seiner gegenwärtigen historischen Erfahrungen die sozialen Konsequenzen seiner Weltdeutung (neu) zur Sprache bringen kann und wird.

Catherine Kellers Antwort an Abe Masao verweist als einzige Stimme, so scheint uns, auf das Problem des gesamten hier unternommenen Dialogs: Es handelt sich um einen Begriffs-Dialog, der die Wirkung der Ideen in der wirklichen individuellen und sozialen Geschichte der beiden Religionen in keiner Weise differenziert reflektiert. Seitens der Kyōto-Schule könnte dieser Mangel behoben werden, wenn zumindest die Stimme Tanabe Hajimes[292] *mitgehört würde, denn auch der japanische Buddhismus ist – in seinen unterschiedlichen und keineswegs nur im Zen kulminierenden Traditionen – das Produkt einer spezifischen Geschichte.*

Kehren wir zurück zu den theologischen Antworten auf Abe. Jürgen Moltmann findet bei Abe einen Mangel an Verständnis der Trinitätslehre, die eben keinen objektivierenden Monotheismus (den Abe zurecht kritisiere) zulasse, sondern Gott als dynamische Wirklichkeit, als *perichoresis*, beschreibe[293], was mit Abes kenotischem Begriff von *śūnyatā* kompatibel sei. Der christliche Schöpfergott sei kein von außen wirkender Steuermann, sondern die Welt sei trinitarisch in Gott vermittelt, die *perichoresis* sei selbst das Geschehen, das Welt sein lasse. Moltmann prägt den schönen Begriff von der Schöpfung als einem „perichoretischen Netzwerk reziproker Sympathie"![294] Auch er fragt Abe, ob der Buddhismus das konkrete Ereignis, die Finalität der erlösenden Zukunft und die Personalität über das Naturhafte hinaus denken könne[295], was Abe wohl mit der Zen-Metapher der „Rückkehr zum Marktplatz" beantworten würde.

Aber genügt diese Antwort? Bedarf die Liebe nicht der Dualität zweier unterscheidbarer Subjekte, die bei Abe monistisch aufgehoben zu sein scheint? So jedenfalls die Kritik Schubert M. Ogdens: Wenn alles miteinander verbunden und die Zeit reversibel sei, könne es keine Geschichte geben. Wenn alles alles sei, verschwinde die Identität des Besonderen.[296] Wie wir schon beim Bericht über die Diskussionen in Japan[297] und wiederholt in diesem Buch festgestellt haben: Es ist immer das gleiche Problem – auch Ogden mißversteht Abe, indem er ihm Monismus vorwirft. Aber dieses Mißverständnis des Buddhismus ist unvermeidlich, wenn man nicht wahrnimmt, daß die von Nāgārjuna stammende Gleichung von *nirvāṇa* und *saṃsāra* nicht eine Identität im Sinne griechischer Ontologie aussagt, sondern einen *Bewußtwerdungsprozeß* widerspiegelt, bei dem in der Realisierung des Ewigen im Augenblick *das „wahre Gesicht" des Augenblicks* unverzerrt, d. h. ego-frei, *zum Vorschein kommt*! Das ist die Transformation, das ist die Befreiung! Vielleicht ist Abe Masaos Sprache für westliches Vorverständnis mißverständlich; dann müßten wir nach einer eher post-dialogischen Sprache suchen.

Der Chicagoer katholische Theologe David Tracy schließlich steuert, so scheint uns, den vielleicht wichtigsten Beitrag als Antwort an Abe bei, indem er Buddhismus und Christentum nicht als abgedichtete Schubladen einer jeweils bestimmten Sorte von Philosophie versteht, sondern als lebendige Kommunikationsnetze, in denen sich geschichtlich Unerwartetes vollziehen kann. Für ihn kommt das dialektisch-trinitarische Denken in neuplatonisch-christlicher Tradition dem Ansatz Abes nahe. Und doch verwirft er dieses Denken. Er macht seinen Einwand deutlich, indem er auf die Debatte zwischen den beiden mittelalterlichen Mystikern Eckhart und Ruysbroeck verweist.[298] Tracy ergreift für letzteren (und damit auch gegen Abe) aus folgenden Gründen Partei: Während Eckhart intellektualistisch eine radikale Loslösung lehre, bei der Erkenntnis wichtiger sei als Liebe, und sein Nichts der Gottheit über Gott keinesfalls im buddhistischen Sinn ein Absolutes Nichts als absolute Affirmation bedeute, sei für Ruysbroeck die Trinität das *Liebesgeschehen der göttlichen Selbstmanifestation*, wobei das *Nichts* als ein *Aspekt* dieses relationalen Geschehens erscheine. Daraus ergebe sich ein inkarnatorisch-trinitarisches Verständnis der Wirklichkeit, in dem das Besondere und Einmalige *wesentlich* sei. Sich-selbst-schenkende Liebe heißt für Tracy, daß man nicht von einer *totalen kenosis* sprechen könne.[299] So will er an einem Unterschied zwischen der buddhistischen Dialektik der Nicht-Dualität und einer christlichen Identität-in-Differenz[300] festhalten.[301] Uns scheint allerdings, daß Tracy für diese Behauptung die Begründung schuldig bleibt.

Zum Abschluß nun möchten wir selbst eine Frage an Abe Masao stellen: Was ist mit „Reversibilität" gemeint? Die Frage nach der Umkehrbarkeit oder Unumkehrbarkeit des Verhältnisses von Gott und Mensch hatte ja die japanische buddhistisch-christliche Debatte seit geraumer Zeit beschäftigt,[302] und das Problem der Irreversibilität oder Reversibilität der Zeit ist allgemein ein zentrales philosophisches Problem auf dem Hintergrund der modernen Physik.[303] Abe rekonstruiert das buddhistische Zeit-Verständnis aus der *śūnyatā*-Dialektik der totalen Selbst-Entleerung. *Śūnyatā*, und das ist hier wichtig, hat bekanntlich zwei Aspekte: Weisheit *(prajñā)*, d. h. das losgelassene Ergriffensein in der Ich-Freiheit des nirvanischen Bewußtseins, und heilende Hinwendung zu allen Wesen *(karuṇā)*, in der sich der Weisheitsaspekt seiner selbst entleert und zuerst zum Gelübde und dann zur Tat der Befreiung aller Wesen aus der Unwissenheit drängt. Dies ist aber nur möglich, wenn die überzeitliche Ganzheit der Welt, die „Ewigkeit" also, in jedem Augenblick zeitlicher Konkretion manifest wird! Abe argumentiert nun, daß die Reversibilität der Zeit daher rühre, daß nicht von einem Übergang vom Leben zum Tode gesprochen werden könne, da jeder Augenblick Leben-Sterben sei. Die Dimension *des zeit-ewigen Jetzt* schließe die Erfahrung des anfanglosen Anfangs und des endlosen Endes ein. Von Eschatologie oder Teleologie könne höchstens insofern gesprochen werden, als der Buddhismus totale verwirklichte Eschatologie (denn im Licht der *śūnyatā* ist alles und jedes in seiner unmittelbaren Soheit verwirklicht) und eine offene Teleologie (denn der Prozeß des Erweckens anderer unwissender Wesen in der Geschichte ist endlos) darstelle. Im Sinne der Hinwendung zu anderen im endlosen Prozeß des Erwachens und Zum-Erwachen-Führens müsse man aber auch im Buddhismus von einem endlosen Fortschreiten in die Zukunft sprechen.[304] Diese Argumentation erscheint uns einsichtig. Aber in welchem Sinne soll dann von „Reversibilität" gesprochen werden?[305]

Abe gibt zu, daß eine ganz bestimmte *Handlung* nicht rückgängig gemacht werden könne. Wohl aber könne die *Bedeutung* einer Handlung eine ganz andere werden, z. B. unter dem Gesichtspunkt der Vergebung. Da die Handlung und ihre Bedeutung nicht getrennt werden könnten, solle man von Reversibilität sprechen können.

Aber kommt es hier bei Abe nicht zu einer Vermischung der Kategorien? Denn die Verknüpfung zunächst nicht offenkundiger Aspekte des Gesamtgeschehens, in dem wir leben und urteilen, muß nicht zu reversiblen Zeitstrukturen führen. Man könnte eher von *Resonanzen* sprechen:

> *Die Erfahrung des zeit-ewigen Jetzt, von der die Rede war, bedeutet die synchrone Resonanz allen Geschehens, wobei alles aus dem Grund heraus in seiner eigentlichen Soheit erscheint.*

Dies ist aber nicht Reversibilität, denn dieser Begriff (wie auch der Gegenbegriff der Irreversibilität) ist eine Kategorie, die an Zeitlichkeit, d. h. raumzeitlich konditionierte Abläufe, gebunden bleibt.

Man hat es hier also mit Begriffsgittern zu tun, die an ein Glasperlenspiel erinnern könnten, wenn nicht in der Begegnung mit dem Buddhismus sehr deutlich würde, daß es in dem bewußten Umgang mit Begriffen tatsächlich um *Befreiung* der Psyche und des Denkens geht! Ist dazu aber eine solche Meta-Metaphysik wirklich nötig und hilfreich?

In dem von dem imaginativ denkenden Buddhisten Roger Corless und dem katholischen Befreiungstheologen Paul Knitter herausgegebenen Band *Buddhist Emptiness and Christian Trinity* übt Hans Küng diesbezüglich grundsätzliche Kritik an Abe Masaos dialogischer Methode. Abe lese, so Hans Küng, buddhistische Konzepte in christliche Gedanken hinein (was christliche Apologeten umgekehrt allerdings auch ständig getan hätten), wobei Abe selektiv vorgehe, da er nur wenige Begriffe aus dem Zusammenhang christlichen Denkens herausreiße und außerdem noch reduktionistisch argumentiere, weil er alles seiner buddhistischen Lesart von *śūnyatā* unterordne.[306] Die Bedeutung von *kenosis* müsse, so Küng, zunächst durch genaue neutestamentliche Exegese erfaßt werden, was zu dem Ergebnis führe, daß es eben *nicht* um eine Selbst-Entleerung Gottes, sondern um die vollkommene Hingabe *Jesu* gehe. *Kenosis* sei gerade nicht eine ontologische Aussage über das Wesen Jesu Christi oder Gottes des Vaters, sondern eine *ethisch* zu verstehende Selbst-Erniedrigung, die sich einmalig im historischen Leben und Sterben Jesu ereignet habe. Alles andere sei monophysitischer Patripassianismus, den schon die Alte Kirche zu Recht abgelehnt habe: denn Gott müsse immer größer und umfassender als Jesus Christus gedacht werden. Abes Fehler werde daran sichtbar, daß er die Auferweckung nicht deuten könne: Denn wer, wenn nicht Gott, habe Jesus auferweckt? Wenn sich aber Gott selbst am Kreuz total entleert hätte, hätte es kein Handlungssubjekt mehr für die Auferweckung gegeben.[307] Der von Abe geltend gemachte *śūnyatā*-Begriff sei, so Küng, Produkt einer spezifischen philosophiegeschichtlichen Entwicklung innerhalb des Buddhismus, der keine Alleingültigkeit beanspruchen könne, denn ihm stünden andere Aussagen über die Letzte Wirklichkeit in anderen buddhistischen Schulen gegenüber. So würden z. B. in der Yogācāra-Schule des Mahāyāna positive Aussagen über eine beständige Buddha-Natur, ein Bewußtseinskontinuum usw. gemacht, um die negative *śūnyatā*-Sprache zu neutralisieren.[308]

Wenn alles sich entleerende blinde Spontaneität sein soll, so fragt Küng, warum ist dann überhaupt etwas und nicht vielmehr nichts?[309] Sollte nicht das Bild von der Letzten Wirklichkeit, das gewiß immer wieder zu transzendieren sei, aber dennoch als Sprachform für die Selbstvergewisserung des Menschen immer notwendig bleibe, umfassender gezeichnet werden können als allein durch *śūnyatā*? Als *coincidentia oppositorum* (Zusammenfall der

Gegensätze) eines Nikolaus von Kues etwa, in der nicht nur, wie in der buddhistischen *śūnyatā*, alle Gegensätze transzendiert, sondern im Pleroma der unendlichen Fülle umfaßt, also *integriert* würden?[310] Küng gibt zu bedenken, daß Sprache und Schweigen, Affirmation und Negation dialektischer zu behandeln seien, als Abe dies tue.[311]

Abe würde Küng zweifellos darin zustimmen, daß die affirmative Sprachform integriert werden müsse. Und mehr noch als in Abes Philosophie kommt dies in der poetisch-paradoxen Sprache des Zen zum Ausdruck. Wir werden die Möglichkeiten zu derartigen Rekonstruktionen im nächsten Hauptkapitel ausloten, und es scheint uns, daß der Dialog gerade an diesem Punkt erst am Anfang steht. Immerhin hatte John Cobb schon 1969 geschrieben:[312]

„Der Grund unserer Existenz ist Nichts, Śūnyatā, denn er kann nie objektiviert werden. Śūnyatā ist tief genug, um sogar Gott zu umfassen, das „Objekt" der mystischen Einung und des Glaubens. Denn Śūnyatā ist nicht das Nichts, aus dem Gott alles geschaffen hat, sondern das Nichts, aus dem Gott selbst hervorgegangen ist."

Auf dem Hintergrund der Logik Hegels ist dies nichts Neues: Daß Absolutes Sein und Absolutes Nichts identisch seien und Gott aus dem Nichts hervorgehen müsse, ist ein Satz, der in Hegels Sprache besagt, daß ein Absolutes kein anderes Absolutes oder Relatives neben sich haben könne, wenn es denn seine Absolutheit nicht verlieren solle. Aber nochmals: Ist das buddhistisch gemeint?

Die ganze Debatte zeigt uns jedenfalls in der Rückschau, warum die Gesprächspartner nicht nur emotional an den Begriffen Gott und Sein oder *śūnyatā* und Absolutes Nichts hängen. Denn diese Begriffe oder Metaphern verbürgen *Identität* und *Identitätsgemeinschaft* ganzer *Traditionen*: Für ein durch onto-theologisch geprägte Kulturstandards in-formiertes Denken kann nichts außerhalb Gottes sein; für einen Dialektiker der Prāsaṅgika-Schule ist nichts so heilig, als daß es nicht dekonstruiert werden könnte/müßte. Und in der Tat: Darin liegt Befreiung von Verhaftetsein, aber diese Befreiung bedeutet auch ein Stück Aufgabe der eigenen Identität, des Ich, der Sicherheit. *Die Transformation*, von der Frederick Streng sprach, und die gegenseitige Transformation, die für John Cobb der Sinn des Dialogs ist, *ist eine Angelegenheit spiritueller Praxis.*

Spirituelle Erfahrung und Leere

Das Thema der *kenosis* unter dem Gesichtspunkt spiritueller Erfahrung zu betrachten, ist das Anliegen des Theologen Donald Mitchell, der seit Jahren in der amerikanischen Society for Buddhist-Christian Studies maßgeblich mitarbeitet.[313] Er beschreibt *kenosis* als die Wirkkraft der unbedingten Liebe, wie sie in Gott selbst, dann in Christus, in der gesamten Schöpfung und in jedem Individuum angelegt sei: die sich selbst hingebende Liebe, die in der Selbstaufgabe, d. h. in dem Hineingehen in den anderen, ihre Identität gewinne. Die Dynamik der Leere sei, ganz wie bei Abe, die Barmherzigkeit.[314] Maria könne darum als das Modell vollkommener *kenosis* gelten, während Jesus die Macht[315], d. h. die den Menschen befähigende bzw. inspirierende Kraft *(exousia)* dieses Geschehens sei. Auch für Mitchell ist das Absolute Nichts kein Objekt der Erfahrung, sondern ein Feld, auf dem und von dem her die konkreten Dinge des täglichen Lebens erfahren werden.[316] Der (christliche) Mystiker entdecke die Leere zunächst als einen Horizont der Erfahrung, und deshalb erscheine das, was er bisher als Gott erfuhr, in diesem Rahmen untergeordnet und abgeleitet. Dies aber nur so lange, als die Leere von der „Nähe" der mystischen Erfahrung her betrachtet werde. Lenke man die Aufmerksamkeit auf das „Herz" der Leere, „dann wird die Leere, anders als das buddhistische Absolute Nichts, eine onto-theologische Kategorie der Erfahrung"[317]. Durch Gottes Gnade könne dann erfahren werden, daß die Leere eine Dimension der personal-trinitarischen „Ferne" in sich berge. Wenn die Leere also als mystischer Horizont der Welt erscheine, glaube man, daß sie dem personalen Gott vorgeordnet sei. Wenn man aber *mit* und *in* der Leere *durch* die Leere hindurchschaue, sei sie dem personalen Gott gegenüber nicht primär. Der personale trinitarische Gott sei also nicht abgeleitet von einer dahinterliegenden kenotischen Gott*heit*, sondern die Gottheit *ist* die *kenosis* der Trinität.[318] Gottes *kenosis* sei seine innertrinitarische Gnadendynamik, die der von Menschen zu vollziehenden *kenosis* immer vorausgehe, sie präge gleichsam ihre Matrix der gesamten Schöpfung ein.[319]

Trinitäts-theologisch ist Mitchells Argumentation nicht zu beanstanden. Seine Metaphern von der „Nähe" und dem „Herzen" der Leere, durch die man letztlich hindurchschauen solle, so daß „Leere" – anders als das buddhistische Absolute Nichts – eine onto-theologische Kategorie der Erfahrung werde, bleiben aber unklar und sind vielleicht auch unnötig. Denn *śūnyatā* hat, wie wir zu zeigen versuchten, einen klaren historischen Bezug in der philosophischen Debatte des Buddhismus, der auch im Buddhismus in anderen Zusammenhängen durch *andere Metaphern* – die der Imaginationskraft mehr Spielraum lassen – ergänzt wird.

Mitchell vergleicht nun die einzelnen Themen seiner Gesprächspartner aus der Kyōto-Schule mit der Dynamik der spirituellen Reifung, wie sie die kirchliche (monastische) Tradition kennt, und er wird in zweierlei Weise fündig: einmal werde deutlich, wie sehr Nishitani, Abe und andere aus *existentiellem* und keineswegs spekulativem Interesse ihre *śūnyatā-kenosis*-Gleichung aufmachten, und zum anderen würden Einzelbeobachtungen des spirituellen Wachstumsprozesses transparent. Und dies sei von praktischer Bedeutung.

Abes Neuinterpretation der *kenosis*, so sahen wir, ist der Versuch einer

Anpassung an die Moderne[320], insofern die Selbstentfremdung des modernen Menschen direkt (und ohne die mythische Sprache der klassischen Traditionen) benannt werden soll. Es gehe in der Tat um „existentielle Transformation",[321] bei der *jinen*, die spontane ursprüngliche Vitalität, die dem Menschsein und der Natur zugrunde liege, in der Einheit von gegenseitiger Abhängigkeit und Durchdringung jedweder Individualitäten erscheinen könne.[322] Um auf diese Weise *befreit* zu werden, ist Leere der *Ausgangspunkt* und nicht etwa das Ende des buddhistischen Pfades, wie Abe sagt. Mitchell folgert daraus:

> *In Buddhismus und Christentum sei der Inbegriff der Freiheit die Realisierung von Leere. Aber im Buddhismus werde man Buddha, während man im Christentum an der Versöhnung Christi partizipiere.*[323]

Mitchell versteht die Schöpfung als einen Akt der *kenosis*, d. h. der unbedingten Liebe Gottes. Diese Selbst-Entleerung Gottes solle aber nicht heißen, daß Gott mit der Schöpfung identisch würde. Gott bleibe der Schöpfung *auch* jenseitig, d. h. die Relation von Gott und Schöpfung sei *nicht umkehrbar*.[324] Und dies, weil Schöpfung nicht nur die Emanation reiner Liebe sei, sondern ein *Willensakt*.[325]

Das Problem von Mitchells Ansatz scheint uns dies zu sein: Er interpretiert zwar Gott als das Mysterium „reziproker Liebe" (die Dynamik des Sich-Selbst-Gebens), aber er „substantialisiert" Vater und Sohn als Akteure, zwischen denen sich gleichsam die Energie des Heiligen Geistes bewege – ein letztlich *binitarisches* Modell (was sich erneut verrät, wenn er von einer „Erzeugung" des Heiligen Geistes durch die Solidarität Jesu mit unserem Leiden spricht[326]). Leere, so betont er mit Abe, müsse nicht gedacht, sondern *gelebt* werden. Doch Reste einer dualistischen Trennung der Sphären bleiben bestehen, wenn der „Ort der Welt" einem „Ort der Hoffnung für die Welt" entgegengestellt wird.[327] Mitchell läuft Gefahr, die tiefste buddhistische Einsicht zu verschleiern, daß nämlich *nirvāṇa* überhaupt kein Ort ist, sondern eine *Bewußtseinskraft*, die sich an jedem Ort und zu jeder Zeit ereignen kann, wenn die raum-zeitlichen Konditionierungen des Anhaftens durchbrochen werden!

Praktisch angewendet kommt aber Mitchells *śūnyatā-kenosis* dennoch zum einzig angemessenen Ziel der komplizierten Debatte: Die kenotische Spiritualität des Kreuzes zu leben heißt, das Leiden zu transzendieren. Wie? Indem Gott als das transzendente Geschehen in allem, was Schmerzen verursacht, erkennbar wird. Daraus ergibt sich eine Bejahung der Welt, wie sie ist, so daß sich der Mensch *angesichts* des Leidens und des Schmerzes für die *liebende Zuwendung zu anderen* öffnen kann.[328] Was das jedoch in einer konkreten sozialen Situation heißt, muß immer neu erprobt werden. Mitchell erwähnt beispielhaft die Lebenswege von Hisamatsu Shin'ichi (und der F.A.S.-Gesellschaft)[329] und Chiara Lubich (geb. 1920), der Gründerin der Focolare-Bewegung.[330]

Die kenotische Spiritualität wird damit in den Rahmen des einzig möglichen Ortes ihrer Verwirklichung gestellt: in das gelingende Geschehen von Gemeinschaft, die Ich-Fixierungen aufbricht.

Statt einer Zusammenfassung schließen wir mit einer Anknüpfung an die letzten Bemerkungen:

Die śūnyatā-kenosis-Dialektik mündet ein in eine Ermutigung zum gegenseitigen Erzählen der Erfahrung von Befreiung in konkreten Situationen. Die Abstraktion der Begrifflichkeit weicht dabei im Dialog der narrativen Beheimatung im Konkreten, ohne daß an bestimmten Bildern, Begriffen oder Geschichten festgehalten werden müßte. Wenn dies als der ermutigende Anstoß zur Praxis im Alltag verstanden wird, hat die komplexe dialogische śūnyatā-Debatte zwischen Buddhisten und Christen eine kathartische Funktion für religiöses Reden und Handeln überhaupt!

c) Rekonstruktion von Symbolen für die Letzte Wirklichkeit – Trikāya, Trinität und erwachte Bewußtheit

Wir haben gesehen, daß die Rede von der *Leere (śūnyatā)* keineswegs *ontologische* Spekulation sein will, sondern eine Analyse der „*egologischen* Projektionen",[331] die dem „Schein-Ich" Identität vorspiegeln. Diese Selbstvergewisserung des Ich entsteht, wenn sich die mentalen Projektionen als Konzepte der Wirklichkeit darstellen, ohne daß der Mensch ihren Projektionscharakter durchschaut. Deshalb müssen diese Konzepte vom kritischen Bewußtsein dekonstruiert werden. Nur dann kann das Bewußtsein zur Wahrnehmung der Soheit *(tathatā)* außerhalb der Projektionsmechanismen gelangen.

Wir haben bereits die Diskussion zwischen Abe Masao und dem deutschen evangelischen Theologen Wolfhart Pannenberg erwähnt.[332] Dabei wurde deutlich, daß der buddhistisch-christliche Dialog von den Grundfragen der Anthropologie ausgehen müsse, weil das Selbstverständnis des Menschen die Art und Weise des Redens von der „Letzten Wirklichkeit" wesentlich mitbestimmt. Dabei zeigte sich:[333]

Beide Traditionen betonen, daß das vorfindliche Ich noch nicht das wahre Selbst des Menschen ist. Daß diese Einsicht Bedingung für „Erlösung" ist, kann für den Buddhismus und die christliche lutherische Tradition in besonderer Weise konstatiert werden.

Dabei sei das gängige Urteil,[334] das Christentum bleibe objektivierend-dualistisch verhaftet, während der Mahāyāna-Buddhismus monistisch sei, vorschnell. Denn vermittels des Gedankens der Inkarnation lehne auch das Christentum die reine Jenseitigkeit Gottes ab, und die Trinitätslehre stelle die Aspekte von Unterschiedenheit und Einheit in einen umfassenden Bezugsrahmen.[335] Pannenberg bemerkt auch, daß sich im Mahāyāna „die Intuition einer göttlichen Wirklichkeit" (auch wenn man sie nicht so bezeichne) bemerkbar mache, und zwar in dem Maße, in dem die „Aufmerksamkeit auf die positive Realität, die in der Negation des Negativen gegenwärtig wird",[336] gelenkt werde. Dieses *Positive* aber sei der Durchbruch durch die sprach-auflösende Dialektik Nāgārjunas zur *tathatā*, die spirituelle Transformation, die sich das im Begriffsnetz gefangene Ich nicht selbst geben kann, sondern die in einem dem Ich jenseitigen „Grund", dem „Wahren Selbst", der „Buddha-Natur", ja der „Gnade Amidas" begründet sei.

Wir wollen nun einige Aspekte der dialogischen Dynamik in den Blick nehmen, die sich um diese *positiven* Bilder für die Letzte Wirklichkeit entfaltet hat.

Trikāya und Trinität

Weil im Christentum Gotteserkenntnis durch die Erfahrung Gottes in Christus vermittelt ist, bedeutet Gott zu kennen, an Christus zu partizipieren. „Wissen" meint hier die existentielle Beziehung der Liebe, gegenseitiges „Einwohnen" bzw. die Konformität zwischen Mensch und Gott. Es handelt sich um einen stufenweisen Prozeß des Einswerdens *(henothēnai)*, bei dem – in neoplatonischer Begrifflichkeit – Transzendenz und Immanenz verschmelzen. Und dieser Prozeß ist im trinitarischen Gottesbild präfiguriert *(absoluter* Vater – *inkarnierter* Sohn – *einwohnender* Geist).

Im Buddhismus gibt es strukturell verwandte Vorstellungen in der Theorie der drei *kāya* (Körper) des Buddha, die ebenfalls zwischen der Gegenwart der „Buddhakraft" und der Transzendenz des „Buddhawesens" vermittelt.

Die Lehre von den drei Körpern *(trikāya)* des Buddha wurde in der indischen Yogācāra-Schule, besonders von Asaṅga (4. Jh. n. Chr.), entwickelt. Sie reflektierte eine bereits bestehende Praxis der Verehrung von Buddhas (des historischen Buddha Śākyamuni wie seiner Vorgänger und Nachfolger). Wir können die Entwicklungen und Strukturen dieser Kulte (soweit sie bekannt sind) hier nicht nachzeichnen; nur so viel sei gesagt: Während in den frühen buddhistischen Schulen zumindest für die Mönche der *dharma*, d. h. die Lehre und ihre Praxis, im Mittelpunkt des Interesses gestanden hatte, wurde bereits im frühen Buddhismus besonders unter den Laien (aber auch bei den Mönchen) dem Buddha Śākyamuni höchste Verehrung zuteil. Im frühen Mahāyāna spielte die Verehrung des Buddha dann eine ganz wesentliche Rolle. Die Lehre von den drei Körpern des Buddha erfüllte nun die Funktion, die Verehrung verschiedener Buddhas im Volksglauben mit dem nicht-dualistischen Konzept des *einen* Bewußtseinserwachens zu verbinden. Gleichzeitig erklärte diese Theorie, wie der historische Buddha die *Verkörperung* des ewigen unwandelbaren *dharma* sein konnte. Die *trikāya*-Lehre vermittelt also die historische und die transzendente Dimension.

Im Christentum stellte sich ebenfalls sehr früh die Frage nach der Einheit des historischen Jesus und des transzendenten Gottes. Die notwendige Vermittlung wurde hier durch die Christologie und die Trinitätslehre geleistet. In ähnlicher Weise führte der Buddhismus mit der *trikāya*-Lehre eine Buddhologie ein, durch die Transzendenz und Historizität verbunden werden konnten, zumal nach indischem Zeitverständnis unserem Zeitalter (mit dem historischen Buddha) unendlich viele Zeitalter vorangegangen sind und noch viele folgen werden. Man mußte also erklären, wie sich die *Vielzahl von Buddhas* zu dem *einen* unwandelbaren *dharma* verhält.

Für eine prinzipielle Lösung dieses Problems stand den buddhistischen Gelehrten ein weit verbreitetes indisches Denkmodell zur Verfügung: Danach hat die Letzte Wirklichkeit einen Aspekt *mit* bestimmten Qualitäten *(saguṇa)* und einen Aspekt *ohne* jede Bestimmung *(nirguṇa)*. Die menschliche historische Gestalt *(nirmāṇakāya)* und das universale transzendente Bewußtsein aller Buddhas *(dharmakāya)* konnten nun in dem *saguṇa-nirguṇa*-Schema als zwei Aspekte ein- und derselben Wirklichkeit interpretiert werden. Der historische Buddha war *einer* unter vielen Buddhas, die sukzessive erscheinen. Im Verlaufe der Geschichte des Buddhismus wurde diese historische Erscheinung *(nirmāṇa)* dann immer mehr von einer wirklichen Einkörperung des *dharma* abgerückt – und bald *schien* der Buddha Śākyamuni nur ein historisches, bedingtes, leidendes Wesen gewesen zu sein; sein ewiger Wahrheitskörper *(dharmakāya)* wurde als letztgültig betrachtet, die Erscheinung dagegen als nur vorläufig. (In der christlichen Dogmengeschichte finden wir eine strukturell ganz ähnliche Lehre, die unter dem Begriff des *Doketismus* bekannt ist und besagt, daß Christus immer Gott geblieben sei und nicht wirklich, sondern nur *scheinbar* konkrete menschliche Gestalt angenommen habe. Diese Anschauung ist in der Alten Kirche jedoch zurückgewiesen worden.) Da der ewige *dharmakāya* nach dieser Vorstellung weder *wirklich* erscheinen noch sich in die vielen Gestalten der visualisierten und in der Meditation erscheinenden Gestalten *verwandeln* konnte, mußte man noch eine „Zwischenebene" einführen, einen Seinsbereich bzw. eine Gestalt, in der die in der Meditation fortgeschrittenen und kraft ihrer positiven Bewußtseinsformungen *(puṇya)* weit über die materiellen Zwänge eines irdischen Körpers hinausgewachsenen Buddhas und Bodhisattvas den *dharmakāya* und seine Strahlungen „genießen" könnten. Und diese Erscheinungsweise der Letzten Wirklichkeit nannte man *saṃbhogakāya* (Seligkeits-Körper), der dem Meditierenden visionär erscheinen kann.

Diese kurzen Hinweise mögen genügen, um zu verdeutlichen, daß sowohl der Buddhismus als auch das Christentum vor dem Problem standen, das Historische und das Transzendente ihres Glaubens zu vermitteln: Trikāya und die Trinität sind die jeweiligen Lösungen. Es handelt sich bei beiden Aussagen um Interpretationsmodelle, die auf der Grundlage je spezifischer Denkstrukturen die Einheit in Unterschiedenheit denken.

Aber mehr noch: Es geht bei beiden Lehren *nicht* um den Versuch, die Letzte Wirklichkeit in eine substantialistische Ontologie zu zwängen, sondern darum, das menschliche Bewußtsein zu einer Transzendierung seiner selbst bzw. zu einem Erwachen zur Wirklichkeit *(tathatā)* anzuregen.

Für die buddhistische *trikāya*-Lehre besagt das: Der *dharmakāya* steht für die vollkommene Unerfahrbarkeit und Unermeßlichkeit der Wirklichkeit. *Dharmakāya* ist keine „Substanz", sondern die alldurchdringende und alle Konzepte auflösende Leere *(śūnyatā)*. Hingegen benennen *saṃbhogakāya* und *nirmāṇakāya* graduell die Strukturen des erfahrenden Bewußtseins.[337]

> *Kann das Verständnis der trikāya-Lehre die Diskussion um śūnyatā und die damit verbundene Auflösung aller Konzepte dergestalt umkehren, daß positive Aussagen und Symbole neben der śūnyatā-Dialektik als legitime buddhistische Aussageformen erkannt werden?*

Strukturen des Ganzen?

Der Missionar und Sinologe Wilhelm Gundert hatte bereits um 1960 angedeutet, daß sich buddhistisches Denken und die christliche Gotteslehre am engsten im Begriff des „Wahrheitsleibes" *(dharmakāya)* berühren würden, daß also die *trikāya*-Lehre ein Schlüssel für das Verständnis des Buddhismus durch Christen sein könnte.[338] Die neueren Diskussionen um Trinität und *trikāya* gehen auf die schon erwähnte buddhistisch-christliche Konferenz in Hawaii 1984 zurück, wo Abe Masao sowie die Religionswissenschaftler David Chappell, Michael von Brück, Roger Corless[339] und ihre jeweiligen Respondenten versuchten, die positive Umkehrung von *śūnyatā* und das Bewußtseinserwachen als *sich einigende Bewußtheit* im Sinne einer entstehenden Struktur des Ganzen zu diskutieren. Ist dies möglich, wenn *śūnyatā* alle Begriffsbildung dekonstruiert? Wenn unsere Überlegungen zu Nāgārjuna, Wittgenstein und Streng im vorigen Kapitel richtig waren, wären die positiven buddhistischen Begriffe, also auch die *trikāya*-Lehre, *evozierende Metaphern*, die nicht ein „außen" beschreiben, sondern Strukturierungen des sich transformierenden Bewußtseins, und die Frage könnte nun lauten:

> *Werden mit der trikāya-Lehre Symbole des Freiwerdens von Ich-Verhaftung, Selbstzentriertheit und Begrenzung vorgestellt?*

In diesem Sinne versucht Michael von Brück,[340] buddhistische und christliche Ganzheitssymbole, auf dem Hintergrund der Diskussion in den modernen Naturwissenschaften, miteinander in Resonanz treten zu lassen. Der Ursprung der Wirklichkeit sei – im Sinne David Bohms[341] – eine der expliziten Dynamik der Wirklichkeit zugrunde liegende „Ganzbewegung", die sich nach ihrer inneren Dynamik vollziehe. Dies entspreche strukturell – im

Sinne Abes – einerseits dem dynamischen *śūnyatā*-Denken im Mahāyāna-Buddhismus, da auch hier jede explizite Form Ausdruck einer zugrundeliegenden Nicht-Form sei, die aber immer nur in der Form faßbar werde. Andererseits sei auch eine Entsprechung zur christlichen Vorstellung von der sich selbst erzeugenden Liebe gegeben, wie sie im Symbol der christlichen Trinität als inneres Wesen der Dynamik Gottes erscheine. Von Brück argumentiert, daß *śūnyatā*, mit einem Ausdruck von Anagarika Govinda,[342] die „Fülle-Leere", die Einheit in Differenzierung des erwachenden Bewußtseins sei. Und diese kosmo-theistische oder panen-theistische Annäherung könne in der Trinitätslehre wie im Mahāyāna-Buddhismus auf dem Hintergrund des Resonanzgeschehens zwischen allen Ebenen und Wesen der Wirklichkeit gedacht werden. Das Anliegen dieses Ansatzes, zu dem man kritisch bemerken kann, daß von Brücks Sprache gelegentlich noch zu ontologisch klingt, besteht darin, eine spezifische Bewußtseinsentwicklung denkend nachvollziehen zu können: die im *nirmāṇakāya* am Grobstofflichen sich manifestierende Bewußtheit wird von einem subtileren intuitiven und raum-zeitliche Strukturen vereinigenden *saṃbhogakāya*-Bewußtsein abgelöst, bis sich in der Bewußtheit des *dharmakāya* alle trennenden Impulse auflösen und die Ganzheit des erwachten Bewußtseins erscheint. Während *śūnyatā* das Ganze durchdringe und das Ganze *śūnyatā* sei, würde die *trikāya*-Lehre eher Manifestations- bzw. Bewußtseinsstufen bezeichnen. Alle diese Manifestationen aber gründeten und seien geeint in *śūnyatā*.[343]

In christlicher Begrifflichkeit könnte man diesen Sachverhalt so ausdrükken: Wirklichkeit kann trinitarisch als Interrelationalität und Resonanz begriffen werden, wodurch Gott und Welt in ihrer Beziehung ebenso wie das Verhältnis der Einzelwesen zueinander beschrieben würden. *Trikāya* entspricht also funktional eher dem, was christlich „ökonomische Trinität" genannt wird, während *śūnyatā* der perichoretischen Dynamik der „immanenten Trinität" zugeordnet werden kann.[344] Zen-Meister Dōgen hat in seiner Theorie der Sein-Zeit[345] als Darstellung der Buddha-Natur Ähnliches gedacht, insofern die Kontinuität der Zeit als Dynamismus der multidimensionalen Zeitbewegung verstanden wird, die sich horizontal wie vertikal ereignet.[346] Das heißt für v. Brück: Die Vielfalt der Welt tritt in Erscheinung, indem sie kreativ an dieser Fülle-Leere partizipiert, die ein Resonanzgeschehen ist und darum strukturell der trinitarischen *perichoresis* wie der buddhistischen *śūnyatā* entspricht.[347]

Der amerikanische Theologe Paul Ingram[348] kritisiert von Brücks Methode, indem er das linguistische und das historische Problem dieses Ansatzes hervorhebt:

a) Es werde unkritisch vorausgesetzt, daß uns Sprache immer in dualistischer Weise von der eigentlichen Erfahrung distanziere, wobei doch aber auch jede mystische Erfahrung sprachlich vermittelt sei. Sprache trenne uns nicht von Wirklichkeit, sondern schaffe erst den Sinn und die Möglichkeit für die Erfahrung von Wirklichkeit. Alle Sprache sei symbolisch und weise damit über sich selbst hinaus.[349]

b) Konzepte und Symbole dürften nicht aus ihrem historischen Zusammenhang herausgerissen werden, sonst werde weder dem Buddhismus noch dem Christentum genüge getan. Wenn auch heute ein holistisches Paradigma entstehen könnte, so dürfe dies doch nicht rückprojiziert werden. Nāgārjunas Gebrauch des Begriffes *śūnyatā* zeige, daß jeder mögliche philosophische Standpunkt substanzlos sei.[350] Diese Erkenntnis solle dazu anleiten, an nichts – auch nicht an *śūnyatā* – anzuhaften. Von Brück lese aber – mit Suzuki, Abe, Nishitani, Hisamatsu und anderen – eine buddhistisch-monistische Ontologie in das Konzept von *śūnyatā* hinein, was von Nāgārjuna nicht gedeckt würde.[351]

c) Ähnliche Einwände erhebt Ingram gegen von Brücks Trinitätstheologie, die er als monistisch kennzeichnet.[352] Ingram will nur eine ökonomische Trinitätslehre als authentisch christlich zulassen, nicht aber eine, die etwas über das Wesen der Letztgültigen Wirklichkeit aussagt.[353] Damit wendet sich Ingram gegen die Trinitätslehre, wie sie zumindest von einem Großteil altkirchlicher Theologien entwickelt wurde; die trinitätstheologische Debatte ist also hochaktuell und keineswegs abgeschlossen. Und in der Tat, der intrareligiöse Dialog kann durch den interreligiösen angefacht und hoffentlich vertieft werden!

Hat die Leere einen Willen?

Roger Corless stellt die provokative Frage „Hat die Leere einen Willen?“[354] In einem imaginativen Initiationsgang durch die Religionsgeschichte (von den Druiden über Maria bis zu Tārā) synthetisiert er ein modernes Bewußtsein, das – aufgrund von David Bohms Unterscheidung der impliziten und der expliziten Ordnung[355] – eine spezifische Komplementarität zwischen Buddhismus und Christentum zu sehen vermag. Dabei geht es ihm aber nicht um Verschmelzung oder Ergänzung beider Religionen, sondern *um Korrelation* autonomer expliziter Systeme, die in einem zugrundeliegenden Referenzrahmen (der impliziten Ordnung) wurzeln. Der Übergang vom Expliziten zum Impliziten sei ein „Quantensprung“ in eine andere Ebene,[356] die sich in beiden Religionen (Subsystemen) für alle expliziten Formen und Begriffe, d. h. also für die historischen Religionen, als „stützende“ und „liebende“ Basis erweise. Auch für Corless ist, ähnlich wie bei von Brück, Nāgārjunas Rede von *śūnyatā* das epistemologisch strukturelle Äquivalent zur ontologisch gedachten christlichen Trinität. Beide Begriffe seien zwar unvergleichbar, doch *co-inhärent*.[357] Die trinitarische Bewegung in Gott sei eine innere *perichoresis*, über die wir nicht mehr wissen könnten, als daß sie nicht auf eine letzte substantielle Grundlage im Sinne einer *causa sui* zurückgeführt werden könne. Sie sei allerdings zu unterscheiden von der offenbarenden Liebe nach außen.[358] Nikolaus von Kues' Metapher von der Koinzidenz „diesseits der Mauer" (in seinem Buch *De Visione Dei* von 1453), hinter der es noch ein „Jenseits" gebe, spiegle die Suche nach einem substantiellen Grund wider, die Nāgārjuna zurückweisen würde. Gott sei nicht reduzierbar auf eine letzte unveränderliche Ebene. Und diese Einsicht bedeute für die spirituelle Praxis, daß es weder ein totales Verschmelzen noch eine ewige Differenz von „Seele" und „Gott" geben könne. Die angemessene Metapher sei deshalb die ständige asymptotische Annäherung, die sich bewußt sei, daß sie asymptotisch ist.[359] Paradoxerweise gehe es – *śūnyatā* und Trinität sprechen im Symbol davon – im Buddhismus wie im Christentum um ein und dieselbe *Bewegung des Bewußtseins auf das hin, was bereits immer da ist.*[360] Corless' Text entfaltet eine Textur, die das schillernde Ineinandergreifen von konzipierten Realitäten aufleuchten und sofort wieder verschwinden läßt. Denn sobald der Fragende so weit in *śūnyatā* eingedrungen sei, daß er fragen könne, ob *śūnyatā* einen Willen habe, sei das Subjekt der Frage verschwunden. Und das deshalb, weil die „Erleuchtung" eine subjekt- und objektlose Erfahrung sei, reine Nicht-Dualität,[361] durch die aber die autonomen Subsysteme (explizite Sprach-, Symbol- und Realitätsordnungen), also auch die unterschiedlichen Religionen, weder bejaht noch negiert würden, denn sie seien einfach andere Ordnungsebenen, die ihr je eigenes Leben hätten, also pluralistisch anzuerkennen seien.

Wir wollen den Finger nun auf das Problem des ganzen Argumentes legen: Wie kann man von Ursächlichkeit und Konditionalität absehen und das Ganze betrachten? Oder: Ist diese implizite Realität wirklich das Absolute oder *śūnyatā*?

Denn wäre die Realität des Realen das Absolute oder *śūnya* als implizite Realität, hätte man noch den subtilen Dualismus der Realität des Realen (das Implizite) und der Erscheinung als Ausdruck dieses Impliziten (das Explizite). *Śūnyatā* muß also diese Dualität übersteigen, denn es ist jenseits jeder Differenz. Diese „Jenseitigkeit" kann allerdings weder räumlich noch zeitlich verstanden werden, denn alle Kategorialbestimmungen hängen am Phänomenalen.

Wenn śūnyatā Raumzeitlichkeit als solche transzendiert, heißt das, daß śūnyatā Raumzeitlichkeit gleichzeitig einschließt.

Abe formuliert deshalb: *śūnyatā* entleert sich selbst. Bedeutet aber diese Dynamik der Selbst-Entleerung eine innere Dynamik/Beziehung *in śūnyatā*, was die Nähe dieses Konzepts zur Struktur der Trinität noch unterstreichen würde? Sind dann etwa alle Begriffe oder Symbole für die Letzte Wirklichkeit gleich-gültige Explikationen ein und derselben impliziten Ordnung? Wenn nicht, was wären die Kriterien der Unterscheidung? Für Corless ist das Kriterium die „stützende und liebende" Qualität der impliziten Ordnung. In bezug auf die Trinität ist diese Aussage eine Selbstverständlichkeit, aber für *śūnyatā* ist es eine ungewöhnliche Einsicht, oder vielleicht doch nicht? Kann Leere lieben? Und somit auch wollen?

Metanoia der Sprache – Sprache als Metanoia

Die Yogācāra-Tradition des indischen Mahāyāna-Buddhismus hat das Konzept von *śūnyatā* auf das Bewußtsein selbst angewendet und eine Bewußtseinsanalyse vorgelegt, die das, was im Christentum *mystisches Bewußtsein* genannt wird, in eine umfassende Theorie integrieren kann. Christliche Theologie hingegen hat es versäumt, die Erfahrung der Mystiker in die fundamentale Analyse des Gottesbegriffs und der Theologie einzubeziehen. So versucht der amerikanische protestantische Theologe John P. Keenan, die Philosophie der buddhistischen Yogācāra-Schule für eine Neuinterpretation der Christologie und der Trinitätslehre fruchtbar zu machen.[362] Eine Umkehr bzw. Konversion *(metanoia)* des Bewußtseins und der Sprache sei notwendig, damit Theologie nicht mechanisch Ideenkomplexe aufbaue, die dann für Wirklichkeit gehalten würden. Vermag sich aber eine solche Umkehr nicht in Sprache mitzuteilen, ist sie irrelevant für die je konkreten Lebensbedingungen einer Sprach- und Traditionsgemeinschaft. Keenans Thema ist somit die gegenseitige Durchdringung von mystischer Erfahrung/Umkehr und ihrer Konkretion in Sprache.

Keenan geht von drei Prämissen aus:

1. Die Hellenisierung des Evangeliums bedeutete seine metaphysische Inkulturation ins griechische Denken.
2. Die mystischen Inhalte der „Abba"-Erfahrung Jesu sowie die Entwicklungen zur christlichen Mystik konnten von der griechisch-christlichen Ontologie nicht angemessen theologisch reflektiert werden.
3. Heute wird deutlich, daß die griechische Ontologie weder universal noch verbindlich-christlich, sondern höchst problematisch sei.

Die griechischen Kirchenväter hätten ihre mystische Erfahrung zwar ausgedrückt, aber eben platonisierend, d. h. verbunden mit dem platonischen Dualismus und dem substantialistischem Denken. Keenan meint deshalb:

> *Eine buddhistische Interpretation des religiösen Bewußtseins kann helfen, die zentrale Bedeutung der christlichen mystischen Tradition für das Christentum wiederzuentdecken.*

Bei Dionysius Areopagita sieht Keenan das Fundament für ein wahrhaft nicht-konfrontierendes ökumenisches Denken gelegt, insofern Dionysius lehre, daß nur Gott sich selbst verstehen könne und deshalb theologische Bescheidenheit eine höchste Tugend sei. Und dieser Tugend entspreche die negative Sprachform (negative Theologie) am besten. Im Anschluß an Dionysius meint nun Keenan, daß sein eigener Versuch einer metaphysischen

Dekonstruktion sowohl diesem *ethischen* wie dem von Nāgārjuna her bekannten *epistemologischen* Anliegen der Selbst-Bescheidung entspreche.

Keenans Ausgangspunkt ist die mystische Erfahrung Jesu, die im letztlich unbeschreiblichen Abba-Bewußtsein kulminiere und von jedem Christen nachvollziehbar sei. Allerdings erwähnt Keenan nicht, daß Jesus weder der erste noch der einzige Jude war, der den Vater-Namen für Gott gebraucht hat, so daß sein Ausgangspunkt nicht unbedingt spezifisch christlich ist. Diese Erfahrung will er nun in Mahāyāna-Kategorien interpretieren. Die geistigen Paten dieser „Mahāyāna-Theologie" sind dabei vornehmlich die Yogācāra-Philosophen Asaṅga und Vasubandhu (4. Jh. n. Chr.).

Das Spannungsfeld von Konstruktion und Dekonstruktion ist, wie wir oben gezeigt haben, christliches wie buddhistisches Terrain. Bei Keenan liest sich das so: Die frühen buddhistischen Texte stellten das Erwachen des Buddha als mystische Bewußtheit dar, und sie seien allein an dem realen Erfahren solcher Bewußtheit interessiert gewesen. Mit der philosophisch-systematisierenden Abhidharma-Literatur habe eine Rationalisierung der mystischen Erfahrung des Buddha eingesetzt.[363] Die Mahāyāna-Schulen hätten sich dann gegen diese Konstruktionen von Begriffen und systematischen Rastern gewehrt, seien aber auch nicht dabei stehen geblieben, über die *Erfahrung* zu schweigen – sonst, so Keenan, wäre die mystische Prajñāpāramitā-Tradition ebenso verdrängt worden wie die Mystik im Christentum.[364] Während sich aber die Mādhyamika-Schulen damit begnügt hätten, die Inadäquatheit jeder möglichen Position aufzuzeigen und radikal dekonstruktionistisch zu arbeiten, frage die Yogācāra-Schule, *warum* und auf welcher Grundlage sich das Bewußtsein in die Illusionswelt seiner eigenen Konstrukte verstrickt.

Während für die Abhidharma-Philosophen das Bewußtsein eine Subjektivität darstellte, die objektive Entitäten *(dharmas)* erkennen könnte, hätte Nāgārjunas Mādhyamika-Philosophie den Subjekt-Objekt-Gegensatz als Grundlage der Theorie des Erkennens überwunden. Denn Nāgārjuna bezeichnete Ideen und Theoreme als illusorische Konstruktionen *(prapañca)* des Bewußtseins, die seine Philosophie dekonstruieren wollte. Nāgārjuna, so Keenan, hätte aber die Einsicht in die nicht-inhärente Existenz oder Leere aller Erscheinungen *(śūnyatā)* nicht mit den alltäglichen Bewußtseinsaktivitäten in Beziehung setzen können. Mādhyamika sei aus diesem Grunde des Negativismus oder Nihilismus geziehen worden. Als Gegengewicht sei deshalb die *tathāgatagarbha*-Tradition entstanden – eine Mahāyāna-Schule, die den Bewußtseinsgrund, aus dem irrtümlich die illusorischen Konstruktionen hervortreten, als *garbha* (Mutterschoß) bezeichnet, und die also positiv einen *kreativen Urgrund im Bewußtsein* benennt, der die Grundlage für das Erwachen zur Buddhaschaft darstellt.[365]

Diese historische Analyse Keenans ist lehrreich, denn sie rückt die Argumente (z. B. für die negative oder positive Sprache von der Letzten Wirklichkeit) im gegenwärtigen buddhistisch-christlichen Dialog selbst in eine historische Perspektive.[366]

Wir müssen nun einige Grundanschauungen der Yogācāra-Schule erläutern. Yogācāra hat sich vor allem in der Analyse der Struktur des Bewußtseins hervorgetan, indem die Theorie vom Entstehen in gegenseitiger Abhängigkeit *(pratītyasamutpāda)* konsequent auf die Funktions- und Wirkungsweise des Bewußtseins angewandt wurde. Danach ist Bewußtsein das Ereignis des andauernden Wechselspiels von

(a) Speicherbewußtsein *(ālayavijñāna)* und

(b) den aktiven Bewußtseinsprozessen wie Empfinden, Wahrnehmen und Denken.

Das bedeutet: (a) ist die latente Basis, in der Eindrücke aus (b) aufbewahrt werden, um formativ folgende Prozesse in (b) zu strukturieren. In gewisser Weise ist (a) also die Ursache von (b), wenngleich die konkrete Gestalt von (a) ganz und gar abhängig von den Vorgängen in (b) ist. So entsteht gegenseitige Abhängigkeit.

Herzstück der Bewußtseinsphänomenologie im Yogācāra ist die Lehre von den drei Grundmustern *(trilakṣaṇa)*, in denen Bewußtsein erscheint, nämlich

- *erstens* als Illusions-Bewußtsein *(parikalpita-lakṣaṇa)*, das seine eigenen Gebilde – vor allem den Ich-Komplex – produziert und für vom Bewußtsein unabhängig wirklich hält,
- *zweitens* als Bewußtsein gegenseitiger Abhängigkeit *(paratantra-lakṣaṇa)*, das Einsicht in die wechselseitige Abhängigkeit der Bewußtseinsprozesse und -ebenen im oben genannten Sinne gewinnt und demzufolge überführt werden kann in
- *drittens* ein Vollkommenheits-Bewußtsein *(pariniṣpanna-lakṣaṇa)*, das keine imaginierten Konstrukte auf die interdependente Wirklichkeit aufträgt (deshalb natürlich auch nicht mehr an solchen „Substanzen" anhaftet) und somit die Leere aller Erscheinungen in bezug auf inhärente Existenz, *śūnyatā*, erkennt.

> Eine entscheidende Einsicht von Yogācāra besagt, daß die *Struktur* des Bewußtseins selbst, nicht nur seine wechselnden Inhalte, ein Prozeß in gegenseitiger Abhängigkeit ist.

Alles, was dem Bewußtsein erscheint, ist demnach in dieser Struktur Bewußtsein, und in diesem Sinne gibt es für Yogācāra keine konstante, in sich selbst bestehende Außenwelt, die dann nur im Bewußtsein mehr oder weniger adäquat gespiegelt würde, wie dualistische Erkenntnistheorien behaupten. Dies bezeichnet man als *vijñānavāda* („die das Erkennen betreffende Schule", ein anderer Name für Yogācāra) oder die Nur-Bewußtseins-Lehre, die sich aber deutlich von den Idealismen der europäischen Geistesgeschichte unterscheidet.[367]

Keenan macht nun dieses Modell für den buddhistisch-christlichen Dialog fruchtbar. Er folgert, daß die gegenseitige Abhängigkeit in der Bewußtseinsstruktur selbst auch auf die Bewußtseinsbildung im gegenwärtigen Dialog zutreffe, d. h. daß dieses interdependente Bewußtsein *als* gegenwärtiger Dialog erscheine!

Dieser konsequente Nicht-Substantialismus in der Formation des Bewußtseins und weniger bestimmte Lehrentwicklungen (z. B. über *śūnyatā* oder die *trikāya)* ist dann auch der Hintergrund, auf dem Keenan eine Mahāyāna-Theologie entwerfen möchte. Er behauptet, mittels dieser Methode sowohl die *Einheitsthese* (alle Religionen sind im Kern der mystischen Erfahrung gleich) als auch die *Differenzthese* (Erfahrungen sind uns nur in unterschiedlichen Interpretationen zugänglich) überwinden zu können, denn die entsprechenden Strukturen seien gegenseitig voneinander abhängende Elemente im Gestaltungsprozeß des entsprechenden Bewußtseins.[368]

Keenan identifiziert und interpretiert sechs Lehrinhalte, die die Differenz oder gar den Konflikt zwischen Buddhismus und Christentum anzuzeigen scheinen:[369]

1. Die Lehre vom Nicht-Selbst *(anattā)*, die aber nur eine permanente und substantiell gedachte Seele leugne[370] und somit der Kontingenz-Struktur christlichen Denkens angemessen Ausdruck verleihen könne.
2. Die buddhistische Leugnung eines persönlichen Gottes, die von der negativen Theologie aber geteilt würde, zumal die buddhistischen Argumente gegen einen Schöpfergott die christliche Schöpfungslehre nicht träfen.
3. Das Insistieren auf Leere *(śūnyatā)* gegenüber dem Sein, was aber nur dann zum Problem werde, wenn man das buddhistische Argument als Negativ-Ontologie mißverstehe (während es, so Keenan, um das Problem der richtigen *Bewußtseinshaltung* gehe).
4. Das Problem der zwei Wahrheiten (absolute und relative Wahrheit),[371] das aber auch im Christentum seine Geschichte habe und bei Dionysius fast wortgleich zur Yogācāra-Philosophie erscheine.
5. Der scheinbare Idealismus des Yogācāra, wobei dieses Problem dadurch entschärft sei, daß *vijñaptimātratā* (Nur-Bewußtseinsspiegelung) zwar einen naiven Realismus negiere, darüber hinaus aber keine idealistisch-ontologischen Aussagen konstruiere.
6. Die *trikāya*-Lehre, die, gemessen an der christlichen Ideengeschichte, doketisch sei.[372] Sie dürfe darum nicht mit der Trinitätslehre gleichgesetzt werden, könne aber christlich dann aufgenommen werden[373], wenn sie nicht beanspruche, etwas über die *Natur* der letztgültigen Wirklichkeit auszusagen, sondern vielmehr die Struktur des *Erwachens zu authentischem Bewußtsein* beschreibe.[374]

An diesem letzten Punkt wird das hermeneutische Problem des Ansatzes Keenans deutlich. Denn die Bewertung einer Anschauung als Doketismus ergibt sich erst innerhalb eines dualistischen Rahmens, und auch die Dualität von der Natur des Letztgültigen im Unterschied zur Struktur des Bewußtseins wird dem Buddhismus nicht gerecht. Keenan überträgt hier eine christliche Denkstruktur auf buddhistische Begriffe und beurteilt sie entsprechend. Er will zwar vermeiden, buddhistische metaphysische und kosmologische Theorien zu übernehmen[375] und verweist statt dessen wiederholt auf ein „realm of mystic meaning" (einen Bereich mystischer Sinngebung), aber der Referenzrahmen wird nie deutlich geklärt. Unser Kritikpunkt ist dieser: Jeder Bedeutungshorizont (auch „mystic meaning") ist an Parameter gebunden, die zu metaphysischen Strukturen verdichtete Sprachspiele reflektieren. Als homöomorphe Äquivalente mögen dann der neutestamentliche Begriff der *metanoia* (Umkehr) und die Konversion des grundlegenden Bewußtseins zum Erwachen *(āśraya-parāvṛtti)* verglichen werden, aber die Vergleichsbasis kann weder in der biblischen Tradition noch in der Yogācāra-Philosophie als solcher gegeben sein. Sie ist vielmehr im hermeneutischen Vollzug ein neuer Standort, auch wenn wir diesen (mit guten Mādhyamika-Gründen) als Nicht-Standort beschreiben wollen.

Entsprechend bescheiden, so scheint uns, sind dann auch die Einsichten aus Keenans Mahāyāna-Theologie für die Christologie und Trinitätslehre. Gewiß sagt Keenan zu Recht, daß Jesus auf den Vater verweise und daß darum Jesu höchstes Selbst als Abba-Bewußtsein beschrieben werden könne, ein Bewußtsein, das leer von Eigen-Ich sei, insofern der Sohn nur *ist* als interdependente Wirklichkeit, die ohne den Vater nicht gedacht werden könne.[376] Aber abgesehen davon, daß die Beschreibung der Identität Jesu eine Sache des Erwartungshorizontes der frühen Christen war, also geschichtlich vermittelt zu denken ist, gilt natürlich gerade hier und ganz besonders auf dem Yogācāra-Hintergrund die selbstverständliche Einsicht, daß nicht allein die Fakten die Geschichte bestimmen, sondern das, was man für Fakten hält. Aber dafür braucht man nicht die Yogācāra-Philosophie zu bemühen. Sie könnte, so meinen wir, eher dazu dienen die Bewußtseinsphänomenologien der verschiedenen Religionen in Beziehung zu setzen.

Keenan selbst eröffnet eine solche Möglichkeit und nimmt das Ergebnis so in den Blick:[377]

„Solche Einsicht in und Bewußtheit in bezug auf die Leere alles in gegenseitiger Abhängigkeit entstandenen Seins schaut alle Dinge im Horizont einer vereinten Bewußtheit der Soheit, jenseits irgendeiner Unterscheidung von Ich *(ātman)* und mein *(ātmya)* und in Überwindung von persönlichen und gruppenbezogenen Vor-urteilen."

Diese Einsicht ist vielleicht der wichtigste Ertrag aus Keenans Mahāyāna-Theologie, und sie trifft auf den buddhistisch-christlichen Dialog über die Letzte Wirklichkeit allemal zu.

Bewußtsein – Karman und Schöpfung

Wir wollen nun versuchen, die Diskussion um eine neue Symbolik, die aus der *Begegnung* von Buddhismus und Christentum resultieren könnte, weiterzuführen. Wenig war bisher explizit von dem zuallererst auffallenden Grundunterschied von Buddhismus und Christentum die Rede:

- Das *Christentum* besingt in Hymnen den *Schöpfergott.*
- Der *Buddhismus* ermahnt den ewig strebenden Menschen, das Gesetz von *karman* zu erkennen und zu seinem eigenen Heil und dem der anderen klug zu nutzen.

Der Buddhist ist davon überzeugt, daß die Wirklichkeit durch *karman* strukturiert wird.

> *Karman bezeichnet ein anfangsloses Netz miteinander verbundener Potentiale und steht für die interdependente Verursachung aller Ereignisse auf allen Ebenen der Wirklichkeit. Karman ist aber begrenzt durch das, was buddhatvā (Buddha-Natur), tathatā (Soheit) oder śūnyatā (Leere) genannt wird.*

Karman ist somit bedingte Notwendigkeit. Die Frage nach dem Grund bzw. der *Ursache* von *karman* wird im Buddhismus nicht gestellt. Das „Netz" hängt in sich selbst, es verweist darauf, daß die interrelationale Wirklichkeitsstruktur keinen substantialen Grund hat, sondern *śūnya* ist. Damit ist die Wirklichkeit nicht determiniert, sondern entwickelt sich in *spontaner Kreativität*, nicht blind, sondern eben nach den Strukturen, die zeitlich durch *karman* aufgebaut und auch wieder aufgelöst werden. *Karman* ist gleichsam der Aspekt des sich selbst strukturierenden Universums, während die spontane Kreativität (japanisch *jinen*) den Aspekt der Freiheit bezeichnet.

Wie kann in diesem Zusammenhang der christliche Schöpfungsgedanke interpretiert werden? Hierzu wollen wir nun einige prinzipielle Vorschläge machen:[378]

Beide soeben genannten Aspekte (bedingte Notwendigkeit und Freiheit) sind auch für eine christliche Schöpfungslehre charakteristisch, wobei die Struktur sich hier allerdings nicht selbst erzeugt, sondern durch den *Willen* Gottes entsteht. Will man Gott und Welt nicht voneinander abstrahieren, muß eine ursächliche Verbindung zwischen beiden bestehen, d. h. die Welt muß als überzeitlich in Gott seiend begriffen werden. Unterscheidungen von Potentialität und Aktualität sind demgegenüber sekundär. Nach christlichem Verständnis muß das gesamte Handeln Gottes, also auch die Schöpfung, trinitarisch begriffen werden. Angesichts dieses Lehrsatzes sowie der Lehre von der *creatio continua* ist es möglich und sinnvoll, die Schöpfungsdynamik eher als kontinuierliche und alldurchdringende *Kreativität* zu denken, anstatt sie als einen zeitlich begrenzten und einmaligen Schöpfungsakt zu verstehen. Die Schöpfungslehre beinhaltet dann nicht so sehr ein universales Prinzip, sondern Gottes Verheißung seiner universalen Zuwendung und Gnade, die sich im Neuwerden und Neuschaffen, in Kreativität also, äußert. Kreativität ist ein Symbol für das Neue. Es verweist auf das, was jenseits ist „in, mit und unter" allen phänomenalen Erfahrungen.

Das Konzept von *karman* widerspricht einem solchen Begriff der Schöpfung oder Kreativität keineswegs. Kreativität, im buddhistischen Sinne, bedeutet vielmehr, durch das *karman*-Gesetz hindurchzubrechen. Kreativität ist der Sprung in das Unvorhersagbare, das sich allerdings unter phänomenalen Bedingungen – d. h. innerhalb des karmischen Netzes – manifestiert. Kreativität hat etwas zu tun mit der Realisierung der Wahren Natur *(tathatā, śūnyatā)* der Wirklichkeit. Sie ist eine Offenheit aufgrund des „Unverfügbaren" bzw. der *buddhatva*, um im religiösen Symbol zu sprechen, durch welche die karmische Kette geändert und schließlich gesprengt wird.

Śūnyatā ist nicht der Gegensatz von *saṃsāra* und *karman*, denn sonst gäbe es eine Dualität von zwei Prinzipien, die miteinander in Beziehung träten. Mit anderen Worten: *śūnyatā* wäre dann immer noch eine nicht-leere Leere, die durch die Bestimmung ihres Gegenteils gefüllt wäre. Wenn hingegen *śūnyatā*, wie wir oben sahen, die „Jenseitigkeit" in bezug auf *jede* Bestimmung ist, kann sie als Bedingung für das gelten, was wir Kreativität genannt haben. Denn durch *śūnyatā* wird die Wirklichkeit im kreativen Durchbruch durch das Bestehende transformiert, wobei die gesamte karmische Wirklichkeit, das heißt alle möglichen Manifestationsebenen, eingeschlossen sind. Aber auch *śūnyatā* kann nur durch ein konkretes Bewußtsein realisiert werden. Das bedeutet: Auch in diesem Zusammenhang erscheint Bewußtsein als die grundlegende Wirklichkeit.

Was aber ist Bewußtsein? Wir hatten gesehen, daß John Keenans Versuch, die Yogācāra-Analyse für den buddhistisch-christlichen Dialog zu dieser Frage fruchtbar zu machen, der Fortsetzung bedarf. Die Analyse der bisherigen buddhistisch-christlichen Dialoge über die Letzte Wirklichkeit hat gezeigt, daß die Identifikation *einer* der beiden Religionen mit *einer* bestimmten Metapher nicht möglich ist:

> *Der Buddhismus spricht nicht nur von śūnyatā oder nirvāṇa, sondern benutzt auch die Metapher des Lichtes und des Bewußtseinskontinuums als der Wirklichkeit, die sich reinkarniert und, vollkommen gereinigt, das nirvāṇa verwirklicht.*

Nirvāṇa heißt im Mahāyāna nicht, daß das erfahrende (beobachtende) Bewußtsein ausgelöscht würde, da ja das *nirvāṇa* höchste Bewußtheit und nicht bewußtloser Schlaf ist! In welchem Sinn allerdings ein Bewußtsein, das *nirvāṇa* realisiert, „Individualität" haben könnte, hängt von dem Begriff der Individualität ab, der sich in der europäischen Geschichte freilich unter ganz anderen Prämissen gebildet hat als in Indien. (Diese Frage bedarf einer gesonderten Untersuchung.)

Das Bewußtseinskontinuum erstreckt sich für den Mahāyāna-Buddhismus über die Zeit hinweg und wird auch durch den Tod nicht aufgelöst. Unterschiedliche buddhistische Kulturen haben die symbolische Darstellung dieses Gedankens verschieden vollzogen. Die Lehre von der Reinkarnation ist beispielsweise für den indisch-tibetischen Buddhismus fundamental, für den chinesisch-japanischen aber keineswegs zentral, was historische Gründe hat.[379] Besonders mit dem tibetischen Buddhismus, dessen subtile Analysen des Bewußtseins[380] für Christen sehr oft zum Thema werden, wären systematischere Dialoggespräche zu führen – der bisherige *kontinuierliche* Dialog jedoch konzentriert sich fast ausschließlich auf Japan.

Wir wollen in Weiterführung der Diskussion Lynn de Silvas über Reinkarnation[381] einige Bemerkungen zu dieser Frage machen. Das Problem der Kontinuität ergibt sich deshalb, weil Bewußtsein sich ständig neu erzeugt in diskreten Bewußtseinsmomenten, die je spezifisch geprägt sind. Wie kommt es aber dann, daß eine Person zum Zeitpunkt t mit der Person zum Zeitpunkt t' in Kontinuität steht, d. h. wie kommt es zu personaler Identität innerhalb eines Lebensablaufs? Für den Buddhisten ist diese Frage ebenso erklärungsbedürftig wie das Problem der Identität der Person über den Tod hinaus, und beide Fragen beziehen sich auf die Frage nach dem Bewußtseinskontinuum, das den einzelnen Reinkarnationen zugrunde liegt.[382]

Das Problem der Reinkarnation ist unmittelbar mit der Frage nach der Letzten Wirklichkeit verbunden, denn das, *was* sich reinkarniert und im Prozeß der Reifung des Bewußtseins über mehrere Leben hinweg gereinigt wird, ist das, was *nirvāṇa* erfährt, also die Letzte Wirklichkeit realisiert.

Zunächst muß zwischen der allgemeinen samsarischen Reinkarnationstheorie und der körperlichen Manifestation (Reinkarnation) von höheren spirituellen Wesen *(devatā*, Buddhas, Bodhisattvas) unterschieden werden. Und der Unterschied zeigt sich primär am Problem der Freiheit: Während gewöhnliche Wiedergeburten *karmisch* bedingt sind (also der Reinigung von karmischen Befleckungen dienen), verfügen Buddhas und hoch entwickelte Bodhisattvas *frei* über den Modus ihrer erneuten Manifestation zum Wohle anderer Lebewesen. Sie werden dort wiedergeboren, wo sie am wirkungsvollsten zum Heil der Wesen beizutragen vermögen, d. h. in Abhängigkeit von bestimmten sozialen, politischen und ökonomischen Strukturen und in entsprechenden Hierarchien. Ihre Manifestation hat immer einen *spezifischen* Zweck. Die allgemeine Qualität eines Erleuchtungsbewußtseins, nämlich die barmherzige Hinwendung zu allen Wesen *(karuṇā)*, konkretisiert sich also geschichtlich und definiert sich damit.

Die Letzte Wirklichkeit wird im tibetischen Buddhismus bald als Leere *(śūnyatā)*, bald als letztgültige Gottheit *(ādibuddha Vairocana)* oder als Grund der Wirklichkeit bzw. Klares Licht (tib. *'od gsal)* bezeichnet. Die

Metapher des Lichtes hängt mit den Erfahrungen in der Meditation und im Sterbeprozeß zusammen.[383] Bekanntlich ist sie Buddhismus und Christentum (vom Johannes-Prolog bis zu den Weihnachtsliedern) gemeinsam.

Die Prozesse des Sterbens und die Phasen des Bewußtseins (Wachbewußtsein – Schlaf – Meditation usw.) werden im tibetischen Buddhismus analog zueinander verstanden. Der Zwischenzustand *(bardo)* entspricht dem Traum, die Wiedergeburt dem Erwachen. So wie die Reinkarnation entscheidend vom Bewußtseinszustand während des Sterbens abhänge, sei das Erwachen wesentlich vom Bewußtseinszustand während der Einschlafphase beeinflußt. Das, was die Kontinuität der Person ausmacht und sich inkarniert, wird als Bewußtseinskontinuum oder als eine Art „Nur-Selbst" bezeichnet. Ursache für die Reinkarnation seien die Bewußtseinsformungen im subtilen Bewußtseinsbereich *(vāsanā)*, die sich dem Kontinuum als „Verunreinigungen" aufprägten. Das Bewußtseinskontinuum bleibe in gereinigter Form bis ins *nirvāṇa* hinein bestehen, wo es seine im Individuellen wurzelnde Dualität verliere – oder, so müssen wir fragen, in bestimmtem Sinne auch nicht verliert, insofern es ja *Kontinuum* ist? Das Fragezeichen ist berechtigt, denn der tibetische Buddhismus unterscheidet unzählige diskrete Kontinua, die eine Ebene der Unterschiedenheit in Nicht-Unterschiedenheit jenseits der fünf Aggregate *(skandha)* bezeichnen. Diese Lehre beruht für die tibetischen Buddhisten auf Beobachtung und direkter spiritueller Erfahrung, wenn nämlich (im Sterben oder in der Meditation) das Bewußtsein zur Formlosigkeit gelange und in großer Seligkeit (skt. *ānanda*, tib. *kunga*) die Leere *(śūnyatā)* bzw. das Klare Licht (tib. *'od gsal)* direkt *erfahre*.[384] Wo aber Erfahrung ist, muß es – in subtilster Form – auch eine bestimmte Art der Personalität geben!

Wenn hier allerdings von „Nur-Selbst" die Rede ist, darf dies natürlich nicht als inhärent existierendes Ich verstanden werden, sondern – in europäischer Terminologie – als Verdichtung interrelationaler Strukturen. *Nirvāṇa* wäre demzufolge Unterschiedenheit in Nicht-Unterschiedenheit, wobei die drei *kāyas* als kontinuierliche Aspekte erscheinen, sozusagen als Wirklichkeitsmatrix.

Freilich müssen wir bedenken: Die einzelnen Bilder, Symbole und Begriffe im (tibetischen) Buddhismus sind so subtil, daß voreilige Übersetzungen und Vergleiche dem Verständnis eher schaden. *Tatsächlich stehen wir beim tieferen Verstehen dieser Kulturen noch am Anfang*, zumal europäisch-christliche Entsprechungen (und Begriffe) weitgehend fehlen. Immerhin aber sind die christlichen Vorstellungen von Fegfeuer, Hölle und ewigem Leben mythische Sprachformen, die ebenfalls die Läuterungsbedürftigkeit eines Person-Kontinuums anzeigen. Wir haben an anderer Stelle argumentiert, wie dies mit bestimmten Aspekten von Reinkarnationsvorstellungen dialogisch in Verbindung gebracht werden kann[385], wollen die Argumente aber hier nicht wiederholen, weil die Debatte in bezug auf die verschiedenen Formen des Buddhismus jeweils spezifisch fortgesetzt werden muß.

Aber solche Gedankenexperimente genügen nicht, wenn die wirklichen Barrieren zwischen den Religionen überwunden werden sollen. Viel wichtiger ist dafür die spirituelle Praxis. Diese hängt einerseits davon ab, was für Möglichkeiten der Selbstregeneration und Transformation dem Bewußtsein zugetraut werden. Und sie hängt andererseits vom Willen ab, Einsichten in die Praxis umzusetzen, denn: Wenn man lebt, was man glaubt, hat man alles.

Den zweiten Aspekt werden wir im nächsten Hauptteil behandeln, denn es ist die Gemeinschaft des *saṃgha* bzw. der Kirche, die Möglichkeiten zur spirituellen Transformation und Lebenspraxis anbietet bzw. deutlich macht, daß spirituelle Transformation kein bloß individuelles Vollkommenheitsstreben ist, sondern eine gemeinschaftliche Lebensform.

Zusammenfassende Gesichtspunkte

1. *Śūnyatā* wird in der dargestellten dialogischen Debatte in den Zusammenhang mit der Lehre vom Entstehen in gegenseitiger Abhängigkeit *(pratītyasamutpāda)* gestellt. Leere heißt: das Fehlen inhärenter Existenz *(svabhāva)* in bezug auf jedes Phänomen, d. h. Wirkliches ist nur aufgrund von Relationalität. Außerdem weist *śūnyatā* auf die Transzendenz der Wirklichkeit hin und bedeutet „Jenseitigkeit“ gegenüber jeder möglichen Bestimmung. In diesem Sinne ist *śūnyatā* bedeutungsgleich mit *tathatā* oder *nirvāṇa.* Denn *nirvāṇa* ist ja nicht die Summe aller Möglichkeiten des Phänomenalen, sondern *nirvāṇa* ist aller Differenzierung in unterschiedliche Möglichkeiten jenseitig. *Śūnyatā* ist also nicht die Bejahung der Nicht-Existenz, sondern die Verneinung des dogmatischen Standpunktes unabhängiger Existenz.

2. *Śūnyatā* kann als Potential bzw. als Bedingung der Möglichkeit von Kreativität gelten, die sich durch Prozesse des Werdens ausdrückt. Das heißt nicht, daß es keine „absolute Realität“ gäbe, sondern daß diese Realität keine essentielle Selbigkeit oder Identität darstellt, daß sie also ein Prozeß ist, der Unterschiede, d. h. Wachstum, beinhaltet. Es handelt sich um ein kontinuierliches „Geben-Nehmen“, wie es der meditierende Mensch im Atemprozeß gleichnishaft erfährt. *Śūnyatā* wird damit zum Symbol der *Kreativität.* Es ist die Leere, aus der alles kommt, eine „Fülle-Leere“.[386]

Das christliche Trinitätssymbol hat eine ähnliche Bedeutung: Gott ist nicht das undifferenzierte Eine oder monistische Prinzip, sondern Beziehung, also eine differenzierte, in sich bewegte Einheit, an der die gesamte Wirklichkeit teilhat.

3. *Karman* und Schöpfung, die zwei gegensätzlichen Antworten von Buddhismus und Christentum auf das „wie“ bzw. „woher“ der Welt, müssen einander nicht ausschließen, wenn Schöpfung als die spontane Freiheit

der Kreativität verstanden wird, die das karmische Netz auf die Unbedingtheit hin *(nirvāṇa, tathatā)* durchbricht. *Nirvāṇa* ist ja kein Ort *(loka)* jenseits dieser Welt, sondern der Inbegriff des unbedingt-ungewordenen Bewußtseins der vollkommenen Freiheit, in der der Mensch zu seiner wahren Buddha-Natur erwacht. Es ist eine Freiheit, die den Gegensatz von Sein und Nichts, von *nirvāṇa* und nicht-*nirvāṇa*, von Unbedingtem und Bedingtem, transzendiert und gleichzeitig integriert. Wenn wir von *nirvāṇa* als Bewußtsein sprechen, meinen wir nicht ein psychologisch wandelbares Bewußtsein, sondern die Soheit bzw. Klarheit der universalen Bewußtseinskraft als solche. Wer ins *nirvāṇa* eintritt, wird eins mit dieser Realität. In welchen Metaphern auch immer (Soheit, Klares Licht usw.) diese Bewußtseinskraft der Buddha-Natur angeschaut wird, sie muß als letzte Grundlage von allem gelten, denn sie verursacht alles, was möglich ist.

4. Theologische Vergleiche von Begriffen oder Symbolen wie etwa Trinität und *trikāya* können anregend sein und vor allem die intrareligiöse Diskussion befördern, wie wir am Beispiel des Verstehens der „Letzten Wirklichkeit" gezeigt haben. Beide Traditionen tendieren dazu, den Begriff der Letzten Wirklichkeit (des Absoluten Nichts, Gottes) als dynamische Einheit, als differenzierte Undifferenziertheit bzw. Einheit von Statischem und Dynamischem, d. h. als „Prozeß" zu denken. Die Mādhyamika-Dialektik jedoch warnt davor, solche Sprachspiele zu verabsolutieren, denn sie seien Gedankenkonstrukte, die bedingt sind. Daraus ergibt sich die Pluralität von Begriffssystemen und Religionen, die nicht die Wirklichkeit einfangen oder abbilden, sondern symbolisch auf die Wirklichkeit *verweisen*. Dieser Verweis dient einem einzigen Ziel: *der Befreiung aus dem Anhaften und der Verstricktheit des Menschen sowie der Erkenntnis des Weges zur heilenden Vollendung.*

III. Saṃgha und Kirche

Religionen sind soziale Systeme. Sie geben sozialen Gruppen und Gesellschaften Identität, Kohärenz und Werte, die verbindlich sind. Ohne diese kohärenten Werte würden Gesellschaften an ihrer inneren Dynamik und Wandlungskraft zerbrechen. Was bedeutet dies für die interreligiöse Begegnung? Führt sie zu Instabilität und Identitätsverlust? Oder entstehen hier neue Synthesen? Gibt es Modelle, die anzeigen könnten, in welchem Sinne sich die Religionen und Kulturen in der zukünftigen Begegnung entwickeln werden? Wie kann interreligiöser Dialog mehr sein als das intellektuelle Gespräch von Experten und tatsächlich in menschlicher Begegnung von Gemeinschaften gelebt werden? Im folgenden Teil stellen wir grundsätzliche Fragen nach der sozialen Bedeutung von saṃgha und Kirche. Außerdem stellen wir Pioniere der interreligiösen Begegnung vor, von denen in je verschiedener Weise kaum zu überschätzende Impulse für den gegenwärtigen und zukünftigen Dialog ausgegangen sind. Und schließlich erörtern wir Situationen und Ereignisse von Dialog in und als Gemeinschaft.

Der *saṃgha* ist weder Kirche noch eine Gemeinschaft weltflüchtiger Menschen, die ein überweltliches Heilsziel verwirklichen wollen. Er ist eine Institution sozialen Zusammenlebens zum Zweck der Vervollkommnung des Menschen im Sinne der Entwicklung seiner inhärenten Buddhaschaft. Zwar liegt das Hauptinteresse auf der Bewußtseinsschulung des Individuums und nicht bei der Gemeinschaft, aber der buddhistische Weg ist – von Ausnahmen abgesehen – nur in der Lebens- und Lerngemeinschaft mit anderen denkbar gewesen und vollzogen worden, und zwar nicht nur im Lehrer-Schüler-Verhältnis, sondern auch in der Gemeinschaft der Übenden, die sich gegenseitig stützen.[1] Sozial gesehen war der *saṃgha* zur Zeit seiner Entstehung eine alternative Gesellschaft und hat sozialethisch eine revolutionäre Rolle gespielt, und zwar aufgrund folgender Elemente:[2]

- Die Einsicht in das Entstehen in gegenseitiger Abhängigkeit *(pratītyasamutpāda)* bedeutet, daß der *saṃgha* letztlich alles und alle umfaßt.
- Deshalb war der *saṃgha* eine neue pädagogische Institution, die prinzipiell allen Kasten und Klassen offenstand und somit ethische Motivation, Rechtsprechung, Medizin und Wissenschaft im nicht-exklusiven sozialen Kontext vermitteln konnte.

- Der *saṃgha* lebt nach strengen Prinzipien, die in heilender Hinwendung zu allen Wesen *(karuṇā)* gipfeln, wodurch die ganze Welt transformiert werden soll.
- Er will dies gewaltfrei erreichen.
- Die buddhistische Lehre vom Nicht-Ich konnte einerseits einen kreativen Individualismus freisetzen[3] und andererseits die Dynamik ethischer Selbst-losigkeit begründen.
- Ziel des Gemeinwesens *(saṃgha)* ist die spirituelle Selbsterfüllung jedes Individuums, wobei der Gegensatz von heiliger und profaner Sphäre und Geburt aufgehoben wird zugunsten einer spirituellen Realisierung der Individuen.[4]

Hier ergeben sich interessante Parallelen und Spannungen zur Rolle der Kirche in der frühen christlichen Geschichte. Gautama sollte entsprechend einer himmlischen Verheißung vor seiner Geburt entweder ein Weltenherrscher *(cakravartin)* oder ein Buddha werden. In dieser Alternative zwischen höchster Erfüllung im Bereich des Weltlichen oder des Überweltlichen spiegelt sich eine Spannung, die auch in der jüdisch-christlichen Messias-Erwartung präsent ist. Der *cakravartin* ist ein universaler Friedensherrscher, der mühelos alle einander bekämpfenden Kleinstaaten besiegt und befriedet, ähnlich dem politischen Messias des Judentums. Gautama aber entscheidet sich dafür, Buddha bzw. ein „spiritueller Messias" zu werden, dessen Befreiung „nicht von dieser Welt" ist, wenngleich sie ganz und gar *in* dieser Welt und nirgends anders erlangt wird und wirksam ist. Diese Befreiung wird sichtbar in der Überwindung des Leidens und seiner Ursachen, so wie auch Jesus als die spirituelle Erfüllung der Messias-Erwartung nicht von äußeren Bedrückungen, sondern von der Ferne von Gott, d. h. dem Grund-Leiden, befreit. Die *Neuausrichtung* dieser beiden Erfüllungsvorstellungen gemessen am jeweiligen Erwartungshorizont kann als Parallele verstanden werden, als analoger Paradigmenwechsel von der menschlich-sozialen in die spirituell-kosmische Ebene, wenn auch der *Inhalt* hinsichtlich der Diagnose des Leidens jeweils verschieden ist aufgrund der unterschiedlichen Ursprungsgeschichten und Grundausrichtungen beider Religionen.[5]

Der buddhistische *saṃgha* wie die christliche Gemeinde sind Institutionen, die zur Mission aufgefordert sind.[6] Der christliche Weg verlangt *metanoia*, die Umkehr des gesamten Bewußtseins zum Leben aus Gott in Christus durch den Geist. Der buddhistische Weg verlangt eine Veränderung der zu Gewohnheiten gewordenen emotionalen und mentalen Reaktionsmuster. In beiden Fällen ist Zwang bei der Konversion im Prinzip ausgeschlossen. Die Konversionen zum Christentum sind faktisch aber sehr oft mit Zwangsmissionierungen verbunden gewesen. Die buddhistischen Missionierungen hingegen verliefen selten politisch gewaltsam, sondern meist friedvoll durch sozial-kulturelle Umformung und Adaption, wodurch aber die ursprünglichen buddhistisch-monastischen Ideale besonders in Ostasien erheblich umgeformt wurden.[7]

Die Ursachen für diesen Unterschied zwischen Buddhismus und Christentum sind vielschichtig. Ein Grund ist der, daß das Christentum an den *Willen* appelliert, insofern es auf der Spannung von Schuld und Sühne gründet, während der Buddhismus auf *Erkenntnis* baut, durch die allein das Anhaften *(tṛṣṇā)* überwunden werden könne. Dies ist aber keine hinreichende Erklärung, denn der Appell an den Willen bzw. die Erkenntnis ist in beiden Fällen mit einer „Gnadenzusage" (die Vergebung Gottes bzw. die Wirksamkeit der universalen Buddha-Natur) verbunden, durch die menschliches Streben erst möglich und sinnvoll wird.[8] Folgende Faktoren sind deshalb für den Unterschied beider Religionen in bezug auf ihre Ausbreitungsgeschichte zusätzlich in Betracht zu ziehen:

– Die *eschatologische Erwartung* des Christentums begründete die Vorstellung einer „drängenden Zeit". Der Reinkarnations- und *Karman*-Glaube des Buddhismus hingegen ermöglicht in bezug auf die Realisierung der Universalität des Heils Gelassenheit.
– Die jüdisch-christliche *geschichtliche Offenbarung* war der Nährboden für gesellschaftliche Utopien, deren Umsetzung auch Gewalt rechtfertigte, während das *Ursache-Wirkungs-Prinzip* im Buddhismus Gewalt aus karmischen Gründen prinzipiell als absurd erscheinen läßt.
– Das frühe Christentum erlebte die politische Gewalt als *verfolgte Gruppe*, was sich im konstantinischen Zeitalter umkehrte.[9] Der frühe Buddhismus dagegen war von politischer Gewalt kaum betroffen; als er unter Aśoka staatlich gefördert wurde, war er gegenüber anderen Gruppen wenig vorbelastet.

Zum Verständnis des *saṃgha* müssen aber noch weitere Charakteristika seiner soziologischen Struktur berücksichtigt werden. Der *saṃgha* ist im Prinzip demokratisch verfaßt und läßt keine (religiöse) Hierarchie zu. Maßstab ist allein die Mönchsregel, die der Mönch nach seinem Gewissen und Verstehen erfüllt, ohne daß er einem Abt unbedingten Gehorsam schulden würde.[10] Auch in diesem Sinn stellt der *saṃgha* ein neues Gesellschaftsideal dar. Dennoch hat von Anfang an nur die Differenzierung in sozial eher passive Mönche und sozial aktive Laien die eine buddhistische Bewegung ermöglicht. Und daraus ergab sich sofort eine „Hierarchisierung" zwischen Mönchen und Laien, indem jene Belehrungen gaben und diese die materielle Basis schufen. Daß diese symbiotische Verbindung in der buddhistischen Geschichte auch immer wieder zur Quelle des Verfalls werden konnte, sei hier nur erwähnt. Der Grund ist der: Je strenger die Mönche ihre Regeln beachteten, desto größer wurde die Bewunderung der Laien. Je größer die Bewunderung der Laien wurde, um so üppiger flossen die Spenden an die Mönche. Je üppiger die Spenden flossen, umso lässiger wurde die Interpretation der Mönchs-Regel.[11] Auch dieses Problem hat seine Entsprechung im

Christentum, wie die Geschichte von Landschenkungen und notwendigen Klosterreformen zeigt.

Eine grundlegende Differenz allerdings besteht darin, daß christliche Konfessionen, Sekten und Orden maßgeblich durch Abgrenzung in der Lehre entstanden sind, während sich die achtzehn klassischen buddhistischen Schulen zunächst in der praktischen monastischen Disziplin, vor allem in Abweichungen der Beichtregel, voneinander unterschieden, wohingegen unterschiedliche Lehrmeinungen unter einem Dach beheimatet bleiben konnten. Das *Mahāyāna* ist demzufolge keine Sekte oder neue Schule, sondern eine *Bewegung*, von der einige buddhistische Schulen erfaßt wurden. Mahāyāna-orientierte Mönche gaben ihre Zugehörigkeit zu einer der alten Schulen lange Zeit nicht auf – in der Klosteruniversität Nālandā lebten über Jahrhunderte hinweg Theravāda- und Mahāyāna-Mönche zusammen.[12] Die Unterscheidung in Theravāda (Hīnayāna) und Mahāyāna kann also nicht mit der christlichen Spaltung in Konfessionen verglichen werden, weshalb sich auch die Frage nach einer innerbuddhistischen Ökumene ganz anders stellt als die nach einer innerchristlichen. Wir werden darauf zurückkommen.

Robert Thurman hat drei Phasen oder Paradigmen der Entwicklung der buddhistischen Mönchsgemeinde unterschieden. Für den gegenwärtigen Dialog ist es wichtig, darauf hinzuweisen, daß unter jeweils besonderen Umständen alle drei Modelle wirksam waren und sind:[13]

1. Im *frühen Buddhismus* ist der *saṃgha* eine von der übrigen Gesellschaft abgesonderte Elite, was einen gewissen sozialen Dualismus erzeugt.
2. Die mittelindischen *mahāyānistischen Klosteruniversitäten* (z. B. Nālandā, 2.–13. Jh. n. Chr.) repräsentieren eine sozial verändernde Formgebung *innerhalb* der Klostergemeinschaft, die *nach außen* in die weitere Gesellschaft hinein wirkt.
3. Die im *Vajrayāna* herausgebildete Gesellschaftsform in Tibet (ab dem 8. Jh. n. Chr.) ist ein sozialer Nicht-Dualismus, bei dem die politische Struktur in die monastische Lebensform eingesogen wird.

Einerseits ist es wichtig, daß sich die Partner im buddhistisch-christlichen Dialog dieser Vielfalt der sozialen religiös begründeten Strukturen in ihrer jeweiligen Geschichte bewußt sind. Andererseits darf der buddhistisch-christliche Dialog nicht verdrängen, daß sich das buddhistische Mönchtum heute in einer beinahe „apokalyptischen Situation" (R. Thurman) befindet: in Tibet ausgerottet und vertrieben, in Südostasien und China durch Bürgerkriege und kommunistische Diktaturen fast ausgelöscht, in Japan, Taiwan und Thailand (hier trotz einer „buddhistischen Staatskirche" mit einem *saṃgharāja* an der Spitze) durch Säkularismus und Konsumerismus bedroht, in Sri Lanka durch ethno-religiösen Bürgerkrieg politisiert und gespalten. Auch die Situation des Christentums stellt sich höchst problematisch dar. Die Säkularisierung in Europa hat zu Traditionsabbrüchen geführt, während in Afrika und Lateinamerika, weniger in Asien, das Christentum zur nationalen

Identitätsbildung beiträgt, dadurch aber – in Afrika – in Konflikte mit anderen Religionen gerät. In den meisten Ländern Asiens bilden die Christen eine verschwindende Minderheit. In Süd- und Südostasien werden sie nach wie vor nicht selten als Relikte des Kolonialismus mit Argwohn betrachtet.

1. Pionierleistungen buddhistisch-christlicher Gemeinschaft durch spirituelle Begegnung

Im 19. und beginnenden 20. Jahrhundert war die Begegnung mit dem Buddhismus vornehmlich unter der Annahme erfolgt, dieser repräsentiere ein rationales System ohne Gottesglauben, ja man meinte, den Buddhismus als empirisches System der Lehre vom Bewußtsein interpretieren zu müssen, so daß die Frage aufkam, ob man beim Buddhismus überhaupt von einer Religion sprechen könne. Der Pāli-Kanon und die ersten Kenntnisse der Philosophie des Pāli-Abhidhamma schienen eine solche Interpretation zu rechtfertigen.

Die Situation änderte sich jedoch in der Mitte dieses Jahrhunderts, als der Mythos des Rationalen in Europa und Amerika zusammenzubrechen begann. Dies deutete sich sowohl in der Philosophie des Existentialismus als auch in den nicht mehr anschaulich darstellbaren Theoremen der Physik (Relativitätstheorie, Quantenmechanik) an. Von noch größerer Tragweite aber war die Krise des abendländischen Bewußtseins, die durch die beiden Weltkriege hervorgerufen wurde. Oswald Spenglers *Untergang des Abendlands* (1918–1922) war die eine Reaktion, Jean Gebsers Hauptwerk *Ursprung und Gegenwart* (1949) die andere.[14]

Während Spengler die Kulturen als Organismen verstehen wollte, die dem Zyklus von Werden und Vergehen unterlägen und somit einander ablösten, versuchte Gebser, eine allgemeine Bewußtseinsevolution ausfindig zu machen und interdisziplinär zu beschreiben. Die gegenwärtige Krise ist bei ihm weniger Ankündigung eines Endes, als vielmehr Anzeichen der Geburtswehen in eine neue Bewußtseinsstufe des a-perspektivischen, diaphanen Bewußtseins, das die rationale Bewußtseinsform ablösen würde. Gebser glaubte, daß sich dieses neue Bewußtsein in den jüngsten Entwicklungen der Kunst, der Philosophie und der Kultur dokumentiere. In einzelnen Gestalten der Vergangenheit und der kulturellen Formen Asiens habe es sich aber schon vor Jahrhunderten angekündigt.[15] Aus diesem Grunde habe der Buddhismus, und besonders die transrationalen Bewußtseinsphänomene, die im Buddhismus beschrieben und durch Meditationstechniken wachgerufen würden, für die zukünftige kulturelle Entwicklung Europas besondere Bedeutung.

Nach dem Zweiten Weltkrieg setzte in Europa und Amerika ein verstärktes Interesse besonders am japanischen Zen-Buddhismus und dem tibetischen Buddhismus ein, wobei zunächst weniger nach den kulturgeschichtlichen Implikationen dieser buddhistischen Schulen als nach ihrer Methodik zur Bewußtseinsveränderung, d. h. nach ihren Meditationstechniken, gefragt wurde.

Im Rahmen dieser Studie interessieren uns die christlichen Versuche, buddhistischer Meditation zu begegnen. Und diese Begegnung scheint im wesentlichen drei Grundmustern oder Intentionen zu folgen, die sich mit herausragenden Gestalten der Geschichte der Begegnung von Buddhismus und Christentum verbinden, wobei wir im Falle des dritten Grundmusters einen Buddhisten zu Wort kommen lassen möchten, weil er wie kein anderer für dieses Grundmuster des Dialogs steht: Tenzin Gyatso, der XIV. Dalai Lama. Für die von christlicher Seite vorgetragenen Grundmuster des Dialogs stehen der amerikanische Trappist Thomas Merton und der deutsche Jesuit Hugo Makibi Enomiya-Lassalle.

a) Thomas Merton – Die U-topia der ursprünglichen Einheit

Thomas Merton, der 1915 in Frankreich geborene „Dichtermönch", ist tief in den Geist des Buddhismus, besonders des Zen-Buddhismus, eingedrungen, vor allem deshalb, weil es ihm nicht allein um einen theoretisch-theologischen Dialog ging, sondern um ein Verstehen von innen her, was für einen im benediktinischen Geist erzogenen Mönch nicht verwunderlich ist. Es kommt hinzu: Thomas Merton war Poet. Und die Kunst war ihm eine wichtige Brücke zu Japan. Nicht nur die Transzendenz des Formlosen in der Meditation, sondern auch das aus dem Wesentlichen gestaltete Kunstwerk (der japanische Garten, das Haiku, die Teezeremonie) öffnete ihn für den Geist des Zen.

Merton war kein weltabgewandter „Kontemplativer". Als er 1942 in das Kloster Gethsemani (Kentucky) eintrat, hatte er bereits eine Zeit der Mitgliedschaft in der Kommunistischen Partei Frankreichs (1933) hinter sich. Die vom Marxismus verheißene ökonomische Gleichheit aller Menschen hatte für ihn etwas mit dem monastischen Ideal zu tun, ein Thema, das ihn bis zu seinem letzten Vortrag in Bangkok, unmittelbar vor seinem Tod am 10. Dezember 1968, („Marxismus und Perspektiven des Mönchtums") beschäftigte. Marx hatte für ihn beispielhaft die Option für die Armen ausgesprochen und das Eintreten für Gerechtigkeit ins Zentrum des menschlichen Strebens gerückt. Allerdings sah Merton die prinzipielle Entfremdung des Menschen anders als Marx, nämlich nicht bloß ökonomisch determiniert.[16]

Die Wurzeln für Mertons Interesse am Zen reichen weit zurück, doch es handelt sich dabei nicht um eine Neuorientierung oder Umwertung, die um 1950 begonnen hätte, wie Elisabeth Ott behauptet.[17] Bereits im November 1937 hatte Merton Aldous Huxleys Buch „Ends and Means" gelesen, d. h. noch vor seinem Übertritt zum Katholizismus (1938).[18] Er lernte bei der

Lektüre, daß Gebet und Meditation hilfreich sind, um Gewalt und Krieg zu überwinden. Und dies war seine eigentliche Initiation in die Mystik des Westens und des Ostens. Es ist typisch für Merton, daß dieses Interesse aus seiner Erfassung der Krise erwächst, die auch die Krise des abendländischen Bewußtseins ist, von ihm aber umfassender als Krise des sozialen und gesellschaftlichen status quo überhaupt gedeutet wird. Angesichts der politischen und sozialen Situation der Zeit kam ihm nichts so verheerend vor wie der „billige Optimismus und Humanismus", der die destruktiven Kräfte in der westlichen Zivilisation nur oberflächlich zudeckte, ihren Ausbruch aber keineswegs hatte verhindern können.[19]

Elisabeth Ott berichtet, daß ihn gerade an der buddhistischen Zen-Meditation die Einheit von kontemplativem Bewußtseinstraining und „unbedingter sozialer und weltlicher Kommunikation" faszinierte.[20] Die Verbindung beider erschien ihm notwendig. Diese Einsicht stammte einerseits aus der Identifikation mit Martin Luther King im Befreiungskampf der Afro-Amerikaner, andererseits aber aus der Ortsbestimmung des Mönchs überhaupt: Das monastische Ideal ist für ihn die paradoxe Existenz zwischen Wüste (Rückzug) und Stadt (Engagement in der Gesellschaft).[21]

Merton ordnete das Phänomen der buddhistischen und hinduistischen Meditationsmethoden zunächst der „natürlichen Mystik" zu. Er benutzte in den ersten Jahren seines Lebens als Katholik also die katholisch-theologische Einteilung der Phänomene in „natürliche" und „übernatürliche", um das einordnen zu können, was ihm in der Begegnung mit asiatischen Meditationsformen widerfuhr. Später allerdings sollte er weit darüber hinausgehen.

Vermutlich ist es diese Klassifikation und die daraus resultierende Erwartungshaltung, die Merton zunächst darauf brachte, die Wirkungen der asiatischen Meditation (besonders des Zazen) im „natürlichen Bereich" zu suchen und zu finden. So berichtete er, daß er aufgrund der Zazen-Übung abends besser einschlafen konnte und vermutete, daß in derartigen Beeinflussungen der Psyche das Wesen der östlichen Mystik überhaupt zu finden sei.[22]

Interessant ist eine Tagebucheintragung vom 4. Juni 1949 über den Besuch des Erzbischofs Paul Yu-Pin von Nanking in Gethsemani. Der Erzbischof habe mit Hochachtung vom buddhistischen kontemplativen Leben in chinesischen Tempeln erzählt und geklagt, daß es Vergleichbares unter Christen nicht gäbe.[23]

Seit etwa 1958 findet sich bei Merton der Durchbruch zu einem tieferen Verständnis des Zen, den man als Wandel von einem „Wohlwollen" zur „Bewunderung" gegenüber der östlichen Meditation bezeichnet hat.[24] Die Gründe dafür liegen sowohl in einer vertieften Erfahrung mit der Zen-Meditation (obwohl Merton damals nicht im strengen Sinn Zazen geübt hat, sondern das Wesen des Zen zunächst intuitiv erfaßte) als auch in einer kritischen Sicht der Geschichte der christlichen Tradition. Merton konstatiert ein „neues Bewußtsein" innerhalb des Christentums, das auch beinhalte, daß man von anderen Religionen „etwas" lernen könne. Er zitiert die wenigen westlichen (vor allem deutschen) Jesuiten in Japan, die den Mut gehabt hätten, Zen auch in buddhistischen Klöstern zu üben (wobei er vor allem an Enomiya-Lassalle denkt).[25]

Dies hängt natürlich mit dem durch das Zweite Vatikanische Konzil initiierten Bewußtseinswandel und dem Dokument „Nostra Aetate" zusammen, geht aber darüber hinaus. Merton sah nämlich, daß sowohl progressive als auch konservative Katholiken – aus je unterschiedlichen Gründen – dem Versuch, die „Mystik" wiederzuentdecken, skeptisch, ja spöttisch gegenüberstanden:[26] die Progressiven, weil sie einen Nachholbedarf an Rationalität in der Kirche einklagen wollten, da in vielen Bereichen die Kirche noch nicht einmal die Aufklärung integriert habe, die Konservativen, weil die Mystik eine Gefahr für das dogmatische System bedeute, da sie Dogmen – und damit eben auch Machtstrukturen – relativiere. Haben beide also Unrecht? Nein, sagt Merton, und versucht sich in einer historischen Analyse, die zwar sehr knapp gefaßt und nicht ausgearbeitet, für sein Krisen- und Identitätsbewußtsein aber bezeichnend ist:[27]

Er kritisiert die naive Annahme, das Bewußtsein des modernen Christen könne prinzipiell mit der Erfahrung der ersten Christen der apostolischen Zeit gleichgesetzt werden, wenn man nur einige oberflächliche kulturelle Veränderungen berücksichtige. Der wesentliche Unterschied jedoch liege in der Naherwartung der ersten Christen. Die Wiederkunft Christi und der Anbruch des Reiches Gottes haben realiter bzw. unter apokalyptischem Horizont ganz und gar die Welt- und Selbsterfahrung der ersten Christen bestimmt. Als aber das Ende der Welt nicht anbrach, habe die „Entwicklung einer neuen Geschichtlichkeit"[28] eingesetzt. Dies bedeutete eine radikale Änderung der christlichen Identität, die Eschatologie habe jetzt eine metaphysische Dimension erhalten, die christliche Wahrheit sei statisch geworden, in Sätzen faßbar bzw. auch in bestimmten kontemplativen Erfahrungen nachvollziehbar. Und an die Stelle der Parusie sei das Martyrium getreten, durch das man bereits jetzt in das geschichtlich (noch) nicht verwirklichte Gottesreich eintreten konnte. Bei Ignatius von Antiochien etwa sei das Mitgekreuzigtwerden buchstäblich und das Mitleiden und Mitauferstehen mit Christus wörtlich zu nehmen – als eine mystische Erfahrung der Einung mit dem Herrn, die aber von den apokalyptischen Vorstellungen durchaus verschieden gewesen sei, wie Merton bemerkt. Nach dem Zeitalter der Verfolgung hätten die Mystiker durch Askese und Entweltlichung die Erfahrung des ausgebliebenen Eschatons spirituell zu realisieren gesucht. Vermittels des in der Kirche anwesenden Christus habe der Kontemplative eine (oft neuplatonisch gedachte) Seinsordnung erschauen können, und diese Schau wurde besonders in der lateinischen Kirche das höchste Gut *(visio beatifica)*, ohne daß sich die reale Geschichte wirklich verwandelt hätte, wenngleich man die *civitas Dei* in der Kirche zumindest anbrechen sah.

Anders sah Merton die Entwicklung in der Ostkirche: Die Lehre von der Theosis, der realen und allmählichen Umformung des Menschen in die Gottheit hinein, habe den real-transformatorischen Charakter der Apokalyptik bewahrt, ihn aber mehr oder weniger stark individualistisch umgedeutet, was der Kontemplation jenen individualistischen Zug gegeben habe, der ihr gelegentlich bis heute vorgeworfen werde. Das „Mystische" sei mit einer Seins-Metaphysik verbunden worden, d. h. das mystische Bewußtsein wurde mit dem metaphysischen gekoppelt, und diese metaphysische Stabilität – so Merton – sei „bequem und sicher"[29] gewesen. Auf ihr habe die kirchliche Hierarchie aufgebaut, und deshalb erscheine in den Augen heutiger Progressiver die Mystik nicht selten als ein konservativ-retardierendes Element.

Genau diese problematische Verbindung von mystischer Bewußtseinserfahrung und substantialistischer Seins-Metaphysik im christlichen Abendland war es wohl, die Merton zur „buddhistischen Mystik" führte, weil hier genau diese Verbindung mit Nachdruck verneint wird: Zen ist prinzipieller Nicht-Substantialismus. So interpretiert er das Wort vom Kreuz als die radikale Bewußtseinstransformation, die im Buddhismus durch Zen-Praxis angestrebt werde.[30] Merton geht es dabei nicht nur um ein theologisches oder spirituelles Problem, sondern um ein eminent politisch-soziales, wie sein Engagement in der amerikanischen Bürgerrechtsbewegung der 60er Jahre und im Kampf gegen den Vietnamkrieg beweist.

Es ist also gänzlich unzutreffend, Mertons Leben in drei Phasen einteilen zu wollen, wie Elisabeth Ott dies tut,[31] nämlich in 1. eine Jugendzeit in Sturm und Drang, 2. die Einkehr ins Kloster und Abkehr von der Welt und 3. eine erneute Teilnahme an der Welt. Die Zen-Bewußtseinserfahrung und der soziale Impuls stellen vielmehr eine Synthese von Geist und Aktion dar, die Merton immer gesucht, im Zen schließlich gefunden und von daher retrospektiv auch in verschiedenen nicht-substantialistischen Ausprägungen der christlichen Tradition wiederentdeckt hat. Erst 1965 erhielt Merton die Erlaubnis, eine Eremitenklause auf dem Gelände seines Klosters zu beziehen. Damit war ihm Gelegenheit gegeben, sich der strengen Meditationsübung des Zen, dessen Kraft er intuitiv längst erfaßt hatte, auch selbst zu unterziehen.

Kriterien für ein neues Bewußtsein

Für Merton ist die Begegnung des Christentums mit dem Buddhismus ein Ereignis von welthistorischer Bedeutung.[32] Und er war einer der ersten christlichen Denker, der die Tragweite des buddhistisch-christlichen Dialogs erfaßte. Er sah die Krise, in der alle traditionellen Religionen angesichts der marxistischen Herausforderung einerseits und der szientistischen Weltanschauung und Technokratie andererseits steckten. Eine Reaktion darauf sah er in der Hippie- und Drogenkultur der 60er Jahre in den USA: der verzweifelte Versuch, eine Identitätskrise durch bewußtseinserweiternde Mittel zu überspielen. Drogen, so urteilte Merton, seien ein *deus ex machina*[33], ein Ersatz für die nicht mehr nachvollziehbare christliche Transzendenzerfahrung, vielleicht auch ein Ersatz für die Liebe? Der Vietnamkrieg habe, so Merton, auch in den USA den Kulturschock ausgelöst, der in Europa bereits angesichts des Ersten Weltkrieges die „kulturprotestantische" Harmonisierung von christlichen Glaubensinhalten und säkularer Kultur hatte zerbrechen lassen. Ein „amerikanischer Karl Barth" aber war nicht in Sicht, denn die Zeiten hatten sich gewandelt. Die Krise des Christlichen hatte sich vertieft und die asiatischen Religionen traten als Alternativen zum Christentum ins öffentliche Bewußtsein.

Merton erkannte, daß die Begegnung von Buddhismus und Christentum dazu beitragen kann, ein erneuertes Bewußtsein hervorzubringen. Dazu müsse sie allerdings bis an die Wurzeln beider Religionen reichen und vier Kriterien erfüllen:[34]

Erstens – die Einheit der Wirklichkeit: Ein erneuertes Bewußtsein müsse dem Bedürfnis nach Gemeinschaft, nach authentischer Liebe zu allen Wesen, Ausdruck geben. Dies schließe gesellschaftspolitisches und ökologisches Problembewußtsein ein, denn das Überleben der Menschheit könne nicht durch quietistischen Rückzug in die Innerlichkeit sichergestellt werden. Sowohl die klassische christliche als auch die klassische buddhistische Spiritualität sei dadurch in Frage gestellt und zur Neuorientierung und zum Engagement aufgerufen.

Zweitens – ganzheitliches Leben: Ein erneuertes Bewußtsein müsse den Alltag des Menschen durchdringen und verändern. Denn die idealistische Abhebung mystischen Bewußtseins vom „Hier und Jetzt" entspreche weder biblischem Realismus noch buddhistischer Ganzheitlichkeit. (Die Praxis aber sehe sowohl in Asien wie im Westen oft ganz anders aus.)

Drittens – Überwindung des Dualismus von Heilig und Profan: Ein erneuertes Bewußtsein müsse den Menschen ganzheitlich kultivieren, es dürfe sich dabei nicht auf nur einzelne Aspekte – entweder Ausbildung der Rationalität oder Entwicklung des Intuitiven – beschränken. Der Dualismus, der in der Aufspaltung der Wirklichkeit in „heilige" und „profane" Bereiche zum Ausdruck komme, müsse überwunden werden. Denn: „Eine falsche und aufspaltende ‚Heiligkeit' oder ‚Übernatürlichkeit' macht den Menschen nur zum Krüppel."[35]

Viertens – Überwindung des Egozentrismus: Ein erneuertes Bewußtsein müsse den Menschen von seinem übermäßigen Drang nach Selbst-Bestätigung befreien. Es sei ein Irrtum, die drei ersten Kriterien mit einem verstärkten Ich-Bewußtsein verknüpfen zu wollen, damit die Aufgaben durch einen verstärkten Imperativ endlich angepackt werden könnten. Das Gegenteil sei der Fall: Erst ein inneres Loslassen schaffe die „sorglose Freiheit", durch die der Mensch „die Dinge so nimmt, wie sie sind, um mit ihnen so zu arbeiten, wie er eben kann".[36]

Diese vier Kriterien stecken präzise das Problemfeld der interkulturellen Begegnung ab, und zwar bereits vor den 70er Jahren, in denen ähnliche Gedanken die breitere Öffentlichkeit erfaßten. Es ist kein Zufall, daß diese Schriften Mertons 1968 erschienen, im Jahr der weltweiten Studentenproteste.

Merton will nun prüfen, ob diese Kriterien von den jeweiligen religiösen Traditionen legitimiert werden. Denn dies sei eine der notwendigen Aufgaben des buddhistisch-christlichen Dialogs.

Zuerst im Lichte der *christlichen* Tradition:

Merton führt dabei *Schöpfungslehre*, *Eschatologie*, Jesu *Überwindung* der *Spaltung* von *Heiligem* und *Profanem* sowie die *Rechtfertigungsbotschaft* an.

Das *erste Kriterium* (Einheit der Wirklichkeit) erweise sich im Zusammenhang mit der Schöpfungslehre und der prophetischen Tradition als selbstverständliches theologisches Anliegen.

Das *zweite Kriterium* (ganzheitliches Leben) entspreche der Zusammenschau von präsentischer und futurischer Eschatologie, wie sie aufgrund der historisch-kritischen Forschung sowohl für das Johannesevangelium als auch für die Synoptiker festgestellt worden sei und auch die Verkündigung der heutigen Kirchen zunehmend präge.

Das *dritte Kriterium* (Überwindung des Dualismus von Heilig und Profan) läge der Haltung Jesu gegenüber den Pharisäern sowie vielen seiner Gleichnisse zugrunde.[37]

Das *vierte Kriterium* (Überwindung des Egozentrismus) sei direkter Ausdruck der Rechtfertigungslehre im Problembewußtsein und der Sprache unserer Zeit.

Zweitens im Lichte der *buddhistischen* Tradition:

Merton führt dabei die Vorstellungen der universalen heilenden Hinwendung *(karuṇā)*, der Soheit der Dinge *(tathatā)*, der Einheit des Bewußtseins und die Lehre vom Nicht-Ich *(anātman)* des Buddhismus an.

Das *erste Kriterium* (Einheit der Wirklichkeit) gelte im Mahāyāna-Buddhismus als höchstes Gut und konkretisiere sich in der barmherzigen Hinwendung zu allen Lebewesen *(karuṇā)*. Nicht-Verletzen der Lebewesen *(ahiṃsā)*, Wahrhaftigkeit und Güte seien Voraussetzungen für das buddhistische Geistestraining. Das finde im Ideal der Bodhisattvaschaft dergestalt Ausdruck, daß individuelle Erlösung und kollektive Heilsverwirklichung miteinander verknüpft würden: Der Bodhisattva lege das Gelübde ab, nicht eher ins *nirvāṇa* eingehen zu wollen, bis alle Lebewesen (zu denen in jedem Fall die Tiere, in einigen buddhistischen Schulen auch die Pflanzen, gehören) erlöst seien.

Das *zweite Kriterium* (ganzheitliches Leben) sei zumindest für den Zen-Buddhismus selbstverständlich. Zen habe den Alltag durchdrungen, indem es das Naturhafte künstlerisch so gestaltete (Garten, Architektur, Teezeremonie, Speiseanrichtung usw.), daß die immanenten Formen und Strukturen der Dinge durch die geistige Tätigkeit des Menschen zur Anschauung gebracht würden: Zen lasse Flüsse Flüsse und Berge Berge sein. Merton differenziert hier aber nicht genug. Denn im asketisch-dualistischen Mönchtum des Theravāda besteht ein ähnlicher Gestaltungswille im Alltäglichen nicht. Dies ist vielmehr ein chinesisch-taoistisches Erbe, das den ostasiatischen Buddhismus geprägt hat. Immerhin könnten aber auch im südlichen Buddhismus Ansatzpunkte in dieser Richtung gefunden werden, vor allem in der *Satipaṭṭhāna*-Meditation, in der Achtsamkeit geübt wird, nicht nur in bezug auf die individuellen Körper- und Atemvorgänge, sondern auch in bezug auf das „Atmen" der Natur und möglicherweise auch der Gesellschaft. Der buddhistisch-christliche Dialog, so meinen wir, sollte gerade an dieser Stelle Problembewußtsein erzeugen, um in der Praxis fruchtbar zu werden.

Das *dritte Kriterium* (Überwindung des Dualismus von Heilig und Profan) ist nach Merton der Hauptgrund für die Faszination, die buddhistische Meditation auf abendländische Menschen ausübt. Die leibliche Erfahrung sei hier Ausgangspunkt für geistige Konzentration, und die Durchdringung physisch-psychischer Vorgänge, ja ihre Visualisation im tantrischen Buddhismus, diene der ganzheitlichen Entfaltung des Menschlichen.[38] Daß der Mahāyāna-Buddhismus anti-rational wäre, sei ein Fehlurteil, das auf der Unkenntnis des Trainings der Mönche in Mahāyāna-Klöstern beruhe: dialektische Studien in Logik und Kategorienlehre seien schließlich Voraussetzung für die Zulassung zur Meditation über die Leere. Zen, so fügen wir hinzu, ist hier eine Ausnahme. Aber man sollte dennoch nicht von Irrationalität sprechen, sondern eher von Trans-Rationalität, da auch Zen im Verständnis von Leere *(śūnyatā)* auf der buddhistischen Prajñāpāramitā-Literatur fußt, die in logischen Kategorien argumentiert.

Das *vierte Kriterium* (Überwindung des Egozentrismus) sei, so Merton, die Grundkonstante des Buddhismus überhaupt, der in seiner Lehre vom Nicht-Ich *(anattā/anātman)* die Freiheit von ich-hafter Projektion anstrebe, um damit die spontane Entfaltung des Tiefenbewußtseins zu ermöglichen. Daß dieses Nicht-Ich keineswegs Persönlichkeitsverlust bedeutet, wie im christlichen Raum gelegentlich befürchtet wird, können wir an dieser Stelle nicht im einzelnen begründen.[39] Auch Merton wußte genau zwischen den falschen Identifikationen des Menschen mit einem psychischen Ich, das sich aus Bewußtseinseindrücken und emotionalen Reaktionsmustern zusammensetzt, und dem Wahren Selbst, dem wirklichen „Ich" zu unterscheiden. Ersteres existiert für den Buddhismus nicht wirklich, sondern ist nur Zusammenspiel verschiedener Faktoren, weshalb der Buddhismus vom Nicht-Ich *(anattā/anātman)* spricht. Letzteres, so Merton, sei die mit dem neutestamentlichen Geist *(pneuma)* verwandte Erfahrung der wahren Identität des Menschen in Gott, die sich dann einstelle, wenn das psychische Oberflächen-Ich völlig entleert worden sei.[40]

Dialog als personale Begegnung

Thomas Merton ist von Elisabeth Ott zutreffend als „Mensch auf der Grenze"[41] bezeichnet und in diesem Sinn mit Paul Tillich verglichen worden. Es handelt sich dabei aber nicht um die Grenze zwischen Buddhismus und Christentum, wie Ott meint, sondern um die Schnittstelle von Identitätskrise der abendländischen Kultur und neuen Bewußtseinsimpulsen. Die neuen Anregungen kommen dabei auch aus dem buddhistischen Raum, für Merton aber immer in der Brechung durch das abendländische, weithin christlich geformte, Bewußtsein. Merton hatte tiefe Einsichten in das Zen gewonnen, den Buddhismus als sozio-kulturelle Größe aber hat er kaum kennengelernt oder im Blick gehabt. Für ihn war die Begegnung mit dem Buddhismus Begegnung mit seiner meditativen Tradition.

Herausragende Persönlichkeiten, denen Merton im unmittelbaren Gespräch begegnete, waren D. T. Suzuki und der XIV. Dalai Lama.[42] Und sie prägten sein Buddhismusbild wesentlich. Es ist überhaupt bezeichnend für den Dialog zwischen Christentum und Buddhismus, daß er sehr oft durch die Begegnung von Christen mit buddhistischen spirituellen Meistern initiiert wird und in derartigen personalen Kontakten auch kulminiert. Die theologisch-reflektierende Analyse ist meist erst der nachfolgende Versuch, diese personale Begegnung zu interpretieren.

Merton macht daraus ein hermeneutisches Prinzip: für ihn ist der Dialog vor allem Begegnung von Menschen, die ihre jeweilige Tradition authentisch verkörpern:

„Man kann den Buddhismus nicht verstehen, wenn man ihn nicht auf diese existentielle Weise erfährt, in einem Menschen, in dem er lebendig ist ... Die Einzigartigkeit von Dr. Suzukis Werk liegt in der Unmittelbarkeit, mit der ein asiatischer Denker seine eigene Erfahrung einer tiefen und alten Tradition in einer westlichen Sprache mitteilen konnte."[43]

Merton grenzt diese Authentizität von der bloßen Gelehrsamkeit ab, die buddhistische Texte zwar richtig, aber ohne spirituelle Erfahrung übersetzt. Sie sei auch etwas anderes als die Vermittlung durch westliche Menschen, die Erfahrung mit buddhistischer Übung gemacht haben, dabei jedoch an ihre abendländische Herkunft gebunden bleiben und darum eben diese Erfahrung wissend oder unwissend „christlich" interpretieren.

In der authentischen Begegnung müssen die Partner sich in ihrem Ich ganz und gar zurücknehmen, damit Kommunikation auf einer Ebene möglich wird, die Äußerlichkeiten und auch sprachliche Leer-Formeln hinter sich läßt. Es scheint, daß dies der Grund dafür war, daß Merton bei seinem Indien-Aufenthalt keine Mönchs-Kutte tragen wollte. Er ist dafür hart kritisiert worden, weil er das Provozierende des Christseins in einer anderen religiösen Umwelt verschleiert habe, also das „Zeugnis" schuldig geblieben sei.[44] Doch dieses Urteil ist unzutreffend. Denn seine buddhistischen Partner spürten genau, daß er immer Katholik geblieben ist und bleiben wollte, jedoch in einer offenen Weise, die es ihm ermöglichte, Menschen den Weg in die Tiefe zu weisen.[45]

Merton erlebte den Dialog vor allem als Weg in die Tiefe der jeweils eigenen Tradition, wie er in seiner letzten Rede über „Marxismus und Perspektiven des Mönchtums" bekannte.[46] Den Buddhisten ein Buddhist-in-Christus zu werden, hielt er für möglich, ja wünschenswert,[47] damit die interreligiöse Begegnung das Wesentliche treffe. „Der ‚Kontemplative ist Zeuge der Neuen Schöpfung', wo jeder jedem alles ist."[48] In der Kontemplation, so Merton, scheinen sich die Religionen in einem gemeinsamen Schnittpunkt zu treffen.

Um die Bedeutung dieser Aussage für den buddhistisch-christlichen Dialog nun zu verstehen, muß geprüft werden, was Merton unter Kontemplation und Zen verstand.

Religionsbegegnung in der Kontemplation

Merton hat Notizen für seine Rede hinterlassen, die er auf dem intermonastischen Symposium in Bangkok im Dezember 1968 halten wollte. Tatsächlich hielt er dann aber, wenige Stunden vor seinem tödlichen Unfall, eine andere Rede. Die Notizen dafür hatte er im Oktober 1968 in Calcutta niedergeschrieben.[49] Er versucht darin, die Universalität des monastischen Ideals zu beschreiben, das sich nicht auf ein äußerlich formelles Klosterleben beschränke. Denn die kontemplative Hingabe habe drei Merkmale:

- *erstens* eine gewisse Einsamkeit bzw. den Abstand vom Getriebe des Alltags,
- *zweitens* eine bewußte Beschäftigung mit der kontemplativen Tradition der Religionen,
- *drittens* die Entdeckung der transzendenten Dimension, was dem Einzelnen aber nur in und mit der Gesellschaft gelingen könne, wenn auch in Distanz zu ihr.

Der Mönch lebe, so Merton, diese Hingabe exemplarisch für andere. Und er verwirkliche damit eine Dimension, die in jedem Menschen angelegt sei. Der Mönch ist für Merton das, was Raimon Panikkar einen „universalen Archetyp" genannt hat, welcher kulturelle und auch religiöse Grenzen transzendiert. Die Religionen beschrieben die hier angestrebte Ganzheit auf verschiedene Weise (*ātman*, *śūnyatā*, Leben in Christus, *fanā* und *baqā*[50]), die Intention und Richtung aber sei dieselbe.

Merton vermeidet es jedoch, von einem mystischen Einheitsgrund aller Religionen zu sprechen, allenfalls könne man eine „*Analogie* der kontemplativen Erfahrungen" und eine ihnen „gemeinsame *Relevanz*" konstatieren.[51] Ob man entsprechende Erfahrungen in den Religionen überhaupt unter den Begriff der Mystik bringen wolle, sei vor allem ein semantisches Problem.[52] Zen-Erfahrungen z. B. könnten durch phänomenologische Beschreibung weder vermittelt noch klassifiziert werden. Sie lägen jenseits der Subjekt-Objekt-Dualität und seien damit jeder Begrifflichkeit entzogen. Merton schreibt:[53]

„Wie alle Formen des Buddhismus sucht Zen eine ‚Erleuchtung', die das Ergebnis der Auflösung aller Subjekt-Objekt-Beziehungen und – Gegensätze in reine Leere ist. Wenn man diese Leere jedoch eine bloße Verneinung nennt, dann richtet man Gegensätze wieder auf, die in ihr bereits aufgelöst sind. Das ist eine Erklärung dafür, warum die Zen-Meister so sehr darauf bestehen, ‚weder zu bejahen noch zu verneinen'. Daher ist es unmöglich, Satori (Erleuchtung) nur durch quietistische Untätigkeit oder Ausschaltung des Denkens zu erlangen. Gleichzeitig jedoch ist ‚Erleuchtung' keine Erfahrung oder Tätigkeit eines denkenden oder ich-bewußten Subjekts. Noch weniger ist es eine Schau des Buddha oder die Erfahrung einer ‚Ich-Du'-Beziehung mit einem höchsten Sein, das als Gegenstand von Wissen und geistiger Wahrnehmung verstanden wird. Und doch verneint Zen auch nicht die Existenz eines höchsten Seins. Es bejaht weder, noch verneint es, es ist einfach. Man könnte sagen, daß Zen die ontologische Bewußtheit des reinen Seins jenseits von Subjekt und Objekt ist, ein unmittelbares Begreifen des Seins in seinem ‚So-Sein' und ‚Auf-diese-Weise-Sein'."

Zen sei, so Merton, kein System und könne deshalb auch nicht als pantheistischer Monismus begriffen werden. Und doch dürfe die Zen-Erfahrung, sei sie auch noch so transzendental, nicht von ihrem buddhistischen Hintergrund abgelöst werden. Merton sieht, daß auch der Kontemplative einer Interpretationsgemeinschaft angehört; ob diese sich ihres hermeneutischen Rahmens bewußt sei oder nicht, spiele dabei eine untergeordnete Rolle. Die Nicht-Ich-Lehre *(anātman)* etwa habe die gesamte Geschichte des Buddhismus bestimmt. Sie sei aber nur verständlich im Kontext der Zeit ihrer Entstehung in Indien, d. h. als Gegenposition zu einem substantialistischen und damit intellektuell verfügbar gemachten *ātman*-Begriff der spätvedischen Zeit. Sie sei folglich ein Teil des Angriffs des Buddha auf das brahmanische Religionssystem.

Zen und Zen-Buddhismus

Die Frage, ob die eigentliche Zen-Erfahrung von ihrer Interpretation in buddhistischen Begriffen abgelöst werden könne, ist die Frage, ob Zen und Zen-Buddhismus voneinander getrennt werden können. Christen, die Zazen in ihr Glaubenssystem und ihre Praxis integrieren möchten, streben diese Trennung häufig an, wobei man meint, den christlichen Glauben bzw. seinen praktischen Vollzug zu bereichern, ohne buddhistische Elemente aufnehmen zu müssen.[54] Man schützt sich auf diese Weise vor dem Verdacht des Synkretismus.

Auch Merton geht zunächst diesen Weg. Zen ist für ihn eine direkte Erfahrung, deren Deutung sekundär sei.[55] Die christliche Offenbarung hingegen sei eine Offenbarung des Wortes. Darum hänge im Christentum viel an der Genauigkeit der Überlieferung und an der intellektuellen Deutung des Wortes, damit nicht die Deutlichkeit des Wortes verwaschen werde. Zen kenne dieses Problem nicht.

Merton unterscheidet in seinem posthum veröffentlichten Manuskript „The Inner Experience" drei Ebenen der Gottes-Erfahrung, die einander durchdringen und beeinflussen:[56]

a) den Kontakt mit Gott,
b) die Erfahrung Gottes,
c) die Deutung der Erfahrung im Licht anderer Erfahrungen bzw. der Tradition.

Erfahrung (b) ist für ihn begleitendes Zeichen dessen, was sich auf Ebene (a) ereignet. Die drei Ebenen seien nicht trennbar, denn das, was sich im Herzen – „bekleidet mit dem Licht der Inspiration" – bewege, bedürfe der kritischen Unterscheidung und Zuordnung.

Man wird diese drei Ebenen als Raster verstehen dürfen, in dem Mertons eigene Begegnung mit der Zen-Erfahrung kritisch beurteilt werden kann. Zen transzendiere jede Religion, eben auch und zuallererst den Zen-Buddhismus selbst, dem es dennoch immer zugeordnet bleibe. Seine These lautet aber: Insofern Zen seine religiös-kulturelle Verankerung transzendiert, könne sich der Christ dem Zen unvoreingenommen zuwenden, ohne seiner christlichen Identität in irgendeiner Weise untreu zu werden.

Wenn man aber Mertons unauflösliche Verbindung der drei Ebenen in Rechnung stellt, wird sofort deutlich, daß sich für den Dialog ein Problem ergibt: Aus Mertons These folgt nämlich, daß man sich dem *Buddhismus* dann gerade nicht ausgesetzt hat, und zwar nicht nur, weil der Buddhismus mehr ist als Zen, sondern auch, weil Erfahrung und Interpretation der Erfahrung in einem Zusammenhang stehen, den Merton selbst nicht auflösen kann und will. Wenn es zutrifft, daß Zen jede Religion transzendiert, kann es in jeder Religion Gestalt gewinnen, gewiß.[57] Zen begegnet aber in „buddhistischer Gestalt", und eine Vernachlässigung dieser Tatsache würde bedeuten, daß es in der christlichen Begegnung mit dem Zen kein *definitum* mehr gäbe, das für den interreligiösen Dialog belangvoll wäre. Denn wo es keine Unterscheidungen gibt, gibt es keinen Dialog. Merton scheint dieses Problem nicht in voller Schärfe gesehen zu haben.

Merton ist mit D. T. Suzuki einer Meinung, daß Zen keinerlei Position sei. Denn eine Position verlange nach einer Gegenposition, nach Dualität also, die im Zen ja gerade überwunden werde. Dies, so möchten wir in Erinnerung rufen, ist aber nicht nur die Einstellung des Zen, sondern war bereits die Position Nāgārjunas, mit der er die Mādhyamika-Philosophie als Quintessenz der buddhistischen Einsicht überhaupt legitimiert hatte: *Śūnyatā*, und nicht eine Anzahl von definierbaren und definierten *dharmas*, sei die letztmögliche Aussage.[58] Im Mahāyāna-Buddhismus ist das Absolute vom Relativen nicht getrennt, was Nāgārjuna mit seiner Gleichung von *nirvāṇa* und *saṃsāra* ausgedrückt hatte. Bei Suzuki liest sich dieser Gedanke so: „Das Absolute ist in keiner Weise getrennt von der Welt der Unterscheidung ... Das Absolute befindet sich in der Welt der Gegensätze und nicht getrennt von ihr."[59] Diese Aussage ist aber nicht nur ein theoretisches Postulat, sondern das Eigentümliche der Zen-Erfahrung.

Wir können diese Argumentation noch weiter zuspitzen: Das Ziel des Zen-Übenden ist nicht nur irgendeine nicht benennbare Erfahrung, sondern die Integration dieser Erfahrung ins tägliche Leben. Mit Satori ist der Zen-Weg keineswegs abgeschlossen, sondern er beginnt jetzt erst eigentlich. Sonst könnte derjenige, der Satori „hat", mit der Übung aufhören. Dies ist aber nicht der Fall. Wenn das tägliche Leben immer vollkommener von dieser Erfahrung durchdrungen werden soll im Sinne der oben angedeuteten Nicht-Dualität von Absolutem und Relativem, ist in bezug auf den buddhistisch-christlichen Dialog, sei er nun monastisch-kontemplativ und erfahrungsorientiert oder philosophisch-analytisch und theorieorientiert, die Frage zu stellen, ob diese Nicht-Dualität von Christen verstanden und möglicherweise auch im christlichen Kontext nachvollzogen werden kann. Angesichts der möglichen Integration der Zen-Erfahrung in das Christentum hört der Dialog also nicht auf, sondern er spitzt sich *gerade wegen* der Zen-Erfahrung zum theologischen Dialog zu!

Theologie wird durch die Erfahrungsseite des buddhistisch-christlichen Dialogs also nicht ausgeblendet, sondern die theologische Reflexion ist die notwendige Rechenschaftslegung für die Praxis selbst.

Merton gebraucht einen Vergleich, der das Problem aber nicht deutlich genug erfaßt:[60]

„Zen ist Bewußtsein ohne die Struktur einer besonderen Form oder eines besonderen Systems, ein trans-kulturelles, trans-religiöses, trans-formiertes Bewußtsein. Deshalb ist es in gewissem Sinne ‚leer'. Aber es kann durch dieses oder jenes religiöse oder irreligiöse System hindurchscheinen, so wie Licht durch ein Glas hindurchscheinen kann, das blau ist oder grün, rot oder gelb. Wenn Zen überhaupt eine Vorliebe hat, dann zieht es einfaches Glas vor, das keine Farbe hat und eben ‚einfaches Glas' ist."

Hier muß jedoch einem möglichen Mißverständnis vorgebeugt werden, das den Geist des Zen verfälschen würde. Merton will sagen, daß Zen von keiner Form erfaßt wird und ein „System" seinem Wesen widerspricht. Das ist zweifellos richtig, trifft aber letztlich auf jede ursprüngliche religiöse Intuition zu. Das zen-buddhistische Proprium liegt darin, daß *dieser* religiöse Ausdruck, *diese* Farbe, *dieser* Baum und *diese* Blume *das Ganze ist.* Zen ist ohne die Struktur einer besonderen Form, es hat aber gleichzeitig *diese* (d. h. jede mögliche) konkrete Form, auch die des Buchstabens oder des Wortes, das hier gerade geschrieben wird – an dieser Stelle und zu diesem Zeitpunkt. Ein Zen, das bloß „trans"-kulturell, -zeitlich, -räumlich usw. ist, wäre eine idealistische Fehldeutung, die mit Buddhismus wenig zu tun hätte, eine Leere im Gegensatz zur Form – und damit nur relatives, nicht Absolutes Nichts.

Angesichts dieser Überlegungen erscheint die – auch von Merton vertretene – These, daß der Dialog zwischen Buddhismus und Christentum am ehesten auf der kontemplativen Ebene und in der Begegnung von Mönchen und Nonnen vorankommen könne, in einem spezifischen Licht. Merton weiß, daß das monastische Element eine wesentliche Gemeinsamkeit von Buddhismus und Christentum ist und daß diese als Dialogbasis geeignet sein könnte. Er verhehlt aber andererseits nicht, daß der Inhalt des buddhistischen und des christlichen Mönchtums nicht identisch ist.[61]

Außerdem will der Mahāyāna-Buddhismus – zumindest idealiter und im Zen ganz explizit – den Dualismus von Mönchtum und Laiengesellschaft überwinden.[62] Zen könnte sagen, daß die Begegnung der Straßenkehrer aus beiden Religionen das anzustrebende Ziel sein müsse. Entscheidend ist demnach allein die *Bewußtheit* der Partner, die in unserem Beispiel darin bestünde, das Straßenkehren als eigentliche Kontemplation zu erfassen. Es geht dann nicht um ein „abstraktes" Straßenkehren, sondern um die Aufmerksamkeit auf eben dieses Stück Staub, das das Ganze ist. Wir werden immer wieder darauf zurückkommen: Die Begegnung der Religionen im gemeinsamen Handeln für Frieden und Gerechtigkeit aufgrund von Einsicht *(prajñā)* ist für den Buddhisten nicht ein Ausweichen ins Pragmatische oder eine Verlagerung auf die praktische Vernunft, weil man sich auf der Ebene der theoretischen Vernunft nicht verständigen könnte, sondern das gemeinsame Tun ist der *Vollzug* der *theoria* (Schau) im eigentlichen Sinn: ganzheitliche Teilhabe an dem, was ist. Und das, was ist, ist die eine ungeteilte Wirklichkeit.

Personale versus apersonale Erfahrung?

Merton hat deutlich ausgesprochen, daß Zen nicht einfach „natürliche Mystik" sei, die zu einer nicht-personalen Erfahrung führe, während im Christentum die übernatürliche, durch Gnade gewirkte personale Gotteserfahrung zusätzlich zu dieser natürlichen hinzukomme.[63] Das Natur-Gnade-Schema auf das Verhältnis des Christentums zu den nicht-christlichen Religionen anzuwenden, hält Merton für problematisch, wie wir noch begründen werden. Zen kenne, so Merton, überhaupt keine Wesensbestimmung und demzufolge auch keine Unterscheidung in Natürliches und Übernatürliches.

Suzuki zitierte gern Meister Eckharts Sätze aus der Predigt *Qui audit me*:[64]

„Das Höchste und das Äußerste, was der Mensch lassen kann, das ist, daß er Gott um Gottes willen lasse."

Und:

„Das Auge, in dem ich Gott sehe, das ist dasselbe Auge, darin mich Gott sieht; mein Auge und Gottes Auge, das ist ein Auge und ein Sehen und ein Erkennen und ein Lieben."

Dies, so urteilt Merton, drücke mit anderen Worten aus, was der Buddhismus unter Weisheit *(prajñā)* verstehe: die vollkommene Nicht-Dualität von Subjekt und Objekt bzw. dessen, was Christen Gott und Welt, Übernatürliches und Natürliches nennen. Gott sei sowohl das Subjekt der Gotteserkenntnis als auch das „Organ", das diese Erkenntnis empfange. Letztlich könne von einem menschlichen Ich, das ein „natürliches" Wissen erlange, das sich von einem durch Gnade gewirkten Wissen unterscheide, keine Rede sein. Denn jeder Atemzug sei Gnade; Natur außerhalb von Gnade existiere nicht. Die Verwandtschaft von Buddhismus und Christentum sei an dieser Stelle vielleicht größer, als der erste (durch scholastische Kategorien gefilterte) Blick wahrzunehmen meine.

Dieses „vielleicht" Mertons bedarf einer theologischen Klärung, denn es genügt auch in bezug auf die Aussage der fundamentalen Nicht-Dualität nicht, unreflektierte Erfahrungen einander gegenüberzustellen, weil sowohl Christen als auch Buddhisten unentwegt versuchen, dieses Unsagbare durch anschauliche und nicht beliebig austauschbare Symbole zur Sprache zu bringen.

Merton sieht diesen Klärungsbedarf und schreibt:[65]

„Ferner ist es höchst bezeichnend, daß ein japanischer, im Zen erzogener Denker so aufgeschlossen für das im Grunde dunkelste und schwierigste Mysterium der christlichen Theologie ist: das Dogma von der Dreifaltigkeit und der Ausgießung der göttlichen Personen in den Christen und in die Kirche. Dies scheint darauf hinzuweisen, daß das eigentliche Forschungsgebiet für Analogien und Entsprechungen zwischen Christentum und Zen schließlich doch eher Theologie als Psychologie und Asketik sein mag; es muß jedoch eine Theologie sein, die in der christlichen Kontemplation erfahren wird, nicht die spekulative Theologie der Lehrbücher und der gelehrten Streitgespräche."

Merton macht deutlich, daß Zen jedoch nicht durch die Brille des theologischen Streits mit dem Pelagianismus wahrgenommen und interpretiert werden dürfe.[66] Denn der Zen-Weg bedeute gerade keine Expansion des Ich[67], sondern die psycho-physische Transformation des Bewußtseins, durch die der dem Ich unverfügbare *Grund* des Bewußtseins erfahrbar werde. Die buddhistische Geistigkeit tendiert zweifellos nicht zu einer in Bubers Sinn personalen Ich-Du-Erfahrung, und Merton spricht diesen Unterschied zur jüdisch-christlichen Erfahrung deutlich aus.[68] Er fragt aber weiter, ob dies denn die einzig mögliche Gotteserfahrung, auch im christlich-personalen Sinn, sein müsse:

„Man könnte fragen, ob unser üblicher Fehler, zwischen dem ‚empirischen Ego' und der ‚Person' zu unterscheiden, nicht dazu geführt hat, unsere gesamte Deutung des Buddhismus zu sehr zu vereinfachen und damit zu verfälschen. Im Zen gibt es mehr Anzeichen für einen höheren und spirituellen Personalismus, als man auf den ersten Blick erwarten könnte. Die Zen-Schau ist zugleich eine Befreiung von den Begrenzungen des individuellen Ego und eine Entdeckung der dem Menschen eigenen ‚ursprünglichen Natur' und des ‚wahren Gesichts' im ‚Sinn', der nicht mehr an das empirische Selbst gebunden, sondern in allem und über allem ist. Die Zen-Erkenntnis ist nicht unsere Bewußtheit, sondern die sich selbst bewußte Seins-Bewußtheit in uns ... meine ‚Identität' muß in der Einheit (wirklich ‚Konvergenz'?) und nicht in der Trennung mit all dem (der Welt, Vf.) gesucht werden. Diese Identität ist nicht die Verneinung meiner eigenen personalen Realität, sondern ihre höchste Bejahung. Es ist eine Entdeckung echter Identität in und mit dem Einen; und dies kommt in dem Paradox des Zen zum Ausdruck, dem bedauerlicherweise der ausdrückliche Begriff Person im höchsten Sinne fehlt."[69]

Wir möchten diesen Texte so kommentieren: Mertons Beschreibung folgt der Sprache des Zen. Ob allerdings im Buddhismus ein Begriff für das, was in Europa seit der Antike „Person" heißt (und in der europäischen Geschichte einem nicht unerheblichen Bedeutungswandel unterlag), gänzlich fehlt, muß genauer untersucht werden. Im Mahāyāna-Buddhismus hat z. B. der Begriff *buddhatva* (Buddha-Natur) alle Konnotationen, die Merton in dem eben zitierten Text aufzählt. Die aus den Tantras und dem Avataṃsaka-Sūtra stammende Vorstellung der *gegenseitigen Durchdringung der Phänomene*, die von dem Chinesen Fa-tsang philosophisch zum Hua-yen-System verdichtet wurde, deutet auf eine Interrelationalität der Phänomene hin, die sehr wohl mit dem Relationenbegriff in der Trinitätslehre verglichen werden kann, der seit Augustin das Personale in Gott erläutern soll.[70]

Interessant ist, daß sich dem Dichter Merton das Wesen des Buddhismus auch in der Kunst erschließt. In Pollonnaruwa (Sri Lanka) hatte er ein ästhetisch-kontemplatives Erlebnis.[71] Im schweigenden Anblick der Buddhafigur erschloß sich ihm die Einheit von Fülle und Nichts: Klarheit, Leere und heilende Hinwendung *(karuṇā)* öffneten sich wie in konzentrischen Kreisen um das erhabene Lächeln des Buddha.[72]

Wenn Elisabeth Ott Merton vorwirft, er bewege sich immer weiter vom Christlichen weg, wenn er von *karuṇā* statt von christlicher Liebe spreche, drückt sie damit einmal mehr das häufige Mißverständnis hinsichtlich des

Begriffs *karuṇā* aus.[73] Denn es handelt sich gerade nicht um ein desinteressiertes Mitleid[74], sondern um aktive heilende Hinwendung des Bodhisattvas, eine Hinwendung, die allerdings projektionsfrei ist, d. h. ich-hafte Bestrebungen, die aus der Unterscheidung von „angenehm" und „unangenehm" resultieren, sollen in *karuṇā* ausgeschaltet sein. Der christliche Begriff der Liebe klingt für den Buddhisten meist zu emotional bestimmt, insofern „Liebe" meist Wünsche des Ich projiziert. Der christliche Begriff der *agapē* reflektiert aber – in Unterscheidung vom *eros* – genau dieses Problem.[75]

Könnten *karuṇā* und *agapē* vielleicht doch einander entsprechen, ohne daß die Identität beider Begriffe behauptet würde? Eine mögliche Antwort hängt mit der Unterscheidung von Ich-haftigkeit und Personalität zusammen. Der Buddhismus kritisiert einen ich-zentrierten Personbegriff. Was der Buddhismus jedoch positiv aussagt, könnte man als „transpersonale Person" bezeichnen, wodurch sich die Möglichkeit eröffnete, das buddhistische Transpersonale mit dem trinitarisch verstandenen christlichen Personbegriff zu vergleichen. Dies ist umso gewichtiger, als *karuṇā* im gesamten Mahāyāna-Buddhismus in Einheit mit *prajñā*, der Einsicht in die Leere *(śūnyatā)*, gesehen wird. Beide bedingen einander als Methode *(upāya)* und Weisheit *(prajñā)*. *Prajñā* aber ist ein dem empirischen Ich transzendentes Geschehen: die Zen-Erfahrung kann man nicht „machen", auch wenn man sich für sie öffnen muß. Sie ist unmittelbares Erfassen des „Sinnes", wie Merton schreibt.[76] Und diese Unmittelbarkeit läßt alle Mittel, Methoden und Wege hinter sich – man hat den Sinn nicht, sondern man *ist* der Sinn. *Prajñā* ist also kein *habitus*, sondern Tat, weshalb Merton die Erlangung der Buddhaschaft mit christlich-paulinischen Ausdrücken wie „ein Geist mit Christus sein" (1 Kor 6,17) oder „den Geist Christi haben" (1 Kor 2,16) vergleicht. Alle diese Aussagen deuten darauf hin, daß *nirvāṇa* bzw. *śūnyatā* für Merton nicht Nichts, sondern höchste Präsenz ist.[77]

Was aber versteht Merton unter *prajñā*? Sie entspreche der geistigen Armut bei Eckhart, die Merton so interpretiert: „Ich" öffne mich nicht einmal für die Erfahrung, und es ist auch nicht das „Ich", das Gott den inneren Raum bereitstellt, in dem er wirken kann, sondern Gott selbst schafft sich diesen Raum, ja er *ist* dieser Raum.[78] Das buddhistische Nicht-Selbst kann für Merton gerade die Tiefe des Personalen hinter dem Ich aufschließen, wenngleich er nicht vorschnell den Unterschied zwischen existentieller Zen-Erfahrung und theozentrisch-christlicher Erfahrung aufgeben möchte.[79] Für dieses Zögern kann er aber keinen notwendigen Grund angeben, wenn denn „die Tiefe des Personalen" auch im Buddhismus lebendig sei.

Mertons Bedeutung für die buddhistisch-christliche Begegnung

In einer posthum herausgegebenen Schrift[80] wird noch einmal der Hintergrund für das Interesse Thomas Mertons am Buddhismus deutlich: die Krise der christlichen Werte in diesem Jahrhundert. Die Weltanschauung des Zen erscheint ihm als ganzheitlich, und deshalb könne sie in einer technologischen und erschreckend ausbeuterischen Welt vielleicht das notwendige Gegengewicht schaffen.[81] Merton verschließt dabei die Augen nicht vor dem tatsächlichen Übel und der Sünde in der Welt. Ein diesbezüglicher Realismus sei der Anfang eines jeden spirituellen Weges.[82]

Was aber heißt hier Sünde? Sünden-Erkenntnis ist für Merton die Erkenntnis des wesentlichen Ungenügens (der seinsmäßigen Defizienz) im Menschen selbst. Keine geradlinige Ich-Entfaltung könne, so Merton, diesen Mangel beheben. Darum sei es die Aufgabe des Kontemplativen, gerade dieses Bewußtsein des Ungenügens in der Gesellschaft wach zu halten.[83] Die Schlußfolgerung daraus sei jedoch nicht der Nihilismus, sondern die Suche nach einem dem Menschen transzendenten Grund. Diese Suche sei die gemeinsame Aufgabe der Menschen, und im Dialog zwischen Buddhismus und Christentum müsse die Wirklichkeit dieser transzendenten Dimension auf dem Hintergrund spiritueller Erkenntnis neu zur Sprache kommen.

Der Dialog hat für Merton aber auch die Aufgabe, die spirituelle Suche in den realen gesellschaftlichen Kontext zu stellen. Denn er verkennt nicht die Gefahr, die in der Suche nach spiritueller Erkenntnis lauern kann: die Ausblendung des realen Übels einerseits und die Steigerung der ich-haften Tendenzen, des Stolzes und des elitären Machtanspruchs andererseits.[84] Die scheinbar „Frommen" in beiden Religionen, die sich mit rituellen Formeln und meditativem Rückzug begnügten, versäumten, so Merton, nicht selten die Praxis der wahrhaftigen Nächstenliebe, zumindest protestierten sie oft nicht scharf genug gegen liebloses Verhalten anderen Kreaturen gegenüber.[85]

Merton kehrte in seiner letzten Schrift zum gesellschaftskritischen Ausgangspunkt seiner frühen Jahre zurück, wobei er die Einheit von kontemplativer und sozial-engagierter Diskussion im interreligiösen Dialog nie aus dem Auge verloren hatte. Prophetische und mystische Religion wollte er nicht als einander ausschließende Typen verstehen, und er fand einen derartigen Schein-Gegensatz durch seine Zen-Studien gerade nicht bestätigt. Vielmehr, so Merton, wollen beide Typen auf verschiedene Weise dasselbe sagen: daß Freiheit und Liebe nur gleichzeitig verwirklicht werden können.[86]

In einem Brief an Marco Pallis schrieb Merton bereits 1963, intuitiv vorwegnehmend, was ihm selbst wenige Jahre später bei seiner Asienreise zur Erfahrung werden sollte:[87]

„Ich meine, daß man ganz gewiß an die offenbarten Wahrheiten des Christentums glauben, Christus nachfolgen und gleichzeitig buddhistische Anschauungen über das Leben und die Natur vertreten kann. Oder mit anderen Worten: Ein gewisses buddhistisches Element in Kultur und Spiritualität ist keinesfalls unvereinbar mit dem christlichen Glauben ..."

Merton, so muß man hinzufügen, spricht hier nicht von der Inkulturation des Christentums in asiatisch-buddhistischen Ländern, sondern es geht ihm um die Synthese von Buddhismus und Christentum im Westen, um eine kreative Neubesinnung, die für den Fortbestand der Menschheit wichtig sein könnte. Er schreibt in demselben Brief: „Ich glaube, daß ich in gleichem Maße chinesischer Buddhist in Temperament und Geistesart bin, wie ich Christ bin."

Merton gibt damit sein Christentum keineswegs auf, denn letztgültiges Kriterium für die Wahrheit ist und bleibt für ihn die Gestalt Jesu. Er erfährt aber gleichzeitig, daß durch Zen eine neue Art des Seins möglich wird, die den christlichen Glauben wesentlich vertiefen könne.[88] Denn im Buddhismus lerne der Mensch ein direktes Sehen, das die Wirklichkeit nicht durch ich-hafte Projektionen verstellen würde. Eine intensivere Wahrnehmung der Wirklichkeit werde möglich, und das sei für den modernen Menschen besonders wichtig.[89]

Die moderne Säkularisierung und die Krise der technologischen Zivilisation hat auch den Buddhismus längst erfaßt. Merton kommentiert dies so: „Zen bietet uns eine Phänomenologie und Metaphysik der Einsicht und der Bewußtheit, die größten Wert für den Westen haben", aber die Formen des Zen-Buddhismus hätten auch in Asien erheblich an Ausstrahlungskraft verloren. „Wie die katholische Liturgie verlangt auch die Zen-Übung nach einem aggiornamento."[90] Ansätze für eine Neuinterpretation des Zen findet er beispielsweise bei dem Vietnamesen Thich Nhat Hanh, der am traditionellen Buddhismus (nicht nur in Vietnam) Kritik übte, weil er konflikterzeugende Machtstrukturen stütze. Auch die buddhistische Orthodoxie leide an einer „Sklerose", während bei Thich Nhat Hanh gerade die menschliche Erfahrung des Leidens zu aktiver Solidarität mit den Unterdrückten führe. Merton schreibt 1966 an Thich Nhat Hanh:[91]

„Ich vermute, daß Ihre Probleme mit einer konservativen und formalistischen Religiosität den unseren in der katholischen Kirche ganz und gar gleichen. Es ist überall dasselbe. Wir brauchen eine neue geistige Grundhaltung, und das bedeutet zuallererst die Wiederentdeckung der alten und ursprünglichen Weisheit. Und wirklichen Kontakt mit dem, was uns unmittelbar umgibt."

Das angemessene ethische Handeln ist für den vietnamesischen Zen-Meister Folge der intuitiven bzw. meditativen Erkenntnis der Einheit aller Wesen und der dem Buddhismus eigenen phänomenologischen Analyse des Leidens.[92]

Sollte nicht gerade an dieser Stelle der buddhistisch-christliche Dialog besonders fruchtbar werden können? Merton war es versagt, seine Beobachtungen in der dialogischen Praxis prüfen zu können. In seiner letzten Schrift geht er aber erneut auf die „Götterdämmerung" im abendländischen Denken ein, wenn er auf die Proklamation des Todes Gottes durch Nietzsche anspielt:[93]

„Und deshalb scheint in unserer Kontemplation Gott oft abwesend sein zu müssen, als ob er tot wäre. Die Wahrheit unserer Kontemplation aber ist diese: daß er niemals mehr denn heute Seine Gegenwart in seiner ‚Abwesenheit' erfahrbar werden läßt. Darin sind wir dann wirklich treu: daß wir der Dunkelheit den Vorzug geben, und in dieser äußersten Tiefe unseres Seins diese Leere und offenbare Abwesenheit schätzen. Wir müssen uns nicht umsonst mühen, Ihn gegenwärtig zu machen, wenn solche Mühen Gespött sind. Lassen wir doch das Nichts, wie es ist. Darin ist Er gegenwärtig."

Merton interpretiert hier die buddhistische Leere *(śūnyatā)* gewiß nicht in ihrem ursprünglichen Zusammenhang, sondern als Korrektiv für den abendländischen Theismus, dessen Scheitern ihm offenbar auch Befreiung verspricht: Befreiung von Partikularismen, die jene von ihm geforderte Ganzheitlichkeit eines neuen Bewußtseins immer noch verstellen. Befreiung aber auch für eine intensivere Kommunikation mit allen Menschen in den verschiedenen Religionen, die eine echte *communio* sein kann, eine Kommunion, die jenseits von Worten, Sprache und Planungen bereits schon immer gegeben ist. Und so sind seine vielzitierten Worte in der Ansprache für den „Spiritual Summit" des Temple of Understanding[94] vom 25. Oktober 1968 in Calcutta Mertons Vermächtnis auch für den buddhistisch-christlichen Dialog:[95]

„Wir werden eine uralte Einheit finden. Meine lieben Brüder, wir sind diese Einheit bereits. Aber wir meinen, sie noch nicht erreicht zu haben. Und das ist es, was wir wiederfinden müssen: unsere ursprüngliche Einheit. Was wir sein müssen, sind wir bereits."

Zusammenfassend können wir sagen:

Mertons Bedeutung für den buddhistisch-christlichen Dialog liegt vor allem darin, daß er einerseits auf der Grundlage des christlichen monastischen Ideals die Praxis des Zen sowie die Zen-Erfahrung in ein sich transformierendes Christentum einbeziehen konnte. Andererseits hat er die Möglichkeiten zu persönlicher Begegnung von buddhistischen und christlichen Mönchen und Nonnen als wichtige Basis für den Dialog mitbegründet und gefördert. Seine Kritik am Zustand der religiösen und staatlichen Institutionen war von der Hoffnung begleitet, daß durch die gegenseitige Durchdringung von Buddhismus und Christentum neue Wege für die Zukunft erschlossen werden könnten.

b) Hugo Makibi Enomiya-Lassalle – Ergänzung der Religionen oder neues Bewußtsein?

Wie kein anderer christlicher Theologe hat der 1898 in Westfalen geborene und 1990 gestorbene Hugo Makibi Enomiya-Lassalle das Zen praktisch erfahren und in Europa bekanntgemacht. Es ist maßgeblich sein Verdienst, daß die buddhistisch-christliche Begegnung über die akademische Diskussion oder religionspolitische Erwägungen hinauswuchs zu einer Begegnung in der Tiefe der kontemplativen Erfahrung. Vor allem durch ihn wurde Zen als Übung in zahllose katholische Ordenshäuser in Japan, Deutschland, Spanien, Italien und anderen europäischen Ländern eingeführt. Und durch seine persönliche Überzeugungskraft haben sich in Deutschland die Kirchen, vor allem die katholische, auch institutionell für die Begegnung mit dem Zen-Buddhismus mehr geöffnet als in anderen Ländern. Jahrzehntelang hat er um den angemessenen Ausdruck für seine tiefe Erfahrung gerungen.

Hugo Lassalle, der 1919 dem Jesuitenorden beigetreten und 1929 als Missionar nach Japan gekommen war, absolvierte sein erstes *sesshin* (intensive *zazen*-Übung über mehrere Tage) im Jahre 1943, um die japanische Kultur besser kennenzulernen. Er war zu dieser Zeit Superior des Jesuitenordens in Japan und hatte erkannt, daß Zen die gesamte Kultur Japans so innig durchdringt, daß erfolgreiche Missionierung wesentlich vom Verständnis für das Zen abhängen könnte. Zunächst übte er also Zen, um sich „als Missionar" besser der japanischen „Eigenart anpassen zu können".[96] Der Ausgangspunkt für Studium und Praxis des Zen war für Lassalle also keineswegs der interreligiöse Dialog im eigentlichen Sinn, wie er später selbst andeutete.[97]

Lassalle fuhr mit den Zen-Studien fort, bis er am 6. August 1945 beim amerikanischen Atombombenangriff auf Hiroshima verwundet wurde. Das Erlebnis des Überlebens des Inferno wird ihn stark geprägt haben – Lassalle selbst schwieg darüber. Sicher ist, daß dieses Ereignis zu seiner noch tieferen Solidarisierung mit dem japanischen Volk und dessen Kultur beigetragen hat: Lassalle wollte als Missionar den Japanern ein Japaner werden. Und um dies zu unterstreichen, nahm er 1948 die japanische Staatsbürgerschaft und den japanischen Namen Makibi Enomiya an. Von 1950–1954 widmete er sich dann mit unermüdlichem Einsatz dem Bau einer Weltfriedenskirche in Hiroshima, wobei in auch Nicht-Christen in großem Maßstab unterstützten. Diesen biographischen Hintergrund des Mannes, der als ernsthafter und durchaus traditionell-christlicher Missionar den ersten Atombombenabwurf selbst miterlebt hat, der in den Slums von Tōkyō ebenso wie bei dem Wiederaufbau Hiroshimas aktiv für Gerechtigkeit und friedlichere Zeiten gearbeitet hat, muß man kennen, um seine weltweite Bedeutung für die Einführung des Zen in Europa richtig einschätzen zu können. Enomiya-Lassalle war weder „weltferner Mystiker" noch Religionsdiplomat im Gewand des jesuitischen Missionars, sondern ein engagierter Mitbruder derer, die ihm anvertraut waren, bescheiden und ehrlich-entwaffnend, wenn er keine theologische Antwort darauf wußte, warum eine bestimmte (nicht-christliche) Praxis dennoch richtig sein mußte.

Aus seiner anfänglichen Bemühung, die christliche Praxis durch Zen zu ergänzen, ist während der letzten zehn Jahre seines Lebens eine Wegbereitung für ein umfassendes neues Bewußtsein geworden. Die frühen Schriften von 1960 bis etwa 1975 unterscheiden sich diesbezüglich von den späteren nicht unerheblich, und es erscheint uns sinnvoll, diesen Wechsel an ausgewählten Themen nachzuzeichnen, weil sich daran die allmähliche Entwicklung einer echten dialogischen Haltung in der Begegnung mit dem Buddhismus ablesen läßt.

Zen als Ergänzung

Seit 1956 praktizierte Enomiya-Lassalle regelmäßig Zazen, vor allem unter dem berühmten Zen-Meister Daiun Sōgaku Harada und später unter der Leitung von Kōun Yamada Rōshi. 1960 errichtete er ein erstes christliches Zen-Zentrum in der Nähe von Hiroshima und hatte dabei erheblichen Widerstand von seiten der katholischen Kirche auszuhalten. Sein Buch „Zen – Weg zur Erleuchtung“ (1960) wurde wegen häretischer Tendenzen beanstandet und erst während des Zweiten Vatikanischen Konzils freigesprochen.[98] 1969 konnte sein zweites Zen-Zentrum „Akikawa Shinmeikutsu“ (Höhle des Göttlichen Dunkels) in der Nähe von Tōkyō eingeweiht werden, und seit 1965 hielt Enomiya-Lassalle Zen-Kurse in ganz Europa, Amerika und Südasien.

Sein jesuitischer Mitbruder in Tōkyō, Heinrich Dumoulin (1905–1995), beschreibt, wie Enomiya-Lassalles Verständnis für das Zen aus den Ignatianischen Exerzitien erwachsen ist.[99] Denn Enomiya-Lassalle verglich beide Übungswege miteinander[100] und beklagte aufgrund seiner Zen-Erfahrung das oft oberflächliche Verständnis der Exerzitien, die deshalb selbst unter Jesuiten an Ausstrahlungskraft verloren hätten. Für Enomiya-Lassalle drehten sich beide Wege um die radikale Losschälung des Menschen von ichhaften Wünschen, um auf diese Weise den Weg zur Vereinigung mit Gott vorzubereiten. Der Christ müsse sich selbst im Glauben total loslassen können, und dazu sei Zen die ideale Übung. Zen öffne den Blick für das, was sich zuvor unbeachtet auf der „Rückseite des Geistes“[101] abgespielt habe. Es induziere eine Loslösung vom Geschöpflichen und von den Sinneseindrücken und verhelfe damit zu einer Öffnung für Gott.[102] Gott in allen Dingen zu finden, war für Enomiya-Lassalle keine Frage theoretischer Reflexion, sondern eine Sache des Übungsweges.

Konnte es aber ein „christliches Zen“ geben? Bereits in den 50er Jahren hatte ihn Harada Rōshi gelehrt, daß die Praxis des Zazen vom Buddhismus abgelöst werden könne. Er respektierte den christlichen Glauben seines jesuitischen Schülers und erklärte: „Dann ist Ihre Übung eben christliches Zazen und christliche Erleuchtung.“[103]

Was aber bedeuten Begriffe wie „christliches Zazen“ und „christliche Erleuchtung“? Kann die Erfahrung tatsächlich von ihrem weltanschaulichen Hintergrund und ihrer Deutung abgelöst werden? Sind Zen und Zen-Buddhismus wirklich zwei verschiedene Dinge? Kann Zen vom Buddhismus getrennt und dann in die christliche Praxis integriert werden, ohne daß man in der Übung dem buddhistischen Meister als Buddhisten begegnen würde? Und wenn das möglich wäre, wäre es moralisch legitim? Könnten nicht die Buddhisten ein solches Unterfangen als geistigen Diebstahl betrachten? Kann Zen die ansonsten unverrückbare und festgelegte christliche Deutung der Wirklichkeit also einfach ergänzen oder bedingt nicht die Begegnung beider eine radikale Transformation, eine Veränderung, die an die Wurzel der Religion als solcher reicht?

Bei Enomiya-Lassalle begegnen wir dem Problem wieder, das schon Merton nicht klar beantwortet hatte, nämlich dem Verhältnis von Erfahrung und Interpretation bzw. der Frage, ob die buddhistische Meditationsübung von ihrem buddhistischen Hintergrund abgelöst werden kann.

In den 50er und 60er Jahren war die Beschäftigung mit dem Zen für Enomiya-Lassalle nicht eine Frage des Glaubens*inhaltes*, sondern eine Form von „Ausweitung natürlicher Seelenkräfte", also ausdrücklich *nicht* der Versuch, sich weit „in den Bereich der anderen Religion hineinzuwagen".[104] Es ging ihm allein um die Zen-Praxis, die sich offenkundig auch für Katholiken als hilfreich und wirksam erwies, weshalb eine klare theoretisch-theologische Begründung zweitrangig war. Zen war eine willkommene *Ergänzung* für die ansonsten wenig hinterfragte christliche *praxis pietatis*. Heinrich Dumoulin widersprach diesem Vorgehen Enomiya-Lassalles, indem er lapidar erklärte, daß Zen nicht einfach eine erfolgreiche Übung sein könne, sondern der Deutung im buddhistisch-christlichen Dialog bedürfe.[105]

In den früheren Schriften betrachtete Enomiya-Lassalle das Christentum als die überlegene Religion, welche die Methode des Zen zur eigenen Katharsis und Vertiefung übernehmen sollte. Diese Überlegenheit hatte er vor allem unter vier Gesichtspunkten zu begründen versucht:

- mit der christlichen Einheit von Leib und Geist im Gegensatz zum buddhistischen Monismus;
- mit der Personalität der absoluten Erleuchtungserfahrung; wobei aber Enomiya-Lassalle schon sehr früh von einem „übergegenständlichen Personalen"[106] gesprochen hatte, den Gegensatz personal-apersonal also niemals absolut gesetzt hat;
- mit dem Aspekt der Liebe, der für die christliche Mystik charakteristisch sei, für Zen hingegen nicht, und
- mit der Vermutung, daß es sich beim christlich-mystischen Weg um eine tiefere Katharsis des Wesens des Menschen handle als im Zen, weil Teresa von Avila und Johannes vom Kreuz wesentlich intensivere Leidenserfahrungen und Anfechtungen berichteten.

Trotz dieser frühen Versuche, die Überlegenheit des Christentums darzustellen, zweifelte Enomiya-Lassalle nie daran, daß auch Nicht-Christen zu Christus unterwegs seien, denn alle Menschen seien von Christus erlöst, wenn man auch nicht genau sagen könne, wie das hinsichtlich der nichtchristlichen Religionen zu verstehen sei.[107]

In seinem Spätwerk ist Enomiya-Lassalle freilich bei der Bewertung der anderen Religionen, besonders des Buddhismus, andere Wege gegangen, wie wir noch zeigen werden. Stand die Deutung der Zen-Erfahrung und die Frage nach der prinzipiellen Veränderung des christlichen Bewußtseins durch Zen anfangs bei Enomiya-Lassalle im Hintergrund, so wurden diese Fragestellungen in den Schriften der letzten Jahre umso kühner behandelt.

Zen, Zen-Buddhismus und Christentum

Zen sei, so zitiert Enomiya-Lassalle Heinrich Dumoulin, eine buddhistische Schule neben anderen, aber es erschöpfe sich nicht in dieser Charakterisierung.[108] Auch Enomiya-Lassalle bestritt nicht, daß Zen Religion und nicht nur eine Methode sei[109], aber er war der Ansicht, daß es nicht an eine bestimmte Religion gebunden sei.[110] Denn der Begriff *zen*, chinesisch *ch'an* und Sanskrit *dhyāna*, sei ohnehin vorbuddhistisch. Zen kenne weder eine festgelegte Sprache noch unhinterfragte Symbole, denn es übe eine gegenstandslose Meditation und sei darum zumindest phänomenologisch nicht determiniert. Zen sei also nicht identisch mit dem Zen-Buddhismus, der als religiöse Tradition feste Riten, soziale Verhaltensformen und konventionelle Glaubensvorstellungen aufweise. Enomiya-Lassalle betonte diese Unterscheidung in der zweiten Auflage seines Buches „Zen-Buddhismus" noch stärker als in der ersten[111], vermutlich auch deshalb, um dem kirchlicherseits geäußerten Synkretismus-Verdacht entgehen zu können.

Die Notwendigkeit dieser Unterscheidung soll von uns nicht in Zweifel gezogen werden. Aber was bedeutet sie? Damit kann gewiß nicht gemeint sein, daß es zwischen Zen und Zen-Buddhismus nicht doch einen inneren Zusammenhang gäbe, der bei der Wahrnehmung beider Größen nicht vernachlässigt werden darf. Denn die philosophische Deutung der Zen-Erfahrung im Zen-Buddhismus ist ja keineswegs beliebig. Beruht das Zen nicht auf der einzigartigen Erfahrung des Buddha, die also solche eben doch qualifiziert ist und in der buddhistischen Philosophie – ob adäquat oder nicht, sei dahingestellt – reflektiert wird?

Enomiya-Lassalle wich diesen Fragen nicht aus und reflektierte sie, indem er sich auf Dōgens (1200–1252) und Hakuins (1686–1769) Anweisung „Denke das Nicht-Denken"[112] berief. Danach ist die völlige Entleerung des Bewußtseins von Wahrnehmungsreaktionen und antithetischen gedanklichen Begriffsbildungen die Voraussetzung für jede geistige Versenkung. Enomiya-Lassalle zitiert zur Untermauerung dieser Position den wichtigen Satz des ostkirchlichen Theologen Evagrius Ponticus (345–399): „Das Gebet ist die Abwesenheit jeglicher Gedanken."[113] Wir wollen hinzufügen, daß diese Aussage eine fast wörtliche Entsprechung zu Patañjalis erstem Yoga-Sūtra ist, wonach Yoga als *citta vṛtti nirodha* (Stillegung der Gedankenbewegungen) definiert wird. Tiefes (mystisches) Gebet, Zen und Yoga-Meditation überschneiden sich hier.[114] Zen, so Enomiya-Lassalle, sei *munen musō*, gegenstandslose Bewußtheit, und damit ein Bewußtseinsphänomen, das zum natürlichen Menschen gehöre. Es könne in jeder Religion auftreten und werde weltanschaulich im Zusammenhang der jeweiligen Religion unterschiedlich interpretiert.

Interessant ist hier der Vergleich einer buddhistischen und einer christlichen Deutung des Zen, die beide von Enomiya-Lassalle ausformuliert werden.[115] Demnach bedeutet die Zen-Erfahrung *buddhistisch*:

„Die Auflösung der Illusion des Ich-Komplexes in die Schau des All-eins-Seins, verbunden mit überwältigender Freude, tiefstem Frieden, völliger Sicherheit und restloser Befreiung von aller Furcht und allem Zweifel."

Christlich hingegen soll die Zen-Erfahrung so gedeutet werden können:

„Das Satori oder die Erleuchtung ist eine überrationale und unmittelbare Selbstwahrnehmung in Verbindung mit der nicht-differenzierten Schau allen geschöpflichen Seins, die den Eindruck völliger Einheit gibt, und mit der Auflösung des empirischen Ichs das eigentliche Selbst als Persönlichkeit erst voll erfaßt und das Absolute insofern berührt, als es der Ursprung des geschaffenen Seins ist, eine Erfahrung, die nach der jeweiligen Gesamtdisposition des einzelnen sowohl nach Stärke als nach Beschaffenheit zahlreiche Variationen zulassend stets mit Freude, Friede, Sicherheit, Befreiung von Furcht und Zweifel verbunden ist."

Es fällt auf, daß die christliche Deutung inhaltlich überfrachtet wirkt, die buddhistische hingegen klarer ist. Läßt man die terminologischen Unterschiede beiseite und reduziert die Aussagen auf den Kern, ergeben sich drei Faktoren, die bei der christlichen Deutung gegenüber der buddhistischen hinzutreten:

- Es entstehe der Eindruck von völliger Einheit.
- Sein wird als geschaffenes Sein qualifiziert.
- Das eigentliche Selbst wird mit dem Begriff der Persönlichkeit verbunden.

Und genau dies sind die strittigen Punkte im buddhistisch-christlichen Dialog, nämlich:

a) ob die Einheit der Wirklichkeit die Realität der Vielheit zulasse,
b) ob man von Schöpfung und Schöpfer sprechen könne,
c) ob Personalität und Apersonalität der Wirklichkeitserfahrung einander widersprechen.

Wenn sich der Buddhist auf eine so oder so geartete Erfahrung, der Christ aber auf eine so oder so geartete Offenbarung beruft, werden diese unterschiedlichen Deutungen jeweils kategorial vorbestimmt. Es ist keine Frage, daß beide Deutungen erkennen lassen, daß sie Deutungen einer *Erfahrung* sein wollen. In diesem Sinne wohl meint Yamada Kōun Rōshi, daß die Erfahrung selbst von ihrer Deutung unterschieden werden müsse.[116] Zen ist aber nicht nur die *kenshō*-Erfahrung (Wesensschau) bzw. *satori* als solches, sondern die Integration dieser Erfahrung ins alltägliche Leben, also in die Struktur der Gesamtpersönlichkeit. Doch dies ist ohne Interpretation nicht möglich. Der Streit um das Verhältnis von Erfahrung per se und Deutung der Erfahrung löst demzufolge das Problem nicht auf, selbst wenn man zu dem – u. E. nicht haltbaren – Ergebnis kommen sollte, beide trennen zu können.[117]

Enomiya-Lassalle möchte zwar einerseits Zen-Erfahrung vom Zen-Buddhismus trennen, läßt aber andererseits erkennen, daß dies kaum möglich ist. Denn nicht nur die Interpretation der Erfahrung (und die in einer Kultur angenommene Interpretation verdichtet sich für den Übenden zu einer Erwartung, die unbewußt sein kann), sondern auch die Motivation, mit der jemand Zen übt, beeinflusse die Erfahrung.[118] Zu einer konsistenten Antwort auf das Problem kam er in den 70er Jahren allerdings noch nicht.

Wenn die mentalen und sozialen Dispositionen des Übenden die Zen-Erfahrung beeinflussen, muß die Erfahrung bei jedem und jeder verschieden sein, auch wenn man gleichzeitig von der *einen* Erfahrung spricht, die immer dieselbe sei, was Enomiya-Lassalle in Übereinstimmung mit der gesamten Zen-Tradition auch tut.[119] Ist die Erfahrung aber jeweils verschieden, muß es einen gemeinsamen Grund geben, der es erlaubt, dennoch von *satori* und nicht von etwas anderem zu sprechen. Dieser Grund kann nicht benannt werden, ohne daß man Kriterien angibt. Kriterien setzen aber eine oder mehrere in intersubjektiver Kommunikation gewonnene Interpretationen voraus.

Interessanterweise zitiert Enomiya-Lassalle selbst einen Zen-Meister, der ihm gegenüber geäußert habe, „das Satori müsse an Hand der buddhistischen Philosophie geprüft werden", und zwar verbunden mit dem Hinweis, daß das Rationale im Zen durchaus notwendig sei und in seiner spezifischen Kontrollfunktion auch nicht vernachlässigt würde.[120] Daß die buddhistische Wahrnehmung der Leere *(śūnyatā)* eine spezifische Interpretation der Wirklichkeit bedeutet, die im Zen nicht geleugnet, sondern durch direkte Erfahrung bestätigt werden soll, ist damit eindeutig erwiesen.

Kann man also von einem „christlichen *satori*" sprechen?[121] Und wenn ja, was wäre das „Christliche" an einer solchen Erfahrung? Enomiya-Lassalle hatte zunächst geglaubt, daß dieses Spezifische die Liebe zu Gott sei. Im Nachwort zur zweiten Auflage des Buches „Zen-Buddhismus"[122] korrigiert er sich aber dahingehend, daß *satori* bei Christen nicht immer die (christliche) Liebe zu Gott einschließen müsse. Umgekehrt stelle sich dann die Frage, ob jede christliche Gotteserfahrung als *satori* bezeichnet werden könne? Natürlich nicht. Erfahrung müsse für den Christen, so Enomiya-Lassalle, am Wort Gottes, das heißt an Jesus Christus, gemessen werden.[123] Auch der Zen-Meister messe und beurteile die Erfahrung im Zusammenhang mit dem Verhalten des Schülers, das wiederum auf dem Hintergrund der buddhistischen Tradition bewertet würde, aus der die Wirklichkeitsdeutung und die Verhaltensmuster im Zen insgesamt abgeleitet würden. Dann aber, so müssen wir schlußfolgern, ist es problematisch, von einem „christlichen *satori*“ zu sprechen, ohne genau zu bezeichnen, was damit gemeint sei.

Das Problem spitzt sich zu, wenn Enomiya-Lassalle Zen als „natürliche Mystik“ bezeichnet[124] und die Zen-Erfahrung damit als bloß natürliche[125] charakterisiert, um sie von der christlich-gnadenhaft-übernatürlichen Gotteserfahrung abzugrenzen. Denn diese Unterscheidung legt nahe, daß das bloß Natürliche durch die Gnade ergänzt werden müsse, wogegen sich Zen-Buddhisten gewiß wehren würden. Aber was soll dieser Gegensatz von Natur und Über-Natur im Zusammenhang mit Zen überhaupt bedeuten? Denn wenn sich das Ich, so müssen wir einwenden, völlig gelassen hat und buchstäblich mit Nichts eins geworden ist, was oder wer ist dann Subjekt und Empfänger von *satori*? Nichts anderes als das Wahre Selbst, das der Buddhismus vorsichtshalber als Nicht-Selbst bezeichnet, um das Mißverständnis jeder nur möglichen Identifikation mit dem empirischen Ich auszuschließen! In diesem Wahren Selbst aber ist jede Bestimmung, somit auch jede Unterscheidung oder Dualität von Natur und Über-Natur aufgehoben.

Wie wir im vorigen Kapitel sahen, brachte bereits D. T. Suzuki diese Einsicht zur Sprache, indem er Meister Eckhart zitierte: „Das Auge, in dem ich Gott sehe, das ist dasselbe Auge, darin mich Gott sieht.“[126] Und wie schon Thomas Merton, so greift auch Enomiya-Lassalle diesen berühmten Satz auf, allerdings nicht ohne die Behauptung hinzuzufügen, daß die Gnade eben doch mehr sei als die Schauung des Menschen. Doch er erörtert nicht, was er damit meint, und so muß sich diese „verchristlichende“ Formulierung Enomiya-Lassalles der Kritik stellen.[127]

Wir müssen zunächst klarstellen: Bei Eckhart geht es weder um Identität noch um Nicht-Identität von Gott und Mensch, sondern um die *coincidentia oppositorum*, wie Nikolaus von Kues später formulierte.[128] Da aber auch im Buddhismus das *satori* keineswegs als Entfaltung der Möglichkeiten des empirischen Ich, sondern als „Ankommendes“ (C. Albrecht)[129] bzw. als Gewahrwerden der transzendentalen Buddha-Natur, und damit als Geschenk oder eben als „Gnade“ erfahren wird, erscheint der Begriff der *coincidentia oppositorum* zumindest angemessener als das Natur-Gnade-Schema[130], das unter völlig anderen Voraussetzungen entstandene Kategorien unzulässig auf den Buddhismus überträgt und die Dinge verzerrt.[131]

Wir sind damit bereits zum Vergleich des Zen mit der christlichen Mystik vorgestoßen, den Enomiya-Lassalle aus innerer Erfahrung und aus seiner Kenntnis der Traditionen zieht.[132] Aufschlußreich ist dabei seine Interpretation einer Gotteserfahrung des Augustinus (Siebtes Buch der Confessiones), die diesem im Zusammenhang mit seinem Zweifel hinsichtlich des Ursprungs des Bösen widerfuhr.[133] Augustinus berichtet von der Erfahrung eines Lichtes, das über jedes natürliche Licht hinausstrahle. Enomiya-Lassalle interpretiert: Nach der Krise, die durch den Zweifel – vergleichbar der Situation in der Übung mit dem *kōan* – ausgelöst worden sei, habe eine

„erfahrungsmäßige Gotteserkenntnis" eingesetzt, die als „natürliches Geschehen" zu bezeichnen sei, wenn man dies auch nur sagen könne unter „vollem Einschluß der mitwirkenden Gnade". Die *visio beatifica* im eigentlichen Sinn könne damit jedoch nicht gemeint sein, weil sie in diesem Leben in Vollkommenheit nicht möglich sei. An diesem Punkt bestehe ein Unterschied zum Buddhismus, der die volle Erleuchtung in diesem Leben schon für möglich halte, wenngleich hinzuzufügen sei, daß auch ein *satori* noch nicht genüge: man müsse stetig weiter üben, um diese Erfahrung beständig werden zu lassen und ins tägliche Leben zu integrieren.

Enomiya-Lassalle erwähnt zum Vergleich mit dem Zen ferner die mystischen Erfahrungen des Bernhard von Clairvaux, die Viktoriner, Bonaventura und Thomas von Aquin (der nach seiner Wahrheits-Schau am Ende seines Lebens keine Zeile mehr geschrieben haben soll),[134] den englischen Verfasser der „Wolke des Nichtwissens" und natürlich Meister Eckhart. Eckhart stünde dem Zen-Geist so nahe, daß man fragen könne, was ihn denn eigentlich von einem Zen-Meister unterscheide. Enomiya-Lassalle nennt zwei Aspekte:[135]

- die personale Gottesliebe, die bei Eckhart hinzukomme,
- das Schwergewicht, das Eckhart auf die Umgestaltung des Menschen durch göttliche Gnade (Gottesgeburt) lege, bei der die Seele aber dennoch „mitgebärend" tätig sei.

Diese beiden Aspekte findet Enomiya-Lassalle besonders auch bei Jan van Ruysbroeck, Johannes Tauler und in der spanischen Mystik des 16. Jahrhunderts (Teresa von Avila und Johannes vom Kreuz) wieder. Das also, was das Christentum zusätzlich und über das Zen hinaus auszeichne, sei die personale Beziehung zu Gott.

Personalität versus Impersonalität?

Wir kommen hier zu der Frage, die auch Thomas Merton nicht losließ und die sich immer wieder als eines der Hauptprobleme im buddhistisch-christlichen Dialog erweist.[136]

Im ursprünglichen Buddhismus der Sūtren- und Abhidharma-Literatur sowie im Zen gibt es keinen personalen Gott. Im Volks-Buddhismus Südost-, Zentral- und Ostasiens hingegen ist dies anders, weil hier verschiedene numinose Mächte und Gottesgestalten aus religionsgeschichtlich vor dem Buddhismus liegenden Kulturen lebendig geblieben sind. Doch dieser Aspekt des Volks-Buddhismus sei hier ausgeklammert. Aber auch hinsichtlich des Zen hat z. B. Dumoulin festgestellt, daß man zwar keinen personalen Gott, wohl aber ein personales Verhältnis zum Absoluten kenne, das sich in der Verehrung des Buddha, der Bodhisattvas und der Patriarchen ausdrücke, von der das Leben der Zen-Mönche im Kloster stark geprägt sei.[137] Auch Enomiya-Lassalle hat darauf hingewiesen, daß das Gebet im

Zen seinen Platz habe. Außerdem könne sich niemand ohne persönliches Vertrauen in die Wahrhaftigkeit des Buddha und des Zen-Meisters, der den Buddha leibhaftig vertritt, den schweren Zen-Übungen unterziehen.[138]

Wir wollen hier nicht nach dem Verständnis des Gebetes in Buddhismus und Christentum fragen, sondern nur festhalten, daß das Gebet in jedem Fall einen personalen Aspekt der Beziehung zum „Absoluten" enthält. Im Christentum gehen Gebet und Meditation ineinander über, insofern Meditation als *oratio mentalis* verstanden werden kann.[139] Im Buddhismus könne man, so Enomiya-Lassalle, ebenfalls nicht sagen, daß dies „alles nur Sache des Menschen sei, was da geschieht oder geschehen könnte".[140] Er präzisiert den Gedanken an anderer Stelle:[141]

„Auch im Zen wird die Erleuchtung als Geschenk empfunden. So wie im Zazen die eigene Anstrengung und das absichtslose Bereitsein zusammengehen, so ist auch der Punkt im Gebet, wo inhaltliche Betrachtung und Schweigemeditation ineinander übergehen, schwer auszumachen. Die Zen-Meditation bietet eine mögliche Verhaltensanweisung für das schweigende Gegenüber zu Gott an. Damit ist Satori, die Erleuchtung, nicht gleichgesetzt mit einer mystischen Begnadung."

Warum eigentlich nicht? Vermutlich deshalb nicht, weil das Natur-Gnade-Verhältnis in der westlichen Theologie die nicht-dualistische Grundhaltung des Buddhismus nicht integrieren kann. Dieser Nicht-Dualismus sei aber, so Enomiya-Lassalle, nicht Spekulation, sondern die Quintessenz der Zen-Erfahrung.

Daraus folgt, daß man die Frage nach dem Verhältnis von Natur und Gnade neu bestimmen muß, wenn man die Zen-Erfahrung für den Christen fruchtbar machen will. In diesem Zusammenhang ist es von Belang, daß Enomiya-Lassalles Zen-Meister Yamada Kōun auf die Frage, ob es sich beim Zen um Gnade oder um Selbstanstrengung handle, antwortet: „Ich glaube, es ist beides nötig."[142] Den Dualismus von Natürlichem und Übernatürlichem kann und will er nicht gelten lassen.

Freilich bleibt die Frage offen, ob das Verhältnis des Menschen zu Gott letztlich durch Relation oder durch Identität bestimmt ist. Enomiya-Lassalle antwortet eindeutig: „Nach christlicher Auffassung kann der Mensch niemals Gott werden, sondern nur mit der Gottheit überformt werden."[143] Dies erscheint zunächst als Gegenposition zum Buddhismus, in dem der Mensch nach uneingeschränkter Buddhaschaft strebt. Wir müssen allerdings zu bedenken geben: Nach Buddhaschaft streben heißt nicht „Gott werden". Der Substantialismus, der in der Bestimmung „Gott gegenüber dem Menschen" impliziert sein könnte, wird im Buddhismus abgelehnt. *Denn Buddhaschaft ist die Verwirklichung eines Bewußtseinszustandes und nicht die ontische Verwandlung in ein auf bestimmte Weise definiertes Sein.*

Die Aussagen des Buddhismus und des Christentums über das Personsein sind strukturell verschieden, und der Dialog muß hier zunächst zu hermeneutischer Klarheit gelangen, indem er den gesamten Kontext der Aussagen über „Person“ und „Impersonalität“ reflektiert.

Integration der Methode des Zen

Enomiya-Lassalles Absicht war anfangs die Integration der vom Buddhismus abgelösten Zen-Methode ins Christentum, und erst in zweiter Linie spielte der buddhistisch-christliche Dialog eine Rolle. Der Weg des Zen war für ihn die ausgefeilte Methode dessen, was Johannes vom Kreuz weniger systematisch beschrieben hatte[144] und was auch die ignatianischen Exerzitien, zumindest im Prinzip, intendierten. Aus diesem Grunde handelt es sich bei Enomiya-Lassalles Verbindung von Zen und Christentum nicht um einen religionsgeschichtlichen Synkretismus, sondern um die Entdeckung eines der menschlichen Natur entsprechenden Übungsweges. Wenn ein Christ Zen übe, müsse methodisch am Zen nichts geändert werden, wohl aber bedürfe es einer theologischen Interpretation, vor allem in bezug auf die Grundannahme des „Nichts“: Im Buddhismus bedeute das Nichts die Illusion des Ich und der Erscheinungswelt, im Christentum müsse man die Wirklichkeit hingegen im Sinne der „Wolke des Nichtwissens“ und der *theologia negativa* interpretieren.[145]

Hier (1966) zeigt sich ein Mißverständnis bezüglich des buddhistischen Begriffs des Nichts (bzw. der Leere, *śūnyatā*), das Enomiya-Lassalle zehn Jahre später (1975) korrigiert hat, indem er die Leere nun als Freiheit von Konditionierung interpretierte, und zwar in bezug auf das Ich wie hinsichtlich der Begierden.[146] Damit bezog er sich auf einen Aspekt von Nāgārjunas Interpretation der *śūnyatā* durch die Lehre vom Entstehen in gegenseitiger Abhängigkeit *(pratītyasamutpāda)*.[147]

Dem Vorschlag Enomiya-Lassalles, die zen-buddhistischen *kōans* durch christliche zu ersetzen,[148] berührt die Problematik, daß der „Inhalt“ eines *kōan* nun doch auf seine begrifflichen Vorstellungen hin betrachtet und analysiert werden soll, daß also die „religiös-inhaltliche“ Assoziation, die dem *kōan* anhaftet, für den Übungsweg nutzbar gemacht werden soll. Widerspricht das aber nicht dem ursprünglichen Argument, man könne die „allgemein-natürliche Methode“ (die in einer Lösung des *kōan* auf nicht-analytischem Weg besteht) von dem religiösen Inhalt (des Buddhismus) trennen? Wenn Zen als Ursprungs-, das Christentum aber als Offenbarungs-Religion begriffen wird,[149] entspricht das zwar der christlichen Unterscheidung von natürlicher und übernatürlicher Ordnung, nicht aber dem Selbstverständnis des Buddhismus, der eine selbstevidente bzw. an Erfahrung überprüfbare Gesamtschau der Wirklichkeit anbieten will.

Die Schwierigkeit der Ausklammerung der buddhistischen Philosophie bei der Integration des Zen in christliche Praxis wird besonders deutlich an dem Urteil, beim Buddhismus handle es sich um ein monistisches System.

1960 hatte Enomiya-Lassalle geschrieben, daß der Buddhismus als Monismus mit dem Christentum unvereinbar sei[150], und es bleibe nur zu fragen, „ob und wie der Monotheist die Erleuchtung für seine Weltanschauung nutzbar machen kann“.[151] Bereits in der zweiten Auflage des Buches „Zen-Buddhismus“, also im Jahre 1972, modifizierte Enomiya-Lassalle seine Position vor allem aufgrund des Dialogs mit dem japanischen Philosophen und Historiker Nakamura Hajime: Man könne, so Enomiya-Lassalle nun, nicht davon sprechen, daß der Buddhismus die Außenwelt der Vielheit als Illusion bezeichne, sondern solle eher von „Scheingebilden“ sprechen, da die Dinge keine Substanz hätten.[152] Immerhin hatte Enomiya-Lassalle bereits 1965 erklärt, Zen sei offen für Transzendenz, wobei diese aber so gedeutet würde, daß eine Dualität von Transzendenz und Immanenz ausgeschlossen sei.[153] Die Dualität würde allerdings, so zitiert Enomiya-Lassalle zustimmend Karlfried Graf Dürckheim, nicht beseitigt, sondern auf einer höheren Ebene aufgehoben.

Standen also bis zur Mitte der 60er Jahre die buddhistisch-christlichen Dialog-Bemühungen noch im Vorfeld, so setzte nun, angeregt vor allem durch die Arbeiten der Kyōto-Schule, auch auf christlicher Seite eine vertiefte Diskussion um den Begriff des buddhistischen Nichts ein. Sie erreichte in den Arbeiten von Hisamatsu[154] und Nishitani[155] einerseits und in den Studien von Hans Waldenfels[156] andererseits einen ersten Höhepunkt[157] und trug in der Tat zu einem wesentlich umfassenderen Verständnis des Buddhismus bei. Das fand auch seinen Niederschlag in Enomiya-Lassalles Buch „Wohin geht der Mensch“ (1981), das eine neue Sicht des Monismus-Problems erkennen läßt:[158]

„Es ist eine weit verbreitete Meinung, daß die östlichen Meditationsweisen wie Yoga, Zen und andere die sichtbare Welt, das „Viele“, wenn überhaupt noch als Wirklichkeit, so doch als Hindernis für die Erfahrung der letzten Wirklichkeit betrachten und es daher zu verdrängen suchen ... Bei der in dieser Schrift als Beispiel angeführten Zen-Meditation gilt das sicher nicht. Die Zen-Meister betonen ausdrücklich, daß im Zen nichts verdrängt wird. Nach ihnen ist die phänomenologische Welt genauso wirklich wie die absolute. Beide sind nur verschiedene Aspekte der selben Sache.“

Enomiya-Lassalle drückt hier zweifellos seine eigene Erfahrung mit dem Zen wie auch die mahāyāna-buddhistische Tradition authentisch aus. Und diese Korrektur der eigenen Anschauung ist die Frucht seiner jahrelangen Praxis und des dialogischen Prozesses.

Begegnung der Religionen und neues Bewußtsein

Enomiya-Lassalle hat sich von Anfang an für den interreligiösen Dialog ausgesprochen, aber die Motivation dazu hat sich im Laufe seines Lebens vor allem durch seine Erfahrungen mit dem Zen verändert. Er war zeitlebens primär an der Meditationspraxis und erst sekundär an theoretischen Erwägungen interessiert. Denn nur auf der Basis der wirklichen Erfahrung dessen, wovon die Religionen sprechen, sei Dialog sinnvoll.[159] Erfahrung aber könne nur an Erfahrung gemessen und beurteilt werden.[160]

Die tatsächliche dialogische Begegnung der Religionen ist schließlich immer stärker in Enomiya-Lassalles Blickfeld gerückt, weil er sie angesichts der Krise des Christentums und des religiösen Bewußtseins, ja der menschheitlichen Zivilisation überhaupt, als notwendig erkannte.[161] Die Religionen müßten in dialogischer Selbsttransformation zu einem neuen Bewußtsein finden. Dieses interpretierte er seit 1981 auf dem Hintergrund der Arbeiten von Teilhard de Chardin und Jean Gebser. So formulierte er 1983:[162]

„Wenn östliche Meditation solchen regen Zuspruch findet, so ist dies nicht in erster Linie einer geschickten Propaganda zu verdanken, sondern offenbar einem Vakuum, das sich im religiösen Bewußtsein des westlichen Menschen ausgebreitet hat. Die breiten Volkskreise reagieren darauf intuitiv, ohne sich um theoretische Bedenken gegen östliche Meditation zu kümmern, wie sie gelegentlich von einer dem gegenwärtigen Bewußtsein nicht mehr voll angemessenen Philosophie oder Theologie vorgetragen werden. Wer an einem Bewußtsein festhält, das nicht mehr voll gültig ist, verliert unweigerlich, so bitter dies sein mag, Stimme und Einfluß in der Gegenwart."

Das neue Bewußtsein aber sei, so schrieb Jean Gebser,[163] ein aperspektivisches, das die vierte Dimension des Transrationalen zu integrieren vermöge, indem es transrationale Erfahrungen der Nicht-Dualität als konstitutiv für eine neue Sicht der Wirklichkeit begreifen könne. Gebser nahm hier in gewisser Weise vorweg, was Thomas Kuhn 1962 den „Paradigmenwechsel"[164] genannt hat, der unvermeidlich und, so fügte Enomiya-Lassalle hinzu, die einzige Chance für das Überleben der Menschheit sei: Das neue Bewußtsein halte Lösungen für die Menschheitsprobleme bereit, die man rational jetzt noch nicht erfassen könne, die sich dem Menschen aber als Aufgabe dringlich stellten. „Diese schöpferische Aufgabe wird umso eher gelingen, als der Mensch in Treue zur Seinserfahrung des neuen Bewußtseins steht."[165]

Die Formulierung „Treue zur Seinserfahrung" geht hier weit über das hinaus, was Enomiya-Lassalle an christlicher Deutung der Zen-Erfahrung in früheren Jahren vorgeschlagen hatte. Er stellt nun die Integration des Zen im Westen nicht mehr nur in den Zusammenhang der Weiterentwicklung der Kirche und der Vertiefung der kirchlichen Lehre, sondern in den Zusammenhang eines die Menschheit betreffenden Bewußtseinswandels, der sowohl das Christentum als auch den Buddhismus ganz grundsätzlich betreffe und verändern werde. Es geht ihm um eine Transformation, die sich in der individuellen wie gesellschaftlichen Praxis des Handelns zu bewähren habe. Außerdem werde dieses neue Bewußtsein sich nur in verantwortlichem Handeln durchsetzen können; es geschehe weder von allein noch durch einen *deus ex machina*. Gerade die Defizienz des alten dualistischen und fragmentierenden Bewußtseins eröffne die Chance zu einer Mutation des Bewußtseins, in der die Widersprüche der Dualität aufgehoben werden könnten.[166] Enomiya-Lassalle faßt seine neue Sicht so zusammen:[167]

„Allerdings wird das Christentum besonders im Sinn der Kirchen immer mehr in die Krise kommen, je mehr sich das neue Bewußtsein durchsetzt ... Wie im einzelnen das Christentum aussehen wird, nachdem das neue Bewußtsein vollkommen in die Menschheit integriert ist, kann heute niemand voraussehen. Wohl aber können und sollen wir uns fragen, was wir tun können, damit die richtigen neuen Formen gefunden werden. Dazu ist an erster Stelle zu sagen, daß wir zu den Quellen zurückgehen müssen, zu Christus und den Jüngern, die mit ihm lebten und ihn erlebten ... Gibt es (aber, Vf.) überhaupt eine Gewähr dafür, daß das, was wir bei unserem Suchen nach den Quellen finden, auch wirklich die Lehre und Erfahrung Christi ist? Wenn es überhaupt eine Gewähr gibt, so kann es nur die eigene religiöse Erfahrung sein, die wir in tiefem Gebet und in der Kontemplation finden. Nur dort kann uns unmittelbar von Christus selbst die Antwort gegeben werden. Darum muß das Suchen nach den Quellen und neuen Formen immer mit der religiösen Erfahrung verbunden sein."

Enomiya-Lassalle hat den Weg zu dieser Erfahrung im Zen gefunden. Er hat aufgrund des eigenen Rückgangs zu den Quellen in der eigenen Tradition wie auch im Buddhismus Authentisches sehen gelernt, das er während seiner letzten Lebensjahre gleichberechtigt neben die christliche Erfahrung stellte. Er ist Christ geblieben, denn aus dem in der Heiligen Schrift bezeugten Jesus Christus wollte er das Korrektiv für die eigene Erfahrung und ihre Interpretation gewinnen. Er hat fast das ganze 20. Jahrhundert bewußt erlebt und sah ein neues integrales Bewußtsein als Hoffnung und Aufgabe für die Zukunft. Er ließ damit jeden christlichen kulturellen Provinzialismus hinter sich. Dialog war für ihn mehr und mehr zum Sich-Loslassen für die gemeinsame Aufgabe an der Zukunft der Menschheit geworden. In diesem Sinn ist er zum Lehrer und Zen-Meister für Ungezählte, Christen wie auch Buddhisten, geworden.

Zusammenfassend können wir sagen:

An Hugo M. Enomiya-Lassalles Lebensweg und seinem Ringen um ein immer tieferes Verstehen des Buddhismus läßt sich die Dynamik des Dialog-Prozesses zwischen Christentum und Buddhismus im 20. Jahrhunderts gut verfolgen: Anfangs war Enomiya-Lassalle mit einem kaum hinterfragten christlichen Missionsbewußtsein nach Japan gegangen, hatte die Werte des Buddhismus entdeckt und sie für eine Erneuerung des Christentums fruchtbar machen wollen. Später reifte in ihm durch die eigene Zen-Erfahrung, die intellektuelle Auseinandersetzung und die praktische Begegnung mit Buddhisten ein Bewußtsein von der Gleichwertigkeit beider

Traditionen, die den Reichtum ihrer geistigen Potentiale durch gegenseitige Transformation in einen umfassenden Bewußtseinswandel einbringen sollten. So ist Hugo Makibi Enomiya-Lassalle zu einem Pionier in der christlich-buddhistischen Begegnung geworden.

c) Tenzin Gyatso, der XIV. Dalai Lama – Universale Verantwortung als gemeinsame Aufgabe

Die Initiative für den buddhistisch-christlichen Dialog ging und geht immer noch fast ausschließlich von Christen aus. Winston King (geb. 1907), der protestantische Missionar und bedeutende Vorkämpfer des buddhistisch-christlichen Dialogs bereits zu Beginn der 60er Jahre, schrieb 1982 resümierend, daß er in Burma und anderen Ländern ein völliges Desinteresse der Buddhisten am Christentum festgestellt habe, das sich zwar stets in höfliche Form gekleidet hätte, letztlich aber die ungebrochene Gewißheit der Buddhisten zum Ausdruck bringe, der Buddhismus stelle die absolute Wahrheit vollkommen und zureichend dar.[168]

Winston King ist über die Jahre hinweg keines besseren belehrt worden: die meisten Buddhisten sind nicht daran interessiert, Lehre und Praxis des Christentums kennenzulernen. Wozu auch? Ein Leben reiche nicht einmal aus, die eigene Religion hinreichend zu praktizieren und gründlich zu studieren, geschweige denn, den buddhistischen Meditationsweg ausschöpfend zu verfolgen. Alles Wissen über eine andere Religion würde diesem Mangel nicht abhelfen, sondern nur weiter von der Praxis ablenken. Denn für den Buddhisten sei Religion im wesentlichen weder ein Gegenstand des Wissens noch der äußerlichen Nachahmung, sondern eine Praxis des Geistestrainings, die in sich selbstgenügend sei. Und das ist gewiß der wichtigste Grund für das buddhistische Desinteresse am Dialog.

Ausnahmen sind neben einigen neuen religiösen Bewegungen in Japan (vor allem Risshō Kōsei-kai)[169] die tibetischen Buddhisten, was vor allem historische Gründe hat: Sie sind in der Situation des Exils auf den Dialog mit anderen Religionen angewiesen.

1950 wurde Tibet, bis dahin ein relativ zentralistisch verwalteter Staat, der von den Klöstern als Landbesitzern und geistigen Zentren beherrscht wurde, von den Chinesen besetzt. Der Dalai Lama als geistlicher und weltlicher Souverän des Landes floh 1959 mit etwa achtzigtausend Tibetern, darunter vielen einflußreichen Persönlichkeiten der politischen und geistlichen Oberschicht, ins indische Exil. Dort waren die Tibeter von ihren kulturellen und religiösen Wurzeln abgeschnitten. Sie waren und sind auf indische Hilfe angewiesen, die ihnen zunächst die Regierung Jawaharlal Nehrus und dann alle späteren indischen Regierungen gewährten. Später, als die chinesische Kulturrevolution mordend und zerstörend die tibetisch-buddhistische Religion fast vollständig auslöschte, fiel den Exilierten unter Führung des Dalai

Lama die Aufgabe zu, eine einzigartige, jahrhundertealte Kultur zu bewahren und für die Zukunft zu retten. Dazu bedurfte es der materiellen und moralischen Hilfe aus dem Ausland, die bald vor allem aus westlichen Ländern einsetzte. Sowohl christliche Organisationen (wie z. B. der *Ökumenische Rat der Kirchen* und der *Indische Nationale Christenrat*) als auch die in Einzelgruppen organisierten Tibet-Initiativen, die aus Interesse am Buddhismus oder auch aus christlicher Motivation den Flüchtlingen helfen, unterstützen die Tibeter. Die Erfahrung der tibetischen Buddhisten mit dem säkularen Staat Nehrus, mit hinduistischen Kreisen in Indien, die sich für Tibets Freiheit einsetzten, und mit christlichen Gruppen, die uneigennützig helfen, schuf andere Voraussetzungen für den buddhistisch-christlichen Dialog, als sie gemeinhin aufgrund der europäisch-amerikanischen Kolonial- und Missionsgeschichte gegeben sind, zumal Tibet nie von westlichen kolonialen Interessen bedroht war.

Diesen Hintergrund muß man berücksichtigen, wenn man die Aufgeschlossenheit vieler tibetischer Buddhisten im buddhistisch-christlichen Dialog verstehen möchte, eine Bereitschaft, die sich von der Situation in allen Ländern des Theravāda-Buddhismus aber auch von Japan, Korea und China grundlegend abhebt.

Zu diesem allgemeinen historischen Hintergrund kommt gleichgewichtig die außerordentliche Persönlichkeit des XIV. Dalai Lama Tenzin Gyatso (geb. 1935) hinzu. Er selbst ist der Initiator vieler interreligiöser Begegnungen, empfängt täglich Menschen aus allen Religionen, pflegt einen lebhaften Meinungsaustausch mit Wissenschaftlern und Philosophen aller Kontinente und ist auch am theologischen Dialog mit Christen interessiert. Auch die Austauschprogramme zwischen tibetischen Mönchen und Nonnen und amerikanischen Benediktinern und Benediktinerinnen verdanken sich seiner persönlichen Initiative.[170] Das Büro des Dalai Lama für Religiöse Angelegenheiten hat sogar buddhistisch-christliche Dialogprogramme in Indien mitfinanziert, trotz der schwierigen finanziellen Lage der Tibeter im Exil.

Die Argumentation des Dalai Lama für den Dialog stellt ein drittes Modell dar, das sich – ebenfalls auf dem Hintergrund spiritueller Praxis – von der Haltung Mertons und den Intentionen Enomiya-Lassalles unterscheidet und von vielen Buddhisten und Christen übernommen wird.

Verschiedenheit der Religionen

Entgegen einer etwa in neo-vedantischen Kreisen des modernen Hinduismus verbreiteten Auffassung, alle Religionen seien letztlich identisch, wußte der Buddhismus schon immer zu differenzieren. Das hängt damit zusammen, daß der Buddha und vor allem der frühbuddhistische *saṃgha* apologetisch zu argumentieren hatten, denn man befand sich als Reformbewegung, die sich nicht unter das brahmanische Kastensystem und Ritual subsumieren lassen wollte, im Gegensatz zu den etablierten religiösen Autoritäten. Die Folge davon war die Grundeinsicht, daß die Religionen keineswegs gleich sind.

Es kommt hinzu, daß auch innerhalb des Buddhismus die Unterschiede so groß sind, daß man von verschiedenen Religionstypen sprechen kann, die sogar – zumindest hinsichtlich der Haltung der Theravādins gegenüber den Mahāyāna-Buddhisten – eine gewisse Exklusivität aufweisen.

Infolgedessen geht auch der Dalai Lama davon aus, daß jede Religion ihren eigenen Charakter habe.[171] Und diese Unterschiede dürfe man um der Qualität der jeweiligen Religion willen nicht überspielen. Charakteristisch für den Buddhismus sei das Merkmal der Rationalität, denn er sei – im Vergleich zu anderen Religionen – primär nicht auf einem Glauben begründet, der rational nicht nachvollziehbar sei.[172] Diese Rationalität diene auch als Basis für das Gespräch mit dem Marxismus, das für die Buddhisten in den kommunistisch beherrschten Ländern Asiens überaus wichtig sei.

Der Dalai Lama vertritt mit Nachdruck den Standpunkt, daß es nicht wünschenswert sei, *eine* Theorie über die Welt und den Menschen oder *eine* Ideologie als verbindlich für alle zu erklären.[173] Dies gelte auch für die Religionen im intra- wie interreligiösen Dialog: eine Einheitsreligion könne nicht das Ziel des Dialogs sein.[174] Im dialogischen Meinungsstreit solle vielmehr geprüft werden, was gut und unter den jeweils gegebenen Umständen für die Wohlfahrt des Menschen nützlich sei. Bei bleibender Differenz in den jeweiligen religiösen Begründungen könnten die Menschen aus verschiedenen Religionen dennoch einen Konsens über solche nützlichen Werte erzielen, ganz unbeschadet der Tatsache, daß eine bestimmte Idee, Anschauung oder Praxis ursprünglich in einer anderen Ideologie oder Religion beheimatet war als der eigenen.[175]

Die Verschiedenheit der Religionen sei ein notwendiges Mittel der geistigen Evolution des Menschen. Denn erst die Verschiedenheit der Deutungsversuche von Wirklichkeit erlaube die Prüfung von Theorien, die notwendig sei, damit Fehler überwunden und Anschauungen immer wieder neu an die sich verändernde Umwelt angepaßt werden könnten. Vom buddhistischen Standpunkt her begründe sich die Akzeptanz der Vielheit aus der Grunderfahrung der *Impermanenz (anitya)* aller Dinge, und dies treffe selbstverständlich auch auf Aussagen, Lehren, Interpretationen und Denkformen der verschiedenen religiösen Systeme zu.

Der Dalai Lama gebraucht für das Modell der religiösen Einheit in Vielfalt wiederholt zwei Vergleiche. Sie finden sich schon in der Autobiographie (1962) und kehren in Interviews und Reden aus den Jahren 1985, 1986 und 1987 wieder. Er vergleicht die unterschiedlichen Religionen mit verschiedenen Medikamenten, die ein Arzt verschreibt. Weil es verschiedene Krankheitssymptome und auch vielfältige Ursachen für diverse Krankheiten gebe, könne man kein einheitliches Heilverfahren anwenden. So seien auch die

Religionen wie verschiedene Medikamente und Heilverfahren, die unterschiedliche Ursachen von Erkrankungen kurierten, wenngleich sie alle dem Zweck der Gesundung des Menschen dienten.[176] Der andere Vergleich taucht ebenfalls in verschiedenen Schriften des Dalai Lama auf: So wie Menschen verschiedene Speisen mögen, entspreche auch diese oder jene Religion unterschiedlichen Geschmäckern.[177] Die Verschiedenheit sei begrüßenswert, denn sie stelle einen Reichtum dar. Der Vergleich würde allerdings problematisch, wenn man ihn überzöge: Während viele Menschen Abwechslung in den Speisen bevorzugen, rät der Dalai Lama keinesfalls zum ständigen Wechsel der Religion! Denn dann könnte man nie zu wirklicher und intensiver Praxis einer Religion gelangen.

Die Aussagen des Dalai Lama machen deutlich, daß sich die Wahrheitsfrage für ihn nicht abstrakt stellt. Wahrheit kann nach buddhistischer Auffassung nicht allein in Begriffen oder abgegrenzten bzw. definierbaren Vorstellungen und Symbolen gefunden werden. Sie ist vielmehr durch Geistestraining in der Meditation direkt erfahrbar. Verschiedene Religionen böten mehr oder weniger geeignete Wege an, dieses Training zu vollziehen. Ob die eine oder die andere Religion für einen Menschen geeigneter sei, entscheide die Praxis oder die in der karmischen Struktur dieses Menschen vorgegebene psycho-physische Veranlagung.

In der Philosophie, so der Dalai Lama, seien die Religionen sehr verschieden, und es sei weder möglich noch wünschenswert, auf diesem Gebiet Einigung durch Kompromiß erzielen zu wollen.[178] So sieht er beispielsweise einen unüberbrückbaren Unterschied zwischen Christentum und Buddhismus darin, daß die eine Religion einen Schöpfergott als Ursache der Welt annehme, während dies für die andere Religion nicht akzeptabel sei.[179]

Während er die Unterschiedenheit der Religionen also an ihrer *Philosophie* festmacht, findet er die Ähnlichkeit in ihrer gemeinsamen *Grundhaltung*:[180] Religionen seien alle dazu da, den Menschen zu einem besseren Menschen zu machen, ein gütiges Herz, Nächstenliebe, Respekt für andere und Brüderlichkeit zu entwickeln. Der Dalai Lama schreibt:[181]

„In meinen Diskussionen hat mich besonders die Frage interessiert, wie die großen Weltreligionen zum Frieden der Menschheit, zum Wohlergehen der Menschheit wirken und beitragen können. In diesem zwanzigsten Jahrhundert müssen wir unsere Religionen sinnvoll einsetzen, aber was ist der beste und wirksamste Weg? Wir müssen die philosophischen Diskussionen zurückstellen ..."

Und an anderer Stelle:[182]

„Eine neue Weltreligion zu formen, ist schwierig und nicht besonders wünschenswert. Da aber Liebe wesentlich für alle Religionen ist, könnte man von einer universalen Religion der Liebe sprechen. Hinsichtlich der Methoden zur Entwicklung von Liebe und zur Erlangung des Heils oder permanenter Befreiung unterscheiden sich die Religionen jedoch voneinander ... Die Tatsache, daß es so viele verschiedene Darstellungen des Weges gibt, ist ein Reichtum. Da es so viele verschiedene Menschentypen mit unterschiedlichen Voraussetzungen und Neigungen gibt, sind die Unterschiede der Religionen hilfreich. Die Motivation in allen verschiedenen Systemen religiöser Praxis ist aber ähnlich – Liebe, Aufrichtigkeit, Ehrlichkeit. Der Lebensstil praktisch aller religiösen Menschen ist Genügsamkeit. Die Lehren über Toleranz, Liebe und heilende Hinwendung sind gleich. Ein grundlegendes Ziel ist auch hier der Nutzen für die Menschheit. Jedes System sucht in seiner eigenen einzigartigen Weise, die Menschen zu vervollkommnen."

Die Analyse der interreligiösen Situation, die der Dalai Lama im Laufe der Jahre entwickelt hat, läßt sich in wenigen Sätzen so zusammenfassen: Die Religionen sind verschieden, sie sind in unterschiedlichen Kulturen beheimatet und haben sich unter verschiedenen Voraussetzungen entwickelt. Erst in unserer Zeit ist eine weltweite Kommunikation entfernter Kontinente im großen Maßstab durch moderne Verkehrsmittel und Migration möglich und wirklich geworden, d.h. aus der interkontinentalen Begegnung zwischen den Religionen ist eine nachbarschaftliche interreligiöse Dialog-Situation entstanden. Allein diese Tatsache sorgt für einen *grundlegenden* Wandel im Verhältnis der Religionen zueinander.[183] Modelle für das Verhältnis der Religionen, die wir aus der Vergangenheit ererbt haben, beruhen auf anderen historischen Voraussetzungen, und deshalb taugen sie in unserer Situation nicht mehr zur Orientierung. Ein Umdenken ist also nötig, und es wird sich zwangsläufig vollziehen.

Interessant ist, wie der Dalai Lama im buddhistischen Sinn das „theologische" Problem der anderen Religionen und ihres Wahrheitsanspruches löst. Er meint, daß die verschiedenen Religionen von unterschiedlichen Emanationen des Buddha begründet worden sein könnten, so daß ihre jeweilige Wahrheit die je verschiedene Form der *einen* Wahrheit sei, wenn man auch den Einheitsgrund nicht immer ohne weiteres erkennen könne. Die Menschen im Christentum, Hinduismus und Islam sollten dennoch nicht als „anonyme Buddhisten" bezeichnet, d.h. inklusivistisch vereinnahmt werden,[184] denn der Buddhismus sei eine Gestalt der Wahrheit, die von anderen Gestalten der Wahrheit durchaus verschieden sei. Eine solche Konzeption ist im Buddhismus nicht neu. Die alte buddhistische Vorstellung des *pratyekabuddha* bot schon immer eine Möglichkeit, die nicht-buddhistischen Religionen positiv zu sehen und weder als Konkurrenz noch als Versuchung zu empfinden: der *pratyekabuddha* ist ein Mensch, der außerhalb des *saṃgha* wissend oder unwissend den Weg zur Buddhaschaft gehen und vollenden kann. Außerdem zieht der Dalai Lama die Lehre von den geschickten Mitteln *(upāya)*, die ursprüglich die Einheit in der Verschiedenheit der buddhistischen Schulen begründet hatte, für die Verständigung unter den Religionen heran. Nach dieser Lehre entfaltete der Buddha mit unterschiedlichen Mitteln *(upāya)* die *eine* Wahrheit auf je unterschiedliche Weise entsprechend den Fähigkeiten und Voraussetzungen der Hörer.[185]

Der Dalai Lama argumentiert, daß die Religionen trotz ihrer erheblichen Unterschiede heute gezielt zusammenarbeiten müßten. Dabei baut er weder auf einem allgemeinen Lehrkonsens auf noch auf einer allen Religionen zugrunde liegenden Ebene transformativer Bewußtseinserfahrung (mystischer Erfahrung). Auch diese könne nicht die Grundlage für das gegenseitige Verstehen sein, denn selbst wenn es eine in allen Religionen anzutreffende mystische Erfahrung gäbe, so könnte sie doch nur höchst inadäquat versprachlicht werden, so daß damit kein hinreichender Grundstein für den praktischen Konsens der Religionen gelegt wäre.[186] Er findet den Ausgangspunkt für den Dialog und die Kooperation vielmehr in der allen *gemeinsamen Menschlichkeit.*[187] Alle Lebewesen, so betont er unablässig, streben nach Glück und wollen Leid vermeiden. So sei die natürliche Aufgabe der Religionen der *Schutz des Lebens in jeder Gestalt und unter allen Umständen.*[188] Dabei verankert er die Aufforderung zum Dialog im Zentrum der buddhistischen Lehre selbst, die er unter zwei Hauptgesichtspunkten zusammenfaßt: dem *Verhalten* und der *Anschauung.*[189] Als rechtes Verhalten bezeichnet er die Vermeidung von allem, was anderen Lebewesen Leid zufügen könnte. Als rechte Anschauung bezeichnet er die Erkenntnis, daß alle Dinge in gegenseitiger Abhängigkeit entstehen und existieren. Beide Aspekte gebieten, im interreligiösen Verhältnis eine dialogische Haltung einzunehmen.

Bereits zu Beginn des Exils[190], verstärkt aber in späteren Jahren, sieht der Dalai Lama die Chance zur Begegnung der Religionen in gegenseitiger Achtung und der Akzeptanz auf der Grundlage der Gleichheit:[191]

„Die verschiedenen spirituellen Systeme haben im Grunde die gleiche Botschaft von der Vervollkommnung des Menschen. Obwohl sie verschiedene Philosophien vortragen, sollten wir uns nicht in dem Maße auf diese Unterschiede konzentrieren, daß wir schließlich das gemeinsame Ziel und Resultat, die Vervollkommnung des Menschen, aus dem Auge verlieren würden. Und unter dieser Voraussetzung sollten die Anhänger der verschiedenen Religionen gegenseitig Respekt füreinander entwickeln. Jedes System hat seinen eigenen Wert; es entspricht den unterschiedlichen Menschen mit ihren verschiedenen Voraussetzungen und geistigen Grundhaltungen. In dieser Zeit vereinfachter weltweiter Kommunikation sollen wir deshalb verstärkt Anstrengungen unternehmen, die Systeme der anderen kennenzulernen. Das heißt nicht, daß wir eine Einheitsreligion schaffen sollten, sondern daß wir das gemeinsame Ziel der vielen Religionen erkennen und die verschiedenen Methoden schätzen lernen, die sie für die innere Vervollkommnung entwickelt haben."

Eine solche Haltung werde sich, so der Dalai Lama, nicht nur positiv auf die interreligiösen Beziehungen auswirken, sondern auch eine unmittelbare heilende Wirkung auf das politische Umfeld ausüben.[192] Gegenseitiger Respekt sollte für religiöse Menschen eine Selbstverständlichkeit sein, denn alle akzeptierten ein Transzendentes, das ihre jeweilige zeitliche und räumliche Situation sowie ihr Erkenntnis- und Sprachvermögen relativiere. Und er kommt zu einem wahrhaft ökumenischen Bekenntnis, wenn er schreibt:[193]

„Alle Religionen akzeptieren, daß es eine andere Kraft jenseits der Reichweite unserer gewöhnlichen Sinne gibt. Wenn wir gemeinsam beten, empfinde ich etwas – und ich weiß nicht, wie die genaue Bezeichnung wäre, ob man es Segen oder Gnade nennen sollte. In jedem Fall ist da eine bestimmte Empfindung, die wir erfahren können. Nehmen wir sie richtig in uns auf, so kann diese Empfindung außerordentlich hilfreich für unsere innere Stärke werden. Auch zum Erleben von echter Bruder- und Schwesternschaft trägt diese Empfindung – diese Atmosphäre und Erfahrung – bei."

Was aber ist dann das spezifisch Buddhistische, die buddhistische Identität? – Die „Zuflucht zu den drei Juwelen": *Buddha*, *dharma* und *saṃgha*. Diese Zuflucht müsse tief begründet sein, sie bedürfe der vorhergehenden Prüfung und des Vertrauens in die Glaubwürdigkeit des Buddha. Niemand, so der Dalai Lama, sollte übereilt oder halbherzig die Zufluchtsformel sprechen und damit vorschnell Buddhist werden.[194]

Der Buddhismus sei ein rationales System zur Vervollkommnung des Menschen. Er sei aber nicht das einzige System, das diesem Zweck effektiv diene. Für den Dalai Lama gibt es auch andere Religionen, die sich dieser Aufgabe stellen und sie lösen.[195] Denn in der persönlichen Begegnung mit Christen, die ihrem Glauben gemäß vorbildlich zu leben versuchen, habe er die tieferen spirituellen Werte des Christentums sehr hoch schätzen gelernt.[196] An anderer Stelle deutet er allerdings an, daß der Buddhismus jedenfalls für die Buddhisten als einziger richtiger Weg gelten müsse, weil er seine Anschauungen in widerspruchsfreier Gestalt vernünftig begründe, was von anderen Religionen zumindest mit dieser Deutlichkeit nicht gesagt werden könne.[197]

Doch bei aller dialogischen Aufgeschlossenheit lehnt der Dalai Lama religiösen Relativismus und eklektischen Synkretismus ab. Andererseits aber weiß er, daß sich die äußeren und sozialen Ausdrucksformen der Religionen verändern. Deshalb solle und könne das Essentielle, der innere Kern des Buddhismus, nur so bewahrt werden, daß gleichzeitig in bezug auf äußere Gestaltungen der notwendige Wandel zugelassen, ja aktiv gefördert werde.[198] Das tibetische soziale System etwa hält der Dalai Lama für überholt, weshalb er in einem Verfassungsentwurf für ein künftig freies Tibet bereits in den 70er Jahren zuallererst seine eigene Macht beschnitten hat.

Was aber muß als essentiell, als unaufgebbar gelten? Worin besteht der innere Kern des Buddhismus? Dies zu entscheiden, müsse man ständig neu abwägen. Und auch hier sei die Ebene der philosophischen Reflexion von derjenigen der Meditationspraxis bzw. des Bewußtseinstrainings zu unterscheiden. Zur philosophischen Identität des Buddhismus gehört für den

Dalai Lama vor allem die Erkenntnis der nicht-inhärenten Existenz aller Dinge, einschließlich der menschlichen Person.[199] Außerdem hält er für entscheidend, daß der Buddhismus von einem Bewußtseinskontinuum spreche, das anfangslos sei und dessen Modifikationen durch Training so geformt werden müssen, daß ein altruistischer Erleuchtungsgeist *(bodhicitta)* entstehe, durch den letztlich alle Lebewesen zur endgültigen Befreiung *(nirvāṇa)* gelangen.[200] Das „wie" jedoch unterliege auch im Buddhismus einem Wandel und der Vielfalt der Interpretation.

Gemeinsame Praxis von Barmherzigkeit

In bezug auf die weltanschaulichen Grundmuster verschiedener Religionen gibt es nach Ansicht des Dalai Lama also Differenzen, die zumindest im philosophisch-theologischen Bereich kaum überbrückbar seien. Kompromiß oder Nivellierung seien in diesem Bereich nicht wünschenswert. Die Widersprüche der Meinungen, hervorgerufen und manifest durch die Vielheit der Wege, könnten aber überwunden werden auf einer anderen Ebene religiösen Verhaltens, in der *Praxis*.[201]

Praxis, so müssen wir erläuternd hinzufügen, bedeutet für den Buddhismus zweierlei:

- mentales Training und
- die Anwendung der neuen Grundhaltung, die sich aus dem Geistestraining ergibt, im sozialen Verhalten.

Das Schwergewicht liegt in den meisten Schulen des Buddhismus auf dem Bewußtseinstraining.

Der Dalai Lama sieht allerdings im Bewußtseinstraining einen universalen Zug aller Religionen: Die Disziplinierung des Bewußtseins und die Einübung tugendhafter Motivationen (vor allem der Zuwendung und Barmherzigkeit zu anderen Lebewesen) sei das Ziel aller Religionen.[202] Deshalb könne man an dieser Stelle in einen fruchtbaren Austausch über die Methoden, ihre Verbesserung, Anwendung und Kontextualisierung[203] eintreten.

Im Buddhismus komme es darauf an, anderen nicht nur kein Leid zuzufügen, sondern ihnen *aktiv* zu helfen, sie als größten Schatz zu betrachten und entsprechend zu hüten, wie die vom Dalai Lama gern zitierte erste Strophe über das Geistestraining von dem tibetischen Meditationsmeister und Philosophen Lang-ri-tang-ba (1054–1123) formuliert:[204]

„Fest entschlossen, das höchste Wohl für alle Lebewesen zu erlangen, die großartiger sind als selbst ein wunscherfüllender Edelstein, möchte ich lernen, sie zutiefst zu lieben."

Mahākaruṇā, das große Erbarmen, oder besser: die aktive heilende Hinwendung zu allen Lebewesen, sei das wichtigste Element im Mahāyāna-Buddhismus.[205] Dies, so argumentiert der Dalai Lama, begründe eine besonders enge Verwandtschaft des Mahāyāna mit dem Christentum, und deshalb sei diese Gemeinsamkeit die *tiefste gemeinsame Grundlage* für den Dialog zwischen Buddhismus und Christentum. Ja, im Grunde sei dies das Fundament für den Dialog zwischen den Religionen überhaupt. Denn ein gütiges Herz zu entwickeln und heilende Hinwendung zu allen Wesen auf der Grundlage ihrer *gemeinsamen Menschlichkeit* zu pflegen, sei Ausgangspunkt wie Ziel der gemeinsamen Anstrengung aller Religionen, ja aller Menschen guten Willens ungeachtet ihres Glaubens oder Nicht-Glaubens.[206] In diesem Sinne könnten die Menschen in den verschiedenen Religionen einander als Brüder und Schwestern begegnen.[207]

Wir müssen diese Aussagen des Dalai Lama in den Zusammenhang der buddhistischen Philosophie einordnen, um ihre ganze Tragweite zu erfassen. Im Mahāyāna-Buddhismus wird die Motivation zu *mahākaruṇā* personalisiert durch den Reinkarnationsglauben: Im unermeßlichen Kreislauf der Geburten seien irgendwann alle Wesen einander Mutter und Vater gewesen. Der Dalai Lama beschreibt dies so:[208]

„Welche Methode man auch immer für die Kultivierung von *bodhicitta* (altruistischer Erleuchtungsgeist, Vf.) anwenden mag, so bleibt doch die Tatsache bestehen, daß im Geburtenkreislauf alle Lebewesen ohne Beginn umherwandern, daß sie in vorigen Leben einander Mütter gewesen sind. Das Gefühl einer Mutter für ihr Kind ist das klassische Beispiel für Liebe ... Gleicherweise strebt eine durch *bodhicitta* motivierte Person mit aller Kraft nach dem Wohlergehen aller Lebewesen, seien es Menschen, Tiere, Land- oder Seevögel."

Hier wird die spezifisch buddhistische Begründung der Motivation zu altruistischem Handeln deutlich sichtbar. Sie führt aber nicht zur Abgrenzung, sondern zur universalen Liebe. Das gleiche erwartet der Dalai Lama von einer umfassenden Interpretation der christlichen Nächstenliebe, die deswegen ihre christliche Grundlage und Denkform keineswegs aufgeben müsse.

Die Lehre von der Wiedergeburt kann für Buddhisten zu einer effektiven Motivationsbasis für das Geistestraining werden. Mittels der Theorie vom Bewußtseinskontinuum begründet der Dalai Lama, daß Bewußtsein anfangslos sei, daß demzufolge die Kette der Wiedergeburten ebenfalls anfangslos sein müsse und daraus folge, daß alle Wesen in wechselnden Beziehungsverhältnissen zueinander stünden. Und das Resultat dieser Argumentation lautet so:[209]

„Da unsere Geburten anfangslos sind, sind sie auch unendlich. So ist es keineswegs sicher, daß unsere jetzigen Freunde in früheren Existenzen immer unsere Freunde waren, und daß unsere jetzigen Feinde immer Feinde waren. Selbst in diesem einen Leben sind einstige Gegner später zu Freunden geworden und umgekehrt. Deshalb ist es unsinnig, eine bestimmte Person entweder als Freund oder Feind zu betrachten. Wenn man in dieser Richtung weiterdenkt und meditiert, wird die falsche Auffassung, daß Personen entweder Freunde oder Feinde sind, sowie das daraus resultierende Entstehen von Begierde und Haß schwächer."

Und darauf vor allem komme es an. Der Dalai Lama zieht also die ursprüngliche buddhistische Einsicht in die Vergänglichkeit allen Geschehens sowie die Lehre von der Unendlichkeit des Bewußtseinskontinuums heran, um eine in sich konsistente Motivation für Liebe und heilende Hinwendung zu allen Lebewesen zu begründen! Im Resultat stimmten alle Religionen überein, die Wege oder Begründungszusammenhänge aber seien unterschiedlich. Christen hätten in der Lehre vom Schöpfergott eine ebenso einsichtige wie sinnstiftende Begründungsstruktur für die Brüderlichkeit aller Menschen unter dem einen Schöpfer-Vater:[210]

„Diejenigen Glaubensrichtungen, die einen Allmächtigen Gott anbeten sowie den Glauben an Gott und die Liebe Gottes hervorheben, sehen ihr Ziel in der Erfüllung des Willens Gottes. Da sie uns als Geschöpfe und Kinder eines Gottes betrachten, lehren sie, daß wir einander lieben und helfen sollen."

Das Ziel sei ähnlich wie im Buddhismus, die philosophisch-theologischen Begründungen aber blieben unterschiedlich, und das solle wegen der unterschiedlichen Disposition der Menschen auch so bleiben.

Das Hauptproblem der heutigen Menschheit sieht der Dalai Lama im Materialismus und in der Konsum-Ideologie, welche nichts anderes seien als das ungezügelte Ausleben der Begierde *(taṇhā)*, die der Buddhismus als verfehlte Grundhaltung diagnostiziert und durch geistige Praxis überwinden will.[211] Materieller Fortschritt sei gut – der Dalai Lama überrascht eher durch seinen optimistischen Glauben an die Verbesserungsfähigkeit der modernen Industriegesellschaft durch religiöse Werte als durch Kulturpessimismus! Der materielle Fortschritt müsse dem Menschen dienen, und dies könne möglich werden durch die gemeinsame Anstrengung aller Religionen. Der Dialog sollte deshalb dazu führen, daß die religiöse Praxis in ihrer doppelten Dimension umfassend zum Tragen komme:

- als gegenseitige Hilfe bei der *Vervollkommnung und Intensivierung des Bewußtseins* und
- in der *Verwirklichung uneigennütziger heilender Hinwendung (karuṇā*, Liebe) im sozial-politischen Bereich.

Die interreligiöse Kooperation könne damit, so betont der Dalai Lama, einen entscheidenden Beitrag zum Überleben der Menschheit leisten.

Praktische Kooperation

Die Vorstellungen des Dalai Lama laufen darauf hinaus, daß die Religionen in praktischer Kooperation besonders im sozialen und politischen Bereich dem Gesamtwohl der Menschen dienen. Dabei würden sie selbst Toleranz und Nächstenliebe lernen sowie eine Vertiefung in ihrer je eigenen Spiritualität erfahren. Auch in bezug auf die Intensivierung einzelner Methoden der spirituellen Übung (Meditation, Gebet) könnten die Religionen einander gegenseitig helfen, das je Eigene tiefer und wesentlicher zu praktizieren.[212] So könnten Buddhisten vom Christentum lernen, wie die altruistische Motivation zur Selbsthingabe für andere in der sozialen Praxis gelebt werden könne, während Christen durch den Buddhismus vor allem zu einer vertieften und systematischen Meditationspraxis finden könnten.[213] *Die Religionen sollten dabei aber ihre je spezifische Identität bewahren.*

Doch wie soll das konkret geschehen, da in der öffentlichen Darstellung der jeweiligen Religion meist ausschließlich für die eigene Tradition und Methode geworben wird? Sowohl das Christentum als auch der Buddhismus sind – auf je verschiedene Weise – missionarische Religionen, und das Thema der Konversion kann im Dialog nicht vornehm verschwiegen werden. Der Dalai Lama ist einer der wenigen Gesprächspartner, der dieses Thema nicht ausklammert. Darum soll seine diesbezügliche Position ausführlicher referiert werden.

Grundsätzlich meint der Dalai Lama, daß man in der Religion bleiben solle, in die man hineingeboren wurde.[214] Für den Buddhisten verdanken sich die Umstände der Geburt ja nicht dem Zufall, sondern den karmischen Voraussetzungen. Dementsprechend sind wir selbst verantwortlich für die Bedingungen unserer jetzigen Existenz,[215] die dazu genutzt werden solle, die *negativen* Kräfte in uns selbst geduldig zu überwinden. Dies könne aber nur gelingen durch die Entwicklung *heilsamer* geistiger Kräfte, die genau die Umstände, in denen wir leben, allmählich verändern würden. Es sei wichtiger, einen Beitrag zur Vertiefung der eigenen Tradition zu leisten, als zu einer anderen Religion überzutreten. Es könne aber Ausnahmen geben. Das Kriterium für die Entscheidung sei die Frage, *wo man am effektivsten Hilfe und Beistand für andere Menschen zu leisten vermöge.*[216] Komme es unter dieser Voraussetzung tatsächlich zu dem individuellen Wunsch, die Religion zu wechseln, sollte die Konversion von keiner anderen Instanz als dem eigenen Gewissen behindert oder gefördert werden.

Der Dalai Lama spricht offen aus, daß für einige Tibeter das Christentum, für einige Europäer der Buddhismus die geeignetere Praxis sein könne.[217] Er warnt aber davor, die psychisch-geistigen Umbrüche beim Wechsel in eine andere Religion zu unterschätzen[218] und verdeutlicht dies an einem Beispiel: Die tibetischen geistigen Wesenheiten *(devatā)*, die in der Meditation visualisiert werden und Verdichtungen höherer Bewußtseinsebenen entsprechen, könnten nicht ohne weiteres in ein anderes geistiges Milieu übertragen werden. Diese Wesenheiten, deren Symbole und Mandalas über die individuelle Erfahrung hinausreichen, seien mit einem kollektiv geprägten Umfeld und ununterbrochenen Traditions- und Initiationsketten verbunden. Ohne die notwendige Kontinuität, vor allem ohne jahrelange unablässige Übung, sei der Umgang mit derartigen Meditationsformen nicht sinnvoll.[219]

Wer aber dennoch zum Buddhismus konvertieren möchte, solle dies nur nach langer Prüfung und unter Beachtung bestimmter Regeln tun. Der Dalai

Lama nennt dabei vor allem drei Kriterien, die für ihn einen Religionswechsel akzeptabel und spirituell begründet erscheinen lassen:

- *Erstens* solle man nicht aus Aggression gegenüber der eigenen Tradition die Religion wechseln, sondern nur, wenn die Anziehungskraft der anderen Tradition positiv so stark sei, daß sie über emotionale Determinanten hinausgehe.[220] Es sei leicht, sich von der fremdartigen Schönheit einer anderen Religion anziehen zu lassen, zumal man deren Probleme in der Praxis des Alltags nicht genau kenne. Das eigene Urteil sei aber getrübt, wenn man voreingenommen sei durch Frustrationen mit der eigenen Religion, die man häufig deshalb ablehne, weil ihre Vertreter zu wenig wahrhaftig seien und nicht praktizieren, was sie verkünden. Anspruch und Wirklichkeit seien aber in allen Religionen nicht deckungsgleich. Die Enttäuschung darüber dürfe nicht Abwendung sein, sondern *die entschiedene Hinwendung zur eigenen Praxis!*
- *Zweitens* sei die Stetigkeit der eigenen Praxis das Entscheidende, besonders im Zusammenhang mit der Konversion zu einer anderen Religion. Es sei nicht gut, die äußere Erscheinung zu ändern, um in der Öffentlichkeit als etwas Besonderes zu erscheinen. Vielmehr solle man in der äußeren Form unauffällig bleiben, wohl aber die innere geistige Einstellung verändern und in Bescheidenheit allein darauf das Augenmerk richten:[221]

  „In Tibet lebten auch einige tibetische Christen. Sie folgten zwar dem christlichen Glauben, blieben aber im Wesen Tibeter. So lautet auch der Spruch eines weisen tibetischen Lehrers, daß es darauf ankomme, sein Bewußtsein und nicht das äußerliche Auftreten zu ändern."

  Vor allem dürfe man nicht ständig einen neuen Übungsweg ausprobieren, sondern solle *einen* wirklich praktizieren und zu Ende gehen.[222]
- *Drittens* dürfe ein Religionswechsel nicht dazu führen, daß man sich von der Gesellschaft, in der man Verantwortung trage, absondere.[223] Man solle die Religion, aus der man komme, weiterhin achten, auch wenn man sie aus Gründen der eigenen geistigen Praxis verlassen habe. Nur so könne man – vielleicht in kritischer Solidarität? – zur Vertiefung der Praxis in *allen* Religionen beitragen und gerade auch unbeschadet der Konversion einen Beitrag zum Dialog im oben beschriebenen Sinne leisten. Dies jedoch erfordere Demut und persönliche Reife.

Der Dalai Lama ist also davon überzeugt, daß religiöse Konversionen, die aus echter Motivation erfolgen und unauffällig bleiben, so daß die Empfindungen anderer nicht verletzt werden, kein Hindernis für den Frieden zwischen den Religionen und ihre Dialogfähigkeit darstellen.

Als vordringliche Themen des Dialogs nennt der Dalai Lama:

- *erstens* die Erziehung der Jugend im Sinne einer Neuentdeckung der religiösen oder humanistischen Werte für die moderne Gesellschaft;[224]

- *zweitens* die Entwicklung universaler Verantwortung in allen Religionen für die glückliche Zukunft der einen Menschheit;[225]
- *drittens* die Verbindung von Meditationspraxis und sozialem Engagement, wobei es in beiden Fällen um die Praxis der Ich-Überwindung und der Selbstaufgabe in demütiger Liebe gehe. Jesus Christus könne in diesem Sinne ein gutes Beispiel für *alle* Menschen sein.[226]

Alle drei Themen hängen miteinander zusammen, und den Beitrag des Buddhismus sieht der Dalai Lama vor allem in der Ausgewogenheit und Ganzheitlichkeit, in der Verbindung von Verstand und Herz, im Gleichgewicht von Hören *(śravana)*, Denken *(manana)* und Meditation *(dhyāna)*, das auch im Hinduismus angestrebt, im Mahāyāna-Buddhismus aber zur bestimmenden Methode schlechthin geworden sei. Er zitiert dafür den tibetischen Meister Dromtön (*'Bromston*, 1004–1064):[227]

„Beim Hören unterziehe ich mich auch der Anstrengung des Denkens und der Meditation. Beim Denken suche ich auch danach, mehr zu hören und meditiere. Und in der Meditation gebe ich weder das Hören noch das Denken auf."

Damit können wir die Haltung des XIV. Dalai Lamas zum interreligiösen Dialog so zusammenfassen:

Die Aufgabe des interreligiösen Dialogs ist es, Motivationen und Möglichkeiten für das verantwortliche soziale Handeln des Menschen in der heutigen Welt zu suchen. Dies kann durch gegenseitiges Lernen von Übungen zur Disziplinierung des Bewußtseins und für die Einübung von Mitmenschlichkeit geschehen. Der Dalai Lama sagt dazu: „Meine Übung ist der Weg der Liebe, des Mitgefühls, der Freude und der Unparteilichkeit.“[228]

2. Dialog als Suche nach interreligiöser Gemeinschaft

a) Dialog in Meditation: Synthese durch spirituelle Praxis

Das Weltparlament der Religionen in Chicago 1893 markiert besonders durch die Präsenz des Zen-Meisters Shaku Sōen und durch Suzuki Daisetsu den ersten existentiellen Kontakt Amerikas mit buddhistischen Mönchen und mit der meditativ-spirituellen Tradition Japans. In Europa war zwar bereits 1852 das Lotos-Sūtra ins Französische übersetzt worden, aber es sollte fast 100 Jahre dauern, bis der Buddhismus nicht mehr nur als intellektuelle Herausforderung begriffen oder wegen seiner Rationalität gepriesen wurde, sondern aufgrund seiner monastischen Ideale und seiner spirituellen Praxis bewundert werden sollte. Die Deutschen Nyanatiloka, Nyanaponika und Anagarika Govinda wurden buddhistische Mönche.[229] Wegen ihres akademischen Interesses am Buddhismus und durch die frühe buddhistische Bewegung in Europa herausgefordert, schrieben die katholischen

Theologen Romano Guardini, Jean Danielou und Henri des Lubac über den Buddhismus, in dem sie vor allem eine spirituelle Herausforderung an das Christentum sahen. Individuelle Kontakte einzelner Gelehrter wurden seitens der Kirchen allerdings entweder nicht wahrgenommen oder beargwöhnt, und deshalb glänzten die großen Kirchen offiziell beim Weltparlament 1893 durch Abwesenheit.

Zu einer breiteren spirituell-existentiellen Begegnung kam es erst, als Karlfried Graf Dürckheim seit 1951 eine existential-therapeutische Begegnungsstätte im Schwarzwald/Deutschland aufzubauen begann. Er bemühte sich darum, die Praxis des Zen-Buddhismus mit der Psychologie C. G. Jungs und der reichen Tradition christlicher Mystik therapeutisch-praktisch in ihrer Synthese fruchtbar zu machen. Und dies war die Geburtsstunde zahlloser Zen-Gruppen, die z. T. noch heute lebendig sind oder sich in die größere, teils inner-kirchliche, Zen-Bewegung in Deutschland eingebracht haben.[230] Die Vermittlung von Katholizismus und Zen ist aber vor allem die Pionierleistung des Jesuitenpaters und Zen-Meisters Hugo Makibi Enomiya-Lassalle gewesen.

In den 70er und 80er Jahren konnten sich, angeregt von Enomiya-Lassalle, deutsche, philippinische, amerikanische Ordensleute, ein indischer katholischer Priester und auch eine protestantische Pastorin bei dem Zen-Meister Yamada Kōun jahrelanger Zen-Praxis in Kamakura/Japan unterziehen. Yamada Rōshi selbst kam im August 1987 zu der *3. Internationalen Buddhistisch-Christlichen Konferenz* „Buddhism and Christianity – Towards the Human Future“ nach Berkeley, um in Vortrag und Gespräch zu deuten, was geschieht, wenn Christen im Zen zur Erleuchtungserfahrung kommen und doch Christen bleiben – eine Frage, die Enomiya-Lassalle in seinen Büchern immer wieder berührt und in zahlreichen Gesprächen in Kamakura wach gehalten hatte.[231]

Yamada betrachtete Zen nicht primär als eine institutionelle Religion, sondern als menschliche spirituelle Praxis. Wer sich ihr unterziehe, komme zur tiefen Erfahrung der nicht-dualistischen Einheit von Subjekt und Objekt und werde darum ein „besserer Christ“, wenn er Christ sei, oder ein „besserer Buddhist“, wenn er Buddhist sei.[232] Auch im Gebet zum Beispiel werde das Eigentümliche der Zen-Erfahrung deutlich:[233] Nicht der individuelle Mensch bete eigentlich, sondern das Wahre Selbst (oder Gott) in uns. Dies sei auch beim *nembutsu* (der Anrufung des Buddha unter dem Titel des Lotos-Sūtra) nicht anders. Der Betende gehe dabei eine Beziehung ein, eine Lebens-Kommunion bzw. „gegenseitige Reziprozität“ *(kannō-dōkō)*[234], die Stärke für den eigenen Lebensweg freisetze. Und dies habe freilich Auswirkungen auf die Theologie – so wäre es ohne diesen Erfahrungshintergrund wohl undenkbar gewesen, daß die christliche Theologie den Gottesbegriff und die Erfahrung von *śūnyatā* neuerdings zusammenbringe.[235] Aber nicht nur in religiöser Hinsicht sei die Zen-Erfahrung von Bedeutung. Denn die westliche dualistische Sicht dominiere heute die Welt auf dem Wege von Wissenschaft und Technologie. Aber die dualistischen Antagonismen führten in die Sackgasse. Darum sei ein neues Denken, in Erfahrung begründet und nur so machtvoll, vonnöten. Zur Lösung des wichtigsten Problems, nämlich der Beseitigung von Armut, bedürfe es der Willensstärke und des Selbstvertrauens. Und genau diese Qualitäten wüchsen durch die Zen-Praxis, weshalb er z. B. katholischen Schwestern aus den Philippinen geraten habe, in den Slums von Manila Zen-Übungen anzubieten.[236]

Die institutionelle Verknüpfung zwischen christlichen und buddhistischen Mönchen und Nonnen kam erst im Jahr 1975 zustande, als die 1959 auf Anregung des holländischen Benediktiner-Abtes Cornelius Tholens gegründete inter-monastische Hilfsorganisation für Neugründungen von christlichen Klöstern (Secretariat pour l'Aide à l'Implantation Monastique, A.I.M.), also eine Missionsorganisation (propaganda fide monastica), umbenannt wurde und einen anderen, dialogischen Charakter erhielt. Die Anstöße dazu kamen vom 2. Vatikanischen Konzil (1962–65) und von der Einrichtung des *Secretariatus pro Non-Christianis* (Sekretariat für die Nicht-Christen, heute: Päpstlicher Rat für den Interreligiösen Dialog) durch Paul VI. (1964), einer Abteilung, die sich nun neben der *Congregatio de Propaganda Fide* (Kongregation für die Evangelisierung der Völker, seit 1622) etablierte. Ganz entscheidend wurde die Institutionalisierung des interreligiös-intermonastischen Austauschs von den beiden weltweiten A.I.M.-Konferenzen in Bangkok (1968) und Bangalore (1973) beeinflußt. Bangkok war dabei geprägt von der Präsenz Thomas Mertons. Durch dessen tragischen Tod während der Konferenz erhielt sein Vermächtnis der interreligiösen spirituellen Begegnung angesichts der Säkularismen unserer Zeit ein noch ungleich größeres Gewicht. In Bangalore kristallisierte sich um Enomiya-Lassalle, Henri Le Saux (Swami Abhishiktananda) und Dom Bede Griffiths allmählich ein dialogisch-intermonastisches Anliegen heraus, das die Bedeutung der Begegnung von Christentum, Buddhismus und Hinduismus für die Zukunft der Menschheit auf der spirituellen Ebene artikulierte. Der Präsident des Sekretariats für die Nicht-Christen, Kardinal Sergio Pignedoli, versandte 1974 ein Rundschreiben, das die dialogische Initiative der Mönche nicht nur absegnete, sondern unterstützte. In dem Schreiben an Abt Rembert Weakland, den Primas der Benediktinischen Konföderation der Äbte, beschrieb er die Aufgabe des inter-monastischen Dialogs mit den großen Religionen des Ostens so:[237]

„Historisch gesehen ist der Mönch immer das typischste Beispiel für den ‚*homo religiosus*' gewesen, und er repräsentiert als solcher eine Kontaktstelle für gegenseitiges Verstehen zwischen Christen und Nicht-Christen. Die Präsenz des Mönchtums in der katholischen Kirche ist deshalb eine Brücke zu anderen Religionen. Wollten wir dem Buddhismus oder dem Hinduismus, von anderen Religionen ganz zu schweigen, ohne die monastische religiöse Erfahrung gegenübertreten, wären wir wohl kaum als religiöse Personen glaubwürdig ... Ich möchte auch meiner Hoffnung und meiner Ermutigung Ausdruck geben, daß dies fortgeführt und weiter entwickelt werden sollte ..."

Pignedoli bat A.I.M., die Hauptinitiative im interreligiösen Dialog zu übernehmen.[238] Dementsprechend organisierte Aide Inter-Monastères (A.I.M.) Begegnungen von Mönchen und Nonnen sowie neben der europäischen eine ständige amerikanische Arbeitsgruppe. Die Abkürzung A.I.M. blieb bestehen, sie stand jetzt aber für „Aide Inter-Monastères" mit der Zielsetzung, Hilfe beim inter-monastischen Dialog zwischen den Religionen anzubieten. Und um diese neue Aufgabe zu erfüllen, wurden nach einem 1977 gefaßten Beschluß zwei Unterkommissionen gebildet: im Januar 1978 „The North American Board for East-West Dialogue" (N.A.B.E.W.D) für Amerika und im April 1978 die Organisation „Dialogue Inter-Monastères" (D.I.M.) für Europa.

Entwicklung in Europa

Das ursprünglich stark von Benediktinern inspirierte Unternehmen bezog wegen deren spiritueller und akademischer Kompetenz nun auch gezielt die Jesuiten in Japan ein (Hugo M. Enomiya-Lassalle, Heinrich Dumoulin). Die Benediktiner wollten durch Besuchsprogramme für Mönche zu einem existentiellen Austausch kommen. Die theologischen Voraussetzungen dabei waren durch die Religionserklärung *Nostra Aetate* (1965) des Zweiten Vatikanischen Konzils gegeben: Die Kirche bejahte, daß „Wahrheit und Gnade" (Ad Gentes 9) auch in anderen Religionen zu finden und darum nichts abzulehnen sei, „was in diesen Religionen wahr und heilig ist". (Nostra Aetate 2). Ferner sollten die religiösen Orden in den Missionsländern prüfen, „wie die Traditionen des asketischen und beschaulichen Lebens (anderer Religionen, Vf.) ... in ein christliches Ordensleben aufgenommen werden können." (Ad Gentes 18) Besonders durch Begegnung auf der spirituellen Ebene sollte nun erprobt werden, was dies bedeute.[239] Entscheidend für den Dialog sei die geistige Einstellung, vor allem die Bereitschaft zum Hören des Anderen, und ihn anzunehmen, wie er ist. Im Geist der Gegenseitigkeit gelte es, den eigenen Glauben in der Gegenwart des Anderen zu bejahen und auszudrücken.

Im September 1979 kamen 26 japanische Mönche (aller buddhistischer Schulen, einschließlich zweier Shintō-Priester) für drei Wochen nach Europa, um einerseits Zen als kulturprägende Spiritualität bekannt zu machen und andererseits das Leben in benediktinischen Klöstern (Deutschland, Frankreich, Niederlande, Belgien) kennenzulernen.[240] Es sollte kein Vergleich der Religionen erfolgen, sondern existentielle Begegnung stattfinden.[241] Eine Ausstellung japanischer Kunst in Köln sowie die direkte Demonstration von Shodō, Kendō und Kyūdō (Schriftkunst, Schwertkunst und Bogenschießen) in Verbindung mit Sitzmeditation *(zazen)* lenkte die Aufmerksamkeit auf die *verleiblichte* Spiritualität des Zen-Buddhismus, die charakteristisch weder in Konzepten noch in der Ausdruckslosigkeit verharrt, sondern formgebend ist, indem sie Kunst hervorbringt.

Die japanischen Mönche wurden ganz und gar in das christliche Klosterleben integriert, so daß sie auch in Gebets- und Ritualgemeinschaft mit den Katholiken lebten. Die Frage nach der *communicatio in sacris* wurde nicht theoretisch gestellt, sondern praktisch erprobt aufgrund des Glaubens an den Heiligen Geist, der nicht an Religionsgrenzen gebunden ist. In Auswertungsberichten äußert sich ein europäischer Mönch: „Das Beten neben einem Buddhisten und die gemeinsame Verbeugung vor dem gekreuzigten Christus hat mir eine neue Haltung gegenüber dem Vater aller Menschen beschert."[242] Die Buddhisten zeigten sich beeindruckt von der Wärme und dem Humor der Benediktiner, aber auch von ihrer tiefen Verehrung und Demut, die sie als echt empfanden und darum mitvollziehen konnten. Nur in bezug auf zwei Aspekte fühlten die Buddhisten Fremdheit:

a) In den Psalmgebeten würde Gott ständig um Hilfe bei der Erfüllung egoistisch erscheinender Wünsche gebeten oder auch angefleht, die Schuld zu vergeben – sei das eine reife oder eine eher kindhafte Spiritualität? Welche Gottesvorstellung werde dabei vorausgesetzt?
b) Die Benediktiner legen lebenslange Gelübde ab und engagieren sich dennoch im sozialen Bereich, während sich das Leben der japanischen Zen-Klöster (seit der Meiji-Zeit) in einem kurzen Training für junge Novizen erschöpft, die dann den Tempel des Vaters übernehmen und kultische Verpflichtungen ausüben, wobei sie weltlich und verheiratet leben. Man müsse von den Christen oder mit ihnen gemeinsam die Integration beider Aspekte, der Zurückgezogenheit und des Engagements, neu lernen, wobei das japanische kurzzeitige Mönchs-Training auch als Vorbereitung für den Dienst in der Welt gemäß dem Bodhisattva-Ideal betrachtet werden könne.[243]

Der Gegenbesuch im Oktober 1983 führte 15 christliche Mönche verschiedener Orden und zwei Benediktinerinnen nach Japan.[244] Auch hier war das intellektuelle Vorverständnis eher gering, und die Begegnung mit dem Buddhismus war vor allem eine physische Erfahrung: Schmerzen beim Sitzen und psychische Revolte gegen die detaillierte Regulierung des Alltags bis hin zur exakten Haltung der Eßstäbchen oder beim Baderitual, die dem Europäer, der sich selbst über die Freiheit der individuellen Gestaltung definiert, unerträglich scheint.

Gestützt auf eine soziologische Studie über das christlich-buddhistische Austauschprogramm[245] in Japan zählt der Benediktiner Morris Augustine[246] die Gemeinsamkeiten beider Traditionen im monastischen Alltag auf:

- Zölibat (in Japan seit der Meiji-Zeit zeitlich begrenzt),
- einfache Lebensweise,

- Schweigen und physische Arbeit,
- Gehorsam (dem Meister bzw. der Regel gegenüber),
- Ritual, Gebet, gemeinschaftliche Textrezitationen,
- Meditation.

Augustine sieht die Gemeinsamkeit in einer Wertestruktur zweier „mytho-poetischer Visionen“ der Welt, die Symbole für den Prozeß der menschlichen Transformation vom Ego-Zentrismus zur Freiheit vom Ego darstellen.[247]

Die Gebetsgemeinschaft während der gegenseitigen Besuche war intensiv. Da aber das christliche Gebet kognitiv nicht identisch mit dem buddhistischen ist, das als eine „Anbetung der Weisheit, ohne außen und innen zu unterscheiden“ (Hirata Seiko Rōshi) verstanden werden kann, wurden auch hier Differenzen spürbar.[248] Beide Partner betrachteten ihre jeweilige Disziplin aber übereinstimmend als Übung in der Überwindung des Egozentrismus, als die Voraussetzung für die Erfahrung des Absoluten (Gott).[249] Trotz kultureller und religiöser Differenzen erfuhren alle „brüderliche Gemeinschaft“ und ein tiefes menschliches Verstehen aufgrund der gemeinsamen Erfahrung, „Weggefährten auf dem WEG“ zu sein.

Der deutsche Benediktiner-Erzabt Notker Wolf reflektiert seine Erfahrung im Zen-Kloster angesichts des Verhältnisses von Freiheit und Gehorsam folgendermaßen:[250] Gemeinsam müßten sich beide Traditionen fragen, wie sie im heutigen soziokulturellen Kontext mit dem Einfluß der Kommunikationsmittel auf die Tradition umgingen – Radio, Fernsehen, Telefon bedeuteten nicht nur die Gefahr einer temporären Zerstreuung, sondern eine andere Haltung zur Welt, insofern die psychologische Konditionierung eines modernen Mönches, der die Zwiespälte der alltäglichen politischen Erfahrung in seiner Zelle vergegenwärtige, von der des klassischen Mönches sehr verschieden sei. Obwohl Gehorsam in der benediktinischen Regel ein wichtiges Prinzip der Ego-Überwindung sei, müsse für den modernen westlichen Menschen eine grundsätzlich kritische Haltung zur Tradition als selbstverständlich und unverzichtbar vorausgesetzt werden. Der unbedingte Gehorsam gegenüber der Tradition im Zen, wie er sich in der minutiösen Regulierung des Alltäglichen äußere, könne von einem Außenstehenden auch als „Anhaften“, als ein Festhalten an dem, was doch vergänglich ist, d. h. als ein Sich-Klammern an Gewohntes oder als Zwang empfunden werden, was dem Reifungsprozeß eher hinderlich sei. Schon St. Benedikt habe hingegen die Möglichkeit der Widerrede des Mönches gegen den Abt in die Regel einbezogen, und heute sei nicht nur das unbedingte Gehorsamsverhältnis des Schülers dem Meister gegenüber, sondern vor allem die Verantwortung des einzelnen innerhalb der (monastischen) Gemeinschaft ein wichtiger Aspekt der spirituellen Übung.

Wolf berührt hier einen entscheidenden Punkt im buddhistisch-christlichen Dialog, der auch auf der existentiell-spirituellen Ebene wirksam wird:

Den Buddhismus und das Christentum gibt es nicht, und es gibt auch keine Spiritualität, die von sozialen Beziehungen unabhängig wäre. Der jeweilige Text ist eingebettet in einen Kontext, und dieser in einen weiteren Kontext usw.

Was dem Europäer als „buddhistisch" erscheint, ist das Produkt einer langen kulturgeschichtlichen Entwicklung. Die von Wolf betrachteten und kritisierten Elemente sind auf konfuzianisches Erbe zurückzuführen, das in Japan in den allgemeinen Verhaltenskodex integriert und mit dem Buddhismus eng verschmolzen wurde. Das wird deutlich, wenn man die Zen-Anekdoten aus der chinesischen T'ang-Zeit (618–906 n. Chr.) betrachtet. Sie sind voll vom Widerspruch des Schülers gegenüber dem Meister und strotzen von Humor und spontaner Freiheit – was nicht verwunderlich ist, denn ebenso wie im ursprünglichen Buddhismus (und in den Ursprüngen des chinesischen Ch'an) ist das suchende Fragen, die kritische Einstellung gegenüber heteronomen Autoritäten, geradezu der Ausgangspunkt der Tradition.

Der Dialog zwischen Buddhismus und Christentum kann nicht von solchen komplexen kulturellen Verwurzelungen abstrahiert werden. Er ist auch ein interkultureller Dialog, der Verhaltensnormen betrifft, die verschiedene kulturelle Wurzeln haben und heute ohnehin (ganz besonders in der japanischen Jugend) zur Disposition stehen!

Aus buddhistischer Sicht schrieb Kirita Kiyohide einen Bericht über die Austauschprogramme:[251] Man habe die Bekräftigung der je eigenen Werte erfahren, um doch im Licht des Anderen die eigene Tradition auch kritisch betrachten zu können. Da Spiritualität die theoretische Vernunft transzendiere und Praxis vom Logos zu unterscheiden sei, habe dieser existentielle Dialog seine eigenen Kriterien zu entwickeln. Als anthropologisch gemeinsame Basis für das erstaunliche Verstehen stellt auch Kirita die „Überwindung des Ego" heraus, die zur „Konformität mit dem Absoluten" führe. Dieses Absolute werde in den Religionen allerdings verschieden interpretiert.[252] Und angesichts der christlichen Tradition sei den Zen-Teilnehmern der eigene Mangel an konkreter Sozialethik und lebenslanger Übung im gegenwärtigen Zen schmerzlich bewußt geworden. Die Ideale von Weisheit und Barmherzigkeit seien im Buddhismus zwar zentral, aber „ohne ein klares Erfassen der Bedeutung des Ortes ihres Handelns werden Barmherzigkeit und Weisheit zu bedeutungslosen Begriffen".[253] Dieses klare Erfassen verlange Unterscheidung. In diesem Sinn müsse Zen die Kreativität der chinesischen Meister der T'ang-Zeit wiedergewinnen statt mit übertriebenem Stolz auf seine „reine Spiritualität" zu pochen. Kirita faßt zusammen: „Das Christentum kann dem Buddhismus einen Energieimpuls sowie eine bitter notwendige Anregung zur Selbstreflektion geben."[254]

Zweifellos verlangt oder formt der Buddhismus nicht eo ipso eine quietistische Geisteshaltung. Im Zen wird vielmehr durch die Ich-Überwindung und durch die Erfahrung der Identifikation mit allen Wesen ein großer Impuls frei, die Welt zu bejahen und in spontaner Freiheit die persönlich-personalen wie gesellschaftlich-politischen Verhältnisse auf mehr Gemeinschaft, Solidarität und Freundschaft hin zu verändern. Es fragt sich nur, warum diese prinzipielle Tendenz in der Geschichte oft nicht sichtbar wurde.

Der Dialog darf nicht stehenbleiben bei der Feststellung, daß sowohl Christen als auch Buddhisten zu Barmherzigkeit und liebender Hinwendung zu allen Wesen angeleitet werden, sondern man muß nach den Umständen und Bedingungen fragen, die die Umsetzung solcher religiöser Impulse in der Geschichte beider Religionen immer wieder verhindert haben.

Die buddhistisch-christlichen Austauschprogramme lassen den Dialog als „Begegnung in gegenseitiger Gastfreundschaft" erscheinen, wie der belgische Benediktiner-Abt Pierre-Francois Bethune formuliert.[255] Er verweist auf die Ambivalenz des Fremden, der als Gegner oder als Gast erfahren werden könne, was sich sprachgeschichtlich in der indogermanischen Wurzel *ghost* niedergeschlagen habe: Im Englischen sind davon abgeleitet *host* (militärische Schar, Gastgeber) und *hostile* (feindlich), im Russischen hingegen *gospodin* (Herr, für Gott). Den Anderen, der Gegner war, als Gast/Freund zu empfangen und ihn nicht als *hostage* (Geisel) zu nehmen, verlange, den Gegner zu lieben. Er zitiert Homer und Deniélou, wonach eine menschliche Gesellschaft dort beginnt, wo aus dem Gegner ein Gast wird oder – im heutigen religiösen Bereich – aus dem Heiden ein Bruder und Mitgefährte auf dem Weg zum Absoluten.[256]

In vielen Religionen ist es Pflicht, den Gast wie einen Gott zu empfangen. Gastfreundschaft sei, so Bethune, eine *religiöse* Haltung, weil sie die spontane psychologische Reaktion von Furcht und Ablehnung dem Fremden gegenüber überwinde und verwandle. Der eigentliche Gastgeber, gerade auch im interreligiösen Bereich, sei in dieser Begegnung immer Gott selbst.[257]

Bethune verschweigt aber nicht, daß sich in der Religionsgeschichte ein ambivalentes Bild zeigt: In der hebräischen Bibel z. B. fände sich neben der Annahme des Fremden auch Abgrenzung, was unter anderem auf die jeweiligen politischen und sozialen Umstände zurückzuführen sei. Der buddhistische Kaiser Aśoka (3. Jh. v. Chr.) hingegen habe in seinen Felsenedikten die religiöse Toleranz nicht nur aus politischer Opportunität verkündet, sondern auch aus religiöser Einsicht: „Indem man anderen Glauben ehrt, erhöht man einerseits den eigenen Glauben und tut dem Glauben des Anderen gleichzeitig einen Dienst ... und dies zur Förderung des besonderen Glaubens eines jeden wie zur Verherrlichung des Dharma."[258]

Das Christentum müsse sich heute von dieser Haltung Aśokas inspirieren lassen, zumal heute Religion (zumindest im Westen) wegen der Säkularisierung weniger durch staatliche Machtinteressen eingeschränkt werde.

Dies eröffne für die Religionen einen größeren Spielraum als in der Vergangenheit. Aus diesem Grunde habe der Papst gut daran getan, die Vertreter der Religionen zum Friedensgebet nach Assisi einzuladen, der Heimat des Franziskus, und nicht nach Rom, wo sie sich im Zentrum der Macht eingeschränkt gefühlt hätten. Entscheidend sei eine rezeptive Grundeinstellung den anderen Religionen gegenüber, oder christlich gesprochen: „die Armut des Herzens". In diesem Sinne bilanziert Bethune die Austauschprogramme so: Wir empfangen im Dialog mehr als wir geben können. Diese Erfahrung der Demut sei der tiefe spirituelle Ertrag echter interreligiöser Begegnung.

Bethune sieht in der Gemeinschaft zwischen buddhistischen und christlichen Mönchen eine Spiegelung der christlichen *kenosis*, der Selbst-Entleerung Christi, der es nachzufolgen gelte, aber nicht im hochspekulativen Sinn wie im Dialog mit der Kyōto-Schule[259], sondern im existentiell-spirituellen Vollzug:[260]

„In ihrem spirituellen Austausch gegenseitiger Gastfreundschaft tauschten sie nicht nur Dinge aus (Speisen, Unterkunft, Geschenke, Erläuterungen über ihren Lebensstil und selbst spirituelle Schätze ihrer Tradition), sondern sie gaben in äußerst spezifischer Weise einen Raum in sich selbst hin. Der Raum, den wir einander in unseren Häusern und Zeitplänen gaben, symbolisiert die innere Leere im Herzen unseres spirituellen Lebens. Wir wissen jetzt, wie Buddhisten und Christen die Bedeutung dieser Leere hervorheben. Christen nennen es „Armut des Herzens" und üben sich, die *kenosis* Christi nachzuahmen. Buddhisten nennen es *śūnyatā* (jap. *kū*) und üben sich, dieser Leere Form zu geben. Die praktische Erfahrung gegenseitiger Gastfreundschaft, die eine Begegnung dieser beiden Leerheiten ist, ist infolgedessen für Buddhisten und Christen eine fundamentale religiöse Erfahrung: die Begegnung verlangt, daß sie sich selbst so vollständig entleeren, wie sie nur können, und das kann ihnen auf ihrem Weg helfen, ähnlich wie Christus oder wie der Tathāgata zu werden."

Vielleicht entspricht eine solche existentielle Erfahrung des Sich-Öffnens, des „Entleerens" *(śūnyatā)*, eher der ursprünglichen Bedeutung von *kenosis* bei Paulus als abstrakte onto-theologische Spekulationen!

Dennoch müssen wir festhalten: Auch nach der Begegnung in den beschriebenen Austauschprogrammen kann ein Buddhist fragen: Was ist bei Christen das Motiv für die Dialog-Begeisterung? Ist es ein „Ausschlachten" des Buddhismus, damit man dann umso effektiver missionieren kann?[261] Oder soll die Zen-Praxis der Christen zur Selbstvertiefung in der eigenen Religion führen? Es bedarf mithin gerade im spirituell-personalen Dialog klarer religionstheologischer Aussagen über die Hintergründe und Motive für den Dialog. Das theologische Problem der Mission läßt sich nicht mit der Formel „Mission und Dialog" lösen, die das Mißtrauen eher noch schürt.

Inzwischen sind die Austausch- und Besuchsprogramme zwischen Benediktinern aus Europa und japanischen Zen-Mönchen Tradition geworden. Jeweils abwechselnd besuchte man einander in den Jahren 1979, 1983, 1987 und 1991. Besonders wichtig war dabei der Besuch von 29 japanischen Mönchen und Nonnen anläßlich des dritten Austausches 1987. Einige der Mönche verbrachten mehrere Tage in dem katalanischen Kloster Montserrat/Spanien. Der buddhistische Berichterstatter Genkai Sugimoto zeigte sich beeindruckt von der Gemeinschaft der Mönche und Laien beim Gesang in der Kirche („What a splendid scene!"),[262] fügte aber hinzu, daß die Ähnlichkeiten im monastischen Leben beider Religionen eher oberflächlicher Natur seien, denn:

1. Während Christen zu einem Gott beten würden, dem sie in demütigem Gehorsam ergeben seien, strebten Buddhisten nach derselben Erleuchtung, die der Lehrer Gautama Śākyamuni hatte. Im Buddhismus gehe es nicht um Gott, sondern um das eigene Herz bzw. Bewußtsein (jap.: *shin*).

2. Die christliche Gleichheit aller Menschen vor Gott bringe nicht nur Werke freundlicher Barmherzigkeit, sondern auch ruhige Bescheidenheit hervor, die im heutigen Japan so sehr fehle. Obwohl christliche Mönche dem Abt Gehorsam schuldeten, stünde er doch nicht so unangefochten hierarchisch über ihnen wie der Zen-Meister über den jungen Mönchen in Japan.

3. Die Mönche vom Montserrat pflegen ein Leben in individueller Einsamkeit, wenn sie sich in Einsiedeleien oder zumindest individuelle Zellen zurückziehen, während die Mönche im Zen-Kloster gemeinschaftlich wohnen und schlafen. Der Anspruch auf Individualität habe aber auch das japanische Zen inzwischen eingeholt!

4. Die christlichen Mönche hätten wenig Verständnis für die Untrennbarkeit von Körper, Atem und Bewußtsein. Darum würden sie auch ihr Wahres Selbst nicht kennen. Durch die Übung des Körpers und des Atems könnten die Christen ihr Gebet noch wesentlich vertiefen.[263]

Aus den Berichten der japanischen Mönche über die Austauschprogramme geht hervor: Die buddhistischen Dialog-Partner wurden durch den Austausch angeregt und bereichert, nicht aber verunsichert hinsichtlich der Authentizität ihrer Tradition. Im Gegenteil, sie fühlten sich zu noch intensiverer Zazen-Praxis ermutigt. Auch die Benediktiner urteilten nach ihren Aufenthalten in Zen-Klöstern in ähnlicher Weise.

Gleichwohl ist zu spüren, daß das Programm bei aller Vertiefung der jeweiligen Kenntnis des Anderen und dem Willen zum Lernen an Grenzen stößt: An der institutionellen Abgrenzung der jeweiligen Traditionen voneinander (z. B. in bezug auf einen ausdrücklichen Verzicht auf Mission oder hinsichtlich der Zulassung zur Eucharistie) änderte sich bisher nichts. So verwundert es nicht, daß der Ruf nach einer „neuen, tieferen Form des Austauschs" und neuen „zusätzlichen Formen des Dialogs" laut wird.[264]

Austauschprogramme mit tibetischen Mönchen und Nonnen in Amerika

Die amerikanische Arbeitsgruppe traf sich zum ersten Mal im Januar 1978. Wie bereits erwähnt, gab man sich den offiziellen Namen „North American Board for East-West Dialogue" (N.A.B.E.W.D.), seit 1992 der Kürze und Präzision wegen umbenannt in „Monastic Interreligious Dialogue" (MID). Als Ziel wurde festgelegt, daß der interreligiöse Dialog nicht die Angelegenheit von wenigen Spezialisten bleiben solle, sondern die Teilnehmer betrachteten es als ihre Aufgabe, die amerikanischen monastischen Kommunitäten ganz allgemein für den Dialog vorzubereiten. Dies sollte möglich werden durch die Entdeckung der spirituellen Werte in anderen religiösen Traditionen, wobei man sich gleichzeitig ein vertieftes Verständnis der eigenen spirituellen Traditionen erhoffte. In der Begegnung von Mönchen und Nonnen aus verschiedenen Religionen solle vor allem die *kontemplativ-meditative* Dimension in den interreligiösen Dialog eingebracht werden.

Der „North American Board for East-West Dialogue" publiziert seit 1978 ein Bulletin, das dreimal jährlich erscheint und an alle nordamerikanischen Klöster sowie auch an Institutionen oder Privatpersonen außerhalb der USA verschickt wird. Die Auflagenzahl hat sich von zunächst 250 auf 1800 erhöht. Zählt man alle hier angezeigten direkten buddhistisch-christlichen Dialoge (in Form von Konferenz, Retreat, Fest, Austausch usw.) zwischen 1978 und 1994 zusammen, ergibt sich eine Zahl von weit über 500 Veranstaltungen, vor allem in den USA.

1978 wurde in Zusammenarbeit mit der Columbia University in New York zum 10. Jahrestag des Todes von Thomas Merton eine Konferenz veranstaltet. Sie untersuchte die Rolle Mertons bei der Eröffnung des Ost-West-Dialoges auf monastischer Ebene. 1980 wurde in Holyoke, Mass., ein Symposion zum Thema „Der Mönch als universaler Archetyp – Ost und West in einer neuen Synthese" abgehalten,[265] 1983 ein Symposion „Formation und Transformation gemäß der östlichen Perspektive" durchgeführt, und 1987 beteiligte sich der Board an der Durchführung der *3. Internationalen Buddhistisch-Christlichen Konferenz* in Berkeley, die mehr als 800 Akademiker, Nonnen, Mönche und Laien-Praktizierende aus beiden Religionen zusammenbrachte.

Am wichtigsten jedoch ist das Austauschprogramm zwischen tibetisch-buddhistischen und christlich-benediktinischen und -zisterziensischen Mönchen und Nonnen, das sich in bisher sieben Phasen entwickelt hat. Im August 1981 wurde dem Board in Verbindung mit dem buddhistischen Naropa-Institut in Boulder, Colorado, eine Audienz bei dem XIV. Dalai Lama gewährt. Und bei dieser Begegnung wurden die ersten Austauschprogramme entworfen.

Phase I brachte einen tibetisch-buddhistischen Mönch von der *Buddhist School of Dialectics* in Dharamsala nach Amerika. Er besuchte im Frühjahr

1982 sechs Klöster im Mittleren Westen der USA und lebte den ganzen Tagesablauf der Mönche mit. In *Phase II* besuchten drei tibetische Mönche insgesamt 30 benediktinische und zisterziensische Klöster in den USA. In *Phase III* besuchten im Jahre 1986 drei amerikanische Nonnen und drei Mönche 26 Männerklöster und vier Frauenklöster des tibetischen Buddhismus in Indien. Diese Austauschprogramme schlossen alle vier großen tibetischen Traditionslinien ein (Nyingma, Sakya, Geluk und Kagyü). Besonders der ausführliche Dialog mit den Studenten der Buddhist School of Dialectics in Dharamsala sowie eine Begegnung mit dem Dalai Lama waren die Höhepunkte des Austauschprogramms. *Phase IV* brachte eine Nonne und zwei tibetische Mönche in amerikanische Klöster. Sie besuchten 30 amerikanische Klöster und hatten bei einem Zwischenaufenthalt in Rom eine Audienz bei Papst Johannes Paul II. *Phase V* fand im September 1992 statt: Zwei Benediktinerinnen und zwei Zisterzienser-Mönche aus der Gethsemane-Abtei in Kentucky und Spencer reisten in tibetische Klöster nach Indien, wo auch Begegnungen mit dem Dalai Lama stattfanden, der diese permanenten Austauschprogramme zwischen buddhistischen und christlichen Mönchen und Nonnen mit großem Engagement fördert. *Phase VI* war ein Besuch mehrerer tibetischer Mönche in den USA, *Phase VII* im Juli 1995 der Gegenbesuch amerikanischer Mönche und Nonnen in Tibet und Nordindien.

Was ist der Ertrag? Zunächst die Erkenntnis, daß die einst von Merton formulierten Gesichtspunkte für den spirituellen Dialog zwischen Gläubigen aus verschiedenen Religionen ihre Anwendung, Bestätigung und Vertiefung erfahren haben, wie díe Organisatorin fast aller Aktivitäten des North American Board, die benediktinische Äbtissin Pascaline Coff, betont.[266] Merton hatte gefordert:[267]

1. Nur wer sich durch die Übung des Schweigens und die Praxis der Meditation jahrelang selbst diszipliniert hat, nur wer mit vollem Ernst in der eigenen (monastischen) Tradition und in authentischem Kontakt mit der Vergangenheit der eigenen Gemeinschaft steht, soll in Offenheit für die Erfahrung anderer Gemeinschaften in den Dialog eintreten.
2. Man soll sich nicht in den leichtfertigen Synkretismus halbreligiöser Sprache und Frömmigkeit bzw. in eine Devotion verlieren, die jedes und alles erlaubt und darum nichts ernst nimmt.
3. Dialog verlangt gewissenhaften Respekt vor den wichtigen Unterschieden.
4. Er verlangt Konzentration auf das, was in der monastischen Berufung wirklich wesentlich ist: wahre Selbst-Transzendierung und Erleuchtung.
5. Zweitrangige Dinge müssen zweitrangig behandelt werden: institutionelle Strukturen, monastische Regeln, Pflichten usw.

Weiterhin haben sich aus dieser Art des Dialogs zahlreiche Patenschaften zwischen amerikanischen Nonnen und Mönchen sowie tibetischen Nonnen und Mönchen in Indien entwickelt, durch die buddhistische Mönche in ihren Studien finanziell und durch persönlichen Kontakt unterstützt werden.[268] Aus den informellen Gesprächsrunden der ersten Programme soll in den folgenden Jahren ein Dialog entwickelt werden mit dem Ziel einer allmählichen Konvergenz im Blick auf Werte und Glaubensvorstellungen, die Buddhisten und Christen gemeinsam sind.

b) Naropa-Konferenzen

Zu den wichtigen Ereignissen des buddhistisch-christlichen Dialogs auf dem nordamerikanischen Kontinent zählen die Konferenzen, die das buddhistische Naropa-Institut seit 1981 regelmäßig durchführt. Vor allem zeichnet sich hier erstmals eine über Jahre reichende zeitliche und personelle Kontinuität ab. Durch Publikationen haben diese Ereignisse weit über Boulder/Colorado hinaus ein Echo in akademisch-intellektuellen wie spirituell-praktizierenden Zirkeln und Gruppen gefunden.[269]

Die Basis des Dialogs ist hier die nicht-verbale Kommunikation, die sich aus der Meditationspraxis ergibt durch Menschen, die beide Traditionen kennen und bei ihren Treffen in Boulder gemeinsam üben. Wenn diese Erfahrungen in Sprache ausgedrückt werden, treten die Unterschiede hervor, die der jeweiligen Erfahrung Kontur verleihen, die aber auch nicht einfach harmonisierbar sind. Deshalb könne das Ziel des Dialogs nicht darin bestehen, eigene Überzeugungen aufzugeben, sondern dieselben im Licht der Begegnung mit der fremden Tradition neu anzueignen. Die Einheit des kontemplativen Weges transzendiere die Unterscheidung von Selbigkeit und Andersheit der unterschiedlichen Religionen, weil beide Aspekte auf einer höheren Ebene aufgehoben seien, von der sich der kontemplativ Übende bestimmen lasse.[270] Die Erfahrung der ersten fünf Konferenzen bis 1985 läßt sich so zusammenfassen:[271]

1. Für viele Christen, die den Weg von ihrer christlichen Erziehung über die Frustration an ihrer Religion und über die Aneignung einer buddhistischen Praxis bis zur Neuentdeckung der kontemplativen Tradition im Christentum gegangen sind, bedeutet die Begegnung mit dem Buddhismus eine Neuerfahrung des Christlichen, die viele Aspekte des buddhistischen Weges integriert.
2. Buddhisten wie Christen entdecken im Dialog die große Vielfalt innerhalb der eigenen sowie der fremden Religion. Formulierbare Erfahrungen und Positionsbildungen gehen oft über die klassischen Religionsgrenzen hinweg, d. h. Christen können sich manchen Buddhisten näher fühlen als anderen Christen, und von Buddhisten gilt das gleiche.
3. Wenn der Dialog zwischen Kontemplativen beider Traditionen in menschliche Tiefen führt, entdecken beide Seiten mit Humor die Begrenztheit der menschlichen Ausdrucksmöglichkeiten. Aus dieser Befrei-

ung, die gemeinsame Praxis *ist*, erwächst nicht nur Toleranz, sondern vor allem Gemeinschaft.

4. Verzicht auf begriffliche Klarheit oder Mangel an akademischer Genauigkeit führt zu einer Unklarheit der Konzepte wie auch der Praxis, die nicht hilfreich ist. Exaktes Denken, das auf Erfahrung beruht, ist selbst Praxis.[272] Zwischen intellektuellem und spirituellem Dialog darf deshalb kein Gegensatz konstruiert werden.[273]

Die Themen der Konferenzen (Gott und Leere, Selbst und Nicht-Selbst, Sünde und Leiden, Gebet und Meditation, Zeit und Raum, Theismus und Nicht-Theismus) gleichen denen der akademisch orientierten Cobb-Abe-Gruppe[274], die Methode der Diskussion aber ist anders. Sie ist vor allem weniger abstrakt und stärker an Einzelerfahrungen orientiert. Die hermeneutisch-theologische Basis wird aus der gegenseitigen Spiegelung von Lebenserfahrungen gewonnen und erst sekundär mit der Begrifflichkeit der religiösen Systeme verknüpft. Widersprüche, die entstehen, wenn individuelle Erfahrungen mit Hilfe der traditionellen Begriffe verallgemeinert werden (z. B. Schöpfergott versus Selbstentstehung in gegenseitiger Abhängigkeit) bleiben stehen. Man empfindet sich als „eine Gemeinschaft von Glaubenden" auf der Suche nach dem Letztgültigen und nach der Transformation, die man auf dem Weg dorthin erfährt.[275] Die Hindernisse bei dem Bemühen um eine authentische religiöse Praxis können von Buddhisten und Christen ganz ähnlich formuliert werden:[276]

- abstumpfende Gewohnheit,
- träge Zufriedenheit mit dem Erreichten (was Fortschritt behindert),
- Dogmatismus und Engstirnigkeit, die oft erst im Dialog mit anderen bewußt werden.

Nur drei dialogische Themenkreise seien herausgegriffen, weil ihre Behandlung methodisch weiterführend ist: 1. die Meditationspraxis, 2. die Frage nach der Identität der Person, 3. die soziale Verantwortung.

1. *Meditationspraxis*:

Der klösterliche Alltag ist in beiden Traditionen vor allem gekennzeichnet durch die Übung der *Achtsamkeit*,[277] jedoch auf verschiedene Weise: im benediktinischen Christentum durch die Rhythmisierung der Zeit in Stundengebeten und durch manuelle Arbeit; im Buddhismus vor allem durch Atem-Meditation. Der theologisch-theoretische Überbau beider Traditionen ist zwar verschieden, aber diese menschliche Grundübung der Achtsamkeit ist so stark prägend, daß kontemplative Mönche und Nonnen beider Religionen einander besser verstehen könnten als Menschen innerhalb der eigenen Tradition, die keine Achtsamkeitsübung praktizierten, was bereits Thomas Merton aufgefallen war.

2. *Identität der Person*:

„Selbst oder Nicht-Selbst" ist eine christlich-buddhistische Grundfrage.[278] Beachtet man die Traditionsgeschichte der Begriffe, die beide über das

Wesen des Menschen Auskunft geben wollen, so wird deutlich, daß eine bloße Entgegensetzung beider Begriffe das Problem nicht erfaßt, geschweige denn löst. Buddhistische Philosophie will zunächst dies hervorheben: „Selbst" und das, was „ein Selbst" denkt – nämlich unsere Vorstellung von der „Welt" –, sind voneinander abhängige Gegebenheiten, die einander bestätigen. Eine davon abstrahierende Frage nach „Selbstidentität" ist sinnlos.[279] Ein substantialisiertes Subjekt anzunehmen, auf das alles bezogen wird, ist der Grundirrtum, der das So-Sein der Wirklichkeit verstellt.

Doch auch die christliche Mystik will dieses „greifende" Ich, das uns von anderen trennt, überwinden: Je mehr das Ich aufgegeben und Christus zur eigenen Identität wird – man denke an das Bild vom Weinstock und den Reben, Joh 15, 1–8 –, um so mehr findet der Mensch seine wahre Selbst-Bestimmung, seine Personalität. Ein fraglos anderes Sprachspiel, das jedoch zumindest in dieselbe Richtung zu weisen scheint wie der Buddhismus!

Auch die Frage, ob in der letztgültigen Erfahrung des Sich-Lassens ein „etwas" übrigbleibe, kann verschieden beantwortet werden. Sowohl innerhalb des Buddhismus als auch innerhalb des Christentums existiert eine große Bandbreite von Antworten.

Allerdings könnten phänomenologisch zwei Methoden oder Haltungen bei der Überwindung der Gespaltenheit von Ich und Welt unterschieden werden: *Expansion*, in die alles eingeschlossen wird, und *Implosion*, bei der das Ich völlig negiert und alles fallengelassen wird. Letztere wird von dem *theravāda*-buddhistischen und von dem christlich-orthodoxen Gesprächspartner als der authentische Weg bezeichnet. Beide behaupten, für die Buddhisten gehe es um die nicht-personale Einheitserfahrung, für die Christen hingegen um die trans-personale Theosis (Gott-Werdung). Hier widersprechen der Benediktiner und der *mahāyāna*-buddhistische Gesprächspartner unisono: Beide Aspekte träten gleichzeitig in Erscheinung – indem sich das Selbst ausstrecke und in Barmherzigkeit alles in sich einschließe, verliere und gewinne es sich zugleich. Das sei zwar noch eine bedingte Erfahrung, aber eine, die graduell weiterführe. Der *Mahāyāna*-Buddhismus füge dem hinzu: Relativ betrachtet sei das Selbst nicht isoliert, sondern bezogen auf alles; absolut betrachtet gebe es weder Selbst noch Anderes, aber diese Erfahrung sei unaussprechlich. Im *Vajrayāna* schließlich würden drei Schritte zur Transzendierung des Relativen empfohlen:

- *erstens* die Auflösung des Ich-Stolzes und des Egozentrismus;
- *zweitens* das Loslassen jeder bedingten Erfahrung;
- *drittens* die Rückkehr zur relativen Erfahrung im Licht der vollkommenen Losgelöstheit zu einem Leben in Heiligkeit, wodurch alles Relative transformiert werde.

Der dritte Schritt heißt im *Zen* die „Rückkehr zum Marktplatz". Er entspricht der Erkenntnis, daß Relatives und Absolutes, Anhaften und Loslassen, gar nicht „existieren", sondern vereinseitigte Sichtweisen seien, die ganz dicht beieinander lägen und letztlich identisch seien.

In diesem praktisch-kontemplativen buddhistisch-christlichen Diskurs erscheinen die unterschiedlichen anthropologischen und theologischen Positionen als eingefrorene oder geronnene Momente eines Interpretationsprozesses, der in Wirklichkeit *innerhalb* und *zwischen* den Religionen immer im Fluß war und ist.

3. *Soziale Verantwortung*:

Eine spannende Konversation zwischen Christen und Buddhisten ergibt sich aus der Frage nach sozialer Verantwortung.[280] Das Universum als gute Schöpfung Gottes, so der Christ, *ist* in Harmonie. Daraus folge, daß man sich nicht zu sorgen brauche. Selbst wenn protestantischer Realismus hinzufügt, daß die Welt in Sünde gefallen sei, so ist doch die universale Heilszusage und -wirksamkeit Gottes im Glauben das Allerrealste, von dem sich der Christ bestimmen läßt. Heiligkeit – als Beispiele führen die christlichen Dialog-Partner Maria und Jeanne d'Arc an – sei die vollkommene Selbsthingabe, um die Präsenz oder den Ruf Gottes in just *dieser* Situation zu vernehmen und Seinem Willen zu entsprechen. Die Welt ist ein gegenseitig abhängiges Ganzes, so der Buddhist, und alle Lebewesen seien darin eingeschlossen. Der Bodhisattva opfere sein Ego, um diese befreiende Erkenntnis für alle Lebewesen real werden zu lassen. Und daraus ergebe sich in folgerichtiger Konsequenz selbstloses und barmherziges Handeln.

Beide Religionen, so können wir hinzufügen, haben die Welt verändert. Aber nicht im Sinne einer romantisierenden Verwirklichung idealer *U-topie*, sondern in der Erkenntnis und liebenden Hingabe an den konkreten *Topos*, der buddhistisch gesprochen in der *erleuchteten Erkenntnis*, christlich gesprochen im *glaubenden Vertrauen* die allein wirkliche Wirklichkeit ist. Erkenntnis und Glaube sind dabei Begriffe, die keine Gegensätze markieren, sondern verschiedene Dimensionen des Psychischen in den Blick nehmen. Denn die frohe Gewißheit des Glaubens läßt die Wirklichkeit unverstellt erkennen, während Erkenntnis den Glauben befestigt, und das – bei verschiedenen Terminologien[281] – in beiden Religionen.

Soweit die Tendenz der Naropa-Dialoge. Sie werden die buddhistisch-christliche Begegnung weiterhin mitprägen. Wir wollen die Bilanz dieser Gespräche unter drei Gesichtspunkten zusammenfassen:

1. Die Konferenz vom Juli 1988 in Boulder hatte die Kontroverse zwischen Theismus und A-Theismus zum Thema. Phänomenologisch wäre es zu stark vereinfacht, jene Position mit dem Christentum, diese mit dem Buddhismus zu identifizieren. Denn ebenso wie Gott für Christen kein objektivierbarer Begriff ist, so ist Leere *(śūnyatā)* für Buddhisten nicht bloß leer, sondern voller Klarheit und Barmherzigkeit. Die jeweiligen Grenzbegriffe oder Worte für die Letztgültige Wirklichkeit weisen zwar auf ein Absolutes hin, sie sind selbst aber in den relativen historischen Zusammenhang

ihrer Entstehungs- und Traditionsgeschichte eingebettet. *Deshalb kann auch der kontemplativ-monastische Dialog nicht auf ein historisch-kritisches Bewußtsein verzichten.* Denn es gibt unzählig verschiedene mystische Erfahrungen. Die Tatsache solcher Erfahrungen ist universal, aber ihr jeweiliger Charakter ist historisch kontingent und von Umständen und Interpretationen geprägt.[282] Typen solcher Erfahrungen lassen sich auch nicht auf die Religionen verteilen, denn innerhalb des Christentums gibt es einen Meister Eckhart *und* eine Teresa von Avila. Innerhalb des Buddhismus gibt es einen Nāgārjuna *und* einen Śāntideva. Diese paradoxe Situation ergibt sich nicht nur aus der Pluralität der Religionen, sie wird auch an der Pluriformität innerhalb der Religionen sichtbar. *Jede* Position ist nur eine von mehreren. Und diese Erkenntnis kann dem Dialog zu mehr Nüchternheit und Demut verhelfen, ganz besonders wenn die hermeneutischen Konsequenzen aus dieser Einsicht gezogen werden.

2. Teilnehmer dieser Dialoge berichten in bewegenden Worten von der tiefen menschlichen Gemeinschaft, die alle Grenzen verschwinden ließ.[283] Sie fand Ausdruck durch gemeinsames liturgisches Feiern, gemeinsames Gebet und Meditation, letztlich durch gemeinsames Schweigen und Staunen vor der unfaßbaren Letzten Wirklichkeit. Es ist dies die Erfahrung der *communicatio in sacris* zwischen Menschen verschiedener Religionen.[284] Die damit verbundene Entgrenzung und Befreiung von sozialen und intellektuellen Schranken mache die in den Religionen verkündete Erlösung/Befreiung *real* und *unmittelbar*, und zwar in einem gemeinschaftlichen Erlebnis.[285] Damit gehe auf individueller Ebene eine erhöhte Selbst-Bewußtheit einher, die sich auch der individuellen wie der traditionsbestimmten Differenzen zwischen den Religionen bewußt bleibe, während auf der Ebene der Gemeinschaft die Kommunikation in Kommunion übergehe. Allerdings ist auffällig, daß es Buddhisten leichter fällt, die in ihrer Religion überlieferten Meditationsübungen für Menschen anderen Glaubens so anzubieten, daß der Gast kein Unbehagen empfindet, während christliche Übungen und Liturgien meist einen exklusiven Zug haben, da sie Bilder und Begriffe der spezifisch christlichen Geschichte darstellen, die für andere schwer nachvollziehbar sind. Buddhistische Übung, so betonen die Buddhisten, sei fundamentaler an der menschlichen Physis, besonders dem Atem, orientiert, der allen Menschen gemeinsam ist.[286]

Das Naropa-Beispiel hat Schule gemacht: Auf dem großen Kongreß „Harmonia mundi" im Oktober 1989 in Newport Beach, California, leiteten der Dalai Lama, der Benediktiner-Abt Thomas Keating und andere Buddhisten und Christen mehrere Tausend Teilnehmer zu gemeinsamer Meditation und zum Gebet an.[287] Eine ähnliche Praxis der *communicatio in sacris* wird von den Sommer-Meditationskursen des Naropa-Instituts,[288] bei zenbuddhistisch-christlichen Begegnungen, von christlich-buddhistisch-hinduistischen Dialogen in Indien,[289] buddhistisch-christlichen Tagungen in

Deutschland, einschließlich der Evangelischen Kirchentage,[290] u. a. berichtet.

3. Die Unterschiede zwischen den Religionen werden auch von den Mystikern bzw. spirituell praktizierenden Nonnen und Mönchen nicht verwischt oder aufgehoben.[291] Aber man will *praktisch* voneinander lernen und in Gemeinschaft gemeinsam reifen. Die Karmeliterin Tessa Bielecki meint, daß Christen meist offen für buddhistische Erfahrungen und Praxis seien, was umgekehrt seltener der Fall sei. Sie nennt dabei drei Dinge, die Christen von Buddhisten neu lernen sollten – und dies kann als *Bilanz* des bisherigen monastischen Dialogs zwischen Buddhisten und Christen überhaupt gelten:[292]

a) die Betonung des kontemplativen und mystischen Zentrums ihrer Religion,
b) die Bedeutung des spirituellen Lehrmeisters,
c) das Nicht-Anhaften an Dogmen und religiösen Bildern, zumal Christen die Tendenz haben, bestimmte Christus-Konzepte zu Idolen zu machen.

Umgekehrt sollten Buddhisten vom Christentum lernen:

a) das Feiern erlöster Freude in menschlicher Gemeinschaft,
b) die Wertschätzung erleuchteten Handelns im Dienst an anderen.

Beide Aspekte, so Bielecki, seien dem Buddhismus zwar nicht fremd, aber sie spielten in der heutigen sozialen Praxis eine untergeordnete Rolle. Das befreite Handeln sei nach christlicher und besonders benediktinischer Tradition nicht erst eine Frucht, die *nach* der spirituellen Erfahrung käme, sondern ein Aspekt *im* spirituellen Reifungsprozeß selbst.

Daß im Buddhismus seit Jahrzehnten eine Bewegung immer mehr an Boden gewinnt, die Bewußtseinsbildung und soziale Praxis in Gestalt eines „engagierten Buddhismus“ verbindet, ist Thema des übernächsten Abschnittes. Zuvor wollen wir den Gedanken aus christlicher Sicht, d. h. aus der Perspektive einer dialogischen Bewegung in Sri Lanka, erörtern.

c) Dialogische Befreiungstheologie – das Programm von Aloysius Pieris

Der Jesuit Aloysius Pieris (geb. 1934 in Sri Lanka) leitet seit 1974 das von ihm begründete Forschungsinstitut „Tulana“ in Kelaniya/Sri Lanka, das sich mit dem Studium buddhistischer Texte, dem Dialog, anthropologischer Feldforschung und theologischer Reflexion im Kontext buddhistischer Kultur sowie mit der Armut in Südasien, Afrika und Lateinamerika befaßt. Seit etwa 1968 publiziert er auf dem Gebiet des buddhistisch-christlichen Dialogs, vor allem in der Zeitschrift „Dialogue“, die vom Ecumenical Institute in Colombo herausgegeben wird und deren Schriftleiter er ist.[293] Das Institut und die Zeitschrift wurden von dem Methodisten Lynn de Silva gegründet, mit dem Pieris bis zu de Silvas Tod 1982 eng zusammengearbeitet hat.

Darüber hinaus spielt Pieris auch eine wichtige Rolle in der Ökumenischen Vereinigung von Theologen der Dritten Welt (EATWOT), innerhalb derer er auf die Entwicklung einer spezifisch asiatischen Befreiungstheologie drängt. Die Entwicklung seines Denkens markiert auch die Etappen im buddhistisch-christlichen Dialog in Sri Lanka, weshalb sie hier kurz nachgezeichnet wird.

Sakramentale Einheit

In einem 1968 in Colombo gehaltenen und 1970 in „Dialogue" veröffentlichten Vortrag unterscheidet Pieris vier einander ablösende Modelle der Begegnung von Christentum und Weltreligionen:[294]

1. *Eroberungstheorie*: Seit dem 16. Jahrhundert habe die Kirche im Zuge des Kolonialismus in konstantinisch-triumphalistischem Geist die anderen Religionen als anti-christlich bewertet und deren Zerstörung als ihre missionarische Aufgabe betrachtet. Man habe geglaubt, dies sei eine Tat der Liebe für die ansonsten verlorenen Heiden und ein Akt der Ergebenheit gegenüber Christus. Die Prämissen dieser Argumentation, so Pieris, teile heute freilich niemand mehr.

2. *Anpassungstheorie*: Einige christliche Missionare im 16. Jahrhundert – Robert de Nobili in Indien, Matteo Ricci in China – hätten erkannt, daß die kulturellen Werte der anderen Religionen kostbar und bewahrungswürdig seien, vor allem weil sie zum Mittel der Bekehrung zu Christus werden konnten. Die Kirche habe sich an die anderen Religionen soweit anzupassen, daß das Evangelium in der Gestalt der jeweils anderen Kultur vernehmbar würde. Heute allerdings, so Pieris, sei diese Theorie inhaltsleer. Sie gehe von der falschen Voraussetzung aus, daß Religion und Kultur getrennt werden könnten, bedeute eine Usurpation, stelle theologisch keinen Erkenntnisgewinn in bezug auf die *soteriologische* Bedeutung der anderen Religionen dar und stütze politisch eher neokolonialistische Tendenzen.

3. *Erfüllungstheorie*: Bereits im 19. Jahrhundert (vor allem bei indischen Laientheologen wie dem Bengalen Brahmabandhav Upadhyaya (1861–1907), dann aber voll durchgeführt in den Dokumenten des Zweiten Vatikanischen Konzils, erscheine diese Theorie als theologisch neuer Ansatz: nicht mehr Christus *gegen* die Religionen, sondern die Religionen *auf Christus hin*. Erlösung sei „auf geheimnisvolle und nur Gott bekannte Weise" (Gaudium et Spes, 22) auch außerhalb der Kirche möglich, die Religionen seien aufgrund der „verborgenen Gegenwart Gottes" in ihnen „Bereitung für das Evangelium" (Ad Gentes, 3), und ihre Anhänger seien auf die Kirche „hingeordnet". (Lumen Gentium, 16)[295] In diesem Sinn konnte Romano Guardini den Buddha als „Vorläufer" Christi betrachten. Pieris erörtert zwei Hauptprobleme dieser Theorie:

a) Wodurch unterscheiden sich die anderen Religionen dann theologisch von der Rolle das Alten Testaments? Das Argument, daß in der Bibel Gott den Menschen, in den anderen Religionen aber nur der Mensch Gott suche, sei weder phänomenologisch noch theologisch korrekt: Gottes universaler Heilswille lasse ihn in der *gesamten* Menschheitsgeschichte präsent sein.

b) Was ist dann die Aufgabe der Kirche gegenüber den anderen Religionen? Soll der Buddhismus sterben, um in Christus neu auferstehen zu können, oder soll das Christentum in den Buddhismus „eintauchen" – so wie Jesus von seinem Vorläufer Johannes die Taufe empfing – oder streben sowohl die Kirche als auch die Religionen nach ihrer gemeinsamen eschatologischen Erfüllung in Christus? Oder könnten Christen – Pieris zitiert Teilhard – von den anderen lernen, ihr Christsein zu vertiefen, indem sie die anderen bekehren?

Erstmals taucht hier bei Pieris das Symbol der Taufe Jesu im Jordan auf, das für seine spätere Entwicklung einer *christlichen Befreiungstheologie im buddhistischen Kontext* paradigmatisch werden sollte: Jesus gibt sich an seinen Vorläufer hin, in einem Akt der Demut und Selbstaufgabe, die am Kreuz ihre Erfüllung finden sollte.

Was aber wäre eine Lösung für diese beiden Probleme? Pieris meinte noch 1968, daß die genannten Schwierigkeiten der Erfüllungstheorie durch die Sakramentaltheologie gelöst werden könnten.

4. *Sakramentaltheorie*: Das Sakrament sei ein Zeichen und ein Instrument des Heilswirkens Gottes, insofern es die Heilsabsicht Gottes kundtue und verwirkliche. Die Kirche müsse als Sakrament verstanden werden, und deshalb treffe diese Bestimmung auf sie zu. Heil sei aber andererseits identisch mit dem universalen Reich Gottes. In diesem Sinne nimmt Pieris das Konzilswort von der „verborgenen Gegenwart Gottes" und Karl Rahners Begriff der „anonymen Christen" positiv auf. Die Rolle der Kirche wäre dann, *als Zeichen* dieses Reich, das schon überall im Anbruch begriffen sei, zu verkündigen. Sie solle das „anonyme Christsein", das sie umgebe, ausdrücklich machen. Bekehrung wäre Annahme dieses Reiches Gottes als *Umwandlung des Herzens*, nicht notwendigerweise die Mitgliedschaft in der Kirche. Aus einem Hindu einen besseren Hindu zu machen, hätte demnach im Prinzip die gleiche Bedeutung, wie ihn zum Christen zu machen.[296]

Auffälligerweise spricht Pieris an dieser Stelle von Hindus, nicht von Buddhisten, was für ihn eigentlich näher liegen müßte. Ein Reflex also nur der indischen Diskussion, ohne daß diese in den 60er Jahren schon im Dialog in Sri Lanka anwendbar gewesen wäre?

Praktisch bedeutet die hier von Pieris vorgetragene Theologie der Religionen, daß die christliche Kirche innerhalb der Kultur des Buddhismus liturgisch Gestalt gewinnen könne, sich also *inkulturieren* sollte. Das, was er zehn Jahre später scharf ablehnen wird, feiert er hier noch als die große Möglichkeit dialogischer Synthese. Vor allem das buddhistische Vesak-Fest (die gleichzeitige Feier der Geburt und Erleuchtung des Buddha) solle von der Kirche in den Heilsplan Gottes eingeordnet und betend mitvollzogen werden.[297] Man könne eine eucharistische Feier des Vesak ins Auge fassen, wobei buddhistische Schriften gelesen würden, um die „anonym-christliche Bedeutung dieses heiligen Ereignisses"[298] zu bekunden. Pieris beklagt sich, daß seitens der römischen Hierarchie harter Widerstand gegenüber derartigen Experimenten geleistet würde. Buddhistisch-christlicher Dialog sei hingegen das Mittel, mit dem sich die Kirche in andere konkrete geschichtliche Situationen und Prozesse einfügen müsse. Durch die christliche Ashram-Bewegung in Indien sei die christliche Liturgie schon in den Hinduismus inkulturiert worden, und zwar auf der theologischen Grundlage des universalen Heilswirkens Gottes, das in der Kirche nur eine spezielle kognitive Explikation erfahren habe. Das wachsende Bewußtsein, „daß die Welt selbst Gottes Sakrament ist"[299], stelle alle Dialogpartner allerdings in den „dynamischen Prozeß menschlichen Betroffenseins", wenn es etwa gelte, die sozialen Übel des Kastenwesens, das sowohl in anderen Religionen als auch in der indischen Kirche noch nicht ausgemerzt sei, *in gemeinsamer Verantwortung* zu überwinden, denn: „Wir alle bedürfen der Bekehrung zum Reich Gottes."[300]

Noch im Jahre 1975 argumentiert Pieris ganz in diesem Sinn. Er strebt eine erweiterte Ökumene an, in der die Weltreligionen eingeschlossen sein sollen. Er analysiert die religiösen Strömungen der späten 70er Jahre und erhebt dabei einen Gegensatz zwischen *charismatischer* und *mystisch-klösterlicher* Ökumenizität, der darin bestünde, daß jene sich innerchristlich verschließe, während diese – vor allem in der indischen Ashram-Bewegung – einen „Kontext für den überkirchlichen Ökumenismus" aufbaue.[301] Der Ashram erscheint Pieris in jenen Jahren überhaupt als *die* Lösung für den interreligiösen Dialog, zumal die Polarisierung in Kontemplative und Aktivisten angesichts des Dialogs mit dem Marxismus in Asien überwunden werden müsse. Dabei solle und könne die Studentenschaft in allen Lagern eine wichtige Rolle übernehmen.[302] Sowohl die Ashram-Bewegung mit ihrer „indischen Liturgie" als auch die „marxismusfreundliche christliche Linke" (besonders der indischen Jesuiten) stellten einen christlichen ökumenischen Impuls dar, mit dem zu rechnen sei.[303] Das Kreuz Jesu Christi sei, so schreibt Pieris vier Jahre später, der radikale Ausdruck des buddhistischen *bodhisattva*-Ideals der Hingabe für den anderen.[304] Denn für den Buddhisten sei die Überwindung egozentrischen Strebens, ja die Selbstaufgabe bis hin zur Aufgabe des Ich, der Inbegriff des *dharma* überhaupt. Dieser *dharma*-Begriff, der das universale Gesetz wie das ihm entsprechende menschliche Verhalten bezeichnet, bringe die Heilswirklichkeit oder die Heilsbotschaft zum Ausdruck, womit er dem hebräischen *dabar* (Wort Gottes) entspreche.[305] Der aktive Vollzug einer solchen Lebenshaltung sei für den Buddhisten gegeben, wenn er dem *dharma* gemäß lebe, für den Christen, wenn er Jesus nachfolge. Diese Praxis des Bodhisattva-Ideals sei viel wichtiger als der

Ritus der Taufe[306], so daß Buddhismus und Christentum einander am tiefsten in der Wirklichkeit des Kreuzes begegnen könnten. Das Symbol des Kreuzes sei von den Gegnern des Paulus (1 Kor 1,18) nicht verstanden worden und würde auch heute von säkularisierten Gegnern des Christentums oft nicht mehr nachvollzogen werden können. Aber mit Bezug auf Gandhi und die hinduistisch-christliche Begegnung – jedoch ebenso zutreffend für den Buddhismus – schreibt Pieris: „Was den Juden ein Ärgernis und den Griechen eine Torheit war, könnte für einen Hindu Weisheit sein!"[307]

Ende der 70er Jahre vollzieht Pieris den Übergang zu einer Befreiungstheologie, die seinen Dialog mit dem Buddhismus noch vertieft. Dabei geht er von drei Grundgedanken aus, die in späteren Schriften immer wiederkehren:

a) Der wesentliche Gegensatz in der menschlichen religiösen Erfahrung sei „Gott" versus „Mammon". Dies sei eine Grundeinsicht im Christentum wie im Buddhismus, die allerdings in verschiedenen Sprachformen ausgedrückt werde, nämlich der *agapeischen* und der *gnostischen.*[308]

b) Die Taufe sei Inbegriff der Demut Christi, die sich am Kreuz vollende. Jesus kniete zunächst im Jordan vor Johannes dem Täufer, seinem Vorläufer, um am Kreuz als der leidende Knecht aller sein Leben für die Welt hinzugeben. Damit sei jeder Triumphalismus ausgeschlossen.[309] Doch daraus folge, daß die authentische christliche Haltung nicht darin bestehen könne, „die asiatischen Kulturen zu taufen", sondern sich in den asiatischen Kulturen – als den „Vorläufern" – taufen zu lassen. Dieser „selbst-auslöschende Taufeintritt in die buddhistische Überlieferung" sei die wahrhaftige *communicatio in sacris.*[310] Nicht also die Inanspruchnahme buddhistischer Praktiken und Liturgie für Christus, sondern die unbedingte Solidarität mit den Buddhisten in ihrer sozialen Situation der Armut, in ihrer Kultur und Religion sei geboten, zumal man den Weg (buddhistische Meditationstechniken) und das Ziel (buddhistisches *nirvāṇa)* nicht voneinander trennen dürfe, weil dies asiatischem Denken ganz und gar widersprechen würde. Solidarität bedeute, sich auf den *ganzen Menschen im ganzen* Buddhismus einzulassen.[311]

c) Pieris unterscheidet eine *kosmische* und eine *metakosmische* Religiosität. Und diese Differenz wird für ihn zum theologisch-hermeneutischen Kriterium sowie zu einer sozial-praktischen Anweisung.[312] Die *kosmische* Religion sei das Fundament, auf dem in den verschiedenen Zivilisationen unterschiedliche *metakosmische* Soteriologien errichtet worden seien. Die kosmische Religion manifestiere sich in einem mehr oder weniger deutlichen Lebensgefühl der Massen – in allen asiatischen Ländern als Ehrfurcht vor der Natur, die von numinosen Mächten erfüllt sei. In Asien sei diese Religion domestiziert und in drei metakosmische Soteriologien integriert worden: in den Hinduismus, den Buddhismus und den Taoismus, die alle drei vermittels eines mystisch-monastischen Ideals ein „transphänomenales Jenseits" durch Gnosis zu erkennen trachteten. Die lebendige kosmische Volksreligiosität sei aber selbst in den klösterlichen Hierarchien des Buddhismus anzutreffen, was auch dadurch zum Ausdruck komme, daß in buddhistischen Gesellschaften das Königtum oder der Staat ein sakraler Unterbau für den *saṃgha* sei, wobei beide Größen einander gegenseitig (in den einzelnen Ländern in unterschiedlichem Maße) beeinflussen würden.[313]

Auf dieser Grundlage erörtert Pieris die Bedeutung des Buddhismus und des *saṃgha* für Asien.[314] Der Buddhismus sei dabei die einzige Religion in Asien, die in bezug auf geographische Ausbreitung, politische Bedeutung und kulturelle Integration pan-asiatisch ist. Schon deshalb komme ihm eine überragende Bedeutung für die Zukunft dieses Kontinents zu. Er habe überdies bereits ökumenische Strukturen entwickelt *(World Fellowship of Buddhists, World Buddhist Sangha Council, World Buddhist Social Service)* und damit seine politische Flexibilität bewiesen, nicht zuletzt auf dem Hintergrund seiner Erfahrung mit Kolonialismus und Kommunismus. Der Buddhismus habe im *saṃgha* seinen institutionellen Kern, der keineswegs unpolitisch sei, sondern das *nirvaṇa*-Ideal von Vervollkommnung *(arahatta)*, Überwindung von Gier *(alobha)* und Haß *(adoṣa)* politisch darstelle. Der *saṃgha* sei insofern ein „Symbol des religiösen Kommunismus", das für die Zukunft der asiatischen Gesellschaften noch an Bedeutung gewinnen werde.[315]

Buddhismus und Christentum in der Geschichte

Die beiden Weltreligionen seien, so Pieris, einander noch nicht authentisch begegnet, sondern jeweils nur als „eurokirchlicher Expansionismus" und als „Exportbuddhismus",[316] wobei letzterer eine Gegenreaktion gegen die koloniale Bedrohung gewesen sei. Besonders seit dem 19. Jahrhundert habe sich der Buddhismus in intellektuellen Kreisen Europas als aufgeklärter Rationalismus gegen das Christentum zu behaupten gewußt, um auf diese Weise den Angreifer auf eigenem Boden schlagen zu können: von Dharmapalas Polemik gegen Jesus bis zu den philosophischen Streitschriften gegen den christlichen Theismus von K. N. Jayatilleke und G. Dharmasiri.[317] Diese buddhistische Polemik gegen das Christentum sei teils politisch bedingt, teils beruhe sie auf Unzulänglichkeiten des Verstehens zwischen beiden Religionen.[318]

An dieser Stelle nun entwickelt Pieris sein hermeneutisches Grundmodell für die Begegnung von Buddhismus und Christentum: die bereits erwähnte Unterscheidung von *gnostischer* und *agapeischer* Sprache:[319]

Es gibt laut Pieris zwei Sprachformen, mit denen Menschen ihre Erfahrung von Gott und Welt ausdrücken, ohne daß man sie aufeinander zurückführen könne: die Sprache der befreienden Erkenntnis und die Sprache der erlösenden Liebe. Im Buddhismus seien beide durch die Einheit von *karuṇā* (heilende Hinwendung zu allen Wesen) und *prajñā* (Weisheit), das heißt durch die Einheit von „agapeischem Engagement" und „gnostischer Losgelöstheit" zusammengehalten. Aber auch das Christentum habe von Anfang an beide Aspekte gekannt, denn der Gnostizismus war auch ein breiter Strom *innerhalb* der frühen Kirche, der bekanntlich im Kanon seine Spuren hinterlassen hat, und dieser Strom dürfe nicht auf die häretische Gnosis reduziert werden, zumal die innerkirchliche Gnosis das agapeische Element nie aufgegeben habe.[320] Auch bei den Mystikern (Pieris zitiert Teresa von Avila) sei die Einheit beider Elemente spürbar, während das Christentum der Neuzeit fast gänzlich auf die agapeische Dimension reduziert sei. „Wir haben es also mit zwei *Sprachspielen* zu tun. Jedes besitzt seine eigenen Regeln und sollte nicht nach den Regeln des jeweils anderen Spiels beurteilt bzw. verwendet werden."[321] So wiesen etwa Begriffspaare wie „Sünde und Gnade" und „Unwissenheit und Erkenntnis" in die gleiche Richtung, aber sie könnten nicht aufeinander zurückgeführt oder gegeneinander ausgespielt werden, weil sie jeweils anderen Sprachspielen angehörten. Vielmehr sei nach ihrer *Funktion* innerhalb des betreffenden Systems, also nach ihrer Ausrichtung innerhalb der soteriologischen Gesamtorientierung der betreffenden Religion, zu fragen. Erst dann könnten die Religionen einander authentisch begegnen, und oberflächliche Begriffsvergleiche würden überflüssig. Das Christentum jedenfalls müsse sich auf die *gnostische* Sprache seiner monastischen Tradition zurückbesinnen, um den buddhistischen Partnern mit adäquater Sprache zu begegnen, und es dürfe gleichzeitig nicht auf seine *agapeische* Sprachform verzichten, weil die unterprivilegierten Massen in Asien nur in dieser Sprache angesprochen werden könnten.[322]

Pieris lehnt aus diesem Grunde die intellektuellen Dialog-Bemühungen einiger Prozeß-Theologen in Amerika ab, die Whitehead mit der Dialektik des Nāgārjuna in Verbindung bringen wollen, was zwar „eine faszinierende intellektuelle Übung (Cobb macht das glänzend)" sei, aber von der „Begegnung des Evangeliums mit dem Dharma" weit entfernt wäre.[323] Wenn dieses Urteil pauschal gelten soll (und das soll es bei Pieris), möchten wir es anfechten, denn es fragt sich, ob nicht auch die Analyse von Denkstrukturen ein Akt von *karuṇā* sein kann, insofern sie einen Beitrag zur Überwindung von Vorurteilen leistet, der notwendig ist, um Verstehen und tiefere Einsicht *(prajñā)* zu erlangen, was wiederum die Motivation für ein gemeinsames soziales Engagement (was immer das konkret bedeutet) weckt!

Fundamental für die Hermeneutik des buddhistisch-christlichen Dialogs ist nach Pieris die Rückfrage nach den historischen Gestalten der Stifter, denn diese bildeten den jeweiligen Maßstab des Denkens und Handelns in den Traditionen, wobei man bei den Entwicklungen in der Buddhologie und Christologie einen auffälligen „Parallelismus" feststellen könne.[324] Die Analyse dieser paradigmatischen Entwicklungen helfe, den jeweiligen Prozeß der Traditionsbildung zu verstehen und dogmatisch „harte" Positionen in ihrer Geschichtlichkeit zu erkennen, zu relativieren und neu zu verstehen.

Die Rückfrage nach dem historischen Jesus erlaube etwa, den „Christus"-

Titel in seiner historischen Bedingtheit zu erkennen: er drücke zwar gewiß das Mysterium der Erlösung sachgemäß aus, aber nur in dem Kontext, in dem dieser Titel die Erfüllung einer Erwartung bedeutet habe, eben im israelitisch-jüdischen Kontext. „Was absolut und einzigartig ist, ist nicht der Titel, sondern das, was alle größeren Religionen, die einen in theistischer, andere in nicht-theistischer Formulierung, seit Jahrhunderten verkünden als das Mysterium der Erlösung, das sich zumindest in dreifacher (wenn nicht trinitarischer) Form kundtut", nämlich als

– *„erlösungwirkendes Jenseits"* (Jahwe, *nirvāṇa*, *brahman),*
– *„erlösungwirkende Vermittlung" (dabar/Ebenbild, dharma, mārga)* – *„menschliche Erlösungsfähigkeit"* oder dem Menschen innewohnende *„Erlösungskraft"*.[325]

Ob man dies „Vater-Sohn-Geist" nennt oder nicht, ist für Pieris sekundär, wichtig sei die so ausgedrückte Gesamtheit, die eine „empfindsame und ansprechbare Stelle im asiatischen Herzen"[326] aufschließe. Dies sei der Rahmen, in dem das Leben Jesu als Weg der Identifikation mit den Armen gesehen werden könne, als Jordantaufe in „jene Art eines politisch gefährlichen prophetischen Asketentums", das der Täufer lebte und das für Jesus am Kreuz endete, als Kampf gegen den Mammon in jeder Form.[327] Und dieser Rahmen gebe dem Leben Jesu den soteriologischen Horizont, der sich – heute mehr denn je – für Asien als Deutung der eigenen geschichtlichen Erfahrung darstelle.

Jesus sei – wie Gautama und Muhammad – Asiate gewesen. Daß Jesus als „kolonialer Christus" in seine Heimat zurückkehren mußte, sei eine große Tragik. In dieser Gestalt sei er aber nicht die Erfüllung der asiatischen Religionen, sondern ihre Bedrohung.[328] Es befremdet allerdings, daß Pieris den „asiatischen Jesus" hervorhebt und ihn ungeschichtlich mit Muhammad und Gautama in einem geographischen Begriff zusammenfaßt, der weder kulturgeschichtlich noch politologisch sinnvoll ist. „Asien" in diesem Sinne ist ja gerade erst Produkt einer eurozentrischen und expansionistischen Geographie! Wie überhaupt West-, Süd- und Ostasien nach unserem Eindruck von Pieris hier zu wenig differenziert werden.

Der Buddha, so Pieris, werde im Buddhismus ebenso hingebungsvoll verehrt wie Jesus im Christentum. Diese Tatsche werde von der westlichen Buddhologie meist geflissentlich übersehen oder bestritten, weil die oben erwähnten *Sprachspiele* nicht erkannt würden.[329] Eine Begegnung der beiden Religionen dürfe sich demzufolge nicht in philosophischen Abstraktionen erschöpfen, sondern müsse möglicherweise einen Konflikt zwischen den beiden Frömmigkeitsformen, die durch die Gründerpersönlichkeiten bestimmt seien, in Rechnung stellen. Dabei sei es wichtig, bestimmte Eigenschaften oder Schicksalszüge des einen oder anderen Stifters nicht abstrakt gegeneinander auszuspielen, sondern in ihrem historischen Kontext zu interpretieren! Dies ist eine sehr wichtige Bemerkung, denn, so möchten wir hinzufügen, die Polemik des siegreich lächelnden Buddha gegen den geschundenen Gekreuzigten ist falsch: Sie träfe, wäre sie wahr, auch die Heilsbotschaft des Buddhismus, wie Pieris an der oben erwähnten Interpretation von Taufe und Kreuz deutlich erkannt hat.

Selbst-Analyse und Gesellschaftsanalyse

Der Kontext, in dem Pieris seine Theologie entfaltet, ist die Armut der Massen in Südasien. Die Analyse der Armut sei für buddhistische wie christliche Theologen das erste gemeinsame Thema. Armut freilich sei ambivalent: einerseits sei sie als *freiwilliger Verzicht* der Inbegriff des buddhistischen wie des christlichen Ethos, andererseits sei sie als *Ergebnis der Ausbeutung* durch andere der gesellschaftliche Zustand, den es zu beseitigen gilt. Um diesen Unterschied deutlich zu machen, schlägt Pieris vor, zwischen „erzwungener" und „freiwilliger" Armut zu unterscheiden. Letztere würde von beiden Religionen bejaht, und zwar geradezu „aus Protest und Vorkehrung" gegen erstere.[330] Freiwillige Armut befreie, erzwungene Armut versklave. Dies sei der Rahmen in dem die psychologischen und sozialen Dimensionen der Armut interpretiert werden müßten.

Allerdings hätten die Religionen ein Defizit aufzuarbeiten: Während sie (besonders der Buddhismus) traditionell großen Wert auf die Selbst-Analyse gelegt hätten, sei ihnen die ganz andere Problematik der sozialen Armut oft entgangen. Buddhismus und Christentum säßen diesbezüglich im gleichen Boot, wenn sie nur ihre Geschichte kritisch analysieren würden. So habe zwar das Armutsideal den einzelnen Mönch arm gemacht und somit den selbst-analytischen Aspekt und seine Praxis erfüllt, die Klöster seien dabei aber meistens immer reicher geworden und als Feudalherren gegenüber den landlosen Bauern aufgetreten. Pieris führt zurecht die mongolischen und tibetischen Klosterstrukturen an, die sich sozio-ökonomisch kaum von der Entwicklung abendländischer Klöster unterscheiden. Die Klöster wurden reich und politisch mächtig, als Klosterkandidaten (und Patrone) ihren Besitz dem Kloster schenkten und nicht (mehr) den Armen![331]

Uns scheint, daß solche strukturellen Vergleiche sehr hilfreich sind, denn auch auf buddhistischer Seite gibt es zunehmend Bestrebungen nach Reformen der sozialen Strukturen (z. B. Buddhadasa in Thailand). Die buddhistischen Reformer erkennen, daß die Tugend der *dāna* (ursprünglich die Selbst-Hingabe als Gegenmittel zum Anhaften, auch Mildtätigkeit und die Gabe der Laien an die Mönche) zwar für den Geber spirituell nützlich, für die Gestaltung der Gesellschaft nach buddhistischen Prinzipien aber unzureichend ist. Die religiöse Analyse des Selbst und der psychologischen Mechanismen der Gier genügt nicht. Ihr muß eine Analyse der gesellschaftlichen und sozialen Mechanismen folgen, weil diese eigenen strukturellen Mustern folgen. Und tatsächlich geschieht dies auch: im *inter-monastischen Dialog* weiß Pieris von Veränderungen in dieser Hinsicht zu berichten. So waren es christliche Mönche, die 1980 in Kandy (Sri Lanka) die „soziologische Wahrnehmung des Bösen“ als Aufgabe erkannten.[332]

Der *saṃgha* wie auch die Kirchen, so Pieris, müßten ihre jeweilige Geschichte unter soziologischen Kriterien analysieren und gemeinsam die sozialen Konsequenzen ziehen.[333] Aus diesem Grund wendet sich Pieris seit 1981 scharf gegen die christliche Inkulturations-Theologie, gegen die Ashram-Bewegung also, die den interreligiösen Dialog zwar anfangs wesentlich stimuliert habe, sich die buddhistische bzw. hinduistische Kultur aber (liturgisch) einverleiben wolle. Und zwar aus zwei Gründen:

– *Erstens* müsse man fragen: welche Kultur? Kultur sei klassengebunden,[334] und es könne nur darum gehen, sich mit der Kultur der Armen zu identifizieren, mit den *befreienden Aspekten* der asiatischen Religiosität also: „Asien evangelisieren heißt, ... in den Armen diese befreiende Dimension der asiatischen Religiosität, der christlichen und der nicht-christlichen, hervorzurufen“; das Dilemma sei, daß die „Ingenieure der einheimischen Theologie“ sämtlich im elitären Bildungssystem nach westlichem Vorbild erzogen worden seien.[335]
– *Zweitens* werde der Buddhismus seiner Spiritualität beraubt, wenn man etwa bestimmte Meditations-Techniken für sich in Anspruch nehme, nicht aber ihre Einbindung in die buddhistische Soteriologie ernst nähme.[336]

Eine (durch die Ashram-Bewegung stimulierte und im Westen nachgeahmte) intellektuelle Aneignung buddhistischer philosophischer Texte, ohne den hermeneutischen Wert dieser Lehren im *gegenwärtigen* asiatischen Kontext durch soziologische und anthropologische Feldstudien zu erheben, hält Pieris für wenig hilfreich.[337] Er zeigt zurecht vier Gefahren der Inkulturation in Ashrams und westlichen Meditationsbewegungen auf:

a) die Meditations-Techniken vom Buddhismus abzulösen, sei Diebstahl,
b) man schaffe Ruhezentren nur für die Reichen,
c) die Kommerzialisierung von Spiritualität bedeute, daß nun nicht mehr nur materielle Ressourcen aus Asien geraubt würden,
d) solche Versuche seien oft apolitische Flucht.

Stattdessen plädiert Pieris für einen „religiösen Sozialismus“, der sich in einer Verbindung der kosmischen Religiosität des Volkes (Einheit aller Lebewesen) und der metakosmischen Sinngebung im *saṃgha* (Befreiung von Gier und Haß) in *Basisgemeinschaften* verwirklichen könne, die gemäß den befreienden Elementen in beiden Formen von Religiosität leben.[338] Experimente mit solchen Lebensformen hat er selbst in Kelaniya und Colombo unternommen.

Pieris hat also seine Beurteilung der Inkulturationsmodelle, besonders des Ashrams, von 1975 grundlegend revidiert. Uns scheint, daß er Gefahren deutlich sieht, daß er aber andererseits authentische Versuche der Integration buddhistischer Spiritualität (nicht nur bestimmter Techniken) durch Christen nicht genügend wahrnimmt. Möglicherweise hängt das mit seiner Analyse von Armut und Befreiung zusammen. Denn er reduziert Armut auf das materielle Phänomen, ohne von anderen Formen der Entfremdung zu sprechen, die nicht auf die materielle Armut zurückzuführen sind. Aber dieser Einwand verdeutlicht nur die *Kontextualität* des Dialogs und der dialogisch zu entwickelnden Befreiungstheologie, was Pieris selbst fordert, wie wir nun zeigen werden.

Dialogische Befreiungstheologie

Pieris sieht klar: Armut und asiatische Religionen sind die beiden wichtigsten Faktoren, die eine asiatische Befreiungstheologie in Rechnung stellen muß. *Befreiung* müsse überhaupt im asiatischen Kontext neu buchstabiert werden, handle es sich doch um den einen absoluten Grundwert einiger asiatischer Religionen. Nicht Gott, sondern *mokṣa/mukti* (Befreiung) stünden in Hinduismus und Buddhismus im Zentrum des Interesses! Für Pieris ist deshalb der Ausgangspunkt des Dialoges nicht ein Disput über Begriffe wie „Gott" und „*dharma*", sondern *das gemeinsame Streben nach Befreiung.*[339] Durch den Buddhismus sei der Begriff der Befreiung dergestalt gefaßt, daß das Anhaften *(taṇhā)* oder selbstsüchtige Begehren in jeder Weise überwunden werden müsse. Und die gesellschaftliche Dimension dieses Begriffs sei im *saṃgha* zumindest idealiter realisierbar. *Die Übertragung dieses Ideals in die Praxis solidarischen Lebens mit den Armen sei die Aufgabe der Befreiungstheologie.* Dabei müsse man sich sowohl vom (westlichen) Marxismus als auch vom (westlichen) Biblizismus lösen, weil beide den Zusammenhang von Religion und Befreiungskämpfen nicht beachteten.[340] Pieris verweist stattdessen auf die Geschichte buddhistisch inspirierter politischer Befreiungsbewegungen, meist auf dem Hintergrund des Maitreya-Kultes, an die Buddhisten und Christen in Asien anknüpfen könnten.[341]

Sakramentale Mystik und weltliches Engagement sollten zusammenkommen, aber nicht, weil sie einander legitimieren müßten, sondern weil beide durch das Kreuz legitimiert würden![342] Diese Einsicht stützt Pieris durch die Lehre von der *kenosis* (Selbstentäußerung Gottes), die, wie wir oben sahen,[343] auch in buddhistischen Ohren vertraut klingt, und die hier auf ihre soziale Dimension hin zugespitzt wird. Aber weder dogmatische Beweise noch der Hinweis auf Schriftstellen könnten der Befreiungstheologie ihre Legitimation geben, sondern ihr hermeneutisches Kriterium sei allein der Akt des befreienden Handelns.[344] Denn *Nachfolge* Jesu sei der Schlüssel zur *Erkenntnis* Jesu, wobei diese Art von Erkenntnis erneut zu vertiefter Nachfolge führe – ein hermeneutisches Prinzip, das Pieris von Ignatius von Loyola übernimmt.[345]

Die Kirchen sollten also nicht taufen, sondern *sich selbst* in der asiatischen

Spiritualität *taufen lassen*, wie Jesus sich durch Johannes im Jordan hat taufen lassen. Diese „ekklesiologische Revolution" sei die Voraussetzung für eine asiatische Christologie[346] und sie vollziehe sich in der Solidarität der Basisgemeinden, die buddhistisch-christlichen Dialog konkret leben.

Pieris führt für das eben Gesagte ein Beispiel an: die interreligiöse Liturgie der *Christian Workers' Fellowship*, die von ihrem Hauptsitz in Colombo aus offenbar bereits in den 70er Jahren jenen kontemplativ-marxistisch-buddhistisch-christlichen Impuls für das soziale Engagement auch liturgisch zelebriert hat und in den 80er Jahren zu einem der wichtisten Katalysatoren der buddhistisch-christlich-marxistischen Basisgemeinschaften in Sri Lanka geworden ist:

„Symbolischer Höhepunkt dieses Ökumenismus ist das am Maifeiertag zelebrierte Mahl der Arbeiter, das sich in einfacherer Form jeden Monat in der Arbeiter-Kaplanei wiederholt. Es handelt sich um eine gemeinschaftliche Konzelebration mit Inter-Kommunion – von den kirchlichen Autoritäten stillschweigend geduldet. Die Dialog-Predigt wird von buddhistischen und christlichen Marxisten gehalten. Auch Hindu-Arbeiter nehmen teil. Die Eucharistiefeier kristallisiert sich um das Thema „Christus, der Arbeiter", ein Meisterstück einer Liturgie, die ‚empfangen ist vom christlichen Geist, geboren aus einer buddhistischen Kultur und genährt von einer marxistischen Umgebung', Symbol für die gesamte Bewegung, in der die gegensätzlichen Kräfte politischer und religiöser Natur zusammengehalten werden von einem Mittelpunkt, der leicht erkennbar ist als *Christus, der Arbeiter*, d. h. der Christus *im* Arbeiter, der immer noch dabei ist, die Welt zu erlösen und neu zu gestalten."[347]

Pieris erwähnt jedoch nicht, wie diese Liturgie von den etablierten buddhistischen Mönchsorden aufgenommen wurde und was daraus seit den späten 80er Jahren geworden ist. Der Dialog in Sri Lanka ist schwierig geblieben, zumal die politischen Umstände und evangelikal-missionarischen Bewegungen aus Amerika das Mißtrauen vieler Buddhisten erneut wachgerufen haben, wie oben gezeigt wurde.[348] Pieris' befreiungstheologischer Ansatz aber, der die buddhistische Spiritualität integriert, findet auch unter Buddhisten lebhaftes Echo.

d) „Engagierter Buddhismus" auf dem Weg zu interreligiöser Ökumene

Die heutige weltweite Bewegung des sozial und politisch engagierten Buddhismus kann hier nur an einigen bezeichnenden Beispielen dargestellt werden. Es ist kein Zufall, daß diese Impulse mit der Bewältigung von Schuld und Leiden durch Krieg, Unterdrückung und Ausbeutung zusammenhängen. So wie sich die christliche Ökumene auf dem Boden der Erfahrung von zwei physisch wie geistig verheerenden Weltkriegen entwickelte, hat auch im Buddhismus die Einsicht in die Katastrophen dieses Jahrhunderts eine Neuorientierung auf eine interreligiöse Ökumene hin ausgelöst.

Hisamatsu Shin'ichi und die japanische F.A.S.-Gesellschaft

Der Anstoß für die F.A.S.-Gesellschaft (Formloses Selbst – All-Menschheit – Suprahistorische Gestaltung der Geschichte) kam wesentlich von dem Zen-Meister und Philosophen Hisamatsu Shin'ichi (1889–1980). Er wurde in eine shin-buddhistische Familie (Buddhismus des Reinen Landes) geboren und ist, verursacht durch den wissenschaftlichen Rationalismus seiner Zeit, durch eine Glaubenskrise gegangen, die mit seiner Konversion von einer „mittelalterlichen Religionsform" zum „modernen kritischen Rationalismus" endete.[349] Als junger Student ging er auf die Suche nach dem selbstbewußten Individuum – dem rational handelnden moralischen Subjekt – und traf dabei auf den Begründer der Kyōto-Schule, Nishida Kitarō. Gegen Ende seines Studiums entdeckte er die Radikalität des Bösen, die Freiheit und rationale Entscheidung letztlich unmöglich mache: Das reine Wahre Selbst des Menschen sei im „Spinnennetz der Sünde" gefangen. Hisamatsu spricht von Einkerkerung, Lähmung, Sünde und Tod in einer Sprache, die an Paulus erinnert. Eine rein rationale Philosophie werde angesichts dieser existentiellen Erfahrung des Bösen zu Makulatur. So entdeckte er Zen und nahm im Dezember 1915 an seinem ersten *sesshin* (strenge Zen-Übung) teil. Zu den physischen Schmerzen aufgrund der ungewohnten Sitzhaltung kam der psychische Schmerz hinzu: Er sei, so sein späterer Bericht, nicht nur durch einen Abgrund des Zweifels gegangen, sondern zu „einer einzigen zweifelnden Masse" geworden, habe sich dabei selbst vollkommen verloren und sei zum wahren Formlosen Selbst erwacht, jener unbeschreiblichen Zen-Erfahrung, die unerschütterliche Gewißheit, Freude und Frieden schenkt. Weder ein mittelalterlich bestimmtes Religionsparadigma noch die scheinbar autonome kritische Vernunft des Individuums, sondern eine neue integrierende Spiritualität, die Hisamatsu später als „post-modern" bezeichnete, könne dem heutigen Menschen Orientierung und Halt bieten.[350] Das bisher im (ostasiatischen) Buddhismus individuell verstandene Erwachen zum Wahren Selbst sah Hisamatsu nun als Aufgabe der gesamten Menschheit bzw. der Menschheit als Ganzes. Die analytische Vernunft sei ein notwendiges und unverzichtbares Instrument, aber sie eröffne keinen letztgültigen Standpunkt für den Menschen, weil sie auf dem cartesianischen Begriff des Individuums basiere, der die Menschheit nicht als „Gemeinschaft mit einer einzigen Bestimmung – als lebendig-selbstbewußte Einheit" wahrnehmen könne.[351]

Hisamatsu schlug schließlich die akademische Laufbahn ein, setzte aber gleichzeitig seine Zen-Praxis fort und wurde schließlich Zen-Meister. Die Verstrickung Japans in den Zweiten Weltkrieg und die existentielle Werte-

Krise, in der sich viele Japaner befanden, radikalisierte bei Hisamatsu und seinen Studenten in Kyōto den Willen zur Erneuerung nicht nur der Religion, sondern auch der Gesellschaft, indem sie fragten, woher überhaupt eine Regierung zur Kriegführung ermächtigt sei. Angesichts der Sinnlosigkeit des Massensterbens im Krieg stelle sich die Sinnfrage, die in den Religionen primär individuell beantwortet werde, in radikal neuer Weise. Die Gruppe um Hisamatsu nannte sich jetzt *Gakudō-dōjō* (Ort für Studium und Praxis des Weges), wobei die Einheit von spiritueller und sozial-institutioneller Transformation zum Programm erhoben wurde. Zen-Praxis und rationale Analyse des Vorfindlichen blieben dabei „die zwei Flügel ein und desselben Vogels". Die Erfahrung und Verarbeitung des Krieges ließ die Gruppe ein vierfaches Gelübde ablegen. Sie gelobten:

1. intensive Zazen-Praxis, um zur Erfahrung des vollkommenen Erwachens zu gelangen,
2. jede institutionell abgrenzende religiöse Beschränkung zu überwinden,
3. die Einheit von spiritueller Praxis und intellektueller Reflexion zu üben,
4. die Erfahrung des Erwachens als Grundlage für soziale Transformation zum Wohle der gesamten Menschheit einzusetzen.

Nach dem Krieg öffnete sich der Kreis auch für Studenten anderer Universitäten und definierte sich bewußt als Laienbewegung, damit auch Shin-Buddhisten, Christen und sogar Kommunisten beitreten konnten. Das vierfache Gelübde, aus der Zen-Praxis erwachsen, wurde so interpretiert, daß es nicht mehr an traditionelle Religion oder Religiosität gebunden blieb.

Der Korea-Krieg (1950–1953) stürzte die Gruppe in neue Zweifel und spornte sie an, noch präziser als bisher die Transformation der geschichtlichen und sozialen Kräfte auf der Basis überkonfessioneller und transreligiöser spiritueller Motivation in den Blick zu nehmen. Deshalb wurde das Gelübde dahingehend präzisiert, daß jetzt das individuelle Erwachen und die Verbesserung sozialer und politischer Zustände in ursächlicher Einheit erschienen. Der Text dieses „Menschheitsgelübdes" lautet:

„Ruhig und gelassen wollen wir zu unserem Wahren Selbst erwachen, vollkommen barmherzige Menschen werden, umfassenden Gebrauch von unseren Fähigkeiten entsprechend unseren jeweiligen Berufungen im Leben machen, sowohl die individuelle als auch die soziale Agonie und ihre Ursachen wahrnehmen und die rechte Richtung erkennen, in die sich die Geschichte weiter bewegen soll. Indem wir uns geschwisterlich die Hand reichen, frei von jeder Art der Diskriminierung, wollen wir in Barmherzigkeit geloben, das tiefe Verlangen der Menschheit nach Emanzipation zur Erfüllung zu bringen und eine Welt zu schaffen, in der jedermann wahrhaftig und in Fülle leben kann."[352]

Hier tauchen die Begriffe Selbst-Menschheit-Geschichte schon in dem Sinne auf, in dem sie dann nach Hisamatsus Weltreise 1957–1958 für die unter neuem Namen und als Gesellschaft reorganisierte Bewegung bestimmend wurden. Einerseits brachte Hisamatsus Reise die Begegnung mit der europäisch-amerikanischen, vom Christentum geprägten Geisteswelt und eine Internationalisierung der *Gakudō-dōjō*-Gesellschaft, andererseits erlebte der buddhistische Philosoph und Zen-Meister im Westen den Individualismus der modernen Gesellschaften und die Kälte der marktwirtschaftlich organisierten Welt. Angesichts dieser Erfahrung präzisierte Hisamatsu erneut das Ziel der von ihm mitinitiierten Bewegung: Die Namensänderung von 1958 in „F.A.S.-Gesellschaft" zeigt nun die Richtung an: F steht für „Formloses Selbst", A für „All-Menschheit", S für „Supra-historische Gestaltung der Geschichte".[353] Auf der Basis des Erwachens zum Wahren Selbst, das die gesamte Menschheit betreffe und einschließe, sollte ein neues Zeitalter des Friedens anvisiert werden, in dem die überzeitliche Dimension des Wirklichen in den konkreten Gestaltungen des geschichtlichen Wandels Realität werden sollte. Hisamatsu versteht dies bereits im Sinne einer „post-modernen Ära"[354] und knüpft dabei an seine ursprünglichen philosophischen Interessen an: Die autonome kritische Vernunft der Moderne bedürfe einer Erweckung zu trans-historischen Werten, damit die historisch realen nationalistischen, rassistischen und religiösen Egoismen durch eine Tiefenerfahrung des Menschlichen überwindbar werden. Er kritisiert deshalb beides:

- den Rückzug auf vor-moderne Autoritätsstrukturen, wie dies in religiösen Restaurationsbewegungen angestrebt wird,
- und eine theologische Interpretation der Geschichte, die sich in den Idealen des modernen Humanismus erschöpft.

Hisamatsus Programm wirkte sich zunächst in der spirituellen Praxis des Kyōtoer Kreises aus, der zwar buddhistisch inspiriert blieb, den traditionellen Buddhismus der organisierten Schulen (Zen, Reines Land usw.) aber hinter sich ließ. Dies zeigt sich z. B. an der Neuinterpretation der Kōan-Praxis: Das Erwachen zum Wahren Selbst wird nicht mehr nur individuell verstanden, sondern kollektiv als Erwachen der Gemeinschaft, in der sich die Einzelnen durch gegenseitige Hilfe in der Übung nicht nur stützen, sondern gemeinschaftlich aus-bilden.[355] Obwohl Hisamatsu in der strengen Kōan-Praxis des Rinzai-Zen geschult war, hielt er die sukzessive Lösung Hunderter von Kōans unter einem Meister für nicht mehr praktikabel im heutigen Laien-Buddhismus. Er empfahl daher die Konzentration auf *ein* fundamentales Kōan, das die Paradoxie der menschlichen Existenz bewußt macht und die Einheit von Erwachen und sozialer Praxis stets neu vermittelt, wie z. B.: „Was immer du hier und jetzt tust, reicht nicht aus – was also tust du?" An die Stelle des täglichen Zwiegesprächs *(sanzen)* mit dem Zen-Meister *(rōshi)* im Kloster soll nun der Gruppenaustausch im „gemeinsamen Fragen" treten, wobei die Rechenschaftslegung über die je aktuelle Durchdringung dieses einen Kōans nie ende. Das Erwachen sei nicht das Resultat der Anstrengung des Willens, sondern die Überwindung des Individuell-Substantiellen in der Liebe und Barmherzigkeit aufgrund der Einsicht in die ursprüngliche Einheit der menschlichen Gemeinschaft. Hisamatsu begreift diese ursprüngliche Einheit aller Wesen als Selbstmanifestation der Leere *(śūnyatā*, jap. *kū)*, insofern die individuell abgegrenzten Entitäten aus sich heraus „nichts" seien. Dies entspricht den Intentionen der mahāyāna-buddhistischen Lehre des Entstehens in gegenseitiger Abhängigkeit *(pratītyasamutpāda)*. Hisamatsu nennt drei Merkmale der „neuen Welt":

1. soziale Lebensformen, die jene kreative Freiheit, die aus dem Erwachen kommt, fördern;
2. die barmherzige Umarmung aller Lebewesen;
3. die Einheit der Menschheit aufgrund der Einsicht in die Leere.

Obgleich Hisamatsu im Christentum ein mittelalterliches, auf Theonomie basierendes Religionsparadigma konserviert sieht, findet er die Barmherzigkeit und Herzenswärme, die er anstrebt, ausgedrückt in der Selbsthingabe Gottes für die Sünder am Kreuz.[356] Hisamatsu kann also (in ausdrücklichem Unterschied zu Suzuki Daisetsu)[357] dem christlichen Kreuzessymbol eine positive Bedeutung abgewinnen. Denn der zum Formlosen Selbst erwachende Mensch erfahre durch den Tod, der Entleerung des egozentrischen Ich, eine Auferstehung, wobei das Selbst nun nicht mehr an Dinge oder ich-zentrierte Ziele versklavt sei. Diese spirituelle Deutung der Auferstehung erfährt für Hisamatsu ihre Konkretion aber erst in der gemeinschaftlichen Dimension des Menschlichen, d. h. in der geschichtlich wirksamen Weltgestaltung. Die aktive Tat der Liebe sieht Hisamatsu präfiguriert in der Gestalt des Amida Buddha, und so verbindet er das shin-buddhistische Vertrauen mit dem zen-buddhistischen Erwachen und der christlichen Barmherzigkeit zu einer Spiritualität, die den Egozentrismus vor allem in Gestalt nationaler Strukturen und religiöser Abgrenzungen überwinden will.

Die F.A.S.-Gesellschaft ist bis heute durch regelmäßige Treffen, Vorträge usw. aktiv und wirkt nicht zuletzt durch ihre Verbindung mit der Kyōto-Schule und dem Schülerkreis des Zen-Meisters Hirata Seikō vom Tenryū-ji als ein Ferment zur Erneuerung des Buddhismus. Durch die jahrelange Arbeit von F.A.S.-Mitgliedern im zen-christlichen Kolloquium in Tōkyō[358], vor allem aber durch die Wirksamkeit Abe Masaos in den U.S.A. und Europa ist der christlich-buddhistische Dialog direkt und indirekt von F.A.S. geprägt worden. Dennoch ist wohl vor allem aus Gründen der sozialen Zusammensetzung der Gruppe (ausschließlich Akademiker) der Kreis eher elitär geblieben. Dies ist anders bei der Bewegung, die wir nun vorstellen.

Thich Nhat Hanh und die Bewegung „Engagierter Buddhismus"

Die gewaltlose Friedensbewegung vietnamesischer buddhistischer Mönche und amerikanischer Aktivisten gegen den Vietnamkrieg hat seit den 60er

Jahren eine weltweite Bewegung ins Leben gerufen, die sich heute „Engagierter Buddhismus“ nennt. Der 1926 in Zentral-Vietnam geborene Thich Nhat Hanh ist Angelpunkt und weitgehend Inspirator dieser buddhistischen Bewegung, die in Gemeinschaft mit christlichen Gruppen in aller Welt die Ursachen von Unwissenheit, Egozentrismus, Gewalt und Krieg überwinden will.[359] Um die Bedeutung dieser Bewegung für den buddhistisch-christlichen Dialog zu verstehen, müssen kurz einige Zusammenhänge aus der Geschichte Vietnams erörtert werden.

Ein in chinesischen Übersetzungen gründender Mahāyāna-Buddhismus sowie Theravāda-Elemente und eine konfuzianische Unterströmung, die weitgehend in den Buddhismus integriert wurde, bestimmten bis zum 18. Jh. fast ungebrochen die vietnamesische Gesellschaft, obwohl seit 1583 die Franziskaner und ab 1615 die Jesuiten in Vietnam missioniert hatten. Erst die „Pariser Mission“[360] konnte nach 1666 größere christliche Enklaven bilden, was 1773 zu Auseinandersetzungen mit der buddhistischen Führungsschicht führte, da der französische Einfluß auf Kultur und politisches Leben zunehmend stärker geworden und von dem Apostolischen Vikariat von West-Tongking unterstützt worden war. Besonders 1856–62 kam es unter maßgeblicher Führung buddhistischer Eliten zu nationalen Bewegungen gegen europäische politische und militärische Einflüsse, die blutig niedergeschlagen wurden. 1873 begann formell die französische Kolonialherrschaft, und 1874 wurde ein gewisser militärischer und religiöser „Waffenstillstand“ erreicht. Dennoch fuhr Frankreich fort, mit Hilfe der Katholischen Kirche das Land zu kolonisieren – was sich übrigens auch in Repressionen gegen evangelische Missionen äußerte. Doch die 30er Jahre des 20. Jahrhunderts erlebten im Zuge des nationalen Erwachens – hier gibt es starke Parallelen zur Entwicklung im Ceylon des 19. Jahrhunderts – eine buddhistische Renaissance. Nach der japanischen Invasion (1940–45), dem Unabhängigkeitskrieg und der Teilung Vietnams 1954 kam es im Süden zu einer Allianz von Katholizismus und einer formell von Frankreich unabhängigen, faktisch aber durch die ehemalige Kolonialmacht gestützten Politik. Sie erreichte in den 50er Jahren mit dem Regime des katholischen Diktators Ngo Dinh Diem, dessen Bruder Erzbischof war, einen Höhepunkt. Der Widerstand gegen das Diem-Regime wurde immer mehr auch zu einem Widerstand gegen das Christentum, zumal alte Verwundungen aus der Missionsgeschichte erneut aufbrachen.[361] Gleichzeitig aber bildeten sich auch katholische Basisgruppen, die der Diktatur widerstanden. Vor allem die Bewegung um Thich Nhat Hanh suchte Verbindungen zwischen Buddhisten und katholischen Regimegegnern herzustellen.

Thich Nhat Hanh (geb. 1926) wurde im Alter von 16 Jahren als Mönch im Tu-Hieu-Kloster der zen-buddhistischen Rinzai-Schule in Hué ordiniert. Er verließ aber sehr bald das mit dem Kloster verbundene Buddhistische Institut, weil die konservativen Oberen sich dem Vorschlag Thich Nhat

Hanhs widersetzten, zusätzlich zu den Studien der chinesischen Klassiker moderne Philosophie, Literatur und Fremdsprachen in das Curriculum aufzunehmen, damit auf diese Weise der kolonialen Überfremdung gleichsam auf eigenem Terrain Widerstand geboten werden könnte. Er galt unter konservativen Buddhisten als „Verräter" an der Tradition. Die schwierige Anpassung an europäische Bildungsinhalte bei gleichzeitiger Betonung der eigenen religiösen Tradition hatte bekanntlich auch in China zu Spaltungen und Machtkämpfen innerhalb des *saṃgha* geführt.[362]

Thich Nhat Hanh lebte nun mit Freunden in Armenvierteln der alten Königsstadt Hué und versuchte, durch Erzählungen und Gedichte einen buddhistisch motivierten gewaltfreien Widerstand zu entzünden. Nach erfolgreichem Studium säkularer Wissenschaften an der Universität von Saigon kehrte er wieder nach Hué zurück, um eine buddhistische Zeitung herauszugeben, in der er die buddhistischen Institutionen wegen ihrer konservativen Starrheit und alleinigen Orientierung an der Vergangenheit kritisierte. Die Zeitung wurde verboten. Thich Nhat Hanh gründete daraufhin in Dalat eine monastische Kommunität, die den Idealen des Zen – Achtsamkeit und körperliche Arbeit – sowie der Praxis von sozialer Aktivität als Meditationsübung verpflichtet war. Im Jahre 1964 gelang es unter maßgeblicher Beteiligung von Thich Nhat Hanh, die verstreuten buddhistischen Widerstandsgruppen und Erneuerungsbewegungen in der *Unified Buddhist Church of Vietnam* zusammenzuführen. Außerdem kam es Thich Nhat Hanh darauf an, buddhistische Geistesschulung mit moderner Bildung zu verbinden. Ab 1960 studierte und lehrte er in den USA in Princeton und an der Columbia University. Nach dem Sturz des Dinh-Diem-Regimes im Herbst 1963 kehrte er nach Vietnam zurück und wurde zum Mitbegründer und Lehrer an der buddhistischen van Hanh-Universität. Und 1965 initiierte er die mit dieser Universität verbundene *School of Youth for Social Service*. Angeregt durch vergleichbare Institutionen in Europa und Amerika, aber geführt nach buddhistischen Prinzipien und von Zen-Praxis durchzogen, war dies die Wiege der Bewegung „Engagierter Buddhismus".

Der Sturz Dinh Diems hatte auch religiöse Implikationen. Denn Widerstand gegen einen ungerechten Herrscher ist im Buddhismus nicht nur erlaubt, sondern sogar geboten, wenn der *dharma* bzw. die universale Harmonie (vietnames. *chinh-nghia)* fundamental verletzt wird. Passiver Widerstand gegen chinesische Okkupationen hatte in der vietnamesischen Geschichte ohnehin eine lange Tradition. Aber der Befreiungskampf gegen Frankreich war, wie schon angedeutet, zusätzlich religiös motiviert. So wurde 1925, als der Revolutionär Phan Boi Chau zum Tode verurteilt worden war, die Kolonialmacht auch durch buddhistische Intervention zu seiner Freilassung veranlaßt.

Der intolerante Diktator Diem war seit seiner Machtübernahme 1954 von den USA zwecks Eindämmung der Kommunisten unterstützt worden. Und obwohl 85 % der Bevölkerung Buddhisten waren, ließ er diese Religion fortan unterdrücken. Als schließlich die Regierung verbot, zur Feier des Geburtstages des Buddha die buddhistische Fahne zu hissen, protestierte die Menge am 8. Mai 1963. Regierungstruppen eröffneten das Feuer und neun Jugendliche wurden getötet. Buddhistische Mönche riefen nun in ganz Südvietnam um so lauter nach Religionsfreiheit, und 120 Studenten traten in einer Pagode von Hué in Hungerstreik. Als sich mehr und mehr Menschen dort versammelten, ließ Diem wieder in die Menge schießen. Daraufhin verbrannten sich buddhistische Mönche und Nonnen öffentlich. Professoren der Universitäten von Saigon und Hué traten zurück. Tausende von Studenten strömten in die Pagoden. Die Verbindung von studentischem Protest und buddhistischer Renaissance erschütterte die Diktatur und ließ die Regierung zu immer brutalerer Gewalt greifen. Als im Oktober 1963 eine UN-Untersuchungskommission eintraf, verbrannte sich ein buddhistischer Mönch vor der Kathedrale von Saigon. Fünf Tage später, am 1. November 1963, wurde der Diktator Diem vom eigenen Militär ermordet. Diems Arroganz, Brutalität und unkritische Akzeptanz westlicher Kultur und Religion hatte das Land zerrissen.

Die Selbstverbrennungen von Mönchen und Nonnen einigten nicht nur die Buddhisten,[363] sondern auch Katholiken schlossen sich in größerer Zahl dem Widerstand an, zumal ein junger Kleriker erklärt hatte, daß die Mönche nicht Selbstmord begangen hätten, der als Sünde zu bezeichnen wäre, sondern ein Selbst*opfer* für die leidenden Menschen vollzogen hätten. Diese Deutung der Ereignisse wurde später auch von Thich Nhat Hanh in einem Brief an Martin Luther King unterstrichen.[364] Die Zusammenarbeit zwischen Buddhisten und Katholiken im Widerstand wird auch dadurch deutlich, daß in Verbindung mit dem Buddhistischen Studentenbund (Präsidentin Cao Ngoc Phuong, eine Schülerin und Mitstreiterin Thich Nhat Hanhs) die katholische Gruppe „Trinh Bay Rebels“ Publikationen vorlegte, in denen Wege zur Demokratie auf der Basis des interreligiösen Dialogs diskutiert wurden.

Thich Nhat Hanh war wesentlich von der Philosophie der Gewaltfreiheit Gandhis und der afro-amerikanischen Bürgerrechtsbewegung inspiriert. Die von Thich Nhat Hanh maßgeblich geprägte *Fellowship of Reconciliation* organisierte 1966 eine Vortragsreise ihres buddhistischen Friedensaktivisten durch die USA und Europa, wo es zu Begegnungen mit Martin Luther King, US-Verteidigungsminister Robert McNamara und Papst Paul VI. kam. Thich Nhat Hanh überzeugte King davon, daß die Bürgerrechtsbewegung und der Kampf vietnamesischer Buddhisten gegen den Krieg eins wären, was King erkannte und gegen anfängliche Widerstände aus den eigenen Reihen zum Programm erhob. Durch Thich Nhat Hanhs Vorträge, Gedichte und vor allem durch den Eindruck seiner Persönlichkeit wurde er 1967/68 für viele Amerikaner ein Katalysator des Protestes gegen Krieg, Diktatur und westliche Dominanz in Asien. Martin Luther King schließlich schlug ihn 1966 für den Friedensnobelpreis vor.

Thich Nhat Hanh lud Paul VI. nach Vietnam ein, um durch seine Präsenz in Hanoi die Bombardierung der Stadt zumindest zu unterbrechen und um die Katholiken zu bitten, mit den Buddhisten gemeinsam gewaltfrei für eine friedliche Lösung und einen „mittleren Weg“ zwischen westlich-kapitalistischer und westlich-kommunistischer Entwicklung zu suchen, bei der Vietnam seine eigenen kulturellen und religiösen Werte einbringen konnte. Obgleich der Papst nicht selbst reiste, sorgte eine päpstliche Delegation in Saigon für ein dialogisches Verhältnis zwischen Katholiken und Buddhisten, vor allem hinsichtlich der Friedensarbeit.[365] Die nunmehr gemeinsam agierenden Basisgruppen seien, so Thich Nhat Hanh, derart erfolgreich gewesen, daß ein Sturz der Diktatur von Nguyen Van Thieu (Staatspräsident von 1965–75) und vor allem des Generals Nguyen Cao Ky (Ministerpräsident 1965–67) wahrscheinlich gewesen wäre, hätte nicht das amerikanische Militär direkt eingegriffen. Zu diesem Zeitpunkt wäre ein *buddhistisch-vietnamesischer* Weg, der den Machtzuwachs der Kommunisten eingedämmt hätte, vielleicht möglich gewesen.[366]

Die Politik der Gewaltlosigkeit Thich Nhat Hanhs und anderer vietnamesischer Buddhisten zog freilich in der amerikanischen Friedensbewegung auch Kritik auf sich, weil man ungeduldig wurde. Thich Nhat Hanh war davon überzeugt, daß die Amerikaner nicht wüßten, was sie täten, und Aufklärung über die wirkliche Situation in Vietnam den Krieg beenden könnte. In diesem Sinne eröffnete er mit Cao Ngoc Phuong im Namen der *Unified Buddhist Church of Vietnam* 1968 ein Büro in Paris, das 1969 zur vietnamesisch-buddhistischen Friedensdelegation am Rande der Pariser Verhandlungen erhoben wurde. Die Zusammenarbeit mit christlichen Gruppen, auch durch Kontakte mit den Genfer Ökumenischen Institutionen, vertiefte sich.

In Vietnam erreichte Thich Nhat Hanhs Buch *Vietnam: Lotus in a Sea of Fire* inzwischen die sensationelle Auflage von 200000 Exemplaren.[367] Gleichzeitig wurde die von ihm und Cao Ngoc Phuong gegründete *School of Youth for Social Service* mehrmals bombardiert, und viele Menschen starben. In Trauer und letzter Hingabe opferte sich Phuongs Freundin, die Nonne Nhat Chi Mai, am 16. Mai 1967 selbst, weil sie die ständige Verletzung der menschlichen Pflicht zur Lebenserhaltung nicht mehr ertragen wollte. Sie verbrannte sich selbst in einer Pagode vor der Statue des weiblichen Bodhisattva der Barmherzigkeit *Quan Am* (skt. Avalokiteśvara, chin. Kuan Yin) und einer Statue der *Maria*, Mutter Jesu Christi. In Abschiedsbriefen an Präsident Johnson und andere am Krieg Beteiligte bat sie um Beendigung der Bombardements und berief sich auf den Freitod anderer buddhistischer Mönche und des amerikanischen Quäkers Norman Morrisson, der sich 1965 vor dem Pentagon verbrannt hatte, um gegen den Krieg zu demonstrieren.

Mais Briefe wurden von buddhistischen Mönchen und katholischen Priestern publik gemacht. Sie trugen dazu bei, christlich-buddhistische Basisbewegungen gegen den Krieg zu mobilisieren. Auch zahlreiche katholische Priester und Bischöfe wandten sich daraufhin vorsichtig gegen das Thieu-Regime, um politischen Gefangenen zu helfen und zur Versöhnung zwischen den Kriegsparteien aufzurufen.

Thich Nhat Hanh wurde während des Krieges und auch nach dem Sieg der Kommunisten 1975 die Wiedereinreise in sein Heimatland verweigert. Sowohl die 1964 gegründete buddhistische van Hanh-Universität als auch die *School of Youth for Social Service* wurden geschlossen und die unabhängige buddhistische Einigungsbewegung *Unified Buddhist Church of Vietnam* verboten. Dennoch gelang es immer mehr Mönchen unter Mithilfe der im Ausland lebenden Vietnamesen, in Vietnam selbst einen sozial relevanten Buddhismus zu praktizieren: Ausbildung von Mönchen, Nonnen und Laien, Gesundheitsfürsorge (vor allem in traditionell chinesisch-vietnamesischer Medizin), Kinderkrippen und Kindergärten, Sorge für die Alten, Katastrophenhilfe und Dorfentwicklung stehen im Mittelpunkt.[368] Das soziale Engagement begründen die vietnamesischen Buddhisten mit zwei Grundgedanken, die im *Herz-Sūtra,*[369] das zur Prajñāpāramitā-Literatur gehört und besonders im Zen-Buddhismus (chin. *ch'an*, vietnam. *thién)* eine große Rolle spielt, zentral sind:

a) die Lehre von der Nicht-Dualität, nach der man selbst und jedes andere Wesen nicht-zwei *(advaita)* ist, weshalb Sorge um sich selbst und Fürsorge für andere als zwei Seiten einer Sache erscheinen;
b) die Lehre von der Nicht-Form *(arūpa)*, nach der alle Dinge keine Substanz haben, sondern in gegenseitiger Abhängigkeit entstehen und vergehen, weshalb soziale Hierarchien, das Handeln nach dem Modell miteinander rivalisierender Gruppen usw. unrealistisch ist.[370]

Immer mehr Mönche und Nonnen engagieren sich aber auch unmittelbar politisch im gewaltfreien Kampf um Meinungsfreiheit und Demokratie in Vietnam. Die kommunistische Regierung aber unterdrückt nach wie vor diese Versuche brutal. Als es anläßlich des ersten Todesgedenktages des Patriarchen der (verbotenen) *Unified Buddhist Church*, Thich Don Hau, im Jahre 1993 zu Verhaftungen kam, verbrannte sich ein Laien-Buddhist vor dem Grab in der Linh Mu Pagode in Hué. Es kam zu Demonstrationen gegen die Regierung, an denen Zehntausende teilgenommen haben sollen; und zwischen 1993 und 1995 fanden erneut Massenverhaftungen und im Protest dagegen eine Selbstverbrennung statt.[371] Man kann ohne Übertreibung sagen, daß der buddhistische Mönchsorden die einzig organisierte Oppositionsgruppierung in Vietnam ist, die mit Unterstützung der weltweiten Bewegung „Engagierter Buddhismus" für Menschenrechte und Demokratie eintritt.

Thich Nhat Hanhs Wirkung wurde durch diese Entwicklungen noch stärker internationalisiert. Außerdem standen für ihn nach dem Ende des Krieges die Grundfragen der Werte in einer modernen Welt, vor allem angesichts der Bedrohungen durch Industrialisierung und Konsumerismus, im Mittelpunkt des Interesses. Dies schlägt sich auch nieder in der maßgeblich von ihm geprägten *Buddhist Peace Fellowship*, die 1978 in Amerika mit Sitz in Berkeley, California gegründet wurde. Sie bildet ein weltweites Netz von Individuen und lokalen Zentren, die sich der Friedensarbeit sowie ökologischen Themen auf der Grundlage buddhistischer Spiritualität verpflichtet wissen, wobei interreligiöse Kooperation gesucht wird.[372]

Thich Nhat Hanh gründete außerdem in Südfrankreich das Zentrum „Pflaumendorf“, das als „spirituelles Heim für Sozialarbeiter“[373] gedacht war, inzwischen aber auf der Grundlage der buddhistischen Achtsamkeitsmeditation ein Zusammenleben von Erwachsenen, Jugendlichen und Kindern aus aller Welt im Geist auch der Ideen Gandhis und E. F. Schumachers (Autor des Buches “Small is beautiful“, 1973) ermöglichen soll. Thich Nhat Hanh legt sich auf keine Ideologie fest und bringt im Geist der Nächstenliebe vor allem Buddhisten und Christen zusammen. In vielen Ländern, auch in Deutschland, hat der von ihm bereits 1964 in Vietnam gegründete *Tiep-Hien-Orden* Fuß gefaßt. „Tiep“ heißt, „in ständigem Kontakt sein“, „hien“ steht für „hier und jetzt verwirklichen“. In Anlehnung an die Philosophie des *Avataṃsaka-Sūtras* übersetzt er dies im Englischen mit der Neuprägung „Interbeing“, was wir im Deutschen mit „Durchdrungensein“ wiedergeben wollen.[374] Es geht Nhat Hanh darum, der Wirklichkeit projektionsfrei gegenüberzutreten und die Dimensionen der Vertikale und der Horizontale, wie man in der christlichen Theologie sagt, hier und jetzt in Verbindung zu bringen,[375] damit das Ziel des Tiep-Hien-Ordens erreicht wird, „den Buddhismus zu studieren, zu experimentieren und in intelligenter und wirksamer Weise auf das moderne individuelle wie soziale Leben anzuwenden“.[376] Dies soll vor allem in Verbindung mit den aus dem Christentum hervorgegangenen Werten der Demokratie, der Offenheit und der personalen Verantwortung geschehen. Die Entwicklung eines „westlichen Buddhismus“ müsse durch den Dialog mit den geistigen Grundlagen Europas und Amerikas, also auch des Christentums, hindurchgegangen sein.[377] Der Orden, dessen wesentliche Praxis in buddhistischer Achtsamkeit und Verbundenheit mit allen Wesen, im Nicht-Dogmatismus und in der Einheit von Mitteln und Ziel besteht, ist auch für Ordensleute und Laien aus anderen Religionen offen. Jedes Festhalten an dogmatischen Formen tendiert zu Engherzigkeit und geistiger Stagnation. Deshalb sieht Thich Nhat Hanh kein Problem darin, daß er als Buddhist im Geiste tiefer spiritueller Verbundenheit auch an der christlichen Eucharistie teilnimmt und auf seinem Hausaltar Bilder von Buddha und Jesus verehrt: Menschen können sich vom Besten mehrerer religiöser Traditionen inspirieren lassen.[378]

Thich Nhat Hanh ist dabei aber weniger am theologisch-philosophischen

Dialog als an den spirituellen Dimensionen und dem gemeinsamen sozialen Engagement interessiert. Denn Buddhismus heiße, wach und achtsam zu sein in bezug auf alles, was sich im Körper, in den Gefühlen, im Bewußtsein und in der Welt ereignet. „Wer wach ist, kann gar nicht anders, als barmherzig zu handeln, damit das Leiden vermindert wird, das man um sich herum genau wahrnimmt", weshalb der Begriff „engagierter Buddhismus" eigentlich eine Tautologie sei.[379] Zentrum der Praxis ist das achtsame Atmen und Gehen sowie die Meditation des Lächelns.[380] Alle Meditationsübungen sollen in die kleinsten Alltagshandlungen übertragen werden und müssen sich in der sozialen Praxis bewähren. Wie Thomas Merton ist auch Thich Nhat Hanh Meditierender und Poet zugleich, wobei er das barmherzige Engagement nicht nur individuell versteht, sondern auf eine Veränderung der strukturellen Ungerechtigkeit ausgeweitet wissen will. Für beide, Thich Nhat Hanh und Merton, entwickelt sich jedoch eine gerechte Gesellschaft und wahre Gemeinschaft zwischen Individuen, Nationen, Religionen, Völkern usw. nicht durch die Veränderung politischer Strukturen allein, sondern vor allem durch transformierte Personen.[381] Die vier Grundprinzipien des Tiep-Hien-Ordens sind:

1. Nicht-Anhaften an philosophischen Positionen,
2. direkte Praxis-Verwirklichung,
3. Angepaßtheit an die Bedürfnisse der heutigen Menschen,
4. geschickte Mittel, um den *dharma* gemäß dieser Bedürfnisse zur Sprache zu bringen.[382]

Alle vier Prinzipien sollen, so Nhat Hanh, in interreligiöser Kooperation verwirklicht werden. Dabei wird die für den Zen-Buddhismus typische Geistes- und Verhaltensschulung für soziale Belange und für die konkrete Friedensarbeit in der modernen Welt fruchtbar gemacht. Und das zeigt sich z. B. in Thich Nhat Hanhs „Techniken zur Versöhnung": Nicht die einseitige Parteinahme im Konfliktfall, sondern die jeweilige Identifikation mit dem „Opfer" *und* dem „Täter" entspreche einer nicht-dualistischen Betrachtungsweise, die Haß und Gier heilen könne.[383] Wer nicht imstande sei, sich mit dem Gegner zu identifizieren und ihn von innen heraus zu verstehen, könne auch nicht Frieden stiften. Während des Kalten Krieges forderte Thich Nhat Hanh darum seine Schüler auf, sich in meditativer Atmung zuerst als Amerikaner und dann als Russen zu empfinden: „Wir müssen die echte Wahrheit, die wirkliche Situation sehen. Unsere alltägliche Lebenshaltung, die Art, wie wir essen und trinken, hat mit der politischen Situation der Welt zu tun. Meditation heißt, die Dinge in ihrer Tiefe wahrzunehmen, zu erkennen, wie wir unsere Situation ändern und transformieren können. Unsere Situation transformieren heißt auch, unser Bewußtsein zu transformieren. Unser Bewußtsein transformieren heißt auch, unsere Situation zu transformieren, weil die Situation Bewußtsein und das Bewußtsein Situation ist. Wichtig ist das Erwachen. Die Natur der Bomben, die Natur der Ungerechtigkeit, die Natur der Waffen und die Natur unseres eigenen Wesens ist dieselbe. Das ist die wahre Bedeutung von ‚Engagiertem Buddhismus'."[384]

Um dies in der jeweiligen Gemeinschaft, in der man lebt, konkret werden zu lassen, empfiehlt er die alte Praxis der Beichte, die im *saṃgha* geübt wurde. Denn sie wirke gemeinschaftsstiftend, weil sie das Individuum in einen je größeren Zusammenhang einbinde. Nhat Hanh gibt folgende Erklärung für die von ihm empfohlene Beichtpraxis: *Achtsam* solle man im bewußten Atem einander gegenübersitzen. Dann müsse man alle Ereignisse, die zu einem bestimmten Konflikt geführt haben, von Anfang an *detailgenau* erinnern und die sture Selbstbehauptung überwinden. Dies könne dadurch gelingen, daß man sich der Erwartungen der umgebenden Gemeinschaft *bewußt* werde und den Rat der anderen (vor allem der Ältesten in der Gemeinschaft) zur *De-Eskalation* negativer Empfindungen, Gefühle und Gedanken akzeptiere. Dadurch werde das *Vertrauen* und die Vergebung der anderen möglich. Und vor allem könne man lernen, *von sich selbst abzusehen* und auf das Wohl der größeren Gemeinschaft zu achten, wenn das im Konsens aller gefundene Urteil angenommen werde.[385]

All dies ist wichtig auch für den Aufbau interreligiöser Gemeinschaft. So ist „Pflaumendorf" zu einem wichtigen Dialog-Zentrum zwischen Christen und Buddhisten auf der Ebene praktischer Spiritualität geworden, und Thich Nhat Hanh kann Jesus als einen seiner „spirituellen Ahnen" bezeichnen, wobei es für ihn ein langer Prozeß gewesen sei, zu dieser Einsicht zu gelangen, weil die Kolonialgeschichte des „christlichen" Frankreich dazwischenstand.[386] Thich Nhat Hanhs Orden wie auch die von ihm gegründete *Unified Buddhist Church of Vietnam* versuchen – auch in Zusammenarbeit mit Christen –, Leprastationen, Waisenhäuser und Bildungsprogramme in Vietnam zu unterstützen. Thich Nhat Hanh nimmt auch an von Christen organisierten Dialog-Konferenzen teil, wie z. B. in Deutschland bei einer vielbeachteten Tagung der Evangelischen Akademie Tutzing im Oktober 1991. Zu seinem internationalen Schülerkreis zählen nicht wenige Christen.[387]

Sulak Sivaraksa und die Thailändische Interreligiöse Kommission für Entwicklung (TICD)

Der thailändische Laien-Buddhist Sulak Sivaraksa (geb. 1933) ist ein weltbekannter sozialer Aktivist, der aus dem Geist des Buddhismus eine totale Veränderung der modernen Wirtschafts- und Lebensstrukturen fordert und dabei, ähnlich wie A. T. Ariyaratne und die Sarvodaya-Shamadana-Bewegung („Awakening of all") in Sri Lanka, auf der Lebensphilosophie Gandhis aufbaut. Im Sommer 1995 wurde Sulak für sein weltweites Engagement mit dem Alternativen Nobelpreis geehrt. Sulak Sivaraksa studierte in England und Wales Sozialwissenschaften und lehrte dieses Fach an verschiedenen Universitäten in Thailand und den USA. Wegen seines Widerstandes gegen verschiedene Militärdiktaturen in Thailand wurde er mehrmals wegen „Majestätsbeleidigung" zu Gefängnisstrafen verurteilt und lebte auch mehrere Jahre im Exil. In Thailand war er eng mit Bhikku Buddhadasa[388] verbunden, der 1969 in Chiang Mai seine berühmten Vorlesungen über Christentum und Buddhismus hielt, die einen bedeutenden Einfluß auf das christliche und buddhistische Milieu Thailands hatten.[389] Da der *saṃgha* in Thailand eng mit dem politischen System verflochten ist und die wechselnden Strukturen der Mönchsorganisation das jeweilige politische System widerspiegeln,[390] waren reformorientierte Mönche und Sulak Sivaraksa mit Widerständen aus Staat, *saṃgha* und auch konservativen kirchlichen Kreisen konfrontiert. 1973 kam es mit Hilfe der christlichen Organisation Sodepax zur Gründung des *Asian Cultural Forum on Development* mit Sitz in Bangkok, das Konferenzen organisierte und buddhistische Mönche aus Thailand zum Studium sozialer Theorien und Praxis (Sarvodaya) nach Sri Lanka schickte. Buddhisten konnten von Christen Möglichkeiten des sozialen Engagements lernen.[391] Seither haben sich mehr und mehr Mönche und Laien aus beiden Religionen zu sozialen Aktionsgruppen, Menschenrechtsorganisationen, 1976 schließlich zur Koordinationsgruppe für Religion und Gesellschaft und 1980 zur *Thailändischen Interreligiösen Kommission für Entwicklung* (TICD) zusammengefunden. Dieses Forum bietet Gelegenheit zum Austausch für sozial engagierte religiöse Menschen, vor allem Buddhisten und Christen, und gemeinsame Strategien und Aktionen werden geplant. Sulak Sivaraksa ist sowohl Gründer als auch geistiger und organisatorischer Impulsgeber der meisten Programme. Seit 1985 gibt er die Zeitschrift „Seeds of Peace" heraus, in der reformorientierte und in der Friedensarbeit engagierte Buddhisten, Christen und andere Menschen zu Wort kommen. Dabei soll die gegenseitige Kritik der Erneuerung der jeweiligen Religion dienen, damit Wahrheit und Lüge vor allem in der sozialen Praxis deutlich zutage träten. Christen und Muslime etwa könnten diesbezüglich den Buddhisten gute Freunde sein.[392] Umgekehrt wurden sich in diesem Austausch die Christen ihrer thailändischen kulturellen Identität mehr bewußt, und so leisten diese Formen der Zusammenarbeit auch einen Beitrag für die Inkulturation des Christentums in Thailand, was von manchen konservativen Buddhisten mit Argwohn verfolgt wird, weil man eine raffiniertere Missionsstrategie dabei vermutet. Dialog kann also gleichzeitig zu interreligiöser Kooperation und intrareligiösem Konflikt führen.[393]

Sulak Sivaraksa hat dieses Problem aufgegriffen und seine Theorie vom „Buddhismus mit großem B oder kleinem b" entwickelt,[394] die entsprechend auch auf das Christentum anzuwenden sei. Religion sei im wesentlichen Bewußtseins- und Lebensschulung, die aber durch Ritualismus und Institutionalisierung dazu tendiere, politische Machtansprüche aufzubauen. Der Buddhismus mit kleinem „b" sei deshalb auf das *Wesentliche* des Buddhismus beschränkt, nämlich auf Achtsamkeit und Selbstlosigkeit, während der konventionelle Ritualismus und die Institution des *saṃgha* (der Buddhismus mit großem „B") demgegenüber unwichtig werde. Ersterer könne darum das *Universale* der menschlichen Natur hervorheben, ohne abgrenzungsbedürftig zu sein, was dem interreligiösen Dialog dienlich sei. Dies wiederum befreie zur persönlichen und sozialen Transformation, die möglich werde, wenn niemand seine Identität an eine *bestimmte* Form binde, die er aus egozentrischen Motiven für die alleinig gültige hält. Sulak Sivaraksa meint, daß alle Religionen sowohl ein universales Prinzip (Liebe und Gegenseitigkeit) als auch ein tribalistisch-enges Prinzip (Intoleranz und Arroganz) verkörpern.[395] Es komme deshalb darauf an, die Strukturen des letzteren zu durchschauen und gemeinsam zu verändern aufgrund der Einsicht in das erste. Er sucht einen Mittelweg zwischen der mit der Industrialisierung sich unaufhaltsam ausbreitenden westlichen Kultur und den traditionellen südostasiatischen buddhistischen Kulturen, wobei zu beachten sei, daß auch ein asiatisches und partiell buddhistisches Land wie Japan nicht nur an der ausbeuterischen Wirtschaftsordnung partizipiere, sondern dieses Modell auch in andere asiatische Länder exportiere.[396] Dem westlichen, japanischen und generell kapitalistischen unkontrollierten Konsumerismus müsse Einhalt geboten werden. In buddhistischer Analyse sei diese Fehlhaltung des Menschen ein Resultat der drei Gifte (Gier, Haß, Verblendung), wie es in traditioneller buddhistischer Sprache heißt.[397] Auf der Grundlage der ökonomischen Theorien E. F. Schumachers interpretiert er die vier buddhistischen „Unermeßlichkeiten" *(apramāna)* sozial: Liebende Freundlichkeit *(maitrī)*, heilende Hinwendung zu allen Wesen *(karuṇā)*, Freude *(muditā)* und Gleich-Gültigkeit *(upekṣā)* müßten als Grundlagen zwischenmenschlicher Beziehungen auch den politisch-ökonomischen Bereich bestimmen.[398] Sulak Sivaraksa zieht hier eine enge Parallele zwischen *maitrī* und dem christlichen Verständnis der Liebe.[399] Das Konzept des spirituell-begleitenden Freundes *(kalyāṇamitra)* im Buddhismus erfahre seine Bedeutung neu zugespitzt, indem es sich auf den solidarisch handelnden Menschen, der die soziale Entwicklung voranbringt, erstrecke. Kooperation statt ungebremster Wettbewerb müsse die Tugend der Zukunft sein. Sulak Sivaraksa sieht, daß die Zusammenarbeit von meditierenden Mönchen und sozial engagierten Laien gleich wichtig ist für die Gesellschaft wie für die Verbindung von innerer Wachheit und sozialem Handeln für das Individuum. Selbst wenn der Buddhismus (mit großem „B") als institutionalisierte Religion ausgelöscht würde (wie in einigen asiatischen Ländern durch kommunistische Diktaturen angestrebt), so könne er doch als Motivation im Herzen erhalten und wirksam bleiben, was letztlich entscheidend sei. Der *saṃgha* sei als ideale Gesellschaft konzipiert gewesen und mit seinen Idealen von Kooperation, Eigentumslosigkeit und demokratischer Kontrolle der Leitung als Modell auch heute noch interessant.[400] Denn auf der Basis dieser Prinzipien gebe es keine Grenzen für die Kooperation zwischen den Religionen, auch wenn die Motivationen zur solidarischen und mitleidenden Tat bei den einzelnen Menschen unterschiedlich sein werden.

Sulak Sivaraksa fordert sowohl den traditionellen Buddhismus als auch das kirchlich verfaßte moderne Christentum heraus.[401] Denn auch „buddhistische Gesellschaften" seien durch einen Mangel an Umsetzung buddhistischer Werte in den Alltag gekennzeichnet: So habe sich z. B. in Sri Lanka ein auf rassistischen Prämissen beruhender Nationalismus durchgesetzt, der den buddhistischen Tugenden von Barmherzigkeit und Gewaltlosigkeit direkt widerspreche. Diese „Konfusion" hänge auch damit zusammen, daß traditionelle buddhistische Begriffe und Verstehensmuster noch nicht genügend in moderne Sprach- und Denkstrukturen übertragen worden seien.[402] Da religiöse Begriffe und Institutionen aber weder dauerhaft noch von ewig gleicher Gestalt seien und an kein bestimmtes kulturelles Paradigma gebunden wären, blieben sie grundsätzlich offen für die Erkenntnis des Zusammenhangs aller Teilaspekte und damit veränderbar. Mittel und Ziel seien eins, und genau dies sei als soziale Erkenntnis im Ideal des *saṃgha* angelegt. Die traditionellen Gebote der Gewaltlosigkeit *(ahiṃsā)* und des Nicht-Nehmens, was nicht gegeben ist *(asteya)*, sowie die im Achtgliedrigen Pfad enthaltene Praxis des „vollkommenen Handelns zur Erhaltung der materiellen Lebensgrundlagen" *(samyak-karmanta)* sollten im heutigen Kontext so gelesen werden: „Die Errichtung einer gerechten internationalen Wirtschaftsordnung ist ein notwendiger und mit anderen Aspekten gegenseitig abhängiger Teil des Aufbaus einer friedlichen Welt."[403] Während in den modernen Konsumgesellschaften einseitig das Prinzip der Quantität betont würde, sollte die *Qualität* des Lebens in jeder Hinsicht wieder bewußter werden. Dies sei eine Aufgabe der Wertorientierung, also das klassische Anliegen der Religionen.[404] Und um die zerstörerischen Kräfte in der heutigen Welt einzudämmen, plädiert Sulak Sivaraksa für starke internationale Institutionen. Diese könnten aber nur geschaffen werden, wenn die Religionen im Dialog einander näherkämen und sich verständigten.[405]

Sulak Sivaraksa weiß, daß diese dialogische Kooperation alle beteiligten Religionen verändern wird. Obwohl er die mit kolonialen Interessen verwobenen Missionsversuche der Christen in der Vergangenheit verurteilt, seien doch nur so wenige Menschen in Thailand Christen geworden, daß er keine Sorge vor dem Verlust der buddhistischen Identität des Thaivolkes in der Zukunft habe. Dennoch könne Vertrauen im Dialog nur wachsen, wenn nicht eine Seite die andere abwerte oder vereinnahme, sondern das Selbstverständnis des anderen jeweils genau studiere und respektiere.[406]

Internationales Netzwerk engagierter Buddhisten

Sulak Sivaraksas unermüdliche und unerschrockene Predigt für einen erneuerten Buddhismus hat im Februar 1989 zur Gründung des *International*

Network of Engaged Buddhists (INEB) geführt. Die Gründungsversammlung brachte buddhistische Laien und Mönchen aus elf Ländern zusammen. Man konnte an die Erfahrungen der *Buddhist Peace Fellowship* in Nordamerika (1978 in den USA gegründet) anknüpfen und vor allem auch an die Gruppen von Buddhisten in den USA, Europa und Südostasien, die unter dem Einfluß Buddhadasas in Thailand seit 1932 und Thich Nhat Hanhs in Vietnam seit den 60er Jahren bereits entstanden waren. Nicht nur eine innerbuddhistische Ökumene, sondern „Zusammenarbeit mit Aktivisten anderer spiritueller Traditionen" (Programmpunkt 5) war von Anfang an das Interesse dieser Bewegung. Bis 1992 waren über 250 Gruppen und Einzelmitglieder aus 33 Ländern dem Netzwerk angeschlossen.[407] Besonders in Europa und den USA, aber auch in Thailand, ist die Kooperation mit christlichen Gruppen im Geist der „Integration von Spiritualität und gesellschaftlichem Engagement" eng.

Das Internationale Netzwerk organisiert Hilfs- und Entwicklungsprogramme, wobei sich die meisten Gruppen auf „spirituelle und informelle" Unterstützung der Bewußtseinsbildung in den Ländern Asiens konzentrieren. Dabei arbeitet das Netzwerk mit der *Buddhist Peace Fellowship* zusammen; es geht um Erziehung zur Eigenverantwortlichkeit in den Ländern Asiens. In Vietnam werden besonders Schulen auf dem Land, Kindergärten und Resozialisationsprogramme, in Thailand ländliche Entwicklungsprogramme und in Sri Lanka Aufklärung und politische Basisarbeit zum Abbau von Vorurteilen im singhalesisch tamilischen Konflikt gefördert. In allen südostasiatischen Ländern beteiligen sich auch mehr und mehr buddhistische Mönche an der Entwicklungsarbeit in den Dörfern. Die Bewegung *Interreligiöse Mission für Frieden in Kampuchea und der ganzen Welt* (gegründet 1980) und die Friedensmärsche *(dhamma yatra* 1992 von der thailändischen Grenze nach Phnom Penh), die *Bhikkhu Ghosananda* (geb. 1924) in Kampuchea ins Leben gerufen hat, strahlen mit Hilfe von INEB auch auf Thailand, Laos und Vietnam aus.[408] Am zweiten Friedensmarsch von Angkor Wat nach Phnom Penh 1993 beteiligten sich Tausende von Mönchen und Laien unter dem Motto: „Jeder Schritt ist eine Meditation. Jeder Schritt ist ein Gebet. Jeder Schritt wird Brücken bauen."[409] Die 7. Konferenz des International Network (INEB) in Thailand (Februar 1995) rief dazu auf, verstärkt ökologische Seminare in den Dörfern zu organisieren, den *saṃgha* so zu gestalten, daß er als Modell für die gesamte Gesellschaft gelten könne, dafür einzutreten, daß die heiligen Stätten des Buddhismus in Bodhgaya/Indien vollständig in buddhistische Verwaltung übergehen sollten sowie interreligiöse Basisgemeinschaften zu unterstützen. Der Dialog der Religionen solle dadurch gefördert werden, daß die *ethischen Gemeinsamkeiten* der Religionen statt der *theologischen Unterschiede* betont würden.[410]

Einige amerikanische Buddhisten um die ökologische Publizistin Joanna Macy knüpfen an der Gaia-Hypothese von Jim Lovelock an (die Vorstellung vom „Organismus Erde") und vereinen damit die Buddhisten unterschiedlichster Schulrichtungen unter einer aktualisierten Deutung der buddhistischen Theorie des Entstehens in gegenseitiger Abhängigkeit *(pratītyasamutpāda)*. Andere Buddhisten begründen den *engagierten Buddhismus* ausschließlich aus traditionellen Quellen: aus der gegenseitigen Abhängigkeit aller Erscheinungen, wodurch die „Umwelt" nicht als anderes, sondern als Aspekt des eigenen Lebens, d. h. als Mitwelt erscheint: Nicht der Mensch als Subjekt stehe einer objektivierten Welt gegenüber, die er nun nachträglich „schützt", sondern er verwirkliche sich selbst, indem er auf die Interessen des abgegrenzten Ich verzichte und so die tiefe Gemeinschaft mit allem Leben erfahren könne. Eine „ökosophische" Lebenshaltung der Sorgfalt gegenüber allem Leben entwickle sich auf dieser Grundlage ganz spontan. Und sie schließe die Vielfalt des menschlichen Lebens, also auch der Religionen, ein. Dies dient dann als die buddhistische Rechtfertigung der interreligiösen Kommunion: *Der Andere – das bin ich selbst!*[411]

Die Fülle der Literatur zu diesem Thema aus den Federn vor allem amerikanischer Buddhisten wächst ständig. Auch die deutsche buddhistische Zeitschrift *Bodhi Baum* führte eine entsprechende Debatte über mehrere Hefte hinweg.[412] In Deutschland ist mit Sitz in Berlin eine kleine *Gaia-Sangha-Gemeinschaft* entstanden, die den schützenden Umgang mit der Umwelt auf tiefen-ökologischer Grundlage pflegen will. Anknüpfend daran ist 1993 im Anschluß an die Jahrestagung des *Internationalen Netzwerkes der engagierten Buddhisten* in Thailand ein deutschsprachiges Netzwerk engagierter Buddhisten ins Leben gerufen worden, das 1995 über einen Interessentenkreis von ca. 1200 Personen verfügte.[413] Das wachsende Interesse an dieser Bewegung schlägt sich auch in der Zeitschrift „Mitwelt" nieder, die von Franz-Johannes Litsch herausgegeben wird und seit 1993 in Berlin erscheint.

Das Netzwerk engagierter Buddhisten arbeitet zwar auf buddhistischer Grundlage, ist aber zugleich offen für Gemeinschaft und Kooperation mit anderen Religionen. Dies wird allein schon deutlich an den spirituellen Leitfiguren der Bewegung – Bhikkhu Buddhadasa (für den Theravāda-Buddhismus), Thich Nhat Hanh (für den Mahāyāna-Buddhismus), der XIV. Dalai Lama (für den Vajrayāna-Buddhismus). Alle drei hatten wir bereits als Schlüsselfiguren für einen reformierten Buddhismus und den buddhistisch-christlichen Dialog kennengelernt. Bezeichnenderweise zitiert das Netzwerk in seinem Informationsblatt[414] die drei Denker mit charakteristischen Passagen, die als „buddhistische Grundlage" für die interreligiöse politisch-ökologische Aktion dienen:

- von *Buddhadasa* die Einsicht, daß das *Leben*, einschließlich des menschlichen, *eines* sei, was jeden Egoismus letztlich unmöglich mache und Mitgefühl sowie Solidarität erzeuge;
- von *Thich Nhat Hanh* die Erkenntnis, daß die in Meditation und Reflektion gewonnene Einsicht in das *Leiden* zum Realismus erziehe, gleichzei-

tig aber bedeute, daß die Situation *geändert* werden könne, wenn gleichzeitig *Bewußtsein und Situation transformiert* würden;

- vom *Dalai Lama* die Forderung der Entwicklung des menschlichen Herzens unabhängig von Religionsgrenzen, damit *universelle Verantwortung* zum Leitbild des modernen Menschen werde, die in *Liebe*, heilender Hinwendung zu allen Wesen *(karuṇā)* und einem *klaren Bewußtsein* gründe.

In diesem Programm wird die ganzheitliche Erneuerung des Buddhismus durch Wahrnehmung seiner eigenen Grundlagen im interreligiösen Dialog bewußt. Hier wird die *alte* buddhistische Einsicht für die Lösung der Probleme des *modernen* Menschen erfahrbar und gemeinsam mit christlichen Partnern, die eine vergleichbare Erneuerung aus ihren Wurzeln suchen, praktizierbar. Denn, so Peter Schenkel, es bestehe besonders im Westen eine Gefahr: Der moderne Mensch „reduziert den Buddhismus auf eine Meditationspraxis, ohne tiefere Konsequenzen für sein tägliches Leben, sucht sich Teile der Lehre, die in einen konventionellen Lebensentwurf passen oder flüchtet in vermeintlich authentisch-historische Interpretationen der Lehre, die ihn von der konkreten Auseinandersetzung mit der Situation der Welt entlasten.“[415] Ein kritischer Christ kann dem, mit Blick auf die eigene Tradition, nur beipflichten.

Zusammenfassend können wir sagen: In den hier dargestellten Bewegungen wird der buddhistisch-christliche Dialog konkret, nicht etwa im Sinne eines Ausweichens ins Pragmatische, sondern in Anwendung des Prinzips beider Traditionen, daß Religion bewußt verantwortete Praxis ist.

Sakyadhita – buddhistische Frauenemanzipation im Dialog mit Christinnen

Bereits im Jahre 1979 legte die Amerikanerin Diana Paul eine Studie zum Bild des Weiblichen im Mahāyāna-Buddhismus vor,[416] in der die Ambivalenz der Stellung der Frau im Buddhismus zu Tage trat: Der Buddha hatte Frauen zwar als im Prinzip religiös gleichberechtigt zugelassen, aber die Mönchsgemeinschaft war und blieb dominant. Obwohl mit den weiblichen „Gottheiten“ im Mahāyāna, der Prajñāpāramitā, der Tara, der Kuan-Yin u. a., eine außerordentlich starke Ikonographie existiert, die das Weibliche für die Veranschaulichung der absoluten Erleuchtung integriert, blieb doch auch im Mahāyāna die soziale Realität der Frauen zwiespältig, wenngleich sich die Situation der Frauen im Vergleich mit vorbuddhistischen Zeiten verbesserte. Mochte der frühe Buddhismus eine Emanzipation für die Frauen gebracht haben, so verfestigten sich im *saṃgha* mit der Zeit die patriarchalen Muster wieder.[417] In der bisher umfassendsten Studie zu diesem Thema bestätigt die amerikanische Buddhistin Rita Gross dieses Bild.[418] Sie faßt zusammen:[419]

1. In der gesamten buddhistischen Geschichte sei um das angemessene Bild der Frauen und ihre sozialen Rollen immer gerungen worden. Fast unvermittelt stehen sich demnach zu allen Zeiten zwei einander widersprechende Vorstellungen gegenüber:

a) die Frau als Quelle der Begierde und darum des Unglücks im Lebenskreislauf *(saṃsāra)*, zumal sie als Gebärerin das Elend in der Welt auch noch verlängere;

b) die Aussage, daß das Geschlecht für die geistige Befreiung völlig irrelevant sei und Frauen demzufolge ohne Abstriche die gleiche Qualifikation zur buddhistischen Praxis hätten.

2. Im Verlauf der buddhistischen Geschichte (besonders in den Entwicklungen zum Mahāyāna und Vajrayāna) sei die Einsicht in die völlige geistige Gleichwertigkeit und teilweise auch Gleichberechtigung der Frauen gewachsen; diese Tendenz stelle einen Kontrast zu den meisten anderen Weltreligionen dar.

3. Die wesentlichen buddhistischen Einsichten und Lehren, also die Vier Edlen Wahrheiten und der Achtfache Pfad, seien logisch nur mit einer Position vereinbar, die die völlige Gleichwertigkeit der Frauen in der *dharma*-Praxis anerkenne. Die Durchsetzung der diesbezüglichen Gleichberechtigung der Frau sei deshalb zutiefst im Kern der buddhistischen Lehre verankert, gerade auch wenn man dabei patriarchale Strukturen im buddhistischen *saṃgha* überwinden müsse.

Rita Gross kommt zu dem Schluß, daß die buddhistische Geschichte zwar sehr wohl einige prinzipielle Hinweise für die Emanzipation der Frau bereitstelle, daß sie aber keine Modelle anböte, die für die Zukunft hinreichend wären. Ein Rückgriff auf vor-patriarchale Vorstellungen von „Göttinnen" wäre ebenfalls nichts als eine von Wünschen geleitete Projektion und deshalb gerade im buddhistischen Kontext wenig hilfreich. Es geht ihr vielmehr um eine geistige und soziale Rekonstruktion des Buddhismus unter den Einsichten moderner feministischer Kritik. Und da eine ähnliche Aufgabe auch in anderen Religionen anstehe, ohne daß aus der Geschichte wirkliche Modelle abgeleitet werden könnten, sei hier der Dialog der Religionen besonders gefordert.

Im Sinne dieser dialogischen feministischen Erneuerung plädierte ein Forum buddhistischer und christlicher Frauen (unter ihnen die deutschstämmige buddhistische Nonne Ayya Khema sowie die amerikanischen Buddhistinnen Rita Gross, Anne Klein u. a. und auf der Seite der Christinnen die Theologin Rosemary R. Ruether) auf der 3. Internationalen buddhistisch-christlichen Dialog-Konferenz in Berkeley 1987.[420] Drei Themen waren dabei von besonderem Gewicht für den weiteren Dialog: 1. Das Identitätsproblem, 2. die Frage nach der Autorität in der Religion, 3. die Überlieferung der klassischen Religionen unter den Bedingungen der pluralistischen Moderne.

Unter der feministischen Kritik erhielten diese Themen eine besondere Zuspitzung:

1. *Identität* werde, zumindest in modernen westlichen Gesellschaften, wesentlich durch Abgrenzung vom Anderen und damit exklusiv aufgebaut. Anne Klein[421] aber möchte eine solche Identitätspsychologie unter dem Eindruck der feministischen wie auch der buddhistischen Kritik in Frage stellen. Der Buddhismus kritisiere jeden überspannten Individualismus und Dualismus durch Einsicht in die gegenseitige Abhängigkeit aller Erscheinungen. Die Identitätsabgrenzung sei demnach nur ein äußerer Prozeß an einem fundamentaleren Zusammenhang, bei dem der bzw. die jeweils Andere in Kommunion eingeschlossen sei. Damit würde aber der Interaktion, auch der interreligiösen, ein viel stärker *konstitutives* Gewicht bei der Identitätsfindung gegeben als bei der bisherigen westlichen Identitätsdefinition. Dies wiederum entspreche dem feministischen Anliegen einer ganzheitlichen Betrachtung von Kommunikationsprozessen.

2. *Autorität* werde im Buddhismus wie im Christentum patriarchal ausgeübt. Im Zusammenhang mit der buddhistischen *anattā*-Lehre (Nicht-Ich) fragen nun westliche Buddhist/innen, ob nicht der *Gemeinschaft* der Übenden ein viel größeres Gewicht zukommen müsse als bisher, wo der (meist männliche) Lehrer absolute Autorität genoß. Ein amerikanisch-europäischer Buddhismus würde diesbezüglich ganz neue Formen ausprägen können: statt Autorität und Hierarchie Einfühlung und Demokratie in buddhistischen Gruppen! Und dies entspreche feministischen Anliegen. Das Problem jedoch hängt mit dem nächsten Aspekt, der Tradition, zusammen.

3. Die *Überlieferung* der buddhistischen Praxis geschehe weitgehend noch durch Lehrer aus Asien, denen sich die europäischen und amerikanischen Schüler bedingungslos unterordneten. Buddhist/innen lernten die Tradition anders als Christ/innen, wie Anne Klein betont, nämlich weniger kritisch in bezug auf die Tradierungsgestalt.[422] Es fehle vor allem (noch) die jahrhundertelange Tradition textkritischer Hermeneutik. Deshalb entwikkelten sich andere Abhängigkeitsbeziehungen zu den (meist männlichen) Trägern der mündlich weitergegebenen Tradition, als dies im Christentum der Fall sei. Angesichts alter buddhistischer wie moderner ideologiekritischer Erkenntnisse sei aber klar, daß alle derartigen Vorstellungen und Verhältnisse sozial konstruiert und nicht inhärent mit der religiösen Wahrheit gegeben seien. Deshalb könnten sie auch verändert werden. Die feministische Rekonstruktion des Buddhismus gehe einher mit der Ausprägung eines amerikanischen oder europäischen Buddhismus, der sich von den asiatischen kulturellen Formen unterscheiden werde. Und bei dieser Aufgabe sei der Dialog mit christlichen feministischen Rekonstruktionen außerordentlich wichtig und hilfreich, denn man habe ähnliche Probleme und deshalb einen gemeinsamen Erfahrungshorizont.

Seither hat jede größere Dialog-Veranstaltung dieser Art ein entsprechendes Forum, und die Aufforderung an die männlichen Kollegen, den impliziten Sexismus auch in der interreligiösen Kommunikation zu erkennen, ergeht mit Nachdruck. Rita Gross berichtet von der Berkeley-Konferenz,[423] wo sich buddhistische Delegierte an ihre christlichen Kollegen gewandt hätten, sie könnten gar nicht verstehen, warum die buddhistischen Frauen eine feministische Kritik ihrer Religion vortrügen, denn die Gleichwertigkeit der Frau im Buddhismus sei doch schon darin offenkundig, daß anständige Frauen mit Gewißheit als Männer wiedergeboren würden, um so zum *nirvāṇa* gelangen zu können! Auch der Buddhismus, so Gross, sei androzentrisch, und solange der Mann als Maßstab des Menschlichen gelte, an dem sich die Frau zu messen habe, würde sich daran nichts ändern. Insofern aber der Buddha die Impermanenz aller Erscheinungen gelehrt habe, müßten darunter auch Stereotype in bezug auf die Geschlechterdifferenzierung fallen, was den Buddhismus jedenfalls im Prinzip reformfähig mache. Die Sensibilität für das Problem im Buddhismus sei aber außerhalb von Amerika und Europa noch nicht wirklich vorhanden, mit Ausnahme des Dalai Lama, der die Möglichkeiten für eine Erneuerung der vollen Frauenordination[424] historisch untersuchen läßt und die Gründung von Frauenklöstern im indischen Exil fördert.

Ermutigt durch die wachsende Zahl von Buddhistinnen, besonders auch Nonnen, in Europa und Amerika sowie durch die Erfolge der christlichen feministischen Theologie, begründeten buddhistische Nonnen im Februar 1987 in Bodhgaya/Indien die *Sakyadhita-Bewegung* („Töchter des Buddha"). Sie hat sich zu einem internationalen Zusammenschluß buddhistischer Frauen aus über 26 Ländern entwickelt. Die zweite Konferenz fand dann im Oktober 1991 in Bangkok und die dritte im Oktober 1993 in Colombo/Sri Lanka statt. In Bangkok wurde dabei die Einheit der Interessen von buddhistischen Laien-Frauen und Nonnen thematisiert, so daß in Colombo die *dharma*-Praxis im Familienleben und das Verhältnis der Nonnen dazu ein wichtiger Tagungspunkt war.[425] Die anderen Themen (Ökologie, rapider Wandel in der Gesellschaft und die religiöse Antwort, Gewalt, Bildungsfragen usw.) unterschieden sich wenig von Konferenzen mit männlicher Dominanz. Die Tagung in Sri Lanka jedoch machte die Brisanz des Unternehmens für das traditionelle buddhistische Selbstverständnis deutlich: Das Ministerium für buddhistische Angelegenheiten hatte (wohl unter dem Druck konservativer Mönche) seine Unterstützung der Konferenz davon abhängig gemacht, daß die mögliche Neugründung eines Nonnen-Ordens kein Thema sein dürfe, was jedoch das erklärte Ziel von Sakyadhita ist. Hingegen begrüßte der aus Deutschland stammende und in Sri Lanka damals hochbetagt als Theravāda-Mönch lebende Nyanaponika ausdrücklich die Reforminitiativen der Frauen. Es kam zu verbalen Kompromissen. Die Möglichkeit, von christlichen Erfahrungen im Dialog zu lernen, wurde ebenfalls an- und ausgesprochen, wobei Karma Lekshe Tsomo auf den Austausch von Mönchen und Nonnen zwischen Benediktiner/innen und tibetischen Mönchen und Nonnen, über den wir oben berichtet haben, verwies.

Der Dialog der buddhistischen und christlichen Frauen steht noch am Anfang, aber er hat begonnen. Wie weit er die Themen und den Modus des gesamten weltweiten buddhistisch-christlichen Dialogs überhaupt beeinflussen wird, ist noch offen. Die Bilanz der bisherigen Bemühungen findet Ausdruck in den Worten der amerikanischen Feministin Catherine Keller, die das buddhistisch-christliche Frauenforum auf der Berkeley-Konferenz 1987 so zusammenfaßte:[426] *„Wir können es uns nicht leisten, ständig dieselben Fehler zu wiederholen … Ich denke, daß dieser Dialog und diese Form der Praxis, die sich für viele von uns auftut, notwendig ist, wenn wir politisch effektiv sein wollen."*

TEIL C
HISTORISCHE HINTERGRÜNDE UND HERMENEUTISCHE PERSPEKTIVEN

Buddhismus und Christentum sind in sich äußerst vielgestaltige Religionen. In ihrer Entwicklung haben sie soziale und geistige Strukturen herausgebildet, deren Erinnerungen die heutigen Identitätsmuster beider Religionen in einer kaum überschaubaren Vielfalt prägen. Wie kann diese Komplexität verstanden werden? Wie kann die geschichtliche Vielfalt sinnvoll geordnet werden, damit Bezüge zwischen Ideengeschichte und politischer Geschichte deutlich werden, aus denen für den Dialog in der Gegenwart Erkenntnisse gewonnen werden können? Ermöglicht der Rückbezug auf geschichtliche Ereignisse die Entwicklung angemessener Verstehensmodelle (Hermeneutik) für den Dialog in der Gegenwart?

Wir wollen uns diesen Fragen stellen, indem wir zunächst paradigmatische Markierungspunkte in der Geschichte des Buddhismus skizzieren und Entsprechungen bzw. kontrastierende Elemente in der Geschichte des Christentums benennen.[1] *Auf dieser Basis werden wir abschließend einen Vorschlag zur dialogischen Hermeneutik von Buddhismus und Christentum entwerfen und begründen.*

I. Paradigmenwechsel in der Geschichte des Buddhismus und ihre Bedeutung für den buddhistisch-christlichen Dialog

1. Methodische Vorbemerkung

Was wir heute *das* Christentum und *den* Buddhismus nennen und als zwei „Religionen" verstehen, sind in Wirklichkeit jeweils sehr komplexe soziale und mentale historische Entwicklungen, in denen sich die Geschichte des *homo religiosus* widerspiegelt, der mit Ernst und Hingabe auf die Erfahrung von Transzendenz reagiert. Die Beziehung zur Transzendenz wird geprägt durch die lebendige Tradition, die ein dauerndes Gespräch mit der eigenen religiösen Vergangenheit ist. Diese Vergangenheit ist äußerst komplex und

Formulierungen wie „das Christentum sagt“ oder „der Buddhismus behauptet“ sind unzulässige Abstraktionen von der wirklichen Geschichte. Die Komplexität der eigenen Geschichte erkennen wir besonders deutlich im Spiegel der dialogischen Begegnung. Und dies vor allem dann, wenn die religiös-sozialpolitischen geschichtlichen Entwicklungen in ihrer komplexen Einheit und Parallelität gesehen werden, wodurch aber sofort auch wieder die Unterschiede und Einmaligkeiten deutlich werden. Denn jedes Geschichtliche ist eine Singularität und hat doch etwas Allgemeines.

Der bisherige Dialog war vor allem deshalb ungenügend, weil er oft nur die Ideengeschichte oder psychologisierende Modelle des Weges zur Erleuchtung bzw. theologisch abstrahierte Heilswege zum Inhalt hatte.

Die methodischen Schwierigkeiten für diese historische Analyse sind freilich beinahe unüberwindlich, denn

- es gibt noch relativ wenige historisch-kritische Forschungen in bezug auf sozialgeschichtliche Zuordnungen des buddhistischen Schrifttums;
- es ist strittig, wie Ideen- und Sozialgeschichte einander beeinflussen und durchdringen.

Die Lösung des ersten Problems hängt von Detailstudien (und der Auffindung neuer Quellen!) ab, das zweite Problem müßte durch die Entfaltung einer Geschichtsphilosophie erörtert werden. Was wir hier vorlegen, sind also höchst strittige und *hypothetische Einordnungen*, die dazu dienen, die Vielfalt in *einem* möglichen Modell zu ordnen, das allerdings im buddhistischen Selbstverständnis Rückhalt und historisch zumindest einige Wahrscheinlichkeit hat. Unsere Ordnung der historischen Zusammenhänge in Paradigmen stellt eine *Deutung* des historischen Materials dar, die nicht zwingend, aber hoffentlich plausibel ist. Andere Deutungen sind möglich, und gerade der interreligiöse Dialog trägt dazu bei, die historischen Daten in ein neues (vergleichendes) Licht zu tauchen, das einige Erkenntnisse zu Tage fördert, gelegentlich wohl aber auch fragwürdige Interpretationen hervorbringt. Die Quellenlage für den indischen Buddhismus ist nicht deutlich genug und die Entwicklungen in China und Japan sind viel zu komplex, als daß wir hier mehr als einen nur sehr *vorläufigen Gesprächsbeitrag* leisten können und wollen. Die historischen Verallgemeinerungen aber wegen der genannten Schwierigkeiten nicht zu wagen, würde den Dialog entweder beenden oder auf Ideengeschichte begrenzen, in der uns der Andere nicht in seiner ganzen Andersheit und vielleicht auch Ähnlichkeit erscheint.

Im religiösen Glauben, der anderen Glaubensrichtungen begegnet, dialogisiert der Glaube mit mehreren kontinuierlichen und einander überlappenden „Gesprächen mit Transzendenz“ (Wilfred Cantwell Smith). Wenn Religion Begegnung mit dem Heiligen, dem *Numen* oder dem „ganz Anderen“ ist, wie Rudolf Otto meinte, dann ist in unserer Zeit dieses Andere und Fremde häufig vermittelt durch den Glauben der Anderen. Für den Christen kann dies der Buddhist sein, für den Buddhisten kann dies der Christ sein. Der Andere als Fremder und als Partner nimmt jetzt die Qualitäten des Mysteriums an, und zwar des *tremendum* sowie des *fascinosum*: Das Andere erschreckt und fasziniert zugleich, indem es die eigene Identität fraglich werden läßt. In dem Ausdruck der Existentialisten, daß die Hölle die Anderen seien (Sartre), schwingt diese Ambivalenz mit. Dies kann aber nicht das letzte Wort sein, und wir werden im nächsten Abschnitt zur Hermeneutik der interreligiösen Begegnung zeigen, wie eine Analyse des Anderen und des Fremden Voraussetzungen des Verstehens offenlegen kann. Heil oder Erleuchtung können sich ereignen durch eine positive Begegnung mit dem Anderen, der zum Spiegel des eigenen Ich wird. Der Andere steht außerhalb des eigenen Selbst um des Eigenen willen. Er ist die „Entleerung" des Ich in das Andere (die *ek-kenosis).*

Im buddhistisch-christlichen Dialog hat das Modell der *ekkenosis* eine große Rolle gespielt, d. h. der Andere ist genau dadurch zum Therapeuten der Ich-Zentriertheit geworden, indem er nicht ein „abgegrenztes Ich" geblieben ist. Er hat sich oft als „Prophet" erwiesen, als Sprecher der Möglichkeiten, die vom eigenen Ich und seiner Tradition her nicht in den Blick gekommen waren.

Jede Tradition trägt in sich die Last ihrer Vergangenheit wie auch die Möglichkeiten ihrer Zukunft. Buddhismus und Christentum sind historische, d. h. auch politische Traditionen. Der Buddhismus ist keineswegs „unhistorisch", er organisiert und versteht seine Geschichte aber in anderen Modellen als das Christentum.

Buddhismus und Christentum beanspruchen, den Tod zu transzendieren. Beide kennen eine „vertikale" Unterbrechung der Zeit durch das Erwachen zum *nirvāṇa* bzw. durch Gott in seiner Offenbarung. Für beide ist die Gegenwart der Weisheit oder des Göttlichen so real, daß sie einen neuen Horizont von Hoffnung eröffnet, sei diese im Symbol des *nirvāṇa* oder des Reiches Gottes konkretisiert. Aufgrund einer so erfahrenen Gegenwart gewinnt die Vergangenheit (die bisherige Geschichte) religiöse Bedeutung, d. h. sie wird als *Geschichte auf Befreiung hin* bzw. als *Heilsgeschichte* erzählt. Im Buddhismus sind die Erzählungen aus den vorigen Leben des Buddha „Vorbereitung" auf die Erleuchtung Gautama Śākyamunis hier und jetzt; im Christentum ist die Geschichte von Abraham über David bis zu Johannes dem Täufer „Vorbereitung" auf das Kommen des Christus. Geschichte ist für den Buddhismus nicht *nur* „zyklisch" und für die abrahamitischen Religionen nicht *nur* „linear".[2]

Auch das Verständnis der eigenen Geschichte ist in einer Tradition nicht statisch, und die Selbstwahrnehmung ist nicht homogen. In der Geschichte beider Religionen sowie in der geistigen Aneignung derselben hat es wesentliche Veränderungen in der Weltanschauung gegeben, d. h. *Paradigmenwech-*

sel in bezug darauf, wie sich eine Religion in der Welt darstellt und in Zeit und Raum realisiert. Wenn ein Paradigma die *Gesamtkonstellation von Werten, Verhaltensweisen und Verfahrensregeln* (Thomas Kuhn[3]) ausmacht, nach der die Kulturen ihr *Grundmuster* der Organisation von Wissen, sozialen Beziehungen und Glaubensvorstellungen ausrichten, dann ist der Begriff des *Paradigmenwechsels* auch für die geschichtlich sich ändernden Wahrnehmungsweisen der Religionen gerechtfertigt. Der interreligiöse Dialog leidet jedoch zu oft an einer selektiven Wahrnehmung der eigenen wie der anderen Religions-Paradigmen. Um den Traditionen aber Gerechtigkeit widerfahren zu lassen, muß man erkennen, wie bestimmte Paradigmen historisch zustande gekommen sind und wie und warum sie später von anderen abgelöst wurden, wobei alte Paradigmen auch weiter existieren, sich mit neuen überschneiden und dann ein sehr kompliziertes Geflecht von Modellen unterschiedlicher Lebens- und Verhaltensweisen in ein und derselben Traditionslinie ergeben.

Dabei sind freilich Generalisierungen unvermeidlich, und wir behaupten auch nicht, daß unsere heuristischen Paradigmen historisch greifbare, unwandelbare Realitäten wären. Sie sind *unsere* möglichen Rückschlüsse. Die hypothetischen Annahmen unserer Paradigmenanalyse sollten uns dazu bringen, für die historischen Veränderungen ein kritisches Bewußtsein zu entwickeln und eindimensionale Geschichtsmodelle zu überwinden, bei denen *ein* bestimmtes Modell als typisch für *eine* Religion betrachtet oder ein simples historisches Fortschrittsmodell zugrunde gelegt würde. Die Analyse soll also eine Hilfe sein, die Komplexität der Religionen möglichst vorurteilsfrei zu verstehen. Wir werden nun zuerst einige grundlegende Paradigmen in der Entwicklung des Buddhismus herausarbeiten. Dabei wird deutlich, daß der Buddhismus mehr ist als ein Gebäude philosophischer Abstraktionen, die westliche (und asiatische) Gelehrte aus der Überlieferung destilliert haben: er ist eine Lebenswirklichkeit, die politische Strukturen legitimiert und Geschichte bestimmt hat. Wenn der christliche Dialog mit dem Buddhismus gesellschaftlich relevant sein will, darf er nicht nur von *śūnyatā*, *nirvāṇa* und *prajñā* bzw. Trinität und prozessualem Denken fasziniert sein, sondern muß diese geschichtliche Realität im Auge haben. Wir werden chronologisch vorgehen und die wichtigsten Markierungspunkte auf den gegenwärtigen buddhistisch-christlichen Dialog beziehen.

Vom historischen Buddha zur Weltreligion

Wir wollen zunächst einen kurzen Überblick über die frühe Geschichte des Buddhismus geben, bevor wir die einzelnen Epochen genauer in den Blick nehmen. Dabei müssen wir im Auge behalten, daß diese Geschichte wenig bekannt und von interessegeleiteten Deutungen späterer Zeiten so stark überlagert ist, daß sich ein einigermaßen unumstrittenes Bild der frühen buddhistischen Geschichte immer noch nicht zeichnen läßt.

Der Buddhismus begann mit der Lebensgeschichte Gautama Śākyamunis (ca. 566 – ca. 486 v. Chr.)[4], dem „zur Wahrheit Erwachten" *(buddha)*. Sein Erwachen (die Erleuchtung) unter dem Bodhi-Baum in Gayā ist für den Buddhismus so zentral wie das Kreuz für das Christentum: In beiden Ereignissen begann die Geschichte neu. Gautamas Entschluß, den Pfad zur Befreiung zu gehen und dann auch zu verkünden, begründete den buddhistischen Heilsweg. Und Buddhisten lassen bis heute ihren Kalender mit dem *parinirvāṇa* des Buddha beginnen, so wie für Christen die Geburt Christi Ausgangspunkt einer neuen Zeitskala war.

Schon sehr früh setzte die Gemeinschaftsbildung ein, zuerst in der traditionellen Form von Gruppierungen wandernder Bettelmönche, dann in der Gestalt klösterlicher Kommunitäten, die sich eine Regel gaben, eine gewisse *stabilitas loci* pflegten und von Laien unterstützt wurden. Von Anfang an gab es vermutlich auch eine Laienfrömmigkeit der guten Werke und der Verehrung des Buddha. Der Buddhismus steht und fällt aber mit dem *saṃgha*, der Mönchs- und Nonnengemeinschaft.[5] Mehr noch als die philosophischen Unterschiede zur brahmanischen Tradition (die Abgrenzung zur brahmanischen Philosophie wurde erst später ausformuliert[6]) bedeutete diese Gründung den *radikalen Bruch mit der Kastengesellschaft*, denn der *saṃgha* war ein Orden von Bettelmönchen, der im Prinzip jedem Menschen offenstand. Der ursprüngliche *saṃgha* war „demokratisch" organisiert und auf Gleichheit bedacht, er kannte sogar Elemente eines „kommunistischen" Lebensstils (das Eigentum war allen gemeinsam), und die Mönche waren für Maßhalten und Freundlichkeit bekannt. Dieser ganz bestimmte Lebensstil hatte jedoch zur Folge, daß eine „zweistöckige" Lebenswelt aus Mönchen und Laien entstand, aus Entsagung für die Mönche und einer auf der buddhistischen Laienethik (Gewaltlosigkeit, Milde usw.) begründeten Lebensführung in der Welt. Trotz aller philosophischen Modifikationen dieser Unterscheidung im Mahāyāna und Tantrayāna blieb dieser Zustand fast unverändert, bis erst viel später im mittelalterlichen Japan (13. Jh. n. Chr.) die großen laizistischen Bewegungen die Bühne der Geschichte betraten.

Im Zusammenhang mit dem Königtum Aśokas (3. Jh. v. Chr.) entwickelte sich der Buddhismus weiter, indem er nun eine Triade von

Buddha
↓
König
↓
saṃgha

aufbaute. Auf der Grundlage der buddhistischen Laienethik veränderte sich der im Prinzip *weltentsagende Glaube* in eine potentiell *weltgestaltende Ethik*.[7] Und in diesem Prozeß wurde das Königtum neu interpretiert, der Buddha transzendental erhöht, der *dharma* liberalisiert und die Hierarchie von Buddha-König-*saṃgha* als Grundpfeiler einer idealen Gesellschaft etabliert. In der Geschichte des Buddhismus gab es zahlreiche Versuche, dieses mythisierte Ideal Aśokas in die Tat umzusetzen, obwohl es, wie auch im Falle des christlichen Gottesstaates, niemals ein mit der Erwartung übereinstimmendes Buddha-Königreich auf Erden gegeben hat.

Der *südliche* (Theravāda)-*Buddhismus* behielt die klassische Balance der „zwei Räder des *dharma*" bei: das Rad der weltlichen Herrschaft und das Rad der geistigen Befreiung, die getrennt sind, aber miteinander kooperieren wie die zwei Räder an einer Achse, wobei von Anfang an die weltlichen Herrscher bei den Mönchen Rat suchten. Eine durch das Aśoka-Ideal inspirierte Reform in Sri Lanka schuf im 12. Jh. n. Chr. eine stabile hierarchische Lösung: an der Spitze die Gemeinschaft von König und *saṃgharāja*, die jeweils einer weltlichen und einer klerikalen Hierarchie vorstehen, sowie die Dorfmönche und unter ihnen die einfachen Dorfbewohner. Eine einzige Theravāda-Nikāya-Linie („Korpus der Überlieferung"), der *mahāvihāra*, sorgt seither für die Orthodoxie dieses südlichen Pfades.

Der *nördliche Buddhismus* hingegen kannte weder einen einzigen *nikāya* noch eine stabile Sukzessionskette von Königen. In seiner turbulenten Geschichte können wir eher das Ideal der indo-iranischen theokratischen Herrschaft wiedererkennen, wie sie z. B. von König Kaniṣka repräsentiert wird. Statt der zwei unterschiedenen Räder des *dharma* kam es im Norden zu einer zentralistischen „cäsaropapistischen" Herrschaft. Allerdings gab es auch im Norden ein Protest- und Reformpotential: wirkliche oder legendäre „Waldmönche", die an der Peripherie der Macht lebten. Diese Mönche hatten einen unabhängigen *nikāya* (sie konnten selbst Ordinationen vollziehen), verfügten über einen anderen Nachfolgemythos und lehrten den *dharma* in modifizierter Form. In diesem Milieu sollte das *Mahāyāna* entstehen, das sich auch in Zentral- und Ostasien ausbreitete.

2. Das frühbuddhistische Paradigma

Unter dieser Überschrift beanspruchen wir nicht, die frühe Geschichte des Buddhismus „objektiv" zu beschreiben, sondern wir wollen die Selbstwahrnehmung des Buddhismus in bezug auf seine frühe Geschichte als geschichtsprägendes Paradigma vorstellen, wobei wir abstrahieren müssen, denn die Lesart der einzelnen buddhistischen Schulen zu verschiedenen Zeiten ist durchaus nicht einheitlich.

Der Buddhismus, so sahen wir, beginnt mit der außerordentlichen Befreiungserfahrung eines Menschen. Daraus wurden die „drei Juwelen" abgeleitet:

Buddha – Dharma – Saṃgha

Der *Buddha* erkannte den *dharma* der Befreiung und vertraute den Weg dazu dem *saṃgha* an. Die buddhistische Tradition erinnert an diese Erkenntnis

a) durch die Lehre und

b) durch die Erzählung der Lebensgeschichte des Buddha.

Modernes historisches Bewußtsein verlangt eine Trennung des Faktischen von der Fiktion und hat deshalb viele westliche wie östliche Menschen zur Suche nach der Gestalt des historischen Buddha veranlaßt. Wir haben darüber berichtet (Teil A, IV.1 und B, I.1). Trotz der „Erhöhung des Buddha" und der Entwicklung einer Buddhologie ist der Buddha in der buddhistischen Erinnerung immer auch ein historisch wahrnehmbarer Mensch geblieben, der Leiden fühlen konnte, der in der Suche nach Wahrheit kompromißlos war und der, als er die Wahrheit gefunden hatte, aus Barmherzigkeit seine Erkenntnis mit allen Menschen teilte. Er tat dies, so scheint historisch erkennbar zu sein, im Geist der Demut, mit nur wenigen Dogmen und großer Rücksicht auf seine Hörerschaft. Am Ende trat er seinem unvermeidlichen Tod mit äußerstem Geistesfrieden entgegen, ohne jedes Verlangen nach „mehr", ohne Haß gegen irgend jemanden oder Verblendung in bezug auf das, was *wirklich* ist. Zahlreiche Legenden schmücken diese Grunddaten in farbigen und erbaulichen Details aus.[8]

Dieses *narrative Erbe* der Tradition hat die Buddhisten (Mönche, Nonnen und Laien) in allen buddhistischen Ländern und zu allen Zeiten geprägt: Sie folgen dem Buddha nach, indem sie sich in der Ethik der Vollkommenheit, im meditativen Geistestraining und in selbstlosem Dienst an anderen Wesen (Menschen und Tieren) üben.

Wir können die wesentlichen Aspekte der *Lehren* des Buddha ordnen, indem wir zwischen der *negativen* Abgrenzung von der brahmanischen Tradition und der *positiven* Interpretation der Lehre für die buddhistische Bewegung unterscheiden:

Erstens *negativ* gegenüber der brahmanischen Tradition:

- Für die Brahmanen war und ist der Buddha ein *nāstika* („Häretiker"), weil er die *Offenbarungsautorität der Vedas nicht anerkannte* und die Notwendigkeit von Ritualen leugnete. Zwar hat sich nach brahmanischem Verständnis Viṣṇu im Buddha inkarniert, aber nur, um durch falsche Anweisungen die Dämonen zu täuschen, indem er sie lehrte, die Opfer nicht zu beachten. Daraufhin verloren die Dämonen ihre magische Kraft und wurden von den Göttern besiegt.
- Der Buddha lehnte den Glauben an einen *Schöpfergott* ab und lehrte vielmehr, daß die Behauptung vom Anfang oder der Anfangslosigkeit der Welt unbegründbare Behauptungen seien, die für die Befreiung unnötig seien.
- Der Buddha nahm keine letzte unvergängliche Substanz im Menschen an und lehrte in Abgrenzung gegen den *ātman* (Selbst), von dem die Upaniṣaden sprechen, ein Theorie vom *anātman* (Pāli: *anattā*, Nicht-Selbst).[9]

- Der Buddha fegte das Kastensystem hinweg und sprach statt dessen von dem gemeinsamen Schicksal des Leidens, das alle fühlenden Wesen teilen.

Es besteht kein Zweifel, daß der Buddha die brahmanische Ordnung kritisierte. Sein *dharma* war nicht an Geburt und Status gebunden, sondern erwies sich als universal. Deshalb konnte sich der Buddhismus auch außerhalb Indiens ausbreiten. Und weil der Buddhismus jede unveränderliche Struktur der Wirklichkeit leugnete und statt dessen von der gegenseitigen Beziehung sich immer verändernder Aspekte und Teile sprach, unterminierte er die Hierarchien und förderte gegenseitige Beziehungen und wechselwirkende Verpflichtungen.

Anātman stützt Netzwerk-Beziehungen, während ātman zu hierarchischen „Verkapselungen" auch im sozialen Bereich führen kann.

Zweitens *positiv* für die von ihm neu gegründete Bewegung:

- Es ist schwierig, die früheste Lehre des Buddha zu rekonstruieren. Vermutlich ist *Suttanipāta* ein sehr früher Text, der aber noch nicht die Grundlagen der buddhistischen Lehre in systematisierter Form, nämlich die Vier Edlen Wahrheiten, den Achtfachen Pfad usw., enthält, sondern vornehmlich die *asketische Selbstzucht und Sammlung des Bewußtseins* preist. Sehr wahrscheinlich wurde die Trennlinie zu anderen nicht-brahmanischen Lehren erst später scharf gezogen, so daß die frühesten buddhistischen Gruppen denen der *Ājīvikas* in mancher Hinsicht ähnlich waren.[10]
- Durch die sukzessive Aufzählung und *Verknüpfung psychologischer und ethischer Faktoren* wurde die Lehre des Buddha schematisiert, was als Gedächtnisstütze dienen sollte. Es handelt sich dabei mit Sicherheit um eine spätere Entwicklung. Diese Methode wurde dann als *abhidharma* (dritter Korb des Kanon, der den in den Sūtras gelehrten *dharma* ordnet) noch weiter systematisiert.
- Von den drei Körben des Kanon sind Teile des *vinaya* (monastische Regel) sehr alt. Darin spiegelt sich vielleicht die Tatsache, daß die positive Bedeutung der Lehren des frühen Buddhismus hauptsächlich in den Anweisungen für den *organisierten Lebensstil* des *saṃgha* lag.

Der *saṃgha* ist die dharmische Gemeinschaft. Es gab zwar schon zuvor asketische Bewegungen (wie die Jainas und Ājivikas[11]), aber die Asketen in einer Bruderschaft zu organisieren, die durch eine gemeinsame Regel zusammengehalten wurde, war neu. Die „demokratische Struktur" des *saṃgha* könnte von den stammesrechtlichen Ratsversammlungen der nicht-indogermanischen ostindischen tribalen Gesellschaften übernommen worden sein, aber die Anwendung dieser Struktur auf eine freiwillige Bruderschaft war epochal neu. Die Tradition schreibt den Schülern des Buddha, Kāśyapa und Śāriputra, das Verdienst zu, den Buddha gebeten zu haben, mit der Tradition der Wanderasketen zu brechen und eine neue Tradition von – wie es nun heißt – „Dorfmönchen" zu begründen. Diese Dorfmönche lebten am Rande der Dörfer, um den lokalen Dorfgemeinschaften dienen zu können.

Indem der Buddhismus eine alternative Gemeinschaft aufbaute, die mit der weltlichen Gesellschaft in Kontakt stand, begann eine eigene „Kirchengeschichte". Wir interessieren uns im folgenden für diese Geschichte der Beziehungen des *saṃgha* mit der weiteren Gesellschaft.[12] Denn für Jahrhunderte war diese Geschichte durch die Institution des buddhistischen Königtums geprägt, wie wir noch zeigen werden.

Eine heute übliche, doch letztlich nur schwer beweisbare Hypothese[13] über die frühbuddhistische Geschichte ist die Konstruktion eines zweistöckigen Paradigmas. In jedem Fall spiegelt sie das spätere und zumindest das heutige Verständnis des südlichen Buddhismus wider. Danach sieht aus der Perspektive eines buddhistischen Mönches die Welt anders aus als für den Laien. Diese Perspektive ist durch den *vinaya* (Mönchsregel) definiert, der vor der Zeit Aśokas standardisiert worden sein muß.[14] Der älteste Teil des *vinaya* ist *prātimokṣa*, d. h. die Gelübde der Mönche. Die Verlesung dieser Regeln anläßlich der alle vierzehn Tage stattfindenden Beichte im Kloster wird vor den Laien geheim gehalten, wodurch eine Hierarchie zwischen Mönchen und Laien begründet wird. Die Befolgung dieser Regeln ist ein derartig kompromißloser Bruch mit der Welt der Laien, daß Paul Levy den Buddhismus als *Mysterienreligion* bezeichnet hat.[15] Denn der *vinaya* gibt dem *saṃgha* rechtliche Autonomie in einem solchen Maße, daß auch ein „irrender Mönch" immer noch den Respekt der Laien verdient, solange er nicht von der Gemeinschaft der Mönche ausgeschlossen worden ist. Dadurch entstand eine zweistöckige Gesellschaft, die in Korrelation zum Verständnis der zweistöckigen Wirklichkeit steht:

Mönche (Streben nach *nirvāṇa*)	Weisheit	Gelübde *(vinaya)* und Philosophie *(abhidharma)*
Laien (Streben nach gutem *karman)*	gute Werke	Wundererzählungen (*jātaka* usw.)

Während die Mönche durch Weisheit nach dem *nirvāṇa* streben, indem sie bestimmte Gelübde beachten und Philosophie pflegen, streben die Laien durch gute Werke zunächst nach gutem *karman*, indem sie sich von den Wundererzählungen aus der Lebensgeschichte des Buddha inspirieren lassen. Dieser Unterschied besagt aber nicht, daß die Lehre des Buddha *(dharma)* als Weg zum *nirvāṇa* nicht für alle Menschen gleich wäre, sondern vielmehr, daß die Menschen in ihren – karmisch bedingt – unterschiedlichen Situationen eine differenzierte Praxis des einen *dharma* pflegen: die Mönche sind dem *nirvāṇa* also schon näher als die Laien.

a) Charakteristika des zweistöckigen Paradigmas

Gemäß frühbuddhistischer Lehre ist der Buddha nach seinem Tod zwar physisch nicht mehr gegenwärtig, aber sein *dharma* (die ersten beiden Körbe des Kanon, der *vinaya* und die *sūtras)* bleibt, um die Gemeinschaft zu leiten. Der *saṃgha*, dem der *dharma* anvertraut ist, leitet die Laien. Die Welt ist damit eingeteilt in Mönche und Laien. Der Mönch sucht durch Entsagung und Meditation Weisheit, die im dritten Korb, dem *abhidharma*, kodifiziert worden ist. Der Laie hingegen strebt durch gute Werke nach Verdienst. Weisheit führt zum *nirvāṇa*, Verdienst durch gute Werke führt zur besseren *Wiedergeburt* als ein Mensch, der schließlich in den Mönchsorden eintreten kann.

Die beiden Teile dieser zweistöckigen Gesellschaft waren nie selbstgenügsam, sondern außerordentlich kooperativ, besonders in den Dorfgemeinschaften, wo die meisten Menschen lebten. Das Gelübde der Armut sorgte dafür, daß die Mönche die Laien nicht ausbeuteten, denn anders als im späteren Buddhismus Zentral- und Ostasiens (und im Christentum) war der *saṃgha* nicht klerikal, d. h. er vermied jede Verstrickung in weltliche Angelegenheiten und wirtschaftliches Eigeninteresse. Die Mönche lebten als „selbstlose Personen" (Stephen Collins) in einer symbiotischen Beziehung mit den „selbstverstrickten" Laien. Anthropologische Studien des dörflichen Buddhismus stützen dieses Bild einer elastischen und stabilen Gesellschaft, die auf dem Austausch zwischen dem „Geber von Nahrung" und dem „Geber des *dharma*" basierte und somit beiden nützte.

Trotz der offensichtlichen Teilung in Weisheit und Werke kannte man im Theravāda aber niemals die christliche Spannung zwischen Glauben und Werken oder Glauben und Weisheit. Vielmehr galt, daß man „in den Strom durch Glauben eintritt und ihn durch Weisheit überquert". Glaube *(śraddhā)* bedeutet Vertrauen in die Worte des Buddha (die „rechte Ansicht" des Achtgliedrigen Pfades), die durch Anstrengung (die anderen sieben Glieder des Pfades) zur Weisheit hinführen. Theravāda kennt auch nicht den *trimārga* der Bhagavadgītā[16] sowie die spätere Debatte im Zen über allmähliche (kontinuierliche Vervollkommnung) oder plötzliche (blitzartige Einsicht) Erleuchtung. Der letzte Schritt über den *saṃsāra* hinaus ins *nirvāṇa* mag „abrupt" (ohne Zwischenstufen) sein, aber alle vorangehende Übung verlangt Geduld und allmähliche Vervollkommnung.

Dieses Paradigma ist durch karmische Rationalität gekennzeichnet. Ein Grund dafür ist die legalistische Haltung des *vinaya*: Übertretungen der Gebote durch die Mönche müssen quantifizierbar sein, damit das entsprechende Gegenmittel wie eine Medizin verordnet und punktgenau angewendet werden kann. Und diese Mentalität hat sich auf die spirituellen Übungen ausgewirkt: Alle mentalen Ereignisse und Zustände können prinzipiell ebenfalls katalogisiert werden. Mentale Verunreinigungen (genau voneinander abgegrenzte Formen der Gier, des Hasses usw.) werden benannt, identifiziert und sukzessive durch die entsprechenden Gegenmittel beseitigt. Auch die Zeit wird quantifiziert, wie an der Theravāda-Interpretation des „Entstehens in gegenseitiger Abhängigkeit" *(pratītyasamutpāda)* ersichtlich wird: Bei der Zwölferreihe der Verursachung folgen die Glieder *(nidāna)* einander in zeitlicher Sequenz. Buddhaghoṣa (4./5. Jh. n. Chr.) unterteilte diese Sequenz in Ursachen und Wirkungen, die sich über drei Leben erstrecken (die vergangene, gegenwärtige und zukünftige Wiedergeburt). Demgegenüber hat sich im nördlichen Buddhismus eine nicht-temporale Interpretation der *nidāna*-Kette durchgesetzt: So spricht die Sarvāstivāda-Schule von der Gleichzeitigkeit des zwölfgliedrigen Geschehens (nach der Formel: „wenn A ist, ist B"). Im Mahāyāna, ganz besonders in der chinesischen Hua Yen-Schule, wurde daraus eine zeitlose Gleichzeitigkeit, die die sequentiell karmische Rationalität untergrub.

Im frühen Buddhismus war *karman* als sichtbare Handlung sekundär gegenüber dem *citta-karman*, der mentalen Intention zu einer Handlung. Infolgedessen hatte die unabsichtliche Tat (auch wenn sie Negatives bewirkt) keine karmischen Konsequenzen. Später allerdings zog man aus der karmischen Rationalität weitere Schlußfolgerungen: Nicht nur die Absicht, sondern auch die Folgen des Handelns müßten in Betracht gezogen werden. So sei es z. B. besser, einem „reinen Mönch" Speisen zu geben als einem unreinen, denn der Reine könnte mehr Gutes bewirken. Aufgrund derselben Logik sei es auch besser, einem Mönch zu geben als einem bedürftigen Laienbettler, denn der Mönch galt als „heiliger" denn der Laie, was sich auf den quantifizierbaren „Verdienstgewinn" des Gebens auswirken müßte. Derartige karmische Rechnungen wurden aber später vom Mahāyāna im *Upāsakaśīla-Sūtra* kritisiert.

Dennoch ist die frühbuddhistische „Werke"-Mentalität nicht egoistisch. Die karmischen Folgen des Handelns wurden zwar theoretisch strikt individualistisch gedacht, denn jeder Mensch hat die Last seines eigenen *karman* zu tragen. Aber das „Hingeben von Verdienst" für andere wurde immer gelehrt und hoch gepriesen. Im Mahāyāna entwickelte sich daraus die „Verdienstübertragung" des Bodhisattva für alle lebenden Wesen.

b) Das christlich-protestantische Unbehagen

Der Dialog zwischen christlichen Protestanten und Theravāda-Buddhisten, die sich innerhalb dieses zweistöckigen Paradigmas bewegen, ist schwierig. Denn der Protestantismus kennt mit seiner Kritik am Mönchtum und der Heiligenverehrung nur die einstöckige Wirklichkeit: *alle* Menschen sind Sünder. Keiner hat vor dem anderen einen Vorzug an „Heiligkeit", denn nur Christus ist sündlos und damit wirklich selbstlos. Andererseits kann dieses protestantische Sündenbewußtsein eine Sensibilität für die Universalität des

Leidens im Sinne einer Gleichheit der Situation jedes Menschen erzeugen, die wiederum buddhistischem Empfinden eng verwandt ist.[17]

Es kommt hinzu, daß die Werk-Frömmigkeit der buddhistischen Laien bei Protestanten Vergleiche mit den katholisch-protestantischen Kontroversen in der Reformationszeit assoziiert, so daß sie historisch vorbelastet in den Dialog mit den Laienbuddhisten in Theravāda-Ländern eintreten, die Verdienste sammeln. Betrachtet man diese Frömmigkeitsform aber im Kontext des zweistöckigen Paradigmas, so zeigt sich, daß es um ganz andere Probleme geht als in der innerchristlichen Kontroverse während der Reformation: nicht um das Verhältnis von Glaube und Werken, sondern um die wechselseitige Beziehung von Mönchen und Laien bei der *gemeinsamen* Verantwortung für die allmähliche Verwirklichung des *dharma*, die nur aus dem spezifischen historischen Kontext verständlich wird.

Im Bereich der Ethik könnte das Verstehen eher gelingen. Die zehn Tugenden *(kuśala)*[18] können mit dem Dekalog oder mehr noch mit dem Geist der Bergpredigt verglichen werden. Auf dieser Basis können christliche Sozialarbeiter und die modernen laienbuddhistischen Bewegungen problemlos zusammenarbeiten, wie das Beispiel Sulak Sivaraksas lehrt.[19]

Freilich müssen wir erwähnen, daß das eben beschriebene zweistöckige Universum eher die Tradition der Mönche widerspiegelt, als daß es dem Selbstverständnis der Bauern in Theravāda-Ländern vollständig entspräche.[20] Die traditionellen Bauern in Süd- und Südostasien leben in einem einzigen *(saṃsārischen)* Universum, das immer noch mit vorbuddhistischen Göttern und lokalen Erdgeistern bevölkert ist. Für sie ist der Buddha weniger der „So-Gegangene" *(tathāgata)*, als vielmehr einer, der in höheren Sphären real „lebt". Denn trotz der Belehrung der Mönche, nicht zum Buddha zu „beten" und um Gunsterweise zu bitten, tut die Landbevölkerung genau dies. Weder durch buddhistisch-gelehrte noch durch christlich-missionarische Einflüsse hat sich diese Grundhaltung wesentlich gewandelt.[21] Eine Veränderung zeichnet sich erst heute durch die Ökonomisierung aller Lebensbereiche und eine damit verbundene Säkularisierung ab. Wenn man jedoch im Dialog diesen real gelebten Buddhismus der Landbevölkerung nicht zur Kenntnis nimmt, geht man an der Wirklichkeit vorbei, was sowohl vielen westlichen Gelehrten der Vergangenheit[22] wie auch nicht wenigen im Dialog engagierten Christen der Gegenwart vorgehalten werden muß.

In der Geschichte des Buddhismus repräsentiert Theravāda die Tradition, die diese zwei Stockwerke auseinanderhält. Mahāyāna hingegen verschmolz die Weisheit der Mönchs-Elite und den Glauben des Volkes zu einer neuen Lehre und einer neu erzählten Geschichte.

3. Die Herausforderung Aśokas

So wenig wir über den historischen Aśoka wissen, wollen wir doch folgende Vermutung äußern: Die zweistöckige Teilung der sozialen und religiösen Wirklichkeit wurde modifiziert, als Aśoka zum Buddhismus konvertierte und eine dreipolige Gesellschaft von Buddha, König und *saṃgha* schuf. Bisher hatte nur der mönchische *saṃgha* eine dem *dharma* gemäße Gesellschaft darstellen können, nun aber sollte sich die gesamte Gesellschaft auf die buddhistische Lehre gründen. Es entstand eine „Soziallehre", die es vorher so vermutlich nicht gegeben hatte. Joseph Kitagawa beschreibt dies als Paradigmenwechsel von

Buddha – dharma – saṃgha

zu — — — — — — — — — — — — — — — — — —

König – Staat – Moralität.[23]

Das neue Königtum und Aśokas Herrschaftsstil[24] waren eine so große Herausforderung für die alte brahmanische Ordnung, die sich auf das Gesetzbuch des Manu gestützt hatte, daß nach der Regierungszeit Aśokas das Experiment einer buddhistischen Gesellschaft allmählich wieder aus Indien verdrängt wurde.

Die Behauptung, Aśoka habe den Buddhismus zu einer „Staatsreligion" gemacht, wie Konstantin das Christentum, führt in die Irre. Denn im Unterschied zu Konstantin und seinen Nachfolgern gewährte Aśoka religiöse Toleranz. Er unterstützte auch die Jainas und verbot die brahmanische Religion nur, insofern sie Tieropfer betraf. Denn in Indien standen weltentsagende Asketen außerhalb des staatlichen Gesetzes. Auch wenn sie die Religion des jeweiligen Herrschers nicht teilten, genossen sie religiöse Toleranz. So ist z. B. die buddhistische Universität Nālandā niemals von Hindus angegriffen oder zerstört worden – dies geschah erst durch den Islam. Der historische Aśoka schuf aber keinen einheitlich buddhistischen Staat, wenngleich die spätere Aśoka-Legende dies behaupten möchte.[25]

Aśoka erklärt in seinen Felsen-Edikten,[26] zum Buddhismus bekehrt worden zu sein, nachdem er das Blutbad von Kalinga angerichtet hatte und darüber entsetzt war. Seither wollte er mit dem *dharma* und nicht mit militärischer Gewalt regieren. Obwohl Aśoka den *dharma* nie spezifisch als *Buddhadharma* definierte, kann als gesichert gelten, daß er die Drei Juwelen *Buddha*, *dharma* und *saṃgha* verehrte. Er bezeichnete sich nicht explizit als *cakravartin* (das altindische Ideal des universalen Herrschers), übte aber die Herrschaft wie ein „kosmischer König" aus und machte sein Königtum zum Modell für andere Könige. Aśoka sprach auch nicht von zwei Rädern des *dharma*, sondern kannte nur den *einen dharma*, der für den geistlichen und weltlichen Bereich gelten sollte. Mit Gewalt hatte er sein Reich zusammengeschmiedet, dann aber entsagte er der Gewalt und wollte allein mit Gerechtigkeit *(dharma)* regieren. Tatsächlich aber war seine Herrschaft auf staatliche Gewalt und auf moralische Autorität gestützt.

Um nun die innovative Kraft des Königtums Aśokas erfassen zu können, müssen wir kurz auf die ältere Königsideologie des *cakravartin* eingehen. Sie findet sich in den Vedas und in frühbuddhistischen Schriften, ist aber ursprünglich mit einem alten Sonnenmythos verbunden: Der König beherrscht alle vier Richtungen so, wie das Sonnenrad von Osten über Nord und Süd nach Westen rollt. Der Buddha der Legenden galt als ein solcher potentieller kosmischer König. Die Verschmelzung des welterobernden Königs mit dem weltentsagenden dharmischen Weltenherrscher jedoch war neu. Denn der kosmische König der Vedas stand unter der Ordnung der Brahmanen. Und das Königtum hing vom brahmanischen Opfer ab, denn erst durch das Pferdeopfer *(aśvamedha)* wurde die Krönung gültig. Diese Herrschaftsideologie war aber nur auf einen geographisch begrenzten Raum bezogen, und der König war einer unter anderen (nomadisierenden) Königen, der Erste unter Gleichen. Wohl bis zur Mitte des 1. vorchristlichen Jahrtausends hatte sich die Kṣatriya-Kaste, aus der die Könige stammten, nicht von brahmanischer Dominanz befreien können. Erst als Handel und Urbanisierung die rituelle Ordnung der Brahmanen aushöhlten, wurde dies anders. Der Staat Magadha hatte zwar schon früh eine bürokratische Herrschaft ausgebildet, aber er war noch kein Großreich. Das erste Großreich, mit dem Indien in Berührung kam, war das Alexanders des Großen. Als sich Alexanders Truppen nach seinem Tode zurückzogen, hinterließen sie ein politisches Vakuum, das die Maurya-Dynastie, aus der Aśoka stammte, ausfüllte. Von Magadha aus dehnte schließlich Aśokas Großvater, Candragupta Maurya, seine Kontrolle über ganz Nordindien aus. Und sein Minister Kauṭilya verfaßte das *Arthaśāstra*, das erste indische Werk über Politik.[27] Es rechtfertigt Herrschaft, die auf Reichtum und Macht basiert. Anders als lokale Könige, die ihre Macht auf Clan-Loyalitäten gründeten, regierte der Herrscher dieses neuen Typs durch Gewalt *(daṇḍa)* und einen loyalen Beamtenapparat.

Kauṭilyas Werk legitimiert den Machterhalt auch durch Betrug, Verrat und Spionage. Im Gegensatz dazu versuchte Candraguptas Enkel Aśoka, durch den dharma, d. h. durch Gesetz, Moralität und Erziehung, zu regieren.

Nach dem einen Krieg, den Aśoka geführt hatte, regierte er (abgesehen vom dravidischen Süden) fast den gesamten indischen Subkontinent. Er regierte durch den *dharma*, verbreitete den *dharma* und bestellte *dharma*-Beamte, um jeden Winkel seines Reiches entsprechend zu verwalten. Er hatte durch Gewalt gesiegt, regierte jetzt aber durch Gerechtigkeit. Dies drückt sich auch durch einen Wechsel in der Herrschaftssymbolik aus: der Stock *(daṇḍa)*, der Gewalt symbolisiert, wurde durch das Rad *(cakra)*, das die Macht des *dharma* verkörpert, ersetzt.

Die buddhistische Tradition glaubt, daß Aśoka durch die zwei Räder des *dharma* herrschte, so daß sein Herrschaftsmodell folgendermaßen aussähe:

Buddha	
Rad der weltlichen Herrschaft oder Gewalt	Rad der Befreiung oder Gerechtigkeit
König	*saṃgha*

Nach dieser Auffassung steht der Buddha, der einst ein mächtiger *cakravartin* war, über dem König und dem *saṃgha*. Aber wie wir bereits sahen, zeigen die Felsen-Edikte Aśokas nur *ein dharma*-Rad, nicht zwei. In frühen Sūtras finden sich einige Hinweise des Buddha für die gerechte Königsherrschaft, und die Frage nach staatlicher (königlicher) Gewaltanwendung bis hin zur Todesstrafe war strittig, sie wurde erst im *Goldglanz-Sūtra* mit der Bejahung staatlicher Gewalt gelöst.[28] Vermutlich erwartete der Buddha nicht, daß die Welt so demokratisch und gewaltfrei regiert werden könnte wie der *saṃgha*. Und das konnte zum Konflikt mit dem buddhistischen Prinzip der Gewaltlosigkeit führen:[29] In einem vergangenen Leben fühlte der Buddha als Kronprinz eine so große Abneigung gegen die Verhängung der Todesstrafe, daß er sich taub und stumm stellte, um dieser seiner Rechtspflicht zu entgehen. Stattdessen wollte er sich von seinem Vater lieber töten lassen. Dies galt jedoch nicht als Vorbild für andere Könige. Selbst Aśoka, der das Tierschlachten einschränkte, verzichtete nicht auf die Todesstrafe.

Mit einem Blick auf die Geschichte des Christentums können wir vergleichend feststellen:

Der Buddhismus vor Aśoka ähnelt dem Christentum vor Konstantin darin, daß beide noch kein systematisches Konzept hatten, wie staatliche Herrschaft nach buddhistischen bzw. christlichen Prinzipien begründet und geformt werden sollte.

Das Prinzip der Gerechtigkeit und Gewaltfreiheit *(ahiṃsā)* war zwar schon zentral für den frühen Buddhismus, aber die Theorie darüber, *wie* der *dharma* verbreitet werden solle, ist eine spätere Entwicklung, die bei Aśoka faßbar wird: Er machte seine Ideale und Taten dadurch bekannt, daß er nach persischem Vorbild überall im Reich Stelen aufstellen ließ sowie Reisen und Pilgerfahrten unternahm. Er pflanzte Bäume, grub Brunnen, ließ das Töten von Tieren einschränken und milderte Gerichtsurteile ab. Zwar waren Könige bereits vorher gereist, hatten um Buddhareliquien gekämpft und Pilgerfahrten unternommen, aber Aśoka verknüpfte all dies zu einem Programm, um die unterschiedlichen Gebiete seines Reiches zu befrieden. Deshalb auch schickte er „*dharma*-Verwalter“ in entlegene Regionen und entsandte Missionen in die Gegenden jenseits der Grenzen seines Reiches nach Nordwesten, Osten und Süden.

Aśokas „milde Herrschaft" war paternalistisch. Als „Geliebter der Götter" war Aśoka selbst ein „Freund der Götter", doch der Titel bedeutete nicht göttliches Königtum: Als Freund der Götter präsentierte sich Aśoka auch als Vater seines Volkes.

Der Buddhismus kannte verschiedene Theorien der Legitimation des Königtums:

1. Jemand wird König aufgrund seiner guten Taten in der Vergangenheit.
2. Am verehrungswürdigsten ist ein *cakravartin*, der als Mahāpuruṣa (Großes Wesen) mit den „heiligen Zeichen" geboren wird, wie sie dem Buddha zueigen sind.[30]
3. Ein Text[31] erwähnt den kosmogonischen Mythos vom Fall lichthafter Wesen in die Körperlichkeit, was ein soziales Chaos zur Folge hat. Um die Anarchie zu beenden, wird sich ein Mahāsaṃmata (ein großer Erwählter) als erster König aus der Kriegerkaste erheben. Verbunden mit der Kosmologie des Weltenberges Sumeru (die Weltenachse als Verbindungspunkt von Himmel und Erde) wird der König hier zum Bindeglied zwischen Mensch und Göttern.

Keine der drei Vorstellungen wird jedoch in den Edikten Aśokas erwähnt. Die späteren Aśoka-Legenden tendieren zur Legitimation (1), wenn sie Aśoka als den vorherbestimmten *cakravartin* bezeichnen, dem der Thron gebührte, weil er in einem vorigen Leben als Kind dem Buddha eine Handvoll Erde dargebracht hatte.[32]

Wir halten fest: Aśokas Königtum bedeutete vermutlich eine Veränderung bei der Legitimation von Herrschaft. Dadurch wurde der *saṃgha* gezwungen, die Beziehung zwischen König und Buddha neu zu überdenken. Und aus diesem Grunde ist es durchaus möglich, daß die Theorie von den *zwei* Rädern des *dharma* nicht ein *altes* buddhistische Ideal ist, das schon *vor* Aśoka eine Rolle gespielt hätte, sondern eher eine *Antwort* des *saṃgha* auf die Herausforderung durch Aśoka darstellt.

4. Das Königtum Aśokas in der Erinnerung der Theravāda-Tradition[33]

Der historische Aśoka verstand sich als Laie *(upāsaka)*, der den *saṃgha* um Unterweisung bat, aber er betrachtete sich selbst nicht als unwissend in religiösen Fragen. Denn in einem Edikt rät er den Mönchen, welche Werke sie studieren sollten; in einem anderen berichtet er über die Aussendung von buddhistischen Missionaren. Weiterhin belegen die Edikte, daß Aśoka eine Spaltung im *saṃgha* wahrnahm. Sie erwähnen aber nicht, daß er ein Drittes Konzil einberufen habe, das die Häretiker ausgeschlossen hätte. Außerdem berichtet er selbst nirgends davon, daß er seinen Sohn Mahinda nach Sri Lanka gesandt hätte. Diese Taten wurden ihm erst später zugeschrieben: Danach habe Aśoka ein Drittes Konzil einberufen mit Moggaliputta an der Spitze, das die Mönche veranlaßt habe, nach langer Zeit der Vernachlässigung die *prātimokṣa*-Gelübde zu halten. Das Konzil habe schließlich mit der Bestätigung der Theravāda-Tradition und ihrem Kanon geendet.[34]

Der Pāli-Kanon (Niederschrift wohl im 1. Jh. v. Chr.) beginnt mit den *prātimokṣa*-Gelübden des *vinaya*-Korbes (Mönchsregeln), schließt mit dem *abhidharma*-Korb und behauptet, daß der Text des *kathāvatthu* (Teil des Abhidharma) auf diesem Konzil zusammengestellt worden sei, um die Kontroversen zwischen den Mönchen beizulegen. Diese gesamte Überlieferung soll von Aśokas Sohn Mahinda nach Sri Lanka (Ceylon) gebracht und von der Mahāvihāra-Linie[35] der Mönche bewahrt worden sein. Auf diese Interpretation der Geschichte stützt sich der Anspruch der Theravādins, alleinige Hüter der orthodoxen ungebrochenen Tradition zu sein.[36]

Wenn wir den Aśoka der Edikte und den Aśoka der späteren Pāli-Berichte vergleichen, wird deutlich, daß jede Tat des historischen Aśoka, die die heilige Norm der Superiorität der Mönche über den König verletzt hätte, in den Pāli-Berichten keine Erwähnung findet. Diese Redaktion beruht auf der klassischen Theorie der „Zwei Räder des *dharma*" und hat den Zweck, das Rad der Herrschaft des Königs unter die Regel des Buddha (der Mönche) zu stellen. Die Redaktion der Tradition bzw. die Uminterpretation des historischen Aśoka in den Pāli-Texten läßt sich so charakterisieren:

1. Aśoka war in diesem Leben zum Königtum bestimmt, weil er in einem vergangenen Leben dem Buddha Erde dargebracht hatte. Aber selbst in diesem früheren Leben hatte er sich dem Mönch Moggaliputta unterzuordnen.[37]
2. Aśokas Leben wird eingeteilt in die Epoche des kriegerischen Feldherrn (vor der Schlacht von Kalinga) und die Zeit des rechtschaffenen Herrschers. Der Makel der ersten Epoche wurde jedoch nie ganz getilgt, denn gemäß den Avadānas soll sich auch der spätere Aśoka gelegentlich harsch und unbarmherzig verhalten haben.
3. Statt durch das Entsetzen über das Blutbad wurde Aśoka durch die heilige Aura eines siebenjährigen Mönchs-Novizen zum *dharma* bekehrt.
4. Aśoka berief zwar jenes Dritte Konzil ein, konnte aber keine Einigung der Parteien erreichen. Dies blieb vielmehr dem Mönch Moggaliputta vorbehalten. Als aber Aśoka den *saṃgha* von unreinen Elementen reinigen wollte, töteten zwei übereifrige Minister des Königs zwei Mönche, wofür sich Aśoka öffentlich entschuldigen mußte. Moggaliputta leitete Aśoka in allen religiösen Angelegenheiten; er und nicht Aśoka sei es gewesen, der die Missionen ausgesandt habe.

Diese Umdeutung des Lebens Aśokas zeigt,

- daß der Laie Aśoka nicht Mönche instruieren durfte, sondern Mönche den König belehrten;

- daß er nicht auf eigene Initiative Missionen ausgesandt haben konnte, sondern nur im Auftrag der Mönche;
- daß nicht Aśoka die Spaltungen im *saṃgha* überwinden konnte, sondern daß dies allein das Verdienst des Mönches Moggaliputta gewesen sei.

Obwohl die Pāli-Berichte den König als den Verantwortlichen für die Einberufung des Konzils brauchen (ähnlich wie in der frühen Kirche die Autorität der Kaiser vonnöten war, um Konzile einzuberufen und die Häretiker zu verbannen), so war doch die Fiktion des Todes von zwei oder mehreren Mönchen dazu angetan, Aśokas Buße zu erzwingen, so daß die Autonomie des *saṃgha* gegenüber königlicher Einmischung erneut demonstriert werden konnte. Die Theravāda-Sicht stellt hier nicht nur den Buddha, sondern auch den Mönch über den Laien-König. Selbst ein siebenjähriger Novize ist als solcher heiliger als Aśoka und kann ihn darum bekehren.

Während der dharma in den Aśoka-Edikten ein einziger ist und die Rolle des Königs gebührend unterstreicht (er konnte Mönche belehren und Missionen aussenden), so ist der dharma in den Pāli-Berichten zweifach. Hier hat der saṃgha die alleinige Kontrolle über den dharma des Buddha, wodurch auch der König und das weltliche Gesetz in ihre Schranken verwiesen werden.

Die späteren Begründungen des buddhistischen Königtums sind noch komplexer. Wir wollen hier nur einige Motive erwähnen, die für die politische Identitätsbildung Sri Lankas und Thailands noch heute von Bedeutung sind. Die singhalesische Chronik *Mahāvaṃsa*[38] (ca. 6./7. Jh. n. Chr.) konnte die beiden „Stockwerke" nicht so vollständig trennen, wie es dem Paradigma, das vielleicht vor Aśoka vorgeherrscht hat, entspräche. Denn diese singhalesische Chronik ist eine Königschronik, die von Mönchen geschrieben wurde, die den buddhistischen Staat legitimieren wollten. Die Chronik erkennt die Notwendigkeit des Königtums an, obwohl das Königtum wie „Süßspeise mit Gift vermischt" sei, d. h. Politik potentiell zum Verderben führe. Um den Stolz der Könige in Schach zu halten, habe der *saṃgha* die Normen zu setzen, während der König als fehlbarer Mensch des Rates der Mönche bedürfe.

Die singhalesische Königslinie führt sich auf den Löwen-Stamm *(siṃha)* zurück, der im Land Kalinga (Aśokas Gegner) beheimatet war. Singhalesische Könige, so hieß es, seien deshalb Nachkommen eines bösen Geschlechts. Ausgesetzt und auf dem Ozean treibend, landeten sie schließlich auf der Insel Sri Lanka. Dort lebte der Überrest des kämpferischen Kalinga-Volkes, bis er zum zweitenmal von Aśoka überwunden wurde, als nämlich Aśokas Sohn Mahinda die wilden Krieger missionierte und zum *dharma* bekehrte, so daß auf der Insel Sri Lanka ein buddhistischer Staat gegründet werden konnte.

Von Anfang an war Sri Lanka den Drei Juwelen geweiht: Der Buddha (bzw. sein Stūpa) flog nach der Legende dreimal über die Insel, lange bevor Mahinda mit dem *dharma* ankam. Ein levitierender Stūpa symbolisiert den überweltlichen Buddha, und sein Flug repräsentiert die Verbreitung über Indien hinaus. Auch eine Tochter Aśokas soll auf die Insel gekommen sein, um das erste Nonnenkloster zu gründen. Selbst der Bodhi-Baum wurde nach Sri Lanka verpflanzt. Aber der wertvollste Besitz ist der Zahn des Buddha, der bis heute in der alten Königsstadt Kandy in einem Tempel verwahrt wird. An dieser Reliquie hing die Legitimation des Königtums, weil die Herrschaft des Königs von der Herrschaft und Präsenz des Buddha (bzw. seiner Reliquie) abgeleitet war.[39] Dieselbe Königs-Ideologie findet sich auch in Burma und Thailand. Obwohl beide Länder Haar-Reliquien des Buddha besaßen, ist doch die wichtigste Reliquie der Jade-Buddha im Königspalast zu Bangkok. Wer immer den Jade-Buddha besitzt, ist König.

Der Kult der Buddha-Reliquien und ihre Legitimationsfunktion für die politische Herrschaft bedeuten, daß die Präsenz des Buddha auch *materiell* sichtbar, d. h. greifbar sein sollte. Diese Anschauung entwickelte sich aus den Aśoka-Legenden und entsprach dem späteren Aśoka-Ideal, beginnend mit dem Mythos, daß Aśoka in den Besitz der acht ursprünglichen Reliquien des Buddha gelangt sei, um daraus einen ganzen Körper herzustellen *(buddhakāya)*. Dieser Akt besiegelte sein buddhistisches Königtum. Als Aśoka den einen Körper wieder in viele Stücke zerteilte und die 84 000 Teile über das ganze Universum verstreute, symbolisierte dies den Anspruch Aśokas (bzw. des Buddha) auf Herrschaft über die ganze Welt. Und die Missionen, die Aśoka aussandte, bestätigten den Willen zu universaler Ausbreitung des *dharma* folgerichtig 84 000 mal. Der buddhistische *cakravartin* bzw. *dharmarāja* herrschte, wo immer die zerteilte Reliquie des einen Buddha auf die Erde niederfiel, d. h. überall.

König und Buddha, Staatsmacht und Mönchskloster (vihāra) werden hier eins.

Ebenso wie der historische Aśoka machte jener Aśoka der Legenden Geschichte, d. h. Legende wurde Realität. Denn was der historische Aśoka vermutlich nicht beabsichtigt hatte, geschah nun auf der Insel Sri Lanka: Der Buddhismus wurde „Staatsreligion". Deshalb waren alle „echten" Singhalesen (die dem König untertan waren), ganz selbstverständlich Buddhisten. Dieser Umstand macht das *Mahāvaṃsa*, das die Legende gewoben hat, zu einem nationalistischen Epos. Im 1. Jh. n. Chr. kämpfte der singhalesisch-buddhistische König Duṭṭhagāmaṇi gegen tamilische Aggressoren. Aber das *Mahāvaṃsa* zeigt sich keineswegs entsetzt über die Gewalt auf beiden Seiten, sondern beschwichtigt derartige Bedenken: Statt über die Toten auf dem Schlachtfeld zu weinen, wie einst Aśoka, wird nun der siegreiche König Duṭṭhagāmaṇi von den Mönchen belehrt, daß von den unzähligen Getöteten nur ein und ein halber Mensch wirklich zählten – einer war ein Mönch, der halbe war einer, der die Laiengelübde abgelegt hatte. Der Rest – vermutlich nicht-konvertierte Tamilen – verdiente keine königlichen Schuldgefühle. So ist es kein Wunder, daß das Epos mit der Geschichte der blutigen Niederlage der von Indien her eingefallenen hinduistischen Tamilen endet. Diese anti-tamilische Haltung prägt das gesamte *Mahāvaṃsa*, und *das Erbe der Vermischung buddhistischer und nationalistischer Interessen wirft seine Schatten bis in die Gegenwart.*

Die Ausbreitung des Buddhismus blieb nicht auf Indien und Sri Lanka beschränkt: Zunächst faßte der singhalesisch geprägte *saṃgha* in Burma und Thailand Fuß, später sollte eine singhalesische Mahāvihāra-Orthodoxie auch in Indo-China (außer Vietnam) Einfluß gewinnen. Von Burma bis Laos wurden dieselben Legenden über die Ausbreitung der Drei Juwelen erzählt: Stūpas flogen, Reliquien wurden gefunden und Könige vom Typ Aśokas wurden durch den *dharma* geweiht. Sie alle vertraten dieselbe Ideologie der zwei Räder des *dharma*. Für diese Königs-Ideologien kommt der Kosmologie eine Schlüsselrolle zu: Tempel und Paläste waren schon immer mit dem Weltenberg Sumeru identifiziert worden. Nun wurden auch Buddha-Reliquien innerhalb der Palastmauern aufbewahrt. Der König als *cakravartin* lebte symbolisch hoch auf dem Berg Sumeru und überbrückte die drei unteren Weltenbereiche des buddhistischen Kosmos *(tridhātu)*: die Welt der Begierden *(kāmadhātu)*, die Welt der Materie und Form *(rūpadhātu)* und die immaterielle Welt der Formlosigkeit *(arūpadhātu)*. Er opferte in brahmanischer Art den Göttern und verehrte zugleich den Buddha, wobei er sowohl als Patron wie auch gelegentlich stellvertretend für den *saṃgha* auftreten konnte.

Überall in Südostasien folgte man diesem Muster, das im 12. Jh. n. Chr. in Sri Lanka schließlich voll entwickelt war. In Sri Lanka gewann der *Mahāvihāra* während einer politisch-religiösen Renaissance unter König Parakkama Bahu I. im 12. Jh. n. Chr die Kontrolle über den *saṃgha*. Dieser König tat, was Aśoka in den Legenden zugeschrieben wird: Er „reinigte den *saṃgha*" und beendete alle internen Spaltungen, indem er nur eine einzige Nikāya-Gruppe anerkannte. Indem er allein Mahākāśyapa, den Schüler des Buddha, als ersten *saṃgharāja* (König des *saṃgha)* gelten ließ, beseitigte er die beiden existierenden Nikāyas, die sich auf andere Traditionslinien stützten, und bestätigte die Mahāvihāra-Orthodoxie. Dies war sowohl ein Sieg für den *saṃgha*, der durch die Überwindung der Spaltung gestärkt wurde, als auch für den König. Denn während früher (im *Mahāvaṃsa)* der Buddha, und abgeleitet davon der *saṃgha*, die Oberhoheit über fehlbare Könige hatte (das eine Rad war *höher* als das andere), standen jetzt König und Buddha (bzw. die beiden Räder) auf gleicher Stufe, insofern der König den *saṃgha* zurechtgewiesen und reformiert hatte.

Obwohl der *saṃgha* theoretisch unabhängig war und seinen eigenen *saṃgharāja* (Oberhaupt des *saṃgha)* wählen konnte, mußte der König die

Wahl bestätigen und hatte dadurch faktisch die politische Kontrolle über den *saṃgha*. Die ceylonesischen Könige konnten die Mönche aber vor allem dadurch kontrollieren, daß sie die offizielle Ordination in ihrer Hand hatten: Die Mönche wurden einmal jährlich in der Hauptstadt ordiniert. Diesem Beispiel folgten Burma, Thailand und andere Theravāda *(Mahāvihāra)*-Länder. Doch dieses Modell hat nicht nur im südlichen Buddhismus Schule gemacht, sondern ihm folgten alle buddhistischen Herrscher vom Indien der Kuṣāṇa-Herrscher (ca. 1.–3. Jh. n. Chr.) bis zum Japan der Nara-Zeit (710–784), die an das Aśoka-Ideal eines einzigen nationalen Netzes von Tempeln unter der Kontrolle *einer saṃgha*-Autorität glaubten, denn sie hatten erkannt: Die wirksamste Kontrolle des *saṃgha* ist die Kontrolle über die Ausgabe von Ordinations-Zertifikaten für die Mönche.

Das Resultat dieser systematischen Patronisierung bzw. Kontrolle durch den Staat war eine vierfache Teilung der Gesellschaft. Denn die Hinzufügung eines dritten Faktors (des Königs) zu dem früheren zweistöckigen Paradigma (von Mönchen und Laien) machte diese Transformationen in ein vierfaches Schema notwendig, wobei nun eine weltliche und eine geistliche Hierarchie, die beide „von oben" eingesetzt wurden, über die untergeordneten und lokalen Institutionen wachten und so die alte Unterscheidung von Dorfmönchen und Bauernbevölkerung weiter ausdifferenziert wurde. Die vierfache Aufgliederung der Gesellschaft sah nun so aus:

Rad des Königs	Rad des Buddha
1. Der König und eingesetzte Beamte – – →	2. der *saṃgharāja* und Stadtmönche mit Zertifikat
↓	↓
3. Dörfliche Laienbevölkerung	4. Dorfmönche

Die ältere zweistöckige hierarchische Struktur (Mönch – Laie) hatte sich am ausgeprägtesten auf der Ebene des Dorfes (mit dem Wahlrecht „von unten" her) erhalten. Darüber schob sich nun die Hierarchie der „zwei Räder" (König – Buddha): Der König stand der einen Hälfte vor, der *saṃgharāja* der anderen, mit genügend Spielraum für beide. Auf der weltlichen Seite (links) kamen die in den Städten verankerten Beamten hinzu, die zwischen Herrscher und Untertanen vermittelten. Auf der geistlichen Seite (rechts) übernahmen die Stadtmönche diese Vermittlungsfunktion. Sie hatten im allgemeinen ein Examen in der Hauptstadt abzulegen und erhielten daraufhin ihre Beglaubigung, die es ihnen erlaubte, in den Stadt-Tempeln zu leben, die vom Staat unterstützt wurden. Sie waren also abhängig vom Staat.

In der Hauptstadt befand sich der offizielle Groß-Tempel neben dem Palast, in den anderen Städten in der Nähe der Verwaltungsgebäude. Die räumliche Nähe von weltlicher und religiöser Macht offenbart die politische Struktur, und dieses Muster finden wir von Sri Lanka bis Japan. Die Idee, daß Mönche ein Zertifikat durch Examen erlangen müssen, stammt aus den Aśoka-Legenden der Theravādins, wo es sogar heißt, daß jene Mönche, die schwierigere Examen über den *abhidharma* bestanden hätten, höhere staatliche Stipendien erhalten sollten. Aber diese Konsequenz hat man wohl nur in Sri Lanka gezogen.

Die offiziellen Groß-Tempel waren finanziell besser gestellt als die anderen Tempel. Weil aber hier die Mönche von oben als Staatsdiener eingesetzt wurden, gingen die unteren Bevölkerungsschichten zu diesen Einrichtungen nicht selten auf Distanz. Sie bevorzugten lokale Klöster und verehrten jene Mönche, die „von unten" in der Dorfbevölkerung Zustimmung fanden.

Unter den heutigen politischen Bedingungen wirken die alten Muster der Geschichte im Verhältnis von Staat und saṃgha in unterschiedlichem Maße und oft unerkannt fort. Die (religions-)politischen Implikationen der klassischen Identitätsmuster müssen deshalb aufgedeckt und bewußt gemacht werden.

a) Charakteristika des Mahāvihāra-Paradigmas

Das Mahāvihāra-Paradigma kann als das ausgereifte Theravāda-Paradigma gelten. Die Konformität der Lebenswirklichkeit in den Klöstern der Theravāda-Schule wurde erreicht, indem man den Korb des *vinaya* (Mönchsregel) an die erste Stelle setzte. Weil sich der Buddhismus von Sri Lanka aber schon früh entschieden hatte, die „Last des Lehrens" über die „Last der Meditation" zu stellen, erhielt die abhidharmische Bildung der Mönche großes Gewicht. Die Mönche wurden zu „Volkserziehern", was dazu führte, daß
- die „Dorfmönche" höheres Ansehen genossen als die "Waldmönche", weil Dorfmönche die Laien belehrten, während Waldmönche typischerweise der Meditation in der Einsamkeit nachgingen, und
- die Stadtmönche wiederum über den Dorfmönchen standen, weil sie gebildeter waren und mehr Einfluß hatten.

Weil der Aufstieg der gebildeten Mönche die kulturellen und politischen Eliten mehr beeindruckte als das einfache Volk, wurde so auch ein gewisser Keil zwischen die „höheren" und die „niederen" Gruppierungen der Mönche getrieben. Wir werden die Geschichte des Protestes und der Reform gegenüber solchen Tendenzen noch erörtern. An dieser Stelle jedoch wollen wir versuchen, die Stärken und Schwächen des politisch-religiösen Paradigmas des Theravāda-Buddhismus darzustellen:

Die vom Staat unterstützte Mahāvihāra-Orthodoxie erwies sich als konservativ und stabil, also als staatstragender Faktor.[40] Später kam es zwar wiederholt zu Reformen, aber die grundlegende vierfache Struktur blieb erhalten. Auch der Theravāda-Intellektualismus hat sich wenig verändert. Die *Abhidharma*-Systematik, die sich wohl seit der Zeit Aśokas herausgebildet hatte, wurde mit dem Pāli-Kanon (1. Jh. v. Chr.) vollendet. Das bedeutet, daß sich in den jahrhundertelangen Debatten der verschiedenen Schulen über die Lehre und die Auslegung der Mönchsregel die Theravādins durchsetzten. Die Theravāda-Tradition gipfelt schließlich im *Visuddhimagga* („Weg zur Reinigung") des Buddhaghoṣa (4./5. Jh. n. Chr.), dem im Theravāda-Buddhismus die Rolle zukam, die Thomas von Aquin im katholischen Christentum spielt, insofern er das Wissen so systematisierte, daß seither im Theravāda praktisch nur noch Subkommentare zu Buddhaghoṣa geschrieben werden. Wenn Theravāda-Mönche debattieren, diskutieren sie – ganz anders als die Mönche in Tibet – nur die Entfaltung dieser *einen* Sichtweise des *dharma.*

Was sind nun die Grundelemente der Abhidharma-Philosophie? Abhidharma sollte den *dharma*, die Lehre des Buddha, klarstellen. Obwohl diese Systematik heute als „scholastisch" und vielleicht auch starr empfunden werden kann, ist ihre Klarheit in der Analyse des Bewußtseins eine praktische Hilfe für die Meditation. Die Methode des Abhidharma ist als empirisch, pragmatisch oder phänomenologisch charakterisiert worden, aber dadurch ist dieses Denken noch nicht zureichend beschrieben. Seine Grundannahme ist, daß die Wirklichkeit aus „Atomen" (Pāli: *dhammas)* zusammengesetzt ist, die zwar real, aber vergänglich sind. Deshalb ist alles Existierende impermanent und hat kein Selbst *(anattā).* Abhidharma kann also zu Recht als Realismus bezeichnet werden. Aber anders als der Realismus in der europäischen Philosophiegeschichte ist dies kein Realismus von Ganzheiten (Genus, Spezies usw.), sondern der Teile, die Ganzheiten konstituieren.

Die Theravāda-Schule entwickelte einen modifizierten Realismus, der das Extrem der Sarvāstivāda-Schule vermeiden wollte, die behauptete, daß „alles (Wahrnehmbare) existiert". Denn extremer Realismus zerstört sich selbst, wenn er an seine Grenze stößt: Bestimmte Grenzaussagen – vor allem die Begriffe *„nibbāna/nirvāṇa"*, „Unendlichkeit" usw. – konnten innerhalb der Systematik der Sarvāstivādins nicht plausibel interpretiert werden, was die Kritik der Mahāyāna-Philosophen, allen voran Nāgārjunas (2./3. Jh. n. Chr.), heraufbeschwor. Nāgārjunas Philosophie entleerte nämlich die „Wirklichkeit" der *dharmas* („Atome"): auch sie seien nur Kategorien, die das Denken aufstellt und somit nichts anderes als begriffliche Konstruktionen *(prapañca).*

Wenn man diesen Umbruch in Kategorien der europäischen Philosophiegeschichte begreifen will, kann man sagen, daß Nāgārjuna eine bestimmte Form des Nominalismus vertrat. Theravāda-abhidharma in seiner modifiziert realistischen Gestalt vermied jedoch dieses Problem, und wir können dieses Denken als begrenzten realistischen Rationalismus bezeichnen.

Begrenzter Rationalismus behauptet nicht, *alles* analysieren zu können, sondern nur das, was sich der Ratio zeigen kann. Theravāda nahm also nur eine begrenzte Zahl von Elementen in einer begrenzten Form von Kombinationen an und vermied damit das Problem der Definition des Unendlichen. Wenn der Begriff des Unendlichen auftrat, wurde er einfach als eine andere Zahl innerhalb der Klasse der Zahlen geführt, d. h. das Unendliche wurde wie ein endlicher *dhamma/dharma* behandelt.

Diese Methode mag uns nicht befriedigen, aber der Zweck des Abhidharma war, alle komplexen Realitäten auf die einfachen Strukturen *(dhamma*, „Atome") zurückzuführen, um sie so mental erfassen zu können. Dies wiederum nicht als Selbstzweck, sondern damit „Gleichheit des Bewußtseins" *(upekkha)* erzeugt würde, denn ein solcher Bewußtseinszustand galt als Voraussetzung für die meditative Bewußtseinskontrolle. Die Theravāda-Philosophie schreibt auch dem *nibbāna* keine besondere Qualität zu – *nibbāna* sei ein *dhamma* wie jeder andere, mit dem Unterschied allerdings, daß es unzusammengesetzt sei. Was nicht zusammengesetzt ist, kann nicht auseinandergenommen und wieder anders zusammengefügt werden. Deshalb unterliegt *nibbāna* keiner Veränderung wie die samsarische Welt. Und deshalb wiederum ist es dem Leiden *(dukkha)* entzogen.

Das Problem dieser Methode ist, daß sie zwar die weltliche (samsarische) Wirklichkeit beschreiben kann, nicht aber den „transzendentalen" Fragestellungen gerecht wird. Denn die Behauptung, daß der Buddha allwissend nur im „endlichen, rationalen" Sinne gewesen sei, daß er alles über ein Ding habe wissen können, wenn er nur sein Bewußtsein auf dasselbe konzentrierte, ist nur eine quantitative Aussage über die begrenzte Rationalität. Sie kann die transzendente Qualität der Allwissenheit des Buddha nicht erfassen, durch die er Einsicht in die Qualität des *nibbāna* erlangt hat. In der Moderne war die Verteidigung einer solchen Begrenzung der Vernunft das Anliegen von Philosophen wie K. N. Jayatilleke.[41] Er stieß damit den Versuch an, eine nicht-religiöse buddhistische Philosophie auszuarbeiten, wie es David Kalupahana[42] beispielhaft vorgeführt hat. Dann ist aber der Buddhismus keine Religion mehr, die den Menschen über die Endlichkeit seiner Begriffe hinausweisen könnte.

Denn rationalistische Sprache ist wenig geeignet, vom Transzendenten zu reden. Sie ermangelt der poetischen Imagination. In seiner inneren Geschlossenheit ist der Theravāda-Intellektualismus zwar auch heute noch beeindruckend, aber er kann nur schwer Anregungen von außen aufnehmen oder Brücken zu anderen Denkformen schlagen. Und er hat sich schon lange von seinem Erfahrungsbezug, der meditativen Basis (die vielleicht eher bei den Waldmönchen lag), entfernt. Das moderne akademische Theravāda-Denken (das die Tradition der gebildeten Stadtmönche fortführt) bleibt auch der Landbevölkerung fremd. Weil aber heute in den Theravāda-Ländern (außer Thailand) das buddhistische Königtum, der *saṃgharāja* und das Netz von Tempeln, das von einem einzelnen Nikāya kontrolliert wurde, verschwunden ist, steht die Theravāda-Philosophie im Begriff, ihre soziologische Basis zu verlieren. Damit stellen sich ganz neue Herausforderungen.

Genau aus diesem Grund übernahm der „protestantische Buddhismus" (G. Obeyesekere[43]) seit Ende des 19. Jh. einige Grundzüge der kolonialen Kultur – wie z. B. sonntagsschulartigen Unterricht in viktorianischer Ethik und puritanischer Arbeitsethik, öffentliche Aushänge, um den *dharma* zu predigen –, um den westlichen Einfluß zurückzudrängen und den Aufbau einer neuen „nationalen Kultur" unter den Bedingungen der Moderne zu ermöglichen. In diesem Wertewandel wandten sich zahlreiche junge Mönche sozialistischen Idealen zu, andere Reformer bemühten sich um die Integration von Mahāyāna-Ideen. Laienführer traten auf, lokale Kulte breiteten sich aus und Waldmönche, die traditionell im Verborgenen wirkten, schalteten sich nun in das politische und wirtschaftliche Geschehen ein.

Im buddhistisch-christlichen Dialog sind diese sozialen und politischen Verflechtungen der buddhistischen Mönchstradition noch nicht genügend berücksichtigt worden. Die buddhistische Legitimation der Staatsmacht (des Königtums), die Vermischung nationaler und „klerikaler" Interessen sowie das Ringen der Könige mit dem *saṃgha* um die führende Rolle in der Gesellschaft haben Parallelen in der Entwicklung des Christentums nach Konstantin. Das frühchristliche Paradigma der Gütergemeinschaft und einer weithin egalitären Struktur in der Urgemeinde wurde vom konstantinischen Staatskirchentum abgelöst, wie auch im Buddhismus nach Aśoka (gemäß dem Aśoka der Legenden) der König Konzilien einberief, um die Einheit der Lehre und des Staates zu festigen. Das mittelalterliche christliche Paradigma mit seinem Gegensatz von Papsttum und Kaisertum, das bis zur Reformationszeit die politischen Spannungen in Europa wesentlich beeinflußte und im Investiturstreit zwischen Kaiser und Papst gipfelte, hat eine paradigmatische Parallele um die Ordinations-Beglaubigung der Stadt-Mönche, die vom Staat ausgehalten wurden und den *dharma* in königstreuer Interpretation unter das Volk brachten. Das Verhältnis von Staat und Religion war und ist im Buddhismus ebenso klärungsbedürftig, wie es auch in den verschiedenen christlichen Konfessionen und Ländern auf der Tagesordnung steht. Dabei wird deutlich, daß es hier *weder die buddhistische noch die christliche Antwort gibt, weil sich die Religionen in ihrem gesellschaftlichen Kontext in jeweils verschiedenen Paradigmen entwickelt haben. Für den Buddhismus kann heute ebensowenig ein traditionalistisches Modell (welches?) normativ sein wie für das Christentum, insofern beide Religionen auf eine Geschichte sehr unterschiedlicher Modelle zurückblicken, wie wir nun noch ausführlicher belegen werden.*

5. König und Buddha nach Aśoka

Daß sich Theravāda im Süden zu einer stabilen und konservativen Tradition entwickeln konnte, hat viele Gründe: die Agrargesellschaft, traditionale Religionsformen, die dem systematisierten Buddhismus wenig Widerstand entgegensetzten, dauerhafte königliche Dynastien sowie ein einziger Nikāya, der alle anderen zurückdrängte.

In Nordwest-Indien jedoch sah die Situation anders aus. Dieses Grenzgebiet hatte viele unstabile Dynastien erlebt, es war bevölkert von unterschiedlichen nomadischen Stämmen und dem Einfluß griechischer und iranischer Religionen ausgesetzt. Außerdem gab es eine Vielzahl buddhistischer Schulrichtungen von Sarvāstivāda über Mahāsaṅghika bis hin zu der Tradition, die sich von allen anderen abgrenzte und sich *Mahāyāna* nannte. In diesem Milieu Nordwest-Indiens entstand ein Konzept der Überhöhung sowohl des Buddha als auch des Königs. Wir wollen dies „Hoch-Buddhologie" und „Hoch-Regologie" nennen.

Der Status des Buddha und des Königs war bereits seit Kaiser Aśoka verändert worden, denn beiden wurden die übernatürlichen Zeichen des *cakravartin* zugeschrieben. Aber in Nordwest-Indien glichen sich unter dem ikonographischen Einfluß griechischer Statuen und durch neue indoiranische Synthesen unterschiedlichster Motive die Ikonographie von Königen und Buddhas noch stärker an. Wir können von einer *neuen* indo-iranischen Synthese sprechen, weil Iraner und Inder von denselben indogermanischen Völkern abstammen, die lange zuvor (um 2000 v. Chr.) in verschiedene Richtungen gewandert waren und erneut in Kontakt miteinander kamen, als Rom im Westen und Han-China im Osten (seit dem 3./2. Jh. v. Chr.) durch ihre imperialen Expansionen die nomadischen Kulturen Zentralasiens zusammenpreßten und sie zwangen, nach Süden zu wandern, nämlich nach Nordwest-Indien. So wurde dieses Gebiet in jener Zeit zu einem multikulturellen Schmelztigel par excellence – offen für religiöse Synkretismen aller Art!

Die komplexe buddhistische Entwicklung im Norden Indiens liegt allerdings noch sehr im dunkeln. Auch hier sind wir zunächst auf mehr oder weniger sichere Vermutungen angewiesen. Als Beispiel wählen wir den König *Kaniṣka* aus der *Kuṣāṇa-Dynastie* (2. Jh. n. Chr.). Die Kuṣāṇas lebten als Untergruppe der nomadischen Tocharer ursprünglich in Zentralasien, wurden aber durch das Volk der Hsiung-nu nach Westen und schließlich nach Süden abgedrängt, wobei die Hsiung-nu ihrerseits durch den Druck der Hanchinesischen Expansion in Bewegung geraten waren. Andere Gruppen, die auf ähnliche Weise in den indischen Subkontinent einwanderten, waren die Baktrier, die Parther, die Sakas und viele andere Völker z. B. griechischer, iranischer, türkischer und mongolischer Abstammung.

Die Kuṣāṇas jedoch gründeten eines der größten und dauerhaftesten dieser turbulenten Reiche im Nordwesten Indiens.

Kaniṣka wird in der legendären buddhistischen Überlieferung als ein zweiter Aśoka erinnert. Unter ihm soll ca. 100 n. Chr., am Ende seiner Herrschaft, in Gandhara oder Kashmir das 4. Buddhistische Konzil einberufen worden sein. Doch darüber besteht noch weniger Gewißheit als über die Historizität des von Aśoka einberufenen Konzils.[44] Und noch unklarer sind die Berichte über das Ereignis selbst: Die *Mahāsaṃghikas* behaupteten, sie hätten sich in den Auseinandersetzungen durchgesetzt und das *Mahāvastu* (ein als *vinaya*-Text klassifiziertes Werk) sei als Resultat dieses Sieges zusammengestellt worden. Dem widerspricht die Aussage der *Sarvāstivādins*, der stärksten Gruppe, die historisch glaubwürdiger sein könnte: Sie nahmen gleichfalls den Sieg für sich in Anspruch und behaupteten, daß dessen Resultat der *Mahāvibhāṣā* (ein längerer abhidharmischer Text) gewesen sei. Die Führung im Konzil hätten Vasumitra und sein Assistent Aśvaghoṣa innegehabt, und als Kompromiß sei eine klösterliche Regel verabschiedet worden, die sowohl für die Liberalen als auch für die Konservativen akzeptabel gewesen sei. Mahāyāna galt noch nicht als eine Nikāya-Sekte und trat in keinem dieser Konzile als Partei auf, um Differenzen zwischen den Schulmeinungen auszugleichen. Aber Mahāyāna behauptete später, daß eben dieser Aśvaghoṣa (ein Hofpoet), der in einem berühmten epischen Gedicht die Ehre des Buddha besungen hatte, in Wirklichkeit ein Mahāyāna-Bodhisattva gewesen wäre. Wir wissen jedoch nicht sicher, ob es überhaupt ein 4. Konzil gegeben hat; aber selbst wenn es stattgefunden haben sollte, gab es keine wirkliche Basis für einen Konsens zwischen Konservativen und Liberalen in der Interpretation der Mönchsregel.

Ob sich Kaniṣka (und wenn ja, in welchem Sinne) als Buddhist verstand, ist ebenfalls unklar. Die Evidenz für die Bejahung dieser Frage wird von den Kaniṣka-Münzen abgeleitet. Münzprägung war eine griechisch-römische Erfindung gewesen und in Indien neu eingeführt worden. Die Idee, das Bild des Königs und des Buddha auf Münzen abzubilden, die durch ihren Gebrauch abgenutzt werden konnten, war für die Theravādins ein lästerliches Sakrileg. Auf den Kaniṣka-Münzen aber erscheint der Buddha, wie er (durch seine Handgeste) Kaniṣka das Königtum übergibt, der wiederum den Buddha vor einem Feueraltar anbetet. Viel typischer für die Kaniṣka-Münzen sind allerdings Motive mit dem hinduistischen Gott Śiva, der Sonne und dem Mond, mit Mithra und anderen *zoroastrischen* Symbolen. Auch diese Götter „bestätigen" den König in seinem Königtum. Weil der Feueraltar kein buddhistisches Symbol ist – jedenfalls nicht vor und außerhalb des tantrischen Buddhismus –, ist die Verbindung dieses Symbols mit dem zoroastrischen Feuerkult wahrscheinlicher. Und da Kaniṣka über ein weites multinationales und multireligiöses Gebiet herrschte, kann es für ihn politisch durchaus opportun gewesen sein, religiös synkretistisch aufzutreten und dies in seinen Münzprägungen zu dokumentieren.

Die Münzen signalisieren ein *neues Verständnis von Königtum und Buddhaschaft*. Um diesen epochalen Umbruch verständlich zu machen, müssen wir etwas weiter ausholen:

Nach dem ursprünglichen Modell hatte der Buddhismus ein göttliches Königtum immer verneint nach dem Grundsatz: „ein Brahmane ist Brahmane nicht durch Geburt, sondern durch sein *Verhalten*". Ähnliches galt für Könige: Sie empfingen ihr Königtum aufgrund ihrer guten Taten in diesem oder in vergangenen Leben. Und der Buddhismus wurde niemals müde, Könige und Mächtige daran zu erinnern, daß Königreiche und Herrschaft impermanent sind.[45] Wir wissen, daß auch der historische Aśoka kein göttliches Königtum für sich beanspruchte, sondern daß er glaubte, ihm sei die Gnade der Königsherrschaft *verliehen* worden.

Wenn man dies nun in christliche Terminologie übersetzt, ergibt sich eine Entsprechung zu dem *christologischen* Modell des *Adoptianismus*: Jesus fand in der Taufe bei Gott Wohlgefallen und wurde von Gott-Vater als Sohn „adoptiert", und zwar nach dem Modell der israelitischen Königs-Adoption durch Gott (Ps 2). Dieser Adoptianismus beinhaltet eine „von unten" her gedachte Christologie: der *Mensch* Jesus wird von Gott *erhöht*, der allein Gott ist und bleibt. In der Geschichte des Christentums ist der in jüdisch-ebionitischen Kreisen wurzelnde Adoptianismus[46] allerdings als Häresie verurteilt worden, und der *Inkarnationismus* hat sich als orthodoxe Christologie durchgesetzt: Dies ist eine Christologie „von oben", in der der *göttliche* Christus-Logos *menschliche* Gestalt *annimmt*.

Aśoka kannte – wenn man diese christliche Terminologie anwenden will – nur eine Buddhologie „von unten" und dementsprechend eine Regologie (Königsideologie) „von unten". Und Theravāda ist immer bei einer solchen Buddhologie „von unten" geblieben.

Dies änderte sich im Mahāyāna, das sowohl eine Hoch-Buddhologie („von oben") als auch eine Hoch-Regologie und damit ein *neues Verständnis von Königtum und Buddhaschaft* entwickelte.[47] Der Wandel vollzog sich allmählich. Am klarsten wird die neue Beziehung zwischen König und Buddha dadurch greifbar, daß auf den Kaniṣka-Münzen der königliche Titel „Sohn Gottes" *(devaputra)* erscheint. Der Begriff könnte aus vedischer, iranischer oder sogar chinesischer Tradition stammen. Doch der genaue Ursprung des Begriffes interessiert uns hier weniger als die Tatsache, daß er eine Neuinterpretation des Königtums anzeigt: Könige galten nun *durch ihre Geburt* als göttlich. Im Mahāyāna-Goldglanz-Sūtra *(Suvarṇaprabhāsottama-Sūtra)* segnen die Götter im höchsten Himmel der Dreiunddreißig den Embryo des zukünftigen Königs und empfangen ihn nach seinem Tod in ebendiesem Himmel.[48] Das Goldglanz-Sūtra gilt zu Recht als das wichtigste „politische" Mahāyāna-Sūtra, das aus Nordwest-Indien stammt und im mittelalterlichen China, Korea und Japan um des Wohles des Staates willen oft rezitiert wurde. Denn der Buddha verspricht hier, die Vier himmlischen Könige *(lokapāla)*[49] zu schicken, um die buddhistischen Devaputra-Könige vor ihren nicht-buddhistischen Gegnern zu beschützen. *Erst diese Hoch-Buddhologie und Hoch-Regologie ermöglichte in Nordwest-Indien die Entwicklung einer buddhokratischen Herrschaft.* Und diese kann nach folgendem Schema verstanden werden:

Buddha ↓ Vier himmlische Könige, die Unterstützung im Krieg gewähren ↓ Ein König der Könige als Maitreya Bodhisattva ↓ Ein Hierokrat, königlicher Priester und Kriegsprophet ↓ Mönchische Hierarchie ↓ das Volk	Frage: Wer kann in dem System eventuell Widerstand leisten? Antwort: der *Waldmönch*

Diese Struktur der Legitimation von Herrschaft hat folgende Konsequenzen:

a) Die linke Seite ähnelt dem *Cäsaropapismus* der byzantinischen Kirche, während die Möglichkeit des Protestes auf der rechten Seite eher der Tradition der *monastischen Reformen* in der lateinischen Kirche entspricht. Denn die monastische Ordnung in der lateinischen Kirche war (und ist) unabhängig von der klerikalen Hierarchie. In ähnlicher Weise stellten im nördlichen Buddhismus die Waldmönche eine soziale Gruppe dar, die außerhalb des Systems ein „fünfter Faktor“ war und *Protest- wie Reformpotentiale* entwickeln konnte.

b) In der byzantinischen Kirche konnte eine Christologie „von unten“ den Cäsaropapismus durchaus stärken, weil sie den Kaiser als eine unentbehrliche Ebene in der kosmischen Hierarchie begriff, die

Gott – Christus – Kaiser – Volk

unauflöslich miteinander verband. Diese Logik läßt sich aber nicht auf den Buddhismus übertragen, weil er keinen Gott kennt, der mit dem Menschen in Beziehung treten würde. Deshalb konnten Königtum und Buddhaschaft *gleichzeitig* an Erhabenheit gewinnen.

Eine Hoch-Buddhologie und eine Hoch-Christologie („von oben“) hingegen können dazu dienen, die *gesamte* erlösungsbedürftige Menschheit auf *eine Stufe* zu stellen und für die „Erlösung durch Glauben“ vorzubereiten, wie es im Buddhismus in der Tradition des Reinen Landes tatsächlich geschehen ist.

c) Die Entwicklungen im nördlichen Buddhismus beeinflußten schließlich auch den Süden, zumal das Mahāyāna zeitweise in Burma und Sri Lanka Einfluß gewinnen konnte sowie in den Königreichen von Sumatra, Java und Borneo vorherrschte. In diesen Ländern verbreitete sich zeitgleich auch die Hindu-Kultur, so daß das śivaitische Devarāja-Königtum überall bekannt wurde. Seit dem 4. Jh. n. Chr. ahmten auch die singhalesischen Könige zwecks Machtsteigerung die Erhöhung des Königtums im Mahāyāna nach und bezeichneten sich als *herabgestiegene* Bodhisattvas oder als zukünftige Maitreyas, d. h. sie beanspruchten für sich sogar den Status der *Buddhaschaft.*[50] Im Laufe der Zeit wurde der König schließlich in allen buddhistischen Ländern als *herabgekommener* Bodhisattva oder Maitreya verehrt.

Diese Entwicklungen hatten zur Folge, daß der König allmählich eine religiös begründete höhere Stellung einnahm als die Mönche, die bestenfalls *arhats*[51] sein konnten. Obwohl die besser informierten Theravāda-Mönche wußten, daß der königliche Anspruch auf Buddhaschaft aus der buddhistischen Überlieferung nicht begründbar war, tolerierten sie meist solche königliche Überheblichkeit. Das wohl auch deshalb, weil die Buddhologie des Theravāda „von unten“ schon dadurch die Mönche zur Demut erzog, daß sie behauptete, während der letzten 500 Jahre habe es keinen *arhat* mehr gegeben – den hoch verehrten buddhistischen Lehrern wird, seit die Ära des Verfalls des *dharma* begonnen hat, nur der Status eines „in den Strom Eingetretenen“ *(śrotāpanna)* zuteil.[52]

6. Das Paradigma Kaniṣkas

Im soeben beschriebenen „caesaropapistischen Schema“ regiert ein erhöhter Buddha über die vier himmlischen Könige. Sie waren, wie auch Brahmā und Indra, alte Götter des Hinduismus, die zu Beschützern des neuen buddhistischen Glaubens umgedeutet wurden. Das Mahāyāna erweiterte dieses Pantheon um die heroischen Bodhisattvas, denen oft militante Attribute und eine entsprechende Ikonographie zukamen. Diese Überhöhung irdischer Machtstrukturen durch himmlische Hierarchien geschah in Nordwest-Indien unter griechisch-römischen und iranischen Einflüssen, wodurch sich die Beziehung zwischen Buddha, König und *saṃgha* erheblich veränderte.

Aśoka hatte das buddhistisch-monastische Ideal der Weltentsagung respektiert und nicht versucht, die Mönche in die Politik hineinzuziehen. Kaniṣka hingegen folgte diesem Beispiel Aśokas nicht, sondern erwartete, daß sich die Mönche in der Welt betätigen und der politischen Macht dienen sollten.[53]

In der politischen Kultur Nordwest-Indiens und Zentralasiens gab es keine Trennung der zwei Räder des buddhistischen dharma, sondern eine Verbindung, gelegentlich sogar die völlige Verschmelzung beider.

Wenn Kaniṣka tatsächlich, wie man vermuten darf, Anhänger des Mahāyāna war, wäre damit eine Verbindung zur Mahāyāna-Politik geschaffen. Das neue politische Engagement der Mönche wurde nicht als Abkehr vom alten Ideal der politischen Abstinenz, sondern als seine Neuinterpretation verstanden. Der Hīnayāna-*vinaya* verlangte von den Mönchen, Könige, Krieger und Schlachtfelder zu meiden, obgleich umgekehrt Könige bei den Mönchen Rat einholten.[54] Die Mahāyāna-Bodhisattvas betätigten sich aber viel intensiver als Ratgeber der *cakravartin*-Könige, und dabei wurden sie von der politischen Macht protegiert.

Diese Partnerschaft von Macht und Religion wird besonders deutlich in der Kunst. In den Gandhara-Statuen, die aus der Zeit der Kuṣāṇa-Dynastie (1.–3. Jh. n. Chr.) stammen, finden wir in der Tat regelmäßig die Abbildung des *cakravartin* in Gemeinschaft mit einem Buddha oder dem Buddha, der von imperialen Patronen begleitet wird, oder auch Buddha und den *cakravartin* zusammen, wie sie von einer Anzahl Bodhisattvas begleitet werden.

Wenn dies tatsächlich authentische Kuṣāṇa-Kunstwerke sein sollten, würde die Theorie einer starken Patronisierung des Buddhismus durch die Kuṣāṇa-Kaiser gestützt, zumindest in der Gegend von Gandhara (Nordwest-Indien) bis Mathurā (östlich von Delhi). Der Gandhara-Stil breitete sich nach Zentralasien aus und weiter nach Nordchina (Höhlen von Ta-t'ung und Lung-men) und Zentralchina. Die Attribute von Buddha und König verschmolzen in folgender Weise:

a) Das Bild des *cakravartin* und des Maitreya verschmolzen. Was oft für ein Maitreya-Bild gehalten wird, könnte vielmehr den König Kujūla der frühen Kuṣāṇa-Dynastie darstellen, und der berühmte Stūpa von Taxila ist wohl ein königlicher Stūpa für diesen *dharmarāja*.
b) Zuerst galt eine Bodhisattva-Lehre „von unten“: Der König war ein jetziger Bodhisattva und Maitreya der Buddha der Zukunft. Später setzte sich die Bodhisattva-Lehre „von oben“ durch: der Bodhisattva(-König) galt als „von oben“ herabgekommen, ja er wurde als *herabgekommener* Maitreya verehrt.[55]
c) Maitreya war auch im Theravāda bekannt, aber nur in Nordwest-Indien entwickelte sich der spezifische Mahāyāna-Kult von Amitābha. Das *Karuṇāpuṇḍarīka-Sūtra* erzählt, wie ein *gegenwärtiger* König zum zukünftigen *Amitābha* heranreift.[56]

Die entsprechende Ikonographie findet man in den Skulpturen der späteren Kuṣāṇa-Periode und danach auch in China. Noch später (seit dem 8. Jh.) kam es in der tantrisch-buddhistischen Kunst zu einer Fusion von Buddha und König bzw. seit dem 17. Jh. in Tibet zu einer Identifikation des

Bodhisattvas Avalokiteśvara mit dem Dalai Lama als höchstem Lama Tibets, der die politische Macht ausübte.

Gegen dieses Paradigma Kaniṣkas, das die caesaropapistische Ideologie viel radikaler in die Tat umsetzte als der Staatsbuddhismus eines Parakkama Bāhu I. im 12. Jh. in Sri Lanka, regte sich aber auch Widerstand, besonders in China: Als im Norden bei den Turkvölkern der Toba-Wei der Kaiser T'ai-tsung (409–423) zum „Buddha der Gegenwart"[57] bzw. *tathāgata*[58] ernannt und der *saṃgharāja* Fakuo für seine Zustimmung zu dieser Bezeichnung mit einem Ministerposten belohnt wurde, kam es zu massiven Protesten von Mönchs-Gelehrten, weil dies eine unzumutbare Abirrung sei. Stattdessen verwiesen sie auf Südchina als Vorbild, wo sich die starken buddhistischen Mönchsorden erfolgreich gegen staatliche Vereinnahmung wehrten, so daß sich der Mönch Hui-yuan im 6. Jh. weigern konnte, vor dem König die Knie zu beugen. Dies bedeutete, mit dem Maßstab des Theravāda unter Aśoka ein Mahāyāna-Ideal unter Kaniṣka zu beurteilen, was Hui-yuan ganz bewußt tat.[59]

So wie der Caesaropapismus nach Konstantin im byzantinischen Reich als nicht weniger „christlich" galt als andere staatskirchliche Modelle, so war der „Caesaropapismus" bei den Toba-Wei nicht weniger „buddhistisch" als der „Staatsbuddhismus" in Sri Lanka.

a) Charakteristika des nördlichen Paradigmas

Im Kaniṣka-Paradigma bilden Buddha, himmlische Könige, irdischer König und *saṃgharāja* ein Herrschafts-Kontinuum. Ein starker buddhistischer Staat ist die Folge. Der König, der den Glauben seiner Untertanen legalisiert, kann dabei den *saṃgha* als Institution fördern oder auch behindern. Die Hoch-Buddhologie geht somit einher mit der Hoch-Regologie: die Kuṣāṇa-Münzen und Bilder stellen König und Buddha bei gemeinsamer Machtausübung dar. Die Herrschaftsideologie wird dabei aber auch von dem idealen Inhalt der Maitreya-Figur geprägt: *Maitrī* (Freundlichkeit) ist das Zeichen des Maitreya-Buddha und der maitreyanischen Könige, die sich mit diesem zukünftigen Buddha identifizieren.

Das Kaniṣka-Paradigma wurzelt in der politischen Stärke der Kuṣāṇa-Dynastie, die sich aber wegen der prinzipiellen Instabilität der nordwestindischen und zentralasiatischen Region auf die Unterstützung einer Konföderation von Stämmen gründen mußte. Dies spiegelt sich z. B. im Goldglanz-Sūtra[60] wider, das nicht von *einem* kosmischen König spricht, sondern von einer Anzahl von Königen, die durch Eid miteinander verbunden sind, um den buddhistischen *dharma* zu schützen.

Eine derartige historische Konstellation findet sich häufig im Zusammenhang mit der Entstehung von Religionen als herrschaftsstiftender und -stabilisierender *religio* (Rück-Bindung): Ein Bund wird geschlossen *zwischen* Menschen *vor* Gott bzw. *vor* dem Buddha und durch diesen transhistorischen Bezug bekräftigt. Eine Parallele dazu ist der Bundesschluß der zwölf Stämme Israels, die sich unter Moses am Sinai gegenüber Jahwe verpflichteten. Wie Jahwe dort seinem Volk Schutz versprach, so auch hier der Buddha. In chinesischen und japanischen Chroniken bezieht sich die „Goldglanz-Versammlung" auf solche Bundesschlüsse. Die biblische Parallele ist, so scheint uns, nicht zufällig: In Nordwest-Indien lebten Stämme, die sich unter militärischem Druck zu Königreichen vereinten, um gemeinsam Kontrolle über eine Region zu erlangen. Ähnliches traf für die israelitischen Stämme zu. Als das Königtum in Israel eingeführt wurde, gab es Zweifel, ob dies nicht der Alleinherrschaft Jahwes widerspräche, so wie auch die Identifikation der Könige als Bodhisattvas oder gar Buddhas im *saṃgha* auf Widerstand stieß. Und so, wie sich in den israelitischen Königreichen im Zusammenhang mit internationalen Spannungen die Prophetie – königskritisch wie auch königsfreundlich – herausbildete, so gab es im Kuṣāṇa-Reich Hierokraten, die sich als „Kriegspropheten" betätigten, wie wir aus den späteren Biographien von Fo-t'u-teng (gest. 348 n. Chr.) bis Dharmakṣema (Anfang 5. Jh. n. Chr.) wissen.[61] Solche Hierokraten traten bisweilen an des Königs statt, um übernatürliche Hilfe von den himmlischen Königen zu erbitten. Außerdem waren sie ihrem politischen Patron durch Eid verpflichtet. Doch fielen sie bei Hof in Ungnade, mußten sie um ihr Leben fürchten: Fo-t'u-teng beispielsweise mußte zweimal flüchten, als die Vier himmlischen Könige seinem Patron kein Kriegsglück gewährten. Diese buddhistischen Hierokraten sind vergleichbar den „Heilspropheten", die den hebräischen Königen dienten.

Die spätere Tradition im Buddhismus wie in Israel verschmäht diese Propheten, die den Königen willfährig dienten, und bevorzugt jene Gestalten als Vorbilder, die sich der Korruption und Anmaßung bei Hofe widersetzten. Wir haben es hier gewiß mit idealtypischen Überzeichnungen zu tun, die historisch nicht beweisbar sind. Auffällig aber ist, daß die hebräischen „Heilspropheten" in der Stadt regierten, während die „wahren Propheten" meist vom Lande kamen (z. B. Amos). Auch die buddhistischen kritischen Mönche kritisierten die Korruption in den Städten, während sie selbst aus den Wäldern kamen. Und diese Waldmönche können als der „fünfte Faktor" im Staat bezeichnet werden, denn sie standen außerhalb (vgl. das Schema S. 607) und waren nicht selten der Ausgangspunkt für Protest- oder Reformbewegungen.

Denn weder leisteten die Waldmönche Dienste für die Dorfbewohner noch waren sie lehrende Scholastiker wie die Stadtmönche oder politisch aktiv wie der *saṃgharāja* und die Hierokraten in der Hauptstadt. Sie lebten zurückgezogen, um sich der Meditation zu widmen. Die Folge ihres asketischen Lebens aber war, daß sie um Nahrung betteln mußten, und das war ihre Kontaktstelle zu den Dorfbewohnern. Selbst wenn sie dabei geistig völlig unabhängig blieben, gewannen sie doch Einfluß auf eine ganz spezifische Anhängerschaft. In der Legende der buddhistischen Patriarchen – die mit der Weitergabe des *dharma* an Kāśyapa beginnt und über Ānanda bis zu den Patriarchen des Zen reicht – wird dies deutlich. Als Beispiel wollen wir den 5. Patriarchen erwähnen, Upagupta von Mathurā, der ein Zeitgenosse Aśokas gewesen sein soll.[62] Sein Charakterbild trägt die Züge der Waldmönchs-Tradition: Als Aśokas Förderung des *saṃgha* den Klöstern Grundbesitz und Reichtum bescherte und die Mönche in gewisser Weise „säkularisiert" wurden, widersetzte sich Upagupta durch seinen Verzicht und Rückzug aus der Öffentlichkeit. In der Zeit nach Aśoka wurde er dafür besonders in der Schule der Sarvāstivādins gerühmt. Eine Mahāsaṅghika-Legende, die der chinesische Pilger Fa-hsien berichtet, erzählt von der Aufsplitterung des *saṃgha* in fünf Schul-Richtungen. Die auf Veranlassung Aśokas zustande gekommene Einigungsformel sei der *vinaya* (Mönchsregel) der Mahāsaṅghikas gewesen, der aber zur Spaltung beigetragen hat.[63] *Die Patronisierung der Religion durch den Staat hätte demnach zur Aufsplitterung des saṃgha beigetragen.*

Obwohl die nördliche Upagupta-Legende auch in Theravāda-Ländern bekannt wurde, führte dies im südlichen Buddhismus nicht zur Herausbildung eines unabhängigen Waldmönchtums. Das „Waldmönchtum" wurde im Süden vielmehr ein zeitlich begrenzter Lebensstil bzw. eine Retraite für Dorf- oder Stadtmönche, und wo sich einzelne Gruppen im Protest gegen den institutionalisierten *saṃgha* doch etablierten, wurden sie bald selbst wieder in institutionalisierte Normen eingebunden.[64] Die Waldmönche bildeten im südlichen Buddhismus also keine eigenständige soziale Gruppe.

Im Theravāda dient die ununterbrochene Sukzessionslinie der Ordinationsfolge dazu, die Authentizität des *vinaya* zu begründen, während im Sarvāstivāda dieselbe Traditionslinie die reine Überlieferung von *dhyāna* (Meditation) und der daraus resultierenden Weisheit garantieren soll. Und während der Süden letztendlich nur einen *nikāya* kannte, gab es im Norden mehrere, und die Waldmönche hatten eigene Regeln, nach denen sie auch unabhänig vom übrigen *saṃgha* Mönche initiieren und ordinieren konnten.

Die Waldmönche konnten dem caesaropapistischen Hauptstrom des Buddhismus im Norden besser widerstehen als andere Gruppen, indem sie nämlich den Königen, die für sich die Buddhaschaft beanspruchten und als Hüter des *dharma* auftraten, entgegenhielten, daß der *dharma* völlig unverfälscht durch die Linie der Patriarchen überliefert worden sei. Hier kollidierten die Legitimations- und Machtansprüche. So überrascht es nicht, daß eine Legende behauptet, die Überlieferungslinie der Patriarchen sei erloschen, als der Mönch Siṃha als letzter Träger dieser Tradition von einem bösen König getötet worden sei.[65]

Daß der Norden eine bittere Erinnerung an die Könige bewahrte, die den *dharma* gefährdet hatten, hängt mit den politischen Unruhen in dieser Region zusammen, wie die Kaniṣka-Legenden zeigen: Auch Kaniṣka soll das von ihm angerichtete Blutbad bedauert haben, aber anders als Aśoka schwor er niemals der Gewalt ab, sondern blieb ein Militärherrscher bis zum Ende seines Lebens. Als die Menschen aber kriegsmüde wurden, erhoben sie sich gegen Kaniṣka, was neue Kriege zur Folge hatte. Er soll schließlich in seinem Bett erschlagen worden sein, und die revoltierenden Untertanen enthaupteten eine seiner Statuen in Mathurā. Diese Details mögen Legende sein, aber der Widerstand gegen seine Gewaltherrschaft ist historisch glaubhaft. Die zwiespältige Beurteilung des Königtums Kaniṣkas durch die buddhistischen Mönche hatte auch Rückwirkungen auf die spätere Legendenbildung um Aśoka in der nördlichen Überlieferung: Das Aśokāvadāna beschreibt den König unvorteilhaft und prophezeit, daß ein Nachkomme Aśokas eines Tages den *saṃgha* spalten und zerstreuen werde.

Der Niedergang des *dharma* ist Thema einer nördlichen Legende, die vom „Brudermord" der Mönche in Kauśāmbī erzählt[66], möglicherweise aus Sarvāstivāda-Kreisen stammt und, wie wir meinen, bei genauerer Betrachtung eine Karikatur des 4. buddhistischen Konzils sein könnte. Wir möchten eine Version dieser Geschichte vorstellen:

Der Sohn eines frommen Kuṣāṇa-Königs hatte seine Feinde (Griechen, Sakas und Parther) geschlagen, die zuvor angeblich Buddha-Stūpas entweiht hätten. Der Sieger berief ein Mönchs-Konzil ein, zu dem aber nur 499 Mönche erscheinen konnten, weil alle anderen während der Reise von wilden Tieren gefressen wurden oder auf andere Weise umgekommen waren. Während der Versammlung forderte ein Mönch, der dem König nahestand, daß die Mönchsregel verändert werden müßte, weil niemand mehr in der Lage sei, dieselbe strikt zu befolgen. Da erhob sich ein Mönch, der aus der Ferne angereist war, und behauptete, daß er alle Regeln eingehalten habe. Ein Schüler des ersten Mönches betrachtete dies als einen Affront gegen seinen Meister und tötete den letzten Arhat. Sogleich brachte ein Yakṣa-Dämon diesen Mörder um. Daraufhin kam es zu einem Handgemenge, bei dem alle Mönche entweder durch andere Mönche oder durch den König, der angesichts einer solchen Spaltung in Wut geraten war, getötet wurden. Der Buddha, der dies aus seiner nirvanischen Welt mitanschauen mußte, zog die Vier himmlischen Könige vom Schutz des Staates zurück und prophezeite den unvermeidlichen Untergang des *dharma*.

Die Legende handelt von den Widersprüchen des Kaniṣka-Paradigmas. Der siegreiche Kuṣāṇa-König ist wohl Kaniṣka selbst, denn Griechen, Sakas und Parther waren historisch seine realen militärischen Gegner. Gerade einige dieser Völker galten aber auch als fromme Buddhisten, weshalb die bösartige Unterstellung, sie hätten Stūpas zerstört, vermutlich ein Feindbild aufbauen will, das sich aus dem Ärger über zerbrochene politische Allianzen genährt haben könnte. Als diese Könige nämlich untereinander Frieden hielten, hatten sie einander anerkannt, und einige hatten gelobt, gemeinsam den *dharma* zu verteidigen, wie im Goldglanz-Sūtra berichtet wird. Als sie sich aber in Kriege verstrickten, bezeichnete sich jeder als Freund des *dharma* und machte die jeweiligen Gegner zu Feinden der buddhistischen Religion, denen die Rache der Vier himmlischen Könige gewiß sei.

Die vom König einberufene Mönchsversammlung ist ein unvollkommenes Konzil, weil die normative Zahl von 500 Mönchen, die das 1. buddhistische Konzil vorgeschrieben hatte, nicht erreicht wird. Beim 1. Konzil waren dies alles Arhats, während hier nur ein einziger Mönch den Status der Arhatschaft erlangt hat, und dieser eine Vollkommene wird dann auch noch ermordet. Der einzelne Arhat, der von fern angereist ist, repräsentiert die Tradition der Waldmönche, während der „liberale" Mörder die Interessen der Mönche in der Hauptstadt vertritt. Und die unüberbrückbare Spaltung zwischen beiden zerstört den *saṃgha*. Das Handgemenge, in dem alle Mönche getötet werden, ist nur eine Dramatisierung dieses Niederganges. Daß in einigen Quellen der König selbst für das Massaker verantwortlich gemacht wird, zeigt, wie man im Norden Wohl und Wehe des Gemeinwohls und der Religion mit den Königen verband. Kaniṣka unterstützte den *saṃgha* aufgrund seiner Frömmigkeit, aber er war auch gefürchtet und gehaßt wegen seiner Gewalttätigkeit. Am Ende der Geschichte verliert sogar der Buddha seinen Gleichmut und beschützt nun nicht mehr die buddhistischen Staaten vor ihren Gegnern. Historisch gesehen erlitt der Buddhismus in Nordwest-Indien während der Gupta-Dynastie (320–ca. 500 n. Chr.) tatsächlich einen Niedergang.

Wenn man diese politischen und religiösen Entwicklungen mit der Geschichte des Christentums vergleicht, so fallen die permanenten Machtkämpfe zwischen weltlicher und geistlicher Gewalt auf (Kaisertum gegen Papsttum), aber auch die Versuche der byzantinischen Kaiser während der ersten Jahrhunderte, durch die Einberufung von Konzilien Einheit in der Lehre und dadurch Einheit in der Kirche und damit wiederum Einheit im Staat zu schaffen. Und ähnlich wie im nördlichen Buddhismus war dies mit gewaltsamen Auseinandersetzungen und Spaltungen aller Art verbunden. Christen, die von dieser Politisierung der Kirche abgestoßen waren, zogen sich zwar nicht in die Wälder zurück, wohl aber in die Wüste: die Tradition der Wüstenväter und das christliche Mönchtum waren eine direkte Reaktion auf die Politisierung und staatliche Vereinnahmung der Kirche. Und wie die buddhistischen Waldmönche erhoben auch sie den Anspruch, die "wahre Kirche" zu sein. Die Dynamik von Reformbewegungen, die in der klerikal-politischen Zentralmacht (dem Papsttum) den „Anti-Christen" sehen konnten, entlud sich in der großen abendländischen Spaltung durch die Reformation im 16. Jahrhundert. Aber dies war kein singuläres Ereignis: Reform der Kirche an „Haupt und Gliedern" war von Mönchen (Franziskus von Assisi), Bußpredigern (Savonarola) und religiös-politisch motivierten Volksbewegungen (von den Katharern bis zu den Hussiten) immer wieder auf die Tagesordnung gesetzt worden.

Das ambivalente Verhältnis von Staat und Religion in seinen paradigmatisch verschiedenen Ausprägungen in der Geschichte von Buddhismus und Christentum ist folglich ein wichtiges Thema für den Dialog beider Religionen, das ihre Standortbestimmung in der Zukunft beeinflussen wird.

7. Das Mahāyāna-Paradigma

Ein tiefgreifender Paradigmenwechsel vollzog sich mit der Entstehung der Mahāyāna-Tradition. Die Mahāyāna-Buddhisten waren kaum noch am historischen Gautama Śākyamuni oder an seiner ursprünglichen Lehre interessiert, sondern sie interpretierten den *dharma* und die Geschichte des Buddha neu, insofern das Verständnis von Zeit und Geschichte überhaupt einer Revision unterzogen wurde.

Was aber ist Mahāyāna? Es ist leichter zu sagen, was Mahāyāna am Ende seiner Entwicklung war, als zu dokumentieren, wie es sich am Anfang entwickeln konnte. Wir werden versuchen, eine Hypothese aufzustellen, wie Mahāyāna entstand und sich ausbreitete.[67]

Die Erklärung, Mahāyāna habe sich aus einer liberalen Nikāya-Linie, den *Mahāsaṅghikas*, entwickelt, kann nicht befriedigen, denn wir finden in den Annalen dieser Schule keinerlei entsprechende Hinweise. Auch die anderen klassischen Schulen berichten nichts über entsprechende Entwicklungen, und so liegt die Vermutung nahe, daß Mahāyāna in Randgruppen des Buddhismus entstand, die von den Nikāya-Buddhisten zunächst übersehen oder ignoriert werden konnten. Mahāyāna aus der Entwicklung des Stūpa-Kultes, d. h. aus der Verehrung der Buddha-Reliquien zu erklären, ist ebenfalls nicht ausreichend, weil die *Prajñāparāmitā-Sūtras*[68], in denen Mahāyāna erstmals in Erscheinung tritt, dem Stūpa-Kult außerordentlich kritisch gegenübertreten. Für diese Weisheits-Sūtras ist die Reliquienverehrung Idolatrie mit dem *rūpakāya* (dem physischen Körper) des Buddha. Sie empfehlen stattdessen, Weisheit durch Erkenntnis der Leere *(śūnyatā)* zu suchen, die durch den *dharmakāya* (den transzendenten Körper) des Buddha repräsentiert wird.

Die beiden erwähnten religionsgeschichtlichen Entwicklungen mögen bei der Entstehung des Mahāyāna auch eine Rolle gespielt haben, wir meinen aber, daß die plausibelste Erklärung die ist, Mahāyāna als *Protestbewegung* zu verstehen. Hier kann die (etwas spätere) parallele Bewegung der Wüstenväter in der frühen Kirche zum Verständnis helfen: Aus Protest gegen die Verweltlichung und Politisierung der Kirche, die mit der Entwicklung zur Staatsreligion einherging, zogen sich ägyptische und syrische Christen in die Wüste zurück. Eine ähnliche Protestbewegung ist auch im Buddhismus denkbar, zumal Äußerungen von Mönchen gegen die Folgen des Aśoka-Paradigmas diese These belegen.

Indem nämlich Aśoka den *saṃgha* materiell unterstützte und Stūpas baute, zog er einerseits die Klöster in wirtschaftliche Belange hinein und förderte andererseits eine Laienfrömmigkeit, die den Vorrang der Mönche in Frage stellen konnte. Wir wissen, daß in der Regierungszeit Aśokas der *saṃgha* großen Zulauf hatte, denn nicht wenige werden nun dem *saṃgha* aus Gründen des materiellen Vorteils und des Sozialprestiges beigetreten sein. Dadurch wurde aber die monastische Disziplin so ausgehöhlt, daß Aśoka ein Konzil einberufen mußte und Zertifikate für die Mönche einführte, um ihren monastischen Lebensstil zu überwachen. Der Bau immer neuer Stūpas und *dharma*-Schulen ließ Kristallisationspunkte für neue Überlieferungslinien entstehen.

Wir kennen die Details dieser Entwicklungen nicht genau, wissen aber, daß sich der *saṃgha* in dieser Zeit grundlegend geändert hat. Vor allem war der asketische Lebensstil der Bettelmönche aus der Frühzeit des Buddhismus weniger streng geworden. Dieser Tendenz widersetzte sich schließlich eine Gegenbewegung, die für das Ideal eines reinen Lebens und strikter Meditation eintrat.[69] Es ist nicht verwunderlich, daß in der Zeit nach Aśoka der *pratyekabuddha*, d. h. der durch sich selbst Erleuchtete, den schon die ältere Tradition als einen möglichen Typus (innerhalb des *triyāna*[70]) kannte und der vielleicht ursprünglich die Existenz nicht-buddhistischer Heiliger erklären sollte, jetzt besondere Aufmerksamkeit auf sich zog: Der *pratyekabuddha* verkörperte das Ideal des asketischen Eremiten, das schon in vorbuddhistischer Zeit die Religionsgeschichte Indiens geprägt hatte und von Gautama Śākyamuni dergestalt modifiziert worden war, daß Asketen nun *gemeinschaftlich* nach einer *Regel* mit einer partiellen *stabilitas loci* zusammenlebten. Erst aus der Zeit nach Aśoka kennen wir detailliertere Beschreibungen von *pratyekabuddhas*. Sie lebten – wie die Yogis – vom Betteln in den Bergen und in unzugänglichen Gegenden, und wegen des asketischen Lebensstils wurden ihnen besondere parapsychische Kräfte zugeschrieben. Dies war eine deutliche Kritik an den etablierten Mönchen zur Zeit Aśokas, die vom monastischen Grundbesitz und von Staatsstipendien lebten. Diese Beschreibungen der *pratyekabuddhas* treffen genau auf die Waldmönche zu, insofern diese die einsame Meditation fern von dem relativ behaglichen Leben eines Dorfklosters pflegten und ihre Nahrung erbettelten. (Waldmönche durften keine Landwirtschaft betreiben und mußten deshalb in einer Entfernung von etwa zwei Stunden zum nächsten Dorf leben.) Sie strebten nach einer „höheren Vollkommenheit" (als die Mönche in den Klöstern), und genau das ist die ursprüngliche Bedeutung des Wortes *parāmitā*. Mahāyāna-Bodhisattvas praktizierten solche *parāmitās* als höhere Tugenden[71], während die Hīnayāna-Arhats – so die Mahāyāna-Meinung – weiterhin auf dem leichteren *Achtfachen Pfad (aṣṭāṅgamārga)* wandelten.

Gegen die Annahme, daß Mahāyāna aus einer Protestbewegung von einsamen Waldmönchen gegen die verweltlichten Dorf- und Stadtmönche entstanden sei, könnte geltend gemacht werden, daß sich doch gerade der Mahāyāna-Bodhisattva in heilender Hinwendung für alle Lebewesen aufopfert *(karuṇā)* und es ablehnt, der Welt zu entfliehen. Aber dies scheint nur ein Widerspruch zu sein, denn bis heute verlassen „Waldmönche" die Welt des Alltags, um gerade dadurch beispielhaft und vermittels ihrer charismatischen Ausstrahlung und Kompetenz durch die Anleitung zur Meditation Menschen aus mentalen Projektionen sowie den Verstrickungen der Begierde und des Hasses zu befreien. Durch ihr Wirken sind nicht selten Neuaufbrüche in der Gesellschaft möglich geworden.

Die Vermutung, daß der Ursprung des Mahāyāna in den Gruppen der Waldmönche zu suchen sei, wird noch erhärtet durch die Beobachtung, daß in den *Prajñāparāmitā-Sūtras*, die erstmals explizit Mahāyāna-Ideen formulierten, der Mönch *Subhūti* spricht, d. h. der Schüler, dem der Buddha – der Legende nach – ausdrücklich eine neue und tiefere *Weisheit* anvertraut hatte. Subhūti, der nie als Bodhisattva, sondern immer als ein Arhat galt, wird erst in relativ späten Pāli-Texten (nach der Zeit Aśokas) als herausragender Schüler des Buddha gepriesen, und das mit dem Zusatz, daß er den Wald geliebt habe. In der Sanskrit-Überlieferung gibt es eine Debatte, ob er den „Wald" oder die „Ruhe" (die Abwesenheit von Meinungsstreit) geliebt hätte. *Śāriputra*, der philosophisch gelehrte Schüler des Buddha, hatte den Meister gedrängt, Dorfklöster einzurichten. *Subhūti* aber soll, wie die Upagupta-Legende berichtet, die Tradition der Waldmönche gegenüber den Dorf- und Stadtmönchen begründet haben. Subhūti wird also mit dem Leben im Wald in Verbindung gebracht, und daraus erklärt sich auch, daß die *Prajñāparāmitā*-Tradition (Weisheit der Leere[72]) der asketischen Selbstvervollkommnung gegenüber dem volkstümlichen Stūpa-Kult den Vorzug gibt.

Unsere These besagt jedoch nicht, daß andere Wurzeln des Mahāyāna auszuschließen wären. Mahāyāna war nie eine einförmige Bewegung, sondern der Zusammenfluß mehrerer Traditionen, von denen viele ursprünglich in Spannung zueinander standen. Die *Prajñāparāmitā*- Tradition stellte wohl nur einen ersten Anstoß dar, wobei dann andere buddhistische und vielleicht auch nicht-buddhistische Strömungen in die Bewegung hineingezogen wurden. Hier nur einige der wichtigsten Strömungen, die im Mahāyāna zusammentrafen:

1. Das *Lotos-Sūtra*[73] hat seine Wurzeln definitiv im Stūpa-Kult. Die Entwicklung der Mahāyāna-Bodhisattva-Tradition und die daraus folgende Rivalität zum hier erstmals so genannten Hīnayāna (*arhat* und *pratyekabuddha*) in bezug auf das Verständnis des *dharma* sind bereits vorausgesetzt. Die Buddha-zentrische Lotos-Tradition floß in das Mahāyāna ein, versuchte aber gleichzeitig, die Unterscheidung in drei Fahrzeuge *(triyāna)* zu überwinden, indem sie das devotionale Buddhayāna als das *eine* Fahrzeug *(ekayāna)* propagierte.[74]

2. Das *Vimalakīrti-Sūtra*[75] repräsentiert eine Weisheitstradition der *Laien*. Es idealisiert den Haushalter-Bodhisattva Vimalakīrti und macht Śāriputra lächerlich, wenn es fragt, *worüber* denn eigentlich Śāriputra im Wald meditieren würde. Hier hat eine Umkehrung stattgefunden: Das verborgene Angriffsziel dieser Frage ist der Waldmönch Subhūti, aber weil der verehrte Subhūti nicht direkt angegriffen werden kann, setzt der Text Śāriputra an seine Stelle – trotz der Konfusion, die nun einsetzen muß, weil Śāriputra schließlich der mit der Stadtkultur verbundene Scholastiker war. Daß aber die Weisheitstradition auf diese Weise sowohl den Waldmönch als auch den wohlhabenden Laien, der in der Stadt lebt, zusammenbringen kann, ist kein Widerspruch. *Denn Mahāyāna zeichnet sich gerade dadurch aus, daß die Traditionen des Dorfes, der Stadt und des Waldes, der Devotion und der Meditation, integriert werden.*

3. Das *Sukhāvatī-vyūha-Sūtra*[76] (die Tradition des Reinen Landes) begründet sich auf den Buddha *Amitābha*. Sein Kult existierte vermutlich schon vor der Prajñāparāmitā-Tradition (1. Jh. v.–1. Jh. n. Chr.) und wurde mit der Selbstbezeichnung Mahāyāna weithin bekannt. Es existiert eine kürzere (ältere) und eine längere Version des Textes. Der kürzere Text kennt den Begriff Mahāyāna noch nicht. Diese Tradition, die nicht unmittelbar auf Buddha Śākyamuni gründet, könnte als heterodox (außerhalb der *Nikāya*-Traditionen stehend) betrachtet worden sein und sich infolgedessen mit anderen Gruppen zum Mahāyāna verbunden haben.

Andere frühe Strömungen, die sich zum Mahāyāna verbanden, waren

4. die *Daśabhūmika*-Tradition,[77] die sich mit den Stadien des meditativen Aufstiegs befaßt, sowie

5. die *Gaṇḍa-vyūha*-Tradition, die mit der Praxis von Pilgerschaften zusammenhängt.

Diese beiden vereinten sich zu der gewaltigen *Avataṃsaka*-Literatur,[78] die um den sonnengleichen Buddha *Vairocana* kreist.

6. Außerdem ist noch zu erwähnen die südliche *Tathāgatagarbha*-(Buddhanatur-)Tradition, die die Allgegenwart der Buddhanatur im Bilde des mütterlichen Erdenschoßes betrachtet, wie es in dem späten *Mahāparinirvāṇa-Sūtra* heißt, das sich nicht scheut, von der „Saat der Erleuchtung" im Sinne des hinduistischen *ātman* zu sprechen.[79]

Mahāyāna ist also keine einheitliche Tradition. Am Anfang mag eine einzigartige Inspiration gestanden haben, aber vieles kam zusammen, um dieser Bewegung ihre reife Gestalt zu geben. Um die historischen Veränderungen der buddhistischen Tradition begreifbar zu machen, sprachen die späteren Buddhisten von dem dreimaligen „Drehen des Rades": *abhidharma*, *mādhyamika* und *yogācāra*. Oder in einer anderen Lesart: das Fortschreiten vom *Hīnayāna* zum *Mahāyāna* und schließlich zum *Tantrayāna*.[80]

Philosophische und politisch-soziologische Differenzen unterschiedlicher Traditionen lassen sich dabei tendenziell, aber nicht eindeutig, den betreffenden Schulunterschieden zuordnen. Historisch bestand eine engere Verbindung zwischen der Sarvāstivāda-Schule und dem Kaniṣka-Paradigma, während sich Mahāyāna gut an das Aśoka-Paradigma anpassen konnte. Soziologisch gesehen wurden aber nicht alle Waldmönche vom Mahāyāna-Protest erfaßt, und viele Stūpa-Anbeter waren und blieben Theravādins. Und die sozialen Faktoren, die zur Mahāyāna-Entstehung in Nordwest-Indien führten, fehlten auch im südlichen Theravāda nicht. Denn schon im ursprünglichen Buddhismus gab es Mönche, die in den Wäldern lebten und zu den Aufgaben der Dorfmönche Distanz wahrten. Und von Anfang an verehrten Laien und gewiß auch Mönche, die den Buddha in seinem irdischen Leben verehrt hatten, auch seine Reliquien, als er ins *nirvāṇa* eingegangen war. Nur in einigen Fällen entwickelten sich diese Elemente zum später unabhängigen Mahāyāna, während in den Theravāda-Ländern dieselben Faktoren nicht zu einem derartigen Paradigmenwechsel führten.

Der *philosophische Bruch zwischen Theravāda und Mahāyāna*, der später durch die Mādhyamika-Philosophie Nāgārjunas besiegelt wurde, kündigte sich mit dem Aufkommen einer neuen Philosophie der Leere *(śūnyatā)* an. Wie wir gesehen haben, spielt im gegenwärtigen buddhistisch-christlichen Dialog diese zentrale Mahāyāna-Philosophie der Leere eine besondere Rolle. Doch man muß zunächst in Betracht ziehen, was diese Leerheits-Philosophie ursprünglich in ihrem historischen Kontext bedeutete. *Mādhyamika* war anti-abhidharmisch bzw. anti-systemisch, insofern es die logisch-sprachlichen Grenzen jeder systematischen Erklärung des Weltganzen aufzeigte, aber dennoch konnte auch Mādhyamika eine eigene „Scholastik" entwickeln. Genau aus diesem Grunde entstand das *Yogācāra*-System mit seiner Betonung der psychologischen Analyse der Bewußtseinsfaktoren als eine praktische Opposition oder Reaktion gegen theoretische Überspitzungen.

Mādhyamika wie Yogācāra waren zum Zeitpunkt ihrer Entstehung also gegen die Überspitzung und Übersystematisierung von Lehraussagen gerichtet. Sie appellierten daran, den ursprünglichen Sinn der Lehre des Buddha, einen praktikablen Heilsweg aufzuzeigen, nicht durch begriffliche und verbale Radikalisierungen und Reduktionismen zu verstellen![81]

In ähnlicher Weise hat die christliche Theologie der letzten Jahrzehnte im ökumenischen Gespräch überspitzte Formulierungen (z. B. in bezug auf die Rechtfertigungslehre) als das erkannt, was sie sind: Einseitigkeiten, die aus der historischen Polemik erklärbar sind, heute aber durch Kontextualisierung relativiert werden müssen.

Der gegenwärtige buddhistisch-christliche Dialog sollte diese historischen Abhängigkeiten einzelner theoretischer Aussagen deutlicher in Rechnung stellen, die jeweiligen Grundintentionen in den Traditionen erkennen und für heutige Fragen fruchtbar machen sowie solche Anschauungen durchschauen, die sich bereits in der Vergangenheit als politische und logische Gefechte erwiesen haben, in denen die Traditionen ihrem eigenen Ideal nicht gerecht geworden sind.

Mahāyāna ist aber mehr als die Philosophie der Leere. Die scholastische *abhidharma*-Philosophie konnte durch Nāgārjunas Erkenntniskritik relativiert werden, gleichzeitig kehrte das Mahāyāna aber auch zu den Sūtras zurück, d. h. zur einfacheren metaphorisch-erzählenden Sprache des Buddha. Mahāyāna entdeckte die *Kraft des Narrativen* und überflutete die Tradition mit neuen Mythen, die sich um den Buddha und die Bodhisattvas rankten. Diese Mythen verbanden sich mit den charismatischen Lehrer-Schüler-Ketten, d. h. die vertrauende Hingabe an den spirituellen Lehrer (skt. *Guru*, tibet. *Lama*, jap. *Rōshi)* wurde ein wesentliches Charakteristikum der Spiritualität des Mahāyāna. Der Meister vermittelte nun nicht mehr allein die korrekte Lehre und Philosophie, sondern er *initiierte* den Schüler und konnte unmittelbar seine geistige Kraft übertragen. So wie der Schüler sich hingebungsvoll dem Meister unterordnete *(śraddhā)*, entwickelte er gleichzeitig heilende Hinwendung zu allen Lebewesen *(karuṇā)*. Er wurde dazu ermutigt durch Beispiele und Vorbilder aus der Legendenbildung um die Mahāyāna-Meister und Patriarchen, kurz durch eine neue *narrative* Tradition. Gebildete Mönche und weniger gebildete Laien verschmolzen zu einer bodhisattvischen Gemeinschaft.

Wir haben gewiß viel gehört vom Gegensatz zwischen westlicher Onto-Theologie und östlicher absoluter Leere. Wir haben bislang aber noch zu wenig gehört von Vergleichen zwischen einer narrativen christlichen Theologie und einer narrativen Buddhologie.

Mahāyāna kombinierte eine neue Buddhologie (der Buddha war jetzt wahrlich allpräsent, allwissend und allmächtig) mit einer alles zur Einheit verschmelzenden Leere (der potentiell universalen Buddhaschaft *aller* Wesen). Dieser Universalismus wurde durch die Bodhisattva-Tradition begründet und von der *Tathāgatagarbha*-Tradition, einer Buddha-zentrischen Mysterienüberlieferung, weitergeführt. Danach galt nun, daß alle Wesen in die kosmische Matrix des Buddha eingehüllt seien, die keineswegs leer *(śūnya)* sei, sondern die heilbringenden Qualitäten des Buddha selbst habe. *Die These von der universalen Buddhaschaft ist charakteristisch für das entwickelte Mahāyāna.* Dadurch verschmolzen die Drei Juwelen zu einem einzigen: Der *Buddha* als Weisheit ist eins mit dem *dharma (dharmakāya)*; dieselbe Weisheit wohnt ebenfalls im *saṃgha* und in allen „Weisheitswesen“ *(bodhisattva)*.

Während abhidharma zu Unterscheidung und Trennung tendiert, bedeutet mādhyamika im Mahāyāna die Synthese des Verschiedenen. Die Weis-

heit der Leere (śūnyatā), überwindet alle Dualitäten, indem die gesamte Wirklichkeit als ein gegenseitig abhängiges Ganzes (pratītyasamutpāda) erkannt wird. Diese Inklusivität des Mahāyāna ist der eigentliche Paradigmenwechsel.

Alle bisherigen Grenzen wurden nun aufgehoben und das zuvor Gegensätzliche miteinander verschmolzen: *saṃsāra* und *nirvāṇa*, König und Buddha, Haushalter und Mönch, das Säkulare und das Heilige, die zwei Räder des *dharma*, die historischen und transhistorischen Buddhas, die ursprünglich indischen und die hinzugekommenen iranischen und zentralasiatischen göttlichen Wesenheiten *(deva)*, Männliches und Weibliches. Was Theravāda aufgrund seiner „reinen" Tradition der „Mönchsältesten" ausschloß, konnte Mahāyāna integrieren. Im Namen dieser Einheit sollte Mahāyāna in der Geschichte oft den *status quo* auch im politischen Sinn anfechten.

In solcher Kritik an der Enge des „Hīnayāna" erweist sich Mahāyāna als eine „protestantische" Bewegung, die aber inhärent „katholisch", d. h. allumfassend, ist.

Genau an diesem Punkt entzündete sich die Imagination im ostasiatischen Buddhismus, und sie führte historisch zu neuen Gestaltungen.

8. Entwicklungen im chinesischen Kontext

In Zentralasien breitete sich Mahāyāna gleichzeitig neben den Schulen des südlichen Buddhismus aus. Aber anders als im südlichen Buddhismus, der sich in Agrargesellschaften entwickelte und mit chthonischen *Erdgottheiten* auseinandersetzen mußte, die in allen Theravāda-Ländern als Geisterkulte bis heute überleben, traf der nördliche Buddhismus in Zentralasien auf eine schamanische *Himmelsreligion*. Weil die Nomaden Zentralasiens ständig auf Wanderschaft waren, kannten sie keine permanenten Begräbnisstätten und hatten deshalb die Vorstellung entwickelt, daß ihre Stammesvorfahren „im Himmel" lebten, den die Buddhisten mit den Wiedergeburten im Himmel der Dreiunddreißig Götter identifizierten. Die Lehren der Buddhisten über das universale Königtum und die universale Befreiung stießen in diesem Kontext auf keinen nennenswerten Widerstand.

Dies war ganz anders in China. Lange vor der Ankunft des Buddhismus im 2./3. Jh. n. Chr. hatten die Chinesen der Han-Zeit auf der Grundlage des Konfuzianismus und des Taoismus eine eigene Hochkultur entwickelt und bedurften des Buddhismus nicht, um mit einer systematisierten Religion oder einer Herrschaftslegitimation ausgestattet zu werden. Erst nach dem Zusammenbruch der Han-Dynastie im 3. Jh. n. Chr. gewann der Buddhismus an Einfluß. In den folgenden dynastischen Kriegen vom 3.–6. Jh. n. Chr.

verbreitete sich der Kult der buddhistischen Vier Himmelskönige und entwickelte sich sogar zu einem unabhängigen Kult, der funktional vergleichbar ist mit dem Mithras-Kult im Römischen Reich, der gerade auch innerhalb des Militärs zahlreiche Anhänger gefunden hatte.

Wir können hier nicht die Geschichte des Buddhismus in China nachzeichnen.[82] Es muß deshalb genügen, einige Schlüsselereignisse zu erwähnen:

Staatliche Struktur		Religiöse Entwicklung
Han-Reich	206 v. Chr. –220 n. Chr.	*Konfuzianismus* dominiert
Einfälle der Barbaren	316 n. Chr.	Ausbreitung des *Buddhismus*
Zeitalter der Spaltungen	316–589	politische Teilungen, der Buddhismus wird populärer
Gründung des Sui-Reiches	589	Wiedervereinigung Chinas, zunehmender Optimismus in bezug auf die Welt
T'ang-Reich	618–907	Blüte des sinisierten Mahāyāna-Buddhismus
mittlere T'ang-Zeit	ab 755	*konfuzianische* Renaissance
Verfolgungen des Buddhismus	845	fundamentale Krise des Buddhismus

Innerhalb dieses zeitlichen Rahmens werden wir versuchen, den Paradigmenwechsel aufzuzeigen von
1. der Kosmischen Harmonie der Han-Zeit über
2. den Dualismus im Zeitalter der Spaltungen zu
3. dem Totalismus der Sui-T'ang Dynastien bis
4. zu dessen Beseitigung durch die Glaubensformen der Krise im späten mittelalterlichen China.

1. Die Han-konfuzianische Ideologie begründete sich auf den Glauben an eine Kosmische Harmonie, eine Weltordnung unter *einem* Kaiser oder Priesterkönig. Ziel des Lebens war es, die Person in die Familie zu integrieren, die Familie wiederum in die Gesellschaft, die Gesellschaft in den Staat und den Staat in den Kosmos.[83]

2. Als Śākyamuni Buddhas Lehre vom *nirvāṇa* als einem transzendental „anderen Ufer" nach China kam, wurde die Kosmische Harmonie durch einen bestimmten Dualismus von *saṃsāra* und *nirvāṇa* aufgebrochen: Der buddhistische *dharma* unterhöhlte den Optimismus der Han-Zeit in bezug auf die Welt, und das Streben nach *nirvāṇa* bewirkte eine für China neuartige soziale Trennung: die Unterscheidung von Mönchen und Laien. Das zweistöckige (frühbuddhistische Paradigma) wurde auch in China hei-

misch, als die Han-Ordnung zusammenbrach, politisches Chaos drohte und überall ein unaussprechliches soziales Elend spürbar wurde; der Buddhismus eröffnete nun neue Möglichkeiten der Befreiung. Schnell lernten die Chinesen, in großer Zahl als Mönche und Nonnen ihre „Häuser zu verlassen". Der *saṃgha* erhielt besonders starken Zulauf, nachdem zentralasiatische Nomaden in den Jahren 316 und 317 die chinesischen Hauptstädte zerstört hatten. Es folgte ein Zeitalter der Spaltungen: Nordchina wurde von den nomadischen Eindringlingen regiert, die das Herrschaftsmuster des Kaniṣka-Paradigmas annahmen[84], während Südchina dem Paradigma Aśokas folgte.[85] Das heißt aber nicht, daß der Süden dem Hīnayāna gefolgt wäre, denn geistesgeschichtlich gehörten der Norden wie der Süden zum Mahāyāna.

Daß in China vom 3. Jh. n. Chr. an die „hinayanistische" Sarvāstivāda-Schule durch Mahāyāna-Richtungen abgelöst wurde, liegt u. a. daran, daß die neo-taoistischen Intellektuellen in der Leere des Mahāyāna *(śūnyatā)* ein Echo von Lao-tzus Lehre von der Leerheit zu hören meinten. Außerdem schien die chinesische Kosmische Harmonie besser mit der Nicht-Dualität des Mahāyāna vereinbar zu sein als mit der *abhidharma*-Systematik der Sarvāstivādins, die eher dazu tendierte, die Realität in Einzelbestandteile aufzulösen. Als China mit dem buddhistischen Dualismus (samsarisches Leiden gegenüber nirvanischer Seligkeit) konfrontiert wurde, löste man die Schwierigkeiten mit der Theorie von den Zwei Wahrheiten, die im indischen Mahāyāna entwickelt worden war: Unter dem Aspekt der niederen Wahrheit *(saṃvṛti satya)*, die dualistisch die Realität der Erscheinungen beschreibt, müsse man Konflikte und Widersprüche in der Welt als unvermeidlich akzeptieren, ja, das Leiden *(duḥkha)* im *saṃsāra* beruhe geradezu auf der dualistischen Geisteshaltung, die sich in den weltlichen Verstrickungen des Menschen äußere. Unter dem Aspekt der höheren Wahrheit *(paramārtha satya)* aber sei die Welt eine nicht-dualistische Harmonie, die einem nicht-unterscheidenden Bewußtsein erscheine, und dies sei nichts anderes als das *nirvāṇa*. Dies entsprach taoistischen Ideen von der Polarität der Gegensätze, die sich in der Dynamik des Einen auflösten. Und hier zeigt sich eine Verknüpfung von indisch-buddhistischen und chinesisch-taoistischen Ideen, die im frühen 5. Jh. n. Chr. im wesentlichen abgeschlossen war.

Selbst als die chinesischen Buddhisten im Zeitalter der Spaltungen die zweistöckige Aufspaltung der Gesellschaft akzeptierten und sich auf die Subtilitäten des abhidharmischen Denkens einließen sowie viele ihrer früheren, zu sehr vom Taoismus eingefärbten, Lesarten des Buddhismus umformulierten, gaben sie doch niemals ihren alten Glauben an die *Unsterblichkeit der Seele* auf, obwohl dieser den ursprünglichen buddhistischen Vorstellungen diametral entgegengesetzt ist. Sie ordneten ihre Seelenvorstellung aber einem neuen Begriff zu, nämlich dem der universalen Buddha-Natur *(buddhatvā)*, die eine Art Großes Selbst *(mahātman)* ist. Dies sollte das Glaubensbekenntnis aller sinisierten Mahāyāna-Schulen werden und bereitete den Chinesen den Weg, die Lehre von der Leere in die Nicht-Leere *(aśūnya)* der Tathāgatagarbha-Tradition umzuformulieren.[86]

3. Als der Norden und der Süden Chinas sich unter der Sui-Dynastie (589–618 n. Chr.) wiedervereinigten, entstand das sinisierte Mahāyāna, d. h. es bildeten sich *unabhängige buddhistische* Traditionen, die zwar auf Sanskrit-Sūtras gründeten, aber doch keine direkten indischen Vorbilder oder Entsprechungen hatten. Zwei dieser Schulen *(T'ien-t'ai* und *Hua-yen)* integrierten den Harmonismus der Han-Zeit und entwickelten daraus einen Mahāyāna-Totalismus. Der Harmonismus kannte eine endliche Vollkommenheit, wohingegen der Totalismus die Welt als unendliche Vollkommenheit betrachtete. Für Hua-yen besteht das unendliche Universum aus zahllosen Sphären, die sich ineinander und miteinander bewegen und wiederum eine Unzahl von Sphären erzeugen, so daß jeder Ort, jede Zeit und jedes Objekt im Universum unmittelbar alle anderen enthält und darstellt: Das ganze Universum *ist* in einem einzigen Sandkorn, und jedes Sandkorn wiederum *ist* der Sand „des ganzen Flusses Ganges". Und dieser Pan-en-theismus ist zu Recht als buddhistischer *Kosmo-Theismus* (M. Anesaki) oder Kosmo-Buddhismus bezeichnet worden. Das gesamte Universum ist Erleuchtung, eine Welt des Lichtes, in dem „das Zentrum überall und der Umfang nirgends" ist.

4. Angesichts der teilweise massiven Verfolgungen des Buddhismus in China vom 5. bis zum 9. Jh. n. Chr. bildeten sich auf dem Hintergrund der altindischen Lehre von den vier Zeitaltern und der Vermutung, daß das Zeitalter des Niedergangs des *dharma* eingesetzt habe, *Glaubensformen der Krise*: Ch'an (Zen) und Reines Land. Wir werden diesen Entwicklungen unten (Teil C, I.9) gesondert nachgehen.

a) Die Bedeutung des totalistischen Paradigmas

Der gegenwärtige buddhistisch-christliche Dialog (besonders in Amerika und teilweise auch in der Rhetorik der Kyōto-Schule) ist stark von der Sprache des Totalismus geprägt. Damit soll die begrenzte Begrifflichkeit endlicher Rationalität, die unter totalistischen Kriterien als unendlich irrational erscheint, aufgebrochen werden. Aber insofern ein Paradigma nicht einfach ein abstrakter „Text" ist, sondern auch die Ausdrucksweise eines weiteren kulturellen „Kontextes" anzeigt, muß man fragen, was die totalistische Redeweise bedeutet. Wir sprechen vom *kulturellen* Kontext, denn die Welt der Ideen und Ideale kann nicht auf soziale und ökonomische Zweckmäßigkeiten reduziert werden. Die religiöse Vision des Totalismus ist als solche in sich selbst stimmig, unabhängig von ihrem Verhältnis zu den „materiellen" Bedingungen. In gewisser Weise leugnet sie sogar eine Abhängigkeit von solchen Bedingungen. Dennoch müssen wir auf den Kontext verweisen, denn interreligiöse Kommunikation ist mehr als ein Gespräch; sie ist auch dialogische Praxis unter spezifischen historischen Bedingungen der sozialen Realität – mit allen Möglichkeiten des Erfolges und des Scheiterns.

Die totalistische Philosophie begann mit der T'ien-t'ai-Schule, die in der mytho-poetischen Vision des Einen Fahrzeugs *(ekayāna)* des Lotos-Sūtra gründet, und kulminierte in der Hua-yen-Schule, die auf dem Mysterium des sonnengleichen Buddha Vairocana im Avataṃsaka-Sūtra beruht. Die Intention der totalistischen Vision ist einfach: Die Einheit der Wirklichkeit sei dreieinige Ganzheit.[87]

Im T'ien-t'ai (japanisch Tendai) findet sich das Dreieinigkeitsschema (chin.: *san-i*, wörtlich „Drei-Eins") in unterschiedlichen Zusammenhängen.[88] Es hatte seinen Ursprung im taoistischen Denken, wo es die Einheit von Himmel, Erde und Mensch bezeichnet.[89] Im buddhistischen Kontext gewann es die Bedeutung, den Dualismus von *saṃsāra* und *nirvāṇa* zu überbrücken. Auch für die christliche Theologie ist die Trinität als Anknüpfungspunkt für nicht-dualistische Denkstrukturen fundamental,[90] denn trinitarisches Denken versucht, das Grundproblem der scheinbaren Trennung von Transzendenz und Immanenz zu lösen.

> *Weil der Dualismus der Hīnayāna-Schulen die ursprüngliche Kosmische Harmonie der Han-Zeit zerstört hatte, suchten die chinesischen Buddhisten einen neuen Anknüpfungspunkt an klassische vor-buddhistische Denkformen. So kann es nicht überraschen, daß das sinisierte Mahāyāna diese Dualität durch eine neue Nicht-Dualität überwand: durch eine Synthese der Zwei und des Einen, die in einer neuartigen trinitarischen Struktur gefunden wurde.*

Die einfachste Art, diese Lösung zu illustrieren, besteht in der Wiedergabe der Mandala-Diagramme, die in der Sung-Zeit im buddhistischen China entwickelt wurden:

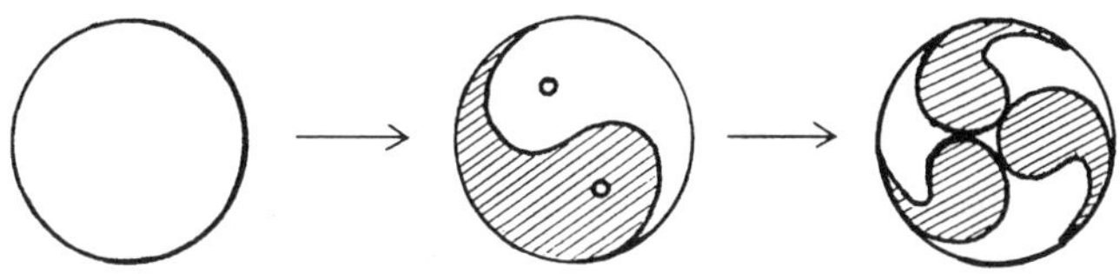

Monismus   Yin-Yang Harmonie   Totalismus

Die Entwicklung vom linken über den mittleren zum rechten Kreis entspricht den chinesischen Paradigmenwechseln von

einem letztgültigen Monismus zur
↓
Yin-Yang Harmonie zum
↓
Dreieinigkeits-Totalismus.

Der *leere Kreis*, das „Runde Eine", das „Große Letzte" repräsentiert die chinesische *Kosmische Einheit*. Aus dieser Einheit, die für den Taoismus das leere Tao ist, hat sich die Zweiheit entwickelt, die als Yin-Yang, Passives-Aktives bzw. Weibliches-Männliches, bezeichnet wird. Die *Harmonie der Zwei* mit und in dem Einen wird dargestellt in dem mittleren *Yin-Yang-Diagramm*. Aber es gibt auch eine *dreigeteilte* (drei-in-einem) Variante dieses Yin-Yang-Kreises, die wir auf der rechten Seite wiedergeben. Dies ist das *Mandala des dreieinigen Totalismus* vom Leeren-Wirklichen-Mittleren, wie es die T'ien-t'ai-Schule lehrte.

T'ien-t'ai *mußte* durch seine Interpretation der *Einheit der Zwei Wahrheiten* bei der Dreieinigkeit enden. Wie wir erwähnt haben, hatte der chinesische Buddhismus schon früh den alten buddhistischen Dualismus von *saṃsāra* und *nirvāṇa* dadurch in den Han-Monismus integrieren können, daß er dualistisches Denken dem *saṃsāra* oder der niederen Wahrheit zuordnete, das nicht-dualistische Denken aber mit dem *nirvāṇa* oder der höheren Wahrheit identifizierte. D. h. diese frühere Lösung war ein Stufenmodell.[91] Und T'ien-t'ai nun verwandelte dieses Modell in die „runde" Gestalt des dreieinigen Kreises: Das Sein (chin. *yu*) wurde mit der ersten und niederen Wahrheit *(saṃsāra)* identifiziert (in T'ien-t'ai *chia*, die vorläufige Wahrheit), das Nicht-Sein (chin. *wu*) mit der höheren Wahrheit des *nirvāṇa* (in T'ien-t'ai *k'ung*); als dritte und höchste Wahrheit galt nun aber die Nicht-Dualität (in China bisher *k'ung*)[92] beider (in T'ient-t'ai *chung*, das Mittlere – weder-noch), d. h. die Erkenntnis: *saṃsāra* ist *nirvāṇa*. Diese Entwicklung besagt, daß die Hierarchie von Wahrheitsebenen zugunsten einer kreisförmigen Dynamik aufgelöst wurde: jeder Aspekt der Wirklichkeit war nun niedrig-höher-absolut zugleich, abhängig von der jeweiligen Betrachtungsweise. Und diese Dreiheit von

- gewöhnlich wahrgenommener Wirklichkeit *(saṃvṛti satya)*,
- ihrer Leerheit *(paramārtha satya)* und
- der Einheit beider Aussagen (als Ausdruck ihrer Nicht-Dualität) bedeutet, daß *alle drei im Wesen eins* sind.

T'ien-t'ai entwickelte diese Dreieinigkeitslehre auch deshalb, weil man ein buddhologisches Dilemma lösen mußte, das dem christologischen Problem in der frühen Kirche ähnelt: Das Lotos-Sūtra hatte den *historischen Gautama Śākyamuni* als den *Ewigen Buddha* verherrlicht, ganz ähnlich wie die Kirche verkündete, daß der *historische Jesus* der *ewige Christus-Logos* sei. Wie konnte dieses Paradox aufgelöst werden?

Meister Chih-i (538–597 n. Chr.)[93] aus der T'ien-t'ai-Schule entwickelte eine Dreieinigkeitslösung nach folgendem Muster: Der Buddha in seinem *dharmakāya* ist eins mit dem ewigen *dharma*.[94] Derselbe Buddha in seinem irdischen Erscheinungskörper *(nirmāṇakāya)* ist der historische Gautama Śākyamuni. Und dazwischen steht der Buddha in seinem *saṃbhogakāya*, wie er im feinstofflichen Bereich visionär in der Meditation erscheint. Der *dharmakāya* ist leer, der *nirmāṇakāya* ist real, der *saṃbhogakāya* steht in der Mitte: weder ist er, noch ist er nicht, und ist doch beides zugleich. Das bedeutet: Eins ist drei, drei ist eins.

Der Unterschied dieser buddhistischen Dreieinigkeit zu den meisten Modellen der christlichen Trinitätslehre besteht allerdings darin, daß die drei buddhistischen Wahrheitsaspekte zirkular angeordnet und auf diese Weise zeitlos gedacht sind. Der christlichen Trinität hingegen wohnt eine gewisse hierarchische Struktur inne, insofern der Sohn vom Vater ausgeht und der Heilige Geist von beiden (bzw. nach der Tradition der orthodoxen Kirchen nur vom Vater).

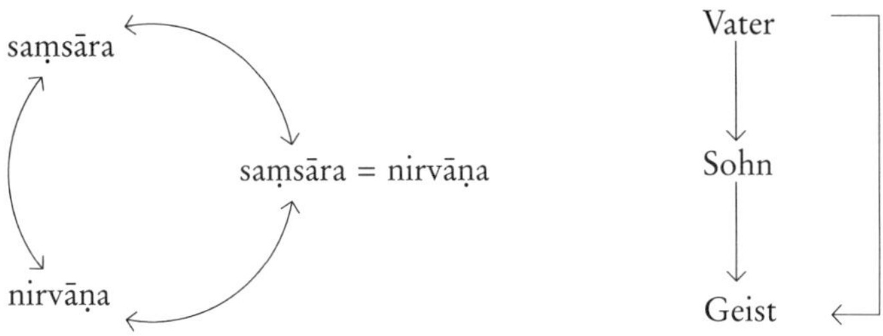

Im T'ien-t'ai hat der Kreis der Wirklichkeit weder Anfang noch Ende. Im Christentum dagegen beginnt alles mit einer Schöpfung und läuft unter historischen Bedingungen auf ein Ziel zu. Die Manifestation des Ewigen Gesetzes (saddharma) ist jederzeit möglich und ereignet sich immer wieder. Die Inkarnation des Logos-Christus in Jesus ist einmalig. Mit anderen Worten: T'ien-t'ai scheint – in der Sprache christlicher Theologie – „doketisch"[95] *zu bleiben. Das erscheint so aber nur auf den ersten Blick, denn es geht vielmehr darum, den Gegensatz von historisch Faktischem und transhistorisch Geschautem durch das Konzept der Interdependenz der Einen Wirklichkeit aufzuheben.*

So wie das Dreieinigkeitsschema von T'ien-t'ai auf die Yin-Yang-Dialektik zurückgeführt werden kann, so ist der Hua-yen-Totalismus im Denken des Chuang-tzu (4. Jh. v. Chr.) vorgeprägt.[96] Denn für Chuang-tzu ist das Tao nicht ein absolut Anderes, durch das der historisch bedingte Mensch verneint würde, sondern es ist ein vollkommenes harmonisches Ganzes, in dem das menschliche Subjekt aufgehoben, d. h. bejaht und integriert wird. Das Symbol dafür ist der Kreis. Wegen des allumfassenden integrativen Charakters kann das Tao nicht von dem unterscheidenden Verstand begriffen, sondern nur in unmittelbarer intuitiver Bewußtheit meditativ erfahren werden. *Jeder* Gegenstand oder *jede* Erfahrung innerhalb des Kreises kann die Rundheit desselben ausdrücken, und man kommt immer dort wieder an, wo man begonnen hat.

Der chinesische Sinn für das „Runde" oder den Kreis als die vollkommene Ganzheit hat in der Geschichte wiederholt den indisch-buddhistischen

Sinn für das nirvanische Absolute, das das individuelle Subjekt (den ātman) überwindet, modifiziert.

Die Modifikation des absoluten Anderen durch den Kreis begann mit der *San-lun*-Schule (sinisierte Mādhyamika-Schule, seit dem 5./6. Jh. n. Chr.). Für Nāgārjuna in Indien war die weltliche Wahrheit *(saṃvṛti satya)* noch die „niedere", die nicht an die höhere Wahrheit *(paramārtha satya)* des *nirvāṇa* heranreichen und dasselbe auch nicht aussagen konnte. Aber in China wurde der Kreis eingeführt, um die indische Stufen- oder Pyramidenstruktur der Wahrheit aufzubrechen. Das Symbol des Kreises deutet darauf hin, daß *alle* Sprachen und Wahrheitsausdrücke auf *allen Ebenen* der Wirklichkeitserfahrung (und nicht nur am obersten Punkt) das *nirvāṇa* aufzeigen können. In einer berühmten chinesischen Metapher ausgedrückt: Jede Sprache kann ein Finger werden, der zum Mond zeigt! Statt eine besondere Sprache lernen zu müssen, kann man über das Tao bzw. *nirvāṇa* (besonders im Zen!) in der ganz alltäglichen Sprache sprechen.

T'ien-t'ai ging aber noch einen Schritt weiter. Es betrachtete den Finger und den Mond als nicht-zwei. Statt bei der negativen Dialektik der Leerheit zu verweilen, zog T'ien-t'ai eine positive Sprache vor, um die Eine Wirklichkeit zu erfassen, nämlich die *dreieinige Sprache* von *Sein, Leere* und *dem Mittleren*. Im *Akt des Zeigens* sind der Finger (hier), der Mond (dort, also nicht hier) und das Zeigen (weder-noch und sowohl-als-auch „hier und dort") zusammengefaßt in dem dreieinigen Ganzen. Dies wiederum hat ein Vorbild in der Sprache des Lotos-Sūtra, wo der Buddha die Wahrheit in einer einfachen Gleichnissprache (seine geschickten Mittel, *upāya)* offenbart. Nach dem Lotos-Sūtra wird jeder einfache Mensch, der sich vertrauensvoll an den Buddha wendet, durch das Eine Fahrzeug *(buddhayāna)*, das die drei vorigen umfaßt,[97] befreit.

Auch hier finden wir eine strukturelle Parallele in der Geschichte des Christentums: So wie in der protestantischen Theologie das Wort Gottes (Christus) *vergegenwärtigt* wird im Wort Gottes (der Predigt des Evangeliums), wodurch das Heil dem Hörer *zugesprochen* wird,[98] so wird auch im T'ien-t'ai der Ungebildete durch die einfache Predigt des *saddharma* befreit, weil der Buddha jedesmal, wenn der *saddharma* gepredigt wird, *vergegenwärtigt* ist.

Die Dreieinigkeitsphilosophie des T'ien-t'ai hat allerdings eine eher epistemische als ontologische Gestalt und hält eine dialektische Spannung zwischen dem Bewußtsein (Subjekt) und dem Absoluten (Objekt) aufrecht. Erst im Hua-yen-Buddhismus (besonders in den Schriften des Fa-tsang, 643–712 n. Chr.) wird ein *ontologischer Totalismus*, eine „Rundheit", die Verschmelzung des Einen und Allen, des Bewußtseins und des Absoluten, konsequent gedacht. T'ien-t'ai ehrt noch das Andenken an den (doketisch erschienenen) historischen Śākyamuni, Hua-yen hingegen geht direkt zur

Quelle aller Buddhas zurück, nämlich zum kosmischen Sonnenbuddha Vairocana:

> *In der zeitlosen Welt des blendenden Sonnenlichts, im Bereich des Unendlichen selbst, ist alles eins und eins ist alles, weil der kleinste Teil der Unendlichkeit immer noch unendlich und somit das Ganze ist.*

Im T'ien-t'ai wird also das Absolute schon jetzt „von Angesicht zu Angesicht" geschaut. Aber dieser Totalismus hat immer noch einen Bezug zu der Widersprüchlichkeit der alltäglichen Wirklichkeit. Denn er betrachtet das „dunkle" Element der Wirklichkeit als real und erkennt die Wirksamkeit des wesentlich Bösen als solche an. Hua-yen-Totalismus hingegen bedeutet, Vairocana „von Angesicht zu Angesicht" zu sehen, wobei es keinerlei „Dunkelheit" mehr gibt. Hier ist *alles reines Bewußtsein*, und Unwissenheit ist nur ein vorübergehendes (nicht wesentliches) Böses. Und obwohl jeder Totalismus visionär bleibt, spiegelt diese rauschhafte Vision der Einheit der Wirklichkeit doch auch die geordneten sozialen Verhältnisse und die kulturelle Blüte der T'ang-Zeit wider. Doch als sich in China die politischen und sozialen Verhältnisse änderten, hatte das auch Auswirkungen auf diese Philosophie der Totalität – sie zerbrach an der als bedrückend erfahrenen historischen Realität.

Dies um so mehr, als sowohl T'ien-t'ai als auch Hua-yen vom Staat Unterstützung genossen hatten. T'ien-t'ai wurde von den Herrschern Wen-ti und Yang-ti aus der Sui-Dynastie (581–618 n. Chr.) patronisiert. Letzterer verehrte den Meister Chih-i wie einen *saṃgharāja* und folgte dem Aśoka-Paradigma, indem er das erste nationale Netz von Staatstempeln im Reich aufbaute. Die Leitidee dafür war die Überlegung, daß die Welt des *saṃsāra* virtuell *nirvāṇa*, das politische Reich also letztlich ein Buddha-Reich sei. Und als China wiedervereinigt war, konnte das Lotos-Sūtra mit seiner Lehre vom Einen Fahrzeug *(ekayāna)* dazu beitragen, diese neue Einheit religiös zu stützen. Das Dreieinigkeitsschema half also, schwelende Widersprüche in der Gesellschaft zusammenzubinden.

Einhundert Jahre später erfreute sich Hua-yen ähnlichen Schutzes durch die Chou-Kaiserin Wu (Regierungsantritt 684 n. Chr.).[99] Die Kaiserin hielt sich selbst für Vairocana und identifizierte sich auch mit dem Buddha Maitreya und dem Bodhisattva Avalokiteśvara. Und ihre theokratische Herrschaft, die mit den Zwei Rädern des *dharma* begründet worden war, gestaltete sich nach dem Kaniṣka-Paradigma. Ihr Netz von Staatstempeln sollte das Netz des Indra[100] widerspiegeln: Jeder Tempel beherbergte eine Statue des Sonnenbuddha, und diese Statuen galten als Ausstrahlungen des gigantischen Vairocana, der im imperialen Tempel der Hauptstadt stand, in dem sich die Kaiserin selbst verherrlichte. Der buddhistische Staat auf Erden sollte eine Widerspiegelung des Totalismus von „eins ist alles – alles ist eins" im Himmel sein.

Hua-yen wird oft als proto-tantrisch angesehen, und so ist die Chou-Wu-Theokratie in China die Staatsform, die einer tantrischen Theokratie bzw. Buddhokratie am nächsten kommt: *Die ganze Welt gilt als Buddhakörper, und der Kaiser, der über dieses sakramentalisierte politische Gemeinwesen herrscht, gilt als der höchste aller Buddhas und Bodhisattvas.* Diese politisch-universalistische Buddhokratie wurde aber schon sehr bald erschüttert.

b) Der Niedergang des totalistischen Paradigmas

Im Rückblick erweist sich die Sprache des Totalismus als Sprache einer Buddhokratie, die einer geographischen Architektur entspricht, wie sie in der Vorstellung zum Ausdruck kommt, daß ganz China mit den Reliquien Aśokas übersät sei. Diese Vollkommenheit unendlicher Harmonie konnte nicht von Dauer sein. Denn es ist *eine* Sache zu verkünden, daß jeder Mensch das *Potential* zur Erleuchtung habe (weil die Buddha-Natur universal sei), und eine *andere* Sache zu behaupten, daß jeder *bereits* Buddha *ist.* Aber genau diese Behauptung taucht Mitte des 6. Jh. n. Chr. in China in dem Text *Mahāyāna-śraddhotpāda-śāstra* (Erwachen des Glaubens im Mahāyāna) auf.[101] Hua-yen führte diese „Apriori-Erleuchtung“ zu ihrer logischen Vollendung. Da der Totalismus keinen Makel an der Vollkommenheit dulden kann, argumentierte Hua-yen, daß selbst die Unwissenheit dem Guten des „Einen und Allen“ diene. Das Böse wurde holistisch-therapeutisch gedeutet.

Christen, die im Dialog mit einer solchen totalistischen Schau konfrontiert werden, haben erhebliche Verstehensschwierigkeiten.

> *Wenn nämlich totalistische Aussagen im wörtlichen Sinne behauptet werden (statt vielleicht einen pädagogischen Zweck zu verfolgen), erhebt sich der Widerspruch, daß es sich um eine Vermischung von Ideal und Wirklichkeit handelt, die gefährlich wird, wenn sie dazu dient, ungerechte Herrschaftsstrukturen zu rechtfertigen – was in der Geschichte Chinas tatsächlich auch der Fall war.*

Das christliche Denken hingegen hat den Unterschied von eschatologischer Vollendung und historischer Realität aufrechterhalten und in einigen Phasen seiner Geschichte gerade aus dieser Differenz seine gesellschaftskritischen Potentiale entfaltet. Aber auch von vielen buddhistischen Denkern wurde Hua-yen als unrealistisch abgelehnt; auch Zen, das in vieler Hinsicht vom Hua-yen und seiner Sprache geprägt wurde, lernte, totalistische Ansprüche mit Skepsis zu betrachten: In japanischer Terminologie gesprochen verlegte Zen die Aufmerksamkeit von *jiji muge* auf *jiri muge*, d. h. von der Nicht-Behinderung zwischen Ding und Ding auf die Nicht-Behinderung zwischen Ding und Erkenntnis des Dinges. Dies bedeutet einen Wandel vom extremen *Realismus* des Hua-yen über den moderaten Realismus des nördlichen Zen in China zum *Nominalismus* des südlichen Zen, bis schließlich in der Sung-

Periode, d. h. im 12. Jh. n. Chr., ein *Naturalismus* die Oberhand gewann. In der Rückschau erscheint die totalistische Sprache und Bilderwelt als überzogen. Denn Hua-yen berauschte sich an einer *bebilderten Theorie* und pflegte zu wenig die *gelebte Praxis*. Aus diesem Grunde wurden Hua-yen und T'ien-t'ai von den Praxis-Schulen des Zen und des Reinen Landes abgelöst.

Es ist bemerkenswert, daß sich heute ausgerechnet Hua-yen bei nicht wenigen amerikanischen Zen-Akademikern besonderer Beliebtheit erfreut, die geradezu nach einer „blumigeren" Sprache zu dürsten scheinen (Hua-yen heißt „Blumenschmuck"). Doch Hua-yen ist keine lebendige Tradition mehr, denn historisch hat Zen die Hua-yen-Rhetorik überholt, so wie die T'ien-t'ai-Schule – hinsichtlich ihrer religiösen Wirkung – vom Buddhismus des Reinen Landes abgelöst wurde. Das bedeutet nicht, daß ein totalistisches Paradigma nicht wiederbelebt werden *könnte*, aber es scheint sinnvoller zu sein, dafür in der *tibetisch-buddhistischen Tradition* zu suchen, denn die tibetischen Buddhisten haben eine lebendige Erinnerung an eine wirkliche „Buddhokratie" und einen lebenden Dalai Lama, der das Volk als religiöse *und* politische Leitfigur führt.

Die kosmische Harmonie des Hua-yen und das Selbstvertrauen in die eigene ursprüngliche Buddhaschaft wurden überrollt von den massiven Verfolgungen und der Zerstörung des buddhistischen *saṃgha* im Jahr 845 n. Chr. Anstelle des Glaubens trat die neue Zen-Dialektik des Großen Zweifels. Statt des Selbstvertrauens kam es in der Reinen-Land-Tradition zur Erfahrung einer „schlechthinnigen Abhängigkeit" der verfolgten Buddhisten von der Gnade Amitābhas. Ein neuer Geist zog in das mittelalterliche China ein.

9. Das Paradigma der Glaubensformen in der Krise

Um den Triumph von Zen und Reinem Land über die anderen Schulen zu verstehen, müssen wir auf eine Tatsache hinweisen, die wir bereits in bezug auf die buddhistische Mission in China erwähnt haben: Der Buddhismus begegnete in China einer entwickelten Hochkultur, die diesen indischen Glauben als barbarisch ablehnen und verunglimpfen konnte, weil er dem klassischen chinesischen Ideal fremd war. Dies war die Voraussetzung für die im 9. Jh. fast bis zur Auslöschung gesteigerte Verfolgung des Buddhismus in China, wie sie in Indien, Korea oder Japan niemals möglich gewesen wäre.

In Indien war der Buddhismus nie verächtlich gemacht worden, nicht einmal von den hinduistischen Gupta-Königen, die das Kuṣāṇa-Reich abgelöst hatten. Dennoch hatten die politischen Unruhen in der Ära nach der Kuṣāṇa-Dynastie Auswirkungen auf das Selbstbewußtsein der Buddhisten. Pessimismus in bezug auf die Zukunft des buddhistischen *dharma* breitete sich aus. Die Geschichte von Kauśāmbī, die wir oben erzählt haben, spiegelt diese Furcht wider. Buddhistische Missionare suchten nun jenseits der Grenzen Indiens nach neuen Betätigungsfeldern, und China wurde seit dem 2. Jh. n. Chr. von diesen Missionen erfaßt. Aber ausgerechnet in China sollte sich die Schreckens-Prophetie von Kauśāmbī erfüllen: Ab 574 n. Chr. kam es zu offenen Verfolgungen des Buddhismus. Die daraus resultierende eschatologische Krisenstimmung war der Nährboden für die chinesischen Mahāyāna-Schulen des *Zen* und des *Reines Land*es.

Zen entstand, vermittelt durch die Tradition der Waldmönche am Berg Sung, in der Nähe der nördlichen Hauptstadt Loyang. Der Legende nach ist Zen von Bodhidharma (um 480–520 n. Chr.), einem Höhleneinsiedler, begründet worden. Dieser Asket *(dhūta)* soll aus der Linie Upaguptas stammen, der Indien in Voraussicht des Niederganges des *dharma* verlassen hatte. Als Zen-Patriarch verteidigte Bodhidharma dann den *dharma* gegen Verweltlichung und Korruption, besonders gegen die Stadtmönche, die in der chinesischen Geschichtsschreibung durch Bodhiruci repräsentiert sind. Wenngleich die Gestalt Bodhidharmas legendäre Züge aufweist, so ist doch der Protest gegen die „Verweltlichung" des Mönchtums historisch glaubhaft, ganz ähnlich wie der Protest von „Waldmönchen" gegen das Kaniṣka-Paradigma plausibel ist. Selbst wenn die Gestalt des Bodhidharma historisch nicht greifbar ist, so ist Zen doch zweifellos aus solchen Wald-Traditionen entstanden, wie die historisch glaubwürdigeren Biographien seiner Schüler berichten: Hui-k'o und andere waren zu ihrer Zeit als *dhūta* bekannt.[102]

Auch die Schule des Reinen Landes entstand als Protestbewegung. Sie ging aus einem ländlichen devotionalen Laienkult hervor und revoltierte gegen das nur äußerliche Ansammeln von Verdiensten, das wie eine religiöse Manie die nördliche Hauptstadt erfaßt hatte. T'an-luan (wohl 488–554 n. Chr.), der erste systematische Denker dieser Schule in China,[103] war ein Vermittler, der die Traditionen der Landbevölkerung und der Stadt-Eliten zu verbinden wußte und das, was er als abwegige Gebräuche beider betrachtete, eliminieren konnte:

- Er löste den *Glauben der Laien* dadurch von magischen Elementen ab, daß er *Bildung für alle* forderte, die bisher nur für die Eliten erreichbar gewesen war.
- Er veränderte die *Haltung der Eliten*, indem er mit dem Aufruf zur Anrufung der *Gnade Amitābhas* gegen den Stolz der Intellektuellen polemisierte.

Diese historischen Verhältnisse sind nicht ganz unähnlich denen der europäischen Reformation. Auch Luther war in seiner Zeit ein solcher Vermittler. Er lehrte einen personalen Glauben, der sich gegen rituelle Magie (das Verständnis des Ablasses und der Rolle des Priesters bei der Wandlung im Abendmahl) wandte. Obwohl er auf der Basis von Schriftgelehrsamkeit argumentierte, richtete sich seine Lehre vom Glauben (sola fide) gegen klerikalen und intellektuellen Stolz.

Wenn die Glaubensformen der Krise, Zen und Reines Land, China im späten 6. Jh. nicht sofort erfaßten, dann deshalb, weil das erwartete Ende nicht eintrat. Stattdessen setzte eine Periode des Friedens ein: China wurde geeint, und der *saṃgha* prosperierte wieder unter den Sui- und den T'ang-Herrschern. Mit staatlicher Unterstützung konnten T'ien-t'ai und Hua-yen, die in der Hauptstadt starke Bastionen hatten, Reines Land und Zen leicht überschatten. Als sich aber die staatliche Macht auflöste, waren T'ien-t'ai und Hua-yen unmittelbar davon betroffen. In der großen buddhistischen Verfolgung von 845 n. Chr. wurden die Tempel in der Hauptstadt und in allen größeren Städten zerstört, während die kleineren Zen-Klöster auf dem Lande und der volkstümliche Glaube an das Reine Land überlebten.

Statt die Geschichte Chinas weiter zu verfolgen, möchten wir den Paradigmenwechsel nun in seinen viel schärferen Ausprägungen in Japan darstellen, und das aus folgendem Grund:

Der gegenwärtige christlich-buddhistische Dialog ist, wie wir im ersten Teil gezeigt haben, in Japan wesentlich stärker ausgeprägt als in China. Darüber hinaus erinnert Japans sogenannte Kamakura-Reformation (1185–1333) Christen an ihre eigene Reformation und umgekehrt. Und man muß bedenken, daß die politische Stellung des Buddhismus in Japan ganz anders war als in China. Auch in Japan wurde der Buddhismus zwar in bestimmten historischen Epochen aus seiner Machtstellung verdrängt, aber nur in China hat es Versuche gegeben, den Buddhismus gänzlich zu vernichten, wenngleich der *saṃgha* immer überlebte. Der Hauptgrund für diesen Unterschied ist darin zu suchen, daß das konfuzianische China bessere Voraussetzungen als das konfuzianische Korea oder das konfuzianische Japan für den Kampf gegen den „ausländischen" Buddhismus mitbrachte, weil der Konfuzianismus, als er nach Japan kam, in einen „Gesamtkorb von Kultur" eingeführt wurde, den *buddhistische* Missionare aus Korea mitbrachten. Die Versuche der konfuzianischen Bürokratie, im Japan der Nara-Zeit (710–785) eine rein konfuzianische Staatsform durchzusetzen, scheiterten, weil die in Japan eingeführte konfuzianische Kultur bereits von buddhistischen Elementen durchsetzt war.

Auch in Japan wurde nach dem Vorbild Chinas in der T'ang-Zeit die Hua-yen-Schule (jap. Kegon) eingeführt. Der Tōdai-ji (großer östlicher Tempel) beherbergte eine gigantische Vairocana-Statue, die sich in einem Netz von Staatstempeln in der Provinz widerspiegelte, ganz wie in China und entsprechend der buddhokratischen Herrschaftsideologie des Kaniṣka-Paradigmas. Es gab mehrere japanische Herrscher, die sich symbolisch ins buddhistische Kloster zurückzogen, aber von dort aus als *dharmarāja* herrschten und dadurch beide „Räder des *dharma*" kontrollierten. Bis zur Kamakura-Zeit kannten die japanischen Buddhisten weitgehend keinen weltentsagenden *dharma*, sondern nur einen staatstragenden, d. h. der Buddhismus war in Japan (meistens) politisch angepaßt. Aus diesem Grunde erhoben im 19. und beginnenden 20. Jh. Buddhisten gegen das Christentum wiederholt den Vorwurf, das Christentum würde es an politischer Loyalität fehlen lassen und Ungehorsam gegenüber dem Kaiser lehren.

Bis in die späte Heian-Periode (794–1185) dominierte das totalistische Paradigma von Kegon, Tendai (chin. T'ien-t'ai) und Shingon (tantrisches Mantrayāna). (Wobei im japanischen Buddhismus die Theorie der „ursprünglichen Erleuchtung" *(hongaku)* stärker betont wurde als in Korea oder China.) Das bedeutete, daß die Glaubenskrise akuter wurde, als die buddhokratische Ordnung der Heian-Zeit zusammenbrach, was zur Folge hatte, daß die Glaubensformen der Krise in der Kamakura-Reformation schärfere Konturen gewannen als Ch'an und Reines Land in China. In Japan handelt es sich dabei um *drei* Bewegungen: *Zen, Reines Land* und die *Nichiren-Schule.*[104]

Den Anstoß zur „Reformation" gab der Mönch Hōnen (1133–1212) in der späten Heian-Zeit, der die *Schule des Reinen Landes* begründete.[105] Er war zunächst Tendai-Mönch gewesen und hatte sich in die Berge zurückgezogen, um das Leben eines heiligen Mannes *(hijiri)* zu leben. Statt nach seiner Rückkehr aber das reguläre Leben eines Tendai-Mönches wieder aufzunehmen, zog es Hōnen vor, sich allein auf das Gelübde *Amidas* (Amitābhas) zu verlassen. Er brach mit Tendai und gründete eine neue Sekte. Bald jedoch wurde er verklagt, illegal eine neue Schule gegründet zu haben, d. h. Mönche außerhalb des etablierten Nara-Nikāya zu ordinieren. In einem buddhokratischen Staat bedeutete dies Aufruhr gegenüber dem Staat. Hōnen wurde ins Exil verbannt, aber der Versuch, seine Bewegung zu unterdrücken, mißlang. So durfte er schließlich in die Hauptstadt zurückkehren.

Hōnens gläubiges Vertrauen auf die Kraft des Erlösungsgelübdes Amidas war die Antwort auf sein Gefühl, das Zeitalter des völlig kraftlos gewordenen *dharma* sei angebrochen. Politische Unruhen und Naturkatastrophen schienen zu bestätigen, daß sich die Prophezeiung, das letzte Zeitalter würde im Jahre 1052 n. Chr. beginnen, bewahrheitet hatte. Die Chinesen hatten ursprünglich für dieses Ereignis das Datum 552 n. Chr. errechnet und schon damals, aufgrund der Verfolgungen nach 574 n. Chr., mit neuen religiösen Bewegungen – den Glaubensformen der Krise Zen und Reines Land – geantwortet. Anders als in China aber wurde der *saṃgha* in Japan nicht verfolgt. Und dies könnte die Herausbildung von Glaubensformen in der Krise eher noch verstärkt haben, weil nämlich in China die Buddhisten völlig überrascht und unvorbereitet waren, als die letzte große Verfolgung im Jahr 845 n. Chr. über sie hereinbrach und demzufolge der *saṃgha* keine Zeit hatte, kreativen Widerstand zu entwickeln. In Japan hingegen kamen die Buddhisten der neokonfuzianischen Kritik an ihren Fehlern und Mißständen zuvor und reformierten in der Kamakura-Zeit selbst ihre Tradition von innen.

Die Entwicklungen im Buddhismus der Kamakura-Zeit bedeuteten einerseits das Ende der strikten Aufsicht des Staates über den *saṃgha*, andererseits eine weitere Pluralisierung des Buddhismus durch die wachsende Bedeutung des *Rinzai-Zen*, das sich der Förderung durch die Feudalregierung in Kamakura erfreute, während sich das *Sōtō-Zen* mit Berufung auf Meister *Dōgens* (1200–1252) Abkehr von der politischen Macht aus der neuen Hauptstadt zurückzog. *Nichiren* (1222–1282) hingegen stammte aus einer armen Fischersfamilie und brachte seinen politischen Protest dadurch zum Ausdruck, daß er zur Einheit aller Buddhisten unter der Parole der Alleingültigkeit des Lotos-Sūtra aufrief und den Herrschenden vorwarf, ihre jeweiligen partikularen Interessen durch sektenhafte Interpretationen einzelner buddhistischer Lehren und Schulen zu untermauern.[106]

Diese in vieler Hinsicht sehr unterschiedlichen Schulen der Kamakura-Zeit haben einige wichtige Gemeinsamkeiten: Sie waren als *Glaubensformen in der Krise*

a) verbunden mit einer *eschatologischen Erwartung des Endes* der gegenwärtigen Welt;
b) eingeschworen auf *einen* Pfad, der mit einer mehr oder weniger deutlichen Ausschließlichkeit verkündet wurde;
c) getragen von einer intensiven *personalen Frömmigkeit*, die den hochritualisierten Buddhismus der Vergangenheit ersetzte;
d) inspiriert von einer Mentalität der Ausschließlichkeit und der damit verbundenen Aufforderung zur *Entscheidung*, was zur Folge hatte, daß mehr als je zuvor der *Wille* des Menschen betont wurde.

Die Glaubensformen in der Krise belegen, wie eng die Entwicklung buddhistischer Schulen in Ostasien mit den politischen Entwicklungen und der sich verändernden Stellung des Buddhismus in der Gesellschaft verknüpft war. Hier wird deutlich, daß der Buddhismus Reformkräfte freisetzen konnte, die den Ängsten und Frustrationen der Bevölkerung neue Glaubensgewißheit zu geben vermochten. Dabei erfaßten in der Kamakura-Zeit, als man nach neuen Sicherheiten in unübersichtlicher Zeit suchte, auch Ausschließlichkeitsansprüche das buddhistische Denken (Hōnen und Shinran vertrauten ausschließlich auf Amida, Nichiren verabsolutierte das Lotos-Sūtra und Dōgen verkündete „Zazen allein“).

10. Konsequenzen für den zukünftigen Dialog

Aus diesem historischen Rückgriff auf die vorläufig erkennbaren Paradigmen in der Geschichte des Buddhismus und ihrer Zuspitzung auf die Entwicklungen des Buddhismus in der Kamakura-Zeit folgt für den buddhistisch-christlichen Dialog:

1. Auch im Buddhismus entwickelte sich angesichts der Wahrnehmung der Krise ein eschatologisches Geschichtsbewußtsein. Der buddhistisch-

christliche Dialog muß deshalb diese *Bedingungen* für bestimmte Gestalten von Geschichtsbewußtsein in den Religionen offenlegen, wenn endlich die falsche Alternative von der angeblichen Geschichtslosigkeit *des* Buddhismus und des scheinbar einheitlichen Geschichtsbewußtseins *des* Christentums überwunden werden soll.

2. Darüber hinaus zeigen die Grundzüge des Buddhismus der Kamakura-Zeit auffällige Parallelen zu dem religiösen Erwachen während der europäischen Reformation. Man kann sagen, daß der revolutionäre Aspekt in Luthers Lehre in seinen berühmten *sola*-Formulierungen zu finden ist: Das Heil wird angeeignet allein durch Glauben *(sola fide)*, der jedem Menschen offensteht, wobei es aber nur *ein* Mittel oder *einen* Pfad gibt, nämlich Gnade *(sola gratia)*. Ähnlich sind auch die Kamakura-Schulen charakterisiert durch ihren heilsmäßigen Minimalismus. Ihre Wahl eines einzigen Pfades fragmentierte das einst „katholische" (viele Pfade umfassende) Tendai. Ihre Ausrichtung auf einen einzigen Weg bewirkte wachsende Intoleranz oder Konkurrenz zwischen den Schulen.
3. Der einmal gewählte Pfad wurde in der Reinen-Land-Schule als „leicht", in der Nichiren-Schule als „zeitentsprechend" und im Zen als „plötzliches Erwachen" bezeichnet. Die Pfade waren unvermittelt und unterminierten in ihrer Neuheit die weitgehend sakramentalen oder priesterlichen Formen des Buddhismus der Heian-Zeit. Dadurch wurde das Individuum frei, dem Transzendenten direkt und ohne Vermittlung einer religiösen Hierarchie zu begegnen. Das Heil war nun prinzipiell jedem, vor allem auch den wenig gebildeten Laien, zugänglich.
4. Statt der Betonung der reflektierenden Vernunft oder des Gefühls verlangten die neuen Ausschließlichkeitsansprüche eine *Willensentscheidung*. Diese gründet in der Situation des Konfliktes und kreist um das Sich-Fügen und schließlich um die Überwindung des Eigenwillens. Im Reinen Land äußert sich das im Vertrauen auf die Kraft des Gelübdes, im Zen in der Unterordnung unter den Willen des Meisters, bei Nichiren ist es der prophetische Ruf, der dem Menschen Kraft schenkt. Viel ist über die Ähnlichkeit der Persönlichkeiten von Shinran und Luther, Nichiren und Calvin sowie Dōgen und Meister Eckhart geschrieben worden. Es scheint, daß es sich hier um ähnliche Typen von *bewußter religiöser Entscheidung* innerhalb verschiedener religiöser Traditionen handelt, die das wollende Subjekt als selbstbewußtes Ich ins Zentrum stellen. Das war in *beiden* Religionen *ein neues Paradigma*. Und wie die Predigt des Wortes nach einer existentiellen Entscheidung ruft, sehen wir auch, daß die Predigten und Briefe dieser Reformer, sei es in Mitteleuropa oder in Japan, popularisiert wurden und im Volk ein neues Erwachen hervorriefen, das politische Konsequenzen hatte.
5. Weder im Christentum noch im Buddhismus können religiöse und dogmatische Entwicklungen losgelöst von der politischen und sozialen Geschichte betrachtet werden, wenn man die *Wirkung* religiöser Ideen auf

das tatsächliche Leben der Menschen nicht vernachlässigen will. Das Aśoka- oder Kaniṣka-Paradigma im Buddhismus, das cäsaropapistische Modell im Christentum, das Ideal der *saṃgha*-Gemeinschaft und das christliche Priestertum aller Gläubigen – diese in der Gesamtheit der jeweiligen religiösen Weltanschauung begründeten Lehren waren jeweils auch sozial relevant und für die jeweilige politische Herrschaft legitimierend oder ein kritischer Kontrast. Der Dialog hat sich um die Erkenntnis solcher Zusammenhänge im Vergleich der Religionen bisher zu wenig bemüht.

Hier muß nun aber ein wesentlicher *Unterschied* zwischen dem Buddhismus der Kamakura-Zeit und der europäischen Reformation hervorgehoben werden: Denn während die europäische Reformation Entwicklungen einleitete, durch die das *Individuum* im Geist des *Humanismus* und auf der sozialen Basis des *frühen Bürgertums* von *feudaler Unfreiheit* schließlich *befreit* wurde, hat die Kamakura-Reformation die Entstehung des Feudalismus in der Tokugawa-Zeit eher begünstigt. Der Grund dafür könnte sein, daß sich der Kamakura-Buddhismus, von wenigen Ausnahmen abgesehen, nicht vom Totalismus des Heian-Paradigmas zu befreien vermochte. Er wurde vielmehr internalisiert als persönlicher Holismus der ursprünglichen Buddha-Natur *(busshō)* bei Dōgen, wiederentdeckt als natürlicher Holismus *(jinen hōni)* von Shinran und eingebettet in den Holismus des letztlichen Geheimnisses des Endes der Geschichte bei Nichiren. So wie der Realismus der christlichen Scholastik die *Universalien* über die Einzeldinge erhebt, so bewertet der Totalismus das *Ganze* höher als die Teile, die Gemeinschaft höher als das Individuum. Wenn dem so ist, könnte das Überleben des Totalismus als Holismus in der Kamakura-Zeit möglicherweise die Wahrnehmung des Widerspruchs zwischen dem Idealen und dem Realen verhindert haben, die notwendig gewesen wäre, um die bestehenden sozialen Verhältnisse zu verändern.

Als Ergebnis dieser Analyse möchten wir festhalten:

> *Wenn im buddhistisch-christlichen Dialog unterschiedliche buddhistische bzw. christliche Theorien, Schulen oder Paradigmen ins Spiel kommen, muß man ihre historische Bedingtheit betrachten, um Absolutheitsansprüche epistemischer, historischer oder dogmatischer Art zu vermeiden. Dies ist notwendig für eine angemessene und historisch-kritische Hermeneutik des Dialogs. Denn dieser findet unter ganz anderen historischen Bedingungen statt als etwa die Herausbildung der christlichen Theologie in der Spätantike oder die Entstehung der verschiedenen buddhistischen Lehrsysteme in Süd- und Ostasien. Und damit wird durch den Dialog in der Entwicklung beider Religionen ein neues Kapitel aufgeschlagen. Der Dialog kann und soll die alten Entwicklungen in Buddhismus und Christentum unter der Brechung der historischen Kritik und Relativierung fruchtbar machen für eine neue Entdeckung des Menschlichen in der gegenwärtigen Zeit der Begegnung.*

II. Hermeneutische Aspekte der zukünftigen Begegnung

Das für selbstverständlich Gehaltene wird zum Problem oder zur Frage erst dann, wenn anderes begegnet. Wir kennen dies, wenn wir eine Fremdsprache lernen. Dann nämlich erscheint die selbstverständliche Sprachlichkeit der Muttersprache als ein ganz spezifisches Fenster auf die Wirklichkeit, neben dem andere existieren. So ist es auch mit den Religionen. In der Begegnung mit dem Anderen ereignet sich Verstehen, in dem das Andere partiell zum Eigenen wird. „Eigenes" und „Anderes" sind Abstraktionen von einem Prozeß, der Geschichte formt. Deshalb ist der Dialog zwischen „Religionen" der Ort, wo „Religion" geschieht, er ist nicht eine zusätzliche Dimension zu ansonsten existierender Religion. Es gilt: „Wo neuartige Gedanken entstehen, gehören sie weder mir noch dem Anderen. Sie entstehen zwischen uns. Ohne dieses Zwischen gäbe es keine Inter-subjektivität und Inter-kulturalität, die ihren Namen verdient. Es bliebe bei der bloßen Erweiterung oder Vervielfältigung des Eigenen, das Fremde wäre immer schon zum Schweigen gebracht."[1]

Verstehen des Fremden geschieht durch Übersetzungen in die eigene Sprach- und Vorstellungswelt. Betrachten wir Kulturen oder Religionen als einen „Text", so können wir sagen: Übersetzungen eines *Textes* ereignen sich in einem *Kontext*, der eine neue *Textur* erzeugt, die von den historisch bedingten Umständen der wahrgenommenen wie der wahrnehmenden Seite konditioniert wird. Im Dialog wird der Sachverhalt noch komplizierter, weil beide Seiten wahrnehmende und wahrgenommene Subjekte bzw. „zwei immanente Selbstverständnisse"[2] zugleich sind, d. h. *Dialog ist ein sprachlich kreativer Prozeß*. Er bildet nicht nur Gegebenes ab, sondern schafft in Abhängigkeit von der Geschichte der jeweiligen Traditionen neue Wahrnehmungs- und Kommunikationsmuster. Mit anderen Worten: Deutung (bzw. Übersetzung) von Religion verändert Religion. Wir reden damit nicht einem *radikalen* Konstruktivismus das Wort, der behaupten würde, außerhalb unserer Wahrnehmung und Deutung wäre überhaupt keine Wirklichkeit. Aber es verbietet sich auch jeder naive Realismus, der die Wirklichkeit so abbilden zu können meint, „wie sie ist". Vielmehr gehen wir von einem *relativen Konstruktivismus* aus, der voraussetzt, daß wir tatsächlich Erscheinungen, die außerhalb unserer selbst gegeben sind, wahrnehmen. Diese Wahrnehmung ist aber immer schon intersubjektiv gedeutet auf der Grundlage von verschiedenen und geschichtlich sich ständig verändernden Traditionen. Die interreligiöse Begegnung bzw. der Dialog besteht darin, einen (zeitlich begrenzten) intersubjektiven *Wahrnehmungskonsens* zwischen verschiedenen Traditionen zu erzielen. Ob daraus auch ein bewußt gewollter *Deutungskonsens* folgt, ist eine zweite Frage, wobei es allerdings, wie wir sahen, keine ungedeutete Wahrnehmung gibt.

Ein wichtiges Resultat des buddhistisch-christlichen Dialoges ist, daß es weder *den* Buddhismus noch *das* Christentum gibt, schon gleich gar nicht ein *Wesen* derselben, sondern immer nur ein Netz von Kommunikationsprozessen und wechselnden Gestaltungen: was eine Religion *ist*, entscheidet sich in der Interaktion der verschiedenen Partner, die sich auf diese Religion berufen! Und das deshalb, weil der Mensch erst durch sein Gegenüber zu dem Wesen wird, als das er sich erfährt.[3] Wir treten nicht erst sekundär in Kommunikation, nachdem wir schon „sind", sondern wir „ereignen" uns gleichsam *intersubjektiv* in einer Kommunikation mit dem „Anderen", das uns aus der Vergangenheit der „eigenen" Tradition wie in der gegenwärtigen Begegnung mit dem Anderen entgegentritt als *Möglichkeit* der eigenen Zukunft. Menschsein *ist* dieses „zwischen". Daraus folgt für eine dialogische Hermeneutik, daß das Andere als Anderes wahrgenommen wird, auch und gerade indem es in den Horizont des Eigenen tritt, der dadurch verändert wird. Der Andere (die andere Religion) soll so wahrgenommen werden, wie er (sie) sich selbst versteht.

Das ist eine wichtige Forderung, um eine vorschnelle Übertragung von eigenen Wünschen, Absichten und Interessen zu vermeiden, die jedes Verstehen des Anderen unmöglich machen würde. Doch wenn das Andere ganz anders wäre, könnten wir nichts davon wissen; und wenn es völlig identisch mit uns wäre, nähmen wir es nicht wahr. Anderssein ist relativ zu uns. Deshalb bleibt es nicht beim Anderssein des Anderen, und Dialog besteht darum in einem „Hereinholen" des Anderen in gewohnte Verstehensmuster, die sich allerdings im Prozeß des Übersetzens verändern. Das ist Verstehen und Verstandenwerden, mithin *gegenseitige Transformation*.[4]

Der religionsphilosophische Widerspruch besteht darin, daß sich Religionen einem absoluten Anspruch verdanken und diesen universal geltend machen wollen, wohl auch müssen, gleichzeitig aber partikular und historisch bedingt sind und somit ihren eigenen Anspruch unterlaufen. Birgt die Erkenntnis dieses Dilemmas bereits eine Lösung in sich?

Wir wollen auf dem Hintergrund der Erfahrungen, die wir in den vorigen Kapiteln dargestellt haben, diese Problematik unter drei Gesichtspunkten diskutieren, indem wir

- *erstens* hermeneutisch relevante Dimensionen des Religiösen unterscheiden,
- *zweitens* ein hermeneutisches Modell der Beziehung von Einheit und Vielheit diskutieren, wie es sich aus dem buddhistisch-christlichen Dialog ergibt, und
- *drittens* einige pragmatische Überlegungen anstellen, die sich aus den beiden ersten Gesichtspunkten ergeben.

1. Dimensionen des Religiösen

Was meinen wir, wenn wir die Bestimmungen „religiös" oder „interreligiös" oder gar den Begriff „Religion" gebrauchen? Religionen sind komplexe Systeme von Wahrnehmungsweisen, Vorstellungen und Verhaltensregeln, die in jeweils sehr unterschiedlichen Konstellationen vorkommen, wobei der Allgemeinbegriff „Religion" natürlich schon eine spezifische Sichtweise und Deutungsgeschichte voraussetzt. Hier genügt es, darauf hinzuweisen, daß es Dimensionen von „Religion" zu unterscheiden gilt, wenn wir nach einer historisch bewußten interreligiösen Hermeneutik fragen, weil die Fragestellung jeweils verschiedene Möglichkeiten zuläßt. Wir möchten (in Anlehnung an Charles Glocks multidimensionales Religionsmodell[5]) vier Dimensionen unterscheiden, wobei auch andere Einteilungen möglich wären:[6]

1. Religion als kulturbildendes Element
2. Religion als Begründung von Ethik
3. Religion als Resultat mystischer Erfahrung
4. Religion als theologiebildendes System

a) Religion als kulturbildendes Element

Unter Kultur verstehen wir alles, was relativ stabile Gruppen von Menschen systemisch handelnd so tun, daß ein Werte- und Normenrahmen entsteht, der sinnvolle Zuordnung bzw. Sinngebung der einzelnen Handlungen ermöglicht. Wenn der Kulturbegriff so weit gefaßt wird, gibt es kein nichtkulturelles Handeln. Und insofern Religion das bezeichnet, was einen unbedingten Sinnhorizont im eben genannten Rahmen symbolisch darstellt, sind Religion und Kultur eng miteinander verwoben. Der Horizont des religiösen Sinnrahmens ordnet die Einzelaspekte des Kulturellen aufeinander zu, und die kulturellen Inhalte symbolisieren den religiösen Gesamthorizont im Spektrum jeder möglichen Formgebung. Ob es eine prinzipiell irreligiöse Kultur geben kann, wollen wir hier nicht diskutieren, denn die Entscheidung des Problems hängt am Transzendenzbegriff. Für die hermeneutische Frage genügt die Feststellung, daß *sehr vieles* zum Unbedingten stilisiert werden kann, um sich damit religiöse Legitimation zuzulegen.

Kulturen treten im Plural auf. In der gegenwärtigen und auch für die Zukunft absehbaren Menschheitsgeschichte wird sich das nicht ändern. Widerspricht diese kulturelle Pluralität dem religiösen Anspruch, die Pluralität der Wirklichkeit in *einen* sinnvollen Rahmen einzuordnen, d. h. Einheit wahrzunehmen, wo Vielheit als bedrohlich erlebt wird? Unsere hypothetische Antwort lautet: Dies ist möglich, aber nicht unvermeidlich. Unter welchen Bedingungen wird also kulturelle Pluralität als Bedrohung für die einheitsstiftende Sinngebung erlebt, die Religion anbieten möchte?

Wir müssen nicht die Diskussionen um die Wahrheitsfrage angesichts der pluralistischen Religionstheologie zitieren, um diese Frage zu beantworten.[7] Ein Blick in die Geschichte zeigt, daß die institutionelle Machtfrage hier unmittelbar hermeneutische Relevanz hat. Ob wir den Ritenstreit zwischen den Jesuiten in China und Rom, die Kämpfe zwischen Gelukpas und Kagyüpas in der tibetischen Geschichte, die Kontroversen um den politischen Propheten Nichiren in Japan betrachten – Pluralität wurde immer dann als bedrohlich erfahren und religiös motiviert bekämpft, wenn einzelne religiöse Institutionen politisch nach Macht und zentralstaatlicher Gewalt griffen.

Einheit in Vielheit – als ökumenische Devise, die auch das Verhältnis der Religionen bestimmen könnte oder sollte – ist demnach in der kulturellen Dimension der Frage nur möglich, wenn ausgeglichene Machtverhältnisse existieren, die durch demokratische Regeln des Diskurses im Gleichgewicht gehalten werden.

Die Beschreibung des Gelingens und Scheiterns interreligiöser Begegnung im ersten Teil dieser Arbeit bestätigt diese These.

Ein uns näheres Beispiel mag an dieser Stelle genügen, um das Argument nochmals zu erläutern: Es wäre naiv zu meinen, daß in Deutschland allein durch eine ausgewogene textuelle Hermeneutik in der Koran-Exegese durch Christen der interreligiöse Frieden mit den muslimischen Partnern hergestellt werden könnte. Solange die kulturellen Machtstrukturen – Bildungssystem, Medien, Zivilrecht – unproportional und einseitig den christlich-kulturellen Einfluß *selbstverständlich* dominieren lassen, scheitert die textuelle Hermeneutik am kontextuellen Machtgefüge. Kulturelle Pluralität, die religiös legitimiert ist, bedarf zunehmend des *gewollten* und immer wieder *auszuhandelnden Konsenses*. Fragen des Gottes-, Gnaden- oder Heilsverständnisses lassen sich durch eine theologische Hermeneutik klären. Daraus folgt aber wenig, wenn nicht die Dimension des Kulturellen bzw. der Macht ebenfalls hermeneutisch bedacht wird, wie der innerchristliche ökumenische Dialog der letzten Jahrzehnte lehrt. In Ländern wie Indien, Sri Lanka und China (oder in bezug auf die Begegnung von Christen und Muslimen in Nigeria) zeigt sich das Problem besonders deutlich, in Europa wird es zunehmend aktuell.

b) Religion als Begründung von Ethik

Damit kommen wir zur zweiten Dimension. Kurz gesagt geht es darum: Die Welt wird als *eine* wahrgenommen, und zwar einerseits *faktisch* im *mystischen* nicht-dualistischen Bewußtsein, d. h. im *Indikativ*, andererseits als *Möglichkeit* im *religionspolitischen* Sinn, wobei aufgrund der ökonomischen, demographischen und kommunikationstechnologischen Entwicklungen der letzten Jahrzehnte diese Möglichkeit als *Imperativ* erscheint. Gleichzeitig heizen aber nationale, religiöse, handelspolitische und parteipolitische Interessenkonflikte allerorts Partikularismen an. Identitäts-, Profilierungs- und Machtkonflikte werden darin offenkundig. Einerseits ist ein die Religionen übergreifender Bewußtseinsprozeß zum Thema „Weltethos" in Gang gekommen, dem sich auch internationale Organisationen wie die UNESCO angeschlossen haben,[8] andererseits fürchten religiöse Gruppen, gerade durch eine solche Debatte ihre Identität zu verlieren.[9] Diese Furcht wäre berechtigt, wenn die Gefahr einer Zentralisierung, Verrechtlichung und Ethik-Diktatur drohen würde, wenn also ein Weltethos den Pluralismus der ethischen Begründungen unterhöhlen sollte. Aber das ist gerade nicht gemeint, wenn Weltethos als *Projekt* (Hans Küng) verstanden wird, d. h. als dialogischer Prozeß, in dem der Konsens über ethische Grundfragen *gemeinsam* mit allen Partnern in streitbarer und gleichberechtigter Debatte erarbeitet wird. Die Hermeneutik der Debatte selbst macht allerdings die Identitäts-, Profilierungs- und Machtfragen offenkundig! Religionen sind – nach wie vor – mächtige Impuls- und Legitimationsgeber. Auch ist bei jeder interreligiösen Begegnungssituation zu beachten, daß es *die* Religionen unabhängig von ihrer sozialen und politischen Ausprägung nicht gibt. Anders ausgedrückt: Religionen sind nicht homogen, sondern innerhalb *einer* Religion vertreten unterschiedliche soziale Gruppen Machtinteressen und damit *differierende ethische Prioritäten*. Was würde denn die Einigung des Papstes mit einem Śaṅkaracaryā in Indien über ein „Weltethos" für den gemaßregelten Befreiungstheologen in Brasilien besagen? Oder was bedeutete die Proklamation eines Weltethos durch die zwei genannten Heiligkeiten für den Hindu, der sich gegen die manipulierte Aggressivität der hinduistischen Massen in der Ayodhya-Tragödie wendet?[10]

Viele Religionen kennen das Prinzip der „Goldenen Regel". Die Einheit von Gottes- und Nächstenliebe (bzw. ihre Äquivalente) gibt es keineswegs nur im Christentum. Natürlich herrschen Unterschiede bei der Bewertung der Maßstäbe.[11] Und gewiß läßt sich durch geduldige gemeinsame Arbeit der hermeneutisch bewußten Gelehrten aus den Religionen ein jeweils aus den Ursprungsdokumenten legitimiertes Weltethos etwa im Sinne der Menschenrechte formulieren. Solche allgemeinen Dokumente können als Appellationsinstanz für verfolgte Basisgruppen in den jeweiligen Ländern sehr wichtig sein!

Aber der verbale Konsens über ein ausgewogen formuliertes Weltethos genügt noch nicht, und das vor allem aus zwei Gründen:

1. Allgemeine verantwortungsethische Sätze werden, wenn sie gesellschaftliche Bedeutung bekommen, im Rahmen von Machtinteressen interpretiert. Die Ethik einer Religion ist immer gebrochen durch die sozialen Strukturen, in denen sie wirksam wird. Deshalb müssen diese Strukturen mitbedacht werden.

2. Erst im Rahmen einer *unbedingten* Begründung, also einer religiösen Legitimation, die die Stellung des Subjekts, das ein bestimmtes Ethos formuliert, mitreflektiert, findet die Formulierung eines Weltethos ihre herme-

neutische Grundlage. Damit ist aber das gesamte Selbst-, Welt- und Heilsverständnis einer Religion angesprochen.

Von einer interreligiösen Hermeneutik können wir demnach nur sprechen, wenn die ökonomischen, ökologischen, politischen und psychologischen Aspekte der Kommunikation zwischen sozialen Gruppen und Völkern als konstitutiv *für den Verstehensprozeß erkannt werden.*

Das bedeutet, daß die Formulierung eines Weltethos über jeden Verdacht erhaben sein muß, den *status quo* zu zementieren, der vielleicht aus europäischer, amerikanischer oder japanischer Perspektive ganz erhaltenswert erscheint, nicht aber aus lateinamerikanischer, afrikanischer oder südasiatischer. Auch heutiges interreligiöses Verstehen ist kein herrschaftsfreier Diskurs. Und die Glaubwürdigkeit des Redens von interreligiöser Harmonie hängt daran, daß die beteiligten Partner bereit sind, die anderen gelten zu lassen sowie Macht zu teilen.

Das bedeutet für die interreligiöse Hermeneutik:

- *sie ist abhängig von gerechteren wirtschaftlichen Beziehungen zwischen reichen und armen Völkern;*
- *sie ist abhängig von dem gegenseitigen bewußten Verzicht darauf, die eigene Identität auf Kosten der anderen zu suchen;*
- *sie ist abhängig davon, die anderen als vor Gott bzw. auf dem Hintergrund der Dimension des Absoluten gleich zu betrachten, sie auch als mögliche Quelle von Wahrheitserkenntnis und Heilszusage wahrzunehmen und damit auszuschließen, daß Menschen aus anderen Religionen zu Missionsobjekten gemacht werden, die institutionell gesteuert zur eigenen religiös-sozialen Gruppe oder ökonomischen Interessen konvertiert werden müßten;*
- *sie ist abhängig davon, daß die geforderten radikalen Verhaltensänderungen zuerst in Basisgruppen eingeübt werden, die über Religionsgrenzen hinweg reichen können und tatsächliche widersprüchliche Sozialstrukturen in jeder Religion aufdecken.*

c) Religion als Resultat mystischer Erfahrung

Alle Religionen gründen in einem Ursprungsmythos oder in einer Ursprungsgeschichte, die durch eine Epiphanie, eine Vision, eine Audition, eine radikale Konversionserfahrung o.ä. gekennzeichnet ist. Solche Erfahrungen stehen jedoch immer schon im Kontext einer Tradition. Und das Verhältnis der Ursprungserfahrung zu der sie umgebenden Tradition läßt sich durch vier Typen charakterisieren: positive Anknüpfung, negative Anknüpfung, grundlegende Neuinterpretation des vorigen Glaubens oder Sprengung der Tradition als Bezugsrahmen.[12] Es kann keine ungedeutete mystische Erfahrung geben,[13] weil *sinnhafte* Aneignung von Erfahrung einen Deutungsrahmen voraussetzt, der kulturgeschichtlich immer schon gegeben ist, der aber gerade auch durch die mystischen Erfahrungen fortwährender Veränderung unterliegt. Alle Einheitserfahrungen ereignen sich immer schon in einem Deutungsraum von Einheit und Vielheit. Die je besondere Tradition ist gleichsam die Hintergrundfolie der mystischen Einheitserfahrungen. Diese sind demzufolge in ihren sinnlichen Details – und mystische Erfahrungen sind immer sinnlich konkret, nie noetisch abstrakt – partikular, auch wenn sie Einheitserfahrung aussagen und auf Einheit hinweisen. Zwar können ein Meister Eckhart und ein Zen-Meister zu fast wörtlich ähnlichen Aussagen gelangen,[14] aber die Konnotationen von „Gott“ und „*śūnyatā*“ bleiben verschieden, weil Eckhart und der Zen-Meister psychologisch und soziologisch verschieden konditioniert sind.

Das heißt *nicht*, daß die Aussagen von Mystikern aus unterschiedlichen Religionen einander ausschließen würden oder inkompatibel wären, bedeutet aber, daß sie nicht automatisch gleich sind. Die Bedeutung der mystischen Einheitserfahrungen für die interreligiöse Hermeneutik liegt jedoch nicht nur – und vielleicht gar nicht vorrangig – im *Inhalt* dieser Erfahrungen, der eine gemeinsame Basis für Menschen in allen Religionen darstellen würde, sondern in ihrer *Struktur*:

> *Alle echten mystischen Erfahrungen weisen über jede abgegrenzte Wirklichkeitserfahrung hinaus. Sie sind demzufolge inklusiv – sie „umarmen“ den anderen, insofern er oder sie anders ist, ohne daß die jeweils eigene Identität bedroht würde.*

Wie ist das möglich? Weil in mystischen Erfahrungen der Zwang zur Ich-Stabilisierung durch Identitätsstreben aufhört, da die Identitäts*gewißheit* als an-kommende Gabe oder Gnade erfahren wird. Der Mystiker ist also deshalb so fröhlich, heiter und gelassen, weil er in allem die Präsenz Gottes/des Absoluten wahrnimmt, so daß ihn die Andersartigkeit des Anderen bereichert, zumindest liebevoll schmunzeln läßt, nie aber Abwehrmechanismen oder Konversionsgelüste aktiviert.

Wir behaupten, daß ohne eine Kultivierung dieser Geisteshaltung – wiederum auf sehr vielgestaltigen Wegen – keine umfassende interreligiöse Hermeneutik, Verständigung oder gar Praxis der Einheit der Menschheit erreicht werden kann.

d) Religion als theologiebildendes Element

Auf der Ebene der Theoriebildung unterscheiden sich die Religionen erheblich, und auch innerhalb der Traditionen, die wir als „eine Religion“ betrachten, sind die Unterschiede so groß, daß wir sie religionsphänomenologisch oft verschiedenen Typen von Religion (mystisch-prophetisch; pantheistisch-monistisch usw.) zuordnen können. Diese theologische Pluralität ist kein

Ärgernis, sondern sie ist notwendig, um das Denken daran zu erinnern, daß es vorläufig ist. Der Pluralismus kann folglich zur Bescheidenheit erziehen und, theologisch gesprochen, vor Idolatrie (der Absolutsetzung *eines* Begriffs, *einer* Theologie, *einer* Religion) bewahren. Dennoch gibt es Unterschiede und Kriterien, die relative Wahrheit von Irrtum unterscheiden lassen. Wir können diesen Sachverhalt wie folgt bestimmen:

- Als *inhaltliches* Kriterium wird jede Religion das Zentralereignis ihres Ursprungs gelten lassen – also Jesus Christus, den *dharma*, den Kōran usw. Dasselbe muß allerdings immer wieder neu interpretiert werden.
- Als *formales* Kriterium scheint uns eine adäquate Lösung des Problems von Einheit und Vielfalt gelten zu können, d. h. eine reflektierte religiöse Aussage bzw. eine Theologie qualifiziert sich dadurch, daß sie das Problem als solches erkennt und Einheit und Vielheit nicht in einen der beiden Pole auflöst, sondern ihre Spannung als gegenseitige Durchdringung beider für *jede mögliche* Interpretation fruchtbar macht.

Hierfür gibt es begriffliche Modelle. In der christlichen Tradition ist die Trinitätslehre die klassische Lösung für diese Problematik.[15] Wir möchten hier jedoch ein Modell aus der buddhistischen Tradition exemplarisch diskutieren, nämlich den buddhistischen Grundbegriff des „Entstehens in gegenseitiger Abhängigkeit" *(pratītyasamutpāda)*. Diese Vorstellung ist ein Einheitsmodell, bei dem Einheit und Vielheit nicht verschwinden, schon gar nicht Vielheit in Einheit aufgelöst wird, sondern beide wie die zwei äußersten Punkte einer Oszillationskurve erscheinen. Weil dasselbe auch für die Trinitätslehre gilt, ist damit das formale Kriterium als allgemeines für Buddhismus und Christentum charakterisiert.

Pratītyasamutpāda ist für den Buddhismus fundamental, nicht nur als Inbegriff eines spezifischen reziproken Kausalitätsverständnisses, sondern als hermeneutisches Modell (der vierten Dimension von Religion im multidimensionalen Religionsmodell Charles Glocks, s. o.), wie wir jetzt zeigen möchten.

2. Ein hermeneutisches Modell der Beziehung von Einheit und Vielheit

Hermeneutik ist eine Theorie der Methoden des Verstehens bzw. der Interpretation, also eine Theorie des Wissens von Gewußtem. Wissen ist gebunden an Erfahrungsmuster, d. h. an Zeitlichkeit. Das Zeitliche ist quantifiziert und unterliegt dadurch einer sequentiellen Kausalität. So jedenfalls könnte man aristotelisch argumentieren, um sequentielle Kausalität zwischen den Phänomenen der Wirklichkeit wie auch zwischen den Phänomenen und dem geistigen Erfassen derselben als Grundstruktur des Verstehens zu begreifen. Anders das buddhistische Modell.

Pratītyasamutpāda, das Entstehen aller Dinge in gegenseitiger Abhängigkeit, läßt keine in nur *eine* Richtung verlaufende Abhängigkeit zu.[16] Nichts existiert aus sich selbst und durch sich selbst. Auch Gott nicht. Deshalb akzeptiert der Buddhismus keinen Gottesbegriff, mit dem eine aus sich selbst seiende Substanz gedacht würde. Denn dann würde das Absolute Eine die Welt der Vielheit aus sich heraus entlassen, die somit einseitig abhängig wäre. Das Eine wäre das Eigentliche, das Viele hingegen das abgeleitet Kontingente, das weniger „Wahre".

Die zwölffache Kette *(nidāna)* der Verursachung, in der die einzelnen Glieder Momente einer *gegenseitigen* (reziproken) Abhängigkeit beschreiben, macht die buddhistische Grundhaltung deutlich, nach der alle Aspekte der Wirklichkeit miteinander zusammenhängen, ja *einander* gegenseitig *durchdringen und enthalten*. In bezug auf die existentielle Situation des Menschen heißt das: Unwissenheit *(avidyā)* bringt karmische Bildungen *(saṃskāra)* hervor, die einen entsprechenden Bewußtseinszustand *(vijñāna)* verursachen, der die Wirklichkeit unter Namen und Gestalten *(nāma-rūpa)* erscheinen läßt, aus denen sich sechs Objektbereiche der Sinne und die Sinneskräfte *(ṣaḍāyatana)* entwickeln, die wiederum die sinnliche Berührung *(sparśa)* ermöglichen, was Empfindungen *(vedāna)* verursacht, die zu einer entsprechenden Begierde *(tṛṣṇā)* führen, deren Erfüllung sich in dem Ergreifen eines materiellen Körpers *(upadāna)* vorbereitet, woraus nun das Werden *(bhava)* mit Geburt *(jāti)*, Alter und Tod *(jarā)* folgt.[17]

Dies ist nicht nur eine herkömmliche Kausalkette, sondern die innere Verknüpfung aller Aspekte des Lebens, bei der jedes Glied gleichsam die „Quersumme" aller anderen Glieder ist.[18] Diese Kette ist somit reziprok. So beschreibt sie auch nicht einfach die Bedingungen der Zeitlichkeit (des *saṃsāra)*, sondern sie ist, weil alle Erscheinungen nicht aus sich selbst existieren, sondern leer in bezug auf Eigenexistenz sind *(śūnya)*, der Vielheitsaspekt der *einen* dynamischen Wirklichkeit. *Nirvāṇa* und *saṃsāra* sind dann identisch, der Unterschied ist ein Bewußtseinsunterschied der Wahrnehmung, der auch als Unterschied der *Intensität* von Wahrnehmung bezeichnet werden kann: die geringere Intensität wäre die Wahrnehmung fragmentierter Einzelphänomene, die größere Intensität die Wahrnehmung der Einheit-in-Vielheit.

Pratītyasamutpāda beschreibt also keine sequentielle Kausalität, sondern die *Gleichzeitigkeit* von Faktoren, Bedingungen und Erscheinungen. Diese Gleichzeitigkeit – hier wäre eine Theorie der Zeit zu entwickeln[19] – entspricht der Struktur des „mystischen Bewußtseins", das sowohl im Christentum wie im Buddhismus auftritt.

Wir können hier nicht ins Detail gehen, müssen aber Folgendes festhalten: Natürlich gibt es kausale Abhängigkeiten, die unter der Kategorialität von Ursache und Wirkung beschreibbar sind: wenn (a) so (unter Bedingung x) (b). Aber (a) und (b) können als Manifestationen eines zugrundeliegenden Prinzips der Gleichzeitigkeit von gegenseitig abhängigen Strukturelementen begriffen werden. Dann ist die ontische Basis dessen, was in der Welt geschieht, nicht die undifferenzierte Einheit, sondern das sich selbst differenzierende und nur in dieser Differenz existierende *Feld von Prozessen*, die einander *gegenseitig bedingen*. Vielleicht ist es das, was Whitehead als „creativity“[20] bezeichnet, auf jeden Fall kommt es dem nahe, was christlich im Symbol der Trinität ausgesagt wird.

Nach dieser *Prozeß-Hermeneutik* ist nicht nur alles mit allem verbunden, sondern

- *erstens* ist jede Gestalt auf die andere bezogen und von ihr abhängig, und
- *zweitens* hat jede einzelne Gestalt gerade in dieser Relation ihre eigene Würde und Einzigartigkeit.

Diese beiden Aussagen widersprechen einander nicht, weil gegenseitige Abhängigkeit und jeweilige Einzigartigkeit nicht auf einen gemeinsamen Nenner, einen allumfassenden Grund oder ein letztes Prinzip zurückgeführt werden, sondern weil sie sind, was sie sind, indem sie „leer“ sind in bezug auf inhärente Eigenexistenz *(śūnya)*.

Was ist diese Leere? Sie besagt, daß keine Form, keine Aussage, keine Anschauung oder Erfahrung in sich selbst besteht, sondern daß sie sich selbst negieren, d. h. weiterschreiten muß, weil die Letzte Wirklichkeit diese unendliche Dynamik der *coincidentia oppositorum* der Leere-Fülle, Einheit-Vielheit usw. ist.

Diese Argumente klingen metaphysisch, aber sie sind im Buddhismus primär heilspragmatisch: Der religiöse Weg besteht darin, an nichts anzuhaften, an keiner Form, an keiner Aussage, an keiner Religionsgestalt, an keinem hermeneutischen Prinzip, auch nicht an diesem Satz. Hier wird die Hermeneutik zur Praxis der fortwährenden existentiellen Negation, die befreiend ist, weil sie radikal mit jedem Götzendienst der Begriffe aufräumt, und zwar nicht nur begrifflich, sondern existentiell-meditativ. Dem von außen schauenden Bewußtsein könnte dies als totale *Dekonstruktion* im Sinne einer *Destruktion* der Identität erscheinen. Aber es handelt sich vielmehr um ein Ergreifen des gegenwärtigen Augenblicks in seiner ganzen Komplexität, der als solcher das zeit-ewige Ganze zur Sprache bringt.

Dies ermöglicht den Mut zur Distanz von der jeweiligen vorfindlichen Identität. Und diese Distanz befreit zur Gelassenheit, die eigene Relativität nicht nur einzugestehen, sondern auch zu bejahen.

3. Dialogische Hermeneutik

Nach den bisherigen Ausführungen sind alle Aspekte innerhalb der Religionen wie auch die Religionen selbst ineinander verzahnt und dürfen nicht isoliert betrachtet werden. Es kommt hinzu, daß jede Betrachtung selbst schöpferisch ist, d. h. Interpretation interpretiert nicht nur die Geschichte von Bildern, Begriffen, Strukturen usw., sondern schafft sie auch jeweils neu. Wenn aber Religionen miteinander, ineinander, auch gegeneinander ihre jeweils vorläufige Identität finden, wie wir in diesem Buch zeigen wollten, so ist die Interpretation und „Selbstfindung" von Religion immer schon ein dynamisches Geschehen der intra- wie interreligiös vernetzten Wirklichkeit.

Religionen können, so sagten wir, nicht als feststehender „Gegenstand" betrachtet werden, der, einmal gegeben, gleichbleibend, unabhängig von Raum und Zeit des Beobachters, beschrieben werden könnte. Durch unsere Beschreibung gestalten wir den Gegenstand mit. Wir stehen der Geschichte nicht unabhängig und von außen her deutend gegenüber, sondern Geschichte *ist* unsere Deutung, zwar nicht völlig subjektiv, aber in einer Gemeinschaft von Interpreten *intersubjektiv*. Die Hermeneutik von Friedrich Schleiermacher (1768–1834) über Ernst Troeltsch (1865–1923)[21] bis hin zu Hans-Georg Gadamer (geb. 1900) hat diese Dynamik des Interpretationsgeschehens zwischen „Objektivität" und „Subjektivität" bewußt gemacht und darauf hingewiesen, daß wir die Dinge bzw. Begriffe (und die Religionen) nie nur *deskriptiv* betrachten können, sondern einen *Begriff* von diesem „Gegenstand" abstrahieren, der *normativ* wirkt, weil wir durch ihn hindurch die Geschichte wie durch eine Brille wahrnehmen. Eine völlig „objektive" Religionswissenschaft kann es deshalb wegen der Strukturen der Wahrnehmung und Interpretation nicht geben, und die Geschichte der Religionen, auch der Religionsbegegnung, ist dafür ein Beleg. Wohl aber kann es eine *selbstkritische Hermeneutik* geben, die die Methoden ihrer Verstehensprozesse als gegenseitig abhängige Faktoren im Prozeß der Geschichtsbildung der Religion(en) selbst begreift.

Aufgrund des selbstkritischen Aspektes, der dem Verstehen innewohnt, kann und muß sehr wohl zwischen einem „Hineinlesen" und einem „Herauslesen" aus dem Text unterschieden werden. Aber die hermeneutische Kritik von Ricoeur, Derrida, Lyotard und die moderne Semiotik und Interpretationswissenschaft haben nachgewiesen, daß es ein reines „Herauslesen" nicht geben kann: Die Kategorien unseres Bewußtseins sind ein Lichtkegel, ohne den wir nichts sehen würden. Der Lichtkegel wirft sein eigenes Licht, das am „Gegenstand" gebrochen wird und entsprechend modifiziert zurückstrahlt. Dadurch sehen wir etwas als Resultat der Interaktion, also des Interpretationsprozesses, von „Beobachter" und „Gegenstand". Die Geschichte der interreligiösen Begegnung zwischen Buddhismus und Christentum, wie wir sie nachzuzeichnen versucht haben, ist dafür ein sprechendes Beispiel.

Hinter diese wechselseitige Interpretationsdynamik, die Vergangenes im gegenwärtigen Wahrnehmungshorizont als normative Grundlage für zukünftig Programmatisches zusammenschaut, können wir nicht zurückgehen.

Dieser Sachverhalt bedeutet aber keineswegs, daß sich alles im Nebel der Beliebigkeit auflösen würde. Wir haben dies bereits oben (Teil B, I.1) mittels des dreipoligen hermeneutischen Schemas von „Interpretation – Erfahrung – historisch Gegebenem" zu zeigen versucht und wollen es hier weiter entwickeln:

HERMENEUTISCHES FELD

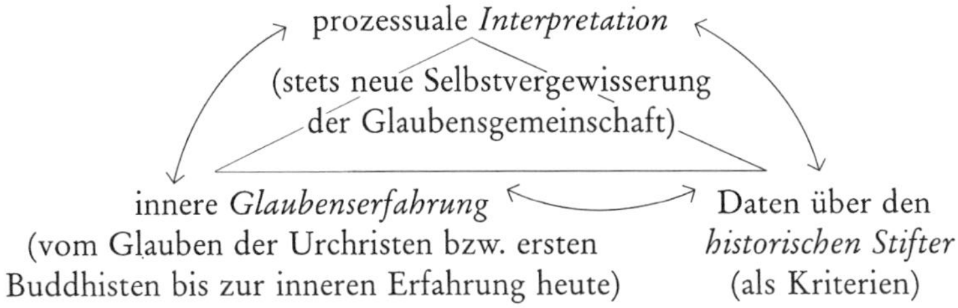

Das Interpretationsnetz hat Knoten bzw. Bezugspunkte (die Eckpunkte des Dreiecks) als aufeinander bezogene *Momente* des Interpretationsprozesses. Deshalb haben wir im Teil B, I für die historische Rückfrage plädiert. Die Struktur trifft in gleicher Weise auf Buddhismus und Christentum zu.

> *Für die Methodik des dialogischen Vergleiches gilt, daß es weder für Buddhisten noch für Christen den Buddhismus oder das Christentum gibt, auch nicht ein fixierbares Wesen derselben, sondern immer nur das Gewebe (Text) von wahrnehmender Kommunikation, Interaktion und Relation, das die geschichtlich sich wandelnden Traditionen ausmacht.*

Beide Religionen sind in sich zu vielgestaltig und historisch wandlungsfähig, als daß sie auf wenige Bildvorstellungen, Begriffe oder feststehende Sätze reduziert werden könnten! Ein Ergebnis unserer Darstellungen in den Teilen A und B ist ja dies: *Wie* jemand Buddha oder Christus bzw. Buddhismus und Christentum beschreibt, sagt nicht nur etwas über diese geschichtlichen Gestalten aus, sondern ebensoviel über den Interpreten selbst.

Der Mensch wird zum Menschen erst durch sein Gegenüber, und das Wort kommt zur Sprache im Gespräch. Die Religion/Tradition wird zur Religion/Tradition erst durch die Begegnung mit der anderen Religion/Tradition. Das ist das dialogische Prinzip, das, wie wir bereits sagten, im Sinne Martin Bubers auf die Begegnung mit dem Buddhismus angewendet werden kann.[22] Wenn verschiedene Menschen einander begegnen und verstehen wollen, werden Verstehensprozesse durch die Unterscheidung von „Unähnlichem" und „Ähnlichem" in bezug auf das je Eigene ermöglicht, d. h. der *Vergleich* ist jedem Verstehen immanent.

Jeder Vergleich bezieht sich auf einen gemeinsamen Punkt; jede Übersetzung ebenso. Verstehen hängt also an einer gewissen *Ähnlichkeit* von Subjekt und Objekt des Verstehens, nicht aber an Gleichheit. Für die Hermeneutik der Begegnung von Buddhimus und Christentum ist diese Ähnlichkeit in aller Unähnlichkeit wichtig und produktiv. Die Geschichte der Begegnung zeigt es: *Anknüpfungspunkte* und *Reibungspunkte* treiben das Interesse an der Begegnung und der Erkenntnis voran – wenn es nur noch eines von beiden gäbe, wäre die Begegnung unfruchtbar. In bezug auf Buddhismus und Christentum hat Michael Pye hervorgehoben: *Gemeinsam* sei beiden Traditionen die allgemeine Komplexität, die lange Geschichte in sehr unterschiedlichen Ländern, die missionarische Ausbreitung, der Minoritätenstatus ebenso wie die Erfahrung, Staatsreligion zu sein, sowie die Vielheit dogmatischer Formen und Standpunkte. *Verschieden* seien die jeweiligen Inhalte der ähnlichen Situationen.[23] Man könnte andere Kriterien hinzufügen, aber es gibt unbestreitbar ein „Überschneidungsfeld" bzw. eine genügend große „Schnittmenge", wie die Bilanz des Dialoges der letzten Jahrzehnte deutlich gemacht hat.

Neben dem Element der geschichtlichen Veränderung und Diskontinuität gibt es in den Religionen auch *Kontinuität*, die die Identität einer Tradition verbürgt. Das, was mit „Jesus Christus" gemeint ist, unterscheidet sich von dem, was mit „Gautama Buddha" gemeint ist, insofern sich eine Interpretationsgemeinschaft immer wieder neu darüber einigt, was *in dem Horizont* ihres jeweiligen Bildes oder Begriffes betrachtet werden soll. Die Gadamerschen Verstehenshorizonte, die Heinrich Ott für den interreligiösen Dialog in Anspruch genommenen hat,[24] überlagern einander wie Schnittmengen. Die Überlagerungen sind im Kern konturscharf und werden am Rand diffuser und offener. Das macht jede Interpretation und den interreligiösen Dialog zu einem offenen Geschehen. Im Dialog wird die Geschichte weitererzählt, und der Erzähler wird zum Mit-Handelnden im ursprünglichen Geschehen. *Kontinuität* ist demzufolge nicht das Bewahren eines einmal Gegebenen, sondern das *Geschehen immer neuer Aneignung* in einem Traditionsstrom. Das Gegebene als feststehende Substanz verstehen zu wollen – „kein anderes Evangelium", „kein anderer *dharma*" – ist hermeneutisch naiv und verdeckt nur die eigenen ideologischen Voraussetzungen, nämlich das Festhalten eigener Interessen, die man unter dem Deckmantel von Objektivität verbirgt. Das freilich hatte schon Nāgārjuna, wenn nicht Śākyamuni selbst, aufgezeigt und kritisiert.

Wenn Karl Barth etwa in seinem berühmten Paragraphen 17 der „Kirchlichen Dogmatik" erstaunt feststellt, daß man im Amida-Buddhismus einer Gnadenreligion mit der Betonung des Glaubens begegne, die sich nur darin vom Christentum unterscheide, daß sie den *Namen Jesus Christus* nicht habe – und daran hinge alles –, so ist das phänomenologisch falsch und hermeneutisch problematisch. Falsch, weil der Amida-Buddhismus eine *andere* „Geschichte" erzählt als das Neue Testament. Hermeneutisch problematisch, weil auch der „Name Jesus Christus" nur in einem bestimmten sprachlichen Rahmen Sinn ergibt, d. h. in ein Sprachgeschehen eingebunden ist und somit der jeweils neuen *Übersetzung* im oben genannten Sinn bedarf. Jeder Name ist in diesem Interpretationsgeschehen relativ: Die „Reichweite" des Namens hängt von der Anzahl und den Sprachen der am Gespräch beteiligten Personen ab, nicht nur von einer ihm absolut innewohnenden Realität. Anders ausgedrückt: Die Wirkungsmacht des Gesprächs liegt im *dialogischen Netz*, nicht in einer Namens-Substanz.

Diese hermeneutische Einsicht ist nicht neu. Man kann sie in Begriffen der christlichen Trinitäts-Theologie auch so formulieren: Gott der Vater wäre „Substanz" in diesem eben problematisierten Sinn, wenn er sich nicht im innertrinitarischen Geschehen, im *dialogischen Netz*, stets als ein Pol von drei Momenten erzeugte – der Vater *ist* nicht ohne den Sohn usw. Die Trinitätslehre drückt genau die hier empfohlene Interpretationsstruktur aus: Gott *ist* das Geschehen der sich in der trinitarischen Liebe vollziehenden Beziehungen.[25]

Jede Interpretation ist also dialogisch. Man muß deshalb mit soviel Zurückhaltung wie nur möglich die andere Religion *aus* und *in* ihrem eigenen Kontext interpretieren, sich aber dessen bewußt sein, daß dies auch immer ein Hereinholen in den eigenen Horizont ist. Das Betrachten des Anderen verändert das Eigene. Dadurch wird die Hermeneutik nicht nur zum kritischen Korrektiv der jeweiligen religiösen Tradition, sondern auch der Wissenschafts*methodik*, die meint, objektiv zu sein, in Wirklichkeit aber das Geschehen, das sie beschreibt, mit beeinflußt und gelegentlich erst hervorbringt.[26] Diese fortwährende Selbstdistanzierung und Rückkehr zum Eigenen *ist* in gewissem Sinne die Geschichte der Religionen. Wir brauchen das Andere, um uns selbst zu erkennen, werden dadurch selbst anders, kehren als Andere zurück, vermitteln dies den Partnern innerhalb der eigenen Gemeinschaft und dann wieder nach außen. Wenn man bedenkt, daß dieses „wir" jeweils unterschiedliche Identitäten innerhalb einer Tradition (konfessionelle, geographische, historische, individuelle) anzeigt und diese *innere* Pluralität einer gegebenen Religion mit einer ebenso differenzierten pluralen Wirklichkeit in der anderen Religion reagiert, wird die schwindelerregende Komplexität interreligiöser und interkultureller Kommunikation deutlich.

Daraus folgt, daß wir eine dialogische Sprache benötigen, die *vor-sichtig* in dem Sinne ist, daß sie erkennt, was ein Wort beim Partner an Verstehen oder Mißverstehen auslösen könnte, damit ein argumentativer Konsens geschaffen werden kann. Gleichzeitig muß eine solche Sprache *rück-sichtig* in dem Sinne sein, daß sie ihre eigene Bedingtheit durch die Tradition, aus der sie kommt, erkennt, damit das ursprünglich Gemeinte zu Wort kommen kann und nicht durch sprachliche Gewohnheiten verstellt wird.

Wahrheit im Sinne der authentischen Wiedergabe des ursprünglich Gemeinten wird also im Dialog gemeinsam *gesucht* und nicht einfach vorgefunden. Die Geschichte des buddhistisch-christlichen Dialoges hat die Teilnehmer und ihr Verstehen von „Buddhismus" und „Christentum" bereits verändert.

> *Dialog ist nichts anderes als der bewußte Vollzug der ohnehin andauernden Begegnung, allerdings so, daß Identität nicht nur – aber durchaus auch – durch Abgrenzung erzielt wird, sondern ebenso durch das gemeinsame Gespräch und Fragen, was Identifikation und Abgrenzung voraussetzt. Man kann dies als gemeinsames Lernen bezeichnen.*

Ohne diesen lebendigen Austausch wären die Religionen tot. Auch Buddhisten, so sahen wir, schauen diesbezüglich kritisch auf ihre eigene Tradition. Denn Lernen bedeutet, den eigenen Mangel zu erkennen. Im bisherigen Dialog haben sich die Partner allerdings oft gescheut, die Erkenntnis des eigenen Mangels zuzulassen. Angemessen wäre vielmehr die Verehrung des Unbegreiflichen, das demütige Innehalten, auf das der Dialog nie verzichten kann.

4. Pragmatische Erwägungen

a) Dialog und Mission

An diesem Thema offenbaren sich die (meist verborgenen) hermeneutischen Voraussetzungen der Religionsbegegnung: Gibt es eine (transzendentale oder phänomenale) Einheit der Religionen? Gibt es mehrere Wahrheiten oder eine? Wie läßt sich dies überhaupt entscheiden, und wie kann mit mehreren Wahrheitsansprüchen umgegangen werden – in Toleranz oder durch Missionierung des Anderen? Wissenschaftstheoretisch ausgedrückt: In welchem Verhältnis stehen deskriptive Religionswissenschaft und normative Theologie zueinander? Gibt es eine Hermeneutik, die das Konträre der Positionen und Methoden so integriert, daß ein fruchtbarer Diskurs zwischen beiden Erkenntnisgewinn und nicht Machtgewinn für die eine oder andere Seite bringt?

Wir wollen einige historische Bemerkungen vorausschicken. Die verschiedenen Religionen und Kulturen sind, mit Ausnahme von Judentum und Islam, im wesentlichen erst seit dem 15./16. Jahrhundert ins Blickfeld und seit dem 19. Jahrhundert als Anlaß zu kritischer Selbstdistanzierung in den Horizont der Europäer getreten. Es gab Ende des vorigen Jahrhunderts vor allem durch die Sprachwissenschaft, durch die Gelehrsamkeit in Sanskrit und in der Orientalistik Gründungen entsprechender kulturwissenschaftlicher Institute und Lehrstühle für die einzelnen Länder, und auch innerhalb der evangelischen bzw. katholischen Fakultäten schuf man Institute und Lehrstühle, die sich mit anderen Kulturen und Religionen beschäftigen. Dies geschah seinerzeit unter dem Blickwinkel der Missionen. Und die Missionen waren eingebunden in ein Gesamtkonzept europäischen Selbstverständnisses, das durch Fortschrittsoptimismus und den selbstverständlichen Drang zur Ausbreitung des scheinbar überlegenen europäisch-amerikanischen Modells von Erkenntnis und Kultur gekennzeichnet war. Dieses Selbstverständnis hat sich nach den beiden Weltkriegen, besonders nach dem Zweiten Weltkrieg, radikal verändert. Der Eurozentrismus ist zumindest im Prinzip überwunden, und auch das Christentum hat seinen Platz in dieser veränderten Welt zu finden. Jede „Einheitsaussage" oder „Weltgeschichte" ist an dieser sich selbst relativierenden Geschichte gebrochen.

Religionen, die eine universale Weltdeutung und einen entsprechenden Lebensanspruch vermittelten, so auch Buddhismus und Christentum, haben immer schon auf andere Kulturen ausgegriffen. Jede derartige Religion hat nach ihrem Selbstverständnis nicht nur das Recht, sondern die Pflicht, sich selbst darzustellen und anderen Menschen vorzustellen. Die christliche Missionsgeschichte muß daher unter zwei Gesichtspunkten betrachtet werden:

- Auf der einen Seite spiegelt sie die legitime Darstellung des Zeugnisses des christlichen Glaubens in der Welt als Heilsangebot für alle Menschen wider.
- Auf der anderen Seite jedoch ist sie untrennbar mit der Kolonialgeschichte Europas bzw. Nordamerikas verbunden, die, wie wir in Teil A sahen, in der buddhistischen Welt tiefe Verletzungen hinterlassen hat.

Aus diesem Grunde ist „Mission" problematisch geworden. Mission verdeckt und verhindert aufgrund des zweiten Gesichtspunktes eher das, was dialogisch zu tun geboten ist, nämlich Zeugnis zu geben von dem Grunddatum der christlichen Geschichte, also von der unbedingten Liebe Gottes in der Person Jesu Christi. Wenn die christlichen Kirchen aus Macht- und/oder Identitätsinteressen an dieser Missionsgeschichte festhalten und sich nicht zu der Schuld bekennen, die mit ihr verbunden ist, werden die christlichen Partner im Dialog der Religionen das nicht einbringen können, was sie als spezifisch christlichen Beitrag einbringen sollten: die Erfahrung, daß das Heil Gottes allen Menschen zugesagt und tatsächlich *unbedingt* wirksam ist.

In der griechischen Bibel hat der Begriff des Zeugnisses und der Sendung für die ganze Menschheit eine zentrale Bedeutung im Sinne eines universalen Geltungsanspruches der Präsenz von Wahrheit, wie sie in Jesus Christus geglaubt wird. Der universale Geltungsanspruch ist aber nicht abstrakt, sondern eingebunden in ein spezifisches und kulturbedingtes Weltbild. Er muß deshalb anders zur Sprache gebracht werden, um das, was er *theologisch* meint, hermeneutisch reflektiert unter den Bedingungen interreligiöser Kommunikation aussagen zu können, wenn nicht die Gefahr von Begriffs- und Verhaltensverwirrung akut werden soll.

Die Welt war für die frühen Christen relativ klein, das Weltbild betraf die Kenntnis des damaligen Kosmos, im wesentlichen des Mittelmeerraums. Man hatte keine Ahnung von dem, was dahinter lag, schon gar nicht von den indischen, chinesischen und noch weiter entfernten Kulturen. Das hat sich geändert. Daß die Botschaft des Evangeliums eine Botschaft für jeden Menschen ist, war damals so richtig wie heute. Das kann aber nicht bedeuten, daß die Denk-, Sprach- und Institutionsformen, d. h. die Entwicklung zu Kirche und Theologie, wie sie sich in den letzten 2000 Jahren vor allem in Europa vollzogen hat, verbindlich und universal wäre für den Rest der Welt – und auch für *heutige* Theologie in Europa.

Das heißt: Im Kern ist die *Botschaft* von der unbedingten Liebe Gottes, wie sie sich in Jesus Christus zeigt, für jeden Menschen bedeutsam. Das bedeutet jedoch nicht, daß die *bestimmte Form des Christentums*, wie sie sich institutionell und auch theologisch entwickelt hat, universal wäre. Erkenntnis ist partikular und an eine jeweils ganz bestimmte Tradition und Sprache gebunden. Sofern aber, wie es heute der Fall ist, das Interpretationsfeld *interreligiös* wird, sind davon die hermeneutischen Methoden, d. h. die Möglichkeitsbedingungen von Wahrheitserkenntnis, betroffen.

Gerade indem im Christentum Christus als die Wahrheit selbst verstanden wird, darf diese nicht mit historisch in Raum und Zeit bedingten Wahrheits*aussagen* identifiziert werden, weil sonst Bedingtes absolut gesetzt würde, was, buddhistisch gesprochen, eine Form versklavenden Anhaftens und, christlich gesprochen, Vergötzung von Begriffen und menschlichen Formen wäre. Glaube, kultische Praxis oder auch Meditation bzw. Gebet werden im Christentum, aber auch im Buddhismus, nicht selten als Heils*mittel* mißverstanden.[27] Sowohl im Christentum als auch im Buddhismus ist eine solche Objektivierung des in der Religion Erfahrenen aber kritisiert worden: Luthers wie Shinrans Gnadenlehren, nach denen der Glaube Antwort auf ein *unverfügbares* Geschehen ist, wie auch die Erfahrung im Zen, in der die zuvorkommende Realität der *ursprünglichen* Erleuchtung unbedingt ergriffen wird, damit sich das Ich überhaupt lassen kann, besagen auch dies: Wenn das Heil oder die Befreiung an einer bestimmten Geisteshaltung oder Willensübung des Menschen hinge, wäre es ungewiß, weil geistige Faktoren und der Wille relativ und zeitlich bedingt sind, zumal man sich der eigenen geistigen Reinheit oder eindeutigen Motivation nie ganz sicher sein kann. Nur wenn das Heil von *keinerlei* menschlicher Haltung und Aktivität abhängt, ist es gewiß. Glaube bzw. ein meditatives Bewußtsein ist die *Öffnung* zum Empfang der *unbedingt* geschenkten Liebe Gottes – für Christen wird dieselbe in der Liebesgemeinschaft mit Christus realisiert, für Buddhisten in der transrationalen Einheitserfahrung, in der die Buddha-Natur zutage tritt.

Christlich gesprochen läßt sich das Argument so zuspitzen: *Wenn Gott unbedingt liebt, kann diese Liebe nicht nur bestimmte Menschen betreffen und andere ausschließen. Sonst wäre die Liebe bedingt.* Also muß nach der Heilslogik unbedingten Liebens das Heil faktisch universal sein. Weil demzufolge Gottes Liebe auch jedem menschlichen Erkennen derselben vorausgeht, *sind* alle Menschen im Heil, ob sie es wissen oder nicht. *Erkenntnis* ist Überwindung des Zweifels und die existentielle Realisierung dieser Heils-

Einheit, die symbolisch z. B. unter den partikularen Symbolen des mystischen Leibes Christi oder der universalen Buddha-Natur versprachlicht worden ist. Dieses Geschenk Gottes ist für Christen in Jesus Christus unzweideutig erschienen, aber nicht nur dort, wie die Logik des Heils und auch die tatsächliche Heilsgeschichte vor, nach und außerhalb christlicher Heilsdeutung lehrt. Deshalb gilt: „Glaube an Christus bedeutet, für alle Wahrheit und alle Wirklichkeit offen zu sein – nicht an einer Wahrheit und einer Wirklichkeit anzuhaften. Auf Christus vertrauen heißt, alle Vorurteile sowie Verteidigungsstellungen fallenzulassen und alles zu empfangen, was nur empfangen werden kann. Nur *dieser* Glaube an Christus kann Buddhisten empfohlen werden."[28]

In buddhistischer Sprache ließe sich dieselbe Einsicht z. B. im Konzept der Leere *(śūnyatā)* und in dem berühmten Zen-Kōan „Offene Weite – nichts von heilig" wiederfinden, die das Nicht-Anhaften an jeder nur möglichen Verdinglichung einer Vorstellung bedeuten: auch die Leere, wenn sie zum Bild oder Konzept gerinnt, an dem man anzuhaften droht, muß weiter entleert werden. Der Buddhismus hat darum alle religiösen Aussagen, kultischen Formen usw. als *upāya* bezeichnet, als geschicktes und vorläufiges Mittel, das auf die Realität des Letztgültigen hinweist, nicht aber mit ihr identisch ist. Entsprechend flexibel, einladend-tolerant und nicht ausgreifend-aggressiv war der Buddhismus im allgemeinen in der Geschichte seiner Ausbreitung. Dies könnte ein Modell für den zukünftigen Umgang der Religionen miteinander sein. Nicht aus opportunistischer Anpassung an den „Zeitgeist", sondern aus Einsicht in die innere Dynamik beider Religionen, die im Dialog der letzten Jahrzehnte möglich geworden ist.

Bedeutet dies einen kulturellen Relativismus, der nur noch durch den Verweis auf ein allgemeines und humanistisch gedeutetes „Wesen" der Religion oder auf ein wenig bestimmtes „Numinoses" zusammengehalten wird? Ist es überhaupt hermeneutisch möglich, eine allen Religionen zugrunde liegende Grunderfahrung anzunehmen, die als Ausgangspunkt dialogischer Kommunikation taugen würde?

b) Ein gemeinsamer Grund aller Religionen?

Die Frage läßt sich aus folgendem Grund weder bejahen noch verneinen: Jeder Interpret dieses Problems ist in einer bestimmten Tradition verwurzelt, in einer spezifischen Sprache und Denktradition. Dieselbe wirkt als Matrix, durch die die Welt unwillkürlich in einer Perspektive, d. h. spezifisch und bedingt, wahrgenommen wird. Auch das, was über das Transzendente, das Numinose oder über Gott ausgesagt werden kann, erscheint immer nur in einer ganz bestimmten Perspektive. Es gibt keine Meta-Perspektive, von der her ein Mensch, gleichsam über der Welt schwebend oder aus der Perspektive Gottes *(sub specie Dei)*, auf die Welt der religiösen Vielheit herabblicken könnte, um die Relativität der verschiedenen Religionen von außen werten zu können. Andererseits nimmt das beobachtende und interpretierende Bewußtsein aber auch wahr, daß es andere Perspektiven gibt, die in sich ebenso kohärent und authentisch sein können wie die eigene.

Natürlich gibt es Grunderfahrungen[29], die allen Menschen gemeinsam sind – Menschen sind in ihrer Leiblichkeit einander sehr ähnlich, und entsprechende Impulse sind universal. Auch die Sehnsucht nach erfülltem Leben kann als universal gelten; aber dies sind sehr allgemeine Aussagen. In welchen seelischen Bildern Menschen „erfülltes Leben" erfahren und was sie darunter verstehen, wird in den Kulturen in je eigenem sprachlichen und religiösen Kontext unterschiedlich interpretiert. Sprachen und Religionen sind verschieden und lassen sich nicht auf einen gemeinsamen Nenner reduzieren.

Aber sie sind auch wieder nicht so unterschiedlich, daß sie überhaupt nicht in Verbindung miteinander treten könnten. Die Geschichte der Religionsbegegnung lehrt, daß man sich offensichtlich verständigen und dabei Erkenntnis gewinnen kann, daß Sprachen übersetzt und Religionen miteinander verglichen werden können. Der Versuch, das zu finden, was verschiedene Religionen unter „Gott" verstehen und was im Buddhismus das funktionale Äquivalent für diesen Begriff wäre, hat nicht etwas ein für allemal Fixiertes finden lassen, sondern Erkenntnisse gebracht, die für beide Dialogpartner das Verstehen ihrer eigenen Voraussetzungen wie auch der des Partners vertieft haben: Es geht dabei um etwas, das einen letzten Wert darstellt, ein Absolutes, auf das man sich unbedingt verläßt. Doch dieser „Text" wird in den einzelnen Religionen in jeweils unterschiedlichen „Texturen" anders begriffen und in Form gebracht. Und so wäre es problematisch zu behaupten, es gäbe den *einen* gemeinsamen Grund, während die verschiedenen Religionen nur die unterschiedlichen Ausformungen desselben wären. Selbst diese Behauptung sagt sich ja wiederum in einer ganz bestimmten Sprache aus und bleibt darum perspektivisch bedingt.

Die „Einheit der Wirklichkeit" liegt nicht in den Erscheinungen selbst, sondern sie erscheint in einer transrationalen Bewußtseinserfahrung (mystische Erfahrung), die wiederum kontextabhängig in verschiedenen Bildern erscheint und unterschiedlich formuliert wird.

c) Sprache und Macht

Überall, so haben wir gesehen, hat der Dialog zwischen Buddhisten und Christen Fortschritte gemacht. Überall wird ihm aber auch mit Mißtrauen begegnet. Was sind die Gründe? Ist es die Angst der jeweiligen Partner, vereinnahmt zu werden, oder die Angst vor der Verfälschung der eigenen kulturellen Identität, die sich oft als Warnung vor Synkretismus[30] bzw. Religionsvermischung artikuliert? Oder sind die hermeneutisch-sprachlichen Schwierigkeiten die unüberwindliche Barriere, weil man zunehmend erkennt, daß die Konstruktion sprachlicher Gebilde, die allgemein zu sein beanspruchen, unter Ideologieverdacht stehen, da sie doch spezifische Positionen (wie z. B. die des säkularen Humanismus) für Allgemeingut ausgeben?

Es gibt kein interreligiöses Esperanto, so wie sich auch eine interkulturelle Esperanto-Sprache nicht durchgesetzt hat und nicht durchsetzen kann, denn das Esperanto müßte ja wieder in einer ganz bestimmten Sprache erklärt werden. Und so ist es auch mit den Religionen: Wir können keine Einheitsreligion schaffen und sollten es auch nicht wollen, weil dies eine geistige Verarmung wäre, eine Abstrahierung von den konkreten Mythen, Geschichten, Lebenserfahrungen und Ansprüchen der verschiedenen Menschen und Kulturen, ein kümmerliches Surrogat also.

Aber Sprachen wie Religionen kann man, mit Aufwand und Mühe, lernen und verstehen. Wie weit man sich dabei in eine andere Religion hineinbegeben kann, hängt von vielen Faktoren ab, maßgeblich auch von der persönlichen Biographie und der hermeneutischen Bewußtheit. Jedenfalls kommt dies einem nicht leichten Lernprozeß gleich, der neue Erfahrungen sammeln läßt und die Person verändert. Solche Erfahrungen macht jeder Mensch, der einmal eine längere Zeit im Ausland lebt oder mit Ausländern in der eigenen Stadt zusammenwohnt – er bleibt nicht derselbe, denn Wertvorstellungen, auch die eigene Religion, relativieren sich. Man wird gewahr, daß es andere Möglichkeiten und Interpretationen des Lebens gibt.

Dies ist auch deshalb eine den Reifungsprozeß fördernde Bereicherung, weil so die Eigenarten der eigenen Sprache und der eigenen Religion in ganz besonderer Weise bewußt werden. Veränderung in der Relation zum anderen ist die Geschichte jeder Religion, die in der Begegnung mit anderen sich selbst entwickelt und verändert. Man denke nur an die Geschichte des Christentums, wie es sich von den frühen Anfängen im Judentum und der hellenistischen Umwelt durch den Einfluß des Platonismus, Neuplatonismus usw. verändert hat, wie es dann im Mittelalter durch den Islam bereichert worden ist, insofern sich durch die Renaissance und die Wiederaufnahme der griechischen Antike vermittels des Islam die Hochscholastik entwickeln konnte, und wie es jetzt seit etwa 100 Jahren zunehmend auch aus anderen Kulturen und anderen Ländern, in denen sich ein nicht-europäisches Christentum herausbildet, bereichert wird. (Ähnliches gilt für den Buddhismus bis hin zu den jetzigen Transformationen, die er durch seine Ausbreitung nach Europa und Amerika erfährt.)

Hier erhebt sich ein gewichtiges Bedenken: Werden jetzt etwa durch den Dialog die außereuropäischen Kulturen, die von den Kolonialmächten zuerst materiell ausgebeutet wurden, nun auch noch spirituell ausgeplündert? Dies ist eine sehr ernste Frage, und entsprechende Tendenzen gibt es tatsächlich. Das ist gefährlich, wird aber nur dann zu vermeiden sein, wenn besonders die jeweils dominierenden Religionen nicht mehr auf ihren eigenen Positionen beharren, sondern bereit werden, sich zu bewegen, d. h., wenn die Menschen in den anderen Religionen nicht *Objekte* der Missionierung sind, sondern Partner: In einer Partnerschaft verändern sich beide, insofern beide einen gemeinsamen Weg gehen. Sie lernen voneinander, nehmen voneinander, aber sie geben auch einander. Nur durch den Wechselprozeß des Gebens und Nehmens kann verhütet werden, daß der eine Partner dominiert und den anderen beraubt, ihn psychisch, materiell und auch spirituell ausbeutet. Wir sprechen deshalb von *Identitätspartnerschaft*. Aber die Gefahr der Dominanz und Ausbeutung ist groß. Und sie ist ein besonderes Problem für das Christentum, weil die Kirchen in der keineswegs nur erfreulichen Lage sind, reich zu sein und dadurch zu dominieren, daß sie über die scheinbare Weltsprache, das Englische, verfügen. Auch der in diesem Buch beschriebene Dialog sowie die Hermeneutik des Dialogs, die diese Probleme bewußtmacht und vermeiden will, daß Christen oder christlich geprägte Denk- und Lebensformen sich als Herr der Welt gebärden, wird meistens in Englisch formuliert, und schon in dieser sprachlichen Dominanz steckt ein immenses Problem.

d) Sprache und spirituelle Praxis im Dialog

Gern wird behauptet, das Christentum verstehe sich als Religion des Wortes und identifiziere sich daher in besonderem Maße mit seiner sprachlichen Gestalt, während der Buddhismus sich eher im Schweigen beheimaten würde. Dieses Vorurteil trifft so allgemein keineswegs zu, wie wir bereits im Teil B, II.1 erörtert haben. Die indische buddhistische Philosophie (davon abgeleitet auch die tibetische) und in eigener Weise auch die chinesischen, koreanischen und japanischen Traditionen haben außerordentlich differenzierte Sprachbilder und Begriffssysteme entwickelt. Sie haben dabei Sprache nicht nur vorgefunden oder uminterpretiert, sondern auch neu geschaffen. Rhetorisch begabt und hermeneutisch geschult, haben besonders die indischen Buddhisten im frühen Buddhismus wie auch später im Mahāyāna die philosophische Kontrovers-Debatte zu einer Blüte geführt, die kaum ihresgleichen in der Welt findet. In diesen Traditionen kann die christliche Theologie sprachbewußte Partner finden, wenn nicht das Gespräch durch die ausgesprochene oder unausgesprochene missionarische Absicht vieler Christen oft beendet würde, bevor es überhaupt begonnen hat, zumal das Christentum weltweit viel stärker als andere Religionen über die Macht der Medien mitverfügt, was nicht selten berechtigtes Mißtrauen erweckt.

Sprache eröffnet vor allem (aber nicht nur) den verbalen Dialog. Der verbale Dialog ist wichtig, aber er betrifft nur *eine* Ebene der interreligiösen Kommunikation. Spirituelle Praxis, die Motivationen und Bewußtseinsformen intensiviert oder verändert, führt meist in tiefere Schichten des Menschlichen und damit auch des Verstehens. Christen praktizieren zunehmend Zen und Yoga, sie folgen Sufi-Meditationen oder studieren die Kabbala. Dies ist eine große Chance zur Vertiefung der religiösen Wahrnehmung, weil durch Meditation das nur Angelesene oder extern Vermittelte (Werte, Glaubensvorstellungen usw.) zur eigenen und individuell geprägten Erfahrung werden kann, die ganzheitlich ist, weil sie den Körper wie die Gefühlsbereiche und auch das Denken einbezieht und transformiert.

Den sprachlich-begrifflichen Dialog gegen die Begegnung in der Imagination von Symbolen und Bildern und mit der meditativen Ebene des Schweigens ausspielen zu wollen, entspräche aber nicht den Erfahrungen in der buddhistisch-christlichen Begegnung, die wir besonders unter Teil B, II.2.b dargestellt haben. Denn meditative Praxis vollendet sich in der „Rückkehr zum Marktplatz", wie es im Zen heißt, und das bedeutet, daß sich das meditative Bewußtsein im sprachlichen Ausdruck verkörpert. Sprache kann dadurch tiefere Qualitäten gewinnen, was angesichts so vieler entleerter Bilder, begrifflicher Worthülsen, inflationärer Imperative und ideologischer Schlagwörter dringend notwendig erscheint. Mehr noch, angesichts der Welle von manipulierten Bildern in der Multi-Media-Gesellschaft, durch die eine Macht ausgeübt wird, die Selbstverantwortlichkeit und Freiheit des Individuums untergräbt, ist die meditative Freiheit von Bildern und Worten eine psychische und spirituelle Hygiene, die für das Leben selbst notwendig werden kann. Der schweigende und sprachliche Dialog zwischen den Religionen könnte, so unsere Hoffnung, ein kritisches Gegengewicht zur manipulativen Vernetzung sprachlich/bildlicher Strukturen in der Medienindustrie bilden, welche einer immer stärkeren Konzentration unterliegt und das hermeneutische Prinzip von Einheit und Vielheit konterkariert, das für die Koexistenz der verschiedenen Kulturen und Religionen notwendig ist. Daß diese Hoffnung berechtigt ist, zeigen Entwicklungen wie die buddhistisch-christlichen Austauschprogramme oder der „Engagierte Buddhismus" sowie die christlich-asiatische Befreiungstheologie (B, II.2.b).

Im Dialog vollzieht sich demnach, was buddhistisch gesprochen als fortschreitende Befreiung vom Anhaften an Konzepten und Vorurteilen, christlich gesprochen als die befreiende Wirkung des Heiligen Geistes bezeichnet werden kann.

e) Hermeneutik der Identität: das Eigene, das Andere und das Fremde

Wir unterscheiden die Kategorien des „Anderen" und des „Fremden" in folgender Weise. Das Andere ist das, was in den Wahrnehmungshorizont tritt und perspektivisch mit dem Eigenen in Beziehung gesetzt wird. Das Fremde entzieht sich partiell dieser Beziehung, es kann noch nicht oder nicht mehr integriert werden. Perspektiven sind Projektionen. Die Perspektiven wechseln mehrfach, wenn sich angemessenes, d. h. am „Gegenstand" und nicht nur am „Ich" gemessenes Verstehen ereignet. Wahrnehmung, bei der das Andere weder vorschnell in das Eigene vereinnahmt noch distanziert abgewehrt, sondern verstanden wird, bedarf der delikaten Balance von Nähe und Abstand in einem kontextuell sich ständig neu erschaffenden Wahrnehmungsprozeß. Verstehen ist ein Resonanzphänomen. Man muß leer werden, um das Andere zu verstehen. Nur so gelingt der notwendige Perspektivenwechsel der Wahrnehmung, der das Geschehen „zwischen" mir und dem Anderen ermöglicht.

Die Traditionsbildung in den Kulturen ist ein Prozeß der Selbstidentifikation durch *Abgrenzung* vom Anderen. In der individuellen Entwicklung wird ab einem bestimmten Zeitpunkt die symbiotische Einheit mit der Mutter zerbrochen, das Ich entwickelt sich in der Entdeckung des Anderen, das es herbeirufen und auch manipulieren kann. Das Andere ist somit *relational* der Spiegel, durch den erst Selbstverstehen möglich wird, es ist notwendiges Gegenüber. Später bedarf das Individuum der Zugehörigkeit zu einer Gruppe. Auch das „Wir"-Gefühl (einschließlich sprachlicher und mentaler Konsistenz) entwickelt sich in Aneignung und Abgrenzung zugleich, d. h. „wir" steht „den anderen" gegenüber. Die Gruppe wird durch Verallgemeinerung von Merkmalen als Einheit einer relativ stabilen Struktur begriffen. Und diese Struktur ist nicht nur von kognitiven Elementen geprägt, sondern vor allem von affektiven Bewertungen besetzt.

Es kommt aber noch ein wesentlicher psychologischer Faktor hinzu: Das als das „Andere" erlebte Gegenüber ist in hohem Grade der eigene Schatten, d. h. die Summe der verdrängten und nicht verwirklichten Realitätsbereiche des eigenen Wesens. Diese Verdrängung kann aus der individuellen Biographie herrühren oder aus der Diskrepanz eigener Ansprüche zu den geltenden Kulturstandards. Das Andere als das Verdrängte wird dann um so heftiger abgelehnt, je näher es den eigenen Identitätsmerkmalen liegt.

Um die Identifikation und Kommunikation zu vereinfachen, wird oft *ein* Merkmal verabsolutiert, d. h. *der* Deutsche, *der* Jude, *der* Muslim soll dann *diese* spezifische Eigenart aufweisen. Kulturelle bzw. religiöse Identität vermittelt sich in der Akzeptanz von solchen oft vereinfacht wahrgenommenen Kulturstandards, die als solche nur erscheinen können, wenn das jeweils Eigene als different von der Praxis der Anderen erfahren wird, d. h. Identifikation geschieht durch Abgrenzung. Das Andere ist damit Quelle der Selbsterkenntnis und Selbstbejahung – man weiß, wer man ist, wenn man zu sagen vermag, wer man nicht ist oder nicht sein möchte. Soziale oder religiöse Urteile sehen den Anderen durch die „Brille" dieser Selbstvergewisserung, und der ganze Prozeß kann als reziproke Identitätsbildung begriffen werden.

Das Andere erscheint unter zwei Bedingungen als *Fremdes*:

a) wenn grundsätzlich ein Verstehen des Anderen nicht möglich ist, weil analoge oder kontrastierende Erfahrungen in der eigenen Sozialisation fehlen;

b) wenn aus individuell bedingten oder durch politische Konstellationen hervorgerufenen Gründen das Andere kraft seiner Faszination oder seines Machtanspruchs nicht mehr stabilisierend, sondern bedrohlich für die eigene Identität erlebt wird, weshalb es dann ausgegrenzt werden soll.

Das Fremde entsteht nicht durch Abgrenzung, sondern durch *Ausgrenzung*. Denn es ist nicht mehr das Andere, das im Prozeß der Selbstidentifikation in Beziehung zum Eigenen steht, sondern es ist das wesentlich Unverstandene, dem gegenüber die Relation zerstört ist. Damit ist die Identitätsbildung des Eigenen wie des Anderen gefährdet.

Das Fremde oder der Fremde erscheint in Mythen und Erzählungen in der Religionsgeschichte sehr häufig als ambivalenter Gast, der unversehens anklopft und sich später als Gottheit offenbart. Es ist dies das Motiv des ambivalenten *Anderen*: Es ist un-heimlich, d. h. es drängt den Menschen, aus sich herauszugehen oder über sich hinauszuwachsen, seine eigene Identität zu übersteigen und sich der neuen Situation als gewachsen zu erweisen. Gelingt es jedoch nicht, das Fremde als zu realisierende Möglichkeit des Eigenen anzunehmen, also „Gott“ gebührend zu empfangen, erweist sich der oder das Fremde als zerstörerisch und entpuppt sich als die eigene Verdammung, d. h. es ist zum Feind geworden.

Das Fremde wird zum *„Feind“*, wenn das Andere nicht als Chance begriffen wird, sondern wenn sich das Subjekt abgrenzen zu müssen glaubt bzw. wenn umgekehrt das/der Andere sich der oben beschriebenen individuellen oder kollektiven Manipulation widersetzt und mit Gegenprojektionen reagiert. Zur *Stabilisierung* der nun gefährdeten Identität, vor allem der Zusammengehörigkeit von Gruppen, werden dann *Feindbilder* konstruiert, die eine Eigendynamik im oben angedeuteten reziproken Sinn gewinnen. Das heißt, unter dem Wahrnehmungsmuster des Feindbildes nimmt man genau das wahr, was man wahrnehmen will, um die eigene Identität zu stabilisieren, die durch den Übergang des Anderen zum Fremden bedroht worden war.

f) Pluralismus, Identität und Fundamentalismus

Pluralismus und Identität erscheinen in der Debatte um den Charakter der interreligiösen Begegnung oft als Widerspruch. Pluralismus bedeutet Gleichberechtigung von Verschiedenem, Identität sucht nach Kontinuität in Abgrenzung, die sich oft in Abwertungen des Fremden auswirkt. Sind nicht aber alle Religionen synkretistisch, d. h. Synthesen aus ursprünglich verschiedenen Traditionssträngen?[31]

Wollte man Religionen künstlich und von einer Einheits-Theorie her synthetisieren, hätte diese Religionensynthese mit Sicherheit kein Leben. Religionen sind aber gewachsene Synthesen, und sie bleiben nur lebendig, wenn dieser synthetische Prozeß (der auch Abstoßung und Überwindung von eigenen alten wie auch fremden Denk- und Verhaltensmustern einschließt) ständig weitergeht. Das, was wir als religiöse Strömungen und Bewegungen über die Jahrhunderte erkennen können, hat immer irgendwo eine Wurzel, die mehrgliedrig ist. Alle heute bekannten Religionen wurzeln in mehreren Kulturen oder mehreren Ursprungssituationen. Selbstverständlich auch das Christentum. Das, was wir heute als protestantisches, katholisches oder orthodoxes Christentum kennen, hat viele Wurzeln und unterschiedliche geistige Einflüsse erfahren, wie bereits die konfessionelle Pluralität belegt. Religionen sind überwiegend integrativ, Ideologien hingegen vollziehen die Selbstidentifikation durch Ab- und Ausgrenzung. Religionen sterben dann ab, wenn sie zu Ideologien werden, wenn sich ihre Identität verfestigt und sie sich nicht mehr bewegen und Neues aufnehmen können. Wir nennen das analog zu biologischen Prozessen den gleichzeitigen Verlauf von Dissimilation und Assimilation: Eine geistige Bewegung, eine Kultur, eine Religion kann assimilieren, was ihr entspricht, was gleichsam der Entfaltung ihrer spirituellen Dynamik bzw. ihrem eigenen „Zentrum" entspricht.[32] Das kann für Religionen zuzeiten einschneidende Korrekturen, Reformationen und fundamentale Transformation bedeuten im Sinne der Wieder- oder Neuentdekkung dessen, was in der Dynamik dieser Religion angelegt ist. Eine Religion wird aber dissimilieren, was ihr diametral entgegengesetzt ist. Nehmen wir an, wir würden aus irgendeinem Grunde Menschenopfer wieder aufnehmen wollen – und es gäbe ja durchaus äquivalente moderne Formen der Mißachtung und Zerstörung des Menschen. Dies wäre vom christlichen Glauben her ausgeschlossen, denn es widerspräche dem Gedanken der Gottebenbildlichkeit des Menschen und der Nächstenliebe. Es könnte also nie assimiliert werden. Mit ähnlicher Tendenz könnten Buddhisten argumentieren: Menschen- und Tieropfer sind inakzeptabel, weil sie der Buddha-Natur aller Lebewesen, die ihre Würde begründet, und der karmischen Verknüpfung sowie der Eigenverantwortlichkeit aller Wesen widersprechen.

Jede Tradition ringt geschichtlich um ihre immer wieder neu zu gestaltende Identität, und sie kann dabei Anderes aufnehmen und als falsch Erkanntes abstoßen. Genau dies geschieht heute weltweit. Die Religionen befinden sich in einer fundamentalen Krise angesichts des Säkularismus bzw. der ökonomisierten Kultur, in die sich die Welt hinein entwickelt. Das ist in Indien nicht anders als in Japan oder in Europa. Alle Religionen stehen daher der Frage gegenüber, was eigentlich ihr unverwechselbarer und unverzichtbarer Beitrag für die eine Menschheit ist, nicht nur, um die religiösen Institutionen zu legitimieren und zu stärken, sondern um einen selbstlosen Beitrag für die Menschen zu leisten, entsprechend dem Ursprungsimpuls der jeweiligen Religion. Daraus ergibt sich die hermeneutische Aufgabe: Wie kann z. B. das Leben und Geschick Jesu und das Leben und Geschick des Buddha heute nicht einfach in gegenseitiger Abgrenzung erkannt werden, sondern im Raum der gemeinsamen Suche nach Antworten auf die Ungewißheit, Angst und Frustration des modernen Menschen?

Das, was meist mit dem schillernden und vieldeutigen Stichwort „Fundamentalismus“[33] gemeint ist, stellt eine Verweigerung der soeben erörterten Art von Selbstreflektion und Relativierung der eigenen Erkenntnis dar. Es müssen allerdings verschiedene Formen des Fundamentalismus und die auch politisch motiviert und gestützt sind, unterschieden werden. Ganz unterschiedliche Bewegungen in der islamischen Welt, im Hinduismus und in den christlichen Konfessionen sind psychologisch, soziologisch und religionsgeschichtlich so verschieden, daß sie unter dem Schlagwort „Fundamentalismus“ nicht angemessen erfaßt werden. Die Formen von Verweigerung gegenüber der Selbstrelativierung, gegenüber dem lebendigen Wandel und gegenüber der Anerkennung der möglichen Wahrheit und des möglichen Heils in anderen Religionen haben wohl im wesentlichen zwei Gründe:

1. Der eine Grund ist mehr individueller Art: die *Angst*. Es ist die Angst des Menschen, etwas zu verlieren. Menschen hängen sich an Formulierbares, weil sie sich vielleicht ihres eigenen Glaubens oder Heils nicht gänzlich gewiß sind. Ein Festhalten an traditionellen Formen und an starren Institutionen ist eine Haltung der Schwäche. Wen, um mit Paulus zu sprechen, nichts „von der Liebe Gottes scheiden“ kann (Röm 8, 38f.), der bedarf nicht der aus Identitätsangst resultierenden Abgrenzung.
2. Der andere Grund ist sozialer Art: der *Griff nach Macht*. Die eben beschriebenen Sehnsüchte nach Geborgenheit und Sicherheit können politisch ausgenutzt werden. Aus der Suche nach Identität wird von einzelnen Parteien oder Gruppen politisches Kapital geschlagen, wenn sie aus Herrschaftsinteressen zielstrebig verfestigte Identitäten herzustellen versuchen. Das ist die Ideologisierung der Identitätsfrage.

Der Begriff der Identität muß differenziert werden: Wir leben gleichzeitig in durchaus unterschiedlichen Identitäten. Man braucht nur zu erwägen, daß z. B. die regionale Identität gegenüber einer nationalen Identität in unterschiedlichen Situationen wirksam wird: Bayern etwa haben eine spezifische Identität gegenüber Menschen aus anderen Bundesländern, zugleich aber haben alle eine nationale Identität. Andere Identitäten, z. B. konfessionelle, überschneiden sich mit dieser Bestimmung. Wenn wir uns im Horizont Europas sehen, betrachten wir uns eher in der weiteren Identität als Deutsche. Wenn wir uns im Rahmen der ganzen Menschheit sehen, identifizieren wir uns als Europäer usw.[34]

Ähnliches gilt auch für die religiöse Identität: Konfessionelle Identifikationen verlieren im Horizont der Begegnung mit einer anderen Religion an Bedeutung, und die Abgrenzung in Religionen verliert zumindest partiell ihre Funktion in einem säkular-atheistischen Kontext – hier zählt nur noch, ob man „glaubt“. Identitäten wechseln also je nach dem Bezugssystem. Sie sind nicht beliebig oder austauschbar, wohl aber stellt die Identitätspyramide das Subjekt in einen jeweils weiteren Horizont.

Der Prozeß der Identitätsbildung ist in der Geschichte der Religionen wesentlich komplexer, als wir es hier beschreiben konnten, weil
a) in einer Religion, Kultur oder Nation verschiedene Identitäten einander überlagern und
b) in unterschiedlichen Bezugssystemen jeweils verschiedene Identitätsmuster dominierend werden.

Ganz besonders muß man berücksichtigen, daß es auch eine Überlagerung von Unterdrückungs-Identitäten gibt – der im Beruf Unterdrückte wird in der Familie der Unterdrücker, die marginalisierte religiöse Minorität reagiert repressiv gegen ihre eigenen Reformer oder Dissidenten usw. Jede nationale oder religiöse Identität *(das* Christentum, *der* Buddhismus) wird gestützt oder unterlaufen von regionalen Identitäten (Region, Clan, Kaste, Konfession usw.). Das Gewicht einer Identität hängt jeweils von dem Anderen ab, demgegenüber Stabilisierung erreicht werden soll.

Wenn wir uns heute in einer globalen Situation der Verantwortung wie auch der Krise als die eine Menschheit im „Raumschiff Erde" oder auf einem einzigen „schwankenden Boot" wahrnehmen und – christlich gesprochen – erkennen, daß wir alle Kinder Gottes sind, so relativieren sich die traditionellen religiösen Identitäten, die bisher einzelne Kulturen voneinander abgegrenzt haben, in einem Maße, das beispiellos in der Menschheitsgeschichte ist. Stammesreligionen wie auch die sogenannten „Hochreligionen", deren Ursprung mit der Entwicklung voneinander abgegrenzter Stadtkulturen oder ethnischer Regionen zusammenhängt, unterliegen einem dramatischen Wandel in der Identitätsmatrix, gegen den sich allerdings die jeweiligen Institutionen aufgrund von Herrschaftsinteressen sträuben. Dennoch wächst bei allen gleichzeitigen Abgrenzungstendenzen ein Bewußtsein von globaler Einheit. Dieses stellt sich dar als die *gelebte* und *erlebte* Identität, daß allen Menschen ein einziges Menschsein zukommt und alle Menschen Geschöpfe des einen Gottes sind oder, wenn man den Gottesbegriff nicht benutzen will, daß alle dem einen unsagbaren Geheimnis des Lebens verantwortlich sind. Unterschiedliche Identitäten erweisen sich als zunehmend aufeinander bezogen und gehen damit eine *Identitätspartnerschaft* ein, wobei diese Analogie zu dem modernen politisch-militärischen Begriff der „Sicherheitspartnerschaft" nicht zufällig ist, sondern die umfassende Neustrukturierung alter Sozialisationsmuster anzeigt.

Dies besagt, daß sich in der Partnerschaft von Religionen auf allen Ebenen menschlichen Ausdrucks und Gestaltens, im Dialog der Religionen also, eine gemeinsame Identität herausbildet, was aber nicht bedeutet, daß die jeweils besonderen religiösen Identitäten aufgelöst würden oder werden müßten – ganz im Gegenteil. Nach aller Erfahrung, die wir oben reflektiert haben, entdecken z. B. Christen in der Begegnung mit Buddhisten ihre spezifisch christliche Identität in neuer Weise, allerdings ohne den Zwang zur Abgrenzung in Verbindung mit einem Überlegenheitskomplex, der aggressive Wahrheits- und Missionsansprüche implizieren würde.

Diese Überlegenheitskomplexe zu überwinden, ist bitter nötig. Denn gegenwärtig erlebt die Welt Abgrenzungsbewegungen, die nationalistisch, rassistisch und religiös legitimiert werden und mit Gewalt verbunden sind. Leider spielen die Religionen dabei nicht selten eine unrühmliche Rolle, weil sie qua Religion auf einen absoluten und unbedingt gültigen Horizont der Wirklichkeit verweisen, der ideologisch umgemünzt zur Legitimation von Macht mißbraucht wird. Die endlich-relative Teilidentität wird als unendlich-absoluter Anspruch ausgegeben. Nach biblischer Anschauung ist das die Grundgestalt der Sünde, der Idolatrie, der Vergötzung des Relativen. Aber gerade christliche Kirchen sind an dieser Stelle schuldig geworden. Und das hängt mit dem zusammen, was oben über Mission gesagt wurde. Wenn die unverfügbare Gegenwart Gottes oder Sein Kommen zu den Menschen *(missio Dei)* mit menschlich-institutionellem Selbst- und Sendungsbewußtsein verwechselt wird, liegt der hermeneutische Grundfehler der Absolutsetzung von Endlichem vor. Das wird immer dann der Fall sein, solange man nicht akzeptieren kann, daß ein Anderer anders ist, oder wenn der Andere erst dann als gemeinschaftsfähig gilt, wenn er durch Konversion so geworden ist wie man selbst, solange also das Vertrauen fehlt, daß Gott in seiner Güte in der Schöpfung sehr unterschiedliche und verschiedene Arten von Menschen, Kulturen und Religionen nicht nur zugelassen, sondern offensichtlich gewollt hat!

Relativierung von religiösen Aussagen im Dialog bedeutet weder Nivellierung noch Beliebigkeit. Vielmehr werden die religiösen Gestaltungsprozesse als interaktive und relationale Suchbewegungen erfahren, die heute global sind. Anders ausgedrückt: Bei der dialogischen Relativierung von traditionellen theologischen Positionen ergeben sich einige wichtige begleitende Gesichtspunkte, die wir in Anlehnung an den amerikanischen Theologen Paul O. Ingram aufgrund der Unterscheidung von vertrauend erfahrenem Glaubensgrund *(faith)* und relativer Glaubensaussage *(belief)* so benennen wollen:[35]

1. *Man muß zwischen trivialen und profunden religiösen Aussagen unterscheiden, weshalb die dialogische gemeinsame Suche nach Kriterien unerläßlich ist.*
2. *Relativierte Aussagen werden nicht falsch, sondern in einen umfassenderen Kontext gestellt. Es gilt zu bedenken, daß Bilder und Begriffe, die die Imagination ganzer Völker über lange Zeiträume hinweg geprägt haben, überaus wirksam sind.*
3. *Relativierung von Erkenntnis kann und soll mit entschiedenem Han-*

deln Hand in Hand gehen (denn auch das Nicht-Handeln in einer gegebenen Situation aufgrund von Zweifeln in bezug auf die Allgemeingültigkeit der eigenen Handlungsmaxime ist eine Form von Handeln). Relativierung bedeutet die Bereitschaft, das Handeln zu ändern, wenn sich die Bedingungen und Inhalte der Erkenntnisse verändern.

4. *Alle Glaubensaussagen sind reformierbar, weil es keine endgültige oder absolute Formulierung von Glaubensaussagen geben kann, insofern der Glaubensgrund nie verfügbar wird.*
5. *Anderen Glaubensaussagen dialogisch zu begegnen, eröffnet die Chance, die eigene Tradition klarer, adäquater und auf den gegenwärtigen Kontext bezogen neu zu formulieren. Im fortwährenden Prozeß des dialogischen Hinübergehens in die andere Symbol- und Begriffswelt und im Zurückkommen besteht die Möglichkeit, Religion als ein Leben unter dem Horizont des letzten Geheimnisses des Lebens geschichtlich neu lebendig werden zu lassen.*

5. Perspektiven

Solange die Einheit in der Pluriformität alles Geschichtlichen nicht bejaht wird, was letztlich wohl nur aus einem religiösen Grundvertrauen möglich ist, werden wir immer noch versuchen, den Anderen so zu machen, wie wir selbst sind, weil wir uns durch das Andere als Fremdes bedroht fühlen. Dies ist eine Ursache von Konflikt, Gewalt und Krieg, die sich mit ökonomischen und politischen Interessen verbindet.[36] Der Mangel an Vertrauen spiegelt sich auch in europäisch-amerikanischen Identitätsängsten gegenüber den aufstrebenden Völkern des Südens wider, und diese Ängste werden durch Machtstreben kompensiert.

Dieses Syndrom ist nur dann überwindbar, wenn die Einheit der Wirklichkeit in Pluriformität als *heilsstiftendes* gegenseitiges Durchdrungensein (vgl. das *pratītyasamutpāda*-Modell) erfahrbar wird, wenn also auf der einen Seite Vertrauen in die Güte der Schöpfung Gottes kultiviert wird – dies ist ein zutiefst christliches Anliegen – und auf der anderen Seite die Ehrfurcht vor der Vielfalt des Lebens unangetastet bleibt. Christlich-theologisch könnte man argumentieren, daß Gott verschiedene Menschen, Sprachen und Religionen gewollt hat, die gerade in ihrer Andersartigkeit einander lieben lernen und auf diese Weise fähig werden, ihren Egozentrismus und ihre eigene institutionelle Selbstbezogenheit zu überwinden.

Wir wollen die Konsequenz unseres hermeneutischen Modells noch einmal an dem Problem veranschaulichen, das für beide Religionen fundamental ist: das Leiden bzw. die Frustration am Dasein. Ausgehend von der christlich-buddhistischen Analyse des Leidens (B, II.1) können wir im Blick auf die Bilanz des Dialoges sagen:

Unser Leiden besteht nicht nur darin, daß wir keine Sprache für das finden, was uns unbedingt angeht, sondern erst mit einer neuen Sprache können wir entdecken, wonach wir überhaupt suchen müssen.

Obwohl die Begegnung der Religionen vielleicht auch zu einer Verwirrung der Sprachen beitragen kann, mag auf längere Sicht diese heilsame Verwirrung zur Geburt eines neuen sprachlichen und konzeptuellen Bewußtseins führen. Es ist deshalb wichtig, daß Christen den Buddhismus nicht als impersonal, nicht-ethisch, atheistisch und ahistorisch abqualifizieren, während die christlichen Vorstellungen von Person, Gott, Ethik und Geschichte selbst in einem außerordentlich starken Wandel begriffen sind. Umgekehrt ist es wenig hilfreich, wenn buddhistische Philosophen felsenfest davon überzeugt sind, daß die Begrifflichkeit des Buddhismus die Wirklichkeit so beschreiben könne, wie sie ist – worauf man dann die klassischen Begriffssysteme als Dogmatik getrost nach Hause tragen könnte. Beide Traditionen befinden sich in einer semantischen Konfusion, wie unser Bericht über die verschiedenen Dialogfelder gezeigt hat.

Aber wie können wir uns aus dem Schlagabtausch von Worten und Konzepten befreien? Vielleicht indem wir zu den Grundlagen unserer menschlichen Begrenztheit und moralischen Schuldhaftigkeit zurückkehren, aber ohne die Konzeptualität der Dogmatik, die das Ganze in den metaphysischen Schubladen von *karman* und *saṃsāra* oder *Schuld* und *Verdammung* bereits fest im Griff zu haben glaubt. Dann könnten die Bilder und Einsichten beider Religionen für eine neue Welt religiösen Bewußtseins, das unserer Situation entspricht, zusammengeführt werden. Doch dazu bedarf es des Mutes, sich den inhärenten Begrenzungen *jedes* religiösen konzeptuellen Systems zu stellen und auch den Reichtum der jeweils anderen Tradition anzuerkennen.

Wie sich in der Weltgeschichte diese beiden Traditionen entwickelt haben, begegnet sind, einander durchdrungen und ihre Frömmigkeit ausgetauscht haben, zeigt sich erst in der heutigen Begegnung ganz deutlich. Auch das Christentum pflegt in seinen mystischen Traditionen eine Erfahrung des Sich-verlierens des Ich. Umgekehrt kennt auch der Buddhismus das Versagen des moralischen Willens angesichts eschatologischer Verzweiflung und der Hoffnung, wobei auch Buddhisten das Versprechen der Gnade akzeptieren können.

Wenn wir davon ausgehen, daß beide Religionen auf die Grundängste und Grundhoffnungen derselben menschlichen Spezies antworten, sollte eine solche interreligiöse Erkundung in gegenseitiger Ermutigung und Durchdringung der Einsichten fortfahren, so daß man im Glauben des Anderen, zumindest andeutungsweise, einige vernachlässigte Aspekte der eigenen Traditionen wiedererkennen kann, um damit zu umfassenderer menschlicher Praxis motiviert zu werden, die sich aus den großen und befreienden Einsichten Gautamas, des Buddha, und Jesu, des Christus, speist.

Die Frage, ob es eine interreligiöse Hermeneutik gebe, möchten wir bejahen. Strukturen und Konturen derselben werden bereits sichtbar; aber ausgearbeitet werden kann sie nur im Vollzug, der pluralistisch ist. Also wird auch die interreligiöse hermeneutische Praxis pluralistisch bleiben. Dabei wird es wohl in jedem Fall darauf ankommen, *gegenseitig* das als *wahr Erkannte* argumentierend zu vertreten und das als *tragend Geglaubte* bezeugend zu leben. Ersteres ist das kritische Korrektiv, letzteres die existentielle Vertiefung, derer alle Religionen dringend bedürfen.

6. Schlußthesen

Die vorliegende Untersuchung wollte zeigen, wie und warum Verstehen und Begegnung zwischen Buddhismus und Christentum in der Geschichte gelungen oder mißlungen sind. Daraus lassen sich nun für die zukünftige Begegnung von Religionen im allgemeinen, insbesondere aber von Buddhismus und Christentum, einige verallgemeinernde Schlußfolgerungen ziehen, die sich als Bilanz der bisherigen Begegnungsgeschichte von Buddhismus und Christentum ergeben:

a) Rückblick

1. Die westlich-christlichen Missionsbewegungen sowie der europäisch-amerikanische Überlegenheitsanspruch und Imperialismus, die in den beiden Weltkriegen des 20. Jahrhunderts erschüttert, aber noch nicht völlig überwunden wurden, hatten unterschiedliche Auswirkungen auf das Christentum und den Buddhismus:

- Das Christentum bemüht sich, seine Vergangenheit aufzuarbeiten und Fehlentwicklungen zu überwinden, die am Maßstab des Evangeliums offenkundig werden. Sowohl die innerchristliche Ökumene als auch die Offenheit gegenüber anderen Religionen sind ein Resultat dieser Selbstkritik. Die *intra-christliche* und die *inter-religiöse Ökumene* sind in welthistorischer Perspektive Anzeichen einer Neuorientierung der christlichen Tradition in einer nach-konstantinischen Epoche, die allerdings innerhalb des Christentums strittig ist. Intra- und interreligiöse Ökumene sind zwei Aspekte ein- und desselben Prozesses! Die Anerkennung von Schuld war dabei Voraussetzung für die beginnende Erneuerung. In diesem Zusammenhang kann auch die relativ große Aufgeschlossenheit vieler christlicher Gruppen gegenüber der Integration von buddhistischen Meditationstraditionen historisch eingeordnet werden – sie dient dem Aufbau eines erneuerten Christentums.
- Die Buddhisten waren nur eine kurze Zeit während des antikolonialen Kampfes gegenüber dem christlichen Westen in politischer und religiös-

ideologischer Form geeint. Denn der Buddhismus in den Theravāda-Ländern ist durch nationale Loyalitäten gebunden. Im Mahāyāna ist es (vor allem in Japan) nur ansatzweise gelungen, durch eine historische Kritik der Tradition und die Rückfrage nach dem historischen Buddha den Boden für eine umfassende buddhistische Ökumene vorzubereiten. Aus diesen Gründen hat selbst das Trauma des 2. Weltkrieges und des Vietnamkrieges in Ost- bzw. Südostasien nicht zu einer kritischen Auseinandersetzung mit der politischen Geschichte des Buddhismus und zu einer buddhistischen Einheitsbewegung geführt.

2. Zwar sind in Ostasien buddhistische Friedensbewegungen (z. B. Risshō Kōsei-kai in Japan) entstanden. Aber sie berufen sich allein auf die traditionelle buddhistische Ethik der Gewaltfreiheit, ohne daß bisher institutionelle Konsequenzen bezüglich der Organisation bzw. nationalen Zersplitterung und nationalen Loyalitäten des *saṃgha* gezogen würden, also eine Reform der Tradition selbst zur Sprache käme. Ausnahmen sind z. B. der XIV. Dalai Lama, Bhikkhu Buddhadasa und Sulak Sivaraksa in Thailand und Thich Nhat Hanh aus Vietnam, dessen Wirkung sich allerdings vor allem auf Europa und Amerika erstreckt.

3. Bemerkenswert ist die Grundannahme der meisten Buddhisten aus allen Schulen, daß der Buddhismus in sich selbstgenügsam sei und den interreligiösen Dialog allenfalls aus praktischen politischen Gründen, nicht aber zur Erneuerung seines religiösen Selbstverständnisses brauche. Die schwach ausgeprägte kritische Wahrnehmung der eigenen Geschichte bedeutet, daß bisher nur in Einzelfällen die Moderne als Problem und Herausforderung erkannt wird. Damit befindet sich der Buddhismus in seinen asiatischen Heimatländern – mit der Ausnahme Sri Lankas und der neuen buddhistischen Laienbewegungen in Japan – in einer gewissen Isolation gegenüber den Problemen moderner sich industrialisierender Gesellschaften.

b) Defizite

4. Das Verstehen der jeweils anderen religiösen Traditionen war immer dann mangelhaft, wenn andere Religionen stark selektiv wahrgenommen wurden. Die politischen, spirituellen, dogmatischen und kultischen Dimensionen von Religionen bilden aber ein Netz, in dem sich Religion als Lebensgestaltung des einzelnen wie ganzer Gesellschaften verwirklicht. Die Isolation einzelner Elemente hat darum gerade im buddhistisch-christlichen Dialog zu Fehleinschätzungen und Unverständnis geführt, so z. B. wenn man glaubte, bei der Betrachtung des Buddhismus von der politischen und sozialen Geschichte absehen zu können, und nur die meditative Tradition im Auge hatte, oder etwa im Blick auf das Christentum einseitig den Personalismus des Gottesbegriffs hervorgehoben hat, ohne die mystische Theologie oder die Dynamisierung des Personbegriffs in der Trinitätslehre sowie

die entsprechenden Auswirkungen in der christlichen Sozialgeschichte zu beachten. Um diesen Mangel zu beheben, muß der Dialog über das intellektuelle Verstehen hinausgehen und zur Teilhabe an der spirituellen Praxis des Anderen gelangen sowie interreligiöse Lebensgemeinschaft fördern.

5. In der Begegnung beider Religionen haben bisher der akademische Ideenvergleich und die Meditation im Mittelpunkt gestanden. Aber weder die Kirche noch der *saṃgha* können auf diese Dimensionen reduziert werden. Die Meditationsbewegung konnte zwar die einseitige Intellektualisierung des Dialoges korrigieren. Doch der Volksbuddhismus des Dorfes, seine sozialen Dimensionen und die lokalen politischen Konflikte spielen im Dialog noch immer eine untergeordnete Rolle. Allerdings gibt es erste Ansätze zu einem interreligiösen Lernprozeß, der vereinfacht so charakterisiert werden kann: Meditation wird in einem stark despiritualisierten Christentum wieder lebendig; und die buddhistische Ethik, Meditation und soziale Praxis wird zunehmend bewußt in die Alltagswelt der Laien im Buddhismus vermittelt.

6. Ein großes Defizit des Dialoges ist, daß es bisher noch sehr wenige repräsentative Sprecher und Sprecherinnen des Buddhismus gibt, die sich aus der Mitte buddhistischen Glaubens und der Verantwortung im *saṃgha* für den Dialog engagieren würden (der XIV. Dalai Lama ist neben Thich Nhat Hanh eine der wenigen Ausnahmen).

c) Ausblick

7. Die *Andersartigkeit des Anderen* (der anderen Religion) ist kein Übel, das durch begrifflichen Imperialismus verschleiert oder beseitigt werden dürfte, sondern sie ist *Quelle der Inspiration und des Verstehens*. Denn Begegnung mit dem Anderen läßt aus der Lethargie des Gewohnten erwachen und erzeugt Bewunderung und Staunen, möglicherweise auch Furcht. Staunen (Plato) oder Furcht (Epikur) aber sind der Anfang der Philosophie. Und gerade die Widerständigkeit des Anderen, das sich schnellem Verstehen entzieht, muß ausgehalten werden, damit im Dialog ein Erkennen des Neuen reifen kann, das mehr ist als die flache Wiederholung von ohnehin schon Bekanntem bzw. dem, was man für bekannt hält.

8. Zum Dialog der Religionen gibt es keine Alternative. Voraussetzung für das Gelingen des Dialoges ist, daß die Partner politisch und auch religiös/theologisch einander als gleichberechtigt achten.

9. Weil Religionen nie allein der Ausdruck innerer geistiger Erfahrung, sondern immer auch Institutionen mit politischer Bedeutung und Macht sind, kann der Dialog nur gelingen, wenn die Pluralität von Religionen in der Gesellschaft anerkannt ist: Missionierung des Anderen im Sinne der mit offenem oder verstecktem Druck erzielten Eingliederung in die eigenen Institutionen muß von allen Seiten geächtet und aufgegeben werden. Erst so

können die Partner im Dialog das für sie als wahr Erkannte einander bezeugen und beispielhaft leben.

10. In der Begegnung mit anderen Religionen wird die Relativität konfessionell-institutioneller und dogmatischer Systeme offenkundig. Christen können darin die unvorhersehbare und unbegreifliche neuschaffende Wirkung des Heiligen Geistes erkennen und somit tiefer zu ihren eigenen Wurzeln geführt werden. Buddhisten können ebenfalls, in Anregung durch die christliche historisch-kritische Haltung zur Tradition, eigene Traditionsbildungen in ihrer Relativität erkennen und sich für andere buddhistische Schulen wie andere Religionen öffnen. Die historisch-kritische Relativierung des eigenen wie eines jeden Standpunktes könnte als *upāya*, als geschicktes Mittel, zur Befreiung vom Anhaften an die je eigene Tradition begriffen werden, was ein zutiefst buddhistisches Anliegen ist.

11. Im Dialog muß eine Auseinandersetzung um die Werte und Lebensformen zukünftiger menschlicher Gesellschaften sachlich und mit jeweiliger Rückbindung der Partner an den *Ursprung* ihrer Traditionen geführt werden. Dies befreit zu wechselseitiger Kritik an den Religionen, die notwendig ist, weil eine Aufgabe des Dialoges auch darin besteht, zur Demokratisierung der religiösen Institutionen beizutragen. Übereinstimmung ist dabei nicht Voraussetzung, sondern ein mögliches Ergebnis des Dialoges.

12. Der Dialog braucht keine festgeschriebenen Dogmen über Methoden und Inhalte der interreligiösen Verständigung, sondern im Konsens gesuchte *Regeln*, nach denen der notwendige Meinungsstreit ausgetragen werden kann. Dazu bedarf es der nationalen und internationalen Institutionalisierung von interreligiöser Kommunikation.

13. Um einen „Krieg der Kulturen" im 21. Jahrhundert zu vermeiden, der sich nicht primär um wirtschaftliche oder politische Macht, sondern um Sicherheit und Identität der unterschiedlichen kulturellen/religiösen Lebensformen drehen würde, muß im Dialog die *Identitätspartnerschaft* der Religionen eingeübt und gepflegt werden. Der Dialog erweitert dabei die jeweiligen traditionellen Identitäten durch den Prozeß der *gemeinsamen* Vertiefung der Religionen nach Kriterien, die im Dialog selbst erst erarbeitet werden müssen.

14. Damit im Dialog künftig Vorurteile, Fehlwahrnehmungen und falsche Interpretationen der Religionen überwunden werden, müssen alle Anstrengungen auf das Gebiet der Bildung und Information über andere Religionen und auf die interreligiöse Kommunikation gerichtet werden.

15. Der buddhistisch-christliche Dialog im 21. Jahrhundert sollte sich an einem ökumenischen Geist ausrichten, in dem die Dialogpartner im weiten Horizont der Begegnung unterschiedlicher Weltkulturen einander gegenseitig bereichern:

– durch eine mit Hilfe der buddhistischen Erfahrung erneuerte christliche Spiritualität

- und durch eine mit Hilfe der christlichen Erfahrung erneuerte soziale Organisationsform des Buddhismus.

Beide Traditionen verschmelzen dabei nicht ineinander, sondern interpretieren ihre jeweilige Tradition im Lichte der anderen kreativ neu. Der Dialog bietet die Chance, die Einheit in der Verschiedenheit unterschiedlicher religiöser Traditionen zu entwickeln und zu leben.

ANHANG

Schautafeln

Buddhismus

Entwicklungen in Indien

Gautama Śākyamuni (ca. 563–483 v. Chr.)
(Spätdatierung 450–370 v. Chr.)
(4 Edle Wahrheiten, *skandhas*, *nidāna*-Kette)

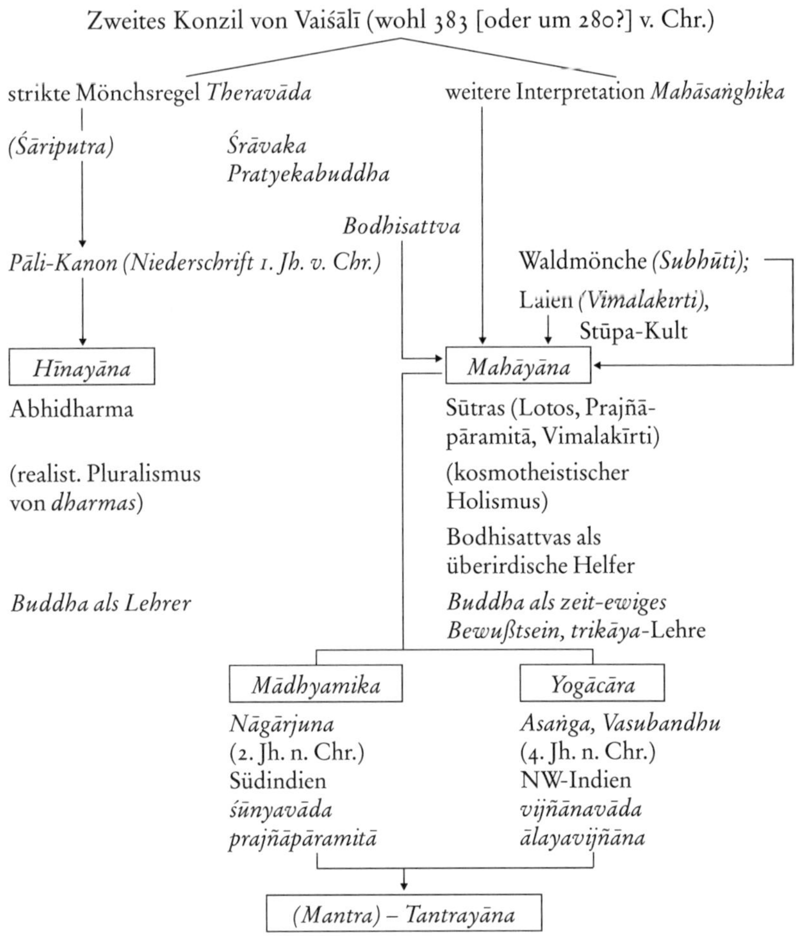

Tibetischer Buddhismus

eingeführt durch: Songtsen Gampo (7. Jh. n. Chr.)
Padmasambhava / Śāntirakṣita

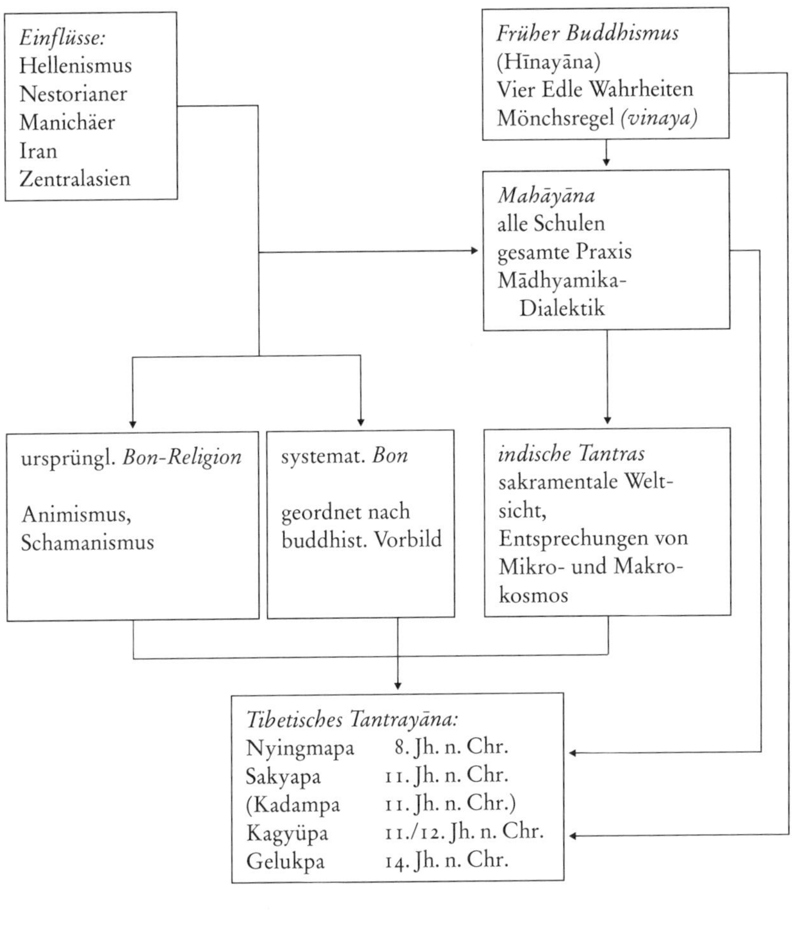

Entwicklung des Buddhismus in China

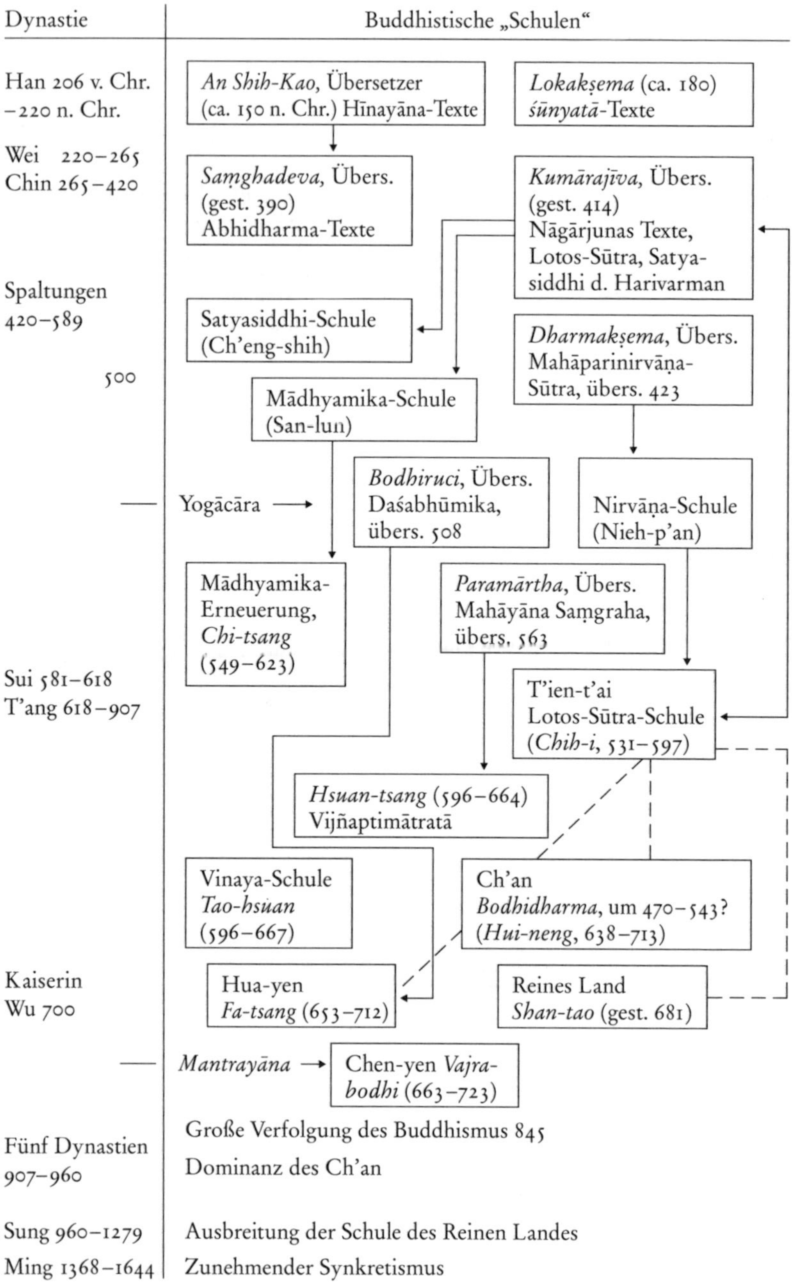

Erläuterung:

Die Idee klar unterschiedener Schulbildungen entwickelte sich in *China* relativ spät (ab ca. 500 n. Chr.). Es gab keinen einheitlichen *saṃgha* oder verschiedene *saṃghas*, die ihre Identität in Konzilsentscheidungen begründet oder auf *vinaya*-Definitionen gestützt hätten (alle Klöster seit der Sung-Zeit folgten mehr oder weniger den in der Ch'an-Tradition entwickelten Regeln). Die alten „Schulen“ waren vielmehr Gruppierungen, die sich um die besondere Wertschätzung einzelner Sūtras gebildet hatten, und auch hier waren dieselben – anders als in Japan – nicht abgrenzend-exklusiv. Die philosophischen Neigungen der Klöster wechselten mit neuen Äbten, und die rituellen Traditionen hatten sich (besonders seit der Ming-Zeit) vermischt.

Japan hingegen hatte von Staats wegen einen einheitlichen *saṃgha* (die *vinaya*-Schule von Nara kontrollierte die Mönche). In der Kamakura-Zeit brachen die Schulen des Reinen Landes mit diesem Muster. In der Tokugawa-Zeit wurde der japanische Buddhismus „parochialisiert“, d. h. die Familien waren nun *bestimmten* Tempeln, die den klassischen „Schulen“ angehörten, zugeordnet und wurden dort auch bestattet.

Entwicklung des Buddhismus in Japan

Periode		Buddhistische „Schulen“
Asuka (500–710)		538 Korean.-buddhist. Delegation in Japan
		604 Prinz Shōtoku: Buddhismus u. Konfuzianismus als Grundlagen des Staates
	— Ekan →	625 *Jōjitsu* (Satyasiddhi)
		Sanron (Mādhyamika)
	(Hsuan-tsang) – Dōshō →	661 *Hossō* (Yogācāra)
		Kusha (Abhidharma)
Nara (710–794)		
	– chines./korean. Mönche →	736/40 *Kegon* (Hua-yen) (Tōdaiji, national. Netz v. Tempeln)
	– Ganjin →	754 *Ritsu* (Vinaya), Kontrolle aller Ordinationen
		(625–754: 6 klass. Schulen von Nara)
Heian (794–1160)		
	– Saichō →	805 *Tendai* (T'ien-t'ai)
	— Kūkai →	806 *Shingon* (Chen-yen, tantrisch)
Taira (1160–1185)		1175 Hōnen bricht mit Tendai (Berg Hiei), gründet *Jōdo* (Reine Land)-Schule
Kamakura (1185–1333)		
	— Eisai →	1191 führt aus China *Rinzai*-Zen ein (Lin-chi)
		1224 Shinran gründet *Jōdo Shin-shū* (← Jōdo)
	– Dōgen →	1227 führt aus China *Sōtō*-Zen ein (Ts'ao-t'ung)
		1253 Nichiren erneuert Tendai (Lotos-Sūtra), gründet *Nichiren-shū* (← Tendai)
Muromachi (1336–1573)		1549 Christentum eingeführt durch Jesuiten (Franz Xavier)
Tokugawa (1603–1868)		Parochialsystem, alte (Tendai, Shingon) und reformierte (Rinzai/Sōtō-Zen, Jōdo/Jōdo-shin, Nichiren) Schulen
Moderne (seit 1868) (Meiji, 1868–1912)		1869/71 anti-buddhistische Gesetze
		Laienbewegungen in der Nichiren-Shū (1930 Sōka Gakkai, 1938 Risshō Kōsei-kai) (← Nichiren-shū)

ANMERKUNGEN

Einleitung

1. Vgl. dazu W. Halbfass, Indien und Europa, Basel/Stuttgart: Schwabe 1981. Zum Problem des Anderen als Spiegelbild und Projektionsfläche der eigenen Subjektivität und Interessen, durch die der Andere gar nicht in Differenz zum Eigenen wahrgenommen wird, vgl. M. Theunissen, Der Andere. Studien zur Sozialontologie der Gegenwart, Berlin 1965; B. Waldenfels, Der Stachel des Fremden, Frankfurt 1990.
2. Mit den bemerkenswerten Ausnahmen von Friedrich Heiler (1892–1967) und Rudolf Otto (1869–1937). Heiler *(Die buddhistische Versenkung*, 1918) verlegte das Zentrum des Buddhismus in die transrationale Meditationserfahrung, Otto brachte in mehreren Schriften das Moment des Mysteriums des „Heiligen" oder „Numinosen", im Buddhismus zur Geltung. Max Müllers (1823–1900) Editionen buddhistischer Sanskrit-Texte in England am Ende des 19. Jahrhunderts hatten die deutsche philosophisch-theologische Diskussion zunächst weniger beeinflußt.
3. Während sich in der Religionsbegegnung klare strukturelle und thematische Unterschiede zeigen, je nachdem, ob man es mit Theravāda oder den verschiedenen Formen von Mahāyāna zu tun hat, ist dies in bezug auf die christlichen Konfessionen kaum der Fall: in der Begegnung mit dem Buddhismus sind die Grundhaltungen und spezifischen Beiträge kaum oder zumindest nicht primär nach konfessionell katholischen oder protestantischen Denkformen einzuordnen, sie sind vielmehr durch individuelle, regionale und politische Erfahrungen in den einzelnen Situationen geprägt. Die orthodoxen Kirchen spielen im Dialog mit dem Buddhismus noch keine Rolle.
4. *Korea* werden wir wegen der notwendigen Beschränkung nicht behandeln, obwohl dies ein wichtiges Land der Begegnung ist, wie die koreanische Befreiungstheologie Minjung und auch der feministisch-interreligiöse Ansatz von Chung Hyun Kyung (Schamanin im Bauch – Christin im Kopf: Frauen Asiens im Aufbruch, Stuttgart: Kreuz 1992) zeigt. Zu Minjung vgl. Ahn Byung-Mu, Draußen vor dem Tor. Kirche und Minjung in Korea (Hrsg. W. Glüer), Göttingen: Vandenhoeck & Ruprecht 1986; vgl. dazu J. Moltmann (Hrsg.), Minjung. Theologie des Volkes Gottes in Südkorea, Neukirchen 1984, und A. Hoffmann-Richter, Ahn Byung-Mu als Minjung-Theologe, Gütersloh: Gütersloher Verlagshaus 1990. Wir hoffen, die Geschichte des Dialogs in Korea in einer anderen Publikation nachzeichnen zu können.
5. Diese Geschichte hat im Überblick Henri de Lubac dargestellt: La rencontre du bouddhisme et de l'occident, Paris: Aubier 1952, bes. 151 ff. Für Ungarn ist der bedeutende Tibetologe Csoma de Körös (1784–1842) zu erwähnen.
6. So in den Kapiteln über Japan und Deutschland sowie im systematischen Teil, Teil B, I.1.g („Impersonaler *dharma* versus personaler Gott?"), Teil B, II.3 und bei Thomas Merton wie Hugo M. Enomiya-Lassalle (Teil B, III.1.a/b).

Teil A: Begegnung in verschiedenen Ländern

I. Indien

1. H. de Lubac, La rencontre du bouddhisme et de l'occident, Paris: Aubier 1952, 9
2. Zwei neuere deutsche Übersetzungen liegen vor: Nyanatiloka, Milindapañha. Die Fragen des Königs Milinda (Neubearbeitung durch Nyanaponika), Interlaken: Ansata 1985; J. Mehlig, Weisheit des alten Indien Bd. 2: Buddhistische Texte, Leipzig/Weimar: G. Kiepenheuer 1987, 336–439.
3. Megasthenes (um 350–290 v. Chr.) war Gesandter des Seleukos I. in Indien sowie Autor einer „Geschichte Indiens". Seleukos I. Nikator (358–281 v. Chr.) war einer der Nachfolger Alexanders des Großen und Gründer eines asiatischen Königreiches. Vgl. F. Jacoby (Hrsg.), Fragmente der griechischen Historiker, Berlin 1923–, Bd. 3, C 715.
4. Clemens von Alexandrien, Stromateis I, 71,6: „Unter den Indern folgen einige den Anweisungen des Buddha, den sie wegen seiner ungewöhnlichen Heiligkeit *(hyperbolē semnotēs)* als Gott *(hōs theon)* verehrt haben."
5. Daß die Geburtsgeschichte Jesu, viele seiner Gleichnisse, die Wundererzählungen, das Motiv der Höllenfahrt Christi usw. buddhistischen Ursprungs seien, hat (in Weiterführung der diesbezüglich eher skeptischen Studien des Indologen Richard Garbe von 1914) in jüngster Zeit erneut Zacharias Thundy vertreten. Vgl. Z. P. Thundy, Buddha and Christ. Nativity Stories and Indian Traditions, Leiden: E. J. Brill 1993, bes. 147 ff. Für einen größeren Einfluß des Buddhismus auf das frühe Christentum plädiert auch R. C. Amore, Two Masters – One Message, Nashville: Abingdon 1978; dagegen hält N. Klatt, Literarkritische Beiträge zum Problem christlich-buddhistischer Parallelen, (Arbeitsmaterialien zur Religionsgeschichte 8) Köln: E. J. Brill 1982, den Einfluß für gering. Vgl. auch unten Teil B, II.2.
6. H.-J. Klimkeit, Buddha als Vater, in: H. Waldenfels/H. Th. Immoos (Hrsg.), Fernöstliche Weisheit und christlicher Glaube, Mainz: Grünewald 1985, 258 f.
7. Vgl. E. Zürcher, The Buddhist Conquest of China 2 Bd., Leiden 1959; K. K. S. Ch'en, Buddhism in China. A Historical Survey, Princeton: Princeton Univ. Press 1964.
8. Vgl. H.-J. Klimkeit, Gottes- und Selbsterfahrung in der gnostisch-buddhistischen Religionsbegegnung Zentralasiens, in: ZRGG 35, 1983, 3, 236 ff.; ders., Das Kreuzessymbol in der zentralasiatischen Religionsbegegnung, in: Leben und Tod in den Religionen. Symbol und Wirklichkeit, Darmstadt: Wiss. Buchgesellschaft 1980, 61 ff.; ders., Die Begegnung von Christentum, Gnosis und Buddhismus an der Seidenstraße, Rheinisch-Westfälische Akademie der Wissenschaften. Vorträge G 283, Opladen: Westdeutscher Verlag 1986, bes. 15–20.
9. Für einen sehr knappen Abriß der Geschichte vgl. R. u. M. von Brück, Die Welt des tibetischen Buddhismus, München: Kösel 1996.
10. Den Hinweis verdanken wir P. Schmidt-Leukel. Vgl. H. Herbst (Hrsg.), Der Bericht des Franziskaners W. v. Rubruck, Leipzig 1925; F. Risch (Hrsg.), W. v. Rubrucks Reise zu den Mongolen, Leipzig 1934; A. de Andrade, Novo Descobrimento do Gram Cathayo, ou Reinos de Tibet, Lissabon 1626 (deutsch 1627).

11. Tibetan Refugees and Christian Missionaries, in: The International Buddhist News Forum, Vol II, 4. April 1962, 16 (Rangoon: The World Fellowship of Buddhists)
12. Vgl. dazu J. Zehner, Der notwendige Dialog. Die Weltreligionen in katholischer und evangelischer Sicht, Gütersloh: Gütersloher Verlagshaus 1992.
13. Zu Th. Merton vgl. Teil B, III.1.a
14. Wir zitieren nach der engl. Originalausgabe: Th. Merton, The Asian Journal of Thomas Merton, New York: New Directions, 1970, 313. (dt. Übers.: Wie der Mond stirbt. Das letzte Tagebuch des Thomas Merton, Wuppertal 1976)
15. Th. Merton, aaO, 324
16. Vgl. Dalai Lama, Logik der Liebe, München: Dianus Trikont, 1986
17. Dalai Lama, Mein Leben und mein Volk. Die Tragödie Tibets, München: Droemer-Knaur 1962 (TB-Ausgabe 1982, 189)
18. Ausführlicher vgl. unten Teil B, III.2.a
19. The Tibetan Review, Dez. 1982, 6–7
20. M. v. Brück (Hg.), Authentic Consciousness – Hope for the Future, Madras: Gurukul Publications 1985
21. M. v. Brück, Dialog der Religionen. Bewußtseinswandel der Menschheit, München: Goldmann 1988 (engl. Originalausgabe: Emerging Consciousness for a New Humankind, Bangalore: Asian Trading Corporation 1985)
22. Vgl. unten Teil B, II.3.c
23. Ein ausführlicher Bericht ist abgedruckt in: M. v. Brück, Christian-Buddhist Exchange Program, Gurukul Luth. Theol. College, Madras 1983, 3.
24. Mādhyamika („der mittlere Weg", systematisiert durch Nāgārjuna, 2. Jh. n. Chr.) ist eine der großen philosophischen Schulen des Mahāyāna; sie ist aber nicht repräsentativ für alle buddhistischen Lehrmeinungen.
25. Dalai Lama, Interview in: „Tushita", New Delhi 1977, zit. nach: Doboom Tulku Rinpoche, Buddhism and Buddhist Monasticism, in: M. v. Brück (Hg.), Authentic Consciousness – Hope for the Future, aaO, 86
26. Angriffe auf innerbuddhistische Gegner der jeweils eigenen Lehrmeinung hat es dennoch gegeben, z. B. in der ceylonesischen Chronik *Mahāvaṃsa*, dem *Lotos-Sūtra* (Kap. 2, nach dem die hochmütigen Gegner der Lotos-Tradition den Buddha verlassen, während das Sūtra behauptet, daß es nur das *eine* Fahrzeug des Lotos-Sūtra gebe) und besonders bei dem prophetischen Reformer Nichiren (1222–1282) in Japan.
27. Dazu unten Teil A, VI.4 und Teil A, VI.5 und Teil B, I.1; vgl. M. Pye, Skilful Means. A Concept in Mahāyāna Buddhism, London: Duckworth 1978.
28. Vgl. die Position G. Menschings, Abschnitt Teil B, II.1.
29. Doboom Tulku, Buddhism and Buddhist Monasticism, in: M. v. Brück (Hg.), Authentic Consciousness, aaO, 88
30. Vgl. die Parallele zu Ambedkar und zu den Reformern um Dharmapala im 19. Jahrhundert, unten Teil A, II.2.
31. Th. Kochumuttom, Buddhist-Christian Approaches to Mysticism, in: Jeevadhara XIII 78, Nov. 1983, 402–409
32. Vgl. M. v. Brück, Buddhist *śūnyatā* and the Christian Concept of God, in: Jeevadhara XIII, 78, Nov. 1983, 385–402.
33. Vgl. unten (Bewußtsein – *karman* und Schöpfung).

34. Vgl. unten (Bewußtsein – *karman* und Schöpfung).
35. Abgedruckt in: M. v. Brück (Hg.), Dialog der Religionen, aaO, 139ff.
36. A. K. Vakil, Gandhi-Ambedkar Dispute, Delhi 1991; K. N. Kadam, Dr. Babasaheb Ambedkar and the Significance of his Movement, Bombay 1988; W. N. Kuber, B. R. Ambedkar, Delhi 1978; K. S. Bharati, Foundations of Ambedkars Thought, New Delhi 1990; M. L. Shahare, Dr. Bhim Rao Ambedkar: His Life and Works, New Delhi 1988; S. R. Baksh, B. R. Ambedkar: Statesman and Constitutionalist, Delhi 1992. Die neueste und aufschlußreiche Arbeit zu Ambedkar ist die Dissertation von S. Jürgens, B. R. Ambedkar – Religionsphilosophie eines Unberührbaren, Frankfurt a. M./Bern: Lang 1994.
37. B. A. M. Paradkar, The Religious Quest of Ambedkar, in: T. S. Wilkinson/M. M. Thomas (Hg.), Ambedkar and the Neo-Buddhist Movement, Madras: Christian Literature Society (CLS) 1972, 59ff.
38. Durch Ambedkars großen Einfluß bei der Ausarbeitung der indischen Verfassung von 1950 soll das *dharmacakra*-Symbol (das buddhistische Rad der Lehre) des Aśoka in die indische Nationalflagge aufgenommen worden sein. Nach Jürgens, aaO, 31, habe Ambedkar die Verfassung nahezu allein geschrieben, und auch die Abschaffung der Unberührbarkeit durch die verfassungsgebende Versammlung Indiens sei mehr das Verdienst Ambedkars als Gandhis.
39. Zu Dharmapala vgl. Teil A, II.2.
40. M. Baumann, Neo-Buddhistische Konzeptionen in Indien und England, in: ZRGG 43, Heft 2, 1991, 104
41. Dalit Voice 2/10 März 1983, 12
42. Dalit Voice 1/7, 1982; zit. nach dem Bericht im Deccan Herald, 3. November 1981.
43. Dalit Voice 1/3, November 1981
44. Dalit Voice 1/17, Juni 1982
45. Dalit Voice 1/24–25, 1982, 3ff.
46. Vgl. den Bericht im epd-Wochenspiegel (Evangelischer Pressedienst, Frankfurt a. M.) Nr. 24 vom 15.6. 1995, 18.
47. Dennis Lingwood kam mit der britischen Armee ab 1944 für drei Jahre nach Indien, Ceylon und Singapur und ließ sich dort auch von buddhistischen Lehrern unterweisen. Nach dem Krieg blieb er in Indien und wurde 1949 unter dem Namen Sangharakshita zum buddhistischen Mönch ordiniert. Er schloß sich Ambedkar an und wirkte nach dessen Tod in der Leitung der neo-buddhistischen Bewegung mit. 1964 kehrte er nach England zurück.
48. M. Baumann, aaO, 110ff.
49. Bericht in: Dalit Voice 1/9, Februar 1982, 10

II. Sri Lanka

1. Vgl. K. Malalgoda, Buddhism in Sinhalese Society. 1750–1900, Berkeley: Univ. of California Press 1976; W. Rahula, History of Buddhism in Ceylon. The Anuradhapura Period, Dehiwala [3]1993; R. F. Gombrich, Buddhist Precept and Practice (Oxford 1971), Delhi [2]1991; R. F. Gombrich, Theravāda Buddhism. A Social History from Ancient Benares to Modern Colombo, London/New York: Rout-

ledge & Kegan Paul 1988; E. W. Adikaram, Early History of Buddhism in Ceylon, Dehiwala [2]1994 (1. Aufl. 1946); E. Bechert, Buddhismus, Staat und Gesellschaft in den Ländern des Theravāda Buddhismus Bd. I, Wiesbaden: Harrassowitz, 1966, 363; bei der Darstellung des politischen Buddhismus stützen wir uns vor allem auf Bechert, aber auch auf die zahlreichen Artikel und Einzelhinweise der Zeitschrift *Dialogue* des Study Centre for Religion and Society in Colombo (seit 1963). S. Teil C, I.4.

2. R. F. Gombrich, Buddhist Precept and Practice, Delhi [2]1991, 122. Den Hinweis verdanken wir P. Schmidt-Leukel.
3. E. Harris, Crisis and Competition: The Christian Missionary Encounter with Buddhism in the Early 19th Century, in: U. Everding (Hrsg.), Buddhism and Christianity. Interactions Between East and West, Colombo: The Goethe-Institut 1995, 19
4. T. Vimalananda, The State and Religion in Ceylon since 1815, Colombo 1970, 168. Den Hinweis verdanken wir P. Schmidt-Leukel.
5. Vgl. E. Harris, Crisis, Competition and Conversion: The British Encounter with Buddhism in 19th Century Sri Lanka, Dissertation University of Kelaniya (Sri Lanka) 1993; D. Gogerly, On Transmigration, in: The Friend 2/1838 u. folgende Hefte, zit. n. Harris.
6. Wir stützen uns auf die von E. Harris in ihrer Dissertation (vgl. Anm. 3 u. 5) zugänglich gemachten Quellen: sie erwähnt in diesem Zusammenhang besonders R. S. Hardy, Eastern Monachism (1850) und The Jubilee Memorials of the Wesleyan Mission (1865).
7. Benjamin Clough berichtet von einem solchen Ereignis 1815 (wohl anläßlich des Vesak-Festes im Tempel von Kelaniya), vgl. Harris, Crisis and Competition, in: U. Everding (Hrsg.), Buddhism and Christianity, aaO, 21.
8. E. Harris zitiert die Quellen und erwähnt die beiden CMS-Missionare G. Erskins (1816) und J. Selkirk (1836), die mit ihrer arroganten Haltung echte buddhistische Dialogbereitschaft enttäuscht hätten. E. Harris, aaO, 19ff.
9. Diesen Hinweis verdanken wir einer mündlichen Mitteilung von G. Obeyesekere im Dezember 1993.
10. So die zusammenfassende Formulierung von Harris, aaO, 23; 1826 hatte die britische Kolonialregierung versucht, die Verteilung von Traktaten gegen den Buddhismus durch Missionare zu verbieten, aber ohne viel Erfolg. (The Missionary Conference: South India and Ceylon, 1880, 322)
11. Harris, aaO, 26
12. Vgl. G. Obeyesekere, Buddhism and Conscience: an Exploratory Essay, in: Daedalus (summer 1991), Religion and Politics, 219–239; ders.: The Two Faces of Colonel Olcott: Buddhism and Euro-Rationality in the Late Nineteenth Century, in: U. Everding (Hrsg.), Buddhism and Christianity. Interactions Between East and West, Colombo: The Goethe-Institut 1995, 32–71.
13. G. Obeyesekere, The Two Faces of Colonel Olcott, aaO, 54f.
14. Die Theosophen konnten – wie die meisten Europäer des 19. Jahrhunderts – den Unterschied zwischen Buddhismus und Hinduismus nicht klar erkennen.
15. U Ba Yin, Buddha's Way to Democracy, in: The Burman, April 12, 1954, 7, zit. nach E. Sarkisyanz, Buddhist Backgrounds of the Burmese Revolution, The Hague: Nijhoff 1965, 193

16. D. C. Vijayavardhana, Dharma-Vijaya oder die Revolte im Tempel, Colombo 1953, 431 u. 15f.
17. Vijayavardhana, aaO, 557
18. J. R. Jayawardene, Buddhism and Marxism, Colombo 1957, 44
19. Sarkisyanz, aaO, 196 u. 219
20. W. H. Wriggins, Ceylon: Dilemmas of a New Nation, Princeton 1960, 342ff.
21. Bechert, aaO, 295
22. Er ist Autor der einflußreichen Werke: History of Buddhism in Ceylon, Colombo 1956, und: What the Buddha Taught, Bedford u. New York 1959.
23. Bechert, aaO, 314
24. W. Rahula, History of Buddhism in Ceylon, aaO, 79f., zit. nach Bechert, aaO, 121
25. Bechert, aaO, 368
26. U. Phadnis, Religion and Politics in Sri Lanka, London: C. Hurst 1976, 279ff., bemerkt, daß demgegenüber eine buddhistische Reaktion auf die Diktatur des Katholiken Ngo Dinh Diem und die Unterdrückung der Buddhisten in Vietnam ausblieb.
27. Zu Jayatilleke s. Teil B, II.2.a
28. Bechert, aaO, 360f.
29. Bechert, aaO, 363f.
30. H. Abbayawadhana, Buddhist Christian Encounter: A Marxist Appreciation of the Role of Buddhism and Christianity in Ceylonese Society till Now, in: Dialogue, Neue Serie (NS) 1,1, 1973, 11–16
31. Eine ausgezeichnete Zusammenfassung und Charakterisierung der Theologie Lynn de Silvas bietet P. Schmidt-Leukel, „Den Löwen brüllen hören", Paderborn: Schöningh 1992, 185–202
32. Dialogue, NS 1,1, 1973, 17–26, vgl. S. 82f.
33. Vgl. Teil B, II.2.a/b
34. Dialogue NS 2,1, 1974, 18–38
35. de Silva, in: Dialogue NS 1,1, 1973, 2
36. Editorial Dialogue NS 2,1, 1974, 1–6
37. Dialogue NS 2,1, 1974, 7–14
38. K. N. Jayatilleke, Early Buddhist Theory of Knowledge, London 1963
39. Vgl. G. Rothermundt, Buddhismus für die moderne Welt. Die Religionsphilosophie K. N. Jayatillekes, Stuttgart: Calwer 1979.
40. Für die Analyse einiger sachlogischer Zusammenhänge, die allerdings nicht im historischen Kontext untersucht werden, vgl. Schmidt-Leukel, aaO.
41. K. N. Jayatilleke, The Buddhist Attitude to God, in: Dialogue (AS) 17, März 1969, 3–9
42. Jayatilleke, aaO, 8
43. G. Dharmasiri, A Buddhist Critique of the Christian Concept of God, Colombo 1974. In der nahezu unveränderten amerikanischen Ausgabe des Buches (Antioch: Golden Leafs 1988) hat Dharmasiri ein Kapitel hinzugefügt, in dem er die Kritik am Theismus noch verschärft im Hinblick auf die Stellung der Tiere und der ökologischen Frage überhaupt – jeder Theismus sei autoritär und zerreiße die Einheit der Natur. (Hinweis von P. Schmidt-Leukel)
44. T. R. V. Murti, The Central Philosophy of Buddhism, London [3]1980
45. L. de Silva, Dharma as Ultimate Reality, in: Dialogue, AS 17, 14–20

46. Eine Analyse dieses Problems hat Schmidt-Leukel, „Den Löwen“ brüllen hören“, aaO, vorgelegt.
47. L. de Silva, Theistic Development in Buddhism, in: Dialogue AS 19, 1–7
48. Sangharakshita, Die drei Kleinode, München 1971
49. Nachgedruckt in Dialogue, NS 4,3, 1976, 80–86.
50. W. P. Ebenezer Joseph, Armed religious conflict?, in: Crosspoints Vol 3/4 Juni 1993, XXVII
51. T. Balasuriya, Right Relationships. De-Routing and Re-Rooting of Christian Theology, Colombo 1993. Der Autor (ein Franziskaner) untersucht die gesamte Geschichte der christlichen Theologie auf die verborgenen Machtinteressen und will im Lichte dieser Analyse den christlichen Glauben radikal neu in der jesuanischen Botschaft verwurzeln.
52. Vgl. Schmidt-Leukel, aaO, 222ff.
53. A. Pieris, Some Christian Reflections on Buddhism and Secularization in Ceylon, in Dialogue, AS 24, 3–8
54. Vgl. Teil B, III.2.c.
55. L. de Silva, The Christian Attitude to Buddhism, in: Dialogue AS 13, 7–12
56. E. W. Adikaram, Buddhism and the Doctrine of Hate, Daily News (Colombo), Vesak-Ausgabe vom 25. Mai 1964, repr. in: Ambassador, Journal of the Ceylon Rationalist Association, Vol. 1, 1966. Es handelt sich um denselben Historiker E. W. Adikaram (Early History of Buddhism in Ceylon, Colombo 1946), der im Streit mit Walpola Rahula 1962 eine Rückkehr zu den historischen Ursprüngen des Buddhismus und damit eine Reinigung der gegenwärtigen Praxis gefordert hatte. Rahula hatte dem widersprochen: Der Buddhismus sei nicht verfallen, sondern habe sich notwendigerweise den veränderten Umständen angepaßt, weshalb die Forderung nach Rückkehr zu den Ursprüngen ahistorischer Idealismus sei. (Vgl. E. Bechert, aaO, 366f.)
57. Mahāvaṃsa XXV, 109f., zit. nach: Mahāvaṃsa or the Great Chronicle of Ceylon (Übers. v. W. Geiger), Pāli Text Society, Oxford 1912, 178
58. G. Vithanage, Buddhist Attitude to Christianity, in: Dialogue AS 13, 13–17
59. L. de Silva, Christian Attitude to Buddhism, in: Dialogue AS 13, 19–24
60. Vgl. E. Conze, Buddhism. Its Essence and Development, New York 1951.
61. G. Dharmasiri, A Buddhist Critique of the Christian Concept of God, Colombo 1974. Das Buch geht auf eine Dissertation bei Ninian Smart (Lancaster, England) zurück.
62. Schmidt-Leukel, aaO, 194ff.
63. Vgl. G. W. Houston, Review (zu Dharmasiri), in: Buddhist-Christian Studies Vol.3, Honolulu: Univ. of Hawaii Press 1983, 161f.
64. Dialogue, NS 2, 1974, 4 und 5, 1975/76; vgl. A. Pieris, Theologie der Befreiung in Asien, Freiburg: Herder 1986, bes. 79ff.; ders., Liebe und Weisheit, Mainz: Grünewald 1989, bes. 15ff.
65. Vgl. bes. A. Pieris, God-Talk and God-Experience in a Christian Perspective, in: Dialogue NS 2,3, 1974, 116–128.
66. Dharmasiri hatte aber sehr deutlich argumentiert, daß *nirvāṇa* nicht als mystische Erfahrung im christlichen Sinn interpretiert werden dürfe, denn sie kenne keinen „Gegenstand“.
67. G. Dharmasiri, Comments on Responses to a Buddhist Critique, in: Dialogue NS 3, 1976, 20f.

68. V. Vidyasagara, The Marxist Movement and the Buddhist-Christian Dialogue in Sri Lanka: A Comment, in: Dialogue NS 10, 1983, 2–3, 16–28
69. V. Vidyasagara, aaO, 27f.
70. A. Pieris, The Zen-Christian Dialogue in Japan: the First Impressions of a Sri Lankan Christian, in: Dialogue NS 3,3, 1975, 107–112
71. A. Fernando, Buddhism and Christianity, Colombo [2]1983
72. Sh. Ratnayaka, Two Ways of Perfection. Buddhist & Christian, Colombo: Lake House 1978; Kurzfassung: Two Paths to Perfection, in: Dialogue NS 1,2, 1973, 44–47
73. L. de Silva, Buddhism and Christianity Relativized, in: Dialogue NS 9, 1–3, 1982, 43–72 (Gedenkband für de Silva)
74. So z. B. L. de Silva, Why Believe in God? The Christian Answer in Relation to Buddhism, Colombo 1970, wo de Silva, angeregt durch Buddhadasa (vgl. Teil B, II.2.d), der Parallelisierung von Gott und Dhamma nachgeht. (Hinweis von P. Schmidt-Leukel)
75. Vgl. Teil B, II.2.b
76. Vgl. Teil B, II.3.b
77. de Silva, aaO, 57
78. de Silva, aaO, 62; E. Conze, Thirty Years of Buddhist Studies, London u. Oxford 1967, 38–50
79. M. Palihawadana, Is there a Theravāda Idea of Grace?, in: Dialogue NS 9, 1–3, 1982, 91–103
80. P. Schmidt-Leukel, aaO, 200
81. A. Pieris, Dialogue and Distrust between Buddhists and Christians: A Report on the Catholic Church's Experience in Sri Lanka, in: U. Everding (Hrsg.), Buddhism and Christianity. Interactions Between East and West, Colombo: The Goethe-Institut 1995, 205ff., der auch die Rolle der katholischen Kirche im ethnischen Konflikt zwischen Singhalesen und Tamilen analysiert und beklagt, daß die kolonial-christliche Vergangenheit kirchliche Vermittlungsversuche für die singhalesischen Buddhisten als unglaubwürdig erscheinen läßt. Pieris warnt die katholische Kirche vor neuen proselytisierenden „Evangelisationen" im Geiste „euro-ekklesialen Expansionsstrebens". (aaO, 209) Zu den evangelikalen Missionsbewegungen vgl. den Bericht über Versuche evangelikaler Gruppen, christliche Literatur anläßlich eines buddhistischen Festes an 4000 buddhistische Mönche, die „für die Bekehrung reif seien" mit aggressiven Methoden zu verteilen: Religious tensions averted at Mihintale, in: Crosspoints. A Quarterly publ. of the Commission for Justice & Peace of the National Christian Council of Sri Lanka, Vol 3/4, Juni 1993, Colombo, 1.

III. China

1. G. Rosenkranz, Die älteste Christenheit in China in den Quellen-Zeugnissen der Nestorianertexte der T'ang-Dynastie, Berlin 1939
2. H. Küng/J. Ching, Christentum und Chinesische Religion, München: Piper 1988, 259; I. Kern, Matteo Riccis Verhältnis zum Buddhismus, in: Monumenta Serica 36, Nettetal: Steyler Verl. 1984/85, 65–126

3. In ähnlicher Weise trat der Jesuit Roberto de Nobili in Indien als hinduistischer Wandermönch *(sannyāsin)* auf.
4. I. Kern, Buddhistische Kritik am Christentum im China des 17. Jahrhunderts, Bern: P. Lang 1992, 2
5. F. P. Brandauer, The Encounter between Christianity and Chinese Buddhism from the Fourteenth to the Seventeenth Century, in: Ching Feng XI,3 1962, 30–38
6. Vgl. Teil A, I.3 (S. 60) und Teil A, VI (S. 276 ff. und 281). Zum Verständnis dieses für das Mahāyāna zentralen Konzeptes vgl. M. Pye, Skilful Means. A Concept in Mahāyāna Buddhism, London: Duckworth 1978.
7. Küng/Ching, aaO, 260
8. Kern, aaO, 5 ff. Die folgenden Informationen zur frühen Kritik des Buddhismus am Christentum in China verdanken wir dem Buch Kerns.
9. Kern, aaO, 16 ff.
10. Zu den Figuristen, die ihren Namen von einer figurativen bzw. allegorischen oder typologischen Schriftauslegung des Alten Testaments haben, wobei sich die christliche Heilsgeschichte bereits vor Christus abzeichne, vgl. C. v. Collani, Die Figuristen in der Chinamission, Reihe Würzburger Sino-Japonica Bd. 8, Frankfurt a. M./Bern: P. Lang 1981.
11. Vgl. G. W. Leibniz, Das Neueste von China (1697). Novissima Sinica (Hrsg. H. G. Nesselrath/Reinbothe, Köln: Deutsche China-Gesellschaft 1979.
12. W. Glüer, The Encounter between Christianity and Chinese Buddhism during the Nineteenth Century and the First Half of the Twentieth Century, in: Ching Feng XI,3 1962, 41
13. Ho Koon-ki, Where is the Utopia? A Comparative Study of the Responses of China and the West to Each other during the 17th and the 18th Century, Vortrag auf der Konferenz *China, the Chinese and the West*, University of Hongkong März 1986, unveröffentl. Vgl. auch Whalen Lai, Chinese Buddhist and Christian Charities: A Comparative History, in: Buddhist-Christian Studies Vol 12, 1992, 5–33.
14. Zum Problem der Weißen-Lotos-Sekten in China und ihrer politischen Bedeutung bis ins ausgehende 19. Jahrhundert vgl. die detaillierte Studie von B. J. ter Haar, The White Lotus Teachings in Chinese Religious History, Leiden: Brill 1992.
15. C. S. Song, Theologie des Dritten Auges. Asiatische Spiritualität und christliche Theologie, Göttingen: Vandenhoeck & Ruprecht 1989, 184
16. J. K. Fairbank (Hrsg.), The Missionary Enterprise in China and America, Cambridge, Mass. 1974, 271, zit. bei Song, aaO, 185.
17. Donald W. Treadgold, The West in Russia and China: Religious and Secular Thoughts in Modern Times, Bd. 2: China 1582–1949, London: Cambridge Univ. 1973; John Young, Comparing the Approaches of the Jesuit and the Protestant Missions in China, in: Ching Feng XXII,2 1979, 107–115
18. Küng, aaO, 262 ff.
19. Vgl. vor allem F. Michael, The Taiping Rebellion: History and Documents, Vol. 3, Seattle 1971; s. auch: Whalen Lai, The Conversion of Liang A-fa, the First Chinese Christian Pastor, in: Christianity in Asia, Internat. Christian University, Tōkyō (im Druck)

20. Whalen Lai, K'ang Yu-wei and Buddhism: From Enlightenment to Sagehood, in: Ching Feng XXVI, 1 1983, 316–343
21. Wer in dieser Frage von wem beeinflußt worden ist, kann bis heute nicht klar entschieden werden. Vgl. Chan Sin-wei, Buddhism in Late Ch'ing Political Thought, Hongkong: Chinese Univ. Press 1985
22. Vgl. Chan Sin-wei, ebd.
23. Lou Yulieh, Fo-hsüeh yü chung-kuo chin-tai che-hsüeh (Buddhologie und Moderne Chinesische Philosophie), in: Shih-chieh Tsung-chiao Yen-chin (Zeitschrift: Weltreligionen) Peking 1986, 1–17
24. Für eine ausführlichere Diskussion der philosophischen Entwicklungen und zur Literatur über Chang T'ai-yen (Ping-lin) vgl. Fung Yu-lan, A Short History of Chinese Philosophy, New York: Macmillan 1948.
25. Ou-yang Ching-wu, Fochiao fei tsungchiao (Buddhismus ist keine Religion), öffentl. Vortrag von 1912, in: Fok Touhui, Fo-hsüeh, Hong Kong: Chinese Univ. of Hong Kong 1983, 2, 96–100. Dieses rationalistische Verständnis des Buddhismus wurde und wird von Theravāda- wie Mahāyāna-Buddhisten in China aufrechterhalten.
26. Zu T'ai-hsü vgl. Holmes Welch, The Buddhist Revival, Cambridge: Harvard University 1968.
27. H. de Lubac, La rencontre du bouddhisme et de l'occident, Paris: Aubier 1952, 239
28. D. A. Pittman, The Modern Buddhist Reformer T'ai-hsü on Christianity, in: Buddhist-Christian Studies, Vol 13, 1993, 79
29. Pittman, aaO, 78
30. Vgl. Chang Yu-chin in Bd. 15, 3–39 des genannten Magazins, abgedruckt in: Chang Yu-chin, Anthologie: Midwest China Oral History, 1980, 3–39.
31. Eric J. Sharpe, Karl Ludwig Reichelt: Missionary, Scholar and Pilgrim, Hongkong: Tao Fong Shan 1984
32. H. Eihart, Boundlessness: Studies in Karl Ludwig Reichelt's Missionary Thinking with Special Regard to the Buddhist Christian Encounter, Studia Missionalia Upsaliensia XXIV, Uppsala 1974, macht Reichelt beinahe zu einem zeitgenössischen Theologen: Reichelt sei ein Student des Mahāyāna gewesen, der christliche Theologie vermittels der Einsicht in *śūnyatā* und die zwei Wahrheitsebenen in Weisheit und heilender Hinwendung zu allen Wesen neu konstruiert habe. Die Biographie von Eric J. Sharpe, Karl Ludwig Reichelt: Missionary, Scholar and Pilgrim, Hongkong: Tao Fong Shan Ecumenical Centre 1984, zeichnet ein realistischeres Bild: Er sei ein im Grunde konservativer Missionar gewesen, der (wie andere Missionare auch) äußere buddhistische Formen benutzt habe, um das Evangelium effektiver unter den Mönchen zu verbreiten. Hier setzt denn auch die buddhistische Kritik zu Recht ein, und die Ambivalenz des Kreuzes auf dem Lotos bleibt bestehen.
33. Vgl. M. v. Brück, Möglichkeiten und Grenzen einer Theologie der Religionen, Berlin: Evangelische Verlagsanstalt 1979, 45 ff.
34. Vgl. Teil B, II.3.c
35. Der Text von 1945 ist nicht mehr auffindbar. Diese Abhandlung Wangs über Buddha und Jesus ist aber vermutlich identisch mit dem Text, der 1967 von Tao Fong Shan unter dem Titel *Shih-chia yü Yeh-su* (Śākyamuni und Jesus) publiziert wurde.

36. Sein Leben ist beschrieben in: „C. C. Wang“, Midwest China Oral History and Archives Collection, 1980, dort auch die Dokumentation der Texte.
37. Chang Yu-chin, aaO, 40–69
38. Chang Chüeh-i, Yeh-chiao yü Fo-chiao (Christentum und Buddhismus), 1958 (Seitenangaben im Text beziehen sich auf diese Ausgabe.)
39. H. Küng/J. Ching, Christentum und Chinesische Religion, aaO, 270ff.
40. Chu-yün, Fo-chiao yü Chi-tu-chiao te pi-chiao (Ein Vergleich von Buddhismus und Christentum), Taipei 1956, 4–7
41. aaO, 8–19
42. Chang Chiung-sheng, P'ing Fo-chiao yü Chi-tu-chiao te pichiao kao („Kritik der vorangehenden Vergleiche von Buddhismus u. Christentum“), Taipei: Hingfang Book Store, o. J.
43. aaO, 20ff.
44. Yin-shun, Shang-ti ai shih-jen (Liebt Gott den Menschen?) und Shangti ai shihjen te tsai tulun (Nochmals: Liebt Gott den Menschen?), in: Hai-chao-yin 44, Nr. 7–8; 45, Nr. 6–8, erneut abgedruckt in: Chang Man-fu (Hrsg.), Ta-cheng wen-fu, Taipei: Ta-cheng wen-hua 1971, 163–244.
45. Peter Lee, From Mission to Buddhists to Possibilities of Multifaceted Religious Dialogue, in: Ching Feng 16,3, 1978, 115–125
46. John C. H. Wu, The Golden Age of Zen, Taipei: Hua-kang 1975. Eine chinesische Übersetzung stammt von Wu Yi.
47. Yves Raguin, Buddhism. Sixteen Lessons on Buddhism and Christianity, Taipei: Ricci Institute 1975, 3
48. Raguin, aaO, 44f.
49. Chang Chiung-shen, Chung-kuo ling-shu ka-ni (Diskussion über chinesische spirituelle Übungen), Tai-chung: Kuang-chi 1978
50. Chang Chiung-shen, aaO, 9–38
51. C. S. Song, The Relation of Divine Revelation and Man's Religion in the Theologies of Karl Barth and Paul Tillich. Diss. Union Theol. Seminary, New York 1965. Weitere Werke von Song: Christian Mission in Reconstruction, Madras: CLS 1975 (repr. Maryknoll, N. Y.: Orbis 1977); The Compassionate God, Maryknoll, N. Y.: Orbis 1982; Tell us our Names. Story Theology from an Asian Perspective, Maryknoll: Orbis 1984; Theology from the Womb of Asia, Maryknoll: Orbis 1986; Third-Eye Theology. Theology in Formation in Asian Settings, Maryknoll: Orbis 1979 (dt.: Theologie des Dritten Auges, Göttingen: Vandenhoeck 1989; Jesus and the Reign of God, Minneapolis: Fortress 1993.
52. Vgl. dazu L. Vischer, Nachwort, zu: C. S. Song, Die Tränen der Lady Meng. Ein Gleichnis für eine politische Theologie des Volkes, Basel: Friedrich Reinhardt Verlag 1982, 81ff.
53. Song, Theologie des Dritten Auges, Göttingen: Vandenhoeck 1989, 28ff.
54. Song, aaO, 45f.
55. Song, aaO, 15
56. Song, aaO, 144
57. Song, aaO, 147
58. Song, aaO, 72ff.
59. Song, aaO, 135ff.
60. Song, aaO, 141

61. Song, aaO, 150ff.
62. Song, aaO, 147f.
63. Song, aaO, 135ff.
64. Song, aaO, 148
65. Lin Shih-mien, Pi-chiu tsung-chiao hsin-yang (Vergleich der religiösen Glaubensvorstellungen), Taipei: T'ien-hua 1981
66. Leung In-shing, Hui-ching shen-yao (Eine spirituelle Reise zu verschiedenen Bereichen Intellektueller Erfahrung), Taipei: T'ien-tao 1982
67. Vgl. Teil B, II.2.b
68. Hui-t'ung yü chuan-hua (Verstehen und Transformation), Taipei: Yu-chiu 1985
69. Vgl. Teil A, V.4.b: Personalität und Impersonalität.
70. Für eine Charakterisierung des chinesischen Christentums vgl. Wu Liming (kantones. Ng Lee-ming), Chi-tu-chiao yü Chung-kuo she-hui pien-ch'ien (Christentum und sozialer Wandel in China), Hongkong: Theol. Education Press 1984.

IV. Japan

1. Th. Immoos, Japan – Archaische Moderne, München: Kindt 1990
2. H. Matsubara, Blick aus Mandelaugen. Ost-westliche Miniaturen, Hamburg: Knaus 1980, 180ff.
3. H. Nakamura, Ways of Thinking of Eastern Peoples, Honolulu: Univ. of Hawaii Press, 1964; vgl. H. Waldenfels, Absolutes Nichts. Zur Grundlegung des Dialogs zwischen Buddhismus und Christentum, Freiburg: Herder 1976, 41f.
4. M. Anesaki, History of Japanese Religion, Rutland/Tōkyō: Charles Tuttle 1963, 229 (1. Aufl. 1930)
5. Anesaki, aaO, 244
6. Anesaki, aaO, 241
7. Die Gründe sind, wie wir schon im Kapitel über China sahen, der zölibatäre Lebensstil der Mönche, die Ausrichtung der Frömmigkeit auf ein Jenseits, die Marienverehrung, die dem Kult der buddhistischen Kannon zu ähneln schien (die weiblich uminterpretierte Form des Bodhisattvas der Barmherzigkeit, Avalokiteśvara), usw. Vgl. Yoshiyuki Nitta, Die anti-christlichen Schriften in Japan im 17. Jahrhundert, in: G. Naundorf/K.-H. Pohl/H.-H. Schmidt (Hg.), Religion und Philosophie in Ostasien. Festschrift für H. Steininger, Würzburg 1985, 334.
8. Anesaki, aaO, 246ff.
9. Hideyoshis Brief an den Jesuiten G. Coelho von 1587, vgl. Nitta, aaO, 335
10. Die Nichiren-Buddhisten wollten sich den Militärdiktatoren nicht unterwerfen und predigten deshalb ihren eigenen politischen Buddhismus; sie wurden 1579 durch Oda Nobunaga verfolgt, 1586 durch Toyotomi Hideyoshi und 1608 durch Ieyasu. Schon daraus wird deutlich, daß die Religionspolitik Hideyoshis und der Tokugawas nicht primär an *religiösen* Fragen orientiert war.
11. In bezug auf das Verhältnis von Teezeremonie und Abendmahl ist auch ein umgekehrter oder wechselseitiger Einfluß möglich, vgl. A 14.
12. Nitta, aaO, 332
13. Anesaki, aaO, 248
14. Immoos, aaO, 63

15. Allerdings darf nicht unerwähnt bleiben, daß es zu Beginn der nationalen Restauration in der Meiji-Zeit (nach 1868) – und dann auch im Zusammenhang mit der Gegenreaktion gegen den europäischen Einfluß – zur Förderung des Shintoismus als der „eigentlichen" japanisch-nationalen Religion kam und der Buddhismus als „Fremdreligion" heftig angegriffen wurde – *haibutsu kishaku* „Weg mit Buddha, Zerstörung der Schriften". Um sich nationalistisch zu profilieren, attackierten nun buddhistische Jugendliche z. B. in der Gruppe *Sei-kyō-sha* („Politik und Religion") das „westliche Christentum"; vgl. Anesaki, aaO, 360 ff.
16. N. Thelle, Buddhism and Christianity in Japan. From Conflict to Dialogue, 1854–1899, Honolulu: Univ. of Hawaii Press 1987
17. Sōka Gakkai, Risshō Kōsei-kai, PL-Kyōdan u. a. konnten die Menschen durch Programme gemeinschaftlicher Barmherzigkeit erreichen und siedelten sich damit in der urbanen Mittel- und Unterschicht an.
18. M. Eder, Geschichte der japanischen Religion, Bd. 2, Nagoya 1978, 161 f.
19. Thelle, aaO, 248
20. Hierzu hat uns Michael Pye einen besonderen Hinweis gegeben. Vgl. K. Mizuno, Looking at the Sūtras, in: Dharma World 8, Feb. 1981, 40–42; Tominaga, N., Emerging from Meditation *(Shutsujō kōgo*, 1745), übers. von M. Pye, Honolulu: Univ. of Hawaii Press 1990.
21. Vgl. S. 193 ff.: Dialog mit dem Buddhismus des Reinen Landes.
22. Thelle, aaO, 249
23. Zum folgenden vgl. Thelle, aaO, 225 ff.
24. Thelle, aaO, 250 ff.
25. Eine neuere, leicht zugängliche Sammlung einiger Dokumente findet sich in: Y. Terazono/H. E. Hamer (Hg.), Brennpunkte in Kirche und Theologie Japans, Neukirchen 1988, 97 ff.
26. H. de Lubac, La rencontre du bouddhisme et de l'occident, Paris: Aubier 1952, 238
27. Thelle, aaO, 253
28. Vgl. Teil B, III.2.d „Engagierter Buddhismus".
29. Thelle, aaO, 185 ff.
30. Die Gelegenheit ergab sich, als Nishida Tenkō und seinen Anhängern in Yamashina nahe Kyōto Land gestiftet wurde. Vgl. Thelle, aaO, 254 f. Für Details zu dieser Gruppe s. H. Thomsen, The New Religions of Japan, Tōkyō: Charles E. Tuttle, 1963.
31. Vgl. unten Teil B, III.1.b
32. Siehe unten Teil B, III.1.b
33. So Swami Abhishiktananda, nach einer mündl. Mitteilung von Frau Odette Baumer-Despeigne, Frauenfeld/Schweiz.
34. K. Kadowaki, Zen und die Bibel, Salzburg 1980; ders., Erleuchtung auf dem Weg. Zur Theologie des Weges, München: Kösel 1993
35. Kadowaki, Erleuchtung auf dem Weg, aaO, 114
36. Kadowaki, aaO, 283
37. Kadowaki, aaO, 115
38. Vgl. J. Spae, Buddhist-Christian Empathy, Tōkyō: Oriens Institute for Religious Research 1980, 175 ff. und die dort angegebene Literatur.
39. Spae, aaO, 177

40. Für eine inhaltliche Würdigung der Kyōto-Schule in bezug auf den buddhistisch-christlichen Dialog s. Teil B, II.3.b und Teil B, II.3.c. Wir können hier nicht alle zur Kyōto-Schule zählenden Persönlichkeiten (Nishida, Tanabe, Nishitani, Takeuchi, Hisamatsu, Abe, Ueda) vorstellen. Die Auswahl erfolgt nach dem Gesichtspunkt der Bedeutung für den *gegenwärtigen* Dialog in *Japan*. Abe Masao (geb.1915) kommt im Teil B ausführlich zu Wort. Für eine vorzügliche Einführung in die Philosophie der Kyōto-Schule mit ausführlicher Bibliographie vgl. R. Ōhashi (Hg.), Die Philosophie der Kyōto-Schule. Texte und Einführung, Freiburg/München: Karl Alber 1990.
41. Nishida Kitarō, Über das Gute, Frankfurt a. M.: Insel 1989
42. Für eine kurze, aber sehr erhellende Einführung in Nishida und die anderen Philosophen vgl. H. Waldenfels, Absolutes Nichts. Zur Grundlegung des Dialogs zwischen Buddhismus und Christentum, Freiburg: Herder 1976, 48 ff.; sodann auch F. Buri, Der Buddha-Christus als der Herr des wahren Selbst, Bern/Stuttgart 1982, 53,80 (Auf Buris problematische Darstellung und Dialogmethode gegenüber Nishitani können wir hier nicht eingehen, vgl. dazu: T. Vetter, Buddhismus und Christentum. Zum buddhistischen Hintergrund von K. Nishitanis Dialektik (I) und zu F. Buris Vorschlag zum christlich-buddhistischen Dialog (II), in: ZMR 1987,1, 1–24.). Weiterhin zur Einführung in die Kyōto-Schule: T. Unno (Hg.), The Religious Philosophy of Nishitani Keiji, Berkeley: Asian Humanities Press 1989; S. Heine, Postwar Issues in Japanese Buddhism, in: Ch. Wei-hsun Fu/G. E. Spiegler (Hg.), Religious Issues and Interreligious Dialogues, New York 1989, 249 ff.; R. Ōhashi (Hg.), Die Philosophie der Kyōto-Schule. Texte und Einführung, Freiburg/München: Alber 1990; D. W. Mitchell, Spirituality and Emptiness, New York: Paulist Press 1991, 10 ff.; und besonders Nishitani Keijis Reflexionen über seinen Lehrer Nishida aus dem Jahr 1950 in: K. Nishitani, Nishida Kitarō, Berkeley: Univ. of California Press (engl. Übersetzung von 1991).
43. Mitchell, aaO, 12
44. Elemente dieser eingängigen Formulierung übernehmen wir von Mitchell, aaO, 25.
45. Die entsprechenden Zitate sind bei Buri, aaO, 77 ff., zusammengestellt. Vgl. Teil B, II.3.c
46. Vgl. H. Tanabe, Philosophy as Metanoetics, Berkeley: Univ of California Press 1986, 2 ff.
47. K. Nishitani, Science and Zen, in: The Eastern Buddhist, N. S. 1 1965/66, 79–108
48. H. Waldenfels, aaO, 68 f.
49. J. v. Bragt, Religion and Science in Nishitani Keiji, in: Zen Buddhism Today. Annual Report of the Kyōto Zen Symposium Nr. 5 Nov. 1987, Kyōto: Kyōto Seminar for Religious Philosophy 1987, 161–174
50. Vgl. oben Anm. 42, letzter Titel.
51. Zit. nach Waldenfels, aaO, 84
52. Vgl. Sh. Hisamatsu, Memories of My Academic Life, in: The Eastern Buddhist 18/1 1985, 8–27; ders., Ultimate Crisis and Resurrection, in: The Eastern Buddhist, 8/1–2 1975, 12 ff.; M. Abe, Hisamatsu's Philosophy of Awakening, in: The Eastern Buddhist, 14/1 1981, 26–42.
53. Vgl. Teil B, III.2.d, „Engagierter Buddhismus".

54. Es seien exemplarisch genannt: Sh. Ueda, Die Gottesgeburt in der Seele und der Durchbruch zur Gottheit. Die mystische Anthropologie Meister Eckharts und ihre Konfrontation mit der Mystik des Zen, Gütersloh: Gütersloher Verlagshaus 1965; *ders.*, Die Bewegung nach oben und die Bewegung nach unten: Zen-Buddhismus im Vergleich mit Meister Eckhart, in: Eranos, Bd. 50, Leiden: Brill 1981, 223–273.
55. Irie Yukio (Hg.), A Zen-Christian Pilgrimage. The Fruits of Ten Annual Colloquia in Japan 1967–1976, Hongkong 1981
56. aaO, 10
57. aaO, 36ff.
58. aaO, 41
59. Gott ist gut, und das Böse ist ihm fremd. Daß es auch eine Ambivalenz Gottes geben kann, bei der „das Böse" in Gott selbst liegt, kommt im jüdisch-christlichen Gottesbild nur marginal vor.
60. J. Yukio, A Zen-Christian Pilgrimage, aaO, 112ff.
61. aaO, 48ff.
62 Akizuki Ryōmin, Christian-Buddhist Dialogue, in: Inter-Religio Nr. 14, Fall Issue, Nagoya 1988, 47
63. Dieser elliptischen Struktur der Hermeneutik, mit der Buddhismus und Christentum einander verstehen können, werden wir im Teil C, II weiter nachgehen.
64. Nichiren (1222–1282) gründete auf der Basis einer politisch-„eschatologischen" Interpretation des Lotos-Sūtra eine eigene Schule des japanischen Buddhismus, die alle anderen Schulen sowie die politische Herrschaft kritisierte und exklusivistische Reformansätze inspirierte.
65. Die neueste gründliche Arbeit zu Geschichte und Charakter der Bewegung stammt von A. Nehring, Risshō Kōsei-kai, Erlangen: Verlag der Ev.-Luth. Mission 1992; vgl. auch K. J. Dale, Circel of Harmony. A Case Study in Popular Japanese Buddhism, Tōkyō: Seibunsha 1975; R. Italiaander, Eine Religion für den Frieden. Die Risshō Kōsei-kai, Erlangen: Verlag der Ev.-Luth. Mission 1973.
66. Vgl. dazu D. W. Mitchell, Spirituality and Emptiness, New York: Paulist 1991, 158ff.
67. Ein interessanter Bericht findet sich in: A. H. Kroehler, Religious Dialogue at the Grassroots Level, in: Japanese Religions, Vol. 18,1, Jan. 1993, 76–87.
68. Die Informationen entstammen einem Bericht, den Honda Masaaki auf der 3. Internationalen Konferenz *Buddhism and Christianity* in Berkeley/California, August 1987, gegeben hat und der in die Konferenzpapiere (Bibliothek der Graduate Theological Union, Berkeley) aufgenommen ist. Vgl. auch R. Corless, Seimeizan: A Living Buddhist-Christian Dialogue, in: Buddhist-Christian Studies, Vol. 12, 1992, 233–240. Corless spricht von einem „combined call of an Italian Christian and a Japanese Buddhist to transcend nationality in planetary awareness". (239)
69. *Zazen* ist die Sitz-Meditation im Stil des Zen, *nembutsu* die verehrende Anrufung des Buddha-Namens im Buddhismus des Reinen Landes.
70. Vgl. F. Spier, „Dialogue is between fully committed Persons": A Portrait of Doi Masatoshi, in: Japanese Religions Vol.13, 1985 Nr. 4, 3–15.
71. M. Dohi, Man's Search for Meaning through Interfaith Dialogue, Tōkyō: Kyōbunkwan 1976, 131

72. A. Bloom, Is the Nembutsu Magic?, in: Japanese Religions, Vol. 1/3, 1959, 31 ff.
73. N. Thelle, Reflections on Dialogue as a Spiritual Pilgrimage: on Theological Addresses, in: Japanese Religions Vol. 13/4, 1985, 18
74. Thelle, aaO, 20
75. J. Spae, Buddhist-Christian Empathy, aaO, 63
76. Spae, aaO, 13 ff.
77. Spae, aaO, 29
78. Spae, aaO, 70. So zuvor schon H. Nakamura und H. Waldenfels.
79. Spae, aaO, 43
80. Vgl. den sehr instruktiven Abschnitt „Skepsis bei Wörtern" in: H. Matsubara, Blick aus Mandelaugen, aaO, 54 ff.
81. Der Amerikaner William Johnston ist vor allem durch sein Buch *The Still Point. Reflections on Zen and Christian Mysticism*, New York: Fordham Univ. Press 1970, weltweit bekannt geworden.
82. Vgl. auch seinen Beitrag zum Problem der „Person" im buddhistisch-christlichen Dialog, s. Teil A, V.4.b
83. Zum folgenden vgl. S. Yagi, Bericht über Tōzai Shūkyō Kōryū Gakkai, in: Dialog der Religionen 1/1993, 93–100.
84. Dieses dritte Thema kommt ausführlich zur Sprache im Teil B, II.3.b
85. Vgl. dazu Yagis Selbstdarstellung seiner Debatte mit Takizawa, in: A. Dohi/T. Satō/S. Yagi/M. Odagaki, Theologiegeschichte der Dritten Welt. Japan, München: Chr. Kaiser 1991, 141 ff.
86. Takizawa Katsumi: His Life an Thought (jap.), Tōkyō: Shinkyō Shuppansha 1986, 228 ff.
87. K. Takizawa, Bukkyō to Kirisutokyō, Kyōto: Hōzōkan 1960 (deutsche Übersetzung 1964)
88. Die „dialektische Theologie" wurde von Barth nach 1919 entwickelt. Sie proklamierte die radikale Trennung von Gott und Welt (Gott als „der ganz Andere") bzw. Evangelium und Kultur. Damit wurde auch jeder Anknüpfungspunkt des Evangeliums bei religiösen oder kulturellen Leistungen des Menschen bestritten.
89. Vgl. besonders Barths Schrift *Die Menschlichkeit Gottes* (1956). Zur Theologie des späten Barth und dessen dialogischem Ansatzpunkt vgl. M. v. Brück, Möglichkeiten und Grenzen einer Theologie der Religionen, Berlin 1979, 45 ff.
90. S. Teil B, III.2.d
91. R. Akizuki, Inseperability, Non-Identifiability and Irreversibility: A View from the Perspective of Zen-Buddhism for a Buddhist-Christian Dialogue, Vortrag auf der Internationalen Buddhistisch-Christlichen Konferenz, Berkeley 1987 (unveröffentl. Konferenzpapiere, Bibliothek der Graduate Theological Union, Berkeley)
92. R. Akizuki, Christian-Buddhist Dialogue, in: Inter-Religio Nr. 14, Herbst 1988, Nagoya, 42
93. S. Yagi, Bukkyō to Kirisutokyō – Takizawa Katsumi tono taiwa o motomete, Tōkyō: San'ichi shobō 1981
94. Yagi, Theologiegeschichte der Dritten Welt, aaO, 149 f.
95. Im Zen muß die Paradoxie präziser so ausgedrückt werden: *hongaku* ist gegenüber *shigaku* primär, denn wir werden erleuchtet, weil wir bereits erleuchtet

sind; aber dennoch sind beide reversibel, insofern *shigaku* nichts anderes als *hongaku ist.*

96. Vgl. dazu die Graphiken in: S. Yagi, Die Front-Struktur als Brücke vom buddhistischen zum christlichen Denken, München: Chr. Kaiser 1988.
97. Das Problem von unmittelbarer (mystischer) Erfahrung und Interpretation derselben, die auf jede mögliche Erfahrung zurückwirkt, ja dieselbe möglicherweise mit konstituiert, können wir hier nicht untersuchen. Vgl. dazu M. v. Brück, Mystische Erfahrung, religiöse Tradition und die Wahrheitsfrage, in: R. Bernhardt (Hrsg.), Horizontüberschreitung. Die Pluralistische Theologie der Religionen, Gütersloh: Gütersloher Verlagshaus 1991, 81 ff.
98. Honda hat „The Logic of Soku" wohl erstmals detailliert auf der 3. Internationalen Konferenz: *Buddhism and Christianity – Toward the Human Future* 1987 in Berkeley vorgetragen (Konferenzpapiere, Bibliothek der Graduate Theological Union, Berkeley, darin auch die Antwort von Paul Knitter). Honda hat seine Thesen wiederholt vorgetragen auf der 7. Tagung der JSBCS 1988 in Kyōto.
99. S. Yagi, Bericht über Tōzai Shūkyō Kōryū Gakkai 1982–1991, in: Dialog der Religionen 3. Jahrgang 1/93, 93 ff.
100. G. Kaufman, Holism and Foundationalism – Buddhism and Christianity, Konferenzpapiere der 3. Internationalen Buddhistisch-Christlichen Konferenz 1987, (Bibliothek der Graduate Theological Union, Berkeley)
101. K. Barth, Kirchliche Dogmatik I/2, Zürich [5]1960, 375
102. J. v. Bragt, Buddhism-Jōdo Shinshū-Christianity. Does Jōdo Shinshū form a Bridge between Buddhism and Christianity?, in: Japanese Religions Vol. 18,1, Jan 1993, 47–75
103. Van Bragt kritisiert z. B. Henri de Lubac, La rencontre du bouddhisme et de l'occident, Paris: Aubier 1952.
104. Daß die *śūnyatā*-Lehre nicht einfach als „Essenz" des Mahāyāna-Buddhismus gelten könne, hat auch Unno Taitetsu hervorgehoben. R. Habito/T. Unno, Forging New Horizons of Religious Awareness: Two Reviews of Buddhist-Christian Dialogue, in: Buddhist-Christian Studies Vol. 10, Honolulu: Univ. of Hawaii Press 1990, 246
105. Van Bragt zeigt allerdings andernorts, daß der Mangel an sozial-befreienden Impulsen im japanischen Buddhismus auch Wurzeln in der Geschichte hat. Vgl. J. v. Bragt, Liberative Elements in Pure Land Buddhism, in: Inter-Religio Nr. 18, Fall Issue, Nagoya 1990, 44–69.
106. S. Teil B, I.3; vgl. auch M. v. Brück, Einheit der Wirklichkeit, München: Chr. Kaiser [2]1987, 88 ff.
107. Suzuki übersetzt Saichi: „I exchange work with Amida: / I worship him who in turn deigns to worship me - / This is the way I exchange work with him." D. T. Suzuki, Mysticism Christian and Buddhist (1957), London: Unwin 1979, 125
108. J. v. Bragt, Liberative Elements in Pure Land Buddhism, aaO, 44 ff.
109. Vgl. M. v. Brück, aaO, bes. 243 ff.
110. Chr. Langer-Kaneko, Das Reine Land. Zur Begegnung von Amida-Buddhismus und Christentum, Leiden: Brill 1986, bes. 134 ff.
111. J. Cobb, Can a Buddhist be a Christian, too?, in: Japanese Religions Vol. 11/2–3, 1980, 35–55, betont, daß Amidas *Gelübde* der Grund des Glaubens sei, d. h.

nicht eine menschliche Bewußtseinshaltung. Nur so könne das Heil absolut gewiß sein. Amida sei dem Absoluten *dharmakāya* (dem völlig transzendenten Körper des Buddha) nicht untergeordnet, sondern eine *Form* desselben, d. h. in christlich-trinitätstheologischen Kategorien, nicht subordinatianisch, sondern modalistisch gedacht.

112. H. Küng, Foreword zu: Y. Takeuchi, The Heart of Buddhism, New York: Crossroad 1983, XI. Die zitierte Dissertation von Chr. Langer-Kaneko ist bei H. Küng geschrieben worden.
113. Sh. Bandō, Jesus Christus und Amida. Zu K. Barths Verständnis des Buddhismus vom Reinen Land, in: U. Luz/S. Yagi (Hrsg.), Gott in Japan, München 1973, 79
114. P. Schmidt-Leukel, Den Löwen brüllen hören. Zur Hermeneutik eines christlichen Verständnisses der buddhistischen Heilsbotschaft, Paderborn: Schöningh 1992, 605–654
115. Schmidt-Leukel, aaO, 611
116. Schmidt-Leukel, aaO, 621
117. Schmidt-Leukel, aaO, 622
118. K. P. Kramer/K. K. Tanaka, A Dialogue with Jōdo-Shinshū, in: Buddhist-Christian Studies Vol. 10, Honolulu: Univ. of Hawaii Press 1990, 181

V. Deutschland

1. Es ist hier nicht der Ort, die Geschichte des deutschen Buddhismus sowie die soziale und spirituelle Struktur der ca. 60 000 Buddhisten im Detail zu behandeln. Vgl. dazu H. Hecker, Chronik des Buddhismus in Deutschland, Stuttgart: Deutsche Buddhistische Union 1985[3]; K.-J. Notz, Der Buddhismus in Deutschland in seinen Selbstdarstellungen, Frankfurt a. M./Bern: P. Lang 1984; V. Zotz, Zur Rezeption, Interpretation und Kritik des Buddhismus im Deutschen Sprachraum vom Fin de Siècle bis 1930, Diss. Univ. Wien 1986; M. Baumann, Buddhisten in Deutschland. Geschichte und Gemeinschaften, Marburg: Diagonal Verlag 1993.
2. M. Glashoff, Nachwort zur zweiten Auflage: H. Hecker, Chronik des Buddhismus, aaO, 119f.
3. Hecker, aaO, 12 und 17
4. Der Vedānta ist die auf die Upaniṣaden zurückgehende Philosophie, die hinter der physisch-psychischen Erscheinung des Menschen ein unwandelbares Zentrum *(ātman)* erkennt, das mit dem absoluten Urgrund der Welt *(brahman)* identisch ist. Zu Schopenhauer und dem Einfluß des Buddhismus auf deutsche Philosophen und Dichter im 19/20. Jh. vgl. Zotz, Zur Rezeption, Interpretation und Kritik des Buddhismus, aaO; H. v. Glasenapp, Das Indienbild deutscher Denker, Stuttgart: Koehler 1960; G. R. Welbon, The Buddhist Nirvana and its Western Interpreters, Chicago: Univ. of Chicago Press 1968; W. Halbfass, India and Europe, Albany: SUNY Press 1988. S. auch E. Benz, Buddhismus in der westlichen Welt, in: H. Dumoulin (Hg.), Buddhismus der Gegenwart, Freiburg: Herder 1970, 198.
5. E. Benz, ebd.

6. Als Beispiel für diese Haltung sei hier nur Albert Schweitzer genannt, dessen Urteil großen Einfluß auf den deutschen Protestantismus hatte: Er bewundert zwar die reformerische menschliche Leistung des Buddha (Parallele zu Luther!) sowie seine ethisch hochstehende Persönlichkeit, glaubt aber, im ursprünglichen Buddhismus nur Weltverneinung erkennen zu können, weshalb spätere Entwicklungen im japanischen Mahāyāna (bes. bei Shinran) prinzipielle Umdeutungen seien, weil man den Atheismus und Pessimismus des Buddha nicht mehr habe ertragen können. Vgl. A. Schweitzer, Die Weltanschauung der indischen Denker. Mystik und Ethik (1935), zit. nach der Ausgabe: Ausgewählte Werke in fünf Bänden, Berlin: Union 1971, Bd. 2, 508 ff. Dazu auch H. de Lubac, La rencontre du bouddhisme et de l'accident, Paris: Aubier 1952, 253.
7. Zu Carus vgl. den Abschnitt über Amerika.
8. Hecker, aaO, 13 f.
9. M. Baumann, Buddhismusrezeption in Deutschland – Kontinuität und Wandel, in: Buddhistische Monatsblätter 37,2 1991, 55 ff.
10. Ein Faksimile der Ankündigung dieser Reihe ist uns als vermutlich ältestes buddhistisches Flugblatt in deutscher Sprache (1903) freundlicherweise von Friedrich Fenzl aus Salzburg, Leiter des österreichischen Zweiges der Buddhistischen Gemeinschaft Jōdo Shin Europa, zur Verfügung gestellt worden.
11. Hecker, aaO, 41. Eine Bibliographie der buddhistischen Zeitschriften in Deutschland, die regional zersplittert erschienen sind und oft schnell wieder eingingen, hat H. Hecker zusammengestellt in: H. Bechert, Buddhismus, Staat und Gesellschaft in den Ländern des Theravada-Buddhismus, Bd. 3, Wiesbaden: Harrassowitz 1973, 325–332.
12. Hecker, Chronik, aaO, 41 f.
13. Baumann, aaO, 56
14. Hecker, aaO, 64
15. Hecker, aaO, 52
16. Die ältere Kontroverse zwischen den „Altbuddhisten" um Grimm und einem „Neubuddhismus" um Dahlke betraf das Verständnis der *anattā*-Lehre. Vgl. Baumann, aaO, 56.
17. Begründet von Anagarika Dharmapala in Ceylon und dann weltweit ausgebreitet, vgl. Teil A, II.2
18. Hecker, aaO, 45
19. H. v. Schweinitz, Buddhismus und Christentum, München-Basel: Ernst Reinhardt Verlag, 1955
20. Schweinitz, aaO, 21
21. Schweinitz, aaO, 42 ff.
22. Vgl. Teil B, II.1: Die Grundbefindlichkeit des Menschen: Leiden und Sünde.
23. Schweinitz, aaO, 45 ff.
24. Schweinitz, aaO, 47
25. Schweinitz, ebd.
26. Schweinitz, aaO, 58 ff.
27. Von Schweinitz meint mit *ātman* nicht die philosophische Kategorie des *ātman* als eines letzten unwandelbaren Grundes im Menschen (gegenüber dem buddhistischen nicht-*ātman)* im strengen Sinn, sondern die Dimension der transzendenten Erfüllung des Menschen schlechthin.

28. Schweinitz, aaO, 60
29. Schweinitz, aaO, 62
30. Schweinitz, aaO, 63
31. Schweinitz. aaO, 72
32. Vgl. Hecker, aaO, 17ff.
33. Nur einige der wichtigsten Textausgaben seien genannt: *Aṅguttara-Nikāya*. Die Reden des Buddha aus der „Angereihten Sammlung", Leipzig: Max Altmann 1907 (Neuausgabe Köln: Du Mont Schauberg 1969); *Buddhaghosa: Visuddhimagga* oder der Weg zur Reinheit, Konstanz: Christiani ^{2}1952; *Milinda-Panha*. Die Fragen des Milinda. Ein historischer Roman, Breslau 1914 (Neuausgabe: *Milindapanha*. Die Fragen des Königs Milinda (bearbeitet von Nyanaponika), Interlaken 1985; *Tripitaka*. Das Wort des Buddha, München 1921; *Tripitaka, Suttapitaka*. Der Weg zur Erlösung. In den Worten der buddhistischen Urschriften, Konstanz: Christiani 1956; *Dhammapada* und Kommentar (von Buddhaghoṣa), Uttenbühl: Jhana Verlag 1992.
34. Freiburg i. Br.: Aurum 1984
35. Nyanaponika, Geistestraining durch Achtsamkeit. Die buddhistische Satipatthana-Methode, Konstanz: Christiani 1950 (3. Aufl. 1984)
36. E. Fromm, Die Bedeutung von Nyanaponika Mahathera für die westliche Welt, in: Bodhi Baum, 1. Jahrgang, 3, Sept. 1976, 88f. (auch in: Erich Fromm – Gesamtausgabe, Bd. VI: Religion (Hrsg. R. Funk), Stuttgart: DVA 1980, 359–361)
37. Hecker, aaO, 93ff.
38. Zu Dharmapala vgl. Teil A, II.2
39. „Geshe" ist der höchste akademisch-philosophische Grad in Tibet; nicht jeder Geshe ist aber Abt eines Klosters und/oder anerkannter Meditationsmeister, was bei Lama Govindas Lehrer jedoch der Fall war.
40. Vgl. ihre Bücher: Heilige und Hexer. Glaube und Aberglaube im Lande des Lamaismus, Leipzig: Brockhaus ^{3}1936 (franz. Erstausgabe 1929); Wanderer mit dem Wind (Journal de Voyage 1904–17), Wiesbaden: Brockhaus 1979.
41. Für seine interreligiösen und ökumenischen Anschauungen vgl.: The World View of a Mahāyāna Buddhist, in: ReVision, Fall 1977; und A. Govinda, Buddhistische Reflexionen. Wege der Befreiung ohne Verleugnung der eigenen Wurzeln. Die Bedeutung von Lehre und Methoden des Buddhismus für westliche Menschen, München: O. W. Barth 1983
42. A. Govinda, Why I am a Buddhist, Sarnath: Mahabodhi Society 1958
43. Govinda, aaO, 3
44. Govinda, aaO, 10f.
45. R. Otto, Über Zazen als Extrem des numinosen Irrationalen, in: Aufsätze das Numinose betreffend, Stuttgart/Gotha: Verlag Friedrich Andreas Perthes 1923, 119–132.
46. S. Ohasama/A. Faust, Zen – Der lebendige Buddhismus in Japan. Darmstadt: WBG ^{2}1968 (Neuausgabe)
47. G. Ital, Der Meister, die Mönche und ich im Zen-buddhistischen Kloster, Weilheim: O. W. Barth 1972
48. W. Gundert, Bi-yän-lu. Meister Yüan-wus Niederschrift von der Smaragdenen Felswand, verdeutscht und erläutert, Bd. 1 München: Hanser 1960, Bd. 2 1967, Bd. 3 (aus dem Nachlaß) 1973

49. W. Gundert, Zur Übertragung des Bi-yän-lu ins Deutsche, in: W. Gundert, Bi-yän-lu Bd. 3, München: Hanser 1973, 109ff. (Erstdruck 1968 in Japanisch, in: K. Nishitani (Hg.), Kōza Zen Bd. 8: Gendai to Zen, Tōkyō 1968, 305–320)
50. Gundert, aaO, 122
51. Gundert, aaO, 121f.
52. Vgl. Teil B, III.1
53. Hecker, aaO, 109
54. H. M. Enomiya-Lassalle, Das Glück im eigenen Herzen finden, Hrsg. Chr. Eschricht, N. F. Weitz: 1993, Buchklappe.
55. Vgl. Hecker, aaO, 110
56. R. Meyer, Christen und buddhistische Praktiken, in: Lotusblätter 3/1994, München: Deutsche Buddhistische Union 1994, 67f.
57. Vgl. Teil A, IV.2.c
58. Vgl. besonders den Band J. B. Cobb/C. Ives (Hrsg.), The Emptying God. A Buddhist-Jewish-Christian Conversation, Maryknoll: Orbis 1990, der auf einen Vortrag Masao Abes auf der Internat. Buddhistisch-Christlichen Konferenz in Hawaii 1984 und die anschließenden Diskussionen zurückgeht. Vgl. Teil A, VI.4–5 und Teil B, II.3.b
59. Die Ausnahme ist: J. Laube, Dialektik der absoluten Vermittlung. Hajime Tanabes Religionsphilosophie als Beitrag zum „Wettstreit der Liebe" zwischen Buddhismus und Christentum, Freiburg: Herder 1984. Auch Fritz Buri, Der Buddha-Christus als Herr des wahren Selbst, Bern/Stuttgart: Haupt 1982, hat die Philosophie der Kyōto-Schule nur Insider-Kreisen im deutschen Sprachraum vermitteln können.
60. Tibet und Buddhismus VI. Nr. 21, Heft 2, 1992, 49 und VII. Nr. 25, Heft 2, 1993, 45
61. Die Hauptrichtungen bzw. Orden sind: Nyingma, Sakya, Kagyü und Geluk.
62. Vgl. K. Bitter, Konversionen zum tibetischen Buddhismus. Eine Analyse religiöser Biographien, Göttingen: E. Oberdieck 1988.
63. Hecker, aaO, 52ff.
64. W. Karwath, Rezension zu G. Szczesny, Ein Buddha für das Abendland, in: Bodhi Baum I,4, Dez. 1976, 200f.
65. M. Glashoff, aaO, 119
66. K. Schmied, Nachwort zur dritten Auflage von H. Hecker, Chronik des Buddhismus in Deutschland, aaO, 121
67. Schmied, aaO, 122
68. So zogen sich die vietnamesischen Flüchtlinge vorwiegend aus politischen Gründen zurück.
69. Vgl. den Bericht in: Publik Forum, 21. Jhg. Nr. 21, 6. Nov. 1992, 26.
70. Sh. Ueda, Die Gottesgeburt in der Seele und der Durchbruch zur Gottheit, Gütersloh 1965
71. R. Otto, Einleitung zu Ohasama/Faust, Zen. Der lebendige Buddhismus in Japan (1925) und R. Otto, West-Östliche Mystik (1926), letzteres Werk ein Vergleich Eckharts und des Hindu-Philosophen Śaṅkara.
72. Ueda, aaO, 143
73. Ueda, aaO, 149f.
74. Ueda, aaO, 151

75. G. Siegmund, Buddhismus und Christentum, Frankfurt: Knecht, 1968, 262
76. Siegmund, aaO, 262 f.
77. H. Dumoulin, Östliche Meditation und christliche Mystik, Freiburg: Alber 1966
78. Dumoulin, aaO, 35
79. Dumoulin, aaO, 259
80. Dumoulin, aaO, 261
81. Dumoulin, aaO, 262 f.
82. Dumoulin, aaO, 264
83. Dumoulin, aaO, 262
84. Dumoulin, aaO, 276
85. Dumoulin, aaO, 42
86. Dumoulin, aaO, 275
87. Dumoulin, aaO, 47
88. Dumoulin, aaO, 45
89. Dumoulin, aaO, 42
90. ebd.
91. Dumoulin, aaO, 220
92. H. Dumoulin, Spiritualität des Buddhismus. Einheit in lebendiger Vielfalt, Mainz: Grünewald 1995, 250
93. Dumoulin, aaO, 252
94. Dumoulin, aaO, 253
95. Dumoulin, ebd.
96. Hugo M. Enomiya-Lassalle, Zen-Buddhismus, Köln: Bachem 1966
97. Lassalle, aaO, 406
98. Lassalle, aaO, 408
99. Lassalle, aaO, 412
100. Lassalle, aaO, 413
101. Lassalle, ebd.
102. Vgl. Teil A, V.4.b, B, I.1.g („Impersonaler *dharma* versus personaler Gott?"), und B, III.1.a/b (Merton – Personale versus apersonale Erfahrung?; Lassalle – Personalität versus Impersonalität?).
103. Dumoulin, Östliche Meditation und christliche Mystik, aaO, 222
104. Dumoulin, aaO, 279
105. Dumoulin, aaO, 275
106 Siehe besonders Teil B, II.2.b und B, II.3.c
107. Dumoulin, aaO, 275
108. H. Waldenfels, Absolutes Nichts. Zur Grundlegung des Dialogs zwischen Buddhismus und Christentum, Freiburg: Herder 1976
109. Waldenfels, aaO, 155
110. F. Cook, Encounter with Nothing-at-all: Reflections on Hans Waldenfels' Absolute Nothingness, in: Buddhist-Christian Studies Vol. 2, 1982, 136–144
111. Seither ist das Thema des trinitarischen Personbegriffs im Verhältnis zum nichtsubstantialistischen „Personbegriff" im Mahāyāna-Buddhismus mehrfach behandelt worden, nur wenige Beispiele seien genannt: J. P. Keenan, The Meaning of Christ. A Mahāyāna Theology, 1989; M. v. Brück, Buddhist Shunyata and the Christian Trinity, in: R. Corless/P. Knitter, Buddhist Emptiness and Christian Trinity, 1990; D. W. Mitchell, Spirituality and Emptiness, 1991.

112. Cook, aaO, 142
113. Waldenfels, aaO, 13
114. G. Mensching, Buddha und Christus, Stuttgart: DVA 1978, 235
115. Mensching, aaO, 242
116. Mensching, aaO, 12 f.
117. Mensching, aaO, 76 ff.
118. Mensching, aaO, 267 ff.
119. Mensching, aaO, 277
120. H. Dumoulin, Begegnung mit dem Buddhismus, Freiburg: Herder 1978 (Neuausgabe 1982),13
121. Dumoulin, aaO, 21
122. Dumoulin, aaO, 134
123. Vgl. Teil B, II.2.d
124. Dumoulin, aaO, 117
125. Dumoulin, aaO, 120
126. Siehe Teil B, I.3
127. Vgl. M. v. Brück, Wo endet Zeit? Erfahrungen zeitloser Gleichzeitigkeit in der Mystik der Weltreligionen, in: K. Weis (Hrsg.), Was ist Zeit?, München: dtv 1995, 207–262.
128. In der Diskussion des historischen Materials ließe sich die Frage vielleicht neu stellen, wenn man die unterschiedlichen Grundmodelle der Wirklichkeit, z. B. in der *Prajñāpāramitā*-Literatur und im *Avataṃsaka-Sūtra*, nicht als geradlinige Entfaltungen verstünde, sondern als Paradigmen diskutierte, wobei im ersten Fall die Reduktion auf den Begriff der Leere *(śūnyatā)* den interrelationalen Charakter der raumzeitlichen Struktur so beschreibt, daß das Individuelle als *relativ*, aber *wirklich* erscheint, während im Gefühl des kosmischen Einen im *Avataṃsaka-Sūtra* und der späteren Hua Yen-Philosophie die Totalität des Ganzen das *einzelne eher verschwinden* läßt. Möglicherweise handelt es sich hier um Erfahrungsmuster, die auch verschiedene christliche Entwicklungen bestimmt und je unterschiedliche Erfahrungen des Personalen hervorgebracht haben, die als solche aber weder spezifisch „buddhistisch" noch „christlich" sind. Wir werden dieser Frage im Teil C zumindest andeutungsweise nachgehen.
129. K. Takizawa, „Rechtfertigung" im Buddhismus und Christentum, in: EvTh 39 (1979), 182–195
130. Takizawa, aaO, 195
131. Takizawa, aaO, 194
132. Takizawa, aaO, 185
133. ebd.
134. Takizawa, aaO, 192
135. Takizawa, aaO, 194
136. K. Takizawa, Reflexionen über die universale Grundlage von Buddhismus und Christentum, Frankfurt 1980, 53 f.
137. Takizawa, aaO, 64
138. Für eine religionstheologisch offene Deutung der Theologie Barths vgl. auch: M. v. Brück, Möglichkeiten und Grenzen einer Theologie der Religionen, Berlin: Evangelische Verlagsanstalt 1979

139. Zu den Austauschprogrammen zwischen japanischen Zen-Mönchen und deutschen Benediktinern siehe Teil B, III.2
140. Die Vorträge und ein Bericht sind abgedruckt in: H. Waldenfels (Hg.), Begegnung mit dem Zen-Buddhismus, Düsseldorf: Patmos 1980.
141. Waldenfels, aaO, 20
142. Waldenfels, aaO, 11 f., 62 ff.
143. Waldenfels, aaO, 12
144. Dieter Henrich (Hg.), All-Einheit. Wege eines Gedankens in Ost und West, Stuttgart: Klett-Cotta 1985, Vorwort
145. Kōichi Tsujimura, Zur Differenz der All-Einheit im Westen und Osten, in: D. Henrich (Hrsg.), aaO, 23 ff.
146. Shizuteru Ueda, Vorüberlegungen zum Problem der All-Einheit im Zen-Buddhismus, in: Henrich (Hrsg.), aaO, 136 ff.
147. Ueda, aaO, 137
148. H. Küng/J. van Ess/H. von Stietencron/H. Bechert, Christentum und Weltreligionen, München: Piper 1984
149. Küng, aaO, 462 ff.
150. Küng, aaO, 552 ff.,
151. H. Waldenfels, Faszination des Buddhismus. Zum christlich-buddhistischen Dialog, Mainz: Grünewald 1982
152. Waldenfels, aaO, 10
153. Waldenfels, aaO, 174
154. Vgl. z. B. den Sammelband: E. Zundel/B. Fittkau (Hrsg.), Spirituelle Wege und Transpersonale Psychotherapie, Paderborn: Junfermann 1989.
155. J. van Bragt, Begegnung von Ost und West. Buddhismus und Christentum, in: H. Waldenfels/Th. Immoos (Hrsg.), Fernöstliche Weisheit und christlicher Glaube, Mainz: Grünewald 1985, 269
156. van Bragt, aaO, 277
157. H. Waldenfels, Gott-Mensch-Welt. Zum Angelpunkt des interreligiösen Gesprächs aus christlicher Sicht, in: W. Strolz/H. Waldenfels (Hrsg.), Christliche Grundlagen des Dialogs mit den Weltreligionen, Freiburg: Herder 1983, 13 ff. Ähnlich plädiert auch W. Pannenberg, Christliche Spiritualität, Göttingen: Vandenhoeck & Ruprecht 1986, 84, dafür, daß der christlich-buddhistische Dialog auf die Anthropologie konzentriert sein solle.

    Eine neuere Aufsatzsammlung von H. Waldenfels mit dem Titel: An der Grenze des Denkbaren. Meditation – Ost und West, München: Kösel 1988, faßt vor allem Aufsätze aus den siebziger Jahren zusammen, ohne daß neue Ansätze erkennbar würden. Die amerikanische Diskussion des buddhistisch-christlichen Dialogs sowie religionssoziologische Ansätze bleiben ausgespart.
158. Waldenfels, aaO, 37
159. Waldenfels, ebd.
160. W. Pannenberg, Christliche Spiritualität, Göttingen: Vandenhoeck 1986, 84
161. Pannenberg, aaO, 88
162. Pannenberg, aaO, 90 ff.; ders, Auf der Suche nach dem wahren Selbst, in: A. Bsteh (Hrsg.), Erlösung in Christentum und Buddhismus, Mödling 1982, 128–146. Zu Luther vgl. M. v. Brück, Einheit der Wirklichkeit, München 1986, Kap. 7.
163. W. Pannenberg, Religion und Religionen. Theologische Erwägungen zu den

Prinzipien eines Dialoges mit den Weltreligionen, in: A. Bsteh (Hrsg.), Dialog aus der Mitte christlicher Theologie, Mödling 1987, 189

164. Pannenberg, aaO, 195
165. Diese Formulierungen hat Aloysius Pieris geprägt (vgl. Teil B, III.2.c); in der griechischen Bibel ist *gnosis* die heilswirksame Erkenntnis und *agape* die Teilhabe an der sich selbst gebenden Liebe Gottes.
166. W. Strolz, Heilswege der Weltreligionen Bd. 2, Herder: Freiburg 1986, 27, vgl. 210
167. Strolz, aaO, 158
168. Strolz, aaO, 56
169. Strolz, aaO, 199
170. Sh. Ueda, Sein-Nichts-Weltverantwortung im Zen-Buddhismus, in: R. Panikkar/W. Strolz (Hrsg.), Die Verantwortung des Menschen für eine bewohnbare Welt im Christentum, Hinduismus und Buddhismus, Freiburg: Herder 1985, 37–58
171. Panikkar/Strolz (Hrsg.), aaO, 7
172. Dialogue and Proclamation, in: Origins. CNS Documentary Service Vol. 21/8, July 4, 1991, 122–135. Vgl. P. Schmidt-Leukel, Der schwierige Weg vom Gegeneinander zum Miteinander der Religionen. Neue Dokumente zur theologischen Grundlegung des interreligiösen Dialogs, in: Una Sancta 47 1/1992, 54–77.
173. Zu einer umfassenden Analyse der Dialog-Dokumente des Konzils vgl. J. Zehner, Der notwendige Dialog. Die Weltreligionen in katholischer und evangelischer Sicht, Gütersloh: Gütersloher Verlagshaus 1992, 19–64.
174. Religionen, Religiosität und christlicher Glaube. Eine Studie, hrsg. im Auftrag des Vorstandes der Arnoldshainer Konferenz und der Kirchenleitung der Vereinigten Evangelisch-Lutherischen Kirche Deutschlands von der Geschäftsstelle der Arnoldshainer Konferenz und dem Lutherischen Kirchenamt Hannover, Gütersloh: Gütersloher Verlagshaus 1991
175. Schmidt-Leukel, aaO, 61
176. Obwohl es einerseits heißt, daß Religionen keine Missionsobjekte sein sollen, fehlt anderseits für diesen Satz aber eine religionstheologische Begründung, wie Schmidt-Leukel richtig herausstellt (67). Denn wenn ich als Christ nicht gewiß bin, daß der andere im Heil *ist*, muß ich ihn aus Gründen der Liebe doch missionieren.
177. Diese Haltung zum interreligiösen Gebet wurde unterstrichen von der Ev.-luth. Kirche in Bayern, trotz wesentlich differenzierterer Urteile der drei ev.-theol. Fakultäten in Bayern, in: Nachrichten der Ev.-Luth. Kirche in Bayern 46. Jhg. 1991 1./2. Dezemberausgabe 1991 Nr. 23/24, 478; die theolog. Gutachten der Fakultäten sind daselbst abgedruckt, 455–458.
178. Der Ausdruck stammt von dem Heidelberger Theologen Theo Sundermeier, einem Mitautor der Studie.
179. Vgl. die Rezension der Studie von R. Ficker, in: Dialog der Religionen 2/1991, 222.
180. P. Schmidt-Leukel, „Den Löwen brüllen hören“. Zur Hermeneutik eines christlichen Verständnisses der buddhistischen Heilsbotschaft, Paderborn: Schöningh 1992
181. Schmidt-Leukel, aaO, 50
182. Vgl. oben Anmerkung 165.

183. Dies ist ein ähnliches Problem wie bei den angeblich ungedeuteten und darum von Sprache unabhängigen mystischen Erfahrungen. Vgl. M. v. Brück, Mystische Erfahrung, religiöse Tradition und die Wahrheitsfrage, in: R. Bernhardt (Hrsg.), Horizontüberschreitung. Die pluralistische Theologie der Religionen, Gütersloh: Gütersloher Verlagshaus 1991, 81 ff.

VI. Vereinigte Staaten von Amerika

1. Wir werden in diesem Kapitel mehr die Rahmenbedingungen für den Dialog und weniger die detaillierte inhaltliche Argumentation bei der Behandlung der einzelnen Themen beschreiben, weil diese Auseinandersetzung zwischen Buddhismus und Christentum in den USA die heutige internationale Debatte so stark dominiert, daß sie im Teil B systematisch behandelt werden muß. Siehe bes. die Kapitel II.3 und III.
2. Natürlich ist es kein Zufall, daß ausgerechnet Hawaii Ausgangspunkt für derartig intensive buddhistisch-christliche Begegnungen war und ist. Hier leben ethnische Buddhisten (Japaner und Chinesen) neben christlichen Amerikanern europäischer Abstammung seit der 2. Hälfte des 19. Jahrhunderts auf engem Raum nebeneinander. Allein auf der Insel Maui (80 000 Einwohner) soll es ca. 250 religiöse Gruppierungen geben, von denen viele einen asiatisch-buddhistischen Hintergrund haben. (Vgl. W. Kreisel, Die ethnischen Gruppen der Hawaii-Inseln, Wiesbaden: Steiner 1984.)
3. Die erste Gruppe der aus England ausgewanderten „Pilgerväter" war 1620 mit dem Schiff „Mayflower" an der Küste von Massachusetts gelandet.
4. Es gab jedoch einige wenige Ausnahmen. Die Protestanten begannen erst dann, die einheimischen Amerikaner in großem Stil zu missionieren, als sie von der Regierung in Reservate gebracht worden waren. Die Konvertierung der afrikanischen Sklaven hingegen verlief anders: Sie lebten so nahe mit ihren Herren zusammen, daß die Reinigung ihrer heidnischen Praktiken als christliche Pflicht und soziale Notwendigkeit erschien.
5. Zum folgenden vgl. P. W. Williams, America's Religions: Traditions and Cultures, New York: Macmillan 1990, 127f.
6. Thomas Jefferson war von 1801–1809 der 3. Präsident der USA und Autor der *Declaration of Independence*; James Madison war von 1809–1817 sein Nachfolger im Präsidentenamt und veranlaßte die Abfassung des *Bill of Rights*.
7. Vgl. H. Welsh, Taoism: The Parting of the Way, Boston: Beacon 1957.
8. Gandhi kannte beide durch ihre Schriften. Vgl. M. Chatterjee, Gewaltfrei widerstehen. Gandhis religiöses Denken, Gütersloh: Gütersloher Verlagshaus/Chr. Kaiser 1994.
9. Der Bruch der Unitarier mit den Kongregationalisten im Jahr 1785 betraf nicht diese Revision der Prädestinationslehre, sondern die Lehre von der Trinität.
10. Diese Gruppe verband sich im Jahre 1961 mit den Unitariern und führt jetzt den Namen Unitarische Universalisten.
11. Im 20. Jahrhundert bewegte sich der Unitarismus mit seiner Betonung der Ethik noch enger auf den Humanismus zu und wurde von der Theologie oder sogar vom Gottesglauben unabhängig. Vgl. Williams, aaO, 204–209.

12. Die immerwährend gleiche Philosophie als Grundlage aller Denkschulen und religiösen Traditionen in den verschiedenen Kulturen.
13. Vgl. Norman Vincent Peals Bestseller „The Power of Positive Thinking" von 1952.
14. Williams, aaO, 307–319
15. Vgl. Teil A, II.2
16. Th. A. Tweed, The Seeming Anomaly of Buddhist Negation: American Encounters with Buddhist Distinctiveness 1858–1877, in: Harvard Theological Review 83,1, 1990, 66; Das Material ist breiter entfaltet in: Th. A. Tweed, The American Encounter with Buddhism, 1844–1912: Victorian Culture and the Limits of Dissent, Bloomington: Indiana Univ. Press 1992. Im folgenden zitieren wir nach dem erstgenannten Aufsatz.
17. Tweed, aaO, 67
18. Tweed, aaO, 68
19. Tweed, aaO, 78
20. Tweed, aaO, 71 u. 81
21. Tweed, aaO, 84
22. Vgl. dazu C. T. Jackson, The Oriental Religions and American Thought, Westport: Greenwood 1981, 103 ff.; zit. bei Tweed, aaO, 83.
23. Tweed, aaO, 84
24. Tweed, aaO, 87
25. Tweed, aaO, 89
26. J. H. Barrows, Words of Welcome, in: R. H. Seager (Hrsg.), The Dawn of Religious Pluralism. Voices from the World's Parliament of Religions 1893, LaSalle, Ill.: Open Court 1993, 23 ff.
27. Vgl. Teil A, II.2
28. Seager, The Dawn of Religious Pluralism, aaO, 430 f.
29. Die Reden sind abgedruckt bei Seager, aaO, 406 ff.
30. Zu Suzuki vgl. Teil A, IV.2.b
31. Barrows, in: Seager, aaO, 25
32. Für eine genauere Darstellung der Entwicklung des Buddhismus in Amerika vgl. Ch. S. Prebish, American Buddhism, North Scituate, Mass.: Duxbury Press 1979; R. Fields, How the Swans Came to the Lake. A Narrative History of Buddhism in America, Boulder: Shambhala 1981. Th. A. Tweed, The American Encounter with Buddhism, 1844–1912: Victorian Culture and the Limits of Dissent, Bloomington: Indiana Univ. Press 1992. Zur Geschichte des Zen in den USA: Samu Sunim, A Brief History of Zen Buddhism in North America, in: Zen Buddhism in North America, Toronto: The Zen Lotus Society 1986. Zum intellektuellen Einfluß des Buddhismus in Amerika: K. K. Inada/N. P. Jacobson (Hrsg.), Buddhism and American Thinkers, Albany: SUNY 1984; und Ch. H. Libby/P. W. Williams (Hrsg.), The Encyclopaedia of American Religious Experience, New York 1988.
33. Die Angaben entnehmen wir: J. Kitagawa, Western Interpreters of Japan, in: On Understanding Japanese Religion, 289 f., Anm. 13, in der zitiert wird aus: Arthur E. Christy (Hrsg.), The Asian Legacy and American Life, New York 1942, 43.
34. Zur Bedeutung Suzuki Daisetsus für den Dialog in Japan vgl. Teil A, IV.2.b.
35. Vgl. J. E. Ketelaar, Of Heretics and Martyrs in Meiji Japan: Buddhism and its Persecution, Princeton: Univ. Press 1990.

36. Kitagawa, Buddhism in America, aaO, 322
37. J. Kitagawa, Buddhism in America, aaO, 318f. Vgl. Anm. 19, S. 318, die einen Hinweis auf seine Einschätzung der Geschichte von „Religious Studies" als akademischer Disziplin in Amerika enthält.
38. Edward Conze war ein deutscher Buddhist, der vor allem in England wirkte und auf die Entwicklung des Verständnisses des Mahāyāna in Amerika großen Einfluß hatte. Vgl. seine Autobiographie: E. Conze, The Memoirs of a Modern Gnostic, Sherborne: Samizdat; Life and Letters 1979; Politics, People and Places 1979.
39. T. R. V. Murti, The Central Philosophy of Buddhism, London: Allen & Unwin 1955
40. Kitawaga, aaO, 321, 323
41. Suzukis solide akademische Textanalysen und historischen Werke über Zen sind in Japanisch geschrieben und den englischsprachigen Lesern nicht zugänglich.
42. Kitagawa, aaO, 323. Zu den Hörern seiner Vorlesung an der Columbia University gehörte auch der erwähnte Zen-Meister Philip Kapleau.
43. Philosophy East and West, Bd. 3, 1953, Honolulu Univ. Press
44. In jüngster Zeit hat Bernard Faure die ganze Geschichte der Zen-Studien neu interpretiert und weitergeführt, in: B. Faure, The Rhetoric of Immediacy. A Cultural Critique of Chan/Zen Buddhism, Princeton: Princeton Univ. Press 1991.
45. D. Stuart, Alan Watts, Radnor, Penn.: Chilton Book Comp. 1978, bes. 26f.
46. Die Auseinandersetzung hält noch heute an: Als 1988 Studenten der Stanford Universität die Änderung des Grund-Curriculums (Plato, Aristoteles, Kant usw.) verlangten, weil die Lektüre westlicher Texte inhärent diskriminierend gegenüber Afro-Amerikanern und anderen Minoritäten sei, und die Universität tatsächlich verstärkt asiatische und lateinamerikanische Texte als Pflichtlektüre verordnete, kam es zu einer bundesweit erregten Dabatte. Vgl. D. D'Souza, The Victims' Revolution, in: The Atlantic Monthly 3, 1991, 52ff.
47. Vgl. R. N. Bellah, Habits of the Heart: Individualism and Commitment in American Life, Berkeley: University of California Press 1985.
48. Vgl. P. W. Williams, Americas Religions, „Vatican II and the end of the Catholic ghetto", in: Ch. H. Libby/P. W. Williams (Hrsg.), The Encyclopaedia of American Religious Experience, New York 1988, 374–381.
49. Williams, aaO, 108
50. Sie lehrt am Garrett-Evangelical Theological Seminary, Northwestern University.
51. Zur Geschichte des Buddhismus in Amerika siehe oben A. 32.
52. Zu King vgl. Teil B, II.1. Eine Darstellung der Positionen Kings und Swearers in: P. Schmidt-Leukel, „Den Löwen brüllen hören". Zur Hermeneutik eines christlichen Verständnisses der buddhistischen Heilsbotschaft, Paderborn: Schöningh 1992, 172–184 bzw. 203–212. Zu Buddhadasa Teil B, II.2.d. Vgl. William Peiris, The Western Contribution to Buddhism, Delhi: Motilal Barnarsidass 1973. Pieris' Buch ist ein Kompendium, ein „Who is Who" in buddhistischen Studien.
53. D. Swearer, Dialogue: The Key to Understanding other Religions, Philadelphia: Westminster Press 1977; vgl. auch Swearer, Buddhism in Transition, Philadelphia: Westminster Press 1970; und sein Buch *The Dhammic Socialism of Bhikkhu Buddhadasa*, Bangkok: Thai Interreligious Committee for Development 1986.
54. Vgl. Teil B, III.2.d „Engagierter Buddhismus".

55. Die Regierung finanzierte Studien über die politische Kultur Südostasiens wie z. B. Donald E. Smith, Religion and Politics in Burma, Princeton: Univ. Press 1965.
56. Zur Risshō Kōsei-kai vgl. Teil A, IV.2.e.
57. Vgl. ihr Buch: Buddhism after Patriarchy, Albany: SUNY 1993, aber auch ihre Beiträge in Podiumsdiskussionen im buddhistisch-christlichen Dialog; vgl. die Zeitschrift *Dialogue*, NS Vols. XIX–XX, Colombo 1992/93.
58. Im übrigen scheint Mrs. Caroline Haskell, die die religionswissenschaftlichen Haskell-Vorlesungen an der Universität von Chicago seit 1895 finanziert (Barrows hielt die erste Vorlesung) und auch eine getrennte Barrows Lectureship eingerichtet hat, wohl von den Idealen des Weltparlaments der Religionen 1893 beeinflußt gewesen zu sein.
59. P. Tillich, Die Bedeutung der Religionsgeschichte für den Systematischen Theologen, in: Werk und Wirken Paul Tillichs, Stuttgart: Ev. Verlagswerk 1967, 187–203
60. Wilfred Cantwell Smith sorgte dafür, daß „Religion" im Singular und nicht im Plural erscheint, weil er von *einer* Religion in unterschiedlichen Gestalten ausgeht.
61. Smith hat dies in seinen Büchern sukzessive entfaltet. Vgl. The Meaning and End of Religion (1963); Questions of Religious Truth (1967); Religious Diversity (1976); Belief and History (1977); Faith and Belief (1979); Towards a World Theology (1981). Dazu auch A. Grünschloß, Religionswissenschaft als Welt-Theologie. Wilfred Cantwell Smiths interreligiöse Hermeneutik, Göttingen: Vandenhoeck & Ruprecht 1994.
62. W. E. Mills (Hrsg.), Directory of Departments and Programs of Religious Studies in North America, Macon: Council of Societies for the Study of Religion 1991
63. Vgl. dazu auch W. Halbfass, India and Europe. An Essay in Understanding, Albany: SUNY 1988, bes. 69ff.
64. Vgl. Teil A, II.1.c u. 2
65. G. Obeyesekere/F. Reynolds/B. S. Smith (Hrsg.), The Two Wheels of Dhamma: Essays on the Theravāda Tradition in India and Ceylon, The American Academy of Religion. Studies in Religion, Monograph Series No. 3, Chambersbury, Penn. 1972, 58–78. Der Begriff „protestantischer Buddhismus" ist übernommen worden von Richard Gombrich in seinem Buch: Theravāda Buddhism: A Social History from Ancient Benares to Modern Colombo, London: Routledge & Kegan Paul, 1988.
66. Im Buddhismus wird die große Bedeutung von Lehrsätzen z. B. im Theravāda oder in der tibetischen Gelukpa-Schule betont, nicht hingegen im Zen.
67. Siehe Teil A, IV.2.f: „Dialog-Zentrum des Nationalen Christenrats in Kyōto".
68. Einige Beiträge finden sich in den folgenden Heften der *Buddhist-Christian Studies*, der größte Teil der Dokumente befindet sich in den Konferenzmaterialien (Bibliothek der Graduate Theological Union, Berkeley)
69. Die Materialien befinden sich in der Bibliothek der Graduate Theological Union, Berkeley.
70. Ein ausführlicher Bericht: J. Berthrong, Reflections on the 4th Buddhist-Christian Conference, in Buddhist-Christian Studies, Vol. 13, 1993, 135–145.

71. Vgl. Ch. Hartshorne, Toward a Buddhisto-Christian Religion, in: K. Inada/J. P. Jacobson (Hrsg.), Buddhism and American Thinkers, Albany: SUNY 1984, 2ff.
72. Wie genau Whitehead mit dem Buddhismus vertraut war, ist schwer zu sagen. Daß der Dialog von Buddhismus und Christentum das Selbstverständnis beider Religionen im Wesen neu erschließen könne, hat er deutlich gesehen: „Buddhismus und Christentum finden ihren Ursprung in zwei inspirierten Augenblicken der Geschichte: im Leben Buddhas und im Leben Christi. Buddha gab seine Lehre, um die Welt zu erleuchten; Christus gab sein Leben. Es ist an den Christen, die Lehre klar zu erkennen. Am Ende ist der wertvollste Teil der Lehre des Buddha vielleicht ihre Interpretation seines Lebens." (A. N. Whitehead, Religion in the Making, Cleveland: World Publishing 1926 [deutsch: Wie entsteht Religion?, Frankfurt a. M.: Suhrkamp 1990, 45]). Den Hinweis auf diese Stelle verdanken wir P. Schmidt-Leukel.
73. Siehe Teil B, II.3.c
74. Siehe Teil A, IV.3.b: „Dialog mit dem Buddhismus des Reinen Landes"
75. D. T. Suzuki, Amida. Der Buddha der Liebe, Bern/München/Wien: O. W. Barth 1974
76. Einen ganz ähnlichen Inhalt hat das gemeinsame Bekenntnis der Buddhistischen Religionsgemeinschaft in Deutschland, das bereits 1985 formuliert und angenommen wurde. Vgl. Teil A, V.3.
77. *Lama* ist die tibetische Bezeichnung für jeden spirituellen Lehrer, der buddhistische Philosophie und Meditationspraxis unterrichtet. *Rinpoche* ist eine Ehrenbezeichnung („Kostbarer"), die nicht allen Lamas zukommt. Davon zu unterscheiden sind der Mönch *(gelong)*, der (noch) nicht Lama sein muß. *Geshe* hingegen ist ein akademischer Titel, der nach rigorosen Examina verliehen wird, vergleichbar dem westlichen akademischen Doktorgrad. Nicht jeder Lama ist ein Geshe.
78. M. J. Augustine, The Buddhist-Christian Monastic and Contemplative Encounter, in: Buddhist-Christian Studies Vol. 9, 1989, 248–255
79. R. J. Corless, The Hermeneutics of Polemic: The Creation of Hinayana and Old Testament, in: Buddhist-Christian Studies Vol. 11, 1991, 59–74
80. Als Quelle dient uns das Manuskript des Vortrags in den Materialien der Konferenz. Die Bedeutung des *upāya*-Begriffs für den Mahāyāna-Buddhismus beim Verstehen anderer Religionen wird klar herausgearbeitet von M. Pye, Skillful Means and the Interpretation of Christianity, in: Buddhist-Christian Studies Vol.10, 1990, 17–22.
81. Vgl. R. Reat, Insider and Outsider in the Study of Religious Traditions, in: Journal of the American Academy of Religion 51 (1983), 459–476.
82. P. Knitter, Author's response, in: Horizons 13,1 (1986), S. 130–135.
83. Berthrong, aaO, 138
84. Zu den bisher noch nicht eingeführten Teilnehmern: John Hick (Prof. für Religionsphilosophie, Claremont School of Theology), Gordon Kaufman (Prof. für Systematische Theologie, Harvard University), Langdon Gilkey (Prof. für Systematische Theologie, Chicago University), David Lochhead (Prof. für Systematische Theologie, Vancouver School of Theology), Schubert Ogden (Prof. für Systematische Theologie, bis 1993 Southern Methodist University), David Tracy (Prof. für kath. Fundamentaltheologie, Chicago University), Francis Cook

(Prof. für Buddhismus-Studien an der University of California), Rita Gross (Prof. für Buddhismus-Studien, University of Wisconsin at Eau Claire), Tokiwa Gishin (Prof. für Buddhismus-Studien, Kyōto), Unno Taitetsu, Professor für Buddhismus-Studien, Smith College), David Kalupahana (Prof. für Philosophie, University of Hawaii at Manoa).

85. Kurzberichte über die Tagungen in: J. Berthrong, The Buddhist-Christian Theological Encounter, in: The Catholic World Vol. 233, Nr. 1395, May/June 1990, 122–125.

86. Vorträge und Zusammenfassungen sind abgedruckt in: Buddhist-Christian Studies Vol. 9, 1989, 124ff. Zu den bisher noch nicht eingeführten Teilnehmern: Jeffrey Hopkins (Prof. für Tibetologie, University of Virginia), Julia Ching (Prof. für Religionswissenschaft,University of Toronto), Durwood Foster (Prof. für Systematische Theologie, Pacific School of Religion [Graduate Theological Union], Berkeley), Reginald Ray (Prof. für Buddhismus-Studien, Naropa Institute, Boulder), Takeda Ryūsei (Prof. für Buddhismus-Studien, Ryūkoku University, Kyōto), Rosemary Radford Ruether (Prof. für Systematische Theologie, Garrett-Evangelical Theological Seminary, Northwestern University).

87. Siehe Teil B, III.2.d

88. R. Ray, Response to Mitchell, in: Buddhist-Christian Studies Vol. 13, 1993, 177

89. Th. Kuhn, Die Struktur wissenschaftlicher Revolutionen, Frankfurt: Suhrkamp 1967, zit. nach der 2. revid. Taschenb.-Ausgabe 1976, 186.

90. Vgl. Teil A, IV.2

91. Als Beispiel: Ch. Hartshorne, Toward a Buddhisto-Christian Religion, in: K. K. Inada/N. P. Jacobson (Hrsg.), Buddhism and American Thinkers, aaO, 1–13. Andere Namen sind Th. J. Altizer und David A. Dilworth, zu ihnen: R. C. Neville, Buddhism and Process Philosophy, in: Inada/Jacobson, aaO, 120–142. Für eine sehr knappe Einführung in prozeß-theologisches Denken vgl. P. Ingram, The Modern Buddhist-Christian Dialogue. Two Universalistic Religions in Transformation, Lewiston: Mellen 1988, 6ff.; eine ausführliche Darstellung des Prozeß-Denkens Whiteheads bietet W. S. Christian, An Interpretation of Whitehead's Metaphysics, New Haven: Yale Univ. Press 1969.

92. J. Cobb, Process Theology and the Doctrine of God, in: Bijdragen 41, Tijdschrift voor philosophie en theologie, Antwerpen 1980, 350–367.

93. S. Matthews, The Growth of the Idea of God, New York: Macmillan 1931, 226; zit. bei Cobb, aaO, 355

94. A. N. Whitehead, Religion in the Making, Cleveland: World Publishing 1926

95. In der Sprache des Mythos sind dies z. B. die sechs Bereiche der Wiedergeburt: von Höllenwesen über Hungergeister *(preta)*, Tiere, Menschen, bis zu dämonischen *(asūra)* und göttlichen *(deva)* Geistwesen.

96. Nāgārjuna (2./3. Jh. n. Chr.) hatte die Identifikation von *śūnyatā* (Leere) und *pratītyasamutpāda* (Entstehen in gegenseitiger Abhängigkeit) philosophisch begründet, vor allem durch eine Kritik jeglicher Ontologie im Zusammenhang mit der Analyse, daß jeder Begriff ein epistemologisches Konstrukt *(prapañca)* ist.

97. Th. Stcherbatsky, The Conception of Buddhist Nirvāṇa, Delhi: Motilal 1968 (erstmals erschienen 1927); *ders.*, Buddhist Logic Bd. 1–2, New York: Dover 1962 (erstmals erschienen 1930 in der Reihe Bibliotheca Buddhica); T. R. V. Murti, The Central Philosophy of Buddhism, London: Allen & Unwin 1955

98. Diese Schule des chinesischen Buddhismus (seit dem 7. Jh. n. Chr.) lehrt den „Totalismus“, d. h. die gegenseitige Durchdringung aller Erscheinungen, wobei jede Erscheinung Spiegelung aller anderen ist.
99. Das erste englischsprachige Buch über Hua Yen stammte von Garma C. C. Chang, Buddhist Teaching of Totality, Univ. Park: State Univ. of Pennsylvania Press 1971, einem Buddhismus-Historiker mit tibetologischer Ausbildung. Ungenau in manchen Details, war diese Studie inzwischen von Francis Cook, Hua-yen Buddhism. The Jewel Net of Indra, Univ. Park: State Univ. of Pennsylvania Press 1977, abgelöst worden. Vor allem aber die monumentale Übersetzung des *Hua-yen-Sūtra (Avataṃsaka-Sūtra)* durch Thomas Cleary (Boston: Shambhala 1984–87) beflügelte die dialogische Debatte. Sie wurde fortgesetzt durch Steve Odin, Process Metaphysics and Hua-yen Buddhism, Albany: SUNY 1982, und viele andere.
100. Wir gehen auf die Einzelheiten der monastischen buddhistisch-christlichen Austauschprogramme in Amerika im Teil B, III.2.a ein.

Teil B: Sachprobleme im Dialog: Buddha – Dharma – Saṃgha

I. Jesus Christus und Gautama, der Buddha

1. Dieser Begriff wurde von Theo Sundermeier in die europäische Debatte eingeführt. (Th. Sundermeier, Konvivenz als Grundstruktur ökumenischer Existenz heute, in: Ökumenische Existenz heute 1 (Hrsg. W. Huber, D. Ritschl, Th. Sundermeier, München: Chr. Kaiser 1986, 49–100)
2. In Japan hat es dafür seit dem frühen 18. Jh. Vorläufer gegeben. Vgl. Tominaga Nakamoto, Emerging from Meditation (Hrsg. u. Übersetzer M. Pye), Honolulu: Univ. of Hawaii Press 1990.
3. Dies wiederum geht letztlich bis auf die neutestamentlichen Schriftsteller selbst zurück: Lukas sagt von sich, daß er schreibe, nachdem er die ihm vorliegenden Quellen gründlich gegeneinander abgewogen habe (Lk 1,1–4); Paulus muß sich rechtfertigen, weil er Jesus nicht historisch gekannt hat, und seine Bekehrung als Autoritätsbeweis anführen (Gal 1,11 ff.).
4. Eine der Habilitationsthesen Adolf v. Harnacks lautete: *Vita Jesu Christi scribi nequit.*
5. Vor allem Karl Barth kritisierte rückblickend, daß hier das christologische Dogma als Zentrum christlicher Theologie mißachtet und die von Gott allein ausgehende Offenbarung mit der vom Menschen geschaffenen Religion verwechselt worden sei. (Der Römerbrief [1919]; Die Christliche Dogmatik im Entwurf [1927], später in der Kirchlichen Dogmatik [1932 ff.] häufig wiederholt.)
6. Darüber ist viel geschrieben worden, wir möchten nur verweisen auf: M. v. Brück, Möglichkeiten und Grenzen einer Theologie der Religionen, Berlin: Ev. Verlagsanstalt 1979, darin: Religion und Christentum in der Theologie Karl Barths, 19–65.
7. Wir beziehen uns vor allem auf W. G. Kümmel, Dreißig Jahre Jesusforschung (1950–1980), Königstein/Bonn: Hanstein 1985, und H. Küng, Christ sein, München: Piper 1976, dem Kümmel bescheinigt, „ein wirklich zuverläßliches und

überzeugendes Bild Jesu" (231) aus der Sicht der neuesten Jesusforschung zu präsentieren. Daß der Neuansatz durch E. Käsemanns berühmten Aufsatz von 1953 ein Ereignis innerhalb der Bultmannschule war, während die Jesusforschung außerhalb des Einflusses von Barth und Bultmann nie verstummte, wird meist nicht hinreichend wahrgenommen (Kümmel, aaO, 538).

8. Kümmel, aaO, 535. Die vielen Meinungen spiegeln oft ganz bestimmte und durchschaubare theologische Interessen wider. So ist die Frage, ob Jesu Verkündigung im Einklang mit dem jüdischen Glauben seiner Zeit stand oder nicht, seit der Beteiligung jüdischer Gelehrter an der Diskussion nach dem 2. Weltkrieg deutlicher gestellt worden als zuvor.
9. Vgl. Kümmel, aaO, 374
10. Vgl. dazu M. Pye/R. Morgan (Hrsg.), The Cardinal Meaning. Essays in Comparative Hermeneutics: Buddhism and Christianity, The Hague/Paris: Mouton 1973, wo diese These hinreichend belegt wird.
11. C. Hindley, The Historical Jesus and the Asian Renaissance, in: Dialogue AS H. 12, 1967, 1–15
12. Sangharakshita, A Survey of Buddhism, Boulder: Shambhala [5]1980 (Das Buch geht zurück auf Sangharakshitas Buddhismus-Vorlesungen in Bangalore 1954, erstmals publiziert daselbst 1957, später mehrfach revidiert und erweitert.)
13. D. Bond, The Dhamma und ‹sola scriptura› in: Dialogue, NS 2,2, 1974, 47–60
14. Vgl. dazu Teil A, II.3 und A, IV.1
15. Zu Dharmapala Teil A, II.2; zu Buddhadasa B, II.2.d
16. Zu Jayatilleke Teil B, II.2.a
17. Bond, aaO, 59
18. Vgl. Whalen Lai, The Search for the Historical Śākyamuni in Light of the Historical Jesus, in: Buddhist-Christian Studies 2, 1982, 77–91.
19. Vgl. Teil A, V.1 und A, VI.2; für den Beginn der britischen Buddhismusforschung: W. Peiris, The Western Contribution to Buddhism, Delhi: Motilal Barnarsidass 1973.
20. Zum historischen Hintergrund vgl. S. Ienaga u. a.(Hrsg.), Nihon Bukkyōshi III: kinsei, kindai, hen, Kyōto: Hōzōkan 1967.
21. Aus dem Vorwort zu seinem Buch *Bukkyō katsuron joron* (1885), in: K. Yoshida (Hg.), Bukkyō, in: Gendai Nihon shisō taikei Bd. 7, Tōkyō: Chikuma 1965, 72a
22. Ein Exzerpt ist abgedruckt in Yoshida, aaO, 151–164.
23. Sein Werk *Shutsujō kōgō* stammt aus dem Jahre 1745. Vgl. K. Mizuno, Looking at the Sūtras, in: Dharma World 8, Feb. 1981, 40–42; vgl. M. Pye, Emerging from Meditation, London 1990.
24. So sollte das *Mahāparinirvāṇa-Sūtra* vom Buddha unmittelbar vor seinem Eintritt ins *nirvāṇa* gelehrt worden sein. Das klingt vom Titel und Inhalt des Textes her logisch. Hingegen ist die traditionelle Datierung des *Avataṃsaka-* und *Lotos-Sūtra* weniger plausibel.
25. Ob die Chinesen Chih-i „wörtlich" nahmen, läßt die Frage aufkommen, was *wir* mit „wörtlich" meinen und was *sie* darunter verstanden haben könnten. Vgl. dieselbe Frage bei H. Fingarette, The Self in Transformation, New York: Harper Torchbooks 1965, 183.
26. Vgl. Sh. Mochizuki, Daijō kishinron kenkyū (Studien zu „Erwachen des Glaubens im Mahāyāna"), Kyōto 1922.

27. Murakami konnte nichts mit der Idee eines *saṃbhogakāya* (des feinstofflich gedachten, in der Meditation erscheinenden Seligkeitskörpers des Buddha, als der auch Amitābha gilt) anfangen. Das moderne historische Bewußtsein kann wohl den *rūpakāya* (den historischen Formkörper) und den *dharmakāya* (den absoluten Wahrheitskörper, der die transzendente Wirklichkeit bezeichnet) eher akzeptieren. Vgl. Yoshida, aaO, 154f.
28. In der Geschichte des Mahāyāna stellt sich dieser Sachverhalt anders dar: Das Mahāyāna verstand sich durchaus evolutionistisch als die Gestalt des Buddhismus, die vom Buddha selbst für spirituell Fortgeschrittene initiiert worden war. (Lotos-Sūtra Kap. 4, Kap. 7 u. a.)
29. Die zwölf Glieder des Entstehens in gegenseitiger Abhängigkeit. Vgl. Teil C, II.3: Dial. Hermeneutik.
30. D. Tokiwa, Shina Bukkyō no kenkyū Bd. 2, Tōkyō: Shunjūsha 1931
31. Die Bedeutung des Textes für den ostasiatischen Buddhismus läßt sich schon daran ermessen, daß, – so Mochizuki – 176 Kommentare existieren, darunter von so bedeutenden Meistern wie Hui-yüan (523–592), dem koreanischen Mönch Wonhyo (617–686) und eben Fa-tsang. (Sh. Mochizuki, Daijō kishin-ron no kenkyū, aaO, 201–346)
32. Diese Gegenüberstellung stammt von W. C. Smith, The Study of Religion and the Study of the Bible, in: Journal of the American Academy of Religion 39, 1971.
33. Dies hängt mit der Vorstellung zusammen, daß alle Texte und Lehranweisungen, ja die religiösen Traditionen selbst, nichts anderes als geschickte Mittel (skt. *upāya*, jap. *hōben*) sind, durch die das *eine* Ziel der Befreiung in *unterschiedlichen* Situationen erreichbar gemacht werde.
34. Wir verwenden den Begriff nicht in einem strengen Sinn bestimmter Wissenschafts- oder Kulturtheorien, sondern sehr allgemein für einen fundamentalen Wandel in Denkweise und Verhalten einer menschlichen Gruppe oder Kultur. Vgl. Teil C, I.
35. Zur Lehre der drei „Körper" *(kāya)* des Buddha vgl. Teil B, II.3.c.
36. Dieses indische Mahāyāna-Sūtra ist wohl im 1. Jh. n. Chr. schriftlich fixiert worden. Es wurde 286 n. Chr. erstmals ins Chinesische übersetzt, um dann durch die Übersetzung Kumārajīvas von 406 n. Chr. zu einem der wichtigsten Texte des ostasiatischen Buddhismus zu werden.
37. „Herz" ist freilich eine mehrdeutige Metapher; es ist in Ostasien jedenfalls mehr als der Sitz der Gefühle. Im Japanischen würde man von *shin* (Herz bzw. Bewußtseinsgrund) oder *hara* (Bauch) sprechen; beide Metaphern deuten auf eine Ebene, in der die *Gegensätze* von Emotionalem und Rationalem *vereint* sind.
38. Ein Vortrag von 1963, publiziert in: Yoshida, aaO, 259–286.
39. Vgl. auch Teil A, V.4.b, B, III.1.a und III.1.b (Merton: Personale versus apersonale Erfahrung?; Lassalle: Personalität versus Impersonalität?)
40. Bei Shinran heißt es: „Der Geist der Barmherzigkeit, dieser Geist *ist* Buddha." (Shinran, *Jōdo monrui*, in: Shinran, Passages on the Pure Land Way, Kyōto 1982, 53) Es sei hinzugefügt, daß der *Inhalt* von *karuṇā* keineswegs nur ein Ideal des Mahāyāna ist, wenn auch die *Wirkungsweise* des Vollendeten im frühen Buddhismus und im Mahāyāna unterschiedlich bestimmt wird.
41. Zur Lehre der drei Körper des Buddha *(trikāya)* vgl. Teil B, II.3.c („Trikāya und Trinität").

42. Zur Interpretation dieser Formulierung des Herz-Sūtra vgl. M. v. Brück, Weisheit der Leere, Zürich: Benziger 1989, 201 ff.
43. Diese treffliche Formulierung wie auch andere Anregungen zu diesem Abschnitt verdanken wir P. Schmidt-Leukel.
44. Wir verweisen auf die Analyse des trinitarischen Personverständnisses in: M. v. Brück, Einheit der Wirklichkeit, München: Chr. Kaiser [2]1987, 287 ff.
45. Die von G. W. F. Hegel bis zu Max Weber für die asiatischen Kulturen behauptete Geschichtslosigkeit oder der angebliche politische und wirtschaftliche Motivationsmangel in diesen Ländern erweist sich als Fehlurteil – und das nicht nur auf dem Hintergrund heutiger wirtschaftlicher Entwicklungen in Ostasien (die freilich auch durch konfuzianische Ethik mitbedingt sind, vom Buddhismus aber eben nicht behindert werden), sondern *auch* aufgrund der immanenten Dynamik im buddhistischen Denken, das unter bestimmten Bedingungen offensichtlich entsprechende Motivationen freisetzen *kann*.
46. Wir hatten gesehen, daß es der Dalai Lama jetzt schon für möglich hält, Christus als Bodhisattva zu ehren, daß er aber Zurückhaltung übt, wenn es darum geht, Christus „offiziell" im Buddhismus einen Platz zu geben, weil christliche Identitätsbedürfnisse nicht verletzt werden dürfen (Teil A, I.3: „Begegnungsprogramme in buddhistischen Klöstern"). Dieser Vorbehalt ist beiderseits angebracht, er entschärft sich aber in wachsender dialogischer Gemeinschaft, die zu einer *Identitätspartnerschaft* reifen kann. (Zu diesem Begriff vgl.Teil C, II.4)
47. R. Guardini, Der Herr. Betrachtungen über die Person und das Leben Jesu Christi, Würzburg [13]1964, 360 f.
48. Für eine ausführliche Darstellung der dialogischen Hermeneutik vgl. Teil C, II.
49. Zum Folgenden s. P. Schmidt-Leukel, „Den Löwen brüllen hören". Zur Hermeneutik eines christlichen Verständnisses der buddhistischen Heilsbotschaft, Paderborn: Schöningh 1992, 21–35.
50. Vgl. Teil A, I über Indien, bes. Anm. 2.
51. Bei diesem schon mehrfach erwähnten Beispiel unterscheiden sich die beiden Versionen dieser Erzählung bei Lukas und im Lotos-Sūtra erheblich. Vgl. Whalen Lai, The Buddhist ‹Prodigal Son›: A Story of Misperceptions, in: Journal of the International Association of Buddhist Studies, 4,2, 91–98.
52. Die buddhistischen Parallelen sind: Zur Simeon-Weissagung (Lk 2,25 ff.) die Weissagung der künftigen Buddhaschaft des Knaben Gautama durch den Weisen Asita (Einleitung zu den Jātakas); zur Versuchung Jesu (Mt 4,1ff) die Versuchung des Buddha durch Māra (Mahāvagga I,11, 13 bzw. Suttanipāta 3,2); zum Wasserwandel des Petrus (Mt 14,25 ff.) die Geschichte eines Schülers des Buddha, der so lange nicht im Wasser versinkt, wie er in die Betrachtung des Buddha versunken ist (Jātaka 190 u. a.); zur Brotvermehrung (Mk 6,35 ff.) die Geschichte in Jātaka 78.
53. M. Dibelius, Die Formgeschichte des Evangeliums, Tübingen: Mohr [2]1933, 113
54. R. C. Amore, Two Masters, one Message, Nashville: Abingdon 1978 und die Beurteilung durch P. Schmidt-Leukel, aaO. Vgl auch Teil A, I.1.a, Anm. 5.
55. Dies ist ein in der Wissenschaft rekonstruierter frühchristlicher Text mit Jesusworten, der den neutestamentlichen Evangelisten vorgelegen haben muß.
56. Schmidt-Leukel, aaO, 29. Anders urteilt Z. P. Thundy, Buddha and Christ. Nativity Stories and Indian Traditions, Leiden: Brill 1993. Er nimmt Richard Gar-

bes (vgl. A. 59) Argumente für bzw. gegen die Abhängigkeit christlicher Erzählungen vom Buddhismus auf und fügt hinzu, daß Garbe viele Mahāyāna-Motive nicht in diese Argumentation einbezogen habe, weil er die Entstehung des Mahāyāna später ansetzte, als es nach heutigem Erkenntnisstand üblich ist. Danach ist der Beginn des Mahāyāna vorchristlich. Auch viele Elemente der Geburtsgeschichte Jesu, die Höllenfahrt Christi usw. seien buddhistischen Ursprungs. Zum grundsätzlichen Problem der Textvergleiche: N. Klatt, Literarkritische Beiträge zum Problem christlich-buddhistischer Parallelen, Arbeitsmaterialien zur Religionsgeschichte (Universität Bonn) 8, Köln: E. J. Brill 1982.

57. Die Entstehung des Mahāyāna ist äußerst komplex. Einige detailliertere Analysen dazu legen wir unter Teil C, I.7 vor.
58. Vgl. M. v. Brück, Buddhistische Heilige: Milarepa, in: M. Kämpchen (Hrsg.), Nahe der Nabe des Rades, Freiburg: Herder 1985, 195–209.
59. R. Garbe, Indien und das Christentum. Eine Untersuchung religionsgeschichtlicher Zusammenhänge, Tübingen: Mohr 1914
60. Eine vorzügliche Analyse der einzelnen Vorwürfe hat P. Schmidt-Leukel, aaO, 36 ff., vorgelegt.
61. So der Indologe F. Otto Schrader, Wille und Liebe in der Lehre Buddhas, Berlin: P. Raatz ²1905.
62. Einige bedeutende Veröffentlichungen stammen von: M. Anesaki (mit A. J. Edmunds, Buddhist and Christian Gospels, Tōkyō: Yūhōkan 1905), O. Schrader (1905, vgl. Anm. 61), R. Garbe (1914, vgl. Anm. 59), J. E. Carpenter (Buddhism and Christianity. A Contrast and Parallel, London: Tronto, Hodder & Stoughton 1923), F. Weinrich (Die Liebe im Buddhismus und im Christentum, Berlin: Töpelmann 1935), H. W. Schomerus (Buddha und Christus. Ein Vergleich zweier großer Weltreligionen, Halle: Buchhandlung d. Waisenhauses 1931), H. v. Schweinitz (Buddhismus und Christentum, München/Basel: Ernst Reinhardt 1955), F. Masutani (A Comparative Study of Buddhism and Christianity, Tōkyō: Bukkyo Dendō Kyōkai 1957), T. N. Callaway (Japanese Buddhism and Christianity, Tōkyō: Shinkyō Shuppansha 1957), D. T. Suzuki (Mysticism: Christian and Buddhist, New York: Harper 1957), W. King (Buddhism and Christianity, London: Allen & Unwin 1963), H. Nakamura (Parallel Developments, Tōkyō/New York: Kodansha 1975), G. Mensching (Buddha und Christus – ein Vergleich, Stuttgart: DVA 1978), H. Titschack (Christentum – Buddhismus. Ein Gegensatz, Wien: Octopus 1980), Chai-Shin Yu (Early Buddhism and Christianity. A Comparative Study of the Founder's Authority, the Community and the Discipline, Delhi: Motilal Banarsidass 1981) und H. Küng (Christentum und Weltreligionen, München: Piper 1984). Besonders die amerikanischen Universitäten und die Society for Buddhist-Christian Studies mit der Zeitschrift *Buddhist-Christian Studies* (Honolulu, seit 1981) bringen unzählige Einzelstudien hervor, in denen fast alles mit allem verglichen wird. Erwähnenswert ist ein Band, auf den wir uns im folgenden stützen werden: D. S. Lopez/S. Rockefeller (Hg.), The Christ and the Bodhisattva, Albany: SUNY Press, 1987.
63. G. Mensching, Buddha und Christus – ein Vergleich, Stuttgart: DVA 1978
64. H. Küng, Christentum und Weltreligionen, München: Piper 1984
65. Vgl. Teil B, III.2.c

66. So hat Anagarika Govinda von einer „psychologischen Grundhaltung“ der frühbuddhistischen Philosophie gesprochen, vgl. den gleichnamigen Titel seines Buches, The Psychological Attitude of Early Buddhist Philosophy, Patna: Patna Univ. Press 1938 (London: Rider 1961, dt. Übers.: Die psychologische Grundhaltung der frühbuddhistischen Philosophie, Zürich: Rascher 1962). Auf die psychologische Haltung Gautamas hat auch Erich Frauwallner verwiesen (Geschichte der indischen Philosophie, Bd. 1, Salzburg: O. Müller Verlag 1953, 242) Das Thema wurde wieder aufgenommen von Anthony Fernando, Buddhism and Christianity. Their Inner Affinity, Colombo ^{3}1983 (dt. Übers.: Zu den Quellen des Buddhismus, Mainz: Grünewald 1987) und Shanta Ratnayaka, Two Ways of Perfection. Buddhist & Christian, Colombo: Lake House 1978 (vgl. Teil A, II.5.b).
67. F. Heiler, Erscheinungsformen und Wesen der Religion (1961), Stuttgart: Kohlhammer ^{2}1979, 486 ff.
68. Vgl. z. B. P. Tillich, Systematische Theologie Bd. III, Stuttgart: Evangelisches Verlagswerk 1966, 167 ff.
69. So Mensching, aaO, 85.
70. Daß die Überhöhung des Menschen Gautama zum verehrten Universalherrscher mit Attributen des Absoluten schon früh eingesetzt hat, ist an den Titeln, die dem Buddha bereits im Pāli-Kanon beigelegt wurden, deutlich abzulesen. Vgl. dazu H. Dumoulin, Spiritualität des Buddhismus, Mainz: Grünewald 1995 143 ff.
71. E. Conze, Buddhist Saviours, in: Thirty Years of Buddhist Studies, Univ. of S. Carolina Press 1968, 35
72. Conze, aaO, 46 f.
73. Vgl. dazu M. v. Brück, Einheit der Wirklichkeit, aaO, 176.
74. L. Gomez, From the Extraordinary to the Ordinary: Images of the Bodhisattva in East Asia, in: Lopez/Rockefeller (Hrsg.), The Christ and the Bodhisattva, aaO, 141–191
75. Vgl. R. u. M. v. Brück, Ein Universum voller Gnade. Die Geisteswelt des tibetischen Buddhismus, Freiburg: Herder 1987.
76. Gomez, aaO, 153
77. Gomez, aaO, 167
78. Vgl. R. Ray, Some Buddhist Perspectives on Śākyamuni Buddha, 25, in: 5. Theological Encounter Group (Hacienda Heights, California) 1989, der die Geschichte erzählt nach: Lama Taranatha, History of Buddhism in India, Simla: Indian Inst. of Advanced Study 1970, 157 f. Ein kurzer Bericht über den Dialog in: Buddhist-Christian Studies 9, 1989, 257 ff.
79. Maitreya ist der zukünftige Buddha, dessen Kommen erwartet wird.
80. Vgl. Shantideva, Eintritt in den Weg zur Erleuchtung (Hrsg. E. Steinkellner), Düsseldorf/Köln: Diederichs 1981.
81. Wir werden dem im Schlußteil nachgehen, vgl. Teil C, I.1
82. R. A. F. Thurman, The Buddhist Messiahs: The Magnificent Deeds of the Bodhisattvas, in: Lopez/Rockefeller, The Christ and the Bodhisattva, aaO, 65–97, hier 69 f.
83. C. Dunne, Buddha and Jesus. Conversations, Springfield, Ill.: Templegate 1975, dt.: Buddha und Jesus. Gespräche, München: Chr. Kaiser 1990

84. Dunne, aaO, 5
85. Dunne, aaO, 8
86. Dunne, aaO, 25
87. Dunne, aaO, 64
88. Dunne, ebd.
89. Dunne, aaO, 79
90. Das Avataṃsaka-Sūtra berichtet von unzähligen Gestalten dieser Dimension der Buddha-Wirklichkeit. (Vgl. Th. Cleary, The Flower Ornament Scripture. The Avataṃsaka-Sūtra, 3. Bd., Boulder: Shambhala 1984–1987, sowie die Erläuterungen zu diesem Sūtra in: M. v. Brück, Weisheit der Leere, Zürich: Benziger 1989, 101 ff.)
91. So der Tendenz nach, allerdings sehr genau differenzierend, auch H. Küng, Christentum und Weltreligionen, München: Piper 1984, bes. 458 ff.
92. M. Eliade, Der Mythos der ewigen Wiederkehr, Düsseldorf 1953
93. Zu Cobb und dem Prozeß-Denken im Dialog vgl. oben Teil A, VI.5
94. J. Cobb, Beyond Dialogue. Toward a Mutual Transformation of Christianity and Buddhism, Philadelphia: Fortress 1982, 128 ff. Vgl. dazu P. Schmidt-Leukel, „Den Löwen brüllen hören". Zur Hermeneutik eines christlichen Verständnisses der buddhistischen Heilsbotschaft, Paderborn: Schöningh 1992, 712.
95. Deutsch: K. Nishitani, Was ist Religion, Frankfurt: Insel 1982.
96. Auf eine ausführliche Analyse von Nishitanis Zeitbegriff auf dem Hintergrund des Verständnisses von Zeit im Buddhismus überhaupt müssen wir hier verzichten, wollen dieser Frage aber in einer späteren Publikation nachgehen. Vorstudien dazu sind: Whalen Lai, Tanabe and the Dialectics of Mediation. A Critique, in: T. Unno/J. Heisig (Hrsg.), The Religious Philosophy of Tanabe Hajime, Berkeley: Asian Humanities Press 1990, 256–76; und: M. v. Brück, Wo endet Zeit, in: K. Weis (Hrsg.), Was ist Zeit?, Reihe Faktum Bd. 6, München: Technische Universität ³1994, 207–262 (erweiterte Neuausgabe München: dtv 1995).
97. Vgl. Whalen Lai, *Avadāna-vāda* and the Pure Land Faith, in: The Pacific World, New Series 3, 1989, 5–12
98. R. N. Bellah, Religious Evolution, in: ders., Beyond Belief, New York: Harper & Row 1976
99. Die Kritik Śākyamunis am Kastensystem darf als allgemein bekannt vorausgesetzt werden. Vgl. S. J. Tambiah, World Conqueror and World Renouncer, Cambridge: University Press 1976.
100. Vgl. Teil A, III.1
101. R. Corless, Can Emptiness Will?, in: R. Corless/P. Knitter (Hg.), Buddhist Emptiness and Christian Trinity, New York: Paulist Press 1990, 75–96. Mit Bezug auf D. Bohm, Wholeness and the Implicate Order, London: Routledge & Kegan Paul 1980.
102. Die Versuchungsgeschichten des Buddha und Christi (Padhāna Sutta, Sutta Nipāta; Matth 4, 1–11 parr.) sind Parallelen. Beide widerstehen der ökonomischen Versuchung (Besitz) und der politischen Versuchung (Macht). In der Geschichte des Buddha kommt die sexuelle Versuchung (Begierde) hinzu, in der Geschichte Jesu die spirituelle Versuchung (Größenwahn). Alle diese Versuchungen machen die Freiheit des Menschen zunichte, indem sie zur Verdinglichung bzw. zum „Gebrauch" des Anderen verführen, um die Ich-Identität zu stabilisieren.

103. Durch den Einfluß des Buddhismus ist erstmals die Literatur der Geschichtsschreibung in Südasien entstanden: Die ceylonesischen Chroniken *Mahāvaṃsa* und *Dīpavaṃsa* sind religiöse Geschichtsschreibung unter dem Blickwinkel der Verwirklichung und Verbreitung buddhistischer Lebensverhältnisse. (Hinweis P. Schmidt-Leukel)
104. Vgl. M. D. Eckel, Perspectives on the Buddhist-Christian Dialogue, in: S. Lopez/S. Rockefeller (Hrsg.), The Christ and the Bodhisattva, Albany: SUNY Press 1987, 56f.
105. Die These, daß erst *nirvāṇa* das Wesen des *saṃsāra* offenbart, übernehmen wir von Nishitani Keiji, der in seinem Buch *Was ist Religion?*, Frankfurt: Insel 1982, 266ff., entsprechend argumentiert.
106. Die unterschiedlichen Strömungen der antiken Gnosis waren dualistisch orientiert. Der geistige Mensch (Pneumatiker) ließ die Fesseln des materiellen Leibes hinter sich, um sich den Verstrickungen des reines Geistes in die Materie bzw. die geschichtliche Wirklichkeit zu entziehen. Indem der Buddhismus keine Substanz *(ātman)* außerhalb der im Wandel befindlichen Daseinsfaktoren *(skandhas)* anerkennt, lehnt er auch einen solchen gnostischen Dualismus ab, m. a. W. *nirvāṇa* ist ein vollkommen von Illusionen befreiter Bewußtseinszustand, und das Bewußtsein ist eine Dimension der voneinander abhängigen Beziehungsprozesse der Wirklichkeit *(pratītyasamutpāda)*, nicht aber eine Realität oder ein Raum außerhalb der Welt. Wir müssen allerdings sogleich hinzufügen: Die Rede vom *nirvāṇa* als Bewußtseinszustand besagt nicht, daß der Erleuchtete, der in das *nirvāṇa* eintritt, dasselbe erst „erschaffen" würde (dann wäre es abhängig und gerade nicht *nirvāṇa)*, es ist vielmehr jeder (individuellen) Bewußtseinsstruktur vorgegeben. Der „Eintritt" ins *nirvāṇa* ist damit eher der Realisierung eines universal-zeitlos Gegebenen und bisher Verborgenen vergleichbar.
107. Daß die spezifisch indische Vorstellung von Geschichtlichkeit das *karman*-Prinzip als solches ist, hat R. Panikkar herausgearbeitet in seinem Aufsatz: The Law of *karman* and the Historical Dimension of Man, in: Philosophy East and West XXII,1, Honolulu 1972, 40; vgl. auch M. v. Brück, Einheit der Wirklichkeit, aaO, 91.
108. Vgl. dazu die detaillierte Studie von M. Pye, Skilful Means. A Concept in Mahayana Buddhism, London: G. Duckworth & Co. 1978.
109. Vgl. das *Mahāyāna-śraddhotpāda-śāstra*, eine chinesische Schrift (6. Jh. n. Chr.), die dem Aśvaghoṣa zugeschrieben wurde. Vgl. Y. S. Hakeda (Hrsg.), The Awakening of Faith, New York: Columbia Univ. Press 1967.
110. *Nirvāṇa* bedeutet zwar das „Verlöschen" einer Flamme, nach indischer Auffassung bedeutet dies aber nicht die Nicht-Existenz des Feuers, sondern den Übergang in eine subtilere Seinsebene: das Feuer ist im nicht brennenden Holz potentielle Energie.
111. Die Literatur ist unübersehbar groß. Wir verweisen nur auf die Abschnitte A, V.4, B, II.3.c und B, III.1 dieser Arbeit.
112. Zur Deutung des trinitarischen Denkens im Zusammenhang mit dem Nicht-Dualismus in der indischen Philosophiegeschichte, die diesbezüglich auch vom Buddhismus beeinflußt worden ist, vgl. M. v. Brück, Einheit der Wirklichkeit, aaO, 213ff.
113. Ausführlicher Teil B, II.3.c
114. Dieser Glaube ist mit den chinesischen Weißen-Lotos-Sekten verbunden und

hat in der Geschichte Chinas bis ins 19. Jh. immer wieder revolutionäre Bewegungen inspiriert (vgl. B. J. ter Haar, The White Lotus Teachings in Chinese Religious History, Leiden: Brill 1992, mit ausführlichen Angaben zu den Quellen). Er findet sich in anderer Form auch im Nichiren-Buddhismus Japans (Nichiren, 1222–1282), dessen Bedeutung in der japanischen Geschichte und Gegenwart nicht unterschätzt werden kann (neu-buddhistische Laien-Bewegungen wie Sōka Gakkai und Risshō Kōsei-kai stehen in dieser Tradition, vgl. W. Kohler, Die Lotus-Lehre und die modernen Religionen Japans, Zürich: Atlantis 1962; A. Nehring, Risshō Kōsei-kai, Erlangen: Verlag der Ev.-luth. Mission 1992). In noch anderer Form verbinden sich die Motive um Maitreya in Tibet mit dem utopischen Reich Shambhala und seinen Königen, die als Weltenretter in die Geschichte eingreifen werden (vgl. E. Bernbaum, The Way to Shambhala, Garden City, New York: Anchor Press 1980).

115. Vgl. z. B. die Aussagen des Paulus in 1 Kor 15, 20–28.

II. Gott und Dharma

1. G. Mensching, Die Bedeutung des Leidens im Buddhismus und Christentum, Gießen: Töpelmann ²1930. Die Seitenangaben in Klammern beziehen sich auf die zweite, von Mensching selbst völlig neu bearbeitete Auflage (die erste ist weniger instruktiv). Mensching erörtert das Thema erneut und knapper in seinem Buch: Buddha und Christus, Stuttgart: DVA 1978, 132–140.
2. Diese Interpretation Indiens war in Europa bereits Ende des 19. Jhs. (seit Schopenhauer und Hegel) ein Gemeinplatz.
3. Vgl. Teil B, I.3.d, Anm. 105
4. Vgl. den Abschnitt über Pieris, Teil B, III.2.c
5. Winston King (geb. 1907) war protestantischer Pastor und Missionar in Burma und wurde zu einem Wegbereiter des buddhistisch-christlichen Dialogs im englischen Sprachraum. Vgl. sein Buch: Buddhism and Christianity, London: Allen & Unwin 1963, bes. Kap. 4.
6. Iwanami, Kirisutokyō to Bukkyō no taihi (Vergleich zwischen Christentum und Buddhismus), Tōkyō: Sōbunsha 1974; *ders.*, Yuda to Deibaidata (Judas und Devadatta), Tōkyō: Daisan bunmeisha 1983
7. Es handelt sich um eine chinesische Sammlung, die in der Mitte des 6. Jh. n. Chr. zusammengestellt und unter dem Sanskrit-Titel *Mahāyāna-śraddhotpāda-śāstra* dem Aśvaghoṣa zugeschrieben wurde und somit größte Wertschätzung genoß. Aśvaghoṣa war ein Mahāyāna-Philosoph und Dichter, der im 1./2. Jh. n. Chr. lebte. Besonders in Ostasien hatte die Schrift einen überragenden Einfluß.
8. Diese Parallele ist seit Karl Barth und Emil Brunner immer wieder gezogen worden. Wir wiederholen die Diskussion hier nicht, vgl. aber Teil B, I.3.
9. Devadatta, ein Vetter des Buddha, der dem *saṃgha* beitrat, aus Eifersucht und wegen eigenen Führungsanspruchs den Buddha ermorden wollte und, als der Plan fehlschlug, eine Spaltung im *saṃgha* anzettelte. (*Cullavagga*, *Vinaya*, 7,2,1 ff.)
10. P. Tillich, Der Mut zum Sein, in: Gesammelte Werke Bd. XI, Stuttgart: Evangelisches Verlagswerk 1969 (Seitenzahlen im Text nach dieser Ausgabe).
11. Bei Tillich erscheinen die zweite und die dritte Form der Angst in anderer

Reihenfolge. Wir werden unten begründen, warum dies so ist und weshalb wir die Reihenfolge umkehren.

12. Vgl. unten S. 367.
13. Der bezeichnende Einwand buddhistischer Dialog-Partner gegen eine weit verbreitete christliche Zukunftserwartung lautet: Wenn christliche Vollendung erst im Himmel möglich sei und in der ewigen Gemeinschaft mit Gott bestünde, sei dies eine Form egozentrischen Anhaftens, es sei denn, der vollendete Mensch kehre zu den leidenden Wesen auf der Erde zurück, um helfend Beistand zu leisten. (Vgl. Teil A, I.3.a: Dialoge im Sera-Kloster)
14. Zu Hisamatsu vgl. Teil A, IV.2.c
15. Das Material ist veröffentlicht in: Buddhist-Christian Studies Vol.5, 1985, 7–155.
16. R. Takeda, Pure Land Buddhist View of Duhkha, in: Buddhist-Christian Studies, aaO, 7–24
17. G. Kaufman, Response to Takeda, in: Buddhist-Christian Studies, aaO, 25–48
18. Kaufman, aaO, 48
19. Diese Diskussion war (und ist bis heute) allerdings durch eine gewisse Einseitigkeit gekennzeichnet, weil die buddhistischen Gesprächspartner vorrangig aus Japan kamen und der südasiatische Buddhismus nicht repräsentiert war.
20. D. Chappell, Responses to Langdon Gilkey, in: Buddhist-Christian Studies, Vol. 5, 1985, 91f.
21 L. Gilkey, The Christian Understanding of Suffering, in: Buddhist-Christian Studies, aaO, 49–65
22. M. Abe, Responses to Langdon Gilkey, in: Buddhist-Christian Studies, aaO, 70
23. Dieselbe Schwierigkeit und Unklarheit liegt u. E. vor bei der Debatte um die Selbst-Entleerung Gottes *(kenosis)* in Jesus Christus, auf die wir später eingehen werden. Vgl. Teil B, II.3.b
24. M. Abe, aaO, 67f.: Nicht die Endlichkeit, sondern das Anhaften an Endlichem, das man für dauernd hält, ist die Ursache des Leidens.
25. Gilkey, aaO, 54
26. Abe, aaO, 69
27. Abe, ebd.
28. H. Küng, Christentum und Chinesische Religion, Piper: München 1988, 217f.
29. E. Bloch, Das Prinzip Hoffnung, Gesamtausgabe Bd. 5, Frankfurt 1977, 1489, zit. bei Küng, aaO, 219f.
30. Zu de Silva vgl. Teil A, II.4.c (Sri Lanka) und P. Schmidt-Leukel, „Den Löwen brüllen hören". Zur Hermeneutik eines christlichen Verständnisses der buddhistischen Heilsbotschaft, Paderborn: Schöningh 1992, 185ff.
31. G. Rothermundt, Buddhismus für die moderne Welt. Die Religionsphilosophie K. N. Jayatillekes, Stuttgart: Calwer 1979, 132ff.
32. Vgl. Teil A, II.2
33. K. N. Jayatilleke, Early Buddhist Theory of Knowledge, London: Allen & Unwin 1963; Rothermundt, aaO, 125. Daß Jayatilleke aber so weit gegangen sei, den Buddhismus rein immanent zu deuten und ihm damit den Charakter eines Heilspfades genommen habe, wie Rothermundt in seinem Buch durchgängig behauptet, ist übertrieben.
34. K. N. Jayatilleke, The Buddhist Attitude to Other Religions, Kandy: Buddhist Publication Society 1975, 21ff.

35. Jayatilleke, aaO, 24
36. Jayatilleke, aaO, 34
37. K. N. Jayatilleke, The Message of the Buddha, New York: The Free Press 1974, 29
38. Jayatilleke, The Buddhist Attitude, aaO, 1
39. B. P. Kirthisinghe, Introduction. Buddhism and Science, in: B. P. Kirthisinghe (Hg.), Buddhism and Science, Delhi: Motilal Banarsidass 1984, 1–7
40. G. du Pré, The Buddhist Philosophy of Science, in: B. P. Kirthisinghe (Hg.), Buddhism and Science, aaO, 110
41. du Pré, Scientific Buddhism, in: Buddhism and Science, aaO, 146
42. du Pré, ebd.
43. du Pré, aaO, 147
44. du Pré, aaO, 153
45. R. F. Spencer, The Relation of Buddhism to Modern Science, in: Kirthisinghe (Hg.), Buddhism and Science, aaO, 20
46. Rothermundt, aaO, 125 f.
47. Jayatilleke, The Message of the Buddha, aaO, 53. Vgl. auch sein Buch: Early Buddhist Theory of Knowledge, London 1963.
48. Jayatilleke, aaO, 143. Daß hier ein anderer Begriff von Empirie vorausgesetzt wird, als ihn die Naturwissenschaft der Moderne benutzt, muß nicht eigens begründet werden.
49. K. N. Jayatilleke, The Contemporary Relevance of Buddhist Philosophy, Kandy: Buddhist Publication Society, 1978, 4 f.
50. Jayatilleke, aaO, 26
51. Jayatilleke, aaO, 30f.
52. Jayatilleke, The Buddhist Attitude, aaO, 16
53. Jayatilleke, aaO, 14
54. Jayatilleke, The Message of the Buddha, aaO, 66
55. Jayatilleke, aaO, 9, 97
56. Jayatilleke, Buddhism and the Scientific Revolution, in: Kirthisinghe (Hg.), Buddhism and Science, aaO, 9 f.
57. G. du Pré, Science and the Way to Nirvāṇa, in: Kirthisinghe (Hg.), Buddhism and Science, aaO, 137 f.
58. du Pré, aaO, 144. Dem widerspricht Jayatilleke, der daran festhält, daß *nirvāṇa* die Überwindung jeglicher Bedingtheit ist, also keine empirisch beschreibbare Größe. (Jayatilleke, Buddhism and the Scientific Revolution, aaO, 14)
59. Vgl. dazu Teil B, II.3.b u. a.
60. du Pré, Scientific Buddhism, aaO, 149
61. Jayatilleke, The Message of the Buddha, aaO, 25
62. Jayatilleke, aaO, 113; vgl. auch ders., The Buddhist Attitude to Other Religions, aaO, 28 f.
63. Jayatilleke, The Message of the Buddha, aaO, 148
64. Der Jainismus ist eine vorbuddhistische, nicht-vedische Religion, deren 24. (letzter) Tīrthaṅkara (= Jina, Überwinder) Mahāvīra etwa zur Zeit des Buddha lebte. Die Jainas glauben nicht an einen Schöpfergott, üben aber strenge Askese zur Selbstvervollkommnung und praktizieren das Ideal der Gewaltlosigkeit *(ahiṃsā)*.
65. Die Ajivikas sind eine heterodoxe indische Sekte, begründet im 6. Jh. v. Chr. von

Makkhali Gosāla, deren Mitglieder rigorose Askese übten und Fatalisten waren bzw. einem vollständigen Determinismus anhingen.

66. Jayatilleke, The Message of the Buddha, aaO, 148.
67. Jayatilleke, aaO, 247f.
68. Jayatilleke, The Buddhist Attitude to Other Religions, aaO, 28f.
69. Rothermundt, aaO, 124
70. Rothermundt, aaO, 134
71. Rothermundt, aaO, 123
72. Jayatilleke, The Message of the Buddha, aaO, 117ff.
73. Jayatilleke, aaO, 121: „The Transcendent One or the Tathagata (a word used both of the Buddha and the Arhats) cannot be measured by the conditioned constituents of his personality *(khandha)* such as the body, the feelings, the ideas, the conative activities and the acts of cognition." (Pāli: *khandha*, Skt. *skandha*)
74. Dharmasiri stammt aus Sri Lanka und studierte dort bei Jayatilleke, schrieb seine Dissertation aber unter dem britischen Religionswissenschaftler Ninian Smart, der das Department of Religious Studies an der Universität Lancaster in England gegründet hat. Das Buch erregte wegen seiner anti-christlichen Polemik Aufsehen: G. Dharmasiri, A Buddhist Critique of the Christian God. A Critique of the Concepts for God in Contemporary Christian Theology and Philosophy of Religion from the Point of View of Early Buddhism, Colombo: Lake House Inv., 1974 (erweiterte amerikanische Neuauflage: Antioch: Golden Leaves 1988). Die christlich-buddhistische Debatte ist abgedruckt in: Dialogue, NS 2, 1974, und die folgenden Hefte.
75. N. Gunaratna, God as Experience, in: Dialogue, NS 2–3, 1974, 91–95
76. Udana VIII, 3: „Es gibt ein Ungeborenes, ein Nicht-Gewordenes, ein Nicht-Geschaffenes, ein Nicht-Geformtes. Gäbe es dieses Ungeborene, Nicht-Gewordene, Nicht-Geschaffene, Nicht-Geformte nicht, könnte man keinen Ausweg erkennen aus dem Geborenen, Gewordenen, Geschaffenen, Geformten."
77. L. de Silva, Anatta and God, in: Dialogue, NS 2–3, 1974, 106–115
78. Zur Kontroverse um Dharmasiri vgl. auch Schmidt-Leukel, aaO, 194ff.
79. Dies ist der Zustand des zeitweiligen Verlöschens jeder Bewußtseinsaktivität, der mehrere Tage andauern kann und den *arhats* vorbehalten ist.
80. Vgl. R. Gombrich, Precept and Practice. Traditional Buddhism in the Rural Highlands of Ceylon, Oxford 1971.
81. Jayatilleke, The Message of the Buddha, aaO, 33: „Personal verification and realisation is the way to truth."
82. Jayatilleke, ebd.
83. Jayatilleke, aaO, 36
84. Rothermundt, aaO, 127f.
85. So M. Wickramasinghe, zit. bei Rothermundt, aaO, 135.
86. Rothermundt, aaO, 127
87. Rothermundt, aaO, 131
88. Jayatilleke, The Message of the Buddha, aaO, 215
89. Rothermundt, aaO, 136
90. Dazu auch F. Huber, Glaube und Einsicht als Thema in der Begegnung von Buddhisten und Christen, in: Neue Zeitschrift für Mission 48, 1992, 241–264.

91. Jayatilleke, The Buddhist Attitude to Other Religions, aaO, 19
92. L. de Silva, The Problem of the Self in Buddhism and Christianity, Colombo: The Study Centre 1975, IV. Zu Lynn de Silvas Theologie vgl. Tissa B. de Alwis, Christian-Buddhist Dialogue in the Writings of Lynn A. de Silva, Ann Arbor, Mi.: Univ. Diss. 1983.
93. P. Schmidt-Leukel, „Den Löwen brüllen hören". Zur Hermeneutik eines christlichen Verständnisses der buddhistischen Heilsbotschaft, Paderborn: Schöningh 1992, 186
94. de Silva, aaO, 11
95. de Silva, aaO, V
96. de Silva, aaO, 35, vgl. Teil B, II.1: Leiden und Sünde.
97. de Silva, aaO, 36
98. de Silva, aaO, 9ff.
99. de Silva, aaO, 16f.
100. de Silva, aaO, 10, 80
101. de Silva, aaO, 12f.
102. de Silva, aaO, 12, 50ff. Vgl. dazu M. v. Brück, Reinkarnation im Hinduismus und im Buddhismus, in: E. Hornung/T. Schabert (Hrsg.), Auferstehung und Unsterblichkeit, München: Fink 1993, 85–122.
103. de Silva, aaO, 13
104. de Silva, aaO, 80ff.
105. de Silva, aaO, 81
106. Der Ausdruck stammt von E. Conze, Buddhist Thought in India, London: Allen & Unwin 1962, 132
107. De Silva schleust hier freilich frühbuddhistische Aporien in die christliche Anthropologie ein. Denn weder die Auferstehungsvorstellung noch eine andere Diskontinuitäts-Lehre kann plausibel begründen, wie überhaupt Kontinuität von einem Bewußtseinsmoment zum nächsten möglich ist. Im Mahāyāna-Buddhismus hat die Yogācāra-Schule ein „Speicher-Bewußtsein" *(ālaya-vijñāna)* einführen müssen, um zu erklären, wie nach einem Zustand der vollkommenen meditativen Bewußtseinsruhe der mentale Prozeß wieder in Gang kommen kann. Auch wenn *ālaya-vijñāna* im Gegensatz zu den anderen Bewußtseinsformen nicht intentional-aktiv ist, stellt es ein Kontinuum dar, ohne das der Buddhismus als Heilsweg, bei dem die Praxis den Menschen formt, gar nicht beschreibbar wäre. (Vgl. Paul J. Griffiths, On Being Mindless: Buddhist Meditation and the Mind-Body Problem, LaSalle: Open Court 1986.) Auch ist eine völlige Diskontinuität in der Auferstehung für christliches Denken nicht nachvollziehbar, weil sonst das konkrete Leben und die absolute Verantwortung vor Gott belanglos würden. Genau das scheint de Silva auch zu meinen, wenn er seine *anattā-pneuma*-Anthropologie formuliert.
108. de Silva, aaO, 17ff.
109. de Silva, aaO, 17
110. de Silva, aaO, 97ff.
111. de Silva, aaO, 16
112. de Silva, aaO, 95ff.
113. de Silva, aaO, 95

114. de Silva, aaO, 96
115. de Silva, aaO, 115
116. de Silva, ebd.
117. Teil A, V.4.b, B, I.1.g („Impersonaler dharma versus personaler Gott?"), B, II.3.c und B, III.1.a/b (Merton – Personale versus apersonale Erfahrung?; Lassalle – Personalität versus Impersonalität?)
118. W. King, Buddhism and Christianity. Some Bridges of Understanding, London: Allen & Unwin, 1962
119. L. de Silva, The Problem of the Self in Buddhism and Christianity, Colombo: The Study Centre 1975, 104
120. L. de Silva, Reincarnation in Buddhist and Christian Thought, Colombo: The Study Centre 1968, 77ff.
121. de Silva, aaO, 84ff.
122. de Silva, aaO, 3f.
123. Zu Nyanatiloka vgl. Teil A, V.2.a
124. de Silva, The Problem of the Self, aaO, 44ff. mit Bezug auf: Nyanatiloka, Karma and Rebirth, Kandy: Ceylon Buddhist Publication Society, o. J., 2
125. So z. B. Milindapañha I,2.
126. E. Conze, Buddhist Thought in India, London: Allen & Unwin, 1962, 132
127. de Silva, aaO, 49
128. de Silva, Reincarnation, aaO, 143ff.
129. de Silva, aaO, 145
130. Ob und wie das mit der zuvor erläuterten *anattā*-Lehre harmoniert, werden wir zu untersuchen haben. De Silva sieht die Widerspruchsfreiheit beider Anschauungen darin gewährleistet, daß der spirituelle Leib keine Potenz des Menschen sei, sondern gnadenhaft von Gott geschenkt werde.
131. de Silva, aaO, 146ff.
132. de Silva, aaO, 149
133. de Silva, aaO, 152
134. E. Conze, Buddhist Thought in India, London: Allen & Unwin 1962, 132
135. de Silva, aaO, 74f.
136. Die Volksfrömmigkeit in Theravāda- wie Mahāyāna-Ländern objektiviert freilich nicht selten diese mentalen Zustände zu raum-zeitlichen Bereichen außerhalb des menschlichen Bewußtseins.
137. de Silva, aaO, 163
138. Besonders in den USA und Europa; in Deutschland auf Tagungen Evangelischer und Katholischer Akademien sowie, vorsichtig, auch im akademischen Raum.
139. de Silva, aaO, 162
140. de Silva, The Problem of the Self, aaO, 81ff.
141. Vgl. M. Palihawadana, Is there a Theravāda Buddhist Idea of Grace?, in: D. G. Dawe/J. B. Carman (Hrsg.), Christian Faith in a Religiously Plural World, Maryknoll, N. Y.: Orbis Books 1978, 181–195.
142. de Silva, aaO, 82f.
143. Unter realistischem Pluralismus verstehen wir die Anschauung der frühbuddhistischen Philosophie, nach der eine endliche Anzahl von Daseinselementen *(dharma)*, darunter auch die *skandhas*, real existieren und dem Prozeß ständiger Wandlung unterworfen sind.

144. de Silva, aaO, 113
145. Karl Rahner spricht bei der Erlösung des Menschen von einem „merkwürdigen Synergismus“ und einer gegenseitigen Beeinflussung von Gott und Mensch, wobei „zwischen Fremderlösung und einer sogenannten Selbsterlösung kein wahrer und echter Gegensatz besteht“. (K. Rahner, Das christliche Verständnis der Erlösung, in: A. Bsteh (Hrsg.), Erlösung in Christentum und Buddhismus, Mödling: Verlag St. Gabriel 1982, 114)
146. de Silva, Reincarnation, aaO, 160. De Silva hat seine Vorstellungen zu Tod und Reinkarnation in einem späten Aufsatz nochmals zusammengefaßt: Reflections on Life in the Midst of Death, in: Bulletin (Secretariatus pro Non Christianis) 17, 1982, Rom 1982, 220–229.
147. Vgl. Teil A, V.4.b; A, VI.5 und B, II.3.c
148. E. Conze, Buddhist Saviours, in: Thirty Years of Buddhist Studies, Univ. of South Carolina Press, 1968, 46f.
149. Dies trifft besonders für den Mahāyāna-Buddhismus zu, fehlt aber auch im frühen Buddhismus nicht, wie z. B. der Wohlfahrtsstaat Aśokas zeigt (Teil C, I.3). Vgl. Teil B, I.2.d: Der phänomenologische Zugang, bes. die Geschichte von Asaṅga und seiner Maitreya-Vision (Fundstelle dort Anm. 78).
150. Auch diese Gegenüberstellung ist problematisch, weil sie wiederum Einzelaspekte von einem Gesamtsystem abstrahiert. So kommt auch in der keineswegs marginalen buddhistischen Tradition des Reinen Landes die Liebe Amitābhas (wie im Christentum die Liebe Gottes) jedem menschlichen Handeln zuvor. (Vgl. L. O. Gomez, Beitrag zur Podiumsdiskussion (Kap. 9), in: D. Lopez/S. Rockefeller (Hrsg.), The Christ and the Bodhisattva, Albany: SUNY Press 1987, 246.) Vgl. Teil B, I.3.d
151. S. Phongphit, Religion in a Changing Society. Buddhism, reform and the role of monks in community development in Thailand, Hong Kong: Arena Press 1988, 15ff.
152. Die Bewegung hat während der letzten zwei Jahrzehnte an Dynamik zugenommen, ohne daß genauere Angaben über ihre zahlenmäßige Größe gemacht werden könnten.
153. Phongphit, aaO, 17
154. Phongphit, aaO, 28
155. Phongphit, aaO, 13ff.
156. Phongphit, aaO, 16
157. Buddhadasa, Toward the Truth (Hrsg. D. Swearer), Philadelphia: Westminster 1970, 14; vgl. D. Swearer, Dialogue. The Key to Understanding other Religions, Philadelphia: Westminster 1977, bes. Kap.7: A Buddhist View of Christianity, 136–167; D. Swearer, The Dhammic Socialism of Bhikkhu Buddhadasa, Bangkok: Thai Interreligious Commission for Development 1986; P. G. Henry/D. Swearer, For the Sake of the World. The Spirit of Buddhist and Christian Monasticism, Minneapolis: Fortress 1989, 193f.; D. Swearer (Hrsg.), Me and Mine. Selected Essays of Bhikkhu Buddhadasa, New York: SUNY Press 1989
158. Vgl. S. Suksamran, Buddhism and Politics in Thailand, Singapore: Institute of Southeast Asian Studies, bes. 100–131.
159. Vgl. Teil C, I.2
160. In Memoriam Ajahn Buddhadasa Bhikkhu, in: Mitwelt. Zeitschrift für engagier-

ten Buddhismus Nr. 2, Sept. 1993, Berlin: Netzwerk Engagierter Buddhisten, 11; vgl. Teil B, III.2.d
161. Buddhadasa, Toward the Truth, aaO, 28
162. Buddhadasa, aaO, 37f.
163. Buddhadasa, aaO, 50
164. Buddhadasa, aaO, 77
165. Buddhadasa, aaO, 65f. und 71
166. Buddhadasa, aaO, 58
167. Buddhadasa, aaO, 64
168. Buddhadasa, aaO, 78
169. Buddhadasa, aaO, 168
170. Buddhadasa, ebd., vgl. 72f.
171. Buddhadasa, Dhammic Socialism (ed. by D. Swearer), Bangkok: Thai Interreligious Commission for Development 1986, 47
172. Buddhadasa, Toward the Truth, aaO, 90
173. Buddhadasa, aaO, 109
174. Buddhadasa, aaO, 135
175. Buddhadasa, aaO, 136
176. Buddhadasa, aaO, 96
177. Buddhadasa, aaO, 98
178. Buddhadasa, Buddhism and Christianity, Bangkok 1967
179. Buddhadasa, Dhammic Socialism, aaO, 49
180. Buddhadasa, Toward the Truth, aaO, 88
181. Buddhadasa, aaO, 88, 109
182. Ohne den Begriff zu benutzen, wiederholt Buddhadasa die allgemein buddhistische Anschauung, daß jede Lehre und jede Praxis (selbstredend auch der Buddhismus) *upāya* (geschicktes Mittel) sei. Religionen sind, mit einem alten buddhistischen Gleichnis gesprochen, nur „geschickte Mittel" *(upāya)*, um die unmittelbare Einsicht in die Wahrheit zu erlangen – wie ein Floß, das man zur Überquerung des Flusses benötigt; wenn man am anderen Ufer angekommen ist, läßt man das Floß zurück. Daß der Buddhismus als solcher *upāya* ist, zeigt M. Pye, Skilful Means. A Concept in Mahayana Buddhism, London: Duckworth 1978, 164.
183. Buddhadasa, aaO, 88f.
184. Buddhadasa, aaO, 97ff.
185. Buddhadasa, aaO, 94
186. ebd.
187. Buddhadasa, aaO 97
188. Buddhadasa, aaO, 104
189. Henry/Swearer, For the Sake of the World, aaO, 223
190. M. v. Brück, unveröffentl. Tagebuchnotiz, Chaiya, Thailand, Mai 1977
191. Buddhadasa, aaO, 106f.
192. Buddhadasa, aaO, 116
193. Buddhadasa, aaO, 118f.
194. Buddhadasa, aaO, 127
195. Buddhadasa, aaO, 74f.
196. L. de Silva, Why Believe in God? The Christian Answer in Relation to

Buddhism, Colombo: Christian Study Centre 1970 (Der Autor verstand diese Schrift als Antwort auf Buddhadasa.)

197. Über die genannten Arbeiten von Donald Swearer hinaus sind zu erwähnen: K. Hoheisel, Buddhistische Entmythologisierung des Christentums, in: H. J. Loth/M. Mildenberger/U. Tworuschka (Hrsg.), Christentum im Spiegel der Weltreligionen, Stuttgart: Quell Verlag 1978, 53–55; H. Ott, Hermeneutische Überlegungen zum Dialog zwischen Christen und Buddhisten, in: Archivio di Filosofia 1980, 67–91.

198. Vgl. Teil B, II.2.b

199. Vgl. Teil A, VI.5.a

200. A. Pieris, Woman and Religion in Asia. Towards a Buddhist and Christian Appropriation of the Feminist Critique, in: Dialogue, NS, Bd. XIX–XX, Colombo 1992–93, 119–203, bes. 184 ff.; sowie die anderen Beiträge in diesem Themenheft „Woman and Man in Buddhism and Christianity".

201. Sh. Endō, Schweigen, Graz/Wien/Köln: Styria 1977 (jap. Originalausgabe 1966)

202. N. Thelle, Doing Theology in a Buddhist Environment, in: Japanese Religions XIII,1, Kyōto 1983, 49–71

203. A. Dōshi/T. Satō/S. Yagi/O. Masaya, Theologiegeschichte der Dritten Welt. Japan, München: Chr. Kaiser 1991

204. Vgl. *Vimalakīrti-nirdeśa-sūtra*, Kap. 10.

205. R. Panikkar, Gottes Schweigen. Die Antwort des Buddha für unsere Zeit, München: Kösel 1992, 257 (spanische Originalausgabe 1970)

206. S. Yamaguchi, Bukkyō ni okeru yū to mu to no tairon (Disput über Sein und Nichts im Buddhismus), Tōkyō: Sankibō 1941 (Neudruck 1975)

207. Vgl. M. v. Brück, Einheit der Wirklichkeit, München: Chr. Kaiser ^{2}1987, 150.

208. Wir haben uns entschlossen, auf eine eigene Darstellung der Kyōto-Schule zu verzichten, obwohl sie für den Dialog Entscheidendes leistet, weil vorzügliche Arbeiten zu deren Geschichte und Philosophie vorliegen und leicht zugänglich sind, neuerdings besonders: R. Ōhashi, Die Philosophie der Kyōto-Schule. Texte und Einführung, Freiburg/München: K. Alber 1990; D. Mitchell, Spirituality and Emptiness, New York: Paulist 1991; auch F. Buri, Der Buddha-Christus als der Herr des wahren Selbst. Die Religionsphilosophie der Kyōto-Schule und das Christentum, Bern: Haupt 1982; als bahnbrechende Dialogstudie immer noch H. Waldenfels, Absolutes Nichts. Zur Grundlegung des Dialogs zwischen Buddhismus und Christentum, Freiburg: Herder 1976. Vgl. in Kürze zur Kyōto-Schule Teil A, IV.2.c und bes. zu Abe Masao B, II.3.b.

209. Vgl. Teil A, IV.2.f

210. J. van Bragt, The Interfaith Dialogue and Philosophy, in: Japanese Religions Vol. 10, 4, 1979, 27–45

211. Aus dem indischen Buddhismus aller Schulen kennen wir allerdings sokratisch-dialogische Denkformen, dialektische Debatten und eine hohe Argumentationskultur. Deshalb kann der diskursive Dialog eher an die indischen Sprachformen des Buddhismus anknüpfen (Teil B, II.3.b), während der Umgang mit suggestiven Symbolen und Bildworten, die bei christlichen Meditationsmeistern eine ebenso große Rolle spielen wie im Zen, auf eine andere (dringend notwendige!) Ebene der Begegnung verweist.

212. Das *kōan* kann ein einziger Satz sein; ein *mondō* hat die Form eines kurzen Meinungsaustauschs, kann aber als *kōan* benutzt werden.
213. K. Nishitani, *Kongenteki shūtaisei no tetsugaku* (Philosophie grundlegender Subjektivität), Tōkyō 1940, 112–128; wiederholt in zahlreichen Aufsätzen.
214. K. Kadowaki, Zen und die Bibel, Salzburg: Müller 1980 (jap. Original 1977); *ders.*, Erleuchtung auf dem Weg. Zur Theologie des Weges, München: Kösel 1993 (jap. Original 1990)
215. Vgl. die Kōan-Sammlung Mumonkan (chin. *Wu-men-kuan)*, gesammelt von Wu-men Hui-k'ai (jap. *Mumon)*, 1183–1260; H. Dumoulin (Übers.), Mumonkan. Die Schranke ohne Tor, Mainz: Grünewald 1975.
216. Über das genannte Buch hinaus hat sich Kadowaki auf dem ersten buddhistisch-christlichen Dialog-Symposion der Nanzan-Universität zum Thema „Religiöse Erfahrung und ihr Ausdruck im Wort" ausführlich geäußert, gedruckt als: *Shukyō keiken to kotoba*, Tōkyō: Kinokuniya 1978.
217. Wir werden dieses Problem bei Enomiya-Lassalle ausführlich erörtern, vgl. Teil B, III.1.b
218. Zur Diskussion um die (Un)umkehrbarkeit des Verhältnisses von Mensch und Gott vgl. Teil A, IV.3.a
219. van Bragt, aaO, 42
220. Aus diesem Grunde muß der Finger „abgeschnitten" werden, was schmerzt und genau so das Erwachen initiieren kann. Vgl. Mumonkan, Kōan Nr. 3 (Dumoulin, aaO, 45, oben Anm. 215).
221. Zu Whitehead vgl. Teil A, VI.5
222. van Bragt, aaO, 41
223. van Bragt, aaO, 41, Anm. 8
224. Das *kōan* des japanischen Zen-Meisters Hakuin (1686–1769) lautet: „Zwei Hände klatschen ineinander. Höre den Ton der einen Hand."
225. Vgl. Teil A, IV.2.b
226. H. Waldenfels, Absolutes Nichts, Freiburg: Herder 1976, 167ff.
227. *Zettai Mu to Kami* (Absolutes Nichts und Gott), Tōkyō: Shunjūsha 1981
228. D. Tracy, Blessed Rage for Order, New York: Seabury 1975
229. Zu Nishida Kitarō vgl. Teil A, IV.2.c
230. Sh. Ueda, The Horizon for Presenting the Problem of Science and Religion, in: Zen Buddhism Today 7/1989, 138ff.
231. Die „Zehn Ochsenbilder" sind eine alte chinesische Versprachlichung/Verbildlichung des Zen-Weges. Vgl. K. Tsujimura/H. Buchner (Übers.), Der Ochs und sein Hirte. Eine altchinesische Zen-Geschichte, Pfullingen: Neske ^{6}1988.
232. Vgl. dazu mit besonderem Bezug zu Luthers Wort-Theologie: M. v. Brück, Einheit der Wirklichkeit, München: Chr. Kaiser ^{2}1987, 167ff.
233. Vgl. Anm. 232.
234. Auf diesen Sachverhalt hat P. Schmidt-Leukel mit Bezug auf Nāgārjuna, Mādhyamakakārikā 24, 10, nachdrücklich hingewiesen in: P. Schmidt-Leukel, „Den Löwen brüllen hören". Zur Hermeneutik eines christlichen Verständnisses der buddhistischen Heilsbotschaft, Paderborn: Schöningh 1992, 539ff.
235. M. Heidegger, Zur Seinsfrage, Frankfurt: Klostermann ^{2}1959; ders., Hegels Begriff der Erfahrung, in: Holzwege, Frankfurt: Klostermann ^{4}1963, 105ff. u. a.

236. Vgl. Anm. 231. Der Ochse steht für das „Wahre Selbst“: 1. Suche nach dem Ochsen, 2. Finden der Spur, 3. Finden des Ochsen, 4. Fangen des Ochsen, 5. Zähmen des Ochsen, 6. Heimkehr auf dem Rücken des Ochsen, 7. Der Ochs ist vergessen, der Hirte bleibt, 8. Ochs und Hirte sind vollkommen vergessen, 9. Rückkehr zum Grund und Ursprung, 10. Rückkehr zum Marktplatz mit offenen Händen. Die Zehn Stufen der Bodhisattvaschaft *(bodhisattvabhūmi)* sind: 1. Freude (pramuditā), 2. Reinheit *(vimalā)*, 3. Leuchten *(prabhākarī)*, 4. Strahlen *(arcismatī)*, 5. Unbesiegbarkeit *(sudurjayā)*, 6. Widerstehen *(abhimukhī)*, 7. Weitreichen *(duramgamā)*, 8. Unerschütterlichkeit *(acalā)*, 9. heilsame Intelligenz *(sādhumatī)*, 10. Dharmawolke *(dharmameghā)*.
237. Dieser Zen-Spruch kommt in mehreren *kōan* vor und bezieht sich darauf, daß der indische Patriarch Bodhidharma von Indien (von Westen) nach China gekommen sei, um das Zen zu begründen. Die Frage nach dem Kommen Bodhidharmas ist die Frage nach dem Wesen des Zen.
238. Tracy, Blessed Rage for Order, aaO, 120ff.
239. Das ist das Hauptthema von David Tracys Buch: The Analogical Imagination, New York: Crossroad 1981.
240. Die Zen-Tradition ist keineswegs immer so weltbejahend gewesen, wie es heute allgemein präsentiert und wahrgenommen wird. Im China der T'ang-Zeit etwa haben die Zen-Mönche nicht selten eine asketische Absonderung von der Gesellschaft gepflegt.
241. So z. B. das Beispiel Nr. 12 aus dem Mumonkan, vgl. oben Anm. 215.
242. Sh. Ueda, The Horizon for Presenting the Problem of Science and Religion, aaO. Es geht uns hier um die *formale* Entwicklung der drei Ebenen; für eine genauere *inhaltliche* Analyse der jeweiligen Symbol- und Begriffsformen von Buddhismus und Christentum vgl. Teil B, I.2.
243. G. R. Welbon, The Buddhist Nirvāṇa and its Western Interpreters, Chicago: The Univ. of Chicago Press 1968
244. S. Yamaguchi, Bukkyō ni okeru yū to no tairon (Disput über Sein und Nicht-Sein im Buddhismus), Tōkyō: Sankibō 1941, Nachdruck 1975. Eine Zusammenstellung der unterschiedlichen Verständnisse von *śūnyatā* innerhalb des Buddhismus findet sich bei M. Tachikawa, Interpretation of Emptiness, in: Horin 1995/2, 81–92.
245. Die Mādhyamika-Schule gehört zu den śāstrischen Traditionen (die Tradition der Debattierkunst zwischen Gelehrten im alten Indien), die eine so subtile Dialektik entfaltet haben, daß sie ungeschulte Leser schon immer nicht nur verwirren, sondern auch irreführen konnten – mit einer gewissen Lust am Begriffsspiel!
246. Vgl. Teil B, II.3.c
247. F. Streng, Emptiness. A Study in Religious Meaning, Nashville: Abingdon Press 1967. Streng war eine größere Wirkung vergönnt als den noch früheren Beiträgen Thomas Altizers (vgl. Teil A, VI., A. 91.), dessen christlicher Atheismus in der Rückschau eher theravāda-nirvāṇisch orientiert erscheint.
248. Vgl. Teil A, IV.2, A, V.4 und A, VI.4/5
249. T. R. V. Murti, The Central Philosophy of Buddhism. A Study of the Mādhyamika System, London: Macmillan 1980[3]
250. Th. Stcherbatsky, The Concept of Buddhist Nirvāṇa, Leningrad 1927, repr. Delhi: Motilal Banarsidass 1977

251. Im Sinne der transrationalen Dimension urteilt z. B. T. Vetter, Buddhismus und Christentum. Zum buddhistischen Hintergrund von K. Nishitanis Dialektik, in: ZMR 1987,1, 1ff.
252. Streng glaubt, diese Analyse entspreche dem Wittgensteinschen Begriff vom Sprachspiel, was wir im übernächsten Unterabschnitt („Sprachspiele à la Nāgārjuna und Wittgenstein") diskutieren werden.
253. J. B. Cobb, Buddhism and Christianity as Complementary, in: The Eastern Buddhist, NS, Vol. XIII Nr. 2, Autumn 1980, 16–25
254. J. B. Cobb, Beyond Dialogue. Toward a Mutual Transformation of Christianity and Buddhism, Philadelphia: Fortress 1982, 112f.
255. So besonders Ueda Shizuteru. Vgl. Teil A, IV.2.c
256. H. Ott, The Beginning Dialogue between Christianity and Buddhism, in: Japanese Religions Vol. 11 Nr. 2 u.3, 1980, 98f.
257. Vgl. P. O. Ingram, Buddhist Shunyata and the Christian Trinity: A Response to Michael von Brück, in: R. Corless/P. Knitter (Hg.), Buddhist Emptiness and the Christian Trinity, New York: Paulist Press 1990, 67–74.
258. M. Abe, Substance, Process and Emptiness, in: Japanese Religions Vol.11 Nr. 2 u.3, 1980, 1–34
259. Ott, aaO, 101
260. Ott, aaO, 98. Auf diese Interpretationen können wir hier nicht näher eingehen.
261. Der Begriff des Kosmotheismus wurde von Anesaki Masaharu gebraucht. Fatsangs Bilder vom verspiegelten Saal, in dem sich ein angestrahlter Buddha unendlich widerspiegelt und das alte Bild vom Netz Indras werden erläutert in: M. v. Brück, Weisheit der Leere. Sutra-Texte des indischen Mahāyāna-Buddhismus, Zürich: Benziger 1989, 101ff.
262. Z. B. Francis H. Cook, Hua-yen Buddhism. The Jewel Net of Indra, Univ. Park/London: The Pennsylvania State Univ. Press 1977; Garma C. C. Chang, The Buddhist Teaching of Totality: The Philosophy of Hwa Yen, Pennsylvania State Univ. Press 1975; S. Odin, Process Metaphysics and Hua-yen Buddhism, Albany: SUNY Press, 1982.
263. F. Cook, Just This: Buddhist Ultimate Reality, in: Buddhist-Christian Studies Vol. 9, 1989, 127–142 (Vortrag auf der Buddhistisch-Christlichen Dialog-Konferenz (Cobb-Abe-Gruppe III) über die Letzte Wirklichkeit (Purdue University 1986))
264. S. Yagi, Response to Francis Cook, Buddhist-Christian Studies, aaO, 157ff. Die Kontroverse mit Francis Cook beschränkt sich nicht auf diesen Aufsatz Yagis. Auch John Hick hat Francis Cook mehrfach einen westlich-atheistischen Reduktionismus beim Verständnis des Buddhismus vorgeworfen. Vgl. die Kontroverse zwischen Christopher Ives, Francis Cook, Stephen Davis und John Hick in: L. Tessier (Hrsg.), Concepts of the Ultimate, New York: St. Martin's Press 1989, sowie die Kontroverse zwischen Cook, Badham und Hick in: S. Davis (Hrsg.), Death and Afterlife, London: Macmillan 1989, 154–182. (Den Hinweis auf diese beiden Bände verdanken wir P. Schmidt-Leukel.)
265. Vgl. Teil A, IV.2.e
266. Daß diese Aussage kein Spezifikum des Zen ist, sondern sich aus Nāgārjunas Theorie von der doppelten Wahrheit ableitet, ist offenkundig: *Keine* Aussage, sei es „Gott" oder „*śūnyatā*", kann danach die absolute Wahrheit beschreiben.

Das heißt aber nicht, daß bestimmte Beschreibungen im relativen Sinne angemessener sind als andere. Angemessen ist vor allem eine Sprache, die auf das Defizit von Sprache (und dem Anhaften an Begriffen und Symbolen) hinweist, und das ist (für Nāgārjuna) die buddhistische philosophische Sprache.

267. Wir werden darauf im folgenden Kapitel B, II.3.c eingehen.
268. Ch. Gudmunsen, Wittgenstein and Buddhism, London: Macmillan [3]1986; A. D. P. Kalansuriya, A Philosophical Analysis of Buddhist Notions. The Buddha and Wittgenstein, Delhi: Sri Satguru Publ. 1987
269. Vgl. Teil B, II.3.a
270. Vgl. T. Anderson, Wittgenstein and Nāgārjuna's Paradox, in: Philosophy East and West 35,2, 1985, 157–169, wo sich der Autor auch kritisch mit Streng auseinandersetzt. Vgl. aber R. Thurman, Philosophical non-egocentrism in Wittgenstein and Candrakirti in their treatment of the private language problem, in: Philosophy East and West 30,3, 1980, wo aus Candrakīrti ein Exeget Wittgensteins wird.
271. Vgl. Streng, aaO, 139f.; zit. von Anderson, aaO, 158.
272. M. Abe, Responses to Langdon Gilkey, in: Buddhist-Christian Studies, Vol. 5, 1985, 76 (Gesprächsprotokoll der buddhistisch-christlichen Dialogkonferenz in Hawaii 1984)
273. Nishida Kitarō, Zenshū (Gesammelte Werke) Bd. 71, Tōkyō: Iwanami 1965, 396ff., zit. von Yagi, aaO, 162.
274. H. Waldenfels, Absolutes Nichts. Zur Grundlegung des Dialogs von Buddhismus und Christentum, Freiburg: Herder 1976. Vgl. Teil A, V.4.c „Intensiver Dialog mit der Kyōto-Schule".
275. M. Abe, Kenotic God and Dynamic śūnyatā, in: J. Cobb/C. Ives (Hg.), The Emptying God. A Buddhist-Christian-Jewish Conversation, New York: Orbis 1990, 3–65
276. Konferenz „Paradigm Shifts in Buddhism and Christianity: Cultural Systems and the Self", Honolulu Januar 1984
277. M. Abe, Kenosis and Emptiness, in: R. Corless/P. Knitter (Hg.), Buddhist Emptiness and Christian Trinity. Essays and Explorations, New York: Paulist Press 1990, 5–25
278. J. Cobb/C. Ives (Hg.), The Emptying God. A Buddhist-Christian-Jewish Conversation, New York: Orbis 1990
279. M. Abe, Responses to Langdon Gilkey, in: Buddhist-Christian Studies Vol. 5, 1985, 69–71
280. Mit Einschränkungen ist auch der Harvard-Theologe Gordon Kaufman zu dieser Gruppe zu zählen: Für ihn ist Abes Verständnis der *kenosis* ein Korrektiv zum christlichen Triumphalismus. Er hielt aber in Hawaii ausdrücklich an der christlichen Vorstellung eines personal sich selbst hingebenden Gottes fest.
281. R. C. Neville, Kenosis in Buddhist-Christian Dialogue, in: Internat. Buddhist.-Christl. Konferenz Berkeley, Berkeley Papers 1987
282. J. Cobb/C. Ives (Hg.), The Emptying God. A Buddhist-Christian-Jewish Conversation, New York: Orbis 1990 (im folgenden abgekürzt EG); R. Corless/P. Knitter (Hg.), Buddhist Emptiness and Christian Trinity. Essays and Explorations, New York: Paulist Press 1990 (im folgenden abgekürzt BE).
283. In Abes Schriften findet sich dieses Motiv spätestens seit 1963.

284. Abe, in: EG, aaO, 4
285. EG, aaO, 108
286. Zu Suzuki vgl. Teil A, IV.2.b
287. BE, aaO, 15f.
288. EG, aaO, 12
289. EG, aaO, 71f.
290. EG, aaO, 92
291. EG, aaO, 172ff.
292. Vgl. Teil A, IV.2.b
293. Vgl. dazu schon M. v. Brück, Buddhist *śūnyatā* and the Christian Concept of God, in: Jeevadhara XIII, 78, Kottayam Nov. 1983, 385–402.
294. EG, aaO, 121
295. EG, aaO, 124
296. EG, aaO, 131f.
297. Vgl. Teil A, IV.3
298. EG, aaO, 174ff.
299. EG, aaO, 154
300. EG, ebd.
301. Dies ist keine ganz neue Idee, denn seit Jahrhunderten dreht sich in Indien die philosophische Diskussion zwischen der *advaita*-Schule (Nicht-Dualität) und der *bhedābheda*-Schule (Differenz in Nicht-Differenz) just um dieses Problem.
302. Vgl. Teil A, IV.3.a
303. Dazu H. Gumin/H. Meier (Hrsg.), Die Zeit. Dauer und Augenblick, München: Piper [3]1992; M. v. Brück, Wo endet Zeit? Erfahrungen zeitloser Gleichzeitigkeit in der Mystik der Weltreligionen, in: K. Weis (Hrsg.), Was ist Zeit?, München: Techn. Universität Faktum 6 [3]1994, 207ff. (erweiterte Neuausgabe München: dtv 1995).
304. EG, aaO, 60
305. Vgl. dazu die Diskussionen zwischen Takizawa und Yagi und ihren buddhistischen Partnern in Japan, oben Teil A, IV.3.a
306. BE, aaO, 35
307. BE, aaO, 34
308. Wir haben schon mehrfach darauf hingewiesen, daß auch dem Zen die positive Sprachform keineswes fremd ist. Sie ist historisch über das Laṅkāvatāra-Sūtra, die Yogācāra-Philosophie und die Hua-Yen-Schule vermittelt. Auch Abe Masao bedient sich positiver Sprachformen, wenn er – mit der Zen-Tradition – vom „wahren Selbst" spricht. Küng ordnet, sehr zu Recht, die Mādhyamika-Entwicklungen in die philosophische Debatte Indiens ein, die über Śaṅkara bis zu Rāmānuja und innerhalb der buddhistischen Philosophie bis zu den Yogācāra-Schulen und später im tibetischen Buddhismus um den angemessenen Ausdruck des Verhältnisses von Universalem und Partikularem, Transzendentem und Immanentem, Ewigkeit und Zeitlichkeit usw. geführt wurde.
309. BE, aaO, 40
310. BE, aaO, 42f.
311. Vgl. dazu unsere Ausführungen im vorigen Kapitel B, II.3.a
312. J. Cobb, God, Emptiness and the True Self, in: The Eastern Buddhist Vol II,2, Kyōto Autumn 1969, 15–30, Zit. 28

313. D. W. Mitchell, Spirituality and Emptiness. The Dynamics of Spiritual Life in Buddhism and Christianity, New York: Paulist Press 1991
314. Mitchell, aaO, 39
315. Mitchell, aaO, 77
316. Mitchell, aaO, 25
317. Mitchell, ebd.
318. Mitchell, aaO, 26
319. Mitchell, aaO, 52
320. Mitchell, aaO, 55
321. Mitchell, aaO, 56
322. Mitchell, aaO, 57
323. Mitchell, aaO, 59
324. Vgl. Teil A, IV.3
325. Mitchell, aaO, 66
326. Mitchell, aaO, 71
327. Mitchell, aaO, 67
328. Mitchell, aaO, 75
329. Vgl. Teil A, IV.2.c und B, III.2.d
330. Ch. Lubich, A Life for Unity, London: New City 1992; E. M. Fondi, The Focolare Movement: A Spirituality at the Service of Interreligious Dialogue, in: Pro Dialogo, Bulletin Pontificum Consilium pro Dialogo Inter Religiones 89, 1995/2, Rom 1995, 155–166.
331. B. S. Yadav, Anthropomorphism and Cosmic Confidence. A Buddhist Response, in: L. Swidler (Hrsg.), Toward a Universal Theology of Religion, Maryknoll, NY: Orbis 1987, 186
332. Vgl. Teil A, V.4.b und B, I.1.g („Impersonaler *dharma* versus personaler Gott?")
333. W. Pannenberg, Auf der Suche nach dem wahren Selbst. Anthropologie als Ort der Begegnung zwischen christlichem und buddhistischem Denken, in: A. Bsteh (Hg.), Erlösung in Christentum und Buddhismus, Mödling: St. Gabriel 1982, 137
334. So auch neuerdings wieder Paul Ingram, in: Antwort auf M. v. Brück, in: R. Corless/P. Knitter, Buddhist Emptiness and Christian Trinity. Essays and Explorations, New York: Paulist 1990.
335. Pannenberg, aaO, 141
336. Pannenberg, aaO, 143
337. Darauf weist J. P. Keenan hin: The Meaning of Christ. A Mahāyāna Theology, Maryknoll: Orbis 1989, 183. Freilich wurde im chinesischen, tibetischen und japanischen Buddhismus, ausgehend von T'an-luan (467–542), eine Unterscheidung eingeführt: der *dharmakāya* einerseits als Inbegriff der Letzten Wirklichkeit (jap. *hosshō hosshin*), anderseits als „geschicktes Mittel" *(upāya)* der Formwerdung des Formlosen *(hōben hosshin)*. Damit konnte der *dharmakāya* als *personale* Symbolisierung der formlosen Letzten Wirklichkeit aufgefaßt werden. Diese Tradition hat besonders Shinran aufgenommen. Den Hinweis verdanken wir P. Schmidt-Leukel.
338. W. Gundert, Bi-Yän-Lu. Die Niederschrift von der Smaragdenen Felswand (Hekiganroku), Bd. 2, Leipzig/Weimar: Kiepenheuer 1980, 277f.
339. R. Corless/P. Knitter, Buddhist Emptiness and Christian Trinity. Essays and Explorations, New York: Paulist 1990

340. M. v. Brück, Buddhist Shunyata and the Christian Trinity. The Emerging Holistic Paradigm, in: Corless/Knitter, aaO, 44–66
341. D. Bohm, Wholeness and the Implicate Order, London: Routledge & Kegan Paul 1980, bes. 140ff. Das Implizite ist die Realität des Realen, das Explizite ist die konkrete (historische) Erscheinung als Ausdruck dieses Impliziten.
342. Anagarika Govinda spricht von *plenum-void*, in: A Mahāyāna View of Reality, in: ReVision Vol. 2,2, 1979, 36
343. Dies gilt, wenn man nicht den *dharmakāya* allein mit *śūnyatā* identifiziert. Aber auch dann würden innerhalb des *dharmakāya* vermittels der alten Unterscheidung des *dharmakāya* in *svabhāvakāya* und *jñānakāya* das unbewegte Ganze und die *Realisierung* desselben durch einen Bewußtseinsakt zusammengehalten. (v. Brück, aaO, 61)
344. Die ökonomische Trinitätslehre macht Aussagen über Gott in seinen je unterschiedlichen Selbstoffenbarungen und Relationen gegenüber der Welt (ad extra), die immanente Trinitätslehre betrifft die Relationen innerhalb des Wesens Gottes selbst (ad intra). Der Ausdruck *perichoresis* („gegenseitiges Umschreiten" bzw. „Reigentanz", Johannes Damascenus) für die Relationen innerhalb des trinitarischen Gottes verweist auf die dynamische Durchdringung der drei Aspekte, die nur in ihrer gegenseitigen Durchdringung das sind, was sie sind.
345. Dōgen, Shōbōgenzō, Uji
346. v. Brück, aaO, 64
347. v. Brück, aaO, 66
348. P. Ingram, Buddhist Shunyata and the Christian Trinity: A Response to Michael von Brück, in: Corless/Knitter, Buddhist Emptiness and Christian Trinity, aaO, 67–74
349. Ingram, aaO, 69. Dieser Sicht stimmt v. Brück zu, vgl. M. v. Brück, Mystische Erfahrung, religiöse Tradition und die Wahrheitsfrage, in: R. Bernhardt (Hrsg.), Horizontüberschreitung. Die pluralistische Theologie der Religionen, Gütersloh: Gütersloher Verlagshaus 1991, 81–103.
350. Ingram, aaO, 71
351. Ingram, aaO, 72f. Antwort an P. Ingram: Er stützt sich auf eine Nāgārjuna-Interpretation, die ebenso umstritten ist wie die Interpretation v. Brücks. Eine Ontologisierung liegt nicht vor, wenn deutlich ist, daß derartige Aussagen nicht eine „objektive Wirklichkeit" beschreiben, sondern Aspekte an der *Wechselwirkung* von wahrnehmendem Bewußtsein und dem Bewußtsein durch sinnliche Anschauung vermittelten Inhalten sind. In diesem Sinn ist *jede* Begriffsbildung unvermeidlich „ontologisierend".
352. Diesem Argument Ingrams ist zu widersprechen, denn es entgeht ihm der feine Unterschied zum Nicht-Dualismus, der dynamisch offen bleibt und Identität in Differenz nicht nur zuläßt, sondern ständig neu erzeugt, wie es im Trinitätssymbol auschaulich zum Ausdruck kommt.
353. Ingram, aaO, 73
354. R. Corless, Can Emptiness Will, in: Corless/Knitter, Buddhist Emptiness and Christian Trinity, aaO, 75–96
355. Vgl. Anm. 341
356. Corless, aaO, 93
357. Corless, aaO, 89
358. Corless, aaO, 88f.

359. Corless, aaO, 92
360. Corless, aaO, 86
361. Corless, aaO, 94f.
362. J. P. Keenan, The Meaning of Christ. A Mahayana Theology, Maryknoll: Orbis 1989
363. Wir wollen hinzufügen, daß diese Rationalisierung auch soziologische Ursachen hatte und mit der Institutionalisierung des *saṃgha* verbunden war.
364. Keenan, aaO, 130f.
365. Keenan, aaO, 156f.
366. Wenn Keenan aber meint (156f.), daß die Mādhyamika-Schule Gefahr liefe, für die alltägliche religiöse Praxis der Buddhisten irrelevant zu werden, weil sie die völlige Andersartigkeit der absoluten Erfahrung betone, so könnte das allenfalls auf Nāgārjuna zutreffen, von dem wir aber zu wenig wissen, um ein solches Urteil begründen zu können. Die späteren Mādhyamika-Kommentatoren, Denker und Meditationsmeister (z. B. Śāntideva) haben sich durchaus erfolgreich bemüht, die theoretisch erkannte und wohlbegründete Identität von *saṃsāra* und *nirvāṇa* so zur Sprache zu bringen, daß die Transparenz oder Leere *jedes* Bewußtseinsphänomens in seiner Konkretheit die Buddha-Natur unmißverständlich manifestiert. Diese Rückkopplung ist also nicht allein das Verdienst der *Yogācāra-Schule.*
367. Dieser Unterschied hängt am Bewußtseinsbegriff; vgl. M. v. Brück, Aspects of Śūnyata and Consciousness in Mahāyāna-Buddhism, in: A. Thottakara (Hg.) Self and Consciousness, Indian Interpretations, Bangalore: Dharmaram Publ. 1989, 104–131.
368. Keenan, aaO, 194: Keenan beruft sich auf die These Bernard Lonergans von der bewußten und doch unvermittelten Erfahrung, begründet und verteidigt sie aber nicht explizit.
369. Keenan, aaO, 197ff.
370. Vgl. Teil B, II.2.b
371. Vgl. Teil B, II.3.b: „Sprachspiele à la Nāgārjuna und Wittgenstein".
372. Vgl. S. 463
373. Vgl. in diesem Kapitel die Ausführungen zu von Brück und Corless.
374. Keenan, aaO, 213
375. Nämlich die Lehre von den zwölf Gliedern des Entstehens in gegenseitiger Abhängigkeit *(nidāna)*, die Wiedergeburtslehre, die Theorie der *skandhas* usw. (Keenan, aaO, 214)
376. Keenan, aaO, 223ff.
377. Keenan, aaO, 258
378. Vgl. dazu ausführlicher M. v. Brück, Einheit der Wirklichkeit, München: Chr. Kaiser [2]1987, 225ff.
379. Vor allem den, daß die chinesischen Substratkulturen durch die Ahnenverehrung geprägt waren.
380. Um nur einige Titel zu nennen: J. Hopkins, Meditation on Emptiness, London: Wisdom Publ. 1983; ders./Lati Rinbochay u. a., Meditative States in Tibetan Buddhism, London: Wisdom Publ. 1983; Kelsang Gyatso, Clear Light of Bliss, Mahamudra in Vajrayana Buddhism, London: Wisdom Publ. 1982; M. Coleman, Definitionen psychologisch-ethischer Faktoren in der systematischen Philoso-

phie des Buddhismus, Pfaffenweiler: Centaurus 1990; R. u. M. v. Brück, Die Geisteswelt des Tibetischen Buddhismus, München: Kösel 1996.

381. Vgl. Teil B, II.2.c

382. M. v. Brück, Aspects of Śūnyatā and Consciousness in Mahāyāna Buddhism, in: A. Thottakara (Hrsg.), Self and Consciousness. Indian Interpretations, Bangalore: Dharmaram Publ. 1989, 104–131; P. Chandra, Metaphysics of Perpetual Change. The Concept of Self in Early Buddhism, Bombay/Delhi: Somaiya 1978; M. Shimizu, Das „Selbst" im Mahāyāna-Buddhismus in japanischer Sicht und die „Person" im Christentum im Licht des Neuen Testaments, Leiden: Brill 1981.

383. Vgl. E. u. L. Dargyay (Hrsg.), Das Tibetische Buch der Toten, München: Scherz 1977; Dalai Lama, Logik der Liebe, München: Goldmann 1989.

384. Kalu Rinpoche, The Dharma, Albany: SUNY Press 1986, 55 ff.; ausführlicher dazu: R. u. M. v. Brück, Die Welt des tibetischen Buddhismus, München: Kösel 1996, 93

385. M. v. Brück, Einheit der Wirklichkeit, aaO, 308 ff.

386. Vgl. Anm. 342.

III. Saṃgha und Kirche

1. In dieser Frage einen Gegensatz zum christlichen Monastizismus sehen zu wollen, ist problematisch. Denn man darf nicht von vornherein ein modern-europäisches Gemeinschaftsverständnis als Maßstab anlegen. Aber auch der Charakter des Meister-Schüler-Verhältnisses unterliegt in den verschiedenen buddhistischen Ländern zu verschiedenen Zeiten einem Gestaltwandel. Vgl. die Arbeit von W. Siepen, Weg der Erkenntnis – Weg der Liebe. Das spirituelle Meister-Schüler-Verhältnis beim Buddha und bei Pachomius, Mainz: Grünewald 1992.
2. R. A. F. Thurman, Monasticism and Civilization, in: Buddhist Spirituality (Hrsg. Y. Takeuchi), World Spirituality Vol. 8, New York: Crossroad 1993, 120–134.
3. Weil der Lebensweg nicht durch Geburt (Kaste) vorgezeichnet ist, sondern sich das *karman* durch die bewußte Lebensgestaltung des einzelnen formt, betont der Buddhismus die individuelle Verantwortung im Streben nach Vervollkommnung.
4. Wir möchten nicht von potentieller „Priesterschaft aller Gläubigen" sprechen, weil „Priesterschaft" eine Heilsvermittlung impliziert, die durch die Praxis der Lebensgestaltung und Bewußtseinsformung im *saṃgha* überwunden wird.
5. Vgl. besonders Teil B, II.1
6. Für das Christentum erübrigen sich Hinweise, die über Mt 28,19 f. hinausgehen; für den Buddhismus vgl. Vinaya I, 20 f., wonach jeweils nicht mehr als zwei Mönche gehen sollen, um den *dhamma* zu verkünden.
7. P. G. Henry/D. K. Swearer, For the Sake of the World. The Spirit of Buddhist and Christian Monasticism, Minneapolis: Fortress 1989, 87.
8. Die Typologisierung des Buddhismus als Weg der Erkenntnis und des Christentums als Weg der Liebe, die von Aloysius Pieris stammt, wird auch von seinem Schüler W. Siepen aufgenommen: Beim Buddha sei alles auf Erkenntniswissen, bei den christlichen Mönchen alles auf die Verwirklichung des göttlichen Willens in Liebe ausgerichtet. (W. Siepen, Weg der Erkenntnis – Weg der Liebe, aaO,

477ff.) Erkenntnis und Liebe durchdringen einander, aber in der spirituellen Praxis, was auch Siepen (484f.) erkennt, wenn er beim Buddha eine völlige Durchdringung von Gnosis und Barmherzigkeit *(karuṇā)* konstatiert. Dann aber wird die Typologisierung unhaltbar. Erkenntnis ist interessegeleitet (z. B. durch den Willen, Barmherzigkeit zu üben); Interesse aber strukturiert sich durch Wahrnehmungsgewohnheiten. Die Analyse genau dieses Zusammenhanges ist ein Hauptthema der buddhistischen Psychologie.

9. Man kann die frühe christliche Askese im gewissen Sinne als Ersatz für das nicht mehr erlebte Martyrium zum Tode interpretieren, vgl. Henry/Swearer, aaO, 98.
10. É. Lamotte, Der Buddha, Seine Lehre und Seine Gemeinde, in: H. Bechert/R. Gombrich (Hrsg.), Die Welt des Buddhismus, München: C. H. Beck 1984, 57f.
11. R. Gombrich, Der Buddhismus im alten und mittelalterlichen Indien, in: Bechert/Gombrich (Hrsg.), aaO, 80
12. Gombrich, aaO, 81
13. Thurman, aaO, 16f. Sozialgeschichtlich lesen sich die Gestaltveränderungen im frühen christlichen Mönchtum wie eine Parallele dazu im Zeitraffertempo: von Antonius (Eremitenleben) zu Pachomius (aus der Wüste wird eine Stadt) zu Basilius (Klöster werden als kulturelle Zentren und Dienstleistungsinstitutionen in die Städte gebracht), vgl. Henry/Swearer, aaO, 103.
14. O. Spengler, Der Untergang des Abendlandes, München: dtv [9]1988; J. Gebser, Ursprung und Gegenwart Bd. 1–2, Gesamtausgabe Bd. 2–4, Schaffhausen: Novalis 1978
15. J. Gebser, Asien lächelt anders (1964), in: Gesamtausgabe Bd. 6., Schaffhausen: Novalis 1977
16. Patrick G. Henry/Donald K. Swearer, For the Sake of the World. The Spirit of Buddhist and Christian Monasticism, Minneapolis: Fortress 1989, 27
17. E. Ott, Thomas Merton. Grenzgänger zwischen Christentum und Buddhismus, Würzburg: Echter 1977, 93
18. Th. Merton, The Seven Story Mountain, New York: Harcourt Brace 1948, 184
19. Ott, aaO, 94f.
20. Ott, aaO, 94
21. Henry/Swearer, aaO, 27
22. E. Fittipaldi, The Encounter between Roman Catholizism and Zen Buddhism from a Roman Catholic Point of View, Philadelphia, Diss. Temple Univ. 1976, 18
23. Th. Merton, The Signs of Jonas, New York: Harcourt Brace 1953, 197 (dt.: Das Zeichen des Jonas, Einsiedeln: Benziger 1954)
24. C. MacCormick, The Zen Catholicism of Thomas Merton, in: Journal of Ecumenical Studies 9/4 (1972), 807
25. Th. Merton, Weisheit der Stille, Weilheim: O. W. Barth 1975, 24
26. Merton, aaO, 29
27. Merton, aaO, 28ff.
28. Merton, aaO, 26f.
29. Merton, aaO, 28
30. Henry/Swearer, aaO, 24
31. Ott, aaO, 29
32. Merton, aaO, 23ff.

33. Merton, aaO, 36
34. Merton, aaO, 38
35. Merton, aaO, 39
36. Merton, ebd.
37. Mk 2,23 ff. parr.; Mk 7,15ff parr; Lk 10,25 ff.
38. R. u. M. v. Brück, Die Geisteswelt des tibetischen Buddhismus, München: Kösel 1996
39. Man lese z. B. nur die zu Klassikern gewordenen narrativen Überlieferungen der Ch'an-Meister zur Zeit der chinesischen T'ang-Dynastie (618–906 n. Chr.), um sich einen Eindruck von den starken und unverwechselbaren Persönlichkeiten der buddhistischen Meister zu verschaffen. Zu diesem Problem vgl. auch Teil B, II.2.b und M. v. Brück, Denn wir sind Menschen voller Hoffnung. Gespräche mit dem XIV. Dalai Lama, München: Chr. Kaiser [2]1988, 71 f.
40. J. Conner, The Original Face in Buddhism and the True Self in Thomas Merton, in: Cistercian Studies 4/1987, 346 f.
41. Ott, aaO, 113 f.
42. Th. Merton, D. T. Suzuki. Der Mensch und sein Werk, in: Weisheit der Stille, aaO, 92 ff.; Th. Merton, Wie der Mond stirbt. Das letzte Tagebuch des Thomas Merton (Asian Journal), Wuppertal: Hammer 1976, 76 ff.
43. Merton, Weisheit der Stille, aaO, 96
44. Ott, aaO, 35; vgl. Merton, Wie der Mond stirbt, aaO, 90
45. Santikaro Bhikku, An Introduction to Thomas Merton, in: Seeds of Peace Vol.3, No. 2, Bangkok 1987, 39 ff.
46. Merton, aaO, 223 f.
47. Ott, aaO, 124
48. Merton, zit. bei Ott, ebd.
49. Merton, Wie der Mond stirbt, 189 ff.
50. *Fanâ* (Entwerden von Weltlichem) und *baqâ* (Bleiben in Gott) sind zentrale Begriffe im mystischen Islam.
51. P. Schmidt-Leukel, „Den Löwen brüllen hören". Zur Hermeneutik eines christlichen Verständnisses der buddhistischen Heilsbotschaft, Paderborn: Schöningh 1992, 234
52. Merton, Weisheit der Stille, 147
53. Merton, aaO, 148
54. So z. B. Hugo M. Enomiya-Lassalle in seinen frühen Schriften, vgl. den folgenden Abschnitt.
55. Merton, aaO, 46 ff.
56. Th. Merton, The Inner Experience: Some Dangers in Contemplation (VI), in: Cistercian Studies, Vol. XIX,2, 1984, 139 ff.
57. Merton, Weisheit der Stille, aaO, 20 ff.
58. Vgl. M. v. Brück, Buddhist Śūnyatā and the Christian Trinity: The Emerging Holistic Paradigm, in: R. Corless/P. Knitter (Hg.), Buddhist Emptiness and Christian Trinity, New York: Paulist 1990, 44 ff.
59. D. T. Suzuki, The Essence of Buddhism, London: Buddhist Society 1946, 9
60. Merton, aaO, 12
61. Th. Merton, The Way of Chuang Tzu, New York: New Directions 1965, 10
62. Vgl. Teil C, I.7

63. Gegen die entsprechende Schematisierung bei dem frühen Heinrich Dumoulin und bei Enomiya-Lassalle, Merton, aaO, 147
64. Meister Eckehart, Deutsche Predigten und Traktate (Hg. J. Quint), Predigt 13, München: Diogenes TB 1979, 213 ff.
65. Merton, The Way of Chuang Tzu, aaO, 65; vgl. Fittipaldi, aaO, 39; ders., aaO, 116
66. Fittipaldi, ebd. Im pelagianischen Streit ging es darum, ob das Heil ein Resultat der Eigenanstrengung des Menschen wäre oder allein als göttliches Gnadengeschenk zu verstehen sei.
67. Merton, aaO, 83
68. Merton, aaO, 148
69. Merton, aaO, 153
70. Vgl. M. v. Brück, Weisheit der Leere, Zürich: Benziger 101 ff.; ders., Einheit der Wirklichkeit, München: Kaiser [2]1987, 138 ff. Vgl. Teil A, V.4.b („Personalität und Impersonalität"), B, I.1.g („Impersonaler dharma versus personaler Gott?") sowie den nächsten Abschnitt zu Lassalle („Personalität versus Impersonalität?").
71. Th. Merton, Wie der Mond stirbt, aaO, 171 ff.
72. L. S. Cunningham, High Culture and Spirituality in Thomas Merton, in: Cistercian Studies XIX,3, 1984, 285
73. Ott, aaO, 45 f.
74. Ott, aaO, 166
75. So Nishitani, Was ist Religion?, Frankfurt a. M.: Insel [2]1986
76. Merton, aaO, 152
77. Merton, aaO, 77 f.
78. Merton, in: Wie der Mond stirbt, aaO, 110: Eckehart, Deutsche Predigten und Traktate, Predigt 32, aaO, 303 ff.
79. Merton, aaO, 72
80. Merton, The Inner Experience I–VII, in: Cistercian Studies Vol. XVIII, 1 (1983) – XIX,3 (1984)
81. Merton, The Inner Experience, Cistercian Studies Vol. XVIII, 1 (1983), 123
82. Merton, The Inner Experience, Cistercian Studies Vol. XIX, 3 (1984), 147
83. Merton, aaO, 149
84. ebd.
85. Merton, aaO, 148
86. ebd.
87. Th. Merton, The Hidden Ground of Love. Letters (ed. by W. H. Shannon), Brief vom Juli 1963, New York: Farrar, Straus & Giroux 1985, 465
88. V. A. Kramer, Thomas Merton. Monk & Artist, Boston: Twayne 1984, 120
89. Kramer, aaO, 121
90. Merton, Weisheit der Stille, aaO, 222
91. Merton, The Hidden Ground, aaO, 382 (Brief vom 29. 6. 1966)
92. Merton, Weisheit der Stille, aaO, 228 f.
93. Merton, The Inner Experience VI, in: Cistercian Studies XIX,2, 1984, 150
94. Der „Temple of Understanding" ist eine interreligiöse und internationale Organisation, die unter Leitung von Judith Hollister und mit Unterstützung der Hindu-Familie der Birlas (die einen industriellen Komplex in Indien besitzen) seit den 60er Jahren in New York wirkt.

95. Merton, Wie der Mond stirbt, aaO, 188. Merton hat seine Gedanken von der Einheit, die bereits gegeben sei, und der „ursprünglichen Einheit“, die wiedergefunden werden müsse, nicht näher ausgeführt. Auf dem Hintergrund des Zen jedenfalls ergibt sich eine Parallele zu Dōgens Verständnis des Verhältnisses von ursprünglicher und erworbener Erleuchtung, das logisch letztlich nicht aufklärbar ist.
96. Hugo M. Enomiya-Lassalle, Zen – Weg zur Erleuchtung, Wien 1960, 9; Zum Lebensweg Lassalles vgl. H. M. Enomiya-Lassalle, Die Entdeckung des Zen-Wegs. Ein Gespräch mit Pater Dr. Hugo M. Enomiya-Lassalle, in: G. Stachel (Hrsg.), Übung der Kontemplation. Christen gehen den Zen-Weg, Mainz: Grünewald 1988, 9–30
97. H. M. Enomiya-Lassalle, Gedanken zu Zen und christlicher Mystik, in: Fernöstliche Weisheit und christlicher Glaube (Hrsg. H. Waldenfels/Th. Immoos), Mainz: Grünewald 1985, 79
98. H. M. Enomiya-Lassalle, Leben im neuen Bewußtsein (Hrsg. R. Ropers), München: Kösel 1986, 134
99. H. Dumoulin, Sucher des Weges, in: G. Stachel (Hrsg.) *munen musō*. Ungegenständliche Meditation. Lassalle-Festschrift, Mainz: Grünewald 1978, 18–33
100. H. M. Enomiya-Lassalle, Zen-Buddhismus, Köln: Bachem ²1972, 318 ff.; ders., Zazen und die Exerzitien des heiligen Ignatius, Köln: Bachem 1975
101. H. M. Enomiya-Lassalle, Zen-Meditation für Christen, Weilheim: O. W. Barth 1968, 58
102. Enomiya-Lassalle, Zen – Weg zur Erleuchtung, aaO, 90
103. Zit. bei Dumoulin, aaO, 25
104. Enomiya-Lassalle, aaO, 147
105. Dumoulin, aaO, 27
106. Enomiya-Lassalle, Zen-Buddhismus, aaO, 378
107. Enomiya-Lassalle, Zen-Meditation, aaO, 147
108. Enomiya-Lassalle, Zen-Buddhismus, aaO, 16; ders., Zen-Meditation. Eine Einführung, Zürich: Benziger ²1977, 10 und 145 f.
109. Etwas anders argumentiert er aber in: Gedanken zu Zen und christlicher Mystik, aaO, 81 f.
110. Vgl. Sh. Oshida, Zen und das Wort, in: G. Stachel (Hrsg.), *munen musō*, aaO, 36–41, der zen-gleiche oder zen-ähnliche Meditation auch im Jainismus und Hinduismus finden will.
111. Enomiya-Lassalle, Zen-Buddhismus, aaO, 419
112. Dōgen Zenji, *Shōbōgenzō*, *Shinjingakudō*; Hakuin Zenji, *zazen wasan*, letzte Strophe.
113. Enomiya-Lassalle, aaO, 377
114. Enomiya-Lassalle, Zen-Meditation für Christen, aaO, 30 ff.; 96 ff.
115. Enomiya-Lassalle, Zen-Buddhismus, aaO, 398
116. W. Jäger, Christen gehen den Zen-Weg, in: G. Stachel (Hrsg.), *munen musō*, aaO, 439 f.; vgl. Enomiya-Lassalle, Zen-Meditation für Christen, aaO, 150
117. Für eine ausführliche Argumentation für die These, daß jede Erfahrung schon interpretiert und damit kulturell konditioniert ist, vgl. M. v. Brück, Mystische Erfahrung, religiöse Tradition und die Wahrheitsfrage, in: R. Bernhardt (Hrsg.), Horizontüberschreitung, Gütersloh: Gütersloher Verlagshaus 1991, 81–103

118. Enomiya-Lassalle, Zen-Meditation, aaO, 133
119. Enomiya-Lassalle, Zen-Buddhismus, aaO, 84f.
120. Enomiya-Lassalle, aaO, 413
121. Enomiya-Lassalle, aaO, 358
122. Enomiya-Lassalle, aaO, 428
123. Enomiya-Lassalle, Zen-Meditation, aaO, 143
124. Enomiya-Lassalle, Zen-Buddhismus, aaO, 386. Hier steht Enomiya-Lassalle dem Begriff „natürliche Mystik" eher skeptisch gegenüber, hält aber an dem Natur-Gnade-Schema fest.
125. Enomiya-Lassalle, Zen – Weg zur Erleuchtung, aaO, 73; 104f.; ders., Zen-Buddhismus, aaO, 400
126. Meister Eckehart, Deutsche Predigten und Traktate, München: Hanser 1963, Predigt 13, 216
127. Daß die Zen-Erfahrung nicht vom individuellen Ich „gemacht" wird oder erzwungen werden kann, sondern auf dem Loslassen des Ich beruht, könnte jeder Buddhist ebenfalls sagen, ohne dafür eine Gnaden-Theologie jenseits der Leere entwickeln zu müssen. Hans Waldenfels urteilt dazu: „Es besteht auch kein Zweifel, daß die letzte Erfüllung – und es ist immer zu prüfen, ob nicht der einzelne am Ende doch wieder Vorletztes für das Letzte hält – dem Menschen geschenkt wird, auch wenn er alles ihm in seinen Kräften Mögliche tut, was dieser Erfüllung entgegenkommt." (H. Waldenfels, Zwischen Asketik und Mystik, in: H. Waldenfels, An der Grenze des Denkbaren, München: Kösel 1988, 158) Dieser Satz betrifft Buddhisten wie Christen in ihrer *gesamten* Erfahrungs- und Lebenswirklichkeit, wenngleich der typisch christliche Dualismus in dem „auch wenn" zum Ausdruck kommt. Denn wer ist „er", der etwas „ihm" Mögliches tut?
128. Enomiya-Lassalle, aaO, 281
129. Enomiya-Lassalle, Zen-Meditation, aaO, 89ff.; vgl. C. Albrecht, Psychologie des mystischen Bewußtseins, Mainz: Grünewald 1976, 149ff.
130. Der Begriff der *coincidentia oppositorum* ist allgemeiner und impliziert weniger strukturelle Denkmuster als die christliche Gnadenlehre. Er entspricht dem Gedanken der „Einheit in Differenz" *(bedhābedha)*, der die indische buddhistische wie hinduistische Geschichte geprägt hat.
131. Enomiya-Lassalle revidierte bereits 1968 seine 1960 vorgetragene Distinktion von Natur und Gnade in bezug auf Zen. Er zitiert Ruysbroeck, nach dem die mystische Erfahrung letztlich Begnadung ist. Und diese Gnade wirke auch im Zen-Buddhismus. (Enomiya-Lassalle, Zen-Meditation für Christen, aaO, 56; 144ff.)
132. Enomiya-Lassalle, Zen-Buddhismus, aaO, 223ff.
133. Enomiya-Lassalle, aaO, 236ff.
134. Enomiya-Lassalle, aaO, 255f.
135. Enomiya-Lassalle, aaO, 283f.
136. Vgl. Teil A, V.4.b, B, I.1.g („Impersonaler *dharma* versus personaler Gott?"), B, II.3.c und B, III.1.a (Merton – Personale versus apersonale Erfahrung?).
137. H. Dumoulin, Sucher des Weges, in: G. Stachel (Hrsg.), *munen musō*, aaO, 26
138. Enomiya-Lassalle, Zen-Buddhismus, aaO, 83
139. Enomiya-Lassalle, Zen-Meditation, aaO, 87. Zum Verhältnis von Gebet und (gegenstandsloser) Meditation bzw. Kontemplation im Christentum vgl.

M. v. Brück, Einheit der Wirklichkeit, München: Kaiser ²1987, 272 ff., und W. Jäger, Kontemplation – Der mystische Gebetsweg der Christen, in: P. Raab (Hrsg.), Meditieren – wie und wo, Freiburg: Herder 1995, 21 ff.
140. Enomiya-Lassalle, aaO, 87
141. Enomiya-Lassalle, aaO, 148
142. Berichtet von D. V. Steere, Enomiya-Lassalle zum achtzigsten Geburtstag, in: G. Stachel (Hrsg.), *munen musō*, aaO, 29 f.
143. Enomiya-Lassalle, Zen-Buddhismus, aaO, 315
144. Enomiya-Lassalle, Zen-Meditation, aaO, 161
145. Enomiya-Lassalle, Zen-Buddhismus, aaO, 412
146. Enomiya-Lassalle, Zen-Meditation, aaO, 15
147. Vgl. Teil B, II.3.b
148. Enomiya-Lassalle, aaO, 88
149. Enomiya-Lassalle, aaO, 159
150. Enomiya-Lassalle, Zen-Buddhismus, aaO 223: „Es ist von vornherein klar, daß die Hintergründe des Zen, soweit sie auf Monismus, Pantheismus oder Taoismus hinausgehen, sich nicht mit dem Christentum vereinigen lassen."
151. Enomiya-Lassalle, Zen – Weg zur Erleuchtung, aaO, 84
152. Enomiya-Lassalle, Zen-Buddhismus, aaO, 424
153. Enomiya-Lassalle, aaO, 401 f.
154. Hisamatsus Beitrag wurde von Hirata Takashi und Johanna Fischer ins Deutsche übertragen: Die Fülle des Nichts. Vom Wesen des Zen, Pfullingen: Neske 1975.
155. K. Nishitani, Was ist Religion?, Frankfurt a. M.: Insel 1982
156. H. Waldenfels, Absolutes Nichts. Zur Grundlegung des Dialogs zwischen Buddhismus und Christentum, Freiburg: Herder 1976
157. Vgl. Teil A, IV.2 und A, V.4 sowie B, II.3.a, Anm. 208
158. Enomiya-Lassalle, Wohin geht der Mensch?, Zürich-Einsiedeln 1981, 125. Immerhin hatte Enomiya-Lassalle auch schon 1968 bemerkt, daß in der Zen-Wesensschau das absolute Sein erfahren würde, das man eben auch Nichts oder Leere nennen könne. Er fährt dort fort: „Und was ist Gott, wenn man von allen anthropomorphen Vorstellungen absieht, anderes als die letzte und absolute Wirklichkeit?" (Zen-Meditation für Christen, aaO, 85)
159. Enomiya-Lassalle, Zen-Buddhismus, aaO, 402
160. Enomiya-Lassalle, Leben im neuen Bewußtsein, München: Kösel 1986, 105 f.
161. Enomiya-Lassalle, Gedanken zu Zen und christlicher Mystik, aaO, 79
162. Enomiya-Lassalle, Verändert die Praxis des Zen das religiöse Bewußtsein?, in: K. Walf (Hrsg.), Stille Fluchten. Zur Veränderung des religiösen Bewußtseins, München 1983, 13
163. J. Gebser, Ursprung und Gegenwart (1949), Gesamtausgabe Bd. 2, Schaffhausen: Novalis 1978, 60 ff.
164. Th. Kuhn, Die Struktur wissenschaftlicher Revolutionen, Frankfurt: Suhrkamp ²1976
165. Enomiya-Lassalle, aaO, 13
166. Enomiya-Lassalle, Wohin geht der Mensch?, aaO, 56 ff.
167. Enomiya-Lassalle, aaO, 149 ff.
168. W. King, Buddhist-Christian Dialogue Reconsidered, in: Buddhist-Christian Studies Vol.2/1982, Honolulu: Univ. of Hawaii Press 1982, 5

169. S. Teil A, IV.2.e
170. Vgl. Teil A, I.2 und B. III.2
171. Dalai Lama, Ausgewählte Texte, München: Goldmann 1987, 27ff.
172. Dalai Lama, aaO, 24. Vgl. Teil B, II.2.a
173. Dalai Lama, Collected Statements, Interviews & Articles, Dharamsala: Information Office of H. H. the Dalai Lama 1982, 63f.
174. Dalai Lama, aaO, 86f.
175. Dalai Lama, aaO, 110
176. Dalai Lama, My Land and My People, New York: Potala Corp. 1977 (Erstdruck 1962), 237; ders., Short Essays on Buddhist Thought and Practice, New Delhi: Tibet House 1982, 11
177. Dalai Lama, Ausgewählte Texte, aaO, 63f.; ders., Logik der Liebe, München: Dianus Trikont 1986, 77ff.; M. v. Brück, Denn wir sind Menschen voller Hoffnung. Gespräche mit dem XIV. Dalai Lama, München: Chr. Kaiser [2]1988, 69
178. Dalai Lama, Ausgewählte Texte, aaO, 65; v. Brück, Denn wir sind Menschen voller Hoffnung, aaO, 76
179. Dalai Lama, Logik der Liebe, aaO, 79f.
180. Dalai Lama, Ausgewählte Texte, aaO, 65
181. ebd.
182. Dalai Lama, Logik der Liebe, aaO, 79f.
183. Dalai Lama, aaO, 47
184. Dalai Lama, aaO, 78f.
185. Vgl. Teil C, II.2.c
186. Vgl. v. Brück, Denn wir sind Menschen voller Hoffnung, aaO, 48ff.
187. Dalai Lama, Collected Statements, aaO, 85; ders., Logik der Liebe, aaO, 41f.
188. Dalai Lama, Short Essays, aaO, 15; ders., Logik der Liebe, aaO, 35ff. u. 77f.
189. Dalai Lama, Der Friede beginnt in dir. Zur Überwindung der geistig-moralischen Krise in der heutigen Weltgemeinschaft, München: O. W. Barth 1994, 12
190. Dalai Lama, My Land and My People, aaO, 237
191. Dalai Lama, Collected Statements, aaO, 86; Vgl. Dalai Lama, Das Buch der Freiheit. Die Autobiographie des Friedensnobelpreisträgers, Bergisch-Gladbach: Lübbe 1990, 248; und: Gemeinsam handeln. Der Dalai Lama im Gespräch mit Carl Friedrich von Weizsäcker (Hrsg. R. Degenhardt/I.Flemmig), Gütersloh: Gütersloher Verlagshaus 1994, 14f.
192. Dalai Lama, Collected Statements, aaO, 81
193. Dalai Lama, Logik der Liebe, aaO, 75f.; vgl. 79
194. Dalai Lama, Ausgewählte Texte, aaO, 32f.
195. Dalai Lama, Logik der Liebe, aaO, 57
196. Besonders die Begegnung mit Thomas Merton hat einen tiefen Eindruck auf den Dalai Lama gemacht. Vgl. Dalai Lama, Das Buch der Freiheit, aaO, 236f.
197. Dalai Lama, Tantra in Tibet, London: Allen & Unwin 1977, 31 u. 33
198. Dalai Lama, Collected Statements, aaO, 63f.
199. Dalai Lama, Logik der Liebe, aaO, 150ff.
200. Dalai Lama, aaO, 243ff.
201. Dalai Lama, Short Essays, aaO, 10f.
202. Dalai Lama, aaO, 8; ders., Logik der Liebe, aaO, 93
203. Dalai Lama, Logik der Liebe, aaO, 94

204. Dalai Lama, aaO, 141
205. Dalai Lama, Short Essays, aaO, 16 u. 18
206. Dalai Lama, Ausgewählte Texte, aaO, 42f., 59f.; ders., Logik der Liebe, aaO, 38, 76; vgl. Gemeinsam handeln. Der Dalai Lama im Gespräch, aaO, 14
207. Dalai Lama, Logik der Liebe, aaO, 205
208. Dalai Lama, Short Essays, aaO, 16f.
209. Dalai Lama, aaO, 63f.
210. Dalai Lama, aaO, 76
211. Dalai Lama, Short Essays, aaO, 12
212. v. Brück, Denn wir sind Menschen voller Hoffnung, aaO, 70f.
213. Dalai Lama. Das Buch der Freiheit, aaO, 236f.
214. Dalai Lama, Der Kern der buddhistischen Lehre, in: Tibet und Buddhismus IX. Jhg. Nr. 35, Heft 4, 1995, Hamburg: Tibetisches Zentrum Hamburg 1995, 5
215. Dalai Lama, Der Friede beginnt in dir. Zur Überwindung der geistig-moralischen Krise in der heutigen Weltgemeinschaft, München: O. W. Barth 1994, 100ff.
216. Dalai Lama, Logik der Liebe, aaO, 78
217. Dalai Lama, Ausgewählte Texte, aaO, 59f.; ebenso: Dalai Lama, Der Kern der buddhistischen Lehre, aaO, 5ff.
218. Dalai Lama, Das Buch der Freiheit, aaO, 252
219. Dalai Lama, Logik der Liebe, aaO, 226f.
220. Dalai Lama, Ausgewählte Texte, aaO, 49f.
221. Dalai Lama, aaO, 49f.
222. Dalai Lama, aaO, 181ff.
223. Dalai Lama, Logik der Liebe, aaO, 120, 130
224. Dalai Lama, Ausgewählte Texte, aaO, 51. Er glaubt, daß es sowohl eine rationalhumanistische wie eine religiös begründete Erziehung zu Menschlichkeit und Nächstenliebe geben könne. Je nach den Umständen sollten sich die Religionen für das eine und/oder das andere vor allem im pädagogischen Bereich einsetzen.
225. Dalai Lama, aaO, 56ff.; vgl. auch: Gemeinsam handeln, aaO 56 u. 59
226. Dalai Lama, aaO, 67ff.; ders., Logik der Liebe, aaO, 79
227. Dalai Lama, Logik der Liebe, aaO, 121
228. Dalai Lama, Der Friede beginnt in dir, aaO, 146
229. Vgl. Teil A, V.2
230. Vgl. Teil A, V.3
231. Die Diskussion ist auch von buddhistischer Seite wieder aufgenommen worden, weil man eine christliche Vereinnahmung des Zen fürchtet. Vgl. Lotosblätter 1/1995 und 2/1995, München 1995, bes. 46ff.
232. Kōun Yamada, Zen and Christianity, Konferanzakten: Dritte Internat. Buddhistisch-Christliche Konferenz: Buddhism and Christianity – Towards the Human Future, Berkeley: Bibliothek der Graduate Theol. Union 1987 (unveröffentl.), 12
233. Undatiertes Gesprächsprotokoll aus dem Zen-Kreis in Kamakura: Christians and Zen Enlightenment. A Dialogue Between a Zen Master and His Disciples (Hugo M. Enomiya-Lassalle, Ruben Habito, Kakichi Kadowaki, Sr. Elaine MacInnes), Hintergrundmaterial für die Berkeley-Konferenz 1987.
234. Ein Ausdruck, der auf Dōgen Zenji zurückgeht und auch als „kosmische Reso-

nanz" zu interpretieren ist, vgl. M. v. Brück, Wo endet Zeit?, in: K. Weis (Hrsg.), Was ist Zeit?, München: Faktum Technische Universität [3]1995, 231 ff. Vgl. auch Teil B, II.3.b (Bilanz der philosophischen Debatte).

235. Vgl. Teil B, II.3.b
236 Yamada, aaO, 23
237. P. Coff, Austauschprogramme zwischen Mönchen und Nonnen aus dem Christentum und östlichen Religionen, in: Dialog der Religionen 1/1992, 117ff.
238. Vgl. den übernächsten Abschnitt „Austauschprogramme mit tibetischen Mönchen und Nonnen" sowie: P. Coff, Austauschprogramme zwischen Mönchen und Nonnen aus dem Christentum und östlichen Religionen, in: aaO, ebd.
239. East-West Spiritual Exchange. A Project (Editorial), Nanzan Institute for Religion and Culture Bulletin Nr. 3, Nagoya: Nanzan 1979, 11 f.
240. J. v. Bragt, East-West Spiritual Exchange. A Report on a Project, Nanzan Institute for Religion and Culture, Bulletin Nr. 4, Nagoya: Nanzan 1980, 8 ff.
241. Dem Bericht (Anm. 240) ist als Motto das charakteristische und für die Hermeneutik des Dialogs weitreichende Wort eines Rinzai-Zen-Priesters vorangestellt: „Christentum und Buddhismus können nicht verglichen werden, aber sie können einander begegnen."
242. van Bragt, aaO, 14
243. Minegeshi Shōten, Zum Austausch zwischen östlicher und westlicher Spiritualität, aus der Sicht eines Zen-Mönchs, in: Materialien Kontaktstudium Jan-März 1984, Katholisches Institut für Missionstheologische Grundlagenforschung, München 1984, 6
244. J. v. Bragt, East-West Spiritual Exchange II, Nanzan Institute for Religion and Culture, Bulletin Nr. 8, Nagoya 1984, 10ff. Ein eindrucksvoller Bericht über die spirituellen Austauschprogramme und die Besuche der Benediktiner in japanischen Zen-Klöstern findet sich in: B. Billot, Voyage dans les monastères zen, Paris: Desclée de Brouwer 1987.
245. Noboru Anzai, Tōzai Reisai Kōryū no Seika: Bukkyō to Kirisutokyō no Kyōmei, Tōkyō: Heiwa Kenkyūjo 1983
246. M. Augustine, Zen and Benedictine Monks as Mythopoetic Models of Non-egocentred Worldviews and Lifestyles, in: Buddhist-Christian Studies 6, Univ. of Haiwaii Press 1986, 23 ff.
247. Augustine, aaO, 43
248. van Bragt, aaO, 22
249. Vgl. in diesem Kapitel S. 537ff.
250. N. Wolf, Silence and Freedom. Some Reflections on Convergent and Divergent Elements in the Encounter of Zen-Buddhist and Benedictine Monks, Papers: 3. Internat. Konferenz, Buddhism and Christianity – Towards the Human Future (Konferenzakten: Bibliothek der Graduate Theol. Union), Berkeley 1987
251. K. Kirita (Prof. an der (Zen) Hanazono Universität, Kyōto), Papers: Buddhism and Christianity – Towards the Human Future, Berkeley: Bibliothek der Graduate Theol. Union 1987
252. Kirita, aaO, 6
253. Kirita, aaO, 8
254. Kirita, aaO, 9
255. P.-F. Bethune, Some Perspectives Opened by „Spiritual Exchange", Papers:

Buddhism and Christianity – Towards the Human Future (unveröffentl.), Berkeley: Bibliothek Graduate Theol. Union 1987

256. Bethune, aaO, 4f.; Homer, Odyssee VI, 119; Daniélou in: La Vie Spirituelle Nr. 367, Nov. 1951, 340
257. Bethune, aaO, 11
258. Bethune, aaO, 6; zit. nach: N. A. Vicam/R. McKeon (Hrsg.), The Edicts of Aśoka, Chicago: Univ. Press 1959, 52
259. Vgl. Teil A, IV.2.b
260. Bethune, aaO, 10
261. Sh. Minegeshi, Zum Austausch zwischen östlicher und westlicher Spiritualität, aus der Sicht eines Zen-Mönchs, in: Materialien Kontaktstudium Jan-März 1984, Katholisches Institut für Missionstheologische Grundlagenforschung, München 1984, 1–2
262. Genkai Sugimoto, Japanese Buddhists in the Monastery of Montserrat, in: Buddhist-Christian Studies Vol 10, Honolulu 1990, 200ff.
263. Sugimoto, aaO, 204ff.
264. J. Götz, Benediktiner und Buddhisten. Der vierte geistige Austausch mit Japan, Mai 1991, in: DIM-Berichte, für die deutschsprachige Gruppe, 4
265. Deutsche Ausgabe: R. Panikkar, Den Mönch in sich entdecken, München: Kösel 1989
266. P. Coff, One Heart: Spirituality and Interfaith Dialogue – Problems and Possibilities, in: WCC Conference Papers, Kyōto 12. 1. 1987, 9
267. Th. Merton, The Asien Journal, New York: New Directions 1975, 316f.
268. N.A.B.E.W.D. Bulletin Nr. 29, Mai 1987, 3; Nr. 30, Oktober 1987, 5
269. S. Walker (Hrsg.), Speaking of Silence. Christians and Buddhists on the Contemplative Way, Paulist Press: New York 1987; und die jährlichen Berichte im Bulletin des N.A.B.E.W.D.
270. Walker, aaO, 2
271. Walker, aaO, 3ff.
272. So übereinstimmend der Benediktiner-Abt Thomas Keating und der Zen-Buddhist Shimano Rōshi, vgl. Walker, aaO, 100ff.
273. R. Gross, in: Inter-View, Bulletin of East-West Religions Project, University of Hawaii 1/1982, 3f.
274. Vgl. Teil A, VI.5
275. R. Ray, Background: Contemplative Dialogue at Naropa Institute, in: S. Walker, aaO, 13
276. Ray, aaO, 12
277. D. Steindl-Rast, Standing on Holy Ground, in: Walker, aaO, 24
278. Vgl. Teil A, V.4.b, B, I.1.g („Impersonaler *dharma* versus personaler Gott?"), B, II.3.c und B, III.1 (Merton – Personale versus apersonale Erfahrung?; Lassalle – Personalität versus Impersonalität)
279. Gesprächsrunde „Experiences of Self", in: Walker, aaO, 155ff.
280. Walker, aaO, 247ff.
281. Vgl. Teil B, II.2.a und den nächsten Abschnitt in diesem Kapitel über Aloysius Pieris.
282. D. Steindl-Rast, A Shift in Buddhist-Christian Dialogue, in: N.A.B.E.W.D. Bulletin Nr. 30, Oct. 1987, 10ff.; vgl. M. v. Brück, Mystische Erfahrung, religiöse

Tradition und die Wahrheitsfrage, in: R. Bernhardt (Hg.), Horizontüberschreitung, Gütersloh: Gütersloher Verlagshaus 1991, 81 ff. Steindl-Rast fügt hinzu, daß jede Religion in „Mystik" gründe, und er versteht darunter „die erfahrungsmäßige Bewußtheit der Verbindung mit der letztgültigen Wirklichkeit". Diese experimentelle Situation müsse dann auch als Basis für die interreligiöse Begegnung gelten.

283. So z. B. der Buddhist Reginald Ray, Background: Contemplative Dialogue at Naropa Institute, in: S. Walker, Speaking of Silence, aaO, 11 ff.

284. J. D. Gort u. a. (Hrsg.), On Sharing Religious Experience. Possibilities of Interfaith Mutuality, Amsterdam: Rodopi u. Grand Rapids, Mi: Eerdmans 1992

285. R. Ray, aaO, 13

286. R. Gross, Inter-View, aaO, 4

287. P. Coff, The Harmonia Mundi Contemplative Congress, in: Buddhist-Christian Studies Vol 10, 1990, 217ff.; vgl. auch N.A.B.W.D. Bulletin 36, October 1989, 1 f. und 37, Januar 1990, 2 f.

288. N.A.B.E.W.D. Bulletin 44, Mai 1992, 7

289. Vgl. M. v. Brück (Hrsg.), Dialog der Religionen. Bewußtseinswandel der Menschheit, München: Goldmann 1987, 74 f.

290. Dialog der Religionen 1/1991, 127

291. So besteht ein Unterschied darin, daß der Buddhist die vollkommene Erleuchtung *(bodhi) erreichen* kann, während der Christ die Erlösung im Prinzip *immer habe*, tatsächlich aber ständig weiter wachse und nie vollkommen am Ziel angelangt ist (Henry/Swearer, aaO, 221 f.). Zumindest im Zen reift aber der Mensch nach der vollkommenen Erleuchtung *(satori)* in der Personalisierung seiner Erleuchtungserfahrung weiter. Die ganze Fragestellung ist höchst bedeutsam, und der Gegensatz stellt möglicherweise keinen unüberbrückbaren Kontrast dar, was aber weiterer Klärung bedarf.

292. Tessa Bielecki, Everything and Nothing (Interview), in: Yoga Journal 3/4 1988, 60 ff.

293. Neben zahlreichen Artikeln in der Zeitschrift „Dialogue" seien vor allem drei Sammelbände genannt, die einige der wichtigsten Aufsätze enthalten: A. Pieris, Theologie der Befreiung in Asien. Christentum im Kontext der Armut und der Religionen, Freiburg: Herder 1986; A. Pieris, Liebe und Weisheit. Begegnung von Christentum und Buddhismus, Mainz: Grünewald 1989; A. Pieris, Feuer und Wasser. Frau, Gesellschaft, Spiritualität in Buddhismus und Christentum, Freiburg: Herder 1994. Literatur über Pieris: N. Abeyasingha, The Radical Tradition. The Changing Shape of Theological Reflection in Sri Lanka, Colombo 1985; J. Demon, Aloysius Pieris: een „boeddhistisch" Jezuiet. Een zelfgetuigenis, in: Dorsthorst/Fritschy/Heijke (Hrsg.), Verwijlen onder de Bodhiboom, Bolward 1985, 17–36; U. Dornberg, Kontextuelle Theologie in Sri Lanka, Münster 1987; P. Schmidt-Leukel, „Den Löwen brüllen hören". Zur Hermeneutik eines christlichen Verständnisses der buddhistischen Heilsbotschaft, Paderborn: Schöningh 1992, 222–231

294. A. Pieris, Theologie der Befreiung in Asien, Freiburg: Herder 1986, 225–238

295. Zur Einordnung und Interpretation dieser Konzilsdokumente vgl. J. Zehner, Der notwendige Dialog. Die Weltreligionen in katholischer und evangelischer Sicht, Gütersloh: Gütersloher Verlagshaus 1992, 19–64

296. Pieris, aaO, 232
297. Pieris, aaO, 234 f.
298. Pieris, aaO, 235
299. Pieris, aaO, 238
300. Pieris, aaO, 236
301. Pieris, aaO, 243 ff.
302. Pieris, aaO, 258
303. Pieris, aaO, 245
304. Pieris, aaO, 121
305. Pieris, aaO, 101 f.
306. Pieris, aaO, 111
307. Pieris, aaO, 121, mit Bezug auf 1 Kor 1,23
308. Pieris, aaO, 30, 36. Wir kommen im nächsten Unterabschnitt auf diese Begriffe zu sprechen.
309. Pieris, aaO, 158
310. A. Pieris, Liebe und Weisheit, Mainz: Grünewald 1989, 177
311. Pieris, Theologie der Befreiung, aaO, 155 ff.
312. Pieris, aaO, 135 ff.
313. Vgl. dazu Teil C, I.1
314. Pieris, aaO, 137
315. Pieris, aaO, 139 f.
316. Pieris, aaO, 122 ff.
317. Zu Dharmapala vgl. Teil A, II.2; zu Jayatilleke und Dharmasiri B, II.2.a
318. Vgl. Pieris, Liebe und Weisheit, aaO, 50 ff.
319. Pieris, Theologie der Befreiung, aaO, 125 ff.
320. Es ist hier nicht der Ort, eine Diskussion über die Beurteilung der antiken Religion der Gnosis zu führen. Ein wesentliches Merkmal der meisten gnostischen Strömungen war ein radikaler metaphysischer Dualismus, der mit „Erkenntnis" im Sinne des Buddhismus und auch der späteren mystischen Traditionen im Christentum nichts zu tun hat, obwohl beides „Gnosis" genannt werden kann. Diesen Unterschied vernachlässigt Pieris bei seinem *historischen* Rückbezug, wenn dies auch seiner *hermeneutischen* Unterscheidung der beiden Sprachspiele keinerlei Abbruch tut.
321. Pieris, aaO, 126
322. Schmidt-Leukel, aaO, 230
323. Pieris, aaO, 124; vgl. Teil A, VI.5 und B, II.3.b
324. Pieris, Liebe und Weisheit, aaO, 186
325. Pieris, Theologie der Befreiung, aaO, 117
326. Pieris, ebd.
327. Pieris, aaO, 118
328. Pieris, aaO, 112 ff.
329. Pieris, aaO, 128 ff.
330. Pieris, aaO, 59
331. Pieris, aaO, 38 ff. Es sei hinzugefügt, daß diese Entwicklung im 9. Jh. in China eine solche Konzentration von Macht und Reichtum in den buddhistischen Klöstern bewirkte, daß sich der Staat herausgefordert fühlte, was zu schweren Verfolgungen des Buddhismus, vor allem 845 n. Chr., führte.

332. Pieris, aaO, 50. Über herausragende Denker auf buddhistischer Seite (Thich Nhat Hanh, Sulak Sivaraksa) berichten wir im folgenden Unterabschnitt gesondert.
333. Pieris, aaO, 47
334. Pieris, aaO, 62, 64
335. Pieris, aaO, 63
336. Pieris, aaO, 79 ff.
337. Pieris, aaO, 64
338. Pieris, aaO, 66 f.
339. Pieris, aaO, 193 ff.
340. Pieris, aaO, 171
341. Pieris, aaO, 191 f.
342. Pieris, aaO, 12 ff.
343. Vgl. Teil B, II.3.b
344. Pieris, aaO, 58
345. Pieris, aaO, 36
346. Pieris, aaO, 119
347. Pieris, aaO, 245, Anm. 20
348. Teil A, II.5
349. Als ein ausgezeichnetes Porträt Hisamatsus vgl. D. Mitchell, Spirituality and Emptiness, New York: Paulist 1991, 142 ff. Die folgenden Ausführungen stützen sich auf Mitchell, bei dem auch Literaturangaben zu finden sind.
350. Mitchell, aaO, 144.
351. Vgl. Masao Abe, Zen and Western Thought, Honolulu: Univ. of Hawaii Press 1985, 249
352. Zit. nach Mitchell, aaO, 147 f.
353. Die Namensgebung und Abkürzung in Englisch zeigt das Interesse der japanischen Intellektuellen an einer Internationalisierung an, die bereits Ende des 19. Jh.s eingesetzt hatte, durch den erstarkenden Nationalismus Anfang des 20. Jh.s aber stark behindert worden war. Vgl. Teil A, IV.1
354. Mitchell, aaO, 154
355. Zum Folgenden Shin'ichi Hisamatsu, The Vow of Humankind: Talks I, in: F.A.S. Society Journal, Kyōto, Winter 1988, 8; vgl. Mitchell, aaO, 155
356. Mitchell, aaO, 156
357. Vgl. Teil A, IV.2.b (Suzuki Daisetsu)
358. Vgl. Teil A, IV.2.b
359. Die biographischen Angaben entnehmen wir: M. Hope/J. Young, Thich Nhat Hanh and Cao Ngoc Phuong, in: The Struggle for Humanity. Agents of Nonviolent Change in a Violent World, Maryknoll: Orbis 1977, 185 ff. Zu Thich Nhat Hanh, seinem Beitrag zum „Engagierten Buddhismus“, seinen Verbindungen zur lateinamerikanischen Befreiungstheologie und dem dialogischen Anliegen vgl. L. D. Lefebure, The Buddha and the Christ. Explorations in Buddhist and Christian Dialogue, Maryknoll: Orbis 1993, 183 ff. Lefebure möchte die christliche Schöpfungslehre und den buddhistischen Begriff von *pratītyasamutpāda* bzw. Thich Nhat Hanhs „Interbeing“ als fundamentales Einssein aller Wesen interpretieren.
360. Es handelt sich um die Apostolischen Vikare mit den Missionaren des Pariser Missionsseminars, die ab 1676 von spanischen Dominikanern unterstützt wurden.

361. Vgl. C. S. Song, Theologie des Dritten Auges. Asiatische Spiritualität und christliche Theologie, Göttingen: Vandenhoeck 1989, 124
362. Vgl. Teil A, III.2
363. Die Selbstverbrennung von Mönchen als Form des Protestes gegen (staatlich angeordnete) Unmenschlichkeit hat in der vietnamesischen Geschichte Tradition und beruft sich auf das mahāyāna-buddhistische Bodhisattva-Ideal, sein eigenes Leben für das Wohlergehen anderer Wesen hinzugeben. Detaillierte Angaben zu den hier erwähnten Selbstverbrennungen finden sich bei H. Bechert, Buddhismus, Staat und Gesellschaft in den Ländern des Theravāda-Buddhismus Bd. 2, Wiesbaden: Harrassowitz 1966 ff., 347 ff.
364. Hope/Young, aaO, 189 f.
365. Hope/Young, aaO, 196
366. Hope/Young, aaO, 200
367. dt.: Thich Nhat Hanh, Lotos im Feuermeer. Vietnam in Geschichte und Krise, München: Chr. Kaiser 1967
368. M. H. Petrich, Buddhismus in Vietnam: Zwischen Aufbruch und Widerstand, Südostasien Informationen 2/94, 9–12
369. Übersetzung und Kommentar zum Herz-Sūtra: M. v. Brück, Weisheit der Leere, Zürich: Benziger 1989, 234 ff. (Taschenbuchausgabe: München: Heyne 1992, 206 ff.)
370. M. H. Petrich, Vietnamese Buddhism Towards Change and Development of Society, München 1995 (Manuskript des Autors), 19
371. Petrich, Buddhismus in Vietnam, aaO, 12
372. Vgl. F. Eppsteiner/D. Maloney, The Path of Compassion. Contemporary Writings on Engaged Buddhism, Buffalo: White Pine Press 1985
373. Thich Nhat Hanh, Das Wunder wach zu sein, Buddhist. Gesellschaft Hamburg o. J., 21 (engl. Original Kandy 1976)
374. Thich Nhat Hanh, Interbeing. Commentaries on the Tiep Hien Precepts, Berkeley: Parallax 1987. Der Ausdruck kann als Anwendung des *pratītyasamutpāda*-Prinzips im psychosozialen Bereich wie in der Bewußtseinsphänomenologie gelten. (Vgl. Anm. 359)
375. Thich Nhat Hanh, aaO, 12
376. Thich Nhat Hanh, aaO, 16
377. Thich Nhat Hanh, Being Peace, Berkeley: Parallax 1987, 83 ff.
378. Thich Nhat Hanh, Living Buddha, Living Christ, New York: Riverhead Books 1995, 2 u. 4
379. Thich Nhat Hanh, zit. in: A. Cooper, Please enjoy your breathing, International Fellowship of Reconciliation (IFOR) Report, Okt. 1983, 16
380. Thich Nhat Hanh, The Miracle of Mindfulness, Boston: Beacon 1976
381. Vgl. Henry/Swearer, For the Sake of the World. The Spirit of Buddhist and Christian Monasticism, aaO, 30 ff.
382. Thich Nhat Hanh, Interbeing, aaO, 17 f.
383. Thich Nhat Hanh, Techniques of Reconciliation, in: Buddhist Peace Fellowship Newsletter, Vol.9,1, 1987, 3 ff.
384. Thich Nhat Hanh, aaO, 3
385. Thich Nhat Hanh, aaO, 3 ff.
386. Thich Nhat Hanh, Living Buddha, Living Christ, aaO, 4

387. Dialog der Religionen 1/1991, 127
388. Vgl. Teil B, II.2.d
389. S. Phongphit, The Cooperation between Christians and Buddhists (Thailand as Model), in: Concilium 1/1986, 69f.
390. S. Suksamran, Buddhism and Politics in Thailand, Singapore: Institute of Southeast Asian Studies 1982, 158ff.
391. S. Sivaraksa, Religion and Development, in: Dialogue, May-August, Colombo 1976, 47ff.
392. S. Sivaraksa, A Buddhist Perception of Desirable Society, in: Seeds of Peace, Vol.2,1, 1986, 22
393. Phongphit, aaO, 71
394. Er hat diese Metapher in vielen Reden vorgetragen, gut greifbar neuerdings in: S. Sivaraksa, Seeds of Peace. A Buddhist Vision for Renewing Society, Berkeley: Parallax Press 1992, 62–72 (dt.: Saat des Friedens, Freiburg: Aurum 1995)
395. Sivaraksa, aaO, 58
396. S. Sivaraksa, Suche nach neuem Lebensstil – geeignete Technologie für eine gerechte und lebenserhaltende sozial-ökonomische Ordnung, in: M. v. Brück (Hrsg.), Dialog der Religionen. Bewußtseinswandel der Menschheit, München: Goldmann 1987, 112ff.
397. Sivaraksa, Seeds of Peace, aaO, 9
398. Sivaraksa, aaO, 46f.
399. S. Sivaraksa, Siamese Resurgence, Bangkok: Asian Cultural Forum on Development 1985, 73
400. Sivaraksa, Seeds of Peace, aaO, 102ff.
401. Ob man in diesem Zusammenhang von einem „protestantischen Buddhismus" (so D. Swearer, Afterword: Sulak Sivaraksa's Buddhist Vision for Renewing Society, in: Seeds of Peace, aaO, 174ff.) sprechen sollte, ist allerdings fraglich, weil die politischen und geistesgeschichtlichen Umstände jeweils zu verschieden sind, als daß eine solche Typologisierung hilfreich wäre.
402. S. Sivaraksa, Being in the World. A Buddhist Ethical & Social Concern, unveröffentl. Manuskript 1986, 1
403. Sivaraksa, aaO, 4
404. S. Sivaraksa, Religion and Development, Bangkok: TICD [3]1987, 16ff.
405. Sivaraksa, Being in the World, aaO, 10
406. Sulak Sivaraksa, A Buddhist View on Human Development and Christian Collaboration, in: Dialogue, NS, Vol X, 2/3, June-Dec. 1983, 48f.
407. Vgl. Society for Buddhist-Christian Studies, Newsletter No. 4, Herbst 1989, 4f.; Gaia-Sangha-Forum Nr. 1, Berlin Sept. 1992, 20
408. P. Rojanaphruk, A Man on the March: Phra Maha Ghosananda, in: Seeds of Peace Vol. 11,1, Bangkok 1995, 46ff.
409. Bericht: Cambodia – Maha Ghosananda Announced as Nominee for Nobel Prize, in: Seeds of Peace Vol. 10,2 Bangkok 1994, 21
410. Bericht über die 7. INEB-Jahreskonferenz, in: Seeds of Peace Vol. 11,2, Bangkok 1995, 11ff. Der Status der heiligen Stätten in Bodhgaya ist ein altes Problem, das Dharmapala am Ende des vorigen Jahrhunderts zur Gründung der Mahabodhi-Gesellschaft veranlaßte. (Vgl. Teil A, II.2)

411. Vgl. P. Schenkel, Die Welt in uns: Überlegungen zu Buddhismus und Ökologie, in: Dialog der Religionen 2/1993, 129–157
412. D. Kantowsky, Vor Gaiaern wird gewarnt, in: Bodhi Baum 3, 1992, 7–15, wiederholt beispielsweise die seit dem 19. Jh. übliche westliche Interpretation des Buddhismus und argumentiert gegen die engagierten Buddhisten, daß es im Buddhismus nicht um Handeln in der Welt, sondern um Überwindung derselben gehe.
413. Die Angaben verdanken wir Herrn Franz-Johannes Litsch, Berlin.
414. Informationsblatt Netzwerk engagierter Buddhisten (P. Schenkel), Berlin 1993
415. P. Schenkel, Die Welt in uns, aaO, 140
416. D. Y. Paul, Women in Buddhism: Images of the Feminine in Mahāyāna Tradition, Berkeley: Asian Humanities Press 1979
417. L. de Silva, Place of Women in Buddhism, in: Dialogue, NS, Vols. XIX–XX 1992/93, Colombo 1993, 24–35; E. J. Harris, The Female in Buddhism, in: Dialogue, NS, Vols. XIX–XX 1992/93, Colombo 1993, 36–60
418. R. M. Gross, Buddhism after Patriarchy. A Feminist History, Analysis and Reconstruction of Buddhism, Albany: State Univ. of New York Press 1993
419. Gross, aaO, 115 ff.
420. Die Diskussionsrunde (Round Table) über Frauen in Buddhismus und Christentum ist abgedruckt in: Journal of Feminist Studies in Religion Vol. VI/2, Herbst 1990, 87–120; Nachdruck in: Dialogue, NS, Vols. XIX–XX 1992/93, Colombo 1993, 204–252
421. Round Table, Dialogue, aaO, 219–221
422. Round Table, aaO, 242
423. Gross, aaO, 117
424. Für die Gültigkeit der buddhistischen Ordination von Mönchen bzw. Nonnen ist die ununterbrochene Sukzessionslinie bis zurück zum historischen Buddha wesentlich. Die Frauenordination ist im Verlaufe der Geschichte jedoch unterbrochen worden. Möglicherweise ergibt sich aber über die chinesischen Traditionslinien eine Kontinuität, was gegenwärtig Gegenstand der Forschung ist.
425. Zum folgenden vgl. G. Küstermann, Über die Dritte Internationale Konferenz buddhistischer Frauen, in: Tibet und Buddhismus. Vierteljahresheft des Tibetischen Zentrums e. V. Hamburg VIII, Nr. 28/1994, Heft 1, 27–30
426. Round Table, aaO, 249 f.

Teil C: Historische Hintergründe und hermeneutische Perspektiven

I. Paradigmenwechsel in der Geschichte des Buddhismus und ihre Bedeutung für den buddhistisch-christlichen Dialog

1. Die Paradigmen der christlichen Geschichte sind von Hans Küng in seinem Vorwort benannt worden. Wir nehmen hier nur dann erneut Bezug auf Parallel- bzw. Kontraststrukturen, wenn Konsequenzen für unseren hermeneutischen Entwurf sichtbar werden.
2. Vgl. Teil B, I.1.g („Impersonaler dharma versus personaler Gott?“)

3. Th. Kuhn, Die Struktur wissenschaftlicher Revolutionen, Frankfurt: Suhrkamp 1967, zit. nach der 2. revid. Taschenb.-Ausgabe 1976, 186: Paradigmen sind „Gesamtkonstellationen von Meinungen, Werten, Methoden usw., die von den Mitgliedern einer gegebenen Gemeinschaft geteilt werden".
4. Die genaue Bestimmung der Lebensdaten Gautama Śākyamunis ist umstritten. Nach neueren Forschungen wird eine Datierung von 450–370 v. Chr. errechnet. Vgl. z. B. H. Bechert, The Date of the Buddha Reconsidered, in: Indologica Taurinensia 10, 1982, 29ff.
5. Der Buddhismus spricht zwar vom „vierfachen *saṃgha*", d. h. den Mönchen *(bhikṣu)*, Nonnen *(bhikṣuṇī)*, Laienanhängern *(upāsaka)* und Laienanhängerinnen *(upāsika)*. In der Geschichte aber haben die Mönche markant dominiert.
6. In der systematischen Philosophie des Abhidharma, entstanden zwischen dem 3. Jh. v. Chr. und dem 3. Jh. n. Chr., endgültig kodifiziert im 5. Jh. n. Chr.
7. Das ist die klassische Interpretation der Buddhismus-Forschung seit dem 19. Jh., die von Buddhisten meist selbst nachvollzogen wird. Ob der Buddhismus anfangs aber wirklich nur „weltentsagend" war, ist keineswegs sicher. Er stützte sich von Anfang an auf Kaufleute in den Städten und hatte eine politisch bedeutsame anti-brahmanische Tendenz.
8. Zahlreiche Details seiner Lebensgeschichte sind historisch nicht gesichert, dennoch werden Grundzüge seiner Persönlichkeit deutlich. Vgl. Teil B, I.2 und die dort angegebene Literatur.
9. Was *anattā* in der frühesten buddhistischen Überlieferung genau bedeutet, ist in der Forschung bis heute umstritten, denn wir wissen nicht, ob der Buddha den *ātman*-Begriff der Upaniṣaden überhaupt kannte. Er hat nirgends einen Upaniṣad-Text zitiert, und möglicherweise war zu seiner Zeit die *ātman*-Lehre der Upaniṣaden noch nicht allgemein bekannt. Zum Verhältnis beider Traditionen: K. N. Upadhyaya, Early Buddhism and the Bhagavadgita, Delhi: Motilal Banarsidass 1971; S. G. Deodikar, Upanisads and Early Buddhism, Delhi: Eastern Book Linkers 1992.
10. Diese These vertritt z. B. H. Nakamura, Indian Buddhism, Hirakata 1980. Die *Ājivikas* waren streng asketische Gemeinschaften, denen das Kastensystem und die brahmanischen Opfer gleichgültig waren. Sie glaubten an ein „Schicksal" *(niyati)*, das die Dynamik des *karman* der individuellen Verantwortung entzieht. In dieser Hinsicht unterschieden sie sich grundlegend von den Buddhisten.
11. Zur Erklärung vgl. Teil B, II.2.a, Anm. 64 und 65.
12. Für die folgenden Ausführungen stützen wir uns besonders auf die Studien von S. J. Tambiah, World Conqueror and World Renouncer, Cambridge: University Press 1976.
13. M. Spiro, Buddhism and Society: A Great Tradition and its Burmese Vicissitudes, New York: Harper & Row 1970. Der These von einem frühen Buddhismus der Laien (karmisch), der sich von den Anforderungen an die Mönche (nirvanisch) grundsätzlich unterscheiden würde, ist heftig widersprochen worden von H. Bechert, in: H. Küng u. a., Christentum und Weltreligionen, München: Piper 1984, 475f. Für die folgende historische Darstellung stützen wir uns vor allem auf: G. Obeyesekere/F. Reynolds/B. S. Smith (Hrsg.), The Two Wheels of Dhamma: Essays on the Theravāda Tradition in India and Ceylon, The American Academy of Religion. Studies in Religion, Monograph Series No. 3, Chambersbury, Penn. 1972.

14. Wir können die sehr frühe Kodifizierung aus der Tatsache erschließen, daß einhundert Jahre nach dem Tod des Buddha ein Schisma zwischen den liberalen Mahāsaṅghikas und den konservativen Theravādins angesichts der Verhaltensweise einiger liberaler Mönche in Vaiśālī aufbrach. Der Maßstab für diese Debatte war ein bereits existierendes monastisches Regelwerk.
15. P. Levy, Buddhism: A Mystery Religion, London: University of London 1957
16. *Karma mārga* (Weg des Handelns), *bhakti mārga* (Weg der Hingabe an Gott), *jnāña mārga* (Weg der Erkenntnis).
17. Vgl. Teil B, II.1
18. Sie bestehen im Vermeiden von – den *Körper* betreffend: Töten, Diebstahl, Unkeuschheit; die *Rede* betreffend: Lügen, harsche Sprache, sinnlose Rede, Verleumdung; das *Bewußtsein* betreffend: Begehren, Hassen, falsche Ansichten.
19. Vgl. Teil B, III.2
20. K. Malalgoda, Buddhism in Sinhalese Society 1750–1900, Berkeley: Univ. of California Press 1976
21. E. Harris, Crisis and Competition: The Christian Missionary Encounter with Buddhism in the Early 19th Century, in: U. Everding (Hrsg.), Buddhism and Christianity, Colombo: The Goethe-Institute 1995, 9ff.
22. Vgl. z. B. G. Obeyesekere, The Two Faces of Colonel Olcott: Buddhism and Euro-Rationality in the Late 19th Century, in: U. Everding (Hrsg.), Buddhism and Christianity, aaO, 32ff.
23. J. Kitagawa, On Understanding Japanese Religion, Princeton: Princeton Univ. Press 1987, 252
24. Vgl. R. Thapar, Aśoka and the Decline of the Mauryas, Oxford: Oxford Univ. Press 1961
25. Der historische Aśoka wird greifbar in seinen Felsen-Edikten (vgl. Anm. 26), der legendäre Aśoka hingegen im Aśoka-Avadāna; beide sind nicht identisch. Zu den Avadānas („Heldentaten"): S. Mukhopadhyaya (Hrsg. und Übers.), Aśokāvadāna, Delhi 1963; J. S. Strong, The Legend of King Aśoka. A Study and Translation of the Asokāvadāna, Princeton: Princeton Univ. Press 1983
26. E. Hultzsch, The Inscriptions of Aśoka, Oxford: Oxford Univ. Press 1925; F. Kern, Aśoka, Kaiser und Missionar, Bern 1956; N. A. Nikam, The Edicts of Aśoka, Chicago 1966
27. T. G. Sastri/R. Shamasastry (Hrsg.), Arthasastra, Mysore 1956; ins Deutsche übertragen und erläutert von J. J. Meyer, Das Altindische Buch vom Welt- und Staatsleben, Leipzig 1926
28. Im Dīgha-Nikāya 1 gibt der Buddha militärischen Rat, und in Dīgha Nikāya 5 und 26 gibt er Hinweise auf die Königspflichten und wirtschaftspolitischen Rat. (Hinweis P. Schmidt-Leukel)
29. Temiya Jātaka bzw. Mūgapakkha Jātaka, Jātaka VI, 1–30 Nr. 538, zit. bei: R. F. Gombrich, Theravāda Buddhism: A Social History from Ancient Benares to Modern Colombo, London: Routledge & Kegan Paul 1988, 70. Diese Jātaka-Erzählungen zeigen, wie der Buddha in vergangenen Leben als König mit Barmherzigkeit geherrscht hat. In seiner letzten Wiedergeburt demonstrierte der Buddha die Vollkommenheit des Gebens *(dāna)* dadurch, daß er sein Königreich weggab.
30. Die zweiunddreißig Merkmale eines Buddha *(dvātriṃśadvara-lakṣaṇa)* werden ergänzt durch achtzig Nebenmerkmale. Es handelt sich um Eigenschaften wie:

Zeichen eines Rades auf den Fußsohlen, lange Finger, goldfarbener Körper, strahlend weiße Zähne usw.

31. Aggañña-Sutta, Dīgha-Nikāya 27
32. Spätere Theravāda-Könige hingegen beriefen sich auf die kosmologische Funktion des Königs, wodurch der Palast in den Berg Sumeru und der König in das Reich des Götterkönigs Indra emporgehoben wurde.
33. Bei den folgenden Erwägungen, besonders was die Geschichte Sri Lankas betrifft, stützen wir uns vornehmlich auf die in Teil A, II, Anm.1 genannte Literatur.
34. Die Mahāsaṅghika-Schule hat dieser Lesart der Geschichte zwar widersprochen, aber die Theravāda-Tradition enthält die genaueren und umfassenderen Berichte.
35. Vgl. den nächsten Unterabschnitt.
36. Tatsächlich geht die Dominanz des singhalesischen Buddhismus gegenüber den Formen in Burma und Thailand, von denen Ceylon zunächst abhängig war, auf die Periode des 12.–15. Jh. zurück.
37. Im Aśoka-Avadāna hat der König im Unterschied zu den Mönchen sogar ein häßliches Gesicht, ganz im Gegensatz zu der „schönen Erscheinung", die ihm in den Edikten zugeschrieben wird.
38. Mahāvaṃsa or the Great Chronicle of Ceylon (Übers. v. W. Geiger), Pāli Text Society, Oxford 1912
39. R. F. Gombrich, Buddhist Precept and Practice, Delhi [2]1991, 122; vgl. TeilA, II.1
40. Auf die Auseinandersetzung zwischen Mahāvihāra und Abhayagiri können wir hier nicht eingehen, vgl. dazu: W. Rahula, History of Buddhism in Ceylon: The Anuradhapura Period, Colombo 1956
41. Vgl. Teil A, II.1.c
42. David Kalupahana ist Professor für Philosophie an der University of Hawaii at Manoa, vgl. z. B. seine Werke: Causality: The Central Philosophy of Buddhism, Univ. of Hawaii Press 1975; Nagarjuna, Albany: SUNY Press 1986.
43. G. Obeyesekere, Religious Symbolism and Political Change in Ceylon, in: G. Obeyesekere/F. Reynolds/B. L. Smith (Hrsg.), The Two Wheels of Dhamma. Essays on the Theravāda Tradition in India and Ceylon, The American Academy of Religion. Studies in Religion, Monograph Series No. 3, Chambersbury, Penn. 1972, 61 f.
44. Die Geschichte der alten buddhistischen Konzilien ist historisch nicht klar erkennbar: Das *Erste* Konzil von Rājagṛha soll unmittelbar nach des Buddhas Tod, also vermutlich 483 v. Chr., einberufen worden sein, um Mönchsregel und Lehre in authentischer, auf Äußerungen Śākyamunis selbst zurückgehender Form festzulegen. Das *Zweite* Konzil von Vaiśālī (ca. 380 v. Chr.) legte den Streit über eine liberalere oder engere Auslegung der Mönchsregel bei. Danach kam es zu einem (nicht-kanonischen) Konzil von Pātaliputra (entweder 116 oder 137 Jahre nach des Buddhas Tod), das den Beginn der Differenzierung in unterschiedliche Schulen markieren könnte. Das *Dritte* (kanonische) Konzil von Pātaliputra, dessen Ende auf das 17. Jahr der Regierungszeit Aśokas datiert wird (wohl 247 v. Chr.) hat vermutlich die Trennung der Sarvāstivādins von der Sthavīra-Schule vollzogen. Mit dem *Vierten* Konzil unter Kaniṣka haben sich die Sarvāstivādins eine klar umrissene Mönchsregel und einen Kommentar (Mahāvibhāṣā) zu wichtigen Abhidharma-Texten gegeben.
45. Der Buddha, begabt mit dem Blick in die Zukunft, konnte einem Menschen sein

zukünftiges Königtum voraussagen, aber er salbte die Könige nicht. (Erst im Tantrayāna ist der *abhiṣeka*-Ritus (Salbung) zu diesem Zweck eingeführt worden.) Deshalb wurde in Theravāda-Ländern (heute noch in Thailand) der König nicht vom *saṃgharāja* gekrönt, sondern diese *abhiṣeka* wurde und wird von Hof-Brahmanen vollzogen, die einer hinduistisch-śivaitischen Ideologie des Gott-Königtums folgen.

46. Der Adoptianismus blühte im 3. Jh. n. Chr. und prägte vor allem die antiochenische Schule um Paul von Samosata (seit ca. 260 Bischof von Antiochien). Auch das nestorianische Christentum hat Wurzeln in dieser Christologie.

47. Der Umbruch wird auch sichtbar an den widersprüchlichen Bewertungen des Königtums durch den Hofpoeten Kaniṣkas, Aśvaghoṣa, in dessen Gedicht über das Leben des Buddha *(Buddhacarita)* der königliche Vater Gautamas den Sohn unterstützt und seinen Erleuchtungsweg graduell nachvollziehen kann, während im *Aśokāvadāna* (in mönchischen Sarvāstivāda-Kreisen Nordwest-Indiens entstanden) die kritische Haltung gegenüber dem Königtum dadurch zum Ausdruck kommt, daß die negativen Wirkungen königlicher Machtpolitik hervorgehoben werden, so daß der Bestand des *dharma* selbst in Gefahr gerät. Die unstabilen politischen Verhältnisse in NW-Indien hatten also zu einer Auseinandersetzung um das Verhältnis von staatlicher Macht und Religion geführt, die in die Geschichte (Bewertung Aśokas) rückprojiziert wurde. Neben der mit einer Hoch-Buddhologie gekoppelten Königsideologie hat Mahāyāna auch ein Hoch-Bodhisattva-Ideal entwickelt: Nicht mehr ein von unten aufstrebender Bodhisattva, der sich noch auf dem Erleuchtungsweg befindet, aber noch nicht erleuchtet ist, sondern ein von oben herabkommender erleuchteter Bodhisattva hilft den Menschen.

48. Vgl. *Suvarṇaprabhāsottama-Sūtra*, Sacred Books of the Buddhist Series XXVII: The Sūtra of Golden Light. Übersetzt von R. E. Emmerick, London: Luzac & Company, 1970; J. Nobel, Suvarṇaprabhāsottama-Sūtra. Das Goldglanz-Sūtra. Ein Sanskrittext des Mahāyāna-Buddhismus. I-tsings chinesische Version und ihre tibetische Übersetzung. Bd. 1 I-tsings chinesische Version, Leiden: Brill 1958

49. Dies sind Atlasgestalten, die die Himmel an ihren vier Enden tragen.

50. Maitreya („der Liebende") ist der in der Zukunft erwartete Buddha, der sich jetzt schon im *tuṣita*-Himmel („Zufriedenheit") auf seine irdische Geburt vorbereitet.
An dieser Stelle ist ein Wort zum *tantrischen Buddhismus Tibets* vonnöten, den wir wegen der notwendigen Beschränkung nicht eigens behandeln können. Die ersten buddhistischen Könige Tibets (7./8. Jh. n. Chr.) knüpften an die Königsideologie Nordwest-Indiens an. Als aber die Mongolen die Herrschaft übernahmen, wurden zuerst die führenden Lamas aus der *Sakya-Schule* (13. Jh.), später die *Dalai Lamas* (16. Jh.) geistige Patrone und Erzieher des weltlichen Herrschers. Die Dalai Lamas galten seither als Inkarnationen des Bodhisattvas der Barmherzigkeit *(Avalokiteśvara)*, aber nicht sie allein, sondern sehr viele Lama-Traditionslinien *(tulku)* waren Inkarnationen höherer geistiger Kräfte. Vgl. R. u. M. von Brück, Die Welt des tibetischen Buddhismus. Eine Begegnung, München: Kösel 1996

51. Der Arhat hat zwar nach Theravāda-Verständnis die höchste Stufe der Vollen-

dung erreicht, aber er steht unter dem Buddha, denn der Buddha erreicht das *nirvāṇa* aus sich heraus, während der Arhat dazu von einem Buddha angeleitet werden muß.

52. Dies ist die 1. Stufe der Heiligkeit. Ein *srotāpanna* ist frei von den Bindungen an die Vorstellung vom Ich, vom Zweifel und von dem Anhaften an Riten. Er hat aber noch nicht alle Leidenschaften überwunden und muß bis zur Vollendung noch zwei- bis siebenmal wiedergeboren werden. Die anderen Stufen sind: 2. der Einmal-Wiederkehrer *(sakṛdāgāmin)*, 3. der Nicht-Wiederkehrer *(anāgāmin)* und der *arhat*.
53. Er war stolz, in Magadha den Mönch Aśvaghoṣa gefangen zu haben, um ihn zu seinem Hofpoeten zu machen. Die Idee, gelehrte und heilige Mönche als kulturpolitisch wertvolle Kriegsbeute zu betrachten, verbreitete sich bis nach Zentralasien und China, wo auf diese Weise der große Übersetzer Kumārajīva (gest. 409 n. Chr.) zweimal militärisch „befreit" wurde: Von China aus war eine Armee mit dem erklärten Ziel in Marsch gesetzt worden, Kumārajīva als nationalen Lehrer ins Reich der Mitte zu holen, wo er in der Hauptstadt Ch'angan 401 tatsächlich eintraf. Der herausragende Mönch war damit nicht länger unpolitisch, sondern ein Hierokrat, d. h. ein heiliger Mann im kaiserlichen Dienst. (A. K. Warder, Indian Buddhism, Delhi [2]1980; L. M. Joshi, Studies in the Buddhist Culture of India, Delhi 1967; C. Majumdar, History and Culture of the Indian People, Bd. 2–5, London 1951; B. G. Gokhale, Buddhism and Aśoka, Baroda 1948)
54. Dīgha Nikāya 26
55. S. Lévi, Maitreyavyākaraṇa, Text Tibetisch und Sanskrit 381–397, in: Maitreya le consolateur (Études d'orientalisme 2 Bd., hrsg. vom Musée Guimet à la mémoire de Raymonde Linossier), Paris: E. Leroux 1932, 355–402; M. Müller, Sukhavātīvyūha-Sūtra, in: Buddhist Mahāyāna Texts. Sacred Books of the East, Oxford: Univ. Press 1894 (Neudruck New York 1969). Beide Sūtras sind bezeichnenderweise in Nordwest-Indien verfaßt worden.
56. I. Yamada, Karuṇāpuṇḍarīka, Bd. 1, London: School of Oriental and African Studies/Univ. of London 1968
57. W. Eichhorn, Die Religionen Chinas, Stuttgart: Kohlhammer 1974, 196; W. Eberhard, Das Toba-Reich Nordchinas, Leiden: Brill 1949
58. Der „So-Gekommene", ein Titel des Buddha.
59. Eichhorn, aaO, 199
60. Vgl. Anm. 48.
61. Kao-sengchuan (Lebensbeschreibungen hervorragender Mönche), Taishō Tripiṭaka Vol. 50, vgl. Whalen Lai, The Three Jewels in China, in: Y. Takeuchi (Hrsg.), Buddhist Spirituality, in: World Spirituality Series Bd. 1, New York: Crossroad 1993, 275–342, bes. 284–289
62. J. S. Strong, The Legend and Cult of Upagupta. Sanskrit Buddhism in North India and Southeast Asia, Princeton: Princeton Univ. Press 1991
63. Nach der Pāli-Überlieferung hingegen sind die Theravādins als Sieger aus den Auseinandersetzungen hervorgegangen. Vgl. S. Beal, Travels of Fa-Hian and Sung-Yun. Buddhist Pilgrims from China to India (400 A. D. and 518 A. D.), London: Trübner 1869
64. Gombrich, Theravāda Buddhism, aaO, 157

65. Diese Legende galt in Nordindien (Kashmir) als Tatsache, wurde in China weitererzählt, in den Höhlen Nord-Chinas ikonographisch verewigt und später durch das Zen adaptiert. (T'an-yao, Fu-fa-tsang yin-yuan-chuan [Legende der Überlieferung des Dharmakorbes]. Vgl. Ph. Yampolsky, The Platform Sūtra of the Sixth Patriarch, New York: Columbia Univ. Press 1967, 8–9). Zen behauptet, daß der 28. Patriarch Bodhidharma (ca. 470–543 n. Chr.?) Indien verließ und den gefährdeten *dharma* einer neuen Linie von „Waldmönchen" in China anvertraute und damit Ch'an begründete.
66. J. Nattier, Once Upon a Future Time: Studies in Buddhist Prophecy of Decline, Berkeley: Asia Humanities Press 1992
67. Der gegenwärtige Diskussionsstand der Debatte ist in etwa wiedergegeben bei: P. Williams, Mahāyāna Buddhism: The Doctrinal Foundations, London: Routledge 1989, 16–26. Die europäisch-amerikanische Forschung ging traditionell davon aus, daß Mahāyāna aus der liberaleren Mahāsaṅghika-Schule entstanden sei. Die japanische Forschung hingegen betonte den Stūpa-Kult als Entstehungsort des Mahāyāna (A. Hirakawa, The Rise of Mahāyāna Buddhism and its Relationship with the Worship of Stūpas, in: Memoirs of the Research Dept. of the Tōyō Bunko, Tōkyō 1963). Dieser These wurde wiederholt von G. Schopen widersprochen, besonders mit dem Argument, daß auf den Stūpas meist Mönche und nicht Laien als Sponsoren genannt würden (z. B. G. Schopen, Mahāyāna in Indian Inscriptions, in: Indo-Iranian Journal 21, 1979, 1–19). Uns scheint, daß dies nichts beweist, denn es ist zu erwarten, daß Mönche genannt werden, die aber die finanziellen Mittel für den Stūpa-Bau von Laien erhalten haben müssen.
68. E. Conze (Hrsg. u. Übers.), The Large Sūtra on Perfect Wisdom, Berkeley: Univ. of California Press 1975
69. Der Protest von strengen Mönchen gegen die Einmischung Aśokas in die Angelegenheiten des *saṃgha* (er wollte den *saṃgha* von weniger glaubwürdigen Mönchen reinigen, wohingegen der *saṃgha* nach dem *vinaya* Rechtshoheit über seine inneren Angelegenheiten genoß) wird z. B. an einer Legende sichtbar, in der Ordnungskräfte, die Aśoka ausgesandt hatte, zwei Mönche töteten, wofür sich Aśoka zu entschuldigen hatte. Die Geschichte wird in dem von Mönchen autorisierten *Dīpavaṃsa* erzählt, einer ceylonesischen Chronik und der Theravāda-Quelle für das (möglicherweise legendäre) 3. Buddhistische Konzil. Aśoka wird auch degradiert durch Bemerkungen im *Aśokāvadāna*, wonach der König dunkel (schmutzig), häßlich und übelriechend gewesen sei. (J. S. Strong, A Study and Translation of the Aśoka Avadāna, Princeton: Princeton Univ. Press 1983; Ch. S. Prebish, Buddhist Councils, in: M. Eliade (Hrsg.), Encyclopedia of Religion Bd. 4, New York–London: Macmillan 1987, 119–124)
70. Die drei Fahrzeuge: śrāvaka-yāna, *pratyekabuddha-yāna* und. *bodhisattva-yāna* bezeichnen verschiedene Gruppen im frühen Buddhismus, und sie wurden im Lotos-Sūtra als drei Teile des einen Fahrzeugs *(ekayāna)* verstanden. Die Mahāyāna-Tradition wertete den *pratyekabuddha* höher als den *arhat*, betrachtete aber beide als zum Hīnayāna gehörig.
71. Dies sind vor allem die sechs klassischen *parāmitās*: uneigennütziges Geben *(dāna)*, tugendhaftes Verhalten *(śīla)*, Geduld *(kṣānti)*, Tatkraft *(virya)*, Meditation *(dhyāna)* und Weisheit *(prajñā)*. *Karuṇā parāmitā*, die Vollkommenheit der

heilenden Hinwendung zu allen Wesen als Attribut des Bodhisattva, ist eine spätere Ergänzung.

72. *śūnyatā* (Leere) und *anutpattika dharmakṣānti* (das „Geltenlassen der Entstehungslosigkeit aller Dinge") entspricht einer Meditation über den nichtentstandenen *dharmakāya*, im Gegensatz zu den kultisch verehrten physischen Reliquien des *rūpakāya* des Buddha. Vgl. dazu auch das *Vimalakīrti-Sūtra* und die entsprechenden Erläuterungen, in: M. v. Brück, Weisheit der Leere. Sūtra-Texte des indischen Mahāyāna-Buddhismus, Zürich: Benziger 1989, bes. 243 ff.
73. L. Hurvitz, (Hrsg. u. Übers.), Scripture of the Lotos Blossom of the Fine Dharma, New York: Columbia Univ. Press 1976; M. v. Borsig (Hrsg. u. Übers.), Lotos-Sūtra, Gerlingen: Lambert Schneider 1992
74. Vgl. oben Anm. 70
75. É. Lamotte (Hrsg. u. Übers.), L'Enseignement de Vimalakīrti, Louvain: Institut Orientaliste, Publications Universitaires 1962; J. Fischer/T. Yokota (Übers.), Das Sūtra Vimalakīrti, Tōkyō 1944; die hier wichtigen Kapitel 3, 6 und 8 sind übersetzt von: M. v. Brück, Weisheit der Leere, aaO, 243–269
76. Übersetzungen des großen und des kleinen Sukhāvatī-vyūha-Sūtra sowie des Amitāyur-dhyāna-Sūtra in: Sacred Books of the East Bd. XLIX (Oxford 1894), repr. New York 1969; N. Utsuki (Hrsg. u. Übers.), Buddhabhāṣita-Amitāyuḥ-Sūtra (The Smaller Sukhāvatī-Vyūha), transl. from the Chinese version of Kumārajīva, Kyōto: Educational Dept. of the West Hongwanji 1924 (^{2}1929).
77. M. Honda, Annotated translation of the Daśabhūmikasūtra, in: Studies in South, East and Central Asia (Memorial Volume to R. Vira, ed. by D. Sinor), New Delhi 1968, 115–276
78. Th. Cleary, The Flower Ornament Scripture. The Avatamsaka Sutra, Bd. 1–3, Boulder/London: Shambhala 1984–87; T. Dohi, Das Kegon Sūtra. Das Buch vom Eintreten in den Kosmos der Wahrheit. Im Auftrag des Tempels Tōdaiji aus dem chinesischen Text übersetzt, 4. Bd., Tōkyō 1978–1983
79. D. S. Ruegg, La théorie du Tathāgatagarbha et du Gotra. Étude sur la sotériologie et la gnoséologie du bouddhisme, Paris: École franc. d'Extreme-Orient, Maisonneuve 1969
80. Der chinesische Buddhismus (T'ien-t'ai) hat seine eigene Klassifikation von Fünf Lehren bzw. Zehn Lehren entwickelt.
81. Vgl. dazu unsere Ausführungen Teil B, II.3.a/b
82. Wir stützen uns im folgenden besonders auf: E. Zürcher, The Buddhist Conquest of China, 2. Bd., Leiden: Brill 1959 (^{2}1979); K. K. S. Ch'en, Buddhism in China. A Historical Survey, Princeton: Princeton Univ. Press 1964; M. Granet, Die chinesische Zivilisation, Frankfurt a. M.: Insel 1985
83. Auch das brahmanische Indien hatte auf ähnlichen Prämissen eine solche kosmische Harmonie aufgebaut: Die Brahmanas (Ritualtexte) kannten nur eine Welt und die Upaniṣaden lehrten die Eine Wirklichkeit *(brahman/ātman)*, was sich auch in der sozialen Hierarchie widerspiegeln sollte.
84. Die zwei Räder der *dharma* wurden *vertikal* zusammengefügt, und starke Könige finanzierten buddhistische Hierokraten, die ihre Herrschaft religiös zu legitimieren hatten.
85. Die zwei Räder wurden *horizontal* voneinander getrennt, und ein unabhängiger

saṃgha wurde so stark, daß seine Mönche wagen konnten, die Verbeugung vor dem Kaiser zu verweigern.

86. Vgl. Anm. 79
87. Dies ist ein beliebter Anknüpfungspunkt für Christen. Donald Mitchells Buch über *Spirituality and Emptiness* behauptet, daß nur das Christentum das Mysterium des Dreieinigen Gottes kenne, wohingegen die Kyōto-Schule, die er in diesem Buch darstellt, vom Absoluten Nichts spräche. Und Abe Masaos Einführung zu Mitchells Buch kommentiert: Die Nuancen der Trinität könnten vom nicht-dualistischen Denken Ostasiens nur schwer verstanden werden, denn es sei unmöglich, eine dreieinige Struktur aufzubauen, wenn Absolute Leere den Unterschied von *saṃsāra* und *nirvāṇa*, von Sein und Nichtsein überhaupt, zu überwinden lehre. Aber ein solches Urteil ist problematisch und zeigt, wie sehr die Dialog-Teilnehmer des Zen und der Kyōto-Schule das Erbe von T'ien-t'ai vernachlässigt haben.
88. Vgl. P. Swanson, Foundation of T'ien-t'ai Philosophy, Berkeley: Asian Humanities Press 1989, 115–156
89. I. Robinet, Taoist Meditation: The Mao Shan Tradition of Great Purity, New York: SUNY Press 1992
90. Vgl. M. v. Brück, Einheit der Wirklichkeit, München: Chr. Kaiser [2]1987
91. Es war von den Ch'eng-shih Meistern der Satyasiddhi-Schule im Süden während des 5. und 6. Jh. n. Chr. entwickelt worden (vgl. die Übersichtstafel am Ende des Buches).
92. *K'ung* ist der chinesische Begriff, mit dem Kumārajīva das Sanskrit-Wort *śūnyatā* übersetzt hatte.
93. L. Hurvitz, Chih-i (538–597). An Introduction to the Life and Ideas of a Chinese Buddhist Monk, Brüssel: Impr. Sainte-Catherine 1962
94. Der *dharma* im T'ien-t'ai ist identisch mit der Universalbotschaft des Lotos-Sūtra, nämlich dem ewigen *saddharma*, der *über* dem historischen Gautama Śākyamuni steht. So lautet der ursprüngliche Titel: *Saddharmapuṇḍarīka-Sūtra* (Sūtra vom lotosblütenhaften ewigen *dharma)*.
95. Der Doketismus, eine in der Alten Kirche weit verbreitete Anschauung, bestreitet das Dogma von der Gott-Mensch-Einheit in Jesus und deutet die Inkarnation so, daß das ewige göttliche Wesen nur *scheinbar* menschliche Gestalt angenommen habe.
96. Fok Tou-hui, Chueh-tai yu Yuan-yung (Absolutheit und Vollkommenheit), Hongkong: Tung-t'ai T'u-su 1986
97. Vgl. Anm. 70
98. H. Junghans, Das Wort Gottes bei Luther während seiner ersten Psalmenvorlesung, in: ThLZ 1975, 3, Sp. 161–174
99. A. Forte, Political Propaganda and Ideology in China at the End of the Seventh Century, Napoli: Instituto Universitario Orientale 1976
100. Diese Metapher besagt, daß der Gott Indra sein Netz der Wirklichkeit ausgebreitet hat, dessen Knoten aus Juwelen bestehe, von denen jeder jeden spiegelt, wodurch die vollkommene Interrelationalität der Wirklichkeit erscheint. Vgl. Francis H. Cook, Hua-yen Buddhism: The Jewel Net of Indra, University Park: Pennsylvania State Univ. Press 1997, und M. v. Brück, Weisheit der Leere, aaO, 110f.

101. Es handelt sich um eine chinesische Sammlung, die in der Mitte des 6. Jhs. unter dem Sanskrit-Titel *Mahāyāna-śraddhotpāda-śāstra* zusammengestellt, aber dem Aśvaghoṣa zugeschrieben wurde und somit größte Wertschätzung genoß.
102. H. Dumoulin, Bodhidharma und die Anfänge des Ch'an-Buddhismus, in: Monumenta Nipponica 7,1, Tōkyō 1951, 67–83; Yanagida S., Daruma (Bodhidharma), Tōkyō: Kōdansha 1981
103. R. Corless, T'an-luan's Commentary on the Pure Land Discourse, Diss. Univ. of Wisconsin, 1973
104. Vgl. Y. Takeuchi, Der neue Buddhismus der Kamakura-Zeit, in: H. Waldenfels/Th. Immoos (Hrsg.), Fernöstliche Weisheit und christlicher Glaube, Mainz: Grünewald 1985, 221–233
105. H. Coates/R. Ishizuka, Hōnen, the Buddhist Saint, 5. Bd., Kyōto: Society for the Pub. of Sacred Books of the World [2]1949
106. H. Dumoulin, Geschichte des Zen-Buddhismus Bd. 2, Bern: Franke 1986

II. Hermeneutische Aspekte der zukünftigen Begegnung

1. B. Waldenfels, Das Eigene und das Fremde, in: Dtsch. Z. Philos., Berlin 1995, 43/4, 620
2. J. May, Vom Vergleich zur Verständigung. Die unstete Geschichte der Vergleiche zwischen Buddhismus und Christentum 1880–1980, in: ZMR 66, 1982, 63
3. Nicht erst im interreligiösen Dialog, sondern in *jeder* Entwicklung zum Menschsein tritt also Martin Bubers *dialogisches Prinzip* in Kraft (M. Buber, Ich und Du, Werke Bd. I: Schriften zur Philosophie, München: Kösel 1962, 77–170 (Erstausgabe 1923). Bubers Modell ist eine „Ontologie des Zwischen" (M. Theunissen).
4. John Cobb, Beyond Dialogue. Toward a Mutual Transformation of Christianity and Buddhism, Philadelphia: Fortress 1982
5. Vgl. z. B. Charles Y. Glock/Robert N. Bellah (Hrsg.), The New Religious Consciousness, Berkeley: Univ. of California Press 1976
6. So unterscheidet z. B. Michael Pye folgende Dimensionen des Religiösen: Handlungen, Gruppen, Bewußtseinszustände, Begriffskomplexe sowie ihre jeweilige Überschneidung mit anderen sozialen und allgemeinen psychologischen Faktoren (M. Pye, Comparative Religion, Newton Abbot: David & Charles 1972) bzw. soziale Dimension, verhaltensbezogene Dimension, psychologische Dimension, konzeptuelle Dimension und eine „fünfte Dimension" der interreligiös/interkulturellen Beeinflussung jeder Tradition (M. Pye, On Comparing Buddhism and Christianity, in: Studies, Tsukuba Daigaku Tetsugakushisōgakkei Ronshū (Institute of Philosophy, the University of Tsukuba) 5, 1979, 1–20
7. Vgl. M. v. Brück, Wahrheit und Toleranz im Dialog der Religionen, in: Dialog der Religionen 1/1993, 3 ff.
8. H. Küng, Projekt Weltethos, München: Piper 1990; H. Küng/K.-J. Kuschel (Hrsg.), Erklärung zum Weltethos. Die Deklaration des Parlamentes der Weltreligionen, München: Piper 1993; H. Küng/K.-J. Kuschel (Hrsg.), Weltfrieden durch Religionsfrieden. Antworten aus den Weltreligionen, München: Piper 1993; J. Lähnemann (Hrsg.), „Das Projekt Weltethos" in der Erziehung, Ham-

burg: E. B.-Verlag Hamburg 1995; H. Küng (Hrsg.), Ja zum Weltethos. Perspektiven für die Suche nach Orientierung, München: Piper 1995

9. Die Literatur zu diesem Thema ist weltweit kaum noch übersehbar. Einen spannenden Schlagabtausch der Argumente, der in Deutschland das Projekt Weltethos weit über Fachkreise hinaus bekannt machte, präsentierte u. a. die Zeitschrift „Publik Forum". Vgl. K.-J. Kuschel, Die große Chance der Religionen. Niemand will eine „Einheitsmoral", auch Hans Küng nicht. Eine Erwiderung an Wolfgang Huber; W. Huber, Schnelle Einheit nicht möglich. Die Vielfalt ethischer Orientierungen zwingt zur Nüchternheit. Eine Erwiderung auf Karl-Josef Kuschel, in: Publik Forum 22, 1993, Nr. 8, 20ff. und Nr. 9, 22f. Dem Interesse einer breiten Information und Debatte in der Öffentlichkeit kommt die 1995 von Hans Küng, Graf K. K. von der Groeben u. a. gegründete „Stiftung Weltethos" (Tübingen) mit ihrer interkulturellen Forschung, Bildung und der Förderung von Begegnung nach.

10. Es handelt sich dabei um die Zerstörung einer Moschee (Babri Masjid) durch Hindu-Fanatiker im Dezember 1992, die an der vermeintlichen Geburtsstelle Rāmas, einer im Hinduismus wichtigen göttlichen Inkarnation, stand. Vgl. dazu M. v. Brück, Zwischen Zentralisierung und Pluralität. Traditionsumbrüche in Indien, in: M. v. Brück/J. Werbick (Hrsg.), Traditionsabbruch – Ende des Christentums?, Würzburg: Echter 1994, 140ff.

11. Möglicherweise kann man die Gemeinsamkeit der Religionen in der Reifung von „Ich-Zentriertheit" hin zu „Realitäts-Zentriertheit" (John Hick) sehen. Hick spricht seit etwa Anfang der 80er Jahre von Gott als „Reality" und prägte in diesem Zusammenhang auch diese Formel, vgl. z. B. J. Hick, Eine Philosophie des religiösen Pluralismus (übersetzt und eingeführt von P. Schmidt-Leukel), in: Münchener Theologische Zeitschrift 45,3, 1994, 301–318; J. Hick, Religion. Die menschlichen Antworten auf die Frage nach Leben und Tod, München: Diederichs 1996

12. Vgl. M. v. Brück, Christliche Mystik und Zen-Buddhismus, in: W. Greive/R. Niemann (Hrsg.), Neu glauben? Religionsvielfalt und neue religiöse Strömungen als Herausforderung an das Christentum, Gütersloh: Gütersloher Verlagshaus 1990, 146ff.

13. Vgl. M. v. Brück, Mystische Erfahrung, religiöse Tradition und die Wahrheitsfrage, in: R. Bernhardt (Hrsg.), Horizontüberschreitung. Die pluralistische Theologie der Religionen, Gütersloh: Gütersloher Verlagshaus 1991, 81ff.; ders., Pluralismus und Identität. Erreicht die Mystik einen Einheitsgrund der Religionen?, in: J. Micksch (Hrsg.), Pluralismus und Einheit, Tutzinger Materialien Nr. 70, Tutzing 1992, 19ff.

14. Erstmals ist diese Parallele in Japan eingehend von Ueda Shizuteru untersucht worden; seither sind viele Einzeluntersuchungen hinzugekommen. (Literatur unter Teil A, IV.2.b)

15. Vgl. M. v. Brück, Einheit der Wirklichkeit, München: Kaiser [2]1986, bes. 243ff., wo unser Verständnis der Trinitätslehre detailliert begründet wird. Unsere knappen Hinweise im folgenden Text beziehen sich auf die Aussagen in „Einheit der Wirklichkeit".

16. Vgl. Nāgārjuna, Mūla-madhyamaka-kārikā, dazu: F. Streng, Emptiness: A Study in Religious Meaning, Nashville: Abingdon 1967; D. Kalupahana, Causality. The

Central Philosophy of Buddhism, Honolulu: Univ. of Hawaii Press 1975. Die folgenden Interpretationen beruhen vor allem auf einer Auseinandersetzung mit M. Abe, Substance, Process, and Emptiness, in: Japanese Religions, Vol. 11, 2–3, 1980, 3–34, bes. 14ff.

17. Wegen der Komplexität dieses Sachverhaltes wollen wir die gegenseitige Abhängigkeit und Durchdringung nochmals in einer etwas anderen Reihenfolge erläutern: Der Mensch wird – als geistig-körperliches Kontinuum – von der Unwissenheit *(avidyā)* bestimmt, die ein autonomes Ich wahrzunehmen glaubt. Dies führt zu karmischen Bildungen, d. h. zu Motivationen und Handlungen, die einen bestimmten Bewußtseinszustand erzeugen. Daraus ergeben sich die Existenzbedingungen für die Geburt, die sich durch das Zusammenwirken der *skandhas* (fünf formative Faktoren wie „Name und Gestalt" usw.) ereignet. Ein Embryo entwickelt nun die Sinneskräfte, die den sechs Objektbereichen korrespondieren. Wenn die Sinne unter dem Antrieb von Bewußtseinsenergie mit Objekten in Berührung kommen, entstehen angenehme, unangenehme oder neutrale Empfindungen. Die Differenz schlägt sich als entsprechendes Gefühl nieder, das Wertung bedeutet. Schließlich entwickelt sich daraus das Anhaften und Begehren nach angenehmen Empfindungen und nach dauerhafter und ich-zentrierter Existenz. Das daraus resultierende Werden ist zugleich Folge des zweiten Gliedes der Individuierung und Gestaltwerdung *(nāma-rūpa)*, mit dem Resultat von Geburt, Alter und Tod.

In dieser Kette können drei Verblendungen und zwei Handlungskomplexe unterschieden werden. Die Verblendungen sind Unwissenheit, Anhaften und Begierde, während karmische Bildungen und Werden die karmisch gesteuerten Handlungskomplexe ausmachen. Insofern *karman* das Gesetz der reziproken Kausalität bedeutet (ein Impuls wirkt nach außen und ebenso nach innen auf das Subjekt des Impulses zurück), geht es hier also um ein gegenseitiges Sich-Bedingen: Ein jedes ist Bedingung des anderen, und alle Erscheinungen sind gegenseitig voneinander abhängig.

18. Die einzelnen *nidāna*-Glieder „folgen" nicht aufeinander, sondern sie sind Aspekte an einem Prozeß. Man hat es hier zu tun „mit einer lebendigen organischen Beziehung, einer gleichzeitigen Zusammenwirkung, Gegenüberstellung und Aufeinanderfolge aller Glieder, in der jedes sozusagen die Quersumme aller anderen darstellt und die ganze Vergangenheit sowohl wie alle Möglichkeiten der Zukunft in sich trägt". (Anagarika Govinda, Grundlagen tibetischer Mystik [1956], Weilheim: O. W. Barth ^{3}1972, 331). Der intra-/inter-religiöse hermeneutische Prozeß könnte in seiner Komplexität ähnlich beschrieben werden.

19. Vgl. M. v. Brück, Wo endet Zeit? Erfahrungen zeitloser Gleichzeitigkeit in der Mystik der Weltreligionen, in: K. Weis (Hrsg.), Was ist Zeit?, München: Faktum TU München ^{3}1994, 207–258 (erweiterte Neuausgabe: München: dtv 1995, 207–262).

20. Vgl. Teil A, VI.5.a

21. Michael Pye hat die hermeneutischen Erwägungen Ernst Troeltschs für die komparative Hermeneutik der Religionen (und Religionsbegegnung) fruchtbar gemacht: M. Pye, Comparative Hermeneutics in Religion, in: M. Pye/R. Morgan (Hrsg.), The Cardinal Meaning. Essays in Comparative Hermeneutics: Buddhism and Christianity, The Hague/Paris: Mouton 1973, 1–58. Viele Bemer-

kungen in diesem Abschnitt verdanken wir den Beobachtungen Pyes. Für Troeltsch hat er herausgearbeitet, daß die Frage nach dem „Wesen" einer Religion nicht nur die Abstraktion von geschichtlichen Daten beinhalte, mittels derer diese Daten dann selbst wieder gesammelt, synthetisiert und interpretiert würden, sondern ein kreativer Akt der intersubjektiven Selbstvergewisserung einer religiösen Gemeinschaft sei, weshalb das „Wesen" nie ein „objektiv Gegebenes" sei, sondern eine spirituell-treibende Kraft, die jedes „Gegebene" immer wieder umforme und so in geschichtlicher Dynamik (mit Kontinuität und Diskontinuität) Religion(en) *entstehen* lasse. (Pye, aaO, 13–17; mit Bezug auf E. Troeltsch, Die Christliche Welt (1903), abgedruckt in: Gesammelte Schriften II, Tübingen 1913, 386–451.) Troeltsch hatte diese hermeneutischen Erwägungen in der Auseinandersetzung mit Adolf von Harnacks Schrift „Das Wesen des Christentums" (1900) entwickelt, in der Harnack allein die Lehren Jesu als normativ für die Tradition und das „Wesen" des Christentums betrachtet hatte, wobei der Inhalt dieser Lehren durch die Rückfrage nach dem historischen Jesus bestimmt werden müsse. (vgl. dazu Teil B, I.1)

22. M. Buber, Ich und Du, vgl. Anm. 3.
23. M. Pye, Comparative Hermeneutics in Religion, aaO, 10
24. H. Ott, The Beginning Dialogue between Christianity and Buddhism, the Concept of a „Dialogical Theology" and the Possible Contribution of Heideggerian Thought, in: Japanese Religions Bd. 2 2–3, Sept. 1980, 74 ff.; ders., Apologetik des Glaubens. Grundprobleme einer dialogischen Fundamentaltheologie, Darmstadt: Wiss. Buchgesellschaft 1994, 164 ff.
25. v. Brück, Einheit der Wirklichkeit, aaO, 196 ff.
26. Daß auch die Religionswissenschaft an kulturelle Normen gebunden ist, wird gerade im Dialog offenbar, wenn nämlich aus der Außenperspektive deutlich wird, daß die Begriffe und Methoden der europäischen geistigen Disziplinen keineswegs allgemein akzeptiert sind. Hier erweist sich die dialogische Methodik als kritisches Korrektiv der Religionswissenschaft, die an ihre eigenen kulturellen Voraussetzungen erinnert wird. Dies hat an den drei „Schulen" der europäischen Buddhologie (der anglo-deutschen, der russischen, der französischen) M. Pye gezeigt, Comparative Hermeneutics, aaO, 18 ff.
27. Für die folgenden Gedankengänge vgl. besonders J. Cobb, Can a Buddhist be a Christian, too?, in: Japanese Religions Vol. 11, 2–4, 1980, 35–55.
28. Cobb, aaO, 49
29. Vgl. P. Schmidt-Leukel, „Den Löwen brüllen hören". Zur Hermeneutik eines christlichen Verständnisses der buddhistischen Heilsbotschaft, Paderborn: Schöningh 1992, 675 ff. Der Autor begreift die menschlichen Grunderfahrungen als *Ausgangspunkt* der Kommunikation, der geeigneter scheint als abstrahierte Begriffe, die sich selbst wieder auf menschliche Grundsituationen beziehen; er behauptet nicht, daß die Grunderfahrungen in allen Religionen gleich seien.
30. Der Begriff des „Synkretismus" ist zu einem polemischen Schlagwort geworden. Jede Religion ist synkretistisch, aber man muß in der Religionsgeschichte verschiedene Formen der Verschmelzung von ursprünglich Getrenntem unterscheiden. Vgl. dazu den Übersichtsartikel „Synkretismus" von Chr. Bochinger, in: Wörterbuch der Religionssoziologie (Hrsg. S. R. Dunde), Gütersloh: Gütersloher Verlagshaus 1994, 320–327.

31. Vgl. C. Colpe, Synkretismus, Renaissance, Säkularisation und Neubildung von Religionen der Gegenwart, in: J. P. Asmussen u. a.(Hrsg.), Handbuch der Religionsgeschichte, Göttingen: Vandenhoeck 1975, 441–523; K. Rudolph, Synkretismus – vom theologischen Scheltwort zum religionswissenschaftlichen Begriff, in: ders., Geschichte und Probleme der Religionswissenschaft, Leiden: Brill 1992, 193–215; U. Berner, Untersuchungen zur Verwendung des Synkretismus-Begriffes, Wiesbaden: Harrassowitz 1982. Vgl. auch Anm. 30.
32. Im Sinne Ernst Troeltschs, vgl. Anm. 21.
33. V. N. Makrides, Fundamentalismus aus religionswissenschaftlicher Sicht, in: Dialog der Religionen 4. Jg., 1/94, 2–25; M. E. Marty u. a. (Hrsg.) The Fundamentalism Project, Bd. 1–3, Chicago: Univ. of Chicago Press, 1991–93
34. Man kann die Probe machen: Begegnet ein Europäer auf einer pazifischen Insel einem anderen Europäer, wird er Verwandtschaft, d. h. Ähnlichkeit, wahrnehmen und den anderen als Nahestehenden begrüßen, d. h. als Europäer ansprechen. Er würde dies aber nie in einem Zusammenhang tun, in dem ohnehin alle Europäer sind, sondern in diesem Fall würde er das Deutsche oder vielmehr den bayerischen Dialekt heraushören und sich dadurch identifizieren.
35. P. O. Ingram, The Modern Buddhist-Christian Dialogue. Two Universalistic Religions in Transformation, Lewiston: Mellen 1988, 15 f.
36. Wie man neuerdings wieder in Indien, Sri Lanka und vielen anderen Gegenden der Erde beobachten kann. Vgl. Teil A, II.6, Ausblick, These 7.

WEITERFÜHRENDE LITERATUR

Allgemeines

H. *Bechert*/R. *Gombrich* (Hg.), Die Welt des Buddhismus, München: C.H. Beck 1984.

J. *Cobb*, Beyond Dialogue. Toward a Mutual Transformation of Christianity and Buddhism, Philadelphia: Fortress 1982.

E. *Conze*, Buddhism. Its Essence and Development, Oxford & New York: Cassirer 1951 (dt.: Der Buddhismus. Wesen und Entwicklung, Stuttgart: Kohlhammer 10 1995).

E. *Conze*, Buddhist Thought in India, London: Allen & Unwin 1962.

H. *Dumoulin* (Hg.), Buddhismus der Gegenwart, Freiburg: Herder 1970.

H. *Dumoulin*, Begegnung mit dem Buddhismus, Freiburg: Herder 1978 (Neuausgabe 1982).

H. *Dumoulin*, Spiritualität des Buddhismus. Einheit in lebendiger Vielfalt, Mainz: Grünewald 1995.

W. *Halbfass*, Indien und Europa, Basel-Stuttgart: Schwabe 1981.

P. O. *Ingram*/F. J. *Streng* (Hg.), Buddhist-Christian Dialogue. Mutual Renewal and Transformation, Honolulu: Univ. of Hawaii Press 1986.

P. O. *Ingram*, The Modern Buddhist-Christian Dialogue. Two Universalistic Religions in Transformation, Lewisten, New York: Mellen 1988.

H. *Küng*/J. *van Ess*/H. *von Stietencron*/H. *Bechert*, Christentum und Weltreligionen, München: Piper 1984.

H. *Küng*, Das Christentum, München: Piper 1994.

E. *Lamotte*, Histoire du bouddhisme indien, Louvain 1958.

H. *de Lubac*, La rencontre du bouddhisme et de l'occident, Paris: Aubier 1952.

J. *May*, Vom Vergleich zur Verständigung. Die unstete Geschichte der Vergleiche zwischen Buddhismus und Christentum, 1880–1980, in: ZMR 66, 1982, 58–66.

H. *Nakamura*, Ways of Thinking of Eastern Peoples, Honolulu: Univ. of Hawaii Press 1964.

R. *Panikkar*, Gottes Schweigen. Die Antwort des Buddha für unsere Zeit, München: Kösel 1992 (spanische Erstausgabe 1970).

W. *Pieris*, The Western Contribution to Buddhism, Delhi: Motilal Barnarsidass 1973.

P. *Schmidt-Leukel*, „Den Löwen brüllen hören". Zur Hermeneutik eines christlichen Verständnisses der buddhistischen Heilsbotschaft, Paderborn: Schöningh 1992.

H. W. *Schumann*, Buddhismus. Stifter, Schulen und Systeme, Olten und Freiburg: Walter 1976.

F. *Streng*, Emptiness. A Study in Religious Meaning, Nashville: Abingdon Press 1967.

G. R. *Welbon*, The Buddhist Nirvana and its Western Interpreters, Chicago: Univ. of Chicago Press 1968.

Zu Teil A

I. Indien

K. S. *Bharati*, Foundations of Ambedkars Thought, Nagpur: Dattsons Publ. 1990.
S. *Jürgens*, B. R. Ambedkar – Religionsphilosophie eines Unberührbaren, Frankfurt a. M./Bern: Lang 1994.
Z. P. *Thundy*, Buddha and Christ. Nativity Stories and Indian Traditions, Leiden: E. J. Brill 1993.
A. K. *Vakil*, Gandhi-Ambedkar Dispute, Delhi: Ashish Publ. 1991.

II. Sri Lanka

Dialogue, Colombo: Study Centre for Religion and Society (Zeitschrift seit 1963).
E. W. *Adikaram*, Early History of Buddhism in Ceylon, Dehiwala: Gunasena ^{2}1994(1. Aufl. 1946).
H. *Bechert*, Buddhismus, Staat und Gesellschaft in den Ländern des Theravada-Buddhismus Bd. 1–3, Wiesbaden: Harrassowitz, 1966ff.
G. *Dharmasiri*, A Buddhist Critique of the Christian Concept of God, Colombo: Lake House 1974.
A. *Fernando*, Buddhism and Christianity, Colombo: Ecumenical Institute for Study and Dialogue ^{2}1983.
R. F. *Gombrich*, Buddhist Precept and Practice (Oxford 1971), Delhi: Motilal Banarsidass ^{2}1991.
R. F. *Gombrich*, Theravada Buddhism. A Social History from Ancient Benares to Modern Colombo, London/New York: Routledge & Kegan Paul 1988.
E. *Harris*, Crisis, Competition and Conversion: The British Encounter with Buddhism in 19th Century Sri Lanka, Diss. Univ. of Kelaniya (Sri Lanka) 1993.
K. *Malalgoda*, Buddhism in Singhalese Society 1750–1900, Berkeley: Univ. of California Press 1976.
G. *Obeyesekere*/F. *Reynolds*/B. S. *Smith* (Hg.), The Two Wheels of Dhamma: Essays on the Theravada Tradition in India and Ceylon, The American Academy of Religion. Studies in Religion, Monograph Series No. 3, Chambersbury, Penn. 1972.
U. *Phadnis*, Religion and Politics in Sri Lanka, London: C. Hurst 1976.
W. *Rahula*, History of Buddhism in Ceylon. The Anuradhapura Period, Dehiwala: Gunasena (1956) ^{3}1993.
Sh. *Ratnayaka*, Two Ways of Perfection. Buddhist & Christian, Colombo: Lake House 1978.
G. *Rothermundt*, Buddhismus für die moderne Welt. Die Religionsphilosophie K. N. Jayatillekes, Stuttgart: Calwer 1979.
E. *Sarkisyanz*, Buddhist Backgrounds of the Burmese Revolution, The Hague: Nijhoff 1965.
D. E. *Smith*, Religion and Politics in Burma, Princeton: Univ. Press 1965.
D. C. *Vijayavardhana*, Dharma-Vijaya or The revolt in the temple, Colombo: Sinha 1953.

T. *Vimalananda*, The State and Religion in Ceylon since 1815, Colombo: Gunasena 1970.
W. H. *Wriggins*, Ceylon: Dilemmas of a New Nation, Princeton: Princeton Univ. Press 1960.

III. China

K. K. S. *Ch'en*, Buddhism in China. A Historical Survey, Princeton: Princeton Univ. Press 1964.
C. *von Collani*, Die Figuristen in der Chinamission, Reihe Würzburger Sino-Japonica Bd. 8, Frankfurt a. M./Bern: P. Lang 1981.
H. *Eihart*, Boundlessness: Studies in Karl Ludwig Reichelt's Missionary Thinking with Special Regard to the Buddhist Christian Encounter, Studia Missionalia Upsaliensia XXIV, Stockholm: EFS-Förl. 1974.
I. *Kern*, Buddhistische Kritik am Christentum im China des 17. Jahrhunderts, Bern: P. Lang 1992.
H. *Küng*/J. *Ching*, Christentum und Chinesische Religion, München: Piper 1988.
F. *Michael*, The Taiping Rebellion: History and Documents, 3 Bd., Seattle: Univ. of Washington Press 1971.
D. W. *Treadgold*, The West in Russia and China: Religious and Secular Thoughts in Modern Times, Bd. 2: China 1582–1949, London: Cambridge Univ. 1973.
H. *Welch*, The Buddhist Revival, Cambridge: Harvard Univ. 1968.
E. *Zürcher*, The Buddhist Conquest of China, 2. Bd., Leiden: Brill 1959 (^{2}1979).

IV. Japan

M. *Anesaki*, History of Japanese Religion, Rutland/Tōkyō: Charles Tuttle 1963.
F. *Buri*, Der Buddha-Christus als Herr des wahren Selbst, Bern/Stuttgart: Haupt 1982.
A. *Dohi*/T. *Satō*/S. *Yagi*/O. *Masaya*, Theologiegeschichte der Dritten Welt: Japan, München: Chr. Kaiser 1991.
M. *Eder*, Geschichte der japanischen Religion Bd. 2, Wiesbaden: Harrassowitz 1978.
J. W. *Heisig*/J. C. *Maraldo* (Hg.), Rude Awakenings. Zen, the Kyoto School & the Question of Nationalism, Honolulu: Univ. of Hawaii Press 1994.
J. E. *Ketelaar*, Of Heretics and Martyrs in Meiji Japan: Buddhism and its Persecution, Princeton: Princeton Univ. Press 1990.
Th. *Immoos*, Japan – Archaische Moderne, München: Kindt 1990.
J. M. *Kitagawa*, Religion in Japanese History, New York: Columbia Univ. Press 1966.
J. *Laube*, Dialektik der absoluten Vermittlung. Hajime Tanabes Religionsphilosophie als Beitrag zum „Wettstreit der Liebe“ zwischen Buddhismus und Christentum, Freiburg: Herder 1984.
Chr. *Langer-Kaneko*, Das Reine Land. Zur Begegnung von Amida-Buddhismus und Christentum, Leiden: Brill 1986.
A. u. D. *Matsunaga*, Foundation of Japanese Buddhism Vol. 2, Los Angeles: Buddhist Books International 1974–76.
D. W. *Mitchell*, Spirituality and Emptiness, New York: Paulist 1991.
A. *Nehring*, Rissho Koseikai, Erlangen: Verlag der Ev.-Luth. Mission 1992.

K. *Nishida*, Über das Gute (1911), Frankfurt a. M.: Insel 1989.
K. *Nishitani*, Was ist Religion? (1961), Frankfurt: Insel 1982.
R. *Ōhashi* (Hg.), Die Philosophie der Kyōto-Schule. Texte und Einführung, Freiburg/München: Alber 1990.
J. *Spae*, Buddhist-Christian Empathy, Tōkyō: Oriens Institute for Religious Research 1980.
H. *Tanabe*, Philosophy as Metanoetics (1944), Berkeley: Univ. of California Press 1986.
Y. *Terazono*/H. E. *Hamer* (Hg.), Brennpunkte in Kirche und Theologie Japans, Neukirchen: Neukirchener Verlag 1988.
N. *Thelle*, Buddhism and Christianity in Japan. From Conflict to Dialogue, 1854–1899, Honolulu: Univ. of Hawaii Press 1987.
Sh. *Ueda*, Die Gottesgeburt in der Seele und der Durchbruch zur Gottheit. Die mystische Anthropologie Meister Eckharts und ihre Konfrontation mit der Mystik des Zen, Gütersloh: Gütersloher Verlagshaus 1965.
H. *Waldenfels*, Absolutes Nichts. Zur Grundlegung des Dialogs zwischen Buddhismus und Christentum, Freiburg: Herder 1976.
S. *Yagi*, Die Front-Struktur als Brücke vom buddhistischen zum christlichen Denken, München: Chr. Kaiser 1988.

V. Deutschland

Zeitschrift *Dialog der Religionen*, Gütersloh: Gütersloher Verlagshaus/Chr. Kaiser (seit 1991).
M. *Baumann*, Buddhisten in Deutschland. Geschichte und Gemeinschaften, Marburg: Diagonal 1993.
H. *Dumoulin*, Östliche Meditation und christliche Mystik, Freiburg: Alber 1966.
H. *von Glasenapp*, Das Indienbild deutscher Denker, Stuttgart: Koehler 1960.
H. *Hecker*, Chronik des Buddhismus in Deutschland, Stuttgart: Deutsche Buddhistische Union [3]1985.
K. *Kadowaki*, Zen und die Bibel, Salzburg: O. Müller 1980.
K. *Kadowaki*, Erleuchtung auf dem Weg. Zur Theologie des Weges, München: Kösel 1993.
K.-J. *Notz*, Der Buddhismus in Deutschland in seinen Selbstdarstellungen, Frankfurt/Bern: P. Lang 1984.
H. *von Schweinitz*, Buddhismus und Christentum, München/Basel: Ernst Reinhardt 1955.
K. *Takizawa*, Reflexionen über die universale Grundlage von Buddhismus und Christentum, Frankfurt: P. Lang 1980.
H. *Waldenfels* (Hg.), Begegnung mit dem Zen-Buddhismus, Düsseldorf: Patmos 1980.
H. *Waldenfels*, Faszination des Buddhismus. Zum christlich-buddhistischen Dialog, Mainz: Grünewald 1982.
H. *Waldenfels*/Th. *Immoos* (Hg.), Fernöstliche Weisheit und christlicher Glaube, Mainz: Grünewald 1985.
V. *Zotz*, Zur Rezeption, Interpretation und Kritik des Buddhismus im Deutschen Sprachraum vom Fin de Siècle bis 1930, Diss. Univ. Wien 1986.

VI. Vereinigte Staaten von Amerika

Zeitschrift *Buddhist-Christian Studies*, Honolulu: Univ. of Hawaii Press (seit 1981).
J. *Cobb*, Beyond Dialogue. Toward a Mutual Transformation of Christianity and Buddhism, Philadelphia: Fortress 1982.
R. *Fields*, How the Swans Came to the Lake. A Narrative History of Buddhism in America, Boulder: Shambhala 1981.
A. *Grünschloß*, Religionswissenschaft als Welt-Theologie. Wilfred Cantwell Smiths interreligiöse Hermeneutik, Göttingen: Vandenhoeck & Ruprecht 1994.
K. K. *Inada*/N. P. *Jacobson* (Hg.), Buddhism and American Thinkers, Albany: SUNY 1984.
C. T. *Jackson*, The Oriental Religions and American Thought, Westprot: Greenwood 1981.
Ch. H. *Libby*/P. W. *Williams* (Hg.), The Encyclopaedia of American Religious Experience, New York 1988.
Ch. S. *Prebish*, American Buddhism, North Scituate, Mass.: Duxbury Press 1979.
R. H. *Seager* (Hg.), The Dawn of Religious Pluralism. Voices from the World's Parliament of Religions 1893, LaSalle, Ill.: Open Court 1993.
Th. A. *Tweed*, The American Encounter with Buddhism, 1844–1912: Victorian Culture and the Limits of Dissent, Bloomington: Indiana Univ. Press 1992.
P. W. *Williams*, America's Religions: Traditions and Cultures, New York: Macmillan 1990.

Zu Teil B

I. Jesus Christus – Gautama, der Buddha

M. *Anesaki*/A. J. *Edmunds*, Buddhist and Christian Gospels, Tōkyō: Yuhokan 1905.
T. N. *Callaway*, Japanese Buddhism and Christianity, Tōkyō: Shinkyō Shuppansha 1957.
J. E. *Carpenter*, Buddhism and Christianity. A Contrast and Parallel, London: Toronto, Hodder & Stoughton 1923.
C. *Dunne*, Buddha and Jesus. Conversations, Springfield, Ill.: Templegate 1975 (dt.: Buddha und Jesus. Gespräche, München: Chr. Kaiser 1990).
R. *Garbe*, Indien und das Christentum. Eine Untersuchung religionsgeschichtlicher Zusammenhänge, Tübingen: Mohr 1914.
W. *King*, Buddhism and Christianity, London: Allen & Unwin 1963.
W. G. *Kümmel*, Dreißig Jahre Jesusforschung (1950–1980), Königstein/Bonn: Hanstein 1985.
H.-J. *Klimkeit*, Der Buddha. Leben und Lehre, Stuttgart: Kohlhammer 1990.
H. *Küng*, Christ sein, München: Piper 1976.
H. *Küng*, Christentum und Weltreligionen, München: Piper 1984.
W. *Lai*, The Search for the Historical Śākyamuni in Light of the Historical Jesus, in: Buddhist-Christian Studies 2 (1982), 77–91.
L. D. *Lefebure*, The Buddha and the Christ. Explorations in Buddhist and Christian Dialogue, Maryknoll: Orbis 1993.
D. S. *Lopez*/S. *Rockefeller* (Hg.), The Christ and the Bodhisattva, Albany: SUNY Press 1987.

F. *Masutani*, A Comparative Study of Buddhism and Christianity, Tōkyō: Bukkyō Dendō Kyōkai 1957.
G. *Mensching*, Buddha und Christus – ein Vergleich, Stuttgart: DVA 1978.
H. *Nakamura*, Parallel Developments, Tōkyō/New York: Kōdansha 1975.
H. W. *Schomerus*, Buddha und Christus. Ein Vergleich zweier großer Weltreligionen, Halle: Buchhandlung d. Waisenhauses 1931.
H. *von Schweinitz*, Buddhismus und Christentum, München/Basel: Ernst Reinhardt 1955.
D. T. *Suzuki*, Mysticism: Christian and Buddhist, New York: Harper 1957.
H. *Titschack*, Christentum – Buddhismus. Ein Gegensatz, Wien: Octopus 1980.
F. *Weinrich*, Die Liebe im Buddhismus und im Christentum, Berlin: Töpelmann 1935.
Chai-Shin *Yu*, Early Buddhism and Christianity. A Comparative Study of the Founder's Authority, the Community and the Discipline, Delhi: Motilal Banarsidass 1981.

II. Gott und Dharma

1. Leiden und Sünde

Buddhist-Christian Studies Bd. 5, Honolulu: Univ. of Hawaii Press 1985 (Themenheft zum Dialog über „Leiden").
G. *Mensching*, Die Bedeutung des Leidens im Buddhismus und Christentum, Gießen: Töpelmann ²1930.
P. *Tillich*, Der Mut zum Sein, in: Gesammelte Werke Bd. XI, Stuttgart: Evangelisches Verlagswerk 1969.

2. Dialog mit dem Theravāda

Buddhadasa, Toward the Truth (ed. by D. Swearer), Philadelphia: Westminster 1970.
G. *Dharmasiri*, A Buddhist Critique of the Christian God. A Critique of the Concepts for God in Contemporary Christian Theology and Philosophy of Religion from the Point of View of Early Buddhism, Colombo: Lake House 1974.
P. G. *Henry*/D. *Swearer*, For the Sake of the World. The Spirit of Buddhist and Christian Monasticism, Minneapolis: Fortress 1989.
K. N. *Jayatilleke*, The Message of the Buddha, New York: The Free Press 1974.
K. N. *Jayatilleke*, The Buddhist Attitude to Other Religions, Kandy: Buddhist Publication Society 1975.
K. N. *Jayatilleke*, The Contemporary Relevance of Buddhist Philosophy, Kandy: Buddhist Publication Society 1978.
W. *King*, Buddhism and Christianity. Some Bridges of Understanding, London: Allen & Unwin 1962.
G. *Rothermundt*, Buddhismus für die moderne Welt. Die Religionsphilosophie K. N. Jayatillekes, Stuttgart: Calwer 1979.
L. *de Silva*, Reincarnation in Buddhist and Christian Thought, Colombo: The Study Centre 1968.
L. *de Silva*, The Problem of the Self in Buddhism and Christianity, Colombo: The Study Centre 1975.
S. *Suksamran*, Buddhism and Politics in Thailand, Singapore: Institute of Southeast Asian Studies 1982.

D. *Swearer*, Dialogue. The Key to Understanding other Religions, Philadelphia: Westminster 1977.
D. *Swearer*, The Dhammic Socialism of Bhikkhu Buddhadasa, Bangkok: Thai Interreligious Committee for Development 1986.

3. Dialog mit dem Mahāyāna

M. *Abe*, Zen and Western Thought, Honolulu: Univ. of Hawaii Press 1985.
J. *Cobb*/C. *Ives* (Hg.), The Emptying God. A Buddhist-Christian-Jewish Conversation, New York: Orbis 1990.
R. *Corless*/P. *Knitter* (Hg.), Buddhist Emptiness and the Christian Trinity, New York: Paulist Press 1990.
Sh. *Hisamatsu*, Die Fülle des Nichts. Vom Wesen des Zen, Pfullingen: Neske 1975.
J. P. *Keenan*, The Meaning of Christ. A Mahayana Theology, Maryknoll: Orbis 1989.
Ch. *Langer-Kaneko*, Das Reine Land. Zur Begegnung von Amida-Buddhismus und Christentum, Leiden: Brill 1986.
D. W. *Mitchell*, Spirituality and Emptiness. The Dynamics of Spiritual Life in Buddhism and Christianity, New York: Paulist Press 1991.
W. *Pannenberg*, Auf der Suche nach dem wahren Selbst. Anthropologie als Ort der Begegnung zwischen christlichem und buddhistischem Denken, in: A. Bsteh (Hg.), Erlösung in Christentum und Buddhismus, Mödling: St. Gabriel 1982.
M. *Shimizu*, Das „Selbst“ im Mahayana-Buddhismus in japanischer Sicht und die „Person“ im Christentum im Licht des Neuen Testaments, Leiden: Brill 1981.
F. *Streng*, Emptiness. A Study in Religious Meaning, Nashville: Abingdon Press 1967.
K. *Tsujimura*/H. *Buchner* (Übers.), Der Ochs und sein Hirte. Eine altchinesische Zen-Geschichte, Pfullingen: Neske [6]1988.
T. *Vetter*, Buddhismus und Christentum. Zum buddhistischen Hintergrund von K. Nishitanis Dialektik, in: ZMR 71 (1987), 1–24.
H. *Waldenfels*, Absolutes Nichts, Freiburg: Herder 1976.

III. Saṃgha und Kirche

1. Die Pioniere

Th. *Merton*, The Seven Story Mountain, New York: Harcourt Brace 1948.
Th. *Merton*, The Signs of Jonas, New York: Harcourt Brace 1953 (dt.: Das Zeichen des Jonas, Einsiedeln: Benziger 1954).
Th. *Merton*, The Way of Chuang Tzu, New York: New Directions 1965.
Th. *Merton*, Weisheit der Stille, Weilheim: O. W. Barth 1975.
Th. *Merton*, Wie der Mond stirbt. Das letzte Tagebuch des Thomas Merton (Asian Journal), Wuppertal: Hammer 1976.
Th. *Merton*, The Hidden Ground of Love. Letters (Hg. W. H. Shannon), New York: Farrar, Straus & Giroux 1985.
V. A. *Kramer*, Thomas Merton. Monk & Artist, Boston: Twayne 1984.
H. M. *Enomiya-Lassalle*, Zen – Weg zur Erleuchtung, Wien: Herder 1960.
H. M. *Enomiya-Lassalle*, Zen-Meditation für Christen, Weilheim: O. W. Barth 1968.
H. M. *Enomiya-Lassalle*, Zen-Buddhismus, Köln: Bachem [2]1972.

H. M. *Enomiya-Lassalle*, Zazen und die Exerzitien des heiligen Ignatius, Köln: Bachem 1975.
H. M. *Enomiya-Lassalle*, Zen-Meditation. Eine Einführung, Zürich: Benziger ²1977.
H. M. *Enomiya-Lassalle*, Wohin geht der Mensch?, Zürich: Benziger 1981.
H. M. *Enomiya-Lassalle*, Leben im neuen Bewußtsein (Hg. R. Ropers), München: Kösel 1986.
G. *Stachel* (Hg.) *munen musō*. Ungegenständliche Meditation. Lassalle-Festschrift, Mainz: Grünewald 1978.
G. *Stachel* (Hg.), Übung der Kontemplation. Christen gehen den Zen-Weg, Mainz: Grünewald 1988.
Dalai Lama, My Land and My People (1962), New York: Potala 1977.
Dalai Lama, Short Essays on Buddhist Thought and Practice, New Delhi: Tibet House 1982.
Dalai Lama, Collected Statements, Interviews & Articles, Dharamsala: Information Office of H. H. the Dalai Lama 1982.
Dalai Lama, Logik der Liebe, München: Dianus Trikont 1986 (Neuausgabe München: Goldmann 1989).
Dalai Lama, Ausgewählte Texte, München: Goldmann 1987.
Dalai Lama, Das Buch der Freiheit. Die Autobiographie des Friedensnobelpreisträgers, Bergisch-Gladbach: Lübbe 1990.
Dalai Lama, Der Friede beginnt in dir. Zur Überwindung der geistig-moralischen Krise in der heutigen Weltgemeinschaft, München: O. W. Barth 1994.
M. *von Brück*, Denn wir sind Menschen voller Hoffnung. Gespräche mit dem XIV. Dalai Lama, München: Chr. Kaiser ²1988.
R. *Degenhardt*/I. *Flemmig* (Hg.), Gemeinsam handeln. Der Dalai Lama im Gespräch mit Carl Friedrich von Weizsäcker, Gütersloh: Gütersloher Verlagshaus 1994.

2. Suche nach interreligiöser Gemeinschaft

N. *Abeyasingha*, The radical tradition. The changing shape of theological reflection in Sri Lanka, Colombo 1985.
F. *Eppsteiner*/D. *Maloney* (Hg.), The Path of Compassion. Contemporary Writings on Engaged Buddhism, Buffalo: White Pine Press 1985.
E. *Fittipaldi*, The Encounter between Roman Catholizism and Zen Buddhism from a Roman Catholic Point of View, Diss. Temple Univ. 1976.
R. M. *Gross*, Buddhism after Patriarchy. A Feminist History, Analysis and Reconstruction of Buddhism, Albany: SUNY Press 1993.
P. G. *Henry*/D. K. *Swearer*, For the Sake of the World. The Spirit of Buddhist and Christian Monasticism, Minneapolis: Fortress 1989.
M. *Hope*/J. *Young*, Thich Nhat Hanh and Cao Ngoc Phuong, in: The Struggle for Humanity. Agents of Nonviolent Change in a Violent World, Maryknoll: Orbis 1977.
Thich Nhat Hanh, Lotos im Feuermeer. Vietnam in Geschichte und Krise, München: Chr. Kaiser 1967.
Thich Nhat Hanh, The Miracle of Mindfulness, Boston: Beacon 1976. (dt. Das Wunder der Achtsamkeit, Zürich u. a.: Theseus ⁶1996.)

Thich Nhat Hanh, Interbeing. Commentaries on the Tiep Hien Precepts, Berkeley: Parallax 1987.
Thich Nhat Hanh, Being Peace, Berkeley: Parallax 1987.
D. Y. *Paul*, Women in Buddhism: Images of the Feminine in Mahayana Tradition, Berkeley: Asian Humanities Press 1979.
A. *Pieris*, Theologie der Befreiung in Asien. Christentum im Kontext der Armut und der Religionen, Freiburg: Herder 1986.
A. *Pieris*, Liebe und Weisheit. Begegnung von Christentum und Buddhismus, Mainz: Grünewald 1989.
A. *Pieris*, Feuer und Wasser. Frau, Gesellschaft, Spiritualität in Buddhismus und Christentum, Freiburg: Herder 1994.
W. *Siepen*, Weg der Erkenntnis – Weg der Liebe. Das spirituelle Meister-Schüler-Verhältnis beim Buddha und bei Pachomius, Mainz: Grünewald 1992.
S. *Sivaraksa*, Siamese Resurgence, Bangkok: Asian Cultural Forum on Development 1985.
S. *Sivaraksa*, Religion and Development, Bangkok: TICD ³1987.
S. *Sivaraksa*, Seeds of Peace. A Buddhist Vision for Renewing Society, Berkeley: Parallax 1992 (dt.: Saat des Friedens, Freiburg: Aurum 1995).
R. A. F. *Thurman*, Monasticism and Civilization, in: Buddhist Spirituality (Hg. Y. Takeuchi), World Spirituality Vol. 8, New York: Crossroad 1993, 120–134.
S. *Walker* (Hg.), Speaking of Silence. Christians and Buddhists on the Contemplative Way, Paulist: New York 1987.

Zu Teil C

I. Paradigmenwechsel in der Geschichte des Buddhismus

E. W. *Adikaram*, Early History of Buddhism in Ceylon (1946), Dehiwala: Gunasena ²1994.
E. *Bechert*, Buddhismus, Staat und Gesellschaft in den Ländern des Theravada-Buddhismus Bd. I, Wiesbaden: Harrassowitz 1966.
M. *Carrithers*, The Forest Monks of Sri Lanka: An Anthropological and Historical Study, Delhi u. a.: Oxford Univ. Press 1983.
K. K. S. *Ch'en*, Buddhism in China. A Historical Survey, Princeton: Princeton Univ. Press 1964.
S. G. *Deodikar*, Upanisads and Early Buddhism, Delhi: Eastern Book Linkers 1992.
H. *Dumoulin*,Geschichte des Zen-Buddhismus, 2. Bde., Bern: Francke 1985 f.
E. *Frauwallner*, The Earliest Vinaya and the Beginnings of Buddhist Literature, Roma: I.S.M.E.O. 1956.
R. F. *Gombrich*, Buddhist Precept and Practice, Delhi: Motilal Banarsidass ²1991.
R. F. *Gombrich*, Theravada Buddhism: A Social History from Ancient Benares to Modern Colombo, London: Routledge & Kegan Paul 1988.
D. D. *Kosambi*, The Culture and Civilisation of Ancient India in Historical Outline, London: Routledge & Kegan Paul 1965.
Th. *Kuhn*, Die Struktur wissenschaftlicher Revolutionen, Frankfurt: Suhrkamp 1967 (2. revid. TB-Ausgabe 1976).

P. *Levy*, Buddhism: A Mystery Religion, London: Univ. of London 1957.
K. *Malalgoda*, Buddhism in Sinhalese Society 1750–1900, Berkeley: Univ. of California Press 1976.
R. J. *Moore* (Hg.), Tradition and Politics in South Asia, New Delhi 1979.
H. *Nakamura*, Indian Buddhism, Hirakata: KUFS Publ. 1980.
G. *Obeyesekere*/F. *Reynolds*/B. L. *Smith* (Hg.), The Two Wheels of Dhamma: Essays on the Theravada Tradition in India and Ceylon, The American Academy of Religion. Studies in Religion, Monograph Series No. 3, Chambersbury, Penn. 1972.
U. *Phadnis*, Religion and Politics in Sri Lanka, London: C. Hurst 1976.
W. *Rahula*, History of Buddhism in Ceylon, Colombo: Gunasena 1956.
D. E. *Smith*, Religion and Politics in Burma, Princeton: Princeton Univ. Press 1965.
B. L. *Smith* (Hg.), Religion and Legitimation of Power in Sri Lanka, Chambersbury, Penn.: Anima Books 1978.
M. *Spiro*, Buddhism and Society: A Great Tradition and its Burmese Vicissitudes, New York: Harper & Row 1970.
S. *Suksamran*, Buddhism and Politics in Thailand, Bangkok: Institute of Southeast Asian Studies 1982.
S. J. *Tambiah*, World Conqueror and World Renouncer, Cambridge: Univ. Press 1976.
E. *Zürcher*, The Buddhist Conquest of China Vol. 2, Leiden: Brill 1959.

II. Hermeneutische Aspekte

J. *Cobb*, Can a Buddhist be a Christian, too?, in: Japanese Religions 11, Nr. 2&3 (1980), Kyōto: NCC Centre, 35–55.
R. J. *Corless*, The Hermeneutics of Polemic: The Creation of Hinayana and Old Testament, in: Buddhist-Christian Studies 11 (1991), Honolulu: Univ. of Hawaii Press, 59–74.
B. *Faure*, The Rhetoric of Immediacy. A Cultural Critique of Chan/Zen Buddhism, Princeton: Princeton Univ. Press 1991.
Ch. Y. *Glock*/R. N. *Bellah* (Hg.), The New Religious Consciousness, Berkeley: Univ. of California Press 1976.
J. *May*, Meaning, Consensus and Dialogue in Buddhist-Christian Communication. A Study in the Construction of Meaning, Bern/Frankfurt/New York: Lang 1984.
J. *May*, Einige Voraussetzungen interreligiöser Kommunikation am Beispiel Buddhismus und Christentum, in: NZM 40 (1984), 26–35.
M. *Pye*, Comparative Religion, Newton Abbot: David & Charles 1972.
M. *Pye*/R. *Morgan* (Hg.), The Cardinal Meaning. Essays in Comparative Hermeneutics: Buddhism and Christianity, The Hague/Paris: Mouton 1973.
M. *Pye*, Skilful means. A Concept in Mahayana Buddhism, London: Duckworth 1978.
M. *Pye*, On Comparing Buddhism and Christianity, in: Studies 5 (1979), Tsukuba Daigaku Tetsugakushisōgakkei Ronshū (Institute of Philosophy): The Univ. of Tsukuba 1979, 1–20.
M. *Pye*, Skilful Means and the Interpretation of Christianity, in: Buddhist-Christian Studies 10 (1990), Honolulu: Univ. of Hawaii Press, 17–22.
P. *Schmidt-Leukel*, „Den Löwen brüllen hören". Zur Hermeneutik eines christlichen Verständnisses der buddhistischen Heilsbotschaft, Paderborn: Schöningh 1992.

PERSONENREGISTER

SACHREGISTER